# MANUAL DE
# DIREITO AMBIENTAL

www.editorasaraiva.com.br/direito
Visite nossa página

# LUÍS PAULO **SIRVINSKAS**

# MANUAL DE
# DIREITO AMBIENTAL

20ª edição
2022

Av. Paulista, 901, Edifício CYK, 3º andar
Bela Vista – São Paulo – SP – CEP 01310-100

 sac.sets@saraivaeducacao.com.br

| | |
|---|---|
| Diretoria executiva | Flávia Alves Bravin |
| Diretoria editorial | Ana Paula Santos Matos |
| Gerência editorial e de projetos | Fernando Penteado |
| Novos projetos | Aline Darcy Flôr de Souza |
| | Dalila Costa de Oliveira |
| Gerência editorial Edição | Isabella Sánchez de Souza |
| | Daniel Pavani Naveira |
| Produção editorial | Daniele Debora de Souza (coord.) |
| | Cintia Aparecida dos Santos |
| | Rosana Peroni Fazolari |
| Arte e digital | Mônica Landi (coord.) |
| | Camilla Felix Cianelli Chaves |
| | Claudirene de Moura Santos Silva |
| | Deborah Mattos |
| | Guilherme H. M. Salvador |
| | Tiago Dela Rosa |
| Projetos e serviços editoriais | Daniela Maria Chaves Carvalho |
| | Emily Larissa Ferreira da Silva |
| | Kelli Priscila Pinto |
| | Klariene Andrielly Giraldi |
| Diagramação | Manuel Miramontes |
| Revisão | Ana Cortazzo |
| Capa | Tiago Dela Rosa |
| Produção gráfica | Marli Rampim |
| | Sergio Luiz Pereira Lopes |
| Impressão e acabamento | Vox Gráfica |

DADOS INTERNACIONAIS DE CATALOGAÇÃO NA PUBLICAÇÃO (CIP)
VAGNER RODOLFO DA SILVA - CRB-8/9410

S621m   Sirvinskas, Luís Paulo
　　　　　Manual de Direito Ambiental / Luís Paulo Sirvinskas. - 20. ed. - São Paulo : SaraivaJur, 2022.
　　　　　1.024 p.

　　　　　ISBN 978-65-5362-143-5 (impresso)

　　　　　1. Direito. 2. Direito ambiental. 3. Meio ambiente. 4. Processo ambiental. 5. Poluição. I. Título.

2022-143　　　　　　　　　　　　　　　　CDD 341.347
　　　　　　　　　　　　　　　　　　　　CDU 34:502.7

Índices para catálogo sistemático:
1. Direito ambiental　　　　341.347
2. Direito ambiental　　　　34:502.7

Data de fechamento da edição: 16-2-2022

Dúvidas? Acesse www.editorasaraiva.com.br/direito

Nenhuma parte desta publicação poderá ser reproduzida por qualquer meio ou forma sem a prévia autorização da Saraiva Educação. A violação dos direitos autorais é crime estabelecido na Lei n. 9.610/98 e punido pelo art. 184 do Código Penal.

CL | 607562 |　CAE | 791999

*Ofereço este livro à Cláudia — minha esposa
e companheira de todos os momentos —
e aos meus filhos, Sophia, Ricardo Luís
e Luísa, desculpando-me pela ausência
e descuido durante o período de sua
elaboração.
Espero que esta obra possa contribuir para
o despertar da consciência ecológica no
futuro próximo, com a consequente melhoria
da qualidade de vida como um todo,
transformando-se essa ausência em orgulho.*

*"A Terra é a própria quintessência da condição humana e, ao que sabemos, sua natureza pode ser singular no universo, a única capaz de oferecer aos seres humanos um hábitat no qual eles podem mover-se e respirar sem esforço nem artifício. O mundo — artifício humano — separa a existência do homem de todo ambiente meramente animal; mas a vida, em si, permanece fora desse mundo artificial, e através da vida o homem permanece ligado a todos os outros organismos vivos."*
(Hannah Arendt, A condição humana, 10. ed., São Paulo, Forense Universitária, 2000, p. 10.)

# Abreviaturas e siglas

| | | |
|---|---|---|
| ABNT | — | Associação Brasileira de Normas Técnicas |
| ABRADECEL | — | Associação Brasileira de Defesa dos Moradores e Usuários Intranquilos com Equipamento de Telefonia Celular |
| ABREA | — | Associação Brasileira dos Expostos ao Amianto |
| Ac. | — | Acórdão |
| AC | — | Apelação Cível |
| ACP | — | Ação Civil Pública |
| ACrim | — | Apelação Criminal |
| ADCT | — | Ato das Disposições Constitucionais Transitórias |
| ADIn | — | Ação Direta de Inconstitucionalidade |
| ADN/ARN | — | Ácido desoxirribonucleico ou ácido ribonucleico |
| ADPF | — | Arguição de Descumprimento de Preceito Fundamental |
| AgI | — | Agravo de Instrumento |
| AgRg | — | Agravo Regimental |
| AIEA | — | Agência Internacional de Energia Atômica |
| AIIPA | — | Auto de Imposição de Infração de Penalidade Ambiental |
| ANA | — | Agência Nacional de Águas |
| ANAC | — | Agência Nacional de Aviação Civil |
| ANAMATRA | — | Associação Nacional dos Magistrados da Justiça do Trabalho |
| ANATEL | — | Agência Nacional de Telecomunicações |
| ANPPAS | — | Associação Nacional de Pós-Graduação e Pesquisa em Ambiente e Sociedade |
| ANPT | — | Associação Nacional dos Procuradores do Trabalho |
| ANTT | — | Agência Nacional de Transportes Terrestres |
| ANVISA | — | Agência Nacional de Vigilância Sanitária |
| Ap. | — | Apelação |
| APA(s) | — | Áreas de Preservação Ambiental |
| APMP | — | Associação Paulista do Ministério Público |
| APPs | — | Áreas de Preservação Permanente |
| APRMG | — | Área de Proteção e Recuperação dos Mananciais da Bacia Hidrográfica do Guarapiranga |

| | | |
|---|---|---|
| APRODAB | — | Associação dos Professores de Direito Ambiental do Brasil |
| APROV | — | Departamento de Aprovação de Edificações |
| ARSESP | — | Agência Reguladora de Serviços de Saneamento e Energia do Estado de São Paulo |
| art. | — | artigo |
| ASIBAMA | — | Associação Nacional dos Servidores da Carreira de Especialista em Meio Ambiente |
| BNDES | — | Banco Nacional de Desenvolvimento Econômico e Social |
| BOVESPA | — | Bolsa de Valores de São Paulo |
| CADAN | — | Cadastro de Anúncios |
| CADE | — | Conselho Administrativo de Defesa Econômica |
| CADIN | — | Cadastro Informativo dos Créditos não Quitados do Setor Público Federal |
| Câm. | — | Câmara |
| CAO-UMA | — | Centro de Apoio Operacional de Urbanismo e Meio Ambiente |
| CAR | — | Cadastro Ambiental Rural |
| CC | — | Código Civil |
| c/c | — | combinado com |
| CComp | — | Conflito de Competência |
| CCZ | — | Centro de Controle de Zoonose |
| CDB | — | Convenção sobre Diversidade Biológica |
| CDC | — | Código de Defesa do Consumidor |
| CE | — | Comunidade Europeia |
| CEAF | — | Centro de Estudos e Aperfeiçoamento Funcional do Ministério Público do Estado de São Paulo |
| CENTRES | — | Centro de Tratamento de Resíduos Sólidos |
| CESP | — | Centrais Elétricas de São Paulo |
| CET | — | Companhia de Engenharia de Tráfego |
| CETESB | — | Companhia Ambiental do Estado de São Paulo |
| CEUA | — | Comissão de Ética no Uso de Animais |
| CF | — | Constituição Federal |
| CFC | — | Clorofluorcarboneto |
| CFMV | — | Conselho Federal de Medicina Veterinária |
| CGEN | — | Conselho de Gestão do Patrimônio Genético |
| CIBio | — | Comissão Interna de Biossegurança |
| CIRM | — | Comissão Interministerial para os Recursos do Mar |
| cit. | — | citado |

CITES — Convenção sobre o Comércio Internacional das Espécies da Fauna e da Flora Selvagens em Perigo de Extinção
CLT — Consolidação das Leis do Trabalho
CMB — Comissão Mundial sobre Barragens
CNBB — Conferência Nacional dos Bispos do Brasil
CNBS — Conselho Nacional de Biossegurança
CNEN — Comissão Nacional de Energia Nuclear
CNJ — Conselho Nacional de Justiça
CNMP — Conselho Nacional do Ministério Público
CNTI — Confederação Nacional dos Trabalhadores na Indústria
CNUMAD — Conferência das Nações Unidas sobre Meio Ambiente e Desenvolvimento
CONABIO — Comissão Nacional da Biodiversidade
CONAMA — Conselho Nacional do Meio Ambiente
CONAMP — Associação Nacional dos Membros do Ministério Público
CONCAO-UMA — Conselho Nacional dos Coordenadores de Centros de Apoio Operacional de Urbanismo e Meio Ambiente
CONAR — Conselho Nacional de Autorregulamentação Publicitária
CONCEA — Conselho Nacional de Controle de Experimentação Animal
CONDEPHAAT — Conselho de Defesa do Patrimônio Histórico, Artístico, Arqueológico e Turístico
CONPRESP — Conselho Municipal de Preservação do Patrimônio Histórico, Cultural e Ambiental da Cidade de São Paulo
CONSEMA — Conselho Estadual do Meio Ambiente
CONTRAN — Conselho Nacional do Trânsito
CP — Código Penal
CPC — Código de Processo Civil
CPFL — Companhia Paulista de Força e Luz
CPP — Código de Processo Penal
CPPU — Comissão de Proteção à Paisagem Urbana
CPRN — Coordenadoria de Licenciamento Ambiental e de Proteção de Recursos Naturais
CPTEC — Centro de Previsão de Tempo e Estudos Climáticos

CQB — Certificado de Qualidade em Biossegurança
CRI — Cartório de Registro de Imóveis
Crim. — Criminal
CSMP — Conselho Superior do Ministério Público
CTB — Código de Trânsito Brasileiro
CTN — Código Tributário Nacional
CTNBio — Comissão Técnica Nacional de Biossegurança
CVM — Comissão de Valores Mobiliários
DAIA — Departamento de Avaliação de Impacto Ambiental
Dec. — Decreto
DECON — Delegacia do Consumidor
DEPAVE — Departamento de Parques e Áreas Verdes
DEPRN — Departamento Estadual de Proteção dos Recursos Naturais
Des. — Desembargador
DETRAN — Departamento Estadual de Trânsito
DJ — *Diário da Justiça*
DJU — *Diário da Justiça da União*
DNPM — Departamento Nacional de Produção Mineral
DOE — *Diário Oficial do Estado*
DOM — *Diário Oficial do Município*
DOU — *Diário Oficial da União*
DP — Delegacia de Polícia
DPH — Departamento do Patrimônio Histórico
DPRN ou DEPRN — Departamento Estadual de Recursos Naturais
DUSM — Departamento de Licenciamento e Fiscalização do Uso do Solo Metropolitano
EI — Embargos Infringentes
EIV — Estudo de Impacto de Vizinhança
ELETROPAULO — Eletricidade de São Paulo
EMBRAPA — Empresa Brasileira de Pesquisa Agropecuária
EMBRAPARQUE — Empresa Brasileira de Parques S/C Ltda.
EPIA ou EIA — Estudo Prévio de Impacto Ambiental
EPIV ou EIV — Estudo Prévio de Impacto de Vizinhança
ERBs — Estações de radiobase
ESMP — Escola Superior do Ministério Público
ETA — Estação de Tratamento de Água
ETE — Estação de Tratamento de Esgoto
FAO — Organização das Nações Unidas para a Alimentação e a Agricultura (*Food and Agriculture Organization*)

| | |
|---|---|
| FAPESP | — Fundação de Amparo à Pesquisa do Estado de São Paulo |
| FECOP | — Fundo Estadual de Prevenção e Controle de Poluição |
| FEHIDRO | — Fundo Estadual de Recursos Hídricos |
| FIESP | — Federação das Indústrias do Estado de São Paulo |
| FMRP | — Faculdade de Medicina de Ribeirão Preto |
| FUNBIO | — Fundo Brasileiro para a Biodiversidade |
| GAEMA | — Grupo de Atuação Especial na Defesa do Meio Ambiente |
| GALA | — Grupo de Apoio ao Licenciamento Ambiental |
| g. n. | — grifo nosso |
| HC | — *Habeas Corpus* |
| IBAMA | — Instituto Brasileiro do Meio Ambiente e dos Recursos Naturais Renováveis |
| IBAP | — Instituto Brasileiro de Advocacia Pública |
| IBCCrim | — Instituto Brasileiro de Ciências Criminais |
| IBDF | — Instituto Brasileiro de Desenvolvimento Florestal |
| IBGE | — Instituto Brasileiro de Geografia e Estatística |
| IC | — Inquérito Civil |
| ICMBio | — Instituto Chico Mendes para a Conservação da Biodiversidade |
| ICMS | — Imposto sobre Circulação de Mercadorias e Serviços |
| IDH | — Índice de Desenvolvimento Humano |
| IJA | — Instituto Justiça Ambiental |
| IMESP | — Imprensa Oficial do Estado de São Paulo |
| IN | — Instrução Normativa |
| INMET | — Instituto Nacional de Meteorologia |
| INMETRO | — Instituto Nacional de Metrologia, Qualidade e Tecnologia |
| IP | — Inquérito Policial |
| INPA | — Instituto Nacional de Pesquisas da Amazônia |
| INPE | — Instituto Nacional de Pesquisas Espaciais |
| INPI | — Instituto Nacional da Propriedade Industrial |
| IOB | — Informações Objetivas |
| IPAM | — Instituto de Pesquisa Ambiental da Amazônia |
| IPEA | — Instituto de Pesquisa Econômica Aplicada |
| IPCC | — Painel Intergovernamental sobre Mudança Climática (*International Panel of Climate Change*) |

IPHAN — Instituto do Patrimônio Histórico e Artístico Nacional
IPT — Instituto de Pesquisas Tecnológicas
IPTU — Imposto Predial e Territorial Urbano
IPVA — Imposto sobre a Propriedade de Veículos Automotores
ISE — Índice de Sustentabilidade das Empresas
ISO — *International for Standardization Organization*
ISS — Imposto sobre Serviços
ISSB — Instituto *Sea Shepherd* Brasil
ITR — Imposto Territorial Rural
IUCN — União Internacional para Conservação da Natureza
j. — julgado(a)
JEC — Juizados Especiais Criminais
JTASP — *Jurisprudência do Tribunal de Alçada do Estado de São Paulo*
JUCESP — Junta Comercial do Estado de São Paulo
*Justitia* — *Revista da Procuradoria-Geral de Justiça do Estado de São Paulo e da Associação Paulista do Ministério Público*
JTACrimSP — *Jurisprudência do Tribunal de Alçada Criminal de São Paulo*
LA — Lei Ambiental (Lei n. 9.605, de 12-2-1998)
LACP — Lei da Ação Civil Pública
LAP — Lei de Ação Popular
LCP — Lei das Contravenções Penais
LCVM — Licença para uso da configuração de veículo ou motor
LI — Licença de Instalação
LICC — Lei de Introdução ao Código Civil
LINDB — Lei de Introdução às Normas do Direito Brasileiro
LO — Licença de Operação
LP — Licença Prévia
MAPA — Ministério da Agricultura, Pecuária e Abastecimento
MDL — Mecanismo de Desenvolvimento Limpo
MERCOSUL — Mercado Comum do Sul
MIT — Massachusetts Institute of Technology
MMA — Ministério do Meio Ambiente

| | | |
|---|---|---|
| MP | — | Medida Provisória |
| MPF | — | Ministério Público Federal |
| MS | — | Mandado de Segurança |
| MTE | — | Ministério do Trabalho e Emprego |
| m.v. | — | maioria de votos |
| n. | — | número |
| NASA | — | *National Aeronautics and Space Administration* (Administração Nacional do Espaço e da Aeronáutica) |
| NBR | — | Normas Brasileiras |
| NR | — | Norma Regulamentadora |
| NOAA | — | National Oceanic and Atmospheric Administration (Agência Nacional de Oceanos e Atmosfera dos EUA) |
| OGM | — | Organismo Geneticamente Modificado |
| OIT | — | Organização Internacional do Trabalho |
| OMS | — | Organização Mundial da Saúde |
| ONU | — | Organização das Nações Unidas |
| ORPLANA | — | Organização de Plantadores de Cana da Região Centro-Sul do Brasil |
| OSCIP | — | Organizações da Sociedade Civil de Interesse Público |
| p. | — | página(s) |
| PAC | — | Programa de Aceleração do Crescimento |
| PARSOLO-INTERURB | — | Departamento de Parcelamento do Solo e Intervenções Urbanas |
| PCPV | — | Plano de Controle de Poluição Veicular |
| PDE | — | Plano Diretor Estratégico |
| PEEA | — | Política Estadual de Educação Ambiental |
| PETROBRAS | — | Petróleo Brasileiro S/A |
| PERS | — | Política Estadual de Resíduos Sólidos |
| PGJ | — | Procuradoria-Geral da Justiça |
| PMFS | — | Plano de Manejo Florestal Sustentável |
| PNB | — | Política Nacional de Biossegurança |
| PNEA | — | Política Nacional de Educação Ambiental |
| PNGC | — | Plano Nacional de Gerenciamento Costeiro |
| PNMA | — | Plano Nacional do Meio Ambiente |
| PNRS | — | Política Nacional de Resíduos Sólidos |
| PNRM | — | Política Nacional para os Recursos do Mar |
| PNUD | — | Programa das Nações Unidas para o Desenvolvimento Humano |

PNUMA — Programa das Nações Unidas para o Meio Ambiente
PNSB — Plano Nacional de Saneamento Básico
PRA — Programa de Regularização Ambiental
PRAD — Programa de Recuperação de Áreas Degradadas
PRES — Plano Regional Estratégico das Subprefeituras
PROCONVE — Programa de Controle da Poluição do Ar por Veículos Automotores
PROBANIO — Programa Nacional da Diversidade Biológica
PROBIO — Projeto de Conservação e Utilização Sustentável da Biodiversidade
PRONAR — Programa Nacional de Controle de Qualidade do Ar
PSIU — Programa de Silêncio Urbano
Pt. — Protocolado
PUC-SP — Pontifícia Universidade Católica de São Paulo
RAP — Relatório Ambiental Preliminar
RDA — *Revista de Direito Ambiental*
RDC — *Revista de Direito Civil*
RDH — Relatório de Desenvolvimento Humano
RDP — *Revista do Direito Público*
RE — Recurso Extraordinário
REDD — Redução de Emissões por Desmatamento e Degradação
Reg. — Região
Rel. — Relator
REPLAN — Refinaria de Paulínia
REsp — Recurso Especial
RF — *Revista Forense*
RGI — Registro Geral de Identificação
RHC — Recurso em *Habeas Corpus*
RIMA — Relatório de Impacto Ambiental
RIPE-ITE — *Revista do Instituto de Pesquisas e Estudos do Instituto Toledo de Ensino*
RIVI — Relatório de Impacto de Vizinhança
RJ — *Revista Jurídica*
RJE — *Revista dos Juizados Especiais*
RJDTACrimSP — *Revista de Julgados e Doutrina do Tribunal de Alçada Criminal de São Paulo*
RPPN — Reservas Particulares do Patrimônio Natural
RSE — Recurso em Sentido Estrito

RSTJ — Revista do Superior Tribunal de Justiça
RT — Revista dos Tribunais
RTJ — Revista Trimestral de Jurisprudência
RTJE — Revista Trimestral de Jurisprudência dos Estados
s. — seguinte(s)
SABESP — Companhia de Saneamento Básico do Estado de São Paulo
SEAQUA — Sistema Estadual de Administração da Qualidade Ambiental, Proteção, Controle e Desenvolvimento do Meio Ambiente e Uso Adequado dos Recursos Naturais
SEHAB — Secretaria da Habitação e Desenvolvimento Urbano
SEMA — Secretaria Especial do Meio Ambiente
SEPEX — Sindicato das Empresas de Publicidade Exterior do Estado de São Paulo
SFB — Serviço Florestal Brasileiro
SGB — Serviço Geológico do Brasil
SIAESP — Sindicato da Indústria de Açúcar no Estado de São Paulo
SIFAESP — Sindicato da Indústria da Fabricação do Álcool do Estado de São Paulo
SINIMA — Sistema Nacional de Informações sobre o Meio Ambiente
SINIR — Sistema Nacional de Informações sobre a Gestão dos Resíduos Sólidos
SINISA — Sistema Nacional de Informações em Saneamento Básico
SINMETRO — Sistema Nacional de Metrologia, Normalização e Qualidade Industrial
SIPRON — Sistema de Proteção ao Programa Nuclear Brasileiro
SISNAMA — Sistema Nacional do Meio Ambiente
SL — Suspensão Liminar
SMA — Secretaria Estadual do Meio Ambiente
SNUC — Sistema Nacional de Unidades de Conservação da Natureza
SNVS — Sistema Nacional de Vigilância Sanitária
SSO — Secretaria de Serviços de Obras

| | | |
|---|---|---|
| STF | — | Supremo Tribunal Federal |
| STJ | — | Superior Tribunal de Justiça |
| SUASA | — | Sistema Unificado de Atenção à Sanidade Agropecuária |
| SUFRAMA | — | Superintendência da Zona Franca de Manaus |
| SUS | — | Sistema Único de Saúde |
| T. | — | Turma |
| TAC | — | Termo e Ajustamento de Conduta |
| TACrimSP | — | Tribunal de Alçada Criminal de São Paulo |
| TAMG | — | Tribunal de Alçada de Minas Gerais |
| TARS | — | Tribunal de Alçada do Rio Grande do Sul |
| TELESP | — | Telecomunicações de São Paulo S.A. |
| TFA | — | Taxa de Fiscalização Ambiental |
| TJMG | — | Tribunal de Justiça de Minas Gerais |
| TJMS | — | Tribunal de Justiça do Mato Grosso do Sul |
| TJPR | — | Tribunal de Justiça do Paraná |
| TJSP | — | Tribunal de Justiça de São Paulo |
| TRF | — | Tribunal Regional Federal |
| TSA | — | Taxa de Serviços Administrativos |
| UFESP | — | Unidade Fiscal do Estado de São Paulo |
| UFM | — | Unidade Fiscal do Município |
| UGRH | — | Unidades Hidrográficas de Gerenciamento de Recursos Hídricos do Estado de São Paulo |
| UNESCO | — | Organização das Nações Unidas para a Educação, a Ciência e a Cultura |
| UNESP | — | Universidade Estadual Paulista "Júlio de Mesquita Filho" |
| UNFCCC | — | Convenção – Quadro das Nações Unidas sobre Mudanças do Clima |
| UNFPA | — | Fundo de População das Nações Unidas |
| UNICA | — | União da Indústria de Cana-de-Açúcar |
| UNICAMP | — | Universidade Estadual de Campinas |
| UNICID | — | Universidade Cidade de São Paulo |
| USP | — | Universidade de São Paulo |
| *v.* | — | *vide* |
| v. | — | volume |
| v.u. | — | votação unânime |
| WWF | — | *World Wide for Nature* |
| ZC | — | Zona Costeira |
| ZCL | — | Zona Centralizada Linear |

ZCLz — Zona Centralizada Linear Lindeira ou Interna a ZER
ZCP — Zona Centralizada Polar
ZEE — Zoneamento Ecológico-Econômico do Brasil
ZEIS — Zona Especial de Interesse Social
ZEP — Zona Especial de Preservação
ZEPAG — Zona Especial de Produção Agrícola e de Extração Mineral
ZEPAN — Zona Especial de Preservação Ambiental
ZEPEC — Zona Especial de Preservação Cultural
ZER — Zona Exclusivamente Residencial
ZM — Zona Mista
ZOE — Zona de Ocupação Especial
ZPI — Zona Predominantemente Industrial
ZTLz — Zona de Transição Linear da ZER

# Sumário

| | |
|---|---|
| *Abreviaturas e siglas* | 9 |
| *Prefácio* | 61 |
| *Apresentação* | 63 |
| *Nota à 20ª edição* | 65 |

## Livro I
### Direito Material

**Título I**
**DIREITO AMBIENTAL**

**Capítulo I**
**NOÇÕES INTRODUTÓRIAS**

*Seção I*
**Visão histórica**

1. Objetivo deste *Manual* ................................................. 69
2. Universo, planeta Terra, espaço, tempo e vida ............... 70
3. Evolução da consciência ecológica ................................ 72
   3.1. Documento 1 — Livro dos Mortos ......................... 73
   3.2. Documento 2 — Tribo indígena Seattle .................. 74
   3.3. Documento 3 — Tribo indígena Sioux .................... 76
4. Histórico do meio ambiente no Brasil ............................ 77
5. Meio ambiente na atualidade: contexto mundial ............ 80
6. Agressões ao meio ambiente (fases) .............................. 81
7. Consumo *versus* população: pegada ecológica .............. 82
8. O destino da humanidade ............................................. 83

*Seção II*
**Visão contemporânea**

1. Consciência ecológica e educação ambiental ................. 84

| | |
|---|---|
| 1.1. Política Nacional de Educação Ambiental — PNEA............ | 90 |
| 1.2. Política Estadual de Educação Ambiental — PEEA............. | 91 |
| 1.3. Sugestão apresentada pelo Ministério Público paulista e aprovada pelo Conselho Nacional de Educação........................ | 91 |
| 1.4. Ministério Público e educação ambiental............................ | 92 |
| 2. Ética ambiental e cidadania................................................... | 92 |
| 3. Visão antropocêntrica, ecocêntrica e biocêntrica do meio ambiente | 95 |
| 4. Necessidade da codificação da legislação ambiental.................... | 96 |

### Seção III
### Ministério Público e meio ambiente

| | |
|---|---|
| 1. Atuação do Ministério Público: instâncias e entrâncias............. | 98 |
| 2. Grupo de Atuação Especial na Defesa do Meio Ambiente — GAEMA.................................................................................. | 99 |
| 2.1. Unidade territorial — bacia hidrográfica............................ | 100 |
| 2.2. Metas dos núcleos de atuação regionalizada e da rede protetiva | 100 |
| 2.3. Algumas súmulas de entendimentos do GAEMA.................. | 101 |
| 2.3.1. Restinga.................................................................... | 101 |
| 2.3.2. Compensação ambiental............................................. | 102 |
| 2.3.3. Reserva Legal........................................................... | 102 |
| 3. Grupo de Trabalho de Recursos Hídricos, Saneamento Básico e Resíduos Sólidos................................................................... | 103 |
| 4. Centro de Apoio Operacional Cível e Tutela Coletiva ............. | 104 |
| 5. Projeto Florestar................................................................... | 104 |
| 6. Conselho Nacional dos Coordenadores de Centros de Apoio Operacional de Urbanismo e Meio Ambiente — CONCAO-UMA.. | 105 |
| 7. Plano anual de atuação do Ministério Público do Estado de São Paulo..................................................................................... | 105 |

### Capítulo II
### PROPEDÊUTICA DO DIREITO AMBIENTAL

### Seção I
### Direito ambiental

| | |
|---|---|
| 1. Direito ambiental como disciplina curricular obrigatória............ | 107 |
| 2. Direito ambiental empresarial................................................ | 109 |
| 3. Direito ambiental na sociedade de risco................................. | 112 |
| 4. Estado de Direito Ambiental.................................................. | 113 |
| 5. Metodologia do direito ambiental........................................... | 114 |

6. Autonomia do direito ambiental ................................................... 115
7. Fontes do direito ambiental ....................................................... 115
8. Relação do direito ambiental com outros ramos do direito ........... 115

### Seção II
### Gestão ambiental

1. Alguns modelos eficazes de gestão ambiental ............................. 116
2. Índice de Sustentabilidade das Empresas — ISE da Bovespa ........ 116
3. Petrobras e Bovespa .................................................................. 118
4. Certificação do agronegócio ...................................................... 119
5. Projeto Respira São Paulo ......................................................... 120
6. Quanto um copo de suco de laranja contribui para o aquecimento global? ....................................................................................... 121
7. Plantação de algodão orgânico (já nasce colorido) ..................... 122
8. Poder Judiciário: atitudes internas ............................................. 123
9. A EMBRAPA e suas pesquisas .................................................... 123
10. Supercomputador brasileiro ..................................................... 124
11. Pesquisa de opinião: relatório de orientação às empresas .......... 124
12. OIT divulga relatório de números de postos denominados verdes no Brasil ....................................................................................... 125
13. Pandemia e meio ambiente ...................................................... 126

### Seção III
### Meio ambiente e bem ambiental

1. Meio ambiente .......................................................................... 127
2. Ecologia e meio ambiente ......................................................... 130
3. Economia e ecologia ................................................................. 131
4. Economia verde ........................................................................ 132
5. Bem ambiental .......................................................................... 135
   5.1. Conceito ............................................................................. 135
   5.2. Classificação ....................................................................... 136
   5.3. Evolução ............................................................................. 137
   5.4. Função social ...................................................................... 138
   5.5. Natureza jurídica ................................................................. 139

### Seção IV
### Princípios de direito ambiental

1. Princípios do direito ambiental: conceito e funções .................... 140

2. Princípios gerais do direito ambiental ................................. 142
3. Princípios específicos do direito ambiental ............................ 143
   3.1. Princípio do direito humano .................................... 144
   3.2. Princípio do desenvolvimento sustentável ....................... 144
   3.3. Princípio democrático ou da participação ....................... 146
   3.4. Princípio da prevenção (precaução ou cautela) .................. 147
   3.5. Princípio do equilíbrio ........................................ 148
   3.6. Princípio do limite ............................................ 148
   3.7. Princípio do poluidor-pagador, do usuário-pagador e do protetor-recebedor ...................................................... 149
   3.8. Princípio do não retrocesso ou da proibição do retrocesso .... 150
   3.9. Princípio da responsabilidade socioambiental ................... 153
   3.10. Princípio da senciência ....................................... 154

## Título II
## TUTELA CONSTITUCIONAL DO MEIO AMBIENTE

### Capítulo I
### DIREITO AMBIENTAL CONSTITUCIONAL

1. Posição constitucional ............................................... 157
2. Meio ambiente nas Constituições brasileiras .......................... 157

### Capítulo II
### CONSTITUIÇÃO FEDERAL E MEIO AMBIENTE

*Seção I*
Normas constitucionais específicas

1. Comentários às normas específicas .................................... 160
2. Norma fundamental (art. 225, *caput*) ................................ 160
   2.1. Meio ambiente ecologicamente equilibrado ...................... 160
   2.2. Meio ambiente como direito fundamental ........................ 162
   2.3. Responsabilidade intergeracional ............................... 163
3. Normas destinadas ao Poder Público ................................... 164
   3.1. Processos ecológicos essenciais (§ 1º, I) ..................... 164
   3.2. Proteção da biodiversidade e do patrimônio genético (§ 1º, II) 166
   3.3. Microecossistemas (§ 1º, III) ................................. 168
   3.4. Estudo Prévio de Impacto Ambiental — EPIA (§ 1º, IV) .......... 169
   3.5. Controle da produção, da comercialização e do emprego de técnicas, métodos e substâncias que causem risco à vida, à

   qualidade de vida e ao meio ambiente (§ 1º,V) .................... 171
 3.6. Educação ambiental (§ 1º,VI) ..................................................... 172
 3.7. Proteção da flora e da fauna (§ 1º,VII) ....................................... 173
4. Normas destinadas aos particulares .......................................................... 176
 4.1. Obrigação da reparação dos danos causados pela atividade
   minerária (§ 2º) ............................................................................. 176
 4.2. Responsabilidade criminal, civil e administrativa (§ 3º) ........ 177
 4.3. Macroecossistemas (§ 4º) ............................................................ 178
 4.4. Indisponibilidade das terras devolutas ou arrecadadas para a
   proteção do meio ambiente (§ 5º) ............................................... 179
 4.5. Atividade nuclear (§ 6º) ............................................................... 180

*Seção II*
**Normas constitucionais gerais**

1. Comentários às normas gerais ................................................................... 181
2. Bens da União (art. 20) ............................................................................... 182
3. Bens dos Estados (art. 26) .......................................................................... 184
4. Articulação da ação da União num mesmo complexo geoeconômico (art. 43) .............................................................................................. 184
5. Atribuições do Congresso Nacional (art. 49) .......................................... 185
6. Atribuições do Conselho de Defesa Nacional (art. 91) .......................... 186
7. Ordem econômica e social (art. 170) ........................................................ 186
8. Função normativa da atividade econômica do Estado (art. 174) ... 187
9. Recursos naturais pertencentes à União (art. 176) ................................ 187
10. Monopólio da União (art. 177) .................................................................. 189
11. Política de desenvolvimento urbano (art. 182) ....................................... 190
12. Função social da propriedade rural e política agrícola (art. 186) ... 191
13. Proteção do meio ambiente do trabalho (art. 200) ................................ 192
14. Patrimônio cultural — Acesso pleno de todos (art. 215) ...................... 192
15. Patrimônio cultural — Conceito (art. 216) ............................................. 193
16. Direito à informação e proteção da saúde e do meio ambiente (art. 220) ................................................................................................................ 193
17. Proteção das terras indígenas (arts. 231 e 232) ....................................... 194

*Seção III*
**Normas constitucionais de competência**

1. Comentários às normas de competência ................................................. 196
2. Competência material exclusiva ................................................................ 198
3. Competência legislativa exclusiva ............................................................. 198

4. Competência material comum...................................................... 199
5. Competência legislativa concorrente............................................ 201
6. Competência legislativa dos Municípios....................................... 202
7. Lei Complementar n. 140/2011 — regulamenta o art. 23, parágrafo único, da Constituição Federal.................................................. 204
8. Cooperação, convênio e consórcio entre os entes federados.......... 206

### Seção IV
### Normas constitucionais de garantia

Comentários às normas de garantia..................................................... 208

## Título III
## POLÍTICA, INSTRUMENTOS E SISTEMA NACIONAL DO MEIO AMBIENTE

### Capítulo I
### POLÍTICA NACIONAL DO MEIO AMBIENTE (PNMA)

1. Política Nacional do Meio Ambiente............................................. 209
2. Objeto........................................................................................... 210
3. Objetivos...................................................................................... 210
4. Princípios..................................................................................... 211
5. Diretrizes...................................................................................... 212
6. Instrumentos................................................................................. 212

### Capítulo II
### INSTRUMENTOS DA POLÍTICA NACIONAL DO MEIO AMBIENTE

### Seção I
### Padrões de qualidade ambiental

1. Padrões de qualidade ambiental.................................................... 214
   1.1. Padrões de qualidade do ar.................................................... 214
   1.2. Padrões de qualidade das águas............................................. 215
   1.3. Padrões de qualidade para ruídos........................................... 216

### Seção II
### Zoneamento ambiental

1. Zoneamento ambiental.................................................................. 216

2. Competência constitucional do Poder Público ............................ 217
3. Modalidades de zonas de uso industrial ....................................... 218
   3.1. Zonas de uso estritamente industrial ................................... 218
   3.2. Zonas de uso predominantemente industrial ...................... 219
   3.3. Zonas de uso diversificado .................................................... 219
   3.4. Zonas de reserva ambiental .................................................. 219
   3.5. Graus de saturação das zonas ................................................ 220
4. Zoneamento Ecológico-Econômico do Brasil (ZEE) ................. 220
   4.1. Definição do ZEE .................................................................. 220
   4.2. Objetivo do ZEE ................................................................... 221
   4.3. Princípios do ZEE ................................................................. 221
   4.4. Diretrizes do ZEE .................................................................. 221
   4.5. Elaboração do ZEE ................................................................ 221
   4.6. Conteúdo do ZEE .................................................................. 222
5. Direito adquirido de pré-ocupação e relocalização ..................... 222
6. Lei de Zoneamento do Município de São Paulo ......................... 223
7. Instalação de comércio em zona estritamente residencial — Jurisprudência ......................................................................................... 224

*Seção III*
**Avaliação e relatório de impactos ambientais**

1. Avaliação de impactos ambientais ................................................. 225
2. Estudo prévio e relatório de impacto ambiental .......................... 225
   2.1. Estudo Prévio de Impacto Ambiental e do seu respectivo relatório (EPIA/RIMA) ................................................................ 225
   2.2. Evolução histórica da legislação ordinária sobre o Estudo Prévio de Impacto Ambiental (EPIA/RIMA) ....................... 226
   2.3. Competência administrativa para exigir o Estudo Prévio de Impacto Ambiental (EPIA/RIMA) ....................................... 228
   2.4. Procedimento administrativo do Estudo Prévio de Impacto Ambiental (EPIA/RIMA) ....................................................... 228
      2.4.1. Exigências legais do Estudo Prévio de Impacto Ambiental (EPIA/RIMA) ............................................... 229
      2.4.2. Audiência pública ........................................................ 230
3. Relatório Ambiental Preliminar (RAP) ......................................... 231
4. Outras modalidades de estudos ambientais .................................. 231

*Seção IV*
**Licenciamento ambiental**

1. Licenciamento e revisão de atividades efetiva ou potencialmente

poluidoras .................................................................... 232
2. Licenciamento ambiental ........................................... 232
3. Licença ambiental ..................................................... 234
4. Competência para outorga das licenças ..................... 236
5. Espécies e prazos de validade das licenças ................. 238
6. Prazos para a concessão de licença de usina hidrelétrica ............ 239
7. Hipóteses de desfazimento das licenças ..................... 240
8. Licenciamento Ambiental Unificado .......................... 241
9. O Ministério Público paulista e a Resolução n. 22, da SMA, de 16 de maio de 2007 ........................................ 242
10. Sistema de Licenciamento Ambiental Simplificado (SILIS) .......... 243
11. Sistema Integrado de Licenciamento (SIL) ................. 244
12. O Governo Federal baixou várias portarias com a finalidade de acelerar o procedimento do licenciamento ambiental em diversos setores ........................................................................ 245

### Seção V
### Auditoria ambiental

1. Auditoria ambiental .................................................. 247
2. II Conferência Mundial da Indústria sobre a Gestão do Meio Ambiente (Paris, 1991) .................................................. 248
3. Periodicidade e conteúdo da auditoria ambiental ....... 248
4. Monitoramento e inspeção ambiental ........................ 249
5. Auditor ambiental ..................................................... 250
    5.1. Capacidade do auditor ...................................... 250
    5.2. Independência do auditor ................................. 250
    5.3. Responsabilidade do auditor ............................. 251

### Seção VI
### Outros instrumentos

1. Outros instrumentos da Política Nacional do Meio Ambiente — PNMA ................................................................ 251
2. Incentivos à produção e instalação de equipamentos e a criação ou absorção de tecnologia voltados à melhoria da qualidade ambiental. 251
3. Criação de espaços territoriais especialmente protegidos pelo Poder Público federal, estadual e municipal, tais como áreas de proteção ambiental, de relevante interesse ecológico e reservas extrativistas 253

4. Sistema Nacional de Informações sobre o Meio Ambiente .......... 253
5. Cadastro Técnico Federal de Atividades e Instrumentos de Defesa Ambiental ................................................................................. 254
6. Penalidades disciplinares ou compensatórias ao não cumprimento das medidas necessárias à preservação ou correção da degradação ambiental ................................................................................. 255
7. Instituição do Relatório de Qualidade do Meio Ambiente, a ser divulgado anualmente pelo Instituto Brasileiro do Meio Ambiente e dos Recursos Naturais Renováveis — IBAMA ...................... 255
8. Garantia da prestação de informações relativas ao meio ambiente, obrigando-se o Poder Público a produzi-las, quando inexistentes. 255
9. Cadastro Técnico Federal de atividades potencialmente poluidoras e/ou utilizadoras dos recursos ambientais ................................ 256
10. Instrumentos econômicos, como concessão florestal, servidão ambiental, seguro ambiental e outros ............................................ 256

## Capítulo III
### SISTEMA NACIONAL DO MEIO AMBIENTE (SISNAMA)

1. Introdução .............................................................................. 259
2. Órgãos e poder de polícia ....................................................... 260
3. Tributação ambiental .............................................................. 262
4. Taxa de Controle e Fiscalização Ambiental (TCFA) ................ 264

## Título IV
### TUTELA CIVIL DO MEIO AMBIENTE

#### Capítulo I
### DANO AMBIENTAL

1. Dano ambiental: material e moral ........................................... 267
2. Reparação dos danos: teorias .................................................. 268
   2.1. Teoria subjetiva ................................................................ 268
   2.2. Teoria objetiva ................................................................. 269
      2.2.1. Teoria do risco integral .............................................. 269
3. Solidariedade passiva na reparação do dano ........................... 270
4. Imprescritibilidade da reparação do dano ambiental ............... 271
5. Reparação do dano e seguro ambiental .................................. 273

## Capítulo II
## RESPONSABILIDADE AMBIENTAL: TEORIA OBJETIVA
### Seção I
### Responsabilidade ambiental e inexistência de excludentes

1. Responsabilidade civil ambiental ................................................. 274
2. Responsabilidade objetiva — Omissão do Estado (jurisprudência) 275
3. Responsabilidade do Estado ......................................................... 277
4. Inexistência de excludentes ......................................................... 277
   - 4.1. Força maior ........................................................................ 277
   - 4.2. Caso fortuito ...................................................................... 278
   - 4.3. Fato de terceiro .................................................................. 278

### Seção II
### Legislação específica sobre responsabilidade objetiva

1. Responsabilidade civil por dano causado por atividade poluidora 278
2. Responsabilidade civil por dano causado por atividade nuclear.... 279
3. Responsabilidade civil por dano causado ao patrimônio genético 279
4. Responsabilidade civil por dano causado por atividade de mineração 279
5. Responsabilidade civil por dano causado por agrotóxico ............. 280
6. Responsabilidade civil por dano causado por manuseio de rejeito perigoso ........................................................................................ 281
7. Responsabilidade civil por dano causado na zona costeira ........... 281
8. Responsabilidade civil por dano causado por disposição inadequada de resíduos sólidos ...................................................................... 281

## Capítulo III
## RESPONSABILIDADE OBJETIVA: POSIÇÃO DO STJ

Responsabilidade civil ambiental (apreciação da prova) — Jurisprudência .............................................................................................. 282

## Título V
## TUTELA DO MEIO AMBIENTE NATURAL

### Capítulo I
### QUALIDADE AMBIENTAL
1. Meio ambiente natural ................................................................. 287
2. Qualidade ambiental .................................................................... 287
3. Poluição do meio ambiente ......................................................... 287
4. Espécies de poluição .................................................................... 288

CAPÍTULO II
ATMOSFERA

*Seção I*
Noções introdutórias

1. Atmosfera e poluição ................................................................ 289
2. Poluente ................................................................................... 289
3. Poluidor .................................................................................... 290
4. Instrumentos administrativos para a prevenção da poluição do ar. 290
5. Normas de fixação de padrões de qualidade do ar ...................... 290
   5.1. A Resolução n. 315/2002 do CONAMA e o Ministério Público Federal ............................................................................. 292
   5.2. Fontes estacionárias ............................................................. 294
   5.3. Fontes móveis ...................................................................... 295
   5.4. Monitoramento da qualidade do ar ...................................... 296
   5.5. Plano de emergência ............................................................ 297
6. Programa ambiental de inspeção veicular ................................... 297
   6.1. Relatório da CETESB sobre a qualidade do ar em São Paulo 297
   6.2. Projeto Respira São Paulo ................................................... 298
   6.3. O Ministério Público do Estado de São Paulo e a inspeção veicular ................................................................................. 298
   6.4. Carbono negro: processo de combustão incompleta ............ 299
   6.5. O governo federal divulga estudos sobre a poluição do ar ... 299
   6.6. A inspeção veicular e o CONAMA ..................................... 300
7. Alguns efeitos da poluição na saúde humana .............................. 301
   7.1. Exercícios aeróbicos em lugares poluídos ............................ 301
   7.2. Limites de poluentes nos principais centros urbanos ........... 301
   7.3. A poluição tem influenciado o nascimento de crianças do sexo feminino ........................................................................ 302
   7.4. Síndrome da classe econômica (trombose) .......................... 303
   7.5. A poluição prejudica os sistemas respiratório, circulatório, cardíaco, psicológico e reprodutor ....................................... 303
   7.6. O tabagismo e suas consequências ....................................... 304
   7.7. Alguns poluentes e seus efeitos ............................................ 307
8. A cidade de Cubatão ontem e hoje .............................................. 307

*Seção II*
Aquecimento global

1. Efeito estufa .............................................................................. 308
   1.1. Transporte mundial (aviação, marinha e rodoviário) ........... 309

1.2. Setor energético e consumo de petróleo mundial ............... 311
1.3. Mudanças extremas do clima: inverno (mais frio) e verão (mais quente) ............................................................ 312
1.4. Rapidez das mudanças climáticas............................................ 315
1.5. Não há mais espaço para o ceticismo....................................... 316
1.6. Reflexo das mudanças climáticas no Brasil............................ 318
2. Mudança climática ............................................................................. 319
   2.1. Erupções de vulcões submarinos (dados históricos)............... 319
   2.2. Erupções de vulcões terrestres (dados históricos) .................. 320
   2.3. Protocolo de Kioto: objetivos.................................................. 321
   2.4. Consequência do verão europeu de 2003 ............................... 322
   2.5. Cenários do aquecimento global futuros (2050, 2100 e 2500) 322
3. Alguns impactos da mudança climática ............................................ 323
   3.1. Doenças.................................................................................. 323
   3.2. Antártida ............................................................................... 324
      3.2.1. Alguns estudos sobre o degelo na Antártida ............... 324
      3.2.2. Situação de algumas plataformas de gelo.................... 325
      3.2.3. Monitoramento das plataformas ................................ 326
      3.2.4. Fenômeno interessante................................................ 327
      3.2.5. Antártida *versus* Ártico.............................................. 328
   3.3. Ártico ..................................................................................... 328
      3.3.1. Alguns estudos sobre o degelo no Ártico.................... 328
      3.3.2. *Permafrost* no continente siberiano ........................... 330
      3.3.3. *Permafrost* na plataforma marinha siberiana............. 331
   3.4. Groenlândia ........................................................................... 332
   3.5. Correntes marinhas................................................................ 334
   3.6. Glaciares ................................................................................ 334
   3.7. Geleiras.................................................................................. 335
   3.8. Diminuição da capacidade de sequestro de carbono pelo mar 337
   3.9. Diminuição de oxigênio marinho ......................................... 338
   3.10. Floresta (*efeito albedo*) ......................................................... 338
   3.11. Variação de temperatura e índice pluviométrico .................. 340
   3.12. Destruição de pântanos ........................................................ 342
   3.13. Segurança alimentar............................................................. 342
   3.14. Deslocados ambientais ou climáticos ................................... 343
4. Relatório do IPCC sobre mudança climática .................................... 344
   4.1. Relatório do Laboratório Oceanográfico Proudman, de Liverpool (Inglaterra) .................................................................. 346
   4.2. Relatório "State of the Future 2009", da Unesco, do Banco Mundial e da Fundação Rockefeller (EUA)......................... 347

4.3. Estudo do Centro Nacional de Estudos Espaciais de Toulouse (França) .................................................................. 347
4.4. Estudo elaborado pelo Instituto de Pesquisas sobre Impactos Climáticos de Potsdam (Alemanha) ................................. 348
5. Mitigação da mudança climática ..................................................... 349
   5.1. Consumo de carne e emissão de $CO_2$ ................................. 350
   5.2. Agropecuária e emissão de $CO_2$ ........................................ 351
   5.3. Desmatamento e emissão de $CO_2$ ..................................... 352
   5.4. Prefeitos das principais cidades do mundo reúnem-se para discutir a redução de $CO_2$ .................................................... 353
6. Mecanismo de Desenvolvimento Limpo (MDL) ............................ 354
   6.1. Reduções Certificadas de Emissão (RCEs) ............................ 354
   6.2. Redução de Emissões por Desmatamento e Degradação (REDD) 355
   6.3. Prefeitura de São Paulo comercializa créditos de carbono na BM&F .................................................................................... 356
7. Plano Nacional sobre Mudanças do Clima do Brasil ..................... 357

### Seção III
### Outros fenômenos atmosféricos

1. Smog ............................................................................................. 360
2. Inversão térmica .......................................................................... 360
3. Chuvas ácidas ............................................................................... 361
4. Camada de ozônio ....................................................................... 361
   4.1. Ozônio na baixa atmosfera (troposfera): prejudicial à saúde humana ................................................................................ 361
   4.2. Ozônio na alta atmosfera (estratosfera): filtra os raios ultravioleta ....................................................................................... 362
   4.3. Medições diárias do ozônio pelo INPE ................................ 363

### Seção IV
### Queimadas

1. Queimada como forma de limpeza do solo .................................. 364
2. Queimadas agropastoris e florestais ............................................ 365
   2.1. Queimada controlada: posição legal .................................... 365
   2.2. Queimada controlada: posição do STJ ................................ 366
3. Queima da palha da cana-de-açúcar: danos à saúde humana e ao meio ambiente ............................................................................... 366
   3.1. Danos à saúde humana e aumento do consumo de água ...... 366
   3.2. Pesquisa demonstra o aumento de nascimento de crianças com baixo peso ................................................................... 367

3.3. Estudo comprova o aumento de doenças respiratórias em crianças e em idosos ..................... 368
3.4. Vinhaça utilizada como fertilizante pode causar danos ao meio ambiente ..................... 368
4. O governo do Estado de São Paulo e a queima da palha da cana-de-açúcar ..................... 369
5. Hipóteses de suspensão da queima da palha da cana-de-açúcar .... 372
6. Competência municipal para legislar sobre a queima da palha da cana-de-açúcar ..................... 376

### Seção V
### Radiações nucleares

1. Energia nuclear e poluição ..................... 379
2. Utilização da energia nuclear para fins pacíficos: desarmamento nuclear ..................... 380
3. Preocupação mundial sobre o uso da energia nuclear ..................... 382
   3.1. Acidentes nucleares no mundo ..................... 383
   3.2. Energia nuclear como melhor alternativa ..................... 385
   3.3. Energia nuclear e aquecimento global ..................... 386
4. Instrumentos legais de controle da atividade nuclear ..................... 386
5. Prevenção do dano nuclear ..................... 387
   5.1. Medidas preventivas ..................... 388
   5.2. Instalação de usinas nucleares ..................... 388
   5.3. Rejeitos radioativos ..................... 389
6. Direito à informação ..................... 391
7. Comissão Nacional de Energia Nuclear (CNEN) ..................... 391

### Seção VI
### Radiações eletromagnéticas

1. Introdução ..................... 391
2. Radiações eletromagnéticas e poluição ..................... 392
3. Danos causados à saúde humana ..................... 393
4. Estudos científicos ..................... 393
5. Princípio da precaução ..................... 394
6. Limites das radiações ..................... 394
7. Estações de radiobase (ERBs) ..................... 395
8. Legislação específica ..................... 395
9. Ação Civil Pública e poluição ..................... 396
10. Competência legislativa municipal — Jurisprudência ..................... 397
11. Infrações administrativas e penais ..................... 397

## Capítulo III
## RECURSOS HÍDRICOS

### Seção I
### Noções introdutórias

1. Recursos hídricos e poluição ............................................. 398
2. Ciclo hidrológico .................................................................. 398
3. Classificação legal dos recursos hídricos ........................ 399
4. Águas sob jurisdição nacional: interiores e marinhas .... 400
5. Problemática do uso da água ............................................ 400
    5.1. Disponibilidade de água no planeta ........................ 400
    5.2. Desperdício na distribuição e no uso da água ....... 401
    5.3. Consequências da falta e da má qualidade da água ... 402
    5.4. Alguns exemplos de consumo de água pela agricultura e indústria ............................................................... 403
    5.5. Irrigação inadequada .................................................. 403
6. Importância e doenças transmitidas pela água .............. 404
7. Algumas causas da poluição e escassez dos recursos hídricos ........ 405
    7.1. Poluição das bacias hidrográficas ............................ 406
    7.2. Reservas e escassez dos recursos hídricos ............ 409
    7.3. Águas subterrâneas: aquífero Guarani .................... 411
    7.4. Mananciais: Billings, Guarapiranga e Serra da Cantareira ... 412
    7.5. Principais medidas para conter o avanço da poluição dos recursos hídricos na região metropolitana de São Paulo ........... 414
    7.6. Mudança climática causa seca severa em São Paulo ... 415
    7.7. O Ministério Público e a falta de água em São Paulo ... 418
8. Declaração Universal dos Direitos da Água ................... 420
9. Instrumentos legais de defesa dos recursos hídricos .... 421

### Seção II
### Política Nacional de Recursos Hídricos

1. Fundamentos dos recursos hídricos ................................ 422
    1.1. Recursos hídricos — Bens de domínio público ..... 423
    1.2. Recursos hídricos — Limitados e dotados de valor econômico ... 423
    1.3. Uso prioritário dos recursos hídricos ...................... 424
    1.4. Uso múltiplo dos recursos hídricos .......................... 424
    1.5. A bacia hidrográfica como unidade territorial ........ 425
    1.6. A gestão dos recursos hídricos ................................. 425
2. Objetivos dos recursos hídricos ........................................ 425

| | |
|---|---|
| 3. Diretrizes dos recursos hídricos............................................. | 426 |
| 4. Instrumentos dos recursos hídricos ...................................... | 426 |
| 5. Outorga do direito de uso dos recursos hídricos.................. | 427 |
|     5.1. Natureza jurídica da outorga ............................................ | 428 |
|     5.2. Usos sujeitos à outorga..................................................... | 428 |
|     5.3. Usos insignificantes .......................................................... | 429 |
|     5.4. Suspensão da outorga ...................................................... | 429 |
| 6. Outorga dos recursos hídricos no Estado de São Paulo............. | 429 |
| 7. Cobrança pelo uso dos recursos hídricos................................. | 430 |
| 8. Planos dos recursos hídricos.................................................... | 431 |

### Seção III
### Recursos hídricos e energia

| | |
|---|---|
| 1. Energia (produção *versus* consumo)............................................. | 432 |
| 2. Barragens................................................................................. | 433 |
| 3. Hidrelétricas ............................................................................ | 434 |
| 4. Construção de hidrelétrica: necessidade de EPIA/RIMA ........... | 437 |
|     4.1. Impactos positivos............................................................ | 437 |
|     4.2. Impactos negativos........................................................... | 438 |
| 5. Hidrelétrica de Belo Monte: problema ou solução? ..................... | 438 |
| 6. Outras matrizes energéticas ..................................................... | 444 |
|     6.1. Hidrelétricas *versus* usinas termelétricas............................ | 446 |
|     6.2. Biocombustível *versus* segurança alimentar ..................... | 446 |
|     6.3. Investimento em energia limpa......................................... | 448 |
|     6.4. Energia limpa: biocombustível e energia nuclear.................. | 449 |
|     6.5. Democratização do acesso à energia (Luz para Todos) ........... | 449 |
|     6.6. Energia solar em São Paulo .............................................. | 450 |

### Seção IV
### Sistema Nacional de Gerenciamento de Recursos Hídricos

| | |
|---|---|
| 1. Introdução .............................................................................. | 451 |
| 2. Órgãos..................................................................................... | 452 |
| 3. Atribuições ............................................................................. | 453 |
| 4. Gestão integrada das águas: o Poder Público e a comunidade....... | 453 |

### Seção V
### Política Nacional de Saneamento Básico

| | |
|---|---|
| 1. Introdução .............................................................................. | 455 |
|     1.1. Situação mundial .............................................................. | 456 |

1.2. Situação brasileira ............................................................... 456
1.3. Situação paulista ................................................................ 457
1.4. Investimentos em novas tecnologias para tratamento de água e esgoto ............................................................................... 458
1.5. Universalidade da prestação desse serviço público essencial ... 458
1.6. Parceria público-privada na gestão do saneamento básico ..... 458
2. Saneamento básico .................................................................. 460
3. Princípios fundamentais ........................................................... 460
4. Diretrizes da Política Nacional de Saneamento Básico ................. 461
5. Titularidade e planejamento ..................................................... 462
6. Agência reguladora .................................................................. 464
7. Licenciamento ambiental simplificado de sistemas de esgotamento sanitário ............................................................................... 465
8. Tratamento do esgoto por meio de biodigestor ou biossistema integrado .................................................................................... 466
9. A SABESP e o Projeto Tietê ..................................................... 468
10. O Ministério Público paulista e o saneamento básico ................. 472
11. Reparação ambiental pelo loteamento clandestino na represa Billings (STJ) e decisões do TJSP (acórdão) e do 1º grau (sentença), proibindo o lançamento de esgoto em cursos d'água — Jurisprudência ................................................................................... 473
12. Infrações administrativas e penais ............................................ 475

Capítulo IV
SOLO

Solo: conceito e modalidades de poluição ....................................... 476

Seção I
Agropecuária

1. Agropecuária e poluição .......................................................... 477
2. Proteção legal ......................................................................... 478
3. Política agrícola ...................................................................... 479

Seção II
Resíduos sólidos

1. Resíduos sólidos e poluição ..................................................... 480
2. Instrumentos legais de controle da disposição dos resíduos sólidos 482

3. Política Nacional de Resíduos Sólidos — PNRS ........................ 482
   3.1. Objeto e campo de aplicação .............................................. 485
   3.2. Princípios ............................................................................ 486
   3.3. Objetivos ............................................................................ 487
   3.4. Instrumentos ...................................................................... 487
   3.5. Diretrizes e classificação ................................................... 488
   3.6. Planos ................................................................................. 489
   3.7. Logística reversa, ciclo de vida do produto, acordo setorial e responsabilidade compartilhada ........................................ 490
   3.8. Instrumentos econômicos .................................................. 492
   3.9. Decreto regulamentador .................................................... 492
4. Política Estadual de Resíduos Sólidos — PERS ........................ 494
   4.1. Conceito ............................................................................. 494
   4.2. Categorias ........................................................................... 495
   4.3. Planos de manejo e limpeza urbana ................................. 496
5. Outras categorias de resíduos sólidos ...................................... 497
   5.1. Resíduos de serviços de saúde ........................................... 497
   5.2. Resíduos sólidos industriais .............................................. 498
   5.3. Resíduos gerados nos processos de tratamento de esgoto sanitário ................................................................................. 499
   5.4. Resíduos tecnológicos ........................................................ 499
   5.5. Resíduos espaciais .............................................................. 500
6. Destino dos resíduos sólidos ..................................................... 503
   6.1. Depósito a céu aberto (não há reaproveitamento de matéria nem de energia) .................................................................. 505
   6.2. Depósito em aterro sanitário (não há reaproveitamento nem de matéria nem de energia) ............................................... 506
   6.3. Usina de compostagem (há reaproveitamento de matéria orgânica, mas não de energia) .............................................. 507
   6.4. Usina de reciclagem (há reaproveitamento de matéria e de energia) ............................................................................... 507
   6.5. Usina de incineração (não há reaproveitamento nem de matéria nem de energia) .......................................................... 509
   6.6. Usina verde (não há reaproveitamento de matéria, mas somente de energia) ............................................................... 510
7. Licenciamento ambiental e fiscalização de Centro de Tratamento de Resíduos Sólidos ................................................................... 511
8. Implantação de aterros sanitários de pequeno porte ............... 513
9. Cemitérios horizontais e contaminação do solo ...................... 514

10. O governo do Estado de São Paulo e os resíduos sólidos ............ 515
11. Infrações administrativas e penais ................................................ 516

### Seção III
### Rejeitos perigosos

1. Rejeitos perigosos e poluição ........................................................ 516
2. Instrumentos legais de controle dos rejeitos perigosos ................ 517
3. Classificação dos rejeitos perigosos ............................................. 518
4. Controle dos rejeitos perigosos .................................................... 518
5. Eliminação dos rejeitos perigosos ................................................ 518
   5.1. A biotecnologia a serviço da limpeza de resíduos nocivos ..... 519
   5.2. Destino das pilhas e baterias ................................................. 519
   5.3. Importação de pneumáticos usados ...................................... 520
   5.4. Decisão do STF sobre a importação de pneumáticos usados.. 520
6. Descarte de sobras de tintas e solventes ...................................... 521
7. Casuísticas .................................................................................... 522
8. Infrações administrativas e penais ................................................ 522

### Seção IV
### Agrotóxicos

1. Agrotóxicos e poluição ................................................................. 523
2. Danos causados à fauna e à saúde humana ................................. 524
3. Instrumentos legais de controle de agrotóxicos ........................... 525
4. Controle de agrotóxicos ............................................................... 526
5. Registro da empresa ..................................................................... 526
6. Comercialização e transporte de agrotóxicos ............................... 526
7. Importação e exportação de agrotóxicos ..................................... 527
8. Armazenagem e embalagem de agrotóxicos ................................ 527
9. Competência municipal para legislar sobre uso de agrotóxico —
   Jurisprudência .............................................................................. 528
10. O IBAMA e o agrotóxico ............................................................. 529
11. Infrações administrativas e penais ............................................... 530

### Seção V
### Mineração

1. Mineração e poluição ................................................................... 531
   1.1. Formas de exploração de minérios: pesquisa, lavra, extração,
        jazida, mina e garimpagem .................................................... 531

1.2. Mapeamento de garimpos ilegais realizado pelo Serviço Geológico do Brasil — SGB ........................ 532
2. Instrumentos legais de controle da atividade de mineração .......... 533
   2.1. Bens ambientais da União ........................ 533
   2.2. Competência constitucional ........................ 534
   2.3. Legislação infraconstitucional ........................ 534
   2.4. Governo do Estado de São Paulo proíbe o emprego de amianto por meio da Lei n. 12.684/2007: FIESP propõe ADIn em face da lei de São Paulo e ANPT e ANAMATRA interpõem ADIn pedindo o seu banimento — posição do STF ............... 534
   2.5. Produção mundial de nióbio ........................ 536
3. Áreas restritas à exploração de minérios ........................ 537
4. Estudo Prévio de Impacto Ambiental (EPIA/RIMA) ............ 537
5. Licenciamento ........................ 537
6. Casuísticas ........................ 538
7. Infrações administrativas e penais ........................ 541

### Seção VI
### Áreas contaminadas

1. Introdução ........................ 541
2. Proteção legal ........................ 542
   2.1. Legislação federal ........................ 542
   2.2. Legislação estadual ........................ 543
3. A CETESB e as áreas contaminadas ........................ 543
4. Áreas remediadas ou reabilitadas ........................ 545
5. Averbação enunciativa ou mera notícia no Cartório de Imóveis do cadastramento de áreas contaminadas feito pela CETESB ........... 545
6. Requisitos para averbação de áreas contaminadas ............ 546
7. Casuísticas ........................ 547

## Capítulo V
## FLORA

Espaços territoriais especialmente protegidos ........................ 548

### Seção I
### Proteção legal

1. Flora ........................ 548
2. Instrumentos legais de defesa da flora ........................ 549

*Seção II*
**Macroecossistemas**

1. Macroecossistemas .................................................................. 550
2. Floresta Amazônica (Bioma Amazônica) ............................. 551
   2.1. Secas *versus* savana ..................................................... 551
   2.2. Secas *versus* CO₂ ......................................................... 552
   2.3. Desmatamento *versus* clima no sul do país ............. 552
3. Mata Atlântica (Bioma Mata Atlântica) ............................... 553
   3.1. Objeto e campo de aplicação ...................................... 554
   3.2. Objetivos ........................................................................ 555
   3.3. Princípios ....................................................................... 555
   3.4. Regime jurídico ............................................................. 555
      3.4.1. Regime jurídico geral .......................................... 556
      3.4.2. Regime jurídico especial ..................................... 556
   3.5. Incentivos econômicos ................................................. 557
4. Serra do Mar ......................................................................... 557
5. Pantanal Mato-Grossense (Bioma Pantanal) ...................... 557
6. Zona Costeira ........................................................................ 558
7. Cerrado (Bioma Cerrado) .................................................... 558
   7.1. Riqueza da biodiversidade .......................................... 558
   7.2. Reparação de danos a desmatamento de cerrado — Jurisprudência ............................................................................ 559
8. Caatinga (Bioma Caatinga) .................................................. 560
9. Pampa (Bioma Pampa) ........................................................ 561
10. Araucária (Bioma Araucária) ............................................. 561

*Seção III*
**Microecossistemas**

1. Unidades de Conservação ................................................... 562
2. Conceito de Unidades de Conservação ............................. 562
3. Categorias de Unidades de Conservação .......................... 563
   3.1. Unidades de Conservação de Proteção Integral ...... 564
   3.2. Unidades de Conservação de Uso Sustentável ........ 565
4. Instituição de Unidades de Conservação .......................... 567
5. Limitações administrativas .................................................. 567
6. Alteração e extinção de Unidades de Conservação ......... 568
7. Gestão das Unidades de Conservação ............................... 569
8. Corredores ecológicos, zonas de amortecimento e mosaicos ........ 569
9. Desapropriação ambiental ................................................... 570

10. Compensação ambiental: posição do STF .................................... 571
11. Populações tradicionais ................................................................ 573
12. Exploração de recursos ambientais ............................................. 575
13. Reservas da biosfera ..................................................................... 575
14. Instituto Chico Mendes de Conservação da Biodiversidade — ICMBIO ........................................................................................... 576

*Seção IV*
**Florestas públicas e outras reservas**

1. Conceito e classificação de floresta ............................................. 578
   1.1. Florestas públicas (nacionais, estaduais e municipais) ......... 580
   1.2. Gestão de florestas públicas para produção sustentável ........ 581
   1.3. Concessão florestal .................................................................. 582
   1.4. Instrumentos econômicos ...................................................... 583
2. Convenção de Ramsar (Proteção das zonas úmidas e dos hábitats das aves aquáticas) ........................................................................ 584
3. Jardins Zoológicos e Botânicos .................................................... 585

*Seção V*
**Código Florestal**

1. Introdução ..................................................................................... 586
2. Regime jurídico ............................................................................. 595
   2.1. Áreas de Preservação Permanente — APP(s) ....................... 595
   2.2. Reserva Florestal Legal — RFL .............................................. 596
   2.3. O Código Florestal e o TAC ................................................... 596
3. Áreas de Uso Restrito ................................................................... 597
4. Cadastro Ambiental Rural — CAR .............................................. 597
5. Exploração florestal ...................................................................... 599
6. Controle da origem dos produtos ................................................ 599
7. Uso de fogo e controle de incêndios ........................................... 600
8. Controle do desmatamento .......................................................... 601
9. Agricultura familiar ....................................................................... 601
10. Programa de incentivos à preservação do meio ambiente ........ 602
11. Fiscalização .................................................................................... 604

*Seção VI*
**Áreas de Preservação Permanente — APP(s)**

1. Áreas de preservação permanente ............................................... 604

1.1. Delimitação das APP(s) .................................................... 604
1.2. Regime protetivo das APP(s) ........................................... 606
2. Áreas verdes urbanas ................................................................ 607
   2.1. Áreas urbanas .................................................................. 607
   2.2. Áreas verdes .................................................................... 608
   2.3. Faixas marginais nos cursos de rios e reservatórios artificiais.. 608
   2.4. Áreas urbanas consolidadas: regularização de assentamentos habitacionais .................................................................. 610
   2.5. Teoria do fato consumado em direito ambiental ................. 611

*Seção VII*
**Reserva Florestal Legal — RFL**

1. Reserva florestal legal ............................................................. 612
   1.1. Delimitação das RFL(s) ................................................... 612
   1.2. Regime protetivo das RFL(s) ............................................ 613
2. Instrumentos legais disciplinadores da reserva legal ..................... 613
3. Vegetação da reserva ............................................................... 614
4. Características da reserva florestal ............................................ 615
   4.1. Inalterabilidade da destinação .......................................... 616
   4.2. Restrições legais da exploração ........................................ 616
   4.3. Gratuidade da constituição da reserva .............................. 616
   4.4. Averbação da reserva no cartório de registro de imóveis ou inscrição no Cadastro Ambiental Rural — CAR ................. 617
      4.4.1. Infração administrativa ............................................ 619
      4.4.2. Critérios para a recomposição ou compensação das áreas consolidadas ................................................. 620
   4.5. Demarcação da reserva .................................................... 622
   4.6. Isenção tributária ............................................................ 623
5. Instrumentos processuais ......................................................... 625
6. Ministério Público goiano e áreas de preservação permanente e reservas florestais legais ........................................................... 625
7. Infrações administrativas e penais ............................................. 626

*Seção VIII*
**Supressão de vegetação para uso alternativo do solo**

1. Supressão da vegetação para uso alternativo do solo .................. 626
2. Áreas de preservação permanente instituídas por lei ................... 627
   2.1. Supressão total ou parcial da vegetação ............................ 627
      2.1.1. Fundamento constitucional da Resolução n. 369/2006 do CONAMA ........................................................... 627

  2.1.2. Excepcionalidade da autorização para intervenção em Áreas de Preservação Permanente ............................... 628
  2.1.3. Conceitos e restrições em caso de intervenção em áreas declaradas de utilidade pública, interesse social ou de baixo impacto ambiental ............................... 629
  2.1.4. O Ministério Público paulista e a Resolução n. 369/2006 do CONAMA ............................... 631
 2.2. Indenização ............................... 632
3. Áreas de preservação permanente instituídas pelo Poder Público.. 632
 3.1. Supressão total ou parcial da vegetação ............................... 632
 3.2. Indenização ............................... 633

### Seção IX
### Listas da flora ameaçada de extinção

1. Lista nacional das espécies da flora brasileira ameaçadas de extinção ............................... 634
2. Lista do Estado de São Paulo das espécies da flora ameaçadas de extinção ............................... 635

### Capítulo VI
### FAUNA

### Seção I
### Proteção legal

1. Fauna ............................... 636
2. Instrumentos legais de defesa da fauna ............................... 636
 2.1. Termo de Depósito ou Guarda de Animal Silvestre (TDAS e TGAS) ............................... 637
 2.2. Competência para processar e julgar as questões relacionadas com a fauna ............................... 637
3. Declaração Universal dos Direitos dos Animais ............................... 637
4. Fauna silvestre ............................... 639
5. A fauna no Código Civil de 1916 ............................... 640
6. A fauna silvestre como bem ambiental ............................... 641

### Seção II
### Caça e pesca

1. A caça ............................... 641
 1.1. Caça predatória ............................... 642
  1.1.1. Caça profissional ............................... 642

  1.1.2. Caça sanguinária .................................................. 642
 1.2. Caça não predatória ..................................................... 642
  1.2.1. Caça de controle .................................................. 643
  1.2.2. Caça esportiva ou amadorista ................................. 643
  1.2.3. Caça de subsistência ............................................ 643
  1.2.4. Caça científica ..................................................... 644
2. Instrumentos e locais proibidos à caça ................................. 644
3. A pesca ............................................................................... 645
 3.1. Política pesqueira ........................................................ 645
 3.2. Ação Civil Pública e a pesca ......................................... 646
 3.3. Mapeamento das espécies aquáticas ameaçadas de extinção ... 648
4. Instrumentos e locais proibidos à pesca ............................... 648
5. O Poder Público e a caça e a pesca ..................................... 649
6. Comercialização da fauna silvestre e de seus produtos ......... 650

### Seção III
### Crueldade contra animais

1. Crueldade e maus-tratos contra animais .............................. 651
2. Estado de São Paulo veda sacrifício desnecessário de animais sadios. 654
3. Procedimentos cirúrgicos em animais de produção e silvestres e cirurgias estéticas mutilantes em pequenos animais .................. 656
4. O Código Paulista de Proteção dos Animais e a Lei municipal da cidade de Mauá proíbem maus-tratos de animais em espetáculos públicos .............................................................................. 657
5. Maus-tratos de animais utilizados em circos — Jurisprudência ..... 658
6. Algumas modalidades de maus-tratos .................................. 659
 6.1. Farra do boi ................................................................ 659
 6.2. Tourada ....................................................................... 659
 6.3. Rodeio ........................................................................ 660
 6.4. Vaquejada ................................................................... 661
 6.5. Rinha .......................................................................... 661
 6.6. Carreira de "boi cangado" ........................................... 661
7. Abatedouro e outros exemplos de crueldade ........................ 662
8. Sacrifício de animais em rituais, cultos e liturgias de religiões afro--brasileiras ........................................................................... 665
9. Vivissecção, experimentação e pesquisas com animais vivos ....... 666

### Seção IV
### Causas da extinção da fauna

1. Tráfico de animais silvestres ................................................ 669

2. Outra causa da extinção das espécies da fauna silvestre e marinha ... 671
   2.1. Histórico da extinção das espécies no planeta "Big Five"....... 672
   2.2. Poluição marinha e mudança climática .................. 673
   2.3. A destruição dos hábitats e das espécies invasoras ameaça a biodiversidade ......... 675
   2.4. Mudança climática e os pinguins .................. 676
   2.5. Mudança climática e as plantas, corais, estrelas-do-mar, moluscos, mexilhões e outras espécies ............... 677
   2.6. Mudança climática e os insetos .................. 678
   2.7. Censo e pesquisa do reino animal demonstram a diminuição da biodiversidade no mundo ................ 678
3. O Ministério Público e a fauna .................. 680
4. Infrações administrativas e penais .................. 681

### Seção V
### Listas da fauna ameaçada de extinção

1. Lista nacional das espécies da fauna brasileira ameaçadas de extinção ................ 681
2. Lista das espécies da fauna ameaçadas de extinção do Estado de São Paulo ........... 683

## Capítulo VII
## BIODIVERSIDADE

### Seção I
### Noções introdutórias

1. Conceitos relevantes .................. 684
2. Biodiversidade .................. 684
3. Biopirataria .................. 685

### Seção II
### Política Nacional da Biodiversidade

1. Proteção legal .................. 686
2. Valor intrínseco da biodiversidade .................. 688
3. Princípios da Política Nacional da Biodiversidade ........ 689
4. Diretrizes da Política Nacional da Biodiversidade ........ 691
5. Objetivo geral da Política Nacional da Biodiversidade ...... 692

*Seção III*
**Componentes da Política Nacional da Biodiversidade**

1. Introdução .................................................................... 692
2. Conhecimento da biodiversidade ................................. 693
3. Conservação da biodiversidade .................................... 693
4. Utilização sustentável dos componentes da biodiversidade ........... 693
5. Monitoramento, avaliação, prevenção e mitigação de impactos sobre a biodiversidade ............................................... 694
6. Acesso aos recursos genéticos e aos conhecimentos tradicionais associados à repartição de benefícios ........................... 694
7. Educação, sensibilização pública, informação e divulgação sobre biodiversidade ............................................................. 694
8. Fortalecimento jurídico e institucional para gestão da biodiversidade   695
9. Infrações administrativas e penais ............................... 695

### Capítulo VIII
### PATRIMÔNIO GENÉTICO

*Seção I*
**Noções introdutórias**

1. Conceitos relevantes .................................................... 696
2. Patrimônio genético ..................................................... 696
3. Organismo Geneticamente Modificado (OGM) ........... 696
4. Engenharia genética ..................................................... 697
5. Projeto Genoma ........................................................... 697
6. Biotecnologia ............................................................... 699
7. Biossegurança .............................................................. 699
8. Bioética ........................................................................ 700
9. Biodireito .................................................................... 701

*Seção II*
**Proteção legal**

1. Benefícios e riscos causados pela engenharia genética .... 701
2. Instrumentos legais de defesa do patrimônio genético ... 703
3. Engenharia genética e a Lei n. 11.105/2005 ................. 704
4. Objetivos da Lei n. 11.105/2005 ................................. 705
5. Exercício das atividades de engenharia genética ........... 705
6. Fiscalização e engenharia genética ............................... 706

7. Registro dos produtos que utilizam OGM e a autorização para descarte .... 707
8. Atividades não incluídas na Lei n. 11.105/2005 ............................ 708
9. Restrições das atividades relacionadas com OGM ........................ 709
10. Clonagem ............................................................................... 709
11. Monitoramento das atividades relacionadas com OGM ............... 710
12. Conselho Nacional de Biossegurança ........................................ 710
13. Comissão Técnica Nacional de Biossegurança ........................... 711
14. Comissão Interna de Biossegurança .......................................... 713
15. Direito à informação ................................................................ 714

### Seção III
### Células-tronco e STF

1. Uso de células-tronco embrionárias em pesquisa e terapia ......... 714
2. Células-tronco embrionárias .................................................... 716
3. Aplicação das células-tronco embrionárias ............................... 718
4. Células-tronco embrionárias — Uma contribuição à humanidade .... 719
5. Países que permitem a pesquisa com células-tronco embrionárias ... 720
6. Quando começa a vida? ........................................................... 720
7. A Constituição Federal e a proteção da vida ............................. 721
8. Religião *versus* ciência ............................................................ 722
9. Censo sobre a quantidade de células-tronco embrionárias disponível para pesquisa ................................................................... 723

### Seção IV
### Transgênicos

1. Alimentos transgênicos ............................................................ 724
2. Vantagens e desvantagens da produção de alimentos transgênicos ... 725
3. O Brasil e os alimentos transgênicos ........................................ 727
4. Rotulagem de alimentos transgênicos ....................................... 728
5. Exigência do EPIA/RIMA para liberação ou descarte de alimentos transgênicos no meio ambiente ............................................... 729
6. Infrações penais ...................................................................... 729

## Capítulo IX
## ZONA COSTEIRA

### Seção I
### Noções introdutórias

1. Zona costeira .......................................................................... 730

2. Orla marinha ............................................................... 732
3. Oceanos (alto-mar) ....................................................... 733
4. Poluição marinha .......................................................... 734
   4.1. Acidente ................................................................ 734
   4.2. Lixo ...................................................................... 735
   4.3. Emissário ............................................................. 736
   4.4. Água de lastro ..................................................... 736
5. Instrumentos legais de defesa da zona costeira ................ 738
6. Uso e acesso às praias .................................................. 739
7. Plano Nacional de Gerenciamento Costeiro (PNGC) ......... 739
8. Estudo prévio de impacto ambiental (EPIA/RIMA) e licenciamento ............................................................................ 740
9. Uso sustentável dos apicuns e salgados .......................... 740

*Seção II*
**Ação civil pública e zona costeira**

1. O Ministério Público paulista move ação civil pública contra a descaracterização ambiental estética e paisagística dos costões das tartarugas no Guarujá ..................................................... 742
2. Interessante decisão sobre a natureza jurídica dos manguezais — Jurisprudência .................................................................. 744
3. Infrações administrativas e penais ................................... 746

CAPÍTULO X
**MINISTÉRIO PÚBLICO E MEIO AMBIENTE NATURAL**

Atuação do Ministério Público na proteção do meio ambiente natural ................................................................................. 747

TÍTULO VI
**TUTELA DO MEIO AMBIENTE CULTURAL**

CAPÍTULO I
**PROTEÇÃO LEGAL**

1. Meio ambiente cultural ................................................... 749
2. Instrumentos legais de defesa do meio ambiente cultural ... 750
3. Patrimônio cultural nacional ............................................ 751
4. Inventário, registro, vigilância e desapropriação ............... 753

## Capítulo II
## TOMBAMENTO

1. Introdução ............................................................................. 755
2. Natureza jurídica do tombamento e do bem tombado ............... 755
3. Órgãos responsáveis pelo tombamento .................................... 756
4. Bens sujeitos ao tombamento .................................................. 757
    4.1. Bem público ..................................................................... 757
    4.2. Bem privado ..................................................................... 758
5. Procedimento administrativo do tombamento .......................... 758
6. Características do tombamento ............................................... 759
    6.1. Tombamento instituído por lei, por ato do Poder Executivo ou por decisão judicial ............................................ 759
    6.2. Tombamento provisório e definitivo .................................. 759
    6.3. Alienação do bem tombado .............................................. 761
    6.4. Autorização para a reforma de bem tombado .................... 761
    6.5. Indenização do bem tombado ........................................... 762
    6.6. Indenização pela demolição de bem de valor histórico (não tombado) e indenização de bem tombado (desapropriação indireta) — Jurisprudência ................................................. 762
    6.7. Isenção de IPTU de imóvel tombado — Jurisprudência ....... 763
    6.8. Restrições quanto à construção ou à colocação de anúncios no entorno de bem tombado .............................................. 764
7. Registro e averbação de tombamentos definitivos e provisórios e de restrições próprias de imóveis reconhecidos como integrantes do patrimônio cultural e imóveis situados na vizinhança daqueles (Provimento CG n. 21/2007) ................................................... 765

## Capítulo III
## BENS DE VALOR CULTURAL E NATURAL DA HUMANIDADE

1. Declaração de bem de valor cultural e natural como patrimônio mundial ................................................................................. 768
    1.1. Patrimônio cultural da humanidade .................................. 768
    1.2. Patrimônio natural da humanidade ................................... 768
2. Objetivo da proteção do patrimônio cultural e natural da humanidade. 769
3. Soberania nacional ................................................................. 769
4. Lista de alguns bens brasileiros declarados como patrimônio cultural e natural da humanidade ............................................................ 769
5. Proteção do patrimônio natural e cultural da humanidade: ecoturismo e sustentabilidade ........................................................ 770
6. Infrações administrativas e penais ........................................... 771

Capítulo IV
## MINISTÉRIO PÚBLICO E MEIO AMBIENTE CULTURAL

Atuação do Ministério Público paulista na proteção do meio ambiente cultural ............................................................................ 772

Título VII
# TUTELA DO MEIO AMBIENTE ARTIFICIAL

Capítulo I
## POLÍTICA URBANA

1. Meio ambiente artificial ................................................... 773
   1.1. População mundial ................................................. 774
   1.2. População brasileira ............................................... 775
2. Instrumentos legais de defesa do meio ambiente artificial ........... 776
3. Política de desenvolvimento urbano ................................... 777
   3.1. Plano diretor e funções sociais ................................. 777
   3.2. Usucapião urbano e rural ........................................ 778
   3.3. Funções sociais e municípios ................................... 778
   3.4. Estado da população mundial urbana ............................. 778
   3.5. Globalização e pobreza .......................................... 779
   3.6. O papel dos municípios na gestão ambiental ..................... 779
4. Estatuto da Cidade ..................................................... 780
   4.1. Cidades sustentáveis ............................................. 781
   4.2. Objetivos da política urbana .................................... 781
   4.3. Ordenação e controle do uso do solo ............................. 782
   4.4. Instrumentos da política urbana ................................. 783
       4.4.1. Estudo Prévio de Impacto de Vizinhança (EPIV) ........ 783
       4.4.2. Outorga onerosa do direito de construir e de alteração de uso — STF declara constitucional lei do Município de Florianópolis/SC que instituiu o chamado "solo criado". 784
       4.4.3. Plano diretor ............................................. 785
5. O Ministério Público paulista e o plano diretor ..................... 787
   5.1. Planejamento estratégico do Ministério Público paulista para a área de urbanismo e habitação .................................. 789
   5.2. Dados do IBGE sobre os municípios e a população ............... 790
   5.3. Inconstitucionalidade do art. 195, *caput*, da Constituição Estadual do Amapá .................................................... 791
   5.4. Aplicação do princípio da função social da propriedade urbana ... 792

6. Infrações administrativas e penais .................................................. 793

### Capítulo II
### URBANISMO E SEUS PROBLEMAS

1. Urbanismo e direito urbanístico ...................................................... 794
2. Parcelamento do solo urbano (loteamento e desmembramento)... 795
   - 2.1. Falta de licenciamento ambiental para implantação de loteamento — Jurisprudência .............................................. 798
   - 2.2. Loteamento fechado — Questões polêmicas ....................... 799
   - 2.3. Conflito aparente de normas: Código Florestal *versus* Lei de Parcelamento do Solo Urbano .............................................. 801
3. O Ministério Público paulista e as favelas ...................................... 802
4. Enchentes, desmoronamentos e deslizamentos ............................. 804
   - 4.1. Danos causados pelas chuvas em São Paulo (2010 e 2011) .... 805
   - 4.2. Danos causados pelas chuvas no Rio de Janeiro (2010 e 2011) .................................................................................. 808
   - 4.3. Centro de Gerenciamento de Emergências — CGE ............ 810
   - 4.4. INPE adquire supercomputador para prever chuvas e desastres naturais ........................................................................ 811
   - 4.5. Política Nacional de Proteção e Defesa Civil ....................... 812
5. Regularização fundiária e urbanização ......................................... 813
6. Construção de piscinões para captação de águas pluviais ............. 815
7. Meio de transporte (trânsito, circulação, acessibilidade e mobilidade) .................................................................................................. 816
8. O Ministério Público e o Shopping JK Iguatemi .......................... 819
9. Infrações administrativas e penais .................................................. 821

### Capítulo III
### ARBORIZAÇÃO URBANA

1. Arborização urbana ....................................................................... 822
2. Evolver da função histórica das áreas verdes ................................ 822
3. Espaços verdes de lazer e de recreação ......................................... 823
4. Importância do estudo da arborização urbana no direito ambiental ................................................................................................. 824
5. O papel do Poder Público na questão da arborização urbana ....... 825
6. Critérios para a escolha de árvores (algumas recomendações) ...... 826
7. Conceito legal de vegetação de porte arbóreo e áreas de preservação permanente ..................................................................... 827

8. Supressão de florestas e demais formas de vegetação em áreas de preservação permanente e supressão e poda de vegetação de porte arbóreo em propriedade pública ou privada .................................. 827
9. Arborização urbana e vandalismo ..................................................... 830
10. Benefícios da arborização ............................................................. 831
11. Experiências municipais ............................................................... 833
12. Infrações administrativas e penais .................................................. 834

## Capítulo IV
## DIREITO AO SILÊNCIO URBANO

1. Direito ao silêncio urbano e poluição sonora ................................. 835
   1.1. Danos à saúde humana causados pelos ruídos ...................... 836
   1.2. Danos à saúde dos animais causados pelos ruídos ................ 840
2. Instrumentos legais de controle da poluição sonora ..................... 841
3. Classificação e efeitos dos ruídos .................................................. 845
4. Planejamento urbano ..................................................................... 845
5. Responsabilidade pelos danos causados por ruídos ...................... 846
6. Nova Súmula 6 do Conselho Superior do Ministério Público (CSMP) ............................................................................................. 847
7. Carta de Salvador ........................................................................... 847
8. Ação civil pública e poluição sonora ............................................. 849
9. Gestão administrativa do Ministério Público paulista e a poluição sonora ............................................................................................. 850
10. Ministério Público paulista e volume excessivo de som emitido por veículos parados ...................................................................... 851
11. Ministério Público pernambucano e poluição sonora ................. 852
12. Infrações administrativas e penais ................................................ 852

## Capítulo V
## ORDENAÇÃO DA PAISAGEM URBANA

1. Ordenação da paisagem urbana e poluição visual ........................ 853
   1.1. Publicidade *versus* propaganda ............................................ 854
   1.2. Poluição visual causa danos psicológicos à população ......... 854
   1.3. Outras formas de poluição visual e função social das cidades. 855
2. A sociedade e a poluição visual ..................................................... 855
3. Instrumentos legais de controle da poluição visual ...................... 858
4. Objetivos e diretrizes da ordenação da paisagem urbana ............. 859

5. Anúncio .................................................................................. 860
6. O Poder Judiciário e a poluição visual ........................................ 861
7. Instalação de anúncios de bem público municipal — Jurisprudência 863
8. Infrações administrativas e penais ............................................. 864

### Capítulo VI
### LUMINOSIDADE ARTIFICIAL URBANA

1. Luminosidade artificial urbana e poluição luminosa ................... 865
2. Danos à saúde humana ............................................................ 866
3. Observatórios astronômicos e luminosidade "errada" ................. 866
4. Magnitude — escala de medição dos brilhos das estrelas ............ 867
5. Legislação pioneira da cidade de Campinas regula a matéria da luminosidade artificial urbana ................................................... 867
6. Infração penal ......................................................................... 869

### Capítulo VII
### MINISTÉRIO PÚBLICO E MEIO AMBIENTE ARTIFICIAL

1. Atuação do Ministério Público na proteção do meio ambiente artificial .................................................................................. 870
2. Súmulas do Conselho Superior do Ministério Público do Estado de São Paulo (CSMP) ............................................................. 870

### Título VIII
### TUTELA DO MEIO AMBIENTE DO TRABALHO

### Capítulo I
### NOÇÕES INTRODUTÓRIAS

1. Meio ambiente do trabalho ...................................................... 873
2. Instrumentos legais de defesa do meio ambiente do trabalho ...... 874
3. Segurança e saúde do trabalhador ............................................ 875
4. Sanções administrativas ........................................................... 875
5. Acidentes e doenças do trabalho e Previdência Social ................ 876

### Capítulo II
### MINISTÉRIO PÚBLICO E MEIO AMBIENTE DO TRABALHO

1. Atuação do Ministério Público Federal na proteção do meio ambiente do trabalho ................................................................ 879

2. Súmula do Conselho Superior do Ministério Público do Estado de São Paulo (CSMP) .................................................................. 879

## Título IX
## TUTELA ADMINISTRATIVA DO MEIO AMBIENTE

### Capítulo I
### INFRAÇÃO ADMINISTRATIVA

1. Introdução ............................................................................. 881
2. Infração ................................................................................. 882
3. Agente autuante .................................................................... 883
4. Requisitos do AIIPA ............................................................. 883
5. Nulidades do AIIPA .............................................................. 884
6. Medidas aplicadas pelo agente autuante ............................... 884
7. Competência para lavrar AIIPA — Jurisprudência .............. 885
8. Princípio da legalidade ......................................................... 886
9. Poder de polícia ambiental ................................................... 886
10. Sistema Nacional do Meio Ambiente (SISNAMA) ............ 887

### Capítulo II
### PROCEDIMENTO ADMINISTRATIVO

1. Procedimento ........................................................................ 889
2. Fases ...................................................................................... 889
3. Competência ......................................................................... 890
4. Prazos .................................................................................... 890
5. Prescrição .............................................................................. 891
6. Recursos ................................................................................ 891
7. Conversão da multa em serviços de preservação, melhoria e recuperação da qualidade ambiental ..................................... 892
8. Direito à publicidade ............................................................ 893
9. Direito à informação ............................................................. 893
10. Audiência pública ............................................................... 894

### Capítulo III
### SANÇÃO ADMINISTRATIVA

1. Sanção ................................................................................... 895

2. Destinação dos valores arrecadados em pagamento de multas....... 897
3. Algumas multas aplicadas por órgãos ambientais........................ 897

## Título X
## TUTELA PENAL DO MEIO AMBIENTE

### Capítulo I
### PARTE GERAL

1. Introdução .................................................................................. 901
2. Antecedentes históricos ............................................................. 902
3. Normas gerais de integração ..................................................... 903
4. Prazo da entrada em vigor da lei ............................................... 903
5. Conteúdo da lei .......................................................................... 904
6. Razões dos vetos ........................................................................ 904
7. Sujeitos do crime ....................................................................... 905
   7.1. Responsabilidade penal da pessoa física............................ 905
   7.2. Responsabilidade penal da pessoa jurídica........................ 906
   7.3. Dosimetria da pena ............................................................ 907
   7.4. Sujeito passivo..................................................................... 907
   7.5. Concurso de pessoas .......................................................... 908
8. Crime de perigo e de dano ........................................................ 908
9. Elemento subjetivo do tipo: dolo e culpa ................................. 909
10. Elemento normativo ................................................................. 909
11. Normas penais em branco ambientais ..................................... 910
12. Apreensão do produto e do instrumento de infração administrativa ou de crime ......................................................................... 911

### Capítulo II
### PROCESSO PENAL AMBIENTAL

1. Ação penal.................................................................................. 912
2. Processo penal............................................................................ 912
3. Competência judicial para processar e julgar os crimes contra o meio ambiente ............................................................................ 912
4. Reparação do dano ambiental.................................................... 915
5. Lei dos Juizados Especiais Criminais ....................................... 916
6. Prova e questões prejudiciais..................................................... 917

## Capítulo III
## CRIMES EM ESPÉCIE

1. Tipos penais em espécie .................................................. 919
2. Dos crimes contra a fauna ............................................... 919
3. Dos crimes contra a flora ................................................ 920
4. Do crime de poluição e outros crimes ambientais ............ 921
   4.1. Conduta punível ..................................................... 922
   4.2. Crimes relacionados com a poluição da água e do ar .......... 923
   4.3. Outros crimes ambientais ...................................... 923
5. Dos crimes contra o ordenamento urbano e o patrimônio cultural  924
6. Dos crimes contra a administração ambiental .................. 925
7. Considerações finais ..................................................... 925

## Título XI
## TUTELA INTERNACIONAL DO MEIO AMBIENTE

### Capítulo I
### NOÇÕES INTRODUTÓRIAS

1. Direito internacional do meio ambiente ......................... 927
2. Fontes do direito internacional do meio ambiente ........... 928
3. Documentos internacionais ............................................ 929
4. Evolução histórica da política ambiental internacional .... 931

### Capítulo II
### CONFERÊNCIAS INTERNACIONAIS SOBRE MEIO AMBIENTE

1. Introdução ................................................................... 934
2. Conferência de Estocolmo (1972) .................................. 934
3. Conferência sobre meio ambiente e desenvolvimento (ECO-92)  935
   3.1. Convenção-quadro sobre mudança climática — Protocolo de Kioto ................................................... 936
   3.2. Convenção sobre diversidade biológica — Protocolo de Nagoya ................................................. 941
   3.3. Agenda 21 ............................................................ 942
4. Cúpula Mundial sobre o Desenvolvimento Sustentável (Rio+10)  943
5. Conferência das Nações Unidas sobre Desenvolvimento Sustentável (Rio+20) ..................................................... 945

### Capítulo III
### INSTRUMENTOS INTERNACIONAIS DE PROTEÇÃO DO MEIO AMBIENTE

1. Introdução .................................................................................. 949
2. *International for Standardization Organization* — ISO ................ 949
   2.1. Normas da série ISO 14000 ................................................ 949
   2.2. Normas da série ISO 14040 ................................................ 950
   2.3. Normas da série ISO 26000 ................................................ 950
3. Cooperação internacional .......................................................... 951
4. Dos crimes internacionais em matéria ambiental ...................... 952
5. Mercosul e meio ambiente ......................................................... 953
6. Tribunal de Justiça Internacional .............................................. 954

## Livro II
### Direito Processual

### Título I
### TUTELA PROCESSUAL DO MEIO AMBIENTE

### Capítulo I
### AÇÃO CIVIL PÚBLICA

*Seção I*
Ação civil pública ambiental

1. Introdução .................................................................................. 959
2. Ação civil pública, interesses difusos, interesses coletivos e interesses individuais homogêneos ................................................. 960
3. Legitimidade ativa e passiva ...................................................... 962
4. Interesse processual ................................................................... 963
5. Objeto de defesa da ação civil pública ....................................... 963
6. Atuação do Ministério Público na defesa dos interesses individuais homogêneos ............................................................................... 964
7. Litisconsórcio e assistência ........................................................ 964
8. Intervenção do Ministério Público em caso de desistência ou abandono da ação ............................................................................... 965
9. Intervenção de terceiros ............................................................. 966
10. Competência ............................................................................ 966
11. Rito processual ......................................................................... 967
12. Perícia ....................................................................................... 968

13. Sentença (provimentos jurisdicionais e ações cautelares) ............. 968
14. Multa diária e liminar ................................................................ 968
15. Tutela provisória ....................................................................... 969
16. Ônus da sucumbência e litigância de má-fé ............................... 970
17. Custas processuais ..................................................................... 971
18. Inversão do ônus da prova ......................................................... 971
19. Recursos .................................................................................... 972
20. Coisa julgada ............................................................................. 972
21. Prescrição da ação civil pública ambiental ................................. 973
22. Execução e fundo para a reconstituição dos bens lesados ........... 974

### Seção II
### Inquérito civil ambiental

1. Inquérito civil ............................................................................ 975
2. Conceito e natureza ................................................................... 975
3. Finalidade e princípios .............................................................. 976
4. Competência e objeto ................................................................ 977
5. Fases: instauração, instrução e conclusão .................................. 977
6. Poderes instrutórios ................................................................... 978
7. Arquivamento e desarquivamento ............................................. 978
8. Recursos .................................................................................... 979
9. Controle de legalidade ............................................................... 980
10. Recomendações ......................................................................... 980

### Seção III
### Transação e termo de ajustamento de conduta

1. Introdução ................................................................................. 980
2. Natureza jurídica do TAC .......................................................... 981
3. Características do TAC .............................................................. 982
4. Homologação pelo CSMP .......................................................... 982
5. Descumprimento do TAC .......................................................... 983
6. Inaplicabilidade da legislação superveniente ao TAC já concretizado ............................................................................................. 983
7. Recomendação ........................................................................... 984

## Capítulo II
## AÇÃO CIVIL DE RESPONSABILIDADE POR IMPROBIDADE ADMINISTRATIVA AMBIENTAL

1. Introdução ................................................................................. 985

2. Improbidade administrativa ........................................................... 986
3. Sujeitos ativo e passivo da improbidade administrativa ................. 986
4. Tipicidade ..................................................................................... 987
5. Sanções ......................................................................................... 987
6. Aspectos procedimentais .............................................................. 988
7. Ação Civil Pública proposta pelo Ministério Público paulista contra ato da prefeitura que alterava o plano diretor — Jurisprudência ... 989

### Capítulo III
### OUTROS INSTRUMENTOS PROCESSUAIS AMBIENTAIS

1. Ação direta de inconstitucionalidade de lei ou ato normativo ambiental ............................................................................................ 990
2. Ação popular ambiental ................................................................ 990
3. Mandado de segurança coletivo ambiental ................................... 990
4. Mandado de injunção ambiental .................................................. 991

### Capítulo IV
### CONSIDERAÇÕES FINAIS

1. O Poder Judiciário e a questão ambiental ................................... 992
2. Juízo arbitral ou arbitragem ambiental ........................................ 994
3. Reconstituição natural da área degradada: crítica ao seu abandono   995
4. Algumas súmulas do Conselho Superior do Ministério Público do Estado de São Paulo (CSMP) relacionadas ao meio ambiente ...... 996

*Bibliografia* ............................................................................................ 1003

# Prefácio

Bastante oportuna é a edição do *Manual de direito ambiental* de Luís Paulo Sirvinskas, que, ao fazer uma análise bem atual dessa difícil temática, traça diretrizes, em linguagem simples e objetiva, para atingir o equilíbrio ecológico, minimizando a crise ambiental que ora assola o mundo.

Ao longo das páginas deste precioso livro desfilam aos nossos olhos importantes temas que ressaltam o dever de todos: de proteger os interesses ambientais; de preservar a biodiversidade dos ecossistemas; de evitar atividades poluidoras, a caça e a pesca predatórias, a agressão às florestas, o mau uso da energia nuclear e dos defensivos agrícolas, a exploração inadequada da atividade da mineração, a introdução, no meio ambiente, de organismos geneticamente modificados, o lançamento no mercado de produtos transgênicos, a utilização indiscriminada de recursos naturais não renováveis etc.

Daí a grande importância deste livro sobre o direito ambiental. O autor nele delineia a importância e a autonomia do direito ambiental, sem se olvidar de seus princípios norteadores, de suas relações com outros ramos do direito, das questões jurisprudenciais que suscita, da tutela jurídica do meio ambiente, jurisdicional ou não jurisdicional, e da questão da responsabilidade civil por dano ambiental.

Pelas lições que contém, este estudo constitui uma colaboração para a literatura jurídica nacional, sendo um manual de consulta indispensável aos que militam na área do direito ambiental.

É com enorme satisfação que ora apresentamos ao público esta obra de Luís Paulo Sirvinskas sobre tema de profundo interesse no mundo atual, pois um dos grandes desafios do século XXI é a preservação do meio ambiente sadio e ecologicamente equilibrado.

São Paulo, 2 de abril de 2001.

*Maria Helena Diniz*
Professora Titular de Direito Civil da PUC-SP

## Apresentação

Conheci o Dr. Luís Paulo Sirvinskas em 1990, quando eu exercia a presidência da Associação Paulista do Ministério Público. Na época, tive oportunidade de fazer a costumeira preleção de nossa entidade de classe à nova turma de Promotores de Justiça Substitutos, e ele acabava de ingressar na carreira do Ministério Público, após concorrido concurso. A partir de então, o Dr. Sirvinskas fez sua carreira percorrendo de um extremo a outro o Estado de São Paulo: trilhou desde Teodoro Sampaio até Ubatuba, e, depois de passar por Suzano, exerce o cargo de Promotor de Justiça da Capital.

Dedicando-se às letras jurídicas, o Dr. Sirvinskas publicou diversos artigos no *Caderno Justiça* do jornal *O Estado de S. Paulo*, na revista *Justitia* do Ministério Público paulista e em diversos outros periódicos congêneres. Publicou, ainda, o livro *Tutela penal do meio ambiente* (Saraiva, 1998), além de ter participado de uma obra de autoria coletiva (*Interesses difusos e coletivos*, coordenada pela Escola Superior do Ministério Público de São Paulo, Ed. Plêiade, 1997).

Honrou-me agora o colega com o convite para fazer-lhe a apresentação deste seu novo trabalho — *Manual de direito ambiental*.

De um lado, a escolha do tema dignifica o autor, pois que a preservação do meio ambiente é um dos maiores desafios da humanidade. E, para motivar sua escolha, sem dúvida a profissão do Dr. Sirvinskas serviu-lhe de inspiração, tal é a grande ligação que existe entre o Ministério Público e a defesa do meio ambiente, hoje assinalada, aliás, na própria Constituição Federal. De nossa parte, já vínhamos sustentando há muito que a luta contra a poluição e contra todas as formas de agressão à natureza surge como um dos grandes desafios da civilização. Daí o esforço generalizado de reconhecer o direito fundamental do homem a uma condição satisfatória de vida, em ambiente cuja qualidade lhe permita viver com dignidade e bem-estar, preocupação esta que vem correspondendo a uma crescente e saudável consciência internacional. E, como também já tivemos oportunidade de sustentar, agora em trabalho conjunto com os Procuradores de Justiça Antonio Augusto Mello de Camargo Ferraz e Édis Milaré, "o meio ambiente e, de forma mais abrangente, a qualidade de vida interessam de tal modo à coletividade como um todo que não mais se admite possam o particular ou o Estado satisfazer seus próprios interesses em detrimento das necessidades coletivas, tanto das gerações presentes como das futuras" (O Ministério Público e a questão ambiental na Constituição, VI Congresso Nacional do Ministério Público, 1995, *Justitia, 131*:443).

De outro lado, o tratamento dado ao assunto neste *Manual* pareceu-me corresponder à finalidade de uma obra voltada a fins didáticos, ao trazer uma análise sucinta dos aspectos de direito material e processual relacionados com o tema, sempre permeados de conceitos legislativos básicos e aliados a informações elementares de doutrina. Para tanto, após algumas noções introdutórias, o *Manual* passa a examinar sinteticamente a Política Nacional do Meio Ambiente e seus instrumentos pertinentes; a seguir, faz um apanhado da tutela constitucional, civil, penal e digressão processual a respeito da matéria, perpassando desde o uso do inquérito civil pelo Ministério Público até os meios judiciais e coletivos de defesa ambiental, como a ação civil pública ou a ação popular.

O livro pode ser considerado, por si só, também um instrumento de defesa do seu próprio objeto, pois que a conscientização dos problemas ambientais já é um dos pressupostos para esse desafio.

A leitura dos originais deu-me, pois, a justa expectativa de que o autor sem dúvida continuará a dedicar seus estudos ao desenvolvimento e aprofundamento do tema, tão meritoriamente por ele escolhido.

São Paulo, 4 de fevereiro de 2001.

*Hugo Nigro Mazzilli*
Advogado e consultor jurídico. Procurador de Justiça aposentado.
Professor Emérito da Escola Superior do Ministério Público
do Estado de São Paulo.

## Nota à 20ª edição

Nestes últimos anos, vivenciamos as repercussões da pandemia (Covid-19), juntamente com o aquecimento global. São realidades diversas, mas com raízes comuns – a natureza. Tudo começou com as intervenções e alterações graduais do meio ambiente. São as mais diversas interferências nos biomas do planeta. A comunidade científica vem alertando que o aquecimento global é uma realidade que não podemos mais fechar os olhos. O negacionismo não pode prevalecer diante dos eventos que estamos sofrendo, suas consequências são cada vez mais constantes e intensas.

O desmatamento, os incêndios, a emissão de poluentes, o descarte de resíduos sólidos e líquidos sem controle são algumas das causas que levam aos mais diversos eventos destrutivos ambientais. A qualidade do ar diminui, especialmente nos centros urbanos, bem como a falta de água para o consumo e para a produção de energia. Resta-nos apenas tentar administrar os recursos remanescentes.

Nós devemos ir no cerne das consequências negativas e não ficar justificando a nossa omissão ou impondo a culpa nas nações desenvolvidas. Esperamos que a COP-16 possa trazer luz aos governantes mundiais e alternativas para diminuir o efeito estufa.

O objetivo deste *Manual* foi exatamente ilustrá-lo com pesquisas científicas sérias, estudos realizados pelas universidades renomadas e institutos de pesquisas conhecidos mundialmente, bem como em revistas científicas pertinentes.

O alerta da comunidade científica está cada vez mais claro e visível a olho nu. Não podemos ignorá-lo diante das evidências e estudos científicos.

O aquecimento climático interfere nitidamente em toda a cadeia ecológica com repercussões na economia, recursos naturais essenciais e, principalmente, na saúde com as mais diversas doenças por conta das alterações biológicas da biodiversidade.

Este *Manual* procura mostrar a necessidade de uma atuação mais eficaz e efetiva por parte dos órgãos públicos e também pela iniciativa privada na proteção desses biomas essenciais ao meio ambiente.

Não só as futuras gerações precisam desses recursos, mas também as presentes gerações, que já sentem a sua falta. O meio ambiente é vida e vida com qualidade. Pensemos nisso.

# LIVRO I
## Direito Material

"Estudar o direito é, assim, uma atividade difícil, que exige não só acuidade, inteligência, preparo, mas também encantamento, intuição, espontaneidade. Para compreendê-lo é preciso, pois, saber e amar. Só o homem que sabe pode ter-lhe o domínio. Mas só quem o ama é capaz de dominá-lo rendendo-se a ele" (Tercio Sampaio Ferraz Jr., *Introdução ao estudo do direito*: técnica, decisão, dominação, 2. ed., São Paulo, Atlas, 1994, p. 21).

# TÍTULO I
# Direito Ambiental

## CAPÍTULO I
## NOÇÕES INTRODUTÓRIAS

### SEÇÃO I
*Visão histórica*

**1. OBJETIVO DESTE *MANUAL***

Filosoficamente, todo saber está calcado em três pilares: a) informação; b) conhecimento; e c) atitude. A informação é de extrema valia, pois sem ela nós não saberíamos sobre as coisas e sua importância no mundo fenomênico, ou seja, sobre o que está ocorrendo em nosso entorno. É estar atento, ser curioso. Esta informação, aliada aos fundamentos já adquiridos, será interiorizada com base em princípios. Tais informações serão associadas e comparadas com outros princípios, fundamentos e experiências de vida, transformando-as em conhecimento raciocinado — lógico. E, em seguida, devemos estabelecer conexões com os diversos saberes e concentrá-los num mesmo conteúdo. Na posse desse conhecimento, procuraremos colocá-lo em prática, com o intuito de melhorar, nossa conduta em relação ao meio ambiente, além, é claro, de nos tornarmos pessoas preocupadas com o futuro da humanidade — presentes e futuras gerações. Se todo o conhecimento que adquirirmos não for colocado em prática, de nada valerá. Nossas atitudes deverão estar em consonância — em harmonia — com nosso conhecimento. Caso contrário, ele será nulo e sem importância. Enfim, seria o mesmo que dizer: "Faça o que eu digo, mas não faça o que eu faço". Um conhecimento acadêmico para acadêmicos e não para a humanidade. Nosso conhecimento deverá estar em consonância com a ciência e devemos agir em conformidade com esse fundamento. É aplicar o conhecimento, tornando-o viável. É a busca do equilíbrio ambiental, harmonizando o nosso pensar com as nossas atitudes.

Além dos livros puramente acadêmicos, há outros, de direito ambiental, publicados sob a visão dos advogados, dos magistrados e do Ministério Público. E a maioria das publicações é direcionada aos cursos de direito e outras exclusivamente aos concursos públicos. Enfim, são publicações destinadas a todos os segmentos da sociedade, defendendo interesses de ambientalistas, empresários, pecuaristas e agricultores, deixando, de certa forma, as presentes e as futuras gerações em segundo plano. E, a pretexto de acabar com a fome, justifica-se a exploração exagerada dos recursos naturais. Como se fosse possível cindir o meio ambiente entre os diversos segmentos citados. O meio ambiente é indivisível em sua totalidade, e nós precisamos desses recursos essenciais à sobrevivência do homem na Terra.

Este *Manual* se pauta essencialmente na informação (problemas ambientais), no conhecimento (saberes científicos) e na atitude (comportamento pessoal, social e nas decisões judiciais), sendo a consciência ecológica o alicerce da educação ambiental. Nosso compromisso é com o leitor (professor, estudante, operador de direito, cientistas sociais etc.), pois, se não acreditarmos no que escrevemos, não haveria razão de publicá-lo, não assumiríamos nenhum compromisso com suas posições. Honestidade intelectual é informar o leitor do que se passa no mundo, não só sob o ponto de vista jurídico, mas também científico. É buscar informações em outras ciências para fundamentar a nossa. É transformar a nossa disciplina numa ciência de fato, calcada na verdade científica e não em interesses pessoais ou políticos.

Vejamos a seguir esses pilares.

## 2. UNIVERSO, PLANETA TERRA, ESPAÇO, TEMPO E VIDA

De acordo com cálculos recentes, o universo tem 13,8 bilhões de anos; o sistema solar, incluindo a Terra, 4,6 bilhões; a vida começou há 600 milhões de anos, os dinossauros viveram há 65 milhões, os grandes símios surgiram há 10 milhões de anos e os humanos há uns 3 ou 4 milhões.

A Terra nasceu, com sua formação atual, graças à colisão com outro planeta, denominado "irmã gêmea", que se esfacelou em inúmeros fragmentos, que, por sua vez, se juntaram e formaram a Lua — nosso satélite. Há várias teorias que tentam comprovar o surgimento da Lua, mas a mais recente e aceita é a teoria do impacto gigante. Isso foi possível após a análise de rochas e poeiras trazidas pelos astronautas, cujas composições são semelhantes às existentes na Terra.

A colisão entre os dois planetas resultou na conformação atual da Terra, a qual, nesta época, estava incandescente. Como a colisão foi tangencial, fez também com que o planeta passasse a girar em torno de si, dando origem ao dia e à noite (rotação), e aumentasse sua órbita gravitacional, fixando o ar atmosférico e a água e tudo o que nela continha.

Outro estudo publicado na revista *Nature* comprova que a Terra já teve duas luas, as quais se chocaram há mais de 4 bilhões de anos. A menor acabou esmagada por aquela que vemos no céu até hoje. O incidente deixou marcas: o satélite tem um lado "torto", assimétrico. A crítica que se faz ao artigo publicado pelos cientistas é que não ficou bem claro o modelo orbital no momento da colisão entre os corpos[1].

O planeta Marte, por exemplo, parecia com a Terra, mas, devido à baixa gravidade, permitiu que a atmosfera e tudo o que nela continha desaparecessem no espaço. Além disso, a distância da Terra ao Sol propiciou o surgimento da vida, diferentemente do que ocorreu com Marte.

Demonstra-se, com isso, a intensa modificação da natureza desde a ocorrência do Big Bang há 13,8 bilhões de anos. Depois de inúmeras explosões da grande massa, formou-se a Terra, onde se propiciou o surgimento da vida por meio de uma série de fenômenos termodinâmicos. Em decorrência desse fato, as alterações biológicas proporcionaram o aparecimento de milhares de espécies animais e vegetais, incluindo-se o ser humano — o *Homo sapiens* —, cuja característica principal é a inteligência. A partir daí, o homem deixou de ser parte do sistema evolutivo para se tornar o grande agente modificador da história de nosso planeta.

Ao se falar na origem do Universo, devemos também falar sobre a origem do tempo. Antes de o Universo existir, não se podia falar em tempo. Percebe-se que, quando falamos que o Universo surgiu há 13,8 bilhões de anos, estamos falando do início da contagem do tempo. Este fato marca a origem cósmica. Albert Einstein, fundado em sua teoria da relatividade, descreve as propriedades do tempo e do espaço, em termos de um espaço-tempo, uma entidade que engloba estes dois elementos. Um não existe sem o outro. A partir disso, podemos definir distâncias entre dois pontos ou intervalos de tempo entre dois eventos. Toda teoria tem seu limite de validade. E aplicá-la além desse limite gera erros. Perto do Big Bang (próximo do tempo igual a zero — t = 0), as distâncias cósmicas são subatômicas. A partir daí, o Universo passa a ser descrito pela teoria quântica. Isso significa que, quando chegamos próximo do início (t = 0), as distâncias espaciais são tão pequenas que o Universo assume dimensões atômicas. Para a teoria quântica, o espaço-tempo flutua violentamente devido à incerteza quântica enlouquecida (as partículas estão sempre vibrando, inviabilizando a medição da sua posição e da sua velocidade). Nesse contexto, distâncias espaciais e intervalos de tempo deixam de fazer sentido. Não existe perto e longe, antes e depois[2]. Assim, olhar para o céu é olhar para o passado. A luz tem uma velocidade finita, sempre demora um pouco para ir de um ponto a outro. Por exemplo: o Sol fica a oito minutos-luz da Terra: a luz demora oito minutos para viajar do Sol até nós. Portanto, nada do que vemos no céu existe no presente[3].

---

1. Giuliana Miranda, Terra já teve uma segunda lua, que colidiu com a atual, *Folha de S.Paulo*, Ciência, 4 ago. 2011, p. C-11.
2. Marcelo Gleiser, A origem do tempo, *Folha de S.Paulo*, Caderno Mais, 23 nov. 2008, p. 11.
3. Marcelo Gleiser, Olhando para o início do tempo, *Folha de S.Paulo*, 24 out. 2010, p. A-23.

A evolução humana, por outro lado, passou por diversas fases. A pré-história durou quase a totalidade do seu tempo. O neolítico teve início há mais de 20 mil anos; o mundo agrário, há 10 mil; a História, há 3.500 anos. A Revolução Industrial tem quase 300 anos, a revolução dos computadores não chega a 70. E, no início do século XXI, prenunciam-se novas revoluções tecnológicas de grande porte, quase simultaneamente a nanotecnologia, a biotecnologia etc.[4].

Esses dados demonstram que a evolução não é linear; trata-se de uma curva exponencial que governa o curso do universo, da vida e da tecnologia e se acelera cada vez mais rápido. Não é uma reta, mas uma curva ascendente, como demonstra a evidência científica semanalmente, mediante novas descobertas na evolução gradativa e irreversível.

Passemos, então, a estudar as primeiras manifestações humanas em relação ao meio ambiente dentro dessa evolução histórica, tendo em mente sempre essa curva. Os acontecimentos são muito rápidos e graves, porém sem retorno.

Como podemos ver, a evolução histórica da Terra e da humanidade passou por muitas transformações. No entanto, a proteção da natureza, apesar de antiga, não tem surtido os efeitos desejados. Sua proteção tem como fundamento a Bíblia Sagrada. Desse modo, o homem será julgado por aquilo que fizer contra a natureza. O meio ambiente é criação divina. Assim, a "Terra é do Senhor e tudo que há nela; o mundo e todos os que nele habitam" (Salmo 24:1). Continua mais adiante: "Os céus são do Senhor, mas a Terra Ele a deu aos filhos dos homens" (Salmo 115:16). Vê-se, pois, que o homem é mero procurador de Deus na Terra, devendo prestar-Lhe contas de suas atitudes praticadas contra a natureza.

Verifica-se, com base nesses versículos bíblicos, que a natureza não se restringe apenas aos animais, mas engloba tudo o que há na Terra (minérios, vegetais, micro--organismos, ar, água etc.)[5].

Passemos, nos próximos itens, a analisar sucintamente a evolução histórica do pensamento ecológico e suas repercussões.

## 3. EVOLUÇÃO DA CONSCIÊNCIA ECOLÓGICA

Renato Guimarães Júnior salienta que "o homem conseguiu sair da Idade da Pedra para ingressar na Era das Civilizações somente quando associou noções de Direito aos conhecimentos sobre Ecologia"[6].

---

4. Rose Marie Muraro, Não se come dinheiro, *Folha de S. Paulo*, Tendências/Debates, 21 fev. 2007, p. A-3.

5. Samuel Audy Buzaglo e Marcelo Buzaglo Dantas, Transação penal e suspensão do processo--crime e o dano ambiental — Considerações sobre os artigos 27 e 28 da Lei n. 9.605/98, *RT*, São Paulo, 779:453, nov. 2000.

6. Renato Guimarães Jr., O futuro do Ministério Público como guardião do meio ambiente e a história do direito ecológico, São Paulo, *Justitia*, 113:151, abr./jun. 1981.

Os povos da Antiguidade começaram a valorizar suas terras que eram banhadas pelos rios, pois, com o transbordamento, os húmus adubavam as margens, tornando-as mais férteis para a plantação.

A partir daí, as cidades eram edificadas em torno dos rios e sua vida obedecia ao seu regime, ou seja, o homem passou a se adequar às variáveis dos cursos das águas.

## 3.1. Documento 1 — Livro dos Mortos

O documento mais antigo de que se tem conhecimento, comprovando esses fatos, do ponto de vista individual, é a famosa *Confissão Negativa*. Tratava-se de um papiro encontrado com as múmias do Novo Império Egípcio. Tal documento fazia parte do *Livro dos Mortos*, que data de três milênios e meio. São trechos extraídos do Capítulo 126 do citado livro, os quais passaram a fazer parte do testamento do morto, a saber: "Homenagem a ti, grande Deus, Senhor da Verdade e da Justiça!/ Não fiz mal algum.../ Não matei os animais sagrados/ Não prejudiquei as lavouras.../ Não sujei a água/ Não usurpei a terra/ Não fiz um senhor maltratar o escravo.../ Não repeli a água em seu tempo/ Não cortei um dique.../ Sou puro, sou puro, sou puro!"[7].

Era muito comum, consoante se extrai desse texto, a prática de agressões contra os animais[8], escravos, lavouras, águas, terras etc. Esse documento era uma confissão que o morto deveria levar consigo para comprovar seu respeito para com aquilo que era sagrado aos deuses.

Como a maioria das cidades situava-se às margens dos rios, era comum sua utilização para causar danos aos povos com os quais se encontravam em guerra. Se as cidades se situavam abaixo do curso da água, seus inimigos cortavam diques ou desviavam a direção do rio, ocasionando inundação ou deixando as cidades, no primeiro caso, submersas ou, no segundo, sem água.

A partir desse documento histórico, muitos outros foram surgindo e sendo inseridos nas legislações existentes na época, como, por exemplo, o Código de Hammurabi (2050 a.C.)[9], a Magna Carta (1215)[10] etc.

---

7. Renato Guimarães Jr., *Justitia, 113*:152.

8. Roberto Carramenha esclarece que "a proteção dos animais remonta a priscos tempos, já havendo notícia da preocupação com a defesa dos animais no próprio texto bíblico e até mesmo antes dele em textos antigos da cultura egípcia e do Oriente. Este relato histórico está muito bem colocado na obra do Promotor de Justiça Laerte Fernando Levai, 'O Direito dos Animais', da Editora Mantiqueira" (*Direito da natureza*, Campos do Jordão-SP, Mantiqueira, 1999, p. 57).

9. Ensina-nos Emanuel Bouzon que Hammurabi "não foi, apenas, um grande conquistador, um estrategista excelente, um rei poderoso. Ele foi, antes de tudo, um exímio administrador. Seus trabalhos de regulagem do curso do Eufrates e a construção e conservação de canais para a irrigação e para a navegação incrementaram enormemente a produção agrícola e o comércio" (*O Código de Hammurabi*, 8. ed., Petrópolis, Vozes, 2000, p. 20).

10. A Magna Carta, ensina-nos Renato Guimarães Júnior, foi outorgada por João Sem Terra aos "barões, julgadores, guardas florestais", entre outros. Essa Carta se divide em dois outros diplomas: a

## 3.2. Documento 2 — Tribo indígena Seattle

Entre muitos outros documentos destaca-se a resposta, da tribo indígena Seattle à oferta de compra por parte do Presidente dos Estados Unidos da América, Sr. Franklin Pierce, de grande parte de suas terras, oferecendo, em contrapartida, a concessão de outra reserva. Referido texto foi distribuído pela ONU (Programa das Nações Unidas para o Meio Ambiente — PNUMA) e tem sido considerado um dos mais importantes pronunciamentos já feitos em defesa do meio ambiente, tendo em vista a sua beleza e profundidade. Transcrevemos na íntegra o pronunciamento realizado em 1854:

"Como é que se pode comprar ou vender o céu, o calor da terra? Essa ideia nos parece estranha. Se não possuímos o frescor do ar e o brilho da água, como é possível comprá-los?

Cada pedaço desta terra é sagrado para meu povo. Cada ramo brilhante de um pinheiro, cada punhado de areia das praias, a penumbra na floresta densa, cada clareira e inseto a zumbir são sagrados na memória e experiência de meu povo. Seiva que percorre o corpo das árvores carrega consigo as lembranças do homem vermelho.

Os mortos do homem branco esquecem sua terra de origem quando vão caminhar entre as estrelas. Nossos mortos jamais esquecem esta bela terra, pois ela é a mãe do homem vermelho. Somos parte da terra e ela faz parte de nós. As flores perfumadas são nossas irmãs; o cervo, o cavalo, a grande águia são nossos irmãos. Os picos radiosos, os sulcos úmidos nas campinas, o calor do corpo do potro, e o homem — todos pertencem à mesma família.

Portanto, quando o Grande Chefe em Washington manda dizer que deseja comprar nossa terra, pede muito de nós. O Grande Chefe diz que nos reservará um lugar onde possamos viver satisfeitos. Ele será nosso pai e nós seremos seus filhos. Portanto, nós vamos considerar sua oferta de comprar nossa terra. Mas isso não será fácil. Esta terra é sagrada para nós.

Essa água brilhante que escorre nos riachos e rios não é apenas água, mas o sangue de nossos antepassados. Se lhes vendermos a terra, vocês devem lembrar-se de que ela é sagrada, e devem ensinar às suas crianças que ela é sagrada e que cada reflexo nas águas límpidas dos lagos fala de acontecimentos e lembranças da vida do meu povo. O murmúrio das águas é a voz de meus ancestrais.

Os rios são nossos, saciam nossa sede. Os rios carregam nossas canoas e alimentam nossas crianças. Se lhes vendermos nossa terra, vocês devem lembrar e ensinar a

---

Carta da Floresta e a Carta das Liberdades. F. W. Swindler afirma que em "termos de valores intrínsecos, as duas cartas foram consideradas *magnas* durante toda a Idade Média restante e boa parte posterior ao Renascimento. A Carta das Liberdades foi a fundamental confirmação do Direito Comum enquanto a Carta da Floresta prescrevia a respeito de um ramo específico da jurisprudência" (*Justitia, 113*:154-5).

seus filhos que os rios são nossos irmãos, e seus também. E, portanto, vocês devem dar aos rios a bondade que dedicariam a qualquer irmão.

Sabemos que o homem branco não compreende nossos costumes. Uma porção de terra, para ele, tem o mesmo significado que qualquer outra, pois é um forasteiro que vem à noite e extrai da terra aquilo de que necessita. A terra não é sua irmã, mas sua inimiga, e, quando ele a conquista, prossegue seu caminho. Deixa para trás os túmulos de seus filhos e não se importa. A sepultura de seus antepassados e não se incomoda. Rapta da terra aquilo que seria de seus filhos e não se importa. A sepultura de seu pai e os direitos de seus filhos são esquecidos. Trata sua mãe, a terra, e seu irmão, o céu, como coisas que possam ser compradas, saqueadas, vendidas como carneiros ou enfeites coloridos. Seu apetite devorará a terra, deixando somente um deserto.

Eu não sei, nossos costumes são diferentes dos seus. A visão de suas cidades fere os olhos do homem vermelho. Talvez seja porque o homem vermelho é um selvagem e não compreenda.

Não há um lugar quieto nas cidades do homem branco. Nenhum lugar onde se possa ouvir o desabrochar de folhas na primavera ou o bater das asas de um inseto. Mas talvez seja porque eu sou um selvagem e não compreendo. O ruído parece somente insultar os ouvidos. E o que resta da vida se um homem não pode ouvir o choro solitário de uma ave ou o debate dos sapos ao redor de uma lagoa, à noite? Eu sou um homem vermelho e não compreendo. O índio prefere o suave murmúrio do vento encrespando a face do lago, e o próprio vento, limpo por uma chuva diurna ou perfumado pelos pinheiros.

O ar é precioso para o homem vermelho, pois todas as coisas compartilham o mesmo sopro — o animal, a árvore, o homem, todos compartilham o mesmo sopro. Parece que o homem branco não sente o ar que respira. Como um homem agonizante há vários dias, é insensível ao mau cheiro. Mas se vendermos nossa terra ao homem branco, ele deve lembrar que o ar é precioso para nós, que o ar compartilha seu espírito com toda a vida que mantém. O vento que deu a nosso avô seu primeiro inspirar também recebe seu último suspiro. Se lhes vendermos nossa terra, vocês devem mantê-la intacta e sagrada, como um lugar onde até mesmo o homem branco possa ir saborear o vento açucarado pelas flores dos prados.

Portanto, vamos meditar sobre sua oferta de comprar nossa terra. Se decidirmos aceitar, imporei uma condição: o homem branco deve tratar os animais desta terra como seus irmãos.

Sou um selvagem e não compreendo qualquer outra forma de agir. Vi um milhar de búfalos apodrecendo na planície, abandonados pelo homem branco que os alvejou de um trem ao passar. Eu sou um selvagem e não compreendo como é que o fumegante cavalo de ferro pode ser mais importante que o búfalo, que sacrificamos somente para permanecer vivos.

O que é o homem sem os animais? Se todos os animais se fossem, o homem morreria de uma grande solidão de espírito. Pois o que ocorre com os animais, breve acontece com o homem. Há uma ligação em tudo.

Vocês devem ensinar às crianças que o solo a seus pés é a cinza de nossos avós. Para que respeitem a terra, digam a seus filhos que ela foi enriquecida com as vidas de nosso povo. Ensinem às suas crianças o que ensinamos às nossas, que a terra é nossa mãe. Tudo o que acontecer à terra, acontecerá aos filhos da terra. Se os homens cospem no solo, estão cuspindo em si mesmos.

Isto sabemos: a terra não pertence ao homem; o homem pertence à terra. Isto sabemos: todas as coisas estão ligadas como o sangue que une uma família. Há uma ligação em tudo.

O que ocorrer com a terra recairá sobre os filhos da terra. O homem não tramou o tecido da vida: ele é simplesmente um de seus fios. Tudo o que fizer ao tecido, fará a si mesmo.

Mesmo o homem branco, cujo Deus caminha e fala com ele de amigo para amigo, não pode ser isento do destino comum. É possível que sejamos irmãos, apesar de tudo. Veremos. De uma coisa estamos certos — e o homem branco poderá vir a descobrir um dia: nosso Deus é o mesmo Deus. Vocês podem pensar que O possuem, como desejam possuir nossa terra: mas não é possível. Ele é o Deus do homem, e Sua compaixão é igual para o homem vermelho e para o homem branco. A terra lhe é preciosa, e feri-la é desprezar seu criador. Os brancos também passarão, talvez mais cedo que todas as outras tribos. Contaminem suas camas, e uma noite serão sufocados pelos próprios dejetos.

Mas, quando de sua desaparição, vocês brilharão intensamente, iluminados pela força do Deus que os trouxe a esta terra e por alguma razão especial lhes deu o domínio sobre a terra e sobre o homem vermelho. Esse destino é um mistério para nós, pois não compreendemos que todos os búfalos sejam exterminados, os cavalos bravios sejam todos domados, os recantos secretos da floresta densa impregnados de cheiro de muitos homens e a visão dos morros obstruída por fios que falam. Onde está o arvoredo? Desapareceu. Onde está a água? Desapareceu. É o final da vida e o início da sobrevivência"[11].

### 3.3. Documento 3 — Tribo indígena Sioux

Outro documento a que se deve fazer remissão é o discurso do chefe indígena *Sioux* proferido numa tradicional festa conhecida por *Pow Wow*, nos Estados Unidos da América, em 1875. Diz o citado discurso:

---

11. Trata-se de um pronunciamento do chefe indígena *Seattle* proferido em 1854, cuja tradução foi realizada por Irina O. Bunning.

"Olhai, irmãos: Chegou a primavera. A terra casou-se com o Sol, e em breve veremos os frutos desse amor. Todos os grãos estão despertos e os animais também. Esse grande poder é igualmente a fonte de nossa vida. Por isso é que os nossos companheiros — homens e animais — têm os mesmos direitos que nós sobre esta terra.

Escutai, irmãos: agora devemos contar com uma outra raça.

Eram poucos e fracos quando nossos antepassados os encontraram pela primeira vez; agora são numerosos e fortes.

É uma coisa estranha, mas eles querem lavrar a terra. Neles, a cupidez é uma doença muito espalhada. Fizeram muitas leis, os ricos podem fugir a elas, mas os pobres, não. Tomam o dinheiro do pobre e do fraco para ajudar o rico e o poderoso. Dizem que a nossa mãe terra pertence a eles, apenas. E repelem os vizinhos. Mutilam nossa mãe terra com suas casas e seu lixo. Forçam a terra a dar frutos fora da estação e, se ela recusa, dão a ela remédio, lá deles. Este povo é como um rio na cheia que na primavera sai do leito e destrói tudo em sua passagem. Não podemos viver lado a lado. Há sete anos fizemos um acordo com os homens brancos. Eles tinham prometido que a terra dos búfalos sempre seria nossa. Agora ameaçam tomá-la de nós.

Devemos ceder-lhes, irmãos, ou dizer-lhes: Tereis que nos matar antes de roubardes nossas terras?" (*Sitting Bull* — Touro Sentado — Líder *Sioux*)[12].

A expressão *Pow Wow,* segundo Paulo Fernando Lago, pode ser traduzida e interpretada como um "movimento orientado para o fortalecimento do que se poderá chamar de *consciência ecológica*"[13].

Os pronunciamentos desses líderes indígenas foram os precursores da consciência ecológica. Essa consciência é muito antiga e se manifestou dentro do conhecimento limitado da biologia e da ecologia da época. Muitas ciências foram surgindo, servindo como instrumento para o conhecimento da ecologia e o esclarecimento da relação homem *versus* ambiente.

## 4. HISTÓRICO DO MEIO AMBIENTE NO BRASIL

A proteção jurídica do meio ambiente no Brasil pode ser dividida em três períodos:

a) O *primeiro período* começa com o descobrimento (1500) e vai até a vinda da Família Real Portuguesa (1808). Nesse período, havia algumas normas isoladas de

---

12. Esse texto foi citado pelo respeitado estudioso da área ambiental José Henrique Pierangelli, integrante do Ministério Público do Estado de São Paulo, hoje gozando de sua merecida aposentadoria, em artigo sobre "Ecologia, poluição e direito penal", publicado na revista *Justitia, 113*:73.

13. Apud José Henrique Pierangelli, *Justitia, 113*:74.

proteção aos recursos naturais que se escasseavam, como, por exemplo, o pau-brasil, o ouro etc. Tivemos, então, as seguintes principais normas: a) Regimento do Pau--Brasil de 1605, que protegia o pau-brasil como propriedade real, impondo penas severas a quem cortasse árvores dessa natureza sem licença; b) Alvará de 1675, que proibia as sesmarias nas terras litorâneas, onde havia madeiras; c) Carta Régia de 1797, que protegia as florestas, matas, arvoredos localizado nas proximidades dos rios, nascentes e encostas, declaradas propriedades da Coroa; e d) Regimento de Cortes de Madeiras de 1799, que estabelecia regras para a derrubada de árvores.

b) O *segundo período* inicia-se com a vinda da Família Real (1808) e vai até a criação da Lei da Política Nacional do Meio Ambiente (1981). Esse período caracteriza-se pela exploração desregrada do meio ambiente, cujas questões eram solucionadas pelo Código Civil (direito de vizinhança, por exemplo). Havia, sim, preocupações pontuais, objetivando a conservação do meio ambiente e não a sua preservação. Surgiu, nesse período, a *fase fragmentária*, em que o legislador procurou proteger categorias mais amplas dos recursos naturais, limitando sua exploração desordenada (protegia-se o todo a partir das partes). Tutelava-se somente aquilo que tivesse interesse econômico. Nesse período, citamos as principais normas: a) Lei n. 601/1850, conhecida por Lei de Terras do Brasil, que disciplinava a ocupação do solo e estabelecia sanções para atividades predatórias; b) Decreto n. 8.843/11, que criou a primeira reserva florestal do Brasil, no Acre; c) Lei n. 3.071/16 (Código Civil), que estabelecia vários dispositivos de natureza ecológica, mas de cunho individualista; d) Decreto n. 16.300/23, que dispunha sobre o Regulamento da Saúde Pública; e) Decreto n. 24.114/34, que dispunha sobre o Regulamento de Defesa Sanitária Vegetal; f) Decreto n. 23.793/34 (Código Florestal), que dispunha limites ao exercício do direito de propriedade; g) Decreto n. 24.643/34 (Código de Águas), que também dispunha sobre a captação e o uso da água, ainda em vigor; h) Decreto-lei n. 25/37, que dispõe sobre o Patrimônio Cultural; i) Decreto-lei n. 794/38, que dispunha sobre o Código de Pesca; j) Decreto n. 1.985/40, que dispunha sobre o Código de Minas; k) Decreto n. 2.848/40, que dispõe sobre o Código Penal; l) Lei n. 4.504/64, que dispunha sobre o Estatuto de Terra; m) Lei n. 4.771/65 (o antigo Código Florestal), que estabelecia normas importantes para a proteção das florestas e outros recursos naturais; n) Lei n. 5.197/67, que dispõe sobre a Proteção à Fauna — antigo Código de Caça; o) Decreto-lei n. 221/67, que dispõe sobre o Código de Pesca; p) Decreto-lei n. 227/67, que dispõe sobre o Código de Mineração; q) Decreto-lei n. 238/67, que dispunha sobre a Política Nacional de Saneamento Básico; r) Decreto-lei n. 303/67, que criou o Conselho Nacional de Controle da Poluição Ambiental; s) Decreto n. 5.318/67, que dispunha sobre a Política Nacional de Saneamento e revogou os Decretos-leis n. 248/67 e 303/67; t) Lei n. 5.357/67, que estabelecia penalidades para embarcações e terminais marítimos ou fluviais que lançassem detritos ou óleo em águas brasileiras; u) Decreto-lei n. 1.413/75, que dispunha sobre o controle da poluição; v) Lei n. 6.543/77, que dispõe sobre a responsabilidade civil em casos de danos provenientes de atividades nucleares; e w) Lei n. 6.938/81, que dispõe sobre a Política Nacional do Meio Ambiente.

c) O *terceiro período* começa com a criação da Lei da Política Nacional do Meio Ambiente (Lei n. 6.938, de 31-8-1981), dando-se ensejo à *fase holística*, que consistia em proteger de maneira integral o meio ambiente por meio de um sistema ecológico integrado (protegiam-se as partes a partir do todo)[14]. Nesse período, citamos somente algumas normas: a) Lei n. 7.347/1985, que dispõe sobre a Ação Civil Pública; b) Constituição Federal de 1988; c) Lei n. 8.171/91, que trata da política agrícola; d) Lei n. 9.605/98, que dispõe sobre sanções penais e administrativas para condutas e atividades lesivas ao meio ambiente; e) Lei n. 9.985/2000, que dispõe sobre as Unidades de Conservação; f) Lei n. 10.257/2001, que dispõe sobre o Estatuto da Cidade; g) Lei n. 11.445/2007, que dispõe sobre a Política Nacional de Saneamento Básico; h) Lei n. 12.305/2010, que dispõe sobre a Política Nacional dos Resíduos Sólidos — PNRS; i) Lei n. 12.651/2012, que dispõe sobre o novo Código Florestal etc.

A história nos mostra que tanto em Portugal como no Brasil Colônia já havia a preocupação com o meio ambiente. Naquela época, procurava-se proteger as florestas em decorrência da derrubada de árvores de madeira de lei para a exportação a Portugal, onde escasseava esse tipo de recurso. Houve inúmeras invasões de franceses, holandeses e portugueses no Brasil Colônia, com o intuito apenas de extrair minérios (ouro, prata e pedras preciosas) e madeira, contrabandeando-os para Portugal e para outros países. Diante disso é que nossos primeiros colonizadores resolveram adotar medidas protetivas às florestas e aos recursos minerais por meio da criação de normas criminais.

Ann Helen Wainer analisou com muita percuciência toda a legislação ambiental a partir do século XVI[15]. Assinala a ilustre autora que já existiam nas Ordenações do Reino alguns artigos protegendo as riquezas florestais. Naquela época, era comum a extração indiscriminada de madeira, principalmente do pau-brasil, a ser exportada para a Pátria-Mãe. Foi com as Ordenações Afonsinas, seguidas pelas Ordenações Manuelinas, de 1521, que surgiu a preocupação com a proteção à caça e às riquezas minerais, mantendo-se como crime o corte de árvores frutíferas, entre outros.

---

14. Antônio Herman V. Benjamin, Introdução ao direito ambiental brasileiro, in *Manual prático da Promotoria de Justiça do Meio Ambiente e legislação ambiental*, 2. ed., São Paulo, IMESP, 1999, p. 22-4.

15. Ann Helen Wainer, *Legislação ambiental brasileira* — Subsídios para a história do direito ambiental, 2. ed., Rio de Janeiro, Forense, 1999.

Com a criação do Governo-Geral no Brasil, vários regimentos mantiveram a proteção, sobretudo da madeira, que era muito escassa em Portugal. A Carta de Regimento "contém um verdadeiro zoneamento ambiental, no qual delimita as áreas das matas que deveriam ser guardadas"[16].

No Brasil, por sua vez, já havia o Regimento sobre o pau-brasil, protegendo esse tipo de madeira, cuja edição data de 1605, ainda na vigência das Ordenações Filipinas, que continham vários tipos penais ecológicos. Em seguida, adveio o Alvará de 1675, que proibiu as sesmarias nas terras litorâneas desde que houvesse madeira para a construção. Após a criação das capitanias hereditárias, seus governadores expediram Cartas Régias, em 1797, com a intenção de proteger e conservar as florestas e as madeiras, realizando a fiscalização das matas e dos arvoredos localizados no litoral ou nas margens dos rios.

Com a vinda da Família Real (1808), a proteção ao meio ambiente intensificou-se, mediante a promessa da libertação do escravo que denunciasse o contrabando de pau-brasil. Nessa ocasião, várias providências foram tomadas para a proteção das florestas.

A Constituição de 1824 e o Código Criminal de 1830, na Monarquia, previam o crime de corte ilegal de árvores e a proteção cultural. Depois, com a Lei n. 601, de 1850, estabeleceram-se sanções administrativas e penais para quem derrubasse matas e realizasse queimadas.

Também se protegia o meio ambiente na República, com o advento do Código Civil de 1916. Posteriormente, foram criados o Código Florestal, o Código de Águas e o Código de Caça, entre inúmeras outras legislações infraconstitucionais, disciplinando regras para a proteção do meio ambiente.

## 5. MEIO AMBIENTE NA ATUALIDADE: CONTEXTO MUNDIAL

Mais recentemente, os povos de todo o mundo tiveram os olhos voltados ao meio ambiente[17]. Tanto é verdade que existem várias organizações não governamentais defendendo o meio em que vivemos contra atos lesivos praticados por quem quer que seja. Elas têm representantes praticamente em todos os países do globo e pretendem alertar o Poder Público, em especial, e a comunidade, de modo geral,

---

16. Ivete Senise Ferreira, *Tutela penal do patrimônio cultural*, São Paulo, Revista dos Tribunais, 1995, v. 3, p. 78.

17. A Declaração Universal dos Direitos Humanos de 1948 reza que: "Toda pessoa tem direito a um nível de vida próprio a garantir sua saúde, seu bem-estar e de sua família". A Declaração das Nações Unidas sobre o Meio Ambiente Humano, firmada em Estocolmo, Suécia, em 1972, em seu Princípio 1, diz que "o homem tem um direito fundamental à liberdade, à igualdade e a condições de vida satisfatórias, num ambiente cuja qualidade lhe permita viver com dignidade e bem-estar. Ele tem o dever solene de proteger e melhorar o meio ambiente para as gerações presentes e futuras". Tais princípios foram adotados pelo nosso constituinte, que os arrolou expressamente no art. 225 da CF.

quanto à necessidade de proteger o nosso sistema ecológico de agentes nocivos à saúde e à qualidade de vida desta e da futura geração. A par disso, e como não podia deixar de ser, nosso legislador passou a editar leis mais específicas, colocando instrumentos mais eficazes em defesa do meio ambiente. Nas décadas de 1980 e 1990, houve um desenvolvimento enorme em nosso país no que tange à proteção ao meio ambiente; vários livros e artigos doutrinários foram publicados; inúmeras leis foram criadas nesse período. Houve também uma repercussão benéfica com a divulgação pela mídia de algumas decisões judiciais favoráveis às ações civis públicas impetradas pelo Ministério Público. Foi com o advento da Lei n. 7.347/85 que a defesa do meio ambiente se fortaleceu. Essa lei criou a denominada ação civil pública, instrumento poderosíssimo colocado à disposição do cidadão, de modo geral, e, em particular, do Ministério Público. Em decorrência disso, diversas ações foram propostas em defesa de nosso ecossistema, nos mais longínquos rincões do Brasil.

Registre-se que no 2º Colóquio de Jurisprudência Comparada entre o Superior Tribunal de Justiça do Brasil e a Corte de Cassação da França: Direito Ambiental, realizado no dia 22 de outubro de 2018, o ministro João Otávio de Noronha afirmou: "Nenhuma matéria tem maior importância para o Brasil e para seus juízes do que a proteção ao meio ambiente. Não podemos deixar que o direito ao meio ambiente seja apenas uma promessa do legislador constituinte, mas devemos trabalhar para que ele seja assegurado para as futuras gerações".

Nessa mesma reunião, o ministro Herman Benjamin também disse: "Para fins de apuração de nexo de causalidade no plano ambiental, equiparam-se quem faz, quem não faz quando deveria fazer, quem deixa fazer, quem não se importa que façam, quem financia para que façam e quem se beneficia para que outros façam".

O Brasil está sempre na vanguarda das discussões ambientais. Há muitos juristas e ambientalistas preocupados com o meio ambiente. Essa questão não é uma preocupação apenas de um país, mas do mundo. Não há que falar em soberania nacional quando a questão em foco é a vida ou a saúde de um povo.

Por essas e outras razões é que o meio ambiente deve ser a preocupação central do homem, pois toda a agressão a ele poderá trazer consequências irreversíveis às presentes e futuras gerações.

## 6. AGRESSÕES AO MEIO AMBIENTE (FASES)

O homem primitivo não agredia a natureza de maneira indiscriminada. Apenas procurava extrair do meio aquilo que era necessário ao seu sustento. Suas necessidades básicas eram poucas. Não se falava, até então, em agressão à natureza[18].

---

18. José Henrique Pierangelli, Agressões à natureza e proteção dos interesses difusos, São Paulo, *Justitia*, 144:9.

Já na Idade Média e na Moderna, especialmente no período da Revolução Industrial, "começaram efetivamente as agressões à natureza, cuja extensão, ainda hoje, em uma gradação quanto aos seus efeitos nocivos, é bastante variável, podendo atingir tão só o meio local, o regional ou até comprometer o equilíbrio biológico do próprio planeta. Estas agressões podem se constituir em simples emanações de fumaças nauseabundas das fábricas de produtos químicos, ou das nuvens de pó produzidas numa fábrica de cimento, em que Perus é um triste exemplo, ou, ainda, da difusão de substâncias radioativas lançadas tanto no oceano como na atmosfera"[19].

Paulo José da Costa Jr. e Giorgio Gregori ensinam[20] que, "se encararmos a história de uma angulação cronológica, conforme o habitual esquema dos anais — que englobam os fatos uns após outros e os sistematizam com fidelidade como um grandioso romance seriado —, concluiremos facilmente que o problema ecológico foi enfrentado e regulamentado, ao menos parcialmente, pelos legisladores dos Estados de civilização mais avançada, somente no curso do derradeiro pós-guerra"[21].

Nesse período, a conscientização da necessidade de proteção ao meio ambiente disseminou-se pelo mundo todo por intermédio de várias entidades não governamentais. As pessoas acordaram e passaram a levantar a bandeira protetiva ao meio ambiente, pois é dele que o homem tira o sustento para sua sobrevivência. Apesar das dificuldades na solução dos problemas ambientais mundiais, devemos resolver os nossos por meio de medidas adequadas, realizando campanhas de conscientização de que o planeta Terra é nossa casa, por isso devemos protegê-lo e preservá-lo para as presentes e futuras gerações. O futuro da humanidade está intimamente ligado à preservação do meio em que vivemos.

## 7. CONSUMO *VERSUS* POPULAÇÃO: PEGADA ECOLÓGICA

O conceito "pegada ecológica" foi criado na década de 1990 por William Rees e Mathis Wackernagel, pesquisadores da universidade canadense de British Columbia, como medida de consumo de recursos naturais pelo homem em relação à capacidade da Terra para repô-los. Se a capacidade de consumo continuar nesse mesmo ritmo, a pegada ecológica (metodologia utilizada para medir as quantidades de terra e água — em termos de hectares globais — gha) subirá, tornando inviável a sobrevivência do homem no planeta. Se a escalada continuar no mesmo patamar atual, em 2030, com uma população planetária estimada em 8,3 bilhões de pessoas, serão necessárias duas Terras para satisfazê-la. A Terra possui aproximadamente 13,4

---

19. José Henrique Pierangelli, *Justitia*, *144*:10.
20. *Direito penal ecológico*, São Paulo, Ed. CETESB, 1998.
21. Apud José Henrique Pierangelli, *Justitia*, *144*:10.

bilhões de hectares globais (gha) de terra e água, biologicamente produtivas. E, segundo dados de 2010 da *Global Footprint Network*, a pegada ecológica da humanidade atingiu a marca de 2,7 hectares globais (gha) por pessoa em 2007, para uma população mundial de 6,7 bilhões de habitantes na mesma data (segundo a ONU). Isso significa que, para sustentar essa população, seriam necessários 18,1 bilhões de gha. Ou seja, já ultrapassamos a capacidade de regeneração do planeta. Para mantermos o consumo médio atual, com a pegada ecológica de 2,7 gha, a população mundial sustentável seria de, no máximo, 5 bilhões de habitantes. A pegada do continente africano é de 1,4 hectare global *per capita*, do asiático 1,8 do europeu 4,7 do latino-americano 2,6 dos EUA e Canadá, 7,9 da Oceania, 5,4 e do mundial, 2,7. Assim, se a população mundial adotasse o consumo médio do continente africano, a população poderia atingir 9,6 bilhões de pessoas, mas, caso adotasse o dos EUA e Canadá, poderia atingir 2,5 bilhões e 1,7 bilhão de habitantes, respectivamente[22].

O Relatório Planeta Vivo 2012 demonstrou que a pegada ecológica do Brasil é maior que a média mundial e maior que a de todos os países do grupo BRICS, exceto Rússia (inclui China, Índia e África do Sul). A pegada da humanidade hoje excedeu em 50% a capacidade de regeneração do planeta. Em outras palavras, para sustentar o padrão de consumo atual, seria necessário 1,5 planeta. A pegada da humanidade dobrou desde 1966. A pegada brasileira é de 2,93 hectares por pessoa contra 2,70 da média global. O que mais pesa é a agropecuária, que consome muita terra e água. Essa pegada cresceu em comparação a 2010 e não é maior porque o Brasil detém a maior biocapacidade (capacidade de regeneração) do mundo, por conta das florestas[23].

Como podemos ver, estamos consumindo mais do que o planeta pode repor.

Todos devem dar a sua cota de contribuição: o cidadão, as empresas, o governo e o mundo. O que fazer? Mudar nosso modo de consumir, por exemplo, pois pequenas atitudes geram grandes mudanças.

## 8. O DESTINO DA HUMANIDADE

O destino da humanidade está intimamente ligado à preservação do meio ambiente. Al Gore, ex-vice-presidente dos EUA e agraciado pelo Prêmio Nobel da Paz em 2007, publicou interessante livro, denominado *The Future — Six Drivers of Global Change* (O Futuro — seis forças motrizes da mudança global), no dia 29 de janeiro de 2013, o qual expõe seis tendências-chave que moldarão o futuro. Há dois caminhos que a humanidade pode seguir: o primeiro é a destruição do equilíbrio

---

22. A terra no limite, *Veja* n. 2.196 — edição especial — Sustentabilidade, ano 43, dez. 2010, p. 26.

23. Pegada ecológica do Brasil supera a da China e a da Índia, *Folha de S. Paulo*, Ciência+Saúde, 16 maio 2012, p. C-10.

climático e a exaustão dos recursos naturais não renováveis; o segundo é rumo ao futuro. Ele aponta vários desafios e apresenta possíveis soluções. O livro contém seis capítulos repletos de estatísticas e propostas. O primeiro capítulo trata da *mente global*. Alerta que o uso constante da internet está expandindo o limite de armazenamento de informação em nosso cérebro. Tem-se o acesso a informações e sentimentos de bilhões de pessoas de forma instantânea. A ONU definiu o acesso à internet como um novo direito humano básico. O segundo capítulo refere-se à *integração econômica*. A globalização leva ao surgimento da "corporação Terra", uma entidade totalmente integrada. O terceiro capítulo cuida do *multicentrismo*. Ou seja, os poderes militar, político e econômico estão cada vez mais pulverizados e não centrados nas grandes potências. O quarto capítulo cuida da *insustentabilidade*. O crescimento econômico está levando a um crescimento insustentável do consumo, da poluição e do esgotamento dos recursos naturais (solo, água, biodiversidade etc.). O quinto capítulo refere-se ao *controle da evolução*. As revoluções nas ciências biológicas trazidas pela genômica e neurociência estão colocando nas mãos do homem o controle da evolução. E, finalmente, o sexto capítulo, que trata do *descompasso entre homem e ecossistema*. Essa relação sofre ruptura ao mesmo tempo que há mudanças revolucionárias nos sistemas de energia, agricultura e transportes. O autor pretende, com seu livro, "consertar as falhas e distorções do capitalismo e da autogovernança". Ele diz ainda que o "capitalismo exige a aceitação de desigualdades, mas a hiperdesigualdade que vemos hoje é destrutiva tanto para o capitalismo quanto para a democracia"[24].

Como se vê, o destino da humanidade está em nossas mãos.

## Seção II
*Visão contemporânea*

### 1. CONSCIÊNCIA ECOLÓGICA E EDUCAÇÃO AMBIENTAL

A espécie humana não é eterna. Isso é certeza científica. José Eli Lopes da Veiga, professor titular do Departamento de Economia da Faculdade de Economia e Administração da USP, alerta que o Sol vai acabar e "se nós não tivermos mudado da Terra e colonizado outros planetas vamos desaparecer. E antes, bem antes de acabar o Sol, qualquer noção que se tenha da teoria da evolução da raça humana não será suficiente para nos mantermos vivos, pois não deixaremos de ser uma espécie como as outras. Não há nenhuma espécie eterna. Estou falando em um prazo de bilhões de anos. Seja a morte térmica, seja uma extinção anterior, temos

---

24. LUCENA, Rodolfo. Internet criou "mente global", diz Al Gore. *Folha de S. Paulo*, Ciência+Saúde, 31 jan. 2013, p. C-12.

um prazo de bilhões de anos. O que estamos discutindo é que, dependendo do que fizermos com o planeta, nós vamos abreviar esse tempo"[25]. O Sol está envelhecendo e esquentando cada vez mais[26] até a sua transformação numa "gigante vermelha"[27]. Em outras palavras, o Sol, antes de morrer, incha até se tornar uma "gigante vermelha", a qual aniquila planetas de órbitas mais próximas. Só depois expele suas camadas mais externas e se torna uma "anã branca". Este material é bem mais fragmentado do que os grandes asteroides e planetas em torno de estrelas vivas, ficando mais fácil para astrônomos pesquisar sua composição. Por meio do Telescópio Espacial Spitzer, da Nasa, astrônomos conseguiram analisar a luz emitida pelas chamadas "anãs brancas" e constataram que muitas delas teriam abrigado planetas similares à Terra no passado. Boa parte dessa poeira analisada é composta de minerais provenientes de planetas rochosos e asteroides do Sistema Solar[28].

Este alerta é importante para que possamos ter consciência da fraqueza planetária. A despeito das catástrofes naturais (*tsunamis*, erupções de vulcões, terremotos, furacões, ciclones, tufões, tornados etc.), o homem também tem contribuído para a antecipação desse fim e "muito provavelmente", como restou confirmado pelo relatório do Painel Intergovernamental sobre Mudança Climática — IPCC, da ONU, divulgado em abril de 2007.

---

25. Entrevista dada a Carolina Stanisci da *Revista MPD Dialógico* (ano 4, n. 12, p. 12, mar. 2007) sobre "Desenvolvimento sustentável: nós não somos eternos".

26. Temos um bom grau de certeza de que o Sol esquenta à medida que envelhece e está agora 25% mais quente do que quando a vida começou (James Lovelock, *A vingança de Gaia*, traduzido por Ivo Korytowski, Rio de Janeiro, Intrínseca, 2007, p. 69). Temos um bom grau de certeza de que o Sol esquenta à medida que envelhece e está agora 25% mais quente do que quando a vida começou (James Lovelock, *A vingança de Gaia*, traduzido por Ivo Korytowski, Rio de Janeiro, Intrínseca, 2007, p. 69).

27. "Astrônomos previam que o mundo iria acabar daqui a 5 bilhões de anos. Tal fato poderá não mais ocorrer como previsto, pois cientistas descobriram um planeta que conseguiu sobreviver à fase da 'gigante vermelha'. As estrelas nascem, vivem e morrem. O Sol, na qualidade de estrela, também vai morrer. Ela encontra-se em idade madura e vive da fusão de elementos que produzem energia. O hidrogênio se funde e dá origem ao hélio, que, por sua vez, gera energia. Assim, quando seu núcleo parar de gerar energia e se transformar totalmente em hélio, o Sol entrará na fase da 'gigante vermelha'. Isso ocasionará a expansão dos seus raios por mais de cem vezes, engolindo todos os planetas próximos, tais como a Terra. Essa teoria prevaleceu por pouco tempo, até que 23 pesquisadores, dentre eles Roberto R. Silvotti, do Instituto Nacional de Astrofísica, de Nápoles, Itália, em publicação de artigo na revista *Nature*, descobriram um planeta que escapou de ser engolido. A estrela (V391 Pegasi) passou pela fase 'gigante vermelha', pois, ao se expandir, reduziu em 70% a distância até o planeta. Em seguida, a estrela perdeu quase metade da massa por motivos desconhecidos. Tal fato permitiu ao planeta se distanciar, devido à diminuição da atração gravitacional, migrando para outra órbita" (*Folha de S. Paulo*, 13 set. 2007, p. A-17).

28. Telescópio vê escombros de planetas similares à Terra perto de estrela morta, *Folha de S. Paulo*, 6 jan. 2009, p. A-10.

Precisamos conscientizar-nos disso, ressaltando que a consciência ecológica está intimamente ligada à preservação do meio ambiente. A importância da preservação dos recursos naturais passou a ser preocupação mundial e nenhum país pode eximir-se de sua responsabilidade. Tal necessidade de proteção do ambiente é antiga e surgiu quando o homem passou a valorizar a natureza, mas não de maneira tão acentuada como nos dias de hoje. Talvez não se desse muita importância à extinção dos animais e da flora, mas existia um respeito para com a natureza, por ser criação divina. Só depois que o homem começou a conhecer a interação dos micro-organismos existentes no ecossistema é que sua responsabilidade aumentou.

O nosso planeta é constituído por três grandes ecossistemas (terrestre, aquático e atmosférico). No ecossistema terrestre ou continental podemos encontrar todos os recursos ambientais essenciais para a existência da vida. Há nele montanhas, rochas, vários tipos de solo, areia, florestas e as diversas formas de vegetação. Para cada tipo de solo e clima podemos identificar o melhor tipo de produção de alimentos ou a criação de animais para o abate, sem falar nas inúmeras bacias hidrográficas e seus afluentes. Há ainda no subsolo muitas matérias-primas (minérios) para a fabricação de produtos e/ou insumos. O ecossistema aquático ou marinho é muito rico em recursos ambientais e a biodiversidade nele existente ainda é desconhecida por causa de sua extensão. Esse ecossistema tem uma função extremamente importante para o planeta em razão de suas correntes marinhas, que servem para autorregular a temperatura, além de nos fornecer alimentos em abundância. O ecossistema atmosférico é outro grande sistema que nos fornece o ar para respirar e permite o acúmulo de vapor-d'água para a realização do ciclo das chuvas. São os três grandes ecossistemas que interagem entre si e de maneira contínua e sustentável do planeta. Qualquer alteração na constituição e formação de tais sistemas pode colocar em risco toda a forma de vida da Terra.

A evolução do homem foi longa até atingir uma consciência plena e completa da necessidade da preservação do meio ambiente (*fase holística*). Não só por causa das ameaças que vem sofrendo nosso planeta, mas também pela necessidade de preservar os recursos naturais para as futuras gerações. Vê-se, constantemente, pelos meios de comunicação, a contaminação do meio ambiente por resíduos nucleares, pela disposição de lixos químicos, domésticos, industriais e hospitalares de forma inadequada, pelas queimadas, pelo desperdício dos recursos naturais não renováveis, pelo efeito estufa, pelo desmatamento indiscriminado, pela contaminação dos rios, pela degradação do solo mediante a mineração, pela utilização de agrotóxicos, pela má distribuição de renda, pela acelerada industrialização, pela crescente urbanização, pela caça e pesca predatórias etc.

Por conta dessas agressões, o meio ambiente vem sofrendo as seguintes consequências: a contaminação do lençol freático, a escassez da água, a diminuição da área florestal, a multiplicação dos desertos, as profundas alterações do clima no planeta, a destruição da camada de ozônio, a poluição do ar, a proliferação de doenças (anencefalia, leucopenia, asbestose, silicose, saturnismo etc.), a intoxicação pelo uso de agrotóxicos e mercúrio, a contaminação de alimentos, a devastação dos campos, a desumanização das cidades, a degradação do patrimônio genético, as chuvas ácidas, o deslizamento de morros, a queda da qualidade de vida urbana e rural etc.

Ainda "que cessássemos neste instante de arrebatar novas terras e águas de Gaia para a produção de alimentos e combustíveis e parássemos de envenenar o ar, a Terra levaria mais de mil anos para se recuperar do dano já infligido, e talvez seja tarde demais até para essa medida drástica nos salvar" (na definição de James Lovelock, *Gaia* é a casca fina de terra e água entre o interior incandescente da Terra e a atmosfera que a circunda)[29].

Muitas pessoas hoje em dia acreditam que a Terra não está doente, que o aquecimento global é uma ficção e que, portanto, devemos deixar tudo como está. Há, por outro lado, crenças religiosas e humanistas de que a Terra existe para ser explorada em prol da humanidade. Essa posição está expressa no recente romance de Michel Crichton, *Estado de medo*, e foi manifestada por madre Tereza de Calcutá, que em 1988 disse: "Por que devemos cuidar da Terra, quando nosso dever é para com os pobres e enfermos entre nós? Deus cuidará da Terra". Nem fé em Deus nem confiança em deixar as coisas como estão, nem o comprometimento com o desenvolvimento sustentável reconhecem nossa verdadeira dependência. Se deixarmos de cuidar da Terra, ela sem dúvida alguma cuidará de si mesma, fazendo com que já não sejamos bem-vindos. Aqueles com fé devem reavaliar nosso planeta terreno e vê-lo como um lugar sagrado, parte da criação divina, que temos sistematicamente profanado[30].

Vê-se, pois, que as agressões ao meio ambiente são as mais diversas; para protegê-lo, faz-se necessário conscientizar o homem por meio do conhecimento da relação homem *versus* ambiente.

Essa consciência se dará pela educação. A título ilustrativo, trazemos seis tipos de analfabetismo: a) analfabetismo tradicional — o cidadão não sabe ler nem escrever; b) analfabetismo funcional — o cidadão sabe ler e escrever, mas não entende ou tem dificuldade em interpretar o sentido do texto; c) analfabetismo virtual — o cidadão não sabe utilizar o computador; d) analfabetismo numérico — o cidadão não possui noção dos números básicos que cercam sua vida, tem dificuldade em pensar em termos lógicos, estimar quantidades e ter um senso de probabilidades e estatísticas; e) analfabetismo científico — o cidadão desconhece a evolução da ciência e da tecnologia, que são agentes de mudanças econômicas e sociais e podem ser um fator crucial para determinar decisões que afetarão nosso bem-estar social[31]; f) analfabetismo emocional — baseia-se em emoções, tornando as pessoas equilibradas ou desequilibradas. São energias que precisam ser liberadas em algum momento. Se bloqueadas, ignorando-se suas mensagens e seus signi-

---

29. James Lovelock, *A vingança de Gaia*, cit., p. 19 e 11.
30. James Lovelock, *A vingança de Gaia*, cit., p. 16-7.
31. Marcelo Knobel, Abuso quântico e pseudociência, *Folha de S. Paulo*, Tendências/Debates, em 2 dez. 2012, p. A-3.

ficados, podem se expressar fisicamente — seja por meio de doenças, seja por padrões de comportamento; e g) analfabetismo ambiental — o cidadão não conhece o ciclo da vida e dos recursos ambientais. Muitas pessoas têm nível superior e até pós-doutorado, mas não possuem a mínima noção do que se passa à sua volta.

Precisamos, diante disso, combater essas modalidades de analfabetismo, em especial o último, caso contrário, não conseguiremos resolver os grandes problemas ambientais. Não se trata de ministrar matéria específica sobre meio ambiente, mas torná-la interdisciplinar e transversal, proporcionando uma visão holística da questão.

A educação ambiental, além disso, está relacionada principalmente ao consumo consciente (consumo sustentável)[32]. O cidadão deve adquirir produtos realmente necessários e de empresas comprometidas com o meio ambiente. Deve ter consciência de que os recursos ambientais são finitos. Por causa disso, todos nós precisamos praticar condutas diárias de racionalização desses recursos, tais como energia, água etc. São mediante mudanças de hábitos que a população passa a colaborar com o meio ambiente de maneira eficaz. Outro exemplo: devemos armazenar adequadamente o óleo caseiro e entregá-lo a entidades responsáveis para transformá-lo em energia ou sabão em vez de jogá-lo fora. A Organização Mundial da Saúde — OMS — calcula que cerca de 250 mil litros de óleo vegetal são jogados mensalmente na região do Alto Tietê. São 3 milhões de litros por ano que vão parar nos rios e nos córregos. Um litro de óleo pode contaminar 10 quilômetros quadrados de água nos rios ou 25 mil litros. Esse óleo, quando evapora, lança gás metano na atmosfera, mais poluente do que o gás carbônico[33].

Registre-se ainda que a Constituição Federal fala em *preservação* do meio ambiente (art. 225, § 1º, VI), enquanto a legislação infraconstitucional fala em *conservação* do meio ambiente (art. 1º da Lei n. 9.795/99). Etimologicamente, preservar e conservar têm o mesmo sentido. No entanto, para o nosso campo de estudo, *conservar* é

---

32. Estudo realizado pela consultoria Ernest & Young, denominado "Riscos Estratégicos aos Negócios — 2008. Os dez maiores riscos às empresas", revela preocupação com os denominados "radicais verdes". O consumidor está mais atento às questões ambientais e disposto a mudar seus hábitos de consumo para alternativas mais ecológicas. Isso pode ser considerado um potencial risco aos negócios. O estudo, com base nas análises de 70 especialistas ao redor do mundo, avaliou 12 setores da economia e apontou as dez maiores ameaças para os negócios na atualidade. Um deles é o que o estudo chama de *radical greening*, que pode ser traduzido como a adoção extremada de hábitos "verdes" e aos poucos está influenciando o comportamento das empresas. A militância dos consumidores ativistas figura lado a lado com outros riscos aos negócios, como mudanças na legislação, inflação dos custos corporativos e envelhecimento da população. O risco do *radical greening* aparece na nona posição na média dos maiores impactos e seu peso varia conforme o setor em que a empresa atua (Andréa Vialli, Consumidor "verde" já é visto como um risco aos negócios, O Estado de S. Paulo, site: http://www.estadao.com.br; acesso em: 15 maio 2008).

33. Guilherme Peace, Alto Tietê polui rios com 250 mil litros de óleo de cozinha por mês, *Mogi News*, 26 fev. 2011, p. 15.

permitir a exploração econômica dos recursos naturais de maneira racional e sem causar desperdício. *Preservar*, por seu turno, é a proibição da exploração econômica dos recursos naturais[34].

Compreende-se também por *sustentabilidade* — desenvolvimento ecologicamente equilibrado, desenvolvimento sustentado ou sustentável e ecodesenvolvimento — a conciliação de duas situações aparentemente antagônicas: de um lado, temos a necessidade da preservação do meio ambiente; de outro, a necessidade de incentivar o desenvolvimento socioeconômico. Essa conciliação será possível com a utilização racional dos recursos naturais, sem, contudo, causar poluição ao meio ambiente (*v.* arts. 225 — Capítulo VI — Do meio ambiente — e 170,VI — Capítulo I — Dos princípios gerais da atividade econômica, ambos da CF). Ressalte-se ainda que a República Federativa do Brasil tem por objetivos: a) construir uma sociedade livre, justa e solidária; b) garantir o desenvolvimento nacional; c) erradicar a pobreza e a marginalização e reduzir as desigualdades sociais e regionais; e d) promover o bem de todos, sem preconceitos de origem, raça, sexo, cor, idade e quaisquer outras formas de discriminação (art. 3º, I, II, III e IV, da CF). Para que o cidadão possa ter uma *vida digna* (art. 170, *caput*, da CF) e uma *sadia qualidade de vida* (art. 225, *caput*, da CF), é necessário garantir a ele o direito à educação, à saúde, ao trabalho, à moradia, ao lazer, à segurança, à previdência social, à proteção à maternidade e à infância, à assistência aos desamparados (arts. 1º, III, 5º, *caput*, e 6º, todos da CF). Celso Antonio Pacheco Fiorillo denomina *piso vital mínimo*[35] a satisfação desses direitos (valores). Referidos dispositivos fixam, assim, o piso vital mínimo de direitos que devem ser assegurados pelo Estado aos seus cidadãos para que eles possam ter uma sadia qualidade de vida[36].

No dizer de Moacir Gadotti, o "desenvolvimento sustentável deve ser economicamente factível, ecologicamente apropriado, socialmente justo e culturalmente equitativo, sem discriminação", e a ecopedagogia, por sua vez, deve defender "a valorização da diversidade cultural, a garantia para a manifestação das minorias étnicas, religiosas, políticas e sexuais, a democratização da informação e a redução do tempo de trabalho para que todas as pessoas possam participar

---

34. "Se você tem metas para um ano: plante arroz; se você tem metas para dez anos: plante uma árvore; se você tem metas para 100 anos: eduque uma criança; se você tem metas para 1.000 anos, então, preserve o meio ambiente" (Confúcio).

35. A teoria dos direitos fundamentais sociais, atualmente, hospeda uma crescente discussão em torno do que se convencionou chamar de mínimo vital (piso vital, liminar mínimo etc.), assim entendido como o dever do Estado, caudatariamente ao princípio da dignidade humana, garantir a todos um *standart* social mínimo incondicional (Vidal Serrano Nunes Júnior, *A cidadania social na Constituição de 1988 — Estratégias de positivação e exigibilidade judicial dos direitos sociais*, São Paulo, Verbatim, 2009, p. 70).

36. *Curso de direito ambiental brasileiro*, São Paulo, Saraiva, 2000, p. 53.

dos bens culturais da humanidade. A ecopedagogia, portanto, é também uma pedagogia da educação multicultural"[37].

Por essa razão é que se faz necessário lutar pelo desenvolvimento sustentável, procurando incentivar o crescimento econômico, com o objetivo de se utilizar os recursos naturais de maneira racional para atingir a tão propalada justiça social (art. 193 da CF).

### 1.1. Política Nacional de Educação Ambiental — PNEA

O primeiro passo foi dado com a regulamentação do art. 225, § 1º, VI, da CF pela Lei n. 9.795, de 27 de abril de 1999, que dispõe sobre a educação ambiental e institui a Política Nacional de Educação Ambiental. Essa lei foi regulamentada pelo Decreto n. 4.281, de 25 de junho de 2002.

Assim, incumbe ao Poder Público "promover a *educação ambiental* em todos os níveis de ensino e a conscientização pública para a *preservação* do meio ambiente" (g. n.). Entendem-se por *educação ambiental* "os processos por meio dos quais o indivíduo e a coletividade constroem valores sociais, conhecimentos, habilidades, atitudes e competências voltadas para a *conservação* do meio ambiente, bem de uso comum do povo, essencial à sadia qualidade de vida e sua *sustentabilidade*" (art. 1º da Lei n. 9.795/99 — g. n.).

A educação ambiental será promovida em todos os níveis, abrangendo: a) *educação básica* (educação infantil e ensinos fundamental e médio); b) *educação superior*; c) *educação especial*; d) *educação profissional*; e e) *educação de jovens e adultos*. A dimensão ambiental deve constar também dos currículos de formação de professores, em todos os níveis e em todas as disciplinas.

A autorização e a supervisão do funcionamento de instituições de ensino e de seus cursos, nas redes pública e privada, deverão observar o cumprimento das exigências contidas nos arts. 10[38] e 11[39] da Lei n. 9.795/99[40].

---

37. Moacir Gadotti, A terra é a casa do homem, *Revista Educação*, São Paulo, Segmento, abr. 1999, p. 42.

38. Diz o citado dispositivo: "Art. 10. A educação ambiental será desenvolvida como uma prática educativa integrada, contínua e permanente em todos os níveis e modalidades do ensino formal. § 1º A educação ambiental não deve ser implantada como disciplina específica no currículo de ensino. § 2º Nos cursos de pós-graduação, extensão e nas áreas voltadas ao aspecto metodológico da educação ambiental, quando se fizer necessário, é facultada a criação de disciplina específica. § 3º Nos cursos de formação e especialização técnico-profissional, em todos os níveis, deve ser incorporado conteúdo que trate da ética ambiental das atividades profissionais a serem desenvolvidas".

39. Reza essa norma: "Art. 11. A dimensão ambiental deve constar dos currículos de formação de professores, em todos os níveis e em todas as disciplinas. Parágrafo único. Os professores em atividade devem receber formação complementar em suas áreas de atuação, com o propósito de atender adequadamente ao cumprimento dos princípios e objetivos da Política Nacional de Educação Ambiental".

40. *V.* o livro de Paulo Santos de Almeida, *Direito educacional*: suas relações com os direitos da criança e do adolescente, São Paulo, Verbo Jurídico, 2009, e o livro de Luiz Antonio Miguel Ferreira, *Temas de direito à educação*, São Paulo, Imprensa Oficial — ESMP, 2010.

## 1.2. Política Estadual de Educação Ambiental — PEEA

No dia 30 de novembro de 2007, em São Paulo, foi promulgada a Lei n. 12.780, que instituiu a Política Estadual de Educação Ambiental. Referida lei foi, por sua vez, regulamentada pelo Decreto n. 55.385, de 1º de fevereiro de 2010, que instituiu o Programa Estadual de Educação Ambiental e o Projeto Ambiental Estratégico Criança Ecológica, os quais autorizam o Secretário do Meio Ambiente a representar o Estado na celebração de convênios com municípios paulistas com os fins não econômicos, instituições de ensino e/ou pesquisas, fundações e empresas localizadas no Estado de São Paulo, e dá outras providências. Este Decreto tem por finalidade atender aos objetivos da Lei n. 12.780/2007.

A Política Estadual de Educação Ambiental foi criada em conformidade com os princípios e objetivos de Política Nacional de Educação Ambiental (PNEA), o Programa Nacional de Educação Ambiental (ProNEA) e a Política Estadual do Meio Ambiente (art. 2º).

Entende-se por Educação Ambiental os processos permanentes de aprendizagem e formação individual e coletiva para reflexão e construção de valores, saberes, conhecimentos, habilidades, atitudes e competências, visando à melhoria da qualidade da vida e uma relação sustentável da sociedade humana com o ambiente que a integra (art. 3º).

A Educação Ambiental é um componente essencial e permanente da educação, devendo estar presente em âmbito estadual e municipal, de forma articulada e continuada, em todos os níveis e modalidades dos processos educativos formal e não formal (art. 4º).

## 1.3. Sugestão apresentada pelo Ministério Público paulista e aprovada pelo Conselho Nacional de Educação

O Ministério Público do Estado de São Paulo, por meio do então Centro de Apoio Operacional de Urbanismo e Meio Ambiente (CAO-UMA — atual CAO Cível e Tutela Coletiva), deu importante contribuição à Política Nacional da Educação Ambiental a partir de representação formulada pela Dra. Estefânia Ferrazzini Paulin.

O então CAO-UMA, com fundamento na representação, instaurou o Procedimento Administrativo n. 03046/06 com a finalidade de fazer levantamento sobre o cumprimento da Política Nacional da Educação Ambiental. Após realizar o levantamento da legislação e dos programas nacionais e estaduais de educação ambiental, o referido centro formulou proposta dirigida à educação formal e à educação superior para criação de programa voltado aos alunos do ensino formal da educação superior.

Tal proposta teve por objetivo proporcionar aos futuros educadores durante os cursos de graduação (bacharelado e licenciatura) a frequência às disciplinas voltadas à educação ambiental, como componente essencial e transversal da educação, a fim de os tornarem mais capacitados a transmitir em sala de aula o conhecimento que obtiveram sobre a questão ambiental, conforme os ditames da Lei n. 9.795/99.

Com base nisso, o então CAO-UMA oficiou ao Órgão Gestor da Política Nacional de Educação Ambiental (PNEA), órgão definidor de políticas públicas e promotor de educação ambiental (formado pelos Ministérios do Meio Ambiente e da Educação e Cultura). Sua proposta foi acolhida pela Secretaria de Educação Continuada, Alfabetização e Diversidade do Ministério da Educação, órgão integrante do Órgão Gestor da PNEA, que fez encaminhar ao Conselho Nacional de Educação (CNE) o texto sugestivo para o estabelecimento de Diretrizes Curriculares Nacionais relacionadas à Educação Ambiental, com o objetivo de oficializar a inserção de diretrizes para a Educação Ambiental em todos os níveis e modalidades de ensino, bem como de estabelecer a obrigatoriedade da disciplina Educação Ambiental nos cursos de Pedagogia e nas diferentes licenciaturas da Educação Superior (Formação Inicial de Professores, com respaldo no art. 10, § 2º, da Lei n. 9.795/99)[41].

### 1.4. Ministério Público e educação ambiental

O Ministério Público paulista elegeu a educação ambiental como objetivo primordial para 2011. Pretende-se, com isso, conscientizar a população de suas responsabilidades socioambientais. Busca-se, ainda, por meio de reuniões, audiências públicas, compromissos de ajustamento de conduta e ações civis públicas, a melhoria da educação ambiental, cujo resultado, certamente, será a sensível diminuição dos atentados aos bens ambientais juridicamente protegidos, mas constantemente atingidos por condutas ilegais, muitas vezes em face da pura ignorância por parte de quem degrada, em relação aos termos da lei e dos efeitos deletérios de sua ação.

### 2. ÉTICA AMBIENTAL E CIDADANIA

O desenvolvimento econômico, por si só, não satisfaz mais as necessidades humanas. Esse crescimento deve vir acompanhado da inclusão social, equilíbrio, ética e educação ambiental. Com base nisso, o Programa das Nações Unidas para o Meio Ambiente — PNUMA — lançou o estudo denominado "Caminhos para uma economia verde". O custo para essa transição é de 2% do PIB mundial (aproximadamente US$ 1,3 trilhão por ano). Há a necessidade também de fazer uma profunda reforma política interna e internacional. Isso significa que o novo modelo de

---

41. *Informativo CAO-UMA* n. 28, 2008.

economia estimularia novas perspectivas, segundo o relatório que simulou esses dados. A Ethos, por exemplo, apresentou um programa denominado "Plataforma por uma economia inclusiva, verde e responsável"[42].

O modelo atual de desenvolvimento produz a exclusão social e a miséria, pois o mercado de consumo conduz ao desperdício. As políticas públicas, de um modo geral, levam ao aumento crescente da produção e ao consumo exagerado de produtos supérfluos. A produção e o consumo proporcionam maior arrecadação de tributos e aumento do emprego. Maior consumo significa maior pressão sobre os recursos naturais. Com isso vem a degradação ambiental e a diminuição da qualidade de vida. Todos consomem de tudo sem se preocupar com o futuro. Isso incentiva a competição, exacerba o materialismo, a ganância, o egoísmo e, essencialmente, a falta de ética. É preciso incentivar as práticas ecologicamente corretas no nosso dia a dia, buscando um novo estilo de vida, calcado na ética e no humanismo, em resgatar e criar novos valores e repensar nossos hábitos de consumo. Criar, enfim, uma sociedade sustentável tendo como base a educação ambiental[43].

A educação ambiental deve estar fundamentada na ética ambiental. Entende-se por ética ambiental o estudo dos juízos de valor da conduta humana em relação ao meio ambiente. É, em outras palavras, a compreensão que o homem tem da necessidade de preservar ou conservar os recursos naturais essenciais à perpetuação de todas as espécies de vida existentes no planeta Terra. Essa compreensão está relacionada com a modificação das condições físicas, químicas e biológicas do meio ambiente, ocasionada pela intervenção de atividades comunitárias e industriais, que pode colocar em risco todas as formas de vida do planeta. O risco da extinção de todas as formas de vida deve ser uma das preocupações do estudo da ética ambiental.

Não devemos, porém, confundir ciência ecológica profissional e ativismo ambiental. A diferença nem sempre é clara, o que tem produzido visões contraditórias entre gerenciamento profissional e ativismo ambiental (isso é importante, sem dúvida, mas não pode ser desprovido de embasamento técnico e capacidade de solução de problemas, já que, por si só, não resolve situações). Embora o foco em sistemas naturais possa ser um elo entre os ecólogos profissionais e os ambientalistas, seus objetivos e atividades são muito diferentes[44]. No entanto, ambos estão sustentados na ética ambiental.

Ressalte-se que a "Terra não é simples litosfera coberta, em parte, pela hidrosfera e envolta pela atmosfera. Ela é um gigantesco organismo vivo, de uma vida *sui generis*, em que a biosfera é somente parte representativa. O maravilhoso fenômeno

---

42. Ricardo Young, O que falta? *Folha de S.Paulo*, 28 fev. 2011, p. A-2.

43. Aldo Arouca, Meio ambiente, sustentabilidade e reciclagem, *Folha do Servidor Público* n. 217, dez. 2010, p. 15.

44. José Galizia Tundisi e Takako Matsumura Tundisi, *A água*, São Paulo, Publifolha, 2005, p. 80.

da vida planetária é algo transcendente. Por isso requer os cuidados de uma ética apropriada: a Ética da Vida que não se limite à consideração parcial da biosfera, mas busque alcançar dimensões planetárias e cósmicas"[45].

Para que a Terra possa prosseguir seu caminho natural, é necessária a construção de nova ética voltada ao futuro, buscando uma visão global e transcendental. A ética ambiental está amparada pela Constituição Federal, ao consignar que todos têm direito ao meio ambiente ecologicamente equilibrado, bem de uso comum do povo e essencial à sadia qualidade de vida, impondo-se ao Poder Público e à coletividade o dever de defendê-lo e preservá-lo para as presentes e futuras gerações (art. 225, *caput*, da CF).

Afinal, o planeta Terra tem preço? É o que pergunta Jonas Rabinovitch. Ele alerta que um grupo de estudo da UNU-Wider mostra que a soma total de todos os recursos naturais e financeiros do planeta seria da ordem de US$ 125 trilhões, incluindo terras, bens imóveis, transações financeiras, bens de capital etc. Em outras palavras, economicamente falando, se o capitalismo selvagem triunfasse e o planeta todo fosse transformado em dinheiro, cada pessoa nunca receberia uma "renda máxima" de US$ 1.500 por mês. Só para ter ideia, nós desperdiçamos por ano US$ 1,5 trilhão em corrupção[46], US$ 1 trilhão em armamentos e US$ 600 bilhões em subsídios agrícolas. E, finaliza ele, 2% das pessoas são donas de metade do planeta[47].

Percebe-se, a partir desses dados, que a crise mundial não é econômica nem ambiental, mas ética. É o exercício efetivo da cidadania que poderá resolver parte dos grandes problemas ambientais do mundo mediante a ética transmitida pela educação ambiental. Para entender as causas da degradação ambiental, é necessário compreender os problemas socioeconômicos e político-culturais e, com base nesses conhecimentos, tentar alterar as atitudes comportamentais das pessoas na sua fase inicial por meio de uma ética ambiental adequada.

Conclui-se, então, que essa ética deve ser alcançada com a consciência ecológica fundamentada na educação ambiental. É o exercício efetivo da cidadania que irá proporcionar a melhoria de vida do ser humano nos grandes centros urbanos.

---

45. Édis Milaré, *Direito do ambiente*, 2. ed., São Paulo, Revista dos Tribunais, 2001, p. 83-4.

46. O ministro do STJ Antonio Herman de Vasconcelos e Benjamin, em palestra proferida no I Congresso do Patrimônio Público e Social do Ministério Público do Estado de São Paulo, realizado entre os dias 18 e 21 de agosto de 2009, disse que o custo da corrupção no Brasil está entre R$ 41,5 e R$ 69,1 bilhões. Esse valor desviado seria suficiente para elevar dos atuais 34 para 51 milhões de alunos matriculados na rede pública de ensino, por exemplo. No Estado de São Paulo, o Ministério Público propôs 764 ações de improbidade administrativa, entre 1992 e 2009, pleiteando R$ 32 bilhões, conseguindo bloquear R$ 6 bilhões aos cofres públicos. 2.356 pessoas físicas e jurídicas foram condenadas por atos de improbidade, 601 agentes públicos foram afastados de suas funções e 1.347 pessoas tiveram suspensos os direitos políticos (*Plural*, Revista da ESMP, ano 7, n. 43, jul.-ago.-set. 2010, p. 16).

47. O planeta Terra tem preço? *Folha de S.Paulo*, 1º mar. 2010, p. A-3.

## 3. VISÃO ANTROPOCÊNTRICA, ECOCÊNTRICA E BIOCÊNTRICA DO MEIO AMBIENTE

Antropocentrismo, ecocentrismo e biocentrismo são concepções genéricas atribuídas pelos cientistas em face da posição do homem no meio ambiente. Antropocentrismo coloca o homem no centro das preocupações ambientais, ou seja, no centro do universo. Ecocentrismo, ao revés, posiciona o meio ambiente no centro do universo. Biocentrismo, por sua vez, procura conciliar as duas posições extremas, colocando o meio ambiente e o homem no centro do universo. É importante ressaltar que não só o homem é o destinatário da proteção ambiental, mas todas as formas de vida (art. 3º, I, da Lei n. 6.938/81). Assim, "antropocentrismo e ecocentrismo, passando-se pelo biocentrismo, são diferentes cosmovisões. Cientistas e pensadores debruçaram-se sobre estes temas, não importa se direta ou indiretamente. É instigante verificar como vários ilustres cientistas (físicos, matemáticos, biólogos, antropólogos e vários outros) buscaram na filosofia um complemento de que necessitam para o avanço em suas respectivas áreas de saber. Se não foram todos filósofos *profissionais*, foram ao menos *amadores*"[48].

Por tudo isso, há a necessidade de construir nova base ética normativa da proteção do meio ambiente. Todos os recursos naturais são considerados *coisas* e apropriáveis do ponto de vista econômico, incluindo aí a flora, a fauna e os minérios. Essa apropriação é possível pelo fato de o homem ser o centro das preocupações ambientais — *antropocentrismo*[49]. Cristiane Derani afirma que o conceito de meio ambiente deriva do homem e a ele está jungido, porém o homem não o integra; conquanto "o tratamento legal destinado ao meio ambiente permanece necessariamente numa visão antropocêntrica porque esta visão está no cerne do conceito de meio ambiente"[50]. Há, no entanto, quem entenda que a flora, a fauna e a biodiversidade também são *sujeitos de direito*, devendo ser protegidos pelo direito — biocentrismo (Antônio Herman V. Benjamin, Édis Milaré, José Renato Nalini etc.). Portanto, quem não for capaz de valorizar e preservar a vida de seus semelhantes está surdo à voz da razão que grita pela proteção das outras formas de vida e das bases ecológicas de que fazemos parte[51]. Vê-se, pois, que todos os seres vivos têm o direito de viver.

---

48. Édis Milaré, *Direito do ambiente*, cit., p. 92.

49. Essa posição é também realçada no princípio primeiro da Declaração de Estocolmo de 1972, ao sustentar que "Os seres humanos constituem o centro das preocupações relacionadas com o desenvolvimento sustentável. Têm direito a uma vida saudável e produtiva em harmonia com o meio ambiente".

50. *Direito ambiental econômico*, São Paulo, Max Limonad, 1997, p. 71.

51. Antônio Herman Benjamin, O meio ambiente na Constituição Federal de 1988, in Sandra Akemi Shimada Kishi et al. (Coord.), *Desafios do direito ambiental no século XXI*, São Paulo, Malheiros Ed., 2005, p. 396.

Partindo de uma visão moderna do meio ambiente, faz-se necessário analisar a natureza dos pontos de vista filosófico, econômico e jurídico[52].

Do ponto de vista *filosófico*, "a natureza é dotada de valor inerente que independe de qualquer apreciação utilitarista de caráter homocêntrico"[53].

Do ponto de vista *econômico*, a natureza constitui valores de uso econômico direto ou indireto, servindo de paradigma ao antropocentrismo das gerações futuras.

Do ponto de vista *jurídico*, a natureza[54] tem sido considerada ora como objeto, ora como sujeito. Nestes últimos anos, afirma Antônio Herman V. Benjamin, "vem ganhando força a tese de que um dos objetivos do Direito Ambiental é a proteção da biodiversidade (fauna, flora e ecossistemas), sob uma diferente perspectiva: a natureza como titular de valor jurídico *per se* ou próprio, vale dizer, exigindo, por força de profundos argumentos éticos e ecológicos, proteção independentemente de sua utilidade econômico-sanitária direta para o homem"[55].

Como podemos ver, a natureza deve ser protegida para as presentes e futuras gerações por ser sujeito de direito (biocentrismo ou não antropocentrismo) ou para a utilização humana (antropocentrismo — puro, intergeracional, mitigado ou reformado).

Assim, no dizer ainda de Antônio Herman V. Benjamin, sob o ponto de vista do direito, antropocentrismo e não antropocentrismo não são excludentes, podendo atuar de maneira complementar[56].

## 4. NECESSIDADE DA CODIFICAÇÃO DA LEGISLAÇÃO AMBIENTAL

Registre-se que, mesmo antes do advento da Constituição Federal de 1988, a proteção ambiental era regida pela Lei n. 6.938, de 31 de agosto de 1981, que dispõe sobre a Política e o Sistema Nacional do Meio Ambiente, seus fins e mecanismos de formulação e aplicação. Além dessa lei, havia o Código Florestal, o Código de Caça, o Código das Águas, o Código de Mineração e outras leis esparsas. Foi, no entanto, com fundamento na Lei n. 6.938/81 que o Ministério Público passou a propor as primeiras ações civis públicas, a despeito de não haver, até então, nenhuma lei que disciplinasse o seu procedimento. Somente com a criação da Lei n. 7.347, de 24 de

---

52. Antônio Herman V. Benjamin, A natureza no direito brasileiro: coisa, sujeito ou nada disso, *Caderno Jurídico*, Escola Superior do Ministério Público, n. 2, jul. 2001, p. 153.

53. Antônio Herman V. Benjamin, A natureza, cit., p. 157.

54. Como dizia Miguel Reale, um dos maiores jusfilósofos do Brasil, "se antes recorríamos à natureza para dar base estável ao Direito (e, no fundo, essa é a razão do Direito Natural), assistimos, hoje a uma trágica inversão, sendo o homem obrigado a recorrer ao Direito para salvar a natureza que morre" (*Memórias*, São Paulo, Saraiva, 1987, p. 129).

55. A natureza, cit., p. 169.

56. A natureza, cit., p. 171.

julho de 1985 — quatro anos depois —, é que as ações civis públicas se tornaram constantes e eficazes.

Após muita discussão no Congresso Nacional, veio a lume a Lei n. 9.605, de 12 de fevereiro de 1998, que disciplinou sanções penais e administrativas derivadas de condutas e atividades lesivas ao meio ambiente, com alguns vetos presidenciais, a pedido de entidades industriais, rurais e religiosas. Logo em seguida, adveio a Medida Provisória n. 1.710, de 7 de agosto de 1998 (transformada na MP n. 2.163-41, de 23-8-2001), que acrescentou o art. 79-A à Lei n. 9.605/98; a Lei n. 9.795/99, que regulamentou o art. 225, § 1º, VI, da CF, sobre a educação ambiental em todos os níveis; a Lei n. 9.960, de 28 de janeiro de 2000, que instituiu a Taxa de Serviços Administrativos (TSA) em favor da Superintendência da Zona Franca de Manaus (SUFRAMA), alterada pela Lei n. 10.165, de 27 de dezembro de 2000, que estabeleceu preços a serem cobrados pelo Instituto Brasileiro do Meio Ambiente e dos Recursos Naturais Renováveis (IBAMA) e criou a Taxa de Fiscalização Ambiental (TFA); a Lei n. 9.966, de 28 de abril de 2000, que dispôs sobre prevenção, controle e fiscalização de poluição causada por lançamento de óleo e substâncias nocivas em águas nacionais; a Lei n. 9.985, de 18 de julho de 2000, que criou o Sistema Nacional de Unidades de Conservação da Natureza (SNUC) e acrescentou o art. 40-A à Lei n. 9.605/98; o Decreto n. 3.179, de 21 de setembro de 1999, revogado pelo Decreto n. 6.514, de 22 de julho de 2008, que regulamentou a Lei n. 9.605/98; e o Decreto n. 2.661, de 8 de julho de 1998, que disciplinou a queima controlada.

Com a criação da Lei n. 9.605/98, o meio ambiente passou a ser protegido administrativa, civil e penalmente, nos termos do art. 225, § 3º, da CF.

Há inúmeras leis que disciplinam a matéria ambiental, tornando-a de difícil manuseio. Por conta disso, o legislador propôs, por meio do Projeto de Lei n. 679, de 27 de março de 2007, com 328 artigos, do deputado federal Sr. Bonifácio de Andrada, a Consolidação da Legislação Ambiental, que se encontra atualmente em tramitação no Congresso Nacional. Objetiva-se, com isso, a unificação de toda a legislação nacional de forma harmônica e sistemática[57].

Tramita ainda no Brasil o Projeto de Lei n. 3.729/2004, com mais de dezoito apensos que garantem profundas mudanças na legislação ambiental. O texto deve ser

---

57. Carlos Gomes de Carvalho ressalta que "a codificação da legislação ambiental se realizaria com um procedimento de depuração e de aperfeiçoamento legislativo, integrando as normas, atualizando-as sob uma mesma diretriz doutrinária e assim dando solidez arquitetônica ao que hoje está disperso, difuso e até disposto de modo contraditório. Aí seriam estabelecidos os fundamentos de uma doutrina ambientalista sólida voltada para atender a um conceito mais avançado da realidade ambiental, em que todas as atividades vinculadas com a natureza e o ambiente estariam reunidas e onde as pretensões sociais e econômicas da sociedade seriam atendidas" (Contribuição para um Código Ambiental, in *Legislação ambiental brasileira*, São Paulo, Editora de Direito, 1999, p. 27).

enviado à Comissão de Finanças e Tributação da Câmara dos Deputados. Se aprovado, segue para o plenário. Esse projeto tem um número excessivo de dispensas do licenciamento. Há muitos retrocessos que ensejarão profundas discussões judiciais. Caso o projeto seja aprovado, a decisão se deslocaria para a esfera estadual, provocando uma guerra parecida com a "guerra fiscal", pois as empresas poderiam escolher o estado que tem menos exigências na esfera ambiental.

Por outro lado, há aqueles que preferem a criação de uma Lei Geral de Licenciamento. Trata-se de uma demanda antiga do setor econômico. Esse setor sustenta que o licenciamento ambiental atual gera um entrave ao desenvolvimento econômico. Seriam suprimidas as inúmeras instruções normativas, pareceres e resoluções que apontam uma série de regras e prazos. Havia um projeto do governo que chegou a ser elogiado pelos ambientalistas, mas a pressão ruralista conseguiu convencer o governo a ceder quanto à obrigatoriedade de licenciamento para algumas atividades, como a agropecuária extensiva. Uma versão foi fechada no dia 4 de abril de 2017, atropelada pelo projeto substitutivo apresentado pela bancada ruralista, que acaba com o licenciamento para vários setores. Outras versões foram apresentadas e eram distantes daquela acordada. A última foi apresentada no dia 27 de abril de 2017.

## Seção III
*Ministério Público e meio ambiente*

## 1. ATUAÇÃO DO MINISTÉRIO PÚBLICO: INSTÂNCIAS E ENTRÂNCIAS

O Ministério Público Estadual[58] é dividido em comarcas com base no censo populacional da cidade. Na primeira instância, as comarcas são divididas em entrâncias (inicial, intermediária e final). Em todas as comarcas há Promotorias de Justiça do meio ambiente e de habitação e urbanismo. Estas promotorias vão se especializando à medida que se passa de uma entrância a outra. Seus integrantes vão sendo promovidos para as entrâncias mais altas e assumindo promotorias especializadas, além de poderem integrar Grupos de Atuação Especial (GAECO — Grupo de Atuação Especial de Combate ao Crime Organizado; GECEP — Grupo Especial de Controle Externo da Atividade Policial; GAEMA — Grupo de Atuação Especial na Defesa do Meio Ambiente; GEDEC — Grupo de Atuação Especial de Repres-

---

58. O Ministério Público do Estado do Rio de Janeiro possui um site: <http://rap.mp.rj.gov.br/> denominado de RAP — Rede Ambiente Participativo. O RAP é um espaço aberto, democrático e de transparência em que você pode ter amplo acesso a todas as informações relevantes sobre o EPIA dos empreendimentos propostos no Estado do Rio de Janeiro. Todo cidadão pode fazer comentários e avaliações críticas sobre os projetos durante o seu licenciamento ambiental. Vale a pena conferir (CECA autoriza a licença prévia da linha 4 do Metrô, por exemplo).

são à Formação de Cartel e à Lavagem de Dinheiro e de Recuperação de Ativos; GEDUC — Grupo de Atuação Especial de Educação; GEVID — Grupo de Atuação Especial de Enfrentamento à Violência Doméstica; e GECAP — Grupo de Atuação Especial de Combate aos Crimes Ambientais e de Parcelamento Irregular do Solo). Há ainda o CAEX — Centro de Apoio à Execução; o CAO Cível e Tutela Coletiva (antigo CAO-UMA — Centro de Apoio Operacional de Urbanismo e Meio Ambiente); e o CAO Criminal, que têm por objetivo prestar assistência técnica e jurídica aos promotores e procuradores de Justiça. Os promotores de justiça de entrância final, por sua vez, são promovidos a procuradores de justiça. Na segunda instância, as Procuradorias de Justiça foram divididas nas áreas cível, criminal, *habeas corpus*, interesses difusos e coletivos, Câmara Especial e Recursos Extraordinários. A Procuradoria de Interesses Difusos e Coletivos é constituída por vinte e quatro procuradores de justiça, com atribuição para oficiar nas ações civis públicas, ações populares e respectivos incidentes, ações cautelares e respectivos incidentes, mandados de segurança individuais ou coletivos e mandados de injunção coletivos, que envolvam interesses metaindividuais, em trâmite no Tribunal de Justiça de São Paulo. Alguns procuradores, especialistas na área ambiental, têm preferência na distribuição de feitos relacionados à sua especialidade. Isso faz com que os processos se tornem mais ágeis e eficientes.

O Poder Judiciário de São Paulo, percebendo a necessidade da especialização nessa área, criou a Câmara Especial de Meio Ambiente. Posteriormente, referido tribunal, no dia 10 de fevereiro de 2010, baixou a Resolução n. 512, renomeando a Câmara Especial do Meio Ambiente para Câmara Reservada ao Meio Ambiente, além de ampliar a sua competência. Com o sucesso da 1ª Câmara, o TJSP criou, em 2012, a 2ª Câmara Reservada ao Meio Ambiente, que se encontra em pleno funcionamento.

O Ministério Público Federal também possui um Grupo de Trabalho — Câmara do Meio Ambiente — que presta assessoria na área ambiental aos Procuradores da República, inclusive se deslocando ao local do empreendimento no sentido de assessorá-los no enfrentamento das questões ambientais com apoio material e logístico.

## 2. GRUPO DE ATUAÇÃO ESPECIAL NA DEFESA DO MEIO AMBIENTE — GAEMA

O Órgão Especial do Ministério Público do Estado de São Paulo aprovou, por unanimidade, a criação do Grupo de Atuação Especial na Defesa do Meio Ambiente — GAEMA — e a Rede de Atuação Protetiva do Meio Ambiente, na reunião realizada no dia 13 de agosto de 2008. Tal iniciativa foi proposta pelo procurador-geral de justiça, Dr. Fernando Grella Vieira. Com base nessa aprovação, a PGJ, através do Ato Normativo n. 552, de 4 de setembro de 2008, instituiu o GAEMA. O ato contém 17 artigos distribuídos em seis capítulos: Capítulo I — Da criação e missão institucional; Capítulo II — Das atribuições; Capítulo III — Da composição; Capítulo IV — Da organização; Capítulo V — A rede de atuação protetiva do meio ambiente; e Capítulo VI — Disposições finais.

### 2.1. Unidade territorial — bacia hidrográfica

O GAEMA atuará em todo o Estado de São Paulo, por meio de núcleos de atuação regionalizada que terão como unidade territorial as bacias hidrográficas. A Rede de Atuação Protetiva do Meio Ambiente será integrada pelas Promotorias de Justiça com atribuições para a defesa do meio ambiente não abrangidas pelos núcleos instituídos. Os dois órgãos terão a missão de identificar, prevenir e reprimir as atividades causadoras de degradação ambiental no Estado.

Em São Paulo, o Ministério Público dividiu o território em sete núcleos prioritários de atuação dos promotores de justiça, quais sejam: Paraíba do Sul, Vale do Ribeira, Baixada Santista, Litoral Norte, Ribeirão Preto (Pardo), Pontal do Paranapanema e Médio Paranapanema. O GAEMA atuará nessas regiões na busca da preservação e proteção da vegetação da Mata Atlântica, cerrados, banhados, restingas, mangues, rios, ribeirões, balneários, costões e estações ecológicas. A Mata Atlântica possuía, na época do descobrimento, 80% da superfície de São Paulo; hoje restam 13,94% dessa vegetação. Essa divisão teve como base o estudo elaborado por biólogos, agrônomos, engenheiros florestais, dentre outros, pertencentes a três universidades paulistas (USP, UNICAMP e UNESP) e outros institutos de pesquisa, e foi financiado pela FAPESP, denominado "Programa Biota-Fapesp". Desde 1999, estes cientistas identificam, coletam, mapeiam, estudam a biodiversidade e definem mecanismos para conservação e restauração e uso sustentável desse patrimônio ambiental[59].

### 2.2. Metas dos núcleos de atuação regionalizada e da rede protetiva

O procurador-geral de justiça, Dr. Fernando Grella Vieira, baixou o Ato Normativo n. 682, de 15 de fevereiro de 2011, dispondo sobre as metas gerais e regionais para a atuação do Grupo de Atuação Especial de Defesa do Meio Ambiente (GAEMA) e da Rede de Atuação Protetiva do Meio Ambiente. Ficam estabelecidas como metas gerais e regionais, para o ano de 2011, para os núcleos de atuação do Grupo de Atuação Especial de Defesa do Meio Ambiente, as iniciativas e medidas concernentes às matérias a seguir descritas: *Núcleo I* — Paraíba do Sul; *Núcleo II* — Vale do Ribeira; *Núcleo III* — Baixada Santista; *Núcleo IV* — Litoral Norte; *Núcleo V* — Ribeirão Preto (Pardo); *Núcleo VI* — Pontal do Paranapanema; e *Núcleo VII* — Médio

---

59. Ministério Público usará mais rigor nas suas ações em defesa do meio ambiente, *DOE*, 19 mar. 2009, p. III.

Paranapanema. O Procurador-Geral de Justiça também instituiu, por meio do Ato Normativo n. 683/2011-PGJ, de 15 de fevereiro de 2011, o Núcleo de Atuação Regionalizada do GAEMA, tendo como base a Sub-Bacia Hidrográfica Cabeceiras (Bacia Hidrográfica do Alto Tietê). Assim, fica instituído, no âmbito do Ministério Público do Estado de São Paulo, o Núcleo de Atuação Regionalizada do GAEMA, tendo como base a Sub-Bacia Hidrográfica Cabeceiras (Bacia Hidrográfica Alto Tietê), com sede em Guarulhos (art. 1º). O Procurador-Geral de Justiça, através do Ato Normativo n. 708/11, de 11 de agosto de 2011, instituiu o Núcleo de Atuação Regionalizada do GAEMA, tendo por base a Sub-Bacia Hidrográfica Juqueri-Cantareira (Bacia Hidrográfica Alto Tietê). Através do Ato Normativo n. 725, de 13 de janeiro de 2012, o Procurador-Geral estabeleceu novas metas gerais e regionais para o Grupo de Atuação Especial de Defesa do Meio Ambiente (GAEMA) e da Rede de Atuação Protetiva do Meio Ambiente.

O GAEMA atuará nas representações, inquéritos civis e procedimentos preparatórios de inquéritos civis para defesa e proteção dos bens ambientais, agindo de forma integrada com o promotor de justiça natural. Poderá também tomar compromissos de ajustamento de conduta nos procedimentos de sua alçada, promover medidas judiciais para a defesa e proteção do meio ambiente, bem como a mobilização das Promotorias de Justiça do Meio Ambiente integrantes do núcleo regionalizado para atuação integrada em relação a todos os temas regionais.

O GAEMA, como se vê, não substituiu as atribuições do promotor natural, mas procurará trabalhar em conjunto com ele.

## 2.3. Algumas súmulas de entendimentos do GAEMA

As súmulas de entendimentos não vinculam o promotor de justiça, mas servem para tentar uniformizar a sua atuação em todo o território do Estado de São Paulo. Apresentamos a seguir as primeiras súmulas sobre temas importantes[60].

### 2.3.1. Restinga

A restinga, na faixa de 300 metros da preamar, é considerada área de preservação permanente, independentemente da existência de vegetação nativa.

---

60. O Procurador-Geral de Justiça, no uso de suas atribuições e a pedido da *Secretária Executiva do Grupo de Atuação Especial de Defesa do Meio Ambiente — GAEMA*, AVISA que por ocasião da reunião realizada aos 22 dias de fevereiro de 2010, nas dependências do CAO Cível, após longas e produtivas discussões cujas temáticas englobaram as áreas de preservação permanente de restinga, a compensação ambiental e reserva legal, os Promotores de Justiça integrantes do GAEMA e da Rede Protetiva votaram e aprovaram as seguintes súmulas de entendimento (Aviso n. 142/2010, da PGJ).

### 2.3.2. Compensação ambiental

a) Nas APPs ocupadas por obras ou serviços de utilidade pública e interesse social, deve haver a compensação, nos termos dos arts. 4º, § 4º, do antigo Código Florestal, e 5º da Resolução CONAMA n. 369/2006, que deverá constituir-se, entretanto, na aquisição de área de relevante interesse ecológico (de tamanho a definir) que tenha proteção duvidosa ou nula.

b) Somente os danos ambientais ocasionados por construções e/ou quaisquer outras formas de intervenção que sejam considerados tecnicamente irreversíveis é que poderão ser compensados (no sentido de equilibrar), preferencialmente, através de aquisição de outra(s) área(s) de relevante interesse ecológico, na mesma microbacia e que não gozem de *status* protetivo significativo.

c) Deve ser respeitado o regime jurídico da época da construção, salvo verificação de que aquela não contou com a aprovação dos órgãos públicos competentes, tanto em âmbito administrativo quanto ambiental, quando então deve ser objeto de demolição, sem qualquer indenização. Na primeira hipótese, deve haver a compensação, nos termos anteriores.

d) Nos casos de construção escorada em atos administrativos válidos, em regime jurídico anterior, deve ocorrer a remoção da construção e recuperação da área, sempre que houver risco concreto ao meio ambiente e à saúde pública.

e) No atual regime jurídico, deve ser reconhecida a ilegalidade da conduta praticada, e sendo o dano ambiental causado tecnicamente passível de reversão, ser a construção demolida, e recuperada a área degradada.

### 2.3.3. Reserva Legal

a) O cômputo das áreas relativas à vegetação nativa existente em Área de Preservação Permanente no cálculo do percentual de Reserva Legal só poderá ser admitido nas hipóteses dos incisos II e III do § 6º do art. 16 do antigo Código Florestal.

b) A Reserva Florestal Legal deve ser recomposta, quando necessário, no prazo de 30 anos, contado a partir de 1º de janeiro de 1992, nos termos do art. 99, *caput*, da Lei n. 8.171/91. A Medida Provisória n. 2.166-67/2001, que deu nova redação ao art. 44 do antigo Código Florestal, por não tratar inteiramente da matéria, apenas alterou a forma de cumprimento dessa obrigação de fazer, permanecendo em vigor, em relação ao termo inicial da referida obrigação, o quanto regulado na Lei de Política Agrícola.

c) A recomposição da Reserva Florestal Legal deve ser feita, como regra geral, no imóvel rural onde foi constatada a sua ausência (antigo Código Florestal, art. 44, I). Admitem-se as alternativas postas no art. 44, III, e § 4º, do antigo Código Florestal, somente se não houver prejuízo ao meio ambiente da localidade do imóvel rural de origem. A decisão do órgão ambiental que aprovar a compensação em outra área deverá ser fundamentada em laudo técnico. Fundamento: princípio da supremacia do interesse ambiental.

d) O imóvel caracteriza-se como rural pela sua destinação, qualquer que seja a sua localização (Lei n. 8.629/93, art. 4º, I).

e) Nas ações civis públicas que versam sobre Reserva Florestal Legal, o autor deve pleitear tutela antecipada para impor aos requeridos a obrigação de apresentar ao órgão ambiental competente, no prazo de 90 dias, projeto indicando a área destinada à reserva e o cronograma da recomposição arbórea, tendo como termo final 31 de dezembro de 2021, abstendo-se, de imediato, de promover intervenções, por si ou por terceiros, salvo aquelas autorizadas por lei e mediante prévio licenciamento ambiental.

## 3. GRUPO DE TRABALHO DE RECURSOS HÍDRICOS, SANEAMENTO BÁSICO E RESÍDUOS SÓLIDOS

Este novo grupo foi criado pelo Ministério Público por iniciativa do Centro de Apoio Operacional Cível e Tutela Coletiva e tem por objetivo auxiliar os membros do Ministério Público que atuam na área ambiental. Sua formação deu-se pela necessidade de estabelecer metas a serem desempenhadas pelos promotores de Justiça e assistentes técnicos. O grupo foi dividido em quatro subgrupos: a) logística reversa, coleta seletiva e responsabilidade compartilhada pelo ciclo de vida do produto e questões associadas; b) Planos de Saneamento de Resíduos Sólidos; c) destinação dos resíduos sólidos; d) recursos hídricos, esgoto sanitário, recuperação da qualidade das águas de cursos d'água, gestão de efluentes industriais, identificação de áreas críticas de disponibilidade hídrica, áreas contaminadas, áreas agrícolas, reúso, recarga de aquíferos, licenciamentos ambientais, outorgas e planejamento urbano-ambiental estratégico.

Seu objetivo é a definição de estratégias de atuação do Ministério Público, no que tange ao acompanhamento da elaboração e implementação dos planos de saneamento e dos diversos planos de resíduos sólidos, do sistema de logística reversa e do gerenciamento de outros resíduos especiais e dos resíduos urbanos, atentando para a necessidade de enfrentamento dos desafios atinentes aos princípios, instrumentos e diretrizes de gestão dos resíduos sólidos.

Os subgrupos se incumbirão dos estudos e encaminharão propostas para submissão nas plenárias mensais, de modo que haja um levantamento minucioso dos problemas e, ao final, a elaboração de material de apoio para atuação institucional harmônica e coordenada diante dos casos concretos que reiteradamente têm se apresentado[61].

---

61. Núcleo de Comunicação Social — www.mp.sp.gov.br.

## 4. CENTRO DE APOIO OPERACIONAL CÍVEL E TUTELA COLETIVA

Além do GAEMA, há ainda o Centro de Apoio Operacional Cível e Tutela Coletiva, que abrange as áreas: Cível, Direitos Humanos, Infância e Juventude, Saúde Pública, Consumidor, Educação, Patrimônio Público e Urbanismo e Meio Ambiente. Esse órgão tem por objetivo prestar assistência técnica e jurídica às Promotorias de Justiça do meio ambiente e as Promotorias de Justiça de habitação e urbanismo. Todos esses órgãos têm a incumbência de tomar as providências necessárias e cabíveis contra aqueles que praticarem alguma atividade ou conduta lesiva ao meio ambiente. O CAO Cível e Tutela Coletiva, além disso, costuma convocar os promotores de justiça do meio ambiente do Estado de São Paulo para discutir o plano de atuação, as estratégias e questões pontuais relacionadas ao meio ambiente.

A Procuradoria-Geral da Justiça instituiu, por meio do Ato Normativo n. 684, de 17 de fevereiro de 2011, o Projeto Especial para a atuação na defesa de interesses difusos e coletivos em Promotorias de Justiça não especializadas, denominado "Projeto Especial — Tutela Coletiva". O objetivo deste projeto é normalizar o acervo de processo e procedimentos na área de tutela coletiva em curso nas Promotorias do Estado e compreender a análise e a atuação em procedimentos investigatórios instaurados, abrangendo a formalização de termo de ajustamento, a propositura de ações judiciais, a promoção de arquivamentos, inclusive com recomendações, em auxílio às Promotorias de Justiça não especializadas. A atuação dos seus integrantes incluirá a organização de reuniões regionais para apresentação e difusão de medidas encetadas e discussão de teses institucionais. Serão criadas, por designação do Procurador-Geral de Justiça, equipes de membros do Ministério Público para atuação no âmbito do "Projeto Especial — Tutela Coletiva", tantas quantas necessárias para cumprimento da missão do Projeto. Referido projeto priorizará inicialmente inquéritos civis que investiguem casos ligados à área do patrimônio público, *o meio ambiente e o urbanismo*, será desenvolvido em conjunto com o promotor natural, por equipes de promotores de Justiça designadas especialmente para sua execução. A atuação dessas equipes observará aos critérios de prioridade enumerados no Aviso n. 88, de 19 de fevereiro de 2011.

## 5. PROJETO FLORESTAR

A PGJ criou o Projeto Florestar, por meio do Ato n. 61, de 29 de novembro de 2012, no âmbito do CAO Cível e Tutela Coletiva. Seu objetivo é estabelecer uma programação de trabalho do Ministério Público, nas áreas de Urbanismo e Meio Ambiente para o desenvolvimento de ações e estudos referentes à proteção florestal e da biodiversidade em conformidade com as alterações do Código Florestal (Lei n. 12.651/2012). O Projeto Florestar é constituído pelo Grupo Estratégico de Proteção Florestal, pelo Programa de Diagnósticos e Integração de Entendimentos Técnico-Jurídicos e pelo Programa de Cidadania Florestal. O Grupo Estratégico de

Proteção Florestal tem por competência criar mecanismo de desenvolvimento e sugestão de estratégias de atuação institucional no âmbito administrativo e judicial, visando à proteção florestal e a biodiversidade. O Programa de Diagnósticos e Integração de Entendimentos Técnico-Jurídicos tem por finalidade subsidiar os trabalhos dos Promotores de Justiça e Assistentes Técnicos de Promotoria na esfera da proteção florestal. E o Programa de Cidadania Florestal tem a incumbência da articulação e integração da atividade institucional do Ministério Público na esfera ambiental-florestal com a comunidade em geral[62].

## 6. CONSELHO NACIONAL DOS COORDENADORES DE CENTROS DE APOIO OPERACIONAL DE URBANISMO E MEIO AMBIENTE — CONCAO-UMA

O Ministério Público, na esfera federal, criou o Conselho Nacional dos Coordenadores de Centros de Apoio Operacional de Urbanismo e Meio Ambiente — CONCAO-UMA. Trata-se de órgão colegiado, de caráter deliberativo, cuja finalidade é integrar e articular os Centros de Apoio Operacionais de Urbanismo e Meio Ambiente dos Ministérios Públicos Estaduais para promoção de ações de defesa e preservação do meio ambiente e urbanismo. O Conselho tem por finalidade aproximar os promotores e procuradores com atribuições nas citadas áreas e trocar experiências entre os CAO-UMA, bem como realizar debates, trabalhos e estudos e estimular a formação técnica permanente dos seus membros.

## 7. PLANO ANUAL DE ATUAÇÃO DO MINISTÉRIO PÚBLICO DO ESTADO DE SÃO PAULO

O Ministério Público do Estado de São Paulo confecciona o *Plano Geral de Atuação do Ministério Público do Estado de São Paulo* anualmente, convocando procuradores e promotores de Justiça para participar de sua elaboração. A Procuradoria-Geral de Justiça convida todos os integrantes da instituição para participar da Conferência Estadual do Ministério Público, a qual costuma acontecer em dezembro de cada ano. Trata-se de processo participativo e democrático, em que seus integrantes podem discutir e apresentar sugestões e propostas. São analisados os principais problemas das políticas sociais do Estado. Os dados são colhidos pelo Núcleo de Políticas Públicas em diversas reuniões presenciais com a participação de integrantes da instituição, de representantes da comunidade científica e da sociedade civil organizada. Os temas mais importantes são submetidos às oficinas de

---

62. Site: www.mp.sp.gov.br (notícias), acesso em 26 dez. 2012.

trabalho promovidas pelo Núcleo de Políticas Públicas e pelos Centros de Apoio Operacional em todas as regiões do Estado. Os integrantes e técnicos da instituição e especialistas das principais universidades paulistas discutem estratégias de atuação para enfrentamento e superação dos problemas. As questões debatidas e votadas são inseridas, ao final, no Plano Geral. Os grupos temáticos são divididos em: educação, saúde, direitos humanos (assistência social, violência doméstica, moradores de rua, catadores de resíduos sólidos, idosos, por exemplo), políticas de segurança pública, patrimônio público e social, meio ambiente, habitação e urbanismo, infância e juventude, pessoas com deficiência, patrimônio cultural, desenvolvimento regional (Vale do Ribeira, por exemplo), participação cidadã e controle social, consumidor, segurança alimentar e nutricional, segurança pública (atuação policial e direitos humanos, por exemplo). O Plano Geral é dividido em áreas de atuação do Ministério Público (meio ambiente, por exemplo, descreve as metas, justificativas, objetivos e diretrizes)[63].

Elaborado o Plano de Atuação Geral, ele terá validade para o ano seguinte, e a PGJ, por meio dos Centros de Apoio Operacional, estabelecerá, com grupos de trabalho e com as contribuições do CSMP, da CGMP, do Órgão Especial e da ESMP, formas de atuação que priorizem o cumprimento do Plano Geral de Atuação[64].

---

63. O Plano Geral de Atuação do Ministério Público do Estado de São Paulo é disponibilizado anualmente no site: www.mp.sp.gov.br.

64. Site: www.mp.sp.gov.br, acesso em 1º-2-2013 (notícias).

CAPÍTULO II
PROPEDÊUTICA DO DIREITO AMBIENTAL

SEÇÃO I
*Direito ambiental*

## 1. DIREITO AMBIENTAL COMO DISCIPLINA CURRICULAR OBRIGATÓRIA

Trata-se de disciplina relativamente nova no direito brasileiro. O direito ambiental era um apêndice do direito administrativo[1] e do direito urbanístico[2] e só recentemente adquiriu a sua autonomia com base na legislação vigente e, em especial, com o advento da Lei n. 6.938, de 31 de agosto de 1981. Em decorrência desse fato, várias Faculdades de Direito, hoje em dia, inseriram essa matéria em seus currículos como exigência do próprio mercado de trabalho, já que muitas empresas estão admitindo profissionais com especialização nessa área. Escritórios de advocacia especializados na área empresarial passaram a atuar também na área do direito ambiental, criando Departamentos de Meio Ambiente e contratando advogados e especialistas em outras áreas com experiência nas questões ambientais para a realização de avaliações ambientais nas empresas. Esses escritórios procuram dar consultoria ambiental preventiva às empresas causadoras de degradação ambiental (consultoria técnica e jurídica).

Nossa meta, ao escrever este *Manual*, foi procurar conscientizar os operadores do direito e fornecer-lhes as informações básicas da legislação ambiental, não descurando, no entanto, de outras informações de cunho técnico e científico provenientes de ciências afins. Essa disciplina, no futuro próximo, deverá ser inserida, como matéria obrigatória, nos currículos dos cursos de direito. Registre-se, além disso, que a disciplina *Direito Ambiental* passou a ser exigida nos Concursos de Ingresso à Carreira da Magistratura, do Ministério Público e da Procuradoria do Estado de São Paulo, bem como no Concurso de Especialista em Meio Ambiente realizado pelo Instituto Brasileiro do Meio Ambiente e dos Recursos Naturais Renováveis (IBAMA),

---

1. Hely Lopes Meirelles, *Direito administrativo brasileiro*, 16. ed., 2. tir., São Paulo, Revista dos Tribunais, 1991 (*v.* os capítulos III, IV, V, VI, VIII e IX).

2. José Afonso da Silva, *Direito urbanístico brasileiro*, 2. ed., 2. tir., São Paulo, Malheiros Ed., 1997.

entre tantas outras carreiras. Não há dúvida de que o direito ambiental deverá ser o instrumento mais importante para a proteção do meio ambiente em juízo.

Antes de conceituar esse ramo do direito, devemos responder à seguinte indagação: o direito ambiental é um ramo do direito público ou do direito privado? No nosso entender, o direito ambiental faz parte do direito público. Contudo, os interesses defendidos por esse novel ramo do direito não pertencem à categoria de interesse público (direito público) nem de interesse privado (direito privado). Cuida, sim, de interesse pertencente a cada um e, ao mesmo tempo, a todos. Trata-se do conhecido interesse transindividual ou metaindividual. São interesses dispersos ou difusos situados numa zona intermediária entre o público e o privado[3].

Há várias definições de direito ambiental elaboradas por juristas de renome. No entanto, para o nosso campo de estudo, adotamos um conceito simples. Assim, direito ambiental é a ciência jurídica que estuda, analisa e discute as questões e os problemas ambientais e sua relação com o ser humano, tendo por finalidade a proteção do meio ambiente e a melhoria das condições de vida no planeta.

O direito ambiental atua na *esfera preventiva* (administrativa), *reparatória* (civil) *e repressiva* (penal). Compete ao Poder Executivo, na *esfera preventiva*, estabelecer medidas preventivas de controle das atividades causadoras de significativa poluição, conceder o licenciamento ambiental, exigir o estudo prévio de impacto ambiental e seu respectivo relatório (EPIA/RIMA), fiscalizar essas atividades poluidoras etc. Compete ao Poder Legislativo, ainda na *esfera preventiva*, elaborar normas ambientais, exercer o controle dos atos administrativos do Poder Executivo, aprovar o orçamento das agências ambientais etc. Compete ao Poder Judiciário, na *esfera reparatória e repressiva*, julgar as ações civis públicas e as ações penais públicas ambientais, exercer o controle da constitucionalidade das normas elaboradas pelos demais poderes etc. Compete ao Ministério Público, por fim, na *esfera reparatória e repressiva*, firmar termo de ajustamento de condutas —, instaurar inquérito civil e propor ações civis públicas e ações penais públicas ambientais. Registre-se que o Ministério Público não é o único legitimado a propor ação civil pública. Tal legitimidade foi estendida aos demais colegitimados inseridos no art. 5º da Lei n. 7.347/85, incluída, pela Lei n. 11.448, de 15 de janeiro de 2007, a Defensoria Pública.

Como se vê, o direito ambiental está-se transmigrando do *direito do dano* para o *direito do risco*. Esse novo ramo do direito deve atuar mais intensamente na esfera preventiva, pois a reparação do dano nem sempre poderá reconstituir a degradação ambiental.

---

3. Nesse sentido é a posição de Celso Antonio Pacheco Fiorillo e Marcelo Abelha Rodrigues em seu *Manual de direito ambiental e legislação aplicável*, São Paulo, Max Limonad, 1997, p. 81.

Além disso, esse ramo do direito só foi elevado à condição de ciência no momento em que adquiriu autonomia, com o advento da Lei da Política Nacional do Meio Ambiente (PNMA). Essa lei trouxe em seu bojo todos os requisitos necessários para tornar o direito ambiental uma ciência jurídica independente, ou seja, com regime jurídico próprio, definições e conceitos de meio ambiente e de poluição, objeto do estudo da ciência ambiental, objetivos, princípios, diretrizes, instrumentos, sistema nacional do meio ambiente (órgãos) e a indispensável responsabilidade objetiva.

## 2. DIREITO AMBIENTAL EMPRESARIAL

A atividade econômica abrange as indústrias, os comércios e os serviços. Essas atividades encontram-se tanto nas áreas urbanas como nas rurais, incluindo, nestes últimos, o agronegócio (agricultura e pecuária)[4] e o ecoturismo. É preciso salientar que cada atividade possui legislação própria para o seu exercício. Ocorre, no entanto, que tais atividades devem obedecer às normas ambientais genéricas. Não adianta nada desenvolver o ecoturismo sem respeitar o Código Florestal e a legislação que protege o patrimônio cultural, bens de valor histórico, artístico, arqueológico e natural, os sítios rupestres, por exemplo. Os índios também são protegidos pela legislação brasileira por estarem tradicionalmente ocupando áreas por um período muito grande e por não exercerem atividades econômicas, exceto a venda de produtos excedentes para comprar outros que não produzem.

Ressaltamos que o direito ambiental cuida de proteger interesses difusos e não interesses coletivos ou individuais, os quais são regulados em legislação própria e estudados dentro da área de cada disciplina jurídica. Por essa razão, propusemo-nos, neste *Manual*, a analisar somente questões ambientais gerais atinentes, essencialmente à vida, à qualidade de vida e ao meio ambiente. São os denominados bens de uso comum do povo e essencial à sadia qualidade de vida (art. 225, *caput*, da CF).

Como podemos perceber, é o homem que costuma extrair da terra o máximo possível dos seus recursos, transformando sua atividade em negócio. Essa atividade é desenvolvida pelo empresariado.

O empresariado, por outro lado, pode ser um excelente parceiro na proteção do meio ambiente, independentemente de ser ele ou não responsável pela degradação que estamos vivenciando. Nem todo empresariado polui, mas, nem por isso, deveria ser excluído dessa responsabilidade. Sua participação poderia ser de grande valia ao aderir aos ideais da sociedade contemporânea. A ciência moderna, em outras

---

4. *Vide* excelente monografia de Antonio José de Mattos Neto, sobre *Estado de direito agroambiental brasileiro*, São Paulo, Saraiva, 2010.

palavras, exige atenção às novas demandas da sociedade, com abordagem multidisciplinar e inovação, pesquisa e desenvolvimento nas empresas. A pesquisa requer novos formatos, novos atores, organização institucional e deve se pautar por critérios de qualidade, impacto, relevância, sustentabilidade e globalização[5].

As palavras-chave são inovação, pesquisa científica e integração dos saberes tradicionais associados à natureza[6]. Seguindo essa linha de raciocínio, os principais institutos nacionais de patentes discutem sua possível contribuição para a difusão de tecnologias de baixa emissão de carbono. Para isso, é necessário acelerar os processos de registro dessas tecnologias perante o Instituto Nacional da Propriedade Industrial — INPI — das denominadas "patentes verdes". Esse projeto envolve diversos países e suas patentes devem ter prioridade de análise. Nos EUA, depois da implantação do projeto, mais de 1.600 patentes foram depositadas em seus respectivos órgãos com a denominação "patentes verdes". Cem delas foram aprovadas e registradas atendendo a este objetivo. O INPI, no Brasil, também estuda a implantação deste projeto. Há, de fato, a necessidade de valorizar e difundir novas tecnologias. Foram depositados no mundo 2.351 pedidos de patentes sobre energia solar realizados por 41 países somente no primeiro semestre de 2010. Houve também, no Brasil, muitos pedidos de registro de patentes relacionados à energia eólica, ao polietileno verde etc.[7] A partir de abril de 2012, o INPI passou a priorizar o patenteamento de tecnologias verdes, tais como: energias alternativas, transportes, conservação de energia, gerenciamento de resíduos e agricultura. A previsão é de que os pedidos sejam analisados em até 2 anos. Hoje, um pedido de patente leva em torno de 5 anos e 4 meses. No ano passado levava cerca de 7 anos[8].

Tais tecnologias, denominadas "verdes", podem ser úteis para o empresariado nacional. Percebemos que grande parte do empresariado tem consciência da necessidade de proteger o meio ambiente. Grandes corporações têm se esforçado nesse sentido e procurado novas maneiras de gerir suas empresas. Há muitos projetos já implantados em seus estabelecimentos empresariais, desde pequenas atitudes do dia a dia a grandes projetos, sem qualquer exigência legal. É possível, além disso, implantar projetos ambientais com observância aos princípios do direito ambiental empresarial (princípio da responsabilidade social das empresas ou, mais precisamente, princípio da responsabilidade socioambiental das empresas). Muitas corporações têm

---

5. Carlos Alberto Aragão de Carvalho Filho e Glaucius Oliva, Novos desafios para o CNPq, *Folha de S.Paulo*, 24 jan. 2011, p. A-3.

6. Marina Silva, Uma evolução silenciosa, *Veja* n. 2.196 — Edição Especial — dez. 2010, p. 69.

7. Jorge Ávila, A sustentabilidade tem pressa, *Folha de S.Paulo*, 7 jan. 2011, p. A-3.

8. Sabine Righetti, Patente verde poderá "furar fila" no Brasil, *Folha de S.Paulo*, Ciência, 11 abr. 2012, p. C-11.

promovido seus funcionários por meio de proposta ou sugestões apresentadas para reduzir o gasto com energia ou diminuição de recursos no processo produtivo. Funcionários são premiados em concurso voltado à proteção ambiental.

Atualmente, "as empresas estão se reorganizando em função de uma inserção social eficiente: internamente, pela agregação de benefícios aos trabalhadores, e externamente, por atividades de promoção junto aos excluídos, tanto nas áreas de seu entorno geográfico, quanto em espaços e atividades distantes"[9].

Há um anseio, quase que unânime, de que precisamos alterar o nosso sistema econômico e substituí-lo por um sistema menos agressivo ao meio ambiente. O capitalismo encontra-se em estado de decadência e precisa ser substituído por um sistema mais humano — economia verde.

Nova regulação deve ser elaborada para atender às necessidades do mundo globalizado, pois o mercado está se modificando e o empresariado tem buscado novos modelos de gestão ambiental para poder permanecer competitivo dentro dessa economia verde. A comunidade mundial, por outro lado, está se tornando mais exigente. Não aceita mais produtos que não atendam às normas ambientais nacionais e internacionais. Muitos selos de qualidade e certificações estão sendo criados e adotados para regular o mercado mundial. O empresariado está procurando se adaptar a essa nova tendência.

A denominada teoria da sociedade de risco, muito debatida nos dias de hoje, tem chamado a atenção do poder público e da sociedade. Se nada for feito para minimizar o impacto ambiental do aquecimento global, por exemplo, diante do prognóstico científico, é possível que a comunidade mundial venha a sofrer forte abalo financeiro, econômico e ambiental.

Há a necessidade de se buscar a participação do setor empresarial na preservação do meio ambiente, sob um enfoque moderno, no que tange à exploração dos recursos naturais, na comercialização de produtos e na prestação de serviços atentos às diretrizes estatais de respeito ao meio ambiente e da observância à legislação ambiental nacional e dos tratados internacionais[10].

A responsabilidade social empresarial deve ser exercida em sua plenitude e não apenas em ações de *marketing* social ou de filantropia.

---

9. Carlos Aurélio Mota de Souza, São Paulo empresarial: responsabilidade econômico-social, *Responsabilidade social das empresas*, Carlos Aurélio Mota de Souza (Coord.), São Paulo, Juarez de Oliveira, 2007, p. 47.

10. Sugerimos a leitura de um pequeno grande livro, tese de doutorado de Terence Dorneles Trennepohl, denominado: *Direito ambiental empresarial*, publicado pela Saraiva, em 2010, cujo modelo poderá servir para fornecer um novo enfoque da problemática ambiental global.

## 3. DIREITO AMBIENTAL NA SOCIEDADE DE RISCO

A denominação "sociedade de risco" foi atribuída a Ulrich Beck, em 1986, tendo-se em vista a insegurança social gerada na sociedade contemporânea, por causa dos efeitos decorrentes do progresso econômico na modernidade. Tal fato tem por condão chamar a atenção do Estado e da sociedade sobre as consequências que podem ocorrer se não colocar freio a esse desenvolvimento, levando-se em conta as ameaças potenciais.

Beck coloca em relevo os riscos imprevisíveis das ameaças provocadas pelo desenvolvimento técnico-industrial. Tal fato exige uma autorreflexão. O meio publicitário está cada vez mais criativo, convocando o cidadão a consumir, utilizando-se de instrumentos irresistíveis, diante das facilidades e oportunidades. Ele também é alertado dos perigos provenientes dos excessos que a busca do prazer pode lhe trazer no futuro. A vulnerabilidade é o ponto nevrálgico para a compreensão dos riscos de forma integrada e que irá permitir a discussão de seus vários aspectos, pertinentes à ética, à política e às técnicas que irão conformar a distribuição dos riscos na sociedade[11].

Em outras palavras, a sociedade de risco tem como característica a geração de riscos que não podem ser controlados e/ou conhecidos de maneira satisfatória. Beck apresenta cinco aspectos para discuti-la, quais sejam: a) os riscos produzidos escapam à percepção sensorial. Permanecem invisíveis até seu conhecimento pela sociedade ou que fujam ao controle. Os riscos passam a ser socialmente construídos, modificados, dramatizados ou minimizados de acordo com o conhecimento, elevando-se a importância da mídia de massa e das profissões legais e científicas responsáveis pela definição dos riscos; b) os riscos não respeitam necessariamente as desigualdades sociais da modernidade simples, isto é, classes, etnias, e em determinado momento atingem aqueles que os fabricaram ou os que lucram com sua ocorrência; c) os riscos não quebram a lógica do mercado, ao contrário, surgem mercados especializados no gerenciamento e na mitigação dos riscos; d) os conhecimentos sobre os riscos e as catástrofes ambientais ganham contornos políticos; e) as catástrofes e os riscos socialmente reconhecidos ganham força política[12].

Nesse contexto, ao se falar em sociedade de risco é preciso olhar em nosso entorno para ver o que, de fato, está acontecendo com o planeta. Verificam-se, constante e diariamente, muitos acidentes ambientais naturais e aqueles em que o homem teve participação direta ou indireta. Essa mudança antropogênica é mais difícil

---

11. Sidney Guerra e Sérgio Guerra, *Curso de direito ambiental*, Belo Horizonte, Fórum, 2009, p. 33-34.
12. Sidney Guerra e Sérgio Guerra, *Curso de direito ambiental*, cit., p. 34.

de comprovar, porque ocorre de maneira gradativa e contínua, sem que o homem se dê conta, diferentemente daqueles ocorridos por causa natural, tais como: terremoto, abalo sísmico, erupções de vulcões etc. No entanto, o aumento da temperatura global é uma realidade cientificamente comprovada e o homem tem contribuído para o seu agravamento.

O crescimento industrial e populacional passa a trazer problemas cada vez mais graves, diminuindo a qualidade de vida do cidadão e colocando em xeque o modelo econômico que vivenciamos. O conforto humano proporcionado pelo consumo de recursos ambientais, cada vez mais escassos, pode colocar em risco a atual e a futura geração. É o preço que a sociedade deve pagar. É o risco que assumimos para sustentar o nosso consumo exagerado e infinito.

O risco pode ser diagnosticado e prevenido por um sistema normativo adequado. Porém, nem tudo é possível prevenir. Além disso, o risco possui várias origens, dando um contorno de uma multidimensionalidade, "circunstância que acentua as dificuldades dessas instâncias em lidar com os problemas dessa ordem, e que caracterizam o modelo sociológico desenvolvido por Ulrich Beck conhecido por sociedade de risco"[13].

O risco ao meio ambiente consubstancia-se pela existência de danos indeterminados e imprevisíveis. Há muitos interesses econômicos, políticos e estruturais que definitivamente estimulam as origens, existência e efeitos desses riscos anônimos. Isso passa a ser prejudicial ao equilíbrio ambiental[14].

A solução desses problemas depende, essencialmente, da educação ambiental. O Estado deve facilitar o acesso do cidadão a toda informação impactante ao meio ambiente para poder decidir o caminho a seguir.

No fundo, é o cidadão que deve decidir o rumo que pretende dar ao Estado e à sociedade.

## 4. ESTADO DE DIREITO AMBIENTAL

O Estado deve lidar com a crise ambiental com base nas diferentes origens que os caracterizam e a partir de um modelo de risco. Pergunta-se: é possível construir um Estado de Direito Ambiental com base nas crises ambientais? A resposta é que seria muito difícil, por causa da complexidade dos problemas atuais e da situação de

---

13. José Rubens Morato Leite e Patryck de Araújo Ayala, *Direito ambiental na sociedade de risco*, Rio de Janeiro, Forense, 2002, p. 11.

14. Anderson Furlan e William Fracalossi, *Direito ambiental*, Rio de Janeiro, Forense, 2010, p. 60.

transição que enfrenta a sociedade através da globalização e de outros fenômenos emergentes[15].

Este Estado de Direito Ambiental deveria estar fincado num novo modelo econômico que privilegie o homem, e não o consumo descontrolado; sobrepor o sistema humanista ao sistema capitalista com base na dignidade da pessoa humana, visando o bem-estar social. Por isso da dificuldade da implantação desse Estado de Direito Ambiental.

O processo educativo é importante, bem como os tratados internacionais, mas demandaria a necessidade de uma profunda mudança de comportamento humano que levaria décadas para se concretizar.

Nossa necessidade é imediata, pois as crises ambientais estão se agravando a cada dia. Cientistas afirmam que quaisquer medidas aplicadas hoje levariam muito tempo para surtir os efeitos necessários. Nesse diapasão, nos restaria somente encontrar soluções para adaptação às novas situações, pois os danos serão inevitáveis, inviabilizando qualquer medida com o intuito de minimizar as crises ambientais.

Há muitos países que inseriram em suas Constituições normas protetivas do meio ambiente. E, a par dos avanços da Constituição da República Federativa do Brasil, mister para atingir o Estado de Direito Ambiental, houve várias outras mudanças, entre estas, por exemplo, um novo sistema de mercado e uma redefinição do próprio direito de propriedade. Com isso, um novo sistema de mercado que privilegie mais a qualidade de vida e o direito ecologicamente equilibrado[16].

Não há como implantar o Estado de Direito Ambiental se não houver uma predisposição mundial. A crise ambiental não é local nem regional, mas global. Toda comunidade deve se engajar na luta contra essas crises provocadas por nós. O individualismo deve ceder espaço aos interesses maiores da coletividade, se quisermos viver num mundo melhor.

## 5. METODOLOGIA DO DIREITO AMBIENTAL

A metodologia do direito ambiental é a mesma adotada pelos demais ramos do direito. No entanto, o operador do direito depende muito de informações extremamente técnicas de outras ciências. Tanto é verdade que, sempre que ocorrer degradação ambiental, será necessária a realização de perícia para apurar o dano, a causa e a sua extensão. Essa perícia é realizada por profissionais especializados para cada tipo de dano causado ao meio ambiente.

---

15. José Rubens Morato Leite e Patryck de Araújo Ayala, *Direito ambiental na sociedade de risco*, cit., p. 20.

16. José Rubens Morato Leite e Patryck de Araújo Ayala, *Direito...*, cit., p. 27.

O direito ambiental caracteriza-se pela sua interdisciplinaridade, ou seja, depende dos conceitos e conhecimentos de outras ciências, como ecologia, botânica, química, engenharia florestal etc. Só pelas informações técnicas fornecidas por essas ciências é que se poderia proteger em juízo o meio ambiente.

## 6. AUTONOMIA DO DIREITO AMBIENTAL

A autonomia do direito ambiental caracteriza-se pelo fato de possuir seu próprio regime jurídico, objetivos, princípios, sistema nacional do meio ambiente etc. Contudo, ele não é autônomo em relação aos demais ramos do direito, mesmo porque nenhum deles o é. Há, sim, uma constante simbiose, e muitos conceitos são extraídos dos diversos ramos do direito, adaptando-se ao direito ambiental.

Ressalte-se, por fim, que todos eles possuem, ao menos, uma relação formal e indispensável entre si, como, por exemplo, a definição de poder de polícia etc.

## 7. FONTES DO DIREITO AMBIENTAL

Como qualquer outro ramo do direito, as fontes podem ser materiais ou formais. *Fontes materiais* são aquelas provenientes de manifestação popular (individual ou coletiva), por meio das descobertas científicas e da doutrina jurídica nacional ou internacional. *Fontes formais* são aquelas decorrentes do ordenamento jurídico nacional, ou seja, da Constituição Federal, das leis infraconstitucionais, das convenções, dos pactos ou tratados internacionais, dos atos, normas e resoluções administrativas, da jurisprudência etc.

## 8. RELAÇÃO DO DIREITO AMBIENTAL COM OUTROS RAMOS DO DIREITO

O direito ambiental está intimamente relacionado com vários outros ramos do Direito: direito constitucional (disciplina normas fundamentais de proteção ao meio ambiente), direito civil (trata do direito da propriedade, direito de vizinhança etc.), direito administrativo (cuida do poder de polícia, de atos administrativos etc.), direito processual (cuida dos princípios processuais e das ações coletivas), direito penal (dispõe sobre normas de proteção à saúde), direito tributário (disciplina a incidência ou isenção de tributos em áreas de preservação permanente ou reserva florestal legal), direito internacional (cuida de sistematizar a adoção de regras internacionais uniformes por meio de convenções, pactos ou tratados).

Também mantém estreita relação com outras ciências afins ao meio ambiente, tais como: ecologia, geografia, biologia, urbanismo, economia, química, saúde pública, engenharia, sociologia, antropologia, história, arqueologia etc. Essas ciências servirão para fundamentar a atuação do operador do direito, por meio das perícias, em cada caso concreto e na elaboração da legislação, por exemplo.

## Seção II
### Gestão ambiental

### 1. ALGUNS MODELOS EFICAZES DE GESTÃO AMBIENTAL

Gestão ambiental é o conjunto de diretrizes e atividades administrativas e operacionais que têm por finalidade obter efeitos positivos sobre o meio ambiente. Estudiosos afirmam que a utilização da gestão ambiental pelas empresas tem propiciado diversos benefícios, tais como baixos custos e conquista de mercados. Pesquisas indicam que a empresa sensível à questão ambiental pode aumentar seu lucro a partir da utilização de estratégia de longo prazo. A preocupação com ambiente tende a ter desempenho financeiro superior, maior eficiência econômica, menor alavancagem e melhor fluxo de caixa do que aquelas que não são ambientalmente responsáveis[17].

Gestão ambiental, em outras palavras, é a maneira pela qual o cidadão, o empresário e o governo agem para fazer um mundo melhor. Ou seja: fazer um cidadão sustentável; um lar sustentável; uma empresa sustentável; um governo sustentável; uma cidade sustentável; um país sustentável; e um mundo sustentável. Como podemos ver, são vários os enfoques possíveis de sustentabilidade.

Vejamos alguns deles.

### 2. ÍNDICE DE SUSTENTABILIDADE DAS EMPRESAS — ISE DA BOVESPA

Sustentabilidade, do ponto de vista empresarial, engloba quatro conceitos básicos: eficiência econômica, equilíbrio ambiental, justiça social e governança corporativa. Com base nisso, grandes empresas começaram a contratação de profissionais especializados em tais áreas para a implantação desses conceitos sustentáveis. Essas questões antes eram analisadas fragmentariamente; agora, as empresas procuram centralizar os problemas ambientais numa diretoria. A preocupação passou a ser relevante no momento que se criou o Índice de Sustentabilidade das Empresas (ISE), no sentido de avaliá-las sob o ponto de vista socioambiental. Trata-se de empresas de capital aberto que cumprem os requisitos legais de sustentabilidade. A identificação

---

17. André Gustavo Carvalho Machado e Ricardo Luciano de Oliveira, Gestão ambiental corporativa, in *Gestão ambiental e responsabilidade social* — Conceitos, ferramentas e aplicações, São Paulo, Atlas, 2009, p. 93-94.

e a avaliação são constatadas na Bovespa. O número de empresas com essa consciência está aumentando ano a ano. As instituições financeiras são as primeiras a criar departamentos para avaliar as empresas que causam significativo impacto ambiental, tais como: atividade de mineração, papel e celulose, cimento, energia etc. Aludidos especialistas devem ter profundo conhecimento da legislação ambiental. Muitos profissionais têm procurado cursos de pós-graduação em Direito Ambiental e em Gestão Ambiental para acrescentar conhecimentos nessa área: bacharéis em direito, biólogos, antropólogos, geólogos etc. Referidos profissionais têm a responsabilidade de encontrar medidas eficientes para economizar energia, matéria-prima, água etc. Em outras palavras, devem ajudar a empresa a melhorar sua imagem no mercado globalizado.

A carteira do índice, como já vimos, é composta por ações de empresas com melhores desempenhos nas diversas dimensões de medições da sustentabilidade empresarial. O seu objeto é funcionar como uma referência para o investimento socialmente responsável e incentivar as boas práticas do meio empresarial. A carteira reúne 51 ações de 38 companhias que representam 18 setores e somam R$ 961 bilhões em valor de mercado. Isso equivale a 43,72% do total do valor das companhias com ações negociadas na BM&F. Em 2012, ingressaram duas empresas do setor de transporte: CCR e Ecovias. São, no total, 38 companhias, dentre elas: o Banco Bradesco, o Itaú Unibanco, o Banco do Brasil, o Bicbanco e o Santander, além da Vale, Gerdau, Brasil Foods, AES Tietê, Coelce, Eletropaulo, Energias do Brasil, Natura e outros. Foram convidadas a participar da nova carteira 182 companhias que detêm as 200 ações mais líquidas da Bolsa de Valores. Desse total, 54 responderam ao questionário de avaliação, desenvolvido pelo Centro de Estudos em Sustentabilidade (GVCes) da Escola de Administração de Empresas São Paulo da FGV. Dessas empresas, 6 aderiram ao processo como treineiras, ou seja, buscando preparar-se para os próximos anos[18].

Desde 2009, o índice de sustentabilidade empresarial da Bolsa subiu 104,6% e o Ibovespa cresceu apenas 38,5%. É possível comprar ações dos fundos de índices com cotas negociadas em Bolsa — ETFs que replicam o ISE ou o Índice de Carbono Eficiente — $ICO^2$, o IBrX-50 (este índice reúne 50 ações mais negociadas na Bolsa de empresas que adotam práticas transparentes em relação às suas emissões de gases)[19].

Esse índice também existe em Nova York (*Dow Jones Sustainability Index* — DJSI) e é um dos mais disputados selos de reconhecimento no mercado sobre práticas sustentáveis. Esse selo mostra aos investidores que a empresa segue as políticas públicas do governo e do mercado, que vão desde a mensuração e mitigação de seus

---

18. Índice de sustentabilidade da bolsa terá ações de 38 empresas em 2012, *Folha de S. Paulo*, Folhainvest, 28 nov. 2011, p. B-9.

19. Fundos e ações lucram com foco sustentável, *Folha de S. Paulo*, Folhainvest, 27 out. 2014, p. B-4.

impactos socioambientais até políticas de recursos humanos que considerem a diversidade de raças e gêneros dentro da companhia. Tais práticas de sustentabilidade trazem retorno das carteiras no médio e longo prazos[20].

A BM&FBovespa, no entanto, divulgou pesquisa na Rio+20 esclarecendo que das 448 empresas com ações na bolsa, somente 96 companhias abertas (21,4%) elaboraram o relatório de sustentabilidade. Trata-se de relatório que segue padrões internacionais elaborados pela *Global Reporting Initiative* — GRI. É um demonstrativo das ações que as empresas efetivamente praticam com a finalidade de reduzir o impacto ambiental. É uma exigência da Bovespa para mostrar aos seus acionistas que as companhias estão adotando os princípios de sustentabilidade, não se restringindo ao chamado *greenwashing* — falso ambientalismo com fins de *marketing*. Esse relatório complementa os relatórios financeiros e tem por objetivo mostrar aos investidores estrangeiros que as empresas são responsáveis e procuram minimizar os potenciais riscos jurídicos e de reputação, fazendo uma melhor gestão dos recursos naturais, tais como: uso da água e energia, conservação de florestas e sobre o relacionamento com a comunidade onde a empresa está localizada, que devem ser integradas aos dados financeiros[21].

Seja como for, é uma ferramenta importante para chamar a atenção para a questão ambiental.

## 3. PETROBRAS E BOVESPA

A Petrobras, por exemplo, foi excluída do ISE, em 2008, pelo não cumprimento da Resolução n. 315/2002 do CONAMA, que determinava a redução do teor de enxofre no diesel comercializado no Brasil a partir de janeiro de 2009. Essa decisão foi tomada pelo Conselho do ISE, composto pela Bovespa, *International Finance Corporation* — IFC, Associação Brasileira das Entidades Fechadas de Previdência Complementar — ABRAPP, Associação dos Analistas e Profissionais de Investimentos do Mercado de Capitais — APIMEC, Associação Nacional de Bancos de Investimentos — ANBID, Instituto Ethos de Empresas e Responsabilidade Social, Instituto Brasileiro de Governança Corporativa — IBGC, Ministério do Meio Ambiente — MMA, e Programa das Nações Unidas para o Meio Ambiente (Instituto Brasil PNUMA). A exclusão da Petrobras se deu pelo inconformismo de onze entidades, que encaminharam uma carta ao Conselho do ISE, em 6 de novembro de 2008, comunicando o descumprimento da citada Resolução. São elas: Secretaria do Meio Ambiente e Desenvolvimento Sustentável do Estado de Minas Gerais, Fórum Paulista de Mudanças Climáticas Globais e de Biodiversidade, Secretaria do Verde e Meio Ambiente do

---

20. André Palhano, Empresas abrem suas práticas sustentáveis, *Folha de S. Paulo*, Sociais & Cia, 29 nov. 2011, p. B-5.

21. Empresas não fazem relatório ambiental, *Folha de S. Paulo*, 18 jun. 2012, p. B-5.

Município de São Paulo, Movimento Nossa São Paulo, Instituto Brasileiro de Defesa do Consumidor — IDEC, Fundação Brasileira para o Desenvolvimento Sustentável, SOS Mata Atlântica, Greenpeace-Brasil, Amigos da Terra — Amazônia Brasileira, Instituto Akatu pelo Consumo Consciente e Instituto Brasileiro de Advocacia Pública. Como podemos perceber, o Conselho do ISE tem se pautado por critérios rígidos, tanto para quem pretende nele ingressar como para nele permanecer.

## 4. CERTIFICAÇÃO DO AGRONEGÓCIO

O agronegócio, para não ficar atrás, tem envidado esforços no sentido de também contribuir para a mitigação do aquecimento global. Para isso, empresários, representantes dos trabalhadores e ambientalistas vêm debatendo com profundidade os princípios e critérios que devem nortear o processo de verificação da produção agropecuária no Brasil. Tenta-se antecipar as exigências que os consumidores de todo o mundo vão passar a impor aos produtores de alimentos, denominando-se "Iniciativa Brasileira para Criação de um Sistema de Verificação da Atividade Agropecuária". Visa-se, com isso, implantar o primeiro sistema de certificação do setor agropecuário do mundo. Este sistema tem por pressuposto a verificação voluntária, que inclui a certificação independente, e como unidade de monitoramento a propriedade rural, fundamentado num elenco de cinco princípios e quinze critérios, que darão ao mercado a garantia de origem e qualidade socioambiental de toda e qualquer produção realizada num empreendimento verificado sob essas condições. Esta certificação está respaldada na gestão ambiental e social da propriedade. Objetiva-se, como se vê, a manutenção das reservas legais, a proteção dos recursos hídricos e a garantia de melhores condições de saúde e segurança dos trabalhadores rurais. Todo empreendedor que quiser receber a certificação deverá se submeter aos critérios citados para poder ter seus produtos aceitos no mercado internacional[22].

Em 2010, foram aprovadas as normas da Rede de Agricultura Sustentável (RAS), que estabelecem práticas responsáveis para a pecuária e permitem a certificação socioambiental de fazendas de gado (boi e búfalo) em regiões tropicais. Essas normas resultaram de um longo processo (em um ano e meio), em que, por meio de consultas públicas presenciais ou eletrônicas, colheram-se sugestões de todos os representantes da cadeia produtiva da pecuária (produtores, frigoríficos, ONGs, representantes de sindicatos patronais e de trabalhadores, entre outros) de mais de 130 organizações de 34 países. A RAS é a primeira certificação independente para esse setor. Ela atesta a origem e a rastreabilidade do produto final (carne, leite e seus derivados) do pasto à mesa do consumidor. O produto certificado pela Rede de Agricultura Sustentável poderá ser identificado pelo selo — *Rainforest Alliance Certified*

---

22. Roberto Rodrigues, Certificando nosso futuro, *Folha de S.Paulo*, 16 ago. 2008, p. B-2.

— aplicado na embalagem, que representa o compromisso do produtor com boas práticas ambientais e responsabilidade social. É a primeira norma para a pecuária a seguir protocolos internacionais e garantir transparência e equilíbrio de participação entre sociedade civil e setor produtivo.

O Instituto de Manejo e Certificação Florestal e Agrícola (Imaflora) é a única instituição apta a representar a RAS. Para a certificação da propriedade rural, o produtor deverá passar por uma rigorosa auditoria, baseada no cumprimento de requisitos sociais e ambientais previstos na RAS, quais sejam: a) comprovar que na fazenda não há desmatamento, nem destruição de ecossistemas de alto valor de conservação; b) identificação individual do animal (com *chip* ou brinco), de maneira a permitir sua rastreabilidade do nascimento ao abate; c) permanência do animal na propriedade certificada por, pelo menos, seis meses (o produtor deve comprovar vacinas e boa saúde do animal); d) adoção de medidas para reduzir a emissão de carbono (como presença de árvores no pasto para capturar CO e medidas que facilitem a digestão de alimentos para reduzir emissões; e) comprovar que não há trabalho infantil; f) comprovar que não há trabalho forçado; g) comprovar que não há discriminação de qualquer tipo etc.[23].

## 5. PROJETO RESPIRA SÃO PAULO

Com a implantação do Projeto Respira São Paulo, os municípios estão se esforçando para conseguir a certificação do Município Verde Azul[24], que é concedido anualmente pela Secretaria Estadual do Meio Ambiente. Para isso, ele precisa cumprir dez diretivas do projeto, cujas notas variam de zero a cem no *ranking* ambiental. São elas: esgoto tratado; lixo mínimo; recuperação da mata ciliar; arborização urbana; educação ambiental; habitação sustentável; uso da água; poluição do ar; estrutura ambiental; e conselho de meio ambiente. As notas mais altas são para erradicação de lixões, esgoto tratado e educação ambiental. São Paulo possui 645 municípios, mas somente 322 cidades responderam ao questionário ambiental. Um passo importante dado pelo Município de Mogi das Cruzes foi a criação da Secretaria do Meio Ambiente para 2009, possibilitando a implantação de programas ambientais importantes com a intenção de conseguir a certificação. A concessão da certificação ao município gera uma série de benefícios relacionados a investimento por parte do Estado-mem-

---

23. Disponível em: <http://sociedadesustentavel.terra.com.br/integra.php?id=1683>.

24. O Governo do Estado de São Paulo estabeleceu 21 Projetos Ambientais Estratégicos, tais como: Aquíferos; Cenários Ambientais 2020; Cobrança do Uso da Água; Criança Ecológica; Desmatamento Zero; Ecoturismo; Esgoto Tratado; Etanol Verde; Fauna Silvestre; Unidade de Conservação; Licenciamento Unificado; Lixo Mínimo; Mananciais; Mata Ciliar; Município Verde; Onda Limpa; Pesquisa Ambiental; Reforma Administrativa; Respira São Paulo; São Paulo Amigo da Amazônia; e Serra do Mar (*DOE*, 20 jan. 2010, p. II).

bro. Em 2009, dos 645 municípios do Estado, 627 aderiram ao projeto. Após a implantação da certificação, percebeu-se uma redução significativa dos lixões, que eram 137, em 2007, e passaram a 50, em 2008. Em relação à coleta seletiva, 447 municípios realizaram em 2008, ante 181 do ano anterior. Também aumentou o número de conselhos municipais em 2008, passando para 376, diante dos 236 de 2007[25].

## 6. QUANTO UM COPO DE SUCO DE LARANJA CONTRIBUI PARA O AQUECIMENTO GLOBAL?

A empresa multinacional PepsiCo — proprietária da marca de sucos Tropicana — contratou especialistas em cálculos matemáticos na tentativa de responder à seguinte pergunta: quanto um copo de laranja que você toma no café da manhã contribui para o aquecimento global? Após a realização de complexo cálculo, os especialistas apuraram que as maiores fontes emissoras de $CO_2$ eram as próprias plantações de laranja e não o seu processo industrial. Referidas plantações consomem grande quantidade de fertilizantes à base de nitrogênio, que requer o uso de gás natural na sua fabricação e que pode se tornar um potente gás de efeito estufa quando pulverizado sobre os pomares. Apurou-se ainda que são lançados no ar atmosférico 1,7 kg de $CO_2$ para cada embalagem com meio galão (aproximadamente dois litros) de suco de laranja. Com base nesses dados, a empresa pretende realizar uma parceria com a Universidade da Flórida para descobrir formas de cultivo de laranja que emitam menos gases nocivos[26].

A PepsiCo foi premiada pelo *Programa Benchmarking Ambiental Brasileiro* pela criação das calculadoras de impacto ambiental. O *Ranking Benchmarking* elegeu estas ferramentas entre as melhores práticas socioambientais do país. Este Programa é uma iniciativa independente de fomento à sustentabilidade que tem por objetivo central a difusão, fortalecimento e incentivo à adoção de boas práticas socioambientais nas empresas e instituições brasileiras atuantes nos principais setores da economia. É uma iniciativa brasileira com abrangência e reconhecimento internacional. A PepsiCo, fabricante dos produtos Elma Chips, Quaker e Pepsi, entre outros, foi premiada no *Ranking Benchmarking* pela criação de duas calculadoras virtuais para medir, respectivamente, o consumo da água e o impacto ambiental de cada um no Planeta Terra. Trata-se de uma avaliação constante do impacto das ações de pessoas e empresas no meio ambiente como forma eficaz de conscientização ambiental. A iniciativa tem

---

25. Secretaria do Meio Ambiente capacita agentes municipais em ações sustentáveis — Projeto Município Verde tem como proposta a gestão compartilhada para a recuperação da qualidade ambiental em todo o Estado de São Paulo, *DOE*, 12 maio 2009, p. III.

26. PepsiCo estuda quanto polui um copo de suco de laranja na mesa, *Gazeta Mercantil*, 11 fev. 2009, p. C-4.

como objetivo conscientizar os internautas sobre o reflexo dos seus hábitos de consumo na preservação do meio ambiente. A empresa ainda se comprometeu a reduzir em 20% até 2015 o consumo de água, tendo como ponto de partida os índices de consumo do ano de 2006[27].

A PepsiCo, além disso, é uma das empresas listadas no Índice de Sustentabilidade Dow Jones, a nossa ISE.

Pode parecer uma questão sem pouca importância, mas ajuda, sem dúvida alguma, o cidadão a refletir melhor e analisar sua maneira de consumir e, quem sabe, alterar seu comportamento a partir desses dados.

## 7. PLANTAÇÃO DE ALGODÃO ORGÂNICO (JÁ NASCE COLORIDO)

A Empresa Brasileira de Pesquisa Agropecuária — Embrapa — ensinou aos pequenos agricultores a cultivar algodão sem prejuízo ao meio ambiente ou à saúde. O material foi usado em roupas exibidas durante a semana de moda de São Paulo (São Paulo *Fashion Week*). Trata-se de uso de matéria-prima produzida de forma sustentável (algodão orgânico que já nasce colorido).

Este produto está sendo cultivado no interior da Paraíba, utilizando-se de pequenos agricultores, sem causar prejuízo ao meio ambiente nem à saúde humana. Se fosse plantado de maneira tradicional, o algodão necessitaria de agrotóxico. A FAO (Food and Agriculture Organization) calcula que o cultivo do algodão consumiria 1/4 de todo o inseticida usado no mundo. O inseticida contamina o solo e é prejudicial para os agricultores. O bicudo é a praga responsável pela destruição do algodão, exterminando sua produção em todo o país na década de 1980.

O cultivo, sem pesticida em áreas do semiárido da Paraíba, dá emprego às famílias que já tinham desistido do algodão. O retorno desta cultura no interior do Estado foi possível por causa do empenho de pesquisadores que desenvolveram e conseguiram estabelecer um produto diferenciado. O algodão orgânico nasce colorido, com uma fibra de qualidade para a indústria têxtil.

A cooperativa foi criada para dar suporte aos agricultores, responsabilizando-se pela distribuição das sementes a eles, em agricultura familiar nos assentamentos no semiárido nordestino, e depois adquire a pluma de algodão e confecciona os tecidos. Essa entidade coordena a produção e vende roupas e artigos de decoração feitos com o algodão da região. O material que seria desperdiçado — os mínimos retalhos — é transformado em bichinhos de pelúcia e bonecas. O fato de o material não precisar de tingimento é um grande passo, pois o processo industrial para esse fim também é nocivo ao meio ambiente.

---

27. Disponível em: <http://www.pepsico.com.br>, acesso em: 22-1-2011.

Somente 1% do algodão produzido no Brasil não usa pesticida, mas o mercado é promissor. Muitas pessoas compram esses produtos, especialmente, por seu valor social.

Como podemos ver, o *design* e o acabamento garantiram espaço para a moda sustentável nas coleções das grifes internacionais mais renomadas. Assim, quando se falar em consumo consciente, não significa parar de consumir; ao contrário, precisamos, sim, consumir, mas de maneira consciente[28].

## 8. PODER JUDICIÁRIO: ATITUDES INTERNAS

O Poder Judiciário deve também dar o exemplo de como administrar os seus recursos, aderindo à Agenda Ambiental na Administração Pública (A3P). Trata-se de uma iniciativa do Departamento de Avaliação e Acompanhamento de Projetos Especiais (DEAPE), responsável por desenvolver e coordenar os projetos e as propostas de ações relativas ao meio ambiente encaminhados ao Tribunal de Justiça. Um dos pontos fundamentais é a conscientização ambiental. O Tribunal de Justiça deve comprometer-se com as questões de sustentabilidade no seu dia a dia, reduzindo o consumo de papel, de energia e de emissão de poluentes, por exemplo.

O Conselho Nacional da Justiça — CNJ baixou a Resolução n. 114, de 20 de abril de 2010, estabelecendo critérios e orientando os Tribunais de Justiça dos Estados sobre obras e reformas de prédios, incluindo a preocupação socioambiental, visando à redução de pelo menos 2% do consumo *per capita* com energia, telefone, papel, água e combustível.

## 9. A EMBRAPA E SUAS PESQUISAS

Cientistas da EMBRAPA vêm desenvolvendo novos métodos menos poluentes e têm desvendado muitas questões nunca antes imaginadas. Por exemplo: pesquisadores brasileiros e de diversos países discutiram, em outubro de 2010, o impacto da radiação solar na agricultura. A EMBRAPA, unidade de Jaguariúna, em São Paulo, realizou o 1º Simpósio Brasileiro sobre os efeitos do aumento da radiação UV (ultravioleta) na agricultura. De acordo com o cientista Wagner Bettiol, coordenador do evento, o aumento da radiação UV-B terá consequências significativas na agricultura. Apesar de as plantas serem mais tolerantes à radiação UV-B do que outros organismos, esses raios provocam alterações fisiológicas, como redução da fotossíntese, alterações na composição química, mudanças nos níveis de pigmentação, amadurecimento precoce e senescência, bem como alterações morfológicas, ou seja, aumento da ramificação, espessura e tamanho das folhas, e também alterações de crescimen-

---

28. *Jornal da Globo* — Plantação de algodão orgânico gera renda para famílias do semiárido da Paraíba, edição de 31-1-2011.

to. O Simpósio faz parte do projeto intitulado Impactos das Mudanças Climáticas Globais sobre Problemas Fitossanitários (Climapest), que possui cinco eixos: gestão, efeitos do CO, efeitos da temperatura, efeitos do UV-B, e distribuição espacial.

São muitas as pesquisas que estão sendo desenvolvidas, não só no Brasil, mas também no mundo.

## 10. SUPERCOMPUTADOR BRASILEIRO

O Brasil adquiriu um supercomputador, chamado Tupã. Com base nele, os cientistas poderão analisar com mais precisão o regime das nuvens e prever com antecedência as chuvas, com o intuito de alertar a população. O Plano de Mudança Climática do Brasil poderá alertar o Poder Público das chuvas de verão para que seus gestores possam tomar a decisão correta em relação aos investimentos necessários para evitar as catástrofes. A prevenção é mais barata do que os investimentos emergenciais. A educação ambiental, associada ao saneamento básico, poderá fazer com que o Brasil dê um salto de qualidade ao desenvolvimento (subir no *ranking* do IDH).

## 11. PESQUISA DE OPINIÃO: RELATÓRIO DE ORIENTAÇÃO ÀS EMPRESAS

A consultoria *PricewaterhouseCoopers* — PWC — divulgou um relatório no sentido de orientar as empresas sobre o aquecimento global. Esclarece referido documento que, "de qualquer forma que escolhamos olhar — nova regulamentação, alterações físicas no planeta, oportunidades estratégicas —, a mudança climática está afetando a maneira como fazemos negócios".

Já a consultoria *Accenture* entrevistou mais de 10 mil consumidores em 22 países. Cerca de 96% dos entrevistados disseram estar dispostos a pagar mais por um produto verde, comprovadamente sustentável, mas apenas 12% haviam feito isso nos últimos 12 meses. Qual foi o motivo da diferença entre intenção e ação? A falta de produtos sustentáveis. "A maioria das grandes empresas não está explorando um novo potencial de consumo, e isso é um risco no longo prazo", diz Marcelo Gil, coordenador de estratégia da *Accenture*[29].

Além disso, a questão ambiental está sendo bastante discutida nos meios acadêmicos e pela própria sociedade. Tanto é verdade que estudo realizado pelo programa ambiental do HSBC, denominado *Climate Monitor*, concluiu que os brasileiros têm mais medo das mudanças climáticas do que da instabilidade econômica. Tal estudo foi fundamentado em 12 mil pesquisas realizadas em 12 países[30].

---

29. Alexa Salomão, Aline Ribeiro e Edson Porto, O que você e sua empresa precisam saber sobre mudanças climáticas, *Época*, Negócios, n. 30, ago. 2009, p. 106-7.

30. *Folha de S.Paulo*, Dinheiro, 26 nov. 2008, p. B-2.

Essa pesquisa serve para que nós nos conscientizemos de que precisamos fazer alguma coisa de mais concreto para nos prevenir das eventuais catástrofes ambientais. Outro estudo indicou que a região mais pobre do Brasil terá uma redução de 11,4% do PIB em 2050 devido às mudanças climáticas. Em consequência disso, o fluxo migratório aumentará com o aquecimento global e a perda de terras agriculturáveis. Cerca de 247 mil habitantes adicionais sairão do Nordeste entre 2035 e 2040 e 236 mil pessoas em excesso migrarão da região entre 2045 e 2050[31].

Registre-se ainda que não existe mais espaço para o ceticismo no Brasil. Pesquisa realizada pela empresa Datafolha constatou que 90% dos brasileiros aceitam o aquecimento global como uma questão real e 75% dos entrevistados afirmaram que as atividades humanas contribuem "muito" para as mudanças climáticas. Foram entrevistadas 2.600 pessoas em 144 municípios de todas as regiões do país. Destas, 90% já ouviram falar no aquecimento global, 34% estão bem informadas, 45% estão mais ou menos informadas, 11% estão mal informadas e 10% nunca ouviram falar. Diferentemente dos EUA, em que 50% dos americanos entendem que o aquecimento decorre de causas naturais, e de 25% dos britânicos, que duvidam da contribuição humana para o fenômeno[32].

Como se vê, a consciência ecológica no Brasil está mais presente do que em países ditos desenvolvidos.

## 12. OIT DIVULGA RELATÓRIO DE NÚMEROS DE POSTOS DENOMINADOS VERDES NO BRASIL

A Organização Internacional do Trabalho — OIT — realizou um levantamento no Brasil e constatou haver no país 2 milhões de postos na área ambiental. Essa mão de obra tem por objetivo ajudar, direta ou indiretamente, a reduzir as emissões dos gases do efeito estufa ou a melhorar a qualidade ambiental. Os profissionais dessas áreas estão divididos nos seguintes setores: energias renováveis; florestal; saneamento básico e gestão de resíduos e riscos ambientais; gestão de materiais; e transporte e telecomunicações. Esse número foi apurado por meio dos profissionais com carteira assinada, tomando-se por base a Rais — Relação Anual de Informações Sociais. Dos 39,4 milhões de empregos formais no Brasil, 5% são verdes[33].

Vê-se, por tudo isso, que as empresas e os governos vêm se esforçando para dar sua contribuição em prol do meio ambiente. Não basta mais os empresários fazerem

---
31. Afra Balazina, Aquecimento perderá crescimento do NE, *Folha de S.Paulo*, Ciência, 26 nov. 2008, p. A-12.
32. Reinaldo José Lopes, *Folha de S.Paulo*, Ciência, 21 abr. 2010, p. A-18.
33. André Lobato, Trabalho Verde — País tem 2 milhões de postos na área, *Folha de S.Paulo*, Caderno Empregos, 1º nov. 2009, p. 2.

*marketing* em cima do meio ambiente. Agora, eles deverão, de fato, aplicar estes princípios sustentáveis em suas empresas se quiserem permanecer no mercado globalizado[34].

## 13. PANDEMIA E MEIO AMBIENTE

O ano de 2020 foi marcado por alguns retrocessos em relação às políticas públicas ambientais. O governo federal não se empenhou devidamente na proteção efetiva do meio ambiente, flexibilizando, sobremaneira, a legislação federal, ou seja, editando novas medidas para acelerar o licenciamento ambiental, fomentando o setor produtivo em detrimento da proteção ambiental, diminuindo os conflitos entre o setor público e o privado no que tange ao procedimento administrativo ambiental etc.

*Vide*, a título de exemplo, o Decreto n. 10.411/2020 que segue a tendência de "simplificação" e "desburocratização", na mesma linha do Decreto n. 10.2019, de 30 de janeiro de 2020, dentre tantas outras normas.

Não houve uma agenda ambiental efetiva, séria e duradoura. E, aproveitando-se da pandemia, o ministro do Meio Ambiente deixou bem clara a sua intenção de realizar "reformas infralegais de desregulamentação, simplificação", ou seja, flexibilizar as normas administrativas interministeriais. O ministro segue a tese do presidente da República que entende que a legislação ambiental é um entrave ao desenvolvimento econômico. Essa tese foi defendida desde a campanha eleitoral. Suas ações são pautadas em medidas que enfraqueçam a fiscalização dos órgãos da pasta e promovem o desmonte de estruturas e políticas ambientais anteriores.

Em nota publicada pelo ministro, confirma sua intenção de flexibilizar as normas infralegais, ao afirmar: "Sempre defendi desburocratizar e simplificar normas, em todas as áreas, com bom-senso e tudo dentro da lei.

O emaranhado de regras irracionais atrapalha investimentos, a geração de empregos e, portanto, o desenvolvimento sustentável no Brasil".

Além da flexibilização nas normas infralegais, a pauta do governo restringiu-se na adoção de medidas emergenciais, como no caso das queimadas, que aumentaram sobremaneira neste ano. O governo federal, por outro lado, reconhece a necessidade de aprimorar a legislação urbana, especialmente o saneamento básico e a gestão do lixo.

A pandemia e o conflito com o judiciário e o legislativo federal trouxeram, de certo modo, uma paralisia do governo quanto ao aspecto econômico. Isso desacele-

---

[34]. Muitas empresas procuram ONGs da área ambiental apenas para fazer *greenwashing* (propaganda verde) — *marketing* verde e do bem sem efeitos práticos maiores —, critica o australiano Scott Poynton, presidente da ONG internacional The Forest Trust. A entidade ajuda empresas a "limpar" a sua cadeia de produção (tanto ambiental como social), selecionando fornecedores que não causam desmatamento, por exemplo. Ele comenta a dificuldade de ao mesmo tempo certificar as boas práticas ambientais das empresas e depender dos seus recursos para sobreviver. Seus clientes brasileiros são a Natura, o Grupo Pão de Açúcar e a Camargo Corrêa (Ricardo Mioto, Preocupação ambiental eleva valor de empresas, *Folha de S.Paulo*, Mercado, 16 nov. 2013, p. B-7).

rou as medidas de flexibilização, além de haver uma pressão externa quanto às queimadas, principalmente. E ainda durante a pandemia houve a anistia a desmatadores da mata atlântica, a autorização da ocupação de terras indígenas, a demissão de servidores de órgãos públicos ambientais, o enfraquecimento de órgãos ambientais, a reformulação da CTNBio, a Medida Provisória da grilagem que permite a regularização de áreas já ocupadas, a exploração de produtos florestais etc.

O Brasil precisa de maior atenção na relação homem *versus* meio ambiente. Sua extensão não pode ser empecilho para a sua exploração desenfreada e descontrolada. O futuro das novas gerações depende do que fizermos hoje do nosso planeta.

## Seção III
### Meio ambiente e bem ambiental

**1. MEIO AMBIENTE**

O termo meio ambiente é criticado pela doutrina, pois *meio* é aquilo que está no centro de alguma coisa. Ambiente indica o lugar ou a área onde habitam seres vivos. Assim, na palavra *ambiente* está também inserido o conceito de meio. Cuida-se de um vício de linguagem conhecido por pleonasmo, consistente na repetição de palavras ou de ideias com o mesmo sentido simplesmente para dar ênfase. Em outras palavras, meio ambiente é o lugar onde habitam os seres vivos. É seu hábitat. Esse hábitat (meio físico) interage com os seres vivos (meio biótico), formando um conjunto harmonioso de condições essenciais para a existência da vida como um todo. A biologia estuda os seres vivos de modo isolado, independentemente do seu meio ambiente. A ecologia estuda a relação dos seres vivos com o meio ambiente. A palavra ecologia provém das palavras gregas *oikos* (casa) e *logos* (estudo), ou seja, estudo do hábitat dos seres vivos.

A título ilustrativo, a denominação "meio ambiente" foi utilizada pela primeira vez por Étienne Geoffroy Saint-Hilaire, naturalista francês e autor da obra *Études Progressives d'un Naturaliste* (1835). É importante ressaltar, no entanto, que na época o seu conceito era mais restrito do que hoje, como veremos mais adiante.

Seja como for, a expressão *meio ambiente* já está consagrada na legislação, na doutrina, na jurisprudência e na consciência da população. Por essa razão, optou-se por sua utilização neste *Manual*.

Assim, entende-se por meio ambiente "o conjunto de condições, leis, influências e interações de ordem física, química e biológica, que permite, abriga e rege a vida em todas as suas formas" (art. 3º, I, da Lei n. 6.938/81)[35]. Registre-se que o

---

35. "Em outras palavras, o planeta comporta-se como um sistema único e autorregulador com-

conceito legal de meio ambiente não é adequado, pois não abrange de maneira ampla todos os bens jurídicos protegidos. É um conceito restrito ao meio ambiente natural. Este conceito, dito normativo, implica: a) as circunvizinhanças de um organismo, incluindo as plantas e animais e os micro-organismos com os quais ele interage; b) o mundo biótico (de seres vivos) e abiótico (de coisas sem vida); c) o meio físico, químico e biológico de qualquer organismo vivo; e d) o conjunto de todas as condições e influências externas que afetam a vida e o desenvolvimento de um organismo"[36].

A legislação americana só admite o meio ambiente natural. Há quem entenda que o conceito é mais abrangente, não se restringindo somente aos recursos naturais. Muitos estudiosos incluem neste conceito também o meio ambiente carcerário, meio ambiente hospitalar, meio ambiente esportivo, meio ambiente digital, meio ambiente educacional, meio ambiente atinente ao ecoturismo, meio ambiente relacionado ao agronegócio (agricultura e pecuária) etc. Caso assim fosse, todas as demais disciplinas do direito, por exemplo, estariam abrangidas nesse conceito. O direito ambiental protege o "bem de uso comum do povo e essencial à sadia qualidade de vida" (art. 225, *caput*, da CF). São os denominados interesses difusos e não interesses individuais homogêneos e nem tampouco interesses coletivos (classe, categoria ou grupo). Protege-se um número indeterminado de pessoas não passíveis de identificação. Interesses individuais são protegidos pelo Código de Defesa do Consumidor e pelo Código Civil. Devemos, portanto, delimitá-lo ao meio ambiente natural, cultural, artificial e do trabalho, deixando suas especificidades aos outros ramos da ciência e/ou do direito.

José Afonso da Silva, diante dessa deficiência legislativa, conceitua meio ambiente como "a interação do conjunto de elementos naturais, artificiais e culturais que propiciem o desenvolvimento equilibrado da vida em todas as suas formas"[37]. Para completar esse conceito, acrescentaria também o meio ambiente do trabalho.

Partindo desse conceito doutrinário, podemos dividir o meio ambiente em: a) *meio ambiente natural* — integra a atmosfera, as águas interiores, superficiais e subterrâneas, os estuários, o mar territorial, o solo, o subsolo, os elementos da biosfera, a fauna, a flora, a biodiversidade, o patrimônio genético e a zona costeira (art. 225 da CF); b) *meio ambiente cultural* — integra os bens de natureza material e imaterial, os conjuntos urbanos e sítios de valor histórico, paisagístico, artístico, arqueológico, paleontológico, ecológico e científico (arts. 215 e 216 da CF); c) *meio ambiente artificial* — integra os equipamentos urbanos, os edifícios comunitários (arquivo, regis-

---

posto de componentes físicos, químicos, biológicos e humanos. As interações e *feedbacks* entre os elementos são complexas e exibem uma variabilidade temporal e espacial multiescala" (James Lovelock, *A vingança de Gaia*, traduzido por Ivo Korytowski, Rio de Janeiro, Intrínseca, 2006, p. 12).

36. Américo Luís Martins da Silva, *Direito do meio ambiente e dos recursos naturais*, v. 1, São Paulo, Revista dos Tribunais, 2005, p. 52/53.

37. José Afonso da Silva, *Direito ambiental constitucional*, 2. ed., São Paulo, Malheiros Ed., 1998, p. 2.

tro, biblioteca, pinacoteca, museu e instalação científica ou similar) (arts. 21, XX, 182 e s. e 225 da CF); d) *meio ambiente do trabalho*[38] — integra a proteção do homem em seu local de trabalho, com observância às normas de segurança (arts. 7º, XXII, e 200, VII e VIII, ambos da CF).

Para Ivete Senise Ferreira o meio ambiente integra o patrimônio nacional brasileiro (art. 215, *caput*, c/c o art. 225, *caput*, da CF), que se divide em: a) patrimônio natural; e b) patrimônio cultural, pois nem todo patrimônio artificial é protegido por lei, ato administrativo ou decisão judicial. Só o será se possuir valor histórico, cultural, científico, turístico etc. Transforma-se, desse modo, o meio ambiente artificial em patrimônio cultural e o meio ambiente do trabalho em patrimônio natural, bastando, portanto, essa divisão[39].

Para o nosso campo de estudo, adotaremos a classificação de meio ambiente: natural, cultural, artificial e do trabalho. Trata-se de classificação didática e útil para a compreensão dos seus conceitos.

Para melhor compreender o significado de meio ambiente, é necessário considerar os aspectos políticos, éticos, econômicos, sociais, ecológicos, culturais etc. Devemos, enfim, avaliar todas as condutas e atividades diárias desenvolvidas pelo homem. Ao tomarmos uma decisão, devemos sempre analisar os impactos ambientais a curto, médio e longo prazos, bem como a sua relevância econômica, social e, principalmente, ecológica. Há a necessidade de uma visão global da questão ambiental e das suas alternativas e soluções.

Esclareça-se ainda que o conceito de meio ambiente apresenta feições ou aspectos (natural, cultural, artificial e do trabalho). É possível o seu estudo separadamente para melhor compreensão teórica, mas não devemos afastar a interdependência entre todas as perspectivas de análise[40].

O preceito constitucional protege a sadia qualidade de vida do homem que vive neste mundo. Essa qualidade de vida está relacionada ao meio ambiente urbano e rural. Procura-se protegê-lo das agressões e degradações praticadas pelo próprio homem. Entende-se por *degradação da qualidade ambiental* "a alteração adversa das características do meio ambiente" (art. 3º, II, da Lei n. 6.938/81), e por *poluição* "a degradação da qualidade ambiental resultante de atividades que, direta ou indiretamente: a) prejudiquem a saúde, a segurança e o bem-estar da população; b) criem condições adversas às atividades sociais e econômicas; c) afetem desfavoravelmente a biota; d) afetem as condições estéticas ou sanitárias do meio ambiente; e) lancem matérias ou energia em desacordo com os padrões ambientais estabelecidos" (art. 3º,

---

38. Júlio César de Sá da Rocha, *Direito ambiental e meio ambiente do trabalho*, São Paulo, LTr, 1997, p. 27.
39. Ivete Senise Ferreira, *Tutela penal*, cit., p. 13.
40. Anderson Furlan e William Fracalossi, *Direito ambiental*, cit., p. 26.

III, *a* a *e*, da Lei n. 6.938/81). Essas agressões e degradações foram elevadas à categoria de crimes, colocadas na Seção III, que trata da poluição e outros crimes ambientais (arts. 54 e s. da LA).

Saliente-se, ademais, que as Leis n. 6.938/81 e 7.347/85, entre outras, foram recepcionadas pela nova ordem constitucional. Ressalte-se, ainda, que o disposto no art. 225 e seus parágrafos da CF não tem a força que tem o art. 5º, também da CF. Trata-se de norma constitucional de eficácia limitada (princípio programático), no dizer de José Afonso da Silva. Mas ambos os artigos devem ser conjugados, pois a inviolabilidade da vida é um dos princípios inseridos naquele dispositivo constitucional. Forçoso, assim, salientar que a tutela jurídica do meio ambiente protege a vida, a integridade física, a estabilidade emocional, a qualidade de vida e a felicidade, bem como a incolumidade, a saúde e a Administração Pública[41].

## 2. ECOLOGIA E MEIO AMBIENTE

A palavra *ecologia* (*Ökologie*) foi utilizada pela primeira vez por Ernst Haeckel (1834-1917), biólogo e médico alemão, em sua obra denominada *Morfologia geral dos seres vivos*, datada de 1866, para expressar a ciência que estuda o hábitat dos seres vivos. Trata-se, como já dito, da junção de duas palavras gregas, *oikos* — casa — e *logos* — estudo, ou seja, estudo da casa. Nas palavras de Roger Dajoz, "ecologia é a ciência que estuda as condições de existência dos seres vivos e as interações, de qualquer natureza, existentes entre esses seres vivos e seu meio"[42].

Ecologia é um ramo da biologia, com *status* de ciência, que estuda os ecossistemas e sua relação e interação com os seres vivos e o seu meio. Inúmeros outros ramos surgiram a partir da ecologia, como ecologia humana, ecologia social, ecologia urbana etc. Pode-se perceber, mediante esses estudos, que o surgimento da consciência ecológica vem desde priscos tempos. "Essas ramificações denotam cada vez mais o papel ativo do ser humano no ordenamento do planeta Terra. Elas tendem a exemplificar melhor o papel consciente do homem em relação tanto aos ambientes naturais e construídos quanto à esfera da vida em sociedade"[43].

A ecologia é a ciência que serve como base para o estudo do meio ambiente. No entanto, o meio ambiente possui maior abrangência, incluindo os aspectos provenientes da natureza, os elementos da formação da cultura de uma sociedade, a modificação artificial do ambiente natural por meio de construções e a interação do homem com o seu local de trabalho. O ambiente não pode ser estudado de modo isolado; depende, necessariamente, das informações trazidas pela ecologia e por outras ciências afins.

---

41. Prof. René Ariel Dotti, *A proteção do meio ambiente* — dados para uma visão histórica. Ação civil pública, São Paulo, Revista dos Tribunais, 1995, p. 411.

42. Roger Dajoz, *Ecologia geral*, 4. ed., trad. Francisco M. Guimarães, Petrópolis, Vozes, 1983, p. 13.

43. Édis Milaré, *Direito do ambiente*, cit., 2001, p. 97.

Apesar das críticas formuladas à expressão *meio ambiente*, ela já se encontra devidamente consagrada no Brasil. Na Argentina, em Portugal e na Itália denomina-se apenas ambiente. Nos EUA é conhecida por *environment*; na Alemanha, como *umwelt*; na França, *environnement*; na Espanha, *medio ambiente*; no México, *entorno*. Como se vê, não há uniformidade na utilização da expressão.

É com base na ecologia que o Poder Público deverá elaborar projetos educativos para serem ministrados em todos os níveis de ensino, com a finalidade de divulgar a consciência ecológica, com vistas à preservação dos recursos naturais indispensáveis a todas as formas de vida.

Ambas as ciências devem ser utilizadas como fundamento para entender o direito ambiental, pois, por meio delas, poder-se-ão criar mecanismos jurídicos para proteger os recursos naturais, culturais, artificiais e do trabalho em sua plenitude — holisticamente.

## 3. ECONOMIA E ECOLOGIA

Não se pode deixar de realçar o significado da palavra economia, que provém das palavras gregas *oikos* + *nomia* e deve ser entendida como *administração* e *governo da casa*. Tal conceito complementa a palavra ecologia. Não há como administrar e governar a casa sem o seu pleno conhecimento.

Assim, "as situações diferem conforme a economia esteja atrelada à ecologia ou, pelo contrário, se a economia é que determina os rumos da ecologia — como, infelizmente, é o que ocorre de hábito. Dado que a economia não respeita os limites impostos pela natureza, seu jogo é desenfreado, mutante, inseguro e perigoso"[44].

A economia está calcada na lei do mercado. É essa lei que estabelece os preços entre a oferta e o consumo. O desenvolvimento econômico é o objetivo a ser alcançado por qualquer sociedade civilizada. A qualidade de vida está intimamente ligada ao crescimento econômico. Para que haja crescimento é necessária a produção e o consumo. Não havendo consumo, não haverá produção. Trata-se da lei de mercado, tão necessária para a circulação do dinheiro. Não havendo circulação, não haverá crescimento, e a sociedade será a única prejudicada. Como se vê, a economia está toda fundada na produção e no consumo de mercadorias e serviços. Essa economia, por sua vez, depende essencialmente dos recursos naturais extraídos do meio ambiente. Verifica-se então que a transformação desses recursos em insumos ou em produtos finais para o consumo depende da força de trabalho e do capital empregado. No entanto, essa relação é complexa e está restrita a regras estabelecidas por uma sociedade organizada. É o direito econômico que irá criar regras jurídicas para evitar ou conter o desenvolvimento exacerbado e sem critérios.

---

44. Ávila Coimbra, *O outro lado do meio ambiente*, Campinas, Millennium, 2002, p. 47.

Não vale mais dizer que o desenvolvimento econômico é um empecilho ao desenvolvimento sustentável ou vice-versa. Isso é um pouco mais complexo e envolve outros fatores mais importantes, como o nacionalismo interno dos países que resistem em aderir aos acordos internacionais sobre aquecimento global e outros temas correlatos. Os recursos naturais não renováveis, por exemplo, devem ser utilizados com parcimônia e substituídos por outros mais eficientes e renováveis. No dizer do professor e sociólogo mexicano Enrique Leff, "a racionalidade moderna é absolutamente contra o ambiente", característica do denominado *Antropoceno*, "uma nova era geológica onde o homem é uma figura central nas transformações do planeta". Sua base está fixada na exclusão da natureza. Esclarece ele que "somos seres humanos que estão dentro dessa grande lógica do processo econômico"[45]. A lógica é ainda a do mercado interno e não a de uma sustentabilidade racional.

Ressalte-se que a produção ou modo de produção não pode ser analisada isoladamente, mas sim sob o ponto de vista cultural, histórico, natural e social. O homem depende dos meios de produção para poder consumir de maneira confortável os produtos essenciais (*v. g.*, água, alimentos, energia etc.). Enfim, a ecologia tem empregado conceitos da economia, especialmente da microeconomia, em modelos analíticos. Um desses modelos, o de forrageamento ótimo (termo técnico da economia que significa o uso das curvas de utilidade e conceito de orçamento limitado), é usado nas estratégias de exploração dos recursos naturais. Usando uma escala geral, o manejo de recursos é analisado sob as diferentes formas de propriedade. A economia ecológica tem muito para contribuir a ambas as esferas de análise, utilizando-se de instrumentos analíticos ou do desenvolvimento regional, incluídas as formas de manejo, de suas regras e das instituições[46].

O direito econômico deverá criar regras jurídicas para estabelecer critérios para o desenvolvimento sustentável. Essas regras estão previstas em vários dispositivos constitucionais, sobretudo nos arts. 225 e 170 da CF.

## 4. ECONOMIA VERDE

Economia verde é a transição do atual estado econômico para uma economia verde, ou seja, de baixo carbono. Todo o esforço internacional está voltado para essa economia mais eficiente no que tange aos usos dos recursos naturais. O mundo vem discutindo questões importantes sobre a escassez desses recursos, no sentido de encontrar novas formas de energias, o controle das emissões, a falta e o desperdício da

---

45. Enrique Leff, *Racionalidade ambiental – a reapropriação social da natureza*, São Paulo, Cortez Editora, 2006, p. 131.

46. Alpina Begossi, Aspectos de economia ecológica: modelos evolutivos, manejo comum e aplicações, in Ademar Ribeiro Romero et al. (Coord.), *Economia do meio ambiente*: teoria, políticas e a gestão de espaços regionais, Campinas, Universidade Estadual de Campinas, 1997, p. 49.

água, o aumento demográfico, a inovação tecnológica, a biodiversidade, a produção sustentável, o consumo consciente etc.

A expressão possui diversos significados e se transformou num guarda-chuva que abriga várias teorias.Vejamos algumas delas: a) *Ambiental Neoclássica* — é a incorporação de questões ambientais pela economia clássica. Esta teoria acredita no avanço tecnológico como solução dos principais problemas ambientais. Não questiona o "dogma" do crescimento econômico medido pelo PIB (David Pearce); b) *Economia Ecológica* — integra ciências econômicas e ciências naturais. Esta teoria vê a economia como parte de um ecossistema global. Não se opõe ao uso dos recursos naturais, mas recrimina o uso irresponsável desses recursos (Nicholas Georgescu-Roegen); c) *Estado Estacionário* — esta teoria propõe estabilização da produção e da população. PIB varia pouco, ficando próximo a zero. Economia estável, sem crescimento quantitativo. Os países ricos devem buscar o estado estacionário para que os países pobres cresçam até atingir a prosperidade (Herman Daly); d) *Decrescimento* — prega o crescimento econômico contínuo, medido pelo PIB, não pode ser sustentado pelos ecossistemas terrestres. Esta teoria propõe que os países parem de crescer. Melhores condições de vida devem ocorrer sem aumento do consumo (Serge Latouche)[47].

Para o embaixador francês e coordenador executivo da Rio+20, "não se deveria dizer *economia verde*, mas simplesmente *economia*. É a mesma coisa". Para a ONU, economia verde é um sistema produtivo que tem baixas emissões de carbono. É eficiente no uso de recursos naturais e socialmente inclusivo.

As Nações Unidas rediscutiram o tema desenvolvimento sustentável e a erradicação da pobreza em 2012 (Rio+20). O Brasil expôs suas experiências sobre o etanol e a gestão sobre a proteção das florestas. Não há como sustentar o sistema econômico atual. O crescimento econômico medido pelo Produto Interno Bruto (PIB) está saturado. O sistema capitalista selvagem está em decadência: basta ver o enfrentamento dos problemas dos países europeus (Grécia, Itália, Espanha, Portugal, Chipre etc.). Todos eles enfrentam problemas sérios de caixa, desemprego e baixos salários. A política é de austeridade. Isso significa recessão e sacrifício. Desenvolvimento sustentável ou economia verde é a nova tônica. É a saída. Equilibrar as contas públicas e diminuir o acelerado crescimento econômico, além de alterar nossas atitudes de consumo. Mas, não é só isso. Há também a necessidade de adotar uma política de divisão da riqueza mundial. Não se admite mais que o rico fique cada vez mais rico e o pobre cada vez mais pobre. Alguns vivem na fartura e a maioria na pobreza — na miséria absoluta.

Segundo Achim Steiner, subsecretário-geral da ONU e diretor executivo do PNUMA, a economia verde é de interesse de todos os países, ricos ou pobres. O PNUMA lançou um programa sobre "Uma Transição para uma Economia Verde"

---

47. Andrea Vialli e Eduardo Geraque, Ecologia de mercado ou decrescimento?, *Folha de S.Paulo*, Caderno Especial, 5 jun. 2012, p. 6.

(*Global New Green Deal*) o qual sugere o investimento de 2% do PIB global por ano (cerca de US$ 1,3 trilhão) em dez setores-chave[48].

Este investimento se daria nas áreas dos combustíveis limpos, tais como os fotovoltaicos. A capacidade instalada será, em 2011, o equivalente a 50 reatores nucleares. Seria necessário também restaurar o setor pesqueiro, impedindo a superexploração dos estoques pesqueiros. Claro que haverá perda de empregos e mudança nas atitudes dos governos e das pessoas envolvidas. Uma economia verde gera mais empregos do que são perdidos nos velhos setores "marrons".

A tendência é a criação de barreiras verdes no mundo globalizado como fórmula para obrigar os países a adotar medidas nesse sentido. A mudança climática, a perda de biodiversidade e a degradação do solo, por exemplo, são diariamente confirmadas e devem ser adotadas medidas para evitá-las. Por outro lado, é possível abrir um novo mundo de oportunidades; uns se fecham com a economia marrom, mas outros se abrem com a economia verde.

Enquanto acordos globais que estimulem a transição da economia para um modelo de desenvolvimento sustentável não saem do papel, cidades e regiões autônomas de várias partes do mundo vêm se antecipando e criando agendas próprias de sustentabilidade. Parte delas adota medida por meio de regulamentações e legislações que extrapolam as paredes de secretarias e ministérios do ambiente[49].

As políticas públicas só serão implementadas se a sociedade estiver convencida da sua eficácia. Há a necessidade de aumentar a produtividade de alimentos para atender a demanda da população sem, no entanto, avançar em novas áreas. Em 20 anos, a área plantada com grão cresceu 20% enquanto a produção aumentou 179%. Esse aumento de produtividade por área causou a preservação de mais de 50 milhões de hectares de matas ou de cerrado. Adicionando, além disso, o etanol de cana, que ajudou a reduzir em 89% a emissão de $CO_2$ da gasolina, contribuindo de fato para a redução do aquecimento global. Falta conectividade entre o rural e o urbano. Não há produto sem consumidor. Essa interdependência é necessária, pois não há produtor sem consumidor nem há abastecimento sem produção. O agronegócio inicia na pesquisa e termina na gôndola do supermercado, além de passar por serviços, indústrias etc.[50]

Registre-se ainda que duas questões estão sendo discutidas dentro da economia verde, por exemplo. Primeiro — as indústrias automobilísticas não estão encontrando alternativas para solucionar a questão da mobilidade. Mais carros nas ruas significa menos mobilidade. Segundo — a produção de alimentos não supre a fome mundial. O desperdício e a fome ainda imperam em muitos lugares do mundo, en-

---

48. Transição para uma economia verde, *Folha de S.Paulo*, Tendências/Debates, 24 abr. 2011, p. A-3.
49. Cidades avançam com economia verde, *Folha de S.Paulo*, 25 out. 2011, p. B-9.
50. Roberto Rodrigues, Uma boa comemoração, *Folha de S.Paulo*, 30 jul. 2011, p. B-11.

quanto em países ricos enfrentamos o problema da obesidade e do sobrepeso. A inovação tecnológica não deve ser destinada à produtividade, mas à sustentabilidade. Devemos, não há dúvidas, repensar o nosso padrão de produção e consumo. Riqueza não é sinônimo de qualidade de vida ou bem-estar. Devemos utilizar o necessário para a nossa felicidade e atender às necessidades de todos. Esses são os desafios do homem neste século. Os problemas de quarenta anos atrás não são os de hoje. Em 1959, tínhamos 3 bi de habitantes no mundo, em 2011 são mais de 7 bi. Devemos, sobretudo, mudar o nosso modo de pensar.

São desafios de todos nós (empresas, agronegócio, governos, sociedade civil em conjunto), que devemos assumir na transformação para um mundo melhor.

## 5. BEM AMBIENTAL

Não se pode deixar de analisar a natureza, a classificação, a evolução e a função do bem ambiental. Cuida-se de um conceito novo em nosso direito. Não se pode classificá-lo como bem público nem como bem privado. O bem público pode ser de uso especial ou dominical (bens disponíveis) ou de uso comum do povo (bens indisponíveis). Já o bem privado pode ser adquirido, em regra, pela transação imobiliária. Pergunta-se: o bem ambiental pode ser explorado pelo particular? Também pode ser classificado em patrimônio privado, patrimônio público, patrimônio mínimo e patrimônio nacional?

Procura-se responder a essas e outras questões para melhor compreender a natureza jurídica desse bem essencial à sadia qualidade de vida do homem.

### 5.1. Conceito

Patrimônio pode ser conceituado como um conjunto de bens apropriável economicamente, permitindo-se várias adjetivações. A doutrina considera-o uma universalidade, abrangendo os bens materiais e imateriais, bens disponíveis e indisponíveis e as relações jurídicas relevantes economicamente. Assim, patrimônio privado é aquele pertencente ao particular, podendo ser adquirido, em geral, mediante transação imobiliária. Já patrimônio público é aquele pertencente ao Poder Público, podendo ser classificado em bem de uso especial, dominical ou de uso comum do povo. O patrimônio mínimo, por outro lado, integra o bem personalíssimo relacionado à sua dignidade como pessoa humana (por exemplo, o seu nome e a sua honra). Considera-se, por fim, patrimônio nacional a Floresta Amazônica, a Mata Atlântica, a Serra do Mar, o Pantanal Mato-Grossense e a Zona Costeira (art. 225, § 4º, da CF).

Jürgen Habermas ensina que a "garantia da propriedade, por exemplo, foi ampliada de tal maneira que passou a abranger não somente a propriedade material, mas também os direitos subjetivos que implicam capital (tais como direitos à participação, à pensão); além disso, em várias áreas, os sucedâneos publicitários da propriedade assumiram a função do direito de propriedade, garantidor da liberdade; de outro lado, o vínculo social da propriedade diz respeito a todos os objetos que se encontram numa relação social ou numa função social, de tal modo que o efeito de garantia da propriedade, apoiada no direito fundamental, é reduzido ao núcleo relativamente estreito daquilo que é individual e extremamente pessoal"[51].

Vê-se, pois, que a doutrina apresenta vários conceitos atribuídos aos bens cognominados ambientais. O antigo Código Civil (1916) denominava *res nullius* o patrimônio ambiental. Na época da sua criação, não havia uma preocupação com a proteção dos bens ambientais existentes em abundância na natureza. Além disso, os bens eram públicos ou privados, e os demais que estivessem arrolados entre esses bens eram tratados de *res nullius*. Sua apropriação poder-se-ia dar por qualquer pessoa, desde que não estivessem sobre uma propriedade privada. Em geral, os bens ambientais eram acessório do patrimônio privado.

Nesse contexto, o meio ambiente é cada vez mais regulado e os bens ambientais são fragmentados e patrimonializados. A apropriação da natureza decorre da patrimonialização, tendo por fundamento a fragmentação em microssistemas dos bens ambientais, como a água, as florestas, o solo, o ar, os minérios, os animais, a biodiversidade etc. Isso permite a concentração de riquezas e desequilibra o meio social. Essa fragmentação e apropriação dos bens ambientais deslocam-se para o campo econômico. A *res nullius* transforma-se em valor econômico relevante e, consequentemente, em bem patrimonial, podendo ser medido e avaliado em dinheiro pelo mercado[52].

A crescente patrimonialização e fragmentação dos bens ambientais colocam em risco, não há dúvida, o sistema ecológico como um todo. A utilização excessiva dos recursos naturais poderá causar o seu esgotamento e a estagnação econômica, além de colocar em risco todas as formas de vida do planeta.

Registre-se, por fim, que o bem ambiental, em sua integralidade, é inapropriável.

## 5.2. Classificação

O direito privado, em especial o Código Civil de 1916, classificava os bens em: a) *considerados em si mesmos* — bens imóveis e móveis (arts. 43 a 49), coisas fungíveis e consumíveis (arts. 50 e 51), coisas divisíveis e indivisíveis (arts. 52 e 53) e coisas singulares e coletivas (arts. 54 a 57); b) *bens reciprocamente considerados* — coisas principais e acessórias (arts. 58 a 64); c) *bens públicos e particulares* (arts. 65 a 68); d) *coisas que estão fora do comércio* (art. 69); e e) *bem de família* (art. 70).

Vê-se, pois, que o legislador ora se referia a bens, ora a coisas. Entende-se, salvo melhor juízo, que as expressões podem ser consideradas sinônimas, apesar de

---

51. *Direito e democracia:* entre facticidade e validade, Rio de Janeiro, Tempo Brasileiro, 1997, v. 2, p. 140.

52. José Robson da Silva, *Paradigma biocêntrico:* do patrimônio privado ao patrimônio ambiental, Rio de Janeiro, Renovar, 2002, p. 62.

haver entendimentos contrários. Tanto é verdade que o Código Civil de 2002 se utiliza da expressão *bens* (arts. 79 a 103).

Ressalte-se, por fim, que a função social da propriedade incorpora metas sociais difusas, e o proprietário passa a ter encargos que se distanciam da propriedade clássica. Com isso, é necessária uma reclassificação dos bens em: a) *bens públicos* (dominicais, especiais e quase públicos); b) *bens privados* (de uso, de consumo e de produção)[53]; e c) *bens ambientais* (bem de uso comum do povo ou difuso).

Essa reclassificação deve estar voltada à conservação dos bens ambientais existentes em determinadas localidades.

### 5.3. Evolução

O conceito de bem ambiental está intimamente ligado à evolução do direito de propriedade. O seu titular tinha poder absoluto, que consistia no direito de usar, gozar, dispor e usufruir dele sem quaisquer restrições. Esse direito absoluto teve origem no Código Civil francês, conhecido como Código Napoleônico. É verdade ainda que o Código Civil de 1916 foi bastante influenciado pelo Código Civil alemão. Tal direito é absolutamente individualista, pois a propriedade era plena e podia ser utilizada sem quaisquer restrições, inclusive os recursos naturais encontrados no solo, no subsolo, na água e no ar. Não havia, neste último caso, limites espaciais. Tais limites foram restringidos com o advento da descoberta do avião, havendo a necessidade de disciplinar o uso do espaço aéreo. Também foi necessário disciplinar os recursos naturais encontrados no subsolo das propriedades privadas, como o petróleo, os minérios etc. A superfície da propriedade passou a ser igualmente delimitada por regramentos administrativos e legais com base no direito de vizinhança.

O direito de propriedade, por outro lado, continua cingido por essas características fundamentais, e os titulares dele estão divididos em sujeitos de direito privado ou público, ou seja, continua a ser um direito subjetivo. Esse direito, no entanto, detém grande parte do individualismo inerente ao seu objeto, mas agora orientado para uma realização mais ampliada por conta da função social da propriedade[54].

Como se pode ver, a propriedade e sua função ambiental são pontos de convergências e simultaneamente de conflitos entre interesses. Interesses que o direito busca ordenar e equilibrar. Esse equilíbrio está em boa parte na dependência de mecanismos de comunicação que permitam a harmonia e a proteção do direito das pessoas e da natureza, objetivo que se insere em dupla perspectiva: pode ser intentada num *plano externo* (entre saberes distintos assim como direito, economia, história, biologia etc.) e *interno* (entre ramos ou disciplinas do direito)[55].

---

53. José Robson da Silva, *Paradigma*, cit., p. 80.
54. José Robson da Silva, *Paradigma*, cit., p. 83.
55. José Robson da Silva, *Paradigma*, cit., p. 19.

O bem jurídico só seria suscetível de apropriação se tivesse um valor econômico apreciável. Esse valor econômico poderia exteriorizar-se por meio da qualidade e quantidade dos recursos naturais existentes na propriedade urbana ou rural. Foi a legislação que, no transcurso dos tempos, passou a disciplinar a exploração de tais recursos de forma fragmentária, criando microssistemas jurídicos. O patrimônio constituído por um bem jurídico ganhou adjetivos que ampliaram o seu alcance econômico para aspectos figurados da expressão como patrimônio histórico, patrimônio cultural, patrimônio genético etc.[56].

Mais tarde, o bem jurídico teve seu conceito ampliado, não se restringindo somente ao valor econômico. Há bem jurídico suscetível de valor econômico, como se viu, mas há bem que não possui valor econômico (por exemplo, a vida, a honra, a liberdade etc.).

O conceito jurídico de bem ambiental é mais amplo do que o econômico, pois abrange todos os recursos naturais essenciais à sadia qualidade de vida. Cuida-se do denominado bem de uso comum do povo, o qual transcende o bem pertencente ao particular ou ao Poder Público. A qualidade de vida do cidadão transformou-se num dos objetivos a ser almejado pelo Poder Público do ponto de vista social.

## 5.4. Função social

Com o evolver dos tempos, a propriedade passou a exercer função social[57] e não mais individual, incidindo uma série de regras legais e administrativas na propriedade privada urbana e rural com o objetivo de disciplinar o convívio harmonioso dos seus habitantes. Mas para que a propriedade possa exercer plenamente sua função social é indispensável que o seu proprietário observe a legislação municipal, estadual e federal, por exemplo, a Lei de Parcelamento do Solo, o Código Civil, o Código de Edificações, as regras do zoneamento residencial e ambiental e do licenciamento etc. E, dependendo da situação, será necessária a realização do Estudo Prévio de Impacto Ambiental (EPIA/RIMA) ou o Estudo Prévio de Impacto de Vizinhança (EPIV). A inobservância dessa legislação poderá acarretar a desapropriação, a usucapião urbana, rural ou coletiva, o aumento gradativo do IPTU etc.

Foi nesse contexto que o legislador constituinte inseriu o princípio da função social da propriedade no corpo da Constituição Federal brasileira em dois dispositivos estratégicos: a) o primeiro no capítulo dos direitos e deveres individuais e cole-

---

56. Rui Carvalho Piva, *Bem ambiental*, São Paulo, Max Limonad, 2000, p. 105.

57. A doutrina utiliza várias denominações, tais como: função socioambiental da propriedade, função ecológica, função social-ecológica e função ambiental como desdobramento da função social da propriedade. Outros adotam como dimensão ambiental. Neste trabalho, adotamos simplesmente princípio da função socioambiental.

tivos (art. 5º, XXIII); e b) o segundo no capítulo dos princípios gerais da atividade econômica (art. 170, III)[58].

Além disso, a expressão *função social* encontra-se inserida em sete dispositivos da Carta Política brasileira, quais sejam: arts. 5º, XXIII, 170, III, 173, § 1º, I, 182, *caput* e § 2º, 184, *caput,* 185, parágrafo único, e 186, II, bem como no Código Civil, art. 1.228, § 1º, no Estatuto da Cidade, arts. 1º, parágrafo único, 2º e na Lei n. 11.428/2006 (Bioma Mata Atlântica), art. 6º, parágrafo único. De tal forma que a função social da propriedade passou a ser um instrumento importante para a conservação do meio ambiente urbano e rural. Além da propriedade, procura-se proteger todos os demais bens jurídicos ambientais existentes em determinadas localidades: a água, a floresta e as demais formas de vegetação, a fauna, o patrimônio genético etc. Trata-se de imperativo constitucional que deve ser observado (art. 5º, XXIII, da CF).

O princípio da função social da propriedade (art. 5º, XXIII, da CF) não leva à antinomia em face do direito da propriedade privada (art. 170, II, da CF), pois, embora a questão possa envolver aspecto de interesse privado e público, a função social passa a integrar esse direito, dando-se, pela interpretação, maior efetividade ao direito fundamental.

O STF, por meio do voto do ministro Celso de Mello, decidiu: "A defesa da integridade do meio ambiente, quando venha este a constituir objeto de atividade predatória, pode justificar atividade estatal veiculadora de medidas — como a desapropriação-sanção — que atinjam o próprio direito de propriedade"[59].

Trata-se, como se viu, de um princípio importante para a proteção do meio ambiente e destina-se ao legislador, ao operador do direito, ao proprietário e, principalmente, ao juiz[60].

### 5.5. Natureza jurídica

*Bem ambiental* é aquele definido constitucionalmente (art. 225, *caput*) como de uso comum do povo e essencial à sadia qualidade de vida. Qual é o bem de uso comum do povo? Bem ou recurso ambiental é aquele definido no art. 3º, V, da Lei n. 6.938/81, ou seja, a atmosfera, as águas interiores, superficiais e subterrâneas, os estuários, o mar territorial, o solo, o subsolo, os elementos da biosfera, a fauna e a flora. É, em outras palavras, o meio ambiente ecologicamente equilibrado. Como se verá, o meio ambiente se classifica em: natural, cultural, artificial e do trabalho. Esse meio ambiente deve ser, por outro lado, essencial à sadia qualidade de vida. Vida, por

---

58. Guilherme José Purvin de Figueiredo, *A propriedade no direito ambiental* — a dimensão ambiental da função social da propriedade, Rio de Janeiro, ADCOAS, 2004, p. 114.

59. Paulo Affonso Leme Machado, *Direito ambiental brasileiro*, 13. ed., São Paulo, Malheiros Ed., 2005, p. 143.

60. Paulo Affonso Leme Machado, *Direito*, cit., p. 144.

seu turno, é toda espécie existente no ecossistema (art. 3º, I, da Lei n. 6.938/81). A Constituição Federal, contudo, restringiu esse conceito, por demais amplo, à vida humana. Vida é um ciclo vital que começa na fecundação e termina com a morte. Vida humana, em outras palavras, é pressuposto de fruição dos direitos fundamentais, tanto que estes são chamados de "bens da vida". Como se pode conceituar meio ambiente ecologicamente equilibrado de uso comum do povo, mas essencial à vida humana? É aquele assegurado pelo respeito à dignidade humana. Este princípio está arrolado expressamente no art. 1º, III, da CF. Assim, para que a pessoa humana possa ter uma qualidade de vida digna é necessário que lhe seja assegurado o direito ao trabalho, o direito à educação, o direito à saúde, o direito à segurança, o direito ao lazer, o direito à previdência social, o direito à proteção à maternidade e à infância e o direito à assistência aos desamparados (art. 6º da CF), os quais Celso Antonio Pacheco Fiorillo denominou *piso vital mínimo*[61]. São direitos indispensáveis e fundamentais no Estado Democrático de Direito.

O bem ambiental, por essa razão, não pode ser classificado como bem público nem como bem privado (art. 98 do CC de 2002). Trata-se de uma terceira categoria. No entanto, tal bem se situa numa faixa intermediária entre o público e o privado, denominando-se bem difuso[62]. Esse bem pertence a cada um e, ao mesmo tempo, a todos. Não há como identificar o seu titular, e o seu objeto é insuscetível de divisão. Cite-se, por exemplo, o ar.

## Seção IV
*Princípios de direito ambiental*

## 1. PRINCÍPIOS DO DIREITO AMBIENTAL: CONCEITO E FUNÇÕES

Os princípios servem para facilitar o estudo e a análise de certos fundamentos estanques do direito. Prestam-se para balizar o procedimento do legislador, do magistrado e do operador do direito. O princípio pode ser utilizado em várias ciências, como na matemática, na geometria, na biologia etc., e traz consigo a noção de início de alguma coisa. Em outras palavras, princípio é o valor fundamental de uma questão

---

61. *Curso de direito ambiental brasileiro*, cit., p. 53.

62. Esse também é o entendimento da desembargadora Consuelo Yatsuda Moromizato Yoshida, que se filiou à corrente de que "os *bens ambientais* são *bens difusos*, de uso comum do povo (CF, art. 225, *caput*); não são bens públicos, pertencentes ao patrimônio público, ou seja, bens de domínio (propriedade) da União, dos Estados, Distrito Federal e Municípios; são bens que estão sob a administração destes entes públicos (administração direta e indireta)" (AgI 192.647, acórdão publicado na *Revista Brasileira de Direito Ambiental*, São Paulo, Fiuza, n. 1, p. 305, jan./mar. 2005).

jurídica. É um ponto indiscutível e aceito pela sociedade. Trata-se de uma verdade incontestável para o momento histórico. O princípio, além disso, pode ser modificado com o evolver dos tempos. Nada é absoluto. A verdade também não é absoluta. Ela deve ser analisada do ponto de vista de cada momento histórico.

Os princípios são extraídos do ordenamento jurídico. A doutrina, contudo, arrola uma multiplicidade de concepções de princípios. Para alguns, eles têm força normativa; para outros, são meras regras de pensamento. Registre-se, ainda, que os princípios podem ser implícitos, explícitos, inferiores, superiores etc.

Pode-se, assim, conceituar princípio como "uma regra geral e abstrata que se obtém indutivamente, extraindo o essencial de normas particulares, ou como uma regra geral preexistente"[63]. Em outras palavras, princípios "são normas que exigem a realização de algo, da melhor forma possível, de acordo com as possibilidades fácticas e jurídicas. Os princípios não proíbem, permitem ou exigem algo em termos de *tudo ou nada*; impõem a optimização[64] de um direito ou de um bem jurídico, tendo em conta a *reserva do possível*, fáctica ou jurídica"[65].

Suas principais características são a simplicidade (fácil compreensão) e a hierarquia superior (fundada no direito natural ou na história do instituto).

Princípio é a base, o alicerce, o início de alguma coisa. É a regra fundamental de uma ciência. Há quem entenda que o princípio é fonte normativa[66]. Há muitos princípios no ordenamento jurídico, mas nem todos têm força normativa. Esta é extraída dos princípios oriundos da Constituição ou de leis infraconstitucionais. No entanto, não é fácil identificar, entre os inúmeros princípios, aquele que tem força normativa.

A força normativa dos princípios tem por fundamento o art. 4º da LINDB[67]. Assim, na omissão da lei, o juiz decidirá com base nos princípios gerais do direito.

---

63. Ricardo Luis Lorenzetti, *Fundamentos do direito privado*, São Paulo, Revista dos Tribunais, 1998, p. 312.

64. Galdino Luiz Ramos Júnior afirma que, do "ponto de vista processual, a otimização dos princípios dar-se-ia pela aplicação direta do juiz, o qual, deparando-se com um valor violado ou a ser protegido na lide, utilizaria o princípio garantidor correspondente, sentenciando o feito. A função ou atividade jurisdicional teria, portanto, o importante papel de otimizar princípios" (*Princípios constitucionais do processo* — visão crítica, São Paulo, Ed. Juarez de Oliveira, 2000, p. 7).

65. J. J. Gomes Canotilho, *Direito*, cit., p. 1215.

66. Ricardo Luis Lorenzetti, *Fundamentos*, cit., p. 316.

67. Norberto Bobbio, citado por Ruy Samuel Espíndola, sustenta que os "princípios gerais são, a meu ver, normas fundamentais ou generalíssimas do sistema, as normas mais gerais. O nome de princípios induz em engano, tanto que é velha questão entre juristas se os princípios são ou não são normas. Para mim não há dúvida: os princípios gerais são normas como todas as demais. E esta é a tese sustentada também pelo estudioso que mais amplamente se ocupou da problemática, ou seja, Crisafulli. Para sustentar que os princípios gerais são normas, os argumentos vêm a ser dois e ambos válidos: antes de tudo, se são normas aquelas das quais os princípios gerais são extraídos, através de um procedimento de

Resta saber quais são esses princípios gerais do direito. Identificá-los na esfera privada (direito privado) é mais fácil do que na esfera pública (direito público). Há inúmeros princípios constitucionais expressos e implícitos. Muitos deles têm força normativa e muitos outros são meros enunciados sem força normativa. Na esfera ambiental, contudo, eles devem ser aplicados em favor do meio ambiente.

Os princípios, por seu turno, não podem ser aplicados diretamente ao caso em espécie como uma regra jurídica. Deve-se estabelecer uma relação com as normas constitucionais e infraconstitucionais. No entanto, é por meio dos princípios que se estabelecerá o seu conteúdo valorativo. "Este conteúdo é estabelecido mediante um juízo de ponderação com outros princípios. Ponderar é estabelecer comparações, estabelecer o peso de cada um e aplicar o maior no caso concreto"[68].

Os princípios são complementados pelas regras jurídicas. Além disso, eles são normas fundamentais[69], pois se alicerçam nas normas gerais do direito. Exercem as seguintes funções: a) *integradora* — porque preenchem lacunas do direito; b) *interpretativa* — porque orientam o intérprete na aplicação da norma; c) *delimitadora* — porque limitam a atuação legislativa, judicial e negocial; e d) *fundante* — porque fundamentam o ordenamento jurídico[70].

## 2. PRINCÍPIOS GERAIS DO DIREITO AMBIENTAL

São inúmeros os princípios ambientais arrolados pelos doutrinadores, a saber: princípio do dever de todos os Estados de proteger o ambiente; princípio da obrigatoriedade de informações e da consulta prévia; princípio da precaução; princípio do aproveitamento equitativo, ótimo e razoável dos recursos naturais; princípio do poluidor-pagador; princípio da igualdade[71]; princípios da vida sustentável consubs-

---

generalização sucessiva, não se vê por que não devam ser normas também eles: se abstraio de espécies animais, obtenho sempre animais, e não flores ou estrelas. Em segundo lugar, a função para a qual são abstraídos e adotados é aquela mesma que é cumprida por todas as normas, isto é, a função de regular um caso. Para regular um comportamento não regulado, é claro: mas agora servem ao mesmo fim para que servem as normas expressas. E por que então não deveriam ser normas?" (*Conceito de princípios constitucionais*, São Paulo, Revista dos Tribunais, 1999, p. 57).

68. Ricardo Luis Lorenzetti, *Fundamentos,* cit., p. 317.

69. Walter Claudius Rothenburg esclarece se "os princípios têm suas propriedades, diferenciando-se por sua natureza (qualitativamente) dos demais preceitos jurídicos, a distinção está em que constituem eles *expressão primeira dos valores fundamentais* expressos pelo ordenamento jurídico, *informando materialmente* as demais normas (fornecendo-lhes a inspiração para o recheio)" (*Princípios constitucionais*, Porto Alegre, Sérgio A. Fabris, 1999).

70. Ricardo Luis Lorenzetti, *Fundamentos,* cit., p. 318-9.

71. Vladimir Passos de Freitas, *A Constituição Federal e a efetividade das normas ambientais*, São Paulo, Revista dos Tribunais, 2000, p. 42-3; Ricardo Luis Lorenzetti, *Fundamentos,* cit., p. 318-9.

tanciados em: 1) respeitar a comunidade dos seres vivos e cuidar dela; 2) melhorar a qualidade da vida humana; 3) conservar a vitalidade e a diversidade do planeta Terra; 4) minimizar o esgotamento de recursos não renováveis; 5) permanecer nos limites da capacidade de suporte do planeta Terra; 6) modificar atitudes e princípios do direito humano fundamental; 7) permitir que as comunidades cuidem de seu próprio meio ambiente; 8) gerar uma estrutura nacional para a integração de desenvolvimento e conservação; 9) constituir uma aliança global[72]; princípio da supremacia do interesse público nas práticas pessoais; princípio da proteção do meio ambiente em relação aos *interesses* privados; princípio da indisponibilidade do interesse público na proteção do meio ambiente; princípio da obrigatoriedade da intervenção estatal; princípio da prevenção; princípio do desenvolvimento sustentável; princípio da proteção da biodiversidade; princípio da defesa do meio ambiente; princípio da responsabilização pelo dano ambiental; princípio da exigibilidade do estudo prévio de impacto ambiental; princípio da educação ambiental[73]; princípio do ambiente ecologicamente equilibrado como direito fundamental da pessoa humana; princípio da natureza pública da proteção ambiental; princípio do controle do poluidor pelo Poder Público; princípio da consideração da variável ambiental no processo decisório de políticas de desenvolvimento; princípio da participação comunitária; princípio do poluidor (*polluter pays principle*); princípio da prevenção; princípio da função socioambiental da propriedade; princípio do direito ao desenvolvimento sustentável; princípio da cooperação entre os povos[74]; princípio da ubiquidade; princípio do poluidor-pagador[75]; princípio da proibição do retrocesso ecológico ou princípio do não retrocesso; princípio do progresso ecológico etc.

Vê-se, pois, que os princípios do direito ambiental têm por escopo proteger toda espécie de vida no planeta, propiciando uma qualidade de vida satisfatória ao ser humano das presentes e futuras gerações.

Os princípios podem ser expressos ou decorrentes do ordenamento jurídico. Para o nosso campo de estudo, analisaremos os seguintes:

## 3. PRINCÍPIOS ESPECÍFICOS DO DIREITO AMBIENTAL

Arrolamos os seguintes princípios por considerá-los abrangentes e universais, além de estabelecerem parâmetros com os valores constitucionais. São eles: a) prin-

---

72. Édis Milaré, *Direito do ambiente*, cit., p. 37-9.
73. Luís Roberto Gomes, Princípios constitucionais de proteção ao meio ambiente, *RDA*, São Paulo, Revista dos Tribunais, 16:170-188, out./dez. 1999.
74. Édis Milaré, *Direito do ambiente*, cit., p. 95-108.
75. Marcelo Abelha Rodrigues, *Instituições de direito ambiental*: parte geral, São Paulo, Max Limonad, 2002, v. 1.

cípio do direito humano; b) princípio do desenvolvimento sustentável; c) princípio democrático ou da participação; d) princípio da prevenção (precaução ou cautela); e) princípio do equilíbrio; f) princípio do limite; g) princípio do poluidor-pagador, do usuário-pagador e do protetor-recebedor; h) princípio do não retrocesso ou da proibição do retrocesso; e i) princípio da responsabilidade socioambiental.

### 3.1. Princípio do direito humano

Este princípio decorre do primeiro princípio da Conferência das Nações Unidas sobre Meio Ambiente e Desenvolvimento, aprovado em Congresso realizado no Rio de Janeiro em 1992. Reza tal princípio: "Os seres humanos estão no centro das preocupações relacionadas com o desenvolvimento sustentável. Têm direito a uma vida saudável e produtiva em harmonia com o meio ambiente".

Há forte crítica a esse princípio, pois o acesso ao meio ambiente ecologicamente equilibrado deve ser preservado para todas as formas de vida e não só a humana. Cuida-se de uma visão biocêntrica e não somente antropocêntrica, como vimos no capítulo anterior.

Fundamento legal: arts. 5º, 6º e 225 da CF e 2º da Lei n. 6.938/81.

### 3.2. Princípio do desenvolvimento sustentável

O termo *desenvolvimento sustentável* surgiu no final da década de 1970 e tomou relevo no Relatório de Brundtland — documento da ONU — em meados de 1980. Este relatório foi publicado, mais precisamente em 1988, com o título de *Nosso futuro comum*, pela Comissão Mundial sobre Meio Ambiente, presidida por Gro Harlem Brundtland. A expressão foi definitivamente consagrada na ECO-92 e transformada em princípio. Tal princípio procura conciliar a proteção do meio ambiente com o desenvolvimento socioeconômico para a melhoria da qualidade de vida do homem. É a utilização racional dos recursos naturais não renováveis, também conhecido como meio ambiente ecologicamente equilibrado ou ecodesenvolvimento. Desenvolvimento sustentável, no dizer de James Lovelock, "é um alvo móvel. Representa o esforço constante em equilibrar e integrar os três pilares do bem-estar social, prosperidade econômica e proteção em benefício das gerações atual e futuras"[76]. Leonardo Boff questiona a denominação "desenvolvimento sustentável". Desenvolvimento provém da área da economia dominante. Já sustentabilidade provém da biologia. São expressões contraditórias e inconciliáveis. Há pensadores que preferem a expressão sociedade sustentável ou retirada sustentável[77].

---

76. *A vingança*, cit., p. 17.
77. André Trigueiro, *Espiritismo e ecologia*, São Paulo, Feb, 2009, p. 41-42.

Sustentabilidade, em outras palavras, tem por finalidade buscar compatibilizar o atendimento das necessidades sociais e econômicas do ser humano com a necessidade de preservação do ambiente. Visa-se, com essa conciliação, assegurar a manutenção de todas as formas de vida na Terra, inclusive a humana. Busca-se, por meio desse princípio, melhorar a qualidade de vida, respeitando a capacidade de suporte dos ecossistemas. Objetiva-se, com isso, a diminuição da miséria, da exclusão social e econômica, do consumismo, do desperdício e da degradação ambiental.

Críticos desse princípio afirmam inexistir um índice preciso para medi-lo, a não ser por meio do Produto Interno Bruto (PIB), razão pela qual se procurou criar outro índice que pudesse melhor analisar o crescimento de um país sobre todos os aspectos. E, após muitos estudos, foi criado pela ONU o Índice de Desenvolvimento Humano (IDH), que, apesar de ainda não ser perfeito, fica mais próximo da realidade, pois deve estar fundamentado em três pilares: a) longevidade da vida com saúde; b) acesso à educação e nível de escolaridade; e c) renda mínima e vida digna. Este índice também não é perfeito, pois coloca o país numa situação diversa da realidade. Ele não leva em consideração as peculiaridades de cada região. A ONU, por causa dessas críticas, procurará utilizar pesquisas de opinião e outros dados relevantes para aproximar o índice da realidade.

Há quem entenda que a dicotomia desenvolvimento/preservação ambiental está superada. Precisa-se, segundo estes críticos, conciliar sustentabilidade com tecnologia, em benefício do meio ambiente. Toda decisão (seja ela política, econômica ou social) deverá ter um viés ambiental. Assim, não devemos buscar mais a conciliação ou a compatibilização do desenvolvimento econômico com proteção ambiental. A questão ambiental deve ser parte integrante da decisão econômica, por exemplo. Alguns doutrinadores denominam princípio da ubiquidade, ou seja, o viés ambiental deve estar presente em todas as decisões humanas impactantes.

O professor Juarez Freitas realizou profundo estudo sobre o tema e nos trouxe um conceito mais abrangente, afirmando tratar-se de um "princípio constitucional que determina, independentemente de regulamentação legal, com eficácia direta e imediata, a responsabilidade do Estado e da sociedade pela concretização solidária do desenvolvimento material e imaterial, socialmente inclusivo, durável e equânime, ambientalmente limpo, inovador, ético e eficiente, no intuito de assegurar, preferencialmente de modo preventivo e precavido, no presente e no futuro, o direito ao bem-estar físico, psíquico e espiritual, em consonância homeostática com o bem de todos"[78].

O autor inseriu no conceito valores espirituais, psíquicos e materiais como objetivos a serem alcançados pelo princípio, além dos aspectos econômicos, sociais e

---

78. *Sustentabilidade — Direito ao futuro*, Belo Horizonte, Fórum, 2011, p. 51.

ambientais. Todos os impactos da atividade humana devem estar presentes na análise desse princípio. É um princípio multidimensional.
Fundamento legal: arts. 170, VI, e 225 da CF.

### 3.3. Princípio democrático ou da participação

O princípio democrático ou da participação está fundamentado essencialmente no princípio décimo da Declaração do Rio/92. Reza tal princípio: "A melhor maneira de tratar questões ambientais é assegurar a *participação* no nível apropriado, de todos os cidadãos interessados. No nível nacional, cada indivíduo deve ter acesso adequado a *informações* relativas ao meio ambiente de que disponham as autoridades públicas, inclusive informações sobre materiais e atividades perigosas em suas comunidades, bem como a oportunidade de participar em processos de tomadas de decisões. Os Estados devem facilitar e estimular a conscientização e a participação pública, colocando a informação à disposição de todos. Deve ser propiciado acesso efetivo a mecanismos judiciais e administrativos, inclusive no que diz respeito à compensação e reparação de danos". Este princípio está fundamentado em dois pontos importantes: a) informação; e b) conscientização ambiental. Se o cidadão não tiver consciência ambiental, a informação não lhe servirá para nada.

Já o princípio democrático assegura ao cidadão a possibilidade de participar das políticas públicas ambientais. Essa participação poderá dar-se em três esferas: legislativa, administrativa e processual[79]. Na *esfera legislativa*, o cidadão poderá diretamente exercer a soberania popular por meio do plebiscito (art. 14, I, da CF), referendo (art. 14, II, da CF) e iniciativa popular (art. 14, III, da CF). Na *esfera administrativa*, o cidadão pode utilizar-se do direito de informação[80] (art. 5º, XXXIII, da CF), do direito de petição (art. 5º, XXXIV, *a*, da CF) e do estudo prévio de impacto ambiental (art. 225, § 1º, IV, da CF). Na *esfera processual*, o cidadão poderá utilizar-se da ação civil pública (art. 129, III, da CF), da ação popular (art. 5º, LXXIII, da CF), do mandado de segurança coletivo (art. 5º, LXX, da CF), do mandado de injunção (art. 5º, LXXI, da CF), da ação civil de responsabilidade por improbidade administrativa (art. 37, § 4º, da CF) e da ação direta de inconstitucionalidade (art. 103 da CF).

---

79. Paulo de Bessa Antunes, *Direito ambiental*, 3. ed., Rio de Janeiro, Lumen Juris, 1999, p. 26-8.

80. Sérgio Luis Mendonça Alves eleva o direito à informação a princípio, buscando fundamentar sua posição no art. 15 da Declaração dos Direitos do Homem e do Cidadão da França, datada de 1789, a qual afirmava que "a sociedade tem o direito de pedir contas a todo o agente público pela sua administração" (*Estado poluidor*, São Paulo, Ed. Juarez de Oliveira, 2003, p. 50).

*V.*, também, de Paulo Affonso Leme Machado, *Direito à informação e meio ambiente*, São Paulo, Malheiros Ed., 2006.

## 3.4. Princípio da prevenção (precaução ou cautela)

Há doutrinadores que preferem a denominação prevenção[81], e outros, precaução ou cautela[82]. Muitos autores ainda adotam ora uma, ora outra, indistintamente, como expressões sinônimas[83]. José Rubens Morato Leite e Patryck de Araújo Ayala entendem que o "princípio da prevenção se dá em relação ao *perigo concreto*, enquanto, em se tratando do princípio da precaução, a prevenção é dirigida ao *perigo abstrato*[84]. Para o nosso campo de estudo, entendemos que a prevenção é gênero das espécies precaução ou cautela, ou seja, é o agir antecipadamente. Prevenção, como se pode notar, tem o significado de antecipar ao fato. Já cautela significa a atitude ou cuidado que se deve ter para evitar danos ao meio ambiente ou a terceiros. O conceito de prevenção é mais amplo do que precaução ou cautela. Por isso resolvemos adotar a denominação *prevenção*[85].

Esse princípio, por sua vez, decorre do princípio quinze da Conferência do Rio/92. Diz o citado princípio: "De modo a proteger o meio ambiente, o princípio da precaução deve ser amplamente observado pelos Estados, de acordo com suas capacidades. Quando houver ameaça de danos sérios ou irreversíveis, a ausência de absoluta certeza científica não deve ser utilizada como razão para postergar medidas eficazes e economicamente viáveis para prevenir a degradação ambiental".

Referido princípio encontra-se ainda expresso na Lei n. 11.105/2005, que trata da lei de biossegurança, cujo art. 1º diz: "Esta Lei estabelece normas de segurança e mecanismos de fiscalização sobre a construção, o cultivo, a produção, a manipulação, o transporte, a transferência, a importação, a exportação, o armazenamento, a pesquisa, a comercialização, o consumo, a liberação no meio ambiente e o descarte de organismos geneticamente modificados — OGM e seus derivados, tendo como diretrizes o estímulo ao avanço científico na área de biossegurança e biotecnologia, a proteção à vida e à saúde humana, animal e vegetal, e a observância do *princípio da precaução* para a proteção do meio ambiente".

O princípio da precaução, no dizer de Ana Flávia Barros Platiau, "foi consagrado no direito internacional ambiental com a missão de dotar legisladores e líderes

---

81. Por exemplo, Édis Milaré, *Direito do ambiente*, 4. ed., 2005, p. 165.
82. Por exemplo, Cristiane Derani, *Direito ambiental econômico*, cit., p. 165.
83. Por exemplo, Paulo Affonso Leme Machado, *Estudos de direito ambiental*, São Paulo, Malheiros Ed., 1994, p. 35.
84. *Direito ambiental na sociedade de risco*, Rio de Janeiro, Forense Universitária, 1. ed., 2002, p. 62.
85. *Vide* excelente artigo que esgota praticamente o assunto sobre Princípios de prevenção e precaução de danos e ameaças ao meio ambiente, de autoria de José Geraldo de Jacobina Rabello, publicado no livro *Juízes doutrinadores* — doutrina da Câmara Ambiental do Tribunal de Justiça do Estado de São Paulo, José Renato Nalini (Coord.), Campinas-SP, Millennium, 2008, p. 1-26.

políticos de um instrumento de regulação internacional da inovação tecnológica e da atividade antrópica de uma maneira geral. Porém, foi criado dentro de um contexto jurídico que evolui lentamente em comparação ao progresso da biotecnologia e da demanda social por certezas científicas sobre essas questões"[86].

Segundo Furlan e Tracalossi, "Sua exegese impõe o benefício da dúvida em favor do meio ambiente quando exista qualquer incerteza sobre os efeitos de determinadas atividades"[87].

### 3.5. Princípio do equilíbrio

O princípio do equilíbrio "é o princípio pelo qual devem ser pesadas todas as implicações de uma intervenção no meio ambiente, buscando-se adotar a solução que melhor concilie um resultado globalmente positivo"[88].

Há a necessidade de analisar todas as consequências possíveis e previsíveis da intervenção no meio ambiente, ressaltando os benefícios que essa medida pode trazer de útil ao ser humano sem sobrecarregar sobremaneira o meio ambiente. Em outras palavras, devem ser sopesadas todas as implicações do projeto a ser implantado na localidade, tais como: aspectos ambientais, aspectos econômicos, aspectos sociais etc. Nenhum aspecto pode sobrepor-se a outro, ou seja, o conjunto dessa análise deve ser favorável ao meio ambiente — pender do lado ambiental.

### 3.6. Princípio do limite

Este "é o princípio pelo qual a Administração tem o dever de fixar parâmetros para as emissões de partículas, de ruídos e de presença a corpos estranhos no meio ambiente, levando em conta a proteção da vida e do próprio meio ambiente"[89].

A Constituição Federal outorgou ao Poder Público competência para estabelecer normas administrativas a fim de fixar padrões de qualidade ambiental (do ar, das águas, dos ruídos etc.). Tais limites, geralmente, seguem padrões internacionais estabelecidos pela Organização Mundial da Saúde (OMS), Organização das Nações Unidas (ONU) etc. São padrões ambientais internacionais necessários para evitar problemas à saúde humana e ao meio ambiente. O aquecimento global, por exemplo, está a exigir a fixação de padrões cada vez mais rígidos na tentativa de minimizar um pouco as consequências nefastas ao meio ambiente.

Fundamento legal: arts. 225, § 1º, V, da CF e 9º, I, da Lei n. 6.938/81.

---

86. Apud Paulo de Bessa Antunes, *Direito ambiental*, cit., p. 30.
87. Anderson Furlan e William Fracalossi, *Direito ambiental*, cit., p. 106.
88. Paulo de Bessa Antunes, *Direito ambiental*, cit., p. 30.
89. A legitimidade da governança global ambiental e o princípio da precaução, in Marcelo Dias Varella e Ana Flávia Barros Platiau (Org.), *Princípio da precaução*, Belo Horizonte, Del Rey, 2004, p. 406.

## 3.7. Princípio do poluidor-pagador, do usuário-pagador e do protetor- -recebedor

Tendo como fundamento o décimo terceiro princípio da Conferência do Rio/92, diz referido princípio: "Os Estados devem desenvolver legislação nacional relativa à responsabilidade e indenização das vítimas de poluição e outros danos ambientais. Os Estados devem ainda cooperar de forma expedita e determinada para o desenvolvimento de normas de direito internacional ambiental relativas à responsabilidade e indenização por efeitos adversos de danos ambientais causados, em áreas fora de sua jurisdição, por atividades dentro de sua jurisdição ou sob seu controle".

Continua, ainda, no décimo sexto princípio: "Tendo em vista que o poluidor deve, em princípio, arcar com o custo decorrente da poluição, as autoridades nacionais devem procurar promover a internacionalização dos custos ambientais e o uso de instrumentos econômicos, levando na devida conta o interesse público, sem distorcer o comércio e os investimentos internacionais".

Vê-se, pois, que o poluidor deverá arcar com o prejuízo causado ao meio ambiente da forma mais ampla possível. Impera, em nosso sistema, a responsabilidade objetiva, ou seja, basta a comprovação do dano ao meio ambiente, a autoria e o nexo causal, independentemente da existência da culpa.

Pode parecer um paradoxo, mas o fato de o poluidor ser obrigado a reparar os danos causados não significa que ele poderá continuar a poluir. Ressalte-se que essa reparação deve ser integral. Não sendo possível a recomposição, o poluidor deverá ressarcir os danos em espécie cujo valor deverá ser depositado no fundo para o meio ambiente. O ressarcimento dos danos possui um forte conteúdo pedagógico. Trata-se da denominada prevenção especial e também geral.

O princípio do usuário-pagador está relacionado ao usuário de um serviço público qualquer. Ou seja, só deve pagar pelo serviço o usuário efetivo do bem, por exemplo, a água, o esgoto etc. No entanto, o princípio do poluidor-pagador, de certa forma, está inserido/embutido no conceito de usuário-pagador, mas com ele não se confunde.

O princípio do protetor-recebedor está previsto na Lei da Política Nacional dos Resíduos Sólidos — PNRS (art. 6º, II, da Lei n. 12.305/2010). É a obrigação que tem aquele que receber verbas do Poder Público de proteger ou de não degradar o meio ambiente. É, em outras palavras, a compensação que o proprietário recebe para proteger determinado recurso natural. Compete ao Poder Público estabelecer planos com a finalidade de garantir verbas ao proprietário de determinado bem para que ele proteja ou não degrade áreas especialmente protegidas.

Fundamento legal: arts. 225, §§ 2º e 3º, da CF, 14, § 1º, da Lei n. 6.938/81, 27 e 28, I, da Lei n. 9.605/98.

## 3.8. Princípio do não retrocesso ou da proibição do retrocesso

O princípio do não retrocesso ou da proibição do retrocesso constitui um importante instrumento para o jusambientalista. Este princípio impede que novas leis ou atos venham a desconstituir conquistas ambientais. Após atingir certo *status* ambiental, o princípio veda que se retorne a estágios anteriores, prejudicando e alterando a proteção dos recursos naturais, por exemplo.

No nosso entender, este princípio não admite qualquer excludente, já que a higidez ambiental é importante à sobrevivência de todas as formas de vida. Abrir exceção é permitir a degradação e a destruição do ambiente e das conquistas que levaram décadas para ser alcançadas.

Ressalte-se, por fim, que este princípio não se aplica somente no que tange às conquistas ambientais, mas também às sociais, econômicas, culturais etc. Seria possível admitir a pena de morte ou a pena degradante, atualmente? Não, seria o mesmo que retroceder no tempo. Em relação ao meio ambiente é a mesma coisa, e o Ministério Público é o seu principal guardião[90].

No dizer de Rosângela Tremel, a aplicação do princípio em questão "já é, inclusive, reconhecida pela jurisprudência de nossa Augusta Corte[91], garantindo, assim, a eficácia de direitos sociais existentes no bojo da Constituição da República, amparado por doutrina de vanguarda. Entende-se que, muito embora haja razão em se negar o caráter absoluto do princípio da proibição do retrocesso não se pode impedir a ampliação de sua aplicabilidade quando uma garantia constitucional de defesa ao socialmente vulnerável é violada em virtude da alteração da legislação infraconstitucional"[92].

---

90. Geraldo Rangel de França Neto, promotor de Justiça em São Paulo, apresentou excelente trabalho sobre o princípio do não retrocesso ambiental e, ao final concluiu: "À noção de *não retrocesso ambiental* envolve, no sistema de Direito Positivo Brasileiro, a ideia de que as normas ambientais vigentes são insuscetíveis de serem alteradas, limitadas ou suprimidas para o fim de excluir direitos já consagrados. O sistema jurídico-constitucional, permeado pelo fundamento da *dignidade da pessoa humana*, como inerente ao Estado Democrático de Direito, impede o exercício do poder de reforma, limitando materialmente as emendas constitucionais que venham a suprimir direitos ambientais reconhecidos pela Constituição, ou tratados internacionais sobre Direitos Humanos, notadamente porque dignidade envolve direitos individuais como a vida e a saúde. A defesa do *regime democrático* é função orgânica do Ministério Público, que está legitimado a atuar em prol do fundamento do Estado Democrático de Direito relacionado ao princípio da dignidade da pessoa humana e todos os seus desdobramentos. Poderá ingressar com todas as espécies de ações previstas no sistema jurídico brasileiro, além de atuar para que a proteção ao Meio Ambiente seja aperfeiçoada, exigindo políticas públicas nesse sentido" (*Os limites para alterações legislativas*, tese apresentada no 16º Congresso do Meio Ambiente e 10º Congresso de Habitação e Urbanismo, Meio Ambiente Natural e Urbano: Sustentabilidade, em Águas de São Pedro, de 22 a 25 de novembro de 2012).

91. Agravo Regimental no Recurso Extraordinário do Agravo de Instrumento n. 639.337, STF, 2ª Turma, relator Celso de Mello, j. 23-8-2011.

92. Princípio da proibição do retrocesso: sua importância e necessidade de ampliação do *entrenchment* para proteção dos hipossuficientes, Unisul de fato e de Direito, *Revista Jurídica da Universidade do Sul de Santa Catarina*, ano 21, n. 4, jan./jun. 2012, p. 119.

Transcrevemos, nesse sentido, a posição do grande jusambientalista e ministro do STJ Herman Benjamin:

"De toda maneira, não se deve esperar solução hermenêutica mágica que esclareça, de antemão e globalmente, todos os casos de conflito intertemporal entre o atual e o anterior Código Florestal. No entanto, na ausência de fórmula pronta e acabada, quase automática, podem aqui ser externadas algumas regras técnicas, aliás válidas para outros campos do direito material informado pela ordem pública.

O esquema é bem simples: o novo Código Florestal não pode retroagir para atingir o ato jurídico perfeito, direitos ambientais adquiridos e a coisa julgada, tampouco para reduzir de tal modo e sem as necessárias compensações ambientais o patamar de proteção de ecossistemas frágeis ou espécies ameaçadas de extinção, a ponto de transgredir o limite constitucional intocável e intransponível da *incumbência* do Estado de garantir a preservação e restauração dos processos ecológicos essenciais (art. 225, § 1º, I). No mais, não ocorre impedimento à retroação e alcançamento de fatos pretéritos.

Dispõe o art. 6º, *caput*, da Lei de Introdução às Normas do Direito Brasileiro: a nova lei *terá efeito imediato e geral, respeitados o ato jurídico perfeito, o direito adquirido e a coisa julgada* (ou, nos termos do art. 5º, inciso XXXVI, da Constituição, com redação assemelhada: *a lei não prejudicará o direito adquirido, o ato jurídico perfeito e a coisa julgada*).

A regra geral, pois, é a irretroatividade da lei nova (*lex non habet oculos retro*); a retroatividade plasma exceção, blindados, no Direito brasileiro, o ato jurídico perfeito, o direito adquirido e a coisa julgada. Mesmo fora desses três domínios de intocabilidade, a retroatividade será sempre exceção, daí requerendo-se manifestação expressa do legislador, que deve, ademais, fundar-se em extraordinárias razões de ordem pública, nunca para atender interesses patrimoniais egoísticos dos particulares em prejuízo da coletividade e das gerações futuras.

Precisamente por conta dessa excepcionalidade, interpreta-se estrita ou restritivamente; na dúvida, a opção do juiz deve ser pela irretroatividade, mormente quando a ordem pública e o interesse da sociedade se acham mais bem resguardados pelo regime jurídico pretérito, em oposição ao interesse econômico do indivíduo privado mais bem assegurado ou ampliado pela legislação posterior. Eis a razão para a presunção relativa em favor da irretroatividade, o que conduz a não se acolherem efeitos retro-operantes tácitos, embora dispensadas fórmulas sacramentais.

Indubitável que ao legislador compete modificar e revogar suas próprias leis. Ao fazê-lo, porém, seja para substituí-las por outra, seja para simplesmente no seu lugar deixar o vazio, a Constituição e a Lei de Introdução às Normas do Direito Brasileiro vedam-lhe atingir direitos adquiridos, o ato jurídico perfeito e a coisa julgada constituídos sob o império do regime jurídico anterior. Em suma, a lei pode, sim, retroagir, desde que não dilapide o patrimônio material, moral ou ecológico, constitucional ou legalmente garantido, dos sujeitos, individuais ou coletivos: essa a fronteira da retroatividade.

Consequentemente, mesmo que na hipótese sob apreciação judicial seja admissível, em tese, a retroação (isto é, ausente qualquer antagonismo com o ato jurídico perfeito, direito adquirido e coisa julgada), incumbe ao juiz examinar a) o inequívoco intuito de excluir (*animus excludendi*), total ou parcialmente, o regime jurídico anterior quanto a fatos praticados ou sucedidos na sua vigência, e, até mais fundamental, b) o justo motivo para a exclusão — justa *causa exclusionis* —, que, no Direito Ambiental, deve estar totalmente conforme à garantia constitucional da manutenção dos processos ecológicos essenciais, acima referida.

Por certo, todo esse debate sobre a intertemporalidade jurídico-florestal não escapará, em boa parte das demandas, de ir além do ato jurídico prefeito. A questão maior, sem dúvida, será sobre o reconhecimento de direitos ambientais adquiridos, a última fronteira da dogmática jurídica brasileira, no âmbito da credibilidade e da efetividade da transformação normativa por que passou a Teoria Geral dos sujeitos (gerações futuras) e dos bens (autonomização do direito ao meio ambiente ecologicamente equilibrado) a partir de 1981 (com a Lei da Política Nacional do Meio Ambiente) e 1985 (com a Lei da Ação Civil Pública), chegando ao ápice de 1988 (com a Constituição cidadã).

Nessa matéria, incumbe ao juiz não perder de vista que a Constituição, em seu art. 225, *caput*, de maneira expressa, reconheceu as gerações futuras como cotitulares do direito ao meio ambiente ecologicamente equilibrado. Em paralelo, a legislação de disciplina da ação civil pública (especificamente o art. 81 do Código de Defesa do Consumidor) agasalha a quádrupla categorização dos direitos subjetivos em individuais, individuais homogêneos, coletivos *stricto sensu* e difusos.

Evidente, portanto, que o ordenamento brasileiro outorgou às gerações futuras (e à própria coletividade atual) a possibilidade, nessa sua condição de titular de direito subjetivo transindividual, de se beneficiar da proteção constitucional, na integralidade, conferida aos direitos adquiridos; a ser diferente, teríamos no art. 225, *caput*, um *direito meia-boca*, com nome e sobrenome de *direito*, mas sem os dotes e eficácia temporal que a todos os direitos, patrimoniais ou não, tradicionalmente se atrelam e deles decorrem.

Por essa ótica, tanto ao indivíduo (visão individualístico-intrageracional), como à coletividade presente e futura (visão coletivo-intrageracional e coletivo-intergeracional) se garantem contra a retroatividade da lei posterior os direitos adquiridos sob o regime antecedente que se incorporarem ao seu patrimônio. Um e outro são sujeitos; um e outro contam com patrimônio constitucional e legalmente inabalável, que, além de material e moral no enfoque clássico, é também ecológico"[93].

---

93. Ag n. 2012816-29.2013.8.26.0000, Lins, 1ª Câmara Reservada ao Meio Ambiente do TJSP, v.u., rel. Dr. João Negrini Filho, j. 7-11-2013.

Nesse prisma tende a jurisprudência. O STJ decidiu sobre o não retrocesso: "O novo Código Florestal não pode retroagir para atingir o ato jurídico perfeito, os direitos ambientais adquiridos e a coisa julgada, tampouco para reduzir de tal modo e sem as necessárias compensações ambientais o patamar de proteção de ecossistemas frágeis ou espécies ameaçadas de extinção, a ponto de transgredir o limite constitucional intocável e intransponível da *incumbência* do Estado e garantir a preservação e a restauração dos processos ecológicos essenciais (art. 225, § 1º, I)" (AgI no AgI no Agravo em Recurso Especial n. 850.994, rel. Min. Humberto Martins, publicado no *DJ* em 27 abr. 2017).

Como se vê, essa será a tendência jurisprudencial, além da doutrinária.

### 3.9. Princípio da responsabilidade socioambiental

O princípio da responsabilidade socioambiental tem sido adotado por muitas empresas, instituições de ensino e atividades governamentais e não governamentais. Cuida-se de política ecologicamente correta, passando a integrar até mesmo os currículos de profissionais de todas as áreas.

Este princípio deverá ser observado também pelas instituições financeiras. Trata-se de concessão de financiamento de projetos que deverá respeitar o princípio da responsabilidade socioambiental consubstanciado no atendimento de critérios mínimos para a concessão de crédito. O conjunto de regras denominado "Princípios do Equador" foi baseado em critérios estabelecidos pela *International Finance Corporation* (IFC), braço financeiro do Banco Mundial, para a concessão de crédito. Um dos critérios é o impacto ambiental do projeto sobre a flora e a fauna. Em caso tal, o projeto deverá estabelecer compensações em dinheiro para as populações afetadas pela construção da obra, proteção das comunidades indígenas e proibição de financiamento quando envolver trabalho infantil ou escravo. Os dez maiores bancos mundiais financiam cerca de 30% dos projetos de todo o mundo. Tais critérios serão adotados para financiamentos de projetos acima de US$ 50 milhões, que representam 97% do total. Haverá três critérios de classificação do risco ambiental e social, ou seja, A (alto risco), B (risco médio) e C (baixo risco). Para os projetos classificados como A e B, os bancos elaborarão um relatório ambiental sugerindo mudanças no projeto para reduzir os riscos à comunidade em que serão implantados. Os bancos passarão a exercer um papel importante nos financiamentos de projetos classificados como A e B, participando de maneira efetiva na elaboração dos projetos como verdadeiros coautores e com vistas no social[94].

As instituições financeiras e defensoras do meio ambiente estão desenvolvendo melhores práticas e outros padrões voluntários. Vários bancos internacionais, incluindo

---

94. Bancos adotam princípios de responsabilidade social, *Valor Econômico*, 5 jan. 2003, p. C14.

o HSBC, *Munich Re* e outros, formaram os Princípios do Clima, que se destinam a incentivar a administração da mudança climática ao longo de toda a cadeia de produtos e serviços financeiros. O Banco Real do Canadá, reagindo a pressões de defensores ambientais que denunciaram seu financiamento a projetos de areia monazítica, reuniu 18 bancos internacionais em Toronto para um dia de aprendizado sobre as questões regulatórias, sociais e ambientais, que cercam as areias, por exemplo. Nos últimos anos, *Credit Suisse, Morgan Stanley, JP Morgan Chase, Bank of America, Citibank* e *Wells Fargo* intensificaram a análise dos empréstimos para companhias envolvidas na remoção de topos de montanhas — explodindo-os e despejando os detritos nos vales e nos rios — ou encerraram os empréstimos. A mudança de políticas representa uma tentativa de melhorar as credenciais verdes em áreas onde os bancos tinham pouco interesse, e não há indício de que as empresas envolvidas em práticas objetáveis não possam encontrar financiamento em outros lugares[95]. Seja como for, as instituições financeiras vêm tomando cautela na análise da concessão de empréstimo a certas empresas potencialmente poluidoras, levando-se em conta, sobretudo, o aquecimento global e os defensores do meio ambiente (*v.* anotação da certificação ISO 26000, que trata da responsabilidade social das empresas e organizações no item 2.3 do Capítulo III, Título XI — Tutela internacional do meio ambiente).

O Banco Nacional de Desenvolvimento Econômico e Social — BNDES pretende usar o modelo de ações socioambientais de Itaipu nos empreendimentos que financia. Isso inclui as grandes hidrelétricas na Amazônia. Trata-se do projeto "Cultivando Água Boa", que mobiliza 29 municípios afetados pelo lago da usina. O orçamento é de US$ 6 milhões. O projeto envolve educação ambiental contínua e a produção de peixe em tanques dentro do reservatório, além da formação de um parque tecnológico dentro de Itaipu, que tem por objetivo dar apoio à comunidade para a geração de energia a partir de dejetos de suínos. Desse projeto decorrem outras tantas atividades sociais úteis à população, como fornecimento de peixe, energia etc.[96].

Estes exemplos servem para mostrar as inúmeras possibilidades que as instituições financeiras e as empresas podem prestar à comunidade e ao meio ambiente.

### 3.10. Princípio da senciência

Este princípio foi concebido pelo maior especialista do direito do animal no Brasil, Laerte Fernando Levai, nosso colega de Ministério Público paulista, que vem estudando a sensibilização e a consciência dos animais.

---

95. Tom Zeller Jr., Bancos evitam projetos ambientalmente arriscados, *The New York Times*, publicado na *Folha de S. Paulo*, 27 set. 2010, p. 4.

96. Agnaldo Brito, Itaipu será modelo para a Amazônia, *Folha de S. Paulo*, 19 jun. 2011, p. B-1.

Sencientes são "todos os organismos vivos que, além de apresentarem reações orgânicas ou físico-químicas aos processos que afetam o seu corpo (sensibilidade), percebem estas reações como estados mentais positivos ou negativos (consciência)"[97].

Pergunta-se: os animais possuem sensibilização?

A principal diferença entre o homem e os animais é de aparência e não de essência. O sistema nervoso dos animais é composto de medula espinhal, tronco encefálico, cérebro e cerebelo. Já nos mamíferos e nas aves, restou demonstrado que a dor segue mecanismo similar ao dos seres humanos. O estímulo doloroso é levado pelos nervos até o sistema nervoso central e, pela medula espinhal, alcança o encéfalo e/ou o córtex cerebral, órgão que concentra as áreas sensoriais primárias, os processos de planejamento, memória, percepção das emoções e consciência. Em outras palavras, a dor física ou psicológica pode incidir no homem e no animal, enquanto seres sensíveis capazes de sofrer. O agir animal, que envolve um mundo de ação e um mundo de percepção, revela uma complexa e desconhecida atividade voltada a eles mesmos enquanto sujeitos-de-uma-vida. Nesse contexto, o filósofo Tom Regan afirma que os animais são pacientes morais com direito a um tratamento digno[98].

A própria Lei federal n. 11.794/2008 reconhece, indiretamente, os animais como seres sencientes, fato que revela aquilo que não mais pode permanecer oculto sob o véu da ignorância.

A legislação, no entanto, reconhece somente os animais classificados pela zoologia como *filo Chordata, subfilo Vertebrata*, que têm como características exclusivas a coluna vertebral e o encéfalo encerrado numa caixa craniana (mamíferos, aves, peixes, anfíbios e répteis).

O filósofo Peter Singer sugeriu dois indicadores do fato de que animais não humanos são capazes de sofrer, quais sejam: *comportamento do ser* — se ele se contorce, emite gritos, tenta fugir da dor e assim por diante; e *semelhança do seu sistema nervoso com o nosso*. Em relação a aves e mamíferos, diz ele, as evidências são esmagadoras. Os répteis e os peixes possuem sistema nervoso diferente do dos mamíferos em alguns aspectos importantes, mas compartilham a estrutura básica de organização de vias nervosas centrais. Alega ainda o filósofo que, à medida que se desce na escala evolucionária para observar o comportamento de outras formas de vida, as dificul-

---

97. Princípio da senciência: um olhar biocêntrico para os animais. Artigo inédito, fornecido pelo autor da tese, e Direito animal e o princípio da senciência, *Jornal Carta Forense*, out. 2015, p. A-14 e A-15.

98. *Jaulas vazias*, Porto Alegre, Lugano, 2006, p. 10.

dades aumentam, não se podendo ter tanta certeza da capacidade de sentir dor. Na dúvida, deve-se adotar o princípio da precaução[99].

Para finalizar, o autor da tese cita a conclusão a que chegou um grupo de cientistas cognitivos, neurofisiologistas, neuroanatomistas e neurofarmacologistas reunidos para estudar a consciência em animais humanos e não humanos, os quais, ao final, proclamaram a Declaração de Cambridge sobre a Consciência dos Animais Humanos e não Humanos. "A ausência de um neocórtex não parece impedir que um organismo experimente estados afetivos. Evidências convergentes indicam que animais não humanos têm os substratos neuroanatômicos, neuroquímicos e neurofisiológicos de estados de consciência juntamente com a capacidade de exibir comportamentos intencionais. Consequentemente, o peso das evidências indica que os humanos não são os únicos a possuir os substratos neurológicos que geram a consciência. Todos os mamíferos e as aves, e muitas outras criaturas, incluindo polvos, também possuem esses substratos neurológicos[100].

Não há mais dúvidas sobre a sensibilização e consciência dos animais. A ciência, através de diversos cientistas de renome no mundo, comprovou esses fatos, e não mais se pode alegar o seu desconhecimento. Devemos, a partir de então, criar leis protetivas desses seres vivos em desenvolvimento.

---

99. *Libertação animal*, trad. Marly Winckler, Porto Alegre, Lugano, 2008, p. 105.

100. Declaração de Cambridge sobre Consciência, firmada e publicada em 7 de julho de 2012.

# Título II
## Tutela Constitucional do Meio Ambiente

### Capítulo I
### Direito Ambiental Constitucional

## 1. POSIÇÃO CONSTITUCIONAL

O direito ambiental está todo calcado na Constituição Federal de 1988, mas seu estudo precede a esse instrumento máximo de nosso país. Como saber jurídico ambiental, essa ciência desenvolveu-se rapidamente nas últimas décadas, com farta legislação elaborada pela doutrina nas esferas da União, Estados, Distrito Federal e Municípios, e pela jurisprudência, produzida nas diversas Cortes brasileiras. Não resta dúvida de que o estudo dessa ciência deve partir da análise de nosso arcabouço constitucional, em que encontraremos a estrutura organizacional e executiva da Política Nacional do Meio Ambiente de todo o país.

Neste ponto, estudaremos a seguir quatro conjuntos de normas constitucionais ambientais, que classificamos como:

a) normas específicas;
b) normas gerais;
c) normas de competência; e
d) normas de garantia.

## 2. MEIO AMBIENTE NAS CONSTITUIÇÕES BRASILEIRAS

Antes de adentrar na análise das normas constitucionais específicas protetivas do meio ambiente, faz-se necessário trazer algumas informações históricas dessas normas nas Constituições anteriores[1].

---

1. Não podemos nos esquecer da importância que Raquel Carson trouxe ao movimento ambientalista sobre a contaminação por substâncias químicas que alteravam os processos celulares de plantas e animais. Foi em 1962, por meio de sua obra *Primavera silenciosa*, que a autora "lançou a semente do que se tornaria uma verdadeira revolução social e cultural, alcançando, mais tarde, também os universos político e jurídico. Embora não sendo necessariamente a pioneira do movimento ambientalista, que

Assim, a Constituição Política do Império, jurada em 25 de março de 1824, não fazia qualquer menção ao meio ambiente. Naquela época, a legislação aplicável no Brasil decorria das Ordenações do Reino, porque o sistema econômico estava calcado essencialmente no setor agrícola. Contudo, a Constituição atribuiu competência às Câmaras Municipais para disciplinar sobre a formação das suas posturas (art. 169)[2].

Já a Constituição da República dos Estados Unidos do Brasil promulgada em 24 de fevereiro de 1891 estipulava a possibilidade de a União legislar sobre minas e terras, mas sem qualquer conotação preservacionista (art. 34, n. 29). Essa Constituição foi a primeira a estabelecer regras para o uso do solo, dando-se início à normatização de alguns elementos da natureza.

A Constituição da República dos Estados Unidos do Brasil promulgada em 16 de julho de 1934 previu a proteção das belezas naturais, do patrimônio histórico, artístico e cultural e a competência da União em matéria de riquezas do subsolo, mineração, metalurgia, água, energia hidrelétrica, florestas, caça e pesca e a exploração (art. 5º, XIX).

A Constituição dos Estados Unidos do Brasil promulgada em 10 de novembro de 1937 trouxe a preocupação com os monumentos históricos, artísticos e naturais, atribuindo ainda à União a competência para legislar sobre minas, metalurgia, energia hidráulica, águas, florestas, caça e pesca e sua exploração (art. 16, XIV).

A Constituição dos Estados Unidos do Brasil promulgada em 18 de setembro de 1946 manteve a proteção do patrimônio histórico, cultural e paisagístico e ampliou a competência da União para legislar sobre mineração, metalurgia, águas, energia elétrica, florestas, caça e pesca (art. 5º, XV, *l*).

A Constituição do Brasil promulgada em 24 de janeiro de 1967 manteve, de certo modo, a mesma proteção dos recursos naturais contida na Constituição anterior e estabeleceu a competência da União para organizar a defesa permanente contra as calamidades públicas, especialmente a seca e as inundações (art. 8º, XII). No entanto, com o advento da Emenda Constitucional n. 1/69, foi inserida, em seu art. 172[3], a palavra "ecológico".

---

desde a década de 1950 já era gestado tanto na Europa quanto nos Estados Unidos, ela cumpriu um papel fundamental com sua obra e projetou para o espaço público o debate a respeito da responsabilidade da ciência, dos limites do progresso tecnológico e da relação entre ser humano e Natureza" (Ingo Wolfgang Sarlet e Tiago Fensterseifer, O "esverdear" do direito constitucional, *Estado de Direito*, n. 31, ano V, 2011, p. 12).

2. Paulo de Bessa Antunes, *Direito ambiental*, cit., p. 39.

3. O art. 172 da Constituição de 1967, com redação dada pela Emenda n. 1/69, reza: "A lei regulará, mediante prévio levantamento ecológico, o aproveitamento agrícola de terras sujeitas a intempéries e calamidades. O mau uso da terra impedirá o proprietário de receber incentivos e auxílios do Governo".

Isso demonstrou a preocupação do legislador em se antecipar à Conferência de Estocolmo/72, estabelecendo regras com a finalidade de criar um sistema de avaliação prévia relacionada à ecologia e exigir do seu proprietário que fizesse bom uso da terra, proibindo, na própria Constituição, o recebimento de incentivos e auxílios para aqueles que viessem a degradar o solo. A Constituição Federal, promulgada em 5 de outubro de 1988, não incluiu tal texto[4]. No entanto, foi a primeira a inserir a expressão "meio ambiente", colocando-a em destaque em capítulo próprio e dentro da ordem social.

Como se vê pela sucinta análise das Constituições anteriores, foi possível sair "do estágio da *miserabilidade ecológica constitucional*, própria das Constituições liberais anteriores, para outro, que, de modo adequado, pode ser apelidado de *opulência ecológica constitucional*, pois o capítulo do meio ambiente nada mais é do que o ápice ou a face mais visível de um regime constitucional que, em vários pontos, dedica-se, direta ou indiretamente, à gestão dos recursos ambientais"[5].

---
4. Paulo Affonso Leme Machado, *Direito ambiental*, cit., 13. ed., p. 115.
5. Antônio Herman V. Benjamin, *Desafios*, cit., p. 368.

CAPÍTULO II
CONSTITUIÇÃO FEDERAL E MEIO AMBIENTE

SEÇÃO I
*Normas constitucionais específicas*

## 1. COMENTÁRIOS ÀS NORMAS ESPECÍFICAS

A preocupação foi tanta com o meio ambiente que o nosso legislador constituinte resolveu reservar-lhe um capítulo inteiro na Constituição Federal, procurando disciplinar a matéria diante de sua importância mundial[1]. Inseriu o capítulo sobre meio ambiente em um único artigo, contendo seis parágrafos. José Afonso da Silva divide o art. 225 da CF em três conjuntos de normas:

a) *norma-princípio ou norma-matriz* — é o meio ambiente ecologicamente equilibrado contido no *caput* do dispositivo;

b) *normas-instrumentos* — são os instrumentos inseridos no § 1º, I a VII, colocados à disposição do Poder Público para dar cumprimento à norma-matriz; e

c) *conjunto de determinações particulares* — relaciona-se a objetos e setores, referidos nos §§ 2º a 6º, notadamente no § 4º, dado que são elementos sensíveis que requerem imediata proteção e direta regulamentação constitucional[2].

## 2. NORMA FUNDAMENTAL (ART. 225, *CAPUT*)

### 2.1. Meio ambiente ecologicamente equilibrado

Diz o art. 225, *caput*, da Constituição[3]:

---

1. Luiz Regis Prado salientou a preocupação mundial no que tange à proteção ambiental, citando a Resolução da Conferência de Estocolmo de 1972 como fonte inspiradora para todo legislador constituinte. Proclama tal resolução que "o homem é ao mesmo tempo criatura e criador do meio ambiente que lhe dá sustento físico e lhe oferece a oportunidade de desenvolver-se intelectual, moral, social e espiritualmente. A longa e difícil evolução da raça humana no planeta levou-a a um estágio em que, com o rápido progresso da ciência e da tecnologia, conquistou o poder de transformar de inúmeras maneiras e em escalas sem precedentes o meio ambiente, natural ou criado pelo homem, é o meio ambiente essencial para o bem-estar e para o gozo dos direitos humanos fundamentais, até mesmo o direito à própria vida" (*Direito penal ambiental* (problemas fundamentais), São Paulo, Revista dos Tribunais, 1992, p. 22).

2. *Direito ambiental constitucional*, 2. ed., 3. tir., São Paulo, Malheiros Ed., 1998, p. 31.

3. Luiz Regis Prado acrescenta que o "tratamento constitucional aqui adotado reflete, como se vê, tendência exclusiva das Constituições contemporâneas, elaboradas num momento em que é forte a

*Todos têm direito ao meio ambiente ecologicamente equilibrado, bem de uso comum do povo e essencial à sadia qualidade de vida, impondo-se ao Poder Público e à coletividade o dever de defendê-lo e preservá-lo para as presentes e futuras gerações.*

Esse dispositivo pode ser dividido em quatro partes:

a) *o meio ambiente ecologicamente equilibrado é um direito fundamental da pessoa humana (direito à vida com qualidade);*

b) *o meio ambiente é um bem de uso comum do povo* — bem difuso, portanto, indisponível;

c) *o meio ambiente é um bem difuso e essencial à sadia qualidade de vida do homem;* e

d) *o meio ambiente deve ser protegido e defendido pelo Poder Público e pela coletividade para as presentes e futuras gerações.*

Passemos a analisar alguns conceitos desse princípio. Entende-se por todos o conjunto de pessoas integrado pelos brasileiros e estrangeiros residentes no país, nos termos do art. 5º da CF, pois esta, em regra, aplica-se somente no território brasileiro. Cuida-se, como já vimos, de uma visão eminentemente antropocêntrica. Questiona Antônio Herman V. Benjamin (ministro do Superior Tribunal de Justiça) se os estrangeiros não residentes no Brasil não teriam o direito ao meio ambiente ecologicamente equilibrado. E vai mais além ao dizer que "a interpretação da norma reflete muito do que se colhe da realidade cultural, incubadora dos nossos valores éticos; quem sabe um dia se verá no *todo* do art. 225, *caput*, uma categoria mais ampla e menos solitária do que apenas os próprios seres humanos". Também é oportuno salientar que "a negação de titularidade de direito a outros seres vivos não implica, automática e inevitavelmente, negação de reconhecimento de seu valor intrínseco"[4].

A lei infraconstitucional, por sua vez, conceituou *meio ambiente* como "o conjunto de condições, leis, influências e interações de ordem física, química e biológica, que permite, abriga e rege a vida em todas as suas formas" (art. 3º, I, da Lei n. 6.938/81). Esse conceito abrange somente o meio ambiente natural, mas a doutrina, com base nessa deficiência, ampliou o conceito para inserir também o meio ambiente cultural, artificial e do trabalho. Seu aspecto conceitual foi amplamente discutido no capítulo do meio ambiente, mas, para o nosso campo de estudo, adotaremos o conceito doutrinário, por ser o mais adequado para a análise do objeto do direito ambiental.

---

consciência ecológica dos povos civilizados. A intenção do legislador constituinte foi a de dar uma resposta ampla à grave e complexa questão ambiental, como requisito indispensável para garantir a todos uma qualidade de vida digna. Aliás, essa é uma consequência lógica da própria concepção de Estado de Direito — democrático e social — consagrada na Lei Magna" (*Direito*, cit., p. 26-7).

4. Direito constitucional ambiental brasileiro, in José Joaquim Gomes Canotilho e José Rubens Morato Leite (Coord.), *Direito constitucional ambiental brasileiro*, São Paulo, Saraiva, 2007, p. 106.

Posto isso, como devemos interpretar a expressão *meio ambiente ecologicamente equilibrado*? Essa expressão deve ser interpretada conciliando o binômio: desenvolvimento (art. 170, VI, da CF) *versus* meio ambiente (art. 225, *caput*, da CF). Assim, compatibilizar "meio ambiente e desenvolvimento significa considerar os problemas ambientais dentro de um processo contínuo de planejamento, atendendo-se adequadamente às exigências de ambos e observando-se as suas inter-relações particulares a cada contexto sociocultural, político, econômico e ecológico, dentro de uma dimensão tempo/espaço. Em outras palavras, isto implica dizer que a política ambiental não se deve erigir em obstáculo ao desenvolvimento, mas sim em um de seus instrumentos, ao propiciar a gestão racional dos recursos naturais, os quais constituem a sua base material"[5]. O equilíbrio ecológico não significa a inalterabilidade das condições naturais. Busca-se, no entanto, a harmonia ou a proporção e a sanidade entre os vários bens que compõem a ecologia (populações, comunidades, ecossistemas e biosfera)[6]. É bom ressaltar que equilíbrio ecológico não se confunde com sociedade ambientalmente equilibrada (art. 5º, V, da Lei n. 9.795/99); o primeiro refere-se aos aspectos do meio ambiente natural, cultural, artificial e do trabalho; já o segundo descreve as cidades como sociedades urbanas ambientalmente equilibradas, no sentido de sociedades urbanas sustentáveis[7].

## 2.2. Meio ambiente como direito fundamental

A qualidade de vida é a finalidade que o Poder Público procura alcançar com a união da felicidade do cidadão ao bem comum, superando a estreita visão quantitativa expressa pelo conceito de nível de vida[8]. Busca-se, nas palavras da própria Carta Política, a construção de uma sociedade livre, justa e solidária. Assim, meio ambiente e qualidade de vida fundem-se no direito à vida, transformando-se num direito fundamental. Por isso a maioria das Constituições passou a protegê-la mais intensamente como garantia da coletividade. Os vinte e seis princípios contidos na Declaração de Estocolmo de 1972 foram, na sua totalidade, encampados pelo art. 225 da CF. Esses princípios têm por escopo dar efetividade ao meio ambiente ecologicamente equilibrado e à sadia qualidade de vida do homem. Ressalte-se que a sadia qualidade de vida não está explicitamente inserida no art. 5º da CF; no entan-

---

5. Édis Milaré, *Direito do ambiente*, cit., p. 36.

6. Paulo Affonso Leme Machado, *Direito ambiental brasileiro*, 13. ed., São Paulo, Malheiros Ed., 2005, p. 119.

7. Consuelo Yatsuda Moromizado Yoshida, A efetividade da proteção do meio ambiente e a participação do Judiciário, in Sandra Akemi Shimada Kishi et al. (Coord.), *Desafios do direito ambiental do século XXI*, São Paulo, Malheiros Ed., 2005, p. 439.

8. Fernando López Ramón, citado por Paulo Affonso Leme Machado, *Direito*, cit., p. 121.

to, trata-se de um direito fundamental a ser alcançado pelo Poder Público e pela coletividade. Cuida-se de direito ou interesse difuso que deve ser protegido para que "todos" possam usufruí-lo. Assim, os recursos naturais devem ser racionalmente utilizados para a subsistência do homem, em primeiro lugar, e das demais espécies, em segundo.

Houve, inclusive, uma PEC, que tramitou perante a Câmara, a qual encontra-se atualmente arquivada, que pretendia incluir o meio ambiente entre os direitos fundamentais. A Câmara analisou e arquivou a EC (PEC n. 455/2010), do Deputado Roberto Rocha (PSDB-MA), que incluía o meio ambiente entre os direitos fundamentais, ou seja, direito à vida, à liberdade, à igualdade, à segurança e à propriedade (art. 5º, *caput*, da CF). Tratava-se de proposta de emenda ao texto constitucional objetivando acrescentar ao *caput* do art. 5º a expressão "e ao meio ambiente ecologicamente equilibrado" logo antes de "nos termos seguintes". O senador Cristovam Buarque propôs Projeto de Emenda à Constituição (PEC n. 19/2010) com a finalidade de acrescentar ao art. 6º outro direito, dentre os direitos sociais essenciais, a *busca do direito à felicidade,* e não o direito à felicidade, propriamente dito. A PEC, em votação simbólica, foi aprovada pela Comissão de Constituição e Justiça — CCJ.

Isso tem tudo a ver com o *direito fundamental* ao meio ambiente ecologicamente equilibrado e o *direito social* da busca da felicidade.

## 2.3. Responsabilidade intergeracional

A responsabilidade pela preservação do meio ambiente não é somente do Poder Público, mas também da coletividade. Todo cidadão tem o dever de preservar os recursos naturais por meio dos instrumentos colocados à sua disposição pela Constituição Federal e pela legislação infraconstitucional.

A divisão da responsabilidade em cuidar do meio ambiente entre o Poder Público e a coletividade[9] impõe-se especialmente neste momento tão importante da consciência ecológica internacional. A atuação do Poder Público pode exteriorizar-se por meio de seus órgãos sob os ditames da lei, mas a coletividade não existe em si mesma senão nas pessoas e organizações que a compõem. Ressalte-se, além disso, que o dever de proteger o meio ambiente já não se insere no campo do poder discricionário da Administração Pública. Édis Milaré alerta que as políticas públicas ambientais não estão restritas à Administração Pública; ao contrário, surgem como um imperativo gerencial para as empresas com missão lucidamente definida em suas

---

9. Segundo Paulo Affonso Leme Machado, a "ação da coletividade, diferentemente da do Poder Público, em geral é facultativa, ainda que no caso das organizações da sociedade civil de interesse público, quando houverem celebrado contratos de parceria com o Poder Público, poderão ser compelidas a cumprir os deveres desses contratos" (*Direito*, cit., p. 122).

estratégias de ação. A iniciativa privada tem condições de fazer muitas coisas melhor do que a Administração Pública, visto que o serviço público está atado por diferentes limitações. Nesse diapasão, o serviço público nem é suficiente para atender a tantas necessidades ambientais da sociedade nem pode monopolizar esse atendimento, salvo naquilo que a lei estabelece[10].

A Constituição Federal quer proteger o meio ambiente para as presentes e futuras gerações como princípio da ética e da solidariedade entre elas. A continuidade da vida depende da solidariedade da presente geração no que diz com o destino das futuras gerações, criando-se o princípio da responsabilidade ambiental entre gerações[11].

Trata-se, em outras palavras, da responsabilidade intergeracional[12].

## 3. NORMAS DESTINADAS AO PODER PÚBLICO

### 3.1. Processos ecológicos essenciais (§ 1º, I)

*§ 1º Para assegurar a efetividade desse direito, incumbe ao Poder Público:*

*I — preservar e restaurar os processos ecológicos essenciais e prover o manejo ecológico das espécies e ecossistemas.*

Para dar efetividade ao cumprimento do princípio matriz contido no *caput* desse dispositivo, deve o Poder Público preservar e restaurar os processos ecológicos essenciais. Cuida-se de um conceito eminentemente ecológico. No entanto, há cer-

---

10. Édis Milaré, Discurso proferido na posse da presidência do Conselho Superior de Meio Ambiente instituído pelo Instituto Roberto Simonsen da Federação das Indústrias do Estado de São Paulo em 22-12-2004, *Revista de Direito Ambiental*, 38:397, abr./jun. 2005.

11. Paulo Affonso Leme Machado, *Direito*, cit., p. 123.

12. A Corte Suprema das Filipinas, em 30-7-1993, proferiu decisão declarando que os requerentes podiam de forma legítima representar a futura geração, mesmo que ainda não nascida. Os requerentes — crianças e jovens menores, representados por seus pais — pediram à Corte que ordenasse ao governo local a cassação da permissão concedida de exploração de florestas e o fim dessas autorizações, em decorrência dos danos que causariam ao meio ambiente. Para efeitos ilustrativos, transcrevemos parte da decisão: "Their personality to sue on behalf of the succeeding generations can only be based on the concept of intergenerational responsibility insofar as the right to a balanced and healthful ecology is concerned. Such a right (...) considers the 'rhythm and harmony of Nature'. Nature means the created world in its entirety. Such rhythm and harmony indispensably include, *inter alia*, the judicious disposition, utilization, management, renewal and conservation of the country's forest, mineral, land, waters, fisheries, wildlife, off-shore areas and other natural resources to the end that their exploration, development and utilization be equitably accessible to the present as well as future generations. Needless to say, every generation has a responsibility to the next to preserve that rhythm and harmony for the full enjoyment of a balanced and healthful ecology" (Alexandre Kiss, Justiça ambiental e religiões cristãs, in Sandra Akemi Shimada Kishi et al. (Coord.), *Desafios*, cit., p. 53-4).

ta dificuldade na explicitação da expressão *processos ecológicos essenciais*. Preservar é procurar manter intacto o meio ambiente natural, conservando suas características originais. Restaurar, ao contrário, é estabelecer critérios para recompor os recursos naturais anteriormente degradados. Não se deve restaurar ou preservar um dos recursos naturais, isoladamente, na área degradada, mas todos os elementos bióticos e abióticos que se relacionam entre si (física, química e biologicamente). Assim, para proteger a água, por exemplo, deve-se proteger o solo, o ar atmosférico, a flora, a fauna, enfim, todos os recursos naturais existentes na bacia hidrográfica e em torno dela. Esses recursos naturais (elementos bióticos) relacionam-se intensa e continuamente com os seres vivos (elementos abióticos), formando um conjunto harmonioso que proporciona condições essenciais para a existência de vida. É, em outras palavras, o ato ou o esforço coordenado e direcionado a uma mesma função ecológica. É a troca contínua de energia entre os seres vivos, a natureza e o sol, dando origem às novas espécies de vida e proporcionando condições para a sobrevivência das demais espécies.

Como vimos, o desenvolvimento de todas as espécies de vida depende essencialmente dos processos naturais que, por sua vez, relacionam-se com a energia solar, formando um ambiente adequado para a vida. Podemos, assim, conceituar *processos ecológicos essenciais* como aqueles "governados, sustentados ou intensamente afetados pelos ecossistemas, sendo indispensáveis à produção de alimentos, à saúde e a outros aspectos da sobrevivência humana e do desenvolvimento sustentado"[13]. Preservar a vida é proteger a cadeia alimentar, os ciclos das águas, do carbono, do oxigênio, do hidrogênio, do nitrogênio, dos minerais, de energia e dos materiais orgânicos e inorgânicos, enfim, de todos os elementos constitutivos do meio ambiente.

Registre-se que a preservação e restauração desse processo ecológico é fundamental para a perpetuação da vida no planeta Terra. Trata-se da interação integrada das espécies da fauna, da flora, dos micro-organismos, da água, do solo, do subsolo, do lençol freático, dos rios, das chuvas, do clima etc.

Para prover o adequado manejo ecológico das espécies faz-se necessário realizar um inventário de todas elas (fauna e flora), em determinada região, e, a partir daí, começar a análise do seu desenvolvimento ou de sua extinção. As espécies variam de local para local e devem ser preservadas, realizando um planejamento adequado para evitar sua extinção.

O preceito constitucional exige que o Poder Público crie mecanismos eficientes para a realização de uma gestão ecológica planejada das espécies. Assim, *prover o manejo ecológico das espécies* é realizar uma gestão planejada das espécies da fauna e da flora ameaçadas de extinção, transferindo-as de um local para outro com a intenção de evitar sua extinção em determinado ecossistema.

---

13. José Afonso da Silva, *Direito*, cit., p. 61-2.

O conceito de ecossistema é fornecido pela ecologia. Pode ser considerado como o conjunto de elementos bióticos (flora, fauna, micro-organismos) que interage com outros elementos abióticos (água, energia solar, solo, minérios etc.), dando sustentabilidade ao meio ambiente. Engloba o lugar (biótopo) e o agrupamento de seres vivos (biocenose). A Terra é o verdadeiro organismo vivo de uma vida *sui generis*, em que a biosfera é apenas parte representativa. Essa biosfera é constituída de vários ecossistemas, por exemplo, aquático, marinho, atmosférico, terrestre ou continental.

Prover o manejo ecológico das espécies é realizar a gestão adequada dos ecossistemas, mantendo-os integralmente protegidos. Em outras palavras, prover o manejo ecológico das espécies significa conservá-las e recuperá-las em seu hábitat de origem. A legislação é que protegerá os ecossistemas, com a criação de zoneamento ambiental por meio das unidades de conservação etc.

A criação de unidades de conservação é uma das possibilidades para proteger as espécies da biodiversidade. A Lei n. 9.985, de 18 de julho de 2000, regulamentou esse dispositivo constitucional, permitindo a criação de unidades de conservação de proteção integral (refúgio da vida silvestre, por exemplo) e de uso sustentável (reserva da fauna, por exemplo).

### 3.2. Proteção da biodiversidade e do patrimônio genético (§ 1º, II)

*II — preservar a diversidade e a integridade do patrimônio genético do País e fiscalizar as entidades dedicadas à pesquisa e manipulação de material genético.*

Ainda para dar cumprimento ao princípio matriz, deve o Poder Público proteger a diversidade e o patrimônio genético. Esse dispositivo é considerado por alguns como o mais moderno e importante do art. 225 da CF, pois é dele que se extrai o fundamento para a manipulação de organismos geneticamente modificados, dando-se origem a novas espécies úteis ao homem.

A Lei n. 13.123, de 20 de maio de 2015, regulamenta o inciso II do § 1º e o § 4º do art. 225 da CF, o art. 1º, a alínea *j* do art. 8º, a alínea *c* do art. 10, o art. 15 e os §§ 3º e 4º do art. 16 da Convenção sobre Diversidade Biológica, promulgada pelo Decreto n. 2.519/98, que visa estimular a pesquisa e a inovação com espécies nativas, reduzindo as diligências burocráticas. Referida lei dispõe sobre o acesso ao patrimônio genético brasileiro, o conhecimento tradicional relevante à conservação da diversidade, à integridade do patrimônio e à utilização de seus componentes, além do acesso à tecnologia. Citada lei tem por objetivo ainda dispor sobre bens, direitos e obrigações relativos à exploração econômica de produto acabado ou material reprodutivo, à remessa para o exterior de organismos, vivos ou mortos, de espécies animais, vegetais, microbianas ou de outra natureza, que se destine ao acesso ao patrimônio genético e à implementação de tratados internacionais.

Podemos, assim, conceituar *diversidade biológica* ou *biodiversidade* como "a variabilidade de organismos vivos de todas as origens, compreendendo, dentre outros, os ecossistemas terrestres, marinhos e outros ecossistemas aquáticos e os complexos ecológicos de que fazem parte; compreendendo ainda a diversidade dentro de espécies, entre espécies e de ecossistemas" (art. 2º, III, da Lei n. 9.985/2000).

A importância da diversidade biológica está intimamente ligada à sustentabilidade de todos os seres vivos encontrados no meio ambiente. Não há como imaginar a Terra sem o grande organismo vivo constituído pela diversidade biológica (fauna, flora e micro-organismos). São tais organismos vivos que permitem a existência da vida no planeta Terra. Nós ainda não conhecemos a totalidade das espécies vivas existentes em nosso planeta. As espécies conhecidas não ultrapassam 10%, e a sua maioria encontra-se na Floresta Amazônica e na Mata Atlântica. Essa diversidade varia de região para região, não sendo a mesma num mesmo ecossistema. Sua preservação é importante para a produção agrícola, florestal, pesqueira, para a purificação do ar atmosférico e para evitar mudanças drásticas do meio ambiente, consistentes na ocorrência de catástrofes causadas pelas alterações climáticas.

A diversidade biológica e o patrimônio genético podem ser protegidos na sua integralidade com a edição de leis que proíbam a exploração de determinados ecossistemas. Essa diversidade pode também ser preservada parcialmente com a criação de unidades de conservação. A Lei n. 9.985/2000 criou o Sistema Nacional de Unidades de Conservação da Natureza, visando à proteção parcial do patrimônio genético e da diversidade biológica. E a Lei n. 11.105, de 24 de março de 2005, regulamentou os incisos II, IV e V do § 1º do art. 225 da CF, estabeleceu normas de segurança e mecanismos de fiscalização de atividades que envolvam organismos geneticamente modificados (OGM) e seus derivados, criou o Conselho Nacional de Biossegurança (CNBS), reestruturou a Comissão Técnica Nacional de Biossegurança (CTNBio) e dispôs sobre a Política Nacional de Biossegurança (PNB).

*Patrimônio genético*, por sua vez, é o conjunto de seres vivos que habitam o planeta Terra, incluindo os seres humanos, os animais, os vegetais e os micro-organismos. A variedade dos organismos vivos é que permite a vida do ser humano na Terra. Tal variedade de organismos vivos (elementos animados e inanimados) interage entre si, constituindo o meio ambiente ecologicamente equilibrado. Integram o patrimônio genético todos os organismos vivos encontrados na natureza, constituindo a biodiversidade, que, por sua vez, é a variedade de "organismos vivos de todas as origens e os complexos ecológicos de que fazem parte: compreendendo ainda a diversidade dentro de espécies, entre espécies e de ecossistema". Organismo é toda entidade biológica capaz de reproduzir ou de transferir material genético, inclusive vírus e outras classes que venham a ser conhecidas (art. 3º, I, da Lei n. 11.105/2005).

Essas normas foram criadas para proteger o patrimônio genético e a diversidade biológica, estabelecendo mecanismos jurídicos para a exploração e realização de pesquisas com as espécies nativas. Muitas dessas espécies podem servir para a produção de medicamentos, por exemplo. E a legislação tem por finalidade proteger e estabelecer regras para a manipulação do patrimônio genético e evitar a invasão de espécies exóticas que podem trazer modificações profundas nos ecossistemas locais.

Assim, não basta permitir a perpetuidade das espécies e dos ecossistemas; é necessário proteger efetivamente o patrimônio genético do Brasil, evitando o seu desaparecimento em caráter definitivo[14].

Para que isso seja possível, é necessário que o Poder Público realize e execute programas eficientes do manejo ecológico, visando à preservação da diversidade e do patrimônio ecológico e a evitar sua destruição, deterioração e exploração abusiva (v. anotação ao Protocolo de Nagoya sobre biodiversidade aprovado em 2010, no item 3.2 do Capítulo II do Título XI — Tutela internacional do meio ambiente).

### 3.3. Microecossistemas (§ 1º, III)

*III — definir, em todas as unidades da Federação, espaços territoriais e seus componentes a serem especialmente protegidos, sendo a alteração e a supressão permitidas somente através de lei, vedada qualquer utilização que comprometa a integridade dos atributos que justifiquem sua proteção.*

Assim, para dar efetividade ao princípio matriz, compete ao Poder Público definir e proteger os espaços territoriais e seus componentes. Os espaços territoriais especialmente protegidos abrangem as áreas de preservação permanente, as reservas florestais legais e as unidades de conservação. Para Édis Milaré, esses espaços abrangem: as áreas de proteção especial, as áreas de preservação permanente, as reservas legais e as unidades de conservação[15]. Preferimos denominá-los microecossistemas. Procura-se proteger todos os atributos ao mesmo tempo e em conjunto e não parte deles.

Esses espaços territoriais ou *microecossistemas* são denominados unidades de conservação. Estas, por sua vez, são os espaços territoriais e seus recursos ambientais, incluindo as águas jurisdicionais, com características naturais relevantes, legalmente instituídos pelo Poder Público, com objetivos de conservação e limites definidos, sob regime especial de administração, ao qual se aplicam garantias adequadas de proteção (art. 1º, I, da Lei n. 9.985/2000).

O que se protege nesses espaços são os ecossistemas, os quais, por sua vez, são áreas representativas da região e constituídas de recursos naturais relevantes. Tais espaços territoriais ambientais são protegidos e sua exploração depende de lei. Não se permitirá a sua modificação se causar alterações em seus atributos essenciais. É importante ressaltar que esses espaços territoriais podem ser instituídos pela União, Estados, Distrito Federal e Municípios. São as denominadas unidades de conservação criadas pela Lei n. 9.985/2000, que instituiu o Sistema Nacional de Unidades de Conservação da Natureza. As unidades de conservação dividem-se em *proteção inte-*

---

14. Paulo Affonso Leme Machado, *Direito*, cit., p. 130.
15. *Direito do ambiente*, cit., 4. ed., 2005, p. 195.

*gral* (estação ecológica, reserva biológica, parque nacional, monumento natural e refúgio de vida silvestre) e de *uso sustentável* (áreas de proteção ambiental, área de relevante interesse ecológico, floresta nacional, reserva extrativista, reserva da fauna, reserva de desenvolvimento sustentável e reserva particular do patrimônio natural).

José Afonso da Silva conceitua os espaços territoriais especialmente protegidos como "áreas geográficas públicas ou privadas (porção do território nacional) dotadas de atributos ambientais que requeiram sua sujeição, pela lei, a um regime jurídico de interesse público que implique sua relativa imodificabilidade e sua utilização sustentada, tendo em vista a preservação e proteção da integridade de amostras de toda a diversidade de ecossistemas, a proteção ao processo evolutivo das espécies, a preservação e proteção dos recursos naturais"[16].

O zoneamento ambiental, por sua vez, tem por finalidade regular o adequado ordenamento do uso e ocupação do solo. Foi com esse objetivo que se criou o Zoneamento Ecológico-Econômico do Brasil (ZEE), para proteger o bioma de interesse nacional, como, por exemplo, a Floresta Amazônica, a Mata Atlântica, a Serra do Mar, o Pantanal Mato-Grossense e a Zona Costeira, por meio do Decreto n. 4.297, de 10 de julho de 2002.

Ressalte-se, ainda, que esse dispositivo é autoaplicável, no dizer do ministro Francisco Rezek, na decisão da "farra do boi", "não demandando legislação suplementar para ser implementado, sublinhando-se que nele não está inserida a expressão *na forma da lei*. Ainda que contivesse tal expressão, nem por isso retiraria sua força abrangente"[17].

Definir é encontrar a área a ser especialmente protegida e seus componentes, não se admitindo, a partir daí, a sua ocupação com a construção de casa para o guarda ou outros equipamentos, tais como cerca etc. Qualquer alteração, mesmo que pequena, precisa de lei. O Governo do Estado de São Paulo, mediante decreto, permitiu a possibilidade de modificação de parque estadual somente com estudo prévio de impacto ambiental (EPIA), sem a respectiva lei. Tal questão desaguou no STF, e o ministro Moreira Alves concedeu a liminar para cassar o decreto por entender que o ato poderia causar danos ecológicos de difícil reparação[18].

### 3.4. Estudo Prévio de Impacto Ambiental — EPIA (§ 1º, IV)

*IV — exigir, na forma da lei, para instalação de obra ou atividade potencialmente causadora de significativa degradação do meio ambiente, estudo prévio de impacto ambiental, a que se dará publicidade.*

---

16. José Afonso da Silva, *Direito*, cit., p. 160-1.
17. Paulo Affonso Leme Machado, *Direito*, cit., p. 135.
18. Paulo Affonso Leme Machado, *Direito*, cit., p. 136.

Para dar efetividade ao princípio matriz, compete ao Poder Público exigir, na forma da lei, o EPIA, um dos instrumentos da política nacional do meio ambiente mais importantes para a proteção desse meio ambiente, inspirado no direito americano (*National Environmental Policy Act* — NEPA, de 1969). É um instrumento administrativo preventivo. Por tal razão é que foi elevado a nível constitucional (art. 225, § 1º, IV). O EPIA implementa, de forma efetiva, dois princípios do direito ambiental. O primeiro é o *princípio da prevenção*, visto que o estudo de impacto ambiental é, obrigatoriamente, prévio ao procedimento de licenciamento e tem por objetivo evitar ações que seriam prejudiciais ou irreversíveis ao meio ambiente. O princípio dezessete da Declaração do Rio de Janeiro sobre Meio Ambiente e Desenvolvimento consagra o princípio da prevenção. O segundo é o *princípio da integração*, pois trata de integrar o meio ambiente às estratégias de ação dos poderes públicos e privados. Desse modo, o estudo de impacto permite alcançar o desenvolvimento sustentável, em consonância com o princípio quatro da Declaração do Rio[19].

Assim, o procedimento de licenciamento ambiental deverá ser precedido do EPIA e do seu respectivo relatório de impacto ambiental (RIMA). Exigir-se-á o EPIA quando a atividade for potencialmente causadora de significativa degradação ambiental. Entende-se por significativa degradação ambiental toda modificação ou alteração substancial e negativa do meio ambiente, causando prejuízos extensos à flora, à fauna, às águas, ao ar e à saúde humana.

Em outras palavras, o EPIA nada mais é do que a avaliação, por meio de estudos realizados por uma equipe técnica multidisciplinar, da área onde o postulante pretende instalar a indústria ou exercer atividade causadora de significativa degradação ambiental, procurando ressaltar os aspectos negativos e/ou positivos dessa intervenção humana. Tal estudo analisará a viabilidade ou não da instalação da indústria ou do exercício da atividade, apresentando, além disso, alternativas tecnológicas que poderiam ser adotadas para minimizar o impacto negativo ao meio ambiente.

A Constituição Estadual de Santa Catarina previa a dispensa do EPIA/RIMA em caso de áreas de florestamento ou reflorestamento para fins empresariais. O STF, por intermédio do ministro Ilmar Galvão, decidiu, em medida liminar, que a norma impôs restrição prejudicial à tutela do meio ambiente, contrariando a norma constitucional que fixou a exigência do EPIA sem qualquer exceção para a instalação de obra ou atividade causadora de significativa degradação ambiental. No mérito, o Tribunal deu procedência à ação direta de inconstitucionalidade para declarar, em caráter definitivo, a inconstitucionalidade do art. 182, § 3º, da Constituição Estadual[20].

---

19. Michel Prieur, Os estudos de impacto transfronteiriço na Europa — Ensaio de estudo comparado, in Sandra Akemi Shimada Kishi et al. (Coord.), *Desafios*, cit., p. 206.
20. Paulo Affonso Leme Machado, *Direito*, cit., p. 134.

Dar publicidade significa que o EPIA não pode tramitar sob sigilo. O estudo deve ser publicado em jornal de grande ou média circulação para que todos possam ter acesso às informações do seu conteúdo, permitindo sua ampla discussão em audiência pública, se vier a ser realizada (*v.* Res. n. 9, de 3-12-1987, do CONAMA).

O relatório de impacto ambiental, por sua vez, nada mais é do que a materialização desse estudo.

O EPIA/RIMA está disciplinado pela Lei n. 6.938/81, pelas Resoluções n. 1/86 e n. 237/97, ambas do CONAMA, e pela Lei n. 11.105/2005.

### 3.5. Controle da produção, da comercialização e do emprego de técnicas, métodos e substâncias que causem risco à vida, à qualidade de vida e ao meio ambiente (§ 1º, V)

> V — *controlar a produção, a comercialização e o emprego de técnicas, métodos e substâncias que comportem risco para a vida, a qualidade de vida e o meio ambiente.*

A efetividade do princípio matriz deve ser buscada pelo Poder Público por meio do controle da produção, da comercialização e do emprego de métodos, técnicas e substâncias que importem em risco para a vida humana. Esse dispositivo permite a intervenção do Poder Público nas atividades econômicas que estejam causando danos ao meio ambiente e à saúde humana. Procura-se incentivar a implantação de tecnologias limpas, o que faz com que as atividades econômicas utilizem os mais modernos meios de controle de poluição e de efluentes lançados no meio ambiente.

Podemos, dessa forma, dizer que *controlar a produção e a comercialização* é exercer uma fiscalização efetiva dos recursos naturais extraídos da natureza até a sua transformação em matéria-prima para outras indústrias ou para o consumo final. Esse controle é exercido de maneira preventiva, por ocasião do licenciamento, e, após a sua operação, mediante as auditorias. O Poder Público também deve exercer um controle do emprego de técnicas, métodos e substâncias que possam colocar em risco o ser humano e o meio ambiente. Tal controle é exercido de maneira continuada e ininterrupta por meio de monitoramento, inspeção e auditoria.

Compreendem-se *produtos perigosos* como "um rejeito sólido ou uma combinação de rejeitos sólidos que, devido a sua quantidade, concentração ou características físicas, químicas ou infecciosas, pode: a) causar um incremento da mortalidade ou de enfermidades irreversíveis ou incapacitantes reversíveis, ou contribuir, de forma significativa, para referido incremento; b) apresentar um considerável perigo, atual ou potencial, para a saúde humana ou para o meio ambiente, quando se trate, armazene, transporte, elimine ou de outro modo se maneje de forma não apropriada"[21].

---

21. Paulo Affonso Leme Machado, *Direito*, cit., p. 473.

Outra substância perigosa são os agrotóxicos. Entende-se por *agrotóxicos* ou afins: a) os produtos e os agentes de processos físicos, químicos ou biológicos, destinados ao uso nos setores de produção, no armazenamento e beneficiamento de produtos agrícolas, nas pastagens, na proteção de florestas, nativas ou implantadas, e de outros ecossistemas e também de ambientes urbanos, hídricos e industriais, cuja finalidade seja alterar a composição da flora e da fauna, a fim de preservá-las da ação danosa de seres vivos considerados nocivos; b) substâncias e produtos, empregados como desfolhantes, dessecantes, estimuladores e inibidores de crescimento; e os componentes ou princípios ativos, os produtos técnicos e suas matérias-primas, os ingredientes inertes e aditivos usados na fabricação de agrotóxicos e afins (art. 2º, I, *a* e *b*, e II, da Lei n. 7.802, de 11-7-1989).

Incumbe, pois, ao Poder Público o exercício do controle da eliminação, armazenamento e tratamento dos rejeitos perigosos.

Referido inciso foi regulamentado pela Resolução n. 23, de 12 de dezembro de 1996, do CONAMA, que dispõe sobre o controle dos rejeitos perigosos, classificando-os em resíduos perigosos, resíduos não inertes, resíduos inertes e outros resíduos, pela Lei n. 7.802/89 (dispõe sobre agrotóxicos) e pela Lei n. 11.105/2005, que regulamentou os incisos II, IV e V do § 1º do art. 225 da CF, estabeleceu normas de segurança e mecanismos de fiscalização de atividades que envolvam organismos geneticamente modificados (OGM) e seus derivados, criou o Conselho Nacional de Biossegurança (CNBS), reestruturou a Comissão Técnica Nacional de Biossegurança (CTNBio) e dispôs sobre a Política Nacional de Biossegurança (PNB).

### 3.6. Educação ambiental (§ 1º, VI)

*VI — promover a educação ambiental em todos os níveis de ensino e a conscientização pública para a preservação do meio ambiente.*

Para dar efetividade ao princípio matriz, deve o Poder Público promover a *educação ambiental* e a *conscientização pública*. Esse dispositivo seria desnecessário se houvesse uma conscientização efetiva do homem em relação ao meio ambiente. Trata-se de norma que deve ser implementada imediatamente em todos os níveis de ensino.

A implementação desse dispositivo está sob responsabilidade do Poder Público, devendo ele "promover a *educação ambiental* em todos os níveis de ensino e a conscientização pública para a *preservação* do meio ambiente". Como já vimos, *educação ambiental* pode ser conceituada como "os processos por meio dos quais o indivíduo e a coletividade constroem valores sociais, conhecimentos, habilidades, atitudes e competências voltadas para a *conservação* do meio ambiente, bem de uso comum do povo, essencial à sadia qualidade de vida e sua *sustentabilidade*" (art. 1º da Lei n. 9.795/99).

O primeiro passo foi dado com a regulamentação do art. 225, § 1º, VI, da CF pela Lei n. 9.795/99, que dispõe sobre a educação ambiental e institui a Política

Nacional de Educação Ambiental. Essa lei foi regulamentada pelo Decreto n. 4.281, de 25 de junho de 2002, havendo previsão também da educação ambiental como matéria transversal na Lei n. 9.394, de 20 de dezembro de 1996, que dispõe sobre a Lei de Diretrizes e Bases da Educação Nacional (LDB).

### 3.7. Proteção da flora e da fauna (§ 1º, VII)

*VII — proteger a fauna e a flora, vedadas, na forma da lei, as práticas que coloquem em risco a sua função ecológica, provoquem a extinção de espécies ou submetam os animais a crueldade.*

Finalmente, para dar efetividade ao princípio matriz, compete ao Poder Público proteger a fauna. Fauna silvestre é o conjunto de animais que vivem em determinada região. São os que têm seu hábitat natural nas matas, nas florestas, nos rios e mares, animais estes que ficam, em regra, afastados do convívio do meio ambiente humano.

O art. 1º da Lei n. 5.197/67 conceitua fauna silvestre como os "animais de quaisquer espécies, em qualquer fase do seu desenvolvimento e que vivem naturalmente fora do cativeiro, constituindo a fauna silvestre, bem como seus ninhos, abrigos e criadouros naturais".

Esse conceito refere-se a todo tipo de animal, independentemente de ser silvestre ou não, doméstico ou domesticado. A despeito de entendimento contrário, a norma penal prevista no art. 64 da LCP foi revogada pelo art. 32 da Lei n. 9.605/98 com base no princípio da especialidade. Também se encontra em vigor o Decreto n. 24.645, de 10 de julho de 1934, que estabelece medidas de proteção dos animais domésticos.

Registre-se, ademais, que a nova lei ambiental ampliou este último conceito de fauna silvestre. Assim, são "espécimes da fauna silvestre todos aqueles pertencentes às espécies nativas, migratórias e quaisquer outras, aquáticas ou terrestres, que tenham todo ou parte de seu ciclo de vida ocorrendo dentro dos limites do território brasileiro, ou águas jurisdicionais brasileiras" (art. 29, § 3º, da Lei n. 9.605/98).

Extrai-se desse conceito que nem todos os animais são protegidos pela lei ambiental. Protegem-se as espécies da fauna silvestre ou aquática, domésticas ou domesticadas, nativas, exóticas ou em rota migratória. *Espécies nativas* são as que vivem em determinada região ou país. *Espécies migratórias* são as que migram de um lugar para outro, passando de um país para outro. *Espécies exóticas* são as originadas de outros países. *Espécies aquáticas* são as que vivem nos lagos, lagoas, rios e mares. *Espécies domésticas* ou *domesticadas* são aquelas passíveis de domesticação, preservando, no entanto, seu instinto selvagem. Essa proteção, contudo, não é absoluta. A lei exige a permissão, a licença ou a autorização da autoridade competente para a prática da caça ou da pesca.

*Flora* é o conjunto de plantas de uma região, de um país ou de um continente. A flora não vive isoladamente, mas depende da interação constante entre outros seres vivos, assim como micro-organismos e outros animais. Trata-se do denominado *ecos-*

*sistema sustentado*. Eugene P. Odum, citado por Érika Mendes de Carvalho, salienta "que toda comunidade de seres vivos — vegetais ou animais — interage com o meio circundante, com o qual estabelece um intercâmbio recíproco, contínuo ou não, durante determinado período de tempo, de tal forma que 'um fluxo de energia produza estruturas bióticas claramente definidas e uma ciclagem de materiais entre as partes vivas e não vivas'. Esse conjunto de fatores, respectivamente denominados biocenose e biótopo, dá origem a um complexo que recebe o nome de *ecossistema sustentado* graças às constantes trocas de matéria e energia, responsáveis por seu equilíbrio"[22]. Não se pode dissociar o conceito de flora do de fauna. Ambas estão intimamente ligadas, uma depende da outra e uma não pode viver sem a outra, denominando-se *ecossistema sustentado*, constituído pela interação constante e contínua entre a flora e a fauna, abrangendo, esta última, todos os animais (desde micro-organismos até animais de grande porte). A flora também é protegida pela Lei n. 12.651, de 25 de maio de 2012, denominada Código Florestal.

*Ecossistema*, em outras palavras, é o sistema ou o conjunto de vegetações, animais e micro-organismos que interagem entre si e com os outros elementos do meio, constituindo o biótopo (lugar) e a biocenose (agrupamento de seres vivos). Trata-se da denominada *diversidade biológica* ou *biodiversidade*, constituída pela "variedade de organismos vivos de todas as origens e os complexos ecológicos de que fazem parte, compreendendo ainda a diversidade dentro de espécies, entre espécies e de *ecossistemas*"[23]. Esse conceito foi encampado pelo art. 2º, III, da Lei n. 9.985/2000[24]. *Bioma* ou *biota* é o conjunto de seres vivos (biocenose) de determinada região (biótopo).

*Função ecológica*, por sua vez, abrange a relação entre as espécies da fauna e da flora e as demais formas de vida existentes num ecossistema. Sob essa visão holística (proteção integral do meio ambiente) é que "o homem deve assumir, como animal racional capaz de entender e compreender o valor de cada ser e suas relações ecossistêmicas, o papel de gestor do ambiente, respeitando as normas primeiras que regem a natureza, para só então, com base nestas, construir o direito positivo que rege as relações humanas"[25].

Deve o Poder Público adotar medidas efetivas para evitar expor a risco a vida, a qualidade de vida, a fauna e a flora, enfim, o meio ambiente. Assim, o risco à pro-

---

22. Érika Mendes de Carvalho, *Tutela penal do patrimônio florestal brasileiro*, São Paulo, Revista dos Tribunais, 1999, p. 17.

23. Convenção sobre diversidade biológica, art. 2, in *Entendendo o meio ambiente*, v. 2.

24. Diversidade biológica é "a variabilidade de organismos vivos de todas as origens, compreendendo, dentre outros, os ecossistemas terrestres, marinhos e outros ecossistemas aquáticos e os complexos ecológicos de que fazem parte; compreendendo ainda a diversidade dentro de espécies, entre espécies e de ecossistemas" (art. 2º, III, da Lei n. 9.985/2000).

25. Édis Milaré, *Direito do ambiente*, cit., p. 231.

dução (produtos perigosos, por exemplo), à comercialização, ao emprego de técnicas (biotecnologia, por exemplo) e substâncias (agrotóxicos, por exemplo) tem de ser controlado pelo Poder Público, bem como as práticas que ameacem a fauna e a flora. Diante disso, o Poder Público e a coletividade têm o dever de propor e exigir medidas eficazes e rápidas na proteção de todas as formas de vida[26].

Também não se admitirão as práticas cruéis aos animais da fauna. Crueldade é o ato de ser cruel, é o prazer em causar dor ou em derramar sangue. Sob o pretexto do incentivo às manifestações culturais, vinha sendo admitida nas práticas do rodeio, da farra do boi, da tourada etc. para satisfazer interesses econômicos e pessoais de uma comunidade. Com a decisão do STF sobre a proibição da farra do boi, abriu-se a oportunidade de proibir efetivamente qualquer prática que leve a crueldade aos animais, de um modo geral.

Os animais silvestres são protegidos, na esfera federal, pela Lei n. 5.197, de 3 de maio de 1967, alterada, posteriormente, pela Lei ambiental n. 9.605, de 12 de fevereiro de 1998. A pesca, por sua vez, é disciplinada pela Lei n. 7.679, de 23 de novembro de 1988, pelo Decreto-Lei n. 221, de 28 de fevereiro de 1967, e pela Lei n. 7.643, de 18 de dezembro de 1987. Todos esses diplomas foram recepcionados pela nova ordem constitucional. Também foi criada a Lei n. 11.958, de 26 de junho de 2009, que dispõe sobre a transformação da Secretaria Especial de Aquicultura e Pesca da Presidência da República em Ministério da Pesca e Aquicultura e a Lei n. 11.959, de 29 de junho de 2009, que disciplinou o exercício da pesca em todo o território nacional.

Por fim, a competência para processar e julgar as causas relacionadas à fauna era, exclusivamente, da Justiça Federal, com fundamento no art. 1º da Lei n. 5.197/67 e no art. 109, I, da CF. Tal competência não afastava a possibilidade do julgamento pela Justiça Comum Estadual, quando houvesse interesse local ou se o fato ocorresse dentro de uma unidade de conservação criada pelo Poder Público estadual. Ressalte-se, além disso, que a Súmula 91 do STJ, que determinava a competência da Justiça Federal para processar e julgar os crimes contra a fauna, foi cancelada pela Terceira Seção do STJ, em 13 de novembro de 2000, por votação unânime, durante o julgamento de conflito de competência entre a 2ª Vara Federal de Ribeirão Preto e a Vara Criminal de Santa Rosa de Viterbo. O ministro Fontes de Alencar, autor da proposta de cancelamento, sustenta que, após o advento da Lei n. 9.605/98, esta súmula "antes atrapalha do que auxilia a prestação jurisdicional".

Com o cancelamento dessa súmula, a competência para processar e julgar os crimes contra a fauna passou a ser também da Justiça Estadual.

---

26. Paulo Affonso Leme Machado, *Direito*, cit., p. 131.

## 4. NORMAS DESTINADAS AOS PARTICULARES

### 4.1. Obrigação da reparação dos danos causados pela atividade minerária (§ 2º)

*§ 2º Aquele que explorar recursos minerais fica obrigado a recuperar o meio ambiente degradado, de acordo com solução técnica exigida pelo órgão público competente, na forma da lei.*

Essa atividade econômica é que mais causa danos ao meio ambiente, pois não há como extrair minérios sem antes destruir toda a vegetação, além da utilização de produtos químicos para sua extração. A Constituição Federal valorizou tanto a prevenção como a recuperação, inserindo no seu corpo essa exigência diante da magnitude dos danos causados por essa atividade. Sua exigência passou a ser indispensável para o exercício da atividade. "Nenhum órgão público poderá autorizar qualquer pesquisa ou lavra mineral em que não esteja prevista a recuperação ambiental. Diante da obrigação do § 2º do art. 225, a legislação infraconstitucional não poderá ser complacente ou omissa com os que deixarem de efetuar a referida recuperação"[27].

O IBAMA, nesse sentido, elaborou o *Manual de recuperação de áreas degradadas pela mineração*, explicitando que "o sítio degradado será retornado a uma forma de utilização de acordo com o plano preestabelecido para o uso do solo. Implica que uma condição estável será obtida em conformidade com os valores ambientais, estéticos e sociais da circunvizinhança. Significa, também, que o sítio degradado terá condições mínimas de estabelecer um novo equilíbrio dinâmico, desenvolvendo um novo solo e uma nova paisagem"[28].

Entende-se por *atividade de mineração* a exploração dos minérios existentes no solo e no subsolo. Assim, mineração é o ato de extração de minérios do subsolo, tais como: carvão, petróleo, pedras preciosas, ouro, prata, areia, sílica, mica, quartzo, feldspato, apatita, dolomita, calcita, ferro, manganês, cassiterita, níquel, cobre, zinco, potássio etc. A exploração desses minérios causa impactos negativos significativos ao meio ambiente, especialmente no Brasil, onde o método de extração é ainda muito rudimentar. São os seguintes os impactos negativos da extração de minério do solo: a) desmatamento da área explorada; b) impedimento da regeneração da vegetação pela decomposição do minério às margens dos cursos d'água; c) poluição e assoreamento do curso d'água; d) comprometimento dos taludes etc. Como se vê, a exploração inadequada pode causar poluição do solo, do subsolo, do lençol freático, dos cursos d'água, do ar e sonora. No entanto, a exploração de minérios causa danos mais intensos ao solo.

---

27. Paulo Affonso Leme Machado, *Direito*, cit., p. 139.

28. *Manual de recuperação de áreas degradadas pela mineração*: técnicas de revegetação, Brasília, IBAMA, 1999, p. 3, citado por Édis Milaré, *Direito do ambiente*, cit., p. 206.

Os recursos minerais e os do subsolo são considerados *bens da União*. Entretanto, os Estados, o Distrito Federal, os Municípios e os órgãos da administração direta da União participarão do resultado da exploração desses minérios localizados em seus territórios (art. 20, IX, e § 1º, da CF).

Assim, as jazidas, em lavra ou não, e demais recursos minerais e os potenciais de energia hidráulica constituem propriedade distinta da do solo, para efeito de exploração ou aproveitamento, e *pertencem à União*, garantida ao concessionário a propriedade do produto da lavra (art. 176, §§ 1º, 2º, 3º e 4º, da CF).

## 4.2. Responsabilidade criminal, civil e administrativa (§ 3º)

*§ 3º As condutas e atividades consideradas lesivas ao meio ambiente sujeitarão os infratores, pessoas físicas ou jurídicas, a sanções penais e administrativas, independentemente da obrigação de reparar os danos causados*[29].

A Constituição Federal tutela o *meio ambiente* nas esferas administrativa, penal e civil (art. 225, § 3º). Trata-se de responsabilização cumulativa.

Na *esfera administrativa*, a legislação visa à aplicação de multas a fim de evitar o efetivo dano ao meio ambiente. Nos arts. 70 a 76 da Lei n. 9.605/98, encontramos as penalidades cabíveis em caso de transgressão ao meio ambiente. Tais dispositivos foram regulamentados pelo Decreto n. 6.514, de 22 de julho de 2008, o qual, por sua vez, revogou o Decreto n. 3.179, de 21 de setembro de 1999, que regulamentava referida norma. Essa lei revogou os incisos I, II e IV, §§ 2º, 3º e 4º, do art. 14 da Lei n. 6.938, de 31 de agosto de 1981, que disciplinavam sanções administrativas, bem como o Decreto n. 99.274, de 6 de junho de 1990, na parte que regulamentava aquelas sanções. É importante ressaltar que a multa mínima é de R$ 50,00 (cinquenta reais) e a máxima de R$ 50.000.000,00 (cinquenta milhões de reais), podendo triplicar se o agente for reincidente. Essa área do direito atua de maneira preventiva.

Já na *esfera penal*, a tutela deixava muito a desejar, pois não existia um ordenamento sistemático de infrações penais ambientais. As infrações existentes encontravam-se em legislações esparsas e em alguns dispositivos do Código Penal. Com o advento da Lei n. 9.605/98, o legislador ordinário procurou atender a uma reivindicação antiga e necessária, buscando sistematizar a tutela penal ambiental, ao criar a figura da responsabilidade penal da pessoa jurídica. Essa lei inseriu cinco categorias de crimes: a) crimes contra a fauna; b) crimes contra a flora; c) crime de poluição e outros crimes ambientais; d) crimes contra o ordenamento urbano e cultural; e e) crimes contra a administração ambiental. Essa área do direito, por seu turno, atua de maneira repressiva.

---

29. *Vide* o artigo "Como deve ser interpretada a expressão 'sanções penais' no art. 225, § 3º, da CF/88?", de Carlos Ernani Constantino, *RJ*, Porto Alegre, 268:34, fev. 2000.

Na *esfera civil*, a legislação protege o meio ambiente por meio da ação civil pública proposta contra o causador do dano, objetivando, se possível, a reconstituição da flora ou da fauna, se for o caso — obrigação de fazer ou não fazer —, ou o ressarcimento em pecúnia dos danos causados e irrecuperáveis a curto espaço de tempo. A Lei n. 7.347, de 24 de julho de 1985, disciplina a ação civil pública. Ressalte-se ainda que permanece em vigor o § 1º do art. 14 da Lei n. 6.938/81, que cuida da responsabilidade civil objetiva, ou seja, responsabilidade sem culpa. Essa área do direito atua especificamente na reparação de danos causados ao meio ambiente.

### 4.3. Macroecossistemas (§ 4º)

*§ 4º A Floresta Amazônica brasileira, a Mata Atlântica, a Serra do Mar, o Pantanal Mato-Grossense e a Zona Costeira são patrimônio nacional, e sua utilização far-se-á, na forma da lei, dentro de condições que assegurem a preservação do meio ambiente, inclusive quanto ao uso dos recursos naturais.*

A Constituição Federal protege esse bioma de interesse nacional de maneira fragmentada, devendo a problemática ambiental da região ser resolvida ou tratada de forma integrada e global.

Como já vimos, as Unidades de Conservação ou Reservas Florestais, também conhecidas por Áreas de Preservação Ambiental (APAs) (microecossistemas), são protegidas por lei infraconstitucional (art. 225, § 1º, III, da CF e Lei n. 9.985/2000). Já o bioma de interesse nacional, o legislador constituinte optou por classificá-lo como macroecossistema, abrangendo a Floresta Amazônica brasileira, a Mata Atlântica, a Serra do Mar, o Pantanal Mato-Grossense e a Zona Costeira, elevados estes à categoria de patrimônio nacional, merecendo, por isso, especial atenção. Houve, no entender de Paulo Affonso Leme Machado, omissão ao deixar de lado o cerrado e a caatinga[30].

A *Floresta Amazônica* é constituída por uma área aproximada de 3,5 milhões de quilômetros quadrados, situada na região norte do país. Tem um clima tropical (quente e úmido) e com alto índice pluviométrico. A Amazônia Legal abrange os Estados do Acre, Pará, Amazonas, Roraima, Rondônia, Amapá e Mato Grosso e as regiões situadas ao norte do paralelo 13º S, dos Estados de Tocantins e Goiás, e ao oeste do meridiano de 44º W, do Estado do Maranhão (art. 3º, I, da Lei n. 12.651/2012).

A *Mata Atlântica* é constituída por uma formação homogênea situada na Serra do Mar. Percorre todo o litoral brasileiro e possui a maior biodiversidade do mundo. Esse macroecossistema corresponde, atualmente, a uma fração entre 5% e 7% do total brasileiro, e é o mais agredido pelo homem (*v.* Lei n. 11.428, de 22-12-2006, que dispõe sobre a utilização e proteção da vegetação nativa do Bioma Mata Atlân-

---

30. *Direito*, cit., p. 138.

tica, e dá outras providências, e Dec. n. 750, de 10-2-1993, que dispõe sobre o corte, a exploração e a supressão de vegetação primária ou nos estágios avançado e médio de regeneração da Mata Atlântica).

A *Serra do Mar*, por sua vez, é constituída pela Mata Atlântica, integrando o ecossistema costeiro (abrange os manguezais e as restingas).

O *Pantanal Mato-Grossense* é um ecossistema de transição entre as formações típicas do cerrado e a hileia com sua exuberante floresta tropical. É formado por grandes áreas inundadas, por brejos permanentes, possuindo um clima tropical.

A *Zona Costeira* é constituída pela junção da faixa marítima, da faixa continental e do ar, possuindo grande variedade biológica. Há, nessa zona, restingas, bancos de areia, lagunas, manguezais etc.

Esses grandes ecossistemas foram inseridos na Constituição Federal com a finalidade de dar maior proteção à biodiversidade ali existente. O § 4º do art. 225 da CF foi regulamentado pelas Leis n. 12.651/2012, 6.902/81, 6.938/81, 7.661/88, 11.284/2006 e 11.428/2006.

O Supremo Tribunal Federal, mediante o acórdão prolatado pelo ilustre ministro Celso de Mello, no RE 134.297-SP, *DJU* de 22-9-1995, p. 30.597, pronunciou-se a respeito desse dispositivo, nos seguintes termos: "A norma inscrita no art. 225, § 4º, da CF deve ser interpretada de modo harmonioso com o sistema jurídico consagrado pelo ordenamento fundamental, notadamente com a cláusula que, proclamada pelo art. 5º, XXII, da Carta Política, garante e assegura o direito de propriedade em todas as suas projeções, inclusive aquela concernente à compensação financeira devida pelo Poder Público ao proprietário atingido por atos imputáveis à atividade estatal. O preceito consubstanciado no art. 225, § 4º, da Carta da República, além de não haver convertido em bens públicos os imóveis particulares abrangidos pelas florestas e pelas matas nele referidas (Mata Atlântica, Serra do Mar, Floresta Amazônica brasileira), também não impede a autorização, pelos próprios particulares, dos recursos naturais existentes naquelas áreas que estejam sujeitas ao domínio privado, desde que observadas as prescrições legais e respeitadas as condições necessárias à preservação ambiental"[31].

Cuida-se de um caso típico de interpretação em que se aplica o princípio da máxima efetividade dos direitos fundamentais.

## 4.4. Indisponibilidade das terras devolutas ou arrecadadas para a proteção do meio ambiente (§ 5º)

*§ 5º São indisponíveis as terras devolutas ou arrecadadas pelos Estados, por ações discriminatórias, necessárias à proteção dos ecossistemas naturais.*

---

31. Édis Milaré, *Direito do ambiente*, cit., p. 211-2.

Historicamente, todas as terras do Brasil pertenciam a Portugal, por ser sua Colônia, e, com a ocupação gradativa dos espaços territoriais e a divisão do Brasil em capitanias hereditárias, essas terras começaram a ser ocupadas pela população, transformando-se em terras particulares. A despeito disso, ainda restaram muitas terras sem titulação, que chamamos de terras devolutas.

Podemos então conceituar *terras devolutas* como aquelas pertencentes ao Poder Público. Essas terras não possuem titulação. São, pois, indisponíveis se houver a necessidade de proteção dos ecossistemas no seu interior, bem como as arrecadadas por ações discriminatórias.

Registre-se, no entanto, que o constituinte, ao distinguir terras devolutas das arrecadadas por ações discriminatórias, deixou consignado que a sua indisponibilidade depende de ação discriminatória. "Isto é, as terras devolutas, ainda não arrecadadas ou arrecadadas por processo discriminatório ou em processo de arrecadação, são indisponíveis. Por esse motivo, a indisponibilidade não pressupõe a arrecadação, com julgamento final da ação de discriminação: é determinada em razão da origem do seu domínio e da finalidade a que se destina. Com efeito, as terras devolutas que concorrerem para a proteção de determinado ecossistema são indisponíveis, por força de mandamento constitucional, mesmo que ainda não incorporadas ao patrimônio público da União em virtude de ação discriminatória"[32].

Esse parágrafo foi disciplinado pelo Decreto-Lei n. 9.760/46, pela Lei n. 6.383/76, pela Lei n. 6.925/81, pelo Decreto-Lei n. 1.414/75 e pelo Decreto n. 87.620/82.

### 4.5. Atividade nuclear (§ 6º)

*§ 6º As usinas que operem com reator nuclear deverão ter sua localização definida em lei federal, sem o que não poderão ser instaladas.*

A Constituição Federal exerce um controle rigoroso das atividades nucleares em diversos dispositivos. Compete à União legislar sobre a atividade nuclear, mas a fiscalização dessa atividade incumbe também aos Estados, Distrito Federal e Municípios.

Entende-se por usina ou reator nuclear qualquer estrutura que contenha combustível nuclear, disposto de tal maneira que, dentro dela, possa ocorrer processo autossustentado de fissão nuclear, sem necessidade de fonte adicional de nêutrons (art. 1º, V, da Lei n. 6.453, de 17-10-1977).

Assim, compete à União explorar os serviços e instalações nucleares de qualquer natureza e exercer o monopólio estatal sobre a pesquisa, a lavra, o enriquecimento e reprocessamento, a industrialização e o comércio de minérios nucleares e

---

32. Édis Milaré, *Direito do ambiente*, cit., p. 213.

seus derivados, atendidos os seguintes princípios e condições: a) toda atividade nuclear em território nacional somente será admitida para fins pacíficos e mediante aprovação do Congresso Nacional; b) sob regime de permissão, são autorizadas a comercialização e a utilização de radioisótopos para a pesquisa e usos médicos, agrícolas e industriais; c) sob regime de permissão, são autorizadas a produção, a comercialização e a utilização de radioisótopos de meia-vida igual ou inferior a duas horas; e d) a responsabilidade civil por danos nucleares independe da existência de culpa (art. 21, XXIII, *a, b, c,* e *d,* da CF).

## Seção II
*Normas constitucionais gerais*

## 1. COMENTÁRIOS ÀS NORMAS GERAIS

As normas gerais estão dispersas em toda a Constituição Federal e devem ser interpretadas em harmonia com as normas específicas, de competência e de garantia. O capítulo do meio ambiente é bastante moderno e possui uma tutela jurídica abrangente, mas essa tutela não ficou aprisionada somente no art. 225 da CF, pois "as normas de tutela ambiental são encontradas difusamente ao longo do texto constitucional"[33]. Nenhuma norma pode ser interpretada isoladamente. A interpretação deve ser sistemática, especialmente quando se tratar de normas protetivas do meio ambiente. Temos inúmeras normas espalhadas por toda a Constituição Federal que se relacionam, direta ou indiretamente, com o meio ambiente.

Há, no contexto constitucional, um sistema de proteção do meio ambiente que ultrapassa as disposições esparsas que veremos. É necessário que as normas ambientais sejam consideradas globalmente, levando-se em conta as diversas facetas materiais de sentido com outros ramos do direito e com outras áreas do saber. Além do caráter interdisciplinar e transversal, característica do direito ambiental, as diversas normas constitucionais abrangem dispositivos de natureza processual, penal, econômica, sanitária, administrativa, repartição de competência legislativa e administrativa[34].

Podemos, assim, arrolar as seguintes disposições constitucionais que, direta ou indiretamente, relacionam-se com a proteção do meio ambiente e com os recursos ambientais: arts. 5º, XXIII, LXX, LXXI e LXXIII; 20, I, II, III, IV, V, VI, VII, VIII, IX, X, XI e §§ 1º e 2º; 21, IX, XIX, XX, XXIII, *a, b, c,* e XXV; 22, IV, XII, XIV, XXVI e parágrafo único; 23, I, III, IV, VI, VII, IX e XI; 24, I, VI, VII e VIII; 26; 30, I, II, VIII

---

33. Luís Roberto Barroso, A proteção do meio ambiente na Constituição brasileira, *RF,* 317:177, 1992.

34. Paulo de Bessa Antunes, *Direito,* cit., p. 40-1.

e IX; 37, § 4º; 43, §§ 2º, IV, e 3º; 49, XIV e XVI; 91, § 1º, III; 103; 129, III; 170, VI; 174, §§ 3º e 4º; 176 e §§ 1º, 2º, 3º e 4º; 177, § 3º; 182, §§ 1º, 2º, 3º e 4º; 186, II; 200, VII e VIII; 215; 216, V e §§ 1º, 2º e 4º; 220, § 3º, II; 225; 231, §§ 1º ao 7º e 232, todos da CF; 43 e 44 e parágrafos do ADCT.

Vamos analisar, sucintamente, os dispositivos mais importantes para ter uma noção de todo o conjunto normativo constitucional ambiental e, então, realizar o seu processo interpretativo.

## 2. BENS DA UNIÃO (ART. 20)

*Art. 20. São bens da União:*

Os bens são valores materiais e imateriais suscetíveis de ser objeto de relações jurídicas. Para o nosso campo de análise, os bens ambientais têm natureza jurídica de uso comum do povo (art. 225, *caput*, da CF). Portanto, não integram o patrimônio privado da União. São bens pertencentes a toda a coletividade, os quais denominamos bens difusos.

*II — as terras devolutas indispensáveis à defesa das fronteiras, das fortificações e construções militares, das vias federais de comunicação e à preservação ambiental, definidas em lei;*

Observe-se que as terras devolutas — aquelas que não possuem titulação — integram o patrimônio da União e serão indisponíveis à preservação ambiental. Isso se houver nas áreas recursos naturais que, por sua natureza, devam ser preservados. Note-se ainda que essa mesma exigência encontra-se prevista no art. 225, § 5º, tornando-as indisponíveis.

*III — os lagos, rios e quaisquer correntes de água em terrenos de seu domínio, ou que banhem mais de um Estado, sirvam de limites com outros países, ou se estendam a território estrangeiro ou dele provenham, bem como os terrenos marginais e as praias fluviais;*

Esses corpos d'água ficam sob a proteção direta da União em virtude da importância para a segurança nacional e também para resolver eventuais conflitos surgidos entre Estados. A Súmula 479 do STF reza: "As margens dos rios navegáveis são de domínio público, insuscetíveis de expropriação e, por isso mesmo, excluídas de indenização".

*IV — as ilhas fluviais e lacustres nas zonas limítrofes com outros países; as praias marítimas; as ilhas oceânicas e as costeiras, excluídas, destas, as que contenham a sede de Municípios, exceto aquelas áreas afetadas ao serviço público e a unidade ambiental federal, e as referidas no art. 26, II;*

À semelhança do inciso anterior, esse dispositivo não fere o direito de propriedade dos particulares que possuem ilhas, podendo, em caso de desapropriação, pleitear indenização. Esses bens não incluem os pertencentes aos Estados e arrolados no art. 26, II, da CF.

*V — os recursos naturais da plataforma continental e da zona econômica exclusiva;*

Plataforma continental é aquela situada na faixa submarina, prolongando-se por duzentos metros de profundidade até o talude continental. Zona econômica exclusiva engloba o espaço marítimo do Estado e detém direitos aos recursos naturais renováveis (peixes) ou não renováveis (petróleo), numa relação de exclusividade (v. § 1º do art. 20 da CF).

*VI — o mar territorial;*
O mar territorial passou a integrar o patrimônio da União com a finalidade de dar maior proteção aos recursos naturais e ao território nacional. Essa faixa marítima abrange apenas doze milhas da plataforma continental, nos termos do Decreto-Lei n. 1.098/78.

*VII — os terrenos de marinha e seus acrescidos;*
As terras de marinha compreendem a faixa de terra de 33 metros de profundidade, contados do sentido horizontal, a começar da linha da preamar média de 1.831 metros para o interior das terras continentais, costeiras, marítimas, lacustres, fluviais ou de ilhas que sofram a influência das marés, abrangendo todos os recursos naturais ali existentes.

*VIII — os potenciais de energia hidráulica;*
Os potenciais de energia hidráulica destinam-se à construção de hidrelétricas nas bacias hidrográficas. Esses potenciais de energia também têm previsão no art. 176 da CF.

*IX — os recursos minerais, inclusive os do subsolo;*
Os minerais são encontrados no solo e subsolo, abrangendo as substâncias minerais ou fósseis, dotadas de valor econômico, afloradas em sua superfície ou encontradas no interior do solo. É importante ressaltar que a propriedade do solo é distinta da do subsolo (arts. 176, § 1º, e 225, § 2º, da CF).

*X — as cavidades naturais subterrâneas e os sítios arqueológicos e pré-históricos;*
Trata-se da proteção do meio ambiente natural e cultural. Protegem-se as belezas naturais e os sítios arqueológicos, paleontológicos, históricos etc. Há previsão da proteção do patrimônio cultural nos arts. 23, III, 24, VII, 30, IX, e 216 da CF.

*XI — as terras tradicionalmente ocupadas pelos índios.*
As terras tradicionalmente ocupadas pelos índios também integram os bens da União, dando-se a elas proteção especial em virtude de sua exploração por parte de pessoas inescrupulosas, que as utilizam também para a exploração dos recursos naturais ali existentes. Entendem-se por terras tradicionalmente ocupadas pelos índios as por eles habitadas em caráter permanente, as utilizadas para suas atividades produtivas, as imprescindíveis à preservação dos recursos ambientais necessários a seu bem-estar e as necessárias a sua reprodução física e cultural, segundo seus usos, costumes e tradições (art. 231, § 1º, da CF). Pretende-se também proteger a organização social, costumes, línguas, crenças e tradições. Há um capítulo inteiro destinado à proteção dos índios nos arts. 231 e s. da CF.
*V.* a Lei n. 6.001, de 19 de dezembro de 1973, que dispõe sobre o Estatuto do Índio.

*§ 1º É assegurada, nos termos da lei, aos Estados, ao Distrito Federal e aos Municípios, bem como a órgãos da administração direta da União, participação no resultado da exploração de petróleo ou gás natural, de recursos hídricos para fins de geração de energia elétrica e de outros recursos minerais no respectivo território, plataforma continental, mar territorial ou zona econômica exclusiva, ou compensação financeira por essa exploração.*

Note-se que os Estados, o Distrito Federal e os Municípios, bem como os órgãos da administração direta da União, participarão dos benefícios da exploração dos produtos minerais, petróleo e gás natural, extraídos nos seus respectivos territórios. A compensação poderá advir de eventuais prejuízos decorrentes dessa exploração, os quais deverão ser compensados financeiramente.

## 3. BENS DOS ESTADOS (ART. 26)

*Art. 26. Incluem-se entre os bens dos Estados:*
*I — as águas superficiais ou subterrâneas, fluentes, emergentes e em depósito, ressalvadas, neste caso, na forma da lei, as decorrentes de obras da União;*
*II — as áreas, nas ilhas oceânicas e costeiras, que estiverem no seu domínio, excluídas aquelas sob domínio da União, Municípios ou terceiros;*
*III — as ilhas fluviais e lacustres não pertencentes à União;*
*IV — as terras devolutas não compreendidas entre as da União.*

O constituinte apenas se preocupou em arrolar os bens pertencentes aos Estados. Trata-se dos corpos d'água que estão dentro de seus territórios e domínios, tais como as ilhas fluviais, lacustres, oceânicas e costeiras, excluídas aquelas sob o domínio da União, Municípios ou terceiros.

## 4. ARTICULAÇÃO DA AÇÃO DA UNIÃO NUM MESMO COMPLEXO GEOECONÔMICO (ART. 43)

*Art. 43. Para efeitos administrativos, a União poderá articular sua ação em um mesmo complexo geoeconômico e social, visando a seu desenvolvimento e à redução das desigualdades regionais.*
*(...)*
*§ 2º Os incentivos regionais compreenderão, além de outros, na forma da lei:*
*(...)*
*IV — prioridade para o aproveitamento econômico e social dos rios e das massas de água represadas ou represáveis nas regiões de baixa renda, sujeitas a secas periódicas.*
*§ 3º Nas áreas a que se refere o § 2º, IV, a União incentivará a recuperação de terras áridas e cooperará com os pequenos e médios proprietários rurais para o estabelecimento, em suas glebas, de fontes de água e de pequena irrigação.*

Assim como os Estados podem instituir regiões metropolitanas, aglomerações urbanas e microrregiões, constituídas por agrupamentos de Municípios limítrofes, para integrar a organização, o planejamento e a execução de funções públicas de interesse comum (art. 25, § 3º, da CF), a União poderá também articular sua ação num mesmo complexo geoeconômico e social, visando a alcançar os objetivos almejados pelo art. 3º da CF. As medidas terão efeitos administrativos e não normativos. Sua atuação é específica no sentido de incentivar o desenvolvimento econômico e consequentemente melhorar as condições sociais e regionais com o aumento de empregos, por exemplo. Essa medida visa a evitar a invasão de competências constitucionais das pessoas políticas de direito público interno, especialmente dos Estados Federados.

Para o nosso campo de estudo, importa ressaltar apenas os recursos hídricos inseridos nos dispositivos. Cuida-se apenas de enumeração meramente exemplificativa, podendo lei ordinária acrescer outros na forma da lei. Aproveitar econômica e socialmente os rios para irrigação dos pequenos e médios proprietários rurais é o objetivo do governo federal ao realizar o projeto de transposição da bacia hidrográfica do São Francisco para a irrigação e aproveitamento do rio à população do sertão de vários Estados do Nordeste.

## 5. ATRIBUIÇÕES DO CONGRESSO NACIONAL (ART. 49)

*Art. 49. É da competência exclusiva do Congresso Nacional:*
*(...)*
*XIV — aprovar iniciativas do Poder Executivo referentes a atividades nucleares;*
*(...)*
*XVI — autorizar, em terras indígenas, a exploração e o aproveitamento de recursos hídricos e a pesquisa e lavra de riquezas minerais.*

No entanto, é da competência privativa da União *legislar sobre atividades nucleares de qualquer natureza* (art. 22, XXVI, da CF).

Compete também à União explorar os serviços e *instalações nucleares* de qualquer natureza e exercer o monopólio estatal sobre pesquisa, lavra, enriquecimento e reprocessamento, industrialização e comércio de minérios nucleares e seus derivados, atendidos os seguintes princípios e condições: a) toda *atividade nuclear* em território nacional somente será admitida para fins pacíficos e *mediante aprovação do Congresso Nacional*; b) sob regime de concessão ou permissão, é autorizada utilização de radioisótopos para pesquisa e usos medicinais, agrícolas, industriais e atividades análogas; e c) a responsabilidade civil por danos nucleares independe da existência de culpa (art. 21, XIII, *a, b, c* e *d*, da CF).

Compete ainda ao Conselho de Defesa Nacional propor os critérios e condições de utilização de áreas indispensáveis à segurança do território nacional e opinar sobre seu efetivo uso, especialmente na faixa de fronteira e nas relacionadas com a preservação e a *exploração dos recursos naturais de qualquer tipo* (art. 91, § 1º, III, da CF).

Compete, por fim, ao Congresso Nacional autorizar a exploração dos recursos minerais nas terras indígenas, nos termos do art. 231, § 3º, da CF.

## 6. ATRIBUIÇÕES DO CONSELHO DE DEFESA NACIONAL (ART. 91)

*Art. 91. O Conselho de Defesa Nacional é órgão de consulta do Presidente da República nos assuntos relacionados com a soberania nacional e a defesa do Estado democrático, e dele participam como membros natos:*

*(...)*

*§ 1º Compete ao Conselho de Defesa Nacional:*

*(...)*

*III — propor os critérios e condições de utilização de áreas indispensáveis à segurança do território nacional e opinar sobre seu efetivo uso, especialmente na faixa de fronteira e nas relacionadas com a preservação e a exploração dos recursos naturais de qualquer tipo.*

O Conselho de Defesa Nacional deverá opinar sobre a exploração de recursos naturais de qualquer tipo, incluindo aí os recursos minerais radioativos ou de potencial radioatividade.

## 7. ORDEM ECONÔMICA E SOCIAL (ART. 170)

*Art. 170. A ordem econômica, fundada na valorização do trabalho humano e na livre iniciativa, tem por fim assegurar a todos existência digna, conforme os ditames da justiça social, observados os seguintes princípios:*

*(...)*

*VI — defesa do meio ambiente, inclusive mediante tratamento diferenciado conforme o impacto ambiental dos produtos e serviços e de seus processos de elaboração e prestação.*

Não pretendemos nem podemos aprofundar-nos nas questões econômicas específicas, pois foge ao desenvolvimento deste *Manual*. Devemos restringir-nos na análise da responsabilidade das atividades econômicas na defesa do meio ambiente. Nesse sentido, a ordem econômica deve ser interpretada mediante exegese construtiva,"integrando a livre iniciativa com a valorização do trabalho, as noções de planejamento estatal e da liberdade de mercado, visando o equilíbrio harmônico entre a liberdade da empresa e a regulamentação da atividade econômica. À luz dessa ambivalência devem ser entendidas e interpretadas as linhas mestras da ordem econômica na vigente Constituição"[35].

Dessa integração entre empresa e trabalho devem surgir os parâmetros para a existência de uma vida digna em harmonia com o meio ambiente. A atividade econômica não deve fundamentar-se apenas em si própria, mas também na circulação do dinheiro por meio dos salários dos trabalhadores. É isso que movimenta o sistema econômico. Essa relação passa a ser mais harmoniosa à medida que o sistema econô-

---

35. Caio Tácito, *Temas de direito público*: estudos e pareceres, Rio de Janeiro, Renovar, 1997, v. 2, p. 1135.

mico se aproxima do social, afastando-se do sistema capitalista, do sistema liberal e do sistema neoliberal. Tais sistemas já não atendem às necessidades do homem. A dignidade da pessoa humana está ligada ao direito ao trabalho, pois é da renda deste que o cidadão poderá ter uma vida digna.

Além disso, todas as atividades econômicas causadoras de degradação ambiental deverão adequar-se às normas ambientais em defesa do meio ambiente. Para que isso seja possível, é necessário fazer a interpretação do art. 170, VI, supratranscritos, juntamente com o art. 225 da CF. A conciliação desses dispositivos constitui o denominado desenvolvimento sustentável. Esse inciso foi alterado pela Emenda Constitucional n. 42, de 19 de dezembro de 2003.

## 8. FUNÇÃO NORMATIVA DA ATIVIDADE ECONÔMICA DO ESTADO (ART. 174)

*Art. 174. Como agente normativo e regulador da atividade econômica, o Estado exercerá, na forma da lei, as funções de fiscalização, incentivo e planejamento, sendo este determinante para o setor público e indicativo para o setor privado.*

*(...)*

*§ 3º O Estado favorecerá a organização da atividade garimpeira em cooperativas, levando em conta a proteção do meio ambiente e a promoção econômico-social dos garimpeiros.*

*§ 4º As cooperativas a que se refere o parágrafo anterior terão prioridade na autorização ou concessão para pesquisa e lavra dos recursos e jazidas de minerais garimpáveis, nas áreas onde estejam atuando, e naquelas fixadas de acordo com o art. 21, XXV, na forma da lei.*

O Estado demonstra pela norma constitucional uma tendência em atenuar sua vocação intervencionista, passando a exercer função normativa da atividade econômica e regulamentadora. Isso fica demonstrado pelas inúmeras privatizações realizadas nestes últimos anos. O Estado, como se vê, apenas favorecerá a organização da atividade garimpeira em cooperativas. Estas se estruturam juridicamente numa sociedade civil cuja constituição é mais simplificada e o produto da renda é dividido entre os cooperados. Compete à União estabelecer as áreas e as condições para o exercício da atividade de garimpagem em forma associativa (art. 21, XXV, da CF).

## 9. RECURSOS NATURAIS PERTENCENTES À UNIÃO (ART. 176)

*Art. 176. As jazidas, em lavra ou não, e demais recursos minerais e os potenciais de energia hidráulica constituem propriedade distinta da do solo, para efeito de exploração ou aproveitamento, e pertencem à União, garantida ao concessionário a propriedade do produto da lavra.*

*§ 1º A pesquisa e a lavra de recursos minerais e o aproveitamento dos potenciais a que se refere o* caput *deste artigo somente poderão ser efetuados mediante autorização ou concessão da União, no interesse nacional, por brasileiros ou empresa constituída sob as leis brasileiras e que tenha sua sede e administração no País, na forma da lei, que estabelecerá as condições específicas quando essas atividades se desenvolverem em faixa de fronteira ou terras indígenas.*

§ 2º É assegurada participação ao proprietário do solo nos resultados da lavra, na forma e no valor que dispuser a lei.

§ 3º A autorização de pesquisa será sempre por prazo determinado, e as autorizações e concessões previstas neste artigo não poderão ser cedidas ou transferidas, total ou parcialmente, sem prévia anuência do poder concedente.

§ 4º Não dependerá de autorização ou concessão o aproveitamento do potencial de energia renovável de capacidade reduzida.

A Constituição Federal atribuiu regime jurídico distinto sobre a propriedade do solo, do subsolo e dos recursos naturais. O solo pertence ao seu proprietário, incluindo, a princípio, o subsolo e o espaço aéreo. Contudo, os recursos minerais do solo e do subsolo pertencem à União, bem como os potenciais de energia hidráulica, em conformidade com o art. 20, VII, IX e X, da CF.

A pesquisa, a lavra e a exploração de recursos minerais podem ser efetuadas por brasileiros natos ou naturalizados ou por empresa brasileira sediada no país e constituída sob a égide das leis nacionais.

Registre-se, no entanto, que não há antinomia entre o art. 20, VIII, e o art. 176, § 4º. O art. 20, VIII, define direito de propriedade da União sobre o potencial de energia hidráulica, enquanto o art. 176, § 4º, outorga ao sujeito privado a liberdade de dispor desse potencial, descaracterizando o direito de propriedade. Cristiane Derani, secundada por Otto Bachof, afirma que a observância de uma Constituição depende em primeiro momento da medida em que ela for adequada ao objetivo de integradora que lhe cabe em face da comunidade que ela mesma constitui. Portanto, a norma deve adequar-se aos aspectos fáticos a que ela se refere. Em outras palavras, o art. 176, § 4º, da CF não afasta a obrigação do agente privado de obter a outorga do direito de uso do recurso hídrico, bem como a respectiva licença ambiental, ambos concedidos por tempo determinado[36].

Não podemos olvidar que a Constituição Federal assegura aos Estados, ao Distrito Federal, aos Municípios e aos órgãos da administração direta da União a participação no resultado da exploração de petróleo ou gás natural, de recursos hídricos para fins de geração de energia elétrica e de outros recursos minerais no respectivo território, plataforma continental, mar territorial ou zona econômica exclusiva, ou compensação financeira por essa exploração (art. 20, § 1º, da CF). Ao proprietário é assegurada a participação correspondente a 50% do valor total da CFEM (art. 11, b, do Dec. n. 227/67, com a redação dada pela Lei n. 8.901/94)[37].

---

36. O confronto da conservação do meio ambiente com o uso privatizado dos recursos naturais — A questão do tratamento constitucional: potenciais de energia hidráulica, in Sandra Akemi Shimada Kishi et al. (Coord.), Desafios, cit., p. 462 e 467.

37. Consuelo Yatsuda Moromizato Yoshida, A efetividade e a eficiência ambiental dos instrumentos econômico-financeiros e tributários. Ênfase na prevenção. A utilização econômica dos bens ambientais e

Trata-se de Compensação Financeira pela Exploração de Recursos Minerais (CFEM)[38], devida pela concessionária e calculada no percentual de até 3% sobre o valor do faturamento líquido da venda do produto em conformidade com os arts. 6º da Lei n. 7.990/89 e 2º da Lei n. 8.001/90 e com o Decreto n. 1/91. O valor total do CFEM será distribuído mensalmente na proporção de 23% aos Estados e ao Distrito Federal, 65% aos Municípios, 2% ao Fundo Nacional de Desenvolvimento Científico e Tecnológico do setor mineral e 10% ao Departamento Nacional de Produção Mineral (DNPM). Dois por cento do valor designado ao DNPM destina--se ao IBAMA, para a proteção mineral em regiões mineradoras.

## 10. MONOPÓLIO DA UNIÃO (ART. 177)

*Art. 177. Constituem monopólio da União:*

*I — a pesquisa e a lavra das jazidas de petróleo e gás natural e outros hidrocarbonetos fluidos;*

*II — a refinação do petróleo nacional ou estrangeiro;*

*III — a importação e exportação dos produtos e derivados básicos resultantes das atividades previstas nos incisos anteriores;*

*IV — o transporte marítimo do petróleo bruto de origem nacional ou de derivados básicos de petróleo produzidos no País, bem assim o transporte, por meio de conduto, de petróleo bruto, seus derivados e gás natural de qualquer origem;*

*V — a pesquisa, a lavra, o enriquecimento, o reprocessamento, a industrialização e o comércio de minérios e minerais nucleares e seu derivados.*

*(...)*

*§ 3º A lei disporá sobre o transporte e a utilização de materiais radioativos no território nacional.*

Constituem monopólio da União: o petróleo, o gás natural e os minerais nucleares. São todos recursos naturais extraídos do solo, subsolo e das plataformas marítimas, devendo ficar nas mãos da União, por sua importância estratégica. Esse dispositivo impediu a formação de monopólios e oligopólios privados com a nítida intenção de bani-los do Brasil.

---

suas implicações, in Heleno Taveira Tôrres (Org.), *Direito tributário ambiental*, São Paulo, Malheiros Ed., 2005, p. 548-9.

38. Não se trata, segundo o ministro Sepúlveda Pertence, de compensação financeira, mas de participação no resultado, tendo em vista a disciplina que lhe é dada pelo art. 6º da Lei n. 7.990/89. A imposição, segundo o STF, não tem natureza tributária, consistindo em receita patrimonial originária do Estado, auferida com a exploração de recurso mineral pertencente à União Federal, em conformidade com os arts. 20, IX, e 176 da CF (RE 228.800-5-DF do STF) (Consuelo Yatsuda Moromizato Yoshida, A efetividade, in Heleno Taveira Tôrres (Org.), *Direito*, cit., p. 549).

## 11. POLÍTICA DE DESENVOLVIMENTO URBANO (ART. 182)

Art. 182. *A política de desenvolvimento urbano, executada pelo Poder Público municipal, conforme diretrizes gerais fixadas em lei, tem por objetivo ordenar o pleno desenvolvimento das funções sociais da cidade e garantir o bem-estar de seus habitantes.*

*§ 1º O plano diretor, aprovado pela Câmara Municipal, obrigatório para cidades com mais de vinte mil habitantes, é o instrumento básico da política de desenvolvimento e de expansão urbana.*

*§ 2º A propriedade urbana cumpre sua função social quando atende às exigências fundamentais de ordenação da cidade expressas no plano diretor.*

*§ 3º As desapropriações de imóveis urbanos serão feitas com prévia e justa indenização em dinheiro.*

*§ 4º É facultado ao Poder Público municipal, mediante lei específica para área incluída no plano diretor, exigir, nos termos da lei federal, do proprietário do solo urbano não edificado, subutilizado ou não utilizado, que promova seu adequado aproveitamento, sob pena, sucessivamente, de:*

*I — parcelamento ou edificação compulsórios;*

*II — imposto sobre a propriedade predial e territorial urbana progressivo no tempo;*

*III — desapropriação com pagamento mediante títulos da dívida pública de emissão previamente aprovada pelo Senado Federal, com prazo de resgate de até dez anos, em parcelas anuais, iguais e sucessivas, assegurados o valor real da indenização e os juros legais.*

Esse dispositivo foi regulamentado pela Lei n. 10.257, de 10 de julho de 2001 (Estatuto da Cidade), que trouxe inúmeros instrumentos jurídicos, políticos e sociais para a preservação ambiental, tais como: planos nacionais, regionais e estaduais de ordenação do território e desenvolvimento econômico e social; planejamento das regiões metropolitanas, aglomerações urbanas e microrregiões; planejamento municipal; uso extrafiscal dos tributos; institutos jurídicos e políticos; desapropriação; servidão administrativa; instituição de zonas especiais de interesse social; unidades de conservação; concessão de direito real de uso; parcelamento, edificação ou utilização compulsórios; usucapião especial de imóvel urbano; direito de superfície; direito de preempção, outorga onerosa do direito de construir e de alteração do uso; transferência do direito de construir; operações urbanas consorciadas; referendo popular e plebiscito; Estudo Prévio de Impacto Ambiental (EPIA) e Estudo de Impacto de Vizinhança (EIV).

O planejamento municipal poderá ser implementado por meio do plano diretor, do parcelamento do uso e da ocupação do solo, do zoneamento ambiental, do plano plurianual, das diretrizes orçamentárias e do orçamento anual, dentre outros instrumentos igualmente importantes que podem ser utilizados pelo Município.

O plano diretor deve ser discutido e aprovado pela Câmara Municipal por meio de lei. É ele que vai traçar as regras para o desenvolvimento e expansão urbana, bem como estabelecer os investimentos. Deverá também restringir a ocupação irregular em áreas de preservação ambiental, protegendo as bacias hidrográficas, os mananciais etc. Com esse instrumento jurídico é que os Municípios criarão a Lei Orgânica, o Código de Edificações e as demais leis relacionadas com as posturas municipais e ambientais.

A propriedade urbana exerce sua função social quando cumpre as determinações estabelecidas no plano diretor e nas demais leis ambientais. Essa função pode ser traduzida pela ocupação efetiva do solo, proporcionando-lhe uma utilidade social, nos termos dos arts. 5º, XXIII, 170, III, 182, § 2º, e 186, da CF. Em outras palavras, a questão está essencialmente no embate entre o interesse particular do proprietário do imóvel e o interesse social consubstanciado no princípio da função social da propriedade urbana e na observância ao plano diretor.

## 12. FUNÇÃO SOCIAL DA PROPRIEDADE RURAL E POLÍTICA AGRÍCOLA (ART. 186)

*Art. 186. A função social é cumprida quando a propriedade rural atende, simultaneamente, segundo critérios e graus de exigência estabelecidos em lei, aos seguintes requisitos:*
*(...)*
*II — utilização adequada dos recursos naturais disponíveis e preservação do meio ambiente.*

Deve ser banida a atividade agrícola predatória e causadora de poluição e de danos ecológicos, tendo-se em vista que todos têm direito ao meio ambiente equilibrado. Com base nesse princípio é que o constituinte exigiu do proprietário o cumprimento da função social, o qual deverá utilizar adequadamente os recursos naturais existentes em sua propriedade com vistas à proteção ambiental. Esclareça-se que a denominação função social da propriedade "sempre será um signo ambíguo, entremeado de fortes cargas valorativas, portanto formado de sinais linguísticos indeterminados, polissêmicos"[39].

A Lei n. 8.171, de 17 de janeiro de 1991, fixa os fundamentos, define os objetivos e as competências institucionais, prevê os recursos e estabelece as ações e instrumentos da política agrícola, relativamente às atividades agropecuárias, agroindustriais e de planejamento das atividades pesqueira e florestal (art. 1º da lei). Alguns dos objetivos da Política Agrícola são a proteção do meio ambiente, a garantia de seu uso racional e o estímulo à recuperação dos recursos naturais (arts. 3º, IV, e 12, IV, da citada lei). Referida lei aborda também vários outros aspectos protetivos do solo e dos recursos naturais.

Dispõe, ainda, o art. 9º, §§ 1º ao 5º, da Lei n. 8.629/93, as seguintes diretrizes:
a) considera racional e adequado o aproveitamento que atinja os graus de utilização

---

[39]. Uadi Lammêgo Bulos, *Constituição Federal anotada*, São Paulo, Saraiva, 2000, p. 1139.

da terra e de eficiência na exploração, especificados nos §§ 1º ao 7º do art. 6º desta lei; b) considera adequada à utilização dos recursos naturais disponíveis quando a exploração se faz respeitando a vocação natural da terra, de modo a manter o potencial produtivo da propriedade; c) considera a preservação do meio ambiente a manutenção das características próprias do meio natural e da qualidade dos recursos ambientais, na medida adequada à manutenção do equilíbrio ecológico da propriedade e da saúde e qualidade de vida das comunidades vizinhas; d) considera a necessidade da observância das disposições que regulam as relações de trabalho e que implicam tanto o respeito às leis trabalhistas e aos contratos coletivos de trabalho como às disposições que disciplinam os contratos de arrendamento e parceria rurais; e) incentiva a exploração que favorece o bem-estar dos proprietários e trabalhadores rurais, que objetiva o atendimento das necessidades básicas dos que trabalham a terra, observa as normas de segurança do trabalho e não provoca conflitos e tensões sociais no imóvel.

Assim, a propriedade rural cumpre sua função social quando ela é utilizada com critérios, observando-se, essencialmente, a exploração adequada da terra e a preservação ambiental.

## 13. PROTEÇÃO DO MEIO AMBIENTE DO TRABALHO (ART. 200)

*Art. 200. Ao sistema único de saúde compete, além de outras atribuições, nos termos da lei:*
*(...)*
*VII — participar do controle e fiscalização da produção, transporte, guarda e utilização de substâncias e produtos psicoativos, tóxicos e radioativos;*
*VIII — colaborar na proteção do meio ambiente, nele compreendido o do trabalho.*

Vê-se, pois, que a competência é do sistema único de saúde para normatizar, fiscalizar e executar as tarefas de proteção do meio ambiente do trabalho, entre outras. Soma-se a isso a saúde, o trabalho, a moradia, formando-se um complexo de elementos indispensáveis à proteção da vida. A qualidade de vida é essencial para o homem poder viver dignamente. Viver dignamente na sociedade e no seu local de trabalho. Para que isso seja possível é necessário que o Poder Público estabeleça regras protetivas do homem no seu local de trabalho e lhe proporcione condições de salubridade e de segurança, nos termos do art. 7º da CF, que diz: "São direitos dos trabalhadores urbanos e rurais, além de outros que visem à melhoria de sua condição social: (...) XXII — *redução dos riscos inerentes ao trabalho*, por meio de normas de saúde, higiene e segurança".

## 14. PATRIMÔNIO CULTURAL — ACESSO PLENO DE TODOS (ART. 215)

*Art. 215. O Estado garantirá a todos o pleno exercício dos direitos culturais e acesso às fontes da cultura nacional, e apoiará e incentivará a valorização e a difusão das manifestações culturais.*
*(...)*

## 15. PATRIMÔNIO CULTURAL — CONCEITO (ART. 216)

*Art. 216. Constituem patrimônio cultural brasileiro os bens de natureza material e imaterial, tomados individualmente ou em conjunto, portadores de referência à identidade, à ação, à memória dos diferentes grupos formadores da sociedade brasileira, nos quais se incluem:*

*(...)*

*V — os conjuntos urbanos e sítios de valor histórico, paisagístico, artístico, arqueológico, paleontológico, ecológico e científico.*

*§ 1º O Poder Público, com a colaboração da comunidade, promoverá e protegerá o patrimônio cultural brasileiro, por meio de inventários, registros, vigilância, tombamento e desapropriação, e de outras formas de acautelamento e preservação.*

Ressalte-se ainda que o art. 1º do Decreto-Lei n. 25, de 30 de novembro de 1937, também define patrimônio cultural nacional como "o conjunto de bens móveis e imóveis existentes no país e cuja conservação seja de interesse público, quer por sua vinculação a fatos memoráveis da história do Brasil, quer por seu excepcional valor arqueológico ou etnológico, bibliográfico ou artístico".

No entanto, o conceito de patrimônio cultural nacional é amplo e abrange uma gama enorme de bens móveis e imóveis importantes para a cultura nacional: obras de arte, monumentos históricos, artísticos etc. Para o nosso campo de estudo importa a proteção do patrimônio natural e artificial de valor histórico, artístico, paisagístico, turístico, ecológico etc., ou seja, a proteção do patrimônio ligado ao meio ambiente cultural e artificial relevantes.

Esse rol é exemplificativo, incluindo outros bens de valor relevante para o meio ambiente cultural.

Incumbe ao Poder Público proteger o patrimônio cultural brasileiro por meio de inventários, registros, vigilância, *tombamento* e desapropriação (art. 216, § 1º, da CF). *Tombar* é o ato de registrar o tombamento no Livro n. 3 do Registro de Imóveis, bem como no Livro do Tombo Arqueológico, Etnológico e Paisagístico, Livro do Tombo Histórico, Livro do Tombo das Belas Artes, Livro do Tombo das Artes Aplicadas (art. 4º do Dec.-Lei n. 25/37) e no Livro do Tombo das Artes Populares no Estado de São Paulo.

## 16. DIREITO À INFORMAÇÃO E PROTEÇÃO DA SAÚDE E DO MEIO AMBIENTE (ART. 220)

*Art. 220. A manifestação do pensamento, a criação, a expressão e a informação, sob qualquer forma, processo ou veículo não sofrerão qualquer restrição, observado o disposto nesta Constituição.*

*(...)*

*§ 3º Compete à lei federal:*

*(...)*

*II — estabelecer os meios legais que garantam à pessoa e à família a possibilidade de se defenderem de programas ou programações de rádio e televisão que contrariem o disposto no art. 221, bem como da propaganda de produtos, práticas e serviços que possam ser nocivos à saúde e ao meio ambiente.*

Não é nosso objetivo analisar a norma constitucional acima de maneira aprofundada, mas apenas trazer à colação os seus aspectos relacionados à preservação do meio ambiente. Não há dúvidas de que o direito de comunicação é fonte de poluição atmosférica, por meio de ondas eletromagnéticas, e sabemos também que a exposição contínua às radiações por radiofrequência pode trazer danos à saúde humana. Por tal fato deve ser controlada pelo direito ambiental.

Além de disciplinar o direito de antena, essa norma veda a propaganda de produtos, práticas e serviços que possam ser nocivos à saúde e ao meio ambiente.

## 17. PROTEÇÃO DAS TERRAS INDÍGENAS (ARTS. 231 E 232)

*Art. 231. São reconhecidos aos índios sua organização social, costumes, línguas, crenças e tradições, e os direitos originários sobre as terras que tradicionalmente ocupam, competindo à União demarcá-las, proteger e fazer respeitar todos os seus bens.*

*§ 1º São terras tradicionalmente ocupadas pelos índios as por eles habitadas em caráter permanente, as utilizadas para suas atividades produtivas, as imprescindíveis à preservação dos recursos ambientais necessários a seu bem-estar e as necessárias a sua reprodução física e cultural, segundo seus usos, costumes e tradições.*

*§ 2º As terras tradicionalmente ocupadas pelos índios destinam-se a sua posse permanente, cabendo-lhes o usufruto exclusivo das riquezas do solo, dos rios e dos lagos nelas existentes.*

*§ 3º O aproveitamento dos recursos hídricos, inclusive os potenciais energéticos, a pesquisa e a lavra das riquezas minerais em terras indígenas só podem ser efetivados com autorização do Congresso Nacional, ouvidas as comunidades afetadas, ficando-lhes assegurada participação nos resultados da lavra, na forma da lei.*

*§ 4º As terras de que trata este artigo são inalienáveis e indisponíveis, e os direitos sobre elas, imprescritíveis.*

*§ 5º É vedada a remoção dos grupos indígenas de suas terras, salvo,* ad referendum *do Congresso Nacional, em caso de catástrofe ou epidemia que ponha em risco sua população, ou no interesse da soberania do País, após deliberação do Congresso Nacional, garantindo, em qualquer hipótese, o retorno imediato logo que cesse o risco.*

*§ 6º São nulos e extintos, não produzindo efeitos jurídicos, os atos que tenham por objeto a ocupação, o domínio e a posse das terras a que se refere este artigo, ou a exploração das riquezas naturais do solo, dos rios e dos lagos nelas existentes, ressaltado relevante interesse público da União, segundo o que dispuser lei complementar, não gerando a nulidade e a extinção direito a indenização ou ações contra a União, salvo, na forma da lei, quanto às benfeitorias derivadas da ocupação de boa-fé.*

*§ 7º Não se aplica às terras indígenas o disposto no artigo 174, §§ 3º e 4º.*

Art. 232. Os índios, suas comunidades e organizações são partes legítimas para ingressar em juízo em defesa de seus direitos e interesses, intervindo o Ministério Público em todos os atos do processo.

É de observar que a Constituição quis dar proteção especial às terras imprescindíveis à preservação dos recursos ambientais. A terra é fonte de sobrevivência dos índios. Há a necessidade do preenchimento de quatro requisitos para que possam ser consideradas terras tradicionalmente ocupadas por eles: a) serem habitadas em caráter permanente; b) serem utilizadas para atividades produtivas; c) serem imprescindíveis à preservação dos recursos ambientais necessários ao bem-estar do indigenato; e d) serem necessárias à reprodução física e cultural, segundo seus usos, costumes e tradições. Pertencem à União as terras tradicionalmente ocupadas pelos índios (art. 20, XI, da CF).

Como podemos perceber, as populações indígenas são protegidas constitucionalmente, tendo-se em vista a preservação de seus usos, costumes e tradições e a capacidade de manter as condições ambientais nas áreas por eles tradicionalmente ocupadas. Trata-se de áreas imprescindíveis para a proteção dos recursos naturais e necessários para o seu bem-estar e a sua reprodução física e cultural. A exploração de recursos naturais — potencial energético, por exemplo — dependerá da aprovação do Congresso Nacional, ouvidas as comunidades afetadas. São nulos os atos que tenham por objeto a ocupação, o domínio e a posse das terras indígenas ou a exploração das riquezas naturais do solo, dos rios e dos lagos nelas existentes, exceto se houver relevante interesse público da União, nos termos da lei complementar. A liberdade de crença também abrange os índios em seus usos e costumes, os quais terão assegurados o livre exercício de seus cultos religiosos, inclusive suas diversas línguas. Há cerca de 220 povos indígenas no Brasil e mais de 180 línguas faladas. Tudo isso faz parte da formação cultural do país.

Além disso, temos algumas legislações infraconstitucionais que protegem os índios e a comunidade tradicional, tais como: o Decreto n. 4.339, de 22 de agosto de 2002, que instituiu os princípios e diretrizes para a implementação da Política Nacional da Biodiversidade; a Lei n. 9.985, de 18 de julho de 2000, que instituiu o Sistema Nacional de Unidades de Conservação — SNUC —; e o Decreto n. 6.040, de 7 de fevereiro de 2007, que instituiu a Política Nacional de Desenvolvimento Sustentável dos Povos e Comunidades Tradicionais. Na esfera internacional, temos os princípios n. 22 e 23 da Conferência do Rio de Janeiro sobre Meio Ambiente e Desenvolvimento, realizado em 1992, que também reconhecem a importância dos índios e da comunidade tradicional, devendo os Estados reconhecer sua identidade, sua cultura e seus interesses e oferecer condições para sua efetiva participação no alcance do desenvolvimento sustentável, com intuito de proteger o meio ambiente e os recursos naturais.

O art. 232, por fim, confere legitimidade aos índios, suas comunidades e organizações para ingressar em juízo em defesa de seus direitos e interesses, intervindo o Ministério Público em todos os atos do processo.

Este dispositivo foi regulamentado pela Lei n. 6.001, de 19 de dezembro de 1973, que dispõe sobre o Estatuto do Índio.

Recentemente, o Plenário do Supremo Tribunal Federal – STF, por unanimidade, reconheceu a existência de repercussão geral no Recurso Extraordinário RE n. 1017365, que trata da definição do estatuto jurídico-constitucional das relações de posse das áreas de tradicional ocupação indígena com base nas regras estabelecidas no artigo 231 da CF.

Referido recurso foi interposto pela Fundação Nacional do Índio – Funai contra acórdão do Tribunal Regional Federal – TRF-4 que confirmou sentença de primeira instância pela procedência de ação de reintegração de posse ajuizada pela Fundação de Amparo Tecnológico ao Meio Ambiente – Fatma. A hipótese refere-se a uma área declarada, administrativamente, como de ocupação tradicional dos índios Xokleng, localizada em parte da Reserva Biológica do Sassafrás, no Estado de Santa Catarina.

O relator, ministro Edson Fachin, considerou preenchido o requisito da repercussão geral da matéria em razão da relevância jurídica da questão. Para ele, há flagrante risco da criação de precedentes "que fomentem situação de absoluta instabilidade e vulnerabilidade dos atos administrativos editados com âmbito nacional". O ministro ressalta ainda que a questão indígena "não se encontra resolvida ou ao menos serenada", motivo pelo qual compreendeu a importância de a Corte analisar a efetiva tutela constitucional dos direitos das comunidades indígenas à posse e ao usufruto das terras tradicionalmente ocupadas[40].

Vê-se, pois, que todas essas normas dispersas pela Constituição Federal e ora analisadas sucintamente não afastam outras eventualmente com elas relacionadas que devem ser interpretadas para poderem aplicar-se em toda sua plenitude.

Para tanto, passemos a analisar as normas de competência.

## Seção III
*Normas constitucionais de competência*

### 1. COMENTÁRIOS ÀS NORMAS DE COMPETÊNCIA

Competência "é a faculdade jurídica atribuída a uma entidade ou a um órgão ou agente do Poder Público para emitir decisões. Competências são as diversas modalidades de poder de que se servem os órgãos ou entidades estatais para realizarem suas funções"[41].

Há duas espécies de competência na Constituição Federal: legislativa (formal) e administrativa (material). A competência formal tem conotação verticalizada ou

---

40. Fonte: http://portal.stf.jus.br/noticias/verNoticiaDetalhe.asp?idConteudo=404272.
41. José Afonso da Silva, *Curso de direito constitucional positivo*, 15. ed., São Paulo, Malheiros Ed., p. 479.

piramidal, consubstanciada no princípio da predominância do interesse (interesse geral, regional e local). E a competência material tem feição horizontalizada, também chamada paralela ou cumulativa, pois, na maioria dos casos, a atuação de um ente não exclui a de outro, ou seja, soma-se (cooperação). Em outras palavras, o legislador constituinte repartiu as competências ambientais (materiais e formais) na forma horizontal (técnica da repartição horizontal) e na forma vertical (técnica da repartição vertical)[42].

Normas de competência são as que atribuem aos entes federados (União, Estados, Distrito Federal e Municípios) matérias gerais e específicas para melhor administrar suas unidades federativas e proporcionar bem-estar à população. Essa repartição de competência decorre do sistema federativo.

No Brasil, o sistema federativo concebido por nossa Constituição Federal prevê três níveis de repartição de competência para o exercício e o desenvolvimento de suas atividades normativas. Seu ponto crucial é a descentralização do poder entre as entidades federadas. A doutrina dividiu essa repartição em enumeração taxativa das competências da União, competência residual ou remanescente dos Estados e do Distrito Federal e competência dos Municípios no que se refere ao seu interesse local, além de subdividir em competência material (exclusiva ou comum) e competência legislativa (exclusiva, privativa, concorrente e suplementar)[43].

Assim, em matéria de meio ambiente, compete ao Poder Público a responsabilidade de dar efetividade ao princípio matriz contido no *caput* do art. 225 da CF. Para a sua implementação são necessários instrumentos políticos, legais, técnicos e econômicos colocados à disposição do Poder Público com a finalidade de cumprir esse objetivo maior. Assim, o meio ambiente ecologicamente equilibrado é um direito de todos, portanto, a responsabilidade de preservá-lo e defendê-lo deve ser também compartilhada com a comunidade. O Poder Público abrange as entidades federais, estaduais e municipais. Foi com esse objetivo que a Constituição Federal atribuiu a cada uma das entidades públicas competência administrativa e legislativa.

Registre-se que a repartição de competência ambiental adota as mesmas regras para a distribuição da competência em geral entre os poderes da União, Estados, Distrito Federal e Municípios.

Atribuiu-se à União, de forma expressa, competência privativa e concorrente para legislar sobre as matérias previstas nos arts. 22 e 24 da CF. Aos Estados e Distrito Federal foram atribuídos poderes residuais ou remanescentes, podendo exclusivamente legislar sobre matérias que não forem de competência privativa ou exclusiva federal ou municipal, além da competência suplementar, no que tange a matérias contidas no art. 24 da CF. Aos Municípios, por sua vez, restou a competência de le-

---

42. Anderson Furlan e William Fracalossi, *Direito ambiental*, cit., p. 217.

43. Márcia Dieguez Leuzinger, *Meio ambiente* — Propriedade e repartição constitucional de competências, Rio de Janeiro, Esplanada, 2002, p. 120.

gislar sobre assuntos de interesse local e de suplementar a legislação federal e estadual, nos termos do art. 30 da CF.

Podemos, dessa forma, classificar as regras de competência ambiental em: competência material exclusiva; competência legislativa exclusiva; competência material comum; e competência legislativa concorrente.

Tais regras podem ser encontradas nos arts. 21 a 24 e 30 da nossa CF.

## 2. COMPETÊNCIA MATERIAL EXCLUSIVA

A competência material exclusiva não confere poder para legislar sobre matérias por ela abrangidas, mas somente o poder de execução (executiva ou administrativa) em observância à disciplina contida na competência legislativa. Tal fato pode ser identificado pelos verbos utilizados em todo o rol do art. 21 da CF, tais como: "prover", "editar", "autorizar", "promover", "administrar", "organizar" etc.

Assim, a União poderá elaborar e executar planos de ordenação do território e de desenvolvimento socioeconômico, instituir o sistema nacional de recursos hídricos e as diretrizes de desenvolvimento urbano, incluindo habitação, saneamento básico e transportes urbanos, explorar os serviços e instalações nucleares de qualquer natureza e estabelecer as áreas e as condições para o exercício da atividade de garimpagem (art. 21, IX, XIX, XX, XXIII, *a, b, c* e *d*, e XXV, da CF).

Essa competência permite à União "desempenhar certas atividades de cunho político, administrativo, econômico ou social, que, por sua natureza, inserem-se na órbita do Poder Executivo, pressupondo o seu exercício a tomada de decisões governamentais e a utilização da máquina administrativa. Em alguns casos, o desempenho dessas atividades e serviços pressupõe ainda a participação do Poder Legislativo, que deve autorizar previamente ou aprovar *a posteriori* os atos do Poder Executivo. É o que se dá, por exemplo, com a declaração de guerra e celebração da paz ou com a decretação do estado de sítio, que dependem de autorização do Congresso Nacional (art. 49, II e IV), ou ainda com os atos de decretação de intervenção federal e do estado de defesa, que, depois de editados, deverão ser submetidos à apreciação do Congresso Nacional (art. 49, IV)"[44].

## 3. COMPETÊNCIA LEGISLATIVA EXCLUSIVA

A União possui competência privativa para legislar sobre: águas, energia, jazidas, minas e outros recursos minerais, populações indígenas, atividades nucleares de qualquer natureza. Essa competência pode ser transferida aos Estados por lei complementar (art. 22, IV, XII, XIV, XXVI e parágrafo único, da CF).

---

44. Fernanda Dias Menezes de Almeida, *Competência na Constituição de 1988*, São Paulo, Atlas, 1991, p. 91.

Assim, privativo é aquilo que é pessoal, exclusivo de uma pessoa. As matérias arroladas privativamente à União foram atribuídas por questões eminentemente estratégicas e por causa de sua importância geral, não podendo ficar nas mãos de outras entidades. Nesse sentido, a "competência de legislação privativa é, por sua natureza, monopolística e concentrada no titular dessa competência. Desfazendo a rigidez inerente à competência privativa, a Constituição Federal de 1988 prevê, no parágrafo único do art. 22, após a enumeração das matérias incluídas na privatividade legislativa da federação, que lei complementar poderá autorizar os Estados a legislarem sobre questões específicas relacionadas na competência privativa. Essa forma de delegação legislativa da União aos Estados, no nível dos ordenamentos constitutivos da República Federal, exige lei complementar, portanto, a aprovação da maioria absoluta das duas Casas do Congresso Nacional (art. 69), e não se reveste de generalidade, requerendo, ao contrário, a particularização de questões específicas, subtraídas ao elenco das matérias incluídas na privatividade da União"[45].

A União ainda poderá legislar concorrentemente sobre normas gerais (art. 24, § 1º, da CF).

## 4. COMPETÊNCIA MATERIAL COMUM

A competência material ou executiva atribuída aos entes da Federação possibilita-lhes o desempenho de diversas tarefas e serviços na esfera política, administrativa, econômica e social.

Vê-se, pois, que a Constituição Federal inovou em relação às Constituições anteriores, "tratou em artigos diferentes a competência legislativa e a competência executiva, e, relativamente a esta última, adotou técnica de repartição semelhante à utilizada para a divisão de competências legislativas, conferindo à União competência exclusiva para atuar em relação às matérias enumeradas no art. 21, aos Municípios, competência exclusiva quanto aos temas previstos nos incisos III e IX do art. 30, bem como competência para atuar quando houver interesse local predominante, e aos Estados-membros competência exclusiva para agir sobre tudo o que não for de competência exclusiva da União ou dos Municípios, em outras palavras, competência remanescente"[46].

Em matéria ambiental, foi atribuída à União, aos Estados, ao Distrito Federal e aos Municípios (*competência comum*) a responsabilidade de proteger os documentos, as obras e outros bens de valor histórico, artístico e cultural, os monumentos, as paisagens naturais notáveis e os sítios arqueológicos; impedir a destruição desses bens; promover programas de construção de moradias e a melhoria das condições habita-

---

45. Raul Machado Horta, *Estudos de direito constitucional*, Belo Horizonte, Del Rey, 1995, p. 415.
46. Márcia Dieguez Leuzinger, *Meio ambiente*, cit., p. 134.

cionais e de saneamento básico; proteger o meio ambiente e combater a poluição em qualquer de suas formas, preservar as florestas, a flora e a fauna, registrar, acompanhar e fiscalizar a concessão de direitos de pesquisa e exploração de recursos hídricos e minerais em seus territórios. Não se trata de competência legislativa, mas de mera cooperação administrativa. Trata-se de competência administrativa ou de implementação entre os entes da Federação para atuar em cooperação recíproca *comum* (art. 23, III, IV, VI, VII, IX e XI, da CF).

A Constituição Federal, além das competências materiais exclusivas, enumera no art. 23 as matérias de competência executiva atribuídas à União, Estados, Distrito Federal e Municípios. Trata-se de competência material comum repartida entre os entes da Federação para o cumprimento das tarefas em forma de cooperação. Essa competência não envolve o poder de legislar, devendo, no entanto, observar as leis já editadas para a implementação das políticas públicas ambientais. É importante ressaltar que a cooperação entre os entes federados está prevista no parágrafo único do art. 23 e será disciplinada por leis complementares. Tais leis têm por finalidade estabelecer o equilíbrio do desenvolvimento e do bem-estar em âmbito nacional[47].

Acresça-se ainda que "o Estado-membro tem competência material para agir administrativamente, mesmo nos casos em que a legislação seja da União ou do município. Sobre isso merece referência precedente do Superior Tribunal de Justiça. O caso envolvia imposição de multa administrativa por vazamento. A peculiaridade é que a sanção foi aplicada pela Fazenda do Estado de São Paulo, mas baseada na Lei da Política Nacional do Meio Ambiente, ou seja, a de n. 6.938, de 31.8.1981"[48].

Para dar efetividade às matérias repartidas entre os entes da Federação basta o exercício do poder de polícia ambiental, inerente a cada uma das entidades públicas, sem o qual seria inviável fazer valer a competência material.

Havendo interesse local, a entidade pública municipal terá competência exclusiva desde que não haja previsão nos dispositivos constitucionais atribuídos às demais entidades. Isso não implica, em hipótese alguma, a inobservância das normas de caráter geral da União nem das normas específicas dos Estados. Adotam-se as mesmas regras em relação à competência legislativa concorrente.

A autonomia municipal não deve ser levantada como fundamento para a sobreposição de normas de interesse local sobre as normas gerais da União e as específicas dos Estados. Compete aos Municípios suplementar a legislação federal e estadual no que couber, não podendo legislar plenamente, mas respeitar a hierarquia das normas.

---

47. Discute-se, ensina Vladimir Passos de Freitas, "a necessidade de lei complementar para que dita cooperação se efetive. Merece apoio a posição de Heraldo Garcia Vitta, para quem o art. 23 tem eficácia plena, e não necessita de norma infraconstitucional para regulá-lo. A referida lei complementar, a nosso ver, viria apenas indicar a maneira pela qual se daria cooperação entre as entidades" (*A Constituição Federal e a efetividade das normas ambientais*, São Paulo, Revista dos Tribunais, 2000, p. 79).

48. Vladimir Passos de Freitas, *A Constituição*, cit., p. 73.

## 5. COMPETÊNCIA LEGISLATIVA CONCORRENTE

Compete à União, aos Estados e ao Distrito Federal (*competência concorrente*) legislar sobre: direito urbanístico, floresta, caça, pesca, fauna, conservação, defesa do meio ambiente e dos recursos naturais, proteção ao patrimônio histórico, cultural, artístico, turístico e paisagístico e responsabilidade por dano ao meio ambiente (art. 24, I, VI, VII e VIII, da CF).

Isso não exclui a competência suplementar dos Estados (art. 24, § 2º, da CF). Cabe a estes, na ausência de normas gerais, exercer a competência plena para atender a suas peculiaridades (art. 24, § 3º, da CF).

Excluindo-se a competência legislativa exclusiva da União, a maior parte das matérias é de competência concorrente, impondo-se à União a responsabilidade de disciplinar normas gerais, e aos Estados e Distrito Federal a edição de normas específicas[49]. Essa distribuição de competência traz em seu bojo o sentido de cooperação entre os entes federados na esfera administrativa e legislativa. A proteção do meio ambiente não deve ficar sob responsabilidade de um único ente da Federação, mas deve ser partilhada entre todas as entidades desta e a comunidade, em observância ao princípio maior previsto no art. 225 da CF.

A competência concorrente permite que dois ou mais entes da Federação possam legislar sobre a mesma matéria. Essa competência pode ser dividida em competência concorrente cumulativa e não cumulativa. A primeira é a que permite à União, aos Estados e ao Distrito Federal legislar sobre matérias a eles atribuídas sem limites prévios, enquanto a não cumulativa não permite aos entes federados legislar plenamente, devendo respeitar a competência vertical dos entes de hierarquia superior. Nossa Constituição Federal adotou a competência concorrente não cumulativa no sentido de atribuir à União a responsabilidade de legislar sobre normas de caráter geral (art. 24, § 1º, da CF), e aos Estados e Distrito Federal, sobre normas específicas (art. 24, § 2º, da CF).

No Brasil, as normas gerais estabelecidas pela União são, em regra, extremamente detalhistas, restando aos Estados e ao Distrito Federal pouco ou nenhum espaço para legislar. A competência concorrente dos Estados e do Distrito Federal é suplementar e tem por escopo detalhar os princípios formulados pela norma federal, respeitando-se as peculiaridades de cada unidade da Federação. Os Estados e o Distrito Federal só poderão legislar plenamente em caso de ausência da norma federal (art. 24, § 3º, da CF).

Em havendo conflito entre as normas estaduais e as federais concorrentes, a doutrina tem sustentado a prevalência das normas de maior hierarquia, desde que

---

49. Ensina Vladimir Passos de Freitas que, "da leitura do dispositivo constitucional, os Estados não têm competência própria, mas sim competência por exclusão e concorrente: por exclusão, quando a matéria não for privativa da União e dos municípios; concorrente, quando a matéria pertencer às duas pessoas políticas, União e Estados" (*A Constituição*, cit., p. 59).

tais normas sejam efetivamente de caráter geral. Mas é importante ressaltar que não pode haver invasão de competência entre os entes federados, não podendo a União estabelecer normas específicas nem os Estados e o Distrito Federal criar normas gerais. Em tese, a invasão de competência poderá ser objeto de declaração de inconstitucionalidade. Essa declaração poderá ser resolvida pelo controle de constitucionalidade difuso ou concentrado.

Não podemos olvidar que a União deverá editar normas de caráter geral, que têm por escopo estabelecer princípio de natureza fundamental a ser aplicada em todo o território nacional, não podendo especificar situações reservadas aos Estados. As particularidades devem ficar ao encargo dos Estados, que deverão detalhar a legislação de acordo com suas peculiaridades. Por exemplo, é concorrente a competência para legislar sobre florestas (CF, art. 24, VI). O Código Florestal (Lei n. 12.651/2012) é considerado norma geral em face da vigência da Constituição Federal de 1988, isso porque, cabendo às duas pessoas políticas legislar sobre a matéria, os dispositivos do novo Código Florestal passaram a ser tidos como princípios gerais obrigatórios, podendo os Estados legislar sobre florestas mas sem infringir as regras genéricas[50].

Isso ocorre igualmente em relação ao Código de Pesca (Dec.-Lei n. 221, de 28-2-1967), ao denominado Código de Caça (Lei n. 5.197, de 3-1-1967) etc.

## 6. COMPETÊNCIA LEGISLATIVA DOS MUNICÍPIOS

O Município passou a ter autonomia tal qual os Estados e, como ente da Federação (art. 18 da CF), é detentor de competências exclusivas (art. 30 da CF) e organização política própria (art. 29 da CF)[51].

A Constituição Federal não atribuiu aos Municípios competência legislativa concorrente nas matérias contidas no art. 24. A princípio, os Municípios não poderiam editar leis sobre essas matérias. No entanto, a Constituição Federal atribuiu competência comum material a eles para proteger o meio ambiente, ou seja, não se trata de matéria legislativa (art. 23).

Assim, a Constituição Federal atribuiu aos Municípios a competência para: a) legislar sobre assuntos de interesse local; b) suplementar a legislação federal e estadual no que couber; c) promover, no que couber, adequado ordenamento territorial, mediante planejamento e controle do uso, do parcelamento e da ocupação do solo urbano; d) promover a proteção do patrimônio histórico-cultural local, observadas a legislação e a ação fiscalizadora federal e estadual (art. 30, I, II, VIII e IX). A base legislativa constitucional encontra-se toda ela no dispositivo que veremos a seguir.

---

50. Vladimir Passos de Freitas, *A Constituição*, cit., p. 59.

51. Celso Antonio Pacheco Fiorillo, *O direito de antena em face do direito ambiental no Brasil*, São Paulo, Saraiva, 2000, p. 76.

É necessário esclarecer o que vem a ser interesse peculiar. Interesse peculiar pode ser entendido como aquele de interesse local, cuja predominância se faz sentir pelas necessidades prementes dos munícipes. No dizer de Roque Antonio Carrazza, "interesse local não se confunde com interesse privativo. O interesse do Município que a Constituição protege é o peculiar, isto é, o próprio, o especial, o particular; não o exclusivo, que, em rigor, inexiste, já que, afinal de contas, tudo o que aproveita ao município também serve, de modo mais ou menos próximo, a todo o País"[52].

Tais interesses são mutáveis e dinâmicos, não se restringindo a interesses exclusivos dos Municípios, mas caracterizando a predominância de certos interesses sobre outros de caráter mais abrangente.

Delimitadas as arestas sobre a compreensão de interesse peculiar, vejamos se os Municípios podem legislar sobre as matérias arroladas no art. 24 da CF. Nada obsta que eles possam legislar sobre tais matérias, desde que esteja presente o seu interesse peculiar ou local. Essa permissão está prevista no art. 30, I e II, da CF, podendo suplementar, no que couber, as legislações federal e estadual dentro do seu próprio interesse.

Os Municípios não podem legislar plenamente fundados em seu interesse local, desrespeitando as normas federais e estaduais. Se isso fosse possível, perderia o sentido a competência arrolada no art. 24 da CF, mesmo que as matérias sejam de interesse local. Assim, a interpretação mais consentânea seria o detalhamento das normas gerais estabelecidas pela União, Estados e Distrito Federal.

A competência municipal, no dizer de Toshio Mukai, "é sempre concorrente com a da União e a dos Estados-membros, podendo legislar sobre todos os aspectos do meio ambiente, de acordo com sua autonomia municipal (art. 18 da CF), prevalecendo sua legislação sobre qualquer outra, desde que inferida do seu predominante interesse; não prevalecerá em relação às outras legislações, nas hipóteses em que estas forem diretamente inferidas de suas competências privativas, subsistindo a do Município, entretanto, embora observando as mesmas"[53].

Não há dúvidas de que a competência dos Municípios, em matéria ambiental, faz-se necessária, especialmente por se tratar de seu peculiar interesse, não podendo ficar à mercê das normas estaduais e federais. Registre-se ainda que os Municípios poderão até restringir as normas estaduais e federais, tornando-as mais protetivas[54].

---

52. Roque Antonio Carrazza, *Curso de direito constitucional tributário*, 7. ed., São Paulo, Malheiros Ed., 1995, p. 113.

53. Legislação, meio ambiente e autonomia municipal — Estudos e comentários, *RDP,* 79:131.

54. O Ministro Celso de Mello reafirma a competência municipal na esfera ambiental. *V.* a seguinte ementa: "Lei municipal contestada *em face de Constituição Estadual.* Possibilidade *de controle normativo abstrato* por Tribunal de Justiça (CF, art. 125, § 2º). Competência do Município *para dispor sobre preservação* e *defesa da integridade do meio ambiente.* A incolumidade *do patrimônio ambiental* como expressão de

Assim, não há antinomia real entre normas constitucionais, mas apenas aparente, cuja interpretação deverá ser solucionada pelos princípios constitucionais, tais como o da unidade, o da proporcionalidade, o da razoabilidade etc.

A repartição de competência entre os entes federados tem por finalidade dividir o poder, que é uno e indivisível, permitindo legislar sobre assuntos de interesse local fundados nas normas de caráter geral fixadas pela União e Estados. Procura-se, com isso, uniformizar o tratamento de determinado assunto no território nacional e regional e permitir, aos Municípios, especificá-lo com base em suas peculiaridades.

O Município não pode legislar plenamente, respaldado na sua autonomia constitucional, alegando tratar-se de assunto pertinente a seu interesse local. Caso fosse possível, a repartição de competência perderia o sentido, o que seria um contrassenso. Não foi isso que pretendeu o legislador constituinte.

## 7. LEI COMPLEMENTAR N. 140/2011 — REGULAMENTA O ART. 23, PARÁGRAFO ÚNICO, DA CONSTITUIÇÃO FEDERAL

Após vinte e três anos, finalmente foi promulgada a Lei Complementar n. 140, de 8 de dezembro de 2011, que fixa normas, nos termos dos incisos III, VI e VII do *caput* e do parágrafo único do art. 23 da Constituição Federal, para a cooperação entre a União, os Estados, o Distrito Federal e os Municípios nas ações administrativas decorrentes do exercício da competência comum relativas à proteção das paisagens naturais notáveis, à proteção do meio ambiente, ao combate à poluição em qualquer de suas formas e à preservação das florestas, da fauna e da flora; e altera a Lei n. 6.938, de 31 de agosto de 1981.

Esta lei contém vinte e dois artigos e quatro capítulos, assim distribuídos: a) disposições gerais; b) instrumentos de cooperação; c) ações de cooperação; e d) disposições finais e transitórias.

O art. 2º conceitua licenciamento ambiental, atuação supletiva e atuação subsidiária. São conceitos importantes para a aplicação da lei. Considera-se *licen-*

---

um direito fundamental *constitucionalmente atribuído* à generalidade das pessoas (*RTJ* 158/205-206 — *RTJ* 164/158-161, *v. g.*). *A questão do meio ambiente* como um dos tópicos mais relevantes *da presente agenda nacional* e *internacional*. O poder de regulação *dos Municípios* em tema de formulação de políticas públicas, de regras e de estratégias legitimadas *por seu peculiar interesse* e destinadas a viabilizar, de modo efetivo, *a proteção local* do meio ambiente. Relações *entre a lei e o regulamento*. Os regulamentos de execução (*ou subordinados*) como condição *de eficácia* e *aplicabilidade* da norma legal dependente *de regulamentação executiva*. Previsão, *no próprio corpo do diploma legislativo*, da necessidade *de sua regulamentação*. Inocorrência de ofensa, em tal hipótese, *ao postulado da reserva*. Documento assinado digitalmente conforme MP n. 2.200-2, de 24-8-2001, que institui a Infraestrutura de Chaves Públicas Brasileira — ICP-Brasil. O documento pode ser acessado no endereço eletrônico http://www.stf.jus.br/portal/autenticacao/ sob o número 7483998 (RE 673.681-SP, STF, rel. Min. Celso de Mello, voto datado de 5-12-2014).

*ciamento ambiental* o procedimento administrativo destinado a licenciar atividades ou empreendimentos utilizadores de recursos ambientais, efetiva ou potencialmente poluidores ou capazes, sob qualquer forma, de causar degradação ambiental; *atuação supletiva* é a ação do ente da Federação que se substitui ao ente federativo originariamente detentor das atribuições, nas hipóteses definidas na Lei Complementar (art. 15); e *atuação subsidiária* é a ação do ente da Federação que visa a auxiliar no desempenho das atribuições decorrentes das competências comuns, quando solicitado pelo ente federativo originariamente detentor das atribuições definidas na Lei Complementar (art. 16).

Já o art. 3º apresenta os objetivos fundamentais da competência comum dos entes federados: a) proteger, defender e conservar o meio ambiente ecologicamente equilibrado, promovendo gestão descentralizada, democrática e eficiente; b) garantir o equilíbrio do desenvolvimento socioeconômico com a proteção do meio ambiente, observando a dignidade da pessoa humana, a erradicação da pobreza e a redução das desigualdades sociais e regionais; c) harmonizar as políticas e ações administrativas para evitar a sobreposição de atuação entre os entes federativos, de forma a evitar conflitos de atribuições e garantir uma atuação administrativa eficiente; e d) garantir a uniformidade da política ambiental para todo o país, respeitadas as peculiaridades regionais e locais.

Para cumprir esses objetivos, são colocados os seguintes instrumentos de cooperação à disposição dos entes federados: a) consórcios públicos, nos termos da legislação em vigor; b) convênios, acordos de cooperação técnica e outros instrumentos similares com órgãos e entidades do Poder Público, respeitado o art. 241 da CF; c) Comissão Tripartite Nacional, Comissões Tripartites Estaduais e Comissão Bipartite do Distrito Federal; d) fundos públicos e privados e outros instrumentos econômicos; e) delegação da execução de ações administrativas de um ente federativo a outro, respeitados os requisitos previstos na Lei Complementar; e f) delegação da execução de ações administrativas de um ente federativo a outro, respeitados os requisitos previstos na Lei Complementar.

É possível a delegação da competência de um ente para outro, mediante convênio, desde que o ente destinatário disponha de órgão ambiental capacitado para executar as ações administrativas a serem delegadas e de conselho de meio ambiente. Considera-se *órgão ambiental capacitado* aquele que possui técnicos próprios ou em consórcio, devidamente habilitados e em número compatível com a demanda das ações administrativas a serem delegadas (art. 5º, parágrafo único).

As ações de cooperação entre a União, os Estados, o Distrito Federal e os Municípios deverão ser desenvolvidas de modo a atingir os objetivos já citados e a garantir o desenvolvimento sustentável, harmonizando e integrando todas as políticas governamentais. O art. 7º descreve o longo rol das ações administrativas da União, o art. 8º descreve o rol das ações administrativas dos Estados e do Distrito Federal; e o art. 9º descreve o rol das ações administrativas dos Municípios e do Distrito Federal.

Os empreendimentos e atividades serão licenciados ou autorizados, ambientalmente, por um único ente federativo, nos termos das atribuições conferidas pela Lei Complementar (*caput* do art. 13). Isso não impede que os demais entes da Federação não possam manifestar-se no procedimento de licenciamento, porém de maneira não vinculante (§ 1º do art. 13). Os entes federativos devem atuar em caráter supletivo nas ações administrativas de licenciamento e na autorização ambiental (art. 15). Compete ao órgão responsável pelo licenciamento ou autorização, conforme o caso, de um empreendimento ou atividade, lavrar auto de infração ambiental e instaurar processo administrativo para a apuração de infrações à legislação ambiental cometidas pelo empreendimento ou atividade licenciada ou autorizada (art. 17), devendo os demais entes federativos determinar medidas para evitar, cessar ou mitigar a degradação da qualidade ambiental (§ 2º do art. 17). Isso não impede também o exercício da atribuição comum de fiscalização pelos entes federativos (§ 3º do art. 17).

Registre-se, ademais, que o Decreto n. 8.437, de 22 de abril de 2015, regulamentou o disposto no art. 7º, *caput*, XIV, *h*, e parágrafo único, da Lei Complementar n. 140, de 8 de dezembro de 2011, para estabelecer as tipologias de empreendimentos e atividades cujo licenciamento ambiental será de competência da União.

Vejamos, a seguir, como poderá ocorrer essa cooperação entre os entes federativos.

## 8. COOPERAÇÃO, CONVÊNIO E CONSÓRCIO ENTRE OS ENTES FEDERADOS

A competência material das pessoas jurídicas de direito público interno não afasta eventuais conflitos que envolvem matérias concorrentes atribuídas especificamente ao art. 23 da CF.

Para evitar tais conflitos é que a própria Constituição Federal previu a possibilidade de estabelecer regras para a cooperação administrativa entre os entes federados. O parágrafo único do art. 23 diz: "Leis complementares fixarão normas para a cooperação entre a União e os Estados, o Distrito Federal e os Municípios, tendo em vista o equilíbrio do desenvolvimento e do bem-estar em âmbito nacional". Este dispositivo, como já vimos, foi regulamentado pela Lei Complementar n. 140, de 8 de dezembro de 2011.

Pela repartição de competência é permitido aos entes federados exercer fiscalização e impor sanções administrativas sobre o mesmo fato gerador sem qualquer problema, desde que haja normas administrativas disciplinando determinada conduta lesiva ao meio ambiente e sua respectiva sanção. Por exemplo: a Cidade de São Paulo possui regras de rodízio de veículos na esfera estadual e municipal. A quem compete aplicar as sanções aos infratores dessas normas? Qual norma prevalece? Isso foi resolvido pela lei complementar. Basta olhar o rol de atribuições de cada ente federativo.

Como bem ressalta Vladimir Passos de Freitas, com o advento das "leis complementares como previstas, supõe-se que as coisas se simplificariam. Primeiro, a área de fiscalização seria dividida, poupando-se esforços superpostos. Segundo, as pessoas políticas se auxiliariam com troca de informações e outras atividades. Terceiro, o infrator não sofreria o injusto ônus de ter, por um só fato, de responder a três procedimentos administrativos"[55].

Em tese, não deveria haver hierarquia entre os entes federados, pois se trata de competência comum. Tal hierarquia acabará surgindo sempre com predominância da legislação federal. O conflito, antes da Lei Complementar, era resolvido com base em princípios. Vladimir Passos de Freitas, com sua brilhante lucidez, apresentava os seguintes princípios para tentar solucionar tais conflitos: "a) quando a competência for privativa da União, a eventual fiscalização de órgão estadual ou municipal com base na competência comum de proteção ao meio ambiente não retira a prevalência federal; b) quando a competência for comum (por exemplo, preservação de florestas), deve ser verificada a existência ou não de interesse nacional, regional ou local e, a partir daí, definir a competência material (por exemplo, a devastação de grandes proporções na Serra do Mar configura interesse federal, em face do contido no art. 225, § 4º, da Constituição Federal); c) quando a competência for do Estado, por não ser a matéria privativa da União ou do município (residual), a ele cabe a prática dos atos administrativos pertinentes, como fiscalizar ou impor sanções (por exemplo, controle da pesca em rio municipal); d) no mar territorial a fiscalização cabe à Capitania dos Portos, do Ministério da Marinha; e) cabe ao Município atuar apenas em caráter supletivo quando a matéria for do interesse comum e houver ação federal ou estadual; f) cabe ao município atuar privativamente quando a matéria for do interesse exclusivo local (por exemplo, poda de árvores nas vias públicas)"[56].

Outra questão interessante, mas polêmica, era a possibilidade da realização de convênio entre as pessoas jurídicas de direito público interno. A Constituição Federal anterior autorizou expressamente o convênio, mas a atual não previu essa hipótese. O convênio permitiria a substituição da ordem constitucional entre os entes federados, mas, com a atual Constituição, admitir-se-á, em caráter excepcional, quando se tratar de competência privativa[57].

Essa polêmica foi dirimida com o advento da Emenda Constitucional n. 19, de 4 de junho de 1998, que deu nova redação ao art. 241 da CF, permitindo às pessoas políticas disciplinar por meio de lei convênio e consórcio de cooperação. O consórcio, por sua vez, é aquele firmado entre os entes federados para, em conjunto com outras entidades, solucionar problemas ambientais complexos.

---

55. *A Constituição*, cit., p. 78.
56. *A Constituição*, cit., p. 81.
57. Fernanda Dias Menezes de Almeida, *Competência*, cit., p. 145-6.

Hoje, com o advento da Lei Complementar n. 140/2011, não existe mais conflito, pois os entes federados poderão realizar cooperação, consórcio e convênio dentro de suas atribuições (art. 3º, III). São ainda instrumentos de cooperação institucional a Comissão Tripartite Nacional, Comissões Tripartites Estaduais ou Comissão Bipartite do Distrito Federal. Estas comissões poderão ser criadas com o objetivo de fomentar a gestão ambiental compartilhada e descentralizada entre esses entes federativos, os quais poderão delegar a execução de ações administrativas a eles atribuídas se preenchidos os requisitos do art. 5º da Lei Complementar.

## Seção IV
### Normas constitucionais de garantia

## COMENTÁRIOS ÀS NORMAS DE GARANTIA

Normas de garantia são as colocadas à disposição do cidadão para fazer valer seus direitos fundamentais; em outras palavras, trata-se das ações processuais que podem ser utilizadas em juízo para se exigir do Estado e dos particulares o cumprimento dos direitos individuais, coletivos e difusos arrolados, essencialmente, no art. 5º da CF.

As regras de garantias serão mais bem explicitadas no Livro II, Título I — Tutela Processual do Meio Ambiente deste *Manual*: art. 5º, LXX (mandado de segurança coletivo); LXXI (mandado de injunção); LXXIII (ação popular); art. 129, III (ação civil pública); art. 37, § 4º (ação civil de responsabilidade por improbidade administrativa); art. 103 (ação direta de inconstitucionalidade).

Como podemos perceber, não há como iniciar o estudo do direito ambiental sem antes passar pela análise da Constituição Federal, na qual vamos encontrar todo o arcabouço do direito ambiental, pois ela é o ponto de partida e de chegada. Dela partem todas as normas infraconstitucionais com o objetivo de fazer cumprir a regra matriz prevista no *caput* do art. 225.

Passaremos então a estudar as normas infraconstitucionais, partindo da Lei da Política Nacional do Meio Ambiente (Lei n. 6.938/81).

# TÍTULO III
## Política, Instrumentos e Sistema Nacional do Meio Ambiente

### Capítulo I
### Política Nacional do Meio Ambiente (PNMA)

### 1. POLÍTICA NACIONAL DO MEIO AMBIENTE

A política e o sistema nacional do meio ambiente encontram-se disciplinados na Lei n. 6.938, de 31 de agosto de 1981. Essa lei dispõe sobre a Política Nacional do Meio Ambiente e institui o Sistema Nacional do Meio Ambiente (SISNAMA), seus fins e mecanismos de formação e aplicação, e dá outras providências. Trata-se da lei ambiental mais importante depois da Constituição Federal. Nela está traçada toda a sistemática necessária para a aplicação da política ambiental (conceitos básicos, objeto, princípios, objetivos, diretrizes, instrumentos, órgãos, responsabilidade objetiva etc.).

Referida lei foi recepcionada pela nova ordem constitucional e, desde então, tem sido o referencial mais importante na proteção do meio ambiente.

Assim, a política nacional do meio ambiente visa dar efetividade ao princípio matriz contido no art. 225, *caput*, da CF, consubstanciado no direito de todos ao meio ambiente ecologicamente equilibrado.

Em outras palavras, a política nacional do meio ambiente "deve ser compreendida como o conjunto dos instrumentos legais, técnicos, científicos, políticos e econômicos destinados à promoção do desenvolvimento sustentado da sociedade e economias brasileiras"[1].

Além da PNMA, há outras que foram sendo criadas, na esfera nacional, para disciplinar a utilização de determinados recursos ambientais, quais sejam: Política Nacional de Gerenciamento dos Recursos Hídricos (Lei n. 9.433/97); Política Nacional de Educação Ambiental (Lei n. 9.795/99); Política ou Sistema Nacional de Unidades de Conservação da Natureza (Lei n. 9.985/2000); Política Nacional Urbana — Estatuto da Cidade (Lei n. 10.257/2001); Política Nacional da Biodiversidade

---
1. Paulo de Bessa Antunes, *Direito ambiental*, cit., p. 65.

(Decreto n. 4.339/2002); Política Nacional de Saneamento Básico (Lei n. 11.445/2007); Política Nacional de Desenvolvimento Sustentável dos Povos e Comunidades Tradicionais (Decreto n. 6.040/2007); Política Nacional de Desenvolvimento Sustentável da Aquicultura e da Pesca (Lei n. 11.959/2009); Política Nacional sobre Mudança do Clima (Lei n. 12.187/2009); Política Nacional dos Resíduos Sólidos (Lei n. 12.305/2010); Política Nacional de Segurança de Barragens (Lei n. 12.334/2010) etc.

## 2. OBJETO

O objeto de estudo da política nacional do meio ambiente é a *qualidade ambiental propícia à vida* das presentes e futuras gerações. Qualidade ambiental é o estado do meio ambiente ecologicamente equilibrado (art. 225, *caput*, da CF). Esse desiderato só poderá ser alcançado com o cumprimento dos objetivos arrolados no art. 4º da Lei n. 6.938/81, os quais têm por escopo a preservação, a melhoria e a recuperação da natureza e dos ecossistemas. É pelo estudo desse objeto (qualidade ambiental) que o direito ambiental vai traçar sua política nas diversas esferas da Federação (art. 2º da Lei n. 6.938/81). Assim, *preservar* é impedir a intervenção humana na região, procurando manter o estado natural dos recursos ambientais. *Melhorar* é permitir a intervenção humana no ambiente com o objetivo de melhorar a qualidade dos recursos ambientais, realizando o manejo adequado das espécies animais e vegetais. *Recuperar*, por fim, é permitir a intervenção humana, buscando a reconstituição da área degradada e fazer com que ela volte a ter as mesmas características da área original.

## 3. OBJETIVOS

A política nacional do meio ambiente tem por objetivo a harmonização do meio ambiente com o desenvolvimento socioeconômico (desenvolvimento sustentável). Essa harmonização consiste na conciliação da proteção do meio ambiente, de um lado, com a garantia do desenvolvimento socioeconômico, de outro, objetivando assegurar condições necessárias ao progresso industrial, aos interesses da segurança nacional e à proteção da dignidade da vida humana (art. 2º da Lei n. 6.938/81).

Esse desiderato só poderá ser alcançado mediante o cumprimento dos objetivos arrolados no art. 4º dessa lei, quais sejam:

I — a compatibilização do desenvolvimento socioeconômico com a preservação da qualidade do meio ambiente e do equilíbrio ecológico (*v.* arts. 225, *caput*, e 170, VI, da CF);

II — a definição de áreas prioritárias da ação governamental relativa à qualidade e ao equilíbrio ecológico, atendendo aos interesses da União, dos Estados, do Distrito Federal e dos Municípios (art. 225, § 1º, III, da CF e Lei n. 9.985, de 18-7-2000);

III — o estabelecimento de critérios e padrões da qualidade ambiental e de normas relativas ao uso e manejo de recursos ambientais (art. 9º, I, da Lei n. 6.938/81);

IV — o desenvolvimento de pesquisas e de tecnologias nacionais orientadas para o uso racional de recursos ambientais;

V — a difusão de tecnologias de manejo do meio ambiente, a divulgação de dados e informações ambientais e a formação de uma consciência pública sobre a necessidade de preservação da qualidade ambiental e do equilíbrio ecológico (art. 225, § 1º, VI, da CF e Lei n. 9.795, de 27-4-1999);

VI — a preservação e restauração dos recursos ambientais com vistas à sua utilização racional e disponibilidade permanente, concorrendo para manutenção do equilíbrio ecológico propício à vida;

VII — a imposição, ao poluidor e ao predador, da obrigação de recuperar e/ ou indenizar os danos causados e, ao usuário, da contribuição pela utilização de recursos ambientais com fins econômicos (art. 14, § 1º, da Lei n. 6.938/81).

Tais objetivos têm por escopo dar efetividade ao desenvolvimento sustentável previsto constitucionalmente, garantir o desenvolvimento socioeconômico e os interesses da segurança nacional e proteger a dignidade da vida humana previstos na lei infraconstitucional.

## 4. PRINCÍPIOS

Os princípios da política nacional do meio ambiente estão arrolados no art. 2º, I a X, da Lei n. 6.938/81. Tais princípios não se confundem com os princípios doutrinários, mas com eles devem compatibilizar-se. Trata-se dos denominados *princípios legais*, quais sejam:

I — princípio da ação governamental na manutenção do equilíbrio ecológico, considerando o meio ambiente como um patrimônio público a ser necessariamente assegurado e protegido, tendo em vista o uso coletivo;

II — princípio da racionalização do uso do solo, do subsolo, da água e do ar;

III — princípio do planejamento e fiscalização do uso dos recursos ambientais;

IV — princípio da proteção dos ecossistemas, com a preservação de áreas representativas;

V — princípio do controle e zoneamento das atividades potencial ou efetivamente poluidoras (*v.* art. 9º, II, da Lei n. 6.938/81);

VI — princípio de incentivos ao estudo e à pesquisa de tecnologias orientadas para o uso racional e a proteção dos recursos ambientais (*v.* art. 9º, V, da Lei n. 6.938/81);

VII — princípio do acompanhamento do estado da qualidade ambiental (auditoria ambiental);

VIII — princípio da recuperação de áreas degradadas;

IX — princípio da proteção de áreas ameaçadas de degradação;

X — princípio da educação ambiental em todos os níveis do ensino, inclusive a educação da comunidade, objetivando capacitá-la para participação ativa na defesa do meio ambiente (art. 225, § 1º, VI, da CF e Lei n. 9.795/99).

É de observar que nem todos os denominados princípios citados podem ser considerados verdadeiros princípios, pois muitos deles apresentam-se como mera orientação da ação governamental. É possível ainda haver eventual contradição entre os supostos princípios e, nesse caso, deve prevalecer aquele mais favorável ao meio ambiente.

Os princípios destinam-se não só ao juiz e ao operador do direito, mas também ao legislador. Tais princípios são fundamentais para a busca da proteção ambiental em juízo.

## 5. DIRETRIZES

As diretrizes da política nacional do meio ambiente serão elaboradas em normas e planos destinados a orientar a ação dos governos da União, dos Estados, do Distrito Federal e dos Municípios no que se relaciona com a preservação da qualidade ambiental e a manutenção do equilíbrio ecológico, observando-se os princípios estabelecidos no art. 2º da Lei n. 6.938/81 (art. 5º da Lei n. 6.938/81).

O governo federal poderá estabelecer diretrizes específicas destinadas à proteção ambiental em uma macrorregião ou diretrizes gerais para a proteção de uma microrregião (art. 21, IX, c/c o art. 43 da CF).

## 6. INSTRUMENTOS

Os instrumentos da política nacional do meio ambiente não se confundem com os instrumentos materiais previstos no § 1º, I a VII, do art. 225 da CF nem com os instrumentos processuais, legislativos ou administrativos. Tais instrumentos encontram-se arrolados no art. 9º, I a XII, da Lei n. 6.938/81 e têm por escopo dar cumprimento aos objetivos contidos no art. 4º dessa lei. São eles:

I — o estabelecimento de padrões de qualidade ambiental (normas baixadas pelo CONAMA);

II — o zoneamento ambiental (v. Lei n. 6.803, de 2-7-1980, e Dec. n. 4.297, de 10-7-2002);

III — a avaliação de impactos ambientais (art. 225, § 1º, IV, da CF e Res. n. 1/86 e 237/97 do CONAMA);

IV — o licenciamento e a revisão de atividades potencialmente poluidoras (Res. n. 237/97 do CONAMA);

V — os incentivos à produção e instalação de equipamentos e a criação ou absorção de tecnologia, voltados para melhoria da qualidade ambiental;

VI — a criação de espaços territoriais especialmente protegidos pelo Poder Público federal, estadual e municipal, tais como áreas de proteção ambiental, de relevante interesse ecológico e reservas extrativistas (Lei n. 9.985, de 18-7-2000);

VII — o sistema nacional de informação sobre o meio ambiente (Lei n. 10.650, de 16-4-2003);

VIII — o Cadastro Técnico Federal de Atividades e Instrumentos de Defesa Ambiental;

IX — as penalidades disciplinares ou compensatórias ao não cumprimento das medidas necessárias à preservação ou correção da degradação ambiental (Lei n. 9.605, de 12-2-1998, e Dec. n. 6.514, de 22-7-2008);

X — a instituição do Relatório de Qualidade do Meio Ambiente, a ser divulgado anualmente pelo Instituto Brasileiro do Meio Ambiente e Recursos Naturais Renováveis — IBAMA;

XI — a garantia da prestação de informações relativas ao meio ambiente, obrigando-se o Poder Público a produzi-las, quando inexistentes (Lei n. 10.650, de 16-4-2003);

XII — o Cadastro Técnico Federal de atividades potencialmente poluidoras e/ou utilizadoras dos recursos ambientais;

XIII — instrumentos econômicos, como concessão florestal, servidão ambiental, seguro ambiental e outros (inciso acrescido pela Lei n. 11.284/2006).

José Afonso da Silva distribui esses instrumentos em três grupos assim explicitados: I — *instrumentos de intervenção ambiental* — são mecanismos normativos condicionadores das condutas e atividades no meio ambiente (incisos I, II, III, IV,V,VI e XIII do art. 9º da Lei n. 6.938/81); II — *instrumentos de controle ambiental* — são medidas e atos adotados pelo Poder Público ou pelo particular com a finalidade de verificar a observância das normas e planos de padrão de qualidade ambiental, podendo ocorrer em três momentos: a) *antes da ação* — é o controle *prévio* por meio da avaliação de impactos ambientais e do licenciamento ambiental (incisos III e IV do art. 9º da Lei); b) *durante a ação* — é o controle *concomitante* por inspeções, fiscalização, relatórios (incisos VII,VIII, X e XI do art. 9º da lei citada); e c) *depois da ação* — é o controle *sucessivo* ou *a posteriori* por meio de vistorias, monitoramento e exames (auditoria ambiental); e III — *instrumentos de controle repressivos* — são medidas sancionatórias (civil, penal e administrativa) aplicáveis à pessoa física ou jurídica (inciso IX da lei citada)[2].

Para o nosso campo de estudo, analisaremos, profundamente, os instrumentos mais importantes: os *padrões de qualidade ambiental*, o *zoneamento ambiental*, a *avaliação de impactos ambientais* (estudo prévio de impacto ambiental e relatório ambiental preliminar), o *licenciamento ambiental* e a *revisão de atividades efetiva ou potencialmente poluidoras e a auditoria ambiental*.

Resolvemos também analisar, de maneira sucinta, os demais instrumentos, previstos no art. 9º da Lei n. 6.938/81, diante de sua importância atual.

---

2. *Direito ambiental*, cit., p. 149-50.

CAPÍTULO II
INSTRUMENTOS DA POLÍTICA NACIONAL DO MEIO AMBIENTE

SEÇÃO I
*Padrões de qualidade ambiental*

## 1. PADRÕES DE QUALIDADE AMBIENTAL

O estabelecimento de padrões de qualidade ambiental é um dos instrumentos da política nacional do meio ambiente (art. 9º, I, da Lei n. 6.938/81). São as normas baixadas pelos órgãos competentes que irão estabelecer os padrões de qualidade do ar, das águas e das emissões de ruídos no meio ambiente, além dos padrões de qualidade relacionados à poluição do solo e à poluição visual. Todos estes padrões de qualidade ambiental serão analisados, com mais profundidade, no Título V — Tutela do meio ambiente natural (atmosfera, recursos hídricos e solo) e Título VII — Tutela do meio ambiente artificial (direito ao silêncio — poluição sonora e ordenação da paisagem urbana — poluição visual). Esses critérios são estabelecidos por meio de pesquisas e análises da qualidade ambiental. Trata-se de uma necessidade imprescindível para a compatibilização das atividades do homem com a sustentabilidade. Tais condutas são as responsáveis pela degradação dos recursos naturais essenciais à sobrevivência do homem na Terra.

É o Poder Público que deverá estabelecer os limites de poluentes no ar, nas águas e a emissão de ruídos sem causar danos ao meio ambiente ou colocar em perigo a saúde humana, a qualidade de vida e os ecossistemas.

### 1.1. Padrões de qualidade do ar

O Conselho Nacional do Meio Ambiente (CONAMA), mediante a Resolução n. 5, de 15 de junho de 1989, criou o Programa Nacional de Controle de Qualidade do Ar (PRONAR). Esse programa tem por finalidade estabelecer limites de poluentes no ar atmosférico com vistas à proteção da saúde, ao bem-estar das populações e à melhoria da qualidade de vida. Essa resolução fixa o limite máximo de emissão de poluentes no ar atmosférico (partículas totais em suspensão, fumaça, partículas inaláveis, dióxido de enxofre, monóxido de carbono, ozônio e dióxido de nitrogênio).

A Resolução n. 8, de 6 de dezembro de 1990, do CONAMA estabelece limites máximos de emissão de poluentes no ar em decorrência de processos de combustão externa, como, por exemplo, dióxido de enxofre. Essa resolução ainda fixa padrões de qualidade do ar em primários (níveis máximos toleráveis) e secundários (níveis desejados).

A Resolução n. 3, de 28 de junho de 1990, do CONAMA, por sua vez, definiu poluente atmosférico como "qualquer forma de matéria ou energia com intensidade e em quantidade, concentração, tempo ou características em desacordo com os níveis estabelecidos, e que tornem ou possam tornar o ar: I — impróprio, nocivo ou ofensivo à saúde; II — inconveniente ao bem-estar público; III — danoso aos materiais, à fauna e flora; IV — prejudicial à segurança, ao uso e gozo da propriedade e às atividades normais da comunidade" (art. 1º, parágrafo único).

Estabelece, por fim, essa resolução um plano de emergência para episódios críticos de poluição do ar, quando os poluentes ultrapassarem os limites preestabelecidos, colocando em risco a saúde humana.

Com o objetivo de tornar o ar satisfatório à vida humana, a Organização Mundial da Saúde (OMS) alterou os padrões de qualidade do ar, e pelos novos índices estabeleceu-se que a média diária recomendada para partículas inaláveis (PM10) foi reduzida a um terço, passando de 150 microgramas/m³ para 50 microgramas/m³. O ozônio ($O_3$) baixou de 160 microgramas/m³ para 100 microgramas/m³, a média de 1 hora máxima. O dióxido de enxofre ($SO_2$) teve a média diária reduzida de 100 microgramas/m³ para 20 microgramas/m³. O dióxido de nitrogênio ($NO_2$) não sofreu alterações, permanecendo o índice de 200 microgramas/m³ para a média de 1 hora máxima.

Essas modificações dos padrões de qualidade do ar ainda não foram implementadas no Brasil, devendo prevalecer, por ora, a Resolução n. 3/90 do CONAMA até eventual adequação[1].

## 1.2. Padrões de qualidade das águas

O CONAMA, por meio da Resolução n. 357, de 17 de março de 2005, classificou as águas em: doces, salobras e salinas. As águas doces possuem um grau de salinidade inferior a 0,5%; as águas salobras possuem um grau de salinidade entre 0,5% e 30%; e as águas salinas possuem um grau de salinidade superior a 30%. Tal resolução revogou a anterior, Resolução n. 20, de 18 de junho de 1986.

Essa classificação tem por escopo estabelecer o uso preponderante dos corpos d'água. É com base nela que se dará o destino do uso da água. A avaliação da qualidade dos corpos d'água deverá ser realizada pelo Instituto Nacional de Metrologia, Normalização e Qualidade Industrial (INMETRO).

---

1. Aviso n. 649/2006-PGJ, publicado no DOE, 7 dez. 2006.

A classificação das águas de acordo com o uso preponderante foi regulamentada pela Resolução n. 91, de 5 de novembro de 2008, do Conselho Nacional de Recursos Hídricos.

Esse enquadramento, como vimos, tem por escopo fixar os critérios do uso dos corpos d'água em conformidade com os padrões estabelecidos pelas resoluções.

### 1.3. Padrões de qualidade para ruídos

Os ruídos podem causar graves danos ao aparelho auditivo do ser humano, especialmente se ultrapassarem os limites estabelecidos pelas normas e de forma continuada. Foi com base na possibilidade de causarem danos à saúde humana que o CONAMA, mediante a Resolução n. 1, de 8 de março de 1990, deu validade à NBR n. 10.152 da ABNT, que dispõe sobre a avaliação de ruídos em áreas habitadas. Essa norma ainda estabelece que a "emissão de ruídos, em decorrência de quaisquer atividades industriais, comerciais, sociais ou recreativas, inclusive as de propaganda política, obedecerá, no interesse da saúde, do sossego público, aos padrões, critérios e diretrizes estabelecidos nesta Resolução".

Há várias resoluções que estabelecem normas para o controle dos ruídos: a) produzidos por atividades industriais (Res. n. 1/90 do CONAMA); b) produzidos por quaisquer outras atividades (Res. n. 2, de 8-3-1990, do CONAMA); c) produzidos por eletrodomésticos (Res. n. 20, de 7-12-1994, do CONAMA); d) produzidos por veículos automotores (Res. n. 1, de 11-2-1993; 2, de 11-2-1993; 8, de 31-8-1993; e 17, de 13-12-1995, todas do CONAMA).

São essas normas que estabelecerão os critérios e os limites de poluentes lançados no ar, nas águas e a emissão de ruídos sem causar danos diretos ou indiretos à saúde humana e ao meio ambiente.

SEÇÃO II
*Zoneamento ambiental*

### 1. ZONEAMENTO AMBIENTAL

O zoneamento ambiental, previsto no art. 9º, II, da Lei n. 6.938/81, é um dos instrumentos da política nacional do meio ambiente mais importante para o direito ambiental. Seria, talvez, impossível falar em direito ambiental sem a existência do zoneamento ambiental. Procura-se, com esse instrumento, evitar a ocupação do solo urbano ou rural de maneira desordenada. Para isso, fez-se necessário o estabelecimento de critérios legais básicos. Foi com esse objetivo que o legislador constituinte também atribuiu ao Poder Público (União, Estados, Distrito Federal e Municípios) a incumbência de "definir, em todas as unidades da Federação, espaços territoriais e seus componentes a serem especialmente protegidos, sendo a alteração e a supressão permitidas somente através de lei, vedada qualquer utilização que comprometa a integridade dos atributos que justifiquem sua proteção" (art. 225, § 1º, III, da CF e art. 9º,VI, da Lei n. 6.938/81).

Registre-se, além disso, que a Lei n. 6.938/81 foi recepcionada pela nova ordem constitucional, pois com ela é compatível.

Pode-se conceituar zoneamento, nas palavras de José Afonso da Silva, como um "procedimento urbanístico, que tem por *objetivo* regular o uso da propriedade do solo e dos edifícios em áreas homogêneas no interesse coletivo do bem-estar da população"[2].

Extrai-se, por esse conceito, que o zoneamento tem por objetivo regular o uso e a ocupação do solo. É o Poder Público que irá estabelecer os critérios básicos para a ocupação do solo por meio de leis ou regulamentos. Trata-se de uma limitação administrativa ao direito de propriedade, cujo solo deve ser utilizado com base no princípio da função social. Tais critérios devem ser observados por todos, podendo ser alterados somente por norma de igual hierarquia.

Também não se pode admitir a teoria do *fato consumado* para manter a ocupação já descaracterizada. É necessária a desocupação da área irregular. É com o zoneamento ambiental que se procurará estabelecer áreas específicas para cada tipo de ocupação, observando-se sempre a função social da propriedade, tão exaltada pela Constituição Federal (art. 5º, XXIII, da CF).

## 2. COMPETÊNCIA CONSTITUCIONAL DO PODER PÚBLICO

O zoneamento, como se viu, é um dos mais importantes instrumentos da política nacional do meio ambiente. Não deixa de ser uma limitação administrativa ao direito de propriedade com supedâneo constitucional, cujo objetivo é regular a "relação espaço-produção".

Compete, assim, à União "elaborar planos nacionais e regionais de ordenação do território e de desenvolvimento econômico e social" (art. 21, IX, da CF), podendo ainda "articular sua ação em um mesmo complexo geoeconômico e social, visando ao seu desenvolvimento e à redução das desigualdades regionais" (art. 43, *caput*, da CF). A União, por sua competência administrativa, poderá estabelecer critérios de caráter geral para o desenvolvimento e a redução das desigualdades regionais, dando-se cumprimento ao princípio fundamental previsto no art. 3º, III, da CF.

Aos Estados compete, "mediante lei complementar, instituir regiões metropolitanas, aglomerações urbanas e microrregiões, constituídas por agrupamentos de Municípios limítrofes, para integrar a organização, o planejamento e a execução de

---

2. José Afonso da Silva, *Direito ambiental*, cit., p. 182.

funções públicas de interesse comum" (art. 25, § 3º, da CF). Os Estados, por meio de lei complementar, poderão estabelecer tais regiões, visando a proteger a população e disciplinar o uso e a ocupação do solo.

É da competência dos Municípios "promover, no que couber, adequado ordenamento territorial, mediante planejamento e controle do uso, do parcelamento e da ocupação do solo urbano" (art. 30, VIII, da CF). É o Município que exerce a tarefa mais importante quanto ao uso e ocupação do solo, objetivando a ordenação do desenvolvimento da cidade e garantindo o bem-estar social. Por outro lado, o plano diretor é o instrumento adequado para estabelecer os critérios gerais de ordenação dos espaços urbanos (art. 182, §§ 1º e 2º, da CF). É o plano diretor ainda que irá definir para onde a cidade deve crescer e se desenvolver sem prejudicar os espaços territoriais criados pelo Poder Público (art. 225, § 1º, III, da CF).

Vê-se, pois, que são as zonas que estabelecem os critérios do uso e ocupação do solo urbano.

## 3. MODALIDADES DE ZONAS DE USO INDUSTRIAL

A Lei n. 6.803, de 2 de julho de 1980, estabeleceu as diretrizes básicas para o zoneamento industrial nas áreas críticas de poluição, objetivando delimitar áreas industriais das demais atividades humanas. Antes do advento dessa lei, existia o Decreto-Lei n. 1.413, de 14 de agosto de 1975, que trazia, em seu bojo, critérios de combate à poluição. Esse Decreto-Lei foi ampliado e aperfeiçoado pela lei específica, exigindo-se das indústrias ou grupos já existentes, que não resultarem confinados nas zonas industriais definidas de acordo com essa lei, a instalação de equipamentos especiais de controle e, nos casos mais graves, a relocalização (art. 1º, § 3º, da Lei n. 6.803/80).

Referida lei estabeleceu três modalidades de zoneamento: a) *zona de uso estritamente industrial*; b) *zona de uso predominantemente industrial*; c) *zonas de uso diversificado*; e d) *zonas de reserva ambiental*. Essas categorias de zoneamento industrial poderão ser divididas em subcategorias, observadas as peculiaridades das áreas críticas a que pertençam e a natureza das indústrias nelas instaladas (art. 1º, § 2º, da citada lei).

### 3.1. Zonas de uso estritamente industrial

As *zonas de uso estritamente industrial* destinam-se, "preferencialmente, à localização de estabelecimentos industriais cujos resíduos sólidos, líquidos e gasosos, ruídos, vibrações e radiações possam causar perigo à saúde, ao bem-estar e à segurança das populações, mesmo depois da aplicação de métodos adequados de combate e tratamento de efluentes, nos termos da legislação vigente" (art. 2º, *caput*, da Lei n. 6.803/80). São critérios indispensáveis para a delimitação dessa zona: a) a área deve apresentar alta capacidade de assimilação dos efluentes lançados pelas indústrias; b) a área deve apresentar condições para a infraestrutura e serviços básicos; e c) a área deve manter, em seu entorno, um cinturão verde de isolamento (art. 2º, § 1º, I, II e III, da Lei n. 6.803/80).

Essas áreas são destinadas à instalação de indústrias causadoras de poluição mesmo depois de aplicados os métodos adequados para o seu controle, como, por exemplo, instalação de filtros, construção de estações de tratamento de efluentes etc. São, geralmente, indústrias de grande e médio porte, como, por exemplo, complexo petroquímico, siderurgia etc.

### 3.2. Zonas de uso predominantemente industrial

As *zonas de uso predominantemente industrial* destinam-se, "preferencialmente, à instalação de indústrias cujos processos, submetidos a métodos adequados de controle e tratamento de efluentes, não causem incômodos sensíveis às demais atividades urbanas e nem perturbem o repouso noturno das populações" (art. 3º, *caput,* da Lei n. 6.803/80). São critérios para a fixação dessa zona: a) a área deve apresentar condições para a infraestrutura e serviços básicos; e b) a área deve apresentar, em seu interior, árvores e outros instrumentos de proteção ambiental (art. 3º, parágrafo único, I e II, da Lei n. 6.803/80).

Essas áreas são destinadas à instalação de indústrias de médio ou grande porte, que não causem transtorno à população depois da aplicação dos métodos adequados de controle de poluição.

### 3.3. Zonas de uso diversificado

As *zonas de uso diversificado* destinam-se "à localização de estabelecimentos industriais cujo processo produtivo seja complementar das atividades do meio urbano ou rural em que se situem, e com elas se compatibilizem, independentemente do uso de métodos especiais de controle de poluição, não ocasionando, em qualquer caso, inconvenientes à saúde, ao bem-estar e à segurança das populações vizinhas" (art. 4º da Lei n. 6.803/80).

Tais áreas são destinadas à instalação de indústrias que não causem transtorno à população ou às demais atividades humanas, independentemente da aplicação de qualquer método de controle de poluição.

### 3.4. Zonas de reserva ambiental

Ressalvada a competência da União e observado o disposto nesta Lei, o Governo do Estado, ouvidos os Municípios interessados, aprovará padrões de uso e ocupação do solo, bem como de *zonas de reserva ambiental,* nas quais, por suas características culturais, ecológicas, paisagísticas, ou pela necessidade de preservação de mananciais e proteção de áreas especiais, ficará vedada a localização de estabelecimentos industriais (art. 7º da Lei n. 6.803/80).

Esta previsão encontra-se também na lei de parcelamento do solo urbano (Lei n. 6.766, de 19 de dezembro de 1979), que prevê a proteção dos mananciais (art. 13, I).

## 3.5. Graus de saturação das zonas

As zonas de uso industrial, por sua vez, classificam-se em: a) *não saturadas*; b) *em via de saturação*; e c) *saturadas*. O grau de saturação, segundo Celso Antonio Pacheco Fiorillo, caracteriza-se pelos "padrões ambientais, os quais se relacionam com a emissão de poluentes e o tipo de área zoneada e com a qualidade da população atacada pela poluição. A fixação desses padrões é de competência complementar e suplementar da União, Estados, Distrito Federal e Municípios"[3].

Assim, antes da instalação de qualquer indústria em uma zona industrial, faz-se necessário apurar a sua saturação.

Registre-se, por fim, que a escolha das zonas de uso industrial deverá ser precedida do prévio estudo de impacto ambiental. Trata-se de uma exigência do CONAMA (Res. n. 4, de 5-6-1984).

## 4. ZONEAMENTO ECOLÓGICO-ECONÔMICO DO BRASIL (ZEE)

O ZEE foi instituído pelo Decreto n. 4.297, de 10 de julho de 2002, que, por sua vez, regulamentou o art. 9º, II, da Lei n. 6.938/81. É um dos instrumentos da Política Nacional do Meio Ambiente.

### 4.1. Definição do ZEE

Trata-se de um instrumento de organização do território a ser obrigatoriamente seguido na implantação de planos, obras e atividades públicas e privadas, o qual estabelece medidas e padrões de proteção ambiental destinados a assegurar a qualidade ambiental, dos recursos hídricos e do solo e a conservação da biodiversidade, garantindo o desenvolvimento sustentável e a melhoria das condições de vida da população (art. 2º do Dec. n. 4.297/2002).

Observa-se, de imediato, que o espaço destinado ao ZEE é o ordenamento físico-territorial, numa conceituação geográfica que deve levar em conta a "vocação" própria de cada área, respeitadas as suas características físicas. Tanto é fato que essa caracterização objetiva compatibilizar as atividades econômicas com o uso daquele espaço, que, por isso, se torna um espaço geoeconômico definido[4].

---

3. Celso Antonio Pacheco Fiorillo, *Curso*, cit., p. 203.
4. Édis Milaré, *Direito do ambiente*, cit., p. 474.

## 4.2. Objetivo do ZEE

Esse instrumento tem por objetivo geral organizar, de forma vinculada, as decisões dos agentes públicos e privados quanto a planos, programas, projetos e atividades que, direta ou indiretamente, utilizem recursos naturais, assegurando a plena manutenção do capital e dos serviços ambientais dos ecossistemas (art. 3º do Dec. n. 4.297/2002).

## 4.3. Princípios do ZEE

O ZEE orientar-se-á pela Política Nacional do Meio Ambiente, estatuída nos arts. 21, inciso IX, 170, inciso VI, 186, inciso II, e 225 da Constituição Federal, na Lei n. 6.938, de 31 de agosto de 1981, pelos diplomas legais aplicáveis, e obedecerá aos princípios da função socioambiental da propriedade, da prevenção, da precaução, do poluidor-pagador, do usuário-pagador, da participação informada, do acesso equitativo e da integração (art. 5º do citado Decreto).

## 4.4. Diretrizes do ZEE

A diretriz principal é a busca da sustentabilidade econômica, pois, na constituição do ZEE, consistente na distribuição espacial das atividades econômicas, levar-se-á em conta a importância ecológica, as limitações e as fragilidades dos ecossistemas, estabelecendo vedações, restrições e alternativas de exploração do território e determinando, quando for o caso, inclusive a relocalização de atividades incompatíveis com suas diretrizes gerais.

## 4.5. Elaboração do ZEE

Compete ao Poder Público federal elaborar e executar o ZEE nacional ou regional, especialmente quando tiver por objeto bioma considerado patrimônio nacional ou que não deva ser tratado de forma fragmentária (art. 6º do Dec. n. 4.297/2002).

O governo federal elaborou um mapa na Amazônia para evitar o desmatamento, pois não há mais lugar para o corte raso. No entanto, 26% da região terão sua reserva legal reduzida. A quarta parte da Amazônia Legal é ocupada por intensa atividade econômica e não precisará mais recompor 80% da floresta, como prevê o limite legal de desmatamento. Referida área mede 1,3 milhão de quilômetros quadrados e equivale a mais de cinco vezes o tamanho do Estado de São Paulo. O corte raso chegou ao limite e grandes extensões de terra terão de reordenar a produção de forma a conter pressões por mais desmatamento. O zoneamento envolve nove Estados da Amazônia, além de doze outros ministérios. Outro zoneamento deverá ser elaborado para evitar a expansão do cultivo de cana-de-açúcar. Em 2008, a região respondia por 6% da produção nacional de álcool.

Denomina-se, esse novo zoneamento, macrozonas, que se subdividem em: Zona 1 — uso consolidado (áreas com estrutura produtiva já consolidada e áreas degradadas por uso inadequado); Zona 2 — usos controlados (áreas com potencialidades e sob pressão de desmatamento e áreas vulneráveis); e Zona 3 — uso institucional (novas unidades de conservação propostas e áreas legalmente protegidas)[5].

Entende-se por bioma de interesse nacional (patrimônio nacional) a Floresta Amazônica brasileira, a Mata Atlântica, a Serra do Mar, o Pantanal Mato-Grossense e a Zona Costeira (art. 225, § 4º, da CF).

## 4.6. Conteúdo do ZEE

Como já vimos, o ZEE dividirá o território em zonas, de acordo com as necessidades de proteção, conservação e recuperação dos recursos naturais e do desenvolvimento sustentável.

A instituição de zonas orientar-se-á pelos princípios da utilidade e da simplicidade, de modo a facilitar a implementação de seus limites e restrições pelo Poder Público, bem como sua compreensão pelos cidadãos.

É importante ressaltar que o seu conteúdo deverá observar os arts. 11 a 14 do Decreto em comento. Ali estão os requisitos necessários do conteúdo do ZEE, tais como: a definição das zonas, o diagnóstico dos recursos naturais e as diretrizes gerais e específicas.

## 5. DIREITO ADQUIRIDO DE PRÉ-OCUPAÇÃO E RELOCALIZAÇÃO

É em torno das indústrias que se vão formando verdadeiros povoados e gradativamente construindo casas, farmácias, escolas, supermercados etc., tornando-se um novo bairro ao redor das indústrias. A poluição emitida por elas começa a causar doenças à população vizinha e danos ao meio ambiente.

Discute-se: a indústria tem o direito adquirido de pré-ocupação?

A doutrina e a jurisprudência não têm reconhecido o direito adquirido de pré-ocupação do solo. Por sua vez, a indústria não tem o direito adquirido de poluir o ambiente. Aplica-se, nesse caso, o princípio do direito humano, ou seja, o homem deve ser o centro das preocupações relacionadas com o meio ambiente e não a indústria. O Poder Público, no entanto, deve dar às indústrias condições suficientes para a aplicação de métodos para minimizar a poluição sem causar danos à saúde e ao meio ambiente. Por outro lado, poderá deixar de renovar a licença findo o prazo

---

5. Marta Salomon, Zoneamento fecha fronteira agrícola na Amazônia Legal, *Folha de S.Paulo*, 14 ago. 2008, p. A-17.

de validade, caso a indústria não se submeta à instalação de equipamentos especiais de controle da poluição.

Se, depois de instalados os equipamentos especiais de controle de poluição, a indústria continuar a prejudicar a saúde humana e a causar danos ao meio ambiente, deverá ser transferida do local. Trata-se da denominada *relocalização* (art. 1º, § 3º, da Lei n. 6.803/80).

Prevendo a dificuldade na relocalização da indústria, o art. 12, parágrafo único, da Lei n. 6.803/80 dispôs que os "órgãos e entidades gestores de incentivos governamentais e os bancos oficiais condicionarão a concessão de incentivos e financiamentos às indústrias, inclusive para a participação societária, à apresentação da licença de que trata esta Lei. Parágrafo único. Os projetos destinados à relocalização de indústrias e à redução da poluição ambiental, em especial aqueles em zonas saturadas, terão condições de financiamento, a serem definidos pelos órgãos competentes".

Vê-se, pois, que o Poder Público deverá colocar à disposição das indústrias uma linha de financiamento com juros reduzidos para a relocalização. Há dois fatores que devem ser sopesados: de um lado, a proteção da saúde humana e dos recursos naturais (meio ambiente) e, de outro, a proteção do emprego dos trabalhadores das indústrias (desenvolvimento socioeconômico).

Suponha-se que determinada indústria esteja licenciada nos termos da legislação ambiental em vigor e devidamente instalada em zona industrial; essa zona, por meio de lei, é transformada em residencial. Pergunta-se: o industrial terá direito a indenização por causa dessa mudança?

Há três possibilidades: a) o Poder Público nada poderá fazer antes do término do prazo de validade da licença; b) o Poder Público poderá revogar a licença, cabendo indenização; e c) o Poder Público poderá anular a licença, não ensejando, desse ato, qualquer indenização.

Não há dúvidas de que a indústria deverá ser transferida, mais cedo ou mais tarde, independentemente de estar ou não poluindo. Por outro lado, o prazo de validade deverá ser respeitado. A transferência imediata da indústria só será exigida se houver interesse público relevante (saúde e bem-estar da população), concedendo-se, inclusive, prazo para tanto mediante termo de ajustamento. Nesse caso, deve ser levado em conta o bom senso, evitando-se inviabilizar a atividade econômica empresarial. Tal fato poderia colocar em risco o emprego dos funcionários da indústria e extinguir uma fonte de arrecadação tributária.

## 6. LEI DE ZONEAMENTO DO MUNICÍPIO DE SÃO PAULO

Em São Paulo, a Lei de Zoneamento (Lei n. 13.885, de 25-8-2004), fundada no plano diretor (Lei n. 13.430, de 13-9-2002), divide a cidade em duas macrozonas. A Macrozona de Proteção Ambiental é a porção do território do Município onde a instalação do uso residencial e o desenvolvimento de qualquer atividade urbana subordinam-se à necessidade de preservar, conservar ou recuperar o ambiente natural; a Macrozona de Estruturação e Qualificação Urbana é a porção do território do Município onde a instalação do uso residencial e o desenvolvimento da atividade urbana subordinam-se às exigências dos Elementos Estruturadores definidos no Plano Diretor Estratégico (PDE) e às disposições dos Planos Regionais Estratégicos das Subprefeituras (PREs). Esta Macrozona divide-se ainda em: Zonas Exclusivamente Residenciais (ZER); Zonas Predominantemente Industriais (ZPI); Zonas Mistas (ZM); Zonas Centralizadas Polares (ZCP); Zonas Centralizadas Lineares (ZCL); Zonas Centralizadas Lineares Lindeiras ou Internas a ZER (ZCLz); Zonas de Transição Linear da ZER (ZTLz); e Zonas de Ocupação Especial (ZOE). Há também as Zonas Especiais que estabelecem critérios para o uso e ocupação do solo, as quais, por sua vez, subdividem-se em: Zona Especial de Preservação Ambiental (ZEPAM); Zona Especial de Preservação Cultural (ZEPEC); Zona Especial de Produção Agrícola e de Extração Mineral (ZEPAG); Zona Especial de Interesse Social (ZEIS); Zona Especial de Preservação (ZEP); e Zona de Ocupação Especial (ZOE).

A cidade de São Paulo é dividida também em subprefeituras e distritos. Os bairros não possuem importância administrativa, pois o desenvolvimento urbano costuma modificar a sua ocupação. Por exemplo: a Avenida Pacaembu divide em dois o bairro com o mesmo nome, fazendo com que cada lado tenha configurações distintas de vizinhança.

A Câmara Municipal de São Paulo aprovou, no dia 25 de fevereiro de 2016, a nova lei de zoneamento. Referido texto deverá ser revisto a cada 10 anos. Citamos algumas novidades: a) foram criadas mais áreas mistas (mesclando residências e comércios); b) prédios mais altos em avenidas com estrutura de transporte; c) mais terrenos voltadas a moradias destinadas à população de baixa renda, inclusive em áreas verdes; d) foi liberada a construção de templos religiosos em ruas estreitas; e) permitiu-se a construção de "puxadinhos" na periferia, desde que em lotes não superiores a 250 m², onde se misturem residência e comércio, com até três pisos; f) proibiu-se o funcionamento de bares e restaurantes em regiões tombadas dos Jardins, Pacaembu e City Lapa; g) fixou-se multa por excesso de barulho em imóveis comerciais etc. Como se vê, o conceito urbanístico geral do plano foi mantido, mas houve algumas alterações que acabaram por descaracterizar parte das medidas estabelecidas pelo prefeito. Na tramitação do projeto, os vereadores propuseram 120 emendas, após 60 audiências públicas e forte pressão da população e do mercado imobiliário.

O projeto foi encaminhado ao prefeito para sanção.

## 7. INSTALAÇÃO DE COMÉRCIO EM ZONA ESTRITAMENTE RESIDENCIAL — JURISPRUDÊNCIA

Trouxemos, a título ilustrativo, à colação ementa do acórdão relatado pelo Desembargador Antonio Carlos Malheiros, que determinou a mudança do estabelecimento comercial que havia sido instalado em zona residencial: "Ação Civil Pública. Infringência à legislação urbanística. Comércio que explora atividade de '*buffet* infantil', que funcionava sem o devido alvará de localização e funcionamento. Preliminares de ilegitimidade de parte ativa, falta de interesse de agir e nulidade da sentença. Afastamento. Direitos difusos que se enquadram perfeitamente no respeito ao padrão urbanístico. Ação cominatória de obrigação de não fazer, consistente em fazer cessar ou impedir a utilização de imóvel situado em zona estritamente residencial. Sentença de procedência, condenando a ora apelante ao pagamento de indenização pelos danos urbanísticos, ao meio ambiente e morais, que, no entanto, deverão ser comprovados em liquidação por artigos. Imposição, outrossim, de multa diária, fixada em R$ 5.000,00 pela permanência da empresa no local. Mudança da referida empresa já há algum tempo. Recurso provido em parte, apenas para excluir o pagamento de multa diária"[6].

## Seção III
### Avaliação e relatório de impactos ambientais

### 1. AVALIAÇÃO DE IMPACTOS AMBIENTAIS

*Avaliação de impactos ambientais* é um dos instrumentos da política nacional do meio ambiente, prevista no art. 9º, III, da Lei n. 6.938/81, ou seja, é o conjunto de estudos preliminares ambientais, abrangendo "todos e quaisquer estudos relativos aos aspectos ambientais relacionados à localização, instalação, operação e ampliação de uma atividade ou empreendimento, apresentado como subsídio para a análise da licença requerida, tais como: *relatório ambiental, plano e projeto de controle ambiental, relatório ambiental preliminar, diagnóstico ambiental, plano de manejo, plano de recuperação de área degradada e análise preliminar de risco*" (g. n.) (art. 1º, III, da Res. n. 237/97 do CONAMA). Para o nosso campo de estudo, analisaremos, sucintamente, o estudo prévio de impacto ambiental e o relatório ambiental preliminar.

### 2. ESTUDO PRÉVIO E RELATÓRIO DE IMPACTO AMBIENTAL

#### 2.1. Estudo Prévio de Impacto Ambiental e do seu respectivo relatório (EPIA/RIMA)

O Estudo Prévio de Impacto Ambiental (EPIA) é um dos instrumentos da política nacional do meio ambiente, tão importante quanto o zoneamento para a

---
6. Ação Civil Pública — Apelação Cível com Revisão n. 383.464-5/0-00, v.u., j. em 22-7-2008.

proteção do ambiente. É um instrumento administrativo preventivo. Por tal razão é que foi elevado a nível constitucional (art. 225, § 1º, IV, da CF). Incumbe, pois, ao Poder Público "exigir, na forma da lei, para instalação de obra ou atividade potencialmente causadora de significativa degradação do meio ambiente, estudo prévio de impacto ambiental, a que se dará publicidade". Assim, o procedimento de licenciamento ambiental deverá ser precedido do EPIA e do seu respectivo relatório de impacto ambiental (RIMA). Exigir-se-á o EPIA quando a atividade for potencialmente causadora de significativa degradação ambiental. Entende-se por significativa degradação ambiental toda modificação ou alteração substancial e negativa do meio ambiente, causando prejuízos extensos à flora, à fauna, às águas, ao ar e à saúde humana.

*Impacto ambiental*, por sua vez, é "qualquer alteração das propriedades físicas, químicas e biológicas do *meio ambiente*, causada por qualquer forma de matéria ou energia resultante das atividades humanas que, direta ou indiretamente, afetem: I — a saúde, a segurança, e o bem-estar da população; II — as atividades sociais e econômicas; III — a biota; IV — as condições estéticas e sanitárias do meio ambiente; V — a qualidade dos recursos ambientais" (art. 1º, I, II, III, IV e V, da Res. n. 1/86 do CONAMA — g. n.).

*Meio ambiente* é o "conjunto de condições, leis, influências e interações de ordem física, química e biológica, que permite, abriga e rege a vida em todas as suas formas" (art. 3º, I, da Lei n. 6.938/81).

Em outras palavras, o impacto ambiental é toda intervenção humana no meio ambiente causadora de degradação da qualidade ambiental.

Assim, o EPIA nada mais é do que a avaliação, mediante estudos realizados por uma equipe técnica multidisciplinar, da área onde o postulante pretende instalar a indústria ou exercer atividade causadora de significativa degradação ambiental, procurando ressaltar os aspectos negativos e/ou positivos dessa intervenção humana. Tal estudo analisará a viabilidade ou não da instalação da indústria ou do exercício da atividade, apresentando, inclusive, alternativas tecnológicas que poderiam ser adotadas para minimizar o impacto negativo ao meio ambiente.

O RIMA, por sua vez, nada mais é do que a materialização desse estudo.

## 2.2. Evolução histórica da legislação ordinária sobre o Estudo Prévio de Impacto Ambiental (EPIA/RIMA)

A Conferência realizada pela Assembleia Geral das Nações Unidas no período de 5 a 16 de junho de 1972 sobre o meio ambiente, em Estocolmo, Suécia, foi o marco histórico que demandou a preocupação para a preservação do meio ambiente. Em decorrência dessa Conferência, os países signatários firmaram uma declaração com vinte e seis princípios, os quais produziram reflexos na legislação interna da maioria dos países, inclusive daqueles que não subscreveram o documento. Apesar de não haver previsão expressa da exigência do estudo de impacto ambiental, pode-se, contudo, notar que muitos princípios recomendam a adoção de medidas preventivas para a proteção do meio ambiente.

Influenciado pela Declaração de Estocolmo, o legislador ordinário baixou o Decreto-Lei n. 1.413, de 14 de agosto de 1975, que dispõe sobre o controle de poluição do meio ambiente provocada por atividades industriais, introduzindo esse instrumento de maneira indireta em seu art. 1º, ao dizer que: "As indústrias instaladas ou a se instalarem em território nacional são obrigadas a promover as medidas necessárias a prevenir ou corrigir os inconvenientes e prejuízos da poluição e da contaminação do meio ambiente".

Determinou esse Decreto-Lei que as empresas, a partir da publicação da norma, deveriam submeter-se às exigências ali contidas, e as já instaladas, anteriormente ao advento do Decreto-Lei, deveriam, gradativamente, adotar as novas medidas (art. 4º do Dec.-Lei n. 1.413/75).

Somente com o advento da Lei n. 6.803/80, que estabeleceu as diretrizes básicas para o zoneamento industrial, é que se exigiu claramente a necessidade da avaliação do impacto ambiental das obras ou atividades industriais, ressaltando-se ainda que essa análise, normalmente exigível para o estabelecimento de zoneamento urbano, deverá ser precedida de estudos especiais de alternativas e de avaliações de impacto, que permitam estabelecer a confiabilidade da solução a ser adotada (art. 10, § 3º).

Em seguida, adveio a Lei n. 6.938/81, que cuida da política nacional do meio ambiente, exigindo, de forma expressa, a avaliação de impactos ambientais, em seu art. 9º, III. Essa lei procura estruturar e sistematizar a proteção do meio ambiente, elevando o EPIA à condição de instrumento da Política Nacional do Meio Ambiente.

Com base nessa lei, o CONAMA baixou a Resolução n. 1/86, regulamentando o instituto do EPIA e do seu respectivo relatório (RIMA). Essa resolução conceituou impacto ambiental (art. 1º), arrolou as principais atividades industriais sujeitas à realização do estudo de impacto ambiental (art. 2º), relacionou as diretrizes do EPIA (art. 5º), os requisitos que devem ser analisados pela equipe técnica multidisciplinar (art. 6º) e o conteúdo do RIMA (art. 9º). Essa resolução foi alterada pela Resolução n. 237/97, ampliando o rol das atividades que devem submeter-se ao EPIA (Anexo I da Resolução citada)[7].

---

7. Filippe Augusto Vieira de Andrade sustenta que a Resolução n. 237/97 é um ato normativo inválido pela eiva da inconstitucionalidade e da legalidade (*RDA*, Revista dos Tribunais, *13*:105, jan./mar. 1999).

## 2.3. Competência administrativa para exigir o Estudo Prévio de Impacto Ambiental (EPIA/RIMA)

É o órgão público (federal ou estadual) que tem competência para exigir das atividades ou obras potencialmente causadoras de significativa degradação ambiental o EPIA e o seu respectivo RIMA. Essa atuação pode ser supletiva ou subsidiária (Lei Complementar n. 140/2011). Instaurado o procedimento administrativo do licenciamento, o órgão ambiental fará uma análise preliminar da atividade a ser licenciada, verificando se está arrolada no art. 2º da Resolução n. 1/86 ou no Anexo I da Resolução n. 237/97. Trata-se de rol exemplificativo e não taxativo. Se eventualmente surgir alguma atividade não arrolada no art. 2º ou no Anexo I, mas potencialmente degradadora do meio ambiente, o órgão ambiental poderá exigir o EPIA. Por essa razão é que se faz necessária uma análise preliminar por parte do órgão ambiental competente.

Os Municípios também poderão exigir o EPIA de acordo com seu peculiar interesse (art. 6º da Res. n. 237/97 do CONAMA).

## 2.4. Procedimento administrativo do Estudo Prévio de Impacto Ambiental (EPIA/RIMA)

O licenciamento ambiental é um procedimento complexo, pois envolve vários personagens. São eles: a) o órgão público ambiental; b) o empreendedor ou postulante da atividade ou obra; c) a equipe técnica multidisciplinar; e d) o legítimo interessado[8] (as entidades ambientalistas, as eventuais vítimas, vizinhos etc.).

Para que haja a participação dos legitimados, é necessário dar publicidade do pedido de licenciamento. Essa publicidade é uma garantia constitucional prevista nos arts. 225, § 1º, IV, e 5º, XXXIII, ambos da CF, e 10, § 1º, da Lei n. 6.938/81. Tal publicidade será feita mediante a publicação do pedido de licenciamento no *Diário Oficial* e em jornal de grande circulação local ou regional, devendo observar os modelos contidos na Resolução n. 6, de 24 de janeiro de 1986, do CONAMA, para a publicação do pedido de licença ou da sua renovação.

É na audiência pública que se fará a discussão de todos os pontos analisados pela equipe técnica multidisciplinar, apresentando-se, ao final, as críticas ou sugestões.

---

8. O art. 2º, § 1º, da Lei n. 10.650, de 16 de abril de 2003, ampliou o acesso aos dados de informações a *qualquer indivíduo*, podendo, no nosso entender, ser parte legítima no procedimento administrativo de licenciamento, independentemente da comprovação de interesse específico, mediante requerimento escrito, no qual assumirá a obrigação de não utilizar as informações colhidas para fins comerciais, sob as penas da lei civil, penal, de direito autoral e de propriedade industrial, assim como de citar as fontes, caso, por qualquer meio, venha a divulgar os aludidos dados.

O licenciamento ambiental é um procedimento administrativo preventivo e formal. Registre-se, mais uma vez, que a exigência do estudo de impacto ambiental é obrigatória. Se a licença ambiental for concedida sem a realização desse estudo, será declarada nula.

O órgão público ambiental não está vinculado à análise do EPIA apresentado pela equipe técnica multidisciplinar. Cuida-se de um ato discricionário. Este, por seu turno, não precisa ser fundamentado, desde que não ultrapasse os limites determinados por lei (teoria dos motivos determinantes). No entanto, na área ambiental, é recomendável que o ato discricionário seja fundamentado (motivado) para afastar quaisquer dúvidas sobre a lisura do Poder Público.

O órgão público ambiental, verificando que a atividade ou a obra é potencialmente causadora de significativa degradação ambiental, exigirá a realização do EPIA. Nessa oportunidade, o órgão ambiental fornecerá ao postulante ou ao empreendedor o *termo de referência*, contendo todas as exigências necessárias que deverão ser analisadas pela equipe técnica. Esse termo de referência é destinado à equipe técnica multidisciplinar.

### 2.4.1. Exigências legais do Estudo Prévio de Impacto Ambiental (EPIA/RIMA)

O EPIA deverá ser realizado por "profissionais legalmente habilitados, às expensas do empreendedor", sujeitando-se às sanções administrativas, civis e penais pelas informações irregulares apresentadas no relatório (art. 11 da Res. n. 237/97 do CONAMA).

O EPIA deverá observar as seguintes diretrizes gerais previstas no art. 5º da Resolução n. 1/86 do CONAMA:

a) contemplar todas as alternativas tecnológicas e de localização de projeto, confrontando-as com a hipótese de não execução do projeto;

b) identificar e avaliar sistematicamente os impactos ambientais gerados nas fases de implantação e operação da atividade;

c) definir os limites da área geográfica a ser direta ou indiretamente afetada pelos impactos, denominada área de influência do projeto, considerando, em todos os casos, a bacia hidrográfica na qual se localiza; e

d) considerar os planos e programas governamentais propostos e em implantação na área de influência do projeto e sua compatibilidade.

Tais diretrizes poderão ser complementadas pelo Poder Público municipal para atender a seu peculiar interesse.

Além dessas diretrizes, o EPIA desenvolverá as seguintes atividades técnicas previstas no art. 6º da Resolução n. 1/86:

a) o diagnóstico ambiental da área de influência do projeto, abrangendo o meio físico, o meio biológico, o meio socioeconômico;

b) a análise dos impactos ambientais do projeto e de suas alternativas;
c) a definição das medidas mitigadoras dos impactos negativos; e
d) a elaboração do programa de acompanhamento e monitoramento dos impactos positivos e negativos.

Todas essas exigências são importantes para o EPIA e deverão fazer parte do conteúdo do relatório ambiental (RIMA), sob pena de nulidade.

### 2.4.2. Audiência pública

A audiência pública tem por objetivo assegurar o cumprimento do princípio democrático ou da participação. Poderá ser marcada de ofício pelo próprio órgão público ambiental, se a julgar necessária, a pedido do Ministério Público, por solicitação de entidade civil ou por requerimento subscrito por no mínimo cinquenta interessados. Incumbe ao Poder Público convocar, mediante a publicação do edital no *Diário Oficial* ou em jornal de grande circulação, a população ou interessados para a audiência. É necessário que os interessados possam manifestar-se na audiência, apresentando suas críticas, sugestões ou discutindo outros pontos não analisados pela equipe técnica. Trata-se de uma audiência de natureza consultiva, não vinculando o órgão ambiental que irá decidir, ao final, do procedimento administrativo (*v.* Res. n. 9, de 3-12-1987, do CONAMA, que dispõe sobre audiência pública).

Registre-se, por curiosidade, que a antropóloga Cecília Campello do Amaral Mello afirmou, ao se referir à audiência pública marcada para analisar o EPIA/RIMA do complexo do Rio Madeira — Hidrelétrica do rio Madeira —, que "o Ministério Público não foi sequer convidado e os grupos sociais potencialmente mais afetados, como ribeirinhos indígenas, foram informados de que a audiência pública havia sido cancelada, quando na verdade não fora. Resultado: a audiência foi realizada às escondidas, como um rito sumário"[9]. Tal fato fere o princípio participativo — deve-se ouvir a sociedade civil com a presença do Ministério Público — Audiência Pública — art. 3º da Res. n. 237/97-CONAMA.

O que podemos ver é a falta de um projeto nacional e previamente acordado entre as diversas partes da sociedade, que, por sua vez, desemboca em discussões tardias já na fase final, que é a do licenciamento das obras. Nesta última etapa, as cartas já estão dadas e não há mais espaço para rediscutir as diretrizes que mais beneficiariam a população: resta apenas minimizar ou tentar compensar os danos socioambientais para que os empreendedores consigam a licença para operar. Reverter essa situação, antecipando o debate, pode ser um dos grandes exercícios democráticos por fazer o país[10].

---

9. A democracia pede licença, *Página 22*, FGV, jul. 2007, p. 21.
10. A democracia pede licença, *Página 22*, FGV, jul. 2007, p. 20.

## 3. RELATÓRIO AMBIENTAL PRELIMINAR (RAP)

O relatório ambiental preliminar (RAP) está previsto no art. 1º, III, da Resolução n. 237/97 do CONAMA. Esse relatório é mais sucinto e menos complexo do que o EPIA e pode ser exigido nas hipóteses em que as atividades ou obras não forem potencialmente causadoras de *significativa* degradação ambiental.

A Resolução n. 42, de 29 de dezembro de 1994, da Secretaria Estadual do Meio Ambiente (SMA), implantou o RAP no âmbito do Estado de São Paulo. Entende-se por relatório ambiental preliminar como o conjunto de estudos técnicos e científicos elaborados por equipe multidisciplinar que tem por objetivo oferecer instrumentos para a análise da viabilidade ambiental do empreendimento ou atividade e avaliar sistematicamente as consequências das atividades ou empreendimentos considerados potencial ou efetivamente causadores de degradação do meio ambiente, em que são prepostas medidas mitigatórias com vistas à sua implantação (art. 18 da Lei n. 11.284/2006).

## 4. OUTRAS MODALIDADES DE ESTUDOS AMBIENTAIS

Além desses estudos, há também a *Avaliação Ambiental Estratégica* — AAE —, que está disciplinada na Resolução n. 42, de 29 de dezembro de 1994, da SMA, que cria a Comissão de Avaliação Ambiental Estratégica. Trata-se de uma visão mais ampla sobre política, planos e programas, com a intenção de verificar os impactos de sua implantação e estabelecer estratégias para a minimização de danos ao ambiente.

O CONAMA, além disso, instituiu o *Relatório de Controle Ambiental* — RCA — por meio da Resolução n. 23, de 7 de dezembro de 1994, dispondo sobre os procedimentos específicos para o licenciamento de atividades relacionadas à exploração e à lavra de jazidas de combustíveis líquidos e gás natural, o qual será elaborado pelo empreendedor, com a descrição da atividade de perfuração, riscos ambientais, identificação dos impactos e medidas mitigadoras (art. 6º, II, da citada Resolução).

Outro instrumento relevante é o *Estudo de Viabilidade Ambiental* — EVA —, que está disciplinado na mesma Resolução n. 23/94, do CONAMA, o qual também será elaborado pelo empreendedor e deve conter plano de desenvolvimento da produção para a pesquisa pretendida, com a avaliação ambiental e indicação das medidas de controle a serem adotadas (art. 6º, III, da citada Resolução).

Há também o *Relatório de Avaliação Ambiental* — RAA —, também elaborado pelo empreendedor e que deve conter o diagnóstico dos novos empreendimentos ou ampliações, a identificação e avaliação do impacto ambiental e as medidas mitigadoras a serem adotadas, considerando a introdução de outros empreendimentos (art. 6º, IV, da citada Resolução).

Também temos o *Projeto de Controle Ambiental* — PCA, elaborado pelo empreendedor e que deve conter projetos executivos de minimização dos impactos ambientais avaliados nas fases da Licença Prévia para Perfuração (LPper), Licença Prévia de Produção para Pesquisa (LPpro) e Licença de Instalação (LI), com seus respectivos documentos (art. 6º,V, da citada Resolução).

Há, finalmente, o *Plano de Recuperação de Área Degradada* — PRAD —, previsto no art. 225, § 2º, da CF e no art. 2º,VIII, da Lei n. 6.938/81, regulamentada pelo Decreto n. 97.632, de 10 de abril de 1989. Assim, aquele que explorar recursos minerais deverá, quando da apresentação do Estudo Prévio de Impacto Ambiental (EPIA) e do Relatório de Impacto Ambiental (RIMA), submeter à aprovação do órgão ambiental competente o Plano de Recuperação de Área Degradada (PRAD)[11].

## Seção IV
### Licenciamento ambiental

### 1. LICENCIAMENTO E REVISÃO DE ATIVIDADES EFETIVA OU POTENCIALMENTE POLUIDORAS

O licenciamento ambiental e a sua revisão é um dos instrumentos da política nacional do meio ambiente previsto no art. 9º, IV, da Lei n. 6.938/81. É um importante instrumento de gerenciamento dos recursos ambientais e de controle preventivo. A Lei Complementar n. 140/2011 deve fortalecer os municípios, respeitando, assim, a sua autonomia prevista no art. 18 da CF.

Todo pedido de licença e da sua renovação, como já vimos, precisa ser publicado no *Diário Oficial* e em periódico local para levar ao conhecimento público que certa empresa pretende instalar sua atividade empresarial causadora de poluição em determinado lugar. Essa publicação deve observar os modelos estabelecidos pela Resolução n. 6/86 do CONAMA para a publicação do pedido de licença ou da sua renovação.

Com a finalidade de regulamentar a construção de habitação, o CONAMA baixou a Resolução n. 412, de 13 de maio de 2009, estabelecendo critérios e diretrizes para o licenciamento ambiental de novos empreendimentos destinados à construção de habitação de interesse social.

### 2. LICENCIAMENTO AMBIENTAL

Licenciamento ambiental é o "procedimento administrativo pelo qual o órgão ambiental competente licencia a localização, instalação, ampliação e operação de empreendimentos e atividades utilizadoras de recursos ambientais consideradas efe-

---

11. Maria Luzia Machado Granziera, *Direito ambiental*, cit., p. 286-290.

tiva ou potencialmente poluidoras ou aquelas que, sob qualquer forma, possam causar degradação ambiental" (art. 1º, I, da Res. n. 237/97 do CONAMA).

O art. 2º da Lei Complementar n. 140/2011, que regulamentou o parágrafo único do art. 23 da CF, conceitua licenciamento ambiental como atuação supletiva e atuação subsidiária. São conceitos importantes para a aplicação da lei. Considera-se *licenciamento ambiental* o procedimento administrativo destinado a licenciar atividades ou empreendimentos utilizadores de recursos ambientais, efetiva ou potencialmente poluidores ou capazes, sob qualquer forma, de causar degradação ambiental; *atuação supletiva* é a ação do ente da Federação que se substitui ao ente federativo originariamente detentor das atribuições, nas hipóteses definidas na Lei Complementar (art. 15); e *atuação subsidiária* é a ação do ente da Federação que visa a auxiliar no desempenho das atribuições decorrentes das competências comuns, quando solicitado pelo ente federativo originariamente detentor das atribuições definidas na Lei Complementar (art. 16).

Como podemos ver, o licenciamento é um procedimento administrativo que tramita perante um órgão público ambiental. É, em outras palavras, uma sucessão de atos concatenados com o objetivo de alcançar uma decisão final externada pela licença ambiental (licença prévia, de instalação e de operação).

Édis Milaré, por sua vez, diz que, tratando-se de "ação típica e indelegável do Poder Executivo, o licenciamento constitui importante instrumento de gestão do ambiente, na medida em que, por meio dele, a Administração Pública busca exercer o necessário controle sobre as atividades humanas que interferem nas condições ambientais, de forma a compatibilizar o desenvolvimento econômico com a preservação do equilíbrio ecológico. Isto é, como prática do poder de polícia administrativa, não deve ser considerada como obstáculo teimoso ao desenvolvimento, porque este também é um ditame natural e anterior a qualquer legislação. Daí sua qualificação como *instrumento da Política Nacional do Meio Ambiente*"[12].

Para Daniel Roberto Fink, "o procedimento de licenciamento ambiental, como serviço público, é atividade exercida pelo Poder Público, com vistas a satisfazer às necessidades dos administrados, seja na qualidade de usuários interessados na exploração de determinada atividade, seja na qualidade de interessados na preservação dos recursos naturais. Assim sendo, está sujeito aos princípios que regem os serviços públicos em geral, em especial aos da continuidade, obrigatoriedade e eficiência"[13].

No entender de Paulo de Bessa Antunes, "o licenciamento ambiental é o mais importante instrumento jurídico que materializa o princípio da prevenção, tão caro ao Direito Ambiental. É mediante o adequado licenciamento que se busca evitar a ocorrência de danos ambientais. A repressão, isto é, a aplicação de multas e sanções diversas, é, infelizmente, a demonstração de que a prevenção falhou. Cada vez que

---

12. *Direito do ambiente*, cit., p. 534-5.
13. *Aspectos jurídicos do licenciamento ambiental*, Rio de Janeiro, Forense, 2000, p. 76.

se aplica uma multa, ou se interdita um estabelecimento, estamos diante da triste constatação de que o sistema de prevenção de danos ambientais não funcionou, que o licenciamento falhou e que os órgãos ambientais falharam. É motivo de tristeza para aqueles que se preocuparam com a defesa do meio ambiente e da qualidade de vida"[14].

É importante salientar que o órgão ambiental poderá estabelecer prazos de análise diferenciados para cada modalidade de licença (LP, LI e LO), em função das peculiaridades da atividade ou empreendimento, bem como para a formulação de exigências complementares, desde que observado o prazo máximo de seis meses a contar do ato de protocolar o requerimento até seu deferimento ou indeferimento, ressalvados os casos em que houver EPIA/RIMA e/ou audiência pública, quando o prazo será de até doze meses (art. 14, *caput*, da Res. n. 237/97 do CONAMA). Esses prazos poderão, por sua vez, ser alterados, desde que justificados e com a concordância do empreendedor e do órgão ambiental competente (§ 2º do art. 18 da citada Resolução). Não podemos perder de vista ainda que o prazo do trâmite do processo deverá ter uma duração razoável tanto no âmbito judicial como administrativo (art. 5º, LXXVIII, da CF).

Além disso, o licenciamento ambiental está também previsto no art. 10, *caput*, da Lei n. 6.938/81. Referido artigo foi alterado pela LC n. 140/2011, dando-se a seguinte redação: "A construção, instalação, ampliação e funcionamento de estabelecimentos e atividades utilizadoras de recursos ambientais, efetiva ou potencialmente poluidores ou capazes, sob qualquer forma, de causar degradação ambiental dependerão de prévio licenciamento ambiental".

### 3. LICENÇA AMBIENTAL

Licença ambiental é "o ato administrativo pelo qual o órgão ambiental competente estabelece condições, restrições e medidas de controle ambiental que deverão ser obedecidas pelo empreendedor, pessoa física e jurídica, para localizar, instalar, ampliar e operar empreendimentos ou atividades utilizadoras dos recursos ambientais consideradas efetiva ou potencialmente poluidoras ou aquelas que, sob qualquer forma, possam causar degradação ambiental" (art. 1º, II, da Res. n. 237/97 do CONAMA).

A licença ambiental é a outorga concedida pelo Poder Público a quem pretende exercer uma atividade potencialmente nociva ao meio ambiente. Assim, todo aquele que pretender construir, instalar, ampliar e colocar em funcionamento estabelecimentos e atividades utilizadoras de recursos ambientais, considerados efetiva ou potencialmente poluidores, deverá requerer perante o órgão público competente a licença ambiental.

---

14. *Política Nacional do Meio Ambiente — PNMA — Comentários à Lei n. 6.938, de 31 de agosto de 1981*, Rio de Janeiro, Lumen Juris, 2005, p. 164-5.

A licença é um *ato administrativo*. Entende-se por ato administrativo "toda a manifestação unilateral de vontade da Administração Pública, que, agindo nessa qualidade, tenha por fim imediato adquirir, resguardar, transferir, modificar, extinguir e declarar direitos, ou impor obrigações aos administrados ou a si própria"[15]. Os atos administrativos, por sua vez, classificam-se em: a) *atos normativos* — são os que impõem uma obrigatoriedade a todos os administrados (decretos, regulamentos, resoluções etc.); b) *atos ordinatórios* — são os que determinam uma ordem aos funcionários de uma repartição (portarias, circulares, avisos etc.); c) *atos negociais* — são aqueles emanados da Administração Pública em decorrência de pedido feito pelo administrado, coincidindo, em regra, a vontade externada por meio do pedido feito pelo requerente com a do Poder Público (licença, autorização, permissão etc.); d) *atos enunciativos* — são os que certificam ou atestam um fato preexistente (certidão, atestado, parecer etc.); e e) *atos punitivos* — são aqueles que impõem uma sanção pelo descumprimento de normas regulamentares ou quaisquer atos administrativos emitidos pela Administração Pública (advertência, multa simples, multa diária etc.). Para que esses atos administrativos possam entrar validamente no mundo jurídico, faz-se necessário observar os seguintes requisitos: a) *competência* — todo ato administrativo deve ser emanado de órgão público competente; b) *finalidade* — todo ato deve ter uma razão de ser com o fito de atender a uma finalidade pública premente; c) *forma* — todo ato deve estar revestido de certa formalidade imprescindível para sua validade quando a lei assim o exigir; d) *motivo* — todo ato deve ser fundamentado por um motivo coincidente com o interesse público (cuida-se, em regra, de ato vinculado pela lei); e e) *objeto* — todo ato deve ter um objeto que é a aquisição, a transferência, a modificação, a extinção ou a declaração de direitos.

Tais atos entram imediatamente no mundo jurídico e devem ser cumpridos pelos administrados e pela própria Administração Pública por força do princípio da supremacia do interesse público, do princípio da presunção de legitimidade do ato administrativo e do princípio da autoexecutoriedade do ato administrativo.

Assim, para o nosso campo de análise, interessa o estudo da licença, da autorização e da permissão, pois são os atos administrativos mais utilizados no direito ambiental. Pergunta-se: qual é a natureza jurídica da licença ambiental? Como vimos, a licença, a autorização e a permissão são espécies dos atos administrativos negociais. No entanto, faz-se necessário distinguir a licença da autorização e da permissão. Para o direito administrativo, a licença tem caráter de definitividade e pode ser revogada por interesse público relevante, cabendo, nesse caso, indenização. Já a autorização e a permissão são atos administrativos concedidos a título precário e podem ser revogados a qualquer instante, não cabendo indenização. Para o direito ambiental, a licença tem prazo de validade preestabelecido, devendo ser observado e respeitado. Findo o prazo ali estipulado, o interessado deve requerer a sua renovação.

---

15. Hely Lopes Meirelles, *Direito administrativo*, cit., p. 126.

O pedido de renovação deverá ser protocolado no órgão público competente com antecedência mínima de cento e vinte dias antes da expiração de seu prazo de validade, fixado na licença, ficando este automaticamente prorrogado até a manifestação definitiva daquele órgão (art. 18, § 4º, da Res. n. 237/97 do CONAMA). Essa renovação ou revisão tem por escopo acompanhar, periodicamente, as atividades da empresa, constatando-se se ela está cumprindo com as determinações legais ou regulamentares ambientais. Tal licença poderá ser revogada se a empresa ou a atividade, devidamente licenciada, estiver causando prejuízo à saúde humana ou danos ao meio ambiente. À semelhança do direito administrativo, a autorização e a permissão podem ser revogadas a qualquer instante por interesse público relevante ou pelo descumprimento das normas legais ou regulamentares. A licença ambiental, como vimos, não tem caráter de definitividade, mas possui prazo preestabelecido. Tal fato é importante para que o órgão ambiental possa realizar a fiscalização periódica da empresa ou da atividade potencialmente poluidora. Por outro lado, é também importante dar segurança ao empresário que investiu grande quantidade de dinheiro na construção da empresa, não podendo ficar à mercê das mudanças políticas ou da vontade da Administração Pública, que poderia revogar ou cassar a licença a qualquer momento. Portanto, a licença ambiental não pode ser considerada mera autorização ou permissão nos termos do direito administrativo. Ela é espécie de ato administrativo negocial, concedido pela Administração Pública por prazo determinado, podendo ser revogado se a empresa ou a atividade estiver causando prejuízo à saúde humana, danos ao meio ambiente ou descumprir as determinações legais ou regulamentares.

A ausência da licença ambiental caracteriza o crime previsto no art. 60 da LA, mantendo-se, praticamente, a mesma redação do art. 10, *caput*, da Lei n. 6.938/81. A licença ambiental, como se vê, passa a integrar o ativo da empresa.

## 4. COMPETÊNCIA PARA OUTORGA DAS LICENÇAS

A licença ambiental é concedida pelos órgãos ambientais integrantes do SISNAMA mediante um procedimento administrativo complexo (art. 6º da Lei n. 6.938/81). Referida licença pode ser concedida pelos órgãos ambientais pertencentes à União, aos Estados ou ao Distrito Federal e também aos Municípios, dependendo da natureza de cada atividade. Essa atuação pode ser supletiva ou subsidiária, como já vimos.

A competência, em geral, é do órgão público estadual. Contudo, o Poder Público federal, por meio do CONAMA, tem competência para fixar normas gerais para a concessão das licenças. Tais normas poderão ser regulamentadas ou alteradas pelo Poder Público estadual para se adequarem às peculiaridades locais.

A Resolução n. 237/97 do CONAMA disciplina as normas gerais para a outorga da licença ambiental, amplia as atividades sujeitas ao licenciamento previstas na

Resolução n. 1/86, também do CONAMA, e dispõe ainda sobre as modalidades, os prazos de validade e as hipóteses de revogação das licenças.

A licença concedida pelo órgão público estadual não dispensava a possibilidade da concessão ou a aquiescência de outros órgãos (federal ou municipal). Por exemplo: no caso do parque temático que se pretendia construir em Itanhaém, denominado *Xuxa Water Park*, não bastava a licença do órgão público estadual, mas precisava-se também da autorização ou do parecer favorável do IBAMA, bem como do EPIA. Cuidava-se, *in casu*, de ato administrativo complexo que envolvia a participação de mais de um órgão ambiental.

O art. 7º da Resolução n. 237/97 do CONAMA consigna que os empreendimentos e atividades serão licenciados em um único nível de competência. Em decisão inédita, a desembargadora Consuelo Yatsuda Moromizato Yoshida teve a oportunidade de manifestar-se em sentido contrário ao citado dispositivo, nos autos que envolviam o licenciamento para a construção do Rodoanel, sustentando a necessidade de fazer o licenciamento conjunto entre o Estado de São Paulo e o IBAMA, quando estava em vigor o antigo art. 10 da Lei n. 6.938/81.

Discute-se também sobre a constitucionalidade do art. 4º, I, da citada Resolução, quando confere a competência ao IBAMA para a concessão de licenciamento ambiental dos empreendimentos e atividades com significativo impacto ambiental de âmbito nacional ou regional, adotando-se o critério da dominialidade do bem. Em alguns casos, a resolução adotou o critério da predominância do interesse ou raio de influência ambiental. Não há ainda definição sobre o que seja impacto nacional ou regional. Esse dispositivo contrariava o antigo art. 10 da Lei n. 6.938/81.

O IBAMA, além disso, poderá delegar aos Estados o licenciamento de atividade com significativo impacto ambiental de âmbito regional, uniformizando, quando possível, as exigências (art. 4º, § 2º, da citada Resolução). É possível a delegação da competência de um ente para outro, mediante convênio, desde que o ente destinatário disponha de órgão ambiental capacitado para executar as ações administrativas a serem delegadas e de conselho de meio ambiente. Considera-se *órgão ambiental capacitado* aquele que possui técnicos próprios ou em consórcio, devidamente habilitados e em número compatível com a demanda das ações administrativas a serem delegadas (art. 5º, parágrafo único, da Lei Complementar n. 140/2011). Cuida-se de Termo de Cooperação Técnica[16].

---

16. O Ministério Público Federal de Mato Grosso do Sul interpôs Ação Civil Pública em face do IBAMA, do IMAP (órgão público estadual), do Estado de Mato Grosso do Sul e do MMX Metálicos Brasil Ltda., pleiteando a nulidade do *Termo de Cooperação Técnica* em que o IBAMA teria delegado sua competência para que o órgão público estadual concedesse a licença à citada empresa para a implantação de um polo mínero-siderúrgico na cidade de Corumbá, apresentando inúmeras irregularidades e por se tratar de competência, no seu entender, indelegável (Ação Civil Pública, subscrita em 2-3-2007, pelo Procurador da República, Dr. Rui Maurício Ribas Rucinski, perante a 1ªVara da 4ª Subseção Judiciária do Estado de Mato Grosso do Sul).

Agora, com o advento da Lei Complementar n. 140/2011, os empreendimentos e atividades serão licenciados ou autorizados, ambientalmente, por um único ente federativo, nos termos das atribuições conferidas pela Lei Complementar (*caput* do art. 13). Isso não impede que os demais entes da Federação não possam manifestar-se no procedimento de licenciamento, porém de maneira não vinculante (§ 1º do art. 13). Os entes federativos devem atuar em caráter supletivo nas ações administrativas de licenciamento e na autorização ambiental (art. 15). Compete ao órgão responsável pelo licenciamento ou autorização, conforme o caso, de um empreendimento ou atividade, lavrar auto de infração ambiental e instaurar processo administrativo para a apuração de infrações à legislação ambiental cometidas pelo empreendimento ou atividade licenciada ou autorizada (art. 17), devendo os demais entes federativos determinar medidas para evitar, cessar ou mitigar a degradação da qualidade ambiental (§ 2º do art. 17). Isso não impede também o exercício da atribuição comum de fiscalização pelos entes federativos (§ 3º do art. 17).

Há, contudo, licença ambiental que só poderá ser outorgada pela União nas hipóteses de instalação de usinas nucleares (art. 21, XXIII, *a, b, c* e *d*, da CF).

## 5. ESPÉCIES E PRAZOS DE VALIDADE DAS LICENÇAS

A resolução já citada estipula as seguintes espécies de licença:

a) *licença prévia* (LP) — "concedida na fase preliminar do planejamento do empreendimento ou atividade aprovando sua localização e concepção, atestando a viabilidade ambiental e estabelecendo os requisitos básicos e condicionantes a serem atendidos nas próximas fases de sua implementação" (art. 8º, I, da Res. n. 237/97 do CONAMA);

b) *licença de instalação* (LI) — "autoriza a instalação do empreendimento ou atividade de acordo com as especificações constantes dos planos, programas e projetos aprovados, incluindo as medidas de controle ambiental e demais condicionantes, da qual constituem motivo determinante" (art. 8º, II, da Res. n. 237/97 do CONAMA); e

c) *licença de operação* (LO) — "autoriza a operação da atividade ou empreendimento, após a verificação do efetivo cumprimento do que consta das licenças anteriores, com as medidas de controle ambiental e condicionantes determinados para a operação" (art. 8º, III, da Res. n. 237/97 do CONAMA).

A licença prévia e a licença de instalação são concedidas preliminarmente, enquanto a licença de operação é concedida em caráter final. A licença de operação só será concedida depois do cumprimento das exigências previstas nas licenças anteriores.

Tais licenças poderão ser concedidas pelos órgãos públicos estaduais, e seus prazos poderão ser restringidos dependendo do tipo de atividade ambiental licenciada. São estes os prazos de validade previstos na Resolução n. 237/97 do CONAMA:

a) *licença prévia* (LP) — o prazo de validade deverá ser, no mínimo, o estabelecido pelo cronograma, não podendo ser superior a cinco anos, no máximo (art. 18, I);

b) *licença de instalação* (LI) — o prazo de validade deverá ser, no mínimo, o estabelecido no cronograma, não podendo ser superior a seis anos (art. 18, II); e

c) *licença de operação* (LO) — o prazo de validade deverá considerar os planos de controle ambiental e será, no mínimo, de quatro anos e, no máximo, de dez anos (art. 18, III)[17].

Esclareça-se ainda que, por ocasião da renovação da licença de operação (LO) de uma atividade ou empreendimento, o órgão ambiental competente poderá, mediante decisão motivada, aumentar ou diminuir o seu prazo de validade, após avaliação do desempenho ambiental da atividade ou empreendimento no período de vigência anterior, respeitados os limites estabelecidos no inciso III (art. 18, § 3º, da Res. n. 237/97 do CONAMA).

Essas são as espécies de licença e os seus respectivos prazos de validade, os quais devem ser observados pelos órgãos públicos competentes sob pena de nulidade.

## 6. PRAZOS PARA A CONCESSÃO DE LICENÇA DE USINA HIDRELÉTRICA

A título ilustrativo, trouxemos as fases e os respectivos prazos para a concessão da licença para a construção de uma usina hidrelétrica no Brasil, segundo dados fornecidos pelo Bird — Banco Mundial, quais sejam: *1ª fase* — 394 dias para a concessão do termo de referência, cuja responsabilidade é exclusiva do IBAMA, com prazo definido pela instrução normativa em 30 dias; *2ª fase* — 220 dias para a entrega do estudo de impacto ambiental pela empresa, cuja responsabilidade é exclusiva do empreendedor, sem prazo definido; *3ª fase* — 345 dias para a concessão da licença prévia, cuja responsabilidade é do IBAMA, mas pode ser também do empreendedor, se este demorar em solucionar pendências, com prazo de 270 dias fixado por instrução do órgão; *4ª fase* — 144 dias para a empresa solicitar a licença de instalação, cuja responsabilidade é do empreendedor, sem prazo definido; *5ª fase* — 132 dias para a concessão da licença de instalação, cuja responsabilidade é exclusiva do IBAMA, com prazo de 150 dias; e *6ª fase* — 1.100 dias para a concessão da licença de operação, que, neste caso, depende do prazo da construção da obra[18].

---

17. No Estado de São Paulo, o Decreto n. 47.397/2002, em seu art. 71, estabeleceu o prazo de validade da licença de operação entre dois e cinco anos, a qual, de acordo com o grau de complexidade da atividade ou obra a ser licenciada ou renovada, deverá ser delimitada entre esses patamares.

18. Licença atrasa usinas hidrelétricas, diz Bird, *Folha de S.Paulo*, 23 mar. 2008, p. B-1.

Tanto é verdade que seis hidrelétricas que deveriam ser construídas em 2008 têm problemas ambientais para sair do papel, segundo o Programa de Aceleração do Crescimento (PAC). Nenhuma possui licença de instalação e três delas nem têm a licença prévia, informou a Agência Nacional de Energia Elétrica (ANEEL). Uma, inclusive, foi adiada para 2009[19].

## 7. HIPÓTESES DE DESFAZIMENTO DAS LICENÇAS

O licenciamento ambiental "foi concebido e deve ser entendido como se fosse um compromisso estabelecido entre o empreendedor e o Poder Público. De um lado, o empresário se compromete a implantar e operar a atividade segundo as condicionantes constantes dos alvarás de licença recebidos e, de outro lado, o Poder Público lhe garante que durante o prazo de vigência da licença, obedecidas suas condicionantes, em circunstâncias normais, nada mais lhe será exigido a título de proteção ambiental"[20].

O órgão público ambiental poderá, mediante decisão motivada, *modificar* as condicionantes e as medidas de controle e adequação, *suspender* ou *cancelar* uma licença expedida, quando ocorrer: I — violação ou inadequação de quaisquer condicionantes ou normas legais; II — omissão ou falsa descrição de informações relevantes que subsidiaram a expedição da licença; e III — superveniência de graves riscos ambientais e de saúde (art. 19, I, II e III, da Res. n. 237/97 do CONAMA). *Modificar* é alterar as condicionantes e as medidas de controle e adequação, de modo a minimizar os riscos ambientais. *Suspender* é determinar a paralisação dos efeitos até que a obra ou atividade esteja adequada às condicionantes ambientais exigidas (hipóteses dos incisos I e II do art. 19). *Cancelar* é retirar do mundo jurídico por uma das razões indicadas nos três incisos do art. 19.

São as seguintes as formas de desfazimento dos seus efeitos: a) *anulação* — em caso de ilegalidade, pode ser declarada pela própria Administração ou pelo Poder Judiciário, não cabendo direito a indenização; b) *revogação* — pode ser decretada, por interesse público superveniente, somente pela Administração Pública, já que é vedado ao Poder Judiciário ingressar no exame de mérito do ato administrativo, gerando direito a indenização; e c) *cassação* — pelo descumprimento dos preceitos constantes da licença, não cabendo direito de indenização.

Assim, sempre que estiver presente alguma das hipóteses previstas na resolução, o órgão público ambiental competente poderá desfazer a licença de ofício. Essa decisão deverá ser fundamentada sob pena de nulidade do ato revogatório.

---

19. Problema ambiental trava início de 6 usinas do PAC, *Folha de S. Paulo*, 26 mar. 2008, p. B-6.

20. Antônio Inagê Assis de Oliveira, apud Paulo de Bessa Antunes, *Política Nacional do Meio Ambiente*, cit., p. 166.

## 8. LICENCIAMENTO AMBIENTAL UNIFICADO

O governo do Estado de São Paulo instituiu o Licenciamento Ambiental Unificado por meio da Resolução n. 22, da SMA, de 16 de maio de 2007, com o objetivo de unificar e integrar os procedimentos de licenciamento que outrora eram realizados por órgãos descentralizados. O sistema de licenciamento unifica os órgãos integrantes do Sistema Estadual de Administração da Qualidade Ambiental, Proteção, Controle e Desenvolvimento do Meio Ambiente e Uso Adequado dos Recursos Naturais (SEAQUA), quais sejam, a Companhia de Tecnologia de Saneamento Ambiental (CETESB) e os departamentos ligados à Coordenadoria de Licenciamento Ambiental e de Proteção de Recursos Naturais (CPRN), a saber, o Departamento de Avaliação de Impacto Ambiental (DAIA), o Departamento Estadual de Proteção dos Recursos Naturais (DEPRN) e o Departamento de Licenciamento e Fiscalização do Uso do Solo Metropolitano (DUSM), com o objetivo de torná-lo mais rigoroso, ágil e transparente.

Ressalte-se que duas agências já foram inauguradas, uma em Jundiaí e outra em São José do Rio Preto, permitindo a integração conjunta da CETESB e do DEPRN. O governo pretende inaugurar 56 agências em todo o Estado, distribuídas nos moldes das Unidades de Gerenciamento de Recursos Hídricos (UGRH). Após a implantação das 56 agências ambientais, a CETESB prestará assistência técnica através de cinco escritórios supervisores regionais, em locais escolhidos conforme sua vocação econômica. Duas regiões com perfil industrial são a Grande São Paulo e o território que vai de Sorocaba ao Vale do Paraíba, passando por Campinas e Jundiaí. A área industrializada vai de Bauru a Franca, passando por Ribeirão Preto. A do agronegócio atenderá ao noroeste do Estado, e com perfil de conservação abrange litoral Norte, Vale do Ribeira e Campos do Jordão. O presidente da CETESB, Fernando Rei, compara as agências aos pronto-socorros e os escritórios vocacionais aos hospitais. "Em princípio, um não precisa do outro para funcionar, mas se o paciente do primeiro tiver de ser internado ou precisar de especialista, o hospital será acionado"[21].

Com isso, a CETESB passa a ter competência para licenciar os seguintes empreendimentos: a) bases de armazenamento de combustíveis e produtos químicos; b) cemitérios; c) cogeração de energia; d) depósito ou comércio atacadista de produtos químicos ou inflamáveis (locais de armazenamento de produtos sólidos, líquidos ou gasosos, desde que embalados em tambores, bombonas ou similares); e) dutos e linhas internos (a unidades industriais, parcelamentos do solo e condomínios industriais licenciados); f) estações de tratamento de água; g) fabricação de biocombustível (exceto álcool); h) postos e centrais de recebimento de embalagens vazias de agrotóxicos; i) sistemas de armazenamento e transferência de resíduos da construção ci-

---

21. *DOE*, Executivo, 6 nov. 2008, p. III.

vil, desde que associados a beneficiamento; j) sistemas de transbordo, tratamento e disposição final de resíduos de serviços de saúde; l) sistemas de tratamento de esgotos sanitários; m) termoelétricas com capacidade de geração até 10 mW; n) transbordos de resíduos sólidos domiciliares; e o) usinas de reciclagem de resíduos da construção civil (Anexo da referida resolução).

Aludida resolução tem por escopo realizar a integração dos órgãos ambientais no sentido de simplificar, racionalizar, regionalizar e agilizar os procedimentos de licenciamento em todas as suas etapas e otimizar os recursos do Estado para o desempenho dessa atribuição com qualidade e eficiência, permitindo que os municípios possam licenciar atividades cujos impactos sejam locais, desafogando, por outro lado, a competência estadual.

Agência da CETESB de Mogi das Cruzes, por exemplo, é responsável pela fiscalização de nove cidades da região do Alto Tietê: Mogi, Salesópolis, Biritiba Mirim, Suzano, Poá, Itaquaquecetuba, Ferraz de Vasconcelos, Guararema e Santa Isabel. Em 2010, foram emitidas 337 licenças prévias e 368 licenças de operação. Além disso, a agência concedeu 71 autorizações para empreendimentos residenciais, comerciais e industriais ocuparem áreas de mananciais e de proteção ambiental. A CETESB fez 1.448 inspeções técnicas em indústrias e empresas do Alto Tietê. Parte dessas inspeções foi realizada por denúncia feita pela população. Foram aplicadas multas que totalizaram R$ 1,75 milhão a 81 empresas do Alto Tietê. A maioria das infrações está relacionada à poluição das águas, do ar, contaminação do solo e por falta de licença ambiental para funcionar. A falta de licença corresponde a 40% das multas. Também foram lavrados 325 autos de infração de advertência[22].

Esse relatório dá uma ideia do que ocorre nas demais agências ambientais do interior de São Paulo.

## 9. O MINISTÉRIO PÚBLICO PAULISTA E A RESOLUÇÃO N. 22, DA SMA, DE 16 DE MAIO DE 2007

Ocorre, no entanto, que, em evento realizado no Ministério Público do Estado de São Paulo, no dia 22 de agosto de 2007, sobre *Mobilização para a sustentabilidade: desafios atuais do licenciamento ambiental*, o então CAO-UMA (atual CAO Cível e Tutela Coletiva), apresentou, ao final dos trabalhos, uma moção de repúdio à citada resolução estadual por estar eivada de inconstitucionalidade, pois teria extrapolado suas atribuições ao outorgar competência exclusiva aos municípios para realizar licenciamento ambiental mediante convênio (art. 3º, III, da resolução citada) e sem nenhuma consulta ou integração dos demais órgãos integrantes do

---

22. *Jornal Mogi News*. Editorial, 8 fev. 2011, p. 3.

SISNAMA, contrariando os arts. 225, *caput* e inciso VII; 23, VI, VII e parágrafo único; 186, II, todos da CF. A resolução pretende "estabelecer níveis de competência entre entes federados, matéria reservada à Constituição da República em razão da própria noção de federalismo, além de não observar, sob o aspecto intrínseco, que as questões ambientais, por sua própria natureza, são dotadas do caráter de multidisciplinaridade, o que torna imprescindível submeter os projetos e os licenciamentos a equipes que, do ponto de vista estrutural e de capacitação técnica, garantam esta visão ampla, sob pena de não se efetivar adequadamente a proteção dos bens ambientais e comprometer o conceito de sustentabilidade". Tal moção foi entregue ao secretário adjunto do Meio Ambiente, que estava presente no evento, o qual ficou de comunicar ao secretário do Meio Ambiente. Em seguida, a coordenadora do então CAO-UMA, Dra. Marisa Dissinger, encaminhou cópia de tal moção ao procurador-geral da República para a propositura da ação de inconstitucionalidade contra referida resolução.

A tendência mundial é transferir a competência para a outorga de licenças ambientais aos municípios, não com exclusividade, mas respeitando as normas constitucionais. O Tribunal de Justiça de São Paulo, prestigiando o Município de Limeira, julgou a constitucionalidade da Lei municipal n. 3.063, de 22 de novembro de 2005, que proibia toda e qualquer queimada de canaviais no município, abrangendo qualquer plantação de cana-de-açúcar, seja de forma exclusiva por usinas, seja mediante arrendamento ou parceria agrícola com proprietários de terras localizadas na zona urbana ou rural do município (parágrafo único do art. 1º da Lei municipal n. 3.063/2005).

A questão levantada restringe-se à falta de estrutura do município e capacitação dos seus funcionários para a concessão de licenças ambientais. Nesses casos, a competência passa para o governo estadual.

## 10. SISTEMA DE LICENCIAMENTO AMBIENTAL SIMPLIFICADO (SILIS)

O Sistema de Licenciamento Ambiental Simplificado foi criado pela Lei estadual n. 997, de 31 de maio de 1976, que dispõe sobre o controle da poluição do meio ambiente, regulamentada pelo Decreto estadual n. 8.468, de 8 de setembro de 1976, que aprova o regulamento da referida lei.

Esse licenciamento é bastante utilizado pelos empreendimentos de pequeno potencial poluidor. Tanto é fato que a CETESB publicou balanço sobre os licenciamentos concedidos no período de 2006-2007 e constatou um aumento de 20% do volume total de solicitações recebidas em tal período. Dos 34.764 pedidos protocolados no período, 6.316 obtiveram a Licença de Operação (LO) por meio do SILIS. O resultado confirma o sucesso desse instrumento de licenciamento, em sistema informatizado, indicado para as atividades de baixo potencial poluidor.

São consideradas de baixo potencial poluidor as hipóteses consignadas no art. 58 do Regulamento da Lei n. 997/76, aprovado pelo Decreto n. 8.468/76 e alterado pelo Decreto n. 47.397/2002. Ficam sujeitas ao licenciamento ambiental (licença prévia, licença de instalação e licença de operação) as seguintes atividades/empreendimentos: a) construção, reconstrução, ampliação ou reforma de edificação destinada à instalação de fontes de poluição; b) instalação de uma fonte de poluição em edificação já construída; c) instalação, ampliação ou alteração de uma fonte de poluição.

O SILIS, como se vê, está calcado na certificação digital. Os empreendimentos de baixo potencial poluidor poderão, via internet, obter o licenciamento simplificado, cujas licenças (prévia, de instalação e de operação) são concedidas com a emissão de um único documento. Tal balanço foi apresentado na Câmara Ambiental da Indústria Paulista da Fiesp. Segundo o diretor de Controle de Poluição Ambiental da CETESB, Otávio Okano, este método superou as metas inicialmente previstas, atendendo às exigências empresariais, facilitando e barateando o licenciamento de novos empreendimentos. A agência de Franca emitiu 542 licenças por esse sistema, ou seja, cerca de 70% do volume de autorizações para abertura de novas atividades; a agência de Tatuapé, 303; a do Ipiranga, 296; e a de Bauru, 254. O tempo médio para o licenciamento foi calculado em 15 dias. Em 2008 o licenciamento pelo SILIS tem o prazo médio de 10 dias, mas houve casos de licença obtida em apenas 5 dias[23].

## 11. SISTEMA INTEGRADO DE LICENCIAMENTO (SIL)

O Governador de São Paulo lançou o Portal de Licenciamento Ambiental, via internet, para licenciar atividade de baixo impacto. Trata-se do denominado *Sistema Integrado de Licenciamento* (SIL).

O processo de licenciamento de atividades será integrado entre os órgãos estaduais e municipais conveniados. O SIL reúne em um só sistema o Centro de Vigilância Sanitária, da Secretaria da Saúde, o Corpo de Bombeiros, da Secretaria da Segurança, a CETESB/SMA e prefeituras (conveniadas), englobando todas as autorizações necessárias para o funcionamento de uma empresa.

O SIL será otimizado e transformado, futuramente, no *Via Rápida Empresa*. "Essa é uma prova da confiança para com o empresário e, com isso, 45% das atividades de baixo impacto são declaratórias. Isso foi possível graças à CETESB, uma das mais conceituadas empresas de tecnologia, e da questão do Saneamento e do Meio Ambiente", disse o governador.

---

23. *DOE*, 8 abr. 2008, p. I (capa).

As atividades que podem ser licenciadas pelo SIL são as seguintes: fabricação de conserva de fruta, laticínios, atividade de impressão, fabricação de lâmpadas e equipamentos de iluminação, estamparia, serviço de tratamento de metais, móveis, hotéis e similares etc.

As atividades de baixo impacto conseguem licenciamento por declaração e a CETESB fiscaliza periodicamente os estabelecimentos e suas atividades[24].

## 12. O GOVERNO FEDERAL BAIXOU VÁRIAS PORTARIAS COM A FINALIDADE DE ACELERAR O PROCEDIMENTO DO LICENCIAMENTO AMBIENTAL EM DIVERSOS SETORES

O governo federal lançou um pacote de flexibilização dos licenciamentos ambientais, tendo em vista a aceleração de obras de infraestrutura e a exploração do pré-sal. Denomina-se "choque de gestão ambiental". O pacote consiste, nesta primeira fase, em três portarias interministeriais, quatro portarias e uma instrução normativa do IBAMA regulando o licenciamento de rodovias, petróleo, portos e linhas de transmissão de energia elétrica. Posteriormente, outro pacote, segunda fase, será lançado para flexibilização do licenciamento das ferrovias, hidrovias e mineração. Está de fora somente a hidrelétrica, por enquanto. Pretende-se, alerta o governo, estabelecer regras específicas para cada tipo de atividade a ser licenciada, evitando um único procedimento para todas as atividades. Em 2010, foi publicada uma instrução normativa editada pela Ministra do Meio Ambiente, Izabella Teixeira, facilitando o licenciamento de termelétricas. O então Ministro do Meio Ambiente, Carlos Minc, havia baixado instrução normativa, exigindo que as térmicas plantassem árvores para compensar 100% de suas emissões de carbono. Outra mudança é a isenção de licenciamento para duplicação de rodovias, bastando a mera autorização, além de reduzir a quantidade de licenças para a exploração de petróleo. Para cada fase (sísmica, prospecção, produção e desativação) eram necessárias três licenças (prévia, de instalação e de operação), totalizando 12 licenças para a perfuração de um poço no pré-sal[25].

Na tentativa de justificar a morosidade do órgão ambiental, o IBAMA afirmou que o pedido de licença ambiental cresceu 570% na década. Dos 1.675 pedidos de licença avaliados no ano de 2010, 463 foram aprovados. Em 2000, o órgão ambiental tinha 251 processos de licenciamento para avaliar. Já em 2010, os pedidos pularam

---

24. Lukas Campagna, *disponível em:* <http://www.cetesb.sp.gov.br>, acesso em: 31 out. 2011.

25. Claudio Angelo, Governo vai acelerar licenças ambientais, *Folha de S.Paulo,* 19 fev. 2011, p. B-11.

para 1.675. Esse aumento acompanhou o crescimento econômico, entre 2005 e 2006, primeiro ano do PAC, o aumento foi de 22%, e entre 2003 e 2004, de 25%. A morosidade está no número de funcionários que continua o mesmo (300 funcionários, sendo necessário o dobro para atender à demanda). O IBAMA alegou que devolveu muitos estudos de impactos malfeitos pelas consultorias que realizaram o EPIA/RIMA de grandes obras. Há uma lista negra das consultorias que costumam fazer estudos inadequados. Isso tudo faz com que o licenciamento se alastre por mais tempo do que o necessário[26].

Esse pacote pode ser constatado pelas seguintes normas: Portaria Interministerial n. 60, de 24 de março de 2015, que estabelece procedimentos administrativos que disciplinam a atuação dos órgãos e entidades da administração pública federal (FUNAI, FCP, IPHAN e Ministério da Saúde) em processos de licenciamento ambiental de competência do Instituto Brasileiro do Meio Ambiente e dos Recursos Naturais Renováveis-IBAMA. Referida Portaria revogou expressamente a anterior, Portaria Interministerial n. 419, de 26 de outubro de 2011, que regulamentava a atuação dos órgãos e entidades da Administração Pública Federal envolvidos no licenciamento ambiental de que trata o art. 14 da Lei n. 11.516, de 28 de agosto de 2007; Portaria n. 420, de 26 de outubro de 2011, que dispõe sobre procedimentos a serem aplicados pelo Instituto Brasileiro do Meio Ambiente e dos Recursos Naturais Renováveis — IBAMA, na regularização e no licenciamento ambiental das rodovias federais; Portaria n. 421, de 26 de outubro de 2011, que dispõe sobre a regularização ambiental federal de sistemas de transmissão de energia elétrica e dá outras providências; Portaria n. 422, de 26 de outubro de 2011, que dispõe sobre procedimentos para o licenciamento ambiental federal de atividades e empreendimentos ou exploração e produção de petróleo e gás natural no ambiente marinho e em zona de transição terra-mar; Portaria Interministerial n. 423, de 26 de outubro de 2011, que institui o Programa de Rodovias Federais ambientalmente sustentáveis para a regularização ambiental das rodovias federais; Portaria n. 424, de 26 de outubro de 2011, que dispõe sobre procedimentos específicos a serem aplicados pelo IBAMA na regularização ambiental de portos e terminais portuários, bem como os outorgados às Companhias Docas, previstos no art. 24-A da Lei n. 10.683, de 28 de maio de 2003; Portaria Interministerial MMA/SEP/PR n. 425, de 26 de outubro de 2011, que institui programa federal de apoio à regularização e gestão ambiental portuária — PRGAP de portos e terminais portuários marítimos, inclusive os outorgados às Companhias Docas, vinculados à SEP/PR; e Instrução Normativa do IBAMA n. 14, de 27 de outubro

---

26. Claudio Angelo, Licença ambiental cresce 570% na década, *Folha de S.Paulo*, Ciência, 11 mar. 2011, p. C-13.

de 2011, que altera e acresce dispositivos à Instrução Normativa n. 184/2008, que dispõe sobre procedimento de licenciamento ambiental.

Como se vê, outros pacotes virão.

## Seção V
## Auditoria ambiental

### 1. AUDITORIA AMBIENTAL

Assim como a auditoria contábil é instrumento básico para a indicação da situação financeira da empresa, a auditoria ambiental é o instrumento indispensável para a avaliação da sua gestão ambiental[27]. Entende-se por auditoria ambiental "o procedimento de exame e avaliação periódica ou ocasional do comportamento de uma empresa em relação ao meio ambiente"[28].

Essa auditoria pode ser determinada pelo Poder Público (auditoria pública) ou requerida de ofício pela própria empresa (auditoria privada).

São muitas as vantagens da auditoria ambiental realizada pela própria empresa[29]. Tal fato demonstra a consciência ecológica do empresário em relação às novas tecnologias, aplicando-as para tornar seus produtos mais competitivos no mercado. Também é importante a auditoria em caso de fusão ou cisão de empresas, permitindo apurar se elas estão cumprindo com as determinações legais ou regulamentares. É de suma importância a auditoria para as instituições financeiras na concessão de

---

27. Emilio Lèbre La Rovere e outros, *Manual de auditoria ambiental*, Rio de Janeiro, Qualitymark Ed., 2000, p. 15.

28. Paulo Affonso Leme Machado, *Direito*, cit., p. 229.

29. São muitas as vantagens da auditoria ambiental: "a) identificação e registro das conformidades e das não conformidades com a legislação, com regulamentações e normas e com a política ambiental da empresa (caso exista); b) prevenção de acidentes ambientais; c) melhor imagem da empresa junto ao público, à comunidade e ao setor público; d) provisão de informação à alta administração da empresa, evitando-lhe surpresas; e) assessoramento aos gestores na implementação da qualidade ambiental na empresa; f) assessoramento à alocação de recursos (financeiro, tecnológico, humano) destinados ao meio ambiente na empresa, segundo as necessidades de proteção do meio ambiente e as disponibilidades da empresa, descartando pressões externas; g) avaliação, controle e redução do impacto ambiental da atividade; h) minimização dos resíduos gerados e dos recursos usados pela empresa; i) promoção do processo de conscientização ambiental dos empregados; j) produção e organização de informações ambientais consistentes e atualizadas do desempenho ambiental da empresa, que podem ser acessadas por investidores e outras pessoas físicas ou jurídicas envolvidas nas operações de financiamento e/ou transações da unidade auditada; e k) facilidade na comparação e intercâmbio de informações entre as unidades da empresa" (Emilio Lèbre La Rovere, *Manual*, cit., p. 15-6).

financiamento para essas empresas. É importante também para investidores, acionistas, fornecedores e empregados da empresa.

Há muitas empresas de auditoria contábil especializando-se em auditoria ambiental. A empresa Trevisan Auditores está fornecendo esse serviço aos seus clientes com a denominação auditoria ambiental por meio de um manual bastante elucidativo sobre a necessidade de exames periódicos na empresa potencial causadora de significativa degradação ambiental[30]. Trata-se de uma medida preventiva que procura encontrar alternativas para evitar danos ao meio ambiente em vez de se sujeitar a multas administrativas ou à ação civil pública. É mais econômico tomar as medidas preventivas do que assumir o risco de ter de reparar os danos causados.

A auditoria ambiental está disciplinada pela NBR ISO 14010, da ABNT, que trata das diretrizes para a auditoria ambiental (Rio de Janeiro, 2005, p. 5), pela NBR ISO 14011, da ABNT, que cuida das diretrizes para auditoria ambiental: procedimentos de auditoria — auditoria de sistemas de gestão ambiental (Rio de Janeiro, 1997, p. 6), e pela NBR ISO 14012, da ABNT, que estabelece diretrizes para auditoria ambiental: critérios de qualificação de auditores ambientais (Rio de Janeiro, 1997, p. 7).

## 2. II CONFERÊNCIA MUNDIAL DA INDÚSTRIA SOBRE A GESTÃO DO MEIO AMBIENTE (PARIS, 1991)

Nessa Conferência foi elaborado um documento denominado "Carta Empresarial" contendo várias recomendações em forma de princípios destinados aos empresários de todo o mundo. Reconhece-se num dos princípios que a gestão do meio ambiente na empresa é importante para o desenvolvimento sustentável. Reconhece-se noutro princípio que a empresa deverá "aferir o desempenho das ações sobre o ambiente, proceder regularmente às auditorias ambientais e avaliar o cumprimento das exigências internas da empresa, dos requisitos legais e desses princípios, fornecendo periodicamente as informações pertinentes ao Conselho da Administração, aos acionistas, ao pessoal, às autoridades e ao público"[31].

## 3. PERIODICIDADE E CONTEÚDO DA AUDITORIA AMBIENTAL

Não há uma lei ou regulamento que determine a periodicidade para a realização da auditoria ambiental. Tal periodicidade deve ser analisada de acordo com a

---

30. *Revista Trevisan*, São Paulo, ano 12, *134*:11-7, 1999.
31. Paulo Affonso Leme Machado, *Direito*, cit., p. 231.

espécie de poluição que a empresa causa, podendo ser anual, bienal, trienal ou quinquenal. Essa avaliação é feita pela empresa Trevisan Auditores[32].

Também não há norma que discipline o conteúdo da auditoria. Devem, contudo, ser analisados alguns aspectos: a) os níveis de poluição causados pela empresa; b) as condições dos equipamentos de controle de poluição; c) as medidas para a recuperação da área afetada pela poluição; d) a capacitação dos funcionários responsáveis pela manutenção e operação dos equipamentos de controle de poluição.

Estes são alguns itens que devem ser observados, consoante se verifica na Lei n. 1.898, de 26 de novembro de 1991, do Estado do Rio de Janeiro.

## 4. MONITORAMENTO E INSPEÇÃO AMBIENTAL

O monitoramento é o "procedimento de medição das emissões e do lançamento dos efluentes, registrando-se continuadamente ou em períodos predeterminados"[33]. Esse monitoramento deve ser realizado pela própria empresa para apurar regularmente a espécie e a quantidade de poluentes lançados ao meio ambiente. Trata-se de uma planilha que o responsável preenche de modo regular (diária, semanal, quinzenal ou mensalmente) para apurar se a quantidade de poluentes encontra-se dentro dos limites permitidos pela legislação. Essa medição será útil no momento da realização da auditoria ambiental e posterior renovação da licença.

O monitoramento pode ser realizado pela própria empresa ou pelo órgão público, à semelhança da auditoria ambiental. Registre-se ainda que o monitoramento realizado regularmente pela própria empresa terá maior utilidade do que o realizado por ocasião da auditoria. Esse monitoramento demonstrará a consciência do empresário e fará um retrato exato do perfil da empresa durante o período em que se realizaram os registros dos dados das emissões dos poluentes. Isso servirá para melhor avaliação dos equipamentos utilizados para o controle da poluição.

Assim, sem monitoramento regular, a empresa não terá elementos para se defender perante o órgão público competente em caso de aplicação de penalidade administrativa, por exemplo.

A inspeção, por sua vez, caracteriza-se "pela sua não periodicidade e por não estar ainda submetida a uma programação vinculante para o órgão público ambiental"[34]. Ela é realizada, em geral, pelo órgão público competente com a finalidade

---

32. Revista Trevisan, 134:13-4.
33. Paulo Affonso Leme Machado, Direito, cit., p. 236.
34. Paulo Affonso Leme Machado, Direito, cit., p. 236.

de constatar se a empresa está regularmente licenciada e se os equipamentos de controle de poluição estão sendo eficazes.

Normalmente, a inspeção é utilizada quando ocorre algum dano ambiental ou quando há alguma reclamação contra a empresa perante o órgão público ambiental. Contudo, a inspeção deve ser realizada regularmente pelo Poder Público competente numa ação fiscalizadora do licenciamento.

## 5. AUDITOR AMBIENTAL

Auditor ambiental pode ser qualquer pessoa ou equipe, pertencente ou não aos quadros da empresa, que, sob a orientação do órgão superior, possa realizar uma auditoria independente, formulando um juízo de valor objetivo (Diretiva n. 1.836/93 da CE)[35].

Vê-se, pois, que o auditor pode ou não pertencer aos quadros da empresa. Contudo, é indispensável que tenha independência suficiente para realizar uma auditoria objetiva e real.

### 5.1. Capacidade do auditor

O auditor, além da independência, precisa ter capacidade técnica, tempo e experiência para realizar a auditoria adequada dos setores e das áreas sobre as quais incidirá o exame. Deve ter profundo conhecimento em matéria de gestão ambiental e das questões técnicas e legais. A empresa, ao contratar o auditor, deve fornecer os recursos e o tempo necessários para a realização da auditoria (Diretiva n. 1.836/93 da CE, Anexo II, C)[36].

Há muitos profissionais especializando-se em outros países em áreas específicas, como, por exemplo, engenharia química, elétrica, mecânica, civil, genética etc. Vários equipamentos industriais e de controle de poluição provêm de outros países, inexistindo técnicos capacitados para sua instalação e manutenção.

### 5.2. Independência do auditor

A independência dos auditores é exigência necessária prevista na Diretiva n. 1.836/93 da CE, anexo II, C. Sem essa independência em relação à empresa auditada, os auditores não teriam condições suficientes para realizar uma auditoria objetiva e imparcial, especialmente porque eles são pagos pela própria empresa[37].

---

35. Paulo Affonso Leme Machado, *Direito*, cit., p. 237.
36. Paulo Affonso Leme Machado, *Direito*, cit., p. 237.
37. Paulo Affonso Leme Machado, *Direito*, cit., p. 238.

A despeito de a diretiva permitir que o auditor possa pertencer ou não aos quadros da empresa auditada, é recomendável evitar que a escolha recaia num desses funcionários. Assim, por mais competente que seja o auditor-funcionário, haverá sempre um interesse em favorecer a empresa em que trabalha. Isso poderá colocar em xeque a independência do auditor.

### 5.3. Responsabilidade do auditor

Os auditores são responsáveis pela auditoria ambiental que realizam, independentemente de ter sido determinada pelo Poder Público ou pela própria empresa. Eles serão responsabilizados civil, penal e administrativamente, consoante se verifica no art. 11, parágrafo único, da Resolução n. 237/97 do CONAMA.

A empresa que causar danos ao meio ambiente responderá civilmente, sem levar em conta a culpa. Trata-se da denominada responsabilidade objetiva prevista no art. 14, § 1º, da Lei n. 6.938/81.

No entanto, se os auditores agirem, com culpa ou dolo, responderão por seus atos. Nesse caso, a empresa poderá voltar-se, regressivamente, contra os auditores[38].

## Seção VI
### Outros instrumentos

## 1. OUTROS INSTRUMENTOS DA POLÍTICA NACIONAL DO MEIO AMBIENTE — PNMA

Além dos instrumentos já explicitados, resolvemos analisar, sucintamente, os demais instrumentos arrolados no art. 9º da Lei n. 6.938/81 por sua importância no contexto atual.

## 2. INCENTIVOS À PRODUÇÃO E INSTALAÇÃO DE EQUIPAMENTOS E A CRIAÇÃO OU ABSORÇÃO DE TECNOLOGIA VOLTADOS À MELHORIA DA QUALIDADE AMBIENTAL

Este instrumento tem correlação com o inciso I deste artigo, pois compete às empresas, com fundamento no art. 170, VI, da CF, adotarem ou instalarem equipamentos com a finalidade de respeitar os padrões de qualidade ambiental. As empresas deverão sempre instalar novas tecnologias menos poluentes (v. também a Lei n.

---

38. Paulo Affonso Leme Machado, *Direito*, cit., p. 239.

10.168/2000 — que instituiu contribuição de intervenção no domínio econômico destinada a financiar o Programa de Estímulo à Interação Universidade-Empresa para Apoio à Inovação — e a Lei n. 10.332/2001 — que instituiu mecanismos de financiamento a programas de ciência de tecnologia —, ambas regulamentadas pelo Decreto n. 4.195/2002)[39].

O poder público concederá incentivos fiscais aos empresários que adotarem tecnologias, denominadas limpas ou verdes, em seu processo produtivo. Há, como já vimos, inúmeras patentes verdes aprovadas e em aprovação perante o INPI perfeitamente viáveis para a implantação imediata nas empresas causadoras de poluição. Tais tecnologias podem ser um caminho para minimizar o aquecimento global, bem como os processos de certificação de produtos limpos ou não poluentes, tais como ISO 9000 e ISO 14000.

Este instrumento decorre das políticas públicas ambientais que têm por objetivo a promoção de condutas ecologicamente corretas. Exemplo bem-sucedido é o incentivo ao consumo de álcool em vez de gasolina. Os preços são diferentes nos postos de combustível para incentivar a adoção de tecnologia limpa, menos poluente que é o álcool.

Os incentivos consistem na isenção ou diminuição de tributos, além de subsidiar atividades econômicas IR, ICMS, IPVA, IPTU, ISS etc. Além disso, há inúmeros projetos em tramitação no Congresso Nacional propondo incentivos fiscais às empresas que venham a adotar tecnologias inovadoras em substituição àquelas mais poluentes.

Para que a empresa ou a atividade econômica possam se beneficiar desses incentivos fiscais, deverão apresentar um projeto perante um dos órgãos integrantes do SISNAMA para avaliação e aprovação.

Registre-se, além disso, que as entidades e órgãos de financiamento e incentivos governamentais condicionarão a aprovação de projetos habilitados a esses benefícios ao licenciamento na forma da lei e ao cumprimento das normas do CONAMA. Deverá ainda constar dos projetos a aquisição de equipamentos destinados ao controle de degradação ambiental e à melhoria da qualidade do meio ambiente (art. 12 e parágrafo único da Lei n. 6.938/81).

Cabe ao Poder Executivo incentivar as atividades voltadas ao meio ambiente, visando: a) ao desenvolvimento, no país, de pesquisas e processos tecnológicos destinados a reduzir a degradação da qualidade ambiental; b) à fabricação de equipamentos antipoluidores; e c) a outras iniciativas que propiciem a racionalização do uso de recursos ambientais. Os órgãos, entidades e programas do Poder Público, destinados ao incentivo das pesquisas científicas e tecnológicas, considerarão, entre as suas metas

---

39. Marli T. Deon Sette, *Direito ambiental*, São Paulo, MP Editora, 2010, p. 292.

prioritárias, o apoio aos projetos que visem a adquirir e desenvolver conhecimentos básicos e aplicáveis na área ambiental e ecológica (art. 13 e parágrafo único da Lei n. 6.938/81).

No dizer de Marina Silva, a palavra-chave é inovação, pesquisa científica e integração dos saberes tradicionais associados à natureza, ou seja, é investir na educação formal (ensino fundamental, médio e superior — mestrado e doutorado, principalmente).

Como podemos ver, os incentivos são os mais variados (*vide* item 3, Tributação Ambiental — Capítulo III — Sistema Nacional do Meio Ambiente — SISNAMA).

## 3. CRIAÇÃO DE ESPAÇOS TERRITORIAIS ESPECIALMENTE PROTEGIDOS PELO PODER PÚBLICO FEDERAL, ESTADUAL E MUNICIPAL, TAIS COMO ÁREAS DE PROTEÇÃO AMBIENTAL, DE RELEVANTE INTERESSE ECOLÓGICO E RESERVAS EXTRATIVISTAS

Os espaços especialmente protegidos estão previstos no inciso III do § 1º do art. 225 da CF. Estes espaços abrangem as áreas de preservação permanente, as reservas legais e as unidades de Conservação. As APPs e as reservas legais estão previstas no Código Florestal (Lei n. 12.651/2012) e as unidades de conservação, na Lei n. 9.985/2000.

Dividimos os espaços territoriais especialmente protegidos em macroecossistemas e em microecossistemas. Aqueles estão previstos no art. 225, § 4º, e estes no art. 225, § 1º, III, ambos da CF.

As Áreas de Proteção Ambiental (APA), de relevante interesse ecológico, e as reservas extrativistas estão disciplinadas na Lei n. 9.985/2000 (microecossistemas).

As Unidades de Conservação se dividem em dois grupos: a) Unidades de Proteção Integral — têm por objetivo básico preservar a natureza, sendo admitido apenas o uso indireto dos seus recursos naturais; e b) Unidades de Uso Sustentável — têm em vista, basicamente, compatibilizar a conservação da natureza com o uso sustentável de parcela dos seus recursos naturais.

Estes espaços podem ser criados nas esferas municipal, estadual e federal sempre que necessário para a proteção de ecossistema local, regional ou nacional.

Estes institutos serão analisados nos Capítulos V — Flora e VI — Fauna.

## 4. SISTEMA NACIONAL DE INFORMAÇÕES SOBRE O MEIO AMBIENTE

Pretende-se, com este instrumento, centralizar e sistematizar toda a informação relevante relacionada aos processos de decisões em todos os níveis de poder. O cidadão tem o direito de receber do poder público competente toda informação relevante e dela fazer uso na conformidade da lei (art. 5º, XIV e XXXIII, da CF). Além do direito à informação, há também o princípio da publicidade, ou seja, todos os atos administrativos devem ser publicados, no mínimo, no *Diário Oficial* de cada unidade da Federação, com supedâneo no art. 225, § 1º, IV, da CF e Resolução n. 6/86, do CONAMA, por exemplo.

A informação é condição de validade dos procedimentos ambientais, quer sejam internos — como as referentes a atos administrativos —, quer sejam externos — como as audiências públicas[40].

Com base nesse instrumento, foi criado, na esfera federal, o Sistema Nacional de Informação — SNI. Trata-se de uma espécie de banco de dados em que se reúnem todas as informações relevantes aos procedimentos administrativos relacionados ao meio ambiente e seus impactos.

Compete ao Ministério do Meio Ambiente implantar e manter atualizadas as informações relevantes ao meio ambiente por meio do Sistema Nacional de Informações sobre o Meio Ambiente — SINIMA —, órgão integrante do SISNAMA. Esse órgão tem por incumbência desenvolver mecanismos de acesso às informações, sistematizá-las estatisticamente, elaborar indicadores ambientais e integrar as informações com os sistemas correlatos. O Comitê Gestor do SINIMA e suas atribuições encontram-se disciplinados na Portaria n. 310/2004.

Este instrumento tem como fundamento a Lei n. 10.650, de 16 de abril de 2003, que dispõe sobre o acesso público aos dados e informações existentes nos órgãos e entidades integrantes do SISNAMA[41].

## 5. CADASTRO TÉCNICO FEDERAL DE ATIVIDADES E INSTRUMENTOS DE DEFESA AMBIENTAL

O Cadastro Técnico Federal foi instituído pela Lei n. 6.938/81 e administrado pelo Instituto Brasileiro do Meio Ambiente e Recursos Naturais Renováveis — IBAMA —, nos termos dos incisos I e II do art. 17.

Este cadastro divide-se em: a) Cadastro Técnico Federal de Atividades e Instrumentos de Defesa Ambiental (inciso I); e b) Cadastro Técnico Federal de Atividades Potencialmente Poluidoras ou Utilizadoras de Recursos Ambientais (inciso II).

---

40. Marli T. Deon Sette, *Direito ambiental*, cit., p. 310.
41. Em tese de doutorado defendida na PUC-SP, o renomado e sempre citado Paulo Affonso Leme Machado esmiúça o direito de informação em seu livro *Direito à informação e meio ambiente*, editado pela Malheiros em 2006.

A primeira modalidade de cadastro tem por objetivo proceder ao registro, com caráter obrigatório, de pessoas físicas ou jurídicas que se dedicam à consultoria técnica sobre questões ecológicas e ambientais e à indústria e comércio de equipamentos, aparelhos e instrumentos destinados ao controle de atividades efetiva ou potencialmente poluidoras (Resolução n. 1/88, do CONAMA).

Visa-se, com este cadastro, monitorar e controlar os profissionais responsáveis que prestam serviços às empresas efetiva ou potencialmente poluidoras.

## 6. PENALIDADES DISCIPLINARES OU COMPENSATÓRIAS AO NÃO CUMPRIMENTO DAS MEDIDAS NECESSÁRIAS À PRESERVAÇÃO OU CORREÇÃO DA DEGRADAÇÃO AMBIENTAL

As penalidades administrativas foram disciplinadas na Lei n. 9.605/98 e regulamentadas pelo Decreto n. 6.514/2008. As penalidades disciplinares ou compensatórias arroladas nos incisos I a IV do art. 14 da Lei n. 6.938/81 foram revogadas. É importante ressaltar que, sem prejuízo dessas infrações administrativas, criadas na esfera federal, os Estados e Municípios poderão criar outras penalidades administrativas no âmbito de sua unidade federativa.

Tais penalidades serão analisadas no Título IX — Tutela administrativa do meio ambiente.

## 7. INSTITUIÇÃO DO RELATÓRIO DE QUALIDADE DO MEIO AMBIENTE, A SER DIVULGADO ANUALMENTE PELO INSTITUTO BRASILEIRO DO MEIO AMBIENTE E DOS RECURSOS NATURAIS RENOVÁVEIS — IBAMA

O Relatório de Qualidade Ambiental é um importante instrumento para a análise da efetividade das políticas públicas aplicadas na esfera federal. Trata-se de dados coletados sobre a situação ambiental e os resultados das políticas públicas, os quais deverão ser divulgados anualmente pelo IBAMA. É com base nessas informações que o Poder Público poderá manter ou alterar referidas políticas para atender às necessidades ecológicas nas diversas esferas administrativas.

## 8. GARANTIA DA PRESTAÇÃO DE INFORMAÇÕES RELATIVAS AO MEIO AMBIENTE, OBRIGANDO-SE O PODER PÚBLICO A PRODUZI-LAS, QUANDO INEXISTENTES

Como já vimos, este instrumento decorre da obrigação do Poder Público em prestar informações ao cidadão (art. 5º, XIV e XXXIII, da CF). Tais dispositivos foram regulamentados pela Lei n. 10.650/2003 que disciplina o acesso público aos dados e informações relevantes existentes nos órgãos e entidades integrantes do SISNAMA. A Resolução n. 379/2006, do CONAMA, também disciplina o acesso à informação, devendo os órgãos integrantes do SISNAMA disponibilizar na internet informações sobre gestão florestal, por exemplo.

Todas essas normas legais têm por escopo permitir o acesso à informação relacionada à matéria ambiental ao cidadão, ressalvado o sigilo comercial, industrial, financeiro ou qualquer outro sigilo protegido por lei, para que ele possa, querendo, tomar as providências necessárias.

## 9. CADASTRO TÉCNICO FEDERAL DE ATIVIDADES POTENCIALMENTE POLUIDORAS E/OU UTILIZADORAS DOS RECURSOS AMBIENTAIS

O Cadastro Técnico Federal foi instituído pela Lei n. 6.938/81 e administrado pelo Instituto Brasileiro do Meio Ambiente e Recursos Naturais Renováveis — IBAMA —, nos termos dos incisos I e II do art. 17. Este cadastro divide-se em: a) Cadastro Técnico Federal de Atividades e Instrumentos de Defesa Ambiental (inciso I); e b) Cadastro Técnico Federal de Atividades Potencialmente Poluidoras ou Utilizadoras de Recursos Ambientais (inciso II).

A segunda modalidade de cadastro será destinada ao registro de pessoas físicas ou jurídicas que se dedicam a atividades potencialmente poluidoras e/ou extração, produção, transporte e comercialização de produtos potencialmente perigosos ao meio ambiente, assim como de produtos e subprodutos da fauna e da flora. À semelhança do primeiro cadastro, também será obrigatório.

Visa-se, com este cadastro, monitorar e controlar as atividades efetiva ou potencialmente poluidoras. Este cadastro serve também para subsidiar a apreciação do licenciamento ambiental.

## 10. INSTRUMENTOS ECONÔMICOS, COMO CONCESSÃO FLORESTAL, SERVIDÃO AMBIENTAL, SEGURO AMBIENTAL E OUTROS

O instrumento econômico tem por natureza a flexibilização. É possível, por meio dele, atribuir os custos do uso dos recursos ambientais a quem de fato os usa, pagando por tal finalidade. O poluidor, por exemplo, sempre terá um custo adicional pelo uso dos recursos ambientais. Os principais instrumentos econômicos são: depósitos reembolsáveis (cobra-se um valor como depósito até que o consumidor devolva a embalagem utilizada, por exemplo), licenças negociáveis (com a finalidade de reduzir energia, na época do apagão, a Res. n. 13/2001, da Câmara de Gestão de Crise de Energia Elétrica, permitiu que os agentes negociassem entre si a energia para atingir determinada meta, por exemplo), subsídio (investimento governamental para diminuição de custos para a população, por exemplo) e tributação ambiental (cobrança pelo uso da água)[42].

Estes instrumentos econômicos dividem-se em: a) concessão florestal; b) servidão ambiental; e c) seguro ambiental.

Concessão florestal é a delegação onerosa, feita pelo poder concedente, do direito de praticar manejo florestal sustentável para exploração de produtos e serviços numa unidade de manejo, mediante licitação, à pessoa jurídica, em consórcio ou não, que atenda às exigências do respectivo edital de licitação e demonstre capacidade para seu desempenho, por sua conta e risco e por prazo determinado (art. 3º,VII, da Lei n. 11.284/2006).

Servidão administrativa é o direito real de gozo, de natureza pública, instituído sobre imóvel de propriedade alheia, com base em lei, por entidade pública ou por delegados, em favor de um serviço público ou de um bem afetado a um fim de utilidade pública (Maria Sylvia Zanella Di Pietro)[43]. Trata-se de uma limitação administrativa do direito de propriedade. A MP n. 2.166-67/2001, que alterou o Código Florestal, instituiu a servidão florestal. A servidão é uma maneira de proceder à compensação florestal. O proprietário rural poderá instituir a servidão florestal, mediante a qual voluntariamente renuncia, em caráter permanente ou temporário, a direitos de supressão ou exploração da vegetação nativa, localizada fora da reserva legal e da área com vegetação de preservação permanente (art. 44-A da citada lei). Servidão florestal é espécie de servidão ambiental.

Seguro ambiental, seguindo a sistemática do Código Civil (art. 757), é o contrato realizado com uma seguradora, consistindo em que o segurador se obriga, mediante o pagamento do prêmio, a garantir interesse legítimo do segurado, relativo a um bem ambiental, contra riscos predeterminados e acrescenta que somente pode ser parte, no contrato de seguro, como segurador, entidade para tal fim legalmente autorizada (v. item 4 — Reparação do dano e seguro ambiental, Capítulo I, Título IV — Tutela civil do meio ambiente).

Tais instrumentos têm por objetivo estabelecer métodos adequados do uso correto dos recursos ambientais. Dependendo da política adotada, é possível incentivar ou reprimir o uso desses recursos de acordo com a conveniência do momento político. A flexibilização do uso deste instrumento permite ao próprio proprietário escolher entre aferir recursos financeiros com o uso da área ou dar à área destinação ambiental de acordo com o que lhe for mais conveniente, respeitando-se, contudo, o princípio da função socioambiental da propriedade.

---

42. Marli T. Deon Sette, *Direito ambiental*, cit., p. 26.
43. Maria Helena Diniz, *Dicionário Jurídico*, São Paulo, Saraiva, 1998, p. 326.

Ana Maria de Oliveira Nusdeo insere o pagamento de serviços ambientais no rol de instrumentos econômicos. Ela define serviços ambientais como as transações entre duas ou mais partes envolvendo uma remuneração, monetária ou não, àqueles que promovem certas práticas de conservação ambiental. Tais práticas referem-se à preservação, recomposição ou manutenção de áreas cujos ecossistemas são considerados aptos a fornecer serviços ambientais, ou a adoção de técnicas de menor impacto no uso da terra, tais como o abandono do uso do fogo e de agrotóxicos. Os serviços ambientais se subdividem em: a) *serviços de provisão* (alimentos, água, madeira, fibras etc.; b) *serviços de regulação* (clima, enchentes, doenças etc.); c) *serviços de suporte* (formação de solo e reciclagem de nutrientes e culturais). Os primeiros serviços que foram objeto de pagamento são a conservação da biodiversidade, a proteção aos recursos hídricos, os serviços de carbono e a beleza cênica. Não há legislação federal disciplinando o pagamento desses serviços, exceto a criação, por parte de alguns Estados, de programas públicos de pagamento por serviços ambientais[44].

Seja como for, é uma perspectiva que se abre à preservação do meio ambiente.

---

44. Pagamento de serviços ambientais, jornal *Carta Forense*, jan./2014, p. B-16.

## Capítulo III
## Sistema Nacional do Meio Ambiente (SISNAMA)

### 1. INTRODUÇÃO

O Sistema Nacional do Meio Ambiente (SISNAMA) é constituído por uma rede de agências ambientais (instituições e órgãos) que tem por finalidade dar cumprimento ao princípio matriz previsto na Constituição Federal e nas normas infraconstitucionais nas diversas esferas da Federação.

As instituições são compostas pelo Poder Executivo, Poder Legislativo, Poder Judiciário e Ministério Público. "São poderes da União, independentes e harmônicos entre si, o Legislativo, o Executivo e o Judiciário" (art. 2º da CF). Trata-se, na realidade, de *função* do Estado e não de *poder*. Todo o poder emana do povo (art. 1º, parágrafo único, da CF). O Executivo, o Legislativo e o Judiciário possuem funções próprias e exercem parcela desse poder. Essas funções podem ser típicas ou atípicas. Assim, a função típica do Legislativo é a elaboração de leis, por exemplo. A função atípica do Legislativo se consubstancia no julgamento de seus funcionários por meio de um procedimento administrativo e na elaboração de normas administrativas, regimento interno, por exemplo. O Executivo e o Judiciário também possuem funções típicas e atípicas.

Compete ao Executivo, na esfera ambiental, exercer o controle das atividades potencialmente causadoras de dano ambiental, conceder o licenciamento ambiental, exigir o estudo prévio de impacto ambiental (EPIA), na forma da lei, fiscalizar as atividades e obras causadoras de poluição etc. Compete ao Legislativo, na esfera ambiental, elaborar leis e regulamentos ambientais, aprovar os orçamentos dos órgãos ambientais, exercer o controle dos atos administrativos do Executivo etc. Compete ao Judiciário, na esfera ambiental, julgar as ações ambientais, rever os atos administrativos e exercer o controle da constitucionalidade das normas. Compete ao Ministério Público, na esfera ambiental, instaurar o inquérito civil e criminal e promover a ação civil pública (art. 129 da CF).

Assim, a "finalidade do SISNAMA é estabelecer uma rede de agências governamentais, nos diversos níveis da Federação, visando assegurar mecanismos capazes de, eficientemente, implementar a Política Nacional do Meio Ambiente"[1].

---

1. Paulo de Bessa Antunes, *Direito*, cit., p. 64.

## 2. ÓRGÃOS E PODER DE POLÍCIA

Os órgãos e entidades da União, dos Estados, do Distrito Federal e dos Municípios, bem como as fundações instituídas pelo Poder Público, responsáveis pela proteção e melhoria da qualidade ambiental, constituirão o SISNAMA (art. 6º da Lei n. 6.938/81).

Tais órgãos estão estruturados em sete níveis:

I — *Órgão superior* — é constituído pelo Conselho de Governo. Esse órgão tem por finalidade assessorar o Presidente da República na elaboração da política nacional, nas diretrizes governamentais do meio ambiente e nos recursos ambientais. É composto pelos Ministérios da Presidência da República. O Decreto n. 4.792, de 23 de julho de 2003, criou a Câmara de Políticas de Recursos Naturais do Conselho de Governo com o objetivo de formular políticas públicas e diretrizes de matérias relacionadas com a área de recursos naturais do Governo Federal, aprovar, promover a articulação e acompanhar a implementação dos programas e ações estabelecidos, no âmbito de ações cujo escopo ultrapasse a competência de um único Ministério. A integração desses órgãos possibilita uma análise mais detalhada de todos os impactos atinentes ao meio ambiente de maneira transversal.

II — *Órgão consultivo, deliberativo e normativo* — é constituído pelo Conselho Nacional do Meio Ambiente (CONAMA). Esse órgão tem a finalidade de assessorar, estudar e propor ao Conselho de Governo diretrizes de políticas governamentais para o meio ambiente e os recursos naturais, e direcionar, no âmbito de sua competência, sobre normas e padrões compatíveis com o meio ambiente ecologicamente equilibrado e essencial à sadia qualidade de vida. É órgão colegiado, integrando representantes do governo e da sociedade civil organizada. O art. 8º da Lei n. 6.938/81 dispõe sobre as atribuições do CONAMA. Este órgão vem editando resoluções desde 1984, estabelecendo regras importantes para a aplicação efetiva da Política Nacional do Meio Ambiente. O CONAMA é presidido pelo Ministério do Meio Ambiente e tem apoio de 11 Câmaras Técnicas que são instâncias encarregadas de desenvolver, examinar e relatar ao plenário as matérias de suas competências. As Câmaras Técnicas são criadas por tempo determinado para analisar, estudar e apresentar propostas sobre determinado assunto.

III — *Órgão central* — é constituído pelo Ministério do Meio Ambiente. A Secretaria Especial do Meio Ambiente (SEMA) foi extinta pela Lei n. 7.735, de 22 de fevereiro de 1989. Compete ao Ministério do Meio Ambiente preservar, conservar e fiscalizar o uso racional dos recursos naturais renováveis, implementar os acordos internacionais na área ambiental etc. Esse Ministério é composto pelo Conselho Nacional do Meio Ambiente, Conselho Nacional da Amazônia Legal, Conselho Nacional dos Recursos Naturais Renováveis, Comitê do Fundo Nacional do Meio Ambiente, Secretaria de Coordenação dos Assuntos do Meio Ambiente, Secretaria de Coordenação dos Assuntos da Amazônia Legal e Secretaria de Coordenação dos

Assuntos de Desenvolvimento Integrado. Com a nova estruturação, o Ministério passou a ser constituído pelas seguintes secretarias: Mudanças Climáticas e Qualidade Ambiental; Extrativismo e Desenvolvimento Rural Sustentável; Recursos Hídricos e Ambiente Urbano; Articulação Institucional e Cidadania Ambiental; Biodiversidade e Florestas; e Secretaria Executiva. É o Decreto n. 6.101, de 26 de abril de 2007, que dispõe sobre a estruturação dos órgãos integrantes do Ministério do Meio Ambiente.

IV — *Órgão executor* — é constituído pelo Instituto Chico Mendes (Lei n. 11.516, de 28-8-2007) e Instituto Brasileiro do Meio Ambiente e dos Recursos Naturais Renováveis (IBAMA). Foi a Lei n. 7.735/89, regulamentada pelo Decreto n. 97.946, de 11 de julho de 1989, que criou o IBAMA. Trata-se de autarquia federal vinculada ao Ministério do Meio Ambiente. Incumbe ao IBAMA assessorar esse Ministério na formulação e coordenação, bem como executar e fazer executar a política nacional do meio ambiente e da preservação, conservação e uso racional, fiscalização, controle e fomento dos recursos naturais (*v.* art. 11 da Lei n. 6.938/81). Compete ao IBAMA: a) conceder o licenciamento ambiental; b) exercer o controle da qualidade ambiental; c) conceder autorização de uso dos recursos naturais; e d) fiscalizar, monitorar e exercer o controle ambiental.

V — *Órgãos setoriais* — são constituídos pelas entidades da Administração Pública direta, indireta e fundacional voltadas à proteção do meio ambiente (Ministério da Agricultura, da Fazenda, da Marinha, das Minas e Energia, da Saúde, da Ciência e Tecnologia etc.). Esses órgãos não estão arrolados no art. 6º da Lei n. 6.938/81, pois foram agrupados nos arts. 3º, V, e 13 do Decreto n. 99.274, de 6 de junho de 1990, denominando-os inadequadamente órgãos seccionais.

VI — *Órgãos seccionais* — são constituídos pelos órgãos ou entidades estaduais responsáveis por programas ambientais e pela fiscalização das atividades causadoras de poluição e utilizadoras de recursos ambientais. No Estado de São Paulo, tem-se a Secretaria Estadual do Meio Ambiente (SMA), o Conselho Estadual do Meio Ambiente (CONSEMA), a Companhia Estadual de Tecnologia e de Saneamento Ambiental (CETESB), o Departamento Estadual de Proteção dos Recursos Naturais (DEPRN) e a Polícia Militar Ambiental.

VII — *Órgãos locais* — são as entidades municipais responsáveis por programas ambientais e pela fiscalização das atividades causadoras de poluição e utilizadoras de recursos ambientais. No Município de São Paulo, tem-se a Secretaria Municipal do Verde e do Meio Ambiente, o Conselho Municipal de Preservação do Patrimônio Histórico, Cultural e Ambiental da Cidade de São Paulo (CONPRESP), e a Comissão de Proteção à Paisagem Urbana (CPPU), entre outros órgãos.

Estes são os órgãos responsáveis pela proteção do meio ambiente, os quais poderão aplicar as sanções cabíveis e inclusive interditar ou fechar estabelecimentos industriais que não estejam cumprindo as determinações legais ou regulamentares. Tudo isso só é possível porque cada um dos órgãos possui o poder de polícia ambiental, indispensável para dar executoriedade às sanções aplicadas pelos fiscais na esfera administrativa (art. 78 do CTN).

O poder de polícia ambiental pode ser delegado a outros órgãos não consignados nesse dispositivo, como, por exemplo, a Polícia Ambiental (delegação concedida pelo Poder Executivo) e a Delegacia Verde (delegação concedida pela Secretaria de Segurança Pública). Pela Lei estadual n. 997/76 e pelo Decreto estadual n. 8.468/76, foi delegado à CETESB (sociedade de economia mista) o poder de polícia ambiental para exercer o controle da poluição no Estado de São Paulo[2].

## 3. TRIBUTAÇÃO AMBIENTAL

O cumprimento dos princípios, dos objetivos, das diretrizes da Política Nacional do Meio Ambiente está intimamente ligado à arrecadação de recursos financeiros. Tais recursos, geralmente, provêm do governo e, por via de consequência, dos contribuintes.

Ressalte-se que compete à União, aos Estados, ao Distrito Federal e aos Municípios legislar sobre florestas, caça, pesca, fauna, conservação da natureza, defesa do solo e dos recursos naturais, proteção do meio ambiente, controle da poluição, proteção do patrimônio histórico, cultural, artístico, turístico, paisagístico etc. Trata-se de competência legislativa concorrente (art. 24, VI, VII, VIII, da CF) e de competência material comum (art. 23, III, IV, VI, VII, IX e XI, da CF).

Essa competência comum e legislativa serve para dar a cada uma das unidades da Federação instrumentos adequados para a execução das políticas públicas ambientais, incumbindo aos órgãos integrantes do SISNAMA a fiscalização e a execução das políticas públicas ambientais previstas na Lei n. 6.938/81.

É, sem dúvida, mediante o poder de polícia administrativo que tais órgãos poderão adotar as medidas necessárias para a fiscalização e a arrecadação dos recursos necessários, objetivando o cumprimento das políticas públicas.

A tributação ambiental é o instrumento mais importante para que os órgãos integrantes do SISNAMA possam aplicar e cumprir as diretrizes traçadas pela Lei Ambiental. Em outras palavras, a "tributação ambiental pode ser singelamente conceituada como o emprego de instrumentos tributários para orientar o comportamento dos contribuintes a protesto do meio ambiente, bem como para gerar os recursos necessários à prestação de serviços públicos de natureza ambiental"[3].

Assim, todas as espécies de tributos podem servir para a proteção e conservação do meio ambiente (impostos, contribuição de melhoria e taxas). Também é

---

2. Édis Milaré, *Direito do ambiente*, cit., p. 282-3.

3. Regina Helena Costa, Tributação ambiental, in *Direito ambiental em evolução*, Curitiba, Juruá, 1998, p. 297.

possível utilizar a intervenção no domínio econômico (art. 149 da CF) e os incentivos fiscais (imunidades, isenções, deduções e progressividade tributária) (art. 150 da CF).

No Brasil, a tributação ambiental é ainda pouco utilizada, especialmente pela grande quantidade de tributos existentes em nosso sistema jurídico. Há quem fale em mais de cinquenta tributos vigorantes no Brasil. Ainda que insuficientes, há alguns tributos nas diversas esferas da Federação que concedem imunidades, isenções, ou agravam mais severamente os empresários que manipulem produtos altamente tóxicos, obrigando-os a encontrar alternativas para a substituição desses produtos.

Há alguns tributos, na *esfera federal*, que estabelecem diferentes alíquotas do IPI para veículos automotores movidos a gasolina (25% ou 30%) e a álcool (20% ou 25%) (Dec. federal n. 755/93), dedução de imposto de renda para quem realiza reflorestamento (Lei n. 5.106/66, Decs. n. 93.607/86 e 96.233/88), isenção do ITR das áreas de preservação permanente e das reservas florestais legais (art. 10, II, *a, b* e *c*, da Lei n. 9.393/96).

Na *esfera estadual*, há o emprego da seletividade dos produtos do ICMS e a graduação das alíquotas do IPVA.

Na *esfera municipal*, também se pode adotar a progressividade do IPTU, levando-se em consideração a função social da propriedade. O ISS pode ser utilizado como incentivo à proteção do meio ambiente.

O Fundo Nacional do Meio Ambiente, criado pela Lei n. 7.797, de 10 de julho de 1989, também pode ser um instrumento importante para financiar e recuperar áreas degradadas. Tal fundo pode ser criado na esfera estadual e municipal.

Deve prevalecer sempre a supremacia do interesse público em detrimento do interesse privado quando se falar em qualidade ambiental. Assim, todos têm direito ao meio ambiente ecologicamente equilibrado (art. 225, *caput,* da CF), devendo o Poder Público incentivar o desenvolvimento socioeconômico (arts. 3º, II, e 170, VI, da CF), com o objetivo de erradicar a pobreza e a marginalização e reduzir as desigualdades sociais (art. 3º, III, da CF).

Apenas por curiosidade, tramitou no Congresso o Projeto de Lei n. 6.729/2010, atualmente arquivado, que pretendia incentivar o setor produtivo a adotar processos ambientalmente adequados. Este projeto pretendia isentar, de imediato, e por 20 anos, a cobrança de tributos federais das empresas que os adotarem. Parte desses tributos isentados (20%) seria utilizada pelas empresas para conscientizar seus funcionários e familiares, comunidades do entorno, ou ainda alunos de escolas públicas, ensinando como produzir, de forma sustentável, uma economia verde, sem comprometer o meio ambiente e as gerações futuras. Findo tal prazo, a cobrança dos tributos seria feita progressivamente. Este projeto foi apensado ao PL n. 3.470/2008, do deputado Talmir (PV-SP), que institui o Programa Empresa Consciente, com dedução do Imposto sobre a Renda da Pessoa Jurídica (IRPJ), de gastos com projetos ecológicos. Tal projeto foi aprovado pela Comissão de Desenvolvimento Econômico, Indústria e Comércio. As propostas serão analisadas pelas Comissões de Finanças e Tributação e de Justiça e Cidadania.

## 4. TAXA DE CONTROLE E FISCALIZAÇÃO AMBIENTAL (TCFA)

Com esse objetivo, o Poder Público federal criou a Lei n. 9.960, de 28 de janeiro de 2000, instituindo a taxa de fiscalização ambiental a partir da conversão da Medida Provisória n. 2.015-1, de 30 de dezembro de 1999.

Essa lei instituiu a Taxa de Serviços Administrativos (TSA), em favor da Superintendência da Zona Franca de Manaus (SUFRAMA), estabeleceu preços a serem cobrados pelo IBAMA e criou a Taxa de Fiscalização Ambiental (TFA).

O art. 8º da Lei n. 9.960/2000 acrescentou os arts. 17-A a 17-O à Lei n. 6.938/81. Em decorrência disso, o IBAMA emitiu as devidas guias de cobrança com base no valor fixado no art. 17-C (R$ 3.000,00) para todas as pessoas físicas ou jurídicas obrigadas ao registro no Cadastro Técnico Federal de Atividades Potencialmente Poluidoras ou Utilizadoras de Recursos Ambientais (art. 17-B, § 2º, da Lei n. 9.960/2000).

Ocorre que as cobranças foram endereçadas às microempresas, cujo faturamento mensal, às vezes, não chega ao valor cobrado.

Trata-se de uma taxa. A taxa, por sua vez, pode ser instituída pela União, Estados, Distrito Federal e Municípios em decorrência do poder de polícia e da utilização, efetiva ou potencial, de serviços públicos específicos e divisíveis, prestados ao contribuinte ou postos a sua disposição (art. 145, II, da CF).

Essa taxa tem por fato gerador o registro no Cadastro ou a prestação efetiva ou potencial de serviços?

Nenhuma das pessoas físicas ou jurídicas que receberam a guia de cobrança foi efetivamente fiscalizada pelos agentes públicos do IBAMA ou por quaisquer órgãos integrantes do SISNAMA. Ainda: tanto uma empresa de pequeno porte como uma empresa de grande porte receberam os mesmos valores, ferindo o princípio da capacidade contributiva. Além disso, se o serviço não foi prestado, tal tributo se reveste de verdadeiro imposto, ferindo, assim, no nosso entender, o princípio da legalidade e o princípio da anterioridade.

Diante dessas ilegalidades, a Confederação Nacional da Indústria interpôs a ADIn 2.178-8, perante o STF, com pedido de liminar, pleiteando a suspensão da eficácia do art. 8º da Lei n. 9.960/2000. Tal medida foi deferida, em 29 de março de 2000, para suspender, até decisão final da ação direta, a eficácia dos arts. 17-B, 17-C, 17-D, 17-F, 17-G, 17-H, 17-I e 17-J da Lei n. 6.938/81, introduzidos pelo art. 8º da Lei n. 9.960/2000. Em 28 de março de 2000, o juiz da 2ª Vara Federal de Florianópolis concedeu liminar em mandado de segurança da Federação das Indústrias do

Estado de Santa Catarina, suspendendo o pagamento da TFA pelas empresas sediadas naquele Estado[4].

Por causa dessas ações, o Poder Executivo federal resolveu apresentar de ofício novo projeto, alterando os dispositivos questionados, o qual se transformou na Lei n. 10.165, de 27 de dezembro de 2000. Esta alterou a Lei n. 6.938/81, que dispõe sobre a Política Nacional do Meio Ambiente, seus fins e mecanismos de formulação e aplicação, e dá outras providências, modificando os arts. 17-B, 17-C, 17-D, 17-F, 17-G, 17-H, 17-I e 17-O desta lei, e instituiu a Taxa de Controle e Fiscalização Ambiental (TCFA), cujo fato gerador é o exercício regular do poder de polícia conferido ao IBAMA para controle e fiscalização das atividades potencialmente poluidoras e utilizadoras de recursos naturais.

Antes do julgamento final da referida ação direta de inconstitucionalidade, o Poder Público tomou a iniciativa de substituir a lei atacada por outra, tornando-a exequível.

O julgamento do mérito da ação direta de inconstitucionalidade restou prejudicado.

---

4. Suely Mara Vaz Guimarães de Araújo, A taxa de fiscalização ambiental e a Lei 9.960/00, *RDA*, São Paulo, Revista dos Tribunais, *19*:89, jul./set. 2000.

# TÍTULO IV
# Tutela Civil do Meio Ambiente

## Capítulo I
## Dano Ambiental

### 1. DANO AMBIENTAL: MATERIAL E MORAL

Todos são responsáveis por seus atos e devem arcar com as consequências negativas que daí advierem[1]. Se tais consequências prejudicarem terceiros, haverá a responsabilidade de reparar ou ressarcir os danos causados. A responsabilidade passou a ser um dever jurídico indispensável daquele que vier a causar danos a terceiros. Trata-se de um princípio fundamental do direito. É o alicerce para se viver em harmonia em uma sociedade civilizada.

Entende-se por dano toda lesão a um bem jurídico tutelado. Dano ambiental, por sua vez, é toda agressão contra o meio ambiente causada por atividade econômica potencialmente poluidora, por ato comissivo praticado por qualquer pessoa ou por omissão voluntária decorrente de negligência[2]. Esse dano, por seu turno, pode ser economicamente reparado ou ressarcido. Aquele decorre da obrigação de reparar a lesão causada a terceiro, procurando recuperar ou recompor o bem danificado. Como nem todo bem é recuperável, nesse caso, será fixado um valor indenizatório pelo dano causado ao bem. Questão de difícil solução é a quantificação do dano

---

1. Sérgio Luis Mendonça Alves, em sua magnífica dissertação de mestrado, arrola o Estado como agente poluidor ao sustentar que a "existência do Estado-poluidor é decorrência do Estado-intervencionista, não o do bem-estar social, mas deste Estado chamado liberal ou neoliberal — aquele que os detentores do poder utilizam para ditar novas regras e ações, alteradas ao sabor dos ventos, desde que lhes soprem favoravelmente — em que os lucros são privados, mas os prejuízos devem ser repartidos com o Estado" (*Estado poluidor*, cit., p. 173).

2. Paulo de Bessa Antunes afirma que a "preocupação fundamental, portanto, é com o chamado dano difuso, seja ambiental ou ecológico. Em geral, ele é causado por uma multiplicidade de fontes, uma infinidade de atividades e de pessoas e, principalmente, por atividades que são realizadas nos marcos da atividade econômica legalizada. É evidente que, não raras vezes, pode-se encontrar violação de normas legais e regulamentares, que, no entanto, devem ser corrigidas por meio de ação administrativa e até mesmo da justiça criminal" (*Dano ambiental. Uma abordagem conceitual*, Rio de Janeiro, Lumen Juris, 2000, p. 251).

ambiental ou difuso. Isso, contudo, não impede a indenização pelos danos causados ao meio ambiente. A despeito dos danos patrimoniais, há também os danos morais, que podem ser pleiteados pelas vítimas (art. 1º da Lei n. 7.347, de 24-7-1985). Estes são denominados *extrapatrimoniais*, pois originados do direito de personalidade. Se já é difícil quantificar o dano patrimonial, imagine o moral. Tal dificuldade ocorrerá no que tange aos danos extrapatrimoniais, pois os critérios para a fixação desses danos são subjetivos. Para a fixação desse valor, o magistrado deverá avaliar a gravidade da dor, a capacidade financeira do autor do dano e a proporcionalidade entre a dor e o dano. Por exemplo: um agricultor poderá ser prejudicado pela poluição de um rio causada por uma indústria química. Esse rio é utilizado, normalmente, pelo agricultor para irrigar sua plantação. Não houve nenhum prejuízo patrimonial direto, mas o agricultor está impossibilitado de utilizá-lo para irrigação de sua plantação. Outro exemplo: um pescador que vive da pesca naquele rio, em decorrência da poluição, fica impedido de pescar[3]. Em ambos os casos, o agricultor e o pescador poderão sofrer constrangimentos morais por se ver impedidos de cumprir seus compromissos econômicos e sociais, causando sérios transtornos psicológicos e familiares.

## 2. REPARAÇÃO DOS DANOS: TEORIAS

Para a reparação ou o ressarcimento dos danos, há a necessidade de comprovar a responsabilidade do autor. Duas teorias procuram demonstrar essa responsabilidade: uma é a teoria subjetiva e a outra, a teoria objetiva.

### 2.1. Teoria subjetiva

Essa teoria se consubstancia na necessidade de comprovar a culpa do agente causador do dano, tendo por fundamento o art. 159 do Código Civil de 1916, que dizia: "Aquele que, por ação ou omissão voluntária, negligência, ou imprudência, violar direito, ou causar prejuízo a outrem, fica obrigado a reparar o dano". A culpa tinha por escopo a violação de um dever jurídico, legal ou contratual. O atual Código Civil mudou substancialmente a redação desse dispositivo ao consignar: "Aquele que, por ato ilícito (arts. 186 e 187), causar dano a outrem, fica obrigado a repará--lo (art. 927, *caput*). Assim, comete ato ilícito aquele "que, por ação ou omissão voluntária, negligência ou imprudência, violar direito e causar dano a outrem, ainda que exclusivamente moral" (art. 186). Comete ainda ato ilícito "o titular de um direito que, ao exercê-lo, excede manifestamente os limites impostos pelo seu fim econômico ou social, pela boa-fé ou pelos bons costumes" (art. 187).Vê-se, por esses dispositivos, que os danos morais foram definitivamente implantados, podendo ser pleiteados em juízo pela vítima.

---

3. Celso Antonio Pacheco Fiorillo, *Curso*, cit., p. 34.

Assim, para responsabilizar alguém pelo Código Civil é necessário demonstrar a culpa do agente, ou seja, a imprudência, a negligência e a imperícia, além da conduta inicial (comissiva ou omissiva) e do nexo de causalidade entre o fato e o dano. *Imprudência* se refere à prática de ato perigoso (conduta comissiva). *Negligência*, por sua vez, refere-se à prática de ato sem tomar as precauções adequadas (conduta omissiva). *Imperícia* diz respeito à prática de ato por agente que não tem aptidão técnica, teórica ou prática (conduta comissiva). Cuida-se da denominada *responsabilidade civil por ato ilícito*.

Vê-se, pois, que, para a teoria subjetiva, é indispensável a demonstração da culpa, ou seja, a conduta inicial (comissiva ou omissiva), o dano e o nexo causal.

## 2.2. Teoria objetiva

Ao contrário da teoria subjetiva, a objetiva não exige a demonstração da culpa, ou seja, o agente responderá pelos danos causados independentemente da culpa. Basta a demonstração da existência do fato ou do ato — o dano e o nexo causal. Essa responsabilidade consiste no ressarcimento dos danos causados pelo agente mesmo que ele não tenha agido com culpa e está calcada numa obrigação real — *propter rem*. Tal obrigação restringe-se ao titular do direito real, seja ele proprietário ou possuidor. Indeniza-se pelo fato ou pelo ato lícito ou ilícito. Contudo, neste último caso, o agente tem o direito de regresso contra o responsável pelo dano, à semelhança do que dispõe o art. 37, § 6º, da CF.

### 2.2.1. Teoria do risco integral

Ressalte-se, por fim, que o novo estatuto admitiu a teoria do risco integral, aplicando-se, restritivamente, a responsabilidade objetiva (parágrafo único do art. 927 do CC de 2002)[4].

Isso significa, no dizer de José Rubens Morato Leite, que o "legislador constituinte (art. 225, § 3º, da CF) não limitou a obrigação de reparar o dano, o que conduz à reparação integral. O dano deve ser reparado integralmente, o mais aproximadamente possível, pela necessidade de uma compensação ampla da lesão sofrida. O agente é obrigado a reparar todo o dano, sob pena de redundar em impunidade. Risco criado pela conduta perigosa do agente, impondo-se ao mesmo um dever-agir preventivo, como meio de se eximir da reparabilidade integral do eventual dano causado. A eventual aniquilação da capacidade econômica do agente não contradiz o princípio da reparação integral"[5].

---

4. Diz citado artigo: "Aquele que, por ato ilícito (arts. 186 e 187), causar dano a outrem, fica obrigado a repará-lo. Parágrafo único. Haverá obrigação de reparar o dano, independentemente de culpa, nos casos especificados em lei, ou quando a atividade normalmente desenvolvida pelo autor do dano implicar, por sua natureza, risco para os direitos de outrem".

5. Édis Milaré, *Direito do ambiente*, cit., p. 830-831.

O Ministério Público do Estado de São Paulo constituiu Grupo de Trabalho para realizar estudo sobre a reparação do dano ambiental, baixando o Ato n. 36/2011-PGJ, de 6 de maio de 2011. O trabalho já foi elaborado e disponibilizado no *site*: www.mp.sp.gov.br (CAO Cível e Tutela Coletiva).

## 3. SOLIDARIEDADE PASSIVA NA REPARAÇÃO DO DANO

Impera em nosso ordenamento jurídico ambiental a responsabilidade civil objetiva. Não há dúvida quanto à sua aplicabilidade, tendo em vista tratar-se de dano difuso. É muito difícil identificar a vítima do dano ambiental. Também é difícil apurar o responsável por este quando envolver várias indústrias ou pessoas.

Diante dessas dificuldades, adota-se, no direito ambiental, à semelhança do direito civil, o princípio da solidariedade passiva. Essa regra se aplica no direito ambiental com fundamento no art. 942 do Código Civil de 2002 (art. 1.518 do Código Civil de 1916). Assim, havendo mais de um causador do dano, todos responderão solidariamente.

Claro que, havendo a reparação do dano por parte de um dos coautores, poderá este acionar, regressivamente, os demais na proporção do prejuízo atribuído a cada um. É entendimento jurisprudencial de que a "Ação Civil Pública poderá ser proposta contra o responsável direto, contra o responsável indireto ou contra ambos pelos danos causados ao meio ambiente. Trata-se da denominada responsabilidade solidária, ensejadora do litisconsórcio facultativo (CPC, art. 46, I) e não do litisconsórcio necessário (CPC, art. 47). (REsp 37.354-9/SP, 2ª T., j. 30.08.1995, Rel. Min. Antônio de Pádua Ribeiro)"[6].

Ainda nesse sentido, acórdão proferido pelo eminente ministro Castro Meira, nos autos do REsp 604.725-PR, em que é recorrente o Estado do Paraná e recorrido o Ministério Público Federal, cujo teor é o seguinte:

*"Ação Civil Pública. Dano causado ao meio ambiente. Legitimidade passiva do ente estatal. Responsabilidade objetiva. Responsável direto e indireto. Solidariedade. Litisconsórcio facultativo. Art. 267, IV, do CPC. Prequestionamento. Ausência. Súmulas 282 e 356 do STF.*

1. Ao compulsar os autos verifica-se que o Tribunal *a quo* não emitiu juízo de valor à luz do art. 267, IV, do Código de Ritos, e o recorrente sequer aviou embargos de declaração com o fim de prequestioná-lo. Tal circunstância atrai a aplicação das Súmulas 282 e 356 do STF.

2. O art. 23, inc. VI, da Constituição da República fixa a competência comum para a União, Estados, Distrito Federal e Municípios no que se refere à proteção do

---

6. Édis Milaré, *Direito*, cit., p. 341-2.

meio ambiente e combate à poluição em qualquer de suas formas. No mesmo texto, o art. 225, *caput*, prevê o direito de todos a um meio ambiente ecologicamente equilibrado e impõe ao Poder Público e à coletividade o dever de defendê-lo e preservá--lo para as presentes e futuras gerações.

3. O Estado recorrente tem o dever de preservar e fiscalizar a preservação do meio ambiente. Na hipótese, o Estado, no seu dever de fiscalização, deveria ter requerido o Estudo de Impacto Ambiental e seu respectivo relatório, bem como a realização de audiências públicas acerca do tema, ou até mesmo a paralisação da obra que causou o dano ambiental.

4. O repasse das verbas pelo Estado do Paraná ao Município de Foz do Iguaçu (ação), a ausência das cautelas fiscalizatórias no que se refere às licenças concedidas e as que deveriam ter sido confeccionadas pelo ente estatal (omissão) concorreram para a produção do dano ambiental. Tais circunstâncias, pois, são aptas a caracterizar o nexo de causalidade do evento, e, assim, legitimar a responsabilização objetiva do recorrente.

5. Assim, independentemente da existência de culpa, o poluidor, ainda que indireto (Estado-recorrente) (art. 3º da Lei n. 6.938/81), é obrigado a indenizar e reparar o dano causado ao meio ambiente (responsabilidade objetiva).

6. Fixada a legitimidade passiva do ente recorrente, eis que preenchidos os requisitos para a configuração da responsabilidade civil (ação ou omissão, nexo de causalidade e dano), ressalta-se, também, que tal responsabilidade (objetiva) é solidária, o que legitima a inclusão das três esferas de poder no polo passivo na demanda, conforme realizado pelo Ministério Público (litisconsórcio facultativo).

7. Recurso especial conhecido em parte e improvido.

ACÓRDÃO

Vistos, relatados e discutidos os autos em que são partes as acima indicadas, acordam os Ministros da Segunda Turma do Superior Tribunal de Justiça: 'A Turma, por unanimidade, conheceu parcialmente do recurso e, nessa parte, negou-lhe provimento, nos termos do voto do Sr. Ministro Relator'. Os Srs. Ministros Francisco Peçanha Martins, Eliana Calmon, Franciulli Netto e João Otávio de Noronha votaram com o Sr. Ministro Relator. Ausente, justificadamente, o Sr. Ministro Franciulli Netto'"[7].

## 4. IMPRESCRITIBILIDADE DA REPARAÇÃO DO DANO AMBIENTAL

O Supremo Tribunal Federal, em julgamento de ação relacionada ao Espólio, proferiu importante decisão em tema de Repercussão Geral sobre a questão da imprescritibilidade da reparação civil.

---

7. DOE, 13 set. 2005.

Tal decisão se deu, por maioria de votos, em tema de repercussão geral, que extinguiu o processo, com julgamento de mérito, em relação ao Espólio de Orleir Messias Cameli e à Marmud Cameli Ltda., com base no art. 487, III, b, do Código de Processo Civil, ficando prejudicado o recurso extraordinário, nos termos do voto do Relator, vencidos os Ministros Gilmar Mendes, Marco Aurélio e Dias Toffoli (Presidente), que davam provimento ao recurso. Já o Ministro Roberto Barroso acompanhou o relator com ressalvas. Foi fixada a seguinte tese: "*É imprescritível a pretensão de reparação civil de dano ambiental*". Não participou deste julgamento, por motivo de licença médica no início da sessão, o Ministro Celso de Mello (art. 2º, § 5º, da Res. 642/2019) Plenário, Sessão Virtual de 10-4-2020 a 17-4-2020.

Transcrevemos, assim, o acórdão abaixo.

"*Emenda*: Recurso Extraordinário. Repercussão Geral. Tema 999. Constitucional. Dano Ambiental. Reparação. Imprescritibilidade.

1. Debate-se nestes autos se deve prevalecer o princípio da segurança jurídica, que beneficia o autor do dano ambiental diante da inércia do Poder Público; ou se devem prevalecer os princípios constitucionais de proteção, preservação e reparação do meio ambiente, que beneficiam toda a coletividade.

2. Em nosso ordenamento jurídico, a regra é a prescrição da pretensão reparatória. A imprescritibilidade, por sua vez, é exceção. Depende, portanto, de fatores externos, que o ordenamento jurídico reputa inderrogáveis pelo tempo.

3. Embora a Constituição e as leis ordinárias não disponham acerca do prazo prescricional para a reparação de danos civis ambientais, sendo regra a estipulação de prazo para pretensão ressarcitória, a tutela constitucional a determinados valores impõe o reconhecimento de pretensões imprescritíveis.

4. O meio ambiente deve ser considerado patrimônio comum de toda humanidade, para a garantia de sua integral proteção, especialmente em relação às gerações futuras. Todas as condutas do Poder Público estatal devem ser direcionadas no sentido de integral proteção legislativa interna e de adesão aos pactos e tratados internacionais protetivos desse direito humano fundamental de 3ª geração, para evitar prejuízo da coletividade em face de uma afetação de certo bem (recurso natural) a uma finalidade individual.

5. A reparação do dano ao meio ambiente é direito fundamental indisponível, sendo imperativo o reconhecimento da imprescritibilidade no que toca à recomposição dos danos ambientais.

6. Extinção do processo, com julgamento de mérito, em relação ao Espólio de Orleir Messias Cameli e à Marmud Cameli Ltda, com base no art. 487, III, b do Código de Processo Civil de 2015, ficando prejudicado o Recurso Extraordinário. Afirmação de tese segundo a qual É imprescritível a pretensão de reparação civil de dano ambiental" (Proc. N. 654.833, do STJ, relator Alexandre de Moraes, publicado no *DJE* em 24-6-2020).

A prescrição da reparação do dano ambiental foi bastante discutida na esfera acadêmica, principalmente por se tratar de tema intergeracional, não sendo suficiente a adoção dos critérios do Código Civil. Finalmente, o tema 999 acabou por ser resolvido incidentalmente em Repercussão Geral.

## 5. REPARAÇÃO DO DANO E SEGURO AMBIENTAL

Uma das alternativas surgidas atualmente para a reparação dos danos ambientais é o denominado *seguro ambiental*. Trata-se de um contrato de seguro realizado por atividade empresarial causadora de potencial degradação ambiental com a finalidade de diluir o risco por dano ambiental[8].

Muitos países adotam o seguro ambiental, mas não de maneira ampla, como, por exemplo, França, Holanda, Alemanha etc.

Roberto Durço traz, após muita pesquisa sobre seguro ambiental, o seguinte esclarecimento: "Representantes de 35 principais companhias de seguro fundaram a iniciativa da indústria de Seguros para o Meio Ambiente, em parceria com o Programa das Nações Unidas para o Meio Ambiente (PNUMA). A formação dessa associação é uma consequência do lançamento, em novembro de 1995, pelo PNUMA, da Declaração de Compromisso Ambiental para a Indústria de Seguros, que já foi assinada até agora por 70 seguradoras de 25 países. A ideia é torná-la um veículo para transformar a declaração em ação, criando oportunidade para o lançamento de novas atividades e projetos de pesquisa nos campos ambientais e de seguros"[9].

Sobreleva salientar, pois, que o seguro ambiental pode ser uma das alternativas viáveis e necessárias para a reparação dos danos ambientais no futuro.

Apenas por curiosidade, as grandes catástrofes que aconteceram em 2010 mataram 260 mil pessoas e causaram prejuízos de 222 bilhões de dólares. Este levantamento foi feito pela *Companhia de Seguros Swiss*. As perdas materiais deste ano foram três vezes maiores do que em 2009 e o número de mortos foi muito superior. Em 2010, morreram 260 mil pessoas em todo o mundo, especialmente no terremoto do Haiti; em 2009, foram 15 mil mortes em desastres naturais. As piores catástrofes listadas pela *Swiss* foram o terremoto no Haiti, o calor na Rússia, e as inundações na China e no Paquistão.

---

8. Paulo de Bessa Antunes sustenta que se faz "necessária a adoção de uma nova maneira de enfocar o problema dos danos ambientais pelo prisma da solidariedade. A adoção do princípio da solidariedade, necessariamente, deve levar em conta toda uma modificação de parâmetros que vão desde o reconhecimento da licitude da atividade econômica até a necessidade de que os custos ambientais sejam suportados, de forma equânime, sem que caiam excessivamente sobre, apenas, um determinado grupo social. Esta tendência tem implicado a constituição de fundos de indenização que são, indiscutivelmente, a melhor maneira para solucionar, de forma mais eficaz, o problema das vítimas de danos ambientais e, concomitantemente, agir de forma preventiva" (*Dano ambiental*, cit., p. 312).

9. Roberto Durço, Seguro ambiental, in Vladimir Passos de Freitas (Org.), *Direito ambiental em evolução*, Curitiba, Juruá, 1998, p. 314.

# Capítulo II
## Responsabilidade Ambiental: Teoria Objetiva

### Seção I
*Responsabilidade ambiental e inexistência de excludentes*

### 1. RESPONSABILIDADE CIVIL AMBIENTAL

Partindo da sucinta distinção entre as teorias subjetiva e objetiva, podemos agora analisar quais delas são adotadas pelo direito ambiental.

Havia grande dificuldade em provar a culpa do causador do dano ambiental pela teoria subjetiva. Tendo em vista a importância do bem tutelado no direito ambiental, a doutrina, e, posteriormente, a legislação, passaram a adotar a teoria objetiva.

Já não se analisa a vontade do agente, mas somente a relação entre o dano e a causalidade. Adotou-se, dessa forma, a teoria objetiva, responsabilizando o agente causador do dano independentemente de ter agido com culpa. A responsabilidade objetiva ambiental está prevista no art. 14, § 1º, da Lei n. 6.938/81, que dispõe sobre a Política Nacional do Meio Ambiente. Diz o citado dispositivo: "Sem obstar a aplicação das penalidades previstas neste artigo, é o poluidor obrigado, *independentemente de existência de culpa*, a indenizar ou reparar os danos causados ao meio ambiente e a terceiros, afetados por sua atividade. O Ministério Público da União e dos Estados terá legitimidade para propor ação de responsabilidade civil e criminal por danos causados ao meio ambiente" (g. n.).

A responsabilidade objetiva na esfera ambiental foi recepcionada pela nova ordem constitucional. O art. 225, § 3º, da CF dispõe que "as condutas e atividades consideradas lesivas ao meio ambiente sujeitarão os infratores, pessoas físicas ou jurídicas, a sanções penais e administrativas, independentemente da obrigação de reparar os danos causados". Para maior proteção ao bem ambiental, o legislador resolveu protegê-lo na esfera administrativa, civil e penal.

Não há, pela leitura do dispositivo constitucional, nenhuma incompatibilidade com a lei infraconstitucional (Lei n. 6.938/81). Essa teoria já está consagrada na doutrina e na jurisprudência. Adotou-se a teoria do risco integral. Assim, todo aquele que causar dano ao meio ambiente ou a terceiro será obrigado a ressarci-lo mesmo que a conduta culposa ou dolosa tenha sido praticada por terceiro. Registre-se ainda que toda empresa possui riscos inerentes à sua atividade, devendo, por essa razão, assumir o dever de indenizar os prejuízos causados a terceiros.

A Declaração do Rio de Janeiro sobre Meio Ambiente e Desenvolvimento (1992) ressalta, em seu princípio treze, que "os Estados devem desenvolver legislação nacional relativa à responsabilidade e indenização das vítimas de poluição e outros danos ambientais. Os Estados devem ainda cooperar de forma expedita e determinada para o desenvolvimento de normas de direito internacional ambiental relativas à responsabilidade e indenização por efeitos adversos de danos ambientais causados, em áreas fora de sua jurisdição, por atividades dentro de sua jurisdição ou sob seu controle". Continua ainda o princípio dezesseis: "Tendo em vista que o poluidor deve, em princípio, arcar com o custo decorrente da poluição, as autoridades nacionais devem procurar promover a internalização dos custos ambientais e o uso de instrumentos econômicos, levando na devida conta o interesse público, sem distorcer o comércio e os investimentos internacionais".

Registre-se, pois, que a responsabilidade objetiva é um marco muito importante para a proteção do meio ambiente na esfera civil. Sem essa responsabilidade objetiva seria muito difícil comprovar a culpa do agente causador da poluição (*vide* Súmula n. 18 do CSMP).

Vê-se, por meio do acórdão a seguir, a condenação da Administração Pública Estadual, por omissão, por danos causados ao meio ambiente.

## 2. RESPONSABILIDADE OBJETIVA — OMISSÃO DO ESTADO (JURISPRUDÊNCIA)

Cuida-se de excelente acórdão relatado pelo eminente desembargador Renato Nalini, nos autos da Apelação Cível com Revisão n. 598.909-5/4-00, da Comarca de São Paulo, sendo apelantes Prefeitura de São Paulo e Fazenda do Estado de São Paulo e apelado o Ministério Público, cuja ementa é a seguinte:

"Inépcia da inicial. Ação Civil Pública promovida pelo Ministério Público contra município do Estado, ante omissão causadora de degradação ambiental. Observância estrita dos requisitos do art. 282 do CPC. Possibilidade de exercício de ampla defesa. Preliminar rejeitada.

Impossibilidade jurídica do pedido. Ação Civil Pública ambiental. Alegada inviabilidade de se pleitear ressarcimento por omissão da Administração Pública. Pretensão inteligível acolhida pelo ordenamento e propiciadora de exercício de ampla e consistente defesa de parte dos réus. Preliminar rejeitada.

Pedido genérico e indeterminado. Alegação de incerteza na pretensão ministerial formulada em Ação Civil Pública Ambiental. Não se confunde o *an debeatur* com o *quantum debeatur*. O pedido há de ser interpretado com adequação e resultar de todo o contexto da lide, não apenas do conteúdo sob a rubrica 'pedido' na petição inicial. Preliminar rejeitada.

Ilegitimidade passiva *ad causam*. Arguição do município. Pueril atribuir o dano a particulares e pretender eximir-se de responsabilidade sob argumento de que os loteamentos se situam em áreas particulares. Obrigação da prefeitura de aprovar, conferir observância da lei e fiscalizar implementação do parcelamento. Preliminar rejeitada.

Ilegitimidade passiva *ad causam*. Arguição da Fazenda do Estado, sob argumento de que a ocupação do solo é competência municipal. O loteamento em área de proteção de mananciais afeta o meio ambiente e em tema ambiental todas as esferas do Poder Público são legitimadas a atuar. Ocupação em torno à represa legitima a competência do Estado-Membro, titular dominial das águas em seu território. Preliminar rejeitada.

Ação Civil Pública ambiental. Omissão do Poder Público a permitir pelo menos onze loteamentos clandestinos no entorno da represa Billings e Guarapiranga. Confissão da Prefeitura e do Estado de que fizeram o que era possível. O zelo e defesa do meio ambiente exige eficiência da administração e não as superadas escusas do *ad impossibilia nemo tenetur*. Ação procedente. Apelo das rés desprovido.

Ação Civil Pública ambiental. Responsabilidade objetiva do Estado. Omissão causadora de degradação ambiental, ante descumprimento da lei de parcelamento do solo e ocupação irregular, danosa e clandestina de área especialmente protegida. Ação Civil Pública procedente. Apelo das rés desprovido.

Omissão do Poder Público. Ao se quedar inerte, em lugar de atuação conforme a lei, o Poder Público se responsabiliza pelos danos causados ao meio ambiente e resultantes de desordenada e clandestina ocupação de área de proteção de mananciais. Responsabilidade objetiva. Ação Civil Pública procedente. Apelo das rés desprovido.

Ação Civil Pública. Alegada impropriedade de se pretender ressarcimento financeiro para dano ambiental resultante de ocupação desordenada de área de proteção ambiental. A execução específica é sempre mais conveniente para os interesses ecológicos, mas nada impede se postule a apuração dos danos em liquidação por artigos com recolhimento ao fundo de interesses difusos lesados. Ação Civil Pública procedente. Apelo das rés desprovido.

Diante da calamitosa situação do entorno das represas Billings e Guarapiranga, totalmente invadido por ocupações clandestinas e irregulares, e da admissão da Prefeitura e do Governo do Estado de que não foi possível evitar a degradação ambiental, está consolidada a prova do prejuízo — por se cuidar de fato notório e insuscetível de ser comprovado — e o nexo causal que legitima a responsabilização de cumprir suas obrigações.

O intuito da Câmara Reservada ao Meio Ambiente do Tribunal de Justiça do Estado de São Paulo não é apenas evidenciar que, diante de um direito intergeracional ao ambiente, o primeiro explicitado pelo constituinte brasileiro, restam superados paradigmas longevos e impregnados de anacrônico formalismo. Além disso, importa-se o colegiado especializado com os resultados da tutela jurisdicional conferida ao meio ambiente, sempre com vistas à restauração daquilo que foi vulnerado e o retorno possível ao *statu quo*"[1].

## 3. RESPONSABILIDADE DO ESTADO

Toda pessoa física ou jurídica é responsável pelos danos causados ao meio ambiente (art. 3º, IV, da Lei n. 6.938/81). Não é diferente em relação à pessoa jurídica de direito público interno. Esta, com maior razão, deve ser responsabilizada pelos danos causados ao ambiente por omissão na fiscalização ou pela concessão irregular do licenciamento ambiental[2]. Tal fato, no entanto, não exime de responsabilidade o verdadeiro causador dos danos ambientais.

A pessoa jurídica de direito público interno também é responsável pelos danos que diretamente causar ao meio ambiente por meio de suas funções típicas. Pode o Poder Público realizar obras ou exercer atividades causadoras de degradação ambiental. Por exemplo: abrir estradas, instalar usinas atômicas, construir hidrelétricas etc. sem a realização do estudo de impacto ambiental (EPIA/RIMA).

Aplica-se, *in casu*, a responsabilidade objetiva pelo risco integral. Não há que apurar a culpa, bastando a constatação do dano e o nexo causal entre este e o agente responsável pelo ato ou fato lesivo ao meio ambiente. Reparado o dano pelo Poder Público, este poderá voltar-se contra o causador direto do dano por meio da ação regressiva. Trata-se da denominada *responsabilidade solidária*.

## 4. INEXISTÊNCIA DE EXCLUDENTES

Não se admite qualquer causa que possa eximir a responsabilidade do causador do dano. Trata-se de responsabilidade objetiva, como já dito, e nem sequer admite a intervenção de terceiros ou qualquer causa excludente.

### 4.1. Força maior

*Força maior*, por seu turno, não afasta a responsabilidade pela reparação dos danos causados ao ambiente. Entende-se por força maior todo fato decorrente da natureza, sem que, direta ou indiretamente, tenha concorrido a intervenção humana.

---

1. Portaria n. 227/07-PGJ, publicada no *DOE*, 14 abr. 2007.

2. *Vide* a respeito o artigo sobre "A proteção do meio ambiente: a omissão do Poder Público e o papel social do Judiciário no controle da Administração Pública", de Álvaro Luiz Valery Mirra, publicado na *RDA*, *30*:35, abr./jun. 2003.

Por exemplo: uma mineradora, instalada em local de preservação permanente, em decorrência de sua atividade, causa o desmoronamento de grandes pedras por força das chuvas, ocasionando a destruição de muitas árvores.

### 4.2. Caso fortuito

*Caso fortuito* também não afasta a responsabilidade do causador dos danos ambientais. Ele decorre, por sua vez, de obra do acaso. Por exemplo: um agricultor armazena grande quantidade de agrotóxicos em determinado local e, após um raio, esse produto vem a contaminar o rio ribeirinho localizado em sua propriedade, causando a morte de muitos peixes (*v.* decisão no Capítulo III — Responsabilidade objetiva: posição do STJ — do Título IV, Livro I).

### 4.3. Fato de terceiro

*Fato de terceiro*, do mesmo modo, não afasta a responsabilidade pelos danos ambientais. É aquele causado por pessoa diversa daquela que efetivamente deverá arcar com os danos causados ao meio ambiente. Por exemplo: funcionário, por imprudência ou negligência, deixa vazar óleo em um rio causando danos aos ecossistemas locais. Pode, contudo, o empresário voltar-se regressivamente contra o terceiro causador dos danos.

Ressalte-se, pois, que a força maior, o caso fortuito e o fato de terceiro não excluem a responsabilidade pelo dano ambiental. Só não haverá a obrigação de reparar o dano se a pessoa demonstrar que não ocorreu prejuízo ambiental ou que ele não decorreu direta ou indiretamente de sua atividade[3].

SEÇÃO II
*Legislação específica sobre responsabilidade objetiva*

### 1. RESPONSABILIDADE CIVIL POR DANO CAUSADO POR ATIVIDADE POLUIDORA

A responsabilidade civil por dano causado por atividade poluidora também é objetiva. Tal responsabilidade está prevista no art. 14, § 1º, da Lei n. 6.938/81, c/c o art. 927, parágrafo único, do CC, ao afirmar que é "o poluidor obrigado, independentemente de existência de culpa, a indenizar ou reparar os danos causados ao meio ambiente e a terceiros, afetados por sua atividade".

---

3. Frederico Augusto Di Trindade Amado, *Direito ambiental* — esquematizado, 2. ed., São Paulo, Método, 2011, p. 351.

Note-se, pois, que o poluidor é responsável pelos danos causados ao meio ambiente mesmo antes do advento da Constituição Federal.

## 2. RESPONSABILIDADE CIVIL POR DANO CAUSADO POR ATIVIDADE NUCLEAR

A responsabilidade civil por dano causado por atividade nuclear também é objetiva. Assim, compete à União explorar os serviços e instalações nucleares, bem como exercer o monopólio estatal sobre a pesquisa, a lavra, o enriquecimento e reprocessamento, a industrialização e o comércio de minérios nucleares e seus derivados, observando-se o princípio da responsabilidade civil por danos nucleares independentemente da existência de culpa (art. 21, XXIII, d, da CF).

O art. 4º da Lei n. 6.453, de 17 de outubro de 1977, c/c o art. 927, parágrafo único, do CC, dispõe sobre a responsabilidade civil por danos nucleares e a responsabilidade criminal por atos relacionados com atividades nucleares, imputando, ao operador da instalação nuclear, a responsabilidade pela reparação do dano independentemente da existência de culpa. Essa lei foi recepcionada pela nova ordem constitucional.

Ressalte-se, por fim, que o operador não responderá pela reparação do dano resultante de acidente nuclear causado diretamente por conflito armado, hostilidades, guerra civil, insurreição ou excepcional fato da natureza (art. 8º da Lei n. 6.453/77). Esse dispositivo, no nosso entender, é de constitucionalidade duvidosa.

## 3. RESPONSABILIDADE CIVIL POR DANO CAUSADO AO PATRIMÔNIO GENÉTICO

A responsabilidade civil por dano causado ao patrimônio genético é objetiva. A Lei n. 11.105, de 24 de março de 2005, que estabeleceu normas para uso das técnicas de engenharia genética, previu, em seu art. 20, c/c o art. 927, parágrafo único, do CC, que, "sem prejuízo da aplicação das penas previstas nesta Lei, os responsáveis pelos danos ao meio ambiente e a terceiros responderão, solidariamente, por sua indenização ou reparação integral, independentemente da existência de culpa".

Todo ato ou fato causador de dano ao meio ambiente em decorrência de manipulação de produtos geneticamente modificados ensejará a responsabilidade objetiva nos termos da lei.

## 4. RESPONSABILIDADE CIVIL POR DANO CAUSADO POR ATIVIDADE DE MINERAÇÃO

A responsabilidade civil pelo dano causado por atividade de mineração passou a ser exigência constitucional. Diz o art. 225, § 2º, da CF: "Aquele que explorar recursos minerais fica obrigado a recuperar o meio ambiente degradado, de acordo com solução técnica exigida pelo órgão público competente, na forma da lei". Esta atividade abrange a execução de pesquisa, a lavra ou extração de recursos minerais. A atividade de mineração é regida pelo Decreto-Lei n. 227, de 28 de fevereiro de 1967 (Código de Minas), e pelas alterações introduzidas pelo Decreto-Lei n. 318, de 14 de março de 1967. Paulo Sérgio Gomes Alonso ressalta que "a atividade da lavra, que, pela definição do art. 36 do Código, constitui as operações que têm por objetivo o aproveitamento industrial da jazida, desde a extração do minério até o seu beneficiamento, faz com que o titular de sua concessão responda pelos danos, diretos e indiretos, causados a terceiros em decorrência do seu exercício"[4].

Trata-se, na realidade, de responsabilidade objetiva, aplicando, no que couber, o disposto no art. 14, § 1º, da Lei n. 6.938/81, c/c o art. 927, parágrafo único, do CC.

## 5. RESPONSABILIDADE CIVIL POR DANO CAUSADO POR AGROTÓXICO

A responsabilidade civil por dano causado por agrotóxico é também objetiva. Essa responsabilidade está prevista no art. 14 da Lei n. 7.802, de 11 de julho de 1989 (dispõe sobre a pesquisa, a experimentação, a produção, a embalagem e rotulagem, o transporte, o armazenamento, a comercialização, a propaganda comercial, a utilização, a importação, a exportação, o destino final dos resíduos e embalagens, o registro, a classificação, o controle, a inspeção e a fiscalização dos agrotóxicos). Diz o citado dispositivo: "As responsabilidades administrativa, civil e penal pelos danos causados à saúde das pessoas e ao meio ambiente, quando a produção, comercialização, utilização, transporte e destinação de embalagens vazias de agrotóxicos, seus componentes e afins, não cumprirem o disposto na legislação pertinente, cabem: a) ao profissional, quando comprovada receita errada, displicente ou indevida; b) ao usuário ou ao prestador de serviços, quando proceder em desacordo com o receituário ou as recomendações do fabricante e órgãos registrantes e sanitário-ambientais; c) ao comerciante, quando efetuar venda sem o respectivo receituário ou em desacordo com a receita ou recomendações do fabricante e órgãos registrantes e sanitário-ambientais; d) ao registrante que, por dolo ou por culpa, omitir informações ou fornecer informações incorretas; e) ao produtor, quando produzir mercadorias em desacordo com as especificações constantes do registro do produto, do rótulo, da bula, do folheto e da propaganda, ou não der destinação às embalagens vazias em conformidade com a legislação pertinente; f) ao empregador, quando não fornecer e não fizer manutenção dos equipamentos adequados à proteção da saúde dos trabalhadores ou dos equipamentos na produção, distribuição e aplicação dos produtos".

---

4. Paulo Sérgio Gomes Alonso, *Pressupostos da responsabilidade civil objetiva*, São Paulo, Saraiva, 2000, p. 95.

O legislador procurou individualizar a responsabilidade civil dos integrantes do rol previsto no art. 14 da Lei n. 7.802/89, com base na culpa de cada um. No nosso entender, o dano causado ao meio ambiente ou à saúde humana por agrotóxicos não impede a responsabilidade objetiva do produtor prevista no art. 14, § 1º, da Lei n. 6.938/81, c/c o art. 927, parágrafo único, do CC, independentemente da demonstração da culpa, podendo este acionar regressivamente, se culpa houver, o responsável direto pelo dano causado ao meio ambiente.

## 6. RESPONSABILIDADE CIVIL POR DANO CAUSADO POR MANUSEIO DE REJEITO PERIGOSO

A responsabilidade civil por dano causado por rejeito perigoso é objetiva. Entende-se por rejeito perigoso aquele definido pela Resolução n. 23, de 12 de dezembro de 1996, do CONAMA, e que causa dano de grande extensão em decorrência do alto grau de periculosidade desse rejeito. Os rejeitos classificam-se em: a) Classe I — resíduos perigosos; b) Classe II — resíduos não inertes; c) Classe III — resíduos inertes; e d) outros resíduos.

Assim, a responsabilidade civil pelo dano causado ao meio ambiente ou à saúde humana por rejeitos perigosos está prevista no art. 14, § 1º, da Lei n. 6.938/81, c/c o art. 927, parágrafo único, do CC. Cuida da responsabilidade civil objetiva, adotando-se a teoria do risco integral.

## 7. RESPONSABILIDADE CIVIL POR DANO CAUSADO NA ZONA COSTEIRA

A responsabilidade civil por dano causado aos ecossistemas, ao patrimônio genético e aos recursos naturais da zona costeira também é objetiva. Aquele que causar degradação de qualquer natureza na faixa terrestre e na faixa marítima será obrigado a reparar o dano causado, nos termos do art. 14, § 1º, da Lei n. 6.938/81, c/c o art. 927, parágrafo único, do CC (art. 7º da Lei n. 7.661/88).

## 8. RESPONSABILIDADE CIVIL POR DANO CAUSADO POR DISPOSIÇÃO INADEQUADA DE RESÍDUOS SÓLIDOS

A responsabilidade por dano causado por disposição irregular de resíduos sólidos é objetiva. Assim, sem prejuízo da obrigação de, independentemente da existência de culpa, reparar os danos causados, a ação ou omissão das pessoas físicas ou jurídicas que importe inobservância aos preceitos desta Lei ou de seu regulamento sujeita os infratores às sanções previstas em lei, em especial às fixadas na Lei n. 9.605, de 12 de fevereiro de 1998, que "dispõe sobre as sanções penais e administrativas derivadas de condutas e atividades lesivas ao meio ambiente, e dá outras providências", e em seu regulamento (art. 51 da Lei n. 12.305/2010).

## Capítulo III
## Responsabilidade Objetiva: Posição do STJ

## RESPONSABILIDADE CIVIL AMBIENTAL (APRECIAÇÃO DA PROVA) — JURISPRUDÊNCIA

Transcrevemos a íntegra do acórdão do Superior Tribunal de Justiça sobre responsabilidade civil objetiva.

"*Prova — Responsabilidade civil — Dano — Meio ambiente — Apreciação da prova — Valoração e não reexame.*

O juiz apreciará livremente os elementos probatórios para formar sua convicção. No caso expôs o magistrado com absoluta clareza e precisão os motivos pelos quais afastou o laudo elaborado pelo perito do Juízo.

Equivocadamente, entendeu o venerando aresto quanto a ter havido violação ao princípio do contraditório.

Caso típico de valoração e não de reexame de provas.

Acordam os ministros da 1ª Turma do Superior Tribunal de Justiça, por unanimidade, dar provimento ao recurso especial do Ministério Público para restabelecer a sentença de fls., e julgar prejudicado o recurso especial de fls., do réu, pretendendo a condenação do Ministério Público em honorários. Votaram com o relator os Exmos. Srs. Ministros Demócrito Reinaldo, Milton Pereira e César Rocha. Ausente, justificadamente, o Exmo. Sr. Ministro Gomes de Barros.

Brasília, 27 de maio de 1992 (data do julgamento) — Ministro Garcia Vieira, presidente e relator.

Relatório

O Sr. Ministro Garcia Vieira: O Ministério Público do Estado de Mato Grosso do Sul propôs ação de responsabilidade civil por dano causado ao meio ambiente contra H. M. C., pedindo a condenação do réu a indenizar pelo dano ecológico causado ao Rio Miranda entre os dias 12/18 de outubro de 1985, acrescida de correção monetária até fevereiro de 1986 e juros de mora até efetivo pagamento.

O decreto pretoriano (fls.) julgou procedente o pedido e condenou o réu ao pagamento de indenização.

A egrégia 2ª Turma Cível, por maioria (fls.), proveu apelação para julgar improcedente o pedido.

O Ministério Público manifestou recurso especial (fls.), almejando a reforma do julgado, recurso fundado na CF, art. 105, III, *a*, indicando de vulnerada a Lei federal n. 7.347/85, art. 8º, § 1º.

As contrarrazões vieram a fls.
Por sua vez, H. M. manifesta recurso especial (fls.), com contrarrazões a fls.
Admitido o recurso especial (fls.), manifestado pelo Ministério Público, em razão de valoração da prova técnica extrajudicial, ...questão complexa e consequente polêmica.
É o relatório.
Voto
O Sr. Ministro Garcia Vieira (relator): Determina o art. 131 do CPC que o juiz apreciará livremente a prova, atendendo aos fatos e circunstâncias constantes dos autos, devendo indicar, na sentença, os motivos do seu convencimento. Não está ele adstrito ao laudo pericial, sendo-lhe permitido formar a sua convicção em outros elementos ou fatos provados nos autos (art. 436 do CPC).

Tem o juiz o poder de livre apreciação dos elementos probatórios para formar sua convicção e não se vincula a nenhuma prova, nem mesmo técnica. Não está ele obrigado a aceitar nem mesmo o laudo pericial do perito por ele escolhido. Pode acolher apenas parte de suas conclusões ou até desprezá-lo totalmente, se encontrou nos autos elementos suficientes para formar sua convicção. Neste sentido ensina o Mestre Pontes de Miranda, em seus *Comentários ao Código de Processo Civil*, t. IV, 1974, p. 463, ao esclarecer que: 'Se há outros elementos, bastantes, de convicção, pode o juiz desprezar o laudo, em parte ou totalmente...'. Amaral Santos, in *Comentários ao Código de Processo Civil*, v. IV, 2ª ed., 1977, p. 374-375, deixa claro que: 'A prova pericial, como as demais provas, será livremente apreciada pelo juiz. A bem dizer, esse dispositivo é mera consequência ou desenvolvimento do princípio agasalhado pelo art. 131, na conformidade do qual 'o juiz apreciará livremente a prova', atendendo aos fatos e às circunstâncias constantes dos autos'.

Deixando de constituir um juízo técnico, como o considerava velha e já superada doutrina, para ser apenas um parecer de técnicos, o laudo não fornece 'a prova', isto é, às conclusões dos peritos não se vincula o juiz, mas fornece tão somente elementos que, livremente examinados e apreciados por este, contribuirão para que ele forme convicção quanto aos fatos da causa. 'As conclusões dos peritos — ensina Mortara — são apresentadas ao magistrado para que este, segundo seu critério, as confronte com todas as peças de instrução que não pertençam à categoria das provas legais. Traduzindo a súmula da doutrina dominante, Chiovenda ensina que, não obstante manifesta seja a utilidade da perícia, quanto mais técnica a questão discutida em juízo, em caso algum a opinião do perito poderá substituir-se à do juiz, vinculando--lhe juridicamente a convicção'.

Defendendo a excelência desse princípio, Lessona pondera que, 'se é certo que o perito tecnicamente sabe mais do que o juiz, preciso é se advirta que a avaliação jurídica do fato tecnicamente apreciado é também sempre necessária, e esta avaliação não pode ser senão função soberana do juiz'.

Ao comentar o referido dispositivo processual, Sérgio Sahione Fadel, em seu *Código de Processo Civil comentado*, diz que: 'Na apreciação da prova o juiz age soberana e livremente'.

Seja sopesando os diversos elementos probatórios existentes nos autos, seja analisando em separado cada uma das provas, seja dando prevalência ao depoimento de uma testemunha ou da parte, que lhe parecer mais sincera, desde que o faça fundamentadamente, a conclusão do juiz é soberana.

Assim, o julgador monocrático, apreciando, livremente, as provas coligidas nestes autos, podia adotar o laudo elaborado pela Superintendência dos Recursos Hídricos e Meio Ambiente — Surehma, do Estado do Paraná, porque não estava obrigado a acolher o laudo pericial, realizado em juízo. Expôs ele com absoluta clareza e precisão os motivos pelos quais afastou o laudo elaborado pelo perito do juízo e adotou o laudo extrajudicial, elaborado por uma equipe de técnicos da Surehma e do Ital. O fato de, normalmente, os pareceres técnicos terem, em geral, menos valor do que as perícias judiciais, não impede o juiz de adotá-los e de formar a sua convicção com base neles. Esclarece o MM. Julgador de primeiro grau, em sua bem lançada sentença, que: 'O simples fato da propriedade do réu estar situada a aproximadamente 119 quilômetros, por via aquática, do local do acidente, não exclui sua responsabilidade, já imensurável, pois foram toneladas de peixes mortos, sendo fato notório, face à ampla divulgação pela imprensa, somente podendo ser fixada sua extensão através de liquidação de sentença por arbitramento; a presença de peixes na área irrigada não prova a inexistência do dano ecológico, que ocorreu mais de trinta dias antes da realização da perícia; o laudo pericial não exclui, categoricamente, a possibilidade de o acidente ter sido causado pelo produto 'U-2,4-D Fluid', já que o perito, ao prestar esclarecimentos solicitados pelo autor, informou que a análise dos peixes e plantas coletada deveria ser feita por especialista em toxicologia e que, na ocasião da perícia, não contava com o laudo da Surehma/Ital em mãos' (fls.). Deve ser ressaltado que no sistema do Código de Processo Civil vige o princípio do livre convencimento do juiz, não estando adstrito ao laudo pericial, por não haver prevalência dos meios probatórios, podendo formar sua convicção com outros elementos constantes dos autos, desde que fundamente sua decisão (arts. 131 e 436 do CPC). Portanto, o laudo elaborado pela Surehma em conjunto com o Ital tem valor significativo na comparação das provas.

A conclusão do laudo da Surehma é de que a causa da mortandade dos peixes, ocorrida no Rio Miranda, foram os resíduos do ácido 2,4-diclorofenoxiacético (2,4-D), que é o princípio ativo do produto aplicado na lavoura existente na propriedade do réu (fls. e item 7 do laudo); o produto causou a intoxicação dos peixes. Muito embora o perito tenha concluído que a origem do acidente não foi a pulverização realizada na 'Fazenda São Francisco' (fls.), sua afirmação é contrariada pela análise feita pelos técnicos da Surehma, se os peixes examinados em laboratório estavam contaminados com princípio ativo 2,4-D, que lhes causou a morte, e se o réu se utilizou desse produto na pulverização de sua lavoura, está provado o nexo causal entre sua conduta e o dano ecológico, cabendo-lhe reparar o prejuízo. As amostras foram remetidas pelo INAMB (item 2 do laudo), esclarecendo a testemunha S. R. de L. que serviu como piloto do barco para que os técnicos recolhessem o material (fls.). Desta forma, não se pode duvidar da procedência dos materiais examinados nos laboratórios da Surehma e do Ital.

Ainda que não tenha ocorrido vazamento da água da lavoura irrigada para o leito do Rio Miranda ou que os índices de concentração do produto encontrado na lavoura irrigada — 0,62 mg/l — sejam insuficientes para causar a morte de trutas e carpas, peixes que não habitam o Rio Miranda, mesmo assim subsiste a obrigação do réu em reparar o dano ecológico causado, pois está provado que os peixes morreram intoxicados pelo ácido 2,4-D existente no agrotóxico usado pelo réu. Em matéria de dano ambiental vigora o princípio da responsabilidade objetiva, sendo irrelevante a ocorrência de caso fortuito ou força maior, não se perquirindo sobre a intenção do agente. Provados, portanto, a autoria da ação, o dano ecológico e o nexo de causalidade entre a ação e o resultado, impõe-se o acolhimento integral do pedido.

Equivocadamente, a meu ver, entendeu o venerando aresto recorrido (fls.) ter havido violação ao princípio do contraditório pela juntada do laudo técnico da Surehma que teria sido elaborado sem a participação ativa das partes. Ora, não fere este princípio constitucional a juntada em autos de ação judicial de pareceres técnicos, mesmo porque, a partir de sua juntada, as partes terão, como tiveram no caso em exame, as mais amplas oportunidades de falar sobre eles e de impugná-los. Não provou nem sequer alegou o réu a existência de qualquer vício ou nulidade no parecer da Surehma e nada arguiu sobre a honestidade, imparcialidade e competência dos técnicos que o elaboraram.

Como se vê, o caso é típico de valoração e não de reexame de provas, porque a questão central é saber se o juiz podia ou não afastar o laudo pericial e adotar o parecer técnico da Surehma. Sabemos que o recurso especial não se presta ao simples reexame de provas (Súmula 7 do STJ), mas no caso *sub judice* não pretende o recorrente este reexame de fatos e sim que o julgador singular podia, como de fato o fez, formar livremente sua convicção e adotar o parecer técnico várias vezes mencionado. Assim agindo, agiu legalmente. Não se pode confundir qualificação jurídica dos fatos demonstrados com reexame do quadro probatório. Entender que o juiz pode ou não adotar esta ou aquela prova não é reexaminar a prova. Saber se uma prova é ou não admitida, se deve ou não prevalecer sobre outra, é valoração.

Agora, perquirir se um determinado fato está ou não comprovado importaria em reexame de prova. Este egrégio Superior Tribunal de Justiça, em vários precedentes, já firmou o entendimento de ser cabível o recurso especial, quando se tratar, como no caso, de valoração da prova, bastando citar suas decisões nos REsp 4.678-SP, *DJ* de 17.12.90, e 5.663-SP, *DJ* de 20.5.91, e AgRg 3.952-PR, *DJ* de 19.11.90, 5.197-RJ, *DJ* de 22.10.90, e 11.062-SP, *DJ* de 16.9.91.

Como se vê, o caso é de conhecimento do recurso pela letra do art. 105, III, da CF, por violação aos arts. 131 e 436 do CPC, e art. 8º, § 1º, da Lei n. 7.347, de 14.07.85, que disciplina a ação civil pública. Por este dispositivo legal, pode o Ministério Público instruir a inicial com pareceres de órgãos técnicos, requerer de autoridades competentes certidões e informações, instaurar inquérito civil e requisitar exames ou perícias judicial ou extrajudicialmente. Por isso, podia ele, perfeitamente, instruir a inicial desta ação civil pública com o laudo elaborado pela Surehma ou por qualquer outro órgão técnico, especializado no assunto vertente, ficando o juiz com direito de, livremente, atribuir o valor que entender e adotá-lo ou não, dentro do princípio da livre convicção.

Dou provimento ao recurso especial do Ministério Público de fls., para restabelecer a sentença de fls., e julgo prejudicado o recurso especial de fls..., do réu, pretendendo a condenação do Ministério Público em honorários"[1].

---

1. REsp 20.701-4-MS, *RSTJ*, 37:539.

# TÍTULO V
# Tutela do Meio Ambiente Natural

## CAPÍTULO I
## QUALIDADE AMBIENTAL

### 1. MEIO AMBIENTE NATURAL

Meio ambiente natural é uma das espécies do meio ambiente ecologicamente equilibrado (art. 225 da CF). Integram o meio ambiente natural a atmosfera, as águas interiores, superficiais e subterrâneas, os estuários, o mar territorial, o solo, o subsolo, os elementos da biosfera, a fauna e a flora (art. 3º, V, da Lei n. 6.938/81).

### 2. QUALIDADE AMBIENTAL

Entende-se por qualidade ambiental o estado do meio ambiente ecologicamente equilibrado que proporciona uma qualidade de vida digna para o ser humano (art. 225, *caput*, da CF). Essa qualidade de vida está relacionada com a atividade contínua e ininterrupta das funções essenciais do meio ambiente, e abrange o ar, a água, o solo e tudo aquilo que é fundamental para a sobrevivência do homem na Terra. Tais recursos devem ser adequados para as presentes e futuras gerações. A qualidade ambiental também é "empregada para caracterizar as condições do ambiente segundo um conjunto de normas e padrões ambientais preestabelecidos. A qualidade ambiental é utilizada como valor referencial para o processo de controle ambiental"[1].

Degradação da qualidade ambiental, por sua vez, é toda alteração adversa das características dos recursos ambientais (art. 3º, II, da Lei n. 6.938/81).

### 3. POLUIÇÃO DO MEIO AMBIENTE

A Lei da Política Nacional do Meio Ambiente conceitua poluição como "a degradação da qualidade ambiental resultante de atividades que direta ou indireta-

---

1. Édis Milaré, *Direito do ambiente*, cit., p. 680.

mente: a) prejudiquem a saúde, a segurança e o bem-estar da população; b) criem condições adversas às atividades sociais e econômicas; c) afetem desfavoravelmente a biota; d) afetem as condições estéticas ou sanitárias do meio ambiente; e) lancem matérias ou energia em desacordo com os padrões ambientais estabelecidos" (art. 3º, III, da Lei n. 6.938/81).

Trata-se de um conceito abrangente, incluindo a proteção do homem, do patrimônio público e privado, do entretenimento, da flora e da fauna, do patrimônio cultural, artístico, arqueológico e natural e da qualidade de vida nos centros urbanos.

Registre-se, ademais, que a União, os Estados, o Distrito Federal e os Municípios possuem competência comum (administrativa) para a proteção do meio ambiente e combate à poluição em qualquer de suas formas (art. 23, VI, da CF), bem como competência concorrente (legislativa) para o controle da poluição (arts. 24, VI, e 30, I, da CF).

## 4. ESPÉCIES DE POLUIÇÃO

A poluição se divide em várias espécies, ou seja: a) poluição atmosférica; b) poluição hídrica; c) poluição do solo etc.

Veremos em seguida a legislação que protege a atmosfera, os recursos hídricos, o solo, a flora, a fauna, a biodiversidade, o patrimônio genético e a zona costeira e seu desdobramento.

## Capítulo II
## Atmosfera

### Seção I
### Noções introdutórias

### 1. ATMOSFERA E POLUIÇÃO

*Atmosfera* é a camada de ar que envolve o globo terrestre. Ar, por sua vez, é a camada gasosa que reveste a Terra. A camada gasosa é constituída por, aproximadamente, 20% de oxigênio, 79% de nitrogênio e 1% de quantidades variáveis de vapor de água, dióxido de carbono, argônio e outros gases nobres[1].

*Poluição atmosférica* é a alteração da constituição dos elementos acima expostos, que, ultrapassados os limites estabelecidos pelas normas ambientais, podem colocar em risco a saúde, a segurança e o bem-estar comum.

Essa poluição pode ser ocasionada: a) pelas fontes estacionárias (indústrias); b) pelas fontes móveis (transportes); c) pelas queimadas (agropastoris e queima da palha da cana-de-açúcar); d) pelas usinas nucleares (acidentes e rejeitos radioativos) e termelétricas (movidas a combustível fóssil — a óleo, a carvão e/ou a gás natural); e e) por ondas eletromagnéticas (radiações por radiofrequência).

### 2. POLUENTE

Poluente é toda e qualquer forma de matéria ou energia liberada no meio ambiente em desacordo com as normas ambientais existentes, colocando em risco a saúde, a segurança ou o bem-estar comum (art. 3º, III, *e*, da Lei n. 6.938/81).

Dependendo dos poluentes lançados no ar, eles podem permanecer ali durante muito tempo. Cientistas calculam que o dióxido de carbono ($CO_2$) permaneça no ar pelo período de 200 anos, o óxido nitroso ($N_2O$), 114 anos, o metano ($CH_4$) por 12 anos e o tetracloridro de carbono ($CCl_4$), 85 anos. O metano, o óxido nitroso e outros gases de efeito estufa aquecem mais a atmosfera do que o gás carbônico, encontrando-se em menor quantidade na atmosfera. O metano é produzido no cultivo

---

1. Aurélio Buarque de Holanda Ferreira, *Dicionário Aurélio básico da língua portuguesa*, Rio de Janeiro, Nova Fronteira, 1988, p. 55.

do arroz, na mineração do carvão, na produção de energia, nos rebanhos de gado, nos aterros sanitários etc. O óxido nitroso é produzido na agricultura mediante a utilização de fertilizantes à base de nitrogênio e de estrume de gado, nas emissões do lixo, dos processos industriais e do consumo de energia. Os gases manufaturados são os halocarbonos, incluindo os hidroclorofluorcarbonos (HCFCs), os hidrofluorcarbonos (HFCs) e os perfluorcarbonos (PFCs) e os compostos como o hexafluoreto de enxofre ($SF_6$).

## 3. POLUIDOR

Poluidor é a pessoa física ou jurídica, de direito público ou privado, responsável, direta ou indiretamente, por atividade causadora de degradação ambiental (art. 3º, IV, da Lei n. 6.938/81).

## 4. INSTRUMENTOS ADMINISTRATIVOS PARA A PREVENÇÃO DA POLUIÇÃO DO AR

Há inúmeros instrumentos de proteção do meio ambiente que podem ser encontrados na Lei da Política Nacional do Meio Ambiente (Lei n. 6.938/81). Todos eles já foram comentados oportunamente. São estes os principais instrumentos administrativos para o controle da poluição: a) fixação de padrões de qualidade do ar; b) zoneamento ambiental; c) estudo prévio de impacto ambiental e seu relatório de impacto ambiental; d) licenciamento ambiental e sua respectiva revisão; e) auditoria ambiental; f) monitoramento da qualidade do ar; g) vistorias periódicas realizadas pelo Poder Público; h) denúncias levantadas pelos empregados e pelas organizações não governamentais (ONGs) etc.

## 5. NORMAS DE FIXAÇÃO DE PADRÕES DE QUALIDADE DO AR

Incumbe ao Poder Público estabelecer normas legais e administrativas para fixar limites de poluentes que podem ser lançados no ar atmosférico sem causar prejuízo à saúde ou ao meio ambiente. Tais normas, geralmente, são estabelecidas pelo CONAMA, na esfera federal.

Como já vimos, a Organização Mundial da Saúde (OMS) alterou, por causa do aquecimento global, os padrões de qualidade do ar, e pelos novos índices estabeleceu-se que a média diária recomendada para partículas inaláveis (PM10) foi reduzida a um terço e passou de 150 microgramas/m³ para 50 microgramas/m³. O ozônio ($O_3$) baixou de 160 microgramas/m³ para 100 microgramas/m³ a média de 1 hora máxima. O dióxido de enxofre ($SO_2$) teve a média diária reduzida de 100 microgramas/m³ para 20 microgramas/m³. O dióxido de nitrogênio ($NO_2$) não sofreu alterações, permanecendo o índice de 200 microgramas/m³ para a média de 1 hora máxima[2].

Em atenção às recomendações da OMS, o governo do Estado de São Paulo, através da proposta elaborada pela CETESB, baixou o Decreto n. 59.113, de 23 de abril de 2013, que estabelece novos padrões de qualidade do ar e dá outras providências correlatas. Esses novos padrões de qualidade do ar serão implantados com metas progressivas para as concentrações de poluentes na atmosfera. O Decreto prevê, ainda, nas áreas mais críticas, a necessidade de elaboração de um plano de controle de fontes fixas e móveis.

Releve-se que os veículos movidos a *diesel* são os que mais poluem o ar atmosférico, pois emitem quantidade muito elevada de enxofre. O diesel brasileiro é o combustível mais poluente do mundo. Foi com base nessa informação que o CONAMA resolveu baixar a Resolução n. 315, em 29 de outubro de 2002, com a finalidade de reduzir a quantidade de enxofre no óleo *diesel*. No entanto, a Agência Nacional de Petróleo (ANP) não especificou o setor que deverá regular o novo combustível, dificultando a sua aplicação e consequentemente a fiscalização. O CONAMA fixou em 50 ppm (partículas por milhão), até 2009, para a redução da concentração de enxofre no combustível brasileiro. Essa concentração, em 2007, estava em 500 ppm em áreas metropolitanas e em 2.000 ppm nas rurais. A União Europeia adotava o padrão S-50 e, a partir de janeiro de 2009, entrou em vigor o S-10, ou seja, 10 ppm. O governo brasileiro, com base nisso, pretende antecipar o padrão S-10 de 2016 para 2012.

Dando-se continuidade à discussão envolvendo a questão da poluição de veículos automotores, o CONAMA baixou a Resolução n. 403, de 11 de novembro de 2008, em substituição à Resolução n. 315, de 29 de outubro de 2002, prorrogando para o dia 1º de janeiro de 2012 a exigência do cumprimento dos novos limites máximos de emissão de poluentes para motores do ciclo *diesel* destinados a veículos automotores pesados novos, nacionais e importados, doravante denominados Fase P-7 do Programa de Controle da Poluição do Ar para Veículos Automotores — PROCONVE[3].

---

2. Essas modificações dos padrões de qualidade do ar ainda não foram implementadas no Brasil, devendo prevalecer, por ora, a Resolução n. 3, de 28 de junho de 1990, do CONAMA, até eventual adequação (Aviso n. 649/2006-PGJ, publicado no DOE, 7 dez. 2006). O Estado de São Paulo passou a adotar essa nova classificação mais rígida para a qualidade de seu ar, adequando-se aos padrões definidos pela OMS em 2005, com o advento do Decreto n. 51.113, de 23 de abril de 2013. Essa nova classificação já é adotada na Europa, EUA e México.

3. Reza o art. 9º da Resolução n. 403/2008, do CONAMA: "No período de 1º de janeiro de 2012 a 31 de dezembro de 2012, será admitido o fornecimento do diesel comercial que atenda a especificação de que trata a Resolução ANP n. 32, de 16 de outubro de 2007, para utilização de veículos da fase P-7, no lugar do diesel S-10 comercial".

## 5.1. A Resolução n. 315/2002 do CONAMA e o Ministério Público Federal

O Ministério Público federal, por meio de Inquérito Civil, firmou Termo de Ajustamento de Conduta (TAC) com o governo do Estado de São Paulo, IBAMA, CETESB, Agência Nacional do Petróleo, Petrobras, Associação Nacional de Fabricantes de Veículos Automotores (Anfavea) e 17 fabricantes de veículos e motores, no dia 30 de outubro de 2008, em substituição à Resolução n. 315/2002, que tornava mais rígidas as emissões de poluentes produzidos pelo *diesel* brasileiro. Este termo estabeleceu que, a partir do dia 1º de janeiro de 2009, passaria a ser obrigatória a utilização do *diesel* S-50 (com 50 partes por milhão de enxofre), mas somente nas frotas de ônibus urbanos dos municípios de São Paulo e do Rio de Janeiro, e não em todos os veículos *diesel* do país, como previa a Resolução de 2002. A indústria automobilística e a Petrobras alegaram que não tiveram tempo de se adaptar à nova norma. Já o *diesel* usado nas demais frotas nacionais poderá ter até 1.800 ppm de enxofre ante os 2.000 ppm atuais[4].

Esse novo acordo, com mais de trinta páginas, é considerado pelos especialistas um retrocesso à saúde humana. A obrigatoriedade da redução de enxofre no *diesel* só ocorreria a partir de 2011, de forma mais ampla somente nas cidades de Curitiba, Porto Alegre, Belo Horizonte, Salvador e para as regiões metropolitanas de São Paulo, da Baixada Santista, Campinas, São José dos Campos e Rio de Janeiro.

A Petrobras, a partir de 1º de janeiro de 2009, deveria ter substituído totalmente a oferta de *diesel* atual, com 2.000 ppm de enxofre, por um novo *diesel* que conteria 1.800 ppm. Somente a partir de janeiro de 2014, o *diesel* com 1.800 ppm de enxofre será totalmente substituído pelo *diesel* com 500 ppm.

Os fabricantes de veículos deveriam apresentar até 2012 relatórios das emissões de dióxido de carbono e de aldeídos totais dos veículos pesados a *diesel*. Também deveriam atender aos novos limites máximos de emissão de poluentes para veículos pesados movidos a *diesel* elaborados e deliberados pelo CONAMA pela Resolução n. 403, de 11 de novembro de 2008. Caberá ainda ao IBAMA apresentar proposta de resolução com pedido de urgência ao CONAMA para disciplinar uma nova etapa para limites de emissão de poluentes por veículos leves comerciais movidos a *diesel*.

Carlos Bocuhy informa que morrem em média, em São Paulo, 12 pessoas por dia, ou 4.380 por ano, em função da poluição atmosférica[5]. Mesmo assim, a partir de

---

4. Professores de Direito Ambiental manifestam irresignação ante os termos do TAC do diesel e apresentam Moção, através da Associação dos Professores de Direito Ambiental do Brasil — APRODAB, pela implantação da Fase P-6 do PROCONVE no dia 1º de janeiro de 2009 (<http://www.aprodab.org.br>, acesso em: 19 nov. 2008).

5. *Vide* excelente artigo de Guilherme José Purvin de Figueiredo sobre Responsabilidade pelas doenças e mortes de origem cardiorrespiratória em razão da poluição atmosférica e o futuro do PROCONVE, disponível em: <http://www.aprodab.org.br>, acesso em: 19 nov. 2008.

2009, um veículo brasileiro estaria licenciado para continuar poluindo 180 vezes mais que um veículo igual, que circula hoje na União Europeia. Não dá mais para admitir esses disparates. Se na União Europeia é possível a redução de poluentes de maneira mais rígida, por que não podemos seguir estes exemplos?

Não concordando com o acordo acima citado (TAC), o Ministério Público do Estado de São Paulo propôs, no dia 2 de março de 2009, perante a 2ª Vara da Fazenda Pública, Ação Civil Pública ambiental, de caráter reparatório e indenizatório, em face do Estado de São Paulo, Petrobras, Petrobras Distribuidora, Associação Nacional dos Fabricantes de Veículos (Anfavea) e todas as montadoras (fabricantes) de veículos movidos a *diesel* e fabricantes desses motores. A ACP contém 133 laudas e foi subscrita pelo Dr. José Eduardo Ismael Lutti, DD. Promotor de Justiça do Meio Ambiente da Capital, Dra. Anna Trotta Yard, do Grupo de Atuação Especial da Saúde Pública — Gaesp, e Dr. João Lopes Guimarães Júnior, DD. Promotor de Justiça do Consumidor, tendo por objeto, em síntese, a exigência do cumprimento, ao menos em parte, da Resolução n. 315/2002, do CONAMA. Referidos promotores pedem, *liminarmente*, para que a Justiça obrigue a Petrobras e a Petrobras Distribuidora a fornecerem no Estado de São Paulo óleo *diesel* com no máximo 50 ppm de enxofre, com as especificações contidas nas Resoluções ANP n. 35/2008 e n. 41/2009, ou, no mínimo, na Diretiva n. 1999/96 do Parlamento Europeu e do Conselho, de 13 de dezembro de 1999, da fase denominada EUROIV, em pelo menos uma das bombas de postos de abastecimento das Regiões Metropolitanas de São Paulo, Campinas, São José dos Campos e Santos. Ainda, em caráter liminar, os promotores pedem a suspensão da comercialização, no Estado, a partir de 60 dias, de veículos novos movidos a *diesel* em desacordo com a resolução do CONAMA sobre os níveis de emissão de enxofre ou desprovidos do equipamento denominado *retrofit*, que reduz a produção de poluentes e o excesso de enxofre na fumaça produzida pelos motores, além da suspensão do registro e licenciamento desses veículos no prazo de 70 dias. Eles pedem, em caráter liminar, que citadas empresas forneçam e instalem, no prazo de 90 dias e sem ônus para os proprietários, o equipamento *retrofit* em toda a frota cativa de ônibus urbanos, públicos ou privados, das redes de transporte público; dos caminhões de transporte de lixo e das vans e micro-ônibus de transporte escolar, públicos ou privados, das regiões metropolitanas de São Paulo, São José dos Campos, Campinas e Santos que não estejam adequados ou compatíveis à Resolução do CONAMA, tudo sob pena de multa diária de R$ 100 mil em caso de descumprimento. *No mérito*, os promotores pedem que se tornem definitivas as medidas pedidas na liminar e requerem que a Petrobras e Petrobras Distribuidora sejam condenadas à obrigação de indenizar as famílias dos consumidores paulistas que morreram ou tiveram problemas de saúde agravados em razão do *diesel* comercializado fora das especificações do CONAMA. Eles, finalmente, pedem a condenação das duas estatais a indenizarem todos os Estados e Municípios brasileiros e Distrito Federal pelos danos materiais causados aos respectivos cofres públicos decorrentes de gastos com prevenção (inclusive programas de esclarecimentos aos proprietários de veículos e inspeções veiculares em ações de fiscalizações) e tratamento de doenças provocadas ou agravadas pelos gases tóxicos oriundos da combustão do óleo *diesel* que produz e distribui.

O Ministério Público paulista tentou ingressar no processo instaurado pelo Ministério Público federal, como litisconsorte, mas foi recusado pelo juízo de primeira instância da Justiça Federal. Houve recursos ao Supremo Tribunal Federal, o qual deverá julgar oportunamente a legalidade do acordo.

Por conta disso, o Ministério Público resolveu propor Ação Civil Pública, na esfera estadual paulista, com a finalidade de obrigar citadas empresas a cumprirem, pelo menos em parte, a Resolução n. 315/2002, do CONAMA, bem como as Resoluções ANP n. 35/2008 e n. 41/2009 ou, no mínimo, a Diretiva n. 1999/96 do Parlamento Europeu[6].

### 5.2. Fontes estacionárias

São muitas as normas ambientais de fixação de padrões de qualidade do ar estabelecidas pelos órgãos competentes. A primeira norma administrativa que fixava o padrão de qualidade do ar foi baixada pela Portaria n. 231, de 27 de abril de 1976, do então Ministério do Interior. Essa portaria estipulava limites de concentrações de poluentes no ar atmosférico. Ultrapassar tais limites estabelecidos pelas normas ambientais poderia afetar a saúde, a segurança e o bem-estar da população, bem como ocasionar danos à flora, à fauna e ao meio ambiente em geral. Referida portaria fixava critérios máximos de quantidade de partículas em suspensão de dióxido de enxofre, monóxido de carbono e oxidantes fotoquímicos[7].

O CONAMA é o órgão competente para estabelecer padrões de qualidade do ar. A Resolução n. 3, de 28 de junho de 1990, do CONAMA estabeleceu outros padrões de emissões de poluentes no ar; a Resolução n. 5, de 15 de junho de 1989, também do CONAMA, instituiu o Programa Nacional de Controle de Qualidade do Ar (PRONAR); a Resolução n. 8, de 6 de dezembro de 1990, do mesmo órgão estabeleceu, em nível nacional, limites máximos de poluentes do ar; e a Portaria Normativa n. 348, de 14 de março de 1990, do IBAMA fixou padrões de qualidade do ar e concentrações de poluentes atmosféricos visando à saúde e ao bem-estar da população.

A Lei n. 9.294, de 15 de julho de 1996, dispõe sobre as restrições ao uso e à propaganda de produtos fumígenos, bebidas alcoólicas, medicamentos, terapias e

---

6. Disponível em: <http://www.mp.sp.gov.br>, acesso em: 4 mar. 2009.
7. Paulo Affonso Leme Machado, *Direito*, cit., p. 448-9.

defensivos agrícolas, nos termos do § 4º do art. 220 da CF[8]. No Estado de São Paulo, o governador José Serra apresentou um projeto à Assembleia Legislativa para proibir o fumo em ambientes coletivos, total ou parcialmente fechados, o qual se transformou na Lei n. 13.541/2009. Trata-se de uma iniciativa pioneira e corajosa a despeito das críticas ligadas aos setores de bares e restaurantes. Medida semelhante já havia sido adotada na cidade de Nova Iorque, por meio das leis de 2003, denominadas *New York City Smoke-Free Air Act* e *Clean Indoor Act*, as quais restringiram o consumo de fumígenos em ambientes fechados.

### 5.3. Fontes móveis

Em relação às fontes móveis, criou-se a Lei n. 8.723, de 28 de outubro de 1993, com vistas à redução de emissão de poluentes por veículos automotores. Essa lei destina-se, essencialmente, aos fabricantes de veículos, de motores e de combustíveis.

Tal norma estabelece ainda limites de emissão de poluentes no ar atmosférico pelos escapamentos dos veículos e os respectivos prazos para o seu cumprimento. O cronograma de implementação por parte das indústrias automobilísticas foi concluído em cinco etapas, compreendendo o período entre 1º de janeiro de 1996 e 1º de janeiro de 2002.

A partir de então, todo veículo só poderá ser comercializado após a concessão da licença para uso da configuração de veículos ou motor (LCVM) emitida pelo Instituto Brasileiro do Meio Ambiente e dos Recursos Naturais Renováveis (IBAMA) (art. 5º da Lei n. 8.723/93).

A Lei n. 8.723/93, por sua vez, foi alterada pela Lei n. 10.203, de 22 de fevereiro de 2001, a qual determinou a redução de monóxido de carbono, óxido de nitrogênio, hidrocarbonetos, álcoois, aldeídos, fuligem, material particulado e outros poluentes emitidos pelos veículos comercializados no país dentro do prazo acima citado. Há ainda outras resoluções que tratam do mesmo assunto, quais sejam: Resolução n. 18, de 6 de maio de 1986, do CONAMA, que instituiu o Programa de Controle da Poluição do Ar por Veículos Automotores (PROCONVE); e Resolução n. 230, de 22 de agosto de 1997, do CONAMA, que define como itens indesejáveis a emissão de ruído e de poluentes atmosféricos de veículos automotores. Compete ainda à CETESB as autuações de veículos que emitam fumaça preta acima do limite legal, respaldadas no art. 32 do Decreto estadual n. 8.468/76, que regula-

---

8. Pesquisa realizada pelo Instituto Nacional de Câncer — Inca e Instituto de Estudos em Saúde Coletiva da Universidade Federal do Rio de Janeiro — Iesc/UFRJ apontou que 2.655 pessoas morrem por ano sem terem fumado. Esse número pode estar subestimado. Todos os dias, ao menos, 7 pessoas que nunca fumaram na vida morrem por doenças decorrentes da exposição à fumaça do tabaco (Denise Menchen, Fumo passivo mata sete por dia, diz estudo, *Folha de S. Paulo*, 23 ago. 2008, p. C-6).

mentou a Lei n. 997/76. Nesse caso, haverá restrição ao licenciamento de veículos em débito com multas (§ 5º, item 1, do citado art. 32). Já as autuações realizadas pela Polícia Militar estão amparadas pela legislação de trânsito (arts. 128 e 231, III, do CTB e Res. n. 510/77 do CONTRAN).

O CONAMA aprovou a Resolução n. 414 e a Resolução n. 415, ambas de 24 de setembro de 2009, que alteraram a Resolução n. 18, de 6 de maio de 1986, daquele órgão, e estabeleceu nova fase (L6) do programa apresentado pelo PROCONVE para a redução de poluentes. Essa fase estabeleceu novos limites de emissão de poluentes lançados pelos veículos automotores. Pretende-se, com isso, reduzir as emissões em 33% em relação aos níveis atuais. Os carros novos de passeio e de passageiros terão de sair das fábricas emitindo 33% menos poluentes, em média, a partir de janeiro de 2013, no caso dos veículos movidos a diesel, e a partir de 2014 no caso dos que são movidos a gasolina e a álcool. Essa medida foi importante porque o Ministério do Meio Ambiente revelou uma alta de 56% nas emissões de gás carbônico nos transportes durante os últimos 13 anos. Restringe, por exemplo, a emissão de CO (monóxido de carbono) em 1,3 grama por quilômetro rodado. Na Europa, desde 2005, o limite máximo é de 1,0 g/km.

## 5.4. Monitoramento da qualidade do ar

Os órgãos públicos (federal, estadual e municipal) devem, a partir da publicação da lei, monitorar a qualidade do ar atmosférico e fixar diretrizes e programas para o seu controle, especialmente em locais urbanos com população acima de quinhentos mil habitantes, cujas medições deverão ser realizadas periodicamente e em pontos estratégicos (art. 15 da Lei n. 8.723/93).

O monitoramento na Cidade de São Paulo é feito pela CETESB em 41 estações da região metropolitana. São vários compostos tóxicos monitorados, cujos resultados são avaliados numa escala de cinco graus da qualidade do ar (*boa, regular, inadequada, má* e *péssima*). Quando a qualidade do ar se encontra na escala *regular*, somente pessoas mais sensíveis sofrem alguma complicação de saúde, tais como idosos e crianças. Mas, quando a situação se torna *inadequada*, a maioria da população acaba sofrendo algum tipo de problema de saúde. Estudos realizados pelo Laboratório de Poluição Atmosférica Experimental da Faculdade de Medicina da Universidade de São Paulo calculam que a poluição do ar na região metropolitana causa a morte de cerca de 3 mil pessoas por ano.

A PETROBRAS afirma que a qualidade do ar é influenciada pelos seguintes fatores: sistema viário; tecnologia veicular; inspeção e manutenção; tamanho e perfil de idade da frota; velocidade média dos veículos; e qualidade dos combustíveis.

A CETESB instalou estações fixas de monitoramento do ar em vinte e duas cidades do interior.

Não basta somente monitorar. É preciso tomar medidas efetivas para diminuir ou controlar a poluição nos grandes centros urbanos.

## 5.5. Plano de emergência

A CETESB, no Estado de São Paulo, criou um plano de emergência caso o nível de poluição ultrapasse os limites estabelecidos pelas normas fixadoras do padrão de qualidade do ar. Assim, a qualidade do ar poderá apresentar-se em *estado de atenção, estado de alerta, estado de emergência* e *estado de alerta prolongado*.

No estado de atenção, o Poder Público recomendará que os usuários não utilizem seus veículos. No estado de alerta, proibirá o uso de veículos e o funcionamento de determinadas indústrias. No estado de emergência, determinará a paralisação de qualquer tipo de atividade poluidora. No estado de alerta prolongado, decretará feriado no local ou na região poluidora.

## 6. PROGRAMA AMBIENTAL DE INSPEÇÃO VEICULAR

O Ministério Público do Estado de São Paulo tem desenvolvido esforços para a implantação do Programa de Inspeção Veicular. O PGJ baixou Portaria no sentido de realizar estudos sobre a poluição emitida pelos transportes urbanos e propor sugestões ao Governo do Estado.

### 6.1. Relatório da CETESB sobre a qualidade do ar em São Paulo

A CETESB divulgou, no dia 15 de maio de 2007, o relatório sobre a qualidade do ar no Estado de São Paulo, demonstrando que mais de 7 milhões de veículos que circulam na Região Metropolitana são a maior fonte de poluição da atmosfera. Respondem por 97% das emissões de monóxido de carbono (CO) e 40% de material particulado (MP), segundo constatou a química Maria Helena Martins, gerente de Divisão de Tecnologia de Avaliação da Qualidade do Ar. Para se ter uma ideia, a cidade de São Paulo emite 15,7 milhões de toneladas de carbono por ano (inventário de emissões feito em 2005). No inverno de 2006 foi bastante desfavorável à dispersão dos poluentes em razão do longo período de estiagem, ausência de ventos e inversões térmicas de baixa altitude. Já as partículas inaláveis pelas pessoas mantiveram o índice de 2005, consolidando a tendência de queda iniciada na década de 1990; igualmente se deu em relação ao monóxido de carbono. O ozônio é o resultado da reação de gases emitidos pelos escapamentos na presença de luz solar. Esses são os poluentes que excederam os limites estabelecidos pela legislação durante o ano de 2006. Com exceção do ozônio, a tendência de queda do material particulado e do monóxido de carbono teve como causa a instituição do PROCONVE, que tornou os limites de emissões de carros novos mais rigorosos.

### 6.2. Projeto Respira São Paulo

Na tentativa de amenizar a poluição causada pelos veículos, referido órgão pretende colocar em prática o projeto "Respira São Paulo", constituído por 21 projetos ambientais estratégicos do Estado com o objetivo de controlar as emissões nas regiões metropolitanas[9].

Esses projetos foram baseados em três grandes preocupações mundiais: a) aquecimento global; b) desenvolvimento sustentável; e c) gestão eficiente do meio ambiente. São eles: cenários ambientais 2020; cobrança do uso da água; desmatamento zero; ecoturismo; esgoto tratado; etanol verde; fauna silvestre; gestão de unidades de conservação; investidor ambiental; licenciamento unificado; litoral norte; lixo mínimo; mananciais; mata ciliar; município verde; mutirões ambientais; pesquisa ambiental; reforma administrativa; Respira São Paulo; Serra do Mar; e São Paulo amigo da Amazônia.

### 6.3. O Ministério Público do Estado de São Paulo e a inspeção veicular

Diante dos relatórios e dos inventários apresentados pela CETESB e pelo IPCC, o procurador-geral de Justiça do Estado de São Paulo, a pedido da coordenadora do Centro de Apoio Operacional de Urbanismo e Meio Ambiente (CAO-UMA), determinou a instauração do Protocolo n. 732/2007, Sistema CAO-UMA n. 4.714/2007, visando à *implantação de programa de inspeção veicular*.

Não há ainda nenhuma determinação em relação à inspeção de motos. E, com a grande quantidade de motocicletas em São Paulo, por exemplo, estas passarão a poluir mais do que os veículos[10]. A Companhia de Engenharia de Tráfego — CET apurou, além disso, um aumento do número de acidentes; houve um salto de 428 para 478 motociclistas mortos — e de 123 para 135 atropelamentos com mortes provocados por motos. O número de motos subiu de 789 mil em julho de 2009 para 904 mil no mesmo mês de 2011, um aumento de 14,5%[11]. Acidentes de trânsito deixaram 40.160 mortos em 2010. Uma alta de 8% sobre o ano de 2009. As internações cresceram 15%, ou seja, cerca de 146 mil. Isso se deve ao aumento da frota de motos, à regulamentação da profissão de mototaxista, ao relaxamento da lei seca. Houve, além disso, incentivo à aquisição de motos e carros em detrimento

---

9. Veículos continuam sendo a principal fonte de poluição em SP, diz CETESB, *DOE*, 16 maio 2007, p. I.

10. Ricardo Sangiovanni, Em 10 anos, frota de motos poluirá mais que a de carros, *Folha de S.Paulo*, 10 set. 2008, p. C-3.

11. Alencar Izidoro, Cidade recolhe uma moto irregular a cada 15 minutos, *Folha de S.Paulo*, 11 ago. 2011, p. C-1.

do transporte coletivo. Pelo segundo ano morrem mais motociclistas que pedestres[12]. Releve-se ainda que a indústria automotiva pretende aumentar em 62,3% a taxa de motorização até 2020. O objetivo é passar dos atuais 154 para 250 veículos por 1.000 habitantes[13].

### 6.4. Carbono negro: processo de combustão incompleta

As fuligens emitidas pelos escapamentos de veículos automotores, usinas termoelétricas e queimadas florestais respondem por cerca de um terço do aquecimento global. Estudos demonstraram a necessidade de controlar o chamado carbono negro — fruto de qualquer processo de combustão completa ou incompleta. Mark Jacobson, engenheiro ambiental da Universidade Stanford (EUA), disse que o controle do carbono negro pode frear o aquecimento global até duas vezes mais rápido do que a redução do gás carbônico. O carbono negro tem um efeito resfriador, pois ajuda a "semear" nuvens, que refletem a radiação para o espaço. No Brasil, nem sequer o carro a álcool fica livre dessa emissão. "Toda combustão, diz Paulo Artaxo, físico da USP e membro do IPCC, lança carbono negro no ar. O motor a álcool emite menos. O carro a gasolina, dez vezes mais, e o a *diesel*, cem vezes mais do que o da gasolina." Estudo publicado na revista *Nature Geoscience* mostra que este poluente (carbono negro) respondeu por 50% do aquecimento entre 1890 e 2007. Nesse período, os termômetros subiram, em média, 1,9 °C naquela região.

### 6.5. O governo federal divulga estudos sobre a poluição do ar

Estudo interessante, divulgado pelo governo, é o aumento de gás carbônico na economia brasileira correspondente a 45% entre 1991 e 2005. Esse estudo foi encomendado pelo governo federal a um grupo do Rio de Janeiro, o qual constatou que as usinas térmicas e os carros foram fatores de elevação de $CO_2$ na atmosfera. Os meios de transporte permaneceram em 40%, mas suas emissões aumentaram para 45%, ou seja, de 25,4 milhões para 36,9 milhões de toneladas de carbono. Referido estudo foi entregue à Convenção do Clima das Nações Unidas. Vê-se, por meio desses dados, que a população anda mais de carro e se utiliza mais de energia suja. O governo do Estado de São Paulo divulgou, no dia 14 de março de 2008, o inventário das emissões de gás carbônico ($CO_2$) em 2006, totalizando 81 milhões de toneladas. Desse total, as indústrias contribuíram com 38 milhões e o setor de transporte com

---

12. Alencar Izidoro, Trânsito mata mais de 40 mil e bate recorde, *Folha de S. Paulo* (Manchete), 29 out. 2011, p. 1.

13. Venceslau Borlina Filho, Veículo por habitante vai crescer 62% planeja setor, *Folha de S. Paulo*, 23 out. 2011, p. B-4.

43 milhões. Em 2005, o Brasil emitiu 330 milhões de toneladas de $CO_2$. Os campeões paulistas de emissões foram: o setor siderúrgico, que contribuiu com 39%; o petroquímico, com 25%; o cimenteiro, com 17%; o químico, com 8%; o papel e celulose, com 6%; o alimentício, com 2%; o de ferroligas, com 2%; e o têxtil, com 1%. Os dados dessa pesquisa foram fornecidos voluntariamente por 329 das 378 empresas solicitadas pelo governo. Tal inventário foi divulgado no *site* da CETESB, comprovando-se, nesse período, que o setor petroquímico contribuiu com 9,48 milhões de toneladas ao ano de $CO_2$, o setor de aço e ferro gusa com 7,37 e os minerais não metálicos com 6,59.

O Ministério do Meio Ambiente divulgou, no dia 18 de setembro de 2009, o *ranking* de poluição produzido por veículos automotores, tanto movidos a gasolina como a álcool. Alguns veículos — mesmo após o seu licenciamento pelo IBAMA — causavam poluição. Dentre os veículos mais poluidores, havia oito movidos a álcool, causando muita surpresa no meio de comunicação. Verifica-se que o veículo movido a álcool não representa garantia de menor poluição ao meio ambiente. Foram analisados somente três poluentes: monóxido de carbono (CO); hidrocarbonetos e óxidos de nitrogênio, ficando de fora o dióxido de carbono ($CO_2$), enxofre, material particulado e aldeídos. Este *ranking* é importante para alertar o consumidor do produto que está comprando e poder escolher aquele menos poluidor.

Por exemplo, um veículo novo, segundo dados da CET, DETRAN e CETESB, lança na atmosfera as seguintes quantidades de $CO_2$: a) motor *flex* a álcool — 174 g por km rodado; b) motor *flex* a gasolina — 181 g por km rodado; e c) importados e utilitários a gasolina — 228 g por km rodado. Cinco carros e meio com motor *flex* a gasolina são capazes de lançar 1 kg de $CO_2$ na atmosfera.

### 6.6. A inspeção veicular e o CONAMA

O CONAMA, em novembro de 2009, votou a Resolução n. 418, para estabelecer regras para a inspeção de veículos em todo o país. Hoje, somente o Estado do Rio de Janeiro e o município de São Paulo fazem esse controle por ocasião do licenciamento[14]. Tais medidas também abrangerão as motocicletas. Todos os Estados

---

14. O Ministério Público do Estado de São Paulo, representado pelos promotores de Justiça do Patrimônio Público e Social da Capital, Dr. Roberto Antonio de Almeida Costa e Dr. Marcelo Duarte Daneluzzi, propôs Ação de Responsabilidade Civil por Ato de Improbidade Administrativa com Ressarcimento de Danos ao Erário e ao Particular, com pedido de antecipação de Tutela para Suspensão da Execução de Contrato Administrativo (Nulo *Ipso Jure*), Sequestro de Bens como Garantia da Reparação dos Danos Causados e Afastamento do Cargo do Sr. Prefeito Municipal, sob o procedimento amplo do art. 17, § 6º, da Lei federal n. 8.429/92. Esta ação foi proposta em face da *Controlar*, empresa responsável pela inspeção veicular da cidade de São Paulo, do Prefeito Municipal, dentre outros. A petição inicial possui 595 laudas e o valor da causa é de R$ 1.109.969.266,00 (*site*: www.mp.sp.gov.br).

brasileiros deveriam elaborar seus Planos de Controle de Poluição Veicular — PCPVs — até o dia 30 de junho de 2011, prazo final estabelecido pelo Conselho Nacional de Meio Ambiente (CONAMA). A gerência de Qualidade do Ar do Ministério do Meio Ambiente alertou que não haveria novo adiamento (Resolução n. 426/2010, do CONAMA). A elaboração do plano é obrigatória, mesmo que a unidade da Federação opte por não adotar programas de Inspeção e Manutenção de Veículos em Uso. A unidade federativa que não apresentar o PCPVs será acionada judicialmente. A data limite para que as demais unidades da Federação façam a opção pelo sistema e tenham suas estruturas de controle das emissões montadas e funcionando expirou em 25 de abril de 2012. Nesse meio tempo, o Ministério do Meio Ambiente deveria acompanhar a publicação dos PCPVs e orientar Estados e Municípios na elaboração destes.

Como podemos ver, a situação se agravará ainda mais se não forem tomadas medidas eficazes para a diminuição de emissão de poluentes pelos veículos automotores ou a substituição gradativa do combustível fóssil por outro mais limpo, como o álcool, por exemplo.

## 7. ALGUNS EFEITOS DA POLUIÇÃO NA SAÚDE HUMANA

A emissão derivada da queima de combustível é a fonte principal da poluição do ar. Essa poluição é variável crítica, seja pelo aquecimento global e efeitos no clima, seja pelas doenças graves que causa.

### 7.1. Exercícios aeróbicos em lugares poluídos

A *British Air Foundation* conduziu pesquisas provando que uma hora pedalando em meio ao tráfego basta para aumentar significativamente os riscos de doenças cardíacas. Após seis horas, danos permanentes são causados aos vasos sanguíneos. Já o Laboratório de Poluição Atmosférica da USP afirma que "o paulistano perde, em média, dois anos de vida devido à poluição ambiental. O índice de abortos também aumenta, porque o fluxo arterial na placenta diminui; e há suspeitas de efeitos muito negativos na fertilidade"[15].

### 7.2. Limites de poluentes nos principais centros urbanos

Apurou-se que o ar da Grande São Paulo é três vezes mais tóxico que o limite estabelecido pela OMS, ou seja, o material particulado no ar de São Paulo é de

---

15. Gilberto Dupas, Pobreza, poluição e transporte urbano, *Folha de S. Paulo*, Tendências/Debates, São Paulo, 26 out. 2005, p. A-3.

28,1 microgramas por m³, e é de 10 m³ o limite tolerável estabelecido pela OMS[16]. No Rio de Janeiro é de 19 m³, Belo Horizonte e Curitiba, 16,5 m³, Porto Alegre, 16,3 m³ e Recife, 11,1 m³. Vê-se que nenhuma dessas regiões atende ao limite da OMS. A região metropolitana paulista possui 39 municípios, 19,6 milhões de habitantes e 9 milhões de veículos, ou seja, um terço a mais que há cinco anos. Estima-se que, somente na cidade de São Paulo, há 7 milhões de veículos registrados e 11.244.369 milhões de pessoas (censo de 2010). Essa poluição gerada pelos veículos agrava as doenças cardiorrespiratórias, entre outras (infarto agudo do miocárdio, acidente vascular cerebral, pneumonia, asma e câncer de pulmão), e leva à morte cerca de 20 pessoas por dia. Há cinco anos, a média era de 12 mortes. A chance de uma pessoa morrer em decorrência de doença respiratória é de 10,9% e sem as emissões veiculares reduziria para 2,4%. Estes números foram fornecidos pelo Laboratório de Poluição Atmosférica da USP. Estima-se, ainda, que a poluição gere o gasto anual de R$ 334 milhões com internações — 25% saem do Sistema Único de Saúde[17]. Estudo do Laboratório de Poluição da Faculdade de Medicina da Universidade de São Paulo estima que 12 mil internações e 875 mortes ocorram por ano devido aos poluentes expedidos por todos os meios de transporte da cidade[18].

Estudo da ONG Saúde e Sustentabilidade estima que a poluição do ar tenha contribuído para a morte precoce de 17.443 pessoas no Estado de São Paulo em 2011. É mais que o dobro de óbitos provocados por acidentes de trânsito (7.867) no mesmo período. A maioria das vítimas era vulnerável, como pessoas com doenças respiratórias[19].

### 7.3. A poluição tem influenciado o nascimento de crianças do sexo feminino

Cientistas realizaram pesquisas em diversas regiões poluídas de São Paulo entre 2001 e 2003 e constataram que a poluição também tem influenciado no nascimento de crianças do sexo feminino, comparadas tais regiões com outras menos poluídas, onde nasceram mais crianças do sexo masculino. A constatação foi confirmada com

---

16. A OMS divulgou, no dia 7 de maio de 2014, novo índice de concentração anual média de poeira no ar atmosférico, ou seja, 20 microgramas por metro cúbico (MP10), e a medição na capital de São Paulo encontrava-se em 35 m³, em 2012. Todos os bairros da capital tinham a medição acima do índice recomendado. Na época, a medição em Nova Déli era de 286 m³, em Pequim de 121 m³ e em Paris de 24 m³, por exemplo (Revista São Paulo da *Folha de S.Paulo*, de 1 a 7 de junho de 2014, p. 23).

17. Poluição acelera morte de 20 pessoas por dia em São Paulo, *Folha de S.Paulo* (Manchete), 5 mar. 2009, p. A-1.

18. Eduardo Jorge Martins Alves Sobrinho e Marcelo Cardinale Branco, Por um transporte menos poluente em SP, *Folha de S.Paulo*, Tendências/Debates, 15 dez. 2010, p. A-3.

19. Eduardo Geraque, Poluição mata quase 100 mil em seis anos, *Folha de S.Paulo*, 23 set. 2013, p. C-6 e Editorial, *Folha de S.Paulo*, 28 set. 2013, p. A-2.

pesquisas realizadas em camundongos confinados em lugares poluídos e não poluídos. Esses dados foram divulgados por diversos veículos de comunicação, tais como rádio e televisão, no período compreendido de 30 de outubro a 2 de novembro de 2005. Estudos realizados na Europa e nos EUA relatam que, além da tendência de declínio na proporção de homens, a exposição ambiental às substâncias químicas pode contribuir para um maior surgimento de cânceres hormônio-dependentes, redução da fertilidade e malformação congênitas. Tal fato se dá por causa de substâncias químicas — denominadas desreguladores endócrinos — presentes nesses poluentes que alteram o mecanismo de regulação do eixo hipotálamo-hipófise-gônadas e inibem a fabricação de espermatozoides que carregam o cromossomo Y (que determina o sexo masculino). Este cromossomo é muito sensível à exposição de agentes químicos presentes na atmosfera[20].

### 7.4. Síndrome da classe econômica (trombose)

De acordo com trabalho publicado na revista *Annals of Internal Medicine*, realizado por grupo de pesquisadores liderado por Andréa Baccarelli, da Escola de Saúde Pública de Harvard, EUA, partículas contidas em ar poluído podem causar coágulos sanguíneos nas pernas, a mesma moléstia potencialmente fatal conhecida como "síndrome da classe econômica", causada pela imobilidade durante voos longos. O grupo realizou pesquisas com cerca de 2.000 pessoas do norte da Itália e constatou que o risco da ocorrência de trombose profunda das veias era 70% maior quando a concentração anual de matéria particulada — emitida pelos veículos e fábricas e composta de carbono, nitratos, metais e outros materiais — era um quarto maior que os valores médios observados em Milão. Os níveis, nesta região, eram de 40 a 50 microgramas por metro cúbico. Testes comprovaram que o sangue das pessoas expostas a esse tipo de poluição coagulava mais rápido. Robert Brook, da Universidade de Michigan em Ann Arbor, EUA, disse que, se os novos achados forem confirmados, pode ser que "a real totalidade do ônus imposto à saúde pela poluição do ar, que já se sabe ser tremendo, seja ainda maior do que jamais se antecipou"[21].

### 7.5. A poluição prejudica os sistemas respiratório, circulatório, cardíaco, psicológico e reprodutor

Como podemos perceber, esses casos não são os únicos, pois a poluição não prejudica somente os sistemas respiratório, mas também o sistema circulatório, car-

---

20. Cláudia Collucci, Poluição reduz nascimento de homens, *Folha de S.Paulo*, 23 dez. 2008, p. C-11.
21. Poluição do ar causa tipo de trombose, sugere pesquisa, *Folha de S.Paulo*, 13 maio 2008, p. A-17.

díaco, psicológico e reprodutor, podendo agravar outras doenças preexistentes. Sidney Smith, diretor do Centro de Ciência e Medicina Cardiovascular da Universidade da Carolina do Norte, nos EUA, afirmou, no Congresso Mundial de Cardiologia, realizado em Buenos Aires, que a "poluição não só agrava as condições de quem já tem uma doença cardíaca, como se pensava, mas pode também desenvolver problemas em pessoas saudáveis". Deve-se, alerta ele, evitar a prática de exercícios físicos em ambientes poluídos. Estudos comprovaram ainda que quem vive em lugares poluídos tem 26% mais chances de morrer por problemas cardiovasculares. Pesquisas também constataram maior número de doenças congênitas do coração em crianças cujas mães passaram a gravidez em lugares muito poluídos. Em Dublin, afirma Smith, ocorreu uma redução de 10,3% em mortes por doenças cardíacas quando o governo e a população resolveram banir a queima de carvão nas fábricas[22].

Estudo realizado pela *Hasselt University*, na Bélgica, constatou que respirar ar poluído causa mais ataques cardíacos que usar "cocaína". Tal estudo envolveu 700 mil pessoas e foi publicado na revista "Lancet". As pesquisas foram feitas com pessoas que apresentavam fatores de risco para infarto e estavam expostas à poluição. A poluição ficou em primeiro lugar, porque a população toda fica exposta aos seus efeitos danosos, diferentemente daqueles que usam drogas, que não chega a 0,04%. A poluição desencadeia muito mais infartos do que a cocaína, respeitadas estas proporções. A pesquisa também coloca em patamares semelhantes os riscos da poluição e de outros fatores mais conhecidos, como o esforço físico e consumo de álcool e de café. Segundo Luiz Alberto Pereira, médico epidemiologista do Laboratório Atmosférico da USP, a poluição não é valorizada como fator de risco e ainda há muito ceticismo a seu respeito. Esclareça-se, por curiosidade, que, em dias mais poluídos, aumenta três vezes o número de pessoas que procuram o Hospital São Paulo, da UNIFESP. Este trabalho revisou 36 pesquisas e estabeleceu um *ranking* de 13 fatores de risco que estimularam os infartos uma hora ou dez dias depois do estímulo, tais como: o uso de maconha, emoções positivas e negativas, atividade sexual e refeições pesadas[23].

### 7.6. O tabagismo e suas consequências

Outro dado interessante é o tabagismo. São muitos os males causados aos fumantes passivos. Citamos alguns deles: 40% das mulheres expostas ao tabagismo passivo na infância ou na idade adulta por um período de seis horas ou mais por dia têm mais risco de sofrer abortos espontâneos ou dificuldades de engravidar, segundo pesquisa realizada pela Universidade de Rochester — EUA; é a terceira causa de morte no Brasil (perde apenas para tabagismo ativo e álcool); mata 2.655 brasileiros por ano

---

22. Adriana Kuchler, Poluição x coração, *Folha de S.Paulo*, Folha Equilíbrio, 12 jun. 2008, p. 9.
23. Mariana Versolato, Poluição causa mais infarto que cocaína, *Folha de S.Paulo*, Saúde, 25 fev. 2011, p. C-9.

(sete por dia); aumenta de 20% a 30% o risco de desenvolver câncer de pulmão; eleva os riscos de doenças isquêmicas do coração (como infarto e angina) e de AVC (acidente vascular cerebral/derrame); aumenta a ocorrência de síndrome da morte súbita da infância e de doenças respiratórias crônicas; aumenta o risco de contrair câncer de mama em até 90% e pode chegar a 119% na pré-menopausa, segundo estudos publicados no *International Journal of Cancer*; pessoas casadas com fumantes correm 42% mais risco de ter AVC, de acordo com estudo das Universidades Harvard e de Columbia — EUA; quem vive com fumantes por cinco anos ou mais tem o dobro de chance de desenvolver degeneração macular, que leva à cegueira, segundo pesquisa da Universidade de Cambridge — Inglaterra; filhos de fumantes têm 72% mais chances de desenvolver bronquite em crianças, de acordo com estudo do Hospital Universitário da USP; aumenta em 48% o risco de uma criança contrair otite, quando os pais fumam, segundo o mesmo estudo; felinos cujos donos fumam têm o dobro de chance de desenvolver linfoma e cães podem ter até câncer de pulmão[24].

Importante estudo realizado pela Faculdade de Medicina de Ribeirão Preto — FMRP — detectou um mecanismo que desencadeia a artrite reumatoide em fumantes. Referido estudo constatou que a pessoa que tiver predisposição genética e fumar pode sofrer dessa doença inflamatória crônica que causa dores e rigidez matinal nas mãos e nos pés. É a perda de movimentos. O biomédico Jhimmy Talbolt defendeu sua dissertação de mestrado com base neste estudo. A fumaça, que contém hidrocarbonetos aromáticos (HA), sensibiliza uma célula do sistema de defesa, a TH-17. Esta célula, por sua vez, fica doente e orienta o sistema de defesa a destruir as articulações, desencadeando a artrite[25].

Ressalte-se, além disso, que pesquisa realizada pela OMS publicada no jornal *Lancet* apurou que 1% das mortes, equivalente a 600 mil, só em 2004, são causadas pelo fumo passivo, tais como doenças cardíacas, respiratórias e câncer de pulmão. As crianças são as mais vulneráveis. As mulheres perdem, em média, 14 anos de vida e os homens, dez. Estes dados foram colhidos em 192 países. De acordo ainda com este mesmo trabalho, leis que banem o cigarro de locais fechados podem reduzir os infartos causados pelo fumo passivo, responsáveis por dois terços das mortes entre adultos[26]. No Brasil, morrem, a cada dia, 357 fumantes ou ex-fumantes decorrentes das principais doenças ligadas ao tabagismo, especialmente enfermidades cardíacas, pulmonares e câncer. Tratar dessas doenças custa R$ 21 bilhões anuais às redes de saúde pública e privada no país[27].

---

24. Cláudia Collucci, Fumo passivo pode trazer dificuldades para engravidar, *Folha de S.Paulo*, 5 jan. 2009, p. C-9.

25. Rubens Zaidan, Estudo mostra como cigarro causa artrite, *Folha de S.Paulo*, Saúde, 9 mar. 2011, p. C-10.

26. Fumo passivo mata 600 mil em um ano, *Folha de S.Paulo*, 26 nov. 2010, p. C-13.

27. Johanna Nublat, Doenças causadas pelo cigarro matam 357 por dia no país, *Folha de S.Paulo*, Ciência+Saúde, 31 maio 2012, p. C-13.

Pesquisadores americanos do *Weill Cornell Medical Center*, em Nova Iorque, descobriram que por meio de um simples exame de sangue é possível detectar enfisema pulmonar precocemente, antes do aparecimento dos sintomas mais comuns, como a falta de ar e tosse. Em 80% dos casos, a causa é o tabagismo. Fumantes têm cinco vezes mais chance de desenvolverem enfisema pulmonar[28].

No dia 31 de maio de 2014, foi comemorado o Dia Mundial Sem Tabaco, ocasião em que a Lei Antifumo foi regulamentada pelo Decreto n. 8.262, pela Presidente da República. Publicado no *DOU* de 2-6-2014, entrou em vigor 180 dias após sua publicação. Este Decreto regulamentou a Lei n. 9.294, de 15 de julho de 1996, e modificou o Decreto n. 2.018, de 1º de outubro de 1996.

O Decreto proíbe totalmente o uso de cigarros, cigarrilhas, charutos, cachimbo, narguilé ou outro produto fumígeno em lugar coletivo fechado, sendo este considerado todo e qualquer local público ou privado, acessível ao público em geral ou de uso coletivo, total ou parcialmente fechado por paredes divisórias, toldos, teto ou telhado. Salvo algumas exceções previstas no Decreto, só será possível fumar dentro de casa e ao ar livre. Também não será permitido fumar em pontos de ônibus e nem em fumódromos (área em recinto coletivo destinada exclusivamente a fumantes) em restaurantes, bares, cinemas, bibliotecas e quaisquer outros lugares de uso coletivo.

O Decreto ainda proíbe a propaganda referente aos produtos fumígenos, sendo permitida apenas a exposição dos produtos nos pontos de venda. Os locais de venda deverão conter advertências escritas sobre os malefícios do fumo, nos termos das normas do Ministério da Saúde, imagens ou figuras para ilustrar tais advertências e mensagem de proibição para menores de 18 anos de idade.

Finalmente, a Lei federal n. 12.546, de 15 de dezembro de 2011, que proíbe fumar em recintos coletivos fechados, privados ou públicos, de todo o país, entrou em vigor no dia 3 de dezembro de 2014. As novas regras antifumo proíbem fumar em locais fechados, como ambiente de trabalho e restaurantes, além de determinar o fim da propaganda de cigarros. Elas também extinguem os fumódromos em ambientes coletivos e ampliam as mensagens de alerta em maços de cigarro vendidos no país[29].

Agora, os brasileiros podem viajar para qualquer lugar do país sem a preocupação de ser incomodados com a fumaça dos cigarros. Esperamos que a população respeite as regras e possa viver mais.

---

28. Juliana Vines, Exame identifica enfisema pulmonar antes dos sintomas, *Folha de S.Paulo*, 19 mar. 2011, p. C-12.

29. Luiz Antonio Guimarães Marrey, ex-Procurador-Geral de Justiça, publicou excelente artigo intitulado "Não há direito constitucional de fazer mal à saúde de outras pessoas", defendendo a lei antifumo, que proíbe o fumo em lugares fechados (*Consultor Jurídico* — conjur.com.br. Acesso em: 5 fev. 2015).

### 7.7. Alguns poluentes e seus efeitos

A título ilustrativo, citamos os efeitos que os seguintes poluentes causam à saúde humana: a) NOx — *óxidos de nitrogênio*: provocam problemas respiratórios nos seres humanos, e a exposição prolongada a altas concentrações da substância pode levar ao óbito. Os NOx, assim como os SOx — óxidos de enxofre, agem como precursores da chuva ácida; b) CO — *monóxido de carbono*: interfere no transporte de oxigênio pelo sangue, diminui reflexos, afeta a discriminação temporal e pode levar à morte em caso de exposição prolongada à substância; c) $CO_2$ — *dióxido de carbono*: o aumento da concentração de dióxido de carbono na atmosfera contribui para o aquecimento global (efeito estufa); e d) HC — *hidrocarbonetos*: além do odor desagradável, pode causar câncer no pulmão, irritação nos olhos, pele e aparelho respiratório.

São incontáveis os efeitos da poluição na saúde humana, por isso devemos encontrar soluções para minimizar ou controlar suas emissões a partir de sua fonte.

### 8. A CIDADE DE CUBATÃO ONTEM E HOJE

Cubatão, por exemplo, foi considerada a cidade paulista mais poluída do Brasil na década de 1980, "onde mães geravam fetos sem cérebro e grande parte da população apresentava graves problemas cardiorrespiratórios, aparentemente em razão de contaminação química provocada pelos estabelecimentos situados naquele polo industrial"[30]. O governo lançou, em 1983, o Programa de Controle de Poluição. Vinte e cinco anos depois, foi reduzida em 98,8% a emissão de poluentes na cidade. A emissão de material particulado chegava a 363 mil toneladas/ano. Os hidrocarbonetos tiveram uma redução de 95,79% e a emissão de fluoretos caiu 99,11%. Os óxidos de enxofre e amônia, considerados grandes vilões por causarem a chuva ácida, que matavam a vegetação da Serra do Mar, foram reduzidos em 72,17% e 99,43%, respectivamente. Houve também a redução da carga orgânica em corpos d'água em 92,5%. Reduziu-se, no mesmo período, 28,3% na captação de água e aumento de 65,6% na recirculação da água no processo produtivo, somado à captação de águas pluviais. A geração de resíduos de classe I e II foi diminuída em 17% e houve elevação de 19% no reúso e reciclagem dos materiais. Tal fato ocasionou a redução em 89% a destinação de resíduos para aterros e incineração. Para que isso pudesse ser viável, foi necessário o investimento de US$ 1 bilhão, além de reunir parcerias entre indústrias e órgãos fiscalizadores, mobilização da imprensa e da sociedade, atuação efetiva do Ministério Público paulista, conscientização ambiental, rigor da legislação e inovações tecnológicas[31].

---

30. Guilherme José Purvin de Figueiredo, *Curso de direito ambiental*, cit., p. 366.

31. Cubatão festeja recuperação ambiental reduzindo em 98,8% a emissão de poluentes, *DOE*, 30 jul. 2008, p. IV.

Como se vê, havendo boa vontade da comunidade, é possível resolver problemas que se nos apresentam insolúveis. Hoje, o problema mais grave é o aquecimento global.

## Seção II
*Aquecimento global*

### 1. EFEITO ESTUFA

Preocupam-nos sobremaneira o aquecimento global e o desleixo com os avisos da comunidade científica mundial sobre as catastróficas consequências que poderão advir ao planeta caso não haja redução das emissões de gases de efeito estufa no ar pelos principais países signatários do Acordo de Paris.

O *efeito estufa*[32], por exemplo, caracteriza-se pelo isolamento térmico do planeta em decorrência das concentrações de gases ($CO_2$ — dióxido de carbono, CH4 — metano e $N_2O$ — óxido nitroso) na camada atmosférica, impedindo que os raios solares, uma vez refletidos, voltem ao espaço. Ou melhor, a radiação solar se transforma em radiação térmica (em calor). E os gases de efeito estufa se tornam transparentes à luz solar, mas não em relação à radiação térmica, ou seja, ao calor. Este fica retido na atmosfera, esquentando a Terra (transformando numa verdadeira estufa). O efeito estufa natural capta e retém parte do calor do Sol, fazendo com que os seres humanos e outras formas de vida possam sobreviver. Caso não houvesse o efeito estufa natural, a temperatura média do planeta seria de — 18 °C em vez de 15 °C. A intensificação do efeito estufa está provocando aumento de temperatura e muitas outras consequências associadas ao clima. Tal fenômeno (aquecimento térmico do planeta) ocasionará o degelo dos polos e a expansão das moléculas da água, aumentando, dessa forma, o nível do mar, além de causar acidez das águas marinhas, secas e chuvas intensas na Europa, inundações na Ásia, secas na África e proliferação de furacões, tornados e ciclones cada vez mais intensos, ou seja, temperatura elevada aumenta a evaporação. O vapor d'água na atmosfera é combustível para tempestades e furacões. O aquecimento dos mares alimentará novos furacões, aumentando a capacidade destrutiva desses fenômenos meteorológicos. Isso, por sua vez, causará inundações das cidades litorâneas e ilhas. O principal responsável pelo efeito estufa é a presença do gás carbônico ($CO_2$) emitido pelas indústrias, veículos automotores e, principalmente, pela queima de combustível fóssil.

---

32. O fenômeno "efeito estufa" foi proposto como teoria pelo físico francês Joseph Fourier em 1824 e mais tarde confirmado experimentalmente (Sérgio Rodrigues, O léxico da língua verde, *Veja* n. 24, edição 2273, ano 45, 13 jun. 2012, p. 123).

Cientistas das *Universidades de Nottingham* e de *Cardiff* realizaram pesquisas com 1.822 pessoas em várias partes do Reino Unido que sofreram com eventos climáticos extremos (enchentes e desastres naturais). O resultado deste estudo foi publicado, pela sua importância, na revista *Nature Climate Change*. As pessoas que responderam ao questionário relacionam estes eventos, comumente, ao aquecimento global e ficam mais inclinadas a tentar evitá-lo, tomando medidas ativas, como a redução de uso de energia. Estas mudanças extremas têm o potencial de mudar as condutas humanas, quando percebem ser mais reais e tangíveis. O Reino Unido sofreu várias tempestades e grandes enchentes, por isso essa pesquisa.

Estudos mais recentes demonstraram ainda que os terremotos não são mais considerados fenômenos estritamente naturais, mas também podem ser causados pelo homem. O terremoto de Sichuan que levou à morte de 69 mil pessoas na China, em 2008, pode ter sido desencadeado pela construção de uma represa. Cientistas da Universidade de Columbia acreditam que o peso da água teria afetado o equilíbrio sísmico do local. Tal fato também pode ter acontecido nos EUA, na década de 1930, com a construção da represa Hoover. Essa região (perto de Las Vegas) sofreu centenas de abalos de 4 a 5 graus na escala Richter[33].

E para ilustrar a importância desse assunto, duas pesquisas publicadas nas revistas *Nature* e *Nature Geoscience*, baseadas em estudos relativos a dados colhidos do clima desde a época do Império Romano até o século XX, constataram que a velocidade do aquecimento global atualmente é maior do que aquela ocorrida nos séculos XVI e XIX (pequena era glacial). Se durante o aquecimento climático do passado o planeta respondia em tempos diversos e em várias regiões, agora o impacto do ser humano sobre o clima é tão forte que domina tudo e o planeta responde globalmente. Esses estudos abrangem cerca de 2000 anos de história do clima. Os pesquisadores utilizaram 700 indicadores, tais como os anéis de crescimento das árvores e os dados colhidos pelos furos na superfície das calotas polares, além de sedimentos marinhos e lacustres.

Daí podem surgir os *tsunamis* e outros fenômenos naturais e/ou causados pelo homem.

### 1.1. Transporte mundial (aviação, marinha e rodoviário)

A aviação mundial também tem contribuído para o aquecimento global em face das milhares de linhas aéreas que cruzam o planeta, lançando toneladas de poluentes químicos na troposfera. A marinha mercante responde por 4% das emissões mundiais. A aviação e a marinha haviam sido excluídas do Protocolo de Kioto. O

---

33. Bruno Garattoni, Emiliano Urbim, Otávio Cohen, Larissa Santana e Thiago Minami, O pior que pode acontecer, *Superinteressante*, ed. 290, abr. 2011, p. 60.

transporte (viagens de automóvel e caminhão e o tráfego aéreo e marítimo), em todo o mundo, emitiu 36% mais gases de efeito estufa em 2000 do que em 1990. Estudo recente, liderado por Daniel Lack, cientista da Noaa (Agência Nacional de Atmosfera e Oceanos dos EUA), revelou que os navios comerciais emitem quantidade de poeira e fumaça equivalente à metade daquela gerada pelo tráfego rodoviário no mundo. A frota mundial está estimada em 90 mil navios e consomem cerca de 289 milhões de toneladas de combustível sujo ao ano (óleo pesado derivado do petróleo). Referidos navios lançam no ar atmosférico 900 mil toneladas de material particulado por ano e o tráfego rodoviário global emite 2,1 milhões de toneladas. James Corbett, da Universidade de Delaware, realizou outro estudo e constatou que a poluição provocada pelos navios resulta em cerca de 60 mil mortes prematuras ao ano[34]. Pesquisadores da empresa CLS usaram imagens de radar feitas pelo satélite europeu de monitoramento do ambiente Envisat e confeccionaram um mapa que mostra o caminho de cargueiros correspondente a pontos críticos de poluição. A densidade do tráfego e a poluição foram particularmente elevadas em torno dos portos de maior atividade no norte do continente europeu, como Calais (França), Antuérpia (Bélgica), Roterdã (Holanda), Bremen e Hamburgo (Alemanha). A poluição não afeta apenas os peixes, mas também as cidades portuárias. As pessoas que moram nessas áreas sofrem mais com este tipo de poluição do que com emissões de seus próprios automóveis e indústrias[35]. Com base nesses dados, a Organização Marítima Internacional — IMO, agência da ONU, definiu, em 2008, padrões para melhoria do combustível naval. Até 2020, o nível de enxofre no combustível de navios deverá ser reduzido em 90%. A nova Diretiva que entrou em vigor na Comunidade Europeia, no dia 17 de dezembro de 2012, baseia-se nas normas elaboradas pela IMO e reduz progressivamente o teor máximo de enxofre dos combustíveis navais, que passará dos 3,5% atuais para 0,5% em janeiro de 2020. Em alguns ecossistemas muito frágeis, como o Mar Báltico e o Mar do Norte, incluindo o Canal da Mancha, o teor máximo de enxofre será reduzido para 0,1% já em 2015[36].

A consultoria londrina *IHS Automotive* divulgou por meio da *think tank* americana *Worldwatch Institute* que já circulam na Terra mais de 1 bilhão de veículos leves (carros e pequenos utilitários) — um para cada sete habitantes do planeta. Foram produzidos 69,6 milhões de carros e picapes no mundo em 2013, 4,4% mais que os

---

34. Afra Balazina, Poluição de barcos é metade da dos carros, *Folha de S.Paulo*, Ciência, 28 fev. 2009, p. A-19.

35. Ricardo Bonalume Neto, Satélite europeu flagra rotas da poluição de navios, *Folha de S. Paulo*, Ciência, 25 maio 2009, p. A-13.

36. Ambiente: Novas normas reduzem a poluição dos combustíveis navais e vão melhorar a saúde pública (http://europa.eu/rapid/press-release_!P-12-1377_pt.htm).

66,7 milhões do ano anterior. Isso significa aumento do consumo de combustível fóssil, causando ainda mais poluição atmosférica[37].

## 1.2. Setor energético e consumo de petróleo mundial

A Agência Internacional de Energia estima, em seu relatório sobre as tendências mundiais de produção e consumo, que as emissões de dióxido de carbono derivado da queima de petróleo crescerão 52% até o ano 2030, se mantidas as tendências atuais de consumo de petróleo. Diz ainda o relatório que a energia crescerá cerca de 5,5 bilhões de toneladas de petróleo — 50% a mais do que hoje — até 2030. Além disso, mais de 80% do crescimento da demanda será atendido por combustíveis fósseis[38]. Diferentemente do metano, o dióxido de carbono permanece bem mais tempo no ar e tem uma remoção complexa. Cerca de metade do dióxido de carbono que já adicionamos ao ar permanecerá ali por muito tempo[39]. Há dados científicos que demonstram que o gás metano (CH4) é vinte e uma vezes mais prejudicial do que o gás carbônico ($CO_2$), apesar de permanecer menos tempo na atmosfera. A situação ideal seria que o planeta pudesse absorver a mesma quantidade de $CO_2$ que emite. Atualmente, a quantidade de $CO_2$ na atmosfera aumenta cerca de 5 bilhões de toneladas por ano. O planeta emite 8 bilhões de toneladas e só consegue absorver 3 bilhões. A situação será irreversível se nós não cessarmos ou tomarmos alguma providência mais drástica até 2040. Há hoje 800 bilhões de toneladas de carbono na atmosfera. Cientistas estimam que se a quantidade de $CO_2$ na atmosfera alcançar 950 bilhões de toneladas, as mudanças climáticas vão se acelerar de forma dramática, mesmo que todas as emissões sejam cortadas depois disso[40].

Outro relatório divulgado pela PNUMA no final de 2011 sugere que o planeta terá em 2020, na melhor das hipóteses, 6 bilhões de toneladas de $CO_2$ "sobrando" no ar em relação ao que precisaria para cumprir a meta de evitar um aquecimento global maior do que 2 °C neste século. Para cumprir a meta seria necessário limitar as emissões de gases-estufa a 44 bilhões de toneladas de $CO_2$ em 2020. Hoje elas são de 50 bilhões de toneladas. Mesmo o percurso para um cenário mais benigno de emissões põe o planeta no rumo de esquentar de 2,5 a 5 °C até 2100[41]. Não há uma metodologia precisa para fazer a medição das emissões — tais medições são realizadas por meio de cálculos matemáticos. Seja como for, todas as análises são pessimistas.

---

37. Marcelo Leite, Mais 1 bilhão de carros, *Folha de S.Paulo*, Ciência+Saúde, 29 jun. 2014, p. C-9.
38. Nota da redação publicada na Folha Ciência, *Folha de S.Paulo*, 8 nov. 2005, p. A-15.
39. James Lovelock, *A vingança de Gaia*, cit., p. 79.
40. Alexa Salomão, Aline Ribeiro e Edson Porto, É hora de entender o perigo, *Época*, Negócios, n. 30, ago. 2009, p. 108.
41. É tarde para conter aquecimento, diz análise, *Folha de S.Paulo*, Ciência, 28 nov. 2011, p. C-11.

O setor energético voltou a bater o recorde histórico em 2010 nas emissões de $CO_2$, dificultando ainda mais os esforços para minimizar o aquecimento global. Esta informação é da Agência Internacional de Energia — AIE, que compilou os dados no relatório "Global Energy Outlook". A liberação de gás carbônico na atmosfera em 2010 alcançou a marca de 30,6 gigatoneladas (ou seja, 30,6 bilhões de toneladas). Trata-se de um aumento de 5% em relação a 2008, que foi de 29,3 bilhões de toneladas. Este setor responde pela maior parte das emissões de gases de efeito estufa lançados na atmosfera. Para não ultrapassar a zona de risco (2 °C até o fim do século) é preciso que as emissões de gases não ultrapassem a 32 bilhões de toneladas de $CO_2$ até o ano de 2020[42].

Fontes de emissões no mundo: 62,5% provêm do setor energético; 19,3% do desmatamento; 14,6% da agricultura; e 3,6% do lixo.

Hoje a ciência vem desenvolvendo metodologia cada vez mais sofisticada para apurar as emissões e suas variáveis. Estes dados são inseridos apenas como ilustração para fornecer uma real situação das emissões mundiais dos vários setores da atividade humana. Basta verificar os dados de 2005 e compará-los com os de 2011. As medições estão se tornando cada vez mais precisas, considerando as diversas variáveis antes desconhecidas.

### 1.3. Mudanças extremas do clima: inverno (mais frio) e verão (mais quente)

O aquecimento global não significa que não haverá mais invernos frios. Eles serão, de fato, menos frequentes. Haverá sim uma elevação contínua da temperatura média. José Marengo, do Centro de Previsão do Tempo e Estudos Climáticos do INPE, informa que o aquecimento global é composto por dois tipos de influência ou sinal. Uma é a antropogênica e a outra, a natural. Isso explica o porquê do inverno anormal (supernevasca) no Reino Unido e nos EUA e o calor intenso na Austrália. Nos últimos anos, disse Marengo, "tivemos temperaturas mais baixas do que no final do século XX. Pode ser que a variabilidade normal do clima esteja mais forte que o sinal antropogênico agora, mas no longo prazo o sinal dos gases estufa será mais forte". Diante do frio anormal ocorrido nos EUA, um americano perguntou: se o mundo está esquentando, por que o inverno setentrional de 2009 chegou dessa forma? A resposta é simples, segundo esclarece Pedro Leite da Silva Dias, diretor do Laboratório Nacional de Computação Científica. Ele ensina que os extremos do final de 2008 e do começo de 2009, por exemplo, podem ser explicados por duas causas imediatas. A primeira causa é o fenômeno "La Niña", nome dado ao resfria-

---

42. Emissões de gás-estufa no mundo batem novo recorde, *Folha de S.Paulo*, Ciência, 1º jun. 2011, p. C-11.

mento anormal das águas do Oceano Pacífico. Seu irmão é conhecido por "El Niño" — que é o aquecimento anormal do Pacífico. O "La Niña" é sazonal e, quando se instala, é uma das forças dominantes nas condições climáticas do planeta. Há um "La Niña" instalado desde 2008, e ele não deve sumir antes de abril[43].

As temperaturas da superfície do Pacífico são monitoradas de perto por meio de boias automáticas. A NOAA (Agência para Oceanos e Atmosfera dos Estados Unidos) anunciou há seis dias que o risco de El Niño a partir de julho ultrapassou a 50%. Essa notícia abrange o Brasil ainda em 2014. A denominação El Niño, "o Menino" [Jesus], costumava ocorrer na época de Natal no Chile e Peru, daí o nome em espanhol. O Norte e o Nordeste serão os mais prejudicados com intensas secas. Em algumas áreas do semiárido, a diminuição de chuvas pode alcançar até 80% do total do período chuvoso. Na Amazônia, a estiagem propicia a ocorrência e a propagação de incêndios florestais. Em Roraima, em 1997-98, cerca de 40 mil km² (o equivalente a dois Estados de Sergipe) sucumbiram às chamas. O periódico científico *PNAS* publicou estudo sobre a vulnerabilidade da floresta a secas e fogo, realizado em Querência-MT. Essa combinação (estiagem e incêndio) favorece a substituição da floresta fechada por um cerrado, com mais gramíneas que árvores[44].

Enchentes, tornados, terremotos, *tsunamis* e outros fenômenos meteorológicos extremos deixaram uma trilha de destruição no primeiro semestre de 2011. Mudanças climáticas transformaram partes do planeta em desertos. Populações urbanas, por outro lado, passaram a consumir mais água. Uma seca na China deixou uma embarcação presa num lago que secou. Tudo isso pode ter sido apenas o começo de um ano notável pelo mau tempo. O próximo problema da lista é a seca[45].

Peter Gleick, presidente da Pacific Institute, na Califórnia, concedeu entrevista à *Folha de S.Paulo* e afirmou que o aquecimento global será o responsável pelo aumento da precipitação. Um planeta mais quente implica um planeta mais úmido. Haverá mais precipitação, porque acelerará e ampliará o ciclo hidrológico: mais evaporação, mais precipitação. Seria bom se lugares úmidos se tornassem um pouco mais secos e lugares secos se tornassem mais úmidos, mas os modelos climáticos indicam o oposto. Na média, os lugares secos se tornarão mais secos e os úmidos mais úmidos. E a maioria deles verá mais extremos, tempestades e secas[46].

---

43. Claudio Angelo, Caos climático tende a piorar no futuro, *Folha de S.Paulo*, 8 fev. 2009, p. A-24.

44 Marcelo Leite, O Brasil nos tempos de El Niño, *Folha de S.Paulo*, Ciência+Saúde, 20 abr. 2014, p. C-9.

45. Alex Prud'Homme, Prevendo um planeta mais seco, The New York Times, *Folha de S.Paulo*, 25 jul. 2011, p. 1.

46. Marcelo Leite, Existe alternativa para petróleo, não para água, *Folha de S.Paulo*, 15 set. 2014, p. A-16.

De acordo com relatório, divulgado durante a COP-18, em Doha, Qatar, 2012 foi marcado por eventos climáticos extremos. Esse ano foi o ano mais quente da história. Dados da Organização Meteorológica Mundial, da ONU, indicaram que o período entre janeiro e outubro de 2012 foi o nono ano mais quente desde que as medições foram iniciadas, em 1880. A despeito da dissipação do fenômeno 'La Nina', os termômetros deram um salto. Basta constatar as altas temperaturas na América do Norte, Europa e parte da África e secas que castigaram grande parte do globo. O degelo também foi recorde e chegou à cobertura mínima de 3,41 milhões de km$^2$ registrada pelo satélite em setembro de 2012. O furacão "Sandy" também é outro evento importante, pois atingiu o Caribe e a Costa Oeste dos EUA. Não podemos fechar os olhos para as mudanças climáticas que vão continuar a atuar como resultado da concentração dos gases-estufa na atmosfera, que tem aumentado constantemente e vai atingir, mais uma vez, novos recordes, disse Michel Jarraud, secretário--geral da Organização Meteorológica Mundial[47].

Releve-se ainda que estudo realizado pela Agência Americana Responsável pelos Oceanos e Atmosfera — NOAA confirmou, com base em dados anteriores, tendência firme na elevação da temperatura do planeta. De fato, 2015 foi o ano mais quente desde 1880. Em climatologia, usa-se o termo "anomalia" para indicar uma mudança climática em relação ao referencial — no caso, a temperatura média global do século XX (13,9 °C). Em 2015, essa "anomalia", ou seja, o aumento em relação à temperatura média global — em terra e nos oceanos —, foi de 0,9 °C, mais quente do que 2014, que, por sua vez, bateu 2012. A temperatura média mundial já subiu 0,9 °C desde 1880[48]. O planeta está esquentando, e a razão para isso é que estamos lançando quantidades crescentes de dióxido de carbono na atmosfera. Esses dados foram colhidos por mais de mil estações meteorológicas em todo o mundo, além de observações de satélite e centros de pesquisa[49].

Estudo realizado por pesquisadores da Universidade Estadual do Oregon e da Universidade Harvard reconstruiu a temperatura média da Terra nos últimos 11,3 mil anos para compará-la aos níveis atuais. O trabalho foi publicado na revista *Science* e reuniu dados de 73 localidades ao redor do mundo para estimar a temperatura global no período geológico conhecido como Holoceno, que começou ao final da última era do gelo, há 11 mil anos. Concluiu tal estudo que a Terra hoje está mais

---

47. Temperaturas em 2012 devem bater recordes, afirma relatório, *Folha de S. Paulo*, Ciência+Saúde, 29 nov. 2012, p. C-13.

48. Gabriel Alves, 2015 foi o ano mais quente desde 1880, *Folha de S. Paulo*, Ciência+saúde, 21 jan. 2016, p. B6.

49. 2012 confirma tendência global de aquecimento, diz NASA, *Folha de S. Paulo*, Saúde+Ciência, 16 jan. 2013, p. C-10.

fria do que já esteve em sua época mais quente desse período. No entanto, se os modelos dos climatologistas estiverem certos, atingiremos um novo recorde de calor até o final do século[50].

Trabalho publicado na revista *Nature Climate Change* constatou que o aquecimento global intensifica a turbulência em voos aéreos. Cientistas, utilizando-se de supercomputador, simularam a ocorrência de eventos atmosféricos em diferentes cenários climáticos e verificaram o impacto do aumento da temperatura sobre as turbulências. O incremento da frequência das turbulências de céu claro pode ficar entre 40% e 170%. A frequência poderá dobrar até a metade deste século quando a temperatura chegar a 2 °C, segundo previsão do IPCC. O climatologista Paul Williams, principal autor do estudo, disse que as "mudanças climáticas estão acelerando as correntes de ar e levando a mais instabilidade nos voos". Tal estudo concentrou-se mais na região do Atlântico Norte, mas seus resultados podem valer para outras partes do globo, apesar de haver muitas incertezas[51].

É difícil explicar certos fenômenos naturais que ocorrem no mundo. Analisar isoladamente essas variações de temperatura é incidir em erro crasso. As temperaturas abaixo de zero ou o calor acima do normal, por si sós, não afastam a existência do aquecimento global. Cientistas acreditam que tanto as temperaturas de 10 °C em Londres quanto o inverno rigoroso em Minneapolis podem ser consequência da mudança climática. Eles afirmam que a diminuição do mar congelado no Ártico desestabilizou um padrão climático que mantém o ar frio estacionado perto do polo. Este padrão é conhecido como vórtice polar, e seu limite é um "rio" de ar chamado corrente de jato. Quando o vórtice se enfraquece, a corrente de jato pode criar zonas de frio e calor extremos. Há sofisticados termômetros espalhados por toda a parte. Eles estão nos contando uma história bem consistente. Não importa o frio que tenha feito em Atlanta, o mundo de fato está se aquecendo[52].

Além das causas naturais, o homem também vem contribuindo com o aquecimento global. Essa é a tendência. É o que confirmam os dados científicos.

## 1.4. Rapidez das mudanças climáticas

Bo Kjellén, ex-embaixador da Suécia e negociador-chefe da Convenção--Quadro das Nações Unidas sobre Mudança do Clima (UNFCCC), disse que o

---

50. Salvador Nogueira, Terra se aproxima de maiores temperaturas em 11 mil anos, *Folha de S.Paulo,* Ciência+Saúde, 8 mar 2013, p. C-11.

51. Giuliana Miranda e Sabine Rifghetti, Mudança Climática intensifica turbulência em voos, *Folha de S.Paulo,* Saúde+Ciência, 9 abr. 2013, p. C-9.

52. Justin Gillis, Se o mundo está se aquecendo, por que tanto frio? The New York Times, *Folha de S.Paulo,* 25 fev. 2014, p. 4.

mundo muda com tanta rapidez que nos deixa atordoados. Os humanos se tornaram uma força da natureza capaz de provocar mudanças em ecossistemas inteiros — com repercussões ameaçadoras na nossa própria vida e na das futuras gerações —, uma das quais é a mudança climática[53]. O ritmo das mudanças climáticas não tem precedentes na história recente e chegará a níveis preocupantes para o controle ambiental e para os mecanismos de governo internacional. Já não há dúvidas de que a atividade humana alterou e vem alterando a composição química da atmosfera. A fase do ceticismo já passou e deu lugar a debates sobre impactos específicos: até onde chegarão as mudanças, quando o nível dos mares subirá, se o manto de gelo no oeste da Antártica entrará em colapso, e como isso influenciará a intensidade e a frequência dos furacões. A globalização e seus impactos sobre a atividade industrial, o crescimento econômico e a necessidade de transportes mais eficientes e menos poluentes estão influenciando os futuros padrões de qualidade do ar. Vê-se, além disso, que os países industrializados foram os responsáveis pela maior parte das emissões históricas e pelo volume desproporcional das atuais. A maioria dos países do mundo se comprometeu em prevenir a perigosa mudança climática antrópica. Mas não basta reduzir as emissões para barrar as consequências potencialmente perigosas das alterações climáticas. Agora é preciso fazer adaptações, pois o estrago causado é irreversível[54].

## 1.5. Não há mais espaço para o ceticismo

Por outro lado, há ainda aqueles que sustentam que o planeta vai bem. É o caso do climatologista americano Patrick J. Michaels e do estatístico dinamarquês Bjorn Lomborg. Este último publicou, em 2001, o livro *O ambientalista cético*, no qual argumenta que o planeta nunca esteve tão bem e que é besteira investir em proteção ambiental — o dinheiro seria mais bem empregado se fosse destinado a programas sociais.

James Lovelock, criador da teoria de Gaia, voltou atrás nas suas previsões catastróficas, minimizando ou prolongando um pouco mais suas visões. Ele disse ter sido alarmista em suas previsões; afirma, contudo, que o aquecimento é um fato incontestável, mas está ocorrendo de forma gradual (mais lenta). Lovelock pretende escrever um livro explicitando esta nova posição, abordando os possíveis caminhos para a humanidade agir a fim de ajudar a regular os sistemas naturais da Terra[55].

Há céticos que reconhecem que os gases de efeito estufa vão, de fato, aquecer o planeta, mas sustentam que as nuvens — dependendo do tipo — podem mudar de

---

53. Prefácio feito em *O atlas da mudança climática* — o mapeamento completo do maior desafio do planeta, de Kirstin Dow e Thomas E. Downing, São Paulo, Publifolha, 2006, p. 8.

54. Kirstin Dow et al., *O atlas da mudança climática*, cit., p. 10.

55. Disponível em: <http://www.planetasustentavel.abril.com.br>.

modo a combater a maior incerteza, afirma Andrew E. Dessler, pesquisador climático da Universidade Texas A&M em *College Station*. As nuvens exercem um grande efeito sobre o clima. A energia que move a vida na Terra provém do Sol. Para permanecer uma temperatura estável — termostato natural — a Terra precisa devolver para o espaço a energia que recebe sob a forma de calor. Em outras palavras, precisa equilibrar a energia da luz do Sol que entra no planeta com a energia que sai da atmosfera. As nuvens alternam o fluxo de energia nas duas direções, ou seja, contabilizando a vinda e ida, as nuvens têm o efeito de resfriar a Terra. As nuvens densas e baixas são as responsáveis pela maior parte desse efeito, quando refletem a luz solar de volta para o espaço. Já as nuvens altas e finas exercem influência oposta, permitem a passagem da luz solar que chega prendendo o calor que tenta escapar da atmosfera. Cientistas, por outro lado, criticam a metodologia utilizada pelo cientista Andrew, que defende a inação contra o aquecimento global. No entanto, não podemos descartar tal metodologia. Isso depende de constatação que leva muito tempo. Devemos agir agora para evitar catástrofes planetárias no futuro[56]. O cientista Johan Rockström — hidrólogo sueco — afirmou, na Rio+20, que a humanidade já ultrapassou vários limiares importantes para o bom funcionamento da Terra. E em estudo publicado na revista *Nature,* o cientista diz que a civilização já ultrapassou três das nove barreiras planetárias cujo rompimento pode levar a pontos de virada no sistema terrestre — e a possíveis catástrofes[57].

Pesquisas realizadas por cientistas russos mostram que a causa das mudanças climáticas tem origem espacial e não tem relação com as atividades humanas na Terra, ao contrário do que se pensava. Todos os dias, cerca de 400 e 1.000 toneladas de poeira espacial atingem a atmosfera, provocando a condensação do vapor d'água. Quanto mais poeira espacial cai na Terra, maior é a camada de nuvens que cobre o planeta e reflete a luz do Sol no espaço, tornando o planeta mais frio. Até o início de 2040, o planeta começará a congelar, com temperaturas abaixo das médias de 1880. Esse não é o primeiro trabalho a descobrir a periodicidade das mudanças e negar o aquecimento global, segundo os especialistas do Instituto de Física[58].

Há também um grupo de cientistas brasileiros, dentre eles o físico e meteorologista Luiz Carlos Baldicero Molion, da Universidade Federal de Alagoas — UFAL, que sustenta que o aquecimento global não é causado pelo homem. Sua contribuição é insignificante. Estes pesquisadores enviaram uma carta à presidenta Dilma pe-

---

56. Justin Gillis, O ministério do aquecimento: as nuvens (Céticos das mudanças climáticas procuram salvação no céu), *Folha de S.Paulo*, The New York Times, 14 maio 2012, p. 1 e 2.

57. Claudio Angelo, Inação está levando o planeta ao limite, *Folha de S.Paulo*, Ciência+Saúde, 25 jun. 2012, p. C-7.

58. Aleksandir Tsiganov, Aquecimento global está chegando ao fim, Gazeta Russa, *Folha de S. Paulo*, 27 jun. 2012, p. 4.

dindo que revertesse o gasto com aquecimento global em saneamento básico. Dizem que as mudanças atuais são semelhantes às anteriores. Há 5000 anos, por exemplo, as temperaturas médias eram 3 °C mais elevadas que as de hoje. Chegam à mesma conclusão os russos (periodicidade)[59].

## 1.6. Reflexo das mudanças climáticas no Brasil

A seca, em 2014, foi um dos principais problemas enfrentados, principalmente pela população da cidade de São Paulo. A natureza é sábia, e nós devemos prestar mais atenção às suas manifestações. Os cientistas nos alertam que o aquecimento global é uma das principais questões que estamos enfrentando. Devemos controlar o seu crescimento, pois a mudança climática reduzirá a oferta de água, alimentos e moradia em todo o mundo. O aquecimento atinge países ricos e pobres. No entanto, só os países ricos têm dinheiro para investir em adaptação. O homem, como já comprovamos, tem contribuído, e muito, para o aquecimento global.

O Painel Intergovernamental sobre Mudança Climática — IPCC, no final de 2014, apresentou o seu alerta mais contundente, afirmando: se as emissões de $CO_2$ não começarem a cair nesta década, será difícil impedir que o planeta tenha sua temperatura elevada a 2 °C, limite estipulado pelo painel do clima da ONU. Para evitar ultrapassar esse limite, será necessário reduzir o $CO_2$ em até 70% por volta de 2050 e estabilizá-lo em 0% até 2100. Esses dados foram divulgados pelo documento lançado em Copenhague, na Dinamarca, encerrando o 5º Relatório de Avaliação — AR5 do painel. Suas conclusões foram respaldadas em três dossiês que o grupo de cientistas publicou nos últimos doze meses (o primeiro sobre a física do tempo, o segundo sobre impactos do aquecimento e adaptações e o terceiro sobre mitigação).

Os impactos ambientais serão irreversíveis caso se concretizem essas previsões. Foram analisados vários cenários, mas somente uma pequena fração parecia impedir o aumento de 2 °C. O IPCC optou por enfatizar essa pequena fração.

Para evitar uma tragédia ambiental sem precedentes, o investimento em combustível fóssil deverá diminuir US$ 30 bilhões ao ano durante as próximas décadas e elevar-se o financiamento em energias renováveis em US$ 147 bilhões ao ano no mesmo período. Além disso, será necessário investir US$ 350 bilhões por ano em eficiência energética. Os cientistas alertam que esses investimentos são realistas e factíveis, pois o setor energético já investe US$ 1,2 trilhão por ano. Caso o planeta cresça entre 1,6% e 3% ao ano no século XXI, o impacto da substituição de combustíveis fósseis por tecnologias seria de 0,06%.

---

59. Sabine Righetti, Terrorismo sobre o clima é ameaça à soberania nacional, *Folha de S.Paulo*, Ciência+Saúde, 27 jun. 2012, p. C-9.

Os inúmeros estudos científicos demonstraram a gravidade dos fatos. Cabe aos políticos adotar ou não as medidas mitigadoras do aquecimento global. Quanto mais tempo demorarmos para tomar atitudes concretas, mais cara será a adaptação e mitigação.

O Brasil, por exemplo, dá importância relativa às mudanças climáticas decorrentes do desmatamento e do uso da terra e do solo. No entanto, dados divulgados, no final de 2014, pelo Sistema de Estimativa de Emissões de Gases de Efeito Estufa (SEEG), do Observatório do Clima, rede de dezenas de ONGs, constatam que o País avançou 7,8% nas emissões de poluentes (CO2) em relação a 2013. Esse aumento decorre da mudança do uso do solo, caracterizado pelo desmatamento da Amazônia e do cerrado (16,4%) e pelo mau desempenho da energia (7,3%). Isso pode inviabilizar a meta do governo de reduzi-las entre 36% e 39% até 2020 em relação a 1990.

O texto do relatório-síntese traz um recado bem claro aos governantes do planeta. Não podemos menosprezar o seu conteúdo. Houve, ainda, muita discussão sobre as variadas propostas de mitigação e adaptações. Países produtores de petróleo defendem seus interesses, evitando-se falar em combustíveis fósseis.

O documento procurou não dar conotação impositiva, e substituiu a palavra "perigo" por "risco", caso não se tomem medidas eficientes para evitar o crescente aquecimento global.

A Igreja Católica passou a ser uma aliada de peso na briga contra o aquecimento global. O Papa Francisco divulgou a Encíclica *Laudato Si* (Louvado Sejas), tratando da questão ambiental. Não é um documento puramente religioso, mas de cunho científico. Homem (criatura) e natureza (criação) estão intrinsecamente ligados. O aumento da temperatura levaria à perda de inúmeras vidas, além de atingir a economia global. Há a necessidade de produção de energia mais limpa, sugerindo, além disso, o "decréscimo do consumo nalgumas partes do mundo, fornecendo recursos para que se possa crescer de forma saudável noutras partes".

O alerta foi dado pelos cientistas do IPCC e agora pela Igreja. Os próximos anos serão decisivos ao planeta. Não podemos negligenciar a vida.

Vejamos, então, o que está acontecendo com o nosso clima no planeta.

## 2. MUDANÇA CLIMÁTICA

A mudança climática tem sido estudada e pesquisada por muitos cientistas do mundo todo. Quarenta e nove ganhadores do Prêmio Nobel e setecentos membros da Academia Nacional de Ciências, em 1990, afirmaram que a "ampliação do efeito estufa natural do planeta, pelo acúmulo dos gases introduzidos pela atividade humana, tem potencial para provocar sérias mudanças no clima. Temos de tomar medidas agora para que as futuras gerações não sejam postas em risco"[60]. A *American Geophy-*

---

60. Kirstin Dow et al., *O atlas da mudança climática*, cit., p. 19.

*sical Union*, em 2003, chegou à mesma conclusão, sustentando que a atividade humana "está alterando cada vez mais o clima do planeta. Esses efeitos somam-se às influências naturais que sempre estiveram presentes na sua história. As evidências científicas mostram que as influências naturais por si sós não explicam a elevação das temperaturas globais na superfície, observadas na segunda metade do século XX"[61].

### 2.1. Erupções de vulcões submarinos (dados históricos)

Havia ainda dúvidas sobre o desaparecimento de muitas espécies ocorrido na época do Cretáceo, período que se estendeu entre 145 a 65 milhões de anos. No entanto, estudos apontam que foram as erupções de vulcões que teriam causado a extinção das espécies naquele período. Tais erupções, contudo, ocorreram há 93 milhões de anos. Os geólogos Steven Turgeon e Robert Creaser, da Universidade de Alberta (Canadá), publicaram estudo na revista *Nature*, demonstrando que as erupções de vulcões submarinos foram as responsáveis pelo aniquilamento de parte da vida oceânica. Tais vulcões estavam localizados no Caribe e com as erupções deram origem às belas ilhas caribenhas, porém causando a extinção em massa da vida marinha. Grande parte dos seres vivos que dominavam o leito marinho na época desapareceu, desde organismos unicelulares até os grandes moluscos. O que de fato causou a extinção desses animais foi o aquecimento global, pois os vulcões submarinos expelem gases de efeito estufa e acabam entrando na atmosfera. Diferentemente dos vulcões terrestres, o submarino não causa o esfriamento da Terra, mas, ao contrário, aquece o oceano. O aquecimento da atmosfera esquentou a superfície dos oceanos. Tal fato impedia que as correntes marinhas levassem oxigênio ao fundo do mar, sufocando-o pela falta de oxigênio. Além disso, as erupções dos vulcões marinhos lançavam nutrientes metálicos que serviam de alimento para o plâncton na superfície. Com a sua morte, o plâncton se decompunha e roubava oxigênio da água à medida que afundava, sobrando pouco oxigênio para os animais do fundo. Havia uma camada fria e outra quente, tornando a circulação oceânica lenta. Essa megaextinção deixou um grande legado para a humanidade, que é o petróleo, formado a partir da decomposição dos animais mortos que se depositaram no leito oceânico[62].

### 2.2. Erupções de vulcões terrestres (dados históricos)

Além da erupção de vulcões submarinos, há também a erupção de vulcões terrestres. Outro dado interessante é o efeito que pode causar a erupção desses vul-

---

61. Kirstin Dow et al., *O atlas da mudança climática*, cit., p. 29.
62. Rafael Garcia, Erupções submarinas causaram megaextinção, *Folha de S.Paulo*, 21 jul. 2008, p. A-16.

cões. Estudo científico demonstra que grandes erupções vulcânicas possuem o efeito de resfriar a Terra ao encher a atmosfera de partículas com enxofre. Realizado por geólogos da Universidade da Califórnia, em Davis, e publicado na revista *EOS*, da União Geofísica dos EUA, esse estudo teve como fundamento a análise dos eventos que seguiram à erupção do vulcão Huaynaputina, no sul do Peru, em 1600. Calcula-se que a erupção do vulcão tenha sido a causa de um inverno recorde em um período de seis séculos. Passados três anos de estudos, os cientistas descobriram uma série de eventos datados de 1601 nos EUA, na Europa e na Ásia que estão ligados ao resfriamento global causado pelo vulcão peruano. O intenso inverno se fez sentir na Rússia, França, Suécia, Japão, Filipinas, Suíça, China, Estônia e Lituânia. Não se imaginava que os geólogos-historiadores conseguissem tantos dados sobre a época estudada para chegar a esta conclusão. Tais estudos servem para demonstrar quanto um vulcão pode causar anomalias climáticas. Trata-se de uma Pequena Era do Gelo com tendência longa de resfriamento registrada na Idade Média causada pela erupção do vulcão peruano. Mais difícil, segundo os cientistas, é demonstrar a mudança climática a longo prazo, ou seja, a mudança climática antropogênica (causada pelo homem)[63].

## 2.3. Protocolo de Kioto: objetivos

O efeito estufa é um dos principais responsáveis pela mudança climática. E os maiores poluidores são os países desenvolvidos, especialmente os EUA e agora a China, país em desenvolvimento. Outros estudos preveem que o aquecimento global poderá aumentar de 5,8 °C em 2100, caso as recomendações contidas no Protocolo de Kioto e outras medidas mais drásticas não sejam implementadas imediatamente. Esse protocolo pretendia obrigar os países industrializados a reduzir 5% dos poluentes até o ano 2012. Como tal documento não foi subscrito pelos principais países, a situação climática mundial se tornará drástica no próximo século. O relatório elaborado pela ONU prevê o aumento da poluição causada pelos EUA, Europa e Japão em 17% até 2010 comparado com 2000. Ainda a título ilustrativo citamos estudo americano publicado recentemente na revista *PNAS* da Academia Nacional de Ciências dos EUA, que diz que o aquecimento global nos últimos trinta anos foi maior do que em todo o resto do século XX. Alerta o cientista James Hansen que, nos últimos trinta anos, o planeta esquentou 0,6 °C, o que eleva para 0,8 °C o total de aquecimento anormal observado no século XX. Isso faz com que a temperatura média atual seja a maior dos últimos 12 mil anos. Um aquecimento de mais de 1 °C seria o maior do último milhão de anos. A última vez que o planeta esteve tão quente foi no Plioceno, há 3 milhões de anos, quando o nível do mar era de 25 metros mais alto que hoje.

---

63. Vulcão provocou inverno devastador do ano 1600, *Folha de S.Paulo*, 14 abr. 2008, p. A-13.

## 2.4. Consequência do verão europeu de 2003

Como podemos ver, a vida é tão sensível à temperatura que esta não poderia ter mudado muito durante a sua presença na Terra. Basta verificar, a título ilustrativo, o verão europeu de 2003, que levou à morte cerca de 35 mil pessoas, idosos em sua maior parte, especialmente na França. A ONU calcula em 70 mil o total das mortes ocorridas naquele verão. Não esqueçamos ainda os danos causados pelo furacão Katrina no Sul dos EUA, em 2005, que ocasionou a morte de mais de 1.800 pessoas e um prejuízo de cerca de US$ 81 bilhões. Temos, além disso, um bom grau de certeza de que o Sol, como todas as estrelas semelhantes, esquenta à medida que envelhece e está agora 25% mais quente do que quando a vida começou[64].

Há inúmeros outros dados, estudos e pesquisas que demonstram as consequências desse aquecimento. Tal fato compromete os recursos ambientais, estimula a migração da população mais pobre e ocasiona conflitos. Tanto é verdade que um grupo de pesquisadores, liderados pelo climatologista Andrew Weaver, da Universidade de Victoria (Canadá), demonstrou o alto preço que a humanidade terá de pagar para frear o aquecimento global. Aludidos pesquisadores realizaram uma projeção, utilizando-se de moderno programa de computador para simular o aquecimento global, incluídos dados não previstos em estudos anteriores. Referido estudo foi publicado na revista *Geophysical Research Letters* (www.agu.org/journals/gl).

## 2.5. Cenários do aquecimento global futuros (2050, 2100 e 2500)

Esclarece ainda tal pesquisa que todo gás carbônico ($CO_2$) emitido pela humanidade permanecerá no ar atmosférico por muito tempo (cerca de 1.800 anos). Pensava-se até então que esse gás ficaria no ar durante cem a quatrocentos anos. O cálculo não levava em conta dados levantados pelos oceanos. Esse novo estudo apresentou três cenários sobre o aquecimento global: a) caso não haja redução de $CO_2$ até 2050, a temperatura aumentará até 2100 em 2,6 ºC e até 2500 em 7,7 ºC; b) havendo redução de 60% até 2050, a temperatura aumentará 2 ºC até 2100; e c) havendo a redução total das emissões até 2050, a temperatura se manteria estável e aumentaria 1,5 ºC até 2500. Já é certo que o aquecimento global médio ultrapasse 1 ºC por volta de 2050 e chegue a 6 ºC até o fim do século. O aquecimento nas latitudes mais altas e nas regiões polares provavelmente será superior às médias globais[65].

Assim, mesmo que cessássemos a emissão total de $CO_2$, o planeta continuaria esquentando. Mencionado estudo levou em consideração as correntes marinhas onde está armazenada grande quantidade de gás carbônico. Com o aquecimento

---

64. James Lovelock, *A vingança de Gaia*, cit., p. 69.
65. Kirstin Dow et al., *O atlas da mudança climática*, cit., p. 36.

global, o gás que estava armazenado no fundo do mar retornaria à superfície, saturando os oceanos, que não conseguiriam captar mais $CO_2$. Tal fato aumentaria ainda mais o aquecimento global. Ou seja, seria necessário afundar a primeira camada do oceano para permitir que o mar continuasse a absorver o gás carbônico. No entanto, os nutrientes de seres vivos que estariam na parte mais funda do mar poderiam trazer mais $CO_2$ à superfície.

Esse novo programa de computador, diz o oceanógrafo brasileiro Álvaro Montenegro, também integrante da equipe de Weaver, calcula exatamente a temperatura que teremos. Basta apenas inserir a quantidade de $CO_2$ que será jogado ao ar[66].

Já é consenso entre os cientistas o rótulo "perigoso" dado ao limite de 2 ºC de aumento da temperatura da Terra. Se a temperatura passar de 2 ºC, o risco de perder a calota de gelo da Groenlândia é iminente, ocasionando o aumento do nível do mar.

Devemos a partir de então eliminar as emissões de gases de efeito estufa, se a humanidade quiser permanecer mais tempo no planeta. O Protocolo de Kioto, nesse contexto, passou a ser inócuo se considerado o limite estabelecido de redução de 5% dos poluentes até 2012 em relação a 1990.

Não há tempo a perder, a venda de carbono também já é página virada. É necessário eliminar as emissões de gases de efeito estufa se quisermos permanecer mais tempo no planeta. Este é o custo da paralisia da humanidade; o descaso dos governantes dos países desenvolvidos. Não foi à toa que os ambientalistas Rajendra Pacauri, presidente do IPCC, e Al Gore, ex-vice presidente dos EUA, receberam o Prêmio Nobel da Paz em 2007.

## 3. ALGUNS IMPACTOS DA MUDANÇA CLIMÁTICA

Não vamos esgotar todas as variáveis da mudança climática, mas apenas aquelas mais importantes em razão de sua complexidade.

A ONU divulgou um levantamento sobre os impactos do aquecimento global causados em 2008. Dos 360 desastres naturais, 259 decorreram diretamente do aquecimento global. O aumento foi de 20% em relação a 2007. No início do século XIX, de acordo com alguns historiadores, dificilmente havia mais de meia dúzia de eventos de grandes proporções em um ano. No total, foram 168 inundações, 69 tornados e furacões e 22 secas que transformaram a vida de 154 milhões de pessoas.

### 3.1. Doenças

A Organização Mundial da Saúde (OMS) comemorou sessenta anos em 2008 e elegeu, no Dia Mundial da Saúde, um tema relevante para debate durante o ano:

---

66. Rafael Garcia, Só corte total de $CO_2$ cura clima pós-2100, *Folha de S. Paulo*, Ciência, 15 out. 2007, p. A-15.

*O impacto do aquecimento global na saúde.* Estima-se que o aumento de 1 °C na temperatura do planeta representa mais de 20 mil mortes por ano. As mudanças climáticas vão piorar a saúde da humanidade — alerta a ONU — e um dos efeitos será o aumento da incidência de doenças, tais como a dengue e a malária. A OMS calcula que em 2080 o número de casos de dengue em todo o mundo pode chegar a 2 bilhões — hoje é de 50 milhões[67].

Outro estudo publicado na revista *The New England Journal of Medicine* pela infectologista Emily Shuman, da Universidade de Michigan, sob o título "Mudanças climáticas globais e doenças infecciosas", alertou que a elevação da temperatura global aumentará o número de epidemias. No ano 2000, a OMS calculou que doenças atribuíveis a mudanças climáticas haviam sido responsáveis pela perda de 188 milhões de anos de vida por morte prematura ou incapacidade física, apenas na América Latina e no Caribe.

Estes estudos demonstram que a mudança climática é uma realidade que não podemos menosprezar.

### 3.2. Antártida

Cientistas brasileiros e americanos vêm pesquisando o comportamento da Antártida e constataram a sua diminuição.

### 3.2.1. Alguns estudos sobre o degelo na Antártida

Não só na saúde da humanidade se fazem sentir esses impactos, mas também no meio ambiente. Vejamos. O grupo de Son Nghiem, do Laboratório de Propulsão a Jato (JPL) da NASA, usou o satélite QuickScat para medir o acúmulo de neve no continente Antártico de 1999 a 2005 e verificou que grande quantidade de neve se derreteu no verão de 2005 e depois se solidificou em forma de gelo. O receio é que haja rachaduras nas geleiras, e o escoamento da água poderá servir como lubrificante e aumentar a velocidade do degelo. Se isso ocorrer, o nível global dos oceanos poderá aumentar em vários metros. Registre-se, ademais, que o Serviço Antártico Britânico usou imagens de radar para monitorar a Península Antártica entre 1993 e 2003 e constatou a rapidez com que as massas continentais de gelo estão escorregando em direção aos oceanos, aumentando em 12% no período. O glaciologista David Vaughan publicou estudo na revista *Journal of Geo-physical Research* sustentando que o aumento do nível do mar causado pelo aquecimento global deverá ocorrer mais rapidamente do que se imaginava. Tal estudo se baseou na análise de 300 geleiras

---

67. Aquecimento global agrava epidemias, afirma OMS, *Folha de S.Paulo*, 8 abr. 2008, p. A-10.

durante dez anos[68]. Pesquisador brasileiro também analisou 30 geleiras da Península Antártica entre 2001 e 2005 e constatou a perda de 4 mil metros quadrados de áreas com gelo por ano. Glaciólogos esperavam o derretimento, mas não tão intenso. A temperatura média da região subiu cerca de 5 ºC no último meio século[69]. Em 2008, a Perito Moreno — geleira da Patagônia —, que tem quase o tamanho de Buenos Aires, rompeu-se pela primeira vez naquele inverno. Os glaciares da região tiveram redução de 10% a 20% da área nos últimos anos. Cerca de cem geleiras encolheram na Argentina, Chile, Itália, Espanha e Suíça[70].

Pesquisas realizadas por cientistas da Universidade Estadual da Pensilvânia afirmaram que daqui a alguns séculos, provavelmente, uma faixa enorme do manto de gelo da Antártica Ocidental terá desaparecido em decorrência do derretimento de centenas de trilhões de toneladas de gelo, causando uma elevação de mais de um metro no nível do mar. Algumas geleiras gigantes já ultrapassaram o ponto de retorno, possivelmente causando uma reação em cadeia que poderá levar ao fim do manto de gelo. Mesmo que se controle o aquecimento global, o estrago já ocorreu. Geleiras menores de grande altitude não constituem ameaça grave, mas as geleiras das montanhas, sim. Essas conclusões são tiradas de estudos efetuados por cientistas de todo o mundo. Eles afirmam que o derretimento continuará à medida que houver aumento do gás carbônico na atmosfera[71].

Pesquisadores elaboraram um trabalho sobre a taxa de derretimento de gelo da baía do mar de Amundsen, localizada na porção oeste do continente antártico, e constataram o seu sensível aumento nas últimas décadas. Pelas estimativas de cientistas americanos, britânicos e holandeses, o derretimento é estimado numa média de 83 bilhões de toneladas por ano nos últimos 21 anos — de 1992 a 2013 — e contribuiu para elevar em 5 mm o nível do mar. Isso equivale a 240 edifícios como o *Empire State*, em Nova York. A espessura do gelo é medida por radar e por *laser* via satélite. Referido trabalho foi aceito para publicação na revista especializada *Geophysical Research Letters*, da União Geofísica Americana (AGU)[72].

### 3.2.2. Situação de algumas plataformas de gelo

Um *iceberg* com área equivalente a um terço da cidade do Rio de Janeiro se desprendeu em tempo recorde na Península Antártica. Trata-se da plataforma de

---

68. Degelo acelera 12% em terras da Antártica, *Folha de S.Paulo*, 6 jun. 2007, p. A-16.

69. Península Antártica sofre degelo rápido, *Folha de S.Paulo*, Ciência, 1º out. 2007, p. A-14.

70. Thiago Guimarães, Lei que protege geleiras na Argentina pode cair depois de veto presidencial, *Folha de S.Paulo*, Ciência, 2 dez. 2008, p. A-16.

71. Kenneth Chiang, Caminho sem volta, *The New York Times*, *Folha de S.Paulo*, 3 jun. 2014, p. 1 e 4.

72. Derretimento de gelo antártico quase triplica entre 1992 e 2013, *Folha de S.Paulo*, Saúde+Ciência, 6 dez. 2014, p. 7.

gelo Wilkins, com 16 mil quilômetros quadrados (mais de dez vezes a área do município de São Paulo). E está ligada à península por uma fina faixa de gelo e vai desintegrar-se totalmente, após sua separação completa. Pesquisadores do Serviço Antártico Britânico (BAS) e do Centro Nacional de Dados de Gelo e Neve dos EUA começaram a ver a plataforma rachar entre a última semana de fevereiro e a primeira de março de 2008, com base em imagens dos satélites Aqua e Terra da NASA (Agência Espacial dos EUA). Já no final daquele mês, um *iceberg* de 41 quilômetros de comprimento por 2,5 quilômetros de largura se soltou, dando início à desintegração rápida. Wilkins é a maior plataforma da Península Antártica e foi a região que mais esquentou no último século (entre 2 ºC e 3 ºC). Essa plataforma ficou estável durante 1.500 anos. Várias plataformas de gelo naquela região sofreram retração nos últimos 30 anos. Seis delas se desintegraram: o Canal do Príncipe, a Worse, a Muller, a Jones, a Larsen A e a Larsen B. Esta última levou 35 dias para se esfacelar completamente, após o seu desprendimento da península. Cientistas imaginavam que a Larsen B ficaria estável por um século. Como a plataforma está flutuando, ela não elevará o nível do mar. A questão é que ela serve de barragem para conter o escoamento de geleiras continentais que nela desembocam. Estas sim têm o potencial de elevar o nível do oceano. Tal fato acontece em razão do aquecimento global[73].

Outro fato relevante, flagrado pela NASA, via satélite, foi o desprendimento de um iceberg de 33 km de comprimento (seis vezes maior que a ilha de Manhattan, em Nova York), que se separou em novembro da geleira ilha Pine, na Antártida, e flutua agora para zona navegável em alto-mar[74].

### 3.2.3. Monitoramento das plataformas

O satélite Envisat, da Agência Espacial Europeia, vem monitorando a plataforma de gelo no oeste da Antártida e constatou o rompimento da plataforma Wilkins, oito vezes maior que a cidade de São Paulo. Agora, é questão de tempo até que ela termine de se esfacelar. A ponte de gelo possuía 40 km de extensão por 2,5 km de largura. Cientistas britânicos descobriram que a plataforma já havia perdido cerca de 15% de seus 16.000 km² de extensão original. Sua quebra decorreu do aumento excessivo da temperatura na região nos últimos 50 anos — de até 3 ºC contra 0,7 ºC da média global em todo o século XX. A próxima plataforma que irá se esfacelar é a Larsen C, diz o glaciologista Jefferson Simões, da Universidade Federal do Rio Grande do Sul. Essas plataformas — bancos de gelo flutuantes presos ao continente — não ocasionarão o aumento imediato do nível do mar. Elas servem apenas de

---

73. Plataforma de gelo está "por um fio", diz cientista, *Folha de S.Paulo*, 26 mar. 2008, p. A-17.
74. Você viu? *Folha de S.Paulo*, Saúde+Ciência, 25 abr. 2014, p. C-8.

barragem ao escoamento de geleiras continentais. Estas, sim, têm o poder de aumentar o nível do oceano[75].

Cientistas da agência espacial NASA descobriram uma rachadura com até 280 metros de largura e 60 metros de profundidade. A fissura estende-se por 29 km na geleira da ilha Pine, na Antártida, e deve dar origem a um *iceberg* de 880 km². A observação da rachadura foi feita em voos de investigação realizados em outubro de 2011 pela equipe da *Ic Bridge*. Apesar de impressionante, os pesquisadores afirmam que o fenômeno faz parte do "processo natural das geleiras"[76].

### 3.2.4. Fenômeno interessante

Fato interessante é o que pesquisadores descobriram na Antártida, recentemente. Eles perceberam que, em certas regiões mais remotas, o gelo que recobre o continente cresce de baixo para cima e não de cima para baixo. Este estudo foi feito por Robin Bell e seus colegas da Universidade Columbia (EUA) e publicado na revista americana *Science*. Eles pretendiam entender a dinâmica da grossa camada de gelo que recobre o interior do continente antártico. A lógica, dizem eles, era imaginar que a camada fica mais grossa conforme a neve que cai vai se acumulando e se congelando em cima do gelo mais antigo. Isso ocorre de fato, mas outro componente interfere nesse processo, que é a água que fica no fundo dessa capa. Pergunta-se: água em estado líquido? A resposta é positiva. Pois antigos leitos de rio continuam correndo como água corrente. E, dependendo do relevo onde o manto de gelo está, e também de outros fatores, essa água pode acabar congelando. Com isso, a camada de gelo aumenta ainda mais[77].

Os mantos de gelo da Antártida e da Groenlândia lideram o degelo e serão os maiores responsáveis pela elevação do nível do mar em um metro até 2100. Esta conclusão foi feita por cientistas dos EUA e da Holanda que afirmaram que a Groenlândia e a Antártida perderam juntas, em 2006, 475 bilhões de toneladas de gelo, contra 402 bilhões nas geleiras de todas as montanhas da Terra somadas. Jefferson Simões, da Universidade Federal do Rio Grande do Sul, afirma que é difícil prever o comportamento dos mantos de gelo, pois a Antártida "emagreceu" na sua porção oeste, mas "engordou" na leste. Na Groenlândia, há geleiras que recuaram 20 km em quatro anos e outras aumentaram. Seja como for, o avanço do degelo é claro[78].

---

75. Outra plataforma quebra na Antártida, *Folha de S.Paulo*, Ciência, 7 abr. 2009, p. A-14.

76. Nasa descobre rachadura gigante em geleira e monitora formação de *iceberg*, *Folha de S.Paulo*, Ciência, 4 nov. 2011, p. C-13.

77. Glaciologia, Camada de gelo da antártica cresce de baixo para cima, afirma estudo, *Folha de S.Paulo*, Ciência, 6 mar. 2011, p. C-17.

78. Antártida e Groenlândia já lideram degelo, *Folha de S.Paulo*, Ciência, 11 mar. 2011, p. C-13.

## 3.2.5. Antártida *versus* Ártico

Estudos mostraram que os dois polos do planeta vivem situações distintas. Enquanto no Norte o gelo derrete vertiginosamente, na Antártida algumas regiões tiveram até um aumento. Um paradoxo que intrigou cientistas e serviu de argumento para aqueles que negam o aquecimento global da Terra. O cenário de um planeta mais quente está produzindo respostas muito sensíveis nos dois polos, algumas até conflitantes. Mas são fenômenos interligados, explica Francisco Aquino, chefe do departamento de Geografia da UFRGS e especialista em Antártida[79].

## 3.3. Ártico

O impacto do aquecimento global pode ser percebido em toda parte, mas não há nada mais explícito do que a redução das geleiras e do Ártico.

### 3.3.1. Alguns estudos sobre o degelo no Ártico

Tal fato foi constatado pelo grupo de Son Nghiem, do Laboratório de Propulsão a Jato (JPL) da NASA, que, utilizando-se do satélite QuickScat, realizou pesquisa no Ártico entre 1998 e 2008 e verificou uma redução da superfície de gelo durante o verão de 26% superior ao normal. A média nas duas últimas décadas, embora já indicasse uma diminuição anormal, havia sido de 4%. Diz ele que o processo observado no Ártico revela que, devido ao aquecimento global, a região pode estar próxima do chamado "ponto de virada" — movimento em que o processo não pode mais ser revertido[80].

Alertam os cientistas do Centro Nacional de Dados sobre Gelo e Neve dos EUA que o gelo marinho do Ártico atingiu no dia 17 de agosto de 2007 sua menor extensão já registrada. É o valor mais baixo desde que a medição teve início em 1970, com a ajuda de satélites. O mínimo registrado era de 5,32 milhões de quilômetros quadrados, em 2005; em agosto de 2007 estava em 5,26 milhões de quilômetros quadrados. Em setembro de 2007, havia 4,28 milhões de quilômetros quadrados de gelo. Ao aplicar as taxas médias para as condições atuais (2008), no final deste verão haverá 3,59 milhões de quilômetros quadrados. Se as taxas forem como as de 2007, restarão apenas 2,22 milhões de quilômetros quadrados[81]. O Centro Nacional de Dados sobre

---

79. Giuliana Miranda, Clima global explica aumento de gelo na costa da Antártida, *Folha de S.Paulo*, Ciência+Saúde, 23 mar. 2014, p. C-10.

80. Gustavo Faleiros, Calor absorvido quadruplica no Ártico, *Folha de S.Paulo*, Ciência, 11 mar. 2009, p. A-13.

81. Afra Balazina, Polo Norte pode ficar sem gelo em 2008, diz cientista, *Folha de S.Paulo*, 13 maio 2008, p. A-17.

o Gelo e Neve dos EUA — sigla em inglês NSICD — encerrou o monitoramento do gelo marinho no Ártico, no verão de 2008, e registrou 4,52 milhões de quilômetros quadrados. A previsão não se confirmou, mas serve como um alerta para as próximas décadas[82]. No final de agosto de 2012, novo monitoramento foi realizado e apurou um novo recorde na extensão do gelo marinho de verão. O gelo atingiu 4,1 milhões de quilômetros quadrados, a menor medida feita por satélite desde que esse tipo de dado começou a ser recolhido no fim dos anos 1970[83]. Outro monitoramento realizado em 2011 pelo mesmo Centro Nacional da NASA mostrou que a extensão do gelo marinho no inverno chegou a 14,4 milhões de km² no final de março. Este valor é semelhante ao constatado em 2006, que teve a menor extensão máxima registrada de gelo no inverno. Estudo da Agência Nacional de Oceanos e Atmosfera dos EUA — NOAA — mostrou que, entre 2003 e 2008, boa parte do gelo mais grosso (de 3m de espessura) foi substituída por gelo mais fino. E a perda da cobertura de gelo, nesse período, comprometeu o efeito isolante do oceano Ártico[84]. Novo estudo realizado pelo Projeto de Monitoramento e Avaliação do Ártico — AMAP —, sediado em Oslo, concluiu que a velocidade do aquecimento global no Ártico é duas vezes maior que a média global e deverá elevar o nível do oceano até 1,6 metro em 2100, ampliando as estimativas feitas alguns anos atrás pelos cientistas. Apesar de se tratar de um evento lento, ele deve trazer consequências devastadoras para as cidades costeiras (em Bangladesh, Vietnã e China, por exemplo)[85].

O gelo Ártico é fator de manutenção do clima global. A diferença do ar frio dos polos e o ar quente do Equador coloca em marcha as correntes marinhas e os ventos. Este gelo ajuda a manter o frio no polo Norte, pois reflete a radiação solar de volta ao espaço. Este gelo, como se vê, ajuda a manter o equilíbrio térmico do Ártico, pois reflete 80% da luz do sol. A diminuição do gelo faz com que as radiações sejam absorvidas pelo oceano, elevando ainda mais a temperatura da região. Segundo o relatório do IPCC, o Ártico poderá ficar sem gelo em 2070 a 2100. Mark Serreze, cientista do centro de pesquisas americanas, disse que, se for mantida essa taxa anual, o Ártico poderá ficar sem gelo em 2030[86]. Tanto é verdade que o nível do mar está

---

82. Gelo marinho Ártico é o 2º menor da história, *Folha de S.Paulo*, 17 set. 2008, p. A-18.

83. Reinaldo José Lopes, Mudança no gelo do mar do Ártico veio para ficar, *Folha de S.Paulo*, Ciência+Saúde, 8 set. 2012, p. C-7.

84. Claudio Angelo, Sumiço de gelo no Ártico chega perto de novo recorde, *Folha de S.Paulo*, Ciência, 5 abr. 2011, p. C-13.

85. Aquecimento ártico pode fazer mar subir 1,6 metro neste século, *Folha de S.Paulo*, Ciência, 4 maio 2011, p. C-13.

86. Gelo marinho ártico chega à menor extensão já vista, *Folha de S.Paulo*, 20 ago. 2007, p. A-15, e Oceano Ártico terá verão sem gelo em 2050, diz relatório da ONU, *Folha de S.Paulo*, Ciência+Saúde, 26 set. 2013, p. C-9.

subindo duas vezes mais rápido do que há 150 anos e as emissões de gases poluentes são as principais responsáveis. Tal fato pode ser constatado pelo aumento do nível nas costas ao redor do mundo em torno de dois milímetros ao ano, comparado com dados de 1850, cujo aumento estava em torno de um milímetro. Esses estudos foram publicados na revista científica americana *Science*. As amostras foram extraídas de escavações a 500 metros de profundidade na costa de Nova Jersey.

Um imenso bloco de gelo se desprende do norte do Canadá. Esse bloco tinha aproximadamente 18 quilômetros quadrados e se rompeu próximo da ilha de Ellesmere que fazia parte da plataforma Ward Hunt. O cientista da Universidade de Trent (Canadá), Derek Mueller, é cauteloso ao se referir ao aquecimento global, mas disse que não há como separar o evento registrado no norte do Canadá do aumento da temperatura global. O clima no Ártico está diferente. Disse ele que "o evento é consistente com a teoria de que as plataformas de gelo não estão sendo reconstituídas". O Canadá possui seis grandes plataformas de gelo no Ártico[87]. No Alasca, por exemplo, as temperaturas médias do inverno aumentaram 4 °C nos últimos cinquenta anos, a paisagem se modificou por completo. A camada de gelo que cobre o mar desapareceu em algumas regiões. No passado, 10 milhões de quilômetros quadrados do Oceano Ártico permaneciam congelados durante o verão. Hoje, segundo estudos do *Artic Climate Impact Assessment*, a área congelada é pelo menos 30% menor.

Estudo divulgado nos EUA mostrou que 90% do Ártico estão cobertos por uma camada de gelo jovem, ou seja, fino e frágil. Essa taxa, em anos anteriores, estava em 30%, apenas 10% do gelo da região tinha na primavera de 2009 mais que dois anos de vida, afirmaram cientistas da Agência Espacial Americana — NASA e do Centro Nacional de Informações sobre Gelo e Neve — NSIDC, do Colorado. A pouca idade significa pouca espessura. Por ser jovem e frágil, o gelo do Ártico poderá derreter com muita facilidade no verão[88]. Volume de gelo no Ártico nunca foi tão baixo, e cientistas preveem polo derretido no verão de 2050. O descongelamento, como assinalamos, deixou aberta a Passagem Noroeste, conjunto de rotas marítimas entre o Atlântico e o Pacífico que passam pelo Ártico[89].

### 3.3.2. *Permafrost* no continente siberiano

Especialistas em ecossistemas árticos encontraram fósseis de mamutes e de outros animais pré-históricos após o degelo da Sibéria. A mudança climática está derretendo o *permafrost* e trazendo à tona restos mortais desses animais. *Permafrost* é

---

87. Clima — Bloco de gelo gigante se solta no Canadá, *Folha de S.Paulo*, 31 jul. 2008, p. A-15.
88. Gelo fino cobre 90% do Ártico, afirma estudo, *Folha de S.Paulo*, Ciência, 7 abr. 2009, p. A-14.
89. Claudio Angelo, Camada finíssima, *Folha de S.Paulo*, Ciência, 29 ago. 2011, p. C-9.

a camada do solo permanentemente congelada do Ártico. Zimov, o cientista-chefe da estação científica do nordeste da Academia Russa de Ciências, estuda as mudanças climáticas do Ártico há mais de trinta anos e constatou que, à medida que os restos mortais são expostos ao ar, pode ocorrer aceleração do aquecimento global. Além disso, o aparecimento da matéria orgânica desses animais, que estava congelada, começa a entrar em decomposição, e as bactérias voltam a se proliferar. Tal fenômeno ocasiona a liberação de gás carbono ($CO_2$), além de emitir gás metano ($CH_4$), contribuindo ainda mais para o aquecimento global. Na região nordeste da Sibéria, há uma área de *permafrost* onde viveram os mamutes, a qual cobre uma área equivalente às da França e Alemanha somadas. Há ainda outras áreas de *permafrost* na região da Sibéria. Diz Zimov que os depósitos de matéria orgânica nesses solos são tão gigantescos que eles apequenam as reservas mundiais de petróleo.

Dados apresentados pelo IPCC informaram que a humanidade emite 7 bilhões de toneladas de carbono por ano[90] e as áreas de *permafrost* contêm 500 bilhões de toneladas de carbono, que podem rapidamente se converter em gases-estufa.

Relatório publicado em junho de 2007 pelas Nações Unidas esclarece não haver sinais de derretimento disseminado do *permafrost* que possa antecipar rapidamente o aquecimento global, mas o aponta como ameaça potencial que pode representar no futuro. Sustenta que a camada superior do *permafrost* possui mais carbono orgânico do que a atmosfera[91].

Mais de 40 cientistas da Rede de Carbono do *Permafrost*, liderada por Edward Schuur e Benjamin Abbott, afirmaram, em artigo publicado na revista científica *Nature*, que a quantidade de gases-estufa liberadas até 2100 pelo derretimento do *permafrost* poderá ser até cinco vezes maior do que se imaginava. Esses gases, como vimos, são ricos em metano, que tem um alto poder de multiplicar o aquecimento global[92].

### 3.3.3. *Permafrost* na plataforma marinha siberiana

O grupo liderado pelos russos Natalia Shakhova e Igor Semiletov, da Universidade do Alasca em Fairbanks e da Academia Russa de Ciências, afirmou que metade das águas do mar do leste da Sibéria está supersaturada de metano em sua superfície. Há pontos cuja concentração de gás é cem vezes maior que a esperada, noutros até mil vezes. No verão, quando o mar descongela, o gás escapa para a at-

---

90. Novas pesquisas constataram que a humanidade lança na atmosfera quase 29 bilhões de toneladas de $CO_2$ contra 21 bilhões em 1990, o que ultrapassou as previsões mais pessimistas do IPCC (*Folha de S.Paulo*, 6 dez. 2009, p. 3).

91. Dimity Solovyov, A vingança do mamute, *Folha de S.Paulo*, Caderno Mais, 23 set. 2007, p. 9.

92. Giuliana Miranda, Degelo de solo ártico eleva risco climático, *Folha de S.Paulo*, Ciência, 1º dez. 2011, p. C-11.

mosfera em bolhas, tão numerosas que podem ser detectadas por microfones na água. Tal fenômeno foi mapeado entre 2003 e 2008, durante várias expedições ao mar do leste siberiano, numa região de dois milhões de quilômetros quadrados. A quantidade de metano saindo da Plataforma Ártica Leste-Siberiana é comparável ao total que sai de todos os oceanos da Terra. Este gás vem de vários depósitos de *permafrost*, ou solo congelado, abaixo do leito marinho. O solo possui resquícios da Era do Gelo, rico em matéria orgânica, que, ao se decompor, libera metano. A liberação deste gás estocado no fundo do mar poderá provocar um aquecimento global descontrolado, com consequências catastróficas. O *permafrost*, dizem os cientistas, serve como uma tampa para o gás que fica aprisionado na forma de compostos estáveis. A tampa de *permafrost* está perfurada e o aquecimento das águas árticas nas últimas décadas está acelerando o processo de degradação do *permafrost*. O derretimento deste solo lança ao ano oito milhões de toneladas de metano no ar. À medida que o aquecimento se intensifica, o vasto estoque de metano siberiano pode parar na atmosfera, provocando um *feedback* positivo — aquecimento causando mais aquecimento. O geoquímico alemão Martin Heimann, do Instituto Max Planck, em Jena, elogiou o trabalho do grupo, que chamou de "evidência convincente" em comentário na *Science*. Disse ele ainda que é cedo para afirmar se o processo decorre da lenta erosão do *permafrost* ou se, de fato, foi disparado pelo aquecimento global[93].

Seja como for, é mais um dado a se somar aos demais já colhidos.

## 3.4. Groenlândia

Groenlândia é uma ilha de gelo e está localizada no Ártico. Trata-se da maior ilha de gelo do mundo e, se viesse a derreter por inteiro, seria capaz de aumentar o nível do mar em 7 metros no globo. Ela possui cerca de 3 milhões de km³ de gelo. É a segunda maior reserva de água doce do planeta depois da Antártida.

A NASA vem monitorando a ilha regularmente e constatou o seu derretimento. Um grupo de cientistas utiliza um avião chamado de Lockheed P-3 e realiza medição da perda anual de água no manto da ilha. Este avião contém o maior conjunto de instrumentos para tal finalidade, tais como: radar de neve, ATM (Mapeador Topográfico Aerotransportado), DMS (Sistema de Mapeamento Digital), GPS e navegador inercial, gravímetro, magnetômetro, radar de penetração de solo, dentre outros radares, altímetros a laser etc. Num voo de oito horas, o equipamento pode bater até 15 mil fotografias. Estes instrumentos são capazes de medir a elevação da superfície com uma precisão de 10 cm. Com estes dados, é possível verificar o emagrecimento do manto.

---

93. Claudio Angelo, Mar da Sibéria borbulha com metano, diz estudo, *Folha de S.Paulo*, Ciência, 5 mar. 2010, p. A-18.

A principal causa desse derretimento é o denominado "moulin". Verifica-se, pelo avião, uma mancha azulada na imensidão branca há 5.000 metros abaixo por onde a água corre no verão. É a calota polar que derrete mais rápido do mundo, pois o "moulin" leva a água do degelo da superfície até a base no manto. Em plena primavera e a temperatura de 28 °C negativos, não deveria haver degelo naquele lugar. Sua causa é o aquecimento global.

O IPCC havia calculado um aumento do nível do mar de 60 cm no fim do século por causa do degelo das geleiras polares. Registre-se, contudo, que o relatório do painel foi escrito na época em que o degelo das geleiras da Groenlândia começou a acelerar fortemente. Estudos, por outro lado, constataram que a ilha perde 250 bilhões de toneladas de água por ano. Isso corresponde à elevação de cerca de meio milímetro do nível do mar anualmente. Se for mantido este patamar, o nível poderá aumentar em 1 metro até o ano 2100. Não é possível prever o que vai acontecer daqui a 30 anos, conforme o geofísico alemão Michael Studinger, um dos chefes da operação da NASA. Os instrumentos utilizados no avião detectaram rebaixamentos em 16 de 25 geleiras avaliadas. Algumas afinaram mais de 30 metros entre 2009 e 2010[94].

Ainda segundo a NASA, a Groenlândia, mesmo no verão do hemisfério Norte, teve um derretimento acelerado e praticamente desapareceu a camada superficial da ilha no mês de julho de 2012, algo que não era registrado havia 30 anos. A superfície de gelo da ilha chegou a diminuir 97% no início do mês[95].

Estudo publicado na revista americana *Science* revelou que o degelo das camadas polares aumentou o nível do mar em 55 milímetros nas duas últimas décadas. Isso corresponde a 20% da elevação das águas dos oceanos registrada até agora. Equipe internacional de cientistas divulgou, no dia 29 de novembro de 2012, que a Groenlândia e a Antártida perdem atualmente, em conjunto, três vezes mais gelo do que nos anos 1990, fazendo com que sua contribuição à elevação do nível dos mares tenha crescido de 0,27 para 0,95 milímetros ao ano. Houve uma perda do manto de gelo de 4 trilhões de toneladas nas últimas duas décadas. Cerca de dois terços dos degelos ocorreram na Groenlândia, e o restante, na Antártida, de acordo com imagens de satélite da Agência Espacial Norte-Americana — NASA e da Agência Espacial Europeia — ESA. Esta última estimativa situa-se dentro da escala estabelecida pelo Painel Intergovernamental sobre Mudanças Climáticas (IPCC), no relatório publicado em 2007. O resultado é compatível com o cenário do aquecimento glo-

---

94. Claudio Angelo, No Ártico com a NASA, *Folha de S.Paulo*, Ciência, 24 abr. 2011, p. C-12 e C-13.

95. Camada superficial congelada da Groenlândia tem superdegelo, *Folha de S.Paulo*, Saúde+Ciência, 27 jul. 2012, p. C-11.

bal. A estimativa é duas vezes mais precisa do que a apresentada pelo IPCC em seu último relatório, com a inclusão de mais dados de satélite. O trabalho reuniu 47 cientistas de 26 laboratórios e cruzou informações coletadas por dez satélites, usando quatro técnicas diferentes[96].

Como se vê, o aquecimento global é o viés mais preocupante desta conjuntura climática.

### 3.5. Correntes marinhas

Outra questão constatada em estudo oceanográfico publicado na revista inglesa *Nature* é a perda de 30% da força das correntes do Atlântico responsáveis pela harmonia climática planetária. Tais correntes têm por condão evitar o esfriamento das águas do mar em decorrência do degelo das calotas polares. Pesquisadores afirmam que essas correntes estão mais fracas do que em 1957 e não se trata de mera variação, mas de uma tendência. Caso esta se concretize, a temperatura média poderá reduzir-se em 4 °C no noroeste da Europa. De acordo com o aludido estudo, se esse movimento se acentuar, a cidade de Londres, por exemplo, poderá entrar na era glacial, pois os movimentos das correntes do Golfo do México são os principais responsáveis pela manutenção dessa harmonia. Registre-se ainda que estudos da agência ambiental da União Europeia esclareceram que a Terra esquentou em média 0,7 °C no período de vinte anos, enquanto em trinta e duas nações europeias a temperatura média aumentou em 0,95 °C.

Cientistas, por intermédio de outro estudo publicado na revista *Nature Geoscience*, realizaram pesquisas na Antártica e descobriram uma corrente de movimento rápido no oceano profundo com volume aproximado de 40 rios Amazonas que poderá ajudar no monitoramento dos impactos das mudanças climáticas sobre os oceanos. A corrente é parte fundamental de um padrão de circulação oceânica que ajuda a encontrar o clima do planeta. Ela é a mais rápida do oceano profundo encontrada até hoje, com velocidade de 20cm por segundo, e transporta mais de 12 milhões de metros cúbicos por segundo[97].

### 3.6. Glaciares

Pesquisas confirmaram ainda que o aquecimento global chegou às partes mais altas do planeta, tais como nos glaciares do Alasca, dos Andes e de outras regiões, além

---

96. Degelo da Groenlândia e da Antártida causa 20% da elevação do nível do mar, revela estudo, www.uol.com.br, acesso 30 nov. 2012, e Rafael Garcia, Derretimento afeta quase todos os supermantos de gelo, *Folha de S.Paulo*, Ciência+Saúde, 30 nov. 2012, p. C-11.

97. *Folha de S.Paulo*, 28 abr. 2010, p. A-17.

das geleiras da Cordilheira do Himalaia, onde se localiza o Monte Everest. Ela possui uma extensão de 2.500 quilômetros e atravessa cinco países asiáticos (China, Índia, Nepal, Butão e Paquistão). É conhecida por suas montanhas cobertas de neve. A cordilheira é responsável pelo abastecimento de água para uma população de 1,3 bilhão de pessoas. No verão, parte do gelo (15 mil glaciares) se derrete e corre pelos principais rios da região e, no inverno, as nevascas repõem o gelo derretido. Esse ciclo, contudo, vem se alterando, conforme se comprova com o relatório apresentado pelo ICIMOD — centro de pesquisas dos países da região em parceria com a ONU. Esclarece citado relatório que os glaciares vêm encolhendo em velocidade acelerada entre 10 e 60 metros por ano. Na China, 5,5% deles já desapareceram nas últimas quatro décadas. Esses dados foram colhidos ao longo dos quarenta anos, e grande parte dos glaciares do Himalaia poderá desaparecer até 2035. A neve que cai não é suficiente para repor o gelo que se derrete, diz o geólogo Richard Alley, da Universidade do Estado da Pensilvânia, nos EUA, especialista em glaciares. Caso se confirme o derretimento acelerado dos glaciares, dois tipos de catástrofe poderão ocorrer: a) inundações de cidades que margeiam os rios, provocando pequenos *tsunamis*; e b) diminuição do volume de água nos rios, deixando 500 milhões de pessoas sem água. Interessa ressaltar que a temperatura sobe mais nos pontos mais altos do planeta, seja no Himalaia, seja nos Andes, seja na África, diz o glaciologista Lonnie Thompson, da Universidade do Estado de Ohio. Tal fato se dá pelo calor emanado dos oceanos que alcançaria a troposfera, justamente onde se encontram os picos gelados (nas altas montanhas do Tibete e do Himalaia, por exemplo). Essas pesquisas mostram que a temperatura sobe mais nas partes mais altas da montanha do que em sua base. Outro exemplo é a diminuição da neve no topo do célebre Monte Kilimanjaro, na Tanzânia[98]. Dado mais alarmante é o desprendimento de uma superfície de 29 km² do glaciar Petermann, na Groenlândia, ocorrido em julho de 2008. A perda da geleira equivale à metade da ilha de Manhattan[99]. Caso a camada de gelo da Groenlândia, que chega a 3,2 quilômetros de espessura em alguns pontos, derreta por completo, o nível do mar atingirá 7 metros. Cidades como Recife e Parati precisariam de diques de 8 metros de altura para sobreviver, por exemplo[100].

## 3.7. Geleiras

O cientista Andrés Rivera, do Centro de Estudos Científicos da cidade de Valdivia, no Chile, constatou que a geleira San Rafael, na Patagônia chilena, rema-

---

98. Leoleli Camargo, Aquecimento nas alturas, revista *Veja*, edição 2019, ano 40, n. 30, p. 116-8, 1º ago. 2007, p. 116-8.
99. *Folha de S.Paulo*, 23 ago. 2008, p. A-27.
100. O começo do fim, revista *Opinião*, cit., p. 24.

nescente da última era glacial, perdeu 12 quilômetros nos últimos 136 anos. O principal responsável por esse retrocesso foi o aquecimento global, que também vem atingindo outros ambientes com neve no Chile. Referida geleira nasce nos Campos de Gelo Norte com cerca de 4.200 quilômetros quadrados e termina num paredão de gelo banhado pelas águas da Lagoa San Rafael. Ela está localizada a 1.600 quilômetros ao sul de Santiago e foi descoberta em 1575. Essa lagoa depende do fluxo das marés do Oceano Pacífico, e está ligada ao mar por vários canais, contribuindo para a diminuição da geleira. Tal fato foi constatado por meio de comparação com uma litografia feita em 1871 por uma expedição militar, servindo como referência para a medição. Percebe-se, na comparação, que a frente da geleira perdeu 12 km lineares. Encontram-se na Cordilheira dos Andes 76% das geleiras da América do Sul, cobrindo uma superfície de 20 mil quilômetros quadrados. Nos períodos de estiagem, o gelo serve como reserva de água para o consumo humano. Especialistas convocados pela ONU apresentaram relatório sobre os motivos do aumento da temperatura e comprovaram que a atividade humana é o principal responsável pelo aquecimento global com 90% de certeza. Este documento ainda aponta um aumento de temperatura na ordem de 1,1 e 6,4 graus Celsius até 2100[101].

Estudo divulgado pelo Programa de Ambiente das Nações Unidas (PNUMA) constatou que as principais geleiras da Europa estão derretendo bem mais rápido do que o esperado. Coletaram-se dados de 30 geleiras em nove montanhas diferentes, e os números mostraram que a taxa de derretimento, comparando com 2005 e 2006, mais do que dobrou. No primeiro período, constatou-se que a diminuição média foi de meio metro; no período mais recente chegou a 1,5 metro. Nos Alpes e nos Pirineus, na região da Escandinávia, as coletas são preocupantes. A geleira de Breidalblikkbrea, na Noruega, regrediu 3,1 metros em 2006 em relação a 2005 — 30 centímetros. A geleira de Ossoue, por exemplo, que havia perdido 2,7 metros em 2005, teve uma queda agora de 3 metros[102].

Novo estudo sobre o impacto do aquecimento global constatou que as geleiras do Himalaia encolherão, diminuindo a quantidade de água que abastece rios, mas nem todas as áreas serão afetadas. Secas poderão liquidar agricultura irrigada que alimenta 60 milhões de pessoas. A previsão apresentada em painel da ONU era pior[103].

O aquecimento global leva ao derretimento de geleiras no pico de Huayna Potosí, Bolívia, permitindo que montanhistas encontrem pistas sobre os mistérios de

---

101. Disponível em: <http://www.uol.com.br>, acesso em: 6 nov. 2007.
102. Diminuição de geleiras bate recorde, diz Nações Unidas, *Folha de S.Paulo*, 17 mar. 2008, p. A-18.
103. Rafael Garcia, Estudo revê impacto de degelo na Ásia, *Folha de S.Paulo*, Ciência, 11 jun. 2010, p. A-16.

acidentes ocorridos nas últimas décadas, tais como: fuselagens destroçadas, pedaços de asas e hélices de décadas atrás. Em novembro, foi encontrado o corpo congelado de Rafael Benjamin Pabón, piloto de 27 anos cujo Douglas CD-6 se chocou contra a face norte da montanha em 1990. Enquanto isso, o aquecimento leva o gelo e a neve a derreter, descortinando os segredos das geleiras. Essa tendência está continuando em muitas regiões, como reitera Gerald Holdsworth, glaciologista do Instituto Ártico da América do Norte, em Calgary, Alberta. Algumas descobertas acrescentaram pistas relevantes à história das imigrações humanas, da dieta, da saúde e das origens étnicas, afirma Maria Victoria Monsalve, patologista da Universidade da Columbia Britânica. Uma das descobertas mais importantes foram três múmias de crianças incas encontradas no pico do monte Llullaillaco, no norte da Argentina, de um homem congelado de 550 anos atrás encontrado por caçadores de carneiros no norte da Columbia Britânica. Em 2004, foram encontrados nos Alpes italianos os corpos, bem conservados, de três soldados em um local que foi palco de combates na Primeira Guerra Mundial[104].

Estudo realizado pela Universidade do Colorado, nos EUA, e publicado na revista *Nature*, apontou que as geleiras e áreas cobertas por gelo na Terra perderam 536 bilhões de toneladas por ano entre 2003 e 2010, o que resultou na elevação de 12 milímetros no nível médio do mar nesse período[105].

O derretimento, como se vê, vem colocando à mostra os segredos das geleiras.

### 3.8. Diminuição da capacidade de sequestro de carbono pelo mar

Outro fenômeno que também deve ser levado em conta é a capacidade de sequestro de carbono pelos mares. Medições realizadas em onze estações meteorológicas entre 1981 e 2004 apontaram que os mares austrais absorvem 80 milhões de toneladas de carbono anuais, menos do que deveriam. Isso é mais do que o Brasil emite em um ano, se for excluído o desmatamento. A oceanógrafa Corinne Le Quéré, da Universidade de Est Anglia (Reino Unido), realizou pesquisa cujo estudo foi publicado na revista *Science*, a qual sustenta que o oceano Austral, que circunda a Antártida, perdeu a capacidade de sequestrar o gás carbônico emitido por atividades humanas. Essa capacidade está enfraquecendo 10% por década. O oceano absorve 15% de $CO_2$ e o mantém armazenado no fundo do mar. Ocorre que o aumento da temperatura decorrente do aquecimento global somado ao buraco na camada de ozônio fez com que os ventos da Antártica se tornassem cada vez mais fortes e perversos. Isso transformou o oceano Austral numa espécie de liquidificador, levando

---

104. Simon Romero, Derretimento revela segredos de geleiras, The New York Times, *Folha de S. Paulo*, 31 jan. 2011, p. 3.

105. Thiago Fernandes, Nível do mar subiu 12 milímetros em 8 anos, *Folha de S. Paulo*, Ciência, 9 fev. 2012, p. C-13.

tudo o que está no fundo — no caso o carbono — para cima e saturando a superfície. Este fenômeno também afetará a temperatura da Terra no futuro[106].

## 3.9. Diminuição de oxigênio marinho

O aquecimento global, além disso, tem diminuído a quantidade de oxigênio marinho. O oxigênio, como se sabe, é sinônimo de vida até mesmo embaixo d'água. Pesquisadores constataram cinco zonas oceânicas com pouca quantidade desse gás, especialmente na faixa tropical. Esse estudo foi publicado na revista *Science* e demonstrou que tais áreas pobres situam-se numa faixa de 300 a 700 metros de profundidade e sofreram uma expressiva expansão nos últimos cinquenta anos. Trata-se de um verdadeiro deserto marinho e já atingem 1 milhão de quilômetros quadrados — um quinto da Amazônia. O pesquisador Lothar Stramma, da Universidade de Kiel, na Alemanha, diz que o caso mais grave situa-se no Atlântico tropical. Afirma ele que, de 1960 a 2006, nessa região, a camada de água com pouco oxigênio aumentou 85%. Em 1960, a faixa era de 370 metros de espessura; há dois anos ela cresceu para 690 metros. Todas as alterações foram identificadas nas camadas mais profundas e não na superfície. Há fortes indícios de que essas alterações decorrem do aquecimento global do planeta. Assim, com o aumento da temperatura, a absorção de oxigênio pelos oceanos a partir da atmosfera fica prejudicada. Foram constatadas outras expansões verticais importantes das áreas com pouco oxigênio na zona equatorial do oceano Pacífico. Verifica-se, por outro lado, que o aquecimento global tem contribuído para a diminuição dos ventos, deixando os organismos marinhos sem nutrientes. Tal fato foi constatado na Costa Oeste dos Estados Unidos. Um simples atraso na chegada dos ventos da primavera, de quarenta dias, alterou totalmente a disponibilidade de nutrientes para alguns grupos de invertebrados. A quantidade de moluscos capturados em áreas do litoral da Califórnia, por exemplo, durante um evento desses, registrado em 2005, caiu 83%[107].

## 3.10. Floresta (*efeito albedo*)

A floresta, como sabemos, exerce várias funções de autorregulador da temperatura terrestre. Absorve o gás carbônico ($CO_2$), principal responsável pelo efeito estufa, e expele $O_2$, purificando o ar (fotossíntese). Esse processo envolve a água, os sais minerais, a terra e a energia solar. As copas das árvores mais altas, por outro lado,

---

[106]. Claudio Angelo, Aquecimento satura ralo de carbono oceânico, *Folha de S. Paulo*, 18 maio 2007, p. A-18.

[107]. Eduardo Geraque, Calor faz aumentar "deserto marinho", *Folha de S. Paulo*, 2 maio 2008, p. A-12.

impedem a penetração dos raios solares no solo, protegendo a floresta, que permanece sempre úmida. Sua destruição colocará em risco esse processo, pois os raios solares atingirão o solo, ressecando-o, fazendo com que o lençol freático rebaixe. Tal fato poderá transformar a floresta em savana (tipo de cerrado, cujas raízes são mais profundas em virtude da falta de água). É importante ressaltar que toneladas de gás carbônico ficam armazenadas no solo e outra parte nas próprias árvores. Com a queimada, esse gás é liberado no ar, contribuindo ainda mais para o aquecimento global. Como se vê, a floresta ajuda a proteger as bacias hidrográficas e os lençóis freáticos, que nos períodos de estiagem as abastecem. A floresta também transpira, formando grande quantidade de nuvens, que retornam por meio das chuvas, ajudando no resfriamento da terra. No entanto, a floresta nem sempre esfria o planeta.

Há outra variável, além dessas, que deve ser levada em conta para analisar-se o clima e o aquecimento global. O pesquisador Ken Caldeira, do Instituto Carnegie, da Califórnia, publicou artigo na revista científica *PNAS*, sustentando que a presença de florestas na região norte do planeta pode até ajudar no esfriamento global por causa do *efeito albedo*. Esse fenômeno corresponde à quantidade de luz solar refletida no espaço pela neve e gelo dos polos. Nesse caso, a floresta não consegue absorver a luz solar, ajudando no esfriamento terrestre. Caso a floresta restante da região norte venha a ser derrubada, no mesmo ritmo atual, o planeta poderá ficar mais frio em torno de seis graus centígrados até 2100. Vê-se, pois, que parte do aumento da temperatura acaba sendo anulada pelo *efeito albedo*, autorregulando a temperatura terrestre. Por outro lado, se fossem plantadas mais florestas no norte, o efeito poderia ser inverso, ou seja, a temperatura aumentaria em torno de seis graus centígrados. Esse estudo demonstra que é a floresta localizada no norte que exerce o controle autorregulador da temperatura (faixa de amortecimento) e não a floresta equatorial. E plantar floresta, dependendo do local, poderá não trazer nenhum benefício ao planeta[108]. Conclui-se, assim, que a ciência vem descobrindo novas funções da floresta. Portanto, qualquer estudo sobre a flora deverá levar em conta essas variáveis na análise do aquecimento global, especialmente o *efeito albedo*.

Outro fenômeno interessante é a falta de chuva nas florestas. Isso faz com que a floresta realmente o efeito estufa. Assim, num ano normal, com muita chuva, a floresta amazônica quase não emite gases de efeito estufa, como o $CO_2$ (dióxido de carbono). Num ano seco, lança na atmosfera tanto $CO_2$ quanto o Brasil inteiro. Tal estudo foi elaborado por pesquisadores brasileiros e publicado na revista *Nature*. Esse estudo analisou o bafo da floresta, consistente na medição da sua composição na escala de toda a bacia amazônica. A pesquisa foi fundamentada em 160 voos, em

---

108. Eduardo Geraque, Floresta, nem sempre, esfria o planeta, *Folha de S. Paulo*, 10 abr. 2007, p. A-12.

2010 e 2011, em quatro áreas da floresta. Eles serviram para coletar amostras de ar em altitudes de 300 m a 4.400 m acima do nível do mar. Pelos dados coletados, a Amazônia emitiu em 2010 480 milhões de toneladas de carbono na atmosfera com chuvas abaixo da média, e, em 2011, a emissão foi quase neutra, ou seja, 60 milhões de toneladas com chuvas acima da média. Estima-se que a Amazônia guarde 120 bilhões de toneladas de biomassa acima do solo, sem contar raízes e o que mais houver de matéria orgânica abaixo dele. Pergunta difícil de responder: a floresta é sumidouro ou fonte?[109].

### 3.11. Variação de temperatura e índice pluviométrico

Richard Allá, da Universidade de Reading — Inglaterra —, e Brian Soden, da Universidade de Miami — EUA —, realizaram estudo que foi publicado no site da revista *Science* sobre as variações de temperatura e o índice pluviométrico no clima tropical desde a década de 1980, utilizando-se de dados de satélite. Por meio dessas pesquisas, eles encontraram a ligação entre períodos quentes e um aumento na frequência de chuvas de alta intensidade. Apurou-se que o número de chuvas fortes foi duas vezes maior do que o projetado em simulações de computador usadas para avaliar como o aquecimento global antrópico (causado pelos humanos) pode alterar o regime de chuvas. Outros estudos já tinham comprovado esse fenômeno, pois uma atmosfera carregada de gases de efeito estufa favorece o surgimento de tempestades. Anthony Broccoli, climatologista da Universidade Rutgers, de Nova Jersey — EUA, disse ser importante o estudo desenvolvido por estes pesquisadores, pois mostra que o regime de chuvas intensas é importante porque inundações súbitas são produzidas por esse tipo de evento. Nos EUA, as enchentes matam mais do que os raios ou os tornados[110].

Um grupo do INPE e da Universidade de Reading, do Reino Unido, por meio de simulações de computador, estima que o aumento da temperatura, entre 2070 e 2100, pode mais que dobrar o número de chuvas com potencial de causar enchentes até o final do século. Tal fato poderá produzir mais 16 dias no ano com chuvas além de 10 mm no sudeste do continente. Chuvas com tal intensidade num só dia são consideradas eventos meteorológicos extremos em cidades como a capital paulista. Também são sinônimo de caos. A temperatura nos últimos 50 anos no sudeste do Brasil aumentou entre 0,7 e 0,8 °C. Nos últimos 40 anos, já houve 12 dias a mais do que a média de chuvas com potencial de causar enchentes, superior a 10 mm num dia. Se a temperatura no sudeste aumentar até 3 °C entre 2070 e 2100, a

---

109. Marcelo Leite, Falta de chuva faz floresta realimentar efeito estufa, *Folha de S.Paulo*, Ciência+Saúde, 6 fev. 2014, p. C-8.

110. Aquecimento tropical promove mais enchentes, aponta estudo com satélite, *Folha de S. Paulo*, 11 ago. 2008, p. A-16.

região terá quase um mês de chuvas com potencial de causar enchente. Foi realizada uma série de variáveis meteorológicas (número de noites muito frias e muito quentes, número de vezes em que chove cinco dias seguidos e número de dias secos consecutivos) observada no continente a partir dos anos 1960[111].

As precipitações se tornarão mais intensas; basta ver, no Brasil, por exemplo, as chuvas torrenciais ocorridas no final de novembro de 2008, especialmente nas cidades de Ilhota, Itajaí e Blumenau. A defesa civil contabilizou 122 mortes, 29 desaparecidos, 27,2 mil pessoas desalojadas e 5,7 mil desabrigadas[112]. Cerca de 1,5 milhão de pessoas foram afetadas pelas chuvas que atingiram 49 municípios pelo pior dilúvio registrado somente em Santa Catarina. Além desse Estado, Rio de Janeiro, Espírito Santo, Minas Gerais e as regiões Norte e Nordeste, tais como: Amazonas, Maranhão[113], Piauí, Ceará, Paraíba, Rio Grande do Norte, Bahia, Pernambuco, Alagoas e Sergipe também foram atingidos pelas chuvas torrenciais, enquanto Santa Catarina e Rio Grande do Sul sofreram com intensas secas. O aquecimento global da temperatura da superfície da Terra pode ter contribuído para essas catástrofes. Os físicos, no entanto, explicam o fenômeno de maneira isolada. Eles dizem que as chuvas intensas ocorreram na região de Santa Catarina, por exemplo, porque a temperatura dos oceanos está 1 °C acima do normal. Isso faz com que a água evapore mais rapidamente e em grande quantidade. Na alta atmosfera acontece o inverso. O ar está mais frio do que o esperado (quase 15 °C de diferença), permitindo que a umidade precipite com mais velocidade. As chuvas intensas vão continuar e, talvez, com mais frequência. Ademais, não se deve imputar somente às chuvas a responsabilidade pelo acidente, mas também aos governos federal, estadual e municipal. Eles não investiram na prevenção e permitiram a ocupação desordenada das encostas sem qualquer controle, contribuindo para o evento. Os governos deveriam ter realizado uma fiscalização rígida das áreas de preservação permanente — APPs, que incluem topos de morros, encostas e matas ciliares. Caso tais providências tivessem sido adotadas, talvez a erosão e o assoreamento não tivessem ocorrido nessa escala. Há informações ainda de que o solo, mesmo em áreas com vegetação, não era propício à ocupação por ser muito frágil. O professor da UFF, Dr. Júlio César Wasserman, diz que parte do solo de Santa Catarina está se desmanchando pelo processo conhecido de solifluxão. Ele

---

111. Claudio Angelo, Aquecimento aumenta enchentes em SP, *Folha de S.Paulo*, 31 mar. 2009, p. A-12.

112. Dimitri do Valle, Defesa civil busca mais voluntários em SC, *Folha de S.Paulo*, 8 dez. 2008, p. C-6.

113. O Estado do Maranhão tem 72 cidades em situação de emergências e 65.991 desabrigados ou desalojados — 80% das casas estão debaixo d'água (Cidade submersa, *Folha de S.Paulo*, 11 maio 2009, p. A-1).

explicou que a espessura do solo das encostas é reduzida. Nos períodos de chuvas, as águas penetram até a rocha sã (tipo de rocha que não virou solo). Por tal razão, a terra ultrapassa sua capacidade de absorver essa água. "A formação é como se fosse uma manteiga derretendo em um bloco de gelo." Seja como for, são muitas as variáveis que podem ser levantadas para explicar o evento.

Foi divulgado, no dia 15 de junho de 2010, estudo sobre "vulnerabilidades das megacidades brasileiras às mudanças climáticas", coordenado pelo cientista Carlos Nobre, que alerta para as futuras enchentes decorrentes da expansão urbana e do aquecimento global. Realizou-se simulação com dados da urbanização com o modelo de clima, constatando-se intensas chuvas que ocorrerão até o final deste século[114].

### 3.12. Destruição de pântanos

No Brasil, também não é diferente. Cientistas reuniram-se em Cuiabá, na 8ª Intecol — Conferência Internacional de Áreas Úmidas, promovida pela ONU, Organização das Nações Unidas, em parceria com a Universidade Federal de Mato Grosso — e alertaram que a destruição de pântanos pode acelerar o aquecimento global. Tal fato pode ocorrer pela proliferação de hidrelétricas e atividade agrícola que estão destruindo cada vez mais as áreas úmidas da Terra, proporcionando a criação de uma "bomba de carbono". Estas áreas (pântanos e mangues) ocupam 6% do planeta e guardam 771 milhões de toneladas de gases de efeito estufa. Se esse material entrar na atmosfera, a concentração de carbono no ar passaria a ser o dobro da atual[115].

### 3.13. Segurança alimentar

Estudo elaborado por pesquisadores da Embrapa e da Universidade Estadual de Campinas — Unicamp — constataram que o aquecimento global pode colocar em risco a segurança alimentar da população brasileira. Em relação à política de biocombustíveis, o governo terá sucesso, pois as áreas potenciais para o cultivo da cana-de-açúcar vão crescer 139% até 2050, caso a temperatura aumente em média 3 °C. Esse crescimento significará R$ 23,5 bilhões a mais no PIB (Produto Interno Bruto) do agronegócio nacional. No entanto, haverá problemas com a falta de água para a irrigação. Já em relação a nove vegetais cultivados no Brasil, haverá profundo prejuízo. O maior prejuízo ocorrerá com a soja, que deverá sumir, por exemplo, do Rio Grande do Sul. Pelos cálculos feitos a preços de hoje, em 42 anos o clima vai causar, em todo o Brasil, um prejuízo de R$ 10,7 bilhões, referente às culturas que

---

114. Claudio Angelo, Pesquisa projeta SP com mais enchentes, *Folha de S.Paulo*, Ciência, 15 jun. 2010, p. A-18.

115. Clima — pântano está virando bomba de carbono, *Folha de S.Paulo*, 26 jul. 2008, p. A-17.

perderão territórios adequados.Tal estudo constatou que o aquecimento global prejudicará os municípios do semiárido. Estes são os que mais sofrerão os efeitos do aquecimento. A projeção é que tais municípios se tornarão desertos, o que coloca o Nordeste em situação crítica. No entanto, para barrar esse fenômeno é necessário exercer um controle efetivo do desmatamento amazônico[116].

O Centro-Oeste sofrerá as maiores perdas econômicas do Brasil, em termos proporcionais com o aquecimento global. O prejuízo em Mato Grosso, polo de agronegócio, pode chegar a R$ 333 bilhões até 2050, em razão principalmente da escassez de água[117].

O rápido crescimento da produção agrícola do século XX desacelerou tanto que não está suprindo a demanda, conduzida por aumentos da população e pela crescente afluência em países antes pobres. Esse consumo ocorre mais precisamente com quatro alimentos básicos: trigo, arroz, milho e soja. Além do aumento do preço dos alimentos na esfera internacional outra questão, antes desprezada, que vem ajudando a desestabilizar o sistema é a mudança climática. Muitas colheitas fracassaram devido à mudança climática, tais como: inundações nos EUA, seca na Austrália e ondas de calor escorchante na Europa e na Rússia. Cientistas ligam essas mudanças climáticas aos seres humanos[118].

## 3.14. Deslocados ambientais ou climáticos

A migração populacional é uma das consequências graves que decorrem não só das guerras, do terrorismo e da falta de segurança, mas, principalmente, da falta de empregos, de alimentos e do aquecimento global.

Pergunta-se: como se adaptar a essas consequências? Estamos preparados para receber também os refugiados ambientais? Haverá um deslocamento muito grande de populações das mais diversas localidades do planeta.

A mudança climática causará um deslocamento maciço de populações que atualmente encontram-se vivendo em áreas de risco (cidades litorâneas e ilhas). Deslocados ambientais não se confundem com refugiados. Estes são regulados pela Convenção Internacional de 1951. Para aqueles não há ainda normas internacionais disciplinando tal migração. Os deslocados, *lato sensu*, podem ser divididos em: a) *econômicos* — são pessoas que mudam de país para procurar melhorar sua situação econômica e social; b) *educacionais* — são aqueles que procuram melhores chances em

---

116. Eduardo Geraque, Mudança climática ajuda álcool e prejudica alimento, *Folha de S.Paulo*, 11 ago. 2008, p. A-16.

117. Giuliana Miranda, Centro-Oeste perde mais com clima quente, diz estudo, *Folha de S.Paulo*, Ciência, 7 fev. 2010, p. 3.

118. Justin Gillis, Alimento em um planeta aquecido, The New York Times, *Folha de S.Paulo*, 13 jun. 2011, p. 1-2.

boas universidades com o objetivo de retornar ao seu país; c) *políticos* — são aqueles que pedem asilo político por causa de perseguição; d) *naturais* — são aqueles que buscam mudanças pessoais e sociais; e e) *ambientais ou climáticos* — são pessoas que fogem de áreas de risco decorrentes das mudanças climáticas existentes em seus países.

Nesses casos, há a necessidade de haver políticas públicas adequadas para acolher os deslocados ambientais ou climáticos. Há ilhas que vão ficar submersas e cidades litorâneas serão diminuídas pelo aumento do nível do mar (Ilhas Maldivas). Grandes cidades do mundo como, por exemplo, Londres, Cairo, Bancoc, Holanda, Veneza e Xangai ficariam criticamente ameaçadas. Nos Estados Unidos, partes da costa leste e da costa do Golfo seriam duramente atingidas. Em Nova York, a inundação litorânea se tornaria rotineira.

Mediante cálculos complexos, cientistas afirmam que o nível do mar provavelmente aumentará 1m até 2100, o que representaria uma ameaça para regiões costeiras do mundo todo. Esses cálculos sugerem que a elevação poderá superar 1,80m, o que colocaria milhares de hectares do litoral dos Estados Unidos embaixo d'água e deslocaria dezenas de milhões de pessoas na Ásia. A elevação de 1m inundaria terras baixas em muitos países, tornando algumas áreas inabitáveis. Inundações costeiras que ocorrem uma ou duas vezes por século passariam a ser mais frequentes[119].

Como podemos perceber, a atividade humana está influindo cada vez mais para o agravamento do aquecimento global. Cientistas descobrem novos focos dos impactos dessa atividade no meio ambiente que está sendo desvendada gradualmente a cada dia que passa[120].

## 4. RELATÓRIO DO IPCC SOBRE MUDANÇA CLIMÁTICA

O IPCC (Painel Intergovernamental de Mudança Climática) se reúne ao menos uma vez a cada sete anos para discutir o estado da pesquisa na área. A cada relatório aumenta o grau de certeza sobre a participação humana no aquecimento global. O primeiro relatório (FAR) foi realizado em 1990, o segundo (SAR) em 1995, o terceiro (TAR) em 1995, o quatro (AR4) em 2007 e o quinto (AR5) em 2014. Cada relatório é elaborado por três grupos diferentes, cada um com mais de uma centena de autores responsáveis por aspectos separados da mudança climática. *Grupo 1* — trata da física da mudança climática e a certeza científica que se pode ter ao atribuí-la à atividade humana. *Grupo 2* — cuida dos impactos da mudança climática, vulnerabilidade de ecossistemas e sociedades, adaptações necessárias. *Grupo 3*

---

119. Justin Gillis, O Mar sobe — uma catástrofe espreita, The New York Times, *Folha de S.Paulo*, 22 nov. 2010, p. 1.

120. Gardiner Harris, Sob o cerco do mar — Mudança climática fará com que países inteiros desapareçam, deixando milhões de refugiados, The New York Times, *Folha de S.Paulo*, 8 abr. 2014, p. 1 e 4.

— refere-se à atenuação do aquecimento global futuro por meio de redução de emissões de gases do efeito estufa[121].

Com a publicação, no dia 6 de abril de 2007, em Bruxelas, Bélgica, do quarto relatório do Painel Intergovernamental sobre Mudança Climática (IPCC), ficou demonstrado que até o final do século ocorrerão alterações drásticas, tais como: extinção de espécies da fauna e da flora, falta de água, inundações, furacões e tempestades cada vez mais fortes, aumento do nível do mar etc. Essas consequências poderão acontecer caso não se tomem medidas governamentais eficientes para tentar reverter a tendência do aumento da temperatura terrestre. Estes dados fundamentam-se em três grandes pilares: a) as séries históricas dos desvios de temperatura global; b) as séries históricas de concentrações atmosféricas de dióxido de carbono ($CO_2$); e c) uma previsão de clima baseada no dobro da concentração de ($CO_2$).

Tais previsões foram fundamentadas em dados científicos cada vez mais minuciosos elaborados por dezoito cientistas de onze países e analisados por mais de dois mil especialistas durante dois anos. Eles se respaldaram em 29 mil séries de dados de observações dentre 75 estudos científicos. Trata-se, no entanto, de uma realidade inafastável e unânime entre eles. A Floresta Amazônica, no Brasil, poderá transformar-se em uma savana por causa do aumento da temperatura, agravando-se ainda mais com o desmatamento e com as queimadas. Destacou-se ainda que no nordeste brasileiro poderá ser reduzida em até 70% a recarga dos aquíferos até 2050. O Centro Hadley, instituto de meteorologia do Reino Unido, apresentou no Congresso Científico Internacional sobre Mudanças Climáticas, em Copenhague, estudo sobre a resistência de ecossistemas a um nível perigoso de mudança climática, o qual usou cerca de 700 simulações em computadores para projetar o destino de florestas e geleiras. Os resultados são pessimistas. Os dados demonstram que, até 2100, uma elevação entre 1 e 2 °C causaria a retração da floresta de 20% a 40%, e os efeitos serão bem mais severos se as temperaturas romperem esse patamar. Se, na pior das hipóteses testadas, a temperatura for superior a 4 °C, a Amazônia reduziria em 15% do que é hoje[122].

Apurou-se nesse relatório que são os pobres que mais sofrerão com o aumento da temperatura, pois eles terão dificuldades em adaptar-se às novas condições, tornando-se o mundo cada vez mais desigual.

O relatório é preocupante e medidas foram apresentadas com o objetivo de minimizar suas consequências, buscando fazer com que o homem possa adaptar-se às mudanças climáticas. O aumento da temperatura é irreversível,

---

121. Rafael Garcia, Brasil quer retirar crítica a álcool e biodiesel de relatório do clima, *Folha de S.Paulo*, Ciência+Saúde, 24 mar. 2014, p. C-7.

122. Gustavo Faleiros, Clima pode comprometer 85% da Mata Amazônica, *Folha de S.Paulo*, Ciência, 12 mar. 2009, p. A-16.

pois quaisquer medidas adotadas hoje poderão levar muito tempo para surtir os efeitos desejados.

O documento do IPCC (Quinto Relatório de Avaliação — AR5), divulgado no dia 13 de abril de 2014, em Berlim, tem a função de subsidiar os formuladores das políticas climáticas, além de ser importante nas negociações do próximo acordo do clima, em 2015. O referido documento confirma recorde nas emissões de gases-estufa e pede rapidez nas mudanças da matriz energética. Se a tendência se mantiver, a Terra pode terminar o século até 4,8 °C mais quente. O relatório mapeia situação do clima e indica possíveis soluções. Já há tecnologia para permitir a diminuição desse impacto climático com baixo custo. Para limitar o aquecimento global em 2 °C, será preciso reduzir as emissões de 40% a 70% antes de 2050 e zerá-las até 2100. O Brasil, no entanto, está na contramão ao investir em energias sujas, construindo termelétricas e focando na extração de petróleo do pré-sal[123].

## 4.1. Relatório do Laboratório Oceanográfico Proudman, de Liverpool (Inglaterra)

Cálculos mais precisos sobre o aumento dos mares foram realizados e contrariam aqueles apresentados pelo relatório do IPCC. Esse relatório foi um pouco otimista sobre o aumento do nível do mar. O relatório estima que os mares se elevarão entre 18 e 59 centímetros até 2100. Referido relatório foi realizado com base em diversos estudos. No entanto, segundo Svetlana Jevrejera, pesquisadora do Laboratório Oceanográfico Proudman, de Liverpool, Inglaterra, o estudo não levou em consideração a interação entre plataformas de gelo e a água derretida remanescente delas, que acelera o fenômeno. O derretimento das geleiras, o desaparecimento de plataformas de gelo e a expansão da água aquecida poderão deixar o nível médio dos oceanos de 80 centímetros a 1,5 metro mais alto até o final do século. Tal conclusão foi divulgada em estudo apresentado num encontro da União Europeia de Geociência, em Viena. O estudo prevê uma elevação três vezes maior do que as previsões adotadas pelo IPCC. Essa nova estimativa implicará a inundação de áreas onde vivem dezenas de milhares de pessoas. Tal pesquisa foi feita com base em novo modelo matemático, que conta com a reconstrução precisa dos níveis dos mares por dois milênios. Durante 17 séculos, o nível do oceano permaneceu relativamente estável, mas passou a se acelerar depois. Uma elevação de dois centímetros foi registrada durante o século XVIII, uma de seis centímetros foi registrada no século XIX, uma de 19 centímetros ocorreu no século passado. Estima-se que a elevação rápida no

---

123. Giuliana Miranda, Contra caos no clima, ONU pede mudança para energia limpa, *Folha de S.Paulo*, Ciência+Saúde, 14 abr. 2014, p. C-7.

século XX se deve ao derretimento de plataformas de gelo, cujos dados não teriam sido levados em consideração nos cálculos adotados pelo IPCC[124].

## 4.2. Relatório "State of the Future 2009", da Unesco, do Banco Mundial e da Fundação Rockefeller (EUA)

Outro relatório de 6.700 páginas, denominado *State of the Future 2009*, encomendado pela Unesco, pela Fundação Rockefeller, pelo Banco Mundial e pelo Exército dos Estados Unidos e produzido por 2.700 especialistas do mundo inteiro, ressalta os riscos de um colapso climático com efeitos devastadores sobre a humanidade: "O escopo e a escala dos efeitos futuros das mudanças climáticas — de alterações nos padrões climáticos à perda de rebanhos e ao desaparecimento de Estados — têm implicações sem precedentes para a estabilidade social e política. (...) A boa notícia é que a crise financeira global e as mudanças climáticas podem ajudar a humanidade a sair de sua tradicional posição adolescente — egoísta e autocentrada — para uma adulta — mais responsável. Muitos veem o atual desastre econômico como oportunidade para investir em novas gerações de tecnologias verdes, repensar a economia e nossas premissas para o desenvolvimento, e colocar o mundo num caminho para um futuro melhor"[125].

## 4.3. Estudo do Centro Nacional de Estudos Espaciais de Toulouse (França)

Estudo mais recente realizado por Anny Cazenave, pesquisadora francesa do Centro Nacional de Estudos Espaciais de Toulouse (França), demonstrou que o nível do mar subirá cerca de 1,80 metro até 2100, mais que o dobro previsto pelo painel do clima da ONU. O nível do mar subiu mais que o dobro daquele constatado no século XX. Apurou-se que, entre 1993 e 2008, a taxa média global registrada foi de 3,4mm por ano. Essas medições coletadas por satélite geraram uma série histórica inédita quando comparadas com o período compreendido entre 1950 e 2000, cuja elevação média era de 1,8 mm por ano. Essa elevação ocorreu por causa do derretimento das geleiras e dos mantos de gelo (Groenlândia e Antártida), que contribuiu com 80% da elevação; a expansão térmica ajudou com cerca de 20%. Diante disso, os pesquisadores deverão ter suas atenções voltadas para as regiões do Ártico, da Antártida e das geleiras continentais[126]. Relatório divulgado no dia 25 de fevereiro de 2008 diz haver sinais de que o aquecimento global está afetando a Antártida de maneira "insuspeitada". Dados obtidos por navios oceanográficos na Antártida, boias equipadas com termômetros e até mesmo elefantes-marinhos com instrumentos

---

124. Nível dos oceanos deve subir 1,5 metro até 2100, diz estudo, *Folha de S.Paulo*, 16 abr. 2008, p.A-21.
125. André Trigueiro, *Espiritismo e ecologia*, São Paulo, Fev., 2009, p. 89.
126. Eduardo Geraque, Mar subirá 1,80 m até 2100, diz estudo, *Folha de S.Paulo*, 22 fev. 2009, p.A-14.

amarrados na cabeça mostram que o oceano Austral está esquentando mais depressa que o restante dos oceanos do planeta. Ian Allison, um dos coordenadores do Ano Polar Internacional, afirmou que a primeira região a sentir o efeito das mudanças na Antártida será a América do Sul[127].

Não podemos fechar os olhos para essas pesquisas científicas. Estas informações são de extrema valia para aquele que pretende trabalhar na área ambiental. Alguns dados lançados estão em contradição com outros, mas o que importa é o consenso. Novas informações são acrescidas às pesquisas anteriores, tornando mais e mais precisos os dados apresentados. Dá para se notar a evolução das informações por meio das novas descobertas que ocorrem diariamente. O debate está só começando, mas uma coisa é consenso: o nível do mar aumentará. Resta saber quanto.

### 4.4. Estudo elaborado pelo Instituto de Pesquisas sobre Impactos Climáticos de Potsdam (Alemanha)

O relatório encomendado pelo Banco Mundial e divulgado no dia 19 de novembro de 2012 afirma que se o mundo ficar de braços cruzados haverá um aumento de até 4 °C na temperatura média do planeta até o ano de 2060. O referido estudo foi coordenado pela equipe do Instituto de Pesquisas sobre Impactos Climáticos de Potsdam (Alemanha), um dos grupos mais importantes da área no mundo.

Diz o citado relatório que mesmo que as reduções de gases do efeito estufa definidas pelas cúpulas do clima sejam implementadas, há cerca de 20% de chance de que esse aumento de temperatura ocorra até o final do século. E mesmo admitindo as incertezas dessa previsão, o estudo mostra os possíveis efeitos do aumento de temperatura para o planeta e, especialmente, para os países em desenvolvimento, os mais vulneráveis às mudanças climáticas.

Ainda segundo o estudo, o aumento previsto de 4 °C na temperatura implicaria um aumento de 150% na acidez dos mares. Tal fato poderia levar a sérios danos aos recifes de corais, muito sensíveis às mudanças climáticas, e haveria fortes consequências para as várias espécies dependentes deles e para as populações que exploram o turismo nessas áreas. Essa temperatura poderia elevar o nível do mar em um metro até 2100. Isso acarretaria inundações das áreas costeiras, mudanças nas correntes marinhas e nos padrões dos ventos, com aumento de ciclones tropicais e outros eventos climáticos decorrentes. Haveria também uma tendência maior ao clima extremo, com mais seca no sul da Europa e em partes das Américas do Sul e do Norte, entre outras áreas, e grande umidade nas altas latitudes do hemisfério Norte.

No Brasil, o aumento de apenas 2 °C dobraria os incêndios na Floresta Amazônica. O aumento de 4 °C na temperatura planetária pode tornar-se a força motriz das mudanças nos ecossistemas.

---

127. Ano Polar confirma degelo no Ártico e na Antártida, *Folha de S. Paulo*, 26 fev. 2009, p. A-14.

O presente relatório e outros já elaborados têm por objetivo manter a população informada. De fato, o homem vem afetando o clima em escala local, mas não tem a capacidade de alterar os fluxos de matéria e energia em escala planetária. Isso não impede que a população possa tomar atitudes adequadas na sua esfera de atuação. Para isso é necessário que o cidadão esteja informado[128].

## 5. MITIGAÇÃO DA MUDANÇA CLIMÁTICA

No dia 4 de maio de 2007 foi divulgado o sumário executivo da terceira parte do Quarto Relatório de Avaliação da conclusão do IPCC, realizado em Bancoc, Tailândia. Trata-se do documento denominado *Mitigação da Mudança Climática*, que lista as principais soluções para reduzir as emissões globais de gases de efeito estufa, ressaltando que as tecnologias disponíveis, como o biocombustível ou a energia nuclear, poderão ajudar no corte do carbono em até 63%, a baixos custos. Há a necessidade de estabilizar as concentrações de $CO_2$ na atmosfera em cerca de 450 ppm (parte por milhão) — o dobro dos níveis pré-industriais[129] —, esclarece o IPCC. Para que isso seja possível, é preciso que o mundo inteiro reduza suas emissões em 50% a 85% até 2050. Isso só será viável se, após os níveis de emissões atingirem o pico até 2015, começarem a declinar a partir daí. Caso contrário, os custos poderão ser muito maiores se deixarmos de tomar as medidas contidas no relatório do IPCC, agora[130]. Foi apresentada como sugestão por cientistas brasileiros nova tecnologia para a captura de carbono no solo que permitiria armazenar a mais de 700 metros de profundidade o gás carbônico produzido em algumas atividades, tais como: usina de álcool, termelétricas a carvão etc. Seria ingênuo, no entanto, acreditar que toda essa tecnologia seria suficiente para controlar o efeito estufa.

Apurou-se ainda que as emissões globais de dióxido de carbono ($CO_2$) pela queima de combustível fóssil aumentaram 3,2% em 2011, atingindo um recorde de 31,6 gigatoneladas, informou a Agência Internacional de Energia — AIE, num ba-

---

128. Fernando Moraes, Mundo pode esquentar 4°, diz relatório — Estudo encomendado pelo Banco Mundial afirma que, sem ação dos países, aumento ocorreria por volta de 2060, *Folha de S.Paulo*, Ciência+Saúde, 20 nov. 2012, p. C-9.

129. Estudos demonstraram que a emissão de $CO_2$ nos últimos dez anos passou de 280 ppm (partes por milhão) em 1750, período pré-industrial, para 379 ppm em 2005, o pico de emissões nos últimos 650 mil anos. No mesmo período, o nível de metano subiu de 715 ppb (parte por bilhão) para 1.774 ppb, e o óxido nítrico variou de 270 ppb para 319 ppb (O planeta ferve — Dez coisas que você precisa saber sobre o aquecimento global e as mudanças climáticas que atingem a Terra, in *Os grandes momentos da História da Ciência*, Ed. Globo).

130. Claudio Angelo, IPCC mostra caminho para curar o clima, *Folha de S.Paulo*, 5 maio 2007, p. A-29.

lanço preliminar. A China foi o principal emissor global, com um aumento de 9,3% em suas emissões, disse a AIE, que tem sede em Paris. As emissões norte-americanas caíram 1,7% em 2011, principalmente pela substituição de usinas a carvão para gás natural e também por um inverno mais brando que reduziu a demanda por aquecimento, segundo a AIE[131].

Nova medição realizada no topo do vulcão Mauna Loa, no Havaí, considerado o marco zero das tendências da concentração de gás-estufa no mundo, constatou a elevação do nível de $CO_2$ no ar em 400 ppm. Essa é a maior concentração presente na Terra nos últimos 3 milhões de anos. E se o aumento continuar nesse ritmo será catastrófico. Os índices começaram a ser medidos pelo cientista Charles Keeling em 1958. A primeira medição apontou 315 ppm de $CO_2$ no ar[132].

### 5.1. Consumo de carne e emissão de $CO_2$

A humanidade, com base nesses dados, precisará olhar para o seu estilo de vida e seus padrões de consumo se quiser minimizar esse impacto ambiental de repercussão planetária. Devemos, a título de exemplo, deixar de comer carne, pois um quilo de carne na casa do consumidor corresponde a 3,7 quilos de carbono emitido, além da água consumida para a sua produção, diz o indiano Rajendra Pachauri, presidente do IPCC[133]. O hábito do consumo de carne bovina, além disso, representa a derrubada de árvores. O impacto causado ao meio ambiente é imenso, calcula-se que cada 2 milhões de hectares desmatados ou queimados — área média derrubada anualmente na Amazônia — emitem o equivalente a 200 milhões de toneladas de carbono, mais do que todos os carros brasileiros juntos. Ressalte-se, ademais, que, segundo o relatório do IPCC, um bovino emite cerca de 57,5 quilos de gás metano por ano. Multiplicando 57,5 quilos por 1,2 bilhão de bovinos do planeta, tem-se cerca de 69 milhões de toneladas de gás metano lançados anualmente no ar, e os arrotos desses animais (por serem ruminantes) emitem gases, contribuindo, dessa forma, para o aquecimento global. Estudo realizado pela Embrapa e Unesp, de Jaboticabal, constatou que cada bovino emite cerca de 150 gramas por dia de metano, mas com um rebanho mundial na casa dos bilhões (200 milhões só no Brasil), o metano emitido pelos

---

131. Muriel Boselli, *Emissões globais de $CO_2$ atingem recorde em 2011, diz agência*, Reuters-Paris, disponível em: <www.uol.com.br>, acesso em: 24 maio 2012.

132. Nível de $CO_2$ no ar atinge marca histórica, *Folha de S.Paulo*, Ciência+Saúde, 11 maio 2013, p. C-5.

133. Claudio Angelo, Crise do clima precede guinada cultural, *Folha de S.Paulo*, 6 maio 2007, p. A-31.

animais se torna um problema considerável. Dos 20% do metano emitidos pelos humanos, 1/3 decorre dos rebanhos[134].

A diminuição do consumo de carne poderia trazer uma contribuição substancial ao planeta[135]. Não será nada fácil implementar tais medidas diante das divergências e resistências dos países desenvolvidos e em desenvolvimento, mas temos de tentar. Será muito difícil também mudar o hábito do consumo de carne por parte da população, por exemplo.

### 5.2. Agropecuária e emissão de $CO_2$

A agropecuária é uma das atividades que mais aumentaram suas emissões de carbono nos últimos 15 anos. O Ministério da Agricultura lançou um Fundo, em junho de 2010, de R$ 2 bilhões para incentivar a redução de emissões de $CO_2$ na agricultura. Até agora nada foi usado. O plano foi batizado como ABC (Agricultura de Baixo Carbono) e visa recuperar 15 milhões de hectares de pastagens degradadas e expandir o plantio direto, que não revolve o solo, dos atuais 25 milhões de hectares, entre outras atividades. Há também uma linha de crédito para florestas comerciais de pinus e eucaliptos. Isso pouparia a emissão de 156 milhões de toneladas de $CO_2$, até 2020. O corte de emissões na agricultura é essencial para o Brasil atingir a meta de redução de emissões estabelecida na Lei n. 12.187, de 29 de dezembro de 2009[136].

Calcula-se que, hoje, 75% das emissões de carbono do Brasil provêm da atividade agropecuária. A cana consegue absorver cerca de 7,4 toneladas de carbono por hectare a cada ano. Em média, estima-se que a plantação emita 800 kg de carbono a mais por ano do que é capaz de absorver, por causa das emissões do transporte e da queima. As florestas absorvem 17 vezes mais, ou seja, 140 toneladas ao ano. Essa taxa é ainda maior nas florestas mais novas (de até 30 anos de idade) e em fase de crescimento. Pesquisadores propõem a plantação de florestas com a finalidade de reduzir o impacto da produção. Para isso sugerem a plantação de florestas na região dos canaviais do Estado de São Paulo[137].

---

134. Reinaldo José Lopes, O arroto que esquenta o mundo, *Folha de S.Paulo*, Ciência+Saúde, 17 mar. 2015, p. C-8.

135. Romildo Campello, Aquecimento global: "apocalipse now" não, *Mogi News*, ano II, n. 16, jun. 2007, p. 82.

136. Claudio Angelo, Plano para cortar emissões está parado, *Folha de S.Paulo*, Ciência, 4 abr. 2011, p. C-9.

137. Sabine Righetti, Floresta intercalada a plantações de cana reduz emissões de $CO_2$ — Árvores sequestram 17 vezes mais carbono por hectare do que a produção agrícola, *Folha de S.Paulo*, Ciência, 17 ago. 2011, p. C-11.

Relatório realizado pelas ONGs WRI (World Resources Institute) e RRI (Rights and Resources Initiative) apontou que as florestas em terras indígenas abrigam 37,7 bilhões de toneladas de carbono em todo o mundo. Se destruídas, o $CO_2$ lançado no ar superaria as emissões globais feitas por veículos durante 29 anos. Os índios têm sido mais competentes do que qualquer grupo humano no combate ao desmatamento. Esses dados foram cruzados com os colhidos pela FAO (Organização das Nações Unidas para Alimentação e Agricultura) sobre biomassa de florestas. Cerca de um oitavo da área de florestas tropicais encontra-se dentro dessas áreas. No entanto, as áreas que estão fora da jurisdição dos índios apresentam uma proteção fraca. Melhor seria conceder terras aos índios e dar-lhes autonomia para administrá-las do que transformá-las em reserva ecológica e contratar guardas. Quando esses povos têm autorização para criar suas próprias regras e tomar decisões sobre gestão e recursos naturais, são capazes de atingir uma boa governança com bons resultados ambientais. Há proposta de compensação aos índios pela contribuição à prevenção de emissão de gases-estufa. Essas pesquisas foram realizadas em vários países, não só no Brasil[138].

### 5.3. Desmatamento e emissão de $CO_2$

Especialistas, por causa disso, defendem a redução do desmatamento como importante ferramenta de combate ao aquecimento global em artigo publicado, via internet, pela revista *Science* americana. Como se sabe, o desmatamento e as queimadas liberam grande quantidade de $CO_2$ na atmosfera, contribuindo para o agravamento do efeito estufa. A meta é não ultrapassar a 2 °C, mas, para isso, é preciso estabilizar a concentração de $CO_2$ em 450 ppm (parte por milhão) até 2100. Esclareça-se que a Organização Meteorológica Mundial — OMM divulgou novos dados sobre as concentrações de gases estufa na atmosfera. O nível de gás carbônico ($CO_2$) no ar atingiu 383,1 ppm (parte por milhão), 0,5% a mais do que em 2007. O nível é 37% mais alto do que na era pré-industrial. Já as emissões de metano ($CH_4$) cresceram de 1.783 para 1.789 ppb (parte por bilhão), o maior aumento anual desde 1998[139]. Os estudos restringiram-se ao Brasil e à Indonésia, onde se concentram as maiores florestas tropicais. Esses países poderiam contribuir com a redução em 12% até 2050, regularizando as chuvas e rios. O Brasil, por possuir a maior floresta tropical, poderia beneficiar-se do mercado global de carbono. Há, contudo, certa resistência por parte do governo em adotar tal medida, pois isso le-

---

138. Rafael Garcia, Índios ajudam a frear aquecimento global, *Folha de S.Paulo*, Ciência+Saúde, 24 jul. 2014, p. C-13.

139. O céu é o limite — nível de $CO_2$ tem nova alta, diz agência da ONU, *Folha de S.Paulo*, Ciência, 26 nov. 2008, p. A-12.

varia à necessidade de estabelecer metas e monitoramento de compromissos com os quais ele não quer arcar[140].

Todos sabem que as florestas absorvem o dióxido de carbono e armazenam o carbono na madeira e no solo. Quando destruídas, o carbono é liberado na atmosfera acelerando o processo da mudança climática. As florestas no mundo guardam mais carbono do que a atmosfera, e a região dos trópicos é especialmente importante. Estima-se que o carbono retido na biomassa das florestas seja de 10 bilhões na Europa e Oceania, 25 bilhões na Rússia, América do Norte e Ásia e acima de 50 bilhões na África e América do Sul. O desmatamento foi o responsável pela perda de mais de 5 milhões de hectares por ano desde 2000, com a maior parte das perdas registradas em países tropicais[141].

## 5.4. Prefeitos das principais cidades do mundo reúnem-se para discutir a redução de $CO_2$

Com o espírito de querer dar sua contribuição é que prefeitos de trinta e duas cidades mais importantes do mundo, entre elas São Paulo, Rio de Janeiro e Curitiba, representando cerca de 250 milhões de pessoas, reuniram-se na cidade de Nova York, no dia 15 de maio de 2007, a fim de discutir propostas para reduzir em 30% as emissões de gases-estufa até 2030, antecipando eventuais medidas dos governos federais no que tange ao combate do aquecimento global. Relatório do WWF apontou vinte e cinco tecnologias conhecidas que podem ser adotadas até 2050 para estabilizar o clima. Se tais medidas forem implementadas em cinco anos, haverá 90% de probabilidade de as emissões globais de carbono sofrerem redução entre 60% e 80%[142].

A forte dependência econômica do carbono e a relação entre consumo de supérfluos e as necessidades básicas fazem parte dos desafios a ser enfrentados para reduzir as emissões. A mudança climática não é só uma questão ambiental; tem implicações no crescimento econômico, na segurança humana e em metas sociais mais abrangentes[143].

Como dizia o argentino Osvaldo Canziani, copresidente do grupo de trabalho do IPCC, "algum dia aprenderemos, as pessoas aprendem quando apanham". A surra climática já começou, resta apenas acudir quem está sentindo. Como se vê, estamos passando por situações cada vez mais difíceis, mas não podemos esmo-

---

140. A utilidade das florestas, *Folha de S.Paulo*, Editorial, 13 maio 2007, p. A-2.
141. Guardiões verdes sob ameaça — Árvores freiam o aquecimento, mas estão sentindo seus efeitos, The New York Times, *Folha de S.Paulo*, 10 out. 2011, p. 1.
142. Denyse Godoy, Metrópoles querem agir antes no clima, *Folha de S.Paulo*, 16 maio 2007, p. A-12.
143. Kirstin Dow et al., *O atlas da mudança climática*, cit., p. 53.

recer. Devemos continuar lutando para minimizar as consequências do aquecimento global.

## 6. MECANISMO DE DESENVOLVIMENTO LIMPO (MDL)

O Brasil foi o primeiro país a assinar a Convenção-Quadro das Nações Unidas sobre Mudança do Clima (UNFCCC), em junho de 1992. Tal documento entrou em vigor em 21 de março de 1994, ou seja, noventa dias depois da aprovação pelo Parlamento de 50 países. Além disso, o Brasil passou a colaborar para a implantação do Protocolo de Kioto, apresentando planos para a mitigação das emissões por meio do Mecanismo de Desenvolvimento Limpo (MDL) e de adaptação e vulnerabilidade.

O MDL está previsto no art. 12 do Protocolo de Kioto. Trata-se de um instrumento que tem por objetivo incentivar a redução de emissões de gases de efeito estufa nos países em desenvolvimento. Custa menos diminuir as emissões nesses países do que nos países desenvolvidos. Com base no aludido instrumento, os países emissores de gases de efeito estufa deverão apresentar projetos de redução em relação ao passado, podendo emitir bônus e vendê-los no mercado financeiro. Devidamente certificados e autorizados, os bônus podem ser comprados por países com dificuldades em cumprir suas metas estabelecidas no Protocolo de Kioto. Os países desenvolvidos e as empresas procuram neutralizar suas emissões com os créditos de carbono adquiridos dos países mais pobres.

### 6.1. Reduções Certificadas de Emissão (RCEs)

Somente os países que se comprometeram a reduzir suas emissões estão autorizados a comprar créditos de carbono de países em desenvolvimento, ou de países industrializados cujas emissões estejam abaixo do nível exigido. Os créditos cobrem as emissões de todos os gases de efeito estufa expressos como $CO_2$ equivalentes ($CO_2e$). O comércio dos créditos de carbono visa a incentivar investimentos em eficiência energética, energia renovável e outras formas de reduzir emissões[144].

O MDL, como se vê, cria a possibilidade de buscar o desenvolvimento com redução de gases que contribuem para o agravamento do efeito estufa. Para os países desenvolvidos e listados no Anexo I do Protocolo de Kioto, o mecanismo os auxilia a cumprirem suas metas de limitação ou redução de emissão. Por outro lado, para que os países não incluídos no Anexo I — entre eles o Brasil — possam se beneficiar com as Reduções Certificadas de Emissão (RCEs), devem se sujeitar às regras das autoridades dos países aderentes ao Protocolo de Kioto. Além de contribuir na re-

---

144. Kirstin Dow et al., *O atlas da mudança climática*, cit., p. 53.

dução de impacto ambiental negativo, o MDL, por meio das RCEs, pode ajudar na busca de financiamento para atividades de projeto certificadas. As reduções certificadas são documentos que ligam um projeto, certificado como válido no âmbito do MDL, com o montante de reduções de emissão externado nas RCEs[145].

Isso não significa que as empresas compradoras de créditos de carbono poderão continuar a poluir. Como elas não conseguiram cumprir suas metas naquele ano, poderão comprar os créditos de carbono de países pobres, ou seja, de quem conseguiu reduzir suas emissões. Contudo, deverão elas assumir, por outro lado, o compromisso de diminuir gradativamente suas emissões nos anos vindouros.

Os países que possuíam créditos de carbono, até 2007, eram: a) Índia — 34,69%; b) China — 24,3%; c) Coreia do Sul — 18,25%; d) Brasil — 14,8%; e) Chile — 2,47%; f) outros — 5,7%. Tais países poderão emitir o bônus e comercializar nas bolsas de valores.

### 6.2. Redução de Emissões por Desmatamento e Degradação (REDD)

Termina em acordo a 19ª Conferência Mundial do Clima (COP-19), em Varsóvia, no que tange ao estabelecimento de regras para o pagamento de proteção de florestas, o chamado REDD (Redução de Emissões por Desmatamento e Degradação). Trata-se de um mecanismo de compensação financeira pela conservação de florestas.

Registre-se, contudo, que o governo brasileiro defendeu a tese da responsabilidade histórica, ou seja, deveria levar-se em consideração o histórico das emissões dos países para atribuir a cada um sua parcela no aquecimento global. Essa conta teria de começar na Revolução Industrial, não apenas no que é emitido hoje. Essa tese não foi acolhida pela resistência dos países desenvolvidos.

Os países participantes chegaram a um consenso sobre a origem do dinheiro, a metodologia para avaliar o resultado e as ferramentas para aumentar a transparência dos dados sobre a conservação. Restou acertado que os projetos de redução de emissões por desmatamento poderão usar diversos tipos de capitalização, mas o Fundo Verde do Clima — criado pela COP de 2010 para servir como canal de financiamento — deverá ter um "papel chave" nesse processo. As nações que quiserem receber os recursos pelo mecanismo devem atender as exigências mínimas de transparência e de rastreabilidade dos resultados de suas ações.

No entanto, os mecanismos de monitoramento deverão ser submetidos a um painel internacional, o que precisará ser referendado. Não há previsão da possibilidade da comercialização do carbono não emitido pelo desmatamento. É possível que

---

145. Gustavo Contrucci, A natureza jurídica dos créditos de carbono, jornal *Valor Econômico*, 19 maio 2008, p. E-2.

essa questão possa vir a ser autorizada em negociação futura sobre os mecanismos de mercado da convenção da ONU. Países desenvolvidos querem poder comprar esses créditos, caso não consigam cumprir suas metas de redução de emissões. A delegação brasileira é contra tal medida, pois os países ricos ficariam descompromissados em reduzir suas emissões, utilizando-se dos esforços alheios[146].
Mais um passo foi dado.

### 6.3. Prefeitura de São Paulo comercializa créditos de carbono na BM&F

No dia 26 de setembro de 2007, a Prefeitura de São Paulo comercializou 808.450 toneladas de $CO_2$ no valor de R$ 34 milhões, adquiridas pelo Banco Belgo-Holandês Fortis. Esses créditos deverão ser revendidos pela instituição financeira às empresas holandesas que precisam cumprir as metas estabelecidas pelo Protocolo de Kioto. Cuida-se do primeiro leilão realizado na Bolsa de Mercadorias e Futuros (BM&F). Os créditos provêm do Projeto UTE Bandeirantes (aterro sanitário que deixou de emitir gases de efeito estufa na atmosfera em quantidade correspondente à comercializada na bolsa). Seu adquirente poderá abater essa quantidade de $CO_2$ em suas atividades.

A queima dos gases emitidos pelo aterro gera energia e abastece parte da rede do Unibanco em São Paulo. A usina tem capacidade de gerar 170 mil MWh, podendo abastecer uma cidade de 400 mil habitantes. Tal técnica consiste em transformar o gás metano em gás carbônico, com a queima controlada do $CH_4$ (metano). Essa queima, no entanto, gera emissão de gás carbônico, mas o gás metano é 21 vezes mais poluente do que o gás carbônico. A conversão de uma substância em outra gera créditos de carbono comercializáveis nas bolsas.

A crítica que se faz é que não se pode transformar em créditos de carbono o desmatamento realizado no Brasil. O MDL não permite a emissão de bônus nesses casos, mas somente em relação às metas de redução de poluentes devidamente certificadas pelos organismos internacionais.

Mais uma vez, o Brasil saiu na frente dos outros países ao comercializar os créditos de carbono e, apesar de ser o quarto país mais poluidor do mundo, fica limitado na emissão de créditos por ter matriz energética mais limpa. Resta saber como será aplicado o valor comercializado. A empresa responsável pelo aterro está reivindicando participação no valor comercializado na bolsa. Entendemos que o montante arrecadado na venda dos créditos deverá ser empregado na melhoria do meio ambiente em torno do aterro e em benefício dos seus moradores.

Outra crítica que se faz é que, no Brasil, não há regras claras para desenvolver o mercado de créditos de carbono. É preciso estabelecer a competência para

---

146. Giuliana Miranda, Acordo para proteção de florestas é fechado, *Folha de S.Paulo*, Ciência+Saúde, 23 nov. 2013, p. C-8.

regular esse comércio e como o crédito deve ser tributado pelo Estado e contabilizado nos balanços das empresas. Estudos encomendados pela Bovespa concluíram a necessidade de criação de regras específicas para o seu comércio, tanto no mercado internacional quanto no doméstico. O estudo identificou ainda a necessidade de uma maior participação do setor público no mercado de crédito de carbono, com a elaboração de projetos de Mecanismo de Desenvolvimento Limpo — MDL. Um dos estudos funciona como um guia para orientar o setor público na exploração dessa área.

Independentemente dos créditos de carbono, o Brasil deve dar sua contribuição ao mundo para evitar ou minimizar o aquecimento global.

## 7. PLANO NACIONAL SOBRE MUDANÇAS DO CLIMA DO BRASIL

O Brasil lançou, no dia 1º de dezembro de 2008, o seu Plano Nacional de Mudanças do Clima tendo por finalidade a redução de 72% do índice de desmatamento da Amazônia até 2017. Referido plano será cumprido em etapas: na primeira etapa, o governo pretende reduzir em 40% o desmatamento no primeiro quadriênio; na segunda, pretende reduzir em 30%; e na terceira etapa, pretende reduzir 30%. Esta proposta equivale a 4,8 bilhões de toneladas de $CO_2$ a menos na atmosfera. Além da redução do desmatamento, o governo apresentou outras medidas nas áreas de energia elétrica, álcool, biodiesel e carvão.

O plano teve a participação de dezessete ministérios do governo e baseou-se na média de desmatamento entre 1996 e 2005, que foi de 19 mil km².

O plano pautou-se ainda em oito objetivos centrais, quais sejam: 1) identificar, planejar e coordenar as ações para mitigar as emissões de gases de efeito estufa gerados no Brasil, bem como aquelas necessárias à adaptação da sociedade aos impactos que ocorram devido à mudança do clima; 2) fomentar aumentos de eficiência no desempenho dos setores da economia na busca constante do alcance das melhores práticas; 3) buscar manter elevada a participação de energia renovável na matriz elétrica, preservando posição de destaque que o Brasil sempre ocupou no cenário internacional; 4) fomentar o aumento sustentável da participação de biocombustíveis na matriz de transportes nacional e, ainda, atuar com vistas à estruturação de um mercado internacional de biocombustíveis sustentáveis; 5) buscar a redução sustentada das taxas de desmatamento, em sua média quadrienal, em todos os biomas brasileiros, até que se atinja o desmatamento ilegal zero; 6) eliminar a perda líquida da área de cobertura florestal no Brasil, até 2015; 7) fortalecer ações intersetoriais voltadas para redução das vulnerabilidades das populações; 8) procurar identificar os impactos ambientais decorrentes da mudança do clima e fomentar o desenvolvimento de pesquisas científicas para que se possa traçar uma estratégia que minimize os custos socioeconômicos de adaptação do país.

Estes objetivos estão estruturados em quatro eixos: a) mitigação; b) vulnerabilidade, impacto e adaptação; c) pesquisa e desenvolvimento; e d) capacitação e divulgação.

Para que seja possível o cumprimento desse plano, faz-se necessária a participação efetiva de todos os órgãos públicos, das entidades não governamentais e da população.

Este plano recebeu críticas da sociedade civil, pois ele não abrange outros ecossistemas igualmente importantes, tais como cerrados.

O governo federal transformou este plano na Lei n. 12.187, de 29 de dezembro de 2009, que instituiu a Política Nacional sobre Mudança do Clima — PNMC. E o Decreto federal n. 7.390, de 9 de dezembro de 2010, regulamentou os arts. 6º, 11 e 12 da referida lei, que fixou limite máximo de emissões de gases do efeito estufa para 2020. O governo federal propôs, em Copenhague, Dinamarca (2009), a redução das emissões entre 36,1% e 38,9% do que estaria emitindo em 2020. O Decreto fixou em 2,068 bilhões de toneladas de $CO_2$ (cifra correspondente ao corte de 36,1%). Trata-se do primeiro país a fixar em legislação uma meta física. Calcula-se que seria necessário o investimento de cerca de R$ 11 bilhões anuais em 2020. Este valor proviria do Fundo Nacional sobre Mudança do Clima e dos lucros da exploração de petróleo, além do Fundo Verde que começou a ser formado em Cancún, México (2010). Pensa-se, por conta disso, em criar uma agência reguladora para a implantação dessa nova política.

O setor produtivo nacional, com base nesta lei, tem pela frente uma série de providências para assegurar a participação em uma economia de baixo carbono. A siderurgia e a produção de cimento foram chamadas para negociar metas de redução de emissão de gases de efeito estufa. Neste ano será a vez da mineração que, antecipando ao compromisso oficial, elabora um mapa do setor sobre suas emissões. Este mapeamento está sendo conduzido pelo Instituto Brasileiro de Mineração — IBRAM —, e abrange a emissão de empresas que respondem por 80% da produção de minérios e por 90% de produção brasileira em valores, tendo como base o ano de 2008. Pretende-se melhorar o uso das fontes energéticas e o meio de transporte. Com isso é possível reduzir drasticamente as emissões derivadas de transporte de minérios pelas rodovias, dando sua contribuição para atingir a meta do governo[147].

Seguindo ainda esta mesma linha de pensamento, o Estado de São Paulo havia criado, antes da lei federal, a Lei n. 13.798, de 9 de novembro de 2009, que instituiu a Política Estadual de Mudanças Climáticas — PEMC. Trata-se de um conjunto de medidas para tentar cortar as emissões antrópicas de gases de efeito estufa. O Estado definirá medidas reais, mensuráveis e verificáveis para reduzir 20% das emissões de dióxido de carbono ($CO_2$) relativas a 2005, em 2020.

---

[147]. Paulo Camillo Vargas Penna, Mineração mapeia emissão de gases de efeito estufa no país, *Folha de S.Paulo*, 2 mar. 2011, p. B-6.

Com base nesta lei, o governo de São Paulo criou o programa Economia Verde, financiado e coordenado pela Agência de Fomento Paulista/Nossa Caixa Desenvolvimento, órgão vinculado à Secretaria Estadual da Fazenda. Objetiva-se, com isso, incentivar a compra de sistemas e equipamentos por empresas de pequeno e médio porte, ou seja, investir em práticas e equipamentos menos poluentes. Este programa atende às empresas com faturamento anual entre R$ 240 mil e R$ 100 milhões. O juro será de 6% ao ano mais a variação do IPC-Fipe e carência de um ano. O empréstimo deverá ser liquidado em 4 anos, somando-se a carência, eleva-se para cinco anos[148].

O Banco Mundial financiou estudo realizado por especialistas da Embrapa e universidades públicas brasileiras com o intuito de apurar o montante necessário que o Brasil precisaria para cortar ou diminuir significativamente as emissões de $CO_2$. O valor apurado foi de US$ 400 bilhões. Esse montante deverá ser aplicado até o ano 2030. Foram analisadas quatro áreas: solo (agropecuária); resíduos; energia; e transporte. Os pesquisadores calcularam quanto custaria investir em tecnologias limpas e substituir práticas consideradas poluidoras, além de aumentar áreas florestais. No *transporte*, a alternativa foi reduzir a emissão de $CO_2$ com o aumento da malha ferroviária. No *setor energético*, a solução foi desenvolver energias limpas, como a eólica. No *setor agrícola* será um desafio, pois o Brasil é um dos maiores emissores de metano por causa da atividade pecuarista. Luís Gustavo Barioni, da Embrapa, afirmou que a alternativa é investir em tecnologias limpas no setor, porque o consumo de carne está crescendo gradativamente. Esse valor, segundo o Banco Mundial, poderia sair do governo e de negociações internacionais[149].

O governo federal criou há três anos o Fundo Clima, com o objetivo de combater o aquecimento global. A arrecadação de dinheiro público é determinada pelo orçamento da União a cada ano. Essa verba é destinada a financiar projetos para a melhoria da eficiência energética de transportes e indústrias ou a criação de infraestrutura para geração de energia renovável. No entanto, o valor (R$ 920 milhões) repassado ao BNDES está parado[150].

Foi divulgado o primeiro relatório de avaliação do Painel Brasileiro de Mudanças Climáticas — PBMC. O estudo prevê os efeitos do aquecimento global no território nacional. As temperaturas médias aumentarão de 3 a 6 °C até o final do século. Haverá menos chuvas no Norte, no Centro-Oeste e no Nordeste e mais no Sul e no Sudeste. O rio São Francisco poderá ter seu caudal reduzido em 20%, o que anularia boa parte dos

---

148. *DOE* (Executivo), 25 maio 2011, p. I.
149. Sabine Righetti, Brasil necessita de US$ 400 bi para cortar as emissões de $CO_2$, *Folha de S.Paulo*, Ciência, 22 fev. 2011, p. C-11.
150. Rafael Garcia, Fundo contra mudança do clima tem verbas paradas, *Folha de S.Paulo*, Ciência+Saúde, 14 nov. 2013, p. C-9.

benefícios da bilionária obra de transposição. Um dos setores mais vulneráveis a essas transformações, se de fato ocorrerem, é a agropecuária. Se isso acontecer poderá haver perdas de até R$ 7 bilhões ao ano. Pesquisadores do PBMC estimam que, idealmente, seria preciso investir ao ano cerca de 3% do PIB para preparar o país para esses eventos[151].

Novo relatório divulgado no dia 5 de junho de 2017 sobre "Impacto, vulnerabilidade e adaptação das cidades costeiras brasileiras às mudanças climáticas" demonstra que o aumento da temperatura global afetará muito as cidades costeiras com enchentes, deslizamentos e desastres naturais. O relatório, segundo Suzana Khan, presidente do Comitê Científico do Painel Brasileiro de Mudanças Climáticas, foi fruto de uma extensa revisão e análise de publicações científicas que traçou esse cenário sombrio para as cidades costeiras. Conforme aumenta a temperatura global, as calotas polares e o gelo dos oceanos derretem, provocando a subida do nível do mar. Isso já é perceptível com o passar do tempo, alterando também os ciclos das chuvas. Esse relatório tem por objetivo ajudar a orientar políticas públicas e a tomada de decisões.

O plano elaborado pelo Brasil, segundo especialistas, não chegou a sair do papel, e a lista de prioridades para evitar os piores efeitos do aquecimento global não teve nenhuma de suas medidas implementadas. Para o secretário-executivo do Observatório do Clima, o Brasil vive um retrocesso na área da mudança climática[152].

## Seção III
### Outros fenômenos atmosféricos

### 1. SMOG

O fenômeno conhecido por *smog*, encontrado nos grandes centros urbanos, é a combinação das expressões *smoke* (fumaça) e *fog* (nevoeiro). Cuida-se de poluentes (gases e vapor-d'água) estagnados no ar atmosférico. Tais poluentes apresentam-se, geralmente, na cor avermelhada.

### 2. INVERSÃO TÉRMICA

A *inversão térmica* é constituída pela sobreposição da camada de ar quente à camada de ar frio, dificultando o movimento ascendente do ar atmosférico. Tal fe-

---

151. Editorial, Choque térmico, *Folha de S.Paulo*, 13 set. 2013, p. 2.
152. Giuliana Miranda, Estudo traça os impactos da mudança climática no Brasil, *Folha de S. Paulo*, Ciência+Saúde, 5 jun. 2017, p. B-6.

nômeno ocasiona concentrações de poluentes nas camadas mais baixas, causando prejuízo à saúde humana. A inversão térmica poderá ocorrer concomitantemente com o *efeito estufa* e o fenômeno *smog*.

### 3. CHUVAS ÁCIDAS

As *chuvas ácidas*, por fim, concentram-se nos grandes centros industriais. Esse fenômeno é causado pelo acúmulo de poluentes industriais (óxido de enxofre e nitrogênio) no ar atmosférico que, em contato com o vapor-d'água, precipitam-se na forma de $SO_2$ (ácido sulfúrico diluído), ocasionando também prejuízo à saúde humana.

### 4. CAMADA DE OZÔNIO

Foi graças aos estudos realizados pelo Sr. Frank Rowland, prêmio Nobel de Química em 1995, que conseguimos acabar praticamente com a destruição da camada de ozônio. Seus estudos, na década de 1970, em parceria com o químico mexicano Sr. Mário Molina, concluíram que a população, como um todo, estava causando danos à camada de ozônio com a emissão do gás hidroclorofluorcarbono (HCFC), sucessor do CFC. Tal fato se deu uma década antes da descoberta do buraco encontrado na Antártica. Com base nesses estudos, o mundo conseguiu encontrar o diagnóstico e impedir a sua destruição total, dando origem ao Protocolo de Montreal[153].

#### 4.1. Ozônio na baixa atmosfera (troposfera): prejudicial à saúde humana

As altas concentrações de ozônio na baixa atmosfera (troposfera) são prejudiciais à fauna e à flora, mas são benéficas na alta atmosfera (estratosfera — 16 a 30 km de altitude e espessura de 20 km). Assim, a camada de ozônio é importante para a saúde humana, pois impede a penetração dos raios ultravioleta diretamente na pele, evitando a ocorrência de câncer de pele, por exemplo. Mas tais concentrações de ozônio na baixa camada podem causar "diminuição da resistência do organismo a infecções, problemas respiratórios, irritações nos olhos, nariz e garganta e envelhecimento precoce de materiais"[154].

Pesquisas realizadas pela CETESB no Parque do Ibirapuera, em São Paulo, constataram alta concentração de ozônio, chegando a 326 microgramas/$m^3$. A quan-

---

153. Ronaldo França, O guardião da atmosfera, *Veja* n. 16, ano 40, edição 2005, 25 abr. 2007, p. 104.
154. Ana Paula Fernandes Nogueira da Cruz, *A tutela ambiental do ar atmosférico*, São Paulo, Esplanada, 2002, p. 82.

tidade máxima para que o ar fosse considerado adequado era de 160 microgramas/ m$^3$, consoante critérios estabelecidos pelo Padrão Nacional de Qualidade do Ar (PQAR), reduzida atualmente para 100 microgramas/m$^3$ pela OMS. Esses poluentes são formados por uma reação química — estimulada pela luz solar — que envolve resíduos da queima de combustíveis. Uma das causas da formação do ozônio nas baixas camadas é a presença da substância olefina na gasolina. Trata-se de um composto orgânico volátil produzido pela queima incompleta do combustível.

Atualmente, a gasolina tem 30% de olefinas, e a CETESB sugeriu a redução para 20% em 2004 e 10% em 2007. Em 2006, o governo federal determinou a redução para 20% de álcool na gasolina. A qualidade do ar em regiões da Grande São Paulo piorou no primeiro trimestre de 2010 por causa do ozônio. A CETESB informou que a qualidade do ar só foi boa em 17 dias e nos outros 73, oscilou entre má, inadequada e regular. Tal fato coloca em risco a saúde da população. O principal motivo, dizem os especialistas, é o aumento da frota automotiva. O índice estava caindo desde 2006 e voltou a aumentar em São Paulo[155].

### 4.2. Ozônio na alta atmosfera (estratosfera): filtra os raios ultravioleta

A camada de ozônio, localizada na alta atmosfera, é constituída pela molécula O$_3$, cuja ligação iônica é extremamente frágil. Tal camada pode reconstituir-se naturalmente, mas o seu rompimento poderá ocasionar danos irreversíveis ao meio ambiente. Por exemplo: mudanças no clima planetário, incêndios, prejuízo à saúde humana, à fauna, à flora etc.

O principal poluente causador desse dano é o gás conhecido por HCFC (hidroclorofluorcarbono), utilizado em aerossóis, condicionadores de ar, refrigeradores e congeladores domésticos e por todos os demais sistemas de refrigeração de espuma rígida e semirrígida, combustíveis etc. O brometo de metila, usado em pesticidas agrícolas, também pode causar a destruição da camada de ozônio.

É a camada de ozônio que dá a coloração azulada do céu.

O Brasil e a Argentina apresentaram, num encontro internacional no Quênia, proposta para que os países desenvolvidos financiem a eliminação dos HCFCs, gases que destroem a camada de ozônio e causam o efeito estufa. A eliminação completa desses gases tem como fundamento o Protocolo de Montreal. E sua eliminação está prevista para 2040, iniciando-se o seu congelamento em 2015. Pretende-se, com isso, estabilizar as emissões em 2011 e evitar que 14 milhões de toneladas desse gás entrem na atmosfera. Ressalte-se que esse gás tem o poder de absorver

---

155. Eduardo Geraque, Em três meses, o ar só ficou bom em 17 dias, *Folha de S.Paulo*, 24 abr. 2010, p. C-3.

calor milhares de vezes maior do que o gás carbônico. Com tal proposta, evitar-se--ia a emissão de cerca de 5,5 bilhões de toneladas equivalentes de gás carbônico, atingindo a meta do Protocolo de Kioto[156].

Registre-se, ademais, que a Nasa apurou que o buraco de ozônio regrediu 16% em relação à medição realizada em meados de setembro de 2006. Constatou-se, naquela medição, um rombo atmosférico de 29,78 milhões de metros quadrados. O buraco de ozônio costuma formar-se anualmente sobre a Antártica por causa da atividade humana e, apesar de ter diminuído, continua do mesmo tamanho da América do Norte[157].

### 4.3. Medições diárias do ozônio pelo INPE

Em junho de 2008, o Instituto Nacional de Pesquisas Espaciais (INPE) colocou na internet a previsão diária da poluição por ozônio. Saulo Freitas, pesquisador do Centro de Previsão de Tempo e Estudos Climáticos (CPTEC) do INPE, espera que a previsão seja útil à população. Assim como as pessoas se preparam para o dia de chuva, poderão também precaver-se para a poluição causada pelo ozônio. Nesse dia, por exemplo, não será recomendável a prática de exercício ao ar livre[158].

A CETESB, principal responsável pela realização das medições do ozônio na Capital, constatou que a região metropolitana de São Paulo respirou durante 259 dias de 2010 um ar impróprio para a saúde humana. As medições constataram que a concentração de ozônio ultrapassou o limite saudável em 70% dos dias de 2010. Somente em 106 dias do ano o ar foi considerado bom, 198 dias, regular; 41 dias, inadequado e 20 dias, mau. *Regular* — significa que as pessoas (com doenças respiratórias) podem apresentar sintomas como tosse seca e cansaço. *Inadequada* — as doenças respiratórias são agravadas, a população em geral pode apresentar sintomas como ardor nos olhos, nariz e garganta, tosse seca e cansaço. *Mau* — há o agravamento de doenças pulmonares, como asma e doença pulmonar obstrutiva crônica[159].

Já em 2011, os índices de poluição do ar registrados na Grande São Paulo foram os piores dos últimos oito anos, de acordo com dados da CETESB. O ar ficou inadequado em 97 dias em pelo menos um ponto da região metropolitana — contra 94 em 2003 —, levando em conta todos os tipos de poluentes. Só o ozônio passou do limite em 96 dias contra 77 em 2003. É o pior índice desse poluente desde 2001. A frota em São Paulo é de 7,18 milhões de veículos, mas o ozônio forma-se a partir

---

156. Combate a gás da camada de ozônio poupa "um Kioto", *Folha de S.Paulo*, 30 maio 2007, p. A-12.

157. Buraco de ozônio regrediu 16%, diz NASA, *Folha de S.Paulo*, Ciência, 20 out. 2007, p. A-41.

158. Afra Balazina, Brasil terá previsão diária de gás ozônio, *Folha de S.Paulo*, 1º maio 2008, p. A-15.

159. Eduardo Geraque, Grande São Paulo tem ar impróprio em 70% do ano, *Folha de S.Paulo*, 9 ago. 2011, p. C-5.

de substâncias chamadas precursoras, emitidas, por exemplo, pelos escapamentos de carros e caminhões[160].

Isso serve para nos conscientizarmos dos constantes riscos que sofremos diariamente.

## Seção IV
*Queimadas*

### 1. QUEIMADA COMO FORMA DE LIMPEZA DO SOLO

A queimada é a forma mais rudimentar e arcaica para a realização da limpeza do solo. No entanto, ainda hoje é uma prática muito comum. Isso causa um transtorno muito grande à população que mora nas imediações, o empobrecimento do solo, prejuízo à saúde humana e a destruição da fauna. Essa prática alavanca a poluição e agrava o aquecimento global. A queimada ocorre mais comumente por ocasião do desmatamento de florestas para a criação de gado ou a plantação de soja e também antes da colheita da cana-de-açúcar.

O novo Código Florestal (Lei n. 12.651/2012) estabeleceu critérios sobre o controle das queimadas, proibindo o uso de fogo e dispôs sobre o controle dos incêndios. Assim, é proibido o uso de fogo na vegetação, *exceto* nas seguintes situações: I — em locais ou regiões cujas peculiaridades justifiquem o emprego do fogo em práticas agropastoris ou florestais, mediante prévia aprovação do órgão estadual ambiental competente do SISNAMA, para cada imóvel rural ou de forma regionalizada, que estabelecerá os critérios de monitoramento e controle; II — emprego da queima controlada em Unidades de Conservação, em conformidade com o respectivo plano de manejo e mediante prévia aprovação do órgão gestor da Unidade de Conservação, visando ao manejo conservacionista da vegetação nativa, cujas características ecológicas estejam associadas evolutivamente à ocorrência do fogo; e III — atividades de pesquisa científica vinculada a projeto de pesquisa devidamente aprovado pelos órgãos competentes e realizada por instituição de pesquisa reconhecida, mediante prévia aprovação do órgão ambiental competente do SISNAMA (art. 38 da citada lei).

Percebe-se que, nos casos excepcionais, será necessário o licenciamento ambiental. O Governo Federal, contudo, deverá estabelecer uma Política Nacional de Manejo e Controle de Queimadas, Prevenção e Combate aos Incêndios Florestais, que promova a articulação institucional com vistas à substituição do uso do fogo no meio rural, ao controle de queimadas, à prevenção e combate aos incêndios florestais

---

160. Eduardo Geraque, Ar da Grande São Paulo é o pior em 8 anos, *Folha de S.Paulo*, 30 jan. 2012, p. C-1.

e ao manejo do fogo em áreas naturais protegidas. A Política mencionada neste artigo deverá prever instrumentos para a análise dos impactos das queimadas sobre mudanças climáticas e mudanças no uso da terra, conservação dos ecossistemas, saúde pública e fauna, para subsidiar planos estratégicos de prevenção de incêndios florestais. Deverá ainda observar cenários de mudanças climáticas e potenciais aumentos de risco de ocorrência de incêndios florestais (art. 40, §§ 1º e 2º, da Lei n. 12.651/2012).

O novo Código Florestal também disciplinou a responsabilidade da reparação dos danos causados pelas queimadas. Nesta hipótese é necessário o estabelecimento de nexo causal na verificação das responsabilidades por infração pelo uso irregular do fogo em terras públicas ou particulares (art. 38, § 4º, da Lei n. 12.651/2012).

Vejamos, a seguir, estas modalidades de queimadas.

## 2. QUEIMADAS AGROPASTORIS E FLORESTAIS

Queimada é o emprego de fogo em práticas agropastoris e florestais. O art. 1º do Decreto n. 2.661, de 8 de julho de 1998, proíbe o emprego de fogo nas florestas e demais formas de vegetação. Permite, contudo, a queima controlada em práticas agropastoris e florestais. V. arts. 38 a 40 da Lei n. 12.651/2012, que também trata da proibição do uso de fogo e do controle de incêndios.

### 2.1. Queimada controlada: posição legal

Entende-se por queima controlada "o emprego de fogo como fator de produção e manejo em atividades agropastoris ou florestais, e para fins de pesquisa científica e tecnológica, em áreas com limites físicos, previamente definidos" (art. 2º, parágrafo único, do Decreto n. 2.661/98).

O antigo parágrafo único do art. 1º do citado decreto dizia que a queima controlada poderia ser empregada durante os primeiros cinco anos contados da data da sua publicação (8-7-1998) e, após o transcurso desse prazo, seria vedado todo e qualquer tipo de queimada, mesmo sob a forma de queima controlada. Tal dispositivo foi revogado pelo Decreto n. 3.010, de 30 de março de 1999. Este acrescentou o § 3º ao art. 1º do Decreto n. 2.661/98, que vetava o uso de fogo, até 9 de julho de 2003, mesmo sob a forma de queima controlada, para queima de vegetação contida numa faixa de 1.000 metros de aglomerado urbano de qualquer porte, delimitado a partir do seu centro urbanizado, ou de 500 metros a partir do seu perímetro urbano, se superior. Assim, não se enquadrando nas hipóteses anteriores, passa a ser permitida a queimada mediante licença ambiental.

Referido decreto dispõe sobre normas de precaução relativas ao emprego de fogo em práticas agropastoris e florestais, proíbe o emprego de fogo nas florestas e demais formas de vegetação e a queima pura e simples, assim entendida aquela não carbonizável.

## 2.2. Queimada controlada: posição do STJ

Com fundamento no art. 27 do antigo Código Florestal e nos arts. 2º, 3º e 16 do Decreto federal n. 2.661/98, o STJ, ao apreciar recurso especial, reconheceu a necessidade de licença ambiental para a realização de queimadas agropastoris e florestais, mediante queima controlada, observando-se as peculiaridades regionais: *"Direito Ambiental. Lavoura de cana-de-açúcar. Queimadas. Antigo Código Florestal, art. 27.*

*1. Tratando-se de atividade produtiva, mormente as oriundas dos setores primário e secundário, o legislador tem buscado, por meio de edição de leis e normas que possibilitem a viabilização do desenvolvimento sustentado, conciliar os interesses do segmento produtivo com os da população, que tem direito ao meio ambiente equilibrado.*

*2. Segundo a disposição do art. 27 da Lei n. 4.771/65 (antigo Código Florestal), é proibido o uso de fogo nas florestas e nas demais formas de vegetação — as quais abrangem todas as espécies —, independentemente de serem culturas permanentes ou renováveis. Isso ainda vem corroborado no parágrafo único do mencionado artigo, que ressalva a possibilidade de se obter permissão do Poder Público para a prática de queimadas em atividades agropastoris, se as peculiaridades regionais assim indicarem.*

*3. Tendo sido realizadas queimadas de palhas de cana-de-açúcar sem a respectiva licença ambiental, e sendo certo que essas queimadas poluem a atmosfera terrestre, evidencia-se a ilicitude de ato, o que impõe a condenação à obrigação de não fazer, consubstanciada na abstenção de tal prática.*

*4. Recursos especiais parcialmente conhecidos e improvidos"*[161].

As queimadas, como se vê, só serão permitidas após a concessão da licença ambiental pelo órgão ambiental estadual.

## 3. QUEIMA DA PALHA DA CANA-DE-AÇÚCAR: DANOS À SAÚDE HUMANA E AO MEIO AMBIENTE

Já não há dúvidas sobre o prejuízo que causa a queima da palha da cana-de-açúcar ao meio ambiente e à saúde humana.

### 3.1. Danos à saúde humana e aumento do consumo de água

O Estado de São Paulo é o maior produtor de cana-de-açúcar do país, gerando cerca de 370 mil empregos, e responde por mais de 32% da renda agrícola. O

---

161. STJ, 2ª T., REsp 578.878-SP, rel. Min. João Otávio de Noronha, v.u., j. 22-5-2007.

álcool, por outro lado, exerce importante papel na substituição da gasolina, melhorando as condições do ar nos centros urbanos. No entanto, a queima da palha da cana-de-açúcar tem por finalidade facilitar o corte manual e também afastar os animais peçonhentos. Essa queima, no entanto, libera 30 quilos de monóxido de carbono por tonelada e 3 quilos de particulados (carvãozinho) por tonelada. A fuligem liberada percorre uma distância que varia de 500 metros a 10 quilômetros, dependendo do vento. Tal fato faz com que os moradores da região atingida consumam mais água para a realização da limpeza. Em Ribeirão Preto, por exemplo, o consumo de água é de 400 litros diários contra a média brasileira de 230 a 250 litros. Os dados foram colhidos pelo Departamento de Água e Esgoto de Ribeirão Preto — DAERP[162]. A queimada, além disso, lança fumaça e substâncias cancerígenas, causando graves danos à flora e à fauna, se ocorrida nas proximidades de florestas e áreas de preservação permanente. Também produz grande quantidade de ozônio ($O_3$) em baixa atmosfera (troposfera) pela combinação de gases primários de características nitrosas com a luminosidade do dia, prejudicando principalmente a saúde humana. Com base nesses dados, o professor José Carlos Manço realizou pesquisa na região de Ribeirão Preto, em aproximadamente vinte e uma cidades, e constatou os danos ao meio ambiente, especialmente à saúde humana. Referida pesquisa mostrou "que as doenças do Aparelho Respiratório contribuem com percentual elevado de internações hospitalares nessas cidades. Pelos dados disponíveis parece inquestionável que algumas cidades da região canavieira do Estado de São Paulo já mostram alguns sinais de deterioração da qualidade do ar pelo aumento da concentração de poluentes na época das queimadas dos extensos canaviais da região"[163]. Apenas por curiosidade, o Prof. Tomaz Ripoli (ESALQ — Escola Superior de Agricultura Luiz de Queiroz), da USP, afirma que a queimada deve acabar logo, mas ressalta que a atividade polui menos do que veículos desregulados. Um caminhão, por exemplo, rodando por dez horas, polui o equivalente a um hectare de cana queimada[164].

### 3.2. Pesquisa demonstra o aumento de nascimento de crianças com baixo peso

Pesquisa conduzida pela FIOCRUZ — Fundação Oswaldo Cruz —, em parceria com a UFMT — Universidade Federal de Mato Grosso —, sugere relação entre a poluição causada pela fumaça das queimadas e a maior incidência de bebés

---

162. Juliana Coissi, Conviver com a fuligem da cana é rotina para moradores de Ribeirão Preto, *Folha de S.Paulo*, 1º jun. 2008, p. C-4.
163. Apud Paulo Affonso Leme Machado, *Direito*, cit., p. 458.
164. Usinas lideram *ranking* de multas por poluição em SP, *Folha de S.Paulo*, 1º jun. 2008, p. C-1.

nascidos com baixo peso. O estudo foi feito em 18 cidades de Mato Grosso — Estado campeão de queimadas. Mato Grosso teve mais de 30% do total de focos de calor registrados no país ao longo de 2010, segundo o INPE. A pesquisa comparou registros de 3.500 nascimentos com uma série histórica do INPE sobre emissões relacionadas a queimadas por cidade — monóxido de carbono e material particulado fino. O filho cuja mãe foi submetida a elevados níveis de fumaça entre o segundo e o terceiro trimestres da gestação tem entre 23% e 40% mais chances de nascer com peso abaixo de 2,5 kg, que é o considerado normal pela OMS[165].

### 3.3. Estudo comprova o aumento de doenças respiratórias em crianças e em idosos

O Dr. Marcos Arbex, médico pneumologista, realizou pesquisa na região canavieira de Araraquara, com apoio de universidades brasileiras e estrangeiras, e constatou que "um quinto da população da zona canavieira paulista está com os pulmões comprometidos ou à beira de uma crise rápida de evolução". Acrescenta-se a essa pesquisa o estudo realizado pela Sociedade Paulista de Pneumologia e Tisiologia, publicado no *site* em 3 de maio de 2006, que diz que "a queima de cana-de-açúcar é responsável por doenças respiratórias em crianças e idosos — Brasil festeja lucros das exportações de açúcar e álcool, mas continua ignorando os prejuízos à saúde da população e ao SUS. O Brasil tem, hoje, cerca de 5 milhões de hectares de cana-de--açúcar plantados, 75% no Estado de São Paulo. Da área total cultivada, 80% são queimados nos seis meses de pré-colheita, o que equivale a, aproximadamente, 4 milhões de hectares. Com a queima de toda essa biomassa por longo período, são enviadas à atmosfera inúmeras partículas e gases poluentes, que influem direta e indiretamente na saúde de praticamente todos os habitantes do interior do Estado de São Paulo. É nestas regiões que se concentram as plantações, desde que o cultivo da cana substituiu quase que completamente o do café. Diversos estudos realizados por pneumologistas, biólogos e físicos confirmam que as partículas suspensas na atmosfera, especialmente as finas e ultrafinas, penetram no sistema respiratório provocando reações alérgicas e inflamatórias. Além disso, não raro, os poluentes vão até a corrente sanguínea, causando complicações em diversos órgãos do organismo"[166].

### 3.4. Vinhaça utilizada como fertilizante pode causar danos ao meio ambiente

Acresça-se, por fim, que um dos subprodutos da produção do álcool é a vinhaça. Para cada litro de álcool produzido são gerados entre 10 e 14 litros de vinhaça,

---

165. Rodrigo Vargas, Fumaça de queimadas prejudica gestação, *Folha de S. Paulo*, 4 out. 2010, p. C-7.
166. Des. Laerte Lordi, ADIn 129.132-0/3-00.

levada aos canaviais para fertilização. A vinhaça contém alto teor de potássio, água e outros nutrientes. Este material poderá se infiltrar no lençol freático e afetar depósitos subterrâneos de água. O elevado acúmulo de potássio no solo pode torná-lo tóxico. Com as chuvas a vinhaça pode ainda ser levada para os rios e lagos, colocando em risco a população[167].

## 4. O GOVERNO DO ESTADO DE SÃO PAULO E A QUEIMA DA PALHA DA CANA-DE-AÇÚCAR

Em decorrência dessa pesquisa, o Ministério Público da região passou a propor muitas ações civis públicas com sucesso tanto em primeira como em segunda instância.

No Estado de São Paulo, com o objetivo de disciplinar a queima da palha da cana-de-açúcar, a Assembleia Legislativa aprovou a Lei n. 10.547, de 2 de maio de 2000, que dispõe sobre procedimentos, proibições, regras de execução e medidas de precaução a serem obedecidas nas práticas agrícolas, pastoris e florestais. Essa lei, conhecida como a "lei das queimadas", foi vetada pelo governador, na época, por entender ser ela muito benevolente aos usineiros. No entanto, o veto foi derrubado na Assembleia Legislativa. Citada lei foi então regulamentada pelo Decreto n. 45.869, de 22 de junho de 2001, que delimitou a partir daquele ano a queima da palha da cana-de-açúcar a percentual correspondente a 25% das áreas mecanizáveis e 13,35% das áreas não mecanizáveis. Como esse dispositivo era de difícil cumprimento por parte dos produtores de cana, outro projeto tramitou na Assembleia Legislativa estabelecendo um cronograma gradativo da queima.

Em substituição dessa lei, foi aprovada, no dia 19 de setembro de 2002, a Lei estadual paulista n. 11.241, que dispõe sobre a eliminação gradativa do uso do fogo como método despalhador e facilitador do corte da cana-de-açúcar. Referida lei revogou o § 2º do art. 1º e os arts. 16 e 17 da Lei n. 10.547, de 2 de maio de 2000, e trouxe duas tabelas: a primeira para área mecanizável onde não se pode efetuar a queima; a segunda para área não mecanizável, com declividade superior a 12% e/ou menor de 150 hectares, onde não se pode efetuar a queima, contendo os percentuais que devem ser observados durante determinado período (20 e 30 anos, respectivamente), findo o qual já não será permitido o uso do fogo para a queima da palha da cana-de-açúcar. Foi, além disso, publicada a Resolução SMA n. 33, de 21 de junho de 2007, que dispõe sobre a aplicação da Lei n. 11.241/2002, regulamentada pelo Decreto n. 47.700, de 11 de março de 2003, no atinente à limitação gradativa da queima

---

167. Utilização de poluente para adubação preocupa a Cetesb, *Folha de S.Paulo*, 1º jun. 2008, p. C-4.

da palha da cana-de-açúcar no Estado de São Paulo, e dá providências correlatas. Ainda no dia 17 de março de 2017, foi publicada a Resolução SMA n. 22, dispondo sobre os procedimentos relativos à suspensão da queima da palha de cana-de-açúcar, ditados pela Lei Estadual n. 11.241, de 19 de setembro de 2002, e regulamentada pelo Decreto Estadual n. 47.700, de 11 de março de 2003.

O governo do Estado de São Paulo, as secretarias estaduais do Meio Ambiente e de Agricultura e Abastecimento e a União da Indústria de Cana-de-Açúcar (UNICA) firmaram protocolo de intenções para antecipar o prazo estabelecido na Lei n. 11.241/2002, que previa a eliminação da queima da palha da cana-de-açúcar em 2021. O prazo foi antecipado para 2014 nas áreas mecanizáveis; nas áreas com inclinações, em que a eliminação da queima estava prevista para 2031, será antecipada para 2017. O protocolo tem caráter voluntário, mas, segundo o governo do Estado, quem aderir a ele receberá certificado agroambiental. O governo, além disso, pretende transformá-lo em projeto de lei e enviá-lo à Assembleia Legislativa em substituição à Lei n. 11.241/2002. Essa antecipação deve-se ao aumento da área de queima, ou seja, São Paulo possui 4,2 milhões de hectares de plantação de cana-de-açúcar e colheu cana em 3,4 milhões deles em 2006. Dessa área, em 2,5 milhões a colheita foi feita com a queima, ou seja, em 10% do território paulista (25 milhões de hectares)[168].

Representantes de 13 mil fornecedores do setor sucroalcooleiro também aderiram ao Protocolo Agroambiental do Governo do Estado, com o objetivo de antecipar o prazo para queimadas em canaviais paulistas, bem como para adoção de ações de sustentação ambiental. Tal documento foi assinado no dia 10 de março de 2008 pelo governador José Serra e pelo presidente da Organização de Plantadores de Cana da Região Centro-Sul do Brasil (ORPLANA), no Palácio dos Bandeirantes. Ressalte-se, além disso, que, até agora, 141 das 170 indústrias do setor integrantes da UNICA, aderiram ao acordo, e os resultados vieram imediatamente. Com esse acordo, o Governo conseguiu reduzir a área queimada no Estado em 109 mil hectares no primeiro ano de funcionamento do plano de conduta ambiental. No entanto, a área colhida aumentou 548 mil hectares. Hoje, o Estado colhe 47% da cana-de-açúcar de forma mecanizada.

Os fornecedores representam 25% da produção total de cana-de-açúcar em terras paulistas. Com a adesão, toda a linha de produção de açúcar e álcool no Estado passa a ser coberta pelo Protocolo Agroambiental. São Paulo tem a maior área plantada de cana do Brasil. Os fazendeiros paulistas são responsáveis por 72,4% da produção nacional de etanol e líderes nas exportações brasileiras do setor, com US$ 5,65 bilhões em vendas somente em 2006[169].

---

168. Mauro Zafolon e Denise Brito, São Paulo antecipa fim da queima de cana, *Folha de S.Paulo*, 5 jun. 2007, p. B-13.
169. DOE, Poder Executivo, 11 mar. 2008, p. I (capa).

Se, de um lado, comemora-se a tendência de queda do desmatamento na Amazônia (9.600 km² em 2006/2007), de outro, lamenta-se o aumento das queimadas realizadas, especialmente no interior de São Paulo pelos usineiros que insistem ainda na queima da palha da cana-de-açúcar.

O aumento da plantação da cana-de-açúcar em São Paulo, aliado ao clima seco da Amazônia, fez com que as queimadas crescessem em 2007. Segundo dados do INPE, houve um aumento de 18,7% de 1º de janeiro a 10 de agosto de 2007 em comparação ao mesmo período de 2006. O satélite do INPE detectou, em 2007, 26.237 focos de calor; em 2006, foram 22.096 (esses focos são indicativos de fogo nas matas ou florestas). Mato Grosso continua em primeiro lugar nas queimadas, seguido pelo Estado do Pará e Roraima, respectivamente. São Paulo está em quarto lugar. Tal fato tem contribuído sobremaneira para o aquecimento global.

Procura-se, com essa lei, substituir gradativamente a queima da palha da cana-de-açúcar por colheita mecanizada.

O governo federal encaminhou ao Congresso Nacional, no dia 17 de setembro de 2009, projeto de lei que visa à eliminação total da queima da palha da cana-de-açúcar até 2017, mecanizando a colheita a partir dessa data, nos mesmos moldes do acordo realizado pelo governo do Estado de São Paulo. Visa-se, com isso, garantir o "selo verde" ao álcool combustível, tornando competitivo o produto no mercado internacional com a diminuição da emissão de carbono que é o grande vilão do aquecimento global.

Procura-se, com a Lei estadual n. 11.241/2002, regulamentada pelo Decreto estadual n. 47.700/2003, a eliminação do uso do fogo como método despalhador e facilitador do corte de cana-de-açúcar. Esperamos, no entanto, que referida lei seja revogada e essa vitória judicial se estenda por todo o território paulista, não justificando mais a queimada de qualquer tipo de vegetação, especialmente nos canaviais, cujos efeitos deletérios são comprovadamente nocivos à saúde humana.

A Secretaria Estadual do Meio Ambiente informa que aumentou a colheita mecanizada do ciclo 2008/2009, passando para 49,1% do território paulista ocupado pela cana. Esses dados foram fornecidos pelo Instituto Nacional de Pesquisas Espaciais — INPE. Os restantes dos canaviais (50,9%) foram colhidos com o velho sistema de queimada[170]. Estimou-se que, para 2010/2011, a mecanização das usinas na colheita de cana do Estado de São Paulo deveria elevar-se para 70%. Na safra anterior (2009/2010), o percentual foi de 67%, segundo o gerente do projeto Etanol Verde da pasta, Ricardo Viegas. O aumento se deu por causa dos investimentos na mecanização em troca da redução de custos. A maioria das grandes usinas apresenta índice de colheita mecanizada acima de 75%. A Usina São Martinho, por exemplo,

---

170. Agnaldo Brito, Crise desacelera mecanização da cana, *Folha de S. Paulo*, 31 mar. 2009, p. B-16.

atingiu o índice de 90%. A Cosan, maior produtora de etanol do país, apresentou índice de mecanização de 78,1% da cana própria. A empresa, além disso, faz a renovação do canavial prevendo a colheita mecanizada. O objetivo é remodelar o canavial para garantir 100% da mecanização, afirmou o gerente financeiro e de relação com investidores da empresa, Marcelo Martins. A Cosan tem 26 fábricas de açúcar e etanol em cinco Estados. Além disso, pretende-se conscientizar os pequenos e médios produtores que ainda usam as queimadas. Para atender esses produtores seriam necessárias cerca de 5.000 colheitadeiras para toda a cana plantada no Estado. Hoje há aproximadamente 2.600, sendo 170 para fornecedores de cana de pequenos e médios produtores paulistas. Pensa-se na formação de um consórcio para atender a essa necessidade. O prazo, como já vimos, terminou em 2014, para áreas mecanizáveis, e em 2017, para áreas não mecanizáveis[171].

## 5. HIPÓTESES DE SUSPENSÃO DA QUEIMA DA PALHA DA CANA-DE-AÇÚCAR

Enquanto não eliminada, em caráter definitivo, a queimada nessas áreas, a autoridade ambiental poderá conceder licença para a queima, podendo, no entanto, determinar sua suspensão nos seguintes casos: a) constatados e comprovados risco para a vida humana, danos ambientais ou condições meteorológicas desfavoráveis; b) se a qualidade do ar atingir comprovadamente índices prejudiciais à saúde humana, conferidos segundo o fixado no ordenamento legal vigente; c) quando os níveis de fumaça originados da queima, evidentemente, comprometam ou coloquem em risco as operações aeronáuticas, rodoviárias e de outros meios de transporte (art. 7º da Lei n. 11.241/2002).

Numa iniciativa pioneira, o Ministério Público do Estado de São Paulo, por intermédio de seu ilustre promotor de justiça do Meio Ambiente e da Cidadania da Comarca de Jaú/SP, Dr. Jorge João Marques de Oliveira, e o Ministério Público Federal, por seu ilustre procurador da República do Município de Jaú/SP, Dr. Marcos Salati, em litisconsórcio ativo, propuseram, no dia 20 de julho de 2007, ação civil pública em face do Estado de São Paulo e do IBAMA, com pedido de antecipação da tutela, para: "a) suspender imediatamente a validade das 'autorizações' já concedidas pelo Estado de São Paulo, cujo objeto seja a queima controlada da palha da cana-de-açúcar na área compreendida pela Subseção Judiciária de Jaú: b) determinar ao Estado de São Paulo, através de seus órgãos afins, que se abstenha de novas 'autorizações ambientais' para a prática da 'queima controlada' da palha da cana-de-açúcar na área abarcada por

---

171.Venceslau Borlina Filho, Mecanização da colheita de cana aumenta em usinas de São Paulo, *Folha de S.Paulo*, 17 fev. 2011, p. B-7.

esta Subseção Judiciária; c) determinar ao IBAMA que promova com exclusividade o procedimento de licenciamento ambiental para a prática da queima da palha da cana-de-açúcar na região abarcada pela Subseção Judiciária de Jaú, sempre respeitando a exigência de EPIA/RIMA e as demais etapas atinentes ao procedimento de licenciamento ambiental preconizadas no art. 10 da Resolução n. 237/97, do CONAMA". O Juiz da 1ª Vara Federal de Jaú/SP, por sua vez, concedeu a tutela antecipada, no dia 20 de agosto de 2007, nos exatos termos do pedido[172].

Nessa ação, os membros dos Ministérios Públicos Federal e Estadual demonstraram os efeitos negativos que a queima da palha da cana-de-açúcar causa aos trabalhadores que realizam o corte, pois eles respiram as fuligens provenientes da queimada. Provaram ainda que a queimada causa danos à população que vive próximo às regiões, levando muitas pessoas aos postos de saúde. Há grande incidência de doenças do pulmão nessas regiões, quando comparadas aos centros industriais como São Paulo, por exemplo. Revelaram os problemas que causam, especialmente à atmosfera, contribuindo para o aquecimento global. E, finalmente, comprovaram os danos ao meio ambiente, notadamente aos recursos ambientais, tais como as bacias hidrográficas, a flora, a fauna etc.

A Associação dos Plantadores de Cana da Região de Jaú requereu, perante a 1ª Vara Federal de Jaú, sua admissão como assistente dos corréus, tendo o juiz de primeira instância postergado a análise do pedido. Inconformada, ela interpôs agravo de instrumento com efeito suspensivo contra referida decisão, tendo a desembargadora federal, Dra. Regina Helena Costa, do TRF da 3ª Região, no dia 26 de setembro de 2007, negado efeito suspensivo ao agravo interposto contra a decisão liminar[173].

No dia 4 de março de 2008, a desembargadora federal, Dra. Marli Ferreira, presidente do TRF da 3ª Região, deferiu, até a apreciação da matéria de mérito em sede recursal, pedido de suspensão da execução de sentença proferida pelo MM. Juízo da 1ª Vara Federal de Jaú, nos autos da Ação Civil Pública n. 2007.61.17.002615-9, promovida pelos Ministérios Públicos Federal e Estadual em face do Estado de São Paulo e do IBAMA[174]. Dentre vários argumentos, o que mais pesou, no nosso entender, para a suspensão da medida foi o fato de que a safra de 2008 não teria sido planejada para colheita mecanizada. Deve-se respeitar o ciclo de cinco a oito anos da cultura canavieira. O solo não se encontra hoje adaptado para suportar a colheita por máquinas, dado que o plantio para essa colheita teria sido feito de forma diferente (espaçamento das mudas, talhão), o que comprometerá a produção de açúcar e álcool por anos.

Se prevalecesse essa liminar até final decisão, seria grande vitória para o meio ambiente, pois seus efeitos se estenderiam para todo o Estado de São Paulo.

---

172. Autos do Processo n. 2007.61.17.002615-9.
173. *Informativo CAO-UMA* n. 129.2007.
174. Autos do Processo n. 2008.03.00.006427-8.

Finalmente, no dia 28 de fevereiro de 2012, a 2ª Turma do STJ julgou o mérito do Recurso Especial n. 1.285.463, de Jaú-SP, interposto pelo Ministério Público de São Paulo em face da Associação dos Plantadores de Cana da Região de Jaú, da CETESB e da Fazenda do Estado de São Paulo. O STJ, por unanimidade, deu provimento ao recurso, nos termos do voto do relator, Ministro Humberto Martins, cuja ementa transcrevemos na íntegra:

*"Direito ambiental. Ação Civil Pública. Cana-de-Açúcar. Queimadas. Art. 21, parágrafo único, da Lei n. 4.771/65 (antigo Código Florestal). Dano ao meio ambiente. Princípio da precaução. Queima da palha de cana. Existência de regra expressa proibitiva. Exceção existente somente para preservar peculiaridades locais ou regionais relacionadas à identidade cultural. Inaplicabilidade às atividades agrícolas industriais.*

1. O princípio da precaução, consagrado formalmente pela Conferência das Nações Unidas sobre o Meio Ambiente e o Desenvolvimento — Rio 92 (ratificada pelo Brasil), na ausência de certezas científicas, não pode ser argumento utilizado para postergar a adoção de medidas eficazes para a proteção ambiental. Na dúvida, prevalece a defesa do meio ambiente.

2. A situação de tensão entre princípios deve ser resolvida pela ponderação, fundamentada e racional, entre os valores conflitantes. Em face dos princípios democráticos e da Separação dos Poderes, é o Poder Legislativo quem possui a primazia no processo de ponderação, de modo que o Judiciário deve intervir apenas no caso de ausência ou desproporcionalidade da opção adotada pelo legislador.

3. O legislador brasileiro, atento a essa questão, disciplinou o uso do fogo no processo produtivo agrícola, quando prescreveu no art. 27, parágrafo único, da Lei n. 4.771/65 (antigo Código Florestal) que o Poder Público poderia autorizá-lo em práticas agropastoris ou florestais desde que em razão de peculiaridades locais ou regionais.

4. Buscou-se, com isso, compatibilizar dois valores protegidos na Constituição Federal de 1988, quais sejam, o meio ambiente e a cultura ou o modo de fazer, este quando necessário à sobrevivência dos pequenos produtores que retiram seu sustento da atividade agrícola e que não dispõem de outros métodos para o exercício desta, que não o uso do fogo.

5. A interpretação do art. 27, parágrafo único, do antigo Código Florestal não pode conduzir ao entendimento de que estão por ele abrangidas as atividades agroindustriais ou agrícolas organizadas, ou seja, exercidas empresarialmente, pois dispõem de condições financeiras para implantar outros métodos menos ofensivos ao meio ambiente. Precedente: AgRg nos EDcl no REsp 1094873/SP, rel. Min. Humberto Martins, 2ª Turma, julgado em 4-8-2009, DJe 17-8-2009.

6. Ademais, ainda que se entenda que é possível à administração pública autorizar a queima da palha da cana-de-açúcar em atividades agrícolas industriais, a permissão deve ser específica, precedida de estudo de impacto ambiental e licenciamento, com a implantação de medidas que viabilizem amenizar os danos e a recu-

perar o ambiente. Tudo isso em respeito ao art. 10 da Lei n. 6.938/81. Precedente: EREsp 418.565/SP, rel. Min. Teori Albino Zavascki, 1ª Seção, julgado em 29-9-2010, DJe 13-10-2010".

Outra excelente ACP foi interposta pelo Ministério Público Federal, representado pelo procurador da República, Dr. Fausto Kozo Matsumoto Kosaka, no dia 2 de abril de 2012, perante a Subseção Judiciária Federal de Piracicaba-SP, em face do Estado de São Paulo, CETESB e IBAMA, para que sejam declaradas nulas todas as licenças e autorizações já expedidas e abstenham-se de conceder novas licenças e autorizações pela CETESB e pelo Estado de São Paulo na área compreendida pela citada Subseção, tendo por objeto a queima controlada da palha de cana-de-açúcar sem o cumprimento das normas relativas à exigência de licenciamento e do prévio estudo de impacto ambiental — EPIA e do seu relatório ambiental — RIMA, devendo o IBAMA exercer efetiva fiscalização dos danos causados por esta atividade danosa. Esta ACP contém 103 laudas e está muito bem fundamentada (Inquérito Civil n. 1.34.008.100039/2010-01).

Referida ACP foi julgada procedente e determinou o cancelamento de todas as autorizações e licenças de queima controlada da palha de cana-de-açúcar nas plantações do município de Piracicaba. A sentença condenou a Companhia Ambiental do Estado de São Paulo — CETESB e o Estado de São Paulo a se abster de conceder novas autorizações de queima sem a prévia elaboração de Estudo de Impacto Ambiental e de Relatório de Impacto Ambiental (EIA/RIMA). O Instituto Brasileiro do Meio Ambiente e dos Recursos Naturais Renováveis — IBAMA deverá providenciar a efetiva fiscalização dos danos provocados à fauna pela prática de queima na região e ampla campanha de educação ambiental. A decisão declarou a inconstitucionalidade da Lei estadual n. 11.241/2002. A lei dispensa estudo de impacto ambiental e autoriza a queimada controlada até o ano de 2031. As autorizações foram concedidas pela CETESB sem a exigência do Estudo Prévio de Impacto Ambiental (EPIA) e do Relatório de Impacto ao Meio Ambiente (RIMA), considerados de observância obrigatória pela legislação federal. A queimada produz a liberação de dissulfito de hidrogênio ($H_2S_2$) e dióxido de enxofre ($SO_2$), sendo que essa última substância é oxidada na atmosfera, transformando-se em ácido sulfúrico. Com a permanência prolongada no ar, o dióxido de enxofre é levado pelo vento para outras regiões e sendo responsável pelo maior número de doenças pulmonares na população de Piracicaba. A decisão foi proferida pela 2ª Vara Federal de Piracicaba no dia 7 de agosto de 2013 e fixou multa diária de R$ 100 mil para o caso de descumprimento.

Agora, sim, podemos respirar mais à vontade, principalmente nas regiões canavieiras.

A luta é longa, mas está só começando.

## 6. COMPETÊNCIA MUNICIPAL PARA LEGISLAR SOBRE A QUEIMA DA PALHA DA CANA-DE-AÇÚCAR

a) Posição do TJSP: declara constitucional a lei municipal que proíbe a queima

O Ministério Público paulista, a despeito desse protocolo, conseguiu grande vitória no que tange à queima da palha da cana-de-açúcar na cidade de Limeira. A Câmara Municipal dessa cidade aprovou a Lei n. 3.063, de 22 de novembro de 2005, que proibia toda e qualquer queimada de canaviais no município, abrangendo qualquer plantação de cana-de-açúcar, seja de forma exclusiva por usinas ou mediante arrendamento ou parceria agrícola com proprietários de terras localizadas na zona urbana ou rural do município (art. 1º, parágrafo único). Com base nessa lei, o Sindicato da Indústria da Fabricação do Álcool do Estado de São Paulo (SIFAESP) e o Sindicato da Indústria de Açúcar no Estado de São Paulo (SIAESP) propuseram ação direta de inconstitucionalidade, com pedido de liminar, perante o Tribunal de Justiça de São Paulo em face do prefeito do Município de Limeira e da Câmara Municipal de Limeira contra referido dispositivo por atentar contra o art. 23 e parágrafo único, n. 14, o art. 192 e § 1º e o art. 193 e incisos XX e XXI da Constituição paulista, que reserva ao Estado a competência para legislar acerca de meio ambiente. Após parecer do procurador-geral de justiça, o Tribunal de Justiça de São Paulo, por meio de seu Órgão Especial, julgou improcedente a referida ação direta de inconstitucionalidade, cassando a liminar, por maioria de votos (15 a 6), no dia 21 de março de 2007, mantendo-se intacto o artigo guerreado[175].

O relator designado, desembargador José Geraldo de Jacobina Rabello, consignou que "no embate entre as autonomias dos entes federados, como lembrado pelo Desembargador Laerte Nordi, de se prestigiar a do município, uma vez que, como anteriormente decidido pelo Egrégio Superior Tribunal de Justiça (RT, 679/204), a Lei da Política Nacional do Meio Ambiente não exclui a edição pelo último de normas e padrões que objetivem regular situação local como a vivida pela população de Limeira, sem condição de continuar a suportar o sofrimento causado pelas queimadas. As regras atacadas apenas complementam a lei estadual citada como violada, como, de seu lado, argumentou o Desembargador Caio Canguçu de Almeida, na medida em que adaptaram à realidade e para a defesa dos interesses locais dos munícipes a tímida proibição de queima trilhada por aquela. No voto do Desembargador Renato Nalini, ressaltado que a própria Lei estadual veda a queima de cana-de--açúcar, mas tolera a leniência incompatível com os danos causados à saúde dos cidadãos e à qualidade de vida, mostrando-se legítima, pois, a atuação do poder local na vedação de continuidade de pernicioso quadro".

---

175. Autos do Processo n. 129.132.0/3-00.

O desembargador Laerte Nordi, em sua primorosa declaração de voto vencedor, cita o ex-secretário do Meio Ambiente do Estado de São Paulo, Dr. José Goldemberg, para quem é "um absurdo fazer inúmeras exigências ambientais às indústrias do Estado, tentar melhorar a disposição do lixo e resíduos tóxicos, multar os caminhões que emitem fumaça e inspecionar os automóveis para que estes emitam menos poluentes e, simultânea e paradoxalmente, permitir a queima descontrolada da cana-de-açúcar, que, em certas épocas do ano, inferniza a população deste Estado".

Não podemos deixar de destacar ainda a declaração de voto vencedor do desembargador Renato Nalini ao se reportar aos julgamentos por essa Corte de casos semelhantes. "Não é verdade que se cuide de mera reiteração de casos idênticos, sobre os quais já se posicionou o Órgão Especial, em favor dos Sindicatos autores. É de salientar que na ADIn 125.132.0/4-Americana foram apenas dois os votos contra a queimada. Na ADIn 124.976.0/8-Ribeirão Preto, houve empate de 12 a 12 e coube ao Desembargador Presidente desempatar em favor dos Sindicatos. Essa evolução evidencia a maturidade com que os doutos julgadores encaram a questão, agora à luz das catastróficas previsões de todos os cientistas do mundo. Suficiente para fazer com que o próprio titular de neoimperialismo, renitente a firmar o Protocolo de Kioto, se curve a percorrer os países periféricos, para convencê-los de que o neocolonialismo agora impõe a intensificação do cultivo de cana-de-açúcar para atender à demanda do Primeiro Mundo. A poluição, a destruição da biodiversidade, a eliminação das últimas manchas de vegetação nativa ficam para a conta do Terceiro Mundo".

Também apresentaram declaração de votos vencedores os desembargadores Passos de Freitas, Canguçu de Almeida e Marcus Andrade, além dos já citados.

O município, como se vê, tem competência para legislar sobre a queima da palha da cana-de-açúcar, respeitando as normas federais e estaduais. O Município de Pradópolis, por exemplo, criou lei que disciplina a queima da palha da cana-de-açúcar, inserindo disposições menos severas em relação ao previsto na legislação estadual, razão pela qual o Tribunal de Justiça do Estado de São Paulo julgou inconstitucional referida lei municipal na ADIn 17.747-0, de que foi relator o desembargador César de Moraes[176], diferentemente do que ocorreu no Município de Limeira.

O Município de Paulínia, no Estado de São Paulo, também poderá continuar proibindo a queimada da palha da cana-de-açúcar por meio de lei municipal. Inconformado, mais uma vez, o Sindicato da Indústria da Fabricação de Álcool do Estado de São Paulo propôs ação direta de inconstitucionalidade contra tal lei. Em sessão plenária, realizada no dia 24 de outubro de 2007, o Órgão Especial do Tribunal de Justiça, acolhendo parecer do Ministério Público, julgou

---

176. J. 15-9-1993, v.u., *JTJ*, Lex, *155*:253-68, in Paulo Affonso Leme Machado, *Direito*, cit., p. 386-387.

improcedente referida ação direta de inconstitucionalidade, por maioria de votos (15 a 9), declarando constitucional a lei restritiva. O Tribunal de Justiça, assim decidindo, conferiu legitimidade ao Município de Paulínia para legislar sobre a matéria independentemente da lei estadual. O relato dessa ação ficou ao encargo do desembargador Renato Nalini, também integrante da Câmara Especial do Meio Ambiente do Tribunal de Justiça e grande conhecedor da matéria, que sustentou que a lei estadual "eufemisticamente veda a queima da cana. Só que propõe leniência incompatível com os danos causados à saúde dos municípios e à qualidade de vida regional. Legitima a atuação das decisões das cidades ao vedarem a continuidade daquilo que se mostra tão pernicioso".

O Tribunal de Justiça de São Paulo, como se vê, mudou a posição em relação aos julgamentos anteriores e passou a decidir favoravelmente ao meio ambiente, afastando, assim, a interpretação formalística que prevaleceu até então[177].

### b) Posição do STF: declara inconstitucional lei municipal que proíbe a queima

O município tem competência para legislar sobre meio ambiente com a União e os Estados no limite do seu interesse local e desde que em harmonia com a disciplina estabelecida pelos demais entes federados (art. 24, VI, c/c o art. 30, I e II, da CF). Tal tese foi firmada pelo Supremo Tribunal Federal — STF ao julgar o RE 586.224, em 5 de março de 2015, com repercussão geral reconhecida. O Plenário, por maioria, deu provimento ao recurso para declarar a inconstitucionalidade da Lei n. 1.952/95, do Município de Paulínia/SP, que proibia a queima da palha de cana-de-açúcar em seu território.

O recurso foi tema de audiência pública realizada em abril de 2013, quando 23 entidades foram ouvidas para discutir a controvérsia entre a Constituição paulista, que autorizava a queima da palha da cana-de-açúcar quando realizada dentro de padrões de controle ambiental, e a lei do Município de Paulínia, que proíbe a prática.

Vencida a Ministra Rosa Weber, os demais ministros acompanharam o voto do relator, Ministro Luiz Fux. Para o relator, a eliminação da queima da cana deve ser planejada e gradual (Lei n. 11.241/2002) em razão de fatores sociais (realocação dos

---

177. Aliás, não só o TJSP, mas a doutrina também vem sustentando a competência suplementar dos Municípios no que tange à possibilidade de legislar sobre a proibição da queima da palha da cana-de-açúcar. Nesse sentido, "o Estado-membro fixou um limite que pode ser reduzido pelo Município ao exercer sua competência suplementar, naquilo que cabe a ele, ou seja, proteger mais o meio ambiente e a saúde de seus munícipes, levando em conta os interesses predominantemente locais. Ao proibir sumariamente a queimada da palha da cana-de-açúcar em seu território, o Município, atento a seu interesse local e suplementando a legislação estadual, preserva a qualidade de vida e garante o bem-estar dos seus cidadãos, função essa inerente a toda e qualquer cidade" (Roberto Baptista Dias da Silva e Gabriela Moccia de Oliveira Cruz, Competência suplementar municipal na queima da palha da cana-de-açúcar, *Revista Jurídica da ESMP*, v. 1, 2012, p. 127).

trabalhadores canavieiros) e ambientais, uma vez que a utilização de máquinas também gera impacto negativo ao meio ambiente.

Sustenta o Ministro Luiz Fux que as normas federais tratam do assunto e apontam expressamente para a necessidade de se traçar um planejamento para extinguir gradativamente o uso do fogo como método despalhador e facilitador do corte da cana, destacando o art. 40 do Código Florestal que determina a instituição de política nacional para essa forma de colheita. Citou também o Decreto n. 2.661/98, que regula o emprego do fogo em práticas agropecuárias e florestais, com capítulo específico para disciplinar a forma de mecanização gradual do cultivo.

O ministro entendeu que as normas federais e a Constituição estadual já exaurem a matéria, não havendo competência residual do município. "A solução do município é contrária ao planejamento federal e não passa pelo controle da sua razoabilidade", avaliou, ao considerar a inconstitucionalidade material da norma questionada.

Por fim, o relator, em razão da multidisciplinariedade que envolve a proteção do meio ambiente, exaltou o seu aspecto socioeconômico, afirmando que o conjunto fático composto pelo certo e previsível desemprego em massa, juntamente com a mera possibilidade de aumento de produtividade, deveria se investir no papel de guardião da Constituição, em defesa do interesse da minoria qualitativamente representada pela classe de trabalhadores canavieiros, que mereceriam proteção diante do chamado progresso tecnológico e a respectiva mecanização, ambos trazidos pela pretensão de proibição imediata da colheita da cana mediante uso de fogo.

Percebe-se, ainda, que o aspecto socioeconômico prevalece sobre o interesse difuso — bem comum da humanidade (art. 225 da CF).

## Seção V
### Radiações nucleares

### 1. ENERGIA NUCLEAR E POLUIÇÃO

Há hoje muitas atividades que envolvem o manuseio de material radioativo, tais como armamentos, medicina e energia elétrica. Estas atividades necessitam de minérios considerados radioativos. Só que uma guerra ou um acidente nuclear, por sua vez, poderá colocar em risco a humanidade como um todo. Suas radiações são capazes de modificar a genética humana e levar à sua morte, quando não causar sequelas irreversíveis.

*Poluição radioativa* é o "dano pessoal ou material produzido como resultado direto ou indireto das propriedades radioativas, da sua combinação com as propriedades tóxicas ou com outras características dos materiais nucleares, que se encontram em instalação nuclear, ou dela procedentes ou a ela enviados" (art. 1º, VII, da Lei n. 6.453, de 17-10-1977).

Trata-se de produtos ou de rejeitos radioativos lançados ao meio ambiente em decorrência de acidente nuclear ou pelo inadequado armazenamento desses materiais perigosos, que podem ser obtidos durante o processo produtivo ou na utilização de combustíveis nucleares, bem como na exposição às radiações decorrentes desse processo.

A *poluição radioativa*, em outras palavras, é a modalidade de poluição atmosférica mais perigosa para o ser humano. As radiações nucleares, se não levarem à morte, podem causar danos irreparáveis à genética da presente e futuras gerações. Até hoje os japoneses estão sofrendo as consequências das radiações emitidas pelas bombas atômicas lançadas nas cidades de Hiroshima e Nagasaki em 1945. Além disso, muitos acidentes vêm ocorrendo em usinas atômicas em diversos países, causando danos à saúde humana e ao meio ambiente. Também têm ocorrido muitos acidentes domésticos em decorrência do uso inadequado de equipamentos que utilizam material radioativo, como, por exemplo, o césio-137, utilizado nas máquinas de raios X, nas pilhas, nas baterias de celulares etc. Comprovou-se que as radiações nucleares — *the invisible killer* — causam problemas genéticos que podem passar para as futuras gerações[178].

## 2. UTILIZAÇÃO DA ENERGIA NUCLEAR PARA FINS PACÍFICOS: DESARMAMENTO NUCLEAR

Possuir bomba atômica ou armamento nuclear é questão de *status* mundial ou de segurança. Alguns países gostariam de exterminar o Estado de Israel. O Irã, inclusive, já havia dito que o holocausto não existiu e é inimigo mortal deste país. Há muitos países que gostariam também de acabar com os EUA. Para isso basta ter uma bomba atômica.

O secretário-geral das Nações Unidas incluiu o desarmamento entre as prioridades da ONU, ao lado de temas globais urgentes, como o da mudança climática.

O Brasil, em sua CF, permite a utilização da energia, exclusivamente, para fins pacíficos. Assim, "toda atividade nuclear em Território Nacional somente será admitida para fins pacíficos e mediante aprovação do Congresso Nacional" (art. 21, XXIII, *a*).

No entanto, há muitos países que possuem bomba atômica e/ou armamentos nucleares. A comunidade mundial vem se movimentando para tentar eliminar as armas de destruição em massa e a regulamentação dos armamentos convencionais. Sua eliminação é um dos motivos para forçar a paz e manter a segurança mundial.

---

178. Registre-se que "For most Japanese, radiation is a primacial fear. The invisible killer that ravaged Hiroshima and Nagasaki after Americans dropped nuclear bombs on both cities in 1945 spawned horrific genetic mutations in its victims, and birth defects that continue to haunt their offspring" (Japan's Nuclear Scare, *Newsweek*, October 11, 1999, p. 13).

Após a guerra fria entre os EUA e a URSS, foram estabelecidas zonas livres de armas nucleares na América Latina e Caribe, do Pacífico Sul, no Sudeste Asiático, na África e na Ásia Central e concluídos acordos, como a proibição de ensaios com explosivos nucleares na atmosfera (1963) e depois em todos os ambientes (1996).

Em 1970, foi firmado o Tratado de Não Proliferação de Armas Nucleares (TNP) entre cinco países reconhecidos como possuidores dessas armas, os quais se comprometeram a negociar "em breve prazo" e de "boa-fé" medidas relativas à cessação da corrida armamentista nuclear e a um tratado de desarmamento geral e completo e os países não possuidores se comprometeram em não adquirir armas atômicas e aceitar um sistema de controle sobre suas atividades nucleares pacíficas.

Em 1963, os chefes de Estado da URSS e dos EUA assinaram um tratado de proibição de testes nucleares na atmosfera, no espaço e no fundo dos oceanos, estabelecendo restrições à potência das munições testadas. Após a assinatura do tratado, os testes nucleares em Terra Nova (Ártico) passaram a ser realizados no subsolo, para evitar contaminação radioativa do meio ambiente. Já em 1990, o governo russo assinou o Tratado de Proibição Completa de Testes Nucleares — CTBT e suspendeu todos os testes nucleares em Terra Nova. Até o final de 2013, um grupo de caças interceptadores supersônicos Mig-31 ficará estacionado no local. Além disso, as águas costeiras serão patrulhadas por navios da Esquadra do Mar do Norte. As explosões hidrodinâmicas ou subcríticas foram colocadas em prática por todas as potências nuclearmente armadas e levou os EUA e o Reino Unido a reverem sua posição em relação aos tratados internacionais sobre proibição dos testes nucleares. Essa nova tecnologia permite arsenais inofensivos durante a paz, mas prontos para combate. A diferença entre as explosões subcríticas e as nucleares é que as réplicas utilizam uma matéria nuclear subcrítica que libera, na explosão, uma energia equivalente a 0,1 micrograma de TNT[179].

A tendência é a adoção de medidas cada vez mais restritivas para conter a proliferação e reduzir a possibilidade de que atores não estatais obtenham materiais e armas nucleares para uso em atos de terrorismo.

Procura-se dissuadir tanto quem possui como quem não possui a desistir da necessidade de armamento nuclear. Muitos países resistem à adoção de medidas restritivas nesse sentido. Essa questão passou a ser tratada com mais seriedade, pois disso depende a sobrevivência da humanidade. Todos têm se esforçado para tentar diminuir e sensibilizar estes atores a descartar a possibilidade de ter em seu poder armamento nuclear.

Como podemos perceber, caso a humanidade não se imponha decisivamente para combater o desarmamento nuclear, o planeta Terra deixará de existir tanto em razão de catástrofes naturais como pela utilização de armas nucleares. Ocorre que,

---

179. Dmítri Litóvkin, Campo de testes nucleares no Ártico terá segurança reforçada, Gazeta Russa, *Folha de S.Paulo*, 28 nov. 2012, p. 2.

por desastre natural, o planeta terá ainda algumas décadas ou séculos para se extinguir, ao passo que pela utilização de armamentos nucleares, a Terra poderá desaparecer em apenas alguns segundos[180].

Climatologistas reunidos nos EUA concluíram que o uso de mero 0,03% do arsenal nuclear do planeta seria suficiente para alterar o clima e gerar ondas de fome. Essa conclusão foi constatada por meio de simulações feitas por Alan Robock, da Universidade Rutgers, e Michel Mills, do Laboratório de Física Espacial e Atmosférica dos EUA. Eles sentem saudades dos bons tempos da Guerra Fria, quando o mundo corria menos risco de sofrer milhões de mortes em função das consequências climáticas da guerra nuclear[181]. Simulações feitas por duas universidades americanas apontou que um conflito nuclear entre a Índia e o Paquistão deixaria 12 milhões de mortos.

No Brasil, a Frente Nacional de Prefeitos se reuniu em Foz do Iguaçu, no final de 2011, para discutir um dos temas mais importantes para a humanidade: o desarmamento nuclear. Acredita-se que há mais de 20 mil bombas nucleares espalhadas pelo mundo que perpetuam um modelo de poder que o Brasil não possui. Cientistas afirmam que a incineração de 20 delas teria um impacto catastrófico no clima e poderia levar a humanidade à fome numa escala global. O tema nasceu em Hiroshima e Nagasaki e hoje é compartilhado internacionalmente por mais de 5 mil cidades, sendo 66 no Brasil. Há um gasto anual de US$ 104,9 bilhões em armas nucleares, em detrimento de esforços para prover necessidades humanas básicas. Os governos entendem que a paz é condição necessária para o desenvolvimento. O Brasil deve liderar essa campanha internacional proposta pelos "Prefeitos pela Paz" em prol do desarmamento geral e completo das armas nucleares. Esse foi o discurso da presidenta do Brasil, Dilma Rousseff, na abertura do ano da ONU, em 22 de setembro de 2011[182].

Se qualquer desastre envolvendo uma usina nuclear já é um grande perigo, imagine-se uma guerra nuclear.

## 3. PREOCUPAÇÃO MUNDIAL SOBRE O USO DA ENERGIA NUCLEAR

Sempre haverá prós e contras à utilização da energia nuclear como alternativa na produção de eletricidade. No momento, a energia nuclear é menos poluente, apesar do alto risco e da dificuldade na disposição do lixo atômico.

Vejamos o porquê.

---

180. Sérgio Duarte, O desafio do desarmamento nuclear, *Folha de S.Paulo*, Tendências/Debates, 27 mar. 2011, p. A-3.

181. Ricardo Mioto, Miniguerra nuclear deixaria clima frio, *Folha de S.Paulo*, Ciência, 19 fev. 2011, p. C-11.

182. João Coser, Pol Heanna Dhuyvetter e Takashi Morita, Armas nucleares e o Brasil, *Folha de S.Paulo*, Tendências/Debates, 17 out. 2011, p. A-3.

## 3.1. Acidentes nucleares no mundo

O acidente nuclear, por exemplo, ocorrido na cidade de Tokaimura, situada no Japão, em 1999, é, segundo o noticiário[183], o terceiro acidente mais grave, depois de Tchernobil (Ucrânia-URSS), em 1986, e de Three Mile Island (Pensilvânia-EUA), em 1979. Esses acidentes preocupam toda a comunidade mundial. Após o ocorrido em Tokaimura, o Japão deveria reavaliar e exercer uma melhor fiscalização das suas usinas nucleares, já sucateadas, num total de cinquenta e uma. Ressalte-se ainda que tais usinas produzem cerca de 35% da eletricidade consumida no país.

No dia 11 de março de 2011, um grande terremoto de magnitude 8,9 na escala Richter, seguido por um tsunami, abalou várias cidades do Japão e causou explosões nos reatores da usina nuclear denominada Fukushima 1 (com seis reatores), localizada na cidade Sendai, capital da província de Miyagi, expondo suas radiações a inúmeros cidadãos[184]. Após as explosões, ocorreram danos nos núcleos dos reatores 1, 2 e 3. Os reatores 4, 5 e 6 estavam desligados por ocasião do terremoto. Já o reator 3 funciona com um combustível denominado MOX (uma mistura de óxido de urânio e de plutônio), que é muito mais radioativo do que o urânio. Essa fissão produz outras substâncias químicas, tais como césio-137, iodo-131 etc.

Há suspeitas ainda de rachaduras na estrutura de contenção dos reatores 2 e 3. As radiações perto da usina chegaram a 8,2 sieverts (medida de intensidade radioativa) e correspondem ao triplo a que alguém pode ser exposto por ano. O terremoto cortou a energia da usina, interrompendo o sistema que esfria os reatores. O sistema de emergência começou a operar, mas foi danificado. Houve superaquecimento dos reatores, o que provocou as explosões. Especialistas dizem que ocorreu falha no sistema de resfriamento e o receio é de que haja derretimento parcial do combustível nos reatores atingidos, ocasionando novas explosões e o vazamento das radiações em maior quantidade. O terremoto pode ter abalado o eixo dos geradores e deu início ao incêndio. Por isso, foi necessário fazer um resfriamento forçado por gera-

---

183. Hideko Takayama, Kay Itoi, Brook Larmer e Tom Hayden esclarecem que "The United Nation's nuclear watchdog, the International Atomic Energy Agency (IAEA), declared it the world's third worst nuclear accident behind Tchernobil and Three Mile Island" (*Newsweek*, cit., p. 12-6).

184. O vazamento proveniente de uma usina nuclear emite três tipos de radiação: a) *alfa* — é mais perigosa para o homem e em contato direto com a pele pode causar graves queimaduras mesmo com pouca radiação. Uma folha de papel pode conter suas radiações; b) *beta* — tem intensidade e poder de penetração intermediária e é usada na medicina para tratamento de tumores. Essas radiações podem ser contidas por uma parede; e c) *gama* — é a radiação mais fraca e mais penetrante, usada em exames de raio X. Pode ser contida com materiais mais fortes, como concreto ou chumbo (Tipos de radiação, *Folha de S.Paulo*, 25 mar. 2011, p. A-18).

dores. Dois anos após o acidente, a Companhia Elétrica de Tóquio —Tepco anunciou que ainda há altos níveis de radiação em três tanques de armazenamento de água e em uma tubulação. A radiação detectada nesses locais chega a 1,8 mil milisieverts por hora, um nível de radioatividade 18 vezes maior que o registrado no mesmo lugar na semana antes da primeira medição[185].

Há 443 usinas em operação no mundo, gerando 15% de eletricidade, e 158 planejadas. A China e a Índia, entre outras nações, anunciaram que revisarão seus planos de expansão para termelétricas nucleares. Michael W. Golay, do MIT, disse que não há no mundo, hoje, usina atômica pronta para sair intacta de um terremoto de intensidade 9, mas o Japão conseguiu esta proeza[186].

Sempre que há um acidente nuclear, nessa proporção, o mundo volta a rediscutir o sistema de segurança das usinas. Este acidente levou por água abaixo o sistema de segurança do Japão, que era considerado infalível, pois possuía a cultura tecnológica de qualidade e segurança. Releve-se, além disso, que muitas dessas usinas estão sucateadas pelo longo tempo de uso (as de Fukushima são dos anos 1970), havendo outras mais modernas com um sistema mais eficiente de segurança, principalmente em relação ao sistema de resfriamento[187]. Exigir mais segurança tornaria o custo da usina inviável e o preço da energia proibitivo, diz o especialista do MIT.

Pela Escala Internacional de Eventos Nucleares Radiológicos da AIEA (numa escala de 1 a 7), os acidentes já ocorridos na história estão muito distantes de uma tragédia de proporções mundiais. Tchernobil alcançou o nível 7, com grande contaminação e muitas mortes, por exemplo. O acidente ocorrido nos EUA foi classificado como nível 5. O Japão classificou este acidente, inicialmente, como de nível 4 (acidente com consequências de alcance local) e, posteriormente, elevou a gravidade do vazamento radioativo para o nível 5 (com consequências de maior alcance) e mais tarde foi para o nível 7. Isso significa que haverá consequências a longo prazo ao meio ambiente, além de atingir mais de um país[188].

As autoridades japonesas alertaram que a contaminação atingiu as águas dos mares, comprometendo a produção pesqueira, bem como as verduras e legumes plantados na região. Constataram-se também radiações nos reservatórios de água fornecida à população. Por conta disso, as autoridades pediram que os bebês de até

---

185. Radiação em Fukushima é 18 vezes maior do que a anterior, *Folha de S.Paulo*, Mundo, 2 set. 2013, p. A-15.

186. Síndrome do Japão, Editorial, *Folha de S.Paulo*, 15 mar. 2011, p. A-2.

187. A Usina de Fukushima foi construída perto da costa, como tantas outras, pelo fato de haver a necessidade de muita água para realizar o resfriamento dos reatores.

188. Risco nuclear cresce, e país tenta evitar um desastre, *Folha de S.Paulo*, 14 mar. 2011, p. A-11.

um ano não bebam água da torneira em Tóquio[189]. A análise da água constatou a presença de 210 becquerels de iodo-131 por litro, abaixo do limite recomendado para adultos (300 por litro), mas bem acima do estipulado para crianças (100 por litro). A longo prazo, o consumo do iodo-131 aumenta o risco de câncer na tireoide, além de afetar os glóbulos vermelhos, o estômago, o intestino delgado e a medula óssea. Becquerel é utilizado para medir as radiações nos materiais, diferente do sievert, que mede sua absorção pelos seres humanos[190].

O governo dos Estados Unidos detectou, no dia 18 de março de 2011, a presença de "minúsculas" quantidades de radiação na cidade de Sacramento, na Califórnia. Esta cidade fica a mais de 8.000 quilômetros de Fukushima. Apesar de as radiações não serem nocivas, dá para imaginar o alcance das suas eventuais consequências[191].

Isso serve como um alerta à comunidade internacional sobre as consequências de um acidente nuclear de grandes proporções.

## 3.2. Energia nuclear como melhor alternativa

Não há alternativa senão a utilização da energia nuclear. Na matemática do aquecimento global, um aumento expressivo do número de termelétricas significa um futuro ainda mais quente para a humanidade. Uma termelétrica que usa matérias-primas fósseis emite 1 quilo de dióxido de carbono ($CO_2$), o principal gás do efeito estufa, por quilowatt/hora gerado. Uma usina nuclear, ao contrário, emite apenas 30 gramas de $CO_2$ para produzir a mesma quantidade de energia — mesmo assim, entram nessa conta apenas fatores externos ao funcionamento do reator, como transporte de matéria-prima. Além disso, o Brasil possui a sexta maior jazida de urânio do planeta. Parte dos reatores hoje em construção no mundo, assim como os 93 planejados, pertence à nova geração de máquinas dez vezes mais seguras[192]. A título de curiosidade, uma pastilha de urânio com 1 centímetro de comprimento e 1 centímetro de diâmetro produz a mesma quantidade de eletricidade que 565 litros de petróleo, 810 quilos de carvão e 480 metros cúbicos de gás natural.

Estipula-se, além disso, que até o ano 2030 a geração de energia tende a dobrar para atender às necessidades futuras. Talvez a energia menos poluente seja a energia nuclear.

---

189. Tóquio fica a 250 km da usina de Fukushima.
190. Rogério Ortega, Água de torneira de Tóquio tem radiação, *Folha de S.Paulo*, 24 mar. 2011, p. A-16.
191. Notícia de radiação na Califórnia causa pânico em cidade, *Folha de S.Paulo*, 19 mar. 2011, p. A-20.
192. Rafael Corrêa e Paula Neiva, O que era medo se tornou esperança, revista *Veja*, edição 2070, ano 41, n. 29, 23 jul. 2008, p. 155.

Desde que foi instalado o primeiro reator nuclear, em 1951, houve apenas um acidente grave — a usina de Tchernobil. Estima-se que houve a morte de 4 mil pessoas até então por causa de acidentes nucleares. No entanto, 300 mil pessoas morrem por ano em decorrência da poluição gerada pela queima de combustível fóssil. As usinas nucleares são seguras. E estão ficando cada vez mais seguras. Há 11 reatores do tipo RBMK-1000, o mesmo utilizado em Tchernobil. O problema está na chamada contenção, ou seja, uma estrutura de aço e concreto que envolve o reator nuclear. Este reator não possuía esta estrutura, ficando a céu aberto. Com a explosão, o reator lança grande quantidade de material radioativo na atmosfera, podendo se espalhar por cerca de dois mil quilômetros. Nas demais usinas que possuem a contenção não causaria vazamento tão grande[193].

### 3.3. Energia nuclear e aquecimento global

Na 59ª Reunião de Prêmios Nobel, realizada em Lindau, Alemanha, sete ganhadores do prêmio Nobel de Química reuniram-se na manhã do dia 30 de junho de 2009, na presença de centenas de jovens pesquisadores, e afirmaram que a mudança climática é um fenômeno criado pelo homem e por ele tem de ser resolvido. Essa questão deve ser solucionada com urgência e, por tal razão, não dá para abrir mão da energia nuclear. Eles afirmaram que o aquecimento global não é invenção de ambientalistas; dentre eles, citamos: Gerhard Ertl, alemão (2007), Robert Grubbs, americano (2005), Walter Kohn, austríaco (1988), Harold Kroto, britânico (1996), Rudolph Marcus, canadense (1992), Mario Molina, mexicano (1995), e Sherwood Rowland, americano (1995)[194].

Não que eles sejam favoráveis à energia nuclear, pois, no presente momento, não há mais tempo a perder. Quanto mais o tempo passa, cada vez mais amargas devem ser as medidas para tentar minimizar as consequências catastróficas que virão.

### 4. INSTRUMENTOS LEGAIS DE CONTROLE DA ATIVIDADE NUCLEAR

Compete à União explorar os serviços e instalações nucleares de qualquer natureza e exercer o monopólio estatal sobre a pesquisa, a lavra, o enriquecimento e o reprocessamento, a industrialização e o comércio de minérios nucleares e seus deri-

---

193. Bruno Garattoni, Emiliano Urbim, Otávio Cohen, Larissa Santana e Thiago Minami, O pior que pode acontecer, *Superinteressante*, ed. 290, abr. 2011, p. 62.

194. Marcelo Leite, Energia nuclear é inevitável para salvar clima, diz Nobel, *Folha de S.Paulo*, Ciência, 1º jul. 2009, p. A-16.

vados, atendidos os seguintes princípios e condições: a) toda atividade nuclear em território nacional somente será admitida para fins pacíficos e mediante aprovação do Congresso Nacional; b) sob regime de permissão, são autorizadas a comercialização e a utilização de radioisótopos para a pesquisa e usos médicos, agrícolas e industriais; c) sob regime de permissão, são autorizadas a produção, a comercialização e a utilização de radioisótopos de meia-vida igual ou inferior a duas horas; e d) a responsabilidade civil por danos nucleares independe da existência de culpa (art. 21, XXIII, *a, b, c* e *d,* da CF). Compete ainda privativamente à União legislar sobre atividades nucleares de qualquer natureza (art. 22, XXVI, da CF). É, contudo, da competência exclusiva do Congresso Nacional aprovar iniciativas do Poder Executivo referentes às atividades nucleares (art. 49, XIV, da CF). Compete também ao Conselho de Defesa Nacional opinar sobre a exploração dos recursos naturais de qualquer tipo, abrangidas aí a exploração e utilização de minérios radioativos (art. 91, § 1º, III, *in fine,* da CF).

Estas são as normas constitucionais relacionadas à exploração e instalação de atividades nucleares no Brasil para fins pacíficos. Já na esfera da legislação infraconstitucional, há inúmeras leis, decretos e resoluções que disciplinam a matéria. São estas as seguintes normas: a) Lei n. 6.453, de 17 de outubro de 1977 (dispõe sobre a responsabilidade civil por danos nucleares e a responsabilidade criminal por atos relacionados com atividades nucleares); b) Lei n. 4.118, de 27 de agosto de 1962 (dispõe sobre a Política Nacional de Energia Nuclear e cria a Comissão Nacional de Energia Nuclear); c) Lei n. 12.731, de 21 de novembro de 2012 (institui o Sistema de Proteção ao Programa Nuclear Brasileiro — SIPRON e revoga o Decreto-lei n. 1.809, de 7 de outubro de 1980); d) Decreto n. 2.210, de 22 de abril de 1997, continua em vigor, pois ainda não foi regulamentada a Lei n. 12.731/12; e) Decreto n. 84.973, de 29 de julho de 1980 (dispõe sobre a localização de estações ecológicas e usinas nucleares); f) Decreto-Lei n. 1.810, de 23 de outubro de 1980 (dispõe sobre as Usinas Nucleoelétricas); g) Decreto n. 91.606, de 2 de setembro de 1985 (cria a Comissão de Avaliação do Programa Nuclear Brasileiro); h) Resolução n. 4, de 20 de novembro de 1991, da CNEN (aprova a Norma para Uso de Portos, Baías e Águas sob Jurisdição Nacional por Navios Nucleares). Foi criada a Lei n. 10.308, de 20 de novembro de 2001, que dispõe sobre a seleção de locais, a construção, o licenciamento, a operação, a fiscalização, os custos, a indenização, a responsabilidade civil e as garantias referentes aos depósitos de rejeitos radioativos, e dá outras providências.

## 5. PREVENÇÃO DO DANO NUCLEAR

A legislação relaciona-se, essencialmente, à prevenção, visto que os danos causados por acidentes nucleares podem ser irreversíveis à saúde humana e ao meio ambiente[195]. O operador de uma usina sempre será responsável pelos danos causados e consequentemente deverá adotar todas as medidas preventivas para evitar e/ou minimizar os eventuais danos. A responsabilidade civil, como já vimos, é objetiva.

As normas constitucionais e infraconstitucionais que regem a matéria sobre as atividades nucleares adotam medidas preventivas. Todas as normas citadas têm por escopo prevenir os acidentes nucleares e controlar as eventuais e constantes radiações emitidas das usinas. Tanto externa como internamente são realizadas medições das radiações. Trata-se de um monitoramento permanente, visando à correção e, se for o caso, à paralisação das atividades. Esse monitoramento é realizado pela Comissão Nacional de Energia Nuclear (CNEN) ou pela Agência Internacional de Energia Atômica (AIEA). Neste último caso, só se permitirá a fiscalização pelo corpo de inspetores da AIEA se o Brasil solicitar a aplicação das salvaguardas (art. 12, A, 2, do Estatuto de 26-10-1956).

### 5.1. Medidas preventivas

As medições das radiações devem ser realizadas periodicamente nas instalações nucleares. É dever da CNEN realizar o monitoramento regular das instalações ou outorgar essa função a peritos independentes. Tais medições são importantes para apurar o nível de radiações emitidas pela instalação nuclear. Se essas radiações estiverem acima dos limites aceitáveis pela legislação pertinente, a instalação poderá ser fechada temporária ou definitivamente, tomando-se as medidas necessárias para evacuar a área.

Deve ainda haver um sistema de alarmes para avisar a população que vive nas proximidades das instalações nucleares. Esse sistema deve ser dirigido diretamente à população de maneira rápida e eficaz.

Em casos mais graves, o Brasil poderá solicitar o auxílio do Corpo de Inspetores da Agência Internacional de Energia Atômica para fiscalizar e determinar "a observância de quaisquer medidas de proteção da saúde e de segurança"[196].

Ressalte-se, por fim, que as medições das radiações poderão ser realizadas pelos Estados e Municípios, na omissão do Poder Público federal, nos termos dos arts. 24, VI, e 30, I, da CF.

### 5.2. Instalação de usinas nucleares

A instalação de usinas nucleares deve ser aprovada pelo Poder Público federal, estadual e municipal. O licenciamento constitui um procedimento administrativo

---

195. A Convenção de Paris (29-7-1960), a de Bruxelas (21-2-1963) e a de Viena (21-5-1963) recomendam que se adotem medidas preventivas, incumbindo ao Poder Público a obrigação de prevenir.
196. Paulo Affonso Leme Machado, *Direito*, cit., p. 683.

complexo, envolvendo vários órgãos ambientais das diversas esferas da União. O município é o responsável pela concessão da licença na esfera de suas atribuições. O local previamente determinado para a instalação da usina é, em regra, o município, que, por sua vez, está dentro do Estado. Assim, se o município não concordar com a instalação da usina, ela não será instalada. Deve, no entanto, haver uma sincronia entre a União, os Estados e os Municípios para colocar em prática os planos de emergência.

Não há uma legislação que discipline a instalação de usinas nucleares no Brasil. Inexiste um critério claro e preciso nesse sentido. As usinas devem ser instaladas em zona urbana ou rural? Adotar-se-iam as normas de cunho federal, estadual ou municipal? Incumbe a quem a administração dessa área?[197]

O Decreto n. 84.973/80 estabelece que as usinas nucleares devem ser instaladas no interior de estações ecológicas. Contudo, a instalação de usinas nessas áreas é incompatível com a preservação das estações ecológicas. Não deve, pois, prevalecer esse decreto. Outro critério deve ser estabelecido para a instalação de usinas nucleares.

A Resolução n. 4/91 da CNEN estabeleceu normas para uso de portos, baías e águas por navios nucleares. Tal resolução disciplinou normas para o atracamento de navios nucleares nos portos do Brasil, devendo, nessas áreas, haver um sistema de zoneamento específico. Além desse zoneamento, todo navio nuclear deverá receber autorização do Brasil para o atracamento.

Paulo Affonso Leme Machado afirma que esse "zoneamento ficou no terreno da teoria e, na realidade, não se implantou nas imediações dos portos brasileiros (que pretendam receber navios nucleares) o devido zoneamento, fazendo-se diminuir a população em cada zona, para que as medidas de emergência sejam exequíveis"[198].

## 5.3. Rejeitos radioativos

A Lei n. 10.308/2001 estabelece normas para o destino final dos rejeitos radioativos produzidos no território nacional, incluindo a seleção de locais, a construção, o licenciamento, a operação, a fiscalização, os custos, a indenização, a responsabilidade civil e as garantias referentes aos depósitos radioativos. Rejeito radioativo é aquele obtido durante o processo de produção ou de utilização de combustíveis nucleares, ou aquele cuja radioatividade tenha origem na exposição às irradiações que fazem parte desse processo (art. 1º, III, da Lei n. 6.453/77). Os rejeitos podem ser de baixa, média e alta radioatividade. Para cada tipo de rejeito deverá ser destinado um local específico e com a segurança necessária. Esses depósitos classificam-se em provisórios, iniciais, intermediários e finais.

---

197. Paulo Affonso Leme Machado, *Direito*, cit., p. 688.
198. Paulo Affonso Leme Machado, *Direito*, cit., p. 687.

Os depósitos dos rejeitos no Brasil são provisórios, pois ainda não foi construído o definitivo, que deveria ficar pronto somente em 2012. Tal depósito servirá para guardar os rejeitos de baixa e média radioatividade, tais como roupas, luvas, ferramentas e filtros de ar. Esses rejeitos continuam a emitir radiações por um século. Já os rejeitos de alta radioatividade levam milhares de anos para perder o seu caráter radioativo. Os depósitos iniciais, por sua vez, têm como abrigar o material radioativo durante a vida útil da usina, que é de 40 a 60 anos. A Central Nuclear Almirante Álvaro Alberto abriga as usinas de Angra 1 e Angra 2, do Estado do Rio de Janeiro, onde guardam os rejeitos de baixa e média radioatividade. Essas usinas produzem 13.775 metros cúbicos de rejeitos radioativos por ano. Com a concessão da licença prévia e de instalação para a construção de Angra 3, a situação deverá agravar-se. Em 2009, o IBAMA emitiu a licença de instalação da Central Nuclear Almirante Álvaro Alberto — CNAAA — Unidade 3, para a geração de energia elétrica. A usina terá potência térmica de 3.765 MWt e potência elétrica de 1.350 MWe e, somada às outras duas unidades, produzirá energia suficiente para suprir uma cidade como o Rio de Janeiro. Foram estabelecidas 44 condicionantes a serem cumpridas pela Eletrobrás Termonuclear — Eletronuclear. Uma delas é a obrigatoriedade de a empresa apresentar, em 180 dias, o cronograma de execução de depósitos de rejeitos de longo prazo dos combustíveis usados, homologado pela CNEN, e também o cronograma de execução do depósito para resíduos de médio e baixo nível de radiação. O local é monitorado 24 horas por dia. Exige-se, para a implantação de depósitos definitivos de rejeitos, a realização de estudos sísmicos, área isolada e guarda armada ao custo de US$ 20 milhões. A questão mais importante é o depósito dos rejeitos de alta radioatividade, que passa a ser um problema mundial, pois os rejeitos de baixa e de média radioatividade ficam restritos ao Brasil. A Finlândia, por exemplo, no depósito de Onkalo, resolveu enterrar esses rejeitos a uma profundidade de 500 metros em envoltórios especiais. Os Estados Unidos adotaram a mesma postura com o depósito de Yucca Mountains. No Brasil, são eles depositados em piscinas com resfriamento dentro dos prédios das usinas, em locais de acesso restrito. Esse depósito é válido durante a vida útil da usina. Caso o Brasil venha a construir os depósitos definitivos, já não poderá reprocessar o material extraído do reator que teve menos de 50% de sua capacidade utilizada[199].

Outra alternativa é colocar os rejeitos atômicos em cilindros blindados e estocá-los em locais refrigerados ou em piscina cuja água é mantida gelada. Ou colocar o lixo atômico em depósitos subterrâneos, como o de Onkalo, na Finlândia, e o de Yucca Mountains, nos Estados Unidos.

Cabe à CNEN regulamentar aludida lei, pormenorizando os critérios básicos para o destino final dos rejeitos radioativos.

---

199. Janaina Lage, Lixo atômico vai para depósito provisório, *Folha de S. Paulo*, 2 jul. 2007, p. B-1.

## 6. DIREITO À INFORMAÇÃO

O direito à informação é extremamente importante para o cidadão (art. 5º, XXXIII, da CF). Todo cidadão tem o direito de receber as informações necessárias de seu interesse particular ou coletivo para poder tomar as medidas adequadas. Assim, não é lícito o sigilo pura e simplesmente. É necessário que o cidadão tome conhecimento do pedido de licenciamento da instalação nuclear, bem como do material radioativo produzido e dos rejeitos que serão eliminados ou estocados na área.

Essas informações poderão ser obtidas na CNEN, nos órgãos estaduais e municipais e com o próprio operador da usina.

O art. 27 da Lei n. 4.118/62, no entanto, autoriza o sigilo das atividades quando a CNEN julgar necessário. Esse caráter sigiloso poderá ser questionado pelo Poder Judiciário por meio de ação civil pública.

A regra, como vimos, é a transparência das atividades nucleares, cujas informações devem estar disponíveis à comunidade.

## 7. COMISSÃO NACIONAL DE ENERGIA NUCLEAR (CNEN)

A CNEN, órgão público federal (autarquia), é constituída por um presidente e mais quatro membros, todos nomeados pelo Poder Executivo, dentre pessoas de reconhecida idoneidade moral e capacidade administrativa em setores científicos ou técnicos (art. 9º, parágrafo único, da Lei n. 4.118/62).

Essa comissão, além da incumbência de realizar a fiscalização e promover a utilização da energia nuclear, tem poder para licenciar a instalação de usinas nucleares, observadas as demais normas pertinentes ao zoneamento nas esferas estaduais e municipais. A CNEN pode ainda suspender as atividades nucleares se o operador não estiver respeitando as determinações legais de segurança ou de prevenção.

A CNEN deverá realizar a fiscalização periódica na instalação nuclear para constatar se as medidas de segurança estão sendo respeitadas.

Todas as entidades locais deverão articular-se e formular plano de emergência em caso de acidente nuclear. Os critérios para a situação de emergência estão disciplinados pela Lei n. 12.731, de 21 de novembro de 2012, e ainda no Decreto n. 2.210, de 22 de abril de 1997, que criou o Sistema de Proteção ao Programa Nuclear (SIPRON).

### Seção VI
*Radiações eletromagnéticas*

## 1. INTRODUÇÃO

A Escola Superior do Ministério Público — ESMP — realizou amplo debate com estudiosos das radiações ou ondas eletromagnéticas e da sua poluição, envolvendo juristas, médicos, engenheiros e professores, das áreas da saúde, do direito, da física, da engenharia elétrica e da engenharia de comunicações, resultando no Caderno Jurídico, ano 3, v. 6, n. 2, abr./jun. de 2004, denominado *Poluição Eletromagnética — Impactos das radiações das antenas e dos aparelhos celulares* (Saúde Pública, Meio Ambiente, Consumidor e Cidadania), em que foram publicados diversos artigos científicos importantes para respaldar eventual propositura de Ação Civil Pública por parte do Ministério Público.

O aperfeiçoamento e o desenvolvimento de novas tecnologias, especialmente no campo das comunicações por telefonia celular, têm despertado na opinião pública, no meio científico e na comunidade médica acirrados debates, particularmente em virtude dos riscos à saúde e das incertezas científicas decorrentes da poluição eletromagnética[200].

Passemos a analisar tais questões.

## 2. RADIAÇÕES ELETROMAGNÉTICAS E POLUIÇÃO

Radiações eletromagnéticas são ondas transmitidas pelas antenas de rádio, televisão, telefone, computador e internet. Essas ondas se propagam pelo ar por meio de uma variação ampla e contínua de comprimento e frequência que levam consigo inúmeras informações a todo lugar do planeta (mensagens e imagens). É o direito que uma estação transmissora (empresa) — devidamente autorizada — tem de captar e transmitir informações no mundo da comunicação. Denomina-se também campo eletromagnético periódico não estacionário que se propaga no espaço ou num meio material[201].

A poluição eletromagnética é um tipo de poluição invisível, sem cheiro e pouco conhecida, a qual, porém, interfere em aparelhos eletrônicos e na saúde do homem. Esse tipo de poluição é emitido por antenas de televisão, telefonia celular e rádio e provoca interferência em aparelhos eletroeletrônicos, marca-passos e válvulas cardíacas a rádios e computadores, podendo afetar ainda plantas, animais e a saúde do homem.

Releve-se, por fim, que as tempestades solares também emitem radiações eletromagnéticas. São descargas que, ao chegar à Terra, danificam tudo o que é elétrico ou eletrônico, tais como: carros, aviões, computadores, satélites e redes de transmissão de energia. Isso já aconteceu em 1859, quando uma tempestade queimou parte das linhas de telégrafo dos EUA. Relatório realizado pelo governo dos EUA estima que uma tempestade de grande proporção causaria entre US$ 1 e 2 trilhões em prejuízos. A

---

200. Edgard Moreira da Silva, cit., p. 9.
201. *Novo Dicionário Aurélio da Língua Portuguesa*, 4. ed., Editora Positivo, 2009, p. 1438.

humanidade levaria 10 anos para se recuperar. Por enquanto, a melhor solução é a prevenção, ou seja, seria preciso desligar todos os equipamentos antes das tempestades. Esse alerta seria dado pela *Advanced Composition*. A *Explorer*, nave da NASA, é capaz de detectar tais tempestades solares com um dia de antecedência, evitando os prejuízos[202]. A NASA captou, através de imagem do Sol, novas tempestades solares. Prótons e radiação trazidos pelos fenômenos começam a chegar ao planeta, mas, segundo astrônomos, a atividade não vai oferecer riscos, por ora. O auge das tempestades deve ser o ano de 2013[203].

Em outras palavras, a poluição eletromagnética é causada por radiações de radiofrequência emitidas por antenas de telefonia celular, televisão, rádio e tempestades solares, podendo danificar equipamentos eletroeletrônicos e colocar em risco toda forma de vida.

## 3. DANOS CAUSADOS À SAÚDE HUMANA

As radiações ou ondas eletromagnéticas podem causar prejuízos aos órgãos e sistemas orgânicos, sendo "suscetíveis a distúrbios funcionais e alterações estruturais; há riscos de lesões aos olhos, testículos, efeitos de ordem neurológica, genética, hematopoiéticos, neuroendócrinos, cardiovasculares e auditivos"[204]. Houve caso da necessidade de mudança de antena de telefonia celular de determinado lugar por causa do intenso nível de radiação eletromagnética medida no local por técnicos do Centro de Pesquisa e Desenvolvimento em Telecomunicações. Constatou-se, além disso, que as radiações emitidas por antenas de telefonia celular podem causar queimaduras e parada cardíaca, além do barulho proveniente do sistema de refrigeração, dores de cabeça, vibrações, interferências em aparelhos eletrônicos e aquecimento do corpo.

## 4. ESTUDOS CIENTÍFICOS

O primeiro estudo científico que associou a exposição a campos eletromagnéticos de baixa frequência como o provocado por antenas de celulares e a ocorrência de câncer foi publicado em 1979. Milhares de outras pesquisas foram feitas e a partir daí surgiu muita polêmica. Não há ainda consenso sobre as consequências que as

---

202. Bruno Garattoni, Emiliano Urbim, Otávio Cohen, Larissa Santana e Thiago Minami, O pior que pode acontecer, *Super Interessante*, ed. 290, abr. 2011, p. 64.

203. Giuliana Miranda, Tempestade solar mais forte em seis anos atinge a Terra, *Folha de S.Paulo*, Ciência, 24 jan. 2012, p. C-11.

204. Mônica de Cássia Thomaz Perez Reis Lobo, *RDA*, São Paulo, Revista dos Tribunais, 13:144, jan./mar. 1999.

antenas e o uso desses aparelhos causam à saúde. Realizaram-se estudos nos EUA, na Inglaterra e na Austrália e constatou-se que "a exposição contínua a campos de radiofrequência pode provocar sensação de cansaço, mudanças de comportamento, perda de memória, mal de Parkinson, mal de Alzheimer e até câncer"[205]. Estudos feitos na Alemanha e em Israel, publicados em 2004, indicam que pessoas que vivem próximo de antenas têm mais risco de desenvolver câncer. O médico Vini Khurana, da Faculdade Nacional da Austrália, afirma que há oito estudos clínicos que demonstram a ligação entre uso de celulares e certos tumores no cérebro.

## 5. PRINCÍPIO DA PRECAUÇÃO

É importante ressaltar que esses riscos à saúde humana já foram comprovados cientificamente. Não importa se há ou não divergências científicas. Em caso de dúvidas, é preciso precaver-se de alguma maneira. Para isso, é necessário tomar certas medidas preventivas para evitar danos à saúde humana, especificamente.

Como já vimos alhures, neste caso, deve-se aplicar o princípio da precaução sempre que as informações científicas sejam insuficientes, suspendendo-se qualquer atividade poluidora até que se encontre alguma forma de evitar tais riscos à saúde humana.

## 6. LIMITES DAS RADIAÇÕES

A Organização Mundial da Saúde (OMS) alertou que os riscos "demandam urgência no desenvolvimento de programas que levem a um consenso científico que possibilite a clarificação desses assuntos"[206].

Por conta disso, a Comissão Internacional de Proteção às Radiações Não Ionizantes, órgão ligado à OMS e "encarregado de orientar o debate internacional sobre o assunto, estabeleceu que nenhuma antena deve emitir radiação superior a 435 microwatts por $cm^2$"[207].

Partindo dessa informação, o Município de Campinas e o de Bauru instituíram lei que fixa o limite máximo de 100 microwatts por centímetro quadrado, mais rígido do que a OMS. O Município de Porto Alegre, por sua vez, estabeleceu limite mais flexível, de 580 microwatts por centímetro quadrado.

---

205. Daniela Falcão, Ondas eletromagnéticas poluem o ar das cidades, *Folha de S.Paulo*, Suplemento Folha Equilíbrio, 22 jun. 2000, p. 10-1.
206. Daniela Falcão, *Folha de S.Paulo*, 22 jun. 2000, p. 11.
207. Daniela Falcão, *Folha de S.Paulo*, 22 jun. 2000, p. 11.

## 7. ESTAÇÕES DE RADIOBASE (ERBS)

A título ilustrativo, havia na cidade de São Paulo, até 2008, mais de 4 mil unidades de telefonia celular (ERBs — estações de radiobase), aprovadas pela Agência Nacional de Telecomunicações (ANATEL), e 96% delas funcionando irregularmente, ou seja, sem o alvará da prefeitura. Tantas são as reclamações que a população resolveu criar a Associação Brasileira de Defesa dos Moradores e Usuários Intranquilos com Equipamentos de Telefonia Celular (ABRADECEL). Cabe às subprefeituras o papel de fiscalizar e multar a instalação dessas antenas irregulares. É comum, depois de lacrada a estação de radiobase, algumas antenas continuarem funcionando. Muitas também foram as reclamações encaminhadas ao Ministério Público do Estado de São Paulo — Promotoria de Habitação e Urbanismo —, o qual instaurou inquérito civil para apurar a instalação de antenas de telefonia celular em locais proibidos, como, por exemplo, nas proximidades de residências e espaços públicos, hospitais e escolas. É a Lei n. 13.756, de 16 de janeiro de 2004, que regulamenta a instalação e a fiscalização sobre o funcionamento das estações de radiobase (ERBs). E, de acordo com a ANATEL, até 2008 havia 2.559 antenas de celular[208] e transmissores de sinais para aparelhos: 2.168 de celular e 391 de serviço móvel especializado. Há, no Rio de Janeiro, diretriz estadual que proíbe sejam as antenas colocadas a uma distância horizontal inferior a 100 metros de escolas, 50 metros de residências ou 30 metros de teatros. Em São Paulo há lei estadual que determina que o ponto de emissão de radiação da antena deverá estar, no mínimo, a 30 metros de distância da divisa do imóvel onde estiver instalada. Em Porto Alegre (RS), lei municipal determina que as empresas que vendem celulares estão obrigadas a distribuir, no ato da venda, material explicativo com informações sobre a radiação e cuidados a tomar. A Associação Nacional das Operadoras de Celulares questionou referida lei perante o Tribunal de Justiça local, pois entende que os Estados e os municípios não têm competência para legislar sobre o assunto.

## 8. LEGISLAÇÃO ESPECÍFICA

Foi, finalmente, criada a Lei n. 11.934, de 5 de maio de 2009, que estabelece limites à exposição humana a campos elétricos, magnéticos e eletromagnéticos, as-

---

[208] A Prefeitura de São Paulo apurou que a capital tem, pelo menos, 2.667 antenas instaladas pelas operadoras Vivo, Oi e Claro. Destas, 75% (ou mais de 2.000) são irregulares. Este fato levou a PMSP a recorrer à Justiça contra as operadoras de telefonia que descumprem as normas de instalação na cidade. A TIM também será acionada, mas não informou a quantidade de equipamentos irregulares instalados pela empresa (Eduardo Geraque e Felipe Oliveira, Ação quer o fim de "antena pirata" e celular, *Folha de S.Paulo*, Cotidiano, 19 abr. 2012, p. C-1).

sociados ao funcionamento de estações transmissoras de radiocomunicação, de terminais de usuário e de sistemas de energia elétrica nas faixas de frequências até 300 GHz (trezentos giga-hertz), visando a garantir a proteção da saúde e do meio ambiente (art. 1º). Com esta lei, o Poder Público poderá exercer o controle, o licenciamento e a fiscalização dessas atividades com mais eficiência. Pesquisadores, por outro lado, com base no princípio da precaução, querem que a população seja informada sobre as consequências que pode causar a exposição às radiações emanadas das antenas e dos aparelhos celulares. Eles sugerem ainda que as antenas sejam mais espaçadas umas das outras, e com menor potência, e que as pessoas usem o celular o mínimo possível. Na Inglaterra, por exemplo, existe recomendação para que crianças não usem esse telefone móvel, pois os cérebros têm um crescimento muito intenso na infância, podendo causar algum tipo de dano irreversível no futuro.

## 9. AÇÃO CIVIL PÚBLICA E POLUIÇÃO

O Ministério Público do Estado de São Paulo foi o pioneiro em propor a primeira ação civil pública, na cidade de Ubatuba, para impedir a instalação de antena de telefonia celular naquela localidade, instruindo-a com farto material comprobatório da lesividade da saúde humana[209].

A Associação de Amigos do Alto de Pinheiros e a Sociedade Amigos do Bairro City Boaçava propuseram Ação Civil Pública em face da AES Eletropaulo em 2001 com o objetivo de reduzir o campo eletromagnético emitido pela linha de transmissão que atravessa o bairro do Alto de Pinheiros, na cidade de São Paulo. Trata-se de uma rede de alta-tensão que causa desconforto e danos à saúde (câncer), principalmente aos moradores. O processo encontra-se tramitando perante o STF, pois a empresa perdeu a causa nas duas instâncias judiciais de São Paulo. O ministro relator da causa, Dias Toffoli, convocou audiência pública para discutir a questão com especialistas. A ACP teve início porque a empresa pretendia aumentar a voltagem da linha, nos anos de 1990. Tal fato deixaria o campo eletromagnético mais intenso. As linhas passam a poucos metros das casas de alto padrão. A empresa alega que o nível da linha está em 6 microTesla (medida de intensidade do campo de radiação). O pedido das associações pretende a redução para 1 microTesla, o mesmo exigido na Suíça. Já a OMS estipulou em 3 microTesla em caso de exposição contínua, dentro de casa[210].

São várias as ações que tramitam no Brasil discutindo tais questões.

---

209. Elaine Taborda de Ávila, Ação civil pública com pedido de liminar, *RDA*, São Paulo, Revista dos Tribunais, 13:159, jan./mar. 1999.

210. Eduardo Geraque, Moradores do Alto de Pinheiros enfrentam Eletropaulo no STF, *Folha de S.Paulo*, Cotidiano, 12 jan. 2013, p. C-1.

## 10. COMPETÊNCIA LEGISLATIVA MUNICIPAL — JURISPRUDÊNCIA

"Competência legislativa. Município. Lei local que proíbe edificação de antenas de telefonia na região para prevenir dano ambiental. Admissibilidade. Organização de normas urbanísticas que não invade a competência da União, embora versem sobre matéria federal" (TJSC, AgI 2009.052310-3, 3ª Câm. de Direito Público, j. 5-8-2010, v.u., rel. Des. Pedro Manoel Abreu, *DJE*-SC 23-8-2010, Área do direito: Processual; Ambiental).

"Agravo de instrumento em ação civil pública. Proibição normativa de edificação de antenas de telefonia (ERBs) no âmbito territorial do Município. Insurgência contra a decisão liminar que, entre outros fundamentos, invoca o sistema de normas urbanísticas da cidade para proibir a instalação de novos aparelhos de transmissão. Alegada invasão de competência exclusiva da União. Inocorrência. Disciplina de organização territorial que não se confunde com a edição de regras para a instalação das antenas ERBs. Inexistência. Necessidade de obtenção de licenças e autorizações estatais. Recurso desprovido.

Nos termos da jurisprudência da Corte estadual, as empresas de telefonia não estão dispensadas de obter licenças e autorizações do Município e do Estado, inclusive ambientais, para a instalação de antenas de transmissão" (TJSC, AC 2006.027298-4, rel. Des. Jaime Ramos, j. 23-7-2009)[211].

## 11. INFRAÇÕES ADMINISTRATIVAS E PENAIS

A infração administrativa está expressamente arrolada nos arts. 61 a 71 do Decreto n. 6.514, de 22 de julho de 2008, e as infrações penais, nos arts. 54, § 2º, II, e 56, § 2º, da Lei n. 9.605/98 e nos arts. 23, 26 e 27 da Lei n. 6.453/77. Ver também outras infrações penais nos arts. 38 da LCP e 252 e 253 do CP.

---

[211]. *RDA*, n. 60, out.-dez./2011, p. 325.

Capítulo III
Recursos Hídricos

Seção I
*Noções introdutórias*

## 1. RECURSOS HÍDRICOS E POLUIÇÃO

A água é constituída por duas moléculas de hidrogênio e uma de oxigênio ($H_2O$).

Nenhum tipo de vida é possível sem água. Várias missões espaciais foram realizadas para procurar resquícios de água ou de vida em outros planetas (Marte, por exemplo). A vista da Terra pelo espaço é azul. Essa é a imagem que temos de nosso planeta denominado "Água".

O provérbio "The water is the blood of the Earth" (A água é o sangue da Terra) reflete bem a sua importância, mas o homem não tem respeitado a sua essência. Ele vem transformando as bacias hidrográficas num verdadeiro esgoto a céu aberto — poluindo-as com todo tipo de resíduos (sólidos, líquidos e gasosos).

Assim, podemos conceituar *poluição hídrica* como a degradação da qualidade ambiental resultante da atividade que direta ou indiretamente lance matérias ou energia nas águas em desacordo com os padrões ambientais estabelecidos. Em outras palavras, é a alteração dos elementos constitutivos da água, tornando-a imprópria ao consumo ou à utilização para outros fins.

## 2. CICLO HIDROLÓGICO

O ciclo hidrológico ocorre por meio dos seguintes componentes: a) *precipitação* — a água chega na terra pela atmosfera na sua forma líquida (chuva) ou sólida (neve ou gelo); b) *evaporação* — é a transformação da água líquida em vapor-d'água (gasosa), que fica acumulada na atmosfera. A maior parte da evaporação se dá pelos oceanos, mas os rios, lagos e represas também contribuem para esse processo; c) *transpiração* — é a perda de água pelas plantas; d) *infiltração* — é a absorção da água pelo solo; e) *percolação* — é a infiltração da água no solo e nas formações rochosas até o lençol freático; e f) *drenagem* — é o movimento das águas nas superfícies durante a precipitação. Esses componentes decorrem principalmente das radiações solares, que promovem a evaporação, e dos ventos, que transportam o vapor-d'água da atmosfera para outras regiões. O ciclo hidrológico, como se vê, muda constantemente de uma era para outra, bem como a proporção total de água doce e água salgada do planeta[1]. Quando a água congela, ela se expande. E a passagem de um estado para outro (sólido, líquido ou gasoso) representa alterações nas ligações do hidrogênio. Na dissolução do estado sólido para o líquido, as moléculas se agregam, e entre 0 e 4 °C a densidade da água aumenta. Acima dessa temperatura, as moléculas se desagregam, tornando-a menos densa. A água é considerada solvente universal, pois ela dissolve substâncias e íons. Sua principal característica é a viscosidade. A tensão superficial resulta da ligação coesiva do hidrogênio na base de cristal líquido. Tal fato permite que certos animais e plantas flutuem na água, utilizando-se de tal característica que se quebra pela presença de substâncias como detergentes e aumenta com a concentração de sais dissolvidos.

O aquecimento global vem alterando a velocidade desse ciclo, aumento do ritmo de evaporação e, consequentemente, da precipitação. Constata-se que, em muitas regiões, mais quente significa mais molhado, em termos de aumento de chuvas; mas, em termos de aumento no ritmo de evaporação, significa mais seco[2].

## 3. CLASSIFICAÇÃO LEGAL DOS RECURSOS HÍDRICOS

Percebe-se, pelos dados levantados, a complexidade científica que envolve o ciclo hidrológico. Mas, para o nosso campo de estudo, passamos a analisar o seu aspecto legal. Assim, os recursos hídricos abrangem as águas superficiais e as águas subterrâneas, os estuários e o mar territorial (art. 3º, V, da Lei n. 6.938/81). *Subterrâneas* são as águas originadas do interior do solo (lençol freático)[3]. *Superficiais* são as águas encontradas na superfície da terra (fluentes, emergentes e em depósito). Estas dividem-se em *águas internas* (rios, lagos, lagoas, baías etc.) e *águas externas* (mar territorial). *Estuários* são as baías formadas pela junção do mar com os rios localizados nas proximidades dos oceanos, onde se misturam as águas fluviais e as marítimas. É a foz de um rio. *Mar territorial*, por sua vez, é a faixa marítima de doze milhas de largura do litoral brasileiro[4].

---

1. Robin Clarke e Janet King. *O atlas da água* — o mapeamento completo do recurso mais precioso do planeta, São Paulo, Publifolha, 2005, p. 11.

2. José Galizia Tundisi e Takako Matsumura Tundisi, *A água*, São Paulo, Publifolha, 2005, p. 21 e 23.

3. *V.* Resolução n. 396, de 3 de abril de 2008, do CONAMA, que dispõe sobre a classificação e diretrizes ambientais para enquadramento das águas subterrâneas e dá outras providências.

4. As Nações Unidas, em 1982, estabeleceram novo limite do mar territorial, reduzindo de 200 para 12 milhas a faixa marítima. O Brasil, como subscritor do tratado em questão, incorporou tal modificação ao Decreto-Lei n. 1.098/70.

A geofísica Elizabeth Tavares Pimentel, aluna do doutorado do Observatório Nacional — ON, achou indícios do rio subterrâneo de 6.000 km sob a bacia do Amazonas ao analisar dados térmicos de 241 poços perfurados pela Petrobras de 1970 a 1980, quando a empresa procurava petróleo na região. Ao realizar a pesquisa para identificar sinais de fluidos em meios porosos, Elizabeth acabou por detectar água subterrânea correndo entre sedimentos em profundidades de até 4.000 metros. O rio é largo porque ocupa toda a área da bacia sedimentar amazônica. Sua vazão é de 3.095 m³/segundo — mais que a do São Francisco[5].

Há informações ainda da existência de outro rio, aéreo, com a mesma quantidade de água do rio amazônico, correndo nas nuvens sobre a floresta amazônica. Isso é comprovado pelo alto índice pluviométrico da região.

## 4. ÁGUAS SOB JURISDIÇÃO NACIONAL: INTERIORES E MARINHAS

As águas sob jurisdição nacional podem ainda ser classificadas em: "I — *águas interiores*: a) as compreendidas entre a costa e a linha de base reta, a partir de onde se mede o mar territorial; b) as dos portos; c) as das baías; d) as dos rios e de suas desembocaduras; e) as dos lagos, das lagoas e dos canais; f) as dos arquipélagos; g) as águas entre os baixios a descoberta e a costa; II — *águas marítimas* — todas aquelas sob jurisdição nacional que não sejam interiores" (art. 3º da Lei n. 9.966, de 28-4-2000).

## 5. PROBLEMÁTICA DO USO DA ÁGUA

Não podemos perder de vista que o uso da água deve ser múltiplo. Não se destina somente ao consumo humano e animal, mas serve para movimentar a economia. O seu uso deve ser racionalizado por todos os setores da sociedade civil. Essa água tem que ser de boa qualidade e em quantidade suficiente para atender à demanda cada vez maior. Como a quantidade de água é a mesma durante milhares de anos, resta-nos economizá-la para as futuras gerações.

Seguem algumas questões sobre a problemática da água.

### 5.1. Disponibilidade de água no planeta

A água é um dos recursos naturais mais importantes para a sobrevivência do homem na Terra e a pressão sobre ela está cada vez mais intensa. Como sabemos, a água é essencial a toda espécie de vida do planeta e ela se apresenta na sua forma líquida (salgada e doce), sólida (doce) e de vapor (doce).

---

5. Sabine Righetti, Geofísica acha rio subterrâneo de 6.000 km sob a bacia do Amazonas, *Folha de S.Paulo*, Ciência, 26 ago. 2011, p. C-11.

Segundo Shiklomanov, 97,5% da água é salgada e 2,5% água doce. Desta, 68,9% encontram-se nas calotas polares e geleiras, 29,9% no subsolo, 0,3% nos rios e lagos e 0,9% em outros reservatórios[6]. Registre-se, apenas por curiosidade, que, desde que houve o esfriamento da Terra, há muitos milênios (56 milhões de anos), permanece a mesma quantidade de água, ou seja, 1,4 bilhão de quilômetros cúbicos (salgada e doce). Somente 90 milhões de quilômetros cúbicos (doce) encontram-se prontos para beber, mas nem todo esse estoque está disponível na natureza, e só podemos utilizar os recursos renováveis pelas chuvas, reduzindo-se para 34 milhões de quilômetros cúbicos anuais, correspondendo a 0,002% das águas do planeta.

O aumento do consumo duplicará nos próximos trinta e cinco anos, chegando ao limite da disponibilidade da água[7]. Atualmente, perto de 70% da água do mundo é utilizada na agricultura, 20% nas indústrias e 10% no abastecimento doméstico. Já no Brasil, 54% destinam-se à agricultura, 17% às indústrias e 23% ao abastecimento doméstico. Em São Paulo, 22% vão para a agricultura, 37% para as indústrias e 38% para o abastecimento doméstico[8].

Diante de toda essa água, grande parte da população mundial ainda não tem acesso a ela. Segundo dados divulgados pelo balanço da "Década da água para a vida", instituído pela ONU em 2005 e que terminou no dia 22 de março de 2015, constatou-se que 748 milhões de pessoas ainda passam sede, apesar de 2,3 bilhões terem conquistado o acesso à água nos últimos 25 anos. E o desperdício, a poluição de rios e mananciais e a falta de planejamento para as fases de seca são questões que devem ser resolvidas na próxima década, caso contrário a situação poderá se agravar.

## 5.2. Desperdício na distribuição e no uso da água

No Brasil, 62% da água é destinada à agricultura, 20% ao abastecimento doméstico e 18% à indústria.

O biólogo José Borghetti afirma que 50% da água destinada à agricultura e pecuária é perdida. Na indústria, a perda é de 40% a 50%[9]. Há também um desperdício camuflado na esfera doméstica, por exemplo: uma descarga de vaso sanitário comum consome de 20 a 25 litros de água (utilizando-se do sistema de esgoto a vácuo o consumo cai para 2 litros); uma torneira com vazamento e sem temporizador gasta cerca de 1.400 litros por mês; ao lavar pratos, gastam-se em média 112 litros; para fazer a barba, 75 litros; escovar os dentes com torneira aberta pode gerar o desperdício de 18

---

6. José Galizia Tundisi et al., *A água*, cit., p. 14.

7. Adriano Quadrado e Rodrigo Vergara, Vai faltar água? *Superinteressante*, n. 189, jun. 2003, p. 43.

8. Do céu à torneira — O caminho da água das chuvas ao abastecimento doméstico, *Folha de S. Paulo*, 27 abr. 2014, p. C-10/11.

9. *DOE* — Poder Executivo, 21 mar. 2008, p. IV.

litros; ao lavar as mãos, uma pessoa utiliza cerca de 7 litros; ao lavar um carro com mangueira em meia hora, são desperdiçados 560 litros; um banho longo que ultrapasse 10 minutos, consome de 95 a 180 litros[10]. A educação ambiental pode contribuir adequadamente para conscientizar a sociedade da necessidade da utilização da água de maneira parcimoniosa, podendo, inclusive, implantar a cobrança pelo seu uso.

Ainda em relação à perda de água, o Brasil apresenta índice altíssimo — em torno de 40%, sendo que em algumas regiões o índice alcança 60%. Nos países desenvolvidos, a perda não chega a 10%. Essa perda deve ser devidamente gerenciada pela SABESP por meio de investimento contínuo para diminuir gradativamente o referido índice, igualando-se aos países desenvolvidos.

O desafio mais importante é reduzir a perda de água e melhorar a eficiência no uso da energia elétrica. O setor de saneamento é um dos maiores consumidores de energia, absorvendo quase 3% da produção do país[11]. Outro dado interessante constatado pelo IBGE é que em 210 cidades brasileiras os vazamentos ou "gatos" (ligações clandestinas) fazem com que as operadoras percam no trajeto até o consumidor mais da metade da água captada para distribuição — grande parte dela tratada. Dezenove milhões de pessoas vivem nas 210 áreas com maior perda de água no país. Este estudo ainda apurou que os resíduos de agrotóxicos são a segunda principal fonte de contaminação da água captada para distribuição à população, ficando atrás somente do esgoto e na frente do lixo comum e dos rejeitos industriais. A contaminação dos mananciais superficiais pode ocorrer por uso excessivo ou impróprio dos produtos e pelo descarte inadequado de embalagens[12].

O volume de água doce no planeta é fixo, não aumenta nem diminui. Mas, à medida que a população aumenta, diminui a quantidade de água *per capita* e, consequentemente, a disponibilidade desse recurso como um todo.

## 5.3. Consequências da falta e da má qualidade da água

É de observar que cerca de um terço da população mundial vive em países onde a falta de água vai de moderada a altamente impactante e o consumo representa mais de 10% dos recursos renováveis da água. E mais de 1 bilhão de pessoas têm problemas de acesso à água potável e 2,4 bilhões não têm acesso a saneamento básico. A falta de acesso à água de boa qualidade e saneamento resulta em centenas de milhões de casos de doenças de veiculação hídrica e mais de 5 milhões de mortes a cada ano. Estima-se que entre 10 mil e 20 mil crianças morrem todo dia vítimas de doenças de veiculação hídrica[13].

---

10. Preservar para não faltar, Tema, *Revista do Serpro*, ano XXXII, n. 193, jul./ago. 2008, p. 50.
11. Gesner Oliveira, Tecnologia e eficiência no saneamento, *Folha de S.Paulo*, 27 dez. 2010, p. A-3.
12. Saneamento Brasil, *Folha de S.Paulo*, 20 out. 2011, p. C-8.
13. José Galizia Tundisi et al., *A água*, cit., p. 55.

A qualidade da água é fundamental quando constitui a principal matéria-prima na fabricação de alimentos, bebidas e medicamentos. No caso da Coca-Cola, por exemplo, cerca de 90% dos produtos, ou mais, são compostos de água. Para não correr o risco de ficar sem o insumo, todas as fábricas têm pelo menos duas fontes de captação, como a rede pública, os poços e os rios ou lagos. E a demanda não é pouca: são utilizados 14 bilhões de litros por ano. Atualmente, a Coca-Cola registra a média de 2,25 litros de água consumidos para cada litro fabricado, mas certas unidades atingem a marca de 1,4 litro para alguns produtos[14].

A Política Nacional de Recursos Hídricos tem por objetivo estabelecer regras claras para o controle e o consumo da água pela humanidade, especialmente na agricultura e na indústria, por meio da outorga do uso da água, observando-se os princípios, os objetivos e as diretrizes estabelecidos pelos planos.

## 5.4. Alguns exemplos de consumo de água pela agricultura e indústria

A título ilustrativo, trazemos alguns dados comparativos do consumo de água para alguns alimentos.

Assim, para produzir 1 quilo de batata, precisamos de 500 litros; 1 quilo de trigo — 900 litros; 1 quilo de sorgo — 1.100 litros; 1 quilo de arroz — 1.900 litros; 1 quilo de aves — 3.500 litros; 1 quilo de carne — 15 mil litros.

Ainda para produzir 1 quilo de frango foram usados 3.900 litros de água e meio quilo de queijo de cabra, 2.000 litros. Foram necessários: 2.400 litros para um hambúrguer; 140 litros para 1 xícara de café; e 120 litros para 1 taça de vinho.

Na esfera industrial, para produzir 1 litro de gasolina precisamos de 10 litros; 1 quilo de aço — 95 litros; 1 quilo de papel — 324 litros; 1 par de sapatos de couro — 8 mil litros; 1 camiseta de algodão — 2.000 litros.

## 5.5. Irrigação inadequada

A agricultura é o setor que mais consome água, cerca de 70% do total. Há a necessidade de procurar economizá-la por meio de novas tecnologias de irrigação.

Esse setor depende das chuvas e do clima para produzir alimentos. Na ausência de chuvas, a agricultura vem avançando em novas terras exatamente por ter esgotado todos os recursos ali existentes, invadindo áreas de reserva legal, desmatando as matas ciliares e consumindo exageradamente os recursos hídricos. É mais econômico procurar novas terras do que tentar recuperar as já existentes.

Releve-se, além disso, que a irrigação transformou milhões de hectares em terras encharcadas e salinizadas, cuja recuperação será difícil, se não impossível, e o

---

14. Robin Clarke et al., O atlas da água, cit., p. 29.

desmatamento ainda despiu as encostas, o que leva a enchentes repentinas mais frequentes e bem mais graves. A cada ano, as inundações acabam com milhares de vidas e prejudicam o dia a dia de outros milhões. Esses desastres naturais se agravam, principalmente, por causa do desmatamento, da drenagem de zonas úmidas e da tentativa de controlar o fluxo dos rios[15].

Essa mentalidade deve mudar e o novo Código Florestal não poderá retroceder para ampliar as áreas para a agricultura.

## 6. IMPORTÂNCIA E DOENÇAS TRANSMITIDAS PELA ÁGUA

A título ilustrativo, trazemos alguns dados para demonstrar a importância da água para o homem: a) cerca de 70% do corpo humano consiste em água; b) aproximadamente 34 mil pessoas morrem por dia em razão de doenças relacionadas com a água; c) das internações hospitalares no Brasil, 65% se devem a doenças de veiculação hídrica; d) uma pessoa necessita, no mínimo, de 5 litros de água por dia para beber e cozinhar e 25 litros para higiene pessoal; e) uma família média consome cerca de 350 litros de água por dia no Canadá, 20 litros na África, 165 litros na Europa e 200 litros no Brasil; f) as perdas de água na rede de distribuição no Brasil variam de 30% a 65% do total aduzido; g) aproximadamente 1,4 bilhão de litros de água são necessários para produzir um dia de papel para a imprensa mundial; h) um tomate contém 95% de água; i) 9,4 mil litros de água são necessários para produzir quatro pneus de carro; j) abastecimento e saneamento adequados reduzem a mortalidade infantil em 50%; k) em muitos países em desenvolvimento, mulheres e crianças viajam em média 10 a 15 quilômetros todos os dias para obter água[16].

A Organização Mundial da Saúde (OMS) estima que 1,7 milhão de mortes anuais sejam causadas pelas águas poluídas. A maioria dessas mortes é de crianças, provocada pela diarreia (desidratação), cuja causa decorre da ingestão de coliformes fecais. Calcula-se ainda que a água impura, o saneamento precário e as péssimas condições de higiene causem a morte de 200 pessoas a cada hora, ou seja, 200 pessoas todas as horas, de todos os dias, de todos os anos[17].

Cerca de 80% de todas as doenças nos países em desenvolvimento são disseminadas pelas águas. Sua poluição pode transmitir várias doenças, pois traz consigo grande variedade de patógenos, tais como: bactérias, vírus, protozoários ou organismos multicelulares. Isso pode causar problemas gastrointestinais. Além desses, há outros organismos que também podem infectar os seres humanos por contato com a

---

15. Robin Clarke et al., *O atlas da água*, cit., p. 29.
16. José Galizia Tundisi et al., *A água*, cit., p. 46.
17. José Galizia Tundisi et al., *A água*, cit., p. 58-9.

pele ou pela inalação por meio de aerossóis contaminados. Foram detectadas as seguintes bactérias nas águas contaminadas: *Shigella, Salmonella, Campylobacter, Escherichia coli* tóxica, *Vibrio, Yersinia, Mycobacterium, Pasteurella, Leptospina* e *Legionella*. As duas últimas bactérias, bem como alguns fungos, são transmitidas por aerossol. Alguns agentes virais também são importantes contaminantes, assim como o vírus da hepatite, rotavírus, anterovírus (echovírus, adenovírus), parvovírus e vírus da gastroenterite tipo A. À medida que os métodos de detecção melhoram suas características técnicas, aumenta a lista de agentes virais encontrados na água. Citamos alguns protozoários patogênicos, tais como: *Giárdia sp, Entamoeba sp* e *Cryptosporidium*. Esses protozoários causam doenças gastrointestinais e afetam os tecidos da mucosa intestinal, produzindo disenteria, desidratação e perda de peso. A *Naegleria gruberi* causa infecção que geralmente leva à morte. Há, além disso, muitos vermes parasitas encontrados nas águas contaminadas por esgotos ou em águas de irrigação que podem causar doenças a trabalhadores em serviços públicos (tratamento de esgoto), em área de recreação, ou a trabalhadores no campo em projetos de irrigação. Inclui-se ainda nessa lista a *Taenia saginata, Ascaris lumbricoides* e várias espécies de *Schistosoma* e *Ancylostoma moderade*[18].

Tais organismos se desenvolvem na água em função de descargas de esgoto, por contribuição de pessoas e animais infectados, animais em regiões de intensa atividade pecuária ou por animais silvestres[19].

Como podemos ver, a água é muito importante para o ser humano, mas também pode ser um grande agente transmissor das mais variadas doenças (cólera, disenteria, enterite, febre tifoide, hepatite infecciosa, poliomielite, criptosporidiose, disenteria amebiana, esquistossomose, ancilostomíase, malária, febre amarela e dengue). Essas doenças, geralmente, levam à morte. Tudo isso ocorre por causa de nosso desleixo para com o meio ambiente e, consequentemente, para com a água.

## 7. ALGUMAS CAUSAS DA POLUIÇÃO E ESCASSEZ DOS RECURSOS HÍDRICOS

A principal causa da poluição hídrica é a descarga de esgoto doméstico e de efluente industrial sem tratamento, a destruição das matas ciliares e a disposição de resíduos sólidos nos cursos-d'água e nos mananciais. O lançamento de sedimentos de rios, lagos e represas apresenta, em inúmeras regiões, altas concentrações de metais pesados, tóxicos à saúde de organismos aquáticos e que atingem a espécie humana por meio da rede alimentar[20]. Ainda são motivos de alerta: a drenagem de zonas úmidas, superirrigação em fazendas, processos de contaminação das águas, represa-

---

18. José Galizia Tundisi et al., *A água*, cit., p. 58-9.
19. José Galizia Tundisi et al., *A água*, cit., p. 58-9.
20. José Galizia Tundisi et al., *A água*, cit., p. 58-9.

mento de rios, exploração dos aquíferos, desmatamento, expansão das cidades, uso de enormes quantidades de água por indústrias de alta tecnologia e interferência no clima mundial. Tal fato vem comprometendo, cada vez mais, a qualidade dos recursos hídricos, dificultando e acarretando custos crescentes para atender aos objetivos do fornecimento de água de boa qualidade[21].

O desmate da vegetação que recobre as bacias hidrográficas tem forte impacto sobre a qualidade da água, encarecendo em cerca de 100 vezes o tratamento necessário para torná-las potáveis. Tal fato altera o ciclo de chuvas, prejudica a recarga de aquíferos subterrâneos e reduz os recursos hídricos disponíveis para o abastecimento humano[22].

A ONU havia aprovado a Resolução n. 64/292, em 2010, que declara a água limpa e segura e o saneamento um direito humano essencial para gozar plenamente a vida e todos os outros direitos humanos. Este direito está em harmonia com os objetivos do milênio, que é reduzir pela metade, até 2015, a proporção de população sem acesso sustentável a água potável segura e ao saneamento básico. Marina Silva afirma que, hoje, "884 milhões de pessoas no mundo não têm acesso à água potável segura e 2,6 bilhões de pessoas (40% da população mundial) não têm acesso a saneamento básico"[23].

Como se vê, há um longo caminho a percorrer e muitas medidas devem ser tomadas em conjunto para tentar atingir tal meta.

### 7.1. Poluição das bacias hidrográficas

Todas as bacias hidrográficas e os mananciais são gradativamente poluídos. Tomemos como exemplo o rio Tietê, que é a bacia hidrográfica mais importante da Região Sudeste, pois atravessa todo o Estado de São Paulo, e pode ser considerado um dos rios mais poluídos do mundo. Há mais de quinze anos foi lançado o projeto de despoluição do Tietê, e a CETESB constatou, em 2006, que a poluição piorou ainda mais pelo não tratamento do esgoto lançado pelos municípios da Grande São Paulo, dentre eles: Mogi das Cruzes, Suzano, Guarulhos, Diadema, São Bernardo do Campo etc. Nas medições realizadas pela CETESB no rio Tietê, antes do projeto, constatou-se a presença de 0,4% mg/l (miligrama por litro) de oxigênio na água; hoje baixou para 0% mg/l. A CETESB divulgou novo relatório em que mostra a

---

21. Cadernos do Fórum São Paulo Século XXI, Caderno 15, t. 5, Recursos naturais e meio ambiente, *Suplemento do Diário Oficial*, São Paulo, 10 jun. 2000, p. 7.

22. Karina Toledo, Desmatamento eleva em 100 vezes o custo do tratamento da água, *Agência FAPESP*. Disponível em: <http://agencia.fapesp.br/19036>; acesso em: 7 maio 2014.

23. *Folha de S. Paulo*, 23 mar. 2012, p. A-2.

situação de tratamento de esgoto em todo o Estado com base em 2011. O Alto Tietê, em geral, coleta 78% do esgoto e consegue tratar 60%[24].

O reduzido teor de oxigênio dissolvido no rio Tietê tem início em Mogi das Cruzes com sinais de recuperação no trecho inicial do Médio Tietê por causa da elevada declividade que se estende até Salto. Na altura da foz do rio Jundiaí, a velocidade volta a cair, reduzindo o teor de oxigênio nas águas. A partir de Barra Bonita, o rio volta a se recuperar, com oxigênio atingindo valores próximos da saturação. Constatou-se, no entanto, sensível melhora nas *águas interiores*, pois o número de amostras classificadas como ótima, boa e regular, verificadas em 2006, foi 6% maior do que em 2005, passando de 68% a 74%, e a classificação boa passou de 34% para 43%. Em relação às *águas subterrâneas*, o relatório da CETESB classificou como boa a qualidade das águas encontradas nos aquíferos para o consumo humano, a despeito da constatação de cromo nas águas subterrâneas do "Aquífero Bauru" e das alterações na qualidade da água em virtude de ocupação desordenada dos poços das regiões de Bauru, Marília, Presidente Prudente, São José do Rio Preto, Franca e Araraquara. O trabalho abrangeu 184 pontos de coleta de amostras, em todo o Estado, resultando em mais de 30 mil análises no período, incluindo monitoramento de substâncias orgânicas tóxicas e ensaios de genotoxicidade, num total de mais de 40 parâmetros[25].

Para haver vida no rio são necessários 4 mg/l; e para haver peixes, 8 mg/l. Apurou-se ainda que, além do esgoto lançado *in natura* diretamente no rio Tietê, toneladas de resíduos sólidos deixados pela população nas ruas são carregadas pelas chuvas, agravando ainda mais a poluição. A Prefeitura de São Paulo calcula que 35% da poluição acontece por conta dessa carga difusa. Tal retrocesso ocorreu pela falta de uma política coordenada entre o governo do Estado e os municípios paulistas[26]. A despoluição do rio Tietê só ocorrerá se houver um esforço concentrado por parte dos governos de todas as esferas públicas e, principalmente, da população. O rio Tâmisa, localizado em Londres, por exemplo, foi conhecido como o "Grande Fedor" que causava interrupção até das sessões do Parlamento pelo mau cheiro que exalava no século XIX. O processo de despoluição do rio começou em 1860, porém voltou a ser contaminado com o surto industrial no século XX. Somente a partir de 1970 é que passou a ser um rio vivo, e hoje nadam nele cerca de 121 espécies de peixes[27]. Isso também pode ocorrer no rio Tietê, se tivermos vontade política e disposição de

---

24. Fábio Miranda, Alto Tietê trata 60% de todo esgoto coletado, *Mogi News*, 19 abr. 2012, p. 13.

25. Bras Santos, Prefeito promete coletar esgoto de 50 mil casas até o ano que vem, *Mogi News*, 2 jun. 2007, p. 7.

26. Retrocesso no Tietê, Editorial, *Folha de S.Paulo*, 17 maio 2007, p. A-2.

27. Relatórios de Qualidade de Águas Interiores e Subterrâneas do Estado de São Paulo — 2006. Disponível em: <http://www.cetesb.sp.gov.br>; acesso em: 15 maio 2007.

lutar pelas futuras gerações. Para evitar o comprometimento dos recursos hídricos, criou-se a Lei n. 11.445, de 5 de janeiro de 2007, que dispõe sobre as diretrizes nacionais para o saneamento básico. Quem sabe, se bem aplicada, possa essa lei vir a ser o princípio da solução de todas as bacias hidrográficas já comprometidas pela descarga de esgoto *in natura* por municípios de todo o Brasil.

Além do rio Tietê, citamos, a título ilustrativo, o rio Paraíba do Sul, dentre muitos outros. Esta bacia abrange três Estados, 180 municípios e 5,5 milhões de habitantes e está morrendo aos poucos pelo despejo de um bilhão de litros de esgoto doméstico por dia e 150 toneladas de efluentes industriais, aliado ao assoreamento e aos portos de areia clandestinos que se multiplicam pelas suas margens[28].

Outra causa da poluição hídrica é a eutrofização das águas superficiais e subterrâneas. Tal fenômeno consiste no enriquecimento com nutrientes de plantas, principalmente fósforo e nitrogênio, que são despejados de forma dissolvida ou particulada em lagos, represas e rios e transformados em partículas orgânicas, matéria viva vegetal, pelo metabolismo das plantas. Tal fato resulta no crescimento excessivo de aguapé (*Eichhornia crassipes*) ou alface-d'água (*Pistia stratiotes*), que são as plantas aquáticas superiores mais comuns nesse processo, em regiões tropicais e subtropicais[29].

Registre-se, além disso, que espécies invasoras também podem causar alteração na biodiversidade e nas estruturas tróficas de rios, lagos e represas. Pesquisas e monitoramento das espécies são importantes. O mexilhão e espécies exóticas de peixes, por exemplo, introduzidos para exploração comercial, como a tilápia-do-nilo, têm produzido alterações em represas e lagos. Tais espécies podem alterar o metabolismo animal e humano, além de introduzir parasitas, aumentando a incidência de doenças de peixes, e causar ameaças à saúde humana.

Podemos citar também o estudo divulgado pelo IBGE em 2005, que serve de base para nosso campo de análise, o qual constatou os principais problemas relacionados com a água presentes em 2.263 municípios, onde vivem cerca de 108 milhões de pessoas. São eles: a) esgoto a céu aberto; b) desmatamento que afeta mananciais; c) presença de lixão, que afeta rios, águas e mananciais; d) escassez de água para abastecimento público; e) inundação; f) poluição do ar, que afeta rios e nascentes, por deposição seca ou úmida; g) redução de estoque pesqueiro; h) deslizamento de encosta; i) contaminação do solo, que afeta nascentes e águas subterrâneas; j) contaminação de rio, córrego ou bacia; k) doenças endêmicas, a maioria de origem na veiculação hídrica; e l) contaminação de nascentes.

Como se vê, são muitas as causas da poluição hídrica. Essa complexidade de variações é decorrente, em sua maioria, da atividade humana.

---

28. Ricardo Young, Transposição de um doente, *Folha de S. Paulo*, 14 fev. 2011, p. A-2.
29. Benjamin Steinbruch, Despoluir o Tietê, *Folha de S. Paulo*, 22 maio 2007, p. B-2.

## 7.2. Reservas e escassez dos recursos hídricos

O Brasil possui entre 12% e 16% da água do planeta Terra, mas sua distribuição não é homogênea e está ameaçada por fatores socioeconômicos diversos. A escassez da água demonstra que se trata de um recurso natural limitado. Comparando a nossa situação com a situação planetária, verificamos ainda que nós nos encontramos em posição confortável, pois possuímos uma extensa rede hidrográfica, com seis grandes bacias: Amazonas, Tocantins, São Francisco, Paraná, Paraguai e Uruguai, além de condições climáticas adequadas que permitem o abastecimento por meio das chuvas[30]. A Conferência Internacional sobre Água e Desenvolvimento Sustentável, realizada em Paris, em 1998, constatou que um quarto da população mundial não tem acesso a água potável, mais de 50% da população mundial carece de saneamento básico (esgoto) e a baixa qualidade da água e a falta de higiene figuram entre as causas de enfermidades e morte. Calcula-se que 33% dos óbitos são causados por problemas atinentes à qualidade dos recursos hídricos, nos países em desenvolvimento[31].

Ressalte-se que a sociedade se transformou profundamente nos últimos cinquenta anos, tanto no aspecto econômico como no tecnológico. A economia mundial cresceu de US$ 6,3 trilhões, em 1950, para US$ 42 trilhões, em 2000, e, em 2010, para 60 trilhões. A tecnologia alterou a vida das pessoas e substituiu mão de obra, além do crescimento populacional. Estima-se que a população atual seja superior a 7 bilhões (out. 2011). Essa população concentra-se, em sua maioria, nos grandes centros urbanos. Acresça-se a isso o fato de existir também no planeta cerca de 6 bilhões de suínos, 1,2 bilhão de bovinos, 609 milhões de caprinos e 140 milhões de bufalinos. Um boi precisa de cerca de 35 litros de água por dia; uma vaca leiteira, de 40 litros. E para produzir 1 quilo de carne bovina são necessários 15 mil litros de água. A escassez desse líquido insubstituível e seu uso passou por muitas transformações nas últimas três décadas no Brasil. Por muito tempo, dizia Rodrigo Squizato, a água foi tratada como bem de grande utilidade, mas sem valor econômico. O crescimento da população, o desmatamento de florestas, o mau uso do solo e a poluição transformaram a água num bem econômico cada vez mais valioso. Tal notícia pode contribuir para ajudar a evitar que a água continue como uma maltratada dádiva da natureza. Foi na década de 1970 que o Brasil criou leis que estabeleciam regras para o descarte de efluentes, gerando custos para as empresas reduzirem a carga poluidora[32].

---

30. Juliana Santilli, Política nacional de recursos hídricos: princípios fundamentais, in Antônio Herman V. Benjamin (Coord.), *Direito, água e vida*, São Paulo, IMESP, 2003, v. 1, p. 647.
31. *Suplemento do Diário Oficial*, 10 jun. 2000, p. 8.
32. O valor da água, *Página 22* — Informação para o novo século, São Paulo, FGV, nov. 2006, p. 18.

A Agência Nacional de Águas — ANA — realizou um mapeamento da água no Brasil e demonstrou que haverá um *deficit* de água nos municípios brasileiros (55% do total) em 2015. E para tentar evitar um colapso total até 2025 seria necessário o investimento de R$ 22 bilhões. Cerca de 16% das cidades do país têm algum tipo de problema de abastecimento. Além deste investimento, é necessário tratar o esgoto antes de jogá-lo diretamente nos rios. Para isso, seriam necessários mais R$ 70 bilhões. Estes dados foram coletados para integrar o *Atlas de Abastecimento Urbano de Água*, mapeamento completo dos 5.565 municípios, liderado pela ANA e outros órgãos públicos estaduais e municipais[33].

Se quisermos enfrentar o problema da escassez da água, devemos engajar-nos de maneira efetiva na luta para conter o avanço utilitarista desse recurso, levantando a seguinte bandeira: reaproveitamento das águas, agricultura sustentável em vez de agricultura industrial, reforma maciça nas infraestruturas, preservação e recuperação de sistemas hídricos destruídos, leis severas contra a poluição, limitação do crescimento industrial, tecnologias adequadas a cada lugar, o fim das grandes represas e limitação rigorosa da exploração dos aquíferos[34]. Registre-se, ademais, que três pesquisadores de Taiwan conseguiram demonstrar que o nível dos oceanos não aumentou em decorrência do degelo polar graças à captação dessas águas pelas represas. No entanto, comprovaram que a contribuição do degelo polar e das montanhas para a elevação do nível do mar é muito maior do que o estimado pelo IPCC, pois tal elevação não foi observada nas medições do nível do oceano pelo fato de as águas serem retidas pelas represas. Isso pode ser constatado pela série histórica de dados obtidos pelos cientistas, que verificaram que, ao longo dos séculos XX e XXI, a humanidade teria "sequestrado" em 29.484 reservatórios 10.800 quilômetros cúbicos de água. Isso bastou para reduzir o nível do oceano nesse período em 3 centímetros. Caso contrário, teria subido 2,46 milímetros por ano nos últimos oitenta anos em vez de 1,7 milímetro anual, observado desde o começo do século XX e computado no Quarto Relatório de Avaliação do IPCC[35]. Isso comprova que a humanidade está consumindo muito mais água do que a natureza pode repor.

A SABESP é a responsável pelo abastecimento de boa parte da Grande São Paulo e vai investir, até 2016, em um único projeto R$ 1 bilhão. Este investimento terá por objetivo garantir o abastecimento até 2020 da Grande São Paulo e pretende captar água na represa entre as cidades de Juquitiba (72 km de São Paulo) e Ibiúna

---

33. Leila Coimbra, Vai faltar água em metade das cidades brasileiras em 2015, *Folha de S. Paulo*, 22 mar. 2011, p. C-8.
34. Robin Clarke e Jannet King, Prefácio, in *O atlas da água*, cit., p. 9.
35. Represa explica "sumiço" do nível do mar, *Folha de S. Paulo*, 14 mar. 2008, p. A-16.

(69 km de São Paulo), bacia do rio Ribeira de Iguape, no Vale do Ribeira. Este é o único sistema pronto, depois deverá buscar água cada vez mais longe[36].

Assim, a água é o bem mais importante para o homem continuar vivendo neste planeta. O então ministro do Superior Tribunal de Justiça, Dr. Paulo da Costa Leite, inicia seu discurso na abertura do Seminário Internacional afirmando que a água é o bem mais precioso do milênio[37]. Por isso, devemos sempre lembrar o velho e sempre atual provérbio chinês: "Quando beber água, lembre-se da fonte".

### 7.3. Águas subterrâneas: aquífero Guarani

O aquífero Guarani possui cerca de 50 milhões de metros cúbicos de água e abrange uma área aproximada de 1 milhão e 200 mil quilômetros quadrados, distribuídos entre vários países da América do Sul (71% no Brasil, 19% na Argentina, 6% no Paraguai e 4% no Uruguai)[38].

Atualmente, 75% dos municípios do interior paulista precisam usar as águas do aquífero para seu abastecimento. Ribeirão Preto é totalmente dependente dele[39].

Técnicos do Instituto de Pesquisas Tecnológicas — IPT concluíram estudo sobre áreas de risco para o aquífero Guarani, na região de Ribeirão Preto, no Estado de São Paulo. O estudo mapeou regiões de risco ao aquífero e constatou que o maior perigo são os lixões desativados, segundo o responsável pelo estudo, José Luiz Albuquerque, pesquisador do Departamento de Hidrografia e Avaliação Socioambiental do IPT. A rigidez na fiscalização dos aterros não é suficiente para impedir a sua contaminação, pois o total de lixões antigos ainda é desconhecido. O estudo aponta que os canaviais são maioria entre as chamadas zonas de potencial de risco na região, devido ao uso de agrotóxicos e ao tipo de manejo. O mapeamento, que traz uma série de recomendações para a ocupação sustentável do manancial, embasará um futuro projeto de lei[40].

---

36. Vanessa Correa e Eduardo Geraque, Grande São Paulo vai buscar água no Vale do Ribeira, *Folha de S. Paulo*, 10 jul. 2011, p. C-6.

37. Paulo da Costa Leite, Água — bem mais precioso do milênio, *RDA*, *19*:367, jul./set. 2000.

38. Os dirigentes dos países (integrantes do Mercosul) que compartilham o Aquífero Guarani buscaram apoio no *Global Environment Facility* — GEF ou Fundo para o Meio Ambiente Mundial — FMAM, para elaborar o Projeto de Proteção Ambiental e Desenvolvimento Sustentável do Sistema Aquífero Guarani. O projeto foi concretizado graças ao financiamento do Banco Mundial — principal financiador do projeto — e da participação da Organização dos Estados Americanos (OEA), responsável pela execução do projeto na esfera internacional. Disponível em: <http://www.ana.gov.br/guarani/projeto/sintese.htm>; acesso em: 4 fev. 2011.

39. Reinaldo José Lopes, Mundo dobra o uso de água subterrânea em quatro décadas, *Folha de S. Paulo*, Ciência, 27 set. 2010, p. A-15.

40. Adriana Matiuzo, Canavial oferece risco ao aquífero Guarani, aponta estudo, *Folha.com*, Ribeirão Preto. Acesso em: 19 abr. 2011.

Estudo realizado por uma equipe de cientistas liderada por Marc Bierkens, da *Universidade de Utrecht* (Holanda), constatou que a humanidade passou a consumir mais intensamente as águas subterrâneas do planeta. Tal fato pode ser a causa do aumento correspondente a um quarto anual do nível dos oceanos. Este trabalho foi aceito para publicação na revista científica *Geophysical Research Letters*. A equipe traça um mapa não muito animador do estado das reservas subterrâneas no mundo. Utilizando-se de estatísticas e simulações de computador sobre a entrada e a saída de água dos lençóis freáticos, Bierkens e os demais integrantes da equipe estimam que a exploração da água doce subterrânea mais do que dobrou dos anos 1960 para cá, passando de 126 km$^3$ para 283 km$^3$ por ano, em média. Não dá para determinar o custo disso, pois não há dados sobre a quantidade de água subterrânea do mundo. Estima-se ainda que 30% da água doce do mundo encontra-se no subsolo.

Como podemos sentir, as águas subterrâneas estão sendo exploradas desenfreadamente e contaminadas pelos diversos tipos de poluentes, dentre eles o lixo.

### 7.4. Mananciais: Billings, Guarapiranga e Serra da Cantareira

Há, só no Município de São Paulo, mais de 10 milhões de habitantes, a maior metrópole do país, cercada por 39 municípios, totalizando mais de 20 milhões de habitantes. Essa metrópole é abastecida por vários mananciais e reservatórios: Billings, Guarapiranga, Serra da Cantareira etc. Tais mananciais constituem as principais fontes de água, as quais são gradativamente poluídas pelo caótico processo de ocupação. As Leis paulistas n. 898/75 e n. 1.172/76 foram criadas para estabelecer critérios básicos para a ocupação das áreas de mananciais da Região Metropolitana de São Paulo. Como tais leis não foram suficientes para tentar barrar o avanço da ocupação das áreas de mananciais, foram criadas as Leis estaduais n. 9.866/97 e n. 7.633/91, que tratam da Política Estadual de Recursos Hídricos, as quais devem ser conjugadas com a Lei federal n. 9.433/97, que dispõe sobre a Política Nacional de Recursos Hídricos. A política de proteção e recuperação dos mananciais visa a compatibilizar as ações de preservação dos mananciais com o uso e ocupação do solo e desenvolvimento econômico e social, integrando as políticas habitacionais à preservação do meio ambiente[41]. Nesse mesmo sentido, foi criado ainda o Decreto estadual n. 51.686, de 22 de março de 2007, que regulamenta dispositivos da Lei estadual n. 12.233, de 16 de janeiro de 2006 — Lei Específica Guarapiranga —, a qual define a Área de Proteção e Recuperação dos Mananciais da Bacia Hidrográfica do Guarapiranga (APRM-G), e dá providências correlatas.

A Prefeitura de São Paulo, em parceria com o governo do Estado, lançou, no dia 4 de julho de 2007, a Operação Defesa das Águas na região da Serra da Canta-

---

41. André Gustavo de Almeida Geraldes, *Tutela jurídica dos mananciais*, São Paulo, Ed. Juarez de Oliveira, 2004, p. 117.

reira, à semelhança das medidas já em curso na zona sul de São Paulo, na área das represas Billings e Guarapiranga, tendo por finalidade recuperar e urbanizar áreas de matas, córregos e nascentes na zona norte. O governo do Estado havia adotado medidas para a proteção dos mananciais da zona sul e do seu entorno. Seguindo essa mesma senda, a prefeitura resolveu implantar operação semelhante para poder proteger a Serra da Cantareira, na zona norte. E, dentre as medidas adotadas, criou-se a Guarda Ambiental, integrada por 50 homens e um efetivo de 18 motos e 11 viaturas, no sentido de realizar ações de fiscalização nas áreas de proteção. À Guarda Ambiental soma-se a Guarda Civil Metropolitana, que já atua na zona sul para a operação e recuperação ambiental dessas regiões da cidade. Objetiva-se fundamentalmente, evitar novas invasões e remover as moradias já implantadas com recolocação das famílias em local adequado. A ação contempla o monitoramento e o cadastramento aéreo da região de proteção, além de atuar num programa educativo para orientar a população sobre as medidas que podem ser adotadas para promover a preservação ambiental. Será, inicialmente, realizado um mapeamento da região para, logo em seguida, serem tomadas as seguintes medidas: a) fiscalização e controle das áreas ocupadas; b) implantação da Guarda Ambiental; c) instalação de zeladoria urbana ambiental; d) designação de agente vistor para notificação, aplicação de multas e apreensão de material irregular; e) realização do congelamento de áreas e ocupações; f) determinação do desfazimento e remoções de obras ou construções; g) urbanização de favelas e bairros; h) facilitar a regularização fundiária etc.[42].

Esperamos que tais medidas sejam implementadas com o objetivo de conter a ocupação em torno dos mananciais, protegendo-os efetivamente para o bem da população, que depende desses recursos hídricos.

O Ministério Público do Estado de São Paulo solicitou análise técnica das águas das represas Billings e Guarapiranga pela Universidade de São Paulo — USP no sentido de se apurar o nível de poluentes ali existentes. Tal medida foi pedida pelo órgão ministerial para avaliar se o bombeamento que o governo paulista pretende realizar das águas dos rios Pinheiros e Tietê para a Billings será de fato benéfico. A água passaria por um processo de limpeza denominado flotação — tratamento com produtos químicos que levam a sujeira para a superfície, ajudando a despoluição do rio Pinheiros e aumentaria a quantidade de água da represa que seria revertido em energia. O estudo constatou a presença de poluentes tóxicos e cancerígenos acima do permitido pela legislação ambiental. Estas represas são utilizadas para lazer, pesca, nado ou vela. A análise foi realizada entre setembro de 2007 e maio de 2008, constando-se a presença de 95 substâncias examinadas, 25 estavam fora dos padrões admissíveis em pelo menos 10% dos testes em um dos pontos de monitoramento.

---

42. *Prefeitura leva Operação Defesa das Águas à região da Cantareira*, disponível em: <http://www.prefeitura.sp.gov.br>; acesso em: 5 jul. 2007.

Havia níveis elevados de alumínio, que pode estar associado ao mal de Alzheimer, cianetos, que podem causar perda de peso e danos à tireoide e ao sistema nervoso, clorofórmio, suspeito de ser cancerígeno, coliformes termotolerantes, que contêm vírus e bactérias etc. O mais perigoso é o chumbo, também encontrado nas águas, acima do permitido pela legislação. Essa substância, em altos valores, pode causar anemia e problemas neurológicos[43].

A água das represas é também utilizada para abastecimento da população da região metropolitana e, por conta disso, a SABESP deverá realizar um tratamento adequado com base nestes dados antes de efetivar a sua distribuição.

## 7.5. Principais medidas para conter o avanço da poluição dos recursos hídricos na região metropolitana de São Paulo

Tais medidas não esgotam o presente rol, mas poderão contribuir muito para resolver ou paralisar o avanço da poluição hídrica a médio e longo tempo. São elas: a) preservar o cinturão verde e ampliá-lo; b) aprofundar o conhecimento científico da qualidade da água dos reservatórios de abastecimento, especialmente a circulação e a carga intensa de nutrientes, com a finalidade de melhorar o gerenciamento dos sistemas; c) negociar conflitos sobre os usos múltiplos e definir prioridades, especialmente as relacionadas com o abastecimento público; d) ampliar a educação para a sustentabilidade e consolidar os comitês de bacia, para ampliar a participação da população; e) preservar as áreas alagadas e as matas ciliares e reflorestar intensivamente com espécies nativas e animais; f) tratar todo o esgoto da região metropolitana; e g) incentivar o reúso da água em indústrias e setor público[44].

Deve-se chamar a atenção da comunidade para a necessidade de proteger os recursos hídricos, adotando-se as seguintes providências para evitar o desperdício de água nas residências: a) inspecionar a tubulação e prevenir vazamentos; b) instalar sistemas capazes de controlar a quantidade de água nos chuveiros; c) fechar o registro geral durante as férias ou quando a casa ficar vazia; d) isolar as tubulações de água quente; e) efetuar consertos imediatos; f) diminuir a quantidade de água das descargas; g) não utilizar pias como cestos de lixo; h) esperar encher completamente a máquina de lavar roupas antes de acioná-la; i) tomar uma "chuveirada" e não um "banho"; j) desligar a água do chuveiro enquanto estiver se ensaboando; k) para ter água quente, ligar esse registro primeiro e depois misturar a água fria; l) ao lavar pratos, utilizar uma esponja só para detergente e outra para água; m) planejar as atividades de jardinagem no sentido de economizar água; n) durante a construção ou

---

43. Talita Bedinelli e José Ernesto Credendio, Billings tem poluentes até 100 vezes acima do limite, *Folha de S.Paulo*, 8 nov. 2008, p. C-1.
44. José Galizia Tundisi et al., *A água*, cit., p. 72.

reforma: 1) instalar tubulações de diâmetro menor que as convencionais; 2) posicionar o aquecedor o mais próximo possível do local de consumo de água quente; e 3) se possível, armazenar água da chuva.

As barragens também têm prejudicado a renovação dos recursos hídricos. As águas deveriam seguir seu curso normal para abastecer rios, lagos e zonas úmidas. Muitas vezes essa utilização tem sido negligenciada — perigosamente —, e ignoramos que dessa utilização depende a saúde do planeta[45].

A nova ética para a água deve promover uma visão de segurança coletiva baseada na conservação da qualidade e quantidade, desde o manancial até a torneira das casas[46].

Não há dúvidas de que essas medidas, se efetivamente implementadas, poderão ser o princípio da melhoria da água fornecida para São Paulo.

### 7.6. Mudança climática causa seca severa em São Paulo

A água foi o tema mais debatido em 2014 e 2015 devido à escassez em São Paulo. A região metropolitana é abastecida pelos seguintes sistemas: Cantareira — 45,1%; Alto Tietê — 20,5%; Guarapiranga — 19,1%; Rio Grande — 6,8%; Rio Claro — 5,5%; Alto Cotia — 1,6%; Baixo Cotia — 1,2%; e Ribeirão da Estiva — 0,1%. E a maioria dessas bacias estava com o nível abaixo do normal. O reservatório Cantareira, por exemplo, esteve com 8,2% de sua capacidade. Esse sistema é responsável pelo abastecimento diário de água a 6,5 milhões de pessoas, o Alto Tietê, 4,5 milhões, o Guarapiranga, 4,9 milhões, o Rio Grande, 1,2 milhão, o Alto Cotia, 0,4 milhão e o Rio Claro, 1,5 milhão. Os reservatórios também abastecem os municípios de Campinas.

Por causa disso, o governo do Estado pretendia captar água do rio Paraíba do Sul para atender a demanda paulista nos períodos de estiagem. Essa interligação se daria por meio de túneis e adutoras entre o sistema Cantareira e a bacia do rio Paraíba do Sul (extensão de 15 km e custo de R$ 500 milhões). Esta bacia hidrográfica banha os Estados de Minas Gerais, São Paulo e Rio de Janeiro e abastece 10 milhões de moradores do Rio e 5 milhões entre paulistas e mineiros. É a principal bacia do Rio de Janeiro e possui a extensão de 1.137 km de comprimento. O governo fluminense não concordou com essa medida e denunciou o fato ao governo federal, gerando conflito entre os dois Estados. O Ministério Público do Rio de Janeiro propôs Ação Civil Pública pedindo esclarecimento e multa em caso de transposição dessa água. No entanto, o presidente da ANA afirmou ser "tecnicamente viável" o plano do governo de São Paulo de interligar as represas Jaguari, da bacia do rio Paraíba, e Atibainha, no Cantareira.

---

45. Robin Clarke et al., *O atlas da água*, cit., p. 19.
46. José Galizia Tundisi et al., *A água*, cit., p. 99 e 101-2.

O reservatório Cantareira diminuiu drasticamente, sendo necessário realizar o racionamento, além de conceder descontos aos consumidores que conseguissem reduzir em 10% o seu consumo e aplicar multa se houver gastos superiores a 30%. A SABESP bombeou o "volume morto" ou "reserva técnica" do fundo da represa, e, mesmo assim, o nível continuou diminuindo. Trata-se de água situada abaixo do nível de captação, podendo abastecer a população até novembro de 2014 sem problemas, quando, espera-se, começarão as chuvas de verão. Tal medida seria apenas um paliativo. E depois?

Não bastasse isso, o Alto Tietê está sendo prejudicado pelo sistema Cantareira, pois o Estado passou a transferir água de outros mananciais para atender bairros da capital. O Alto Tietê, que abastece cerca de 4,5 milhões de habitantes, tem queda diária semelhante ao do sistema Cantareira. Houve queda de 20% de seu volume, chegando a 22% da sua capacidade em final de julho de 2014, razão pela qual a SABESP pretende captar o "volume morto" das barragens de Biritiba Mirim — entre os municípios de Biritiba Mirim e Mogi das Cruzes — e de Jundiaí — rio Jundiaí. Complementam o sistema do Alto Tietê mais três represas: Taiaçupeba (rio Taiaçupeba, entre Mogi das Cruzes e Suzano), Ponte Nova (rio Tietê, entre Salesópolis e Biritiba Mirim) e Paraitinga (rio Paraitinga, em Salesópolis). Esses cinco reservatórios possuem a capacidade de 519 milhões de metros cúbicos de água.

Afinal, faltaram investimentos do governo do Estado ou chuvas? Para responder a essa pergunta, dois pontos importantes chamam a atenção: (a) a escassez de água (estiagem) e (b) o excesso de chuvas (inundações). São fenômenos atípicos tanto o excesso como a falta de chuvas, e serão cada vez mais constantes. Daí a necessidade de se prevenir. Não há o que fazer quando o fato está acontecendo, exceto adotar medidas emergenciais para atender às necessidades imediatas da população. São necessárias providências para evitar tais fenômenos durante o ano todo. Faltou investimento e uma coordenação efetiva dos projetos de captação e armazenamento de água e saneamento básico. Faltou, não há dúvidas, investimento de forma contínua e planejada e gestão estratégica. As demais reservas deveriam estar incorporadas ao abastecimento da Grande São Paulo para atender às necessidades da população em caso de estiagem. Ultimamente, a SABESP foi presidida, essencialmente, por administradores e não por técnicos. Sua preocupação estava ligada ao *marketing* econômico; por tal razão recebeu prêmios internacionais, e seus acionistas receberam polpudos dividendos. Diante da extensa estiagem, a empresa investiu R$ 3,68 milhões na tentativa de fazer chover no Alto Tietê e contratou a Modiclima para bombardear nuvens com água para induzir chuvas artificiais, pois o "volume morto" da represa não será suficiente para abastecer a população paulistana até março de 2015, se não chover.

A despoluição do rio Tietê traria imensos benefícios a todos os municípios do Estado de São Paulo e ajudaria a conscientização da população no que tange a sua conservação. A despoluição do rio causaria um impacto em todo o Brasil. Mesmo que a captação de água do rio, após sua despoluição, seja insuficiente para atender a população de São Paulo, implicaria um benefício indireto imenso.

A universalização da distribuição de água passa, necessariamente, pelo saneamento básico.

A complexidade que envolve a escassez de água e suas implicações decorre também de outros fatores, tais como: mudança climática, desmatamento florestal, variação de temperaturas, degelo das calotas polares etc.

Todos os sinais da natureza devem ser analisados com cuidado e respeito. As decisões devem ser acompanhadas por uma equipe técnica multidisciplinar, evitando-se a adoção de medidas emergenciais e paliativas.

A eficiência administrativa passa pelo conhecimento técnico e bons projetos, bem como pela conscientização dos políticos e transparência dos atos públicos. E a audiência pública é o ponto mais relevante da democratização das decisões tomadas em prol da sociedade.

É dessa forma que a população deve participar da elaboração das políticas públicas ambientais.

Registre-se que o biogeoquímico Antonio Nobre (INPE) sustenta que a seca no Sudeste pode estar ligada ao desmate e à degradação da floresta. A Amazônia exerce papel relevante na regulação do clima da América do Sul. Ele realizou estudo da região e constatou que a floresta já dá sinais de desgaste em seu papel de bombear umidade do oceano para o interior da América do Sul (teoria da bomba biótica de umidade). A transpiração da floresta toda corresponde a 5,5 milhões de km², ou seja, 20 trilhões de litros e o volume que o rio Amazonas despeja no oceano é 17 trilhões de litros. Para reverter a situação, seria necessário parar o desmatamento e iniciar um processo de reflorestamento. A seca que estamos vivenciando no Sudeste pode ser decorrente da destruição da Amazônia. O cientista realizou a revisão de mais de 200 estudos sobre o cenário de pesquisa e constatou inúmeras evidências. Tais trabalhos foram publicados em várias revistas científicas. No entanto, o presente relatório destina-se ao conhecimento do público em geral. Este relatório foi cognominado de "Futuro climático da Amazônia". Trata-se de trabalho mais atualizado do que o publicado no IPCC, pois não previa o problema da região. Como já afirmamos, a Amazônia está a caminho da "savanização", impulsionado pelo aquecimento global. Ele questiona o modelo matemático que tenta reproduzir a interação entre a floresta e o clima. As florestas perderam boa parte das árvores e da biodiversidade e aparecem como floresta intacta em fotos de satélites. Nesse sentido, 40% das florestas estão prejudicadas em diferentes níveis, "porcentagem similar à que alguns estudos previram como o ponto de virada (*tipping point*) no qual a floresta não mais conseguiria se sustentar sozinha, incapaz de garantir a própria umidade"[47].

---

47. Rafael Garcia, Amazônia já está entrando em pane, afirma cientista, *Folha de S.Paulo*, Ciência+Saúde, 31 out. 2014, p. C-7.

O rompimento desse complexo climático está diretamente relacionado com a falta de chuvas no Sudeste e as cheias em Rondônia, o aumento do calor em São Paulo e a redução do rio São Francisco, a desertificação do norte argentino e a violência de ventos e chuvas no Atlântico. Um sinal importante deve ser observado ocorrido em 11 de agosto de 2011, que demonstrou que Manaus teve a umidade relativa do ar medida em 18%, a menor em cem anos, índice semelhante ao de regiões do Saara[48].

De acordo com o painel do clima, o aumento de 1 °C na temperatura da Terra reduz 20% da água disponível. Vê-se que o aquecimento global tem contribuído com a escassez da água no planeta, razão pela qual não podemos perder de vista esta multiplicidade de fatores.

### 7.7. O Ministério Público e a falta de água em São Paulo

A SABESP passou a captar água de outros reservatórios. Tal medida poderia colocar em risco tais reservatórios. E em caráter preventivo, o Ministério Público do Estado de São Paulo ofertou Ação Civil Pública em face do DAEE e SABESP, subscrita pelos promotores de Justiça Ricardo Manuel de Castro e José Eduardo Ismael Lutti, na tentativa de reduzir a captação do volume de água dos reservatórios do Sistema Produtor do Alto Tietê (SPAT). Documentos comprovam que a SABESP vem retirando água acima do estabelecido em outorga do Departamento de Águas e Energia Elétrica (DAEE). O volume máximo permitido para a vazão de águas dos cinco reservatórios que compõem o SPAT é de 26,8 milhões de metros cúbicos. Os promotores integrantes do Grupo de Atuação Especial de Defesa do Meio Ambiente (GAEMA) — Núcleo Cabeceiras e do Meio Ambiente da Capital — apuraram que, desde 2013, a SABESP vem retirando, em média, pouco mais de 30 milhões de m³ de água do sistema. Com a estiagem que provinha desde fevereiro, o volume aumentou para 40 milhões de metros cúbicos. Esta retirada ilegal é agravada pela séria estiagem que passa a Região Metropolitana da Grande São Paulo. Isso contribui para a drástica diminuição do volume útil armazenado nos cinco reservatórios que compõem o SPAT. A liminar na Ação Civil Pública foi negada. O promotor de justiça, Dr. Ricardo Manuel de Castro, interpôs Agravo de Instrumento com a finalidade de ver reduzida a captação de águas do SPAT, pois não existe volume morto nestes reservatórios. Trata-se de uma medida emergencial para se evitar que sequem os reservatórios. O magistrado da 2ª Vara da Fazenda Pública de São Paulo, ao negar a liminar, concedeu o prazo de 45 dias para que os peritos apresentem o laudo técnico. Há uma queda diária entre 0,2 e 0,5% do volume de água armazenado no sistema que poderá secar até novembro se não houver forte chuva. Cuida-se de medida urgente "para que se-

---

48. Leão Serva, Amazônia e jornais não veem, *Folha de S.Paulo*, Cotidiano, 10 nov. 2014, p. C-2.

jam prevenidos os irreversíveis e graves danos ambientais, de maneira a se efetivar uma gestão integrada entre recursos hídricos e meio ambiente"[49]. A SABESP, além disso, deve adotar medidas necessárias para assegurar que no prazo máximo de cinco anos o Sistema Alto Tietê esteja recuperado em seu volume útil e integral e deve ser definido um volume estratégico a ser preservado ao final de cada período de planejamento. A ação também pede que a SABESP, "no período máximo de um ano, promova a integral recuperação ambiental, com o emprego exclusivo de espécies nativas em caráter heterogêneo, das áreas de preservação permanente de 100 metros contados de seu nível máximo, de todos os reservatórios que compõem o SPAT".

Outra ação havia sido proposta pelo Ministério Público na tentativa de restringir a captação do segundo "volume morto" do Sistema Cantareira. O Ministério Público de São Paulo e o Ministério Público Federal propuseram Ação Civil Pública em face da SABESP na qual pedem à Justiça que estabeleça restrições e limites ao direito de uso das águas do Sistema Cantareira e coíba o uso da segunda parcela do volume morto do sistema. Na Ação Civil Pública ajuizada pelos promotores dos Núcleos Piracicaba e Campinas do Grupo de Atuação Especial de Defesa do Meio Ambiente (GAEMA) e por um dos Procuradores da República de Piracicaba, argumentou-se que isso poderá trazer sérias implicações ao abastecimento público, levando a um colapso das duas regiões abastecidas (Bacia do Piracicaba e RMSP), riscos à saúde pública, impactos ao meio ambiente e impactos à indústria, agricultura e economia em geral. A ação foi distribuída à 3ª Vara da Justiça Federal da Subseção Judiciária Federal de Piracicaba (9ª Subseção), e tem como réus a Agência Nacional de Águas — ANA, o Departamento de Águas e Energia Elétrica do Estado de São Paulo — DAEE e a SABESP. Na liminar, o Juiz Federal Miguel Florestano Neto, da 3ª Vara Federal de Piracicaba, deferiu o pedido para que sejam definidas novas vazões de retirada para a SABESP, a fim de que o volume útil do sistema equivalente preserve o mínimo de 10% do volume útil original (97,39 hm$^3$) até o final de abril de 2015, data prevista para o início de nova estiagem. Também foi deferido o pedido para que a Agência Nacional de Águas (ANA), o Departamento de Águas e Energia Elétrica do Estado de São Paulo (DAEE) e a SABESP adotem as medidas necessárias para a recuperação do Sistema Cantareira em cinco anos, com nível de segurança de pelo menos 95% de garantia de abastecimento público[50].

A SABESP recorreu ao TJSP, o qual declinou de sua competência com fundamento no art. 109, § 3º, da CF, por se tratar de dano ambiental regional, cuja competência se transfere para a Comarca da Capital.

---

49. Noemi Alves, MP: aumento da vazão no Sistema Alto Tietê ocorre há pelo menos 1 ano e Gaema recorre para que Sabesp reduza a captação de água do SPAT, *MogiNews*, 31 out. 2014, p. 5-6.

50. Portal do Ministério Público do Estado de São Paulo. Disponível em: <http://www.mp.sp.gov.br>.

Após as eleições (outubro de 2014), várias medidas foram adotadas pelo governo do Estado de São Paulo no sentido de diversificar a captação de água entre vários reservatórios, interligando-os ao Cantareira, além de construir estações de tratamento de esgoto para o reúso.

Seja como for, a luta continua, aguardemos o desfecho das ações e das medidas adotadas pelo governo do Estado.

## 8. DECLARAÇÃO UNIVERSAL DOS DIREITOS DA ÁGUA

Este bem ambiental é tão precioso que a Organização das Nações Unidas (ONU), no dia 22 de março de 1992, instituiu dez princípios direcionados a toda humanidade, além de criar o "Dia Mundial da Água":

"1. A água faz parte do patrimônio do planeta. Cada continente, cada povo, cada nação, cada região, cada cidade, cada cidadão é plenamente responsável aos olhos de todos.

2. A água é a seiva de nosso planeta. Ela é condição essencial de vida de todo vegetal, animal ou ser humano. Sem ela não poderíamos conceber como são a atmosfera, o clima, a vegetação, a cultura ou a agricultura.

3. Os recursos naturais de transformação da água potável são lentos, frágeis e muito limitados. Assim, a água deve ser manipulada com racionalidade, precaução e parcimônia.

4. O equilíbrio e o futuro de nosso planeta dependem da preservação da água e de seus ciclos. Estes devem permanecer intactos e funcionando normalmente para garantir a continuidade da vida sobre a Terra. Este equilíbrio depende, em particular, da preservação dos mares e oceanos, por onde os ciclos começam.

5. A água não é somente herança de nossos predecessores; ela é, sobretudo, um empréstimo aos nossos sucessores. Sua proteção constitui uma necessidade vital, assim como a obrigação moral do homem para com as gerações presentes e futuras.

6. A água não é uma doação gratuita da natureza; ela tem um valor econômico; precisa-se saber que ela é, algumas vezes, rara e dispendiosa e que pode muito bem escassear em qualquer região do mundo.

7. A água não deve ser desperdiçada, nem poluída, nem envenenada. De maneira geral, sua utilização deve ser feita com consciência e discernimento para que não se chegue a uma situação de esgotamento ou de deterioração da qualidade das reservas atualmente disponíveis.

8. A utilização da água implica em respeito à lei. Sua proteção constitui uma obrigação jurídica para todo homem ou grupo social que a utiliza. Esta questão não deve ser ignorada nem pelo homem nem pelo Estado.

9. A gestão da água impõe um equilíbrio entre os imperativos de sua proteção e as necessidades de ordem econômica, sanitária e social.

10. O planejamento da gestão da água deve levar em conta a solidariedade e o consenso em razão de sua distribuição desigual sobre a Terra".

Há, inclusive, decisões judiciais fundamentadas nesta declaração, razão pela qual resolvemos transcrevê-la neste *Manual*.

## 9. INSTRUMENTOS LEGAIS DE DEFESA DOS RECURSOS HÍDRICOS

A Lei n. 9.433, de 8 de janeiro de 1997, instituiu a Política Nacional de Recursos Hídricos, criou o Sistema Nacional de Gerenciamento de Recursos Hídricos, regulamentou o inciso XIX do art. 21 da CF e alterou o art. 1º da Lei n. 8.001, de 13 de março de 1990, que modificou a Lei n. 7.990, de 28 de dezembro de 1989, e a Lei n. 11.445, de 5 de janeiro de 2007, que dispõe sobre diretrizes nacionais para o saneamento básico. Também a Lei n. 9.966, de 28 de abril de 2000, dispõe sobre prevenção, controle e fiscalização de poluição causada por lançamento de óleo e substâncias nocivas em águas nacionais, e o Decreto n. 4.136, de 20 de fevereiro de 2002, dispõe sobre a especificação das sanções aplicáveis às infrações às regras de prevenção, controle e fiscalização da poluição causada por lançamento de óleo e outras substâncias nocivas ou perigosas em águas sob jurisdição nacional, previstas na Lei n. 9.966/2000.

Além dessa legislação citada, o CONAMA baixou a Resolução n. 357, de 17 de março de 2005, que "dispõe sobre a classificação dos corpos de água e diretrizes ambientais para o seu enquadramento, bem como estabelece as condições e padrões de lançamento de efluentes, e dá outras providências". Essa Resolução foi parcialmente alterada pela Resolução n. 430, de 13 de maio de 2011, que dispõe sobre condições, parâmetros, padrões e diretrizes para gestão do lançamento de efluentes em corpos de água receptores, alterando parcialmente e complementando a Resolução n. 357, de 17 de março de 2011, do Conselho. Segundo essa nova Resolução, os efluentes de qualquer fonte poluidora somente poderão ser lançados diretamente nos corpos receptores após o devido tratamento, e desde que obedeçam às condições, aos padrões e às exigências, todos dispostos nesta Resolução e em outras normas aplicáveis.

Há ainda o Decreto n. 24.643, de 10 de julho de 1934, que dispõe sobre o Código de Águas, e a Lei n. 7.841, de 8 de agosto de 1945, que dispõe sobre o Código de Águas Minerais. O Código de Águas, apesar de muito antigo, encontra-se ainda em vigor, porém muitos de seus artigos estão superados por leis posteriores. Cuida-se do primeiro diploma legal e disciplina o aproveitamento industrial das águas e a exploração da energia hidráulica. O decreto, como se vê, preocupava-se mais com a quantidade do que com a qualidade das águas. A gestão das águas atualmente encontra-se disciplinada pela Política Nacional dos Recursos Hídricos (Lei n. 9.433/97).

Compete à União definir os critérios de outorga dos direitos de uso dos recursos hídricos (art. 21, XIX, da CF). A *outorga* é o consentimento; a concessão; a aprovação. Assim, para a outorga dos direitos de uso dos recursos hídricos faz-se necessário o consentimento do Poder Executivo Federal (art. 29, II, da Lei n. 9.433/97) e dos Poderes Executivos Estaduais e do Distrito Federal (art. 30, I, da Lei n. 9.433/97).

Incluem-se ainda entre os bens dos Estados: a) as águas superficiais ou subterrâneas, fluentes, emergentes e em depósito, ressalvadas, nesse caso, na forma da lei, as decorrentes de obras da União; b) as áreas, nas ilhas oceânicas e costeiras, que estiverem no seu domínio, excluídas aquelas sob domínio da União, Municípios ou terceiros; c) as ilhas fluviais e lacustres não pertencentes à União (art. 26, I, II e III, da CF).

## Seção II
### Política Nacional de Recursos Hídricos

A Política Nacional de Recursos Hídricos, instituída pela Lei n. 9.433/97, baseia-se nos fundamentos dos recursos hídricos (art. 1º), nos objetivos (art. 2º), nas diretrizes gerais de ação (arts. 3º e 4º), nos instrumentos (art. 5º) e nos planos dos recursos hídricos (arts. 6º a 8º).

### 1. FUNDAMENTOS DOS RECURSOS HÍDRICOS

A Política Nacional de Recursos Hídricos baseia-se nos seguintes fundamentos: a) a água é um bem de domínio público; b) a água é um recurso natural limitado, dotado de valor econômico; c) em situações de escassez, o uso prioritário dos recursos hídricos é o consumo humano e a dessedentação de animais; d) a gestão dos recursos hídricos deve sempre proporcionar o uso múltiplo das águas; e) a bacia hidrográfica é a unidade territorial para implementação da Política Nacional de Recursos Hídricos e atuação do Sistema Nacional de Gerenciamento de Recursos Hídricos; f) a gestão dos recursos hídricos deve ser descentralizada e contar com a participação do Poder Público, dos usuários e das comunidades (art. 1º, I, II, III, IV, V e VI, da Lei n. 9.433/97).

A Resolução n. 357, de 17 de março de 2005, do CONAMA classifica as águas em: a) *águas doces* (águas com salinidade igual ou inferior a 0,5%); b) *águas salobras* (águas com salinidade variando entre 0,5% e 30%); e c) *águas salinas* (águas com salinidade igual ou superior a 30%). Essa Resolução relaciona também os elementos integrantes de cada classe.

Por isso, a importância do enquadramento dos corpos de águas em classes, segundo os usos preponderantes da água, o qual objetiva: a) assegurar às águas qualidade compatível com os usos mais exigentes a que forem destinadas; e b) diminuir os custos de combate à poluição das águas, mediante ações preventivas permanentes.

## 1.1. Recursos hídricos — Bens de domínio público

A água é um dos elementos do meio ambiente (art. 225, *caput*, da CF). Trata-se de um bem corpóreo que integra o meio ambiente ecologicamente equilibrado. Esse recurso natural abrange a água superficial ou subterrânea, exceto a água pluvial[51]. Não se trata de bem dominical. Não integra o patrimônio privado do Poder Público. Cuida-se de bem inalienável, pois a outorga não implica a alienação (art. 18 da Lei n. 9.433/97). É o denominado bem de uso comum do povo.

O Poder Público é apenas gestor dos recursos hídricos.

## 1.2. Recursos hídricos — Limitados e dotados de valor econômico

A água é um recurso natural limitado. Pensava-se, anteriormente, que os recursos hídricos eram inesgotáveis, tendo-se em vista o aspecto cíclico da água. Tal limitação está relacionada com a poluição das bacias hidrográficas, com os escassos mananciais ainda existentes e o aumento do consumo pela população.

A água é suscetível de valor econômico. A "cobrança pelo uso dos recursos hídricos objetiva reconhecer a água como um bem econômico e dar ao usuário uma indicação de seu real valor" (art. 19, I, da Lei n. 9.433/97). Esse valor econômico objetiva fazer com que o usuário não a desperdice e a utilize de forma racional. É uma forma de o Poder Público obter os recursos financeiros necessários para o financiamento dos programas e intervenções contemplados nos planos de recursos hídricos (art. 19, II e III, da Lei n. 9.433/97).

O maior desafio do Poder Público é mudar o hábito da população em relação ao uso da água, pois devemos afastar o conceito de que ela é um recurso natural infinito e demonstrar o seu real valor. A então secretária estadual de Saneamento e Energia de São Paulo, hoje diretora-presidente da SABESP, eleita em 2011, Dra. Dilma Seli Pena, disse, em palestra proferida no Ministério Público, em 11 de abril de 2007, que 99% da população paulista tem acesso a água potável, diferentemente do que ocorre em relação ao saneamento básico.

Não há alternativa senão a implantação da cobrança do uso da água. Essa cobrança é realizada em vários países. No Brasil, ela ocorre no Estado do Ceará, por exemplo, e no rio Paraíba do Sul. A cobrança do uso da água tem resolvido muitos problemas e é uma solução importante. A Comunidade Econômica Europeia tem promovido o reúso da água pelas indústrias e funciona como instrumento para estimular a economia.

---

51. Paulo Affonso Leme Machado entende que a Lei n. 9.433/97 não modificou as regras do art. 108 do Decreto n. 24.643, de 10 de julho de 1934 (Código de Águas). Diz citado artigo que a "todos é lícito apanhar águas pluviais". Esse dispositivo permite e estimula os "proprietários privados a captar as águas das chuvas para as suas necessidades básicas" (*Direito*, cit., p. 356).

### 1.3. Uso prioritário dos recursos hídricos

Nas situações de escassez, o uso prioritário dos recursos hídricos é o consumo humano e a dessedentação dos animais (art. 1º, III, da Lei n. 9.433/97). O Município de São Paulo é uma das metrópoles mundiais com menor disponibilidade hídrica por habitante. Cada paulistano dispõe de apenas 201 metros cúbicos de água por ano. O mínimo aceitável, segundo especialistas, seria 1.500 metros cúbicos de água por pessoa por ano, ou seja, menos de 5 metros cúbicos por dia. Isso não garante higiene e limpeza adequadas. A região de Campinas conta com 408 metros cúbicos de água por habitante por ano. Como podemos ver, a disponibilidade de água na Região Sudeste está aquém do aceitável, e em épocas de estiagem a situação piora ainda mais.

Para evitar a escassez da água, seja pela falta de disponibilidade, seja por excesso de poluição, é necessário: a) criar recursos para obtenção de mais água, aumentar as reservas, proteger os aquíferos subterrâneos e promover o transporte de água para onde há escassez. Proteger os mananciais é parte dessa estratégia. A dessalinização é outra opção, mas ainda cara. Seus custos podem baixar nos próximos anos, tornando esse processo mais viável. A transposição de águas deve ser feita com cuidados e análises de impacto, inclusive com avaliação de impacto após a transposição; b) diminuir o consumo e reciclar a água. É fundamental reduzir a demanda de água, estabelecer cobranças para o seu uso, taxar poluidores e estimular o reúso. Novas técnicas para usos múltiplos devem ser pesquisadas e implementadas; e c) ampliar a capacidade de gerenciamento integrado, reduzir a poluição, gerenciar os usos múltiplos, promover o monitoramento avançado, reduzir o desperdício e sobretudo educar a população em geral e os tomadores de decisão (políticos, prefeitos, gerentes). O problema de água deve fazer parte de programas mobilizadores, que promovam a percepção da população sobre o problema e estimulem sua participação efetiva nas decisões estratégicas[52].

### 1.4. Uso múltiplo dos recursos hídricos

A regra fundamental é de que a gestão dos recursos hídricos deve sempre proporcionar o uso múltiplo das águas (art. 1º, IV, da Lei n. 9.433/97).

Entende-se por uso múltiplo: a) consumo humano direto; b) dessedentação dos animais; c) abastecimento público e privado (usos domésticos); d) diluição dos esgotos; e) aproveitamento de potenciais hidrelétricos; f) transporte e navegação; g) agricultura (irrigação e outras atividades relacionadas); h) esportes; i) recreação (lazer); j) pesca (produção pesqueira, comercial ou esportiva); k) usos industriais diversificados (resfriamento, diluição e aquecimento); l) turismo; m) aquicultura (cultivo

---

52. José Galizia Tundisi et al., *A água*, cit., p. 97-8.

de peixes, moluscos, crustáceos de água doce, reserva de água doce para futuros empreendimentos, visando ao seu uso múltiplo); n) mineração (lavagem de minérios); o) usos estéticos (paisagismo) etc.

Note-se que, quanto mais diversos forem a atividade econômica e o desenvolvimento social, maior será o conflito gerado em razão do seu uso múltiplo.

Vê-se, pois, que o aumento exagerado da demanda da água diminui a sua disponibilidade e coloca em perigo o uso múltiplo, a expansão econômica e a qualidade de vida humana e animal.

### 1.5. A bacia hidrográfica como unidade territorial

As águas são de domínio público (arts. 20, III, IV, VI e X, e 26, I, II e III, da CF). A implementação da Política de Recursos Hídricos e a atuação do Sistema Nacional de Gerenciamento de Recursos Hídricos estão adstritas à localização da bacia hidrográfica (art. 1º,V, da Lei n. 9.433/97).

*Bacia hidrográfica*, por sua vez, é o "conjunto das terras drenadas por um rio e por seus afluentes"[53]. Assim, a bacia hidrográfica abrange os cursos de água principal e seus afluentes (principal e tributário).

Compete aos Comitês, integrantes do Sistema Nacional de Gerenciamento de Recursos Hídricos, a gerência das bacias hidrográficas (art. 37 da Lei n. 9.433/97).

### 1.6. A gestão dos recursos hídricos

A gestão dos recursos hídricos deve ser descentralizada e contar com a participação do Poder Público, dos usuários e das comunidades (art. 1º,VI, da Lei n. 9.433/97).

É o Comitê da Bacia Hidrográfica — órgão colegiado heterogêneo — que estabelece as prioridades sobre a gestão, o consumo, a recuperação ou o tratamento dos recursos hídricos de determinada região.

### 2. OBJETIVOS DOS RECURSOS HÍDRICOS

Os objetivos dos recursos hídricos encontram-se expressamente arrolados no art. 2º, I, II e III, da Lei n. 9.433/97. Esses objetivos se consubstanciam em: a) assegurar à atual e às futuras gerações a necessária disponibilidade de água, em padrões de qualidade adequados aos respectivos usos; b) planejar a utilização racional e integrada dos recursos hídricos, incluindo o transporte aquaviário, com vistas ao desenvolvimento sustentável; c) promover a prevenção e a defesa contra eventos hidrológicos críticos de origem natural ou decorrentes do uso dos recursos naturais.

---

53. Aurélio Buarque de Holanda Ferreira, *Dicionário*, cit., p. 80.

Visa-se, então, à manutenção do desenvolvimento sustentável inserido no art. 225, *caput*, da CF, bem como à utilização racional desses recursos para as presentes e futuras gerações. Busca-se, além disso, dar uma qualidade de vida igual ou melhor para as futuras gerações, evitando que esses recursos venham a faltar no futuro. Procura-se ainda evitar as enchentes em áreas críticas.

## 3. DIRETRIZES DOS RECURSOS HÍDRICOS

Constituem diretrizes básicas de ação para a implementação dessa política: a) a gestão sistemática dos recursos hídricos, sem dissociação dos aspectos de quantidade e qualidade; b) a adequação da gestão de recursos hídricos às diversidades físicas, bióticas, demográficas, econômicas, sociais e culturais das diversas regiões do país; c) a integração da gestão de recursos hídricos com a gestão ambiental; d) a articulação do planejamento de recursos hídricos com o dos setores usuários e com os planejamentos regional, estadual e nacional; e) a articulação da gestão de recursos hídricos com a do uso do solo; f) a integração da gestão das bacias hidrográficas com a dos sistemas estuarinos e zonas costeiras (art. 3º, I, II, III, IV, V e VI, da Lei n. 9.433/97).

Procuramos traçar algumas diretrizes básicas para um efetivo gerenciamento dos problemas da água, sua disponibilidade e preservação, em nível de bacia hidrográfica e municipal. São elas: a) proteção dos mananciais de águas superficiais e subterrâneas; b) proteção do hidrociclo; c) tecnologias adequadas para purificação e tratamento de água; d) proteção do solo e prevenção da contaminação e eutrofização; e) promoção de orientações estratégicas para a prospecção; f) gerenciamento dos usos múltiplos e adequação à economia regional; g) fornecimento de água adequada com quantidade e qualidade suficientes para os usos doméstico, agrícola e industrial; h) tratamento dos esgotos domésticos e industriais e efluentes das atividades agrícolas[54].

Deverão, além disso, a União e os Estados articular-se com vistas ao gerenciamento dos recursos hídricos de interesse comum (art. 4º da Lei n. 9.433/97).

## 4. INSTRUMENTOS DOS RECURSOS HÍDRICOS

Constituem instrumentos dessa política (art. 5º, I, II, III, IV, V e VI, da Lei n. 9.433/97): a) *os Planos de Recursos Hídricos* — são os verdadeiros "planos diretores" das bacias hidrográficas (arts. 6º, 7º e 8º da Lei n. 9.433/97); b) *o enquadramento dos corpos de águas em classes, segundo os usos preponderantes da água* — visa a assegurar às águas qualidade compatível com os usos mais exigentes a que forem destinadas, diminuir os custos de combate à poluição das águas, mediante ações preventivas per-

---

54. José Galizia Tundisi et al., *A água*, cit., p. 95-6.

manentes (arts. 9º e 10 da Lei n. 9.433/97 e Res. n. 357/2005 do CONAMA); c) *a outorga dos direitos de uso de recursos hídricos* — compete à União definir os critérios de outorga dos direitos de uso de recursos hídricos (art. 21, XIX, da CF); a outorga depende da intervenção do Poder Executivo federal (art. 29, II, da Lei n. 9.433/97) e dos Poderes Executivos estaduais e do Distrito Federal (art. 30, I, da Lei n. 9.433/97); d) *a cobrança pelo uso de recursos hídricos* — objetiva reconhecer a água como bem econômico e dar ao usuário uma indicação de seu real valor, incentivar a racionalização do uso da água e obter recursos financeiros para o financiamento dos programas e intervenções contemplados nos planos de recursos hídricos (arts. 19, 20, 21 e 22 da Lei n. 9.433/97); e) *a compensação a municípios* — o art. 24 foi vetado pelo Presidente da República; f) *o Sistema de Informações sobre Recursos Hídricos* — é um sistema de coleta, tratamento, armazenamento e recuperação de informações sobre recursos hídricos e fatores intervenientes em sua gestão (arts. 25, 26 e 27 da Lei n. 9.433/97).

## 5. OUTORGA DO DIREITO DE USO DOS RECURSOS HÍDRICOS

A outorga é um dos instrumentos da Política Nacional dos Recursos Hídricos, inserida no art. 5º da Lei n. 9.433/97. Como já salientado, a água é um bem de uso comum do povo, portanto essencial à sadia qualidade de vida a toda espécie do planeta. Todos têm o direito ao acesso à água para a sua sobrevivência. Isso não significa que não se pode utilizá-la para outras finalidades senão o consumo pessoal. Só que, para isso, é necessária a outorga onerosa pela captação de água de qualquer fonte existente na terra (superficial ou subterrânea). Esse pagamento serve para que o Poder Público possa realizar o investimento necessário para preservá-la de forma mais limpa possível. A outorga poderá ser concedida ao interessado para o seu uso privativo mediante o cumprimento de certas condições. Visa-se, com isso, exercer um maior controle dos recursos hídricos.

Foi com o Código de Águas (art. 43 do Decreto n. 24.643/34) que a outorga foi introduzida em nosso sistema jurídico. Consiste na captação de água dos cursos naturais ou em depósito. A outorga é tão importante quanto o licenciamento ambiental. Essa nova outorga alterou substancialmente a maneira como serão concedidas as autorizações e/ou concessões para derivar as águas. Como se vê, o regime de outorga tem por finalidade exercer um controle efetivo da qualidade e da quantidade dos usos da água (art. 11 da Lei n. 9.433/97).

A água não é um bem finito, inesgotável. Por tal motivo, é necessário realizar um controle efetivo desse bem para garantir o fornecimento público. Em caso de escassez, por exemplo, é necessário suspender as outorgas concedidas, provisoriamente, para atender às necessidades mais prementes da população e dos animais.

Compete à Agência Nacional de Águas — ANA — a responsabilidade da concessão da outorga na esfera federal, quando os corpos d'água pertencerem à

União, podendo delegar aos Estados e ao Distrito Federal essa competência, se assim entender conveniente.

## 5.1. Natureza jurídica da outorga

Os recursos hídricos, como já vimos, são bens de uso comum do povo, portanto, não podem ser alienados. A outorga não significa alienação, mas apenas o direito de uso da água de maneira precária. É o Poder Público que irá determinar o período e sua suspensão nos termos legais. A outorga é um ato administrativo, na modalidade de autorização administrativa, que permite aos particulares o uso da água em condições e limites estabelecidos na legislação e por tempo determinado, que não pode ser superior a trinta e cinco anos, renovável (art. 16 da Lei n. 9.433/97).

A lei citada, no entanto, não define a natureza jurídica da outorga, mas a doutrina entende tratar de autorização, espécie de ato administrativo discricionário, por ser concedido em caráter precário[55].

## 5.2. Usos sujeitos à outorga

Os recursos hídricos podem ser outorgados pelo Poder Público, desde que observados os seguintes requisitos: a) derivação ou captação de parcela da água existente em um corpo de água para consumo final, inclusive abastecimento público, ou insumo de processo produtivo — é a captação tradicional de água para o consumo; b) extração de água de aquífero subterrâneo para consumo final ou insumo em processo produtivo — esta hipótese abrange a captação de água subterrânea, diferentemente do caso anterior; c) lançamento em corpo de água de esgotos e demais resíduos líquidos ou gasosos, tratados ou não, com o fim de sua diluição, transporte ou disposição final — para o lançamento desses resíduos nos corpos d'água, é necessário observar os arts. 24 a 37, da Res. n. 357/2005, do CONAMA; d) aproveitamento dos potenciais hidrelétricos — por se tratar de uso múltiplo das águas, o aproveitamento para fins hidráulicos precisa da outorga; e) outros usos que alteram o regime, a quantidade ou a qualidade da água existente em um corpo de água — excluindo-se as hipóteses anteriores, é necessária a outorga em casos de captação, extração, geração de energia que possam afetar as águas em obras hidráulicas em geral, construção de pontes etc. (art. 12, I a V, da Lei n. 9.433/97).

Os recursos hídricos procuram atender às necessidades múltiplas, observadas as circunstâncias descritas, caso contrário, não será concedida a outorga do seu uso.

---

55. Édis Milaré, *Direito do ambiente*, cit., p. 397.

### 5.3. Usos insignificantes

Não há falar em outorga, ou seja, independe dela, quando o uso dos recursos hídricos atender às necessidades prementes ou insignificantes da população: a) o uso de recursos hídricos para a satisfação das necessidades de pequenos núcleos populacionais, distribuídos no meio rural; b) as derivações, as captações, os lançamentos e as acumulações consideradas insignificantes; e c) as acumulações de volumes de água consideradas insignificantes (art. 12, § 1º, I a III, da Lei n. 9.433/97).

É perfeitamente compreensível, pela descrição das hipóteses, a isenção da outorga do uso das águas. Visa-se atender às necessidades de sobrevivência de pequenos núcleos da população, principalmente do meio rural. A isenção tem — como percebemos — um cunho social relevante, devendo o Poder Público explicitar e delimitar as hipóteses de isenção da outorga do uso das águas consideradas insignificantes.

### 5.4. Suspensão da outorga

A suspensão da outorga pode ser total ou parcial, definitiva ou por prazo determinado. As circunstâncias que podem levar à suspensão da outorga são as seguintes: a) não cumprimento pelo outorgado dos termos da outorga — tais penalidades decorrem do descumprimento das condições impostas pelo contrato de outorga; b) ausência de uso por três anos consecutivos — cuida da caducidade da outorga, pelo desuso; c) necessidade premente de água para atender a situações de calamidade, inclusive as decorrentes de condições climáticas adversas — cuida-se de medida preventiva ou corretiva com a finalidade de manter a quantidade de água para suprir as necessidades da população em decorrência de eventos climáticos excepcionais, podendo o Poder Público suspender a outorga temporária ou definitivamente, conforme o caso; d) necessidade de prevenir ou reverter grave degradação ambiental — visa-se, neste caso, à proteção da qualidade da água, diferentemente do caso anterior; e) necessidade de atender a usos prioritários, de interesse coletivo, para os quais não se disponha de fontes alternativas — trata-se aqui do uso múltiplo das águas, podendo ser suspensa a outorga para possibilitar o uso prioritário que é o consumo humano e animal; e f) necessidade de serem mantidas as características de navegabilidade do corpo da água — esta hipótese relaciona-se, igual à anterior, à situação excepcional, com o fito de viabilizar a navegabilidade dos rios (art. 15, I a VI, da Lei n. 9.433/97).

Como se vê, a outorga não é um direito adquirido, podendo ser revogado sempre que presentes as hipóteses relacionadas na lei.

### 6. OUTORGA DOS RECURSOS HÍDRICOS NO ESTADO DE SÃO PAULO

Compete, no Estado de São Paulo, ao Departamento de Água e Energia Elétrica — DAEE a responsabilidade pela concessão de outorgas para uso da água. É a

Lei estadual n. 7.663/92, que disciplina o procedimento para outorga do uso da água. Referida norma estabeleceu a Política Estadual de Aproveitamento dos Recursos Hídricos. Entre 1992 e 2007, o DAEE concedeu 41.394 licenças. No primeiro semestre de 2008, o DAEE emitiu 2.340 licenças e estima que até dezembro supere as 5.273 outorgas concedidas no ano de 2007. Esta licença pode ser concedida a pessoa física ou jurídica que pretende captar água superficial (rio ou lago) ou subterrânea (lençol freático) ou lançar efluentes nas águas, construir obras (barragens, pontes) e outras intervenções nos recursos hídricos. O DAEE registra 33.689 outorgados no Estado, dentre eles: 7.901 para as indústrias; 5.234 para irrigação; 4.403 para usuários rurais; 3.141 para as prefeituras e 2.171 para pesqueiros, aquicultura.

Leila Carvalho Gomes, diretora do DAEE, diz existirem no Estado 15 mil cursos de água superficiais cadastrados e com licenças concedidas. São rios, ribeirões, córregos, lagoas etc. Em relação às águas subterrâneas, o cadastro do DAEE registra 27.209 poços autorizados. Cada usuário recebe uma única licença e pode dar o destino que quiser no local. O DAEE, porém, registra 77.900 usos, como captação, lançamento de efluente, barragem, canalização, travessias (ponte), assoreamento e outras intervenções. Somente duas bacias hidrográficas, das 22 existentes no Estado, respondem pela metade das outorgas concedidas pelo órgão. São as do Alto Tietê, que abastece a região metropolitana e a de Piracicaba. Ela disse que há cerca de 30 mil poços clandestinos no Estado. Tal fato representa perigo à população, que pode consumir água de má qualidade. O sitiante que abre um pequeno poço em sua propriedade rural e retira a água num baldinho está isento de pagamento da outorga. Essa captação é conhecida por poço caipira, cacimba ou cisterna. Há cerca de quinze mil desses poços no Estado.

O perigo da captação excessiva das águas subterrâneas não costuma ocorrer, mas, nesse caso, a preocupação é com a possível contaminação, detectada no Estado pela CETESB. Se determinada área encontra-se poluída por produto químico, oriundo de indústria, posto de combustível ou descarte clandestino de lixo, o DAEE só concede a licença após o aval da CETESB[56].

Como se vê, a licença para a captação de água é necessária não só do ponto de vista de sua proteção, mas também para evitar danos à saúde da população ou do usuário.

## 7. COBRANÇA PELO USO DOS RECURSOS HÍDRICOS

A cobrança pelo uso da água é uma questão polêmica e tema de muita discussão. No entanto, os arts. 19 a 22 da Lei n. 9.433/97 disciplinam a sua cobrança. Édis

---

56. DAEE usa rigor na emissão de licença para captação de água em todo Estado, *DOE*, Poder Executivo, Seção I, 29 jul. 2008, p. I.

Milaré esclarece que a cobrança pelo uso da água era permitida pelo Código de Águas de 1934. Reza o § 2º do art. 36 do citado Código: "O uso comum das águas pode ser gratuito ou retribuído, conforme as leis e regulamentos da circunscrição administrativa a que pertencer"[57].

O art. 19 da Lei n. 9.433/97 instituiu a cobrança como um dos instrumentos da Política Nacional dos Recursos Hídricos, que tem por objetivo: a) reconhecer a água como bem econômico e dar ao usuário uma indicação de seu real valor; b) incentivar a racionalização do uso da água; e c) obter recursos financeiros para o financiamento dos programas de intervenções contemplados nos planos de recursos hídricos.

A Resolução do Conselho Nacional de Recursos Hídricos — CNRH — n. 48, de 21 de março de 2005, acrescentou dois outros objetivos para a cobrança do ponto de vista ambiental: a) visa-se estimular o investimento em despoluição, reúso, proteção e conservação, bem como a utilização de tecnologias limpas e poupadoras dos recursos hídricos, de acordo com o enquadramento dos corpos de água em classes de usos preponderantes; e b) visa-se induzir e estimular a conservação, o manejo integrado, a proteção e a recuperação dos recursos hídricos, com ênfase para as áreas inundáveis e de recarga dos aquíferos, mananciais e matas ciliares, por meio de compensações e incentivos aos usuários[58].

A cobrança deverá estar integrada com os planos de recursos hídricos. Os valores arrecadados com a cobrança pelo uso de recursos hídricos serão aplicados prioritariamente na bacia hidrográfica em que foram gerados (art. 22 da Lei n. 9.433/97).

A cobrança do uso dos recursos hídricos, segundo a doutrina, tem natureza de preço público, pois é pago pelo usuário ao Poder Público de um bem de uso comum do povo no interesse particular.

É importante ressaltar que o governo federal deverá estabelecer regras gerais para a cobrança pelo uso das águas.

## 8. PLANOS DOS RECURSOS HÍDRICOS

Os Planos de Recursos Hídricos, por sua vez, são os "planos diretores", que têm por objetivo fundamentar e orientar a implementação da Política Nacional de Recursos Hídricos e o gerenciamento desses recursos (art. 6º da Lei n. 9.433/97). Esses planos devem ser realizados e elaborados pelas Agências de Águas competentes com vistas ao futuro — longo prazo —, com horizonte de planejamento compatível com

---

57. *Direito do ambiente*, cit., p. 401.
58. Maria Luiza Machado Granziera, *Direito ambiental*, cit., p. 204.

o período de implantação de seus programas e projetos e submetido à apreciação do Comitê da Bacia Hidrográfica respectiva (art. 44, X, da Lei n. 9.433/97).

O Governo do Estado de São Paulo contratou a Companhia Brasileira de Projetos e Empreendimentos — COBRAPE para elaborar o Plano Diretor de Aproveitamento dos Recursos Hídricos para a Macrometrópole Paulista no prazo de onze meses. Pretende-se, com isso, definir novos mananciais para o abastecimento das regiões metropolitanas de São Paulo, Campinas e Baixada Santista.

O Plano Diretor é um planejamento estratégico do Estado. O Governo do Estado quer mapear a disponibilidade hídrica da região paulista, visando ao futuro abastecimento humano e econômico. O Departamento de Águas e Energia Elétrica — DAEE investirá R$ 2,98 milhões para a execução deste plano[59].

## Seção III
*Recursos hídricos e energia*

### 1. ENERGIA (PRODUÇÃO *VERSUS* CONSUMO)

O desenvolvimento econômico consome cada vez mais energia. Todos nós somos movidos a energia 24 horas por dia. Nossos celulares, o acesso à internet, o uso de eletroeletrônicos etc. A Google e o Facebook consomem sozinhos mais energia que alguns pequenos países. As novas tecnologias vêm produzindo a denominada poluição de nuvem digital. O armazenamento virtual de informações cresce todo ano e evidencia um problema: o consumo de eletricidade. Essa nuvem digital gasta mais energia que o Brasil inteiro. E parte dessa energia provém da queima de carvão. Hoje, todos os nossos arquivos (documentos, fotos, vídeos, músicas, agendas etc.) são armazenados em computadores, pen-drives e CDs, ou, simplesmente, em algum serviço externo, podendo ser acessados a qualquer momento por meio da internet sem ocupar espaço da memória do computador. Isso é a nuvem. Livre da poluição causada por toneladas de papéis impressos, rios de tinta, embalagens desnecessárias e espaço ocupado por discos rígidos e DVDs. No entanto, é a eletricidade que alimenta essa nuvem. Sempre que "você posta uma foto no Facebook ou assiste a um vídeo no YouTube, no celular, no *tablet* ou no computador, um sistema de plataformas eletrônicas, conhecidas como *data centers*, é acionado. Essa infraestrutura é formada por dezenas de fileiras recheadas por servidores, que são sistemas de computador centralizadores que fornecem informações a *laptops*, *tablets* e celulares. Eles fazem,

---

59. *DOE*, Poder Executivo, 26 nov. 2008, p. I.

basicamente, a nuvem funcionar. E ela, é claro, não para nunca. O Greenpeace realizou estudo sobre o consumo de energia em 2010 e constatou que a demanda era de 623 bilhões de kWh para os mais de 2 bilhões de pessoas que acessam, diariamente, a internet. Esse volume de pessoas consome mais energia do que grandes países inteiros, tais como Brasil, Índia e Alemanha. Tudo está migrando para a nuvem. Estima-se que essa nuvem vai crescer em cinco anos para 6,6 *zettabyte* ou 6,6 trilhões de *gigabytes*, que é o equivalente a toda a população do mundo em 2016 (7,5 bilhões de pessoas) vendo 2,5 horas de vídeo em HD na internet todos os dias do ano. A solução é inovação — investimentos em novas tecnologias de produção de energia limpa e em equipamentos que consumam menos energia[60].

Diante disso, a Google está construindo uma usina solar gigantesca — a Ivanpah Solar Electric Generating System. Ela se localiza no deserto de Mojave, no sul da Califórnia, e é a maior usina solar dos EUA. Terá a capacidade de gerar eletricidade suficiente para abastecer 140 mil residências. Sozinha, vai aumentar em 60% a produção de energia solar dos EUA. O investimento foi de US$ 2,2 bilhões e teve a parceria das empresas BrightSource e NRG Energy. A usina ocupa uma área de 1.300 campos de futebol com 346 mil espelhos. Esses espelhos refletem a luz solar para as torres onde há caldeiras com água. O calor ferve a água, que vira vapor e movimenta as turbinas da usina, gerando eletricidade[61].

Os recursos hídricos, além disso, servem para uma multiplicidade de funções, além do consumo humano e animal. A mais importante função é a produção de energia hidráulica.

Vejamos algumas dessas funções.

## 2. BARRAGENS

A Comissão Mundial sobre Barragens (CMB) publicou, em novembro de 2000, o relatório final sobre a contribuição dada pelas barragens em prol do desenvolvimento humano, mas também reconhece que, em muitos casos, o custo ambiental e social tem sido bastante elevado. A Comissão Internacional de Grandes Barragens (*International Commission on Large Dams* — ICOLD) estima que até o final do século XX havia cerca de 45 mil grandes barragens espalhadas ao redor do mundo — mais da metade destas em países em desenvolvimento. Grandes barragens correspondem a grandes investimentos sociais e ambientais. Seus principais propósitos são: suprimento de água para fins domésticos, comerciais e industriais; produção de ener-

---

60. Felipe van Deursen, A poluição da nuvem digital, *Superinteressante* (Ed. Abril), ed. 313, dez./2012, p. 62/65.

61. Vanessa Vieira, Google constrói maior usina solar dos EUA, *Superinteressante* (Ed. Abril), ed. 313, dez./2012, p. 14.

gia, irrigação e controle de enchentes. Muitas vezes o Banco Mundial é chamado para financiar tais investimentos. Exerce um papel relevante — como agente financiador — na discussão desse tema, devendo manifestar-se sobre os impactos ambientais e sociais[62]. Isso implica que devemos, sempre que possível, procurar novas formas de armazenamento de água e/ou de construção de hidrelétricas, se constatarmos que o impacto ambiental é mais prejudicial do que benéfico.

O Brasil, com base nisso, resolveu estabelecer regras protetivas das barragens, com a Lei n. 12.334, de 20 de setembro de 2010, dispondo sobre a Política Nacional de Segurança de Barragens, destinadas à acumulação de água para quaisquer usos, à disposição final ou temporária de rejeitos e à acumulação de resíduos industriais, criando o Sistema Nacional de Informações sobre Segurança de Barragens e alterando a redação do art. 35 da Lei n. 9.433, de 8 de janeiro de 1997, bem como do art. 4º da Lei n. 9.984, de 17 de julho de 2000.

## 3. HIDRELÉTRICAS

Diversos países estão investindo em grandes hidrelétricas. Trata-se de uma nova geração de usinas que estão sendo planejadas e instaladas, por exemplo, no Irã, na Turquia, na Rússia e na Etiópia, mas, sobretudo, no Brasil e na China. A maior está localizada na China, denominada Três Gargantas, com potência de 18,2 MW; a segunda, no Brasil, Itaipu, com 14,0 MW; e a terceira, também no Brasil e em construção, Belo Monte, com 11,4 MW[63]. Com a construção de Belo Monte, o governo pretende ainda viabilizar a hidrovia no Xingu para escoar a produção agrícola e minérios, utilizando-se de várias eclusas. Esta possibilidade não estava prevista no EPIA/RIMA, cujo impacto poderá ser ainda maior[64].

Procura-se, no entanto, desenvolver a energia hidrelétrica, que é fonte renovável. São as quedas-d'água que produzem a energia por meio de seus reatores. Para isso, há a necessidade de água com abundância proveniente das chuvas. A falta de água pode causar o denominado e triste "apagão", o que já ocorreu no Brasil em 2002. É importante ressaltar que está havendo um crescimento no consumo de energia, e o Poder Público deve fazer os investimentos adequados para evitar a estagnação econômica e social. Para isso, é imprescindível: a) diversificar as fontes de energia, evitando a dependência de uma única fonte; b) reduzir o uso de energia

---

62. Eduardo G. Abbott e Alberto Ninio, Barragens e prevenção de danos ao meio ambiente: casos apresentados ao painel de inspeção do Banco Mundial, in Antônio Herman Benjamin (Org.), *Direito, água e vida*, São Paulo, IMESP, 2003, p. 473-4.

63. Cláudio Angelo, Grandes hidrelétricas têm retorno triunfal pelo planeta, *Folha de S.Paulo*, 18 fev. 2011, p. B-4.

64. Agnaldo Brito, Belo Monte viabiliza hidrovia no Xingu, *Folha de S.Paulo*, 18 fev. 2011, p. B-4.

primária fóssil; c) garantir as necessidades energéticas de longo prazo; d) desenvolver novas fontes de energia; e) substituir o petróleo; f) maximizar a produção de energia; g) aumentar a confiabilidade e segurança na oferta[65].

É importante ressaltar que a hidrelétrica também causa, de certo modo, poluição atmosférica na transformação da energia hidráulica em elétrica, quando libera o gás metano armazenado na água que move a turbina. No entanto, dois grupos de pesquisas — um do Instituto Nacional de Pesquisas Espaciais (INPE) e outro do Instituto Nacional de Pesquisas da Amazônia (INPA) — elaboraram maneiras de capturar o gás metano liberado pela água que passa nas turbinas e queimá-lo para gerar mais energia. Essa tecnologia já foi patenteada e pode ser utilizada nas usinas brasileiras. As águas profundas da represa da Amazônia são ricas em carbono, que sai das plantas submersas em decomposição, e quando a água passa pela turbina perde a pressão e libera grande quantidade de metano, um potente gás de efeito estufa. A queima de metano ($CH_4$) gera dióxido de carbono ($CO_2$), outro gás estufa, mas a troca vale a pena, pois um grama de metano contribui 21 vezes mais para o aquecimento global do que um grama de dióxido de carbono. E, dependendo da hidrelétrica, o aproveitamento desse potencial poderá aumentar a geração da usina em 60%. Se tal tecnologia viesse a ser adotada nas usinas de Balbina (AM), Tucuruí (PA), Samuel (RO), Curuá-Una (PA) e Petit Saut (Guiana Francesa), o potencial energético poderia aumentar cerca de 1.640 megawatts, diz Alexandre Kemenes, responsável pelo projeto do INPA[66].

O Brasil tem muito potencial para a exploração da energia elétrica; contudo, sua maior capacidade encontra-se na Amazônia. Não basta somente produzir energia; é necessário transmiti-la e distribuí-la ao mercado consumidor. A instalação de uma hidrelétrica causa — como sabemos — forte impacto ambiental, razão pela qual se exige o EPIA/RIMA, antes do licenciamento, com as medidas mitigadoras e compensatórias. O recurso hídrico, como se vê, é fonte geradora de energia e assim deve ser considerado. Cuida-se de um dos fundamentos dos recursos hídricos — o seu uso múltiplo.

O governo federal planeja instalar na Amazônia pelo menos 23 novas hidrelétricas, além das seis já em construção na região. São, ao todo, 29 usinas que vão gerar 38.292 MW, quase a metade dos 78.909 MW produzidos pelas 201 usinas em operação hoje no país. Sete delas, como as das bacias do Tapajós e do Jamanxim, serão feitas no coração da Amazônia, em áreas de floresta contínuas pratica-

---

65. César Lourenço Soares Neto, *Pequenas Centrais Hidrelétricas (PCHs)* — Processo de licenciamento ambiental e a questão ambiental, disponível em: <http://www.direitonet.com.br>; acesso em: 12 abr. 2007.

66. Rafael Garcia, Usina pode ganhar com gás emitido em represas, *Folha de S. Paulo*, 26 jun. 2007, p. A-18.

mente intocadas. Outras estão em áreas remanescentes importantes de floresta amazônica, como o conjunto de sete hidrelétricas planejadas nos rios Aripuanã e Roosevelt, no Mosaico de Apuí, com impacto direto em 12 unidades de conservação de proteção integral e terras indígenas. A região, ao sul do Amazonas, foi considerada de prioridade extremamente alta para conservação pelo Ministério do Meio Ambiente, em 2006[67].

Registre-se, além disso, que pesquisadores ligados à Coppe/UFRJ realizaram estudo sobre os impactos das mudanças climáticas na produção de energia a partir de fontes renováveis no período de 2071 a 2100 e constataram que as previsões não são boas, nas próximas décadas, para a região Nordeste. Tal pesquisa foi patrocinada pelo Reino Unido por meio do *Global Opportunity Fund* e faz parte do projeto de uso dos cenários de mudanças climáticas para estudos de vulnerabilidade e adaptação no Brasil e na América do Sul. Trata-se de um mero indicador de tendências, pois faltam muitos dados e informações sobre as consequências das mudanças climáticas. Há outras variáveis ainda a serem computadas. Assim, as regiões áridas se tornarão mais áridas, aumentando o problema da irrigação. Haverá também menos ventos. A hidrelétrica da bacia de São Francisco será a mais atingida, podendo haver uma queda de geração de 7,7% na estimativa mais pessimista. O sistema energético do interior do Nordeste é menos robusto do que o do Sudeste, e é menos capaz de responder a variações climáticas, diz Alexandre Szklo, um dos autores. A pesquisa levou em conta dois cenários: um de emissões altas e outro de baixas emissões de gases de efeito estufa. No primeiro caso, o estudo prevê aumento de temperaturas, supondo o segundo, chuvas e ventos mais reduzidos. Esse estudo foi baseado no Plano Nacional de Energia 2030, da EPE (Empresa de Pesquisa Energética).

José Goldemberg, físico da USP e especialista em energia, diz que as conclusões desse estudo não deixam dúvidas. "O país não pode assumir a postura de que o problema não é conosco. A questão do Nordeste está ligada à circulação de água na Amazônia. O que devemos fazer é engajar o Brasil nas negociações internacionais que têm como finalidade reduzir as emissões de gases de efeito estufa"[68].

Como podemos perceber, as mudanças climáticas afetam praticamente todos os recursos naturais. Nada ficará imune às suas terríveis consequências se não tivermos consciência de que devemos cessar ou minimizar as emissões dos gases de efeito estufa imediatamente, antes que seja tarde demais.

---

67. De 23 novas hidrelétricas planejadas na Amazônia, sete serão construídas em áreas intocadas (de-lege-agraria-nova@googlegroups.com; acesso em: acesso 5 out. 2012).

68. Janaina Lage, Mudança climática vai afetar geração de energia no NE, *Folha de S. Paulo*, 2 jun. 2008, p. A-15.

## 4. CONSTRUÇÃO DE HIDRELÉTRICA: NECESSIDADE DE EPIA/RIMA

A construção de hidrelétrica traz inúmeros benefícios, mas também prejuízos. Portanto, há a necessidade de realizar rigorosa análise dos projetos da hidrelétrica por ocasião do licenciamento ambiental para tentar minimizar tais impactos, exigindo-se alterações em seus projetos e eventuais compensações das áreas degradadas.

Assim, dependerá de elaboração de estudo de impacto ambiental e respectivo relatório de impacto ambiental — RIMA, a serem submetidos à aprovação do órgão estadual competente, e do Instituto Brasileiro do Meio Ambiente e Recursos Naturais Renováveis — IBAMA em caráter supletivo, o licenciamento de atividade modificadora do meio ambiente, as obras hidráulicas para exploração de recursos hídricos, tais como: barragem para fins hidrelétricos, acima de 10 MW, de saneamento ou de irrigação, abertura de canais para navegação, drenagem e irrigação, retificação de cursos d'água, abertura de barras e embocaduras, transposição de bacias e diques (art. 2º, VII, da Resolução n. 1, de 23 de janeiro de 1986, do CONAMA).

Ressalte-se que sob o ponto de vista da navegação, a ANA, com a intenção de dar transparência e clareza na forma de compatibilização dos usos de *geração de energia* e *navegação*, regulamentou o art. 13 da Lei n. 9.433/97. Para isso, ela baixou a Resolução n. 463/2012, estabelecendo condicionantes para *canais de navegação* e *eclusas em hidrelétricas*. Uma das exigências é o Estudo de Concepção e Definição de Alternativas do sistema de transposição de desnível adaptado ao projeto do empreendimento, definido no estudo de viabilidade da usina hidrelétrica. Para tanto, deverá ser considerada pelo menos uma alternativa no corpo da barragem com a indicação da solução mais adequada sob os aspectos técnico, ambiental e socioeconômico.

Citamos, a seguir, alguns impactos positivos e negativos causados por ocasião na construção de usina hidrelétrica.

### 4.1. Impactos positivos

Arrolamos os seguintes impactos positivos: 1) produção de energia; 2) criação de purificadores de água com baixa energia; 3) retenção de água no local; 4) fonte de água potável e para sistemas de abastecimento; 5) representativa diversidade biológica; 6) maior prosperidade para setores das populações locais; 7) criação de oportunidade de recreação e turismo; 8) proteção contra cheias das áreas a jusante; 9) aumento das possibilidades de pesca; 10) armazenamento de águas para períodos de seca; 11) navegação; 12) aumento do potencial para irrigação; 13) geração de empregos; 14) promoção de novas alternativas econômicas regionais; 15) controle de enchentes; e 16) aumento de produção de peixes por aquicultura.

## 4.2. Impactos negativos

Arrolamos, por outro lado, os seguintes impactos negativos: 1) deslocamento das populações; 2) emigração humana excessiva; 3) deterioração das condições da população original; 4) problemas de saúde pela propagação de doenças hidricamente transmissíveis; 5) perda de espécies nativas de peixes de rios; 6) perda de terras férteis e de madeira; 7) perda de várzeas e ecótonos terra/água — estruturas naturais úteis; 8) perda de terrenos alagáveis e alterações em hábitat de animais; 9) perda de biodiversidade (espécies únicas) e deslocamento de animais silvestres; 10) perda de terras agrícolas cultivadas por gerações, como arrozais; 11) excessiva imigração humana para a região do reservatório, levando problemas sociais, econômicos e de saúde; 12) necessidade de compensação pela perda de terras agrícolas, locais de pesca e habitações, bem como peixes, atividades de lazer e de subsistência; 13) degradação da qualidade hídrica local; 14) redução das vazões a jusante do reservatório e aumento em suas variações; 15) redução da temperatura e do material em suspensão nas vazões liberadas para jusante; 16) redução do oxigênio no fundo e nas vazões liberadas (zero em alguns casos); 17) aumento do $H_2S$ e do $CO_2$ no fundo e nas vazões liberadas; 18) barreira à migração de peixes; 19) perda de valiosos recursos hídricos e culturais (perda, no Estado de Oregon — EUA, de inúmeros cemitérios indígenas e outros locais sagrados, o que compromete a identidade cultural de algumas tribos); 20) perda de valores estéticos; 21) perda da biodiversidade terrestre em represas da Amazônia; 22) aumento da emissão de gases do efeito estufa, principalmente em represas em que a floresta nativa não foi desmatada; 23) introdução de espécies exóticas nos ecossistemas aquáticos; 24) impactos sobre a biodiversidade aquática; e 25) retirada excessiva de água[69].

Como podemos ver, o homem cada vez mais interfere no meio ambiente, procurando produtos e subprodutos para atender às suas necessidades infindáveis sem tomar as precauções para que, um dia, tudo isso não se volte contra si próprio, causando mais estragos do que benefícios.

## 5. HIDRELÉTRICA DE BELO MONTE: PROBLEMA OU SOLUÇÃO?

O governo federal iniciou a construção da usina hidrelétrica de Belo Monte, na região de Volta Grande do Xingu, entre os municípios de Altamira e Vitória do Xingu. Tal usina terá a capacidade instalada de 11,2 MW e será, como já vimos, a terceira maior do mundo, atrás apenas da usina chinesa de Três Gargantas (18,2 MW) e da binacional Itaipu (14,0 MW).

---

69. José Galizia Tundisi et al., *A água*, cit., p. 56-7.

Esta usina, também conhecida por "Belo Monstro", deve ou não ser construída? Quais seriam as consequências de sua construção? A polêmica deve ser dirimida na justiça? A hidrelétrica de Belo Monte vem sendo contestada há mais de vinte anos e parece se assemelhar, em alguns aspectos, com a Barra Grande — RS. Após a guerra de liminares, finalmente foi deferida a liminar de embargo da obra. Cassada a ordem, foi iniciada a inundação de cerca de 6 mil hectares de florestas de araucária, a transformação do local e a geração de um passivo ambiental ainda difícil de ser calculado.

Por se tratar de um procedimento conturbado, o governo federal, com a intenção de evitar atraso da licença da usina de Belo Monte, criou um licenciamento especial — licença de instalação específica — para iniciar as obras da usina. O atraso começou a comprometer o seu cronograma e, por tal razão, o presidente do IBAMA resolveu dar a autorização que permite o desmate de 238 hectares da área do reservatório para a construção dos canteiros de obra e dos acampamentos nas localidades de Belo Monte e Pimentel. Não é licença de instalação (segunda fase de um licenciamento), mas permite que se acelere em parte o cronograma de construção. A licença prévia havia sido emitida antes do leilão e colocou 40 condicionantes para a execução da obra — ainda não cumpridas[70].

Vê-se ainda que o governo federal não cumpriu as mais de quarenta condicionantes exigidas por ocasião da concessão da licença prévia. O IBAMA, a despeito disso, concedeu a licença de instalação sem o cumprimento daquelas exigências. Isso não poderia acontecer. Por causa disso, inicia-se, novamente, uma guerra de liminares. O medo do apagão ainda está na mente da população e recentemente outras panes elétricas ocorreram no Nordeste e em São Paulo. A causa do apagão decorreu da falta de investimentos na expansão do sistema, mas hoje o problema está na transmissão e na distribuição. Temos consciência de que a falta de energia causa uma série de transtornos ao país. Não podemos deixar de lado estes problemas. De fato, tenta-se evitar o que ocorreu na construção da Hidrelétrica de Tucuruí. Lá, os impactos foram de grande monta. O canteiro de obra causou uma concentração de pessoas abandonadas à própria sorte após o término da obra.

Afinal, qual a importância da Usina de Belo Monte? Para os ambientalistas, a questão posta não está na construção da usina, propriamente dita, mas no seu tamanho e, acima de tudo, por estar localizada na Floresta Amazônica. A maior parte do potencial hidrelétrico encontra-se no Norte. Para se ter uma ideia, o Brasil possui os maiores recursos hídricos do planeta, com 8,2 km³/ano. Em seguida, vem a Rússia, com 4,5 e o Canadá, com 2,9. No entanto, o Brasil fica em quarto lugar na capacidade instalada de hidrelétricas, atrás da China, dos EUA e do Canadá. O Brasil usa somente 30% do potencial hidrelétrico nacional. Este percentual supera 70% na

---

70. Agnaldo Brito, Ibama dá licença parcial para Belo Monte, *Folha de S.Paulo*, 27 jan. 2011, p. A-11.

Noruega e fica próximo do Japão, Canadá e EUA. A hidreletricidade representa 85% da nossa geração elétrica, superada somente pelo Paraguai e pela Noruega. Para que isso seja possível, não devemos pagar qualquer preço.

O custo do investimento estava previsto em 20 bilhões, definidos em leilão. No entanto, o documento do consórcio fala em 26 bilhões, sendo 20% destinados à venda direta aos consumidores livres a preço maior. No início de 2013, o custo da construção estava por volta de R$ 30 bilhões.

Vejamos o principal impacto. A área inundada, por exemplo, se restringe àquela que o rio já ocupa na variação sazonal. Esta área possui 516 km², bem menor que Itaipu, com 1.300 km². A usina de Balbina tem 0,1 W/m² e Tucuruí tem 2,9 W/m². Belo Monte terá 21 W/m². No entanto, isso ocasionará a redução da água na Volta Grande do Xingu. Isso preocupa os ribeirinhos da região. Deve-se garantir um mínimo de vazão.

Não haverá reservatório como há nas demais usinas. E sua potência será de 11 GW e a média é de 4,6 GW. Isso dá o fator de capacidade de 42%, bem menor que os de Jirau e de Santo Antônio, mas, em geral, este fator, nas usinas brasileiras, fica em torno de 50%, Em outras usinas, é bem menor do que 50% (21% na Espanha, 32% na Suíça, 35% na França e no Japão, 36% na China e 46% nos EUA).

Belo Monte será interligada, praticamente, com todo o país. Quando a usina entrar em funcionamento, economizará água em reservatórios de outras usinas, que reduzirão sua geração. Isso permitirá a geração de energia adicional nessas usinas[71].

Há, no entanto, estudo científico que questiona a eficiência da usina. Feito por equipe liderada por Britaldo Soares-Filho, da Universidade Federal de Minas Gerais, e publicado na revista científica *PNAS*, da Academia Nacional de Ciência dos EUA, afirma que o desmatamento poderá diminuir a capacidade do Xingu. O problema está na sazonalidade do rio. A vazão cai entre a estação chuvosa e a seca de 20,8 mil m³ para 1.280 m³ (90%). Seria necessária a construção de um reservatório de grande porte, com área de 500 km², para armazenar água e manter a geração de eletricidade na estiagem. Belo Monte só garantiria, na média, 40% da energia da sua capacidade registrada de 11,2 MW. O desmatamento poderia reduzir ainda mais a vazão, e a geração de energia cairia para menos de 25% da sua capacidade até 2050, no pior cenário. Sem floresta, não haverá água para manter o rio que, por sua vez, alimentaria o reservatório. A relação entre as florestas e a chuva é dinâmica. As árvores liberam vapor d'água aumentando a precipitação. Menos árvores, menos água para gerar energia[72].

---

71. Luiz Pinguelli Rosa, Os esforços do governo para construir usina de Belo Monte devem ser mantidos? Sim. A razão das hidrelétricas. *Folha de S.Paulo*, Tendências/Debates, 12 fev. 2011, p. A-3.

72. Ricardo Bonalume Neto, Desmatamento pode reduzir capacidade da usina de Belo Monte, *Folha de S.Paulo*, Ciência+Saúde, 14 maio 2013, p. C-7.

O Ministério Público Federal do Pará, por meio de seu ilustre Procurador da República, Dr. Ubiratan Cazetta, propôs Ação Civil Pública em 27 de janeiro de 2011, com pedido liminar contra a decisão de concessão da *licença de instalação parcial* pelo IBAMA sem o cumprimento das condicionantes (40 de ordem geral e 26 relacionadas à questão indígena, exigidas por ocasião da licença prévia). Não há, além disso, infraestrutura de saneamento básico, saúde e educação para receber as 15 mil pessoas que migrarão para o local nos próximos oito meses. Diante desses argumentos, a Justiça Federal do Pará, no dia 25 de fevereiro de 2011, concedeu a medida liminar para cassar a licença de instalação parcial concedida pelo IBAMA à Norte Energia S.A., empresa responsável pelo início das obras da usina de Belo Monte. O magistrado federal, Dr. Ronaldo Desterro, da 9ª Vara de Belém, entendeu que a licença é ilegal pelo fato de a empresa não ter cumprido as condicionantes estabelecidas pelo IBAMA. Ele ainda proibiu que o BNDES repassasse verbas à Norte Energia (R$ 1 bilhão), além de criticar a agência ambiental, que tinha o papel de fiscalizar e exigir o cumprimento das condicionantes antes da concessão da próxima licença (de instalação). E assim não o fez, e foi mais longe, concedeu uma licença "parcial" não prevista em lei.

A Advocacia-Geral da União — AGU recorreu da decisão do juiz federal perante o Tribunal Regional Federal da 1ª Região — TRF1 e o desembargador Olindo Menezes, presidente da corte, acatou o pedido de suspensão da liminar, no dia 3 de março de 2011, sustentando a desnecessidade do cumprimento das condicionantes listadas na licença prévia emitida pelo IBAMA. Assim sendo, o canteiro de obras da Usina Hidrelétrica poderá retomar suas atividades. Na decisão, o desembargador considerou que "o IBAMA tem monitorado e cobrado o cumprimento das diretrizes e exigências estabelecidas para proceder ao atendimento de requerimentos de licenças para a execução de novas etapas do empreendimento".

Após a concessão da medida liminar, inicia-se a denominada "guerra das liminares". Esperamos que esta decisão seja revogada na instância seguinte ou por ocasião da análise do mérito. Pois, caso contrário, quando nos dermos conta, a obra já terá terminado e as ações ainda não terão sido julgadas. Tais exigências devem ser cumpridas para evitar impactos significativos e danos irreversíveis à população ribeirinha e ao meio ambiente[73].

---

73. Tal fato também aconteceu no Estado de Minas Gerais. Tramitou durante sete anos ACP intentada pelo Núcleo de Assessoria às Comunidades Atingidas por Barragens — NACAB perante o judiciário de Minas Gerais. Até que o Tribunal de Justiça daquele Estado julgou procedente a ação para anular a licença de operação da UHE Candonga, construída em 2003 na zona da Mata de Minas Gerais. Trata-se do descumprimento de condicionantes. Foram 46 condicionantes pendentes impostas por ocasião da licença de operação, sendo 34 atendidas e as outras 12 continuam pendentes (11 em atendimento e 1 não atendida). Não havia sido concedido, na época, o pedido de liminar na ACP, por isso o término da construção. Ementa do julgado: Apelação. Implementação de Pequena Central Hidrelé-

Em dezembro de 2013, a 5ª Turma do Tribunal Regional Federal da 1ª Região, ao apreciar recurso ministerial contra decisão da 9ª Vara da Seção Judiciária do Pará, que havia validado o licenciamento ambiental, acolheu-o e anulou a licença de instalação da Usina de Belo Monte e determinou que o BNDES não repassasse recursos para a obra enquanto as condicionantes da licença prévia não fossem cumpridas[74]. Tal decisão foi novamente cassada e as obras continuam.

A empresa Norte Energia, responsável pela obra da usina, foi condenada, no dia 8 de junho de 2016, a pagar R$ 15 milhões por danos morais causados pela construção da hidrelétrica aos moradores dos municípios de Altamira, Vitória do Xingu e Anapu. A ação foi movida pelo MPF do Pará por descumprimento das condicionantes da licença expedida pelo IBAMA. A sentença foi proferida pelo Juiz Arthur Pinheiro Chaves, da 9ª Vara Federal, em decorrência do atraso considerável que ocasionou prejuízos à população local, a qual se viu privada de acesso à saúde e ao sistema de esgotamento básico estabelecidos na licença.

O governo federal sempre encontra alguma maneira para descumprir a legislação. É o poder público que deveria dar o exemplo e não dá. Como exigir do cidadão o cumprimento da lei? Como dizia o brocardo popular, "o exemplo vem de cima".

Marina Silva sustenta não ser necessária esta usina por ser muito cara, além de colocar em risco a Floresta Amazônica. Há outras matrizes energéticas que podem substituir perfeitamente esta megausina, com custos bem menores. O ideal é a construção de pequenas centrais hidrelétricas — PCH. Belo Monte provocará o desmatamento de 12 mil hectares de florestas, a movimentação de 230 milhões de m³ de terra e a abertura de 260 quilômetros de estradas no canteiro de obras. No final, haverá a necessidade de remoção forçada de 20 mil pessoas[75]. Uma hidrelétrica desse porte traz altíssimo impacto ambiental e pode envolver impactos negativos a 500 km ou mesmo a 5.000 km de distância da queda d'água, pelo simples aumento ou diminuição da profundidade dos rios, alteração das margens, reprodução de peixes, perda da mata ciliar, impacto aos animais que vivem no entorno dos rios etc.[76].

---

trica (PCH). Resolução n. 237/97 do CONAMA. Descumprimento. Anulação da licença de operação. Necessidade. Recurso provido. 1. Diante da ausência de implementação das condições para a concessão da licença de operação, impõe-se sua anulação, sob pena de ofensa ao texto constitucional e legal. 2. Recurso provido (AP n. 1.0521.04.032157/006 — Comarca de Ponte Nova. 8ª Câmara Cível, do Tribunal de Justiça do Estado de Minas Gerais, rel. Des. Vieira de Brito, v.u., j. 2-12-2010).

74. Justiça Federal manda paralisar obras da usina de Belo Monte, *Folha de S.Paulo*, Mercado, 18 dez. 2013, p. B-3.

75. Marcelo Furtado, Os esforços do governo para construir usina de Belo Monte devem ser mantidos? Não. O futuro da energia no retrovisor. *Folha de S.Paulo*, Tendências/Debates, 12 fev. 2011, p. A-3.

76. Disponível em: <http://www.ija.org.br> (Instituto Justiça Ambiental — IJA).

Esse impasse deverá ser revolvido pelo Poder Judiciário. E agora na esfera internacional, ou seja, a Comissão Interamericana de Direitos Humanos (CIDH), da Organização dos Estados Americanos (OEA), solicitou oficialmente que o governo brasileiro suspenda imediatamente o processo de licenciamento e construção do Complexo Hidrelétrico de Belo Monte, no Pará, citando o potencial prejuízo da construção da obra aos direitos das comunidades tradicionais da bacia do rio Xingu, entre outros impactos. Tal fato se deu por causa de denúncia encaminhada em novembro de 2010, em nome de várias comunidades tradicionais da bacia do Xingu pelo Movimento Xingu Vivo Para Sempre (MXVPS), Coordenação das Organizações Indígenas da Amazônia Brasileira (COIAB), Prelazia do Xingu, Conselho Indígena Missionário (CIMI), Sociedade Paraense de Defesa dos Direitos Humanos (SDDH), Justiça Global e Associação Interamericana para a Defesa do Ambiente (AIDA).

Enquanto isso, pergunta-se: a Hidrelétrica Belo Monte (PA) deve ou não ser construída? Quais seriam seus benefícios a longo prazo? Quais são os argumentos científicos e ambientais relevantes para impedir sua construção?

De um lado, temos questões ambientais; de outro, econômicas.

Com base nesses dados, perguntamos: essa hidrelétrica tem preço? Qual seria esse preço? Estamos dispostos a pagá-lo? Prevaleceu, neste caso, a guerra de liminares sobre a questão ambiental. Venceu quem possuía mais argumentos? O leilão foi realizado e a concessão para sua construção foi arrematada por grande grupo econômico. A questão ambiental ficou para depois, como sói acontecer no Brasil.

E agora? O que será da região? O que será dos índios, ribeirinhos, da biodiversidade e dos recursos hídricos? Marina Silva, ex-Ministra do Meio Ambiente, disse que "Belo Monte é um projeto ruim, caro e de alto risco". E há alternativa para diversificação do projeto energético do Brasil.

A complexidade de uma grande construção deve ser discutida à exaustão com a comunidade e com os setores técnicos e científicos para evitar uma catástrofe na região, devendo ser analisada sua viabilidade e sustentabilidade. Grandes obras causam — como todos sabem — grandes impactos ambientais. Por isso, precisamos — se for inevitável a sua construção — encontrar maneira de minimizar tais impactos e estabelecer critérios adequados para eventual compensação de danos causados ao local e às pessoas.

Ao final da construção da hidrelétrica, constatou-se a inexistência de barragem, e, para José Goldemberg, presidente da FAPESP, isso caracteriza um grande erro. Ele afirmou que a barragem poderia afetar cerca de 50 mil pessoas em Belo Monte, mas beneficiaria 5 milhões, gente que mora nas favelas do Rio de Janeiro, por exemplo. As empresas teriam se beneficiado disso para evitar gastos com o deslocamento dos ribeirinhos. O reservatório seria mais útil para a continuidade do fornecimento de energia. Sem o reservatório, transformar-se-ia em uma usina intermitente. Sem água não há produção de energia[77].

Acrescem-se, a todo momento, novos dados sobre a construção dessa hidrelétrica. Em janeiro de 2016, a revista científica *Science* publicou estudo sobre o impacto na biodiversidade com a construção da hidrelétrica de Belo Monte. De acordo com o estudo, realizado por diversos cientistas, Belo Monte pode estabelecer um recorde mundial de perda de biodiversidade. As inúmeras espécies de peixes que só existem naquela localidade não estão uniformemente distribuídas no transcurso da bacia. Essas espécies poderão se perder com a construção das barragens, impedindo-as de se locomover no transcurso das bacias e de seus afluentes. Eles sugerem a elaboração de um protocolo internacional disciplinando a construção de hidrelétricas em regiões tropicais e ricas em biodiversidade e recomendam que as instituições que financiam tais obras exijam estudos científicos mostrando os seus impactos na biodiversidade e nas mudanças climáticas[78].

## 6. OUTRAS MATRIZES ENERGÉTICAS

Sabemos que a maior fonte de energia é, sem dúvida alguma, a estrela solar. É fonte de vida por excelência. No entanto, há outras fontes igualmente importantes para o consumo do homem[79], tais como: combustíveis fósseis (carvão, petróleo e gás natural), hidrogênio (processo caro, pois precisa de eletricidade para a eletrólise), energia eólica[80] (produz energia por meio dos ventos)[81], energia das ondas e marés (de-

---

77. Ricardo Mioto e Gabriel Alves, Construir Belo Monte sem barragem é um absurdo, *Folha de S.Paulo*, 18 dez. 2015, p. B-13.

78. Sabine Righetti, Na *Science*, cientistas criticam hidrelétricas, *Folha de S.Paulo*, Ciência, 8 jan. 2016, p. B-6.

79. *V.* Lei n. 10.438, de 26 de abril de 2002, que dispõe sobre a expansão da oferta de energia elétrica emergencial, recomposição tarifária extraordinária, cria Programa de Incentivo às Fontes Alternativas de Energia Elétrica (PROINFA), a Conta de Desenvolvimento Energético (CDE), dispõe sobre universalização do serviço público de energia elétrica, dá nova redação às Leis n. 9.427, de 26 de dezembro de 1996, n. 9.648, de 27 de maio de 1998, n. 3.890-A, de 25 de abril de 1961, n. 5.655, de 20 de maio de 1971, n. 5.899, de 5 de julho de 1973, n. 9.991, de 24 de julho de 2000, e dá outras providências. Cuida-se da energia eólica, energia solar, da utilização da mamona e da biomassa (PROINFA).

80. *V.* Resolução n. 462, de 24 de julho de 2014, do CONAMA, que estabelece procedimentos para o licenciamento ambiental de empreendimentos de geração de energia elétrica a partir de fonte eólica em superfície terrestre, altera o art. 1º da Resolução n. 279, de 27 de julho de 2001, do CONAMA, e dá outras providências.

81. Projetos em construção elevarão a capacidade instalada de geração de energia eólica de 900 MW em 2010 para 5.300 MW em 2013. São 164 projetos que entrarão em operação em 2013 com um investimento de R$ 25 bilhões, segundo a Associação Brasileira de Energia Eólica — Abeeólica. É ainda muito incipiente a oferta de energia eólica no Brasil. A hidráulica lidera com 66,3%, gás natural 10,7%,

pende somente das águas das marés), termelétrica (produz energia por meio de queima de combustível fóssil — a óleo, a carvão e a gás natural), hidreletricidade (produz energia por meio da queda-d'água), biocombustíveis ou agroenergia (produz energia através de material de origem vegetal — biodiesel, etanol, biomassa[82], tais como: dendê, babaçu, mamona, soja etc.), energia geotérmica (transforma vapor d'água em eletricidade, utilizando-se das altas temperaturas existentes nas profundidades terrestres), correntes marinhas submersas (transforma as correntes marinhas em eletricidade), energia solar, termossolar ou fotovoltaico (transforma a luz ou o calor natural em eletricidade), energia nuclear (por fusão — processo não poluente, em estudo[83] — ou por fissão — processo poluente, pois não há como se desfazer do lixo atômico), co-

---

importações 6,7%, biomassa 6,6%, derivados de petróleo 5,8%, nuclear 1,6%, carvão mineral 1,6% e eólica 0,8% (Tatiana Freitas, Eólica tem R$ 25 bi em investimentos, *Folha de S.Paulo*, 19 abr. 2011, p. B-5). A energia eólica terá investimento, até 2020, de aproximadamente R$ 40 bilhões. A nova fase, iniciada em 2009, totaliza a contratação de 6,7 gigawatts (GW) de potência, ao preço de R$ 100 por megawatt/hora (MWh). Os primeiros investimentos foram feitos em 2004, com subsídios do Programa de Incentivo às Fontes Alternativas de Energia Elétrica (PROINFA). O objetivo era trazer novas tecnologias e formas renováveis de produção de energia, entre elas Pequenas Centrais Hidrelétricas (PCHs), biomassa e eólica (fonte: de-lege-agraria-nova@googlegroups.com; acesso em: 29 ago. 2012).

82. A biomassa tem sido bastante utilizada como combustível nas caldeiras ou para geração de energia elétrica. Os resíduos como casca de arroz e bagaço de cana são usados pelas indústrias brasileiras e o seu uso está em plena expansão, trazendo tanto benefícios econômicos quanto ambientais. "Muito comum no setor de açúcar e álcool, onde o bagaço da cana é queimado para gerar energia, a biomassa está sendo usada também em indústrias de outros segmentos, como alimentos. Cascalho, restos de madeira, casca de arroz e de coco babaçu são alguns exemplos de novos combustíveis que estão substituindo os de origem fóssil, como óleo e gás natural, para produzir vapor nas caldeiras das empresas. Além do seu poder calorífico, a biomassa também pode servir para gerar energia elétrica — estudos do governo federal apontam que o país tem potencial para gerar até 8 mil megawatts (MW) só com biomassa, mais da metade da capacidade da hidrelétrica de Itaipu" (Cresce o uso da biomassa para geração de energia, *O Estado de S.Paulo*, disponível em: <http://www.estadao.com.br>; acesso em: 5 maio 2008). Em 2015, por exemplo, a energia produzida pela palha e pelo bagaço da cana para a rede elétrica significou evitar a emissão de 10 milhões de toneladas de $CO_2$, quase 15% de toda a emissão de gases de efeito estufa (GEE) pelo sistema elétrico em 2014 (Machado da Costa, *Folha de S.Paulo*, 28 jun. 2016, p. 8).

83. A fusão nuclear equipara-se ao *Santo Graal* da Física aplicada, pois imita, de certo modo, a produção de energia do Sol, ela oferece a possibilidade de gerar força sem emitir gases estufa e usando combustível barato — hidrogênio, o elemento mais abundante do Universo, que pode ser extraído da água. Se um dia se tornar viável, quase não vai gerar lixo radioativo, diferentemente de sua prima "suja", a fissão, que move as usinas nucleares atuais. A usina protótipo (reator gigante) está sendo construída na Europa (Cadarache, França) ao custo aproximado de 10 bilhões de euros. O reator possui uma altura de 85 metros, 23 mil toneladas e está previsto para ser inaugurado em 2018. Se tudo der certo, as usinas de fusão poderão ser comercializadas a partir de 2040 ou 2045. Seus principais sócios acionistas são União Europeia, Japão, China, Coreia do Sul, Rússia, Índia e EUA (Rafael Garcia, Sem verba, Brasil vira sócio de reator de fusão nuclear, *Folha de S.Paulo*, Ciência, 16 fev. 2009, p. A-26).

leta de biogás de aterros sanitários (gás produzido pela decomposição de material inorgânico dos aterros), energia produzida por manipulação de micróbios (tecnologia ainda em estudo), a transformação de alga em biodiesel (UFSCar), da casca de eucalipto em etanol (USP), produção de energia a partir da fotossíntese[84] etc.

É possível, como se vê, utilizar a força dos ventos, das ondas das marés, além do próprio sol. Não há crise energética. O que há é falta de imaginação (pesquisas científicas) para criar fórmulas para transformar esses fenômenos naturais em novo modelo energético (renovável).

### 6.1. Hidrelétricas *versus* usinas termelétricas

Diante da necessidade de expandir o fornecimento de energia, o governo federal divulgou que pretende criar 82 unidades termelétricas até 2017 (Plano Decenal de Expansão de Energia), dobrando assim o número atual que é de 77. As novas unidades (mais de 80% movidas a combustível fóssil) praticamente triplicarão as emissões de gás carbônico no setor. Prevê-se, com isso, um aumento de 172%, levando a emissão de 14,4 milhões de toneladas para 39,3 milhões de toneladas ao ano. Tal medida leva o Brasil na contramão dos esforços de minimizar o aquecimento global. A fonte hídrica deverá cair de 85,9% para 75,9% na participação na matriz elétrica, mesmo com a construção prevista de 71 novas hidrelétricas. As usinas movidas a água devem expandir em 28.938 MW a oferta de energia no país, cerca de duas vezes o suprimento de Itaipu. Equivale a duas vezes o acréscimo estimado para as térmicas, que é de 15.305 MW. Isso significa que a expansão da hidrelétrica será de 39% contra 527% das usinas movidas a óleo combustível e diesel[85].

### 6.2. Biocombustível[86] *versus* segurança alimentar

A meta é a diversificação da produção de energia. O Brasil não deve ficar dependente de uma única fonte. Lester Brown diz que os biocombustíveis são as maio-

---

84. Pesquisadores da Universidade de East Anglia, no Reino Unido, em parceria com cientistas das universidades de Cambridge e Leeds, estão desenvolvendo um método de obtenção de energia inspirado na fotossíntese. O projeto prevê a instalação de pequenos painéis solares em micro-organismos, responsáveis por processar a luz e produzir hidrogênio, elemento que serve não só como combustível livre de emissões, mas também pode ser facilmente convertido em eletricidade (*Jornal Rádio Revista*, n. 489, ano XIII, Mogi das Cruzes, 9 a 15 fev. 2013, p. B-6).

85. Energia poluidora, *Folha de S. Paulo*, Editorial, 8 jan. 2009, p. A-2.

86. *Vide* excelente trabalho sobre *Biocombustíveis* — Fonte de energia sustentável? Considerações jurídicas, técnicas e éticas. Organizado por Heline Sivini Ferreira e José Rubens Morato Leite, publicado pela Editora Saraiva, em 2010. O trabalho surgiu em decorrência de projeto científico financiado pelo CNPq, tendo a participação de pesquisadores nacionais e estrangeiros com formação transdisciplinar.

res ameaças à diversidade na Terra, pois o aumento da demanda por milho para a fabricação de álcool tem levado à inflação de alimentos em todo o mundo, com efeitos perversos para a população mais pobre. Ele prevê *disputa épica* entre os 800 milhões de donos de carros e os 2 bilhões mais pobres do planeta com a produção de álcool a partir de grãos. E, caso os países produtores de álcool resolvam atender à demanda internacional, poderá causar mais desmatamento e tomar espaços de outras culturas, como a soja. Disse ainda que o país não precisa interromper sua produção de álcool, mas deveria desenvolver outras fontes de energia, incluindo a solar e a eólica, em que tem grande potencial[87].

A então ministra do Meio Ambiente, Marina Silva, em palestra proferida na Fundação Oswaldo Cruz, disse que o Brasil precisa de energia para crescer, mas também precisa proteger o meio ambiente, pois 50% do Produto Interno Bruto (PIB) depende da biodiversidade. Não há lógica em crescer sem pensar no meio ambiente. Acrescentou ainda que o Brasil tem 52 milhões de hectares de terra produtiva em repouso e, para chegar aos 30 bilhões de litros de álcool, precisa usar mais de 3 milhões de hectares. É possível produzir álcool sem avançar sobre área florestada e nascente[88]. Disse ainda, em relação à usina nuclear, que o grande problema é o rejeito radioativo, não havendo como armazená-lo adequadamente. É um problema mundial, e muitos países deixaram de investir em tal tipo de usina nos últimos quinze anos por esse motivo. E, em razão das dificuldades na concessão de licenciamento para usinas hidrelétricas de Jirau e Santo Antonio, no rio Madeira, em Rondônia[89], o governo quer a implantação da usina nuclear de Angra 3. A ex-ministra afirmou que, apesar de derrotada na questão de Angra 3, o órgão ambiental deverá atuar com absoluta isenção no procedimento de licenciamento dessa nova usina[90].

Potências emergentes, como a China, buscam novas fontes de energia para manter seus veículos e indústrias funcionando, uma proporção maior das colheitas mundiais — mandioca, milho, açúcar, óleo de palma — é desviada para os biocombustíveis, causando o aumento nos preços dos alimentos. Este fato, segundo o Banco Mundial, colocará 44 milhões de pessoas na pobreza em países de baixa e de média renda. Nos EUA, o Congresso decidiu que o uso de biocombustível deve alcançar 136 bilhões de litros por ano até 2022. Nota-se que a terra agrícola é limitada, por

---

87. Cláudia Trevisan, Biocombustíveis são maior ameaça à diversidade na Terra, *Folha de S.Paulo*, 2 jul. 2007, p. A-9.

88. *Folha de S.Paulo*, 12 abr. 2007, p. A-23.

89. IBAMA concede licença prévia para a construção de hidrelétrica no rio Madeira, mas arrolou 33 condicionantes para os projetos serem concluídos, *Folha de S.Paulo*, 10 jul. 2007, p. A-4.

90. Pedro Dias Leite, Marina quer isenção no licenciamento para Angra 3, *Folha de S.Paulo*, 27 jun. 2007, p. B-5.

isso, quanto maior a área dedicada ao combustível, menor será a voltada à alimentação, conclui a FAO[91].

### 6.3. Investimento em energia limpa

Há a necessidade de investir mais em energia limpa para tentar minimizar o aquecimento global. Precisa-se, para a limpeza do planeta, de um investimento de US$ 18 bilhões por ano a partir de 2012. Essa é a estimativa a que chegaram quinze especialistas da área de energia de vários países, em relatório divulgado no dia 22 de outubro de 2007, encomendado pela *Inter Academy Council* — órgão que reúne as principais academias de ciência do mundo. As grandes economias precisam investir até 2012 esse valor, que é o dobro do que se gasta hoje para transformar a energia consumida no planeta mais sustentável. Outro estudo, realizado pela Agência Internacional de Energia — IEA, estima a necessidade de um investimento de US$ 45 trilhões, pouco menos de 1% do PIB mundial, para tentar reverter as consequências das mudanças climáticas. Os ministros de energia do G8 já sabem o que fazer e quanto pagar para que o mundo consiga pelo menos amenizar as mudanças climáticas até 2050. Isso corresponde a um investimento em massa nas fontes renováveis e na estocagem de carbono no solo. Trata-se de um documento com mais de seiscentas páginas, encomendado pelas grandes economias globais. Desse montante, US$ 33 trilhões devem ser destinados aos meios de transporte. A construção civil precisará de US$ 7,4 trilhões para lidar com o consumo de energia. A partir daí será necessário investir em fontes de energia renováveis, tais como: vento, luz solar e calor do solo. Apesar de polêmico, a IEA defende o aumento da construção de usinas atômicas para a geração de energia limpa. Calcula-se que até 2050 a matriz energética mundial deverá corresponder a 25% de energia nuclear e 50% de energia hidráulica. Paralelamente, a concentração de gás carbônico na atmosfera poderia ser reduzida em 20%, em quatro décadas, por meio do aterro desse gás[92].

No Brasil, a liderança ainda é da energia hidráulica (66,7%), seguida por combustíveis fósseis (17,5%), biomassa (8,8%) e nuclear (1,3%), segundo dados da Aneel de 2016. Já a eólica, por ser mais barata, representa apenas 5,81% da matriz. Entre 2015 e 2016 foram investidos cerca de R$ 50 bilhões nos parques eólicos, segundo a associação que representa o setor. A energia solar corresponde a 0,02% da matriz e vem crescendo anualmente. O governo espera um investimento de R$ 100 bilhões até 2030.

---

91. Elisabeth Rosenthal, Combustível *versus* comida, The New York Times, *Folha de S.Paulo*, 18 abr. 2011, p. 12.

92. Transição para energia limpa vai custar US$ 45 trilhões, diz agência, *Folha de S.Paulo*, 7 jun. 2008, p. A-27.

Cuida-se de documentos técnicos que mostram as alternativas para minimizar o aquecimento global.

## 6.4. Energia limpa: biocombustível e energia nuclear

O biocombustível e a energia nuclear, por exemplo, são tecnologias aprovadas, mas com ressalvas. Em relação ao álcool, a ressalva que se faz é que a queima da palha da cana-de-açúcar acaba poluindo o ar atmosférico e incentivando o desmatamento das florestas para a plantação do produto. José Goldemberg, um dos coordenadores desse grupo de especialistas, diz ser necessário investir em pesquisas para encontrar uma maneira de extrair o álcool a partir da celulose, possibilitando um aumento da produtividade superior dez vezes ao que se produz atualmente. A outra ressalva em relação à energia nuclear é a sua utilização para fins bélicos, além da dificuldade em se desfazer do lixo atômico.

O maior desafio deste século é o consumo de energia. Para isso faz-se necessário desenvolver uma tecnologia energética mais limpa e democratizar a distribuição de energia. O relatório já foi encaminhado ao ministro de Ciência e Tecnologia do Brasil e ao ministro chinês. O próximo passo é fazer com que a ONU encampe a ideia e passe a divulgá-lo. Essa pesquisa constatou que os norte-americanos precisam de 14 megawatts/hora por ano para sobreviver; já os europeus necessitam apenas de metade. A China, por exemplo, tem sua matriz energética calcada no consumo do carvão; se ela modernizasse suas termelétricas (movidas a carvão vegetal e/ou mineral), poderia reduzir em 30% as suas emissões. Há em todo o mundo cerca de 2,6 bilhões de pessoas que não têm acesso à energia elétrica e costumam utilizar a queima de madeira pela falta de alternativa. A inclusão energética, diz José Goldemberg, não causaria impacto significativo ao meio ambiente e custaria cerca de US$ 50 bilhões.

## 6.5. Democratização do acesso à energia (Luz para Todos)

Calcula-se que 1,4 bilhão de pessoas no mundo vivem sem acesso a energia. Isso diminui o bem-estar e atrasa o desenvolvimento econômico. A geração, nos moldes atuais, emite grande quantidade de gases de efeito estufa. É importante, por outro lado, que a energia chegue a todos, mas que seja limpa e renovável. Diante disso, a ONU declarou 2012 o Ano Internacional da Energia Sustentável para Todos[93].

O Brasil, com base na necessidade de proporcionar energia a todos, instituiu o Programa Nacional de Universalização do Acesso e Uso da Energia Elétrica — Luz para Todos, mediante o Decreto n. 4.873, de 11 de novembro de 2003, garantindo o

---

93. Energia para todos, *Veja Especial* n. 25, edição 2274, ano 45, 20 jun. 2012, p. 133.

seu cumprimento até o ano de 2010 por meio do Decreto n. 6.442, de 25 de abril de 2008. Como o governo federal não conseguiu cumprir a meta da universalização em 2010, acabou por prorrogar novamente, através do Decreto n. 7.324, de 5 de outubro de 2010, o prazo para 31 de dezembro de 2011. Quando foi lançado o programa em 2003, a meta estava prevista para 2015 e foi antecipada para 2008. Pretendia-se atender 2 milhões de pessoas, mas em 2007 foi ampliada para 3 milhões. O Luz para Todos levou energia elétrica a 1,8 milhão de famílias entre 2004 e 2008.

O programa contemplou 2,7 milhões de famílias rurais do país, o que representa cerca de 13,7 milhões de pessoas e um investimento de R$ 19 bilhões. Cogita-se nova prorrogação prevista no PAC2. Não se atingiu tal objetivo, restando atender ainda 495 mil famílias. O governo pretende conceder energia elétrica à parcela da população do meio rural brasileiro que ainda não possui acesso a esse serviço público.

Pelo Censo de 2000, do IBGE, haveria ainda 2 milhões de famílias nas zonas rurais sem energia elétrica. Com o programa em execução, somente até janeiro de 2014 foram ligadas as casas de 3.113.248 famílias — 56% a mais que a estatística oficial. Mesmo assim, em 2010, o Censo apontou 715 mil famílias ainda sem energia elétrica na zona rural. Segundo o governo federal, de janeiro de 2011 até janeiro de 2014, o programa Luz para Todos já havia levado o acesso à energia elétrica para 458.712 famílias. Com isso, o novo cálculo do governo aponta para 257.227 casas ainda sem energia. Pretendia-se alcançar este número até dezembro de 2014 a um gasto de R$ 3 bilhões. Até agora foram gastos R$ 22 bilhões — sendo R$ 16,3 bilhões do governo federal.

Com a ampliação do programa Luz para Todos, houve diminuição da natalidade e as pessoas tornaram-se mais conscientes com a chegada, principalmente, da TV e outros aparelhos eletrônicos, melhorando substancialmente a qualidade de vida da população da zona rural. Esse dado foi divulgado no 16º Congresso do Meio Ambiente e no 10º Congresso de Habitação e Urbanismo promovido pelo Ministério Público de São Paulo, em Águas de São Pedro, entre os dias 22 e 24 de novembro de 2012, pelo Secretário-Adjunto do Meio Ambiente de São Paulo.

São muitos os benefícios que o programa proporciona às comunidades carentes.

### 6.6. Energia solar em São Paulo

Pensando também na economia de energia, o prefeito de São Paulo, Gilberto Kassab, encaminhou à Câmara dos Vereadores projeto de lei, tornando obrigatória a utilização de energia solar em novas edificações. A implantação dessa tecnologia contribui para a redução de danos ao meio ambiente e para o uso racional dos recursos naturais. É uma boa proposta para o cidadão dar sua contribuição à falta de energia no futuro e dizer não ao "apagão". Esse projeto torna obrigatória a implantação do sistema de aquecimento de água por meio de energia solar em imóveis não residenciais que usam muita água, tais como: hotéis, motéis, clubes esportivos, casas de banho e sauna, academias de ginástica e lutas marciais, escolas de esportes e estabelecimentos de locação de quadras esportivas, hospitais, unidades de saúde com leitos e casas de repouso, escolas, creches, abrigos, asilos e albergues, quartéis, lavanderias industriais, de prestação de serviço ou coletivas, clínicas de estética e institutos de beleza e cabeleireiros. As indústrias não serão obrigadas a implantar energia solar se não usarem água aquecida em seu processo produtivo nem disponibilizarem vestiários aos funcionários. Será obrigatória, no entanto, a implantação do sistema nas residências que tiverem mais de três banheiros e nas edificações, novas ou antigas, que venham a construir piscinas de água aquecida. As vantagens de tais medidas são economizar energia elétrica e diminuir o seu consumo nos horários de pico. Após o seu trâmite legal, o projeto de lei foi aprovado pela Câmara dos Vereadores e sancionado pelo prefeito no dia 3 de julho de 2007, transformando-se na Lei n. 14.459, de 3 de julho de 2007[94]. O secretário do Verde e Meio Ambiente do município ressaltou que o aquecedor será item obrigatório para obtenção do alvará e do *habite-se* para o funcionamento de empreendimentos comerciais e residenciais.

Há muitos modelos de energia limpa. Os países precisam diversificar suas matrizes energéticas, substituindo-as por energia limpa. Os governos precisam incentivar a população a economizar energia e também obrigar as indústrias a fabricarem produtos mais econômicos e duráveis.

Esperamos que o Brasil invista na ciência, tecnologia e formação de pesquisadores para podermos encontrar fórmulas eficientes de produção de energia renovável sem causar impactos significativos ao meio ambiente.

## Seção IV
*Sistema Nacional de Gerenciamento de Recursos Hídricos*

### 1. INTRODUÇÃO

O Sistema Nacional de Gerenciamento de Recursos Hídricos é constituído por um conjunto de órgãos e instituições que atuam na gestão dos recursos hídricos na esfera federal, estadual e municipal. As instituições, como já vimos, compreendem o Poder Executivo, o Poder Legislativo e o Poder Judiciário, bem como o Ministério Público.

Compete, assim, aos órgãos públicos integrantes do Sistema Nacional de Gerenciamento de Recursos Hídricos a responsabilidade de conscientizar a população

---

94. Publicada no *DOM*, 4 jul. 2007.

da importância desse recurso e dos riscos que podem causar as águas contaminadas, bem como estabelecer programas sociais de inclusão social de acesso a esse recurso essencial. A população não tem consciência da necessidade de proteção desse recurso. "Normalmente, a água só é notícia quando falta ou quando há enchentes", diz a jornalista Neide Duarte[95].

O acesso à água tratada e de qualidade é um direito de todo cidadão. Compete, assim, ao Estado, mediante seus órgãos e instituições competentes, garantir água tratada à população. O acesso à água para todos promove novas formas de integração social e de cidadania, levando-se em conta a saúde humana e a qualidade e expectativa de vida. Já é de conhecimento geral a redução da mortalidade infantil proporcionada pelo acesso à água tratada e de qualidade. Nos centros urbanos, sobretudo nos países em desenvolvimento ou emergentes, a população da área central recebe água que o setor público distribui às residências, escolas, indústrias, clubes ou associações e comércio.

A população situada nas periferias não tem acesso a água encanada e, portanto, depende da água distribuída por companhias privadas, em carros-pipa, tendo de pagar mais caro por água de pior qualidade. A população da zona central das cidades, em muitos países, gasta 1% do salário com água, enquanto a população da zona periférica gasta 15%. Igualmente exclusiva é a distribuição de águas à população rural, a qual, além de não ter acesso a água adequada, depende do uso de cacimbas ou poços sem águas tratadas, de qualidade baixa ou, às vezes, contaminadas por resíduos de fossas, pocilgas ou estábulos com grande concentração de animais.

Assim, todos os projetos e iniciativas que promovam a chegada de água de qualidade para as zonas periféricas e rurais, sobretudo para as populações de baixa renda, representam políticas públicas de inclusão social e de equidade entre os cidadãos[96].

## 2. ÓRGÃOS

Compõem o Sistema Nacional de Gerenciamento de Recursos Hídricos (art. 33 da Lei n. 9.433/97):

I — o Conselho Nacional de Recursos Hídricos (composição — art. 34; atribuições — art. 35);

I-A — a Agência Nacional de Águas (atribuições — art. 2º da Lei n. 9.984/2000)[97];

---

95. *DOE*, Poder Executivo, 21 mar. 2008, p. IV.
96. José Galizia Tundisi et al., *A água*, cit., p. 42.
97. Inciso acrescido pelo art. 30 da Lei n. 9.984, de 17 de julho de 2000, que dispõe sobre a Agência Nacional de Águas (ANA), entidade federal de implementação da Política Nacional de Recursos Hídricos e de coordenação do Sistema Nacional de Gerenciamento de Recursos Hídricos, e dá outras providências.

II — os Conselhos de Recursos Hídricos dos Estados e do Distrito Federal;
III — os Comitês de Bacia Hidrográfica (composição — art. 39; atribuições — art. 38);
IV — os órgãos dos poderes públicos federal, estaduais, do Distrito Federal e municipais cujas competências se relacionem com a gestão de recursos hídricos;
V — as Agências de Água (atribuições — art. 44).

Realizou-se grande avanço com a reforma dos métodos de organização institucional e a promoção de um conjunto de órgãos que interagem entre si, tornando-os mais efetivos. Essa integração se dá entre consórcios de municípios, de bacias hidrográficas, de comitês de bacias hidrográficas, de órgãos estaduais e federais por meio de agências nacionais de controle e gestão, como a Agência Nacional das Águas (ANA). A implementação da ANA, em 2000, foi o passo fundamental no processo de gestão estratégica, planejamento e organização institucional das águas brasileiras.

## 3. ATRIBUIÇÕES

O Sistema Nacional de Gerenciamento de Recursos Hídricos tem as seguintes atribuições: a) coordenar a gestão integrada das águas; b) arbitrar administrativamente os conflitos relacionados com os recursos hídricos; c) implementar a Política Nacional de Recursos Hídricos; d) planejar, regular e controlar o uso, a preservação e a recuperação dos recursos hídricos; e) promover a cobrança pelo uso de recursos hídricos (art. 32 da Lei n. 9.433/97).

Apesar de a lei falar em objetivos, na realidade trata-se de atribuições conferidas aos órgãos integrantes do Sistema Nacional de Gerenciamento de Recursos Hídricos.

## 4. GESTÃO INTEGRADA DAS ÁGUAS: O PODER PÚBLICO E A COMUNIDADE

A complexidade da poluição dos recursos hídricos levou à necessidade de estabelecer mecanismos de gestão. O conceito de gestão das águas substituiu o de tratamento. Nas últimas décadas do século passado, o controle da contaminação e a gestão das águas passaram a ser integrados. Incluem-se, na análise, todos os componentes do ciclo. Nesse cenário, o gerenciamento, que era setorial, localizado e de resposta a crises, passou a ser propriamente integrado (usos múltiplos), incluindo a bacia hidrográfica como base territorial para o planejamento, e enfatizou a capacidade de predição, promovendo cenários, estudos de caso e monitoramento avançado e em tempo real.

Essa nova abordagem permite a participação democrática, não só do Poder Público, mas também da população. Podemos, assim, apontar as seguintes características da bacia hidrográfica: a) é uma unidade física com fronteiras delimitadas, podendo estender-se por várias escalas espaciais, desde pequenas bacias de 100 a 200 quilômetros quadrados até grandes, como a bacia do Prata (3 milhões de km²); b) é um ecossistema hidrologicamente integrado, com componentes e subsistemas interativos; c) oferece oportunidade para o desenvolvimento de parcerias e resolução de conflitos; d) permite que a população local participe do processo de decisão; e) estimula a participação da população e a educação ambiental e sanitária; f) garante visão sistêmica adequada para o treinamento em gerenciamento de recursos hídricos e para o controle da eutrofização (gerentes, tomadores de decisão e técnicos); g) é forma racional de organização do banco de dados; h) garante alternativas para o uso dos mananciais e de seus recursos; i) é uma abordagem adequada para proporcionar a elaboração de um banco de dados sobre componentes biogeofísicos, econômicos e sociais; j) sendo uma unidade física, com limites bem definidos, o manancial garante uma base de integração institucional; e k) promove a integração institucional necessária para o gerenciamento do desenvolvimento sustentável[98].

Como podemos ver, a disponibilidade da água no Brasil não é homogênea. Há uma pressão enorme para o uso múltiplo, causando grande impacto nas águas superficiais e subterrâneas, especialmente no Sudeste, em que a escassez é mais acentuada e o grau da urbanização e a atividade industrial são intensos. Por isso há necessidade da realização de gestão integrada dos recursos hídricos.

O maior desafio no Brasil é a capacitação técnica de gestores e técnicos, para aprofundar a capacidade de gerenciamento em níveis estadual e municipal. Esses gestores deverão ter uma visão sistêmica e integrada dos processos ecológicos, econômicos e sociais que possam trazer avanços na gestão dos problemas. Como se vê, os recursos hídricos têm de ser administrados de modo integrado, atendendo às necessidades sociais, econômicas e de saúde das pessoas, além de suprir o meio ambiente.

O gerenciamento desses recursos nas regiões urbanas é complexo e necessita de bacias hidrográficas, que promovam uma alteração substancial na demanda, diminuam desperdícios e produzam alternativas para o uso da água (redução do uso doméstico, reúso de água, coleta de águas de chuvas, alteração dos métodos de irrigação na agricultura)[99]. A gestão das águas deverá passar, necessariamente, pelo setor agrícola. Uma das soluções é economizar a água utilizada em produtos para exportação, tais como soja, café, laranja e carne, uma vez que esses produtos consomem muita água em seu cultivo e indiretamente é exportada.

O futuro das águas se restringirá à sua captação em pequena escala, irrigação por gotejamento, técnicas inteligentes de preservação, informações aperfeiçoadas sobre quando irrigar, destinação específica de recursos hídricos para o meio ambiente, entre outras medidas de pequena escala. O pioneiro da tecnologia leve para o futuro é o engenheiro norte-americano Peter H. Glick, que diz: "O caminho leve para as

---

98. José Galizia Tundisi et al., *A água*, cit., p. 81.
99. José Galizia Tundisi et al., *A água*, cit., p. 34.

águas se esforça em melhorar a produtividade do uso da água em vez de buscar permanentemente fontes para novos suprimentos. Ele faz o abastecimento de água de qualidade, de acordo com as necessidades do usuário, em vez de apenas distribuir água em quantidade. Esse caminho utiliza instrumentos econômicos, como as concepções de mercado e de preço, mas com o objetivo de estimular o uso eficiente, a distribuição equitativa do recurso e um sistema operacional sustentável no decorrer do tempo. E inclui as comunidades locais nas decisões sobre a administração, a distribuição e o uso da água"[100].

O futuro das águas do mundo está na berlinda. Os possíveis cenários variam e dependem de políticas e ações locais, nacionais e internacionais. Prevê-se que, por volta do ano 2025, o mundo poderá enfrentar uma grave falta de água. A consequência disso será a queda na produção de alimentos, o que levará à desnutrição, às doenças e a um desastre ecológico sem precedentes[101].

Muitas são as medidas que podem ser adotadas pela comunidade, devendo o Poder Público incentivar através de campanhas periódicas nos veículos de comunicação e nas escolas.

## Seção V
### Política Nacional de Saneamento Básico

### 1. INTRODUÇÃO

A Política Nacional de Saneamento Básico baseia-se nos princípios fundamentais (Cap. I), no exercício da titularidade (Cap. II), na prestação regionalizada de serviços públicos de saneamento básico (Cap. III), no planejamento (Cap. IV), na regulação (Cap.V), nos aspectos econômicos e sociais (Cap.VI), nos aspectos técnicos (Cap.VII), na participação de órgãos colegiados no controle social (Cap.VIII) e na Política Federal de Saneamento Básico (Cap. IX) da Lei n. 11.445/2007, que dispõe sobre as diretrizes nacionais para o saneamento básico, altera as Leis n. 6.766/79, 8.036/90, 8.666/93, 8.987/95, revoga a Lei n. 6.528/78 e dá outras providências. A referida lei foi regulamentada pelo Decreto n. 7.217, de 21 de junho de 2010, o qual foi alterado pelo Decreto n. 8.211, de 21 de março de 2014.

Registre-se, contudo, que os recursos hídricos não integram os serviços públicos de saneamento básico. A utilização de recursos hídricos na prestação de serviços públicos de saneamento básico, inclusive para disposição ou diluição de esgotos e outros resíduos líquidos, está sujeita à outorga de direito de uso, nos termos da Lei n. 9.433/97, de seus regulamentos e das legislações estaduais (art. 4º da Lei n. 11.445/2007).

---

100. Robin Clarke et al., *O atlas da água*, cit., p. 13.
101. Robin Clarke et al., *O atlas da água*, cit., p. 90.

Na abertura do ciclo de palestras sobre *Política Nacional de Saneamento Básico: Novas Perspectivas*, realizado no dia 11 de abril de 2007, o procurador-geral de justiça de São Paulo, Dr. Rodrigo César Rebello Pinho, respaldado no Relatório de Desenvolvimento Humano (RDH) de 2006, divulgado pelo Programa das Nações Unidas para o Desenvolvimento Humano (PNUD), enfatizou que "43,5 milhões de brasileiros não têm acesso ao saneamento básico, o que levou a uma queda de posição do País no *ranking* mundial de desenvolvimento humano, de 68º para 69º lugar, numa lista de 177 países. Esse panorama impõe ao Ministério Público especial atenção, já que, no início de 2007, foi promulgada a Lei federal n. 11.445, que estabelece diretrizes nacionais para o saneamento básico"[102].

Em 2016, a Igreja Católica, por meio da CNBB, lançou a Campanha da Fraternidade cujo tema foi "saneamento". Em sua fala, o Papa Francisco afirmou que "o acesso à água potável e ao esgotamento sanitário é condição necessária para a superação da injustiça social e para a erradicação da pobreza e da fome, para a superação dos altos índices de mortalidade infantil e de doenças evitáveis e para a sustentabilidade ambiental". Já em reportagem publicada na *Folha de S.Paulo*, foram encontrados madeira, rádio e até macaco hidráulico, entre tantos outros objetos, nas tubulações de esgoto em São Paulo. Retiraram-se, somente em 2015, 8,5 mil toneladas de lixo dos canos de esgoto na Grande São Paulo. Portanto, a educação ambiental ainda é um tema importante que deve ser incentivado para evitar tais condutas.

### 1.1. Situação mundial

Na esfera mundial, "1,2 bilhão de pessoas sofrem com a escassez de água. Outros 2,6 bilhões de pessoas não dispõem de coleta de esgoto adequada. Nesse cenário, e com a progressiva piora do acesso aos recursos naturais provocada pelo aquecimento global, a Organização das Nações Unidas alerta para o risco de conflitos armados pelo controle de mananciais, tanto entre nações como de grupos rivais num mesmo País"[103]. Diante desses prognósticos e com a finalidade de chamar a atenção para o problema, que ocorre também em países do Primeiro Mundo, a ONU, através da Organização Mundial da Saúde — OMS, declarou 2008 o "Ano do Saneamento"[104].

### 1.2. Situação brasileira

Na esfera nacional, menos da metade dos brasileiros vive em um ambiente

---

102. "MP discute as novas perspectivas da política nacional de saneamento básico", palestra proferida no Seminário *Política Nacional de Saneamento Básico: Novas Perspectivas*, realizado no dia 11 de abril de 2007, disponível em: <http://www.mp.sp.gov.br>; acesso em: 12 abr. 2007.
103. *O Estado de S. Paulo*, 20 mar. 2008, Caderno Especial, p. H-2.
104. *Informativo CAO-UMA* n. 27, 2008.

adequado, onde há água limpa na torneira e esgoto tratado. No mundo, morre uma criança a cada oito segundos e no Brasil sete crianças morrem por dia em decorrência de diarreia e 700 mil pessoas são internadas a cada ano nos hospitais públicos devido à falta de coleta e tratamento de esgoto. Cerca de 100 milhões de pessoas não possuem tratamento de esgoto e 48 milhões usam fossas sépticas. Por causa disso, ficamos expostos a vários tipos de doenças, tais como: febre tifoide e cólera, doenças do século XIX. O tratamento de esgoto numa comunidade pode reduzir em 21% a mortalidade infantil. Dados oficiais esclarecem que investimentos em saneamento básico reduzem gastos com saúde. Por exemplo, a cada R$ 1,00 aplicado no setor, economizamos R$ 4,00 em medicina curativa. Como podemos perceber, saneamento básico é sinônimo de saúde.

### 1.3. Situação paulista

A SABESP opera em 365 dos 645 municípios do Estado de São Paulo. Seu então presidente, Dr. Gesner Oliveira, apresentou um breve relatório sobre o tratamento de esgoto em 2009, dizendo que o tratamento subiu 63% em 2006 para 72% em 2008. A perda da água caiu de 32% do faturamento em 2006 para 28% em 2008 contra a média nacional de 40%. Essa economia, segundo ele, permitiu o abastecimento de uma cidade de 600 mil habitantes, como São José dos Campos. A meta é atingir 13% em 2019, que corresponde ao padrão de eficiência dos países desenvolvidos[105].

Em outra publicação, o Dr. Gesner Oliveira afirmou que mesmo que "100% do esgoto doméstico da Grande São Paulo fosse tratado devidamente, o descarte clandestino de efluentes industriais traria à região poluição equivalente àquela que toda a população da Região Metropolitana de Paris (12 milhões de habitantes) gera com o seu esgoto doméstico". Estudo elaborado pelo Grupo de Economia da Infraestrutura & Soluções Ambientais da Fundação Getulio Vargas constatou que os efluentes líquidos industriais descartados na Região Metropolitana de São Paulo é de 2,7m³/s ou 9,7 milhões de litros a cada hora. Parte desses efluentes não é devidamente tratada e é lançada diretamente a rede de esgoto. Ele sugere a necessidade de adotar um conjunto de medidas que envolvam o setor público e o privado. De um lado, é preciso realizar uma forte fiscalização por parte do Poder Público, com aplicação de multas, e, de outro, a criação de um selo de lançamento sustentável atribuído anualmente às empresas[106].

São sugestões que poderiam ajudar a diminuir a poluição nas bacias hidrográficas.

---

105. Gesner Oliveira, Água: escassez e uso sustentável na crise, *Folha de S.Paulo*, 31 mar. 2009, p. A-3.

106. Gesner Oliveira, Uma Paris de esgoto, *Folha de S.Paulo*, Tendências/Debates, 28 fev. 2014, p. A-2.

## 1.4. Investimentos em novas tecnologias para tratamento de água e esgoto

Estudo divulgado pela Confederação Nacional das Indústrias com 14 países selecionados por suas características econômico-sociais indica que o Brasil ocupa o oitavo lugar no *ranking* de tecnologia e inovação, ficando atrás da China, Índia e Rússia. O saneamento básico constitui um dos segmentos mais atrasados na infraestrutura brasileira e, para atingir a universalização, é necessário o investimento de grande volume de dinheiro. Há a necessidade da realização de parcerias com centros de pesquisa e inovação, com a finalidade de criar novas tecnologias que possam aumentar a produtividade das empresas. Podemos destacar, dentre as novas tecnologias, as seguintes: tratamento da água por meio de membranas filtrantes (filtra inclusive água salobra a custo reduzido); o iodo, resultante das estações, pode ser utilizado para produção de energia por queima, adubo ou mesmo bloco para engenharia civil; aproveitamento dos gases para a produção de energia — Biodigestor ou Biossistema Integrado, por exemplo; construção de PCHs (Pequenas Centrais Hidrelétricas) pelas diferenças de cotas dos sistemas de represas; a água resultante do tratamento de esgoto pode ser utilizada para irrigação de lavouras, pois possui alto índice de nitrogênio e fósforo, possibilitando o aumento da produção em 30%[107].

## 1.5. Universalidade da prestação desse serviço público essencial

O senador Demóstenes Torres, após fazer um diagnóstico do saneamento básico de Goiás, especialmente sobre as doenças causadas pela falta de saneamento básico, que não é diferente do resto do Brasil, citou uma frase de Vargas Llosa, Nobel de Literatura, e bastante oportuna. Este escritor explica, de maneira clara e simples, o que significa saneamento básico, da seguinte forma: "o objeto que representa a civilização e o progresso não é o livro, o telefone, a internet ou a bomba atômica. É a privada". Não há falar em progresso e bem-estar populacional sem a prestação universal deste serviço essencial pelo poder público[108].

O Ministério Público, a partir do advento da Lei n. 11.445/2007, colocou como prioridade institucional o enfrentamento das questões relacionadas ao saneamento básico.

## 1.6. Parceria público-privada na gestão do saneamento básico

Relatório publicado em novembro de 2013 pela *Global Water Intelligence*, empresa líder de mercado na análise da indústria internacional de saneamento, consta-

---

107. Gesner Oliveira, Tecnologia e eficiência no saneamento, *Folha de S.Paulo*, 27 dez. 2010, p. A-3.
108. A urgência do saneamento, *Folha de S.Paulo*, 7 jan. 2011, p. A-3.

tou que 1 bilhão de pessoas têm os serviços de água e esgoto prestados pelas parcerias público-privadas (PPPs), concessões e privatizações. De dezembro de 2012 a novembro de 2013, 102 novos contratos foram assinados com o setor privado nos Brics (Brasil, Rússia, Índia, China e África do Sul). Já no Brasil, a participação privada no setor de saneamento avança: 13 novos contratos foram assinados, atendendo 8,5 milhões de pessoas, sendo 6,5 milhões delas somente nos serviços de esgotamento sanitário. Houve exaustiva discussão sobre metas e indicadores de desempenho objetivos ao serviço prestado por meio da PPP. Os exemplos no mundo mostram vantagem comparativa nesse modelo devido à sua agilidade, flexibilidade e liberdade nas contratações e escolha de tecnologias[109].

Gesner Oliveira — ex-Presidente da SABESP — propõe, com muita propriedade, a possibilidade de dividir a responsabilidade pela gestão do saneamento básico com a iniciativa privada para suprir a enorme lacuna existente no Poder Público (serviços de água e esgoto).

Após descrever a situação caótica de vários municípios do país e de São Paulo, previu que, para alcançar a universalização do acesso à água e ao esgoto, levaria meio século. Isso seria inaceitável para uma sociedade que busca o desenvolvimento. Não seria possível atingir a universalidade sem investimento do setor privado. O Poder Público não tem dinheiro para tal finalidade. A parceria público-privada é uma saída. É necessário inovar em todas as áreas para atender às necessidades essenciais da sociedade.

Essa parceria pode se apresentar de várias formas. Por exemplo: "A locação de ativos constitui uma maneira engenhosa: um contrato entre um ente privado e a administração pública, que pressupõe a realização de uma obra pelo primeiro e seu posterior arrendamento ao parceiro público". Em outras palavras, o setor privado constrói a obra e, em seguida, "aluga" por determinado período ao parceiro público. Ganha quem apresentar menor valor mensal de locação. A empresa ganhadora da licitação só passa a receber o aluguel após a conclusão da obra. Não há investimento por parte do Poder Público contratante. O articulista cita dois exemplos: a) o novo sistema de água de Franca pela SABESP; e b) o sistema de coleta, afastamento e tratamento de esgoto da Bacia do Rio Capivari em Campinas pela SENASA.

Ele conclui que há ainda uma demora excessiva e desnecessária no andamento do processo no órgão público contratante, além de questionamentos por parte do Ministério Público ao Tribunal de Contas em decorrência da falta de precedentes em contrato de locação de ativos, a despeito de inúmeros exemplos de parceria bem-sucedidas[110].

---

109. Maria Eduarda Gouvêa Berto, PPP do saneamento, *Folha de S. Paulo*, Tendências/Debates, 17 mar. 2014, p. A-3.

110. Parcerias para universalizar o saneamento, *Folha de S. Paulo*, Tendências/Debates, 23 dez. 2012, p. A-3.

Seja como for, é uma solução interessante que pode ser adotada para tentar suprir essa lacuna.

## 2. SANEAMENTO BÁSICO

A lei conceitua saneamento básico, dando-lhe uma amplitude adequada aos fins pretendidos: I — *saneamento básico* — o conjunto de serviços, infraestruturas e instalações operacionais de: a) *abastecimento de água potável* — constituído pelas atividades, infraestruturas e instalações necessárias ao abastecimento público de água potável, desde a captação até as ligações prediais e respectivos instrumentos de medição; b) *esgotamento sanitário* — constituído pelas atividades, infraestruturas e instalações operacionais de coleta, transporte, tratamento e disposição final adequados dos esgotos sanitários, desde as ligações prediais até o lançamento final no meio ambiente; c) *limpeza urbana e manejo de resíduos sólidos* — conjunto de atividades, infraestruturas e instalações operacionais de coleta, transporte, transbordo, tratamento e destino final do lixo doméstico e do lixo originário da varrição e limpeza de logradouros e vias públicas; d) *drenagem e manejo das águas pluviais urbanas* — conjunto de atividades, infraestruturas e instalações operacionais de drenagem urbana de águas, de transporte, detenção ou retenção para o amortecimento de vazões de cheias, tratamento e disposição final das águas pluviais drenadas nas áreas urbanas; II — *gestão associada* — associação voluntária de entes federados, por convênio de cooperação ou consórcio público, conforme disposto no art. 241 da CF; III — *universalização* — ampliação progressiva do acesso de todos os domicílios ocupados ao saneamento básico; IV — *controle social* — conjunto de mecanismos e procedimentos que garantam à sociedade informações, representações técnicas e participações nos processos de formulação de políticas, de planejamento e de avaliação relacionados aos serviços públicos de saneamento básico; V — *prestação regionalizada* — aquela em que um único prestador atende a dois ou mais titulares; VI — *subsídios* — instrumento econômico de política social para garantir a universalização do acesso ao saneamento básico, especialmente para populações e localidades de baixa renda; VII — *localidade de pequeno porte* — vilas, aglomerados rurais, povoados, núcleos, lugarejos e aldeias, assim definidas pela Fundação Instituto Brasileiro de Geografia e Estatística (IBGE) (art. 3º, I a VIII, da Lei n. 11.445/2007).

## 3. PRINCÍPIOS FUNDAMENTAIS

O saneamento básico é um serviço essencial que deve ser prestado pelo Poder Público com toda a eficiência, objetivando a saúde pública. É a população carente que mais sofre com a falta de saneamento básico e, consequentemente, com a falta de água. Percebe-se que o lançamento do esgotamento *in natura* nas bacias hidrográficas e mananciais sem nenhum tratamento tem tornado cada vez mais cara a água.

Falta, não há dúvida, um planejamento integrado entre os órgãos públicos, no sentido de implementar um planejamento estratégico a partir da educação básica, estendendo-se as questões ambientais a todos os níveis de ensino com o objetivo de conscientizar a população das questões elementares sobre água, por exemplo.

A lei, por si só, não é suficiente para realizar esse trabalho. Ela ajuda a estabelecer critérios com vistas à integração entre os órgãos públicos responsáveis pela prestação do serviço. Para isso, é necessário fixar diretrizes nacionais para o saneamento básico e para a política federal de saneamento básico.

Assim, os serviços públicos de saneamento básico serão prestados com base em princípios, tais como: a) *universalização do acesso* — objetiva atender maior número possível de pessoas; b) *integralidade* — é o conjunto de todas as atividades e componentes de cada um dos diversos serviços de saneamento básico, propiciando à população o acesso na conformidade de suas necessidades e maximizando a eficácia das ações e resultados; c) *abastecimento de água, esgotamento sanitário, limpeza urbana e manejo dos recursos sólidos* — têm em vista proteger a saúde pública e o meio ambiente; d) *disponibilidade, nas áreas urbanas, de serviços de drenagem e de manejo das águas pluviais* — visa à proteção da saúde pública, da segurança da vida e do patrimônio público e privado; e) *adoção de métodos, técnicas e processos adequados às peculiaridades locais e regionais* — há a necessidade de realização de estudos de impacto de vizinhança para encontrar a melhor alternativa dentre as apresentadas; f) *articulação com as políticas de desenvolvimento urbano e regional, de habitação, de combate à pobreza e de sua erradicação, de proteção ambiental* — objetiva promover a saúde e outras políticas de relevante interesse social voltadas à melhoria da qualidade de vida para as quais o saneamento básico seja fator determinante; g) *eficiência e sustentabilidade econômica* — têm em mira compatibilizar a economia com a exploração dos recursos naturais; h) *utilização de tecnologias apropriadas, considerando a capacidade de pagamento dos usuários e a adoção de soluções graduais e progressivas* — objetiva melhorar a tecnologia com vistas ao barateamento dos custos aos usuários; i) *transparência das ações, baseada em sistemas de informações e processos decisórios institucionalizados* — tem por objetivo permitir o acesso às informações e decisões por parte dos interessados; j) *controle social* — visa à participação de integrantes da comunidade na elaboração das políticas públicas; k) *segurança, qualidade e regularidade* — têm por objetivo a prestação dos serviços com eficiência e sem interrupções; l) *integração das infraestruturas e serviços com a gestão eficiente dos recursos hídricos* — objetiva compatibilizar a Lei n. 11.445/2007 com a lei da política nacional dos recursos hídricos (art. 2º, I a XII, da referida lei).

## 4. DIRETRIZES DA POLÍTICA NACIONAL DE SANEAMENTO BÁSICO

A Política Nacional de Saneamento Básico veio a lume por causa da necessidade de definir critérios e uniformizar a legislação para o saneamento básico em todo o território nacional. A Lei n. 11.445/2007 veio em boa hora, pois a sociedade já ansiava por ela havia muito tempo, por se tratar de serviço público essencial à saúde da população. O principal objetivo da Política Federal de Saneamento Básico é contribuir para o desenvolvimento nacional, a redução das desigualdades regionais, a geração de emprego e de renda e a inclusão social.

Essa lei foi regulamentada tanto pelo Poder Público federal como pelo estadual e municipal, observadas as seguintes diretrizes: a) prioridade para as ações que promovam a equidade social e territorial no acesso ao saneamento básico; b) aplicação dos recursos financeiros administrados pelo Poder Público de modo a promover o desenvolvimento sustentável, a eficiência e a eficácia; c) estímulo ao estabelecimento de adequada regulação dos serviços; d) utilização de indicadores epidemiológicos e de desenvolvimento social no planejamento, implementação e avaliação das suas ações de saneamento básico; e) melhoria da qualidade de vida e das condições ambientais e de saúde pública; f) colaboração para o desenvolvimento urbano e regional; g) garantia de meios adequados para o atendimento da população rural dispersa, inclusive mediante a utilização de soluções compatíveis com suas características econômicas e sociais peculiares; h) fomento ao desenvolvimento científico e tecnológico, à adoção de tecnologias apropriadas e à difusão dos conhecimentos gerados; i) adoção de critérios objetivos de elegibilidade, levando em consideração fatores como o nível de renda e cobertura, grau de urbanização, concentração populacional, disponibilidade hídrica, riscos sanitários, epidemiológicos e ambientais; j) adoção de bacia hidrográfica como unidade de referência para o planejamento de suas ações; k) estímulo à implantação de infraestruturas e serviços comuns aos municípios mediante mecanismos de cooperação entre entes federados (art. 48, I a XI, da Lei n. 11.445/2007).

As políticas e ações da União sobre desenvolvimento urbano e regional, de habitação, de combate e erradicação da pobreza, de proteção ambiental, de promoção da saúde e outras de relevante interesse social voltadas para a melhoria da qualidade de vida devem considerar a necessária articulação, inclusive no que se refere ao financiamento, com o saneamento básico (parágrafo único do citado artigo).

## 5. TITULARIDADE E PLANEJAMENTO

O exercício da titularidade é outra questão tormentosa, pois a lei não a resolveu em caráter definitivo nem ressaltou como isso seria feito em relação aos contratos anteriores ao advento da lei. Muitos desses contratos estão vencendo. Tal fato impede que o agente financiador conceda aos prestadores de serviços públicos de saneamento básico empréstimos para o atendimento dos seus projetos. Há ainda várias ações que reivindicam a titularidade da prestação desses serviços por parte dos municípios, pois hoje tais serviços encontram-se sob administração do Poder Público estadual. Este embate entre o Estado federado e o Município ainda não foi resolvido. Caso a titularidade fique sob a administração municipal, como será feita essa passagem? O Estado federado terá direito ao ressarcimento dos seus investimentos? E os débitos passam para os municípios? Como se vê, muitas questões complexas deverão ser analisadas e dirimidas. Isso tudo está longe de ser resolvido. Seja como for, há a necessidade de uma integração e complementaridade entre os vários setores do governo para melhor prestar esses serviços públicos.

É importante ressaltar que os titulares dos serviços públicos de saneamento básico poderão delegar a organização, a regulação, a fiscalização e a prestação desses serviços, nos termos do art. 241 da CF e da Lei n. 11.107, de 6 de abril de 2005 (art. 8º da citada lei — Lei n. 11.445/2007). Referida delegação poderá ser feita por meio de convênio de cooperação ou consórcio público (art. 3º, II, da citada lei). É requisito *sine qua non* para a delegação desses serviços a elaboração do plano (art. 11, I, da citada lei).

Esclareça-se, além disso, que o Município de Arujá, mediante lei, criou o Saneamento Ambiental de Arujá (SANEAR). Inconformado, o governo do Estado de São Paulo propôs ação direta de inconstitucionalidade contra referida lei por invasão da competência estadual, cuja ementa transcrevemos a seguir: "Inconstitucionalidade. Artigos 1º, 2º, 3º e parágrafos e 7º, incisos I, II, IV, VI, VII, VIII, X, XI, XII e parágrafo único; 15, I e II; 17, 18 e 19 da Lei n. 1.861, de 22 de fevereiro de 2006, do Município de Arujá. Criação pelo Município do 'SANEAR' — Saneamento Ambiental de Arujá. Criação indevida pelo município. Invasão de competência estadual. Município que por lei faz parte da região metropolitana de São Paulo. Interesse regional que se sobrepõe ao interesse local, avocando para o Estado a competência em questão. Afronta a dispositivos constitucionais estaduais (arts. 154 e 155). Ação procedente"[111].

Para implantar a Política Nacional de Saneamento Básico, faz-se necessária a elaboração de plano nacional e regional. Assim, compete à União a elaboração, sob a coordenação do Ministério das Cidades, do *Plano Nacional de Saneamento Básico (PNSB)*, tendo como conteúdo: a) os objetivos e metas nacionais e regionalizadas, de curto, médio e longo prazos, para a universalização dos serviços básicos e o alcance de níveis crescentes de saneamento básico no território nacional, observando a compatibilidade com os demais planos e políticas públicas da União; b) as diretrizes e orientações para o equacionamento dos condicionantes de natureza político-institucional, legal e jurídica, econômico-financeira, administrativa, cultural e tecnológica com impacto na consecução das metas e objetivos estabelecidos; c) a proposição de programas, projetos e ações necessários para atingir os objetivos e as metas da Política Federal de Saneamento Básico, com identificação das respectivas fontes de financiamento; d) as diretrizes para o planejamento das ações de saneamento básico em áreas de especial interesse turístico; e) os procedi-

---

111. ADIn 139.229-0/4-00, rel. Des. Oscarlino Moeller, v.u., Órgão Especial, j. 19-9-2007.

mentos para a avaliação sistemática da eficiência das ações executadas (art. 52, I, *a* a *e*, da citada lei).

Já os *Planos Regionais de Saneamento Básico* serão elaborados e executados em articulação com os Estados, Distrito Federal e Municípios envolvidos para as regiões integradas de desenvolvimento econômico ou nas que haja a participação de órgão ou entidade federal na prestação de serviço público de saneamento básico (art. 52, II, da citada lei).

Esses planos devem ser elaborados com horizonte de vinte anos, avaliados anualmente e revisados a cada quatro anos, preferencialmente em períodos coincidentes com os de vigência dos planos plurianuais (art. 52, § 2º, da citada lei).

A prestação de serviços públicos de saneamento básico observará o plano que poderá ser específico para cada serviço e abrangerá no mínimo: a) o diagnóstico da situação e de seus impactos nas condições de vida, utilizando sistema de indicadores sanitários, epidemiológicos, ambientais e socioeconômicos e apontando as causas das deficiências detectadas; b) os objetivos e metas de curto, médio e longo prazos para a universalização, admitidas soluções graduais e progressivas, observando a compatibilidade com os demais planos; c) os programas, projetos e ações para atingir os objetivos e as metas, de modo compatível com os respectivos planos plurianuais e com outros planos governamentais correlatos, identificando possíveis fontes de financiamentos; d) as ações para emergências e contingências; e e) os mecanismos e procedimentos para a avaliação sistemática da eficiência e eficácia das ações programadas (art. 19, I a V, da citada lei).

Compete à agência reguladora e fiscalizadora de serviços públicos a verificação do cumprimento do plano nacional e regional de saneamento básico por parte dos prestadores de serviço, na forma das disposições legais, regulamentares e contratuais.

## 6. AGÊNCIA REGULADORA

A agência reguladora deverá ser constituída por um colegiado, formado por pessoas de origens diversas tanto do setor público como do privado, atendidos os seguintes princípios: a) independência decisória, incluindo autonomia administrativa, orçamentária e financeira da entidade reguladora; e b) transparência, tecnicidade, celeridade e objetividade das decisões (art. 21, *a* e *b*, da citada lei).

São objetivos da agência reguladora: a) estabelecer o cumprimento das condições e metas estabelecidas; b) garantir o cumprimento das condições e metas estabelecidas; c) prevenir e reprimir o abuso do poder econômico, ressalvada a competência dos órgãos integrantes do sistema nacional de defesa da concorrência; d) definir tarifas que assegurem tanto o equilíbrio econômico e financeiro dos contratos como a modicidade tarifária, mediante mecanismos que induzam a eficiência e eficácia dos serviços e permitam a apropriação social dos ganhos de produtividade (art. 22, I a IV, da citada lei). Outra questão que deverá ser analisada é a cobrança desses serviços. Trata-se de tarifa ou taxa?

A agência reguladora poderá editar normas relativas às dimensões técnica, econômica e social de prestação dos serviços (art. 23 da citada lei). E, em caso de gestão associada ou prestação regionalizada dos serviços, os titulares poderão ainda adotar os mesmos critérios e informações necessários para o desempenho de suas atividades, na forma das normas legais, regulamentares e contratuais (art. 24 da citada lei).

São assegurados aos usuários de serviços públicos de saneamento básico: a) amplo acesso a informações sobre os serviços prestados; b) prévio conhecimento dos seus direitos e deveres e das penalidades a que podem estar sujeitos; c) acesso a manual de prestação do serviço e de atendimento ao usuário, elaborado pelo prestador e aprovado pela respectiva entidade de regulação; e d) acesso a relatório periódico sobre a qualidade da prestação dos serviços (art. 27, I a IV, da citada lei).

O governo do Estado, por meio da Secretaria Estadual de Saneamento e Energia de São Paulo, encaminhou projeto de lei à Assembleia Legislativa com a finalidade de criar a Agência Reguladora de Serviços de Saneamento e Energia do Estado de São Paulo (ARSESP), com a incumbência de definir padrões de serviço, fiscalização e execução dos contratos e atendimento a reclamações e consultas dos usuários, inclusive funções que eram exercidas pela SABESP, quais sejam: abastecimento de água, drenagem, coleta e tratamento de esgotos e de resíduos sólidos. Este projeto foi aprovado pela Assembleia Legislativa através de Lei Complementar n. 1.025/2007, que criou a Agência Reguladora dos Serviços de Saneamento e Energia do Estado de São Paulo (ARSESP), inclusive ampliando seu campo de atuação.

A SABESP vem realizando várias parcerias com empresas privadas para ampliar a rede de saneamento no interior de São Paulo. Este novo modelo de negócios permitiu a parceria com a Galvão Engenharia, Odebrecht e OHL para realização de obras de saneamento básico nos municípios de Castilho, Mairinque e Andradina, por exemplo. Essa parceria foi permitida a partir de 2005, com a criação da Agência Reguladora — ARSESP. A partir daí, a SABESP ganhou maior autonomia para explorar parcerias. A SABESP tem uma receita de R$ 7,1 bilhões, lucro de R$ 1,3 bilhão e o valor de mercado de R$ 8,2 bilhões. Seu então presidente, Gesner Oliveira, afirmou que o abastecimento de água no Brasil ainda não se universalizou, mas alcança 94% da população. Já a rede de coleta e afastamento de esgoto chega a apenas 49% no país. O nível de tratamento de esgoto ainda não alcançou 30%[112].

Como se vê, há muito o que fazer no país.

## 7. LICENCIAMENTO AMBIENTAL SIMPLIFICADO DE SISTEMAS DE ESGOTAMENTO SANITÁRIO

Com fundamento na Lei n. 6.938/81, no seu Decreto regulamentador n.

---

[112]. Agnaldo Brito, SABESP faz parcerias com companhias privadas, Folha de S.Paulo, 4 out. 2010, p. B-5.

99.274/90 e na Resolução n. 237/97, o CONAMA baixou a Resolução n. 377, em 9 de outubro de 2006, estabelecendo critérios para o procedimento simplificado de licenciamento ambiental das unidades de transporte e de tratamento de esgoto sanitário, separada ou conjuntamente, de pequeno e médio porte. No entanto, tal procedimento não se aplica aos empreendimentos situados em áreas declaradas pelo órgão competente como ambientalmente sensíveis (art. 1º, parágrafo único, da citada resolução).

Assim, consideram-se: a) *unidades de transporte de esgoto de pequeno porte* — interceptores, emissários e respectivas estações elevatórias de esgoto com vazão nominal de projeto menor ou igual a 200 l/s (litro por segundo); b) *unidades de tratamento de esgoto de pequeno porte* — estação de tratamento de esgoto com vazão nominal de projeto menor ou igual a 50 l/s ou com capacidade para atendimento até 30 mil habitantes, a critério do órgão ambiental competente; c) *unidades de transporte de esgoto de médio porte* — interceptores, emissários e estações elevatórias de esgoto com vazão nominal de projeto maior do que 200 l/s e menor ou igual a 1.000 l/s; d) *unidades de tratamento de esgoto de médio porte* — estação de tratamento de esgoto com vazão nominal de projeto maior que 50 l/s e menor ou igual a 400 l/s ou com capacidade para atendimento superior a 30 mil e inferior a 250 mil habitantes, a critério do órgão ambiental competente; e) *sistema de esgotamento sanitário* — as unidades de coleta, transporte e tratamento de esgoto sanitário; e f) *Licença Ambiental Única de Instalação (LIO) ou ato administrativo equivalente* — ato administrativo único que autoriza a implantação e operação de empreendimento (art. 2º, I a VI, da citada Resolução).

## 8. TRATAMENTO DO ESGOTO POR MEIO DE BIODIGESTOR OU BIOSSISTEMA INTEGRADO

Na área urbana, não há alternativa senão a coleta e tratamento do esgotamento sanitário, mas na área rural tal coleta fica muito difícil, especialmente pela distância entre a estação de tratamento e as várias fazendas localizadas em lugares muito distantes do centro. Uma solução viável para a área rural é, além da fossa séptica, a instalação de biodigestor ou biossistema integrado.

Como nem todo esgotamento sanitário é tratado adequadamente e o que resta é jogado diretamente nas bacias hidrográficas, foi criada uma solução ecologicamente correta que pode ser adotada pelo governo e também por pequenos produtores de animais para abate, tais como suínos, bois, vacas etc. Os dejetos diários de um suíno são seis vezes maiores do que os de um homem, suficientes para poluir o ar, com seus gases, e o lençol freático, com seus dejetos. Denomina-se biodigestor ou biossistema integrado como fonte de biogás mediante tratamento dos dejetos animais.

Um dos grandes problemas do Brasil é o saneamento básico, pois somente 35% do esgoto tem algum tipo de tratamento e o restante é despejado *in natura* nos rios, lagos, lagoas e no mar. O seu tratamento é muito caro e demandaria muito tempo.

Por conta disso, o biodigestor ou o biossistema integrado poderia ser mais um recurso tecnológico viável e econômico para minimizar esse grave impacto ambiental.

O esgoto é fonte de biogás, reduz as emissões de gases no ar atmosférico pela queima do gás metano e permite o abastecimento de gás por parte da população. O esgoto é tratado no próprio local em que é gerado. Tal fato reduz os custos, e a reciclagem dos nutrientes permite que o esgoto seja a base da cadeia alimentar de bichos e plantas que podem também ser consumidos depois de tomados os devidos cuidados.

O biogás pode ser utilizado pela comunidade local em substituição do gás de cozinha e da energia elétrica[113].

Como podemos ver, há opções tecnológicas passíveis de adoção por parte da comunidade, não devendo ficar somente sob a responsabilidade do governo. Este, por sua vez, deverá disciplinar os critérios a serem adotados para a instalação de um biodigestor ou do biossistema integrado, especialmente no que tange à necessidade de monitoramento contínuo em relação à utilização de animais e vegetais para o consumo da população.

Além disso, pesquisadores, da SABESP e da USP de Piracicaba, testaram o uso de esgoto tratado em plantações experimentais numa área de sete hectares do município de Lins e constataram que a irrigação de plantações com este efluente é perfeitamente segura para vegetais e consumidores humanos, especialmente nas lavouras de cana, milho e tifton (gramínea usada em pastagens e para produzir feno). Em tais plantações houve um aumento na produção em torno de 30%. Esse efluente é rico em nitrogênio e fósforo. Os adubos industriais contêm nitrogênio, fósforo e potássio, além de outros elementos, e os agricultores não teriam de pagar por esses nutrientes. Esta carga orgânica, além disso, melhora a estrutura do solo e diminui a erosão. No entanto, há a necessidade de regulamentar o seu uso. Em outros países, onde há falta de água, este processo é utilizado com eficiência[114].

---

113. Fonte: reportagem realizada pelo jornalista André Trigueiro no canal *GloboNews* (disponível em: <http://www.globonews.com>).

114. Reinaldo José Lopes, Pesquisa da USP aprova uso de esgoto tratado como adubo, *Folha de S.Paulo*, Ciência, 8 set. 2009, p. A-15.

A COPASA, companhia de saneamento básico mineira, implantou o sistema para a produção de energia a partir do esgoto e pretende produzir 90% da eletricidade que consome da ETE Arrudas. Com o aproveitamento do biogás, a empresa economizará R$ 2,7 milhões ao ano no gasto de energia. Calcula-se ainda que a emissão de gás carbônico ($CO_2$) cairá 3.200 toneladas por ano. Com isso, a empresa espera obter aval da ONU para vender créditos de carbono. A SABESP, em São Paulo, e a SANEPAR, no Paraná, também pretendem implantar o sistema[115].

O importante é tentar encontrar alternativas para economizar água e energia.

## 9. A SABESP E O PROJETO TIETÊ

A Companhia de Saneamento Básico do Estado de São Paulo (SABESP) adota nova política para enfrentamento dos desafios relacionados ao meio ambiente. O governo do Estado investiu cerca de R$ 6 bilhões no período de 2007-2010, sendo 52% somente para o esgotamento sanitário. Em processo de consulta popular, a empresa pública, presidida então por Gesner Oliveira, assumiu oito compromissos de sustentabilidade ambiental em relação ao tratamento da água e do esgoto, quais sejam: a) implantar um programa de combate ao desperdício da água, incentivar o seu uso racional, realizar medições individualizadas em condomínios e em prédios públicos; b) fornecer água para reúso produzida nas Estações de Tratamento de Esgoto (ETEs) para empresas e prefeitura etc.; c) realizar inventário para apurar a redução das emissões de gases para obtenção de créditos de carbono por meio de plantio de florestas nativas em torno de mananciais, uso de biogás gerado por biodigestores etc.; d) elaborar balanço ambiental, tornando transparentes as atividades da empresa quanto aos impactos ambientais causados em suas atividades; e) ingressar no grupo de empresas integrantes da carteira do Índice de Sustentabilidade Empresarial (ISE) da Bovespa; f) universalizar o tratamento de esgoto nos 230 municípios até dezembro de 2010 com o objetivo de realizar o tratamento de 100% do esgoto relacionado ao Projeto Tietê; g) realizar e ampliar as parcerias com centros de pesquisas nacional e internacional com a finalidade de propiciar tecnologias modernas para o enfrentamento dos desafios relacionados ao saneamento ambiental; e h) comprometimento com o meio ambiente em busca do selo de qualidade — ISO 14.001. Como se vê, as empresas tradicionais de tratamento de água e esgoto deverão enquadrar-se nessa nova filosofia, se quiserem permanecer vivas[116].

---

115. Felipe Luchete, Usina vai gerar energia do esgoto em BH, *Folha de S. Paulo*, 29 set. 2010, p. B-6.

116. Gesner Oliveira, Nova política de meio ambiente da SABESP, *Folha de S. Paulo*, Tendências/Debates, 2 nov. 2007, p. A-3.

"Tietê" significa, na língua tupi-guarani,"água boa" ou "rio verdadeiro". O rio Tietê possui 1.100 quilômetros de extensão. Nasce na Serra do Mar, a uma altitude de 1.027 metros do nível do mar, em Salesópolis, corta o centro do Estado de São Paulo e deságua no rio Paraná, na divisa com Mato Grosso do Sul. No início de 1990, a sujeira do rio produzia uma mancha de poluição cujos efeitos se arrastavam até o município de Barra Bonita, a 280 quilômetros de distância. Novas medições foram feitas e a mancha regrediu em 70%, devido à implantação do Projeto Tietê. Hoje é um rio morto. Depois de dezoito anos e de um investimento de US$ 1,6 bilhão (R$ 2,8 bilhões), o rio piorou em sua nova avaliação. A CETESB realizou o monitoramento do rio em vários pontos, utilizando-se de 9 parâmetros, dentre eles a quantidade de oxigênio e coliformes fecais (Índice de Qualidade das Águas — IQA). Até 2010, 10 cidades não tratavam o esgoto e o jogavam diretamente no rio, dentre elas Guarulhos e Barueri[117]. Metade do esgoto produzido é jogada sem tratamento no rio Tietê. Se nada tivesse sido feito, seriam mais 1,5 milhão de litros de esgoto despejados no rio por dia sem tratamento. A SABESP pretende, até 2020, atingir a marca de 100% da coleta e tratamento do esgoto em 28 cidades em que opera. Estima-se ainda que 25% a 30% da poluição do rio provém da poluição difusa, abrangendo o lixo doméstico, óleo de carro, tintas, pneus, chuva ácida, entre outros resíduos[118].

O Projeto Tietê foi criado em 1992, e desde então a SABESP procurou ampliar o sistema de coleta e tratamento de esgoto da região metropolitana de São Paulo: a coleta, de 80% para 84%; o tratamento, de 62% para 70% até 2008. Calcula-se que 290 mil ligações domiciliares estarão conectadas à rede de esgoto. E, antes de ser lançado nos mananciais, o esgoto passará pelo devido tratamento. Ainda nessa fase, a empresa pública vai construir 960 quilômetros de novas redes coletoras de esgoto, 110 quilômetros de coletores-tronco, 33 quilômetros de interceptores e 65 estações elevatórias. Grande parte dessas obras já está concluída. Percebe-se, nessa fase, a redução da mancha poluidora numa extensão de 120 quilômetros. Com essas novas medidas, a empresa pública pretende diminuir mais 40 quilômetros do trecho poluído do Tietê.

Este projeto será concluído em quatro etapas: a primeira teve início em 1992 com o aprofundamento da calha do rio; a segunda, com a coleta e tratamento de esgoto. Este índice ficava em torno de 70%. O objetivo nessa fase do projeto era ampliar a rede coletora, encaminhando o esgoto para tratamento. No final de 2008, esse índice beirava em torno de 84%, dos quais 70% eram tratados; a tercei-

---

117. José Benedito da Silva, Após 18 anos e US$ 1,6 bi, Tietê fica pior na Grande SP, *Folha de S.Paulo*, 6 nov. 2011, p. C-1.
118. Seria pior se nada fosse feito, diz SABESP, *Folha de S.Paulo*, 6 nov. 2011, p. C-4.

ra deverá ser finalizada em 2015, objetivando a ampliação da coleta e o tratamento de esgoto da maioria dos municípios da região metropolitana; a quarta deverá ser concluída até 2025 e demandará investimentos de R$ 4 bilhões, dos quais R$ 1,2 bilhão já está garantido. Os novos investimentos irão elevar a coleta e o tratamento de esgoto na capital paulista e em 27 cidades da região metropolitana, beneficiando os rios Tietê, Pinheiros e Tamanduateí. Essa etapa atinge áreas remotas e pobres da região metropolitana. O governo do Estado fez licitação internacional para contratação de serviços para aumentar a eficiência das principais estações de tratamento de esgoto (ETEs) da região. Na capital, a ação esbarra na falta de consciência ambiental da população, que continua descartando lixo nas ruas. Mesmo que se colete e trate 100% do esgoto da Grande São Paulo, ainda teremos uma característica de rio morto nessa região, em razão da carga difusa proveniente das ruas, lixões etc., e da pequena vazão do rio e do tratamento de detritos por parte de outros municípios, diz Carlos Eduardo Carrela, superintendente de Gestão de Projetos Especiais da SABESP[119].

A SABESP, após o advento da Lei n. 11.445/2007, investiu R$ 378 milhões nas bacias hidrográficas de Piracicaba, Capivari e Jundiaí. A empresa pública possui, nessa região, a concessão de serviços de água e esgoto de 23 municípios. O seu então presidente, Gesner Oliveira, divulgou esse investimento na 57ª reunião ordinária e na 21ª reunião extraordinária do Consórcio PCJ (Piracicaba, Capivari e Jundiaí), em evento realizado na cidade de Itatiba-SP, na presença de vários prefeitos da região, a ser concretizado nos próximos cinco anos[120].

Segundo o presidente da SABESP à época, o investimento ultrapassou mais de R$ 500 milhões em obras de abastecimento de água, esgotamento sanitário e drenagem. A maior parte destina-se ao tratamento de esgoto, com a finalidade de melhorar os mananciais da região. A companhia pretendia realizar o tratamento do esgoto em 100% até 2012.

Guarulhos, por exemplo, não possuía nenhuma estação de tratamento (ETE) e respondia por 10% da poluição do Alto Tietê e era o maior do Estado. Em 2010, foi inaugurada a primeira estação que corresponde ao tratamento de 15% do esgoto coletado na cidade. Isso significa que 17 milhões de litros de dejetos que eram jogados todos os dias no rio Tietê agora são processados pela ETE São João. O restante, 85%, continua sendo jogado no rio. Esta mudança de atitude do município decorreu da atuação direta do Ministério Público do Estado de São Paulo nesses últimos dez anos, o qual pediu uma solução para o problema. O acordo inicial, firmado em 2006, estabeleceu um prazo até 2028. Tal prazo foi antecipado, em 2009, para 2018, com a participação do governo fe-

---

119. Projeto Tietê já conseguiu reduzir em 120 quilômetros a mancha de poluição, *DOE*, 12 nov. 2008, p. III.

120. *DOE*, 19 set. 2007, p. I, capa.

deral, que destinou R$ 318 milhões do PAC. Diante disso, o município comprometeu-se em tratar 80% do esgoto até esta nova data. Empolgado, o município pretendia atender 73% da população até 2012, com a entrega de outras quatro ETEs e a construção de coletores que levariam o esgoto à ETE São Miguel, da SABESP. Caso o município cumprisse a meta, passaria a responder por apenas 2,7% da poluição do alto Tietê[121].

Apenas por curiosidade, a SABESP apurou que não só as pessoas humildes jogam seus esgotos diretamente nos rios, mas também as pessoas mais abastadas. Descobriu-se, por meio de pesquisa, que, no Morumbi, bairro nobre, 571 imóveis têm ligação clandestina, cujo despejo do esgoto não tratado vai para o córrego Caxingui que, por sua vez, é despejado no rio Pinheiros e enviado ao rio Tietê[122].

A meta da SABESP é realizar o tratamento de todo o esgoto despejado nos rios do sistema Billings/Guarapiranga até o ano 2020 e não mais em 2012. Pretendia, no entanto, tratar 70% do esgoto que chegasse à parte sul da região metropolitana de São Paulo até o ano 2014. O ano encerrará a fase 3 do projeto de despoluição do rio Tietê, iniciando-se a fase 4, que vai até o ano 2025. Isso não significa que os rios vão estar limpos, mas não receberão mais esgoto. A captação de água do sistema vem tornando o seu custo muito alto. Tratar a água na zona sul da cidade é três vezes mais caro do que fazer o mesmo processo com as águas do sistema Cantareira, que está menos sujo. Para a despoluição total dos rios da região metropolitana, é preciso ainda diminuir o impacto da chamada poluição difusa. É aquela provocada por pneus ou por aquela bituca de cigarro lançada pela janela. O governo investiu R$ 1,29 bilhão no programa "Mananciais" para a urbanização de 43 favelas e o tratamento do esgoto. Este trabalho deve continuar por mais dez anos[123].

A região metropolitana ainda é dependente do Sistema Cantareira, que também faz parte dos mananciais dessa região. Nesse caso, a SABESP tem investido em programas para conter a demanda da região metropolitana de São Paulo, com vistas a evitar as perdas de água e promover o seu uso racional. Informou ainda o então presidente da companhia que, com a implantação desses programas, em 2008 haveria redução de 20% da dependência de água da região.

Não basta o Poder Público fazer a sua parte; é preciso, além disso, informar e conscientizar a população sobre a necessidade de fazer a ligação do esgoto. Nessa fase de conscientização, a SABESP vem realizando exposições, em vários lugares de São Paulo, de maneira didática e autoexplicativa, sobre os principais objetivos do Projeto

---

121. Cristina Moreno de Castro, Estação de esgoto reduz poluição no Tietê, *Folha de S.Paulo*, 30 set. 2010, p. C-7.

122. Giba Bergamim Jr., Esgoto do Morumbi pega "atalho" e vai direto para rio, *Revista São Paulo, Folha de S.Paulo*, 13 a 19 mar. 2011, p. 40.

123. Eduardo Geraque, Em 2014, 70% do esgoto que chega a represas será tratado, diz governo, *Folha de S.Paulo*, 21 out. 2010, p. C-4.

Tietê. Há também filmes sobre a SABESP, o tratamento da água e do esgoto e até uma maquete sobre o ciclo da água.

Não há dúvida de que esse investimento beneficiará a bacia hidrográfica do Tietê, assim como as exposições do projeto realizado pela SABESP com o intuito de conscientizar a população.

## 10. O MINISTÉRIO PÚBLICO PAULISTA E O SANEAMENTO BÁSICO

Fundamentado na Lei n. 11.445/2007, o Procurador-Geral de Justiça instaurou portaria, com base no Protocolado n. 698/2007, Sistema CAO-UMA n. 4.411/2007, com a finalidade de realizar levantamento de informações acerca do atual estado do tratamento de esgoto, no Estado de São Paulo, em cidades com mais de 10 mil habitantes, em cumprimento ao Planejamento Estratégico Ambiental e Urbanístico e ao Plano de Ação de 2007. Assim, o PGJ solicitou à SABESP informações sobre os municípios com mais de 10 mil habitantes e menos de 85% do esgoto tratado, em que a referida companhia atua como responsável pelo saneamento básico, além de cobrar informações acerca dos planos diretores sanitários com respectivos projetos, soluções, recursos e prazos de execução, observando-se a divisão por Unidades Hidrográficas de Gerenciamento de Recursos Hídricos do Estado de São Paulo (UGRH). Atentando ainda ao mesmo critério acima referido — divisão do Estado de São Paulo por bacias e linha de corte por número de habitantes dos municípios e percentual de tratamento de esgoto —, foram expedidos ofícios aos promotores de justiça do Meio Ambiente das localidades que não são conveniadas com a SABESP, visando à instauração, quando for o caso, de inquérito civil para apuração de sua atual situação no que diz respeito ao tratamento de esgoto e consequente tomada de providências a cargo do Ministério Público. O ofício deverá ser instruído com material de apoio ou conter indicação acerca de material existente na página do órgão na Internet (portaria de instauração, requisição de informações à Prefeitura à luz do disposto na Lei n. 11.445/2007, quesitos, inicial de ação civil pública, compromisso de ajustamento). E, na hipótese de medidas judiciais já terem sido adotadas, deverão ser solicitados aos promotores de justiça informes sobre a fase processual em que se encontra o feito, inclusive cópia de eventual acordo homologado judicialmente, pois com esse documento o Centro de Apoio Operacional poderá avaliar as condições sanitárias da UGRH em que está inserido o município contemplado na composição judicial até a próxima década. Deve, por fim, constar da autuação do procedimento o número do protocolado instaurado para acompanhamento das questões relacionadas ao esgotamento sanitário na Região Metropolitana de São Paulo — Bacia do Alto Tietê, instaurado anteriormente[124].

---

124. Aviso n. 282/2007-PGJ, publicado no *DOE*, 11 maio 2007.

O Ministério Público do Estado de São Paulo pretende fazer essa consulta à SABESP e com base nisso passar a exigir dos municípios em questão o tratamento do esgoto com fundamento na nova lei, propondo as ações civis públicas competentes, se for o caso.

## 11. REPARAÇÃO AMBIENTAL PELO LOTEAMENTO CLANDESTINO NA REPRESA BILLINGS (STJ) E DECISÕES DO TJSP (ACÓRDÃO) E DO 1º GRAU (SENTENÇA), PROIBINDO O LANÇAMENTO DE ESGOTO EM CURSOS D'ÁGUA — JURISPRUDÊNCIA

Os Tribunais de todo o Brasil, diante desses fatos, têm dado atenção especial à proteção das águas, como podemos perceber pela decisão abaixo:

"*Ação Civil Pública. Proteção do meio ambiente. Obrigação de fazer. Mata Atlântica. Reservatório Billings. Loteamento clandestino. Assoreamento da represa. Reparação ambiental.*
1. A destruição ambiental verificada nos limites do Reservatório *Billings* — que serve de água grande parte da cidade de São Paulo —, provocando assoreamentos, somados à destruição da Mata Atlântica, impõe a condenação dos responsáveis, ainda que, para tanto, haja necessidade de se remover famílias instaladas no local de forma clandestina, em decorrência de loteamento irregular implementado na região.
2. Não se trata tão somente de restauração de matas em prejuízo de famílias carentes de recursos financeiros, que provavelmente deixaram-se enganar pelos idealizadores de loteamentos irregulares na ânsia de obterem moradia mais digna, mas de preservação de reservatório de abastecimento urbano, que beneficia um número muito maior de pessoas do que as residentes na área de preservação. No conflito entre o interesse público e o particular há de prevalecer aquele em detrimento deste quando impossível a conciliação de ambos.
3. Não fere as disposições do art. 515 do Código de Processo Civil acórdão que, reformando a sentença, julga procedente a ação nos exatos termos do pedido formulado na peça vestibular, desprezando pedido alternativo constante das razões da apelação.
4. Recursos especiais de A. S. e do Município de São Bernardo do Campo parcialmente conhecidos e, nessa parte, improvidos" (STJ, REsp 403.190-SP, rel. Min. João Otávio de Noronha, v.u., j. 27-6-2006).

Colacionamos ainda um acórdão e uma sentença de primeiro grau para demonstrar a mudança de posição de nossos Tribunais.

Trata-se de excelente acórdão relatado pelo eminente Desembargador Renato Nalini, nos autos do AgI 55.816-5/9-00, da Comarca de Jaú, em que é agravante Destilaria G. Ltda., sendo agravado Ministério Público, cuja ementa é a seguinte:

"*Agravo de instrumento. Antecipação de tutela em ação civil pública para impedir lançamento de efluentes líquidos em córrego. Poluição causadora de interrupção do fornecimento de água para a população. Dúplice requisito antecipação da tutela presente na espécie. Agravo desprovido.*

Entre o interesse econômico invocado pela agravante, empresa responsável pelo despejo de efluentes líquidos poluentes em córrego, que, poluído, interrompe o abastecimento de água da comunidade, além de outros danos ambientais, e o interesse da população e de uma vasta legião indeterminada de utentes do bem de uso comum do povo que é especialmente protegido pelo constituinte, ressalta o direito substancial e fundamental do ser humano ao meio ambiente sadio e equilibrado. Agravo da empresa poluidora desprovido" (Aviso n. 565/2006-PGJ, publicado no *DOE*, 7 nov. 2006).

Cuida-se ainda de magnífica sentença prolatada pela juíza de direito Marcela Raia de Sant'Anna, da Vara Distrital de Tabapuã, nos autos da Ação Civil Pública n. 571/2003, ajuizada em face da Companhia de Saneamento Básico do Estado de São Paulo (SABESP), cujo dispositivo é o seguinte:

"Ante o exposto, JULGO PROCEDENTE o pedido para o fim de CONDENAR a ré: a) ao cumprimento de obrigação de não fazer consistente em abster-se de causar danos ao meio ambiente, lançando esgotos domésticos, industriais ou de quaisquer outras naturezas nos córregos referidos ou em quaisquer outros cursos-d'água, sem que tenham sido prévia e tecnicamente tratados, no prazo de 3 (três) meses, sob pena de multa diária no valor correspondente a 10 (dez) salários mínimos; b) ao pagamento de indenização pelo dano ambiental causado, em valor a ser apurado em liquidação de sentença e recolhido ao Fundo Estadual Especial de Despesas e Reparação dos Interesses Difusos" (Aviso n. 566-2006-PGJ, publicado no *DOE*, 7 nov. 2006).

Outra decisão importante do STJ sobre saneamento básico.

"*Administrativo. Processo civil. Ação Civil Pública. Rede de esgoto. Violação ao art. 45 da Lei n. 11.445/2007. Ocorrência. Discricionariedade da administração. Reserva do possível. Mínimo existencial.*

1. Cuida-se de ação civil pública ajuizada pelo Ministério Público do Estado do Rio Grande do Sul objetivando o cumprimento de obrigação de fazer consistente na instalação de rede de tratamento de esgoto, mediante prévio projeto técnico, e de responsabilidade por danos causados ao meio ambiente e à saúde pública.

2. Caso em que o Poder Executivo local manifestou anteriormente o escopo de regularizar o sistema de encanamento da cidade. A Câmara Municipal, entretanto, rejeitou a proposta.

3. O juízo de primeiro grau, cujo entendimento foi confirmado pelo Tribunal de origem, deu parcial procedência à ação civil pública — limitando a condenação à canalização em poucos pontos da cidade e limpeza dos esgotos a céu aberto. A medida é insuficiente e paliativa, poluindo o meio ambiente.

4. O recorrente defende que é necessária elaboração de projeto técnico de encanamento de esgotos que abarque outras áreas carentes da cidade.

5. O acórdão recorrido deu interpretação equivocada ao art. 45 da Lei n. 11.445/2007. No caso descrito, não pode haver discricionariedade do Poder Públi-

co na implementação das obras de saneamento básico. A não observância de tal política pública fere os princípios da dignidade da pessoa humana, da saúde e do meio ambiente equilibrado.

6. Mera alegação de ausência de previsão orçamentária não afasta a obrigação de garantir o mínimo existencial. O Município não provou a inexequibilidade dos pedidos da ação civil pública.

7. Utilizando-se da técnica hermenêutica da ponderação de valores, nota-se que, no caso em comento, a tutela do mínimo existencial prevalece sobre a reserva do possível. Só não prevaleceria, ressalta-se, no caso de o ente público provar a absoluta inexequibilidade do direito social pleiteado por insuficiência de caixa — o que não se verifica nos autos. Recurso Especial provido" (REsp 1.366.331-RS, STJ, 2ª T., rel. Min. Humberto Martins, v.u., j. 16-12-2014).

Essas decisões são importantes para demonstrar que a lei está sendo corretamente aplicada.

## 12. INFRAÇÕES ADMINISTRATIVAS E PENAIS

A infração administrativa está arrolada no art. 62, III, IV, V e VIII, do Decreto n. 6.514/2008, e a penal, no art. 54, § 2º, III e V, da Lei n. 9.605/98. V. também outras infrações penais nos arts. 270, § 1º, e 271 do CP.

# Capítulo IV
# Solo

## SOLO: CONCEITO E MODALIDADES DE POLUIÇÃO

O solo é um dos recursos naturais protegido pela Lei n. 6.938/81 (art. 3º,V) e pode ser conceituado como sendo a terra, o subsolo e seus recursos naturais, tais como flora, fauna, água, minérios, possibilitando o uso e a exploração para atender às necessidades humanas. No Brasil, a primeira norma protetiva do solo foi editada no dia 14 de julho de 1975 (Lei federal n. 6.225, que dispõe sobre discriminação, pelo Ministério da Agricultura, de regiões para execução obrigatória de planos de proteção ao solo e de combate à erosão e dá outras providências). Não há lei específica que proteja o solo de maneira ampla; perdem-se toneladas de terras anualmente por falta de regulamentação. Uma boa lei protetiva do solo deve levar em consideração os seguintes aspectos: a biodiversidade, as mudanças climáticas, a segurança alimentar e os direitos humanos.

No entanto, o solo vem sendo cada vez mais explorado e consequentemente degradado por causa da intervenção humana. Essa degradação ocorre pela emissão de todo tipo de poluente.

Assim, poluição do solo é causada pela agropecuária, resíduos sólidos, rejeitos perigosos, agrotóxicos, queimadas, mineração, cemitérios horizontais etc.

A disposição inadequada dos resíduos sólidos (lixo doméstico, industrial, hospitalar e nuclear) poderá causar danos ao solo, ao subsolo, ao ar atmosférico, às águas subterrâneas e superficiais, à flora, à fauna e à saúde humana. Poderá ainda causar incômodo ao sossego alheio pelo mau cheiro exalado do local. O mau uso de agrotóxicos e de rejeitos perigosos pode também contaminar o solo e os cursos de águas ribeirinhas. Tudo isso, aliado ao desmatamento, às queimadas, ao uso inadequado da terra e à seca, pode levar à desertificação. Tal fato foi constatado por dados colhidos por pesquisadores que indicaram que a situação mundial sobre processos de desertificação recai sobre 33% da Terra, onde vivem aproximadamente 2,6 bilhões de pessoas, número que corresponde a 42% da população mundial[1].

A Lei da Política Nacional do Meio Ambiente define poluição como a degradação da qualidade ambiental resultante de atividade que direta ou indiretamente lance matérias ou energia no solo em desacordo com os padrões ambientais estabelecidos.

---

1. Lívia Gaigher Bósio Campello, O problema da desertificação, *RDA, 45*:129, jan./mar. 2007.

Seção I
*Agropecuária*

## 1. AGROPECUÁRIA E POLUIÇÃO

A poluição do solo não ocorre somente nas áreas urbanas. Essa poluição se dá também e intensamente na esfera rural. A agricultura, como sabemos, é a atividade mais antiga do planeta. É dela que sai praticamente toda a nossa alimentação. A agropecuária (atividade agrícola e pecuária) transformou-se num grande negócio mundial e deve ser a responsável pela alimentação das pessoas e dos animais (agronegócio). Os dejetos de um suíno são seis vezes maiores que os do homem. Além disso, o desenvolvimento dessa atividade evoluiu tanto que o trabalho humano foi gradativamente substituído pelas máquinas, levando grande parte da população rural à busca de emprego nos grandes centros urbanos. A tecnologia está sendo utilizada para produzir cada vez mais alimentos em menos espaço de tempo, colocando em risco e saturando o próprio solo com sua exploração desenfreada. A mais grave consequência dos efeitos da atividade humana no solo é a erosão. Essa erosão é mais forte em solos mais frágeis, tais como o semiárido ou as montanhas. A pecuária e a agricultura são as responsáveis pela perda de terras dotadas de cobertura vegetal, a primeira, pelo desmatamento, e a segunda, pela utilização de produtos químicos. A utilização de agrotóxicos e/ou fertilizantes vem causando o empobrecimento do solo pela morte da biodiversidade e pelo excesso de elementos químicos prejudiciais ao solo, além de alterar a cadeia alimentar dos animais.

O solo vem perdendo biodiversidade ao longo do tempo. A saúde da terra está em perigo. A cadeia alimentar é importante para manter a terra saudável. É do solo que vem a maioria dos antibióticos. Estudos científicos alertam que o "oceano de terra" do planeta é um dos quatro maiores reservatórios de biodiversidade. Ele possui um terço de todos os organismos vivos, de acordo com o Centro de Pesquisas da União Europeia. Deste universo, somente 1% dos seus micro-organismos foi identificado. Por exemplo: uma colherada de terra pode conter bilhões de micróbios (divididos entre 5.000 tipos diferentes), assim como milhares de espécies de fungos e protozoários, além de nematódeos, ácaros e algumas espécies de cupim. Há, no dizer da bióloga Diana Wall, da Universidade Estadual de Colorado, uma pululante organização embaixo do chão, uma fábrica com terra, animais e micróbios, cada um com seu próprio papel. O ecossistema do solo é altamente evoluído e sofisticado. Ele processa o lixo orgânico, transformando-o em terra. Filtra e limpa grande parte da água e do ar ao reter poeiras e agentes patogênicos. A terra mantém o equilíbrio do $CO_2$ no ar, sendo o segundo maior depósito de carbono do planeta, atrás apenas dos oceanos. A utilização de arados, a erosão e outros fatores liberam o carbono na forma de $CO_2$ no ar, exacerbando ainda mais a mudança climática. As principais ameaças à vida no solo são: a) agricultura moderna — uso de pesticidas, herbicidas, nitrogênio sintético etc.; e b) impermeabilização nas áreas urbanas — destrói a vida da terra, causa poluição e chuva ácida etc. O problema não é regional, mas global. O uso intensivo para lavouras e pastagens destrói a camada superior do solo e causa a desertificação. Não se sabe ao certo como o aquecimento global contribuirá para a ameaça da biodiversidade. Uma coisa é certa, no dizer do cientista Eric Nelson, da Universidade Cornell, quanto maior é a biodiversidade do solo, menos doenças surgem nas plantas. O que fazer? É necessário preservar o solo, deixar que a vegetação morta se decomponha naturalmente, evitar a utilização de arados e de produtos químicos sintéticos e procurar utilizar adubo natural — minhoca, por exemplo[2].

Hoje, o agronegócio vem crescendo muito rapidamente e a luta pela terra passa a ser mais acirrada, colocando a proteção ambiental em segundo plano. Essa discussão foi levantada por ocasião da aprovação do novo Código Florestal. Não houve consenso, pois os ambientalistas não abriram mão dos espaços conquistados pelos Códigos Florestais anteriores, com base na aplicação do princípio do não retrocesso. O novo Código invadiu mais espaços para a plantação e a pecuária, sem recuperar as áreas já degradadas, sem regularizar as áreas ocupadas de maneira irregular, isentando as penalidades anteriormente aplicadas pelos órgãos públicos, além de reduzir as matas ciliares que protegem os rios.

## 2. PROTEÇÃO LEGAL

A política agrícola está prevista nos arts. 184 a 191 da CF. Estes dispositivos foram regulamentados, essencialmente, pela Lei n. 8.171, de 17 de janeiro de 1991. A função social é cumprida quando a propriedade rural atende, simultaneamente, segundo critérios e graus de exigências estabelecidos em lei, aos seguintes requisitos: a) aproveitamento racional e adequado; b) utilização adequada dos recursos naturais disponíveis e preservação do meio ambiente; c) observância das disposições que regulam as relações de trabalho; e d) exploração que favoreça o bem-estar dos proprietários e dos trabalhadores (art. 186 da CF).

Como podemos perceber, o proprietário rural, para cumprir a função social da propriedade, deverá utilizar-se dos recursos naturais racionalmente, preservar o meio ambiente e respeitar a legislação ambiental existente.

Assim, o solo agrícola é protegido pela Lei n. 12.651, de 25 de maio de 2012, o novo Código Florestal, e pela Lei n. 8.171, de 17 de janeiro de 1991, que dispõe sobre a política agrícola e fixa os fundamentos, define os objetivos e as competências institucionais, prevê os recursos e estabelece as ações e instrumentos da política agrí-

---

2. Helena Montana, Solo perde biodiversidade, The New York Times, *Folha de S.Paulo*, 20 maio 2013, p. 1 e 2.

cola, relativamente às atividades agropecuárias, agroindustriais e de planejamento das atividades pesqueira e florestal.

A atividade agrícola pode ser definida como a produção, o processamento e a comercialização de produtos, subprodutos e derivados, serviços e insumos agrícolas, pecuários, pesqueiros e florestais (*v.* também a Lei n. 10.711/2003, que dispõe sobre o Sistema Nacional de Sementes e Mudas, e a Lei n. 10.831/2003, que dispõe sobre o Sistema Orgânico de Produção Agropecuária).

Trata-se de uma lei relativamente longa, contendo 108 artigos distribuídos em 23 capítulos, abordando variados temas relacionados à agricultura e à pecuária.

Visando à preservação ambiental, a presidente da República promulgou a Lei n. 12.512, de 14 de outubro de 2011, instituindo o Programa de Apoio à Conservação Ambiental e o Programa de Fomento às Atividades Produtivas Rurais, com os seguintes objetivos: I — incentivar a conservação dos ecossistemas, entendida como sua manutenção e uso sustentável; II — promover a cidadania, a melhoria das condições de vida e a elevação da renda da população em situação de extrema pobreza que exerça atividades de conservação dos recursos naturais no meio rural nas áreas definidas no art. 3º da citada lei; e III — incentivar a participação de seus beneficiários em ações de capacitação ambiental, social, educacional, técnica e profissional. A execução do Programa de Apoio à Conservação Ambiental ficará sob a responsabilidade do Ministério do Meio Ambiente, ao qual caberá definir as normas complementares do Programa (art. 1º, parágrafo único, da citada lei).

## 3. POLÍTICA AGRÍCOLA

A política agrícola fundamenta-se nos seguintes pressupostos: a) a atividade agrícola compreende processos físicos, químicos e biológicos, em que os recursos naturais envolvidos devem ser utilizados e gerenciados, subordinando-se às normas e aos princípios de interesse público, de forma que seja cumprida a função social e econômica da propriedade; b) o setor agrícola é constituído por segmentos como: produção, insumos, agroindústria, comércio, abastecimento e afins, os quais respondem diferenciadamente às políticas públicas e às forças de mercado; c) como atividade econômica, a agricultura deve proporcionar, aos que a ela se dediquem, rentabilidade compatível com a de outros setores da economia; d) o adequado abastecimento alimentar é condição básica para garantir a tranquilidade social, a ordem pública e o processo de desenvolvimento econômico-social; e) a produção agrícola ocorre em estabelecimentos rurais heterogêneos quanto à estrutura fundiária, condições edafoclimáticas, disponibilidade de infraestrutura, capacidade empresarial, níveis tecnológicos e condições sociais, econômicas e culturais; e f) o processo de desenvolvimento agrícola deve proporcionar ao homem do campo o acesso aos serviços essenciais: saúde, educação, segurança pública, transporte, eletrificação, comunicação, habitação, saneamento, lazer e outros benefícios sociais (art. 2º da Lei n. 8.171/91).

Esta lei fixa os fundamentos, define os objetivos e as competências institucionais, prevê os recursos e estabelece as ações e instrumentos da política agrícola, relativamente às atividades agropecuárias, agroindustriais e de planejamento das atividades pesqueira e florestal. Seu objetivo é a proteção do meio ambiente, a garantia de seu uso racional e o estímulo à recuperação dos recursos naturais (art. 3º, IV, da Lei n. 8.171/91).

A pesquisa agrícola deverá observar as características regionais e gerar tecnologias voltadas para a sanidade animal e vegetal, respeitando a preservação da saúde e do meio ambiente (art. 12, IV, da Lei n. 8.171/91).

Enfim, a norma agrícola fixa os fundamentos, define os objetivos e as competências institucionais, prevê os recursos e estabelece as ações e instrumentos da política agrícola, relativamente às atividades agropecuárias, agroindustriais e de planejamento das atividades pesqueira e florestal.

Recentemente, o governo federal baixou o Decreto n. 7.794, de 20 de agosto de 2012, que instituiu a Política Nacional de Agroecologia e Produção Orgânica. Visa-se com isso integrar, articular e adequar políticas, programas e ações indutoras da transição agroecológica e da produção orgânica e de base agroecológica, contribuindo para o desenvolvimento sustentável e a qualidade de vida da população, por meio do uso sustentável dos recursos naturais e da oferta e consumo de alimentos saudáveis. A Política Nacional será implementada pela União em regime de cooperação com Estados, Distrito Federal e Municípios, organizações da sociedade civil e outras entidades privadas (art. 1º, parágrafo único, do citado decreto).

O Ministério da Agricultura, em parceria com o setor produtivo, desenvolveu o Plano ABC — Plano Setorial de Mitigação e Adaptação às Mudanças Climáticas para a Consolidação de uma Economia de Baixa Emissão de Carbono na Agricultura. Com vigência entre 2010 e 2020, o Plano ABC contempla sete programas: recuperação de pastagens degradadas, integração lavoura-pecuária-floresta e sistemas agroflorestais, sistema plantio direto, fixação biológica do nitrogênio, florestas plantadas, tratamento de dejetos animais e adaptação às mudanças climáticas. Dos sete programas, seis envolvem diretamente tecnologias de mitigação das mudanças climáticas e um prevê ações de adaptações às alterações do clima. São ações importantes na esfera agropecuária, que podem ajudar a minimizar o clima global.

Vejamos a seguir a disposição e o tratamento dos resíduos sólidos, mais especificamente, na área urbana.

## Seção II
### Resíduos sólidos

### 1. RESÍDUOS SÓLIDOS E POLUIÇÃO

Não há uniformização do conceito de resíduos sólidos na legislação federal e estadual nem sequer na própria doutrina. No entanto, trazemos, a título informativo, alguns conceitos para o nosso estudo.

A Lei n. 12.305/2010, que trata da Política Nacional dos Resíduos Sólidos — PNRS, define resíduo sólido como o material, substância, objeto ou bem descartado resultante de atividades humanas em sociedade, a cuja destinação final se procede, se propõe proceder ou se está obrigado a proceder, nos estados sólido ou semissólido, bem como gases contidos em recipientes e líquidos cujas particularidades tornem inviável o seu lançamento na rede pública de esgotos ou em corpos d'água, ou exijam para isso soluções técnica ou economicamente inviáveis em face da melhor tecnologia disponível (art. 3º, XVI).

O conceito legal, como se vê, equipara-se ao conceito doutrinário. Vejamos suas semelhanças e dissemelhanças.

*Poluição por resíduos sólidos* é aquela causada pelas "descargas de materiais sólidos, incluindo resíduos sólidos de materiais provenientes de operações industriais, comerciais e agrícolas e de atividades da comunidade, mas não inclui materiais sólidos ou dissolvidos nos esgotos domésticos ou outros significativos poluentes existentes nos recursos hídricos, tais como a lama, resíduos sólidos dissolvidos ou suspensos na água, encontrados nos efluentes industriais, e materiais dissolvidos nas correntes de irrigação ou outros poluentes comuns da água"[3]. Este conceito também se encontra expresso no art. 1º da Resolução n. 5/93, do CONAMA. Em outras palavras, resíduos sólidos são os lixos e os refugos despejados em locais inapropriados. Assim, podemos classificar os resíduos sólidos urbanos em: a) *domiciliar* (residenciais, feiras livres e mercados, comerciais etc.); b) *hospitalar*[4] (hospitais, clínicas, casas de detenção, aeroportos, medicamentos vencidos etc.); c) *varrição de logradouros públicos*; d) *outros* (limpeza de lixeiras e de bueiros, podas de árvores, corpos de animais, documentos, terra, entulhos etc.); e) *terceiros* (resíduos industriais não tóxicos ou perigosos — classes II e III da NBR n. 10.004 da ABNT).

*Resíduo* é todo material resultante das atividades diárias do homem que vive em sociedade e pode ser encontrado nos estados sólido, líquido e gasoso. Como exemplo de lixo, temos as sobras de alimentos, embalagens, papéis, plásticos e tantos outros. Um dado ainda não esperado é a presença de lixo no polo Norte. Amostras coletadas por pesquisadora britânica revelam resquícios de material pela primeira vez na região, mais precisamente no Mar de Barents, a 1.300 km do polo Norte. Este lixo foi trazido, provavelmente, de regiões populosas pela corrente do Golfo[5].

---

3. Paulo Affonso Leme Machado, *Direito*, cit., p. 462.

4. A Secretaria Estadual do Meio Ambiente (SMA) baixou a Resolução n. 31, de 22 de julho de 2003, dispondo sobre procedimentos para o gerenciamento e licenciamento ambiental de sistemas de tratamento e disposição final de resíduos de serviços de saúde humana e animal no Estado de São Paulo.

5. Claudio Angelo, Estudo acha plástico em mar do polo Norte, *Folha de S. Paulo*, Ciência, 6 set. 2011, p. C-13.

A definição de resíduo como material inservível e não aproveitável é, na atualidade, com o crescimento da indústria da reciclagem, considerada relativa, pois um resíduo poderá ser inútil para algumas pessoas e, ao mesmo tempo, útil e aproveitável para outras. *Resíduo*, como vimos, é aproveitável ou suscetível de reciclagem enquanto o *rejeito* é inaproveitável, portanto, deverá ter um destino adequado por não ser reciclável.

## 2. INSTRUMENTOS LEGAIS DE CONTROLE DA DISPOSIÇÃO DOS RESÍDUOS SÓLIDOS

A disposição dos resíduos sólidos está relacionada à limpeza pública. Esta, por sua vez, é uma questão de saúde pública. Compete, contudo, à União, aos Estados e ao Distrito Federal legislar, fixando diretrizes gerais, sobre a defesa e a proteção da saúde (art. 24, XII, da CF). No entanto, a tarefa de limpeza pública é atribuída aos Municípios, nos termos do art. 30, I, da CF.

Vê-se, pois, que o enfoque dado aos resíduos sólidos está relacionado à saúde pública. O primeiro instrumento legal deu-se com o advento da Lei n. 2.312, de 3 de setembro de 1954, que dispunha sobre a coleta, o transporte e o destino do lixo, do ponto de vista da proteção da saúde e do bem-estar social, lei regulamentada pelo Decreto n. 49.974-A, de 21 de janeiro de 1961. Posteriormente, o então Ministério do Interior, por meio da Portaria n. 53, de 10 de março de 1979, estabeleceu critérios para a disposição de resíduos sólidos. Compete, ainda, aos Estados exigir o estudo prévio de impacto ambiental (EPIA/RIMA) do local onde se pretende a implantação de aterro sanitário.

Somente em 2010 é que o Poder Público criou a Política Nacional dos Resíduos Sólidos — PNRS por meio da Lei n. 12.305, de 2 de agosto de 2010, a qual foi regulamentada pelo Decreto n. 7.404, de 23 de dezembro de 2010.

Com base em sua competência legislativa, o Estado de São Paulo criou a Lei n. 12.300/2006, que institui a Política Estadual de Resíduos Sólidos e define princípios e diretrizes, objetivos, instrumentos para a gestão integrada e compartilhada de resíduos sólidos, com vistas à prevenção e ao controle da poluição, à proteção e à recuperação da qualidade do meio ambiente e à promoção da saúde pública, assegurando o uso adequado dos recursos ambientais no Estado de São Paulo. Esta lei foi regulamentada pelo Decreto n. 54.645, de 8 de agosto de 2009.

Como podemos ver, a legislação paulista sobre resíduos sólidos saiu na frente, mas será sempre bem-vinda a lei federal, pois estabelece parâmetros eficientes para todo o país.

## 3. POLÍTICA NACIONAL DE RESÍDUOS SÓLIDOS — PNRS

Tramitou na Câmara dos Deputados, durante 19 anos, o Projeto de Lei n. 203/91, que dispunha sobre a Política Nacional de Resíduos Sólidos — PNRS.

Referido projeto transformou-se na Lei n. 12.305, de 2 de agosto de 2010. Sua aprovação na Câmara foi comemorada pelas cooperativas de produtos recicláveis, empresários, ONGs ambientais, entidades setoriais de reciclagem, representantes do governo e parlamentares. Foi um momento histórico e emocionante. Como o consumo aumentou acentuadamente, a coleta, o acondicionamento, o tratamento, o transporte e o destino final dos resíduos se tornaram mais complexos, havendo a necessidade de adotar medidas mais efetivas na esfera nacional. Citamos, por exemplo, algumas propostas da gestão dos resíduos: responsabilidade compartilhada; gestão integrada; inventário; sistema declaratório anual; acordos setoriais; ciclo de vida do produto; não geração, redução, reutilização, reciclagem e tratamento dos resíduos, bem como disposição final ambientalmente adequada dos rejeitos; logística reversa; princípios do direito ambiental; elaboração de planos de gestão (na esfera nacional, nos Estados e Municípios) e de gerenciamento (pelo setor empresarial); e o destaque para a inclusão social pelo fortalecimento das cooperativas de catadores.

Havia muitas Resoluções do CONAMA tratando da logística reversa de maneira esparsa em relação aos pneus, embalagens de agrotóxicos, por exemplo, bem como a Lei estadual n. 10.888, de 20 de setembro de 2001, que cuidava sobre o descarte final de produtos potencialmente perigosos do resíduo urbano que continham metais pesados. Mas o principal avanço foi a sistematização da legislação esparsa.

A Lei da PNRS teve por objetivo principal a substituição dos lixões por aterros sanitários até o ano de 2014. No entanto, os municípios deverão elaborar, até agosto de 2011, seus planos de gestão de resíduos. Um dos desafios é a responsabilidade compartilhada dos resíduos entre os envolvidos na cadeia produtiva, os quais deverão ampliar e melhorar a produtividade da coleta seletiva.

O governo deverá, além disso, estimular projetos compartilhados entre municípios e Estados e a iniciativa intermunicipal. Uma das orientações será a criação de autarquias municipais ou intermunicipais de gestão de resíduos. Deverá haver estímulo por parte do governo para que os aterros não voltem a se transformar em lixões, tais como: aproveitamento do metano para a produção de energia e a criação de estímulos fiscais.

A gestão de resíduos sólidos vai mexer em toda a estrutura das empresas e, com isso, muda a atuação do contador também. Os resíduos passarão a fazer parte do processo empresarial, afetando fortemente as finanças, afirmou Cláudio Frankenberg, ex-presidente e atual integrante da Câmara Técnica Permanente de Resíduos Sólidos do Rio Grande do Sul. Engenheiro químico e professor universitário, Frankenberg esteve presente na última reunião da entidade, que ocorreu no dia 30 de março de 2011. Na oportunidade, os membros conversaram sobre como a política nacional refletirá na esfera local.

Procura-se, com esta lei, dar destino diverso ao aterro sanitário, quando possível. É a reciclagem o ponto principal. A coleta seletiva deve ser feita prioritariamente por cooperativas de catadores. O Brasil possui 5.564 municípios e 61% deles não deram destinação adequada ao lixo. E somente 12% do lixo é reciclado.

Atualmente, o Brasil vem importando lixo! Entre 2008 e 2009, o Brasil gastou R$ 485 milhões para comprar do exterior toneladas de papelão, plásticos, alumínio e outros insumos reciclados. O IPEA calcula que o Brasil poderá ganhar cerca de R$ 8 bilhões por ano com este sistema.

Em resumo, estes são os principais aspectos positivos da lei: a) incentiva a não geração, redução, reutilização, reciclagem, tratamento e disposição do lixo; b) prioriza a reciclagem (governo federal deve investir R$ 1,5 bilhão na coleta seletiva); c) responsabiliza as empresas pelo recolhimento de produtos descartáveis (logística reversa); d) estabelece integração de municípios na gestão dos resíduos; e) responsabilidade compartilhada entre a sociedade, empresas, União, governos estaduais e prefeituras pela geração e manejo dos resíduos; f) mudança de padrão de consumo; g) incentiva a criação de cooperativa etc.

Essa lei teve por objetivo acabar com os lixões em todo o Brasil e divulgar a importância da necessidade da reciclagem. Isso implica a diminuição do uso dos recursos naturais (água e energia, por exemplo) no processo de produção de novos produtos. Assim, os empresários, governo e população terão até 2014 para se adequar às novas normas, dentre elas, a extinção dos lixões a céu aberto e aterros sanitários irregulares, dando-se prioridade à coleta seletiva. Este prazo é de quatro anos. Todos deverão participar para que as cidades possam se adequar à nova legislação. Para isso, será necessário fazer a triagem dos materiais recicláveis para a coleta seletiva, garantindo a geração de emprego e renda para catadores de materiais recicláveis.

Haverá, no entanto, muita dificuldade na implementação desta lei, pois a "máfia do lixo" vai tentar impedir de qualquer maneira a sua aplicabilidade. As empresas ganham por tonelada, razão pela qual não possuem interesse na reciclagem, pois diminuiria o seu faturamento. Estas são uma das causas para o desestímulo quanto à reciclagem, a qual não chega a 1% de todo o lixo recolhido no Brasil. No Paraná, por exemplo, há 3 milhões de habitantes, a licitação geralmente é feita a longo prazo (20 anos, por exemplo), ao custo de R$ 1 bilhão por ano. Só 10% dos resíduos são reciclados. A título ilustrativo, o custo da coleta dos resíduos está em torno de R$ 30 a R$ 120 por tonelada. Levando-se em conta o dado do IBGE de 2002, o Brasil produz 230 mil toneladas/dia, o valor final pode atingir de R$ 4 a 5 bilhões (fora o custo da disposição em aterros). Calcula-se, por fim, que 25 mil pessoas moram nos lixões.

O IPEA publicou em abril de 2012 nova pesquisa sobre a situação atual da disposição do lixo no Brasil e constatou que a quantidade de resíduos encaminhados aos lixões já vinha diminuindo. De 45.484 t, por dia, em 2000 passou para 37.360 t em 2008. Neste mesmo período, dobrou o volume de lixo levado aos aterros sanitários (de 49.614 t para 110.044 t por dia). Os aterros ditos "controlados" — antigos lixões — também aumentaram. No entanto, houve um ligeiro progresso nas cidades de pequeno porte, mas ainda restam cerca de 2.900 lixões que sobrevivem em 2.810

municípios brasileiros. No Estado de São Paulo, 24% do lixo vai para locais impróprios, segundo informa a CETESB. Em dados de 2011, 153 cidades paulistas possuem depósitos fora do padrão[6]. O desafio é a extinção dos lixões até 2014. Até lugares protegidos estão tendo problemas com a disposição correta do lixo. Na praia da Cacimba do Padre, em Fernando de Noronha, o cheiro de lixo incomoda os visitantes[7].

Há a necessidade, diante disso, de cobrar do poder público a aplicação da lei, em sua plenitude, senão poderá cair no esquecimento. Seu art. 54 remete ao ano de 2014 a disposição final ambientalmente adequada dos rejeitos, prevista no § 1º do art. 9º. Caso não se cumpra tal prazo, não haverá nenhuma penalidade. A lei gira em torno de estudos, elaboração de planos de gerenciamento, coleta de dados, mas sem avanço no que tange à destinação correta dos resíduos.

São dados alarmantes.

## 3.1. Objeto e campo de aplicação

A Lei n. 12.305, de 2 de agosto de 2010, instituiu a Política Nacional de Resíduos Sólidos. Referida lei contém 57 artigos, assim distribuídos: das definições, dos princípios, dos objetivos, dos instrumentos, das diretrizes e dos planos, além da responsabilidade dos geradores e do poder público, dos resíduos perigosos, dos instrumentos econômicos, das proibições e das disposições transitórias e finais.

Estão sujeitos à lei as pessoas físicas ou jurídicas, de direito público ou privado, responsáveis, direta ou indiretamente, pela geração de resíduos sólidos, e as que desenvolvam ações relacionadas à gestão integrada ou ao gerenciamento de resíduos sólidos.

Aplicam-se aos resíduos sólidos, além do disposto nesta lei, nas Leis n. 11.445, de 5 de janeiro de 2007, 9.974, de 6 de junho de 2000, e 9.966, de 28 de abril de 2000, as normas estabelecidas pelos órgãos do Sistema Nacional do Meio Ambiente (SISNAMA), do Sistema Nacional de Vigilância Sanitária (SNVS), do Sistema Unificado de Atenção à Sanidade Agropecuária (SUASA) e do Sistema Nacional de Metrologia, Normalização e Qualidade Industrial (SINMETRO).

Percebe-se a íntima ligação entre a Política Nacional dos Resíduos Sólidos — PNRS (Lei n. 12.305/2010) e a Política Nacional de Saneamento Básico — PNSB (Lei n. 11.445/2007). A lei da PNSB trata de água, esgoto, limpeza e drenagem e estabelece, em seus planos, prazos e obrigações. Esta lei está sob a supervisão do Ministério das Cidades, enquanto a lei da PNRS está sob a égide do Ministério do Meio Ambiente. Ela não se aplica aos rejeitos radioativos, que são regulados por legislação específica.

---

6. Lixo no lugar certo, *Folha de S.Paulo*, Editorial, 9 maio 2012, p. A-2.

7. Giuliana Miranda, Noronha sofre com lixo fora de controle, *Folha de S.Paulo*, Ciência, 28 fev. 2011, p. C-9.

Referida lei foi regulamentada pelo Decreto n. 7.404, de 23 de dezembro de 2010, que criou o Comitê Interministerial da Política Nacional de Resíduos Sólidos e o Comitê Orientador para a Implantação dos Sistemas de Logística Reversa. Trata-se de um marco regulatório histórico devido ao tempo que ficou tramitando na Câmara dos Deputados.

## 3.2. Princípios

Os princípios são utilizados para fundamentar a decisão do magistrado, bem como a ACP proposta pelo Ministério Público e/ou Associação Civil, e devem também ser observados pelo legislador por ocasião da elaboração de uma lei ambiental. A maioria dos princípios já era conhecida pela doutrina e alguns deles encontram-se inseridos em algumas leis esparsas. Destacamos aqui o princípio do protetor-recebedor e o da ecoeficiência. São dois princípios novos e desconhecidos pela doutrina, mas perfeitamente aplicáveis ao caso concreto. O princípio do protetor-recebedor é aplicável à logística reversa, passando os integrantes da cadeia produtiva a dar o destino correto aos resíduos por eles produzidos ou comercializados. Não deve ficar de fora, no nosso entender, o consumidor final. Relaciona-se diretamente à gestão e ao gerenciamento dos recursos ambientais. Deverá haver incentivos a quem protege. Já o princípio da ecoeficiência é autoexplicativo: É a compatibilização entre fornecimento, a preços competitivos, de bens e serviços qualificados que satisfaçam as necessidades humanas e tragam qualidade de vida e a redução do impacto ambiental do consumo de recursos naturais a um nível, no mínimo, equivalente à capacidade de sustentação estimada do planeta. Em outras palavras, relaciona-se ao aproveitamento máximo dos recursos naturais na produção de determinado bem, extraindo-se o máximo sem desperdício, ou seja, "realizar mais com menos". As embalagens, por exemplo, devem ser fabricadas com materiais que propiciem a reutilização ou a reciclagem (art. 32 da Lei n. 12.305/2010). Os resíduos são considerados bens econômicos de valor social, pois proporcionarão emprego, renda e senso de cidadania aos catadores.

Arrolamos a seguir os princípios da PNRS: a) prevenção e precaução; b) poluidor-pagador e protetor-recebedor; c) visão sistêmica, na gestão dos resíduos sólidos, que considere as variáveis ambiental, social, cultural, econômica, tecnológica e de saúde pública; d) desenvolvimento sustentável; e) ecoeficiência, mediante a compatibilização entre fornecimento, a preços competitivos, de bens e serviços qualificados que satisfaçam as necessidades humanas e tragam qualidade de vida e a redução do impacto ambiental e do consumo de recursos naturais a um nível, no mínimo, equivalente à capacidade de sustentação estimada do planeta; f) cooperação entre as diferentes esferas do poder público, o setor empresarial e demais segmentos da sociedade; g) responsabilidade compartilhada pelo ciclo de vida dos produtos; h) reconhecimento do resíduo sólido reutilizável e reciclável como um bem econômico e de valor social, gerador de trabalho e renda e promotor de cidadania; i) respeito às diversidades locais e regionais; j) direito da sociedade à informação e ao controle social; e k) razoabilidade e proporcionalidade (art. 6º da Lei n. 12.305/2010). Trata-se, como se vê, de uma multiplicidade de princípios que devem ser respeitados e observados por ocasião da aplicação da lei.

### 3.3. Objetivos

Os objetivos são as metas que se pretende atingir com a lei. Tais metas, como se vê, estão voltadas à proteção do meio ambiente e da saúde humana.

Arrolamos os seguintes objetivos da PNRS: a) proteção da saúde pública e da qualidade ambiental; b) não geração, redução, reutilização, reciclagem e tratamento dos resíduos sólidos, bem como disposição final ambientalmente adequada dos rejeitos; c) estímulo à adoção de padrões sustentáveis de produção e consumo de bens e serviços; d) adoção, desenvolvimento e aprimoramento de tecnologias limpas como forma de minimizar impactos ambientais; e) redução do volume e da periculosidade dos resíduos perigosos; f) incentivo à indústria da reciclagem, tendo em vista fomentar o uso de matérias-primas e insumos derivados de materiais recicláveis e reciclados; g) gestão integrada de resíduos sólidos; h) articulação entre as diferentes esferas do poder público, e destas com o setor empresarial, com vistas à cooperação técnica e financeira para gestão integrada de resíduos sólidos; i) capacitação técnica continuada na área de resíduos sólidos; j) regularidade, continuidade, funcionalidade e universalização da prestação dos serviços públicos de limpeza urbana e de manejo de resíduos sólidos, com adoção de mecanismos gerenciais e econômicos que assegurem a recuperação dos custos dos serviços prestados, como forma de garantir suas sustentabilidades operacionais e financeira, observada a Lei n. 11.445/2007; k) prioridade, nas aquisições e contratações governamentais, para: 1) produtos reciclados e recicláveis; e 2) bens, serviços e obras que considerem critérios compatíveis com padrões de consumo social e ambientalmente sustentáveis; l) integração dos catadores de materiais reutilizáveis e recicláveis nas ações que envolvam a responsabilidade compartilhada pelo ciclo de vida dos produtos; m) estímulo à implementação da avaliação do ciclo de vida do produto; n) incentivo ao desenvolvimento de sistemas de gestão ambiental e empresarial voltados para a melhoria dos processos produtivos e ao reaproveitamento dos resíduos sólidos, incluídos a recuperação e o aproveitamento energético; e o estímulo à rotulagem ambiental e ao consumo sustentável (art. 7º da Lei n. 12.305/2010).

### 3.4. Instrumentos

Os instrumentos são os meios materiais utilizados pelo Poder Público para fazer valer seus objetivos. É a materialização das metas previamente estabelecidas nos planos e normas ambientais. Destaca-se, dentre os instrumentos, a coleta seletiva. Isso proporcionará dignidade e respeito aos catadores.

Arrolamos os seguintes instrumentos da PNRS: a) planos de resíduos sólidos; b) inventários e o sistema declaratório anual de resíduos sólidos; c) coleta seletiva, os sistemas de logística reversa e outras ferramentas relacionadas à implementação da responsabilidade compartilhada pelo ciclo de vida dos produtos; d) incentivo à criação e ao desenvolvimento de cooperativas ou de outras formas de associação de catadores de materiais reutilizáveis e recicláveis; e) monitoramento e fiscalização ambiental, sanitária e agropecuária; f) cooperação técnica e financeira entre os setores público e privado para o desenvolvimento de pesquisas de novos produtos, métodos, processos e tecnologias de gestão, reciclagem, reutilização, tratamento de resíduos e disposição final ambientalmente adequada de rejeitos; g) pesquisa científica e tecnológica; h) educação ambiental; i) incentivos fiscais, financeiros e creditícios; j) Fundo Nacional do Meio Ambiente e Fundo Nacional de Desenvolvimento Científico e Tecnológico; k) Sistema Nacional de Informações sobre a Gestão dos Resíduos Sólidos (SINIR); l) Sistema Nacional de Informações em Saneamento Básico (SINISA); m) conselhos de meio ambiente e, no que couber, os de saúde; n) órgãos colegiados municipais destinados ao controle social dos serviços de resíduos sólidos urbanos; o) Cadastro Nacional de Operadores de Resíduos Perigosos; p) acordos setoriais; q) no que couber, os instrumentos da Política Nacional de Meio Ambiente, dentre eles: 1) os padrões de qualidade ambiental; 2) Cadastro Técnico Federal de Atividades Potencialmente Poluidoras ou Utilizadoras de Recursos Ambientais; 3) Cadastro Técnico Federal de Atividades e Instrumentos de Defesa Ambiental; 4) avaliação de impactos ambientais; 5) Sistema Nacional de Informação sobre Meio Ambiente (SINIMA); e 6) licenciamento e a revisão de atividades efetiva ou potencialmente poluidoras; r) termos de compromisso e os termos de ajustamento de conduta; s) incentivo à adoção de consórcios ou de outras formas de cooperação entre os entes federados, com vistas à elevação das escalas de aproveitamento e à redução dos custos envolvidos (art. 8º da Lei n. 12.305/2010).

### 3.5. Diretrizes e classificação

Na gestão e gerenciamento de resíduos sólidos, deve ser observada a seguinte ordem de prioridade: não geração, redução, reutilização, reciclagem, tratamento dos resíduos sólidos e disposição final ambientalmente adequada dos rejeitos. Poderão ser utilizadas tecnologias visando à recuperação energética dos resíduos sólidos urbanos, desde que tenha sido comprovada sua viabilidade técnica e ambiental e com a implantação de programa de monitoramento de emissão de gases tóxicos aprovado pelo órgão ambiental. A Política Nacional de Resíduos Sólidos e as Políticas de Resíduos Sólidos dos Estados, do Distrito Federal e dos Municípios serão compatíveis com o disposto no *caput* e no § 1º do art. 9º e com as demais diretrizes estabelecidas na lei (art. 9º, §§ 1º e 2º, da Lei n. 12.305/2010).

Os resíduos sólidos são classificados: a) quanto à origem; e b) quanto à periculosidade.

Quanto à *origem* são: a) resíduos domiciliares: os originários de atividades domésticas em residências urbanas; b) resíduos de limpeza urbana: os originários da varrição, limpeza de logradouros e vias públicas e outros serviços de limpeza urbana; c) resíduos sólidos urbanos: os englobados nas alíneas *a* e *b*; d) resíduos de estabelecimentos comerciais e prestadores de serviços: os gerados nessas atividades, excetuados os referidos nas alíneas *b*, *e*, *g*, *h* e *j*; e) resíduos dos serviços públicos de saneamento básico: os gerados nessas atividades, excetuados os referidos na alínea *c*; f) resíduos industriais: os gerados nos processos produtivos e instalações industriais; g) resíduos de serviços de saúde: os gerados nos serviços de saúde, conforme definido em regulamento ou em normas estabelecidas pelos órgãos do SISNAMA e do SNVS; h) resíduos da construção civil: os gerados nas construções, reformas, reparos e demolições de obras de construção civil, incluídos os resultantes da preparação e escavação de terrenos para obras civis; i) resíduos agrossilvopastoris: os gerados nas atividades agropecuárias e silviculturais, incluídos os relacionados a insumos utilizados nessas atividades; j) resíduos de serviços de transportes: os originários de portos, aeroportos, terminais alfandegários, rodoviários e ferroviários e passagens de fronteira; k) resíduos de mineração: os gerados na atividade de pesquisa, extração ou beneficiamento de minérios (art. 13, I, da Lei n. 12.305/2010).

Quanto à *periculosidade* são: a) resíduos perigosos: aqueles que, em razão de suas características de inflamabilidade, corrosividade, reatividade, toxicidade, patogenicidade, carcinogenicidade, teratogenicidade e mutagenicidade, apresentam significativo risco à saúde pública ou à qualidade ambiental, de acordo com lei, regulamento ou norma técnica; b) resíduos não perigosos: aqueles não enquadrados na alínea *a* (art. 13, II, da Lei n. 12.305/2010).

Ressalte-se que, respeitado o disposto no art. 20, os resíduos referidos na alínea *d* do inciso I do *caput*, se caracterizados como não perigosos, podem, em razão de sua natureza, composição ou volume, ser equiparados aos resíduos domiciliares pelo poder público municipal (art. 13, parágrafo único, da Lei n. 12.305/2010).

## 3.6. Planos

Os planos deverão ser elaborados pela União, Estados e Municípios, e articulados entre si, com prazos, estratégias, competências preestabelecidos na lei. A legislação exige um conteúdo mínimo para cada plano. Além disso, a articulação e a integração serão realizadas entre o Poder Público, setores empresariais e a coletividade, observando-se as informações armazenadas no Sistema Nacional de Informação de Resíduos Sólidos — SINIR, Sistema Nacional de Informações em Saneamento Básico — SINISA e Sistema Nacional de Informações sobre Meio Ambiente — SINIMA.

Os planos conterão obrigações a serem cumpridas sem as quais não serão beneficiados por investimentos públicos (acesso a recursos da União), podendo ainda ser estabelecidos com possibilidade de formação de consórcios públicos entre Municípios para atingir os objetivos, nos termos da Lei federal n. 11.107/2005, que dispõe sobre normas gerais de contratação de consórcios públicos. Há muitos municípios pobres que não possuem recursos suficientes para implantar um aterro sanitário, por exemplo, razão pela qual a solução seria a formação de consórcios.

Os planos municipais são os mais importantes. Compete aos municípios a execução efetiva dos objetos estabelecidos na lei.

São planos de resíduos sólidos: a) Plano Nacional de Resíduos Sólidos; b) planos estaduais de resíduos sólidos; c) planos microrregionais de resíduos sólidos e os planos de resíduos sólidos de regiões metropolitanas ou aglomerações urbanas; d) planos intermunicipais de resíduos sólidos; e) planos municipais de gestão integrada de resíduos sólidos; e f) planos de gerenciamento de resíduos sólidos. Fica assegurada ampla publicidade ao conteúdo dos planos de resíduos sólidos, bem como controle social em sua formulação, implementação e operacionalização, observado o disposto na Lei n. 10.650, de 16 de abril de 2003, e no art. 47 da Lei n. 11.445, de 2007 (art. 14 e parágrafo único da Lei n. 12.305/2010).

Os planos deverão respeitar as seguintes normas em ordem cronológica: a) Lei federal n. 11.455/2007; b) Decreto federal n. 7.217/2010; c) Lei estadual n. 12.300/2006; d) Decreto estadual n. 54.645/2009; e) Lei n. 12.305/2010; e f) Decreto federal n. 7.404/2010.

O novo Plano Municipal de Resíduos Sólidos, lançado pela Prefeitura de São Paulo, no início de abril de 2014, prevê o aumento da reciclagem de 1,8% para 10% até 2016. Ela pretende levar a coleta seletiva para todos os bairros e estimular a transformação de lixo orgânico em adubo. Há metas traçadas até 2034. Até lá, a expectativa é de que o reaproveitamento atinja 70%. Para o cumprimento dessa meta, a prefeitura pretende ampliar a circulação de caminhões de coleta seletiva, que hoje atendem a apenas 42% dos domicílios da cidade, e trocar o modelo de pequenas cooperativas por grandes centrais mecanizadas. A inauguração de quatro delas está prevista para 2016. Sua capacidade aumentará em mil toneladas/dia[8].

## 3.7. Logística reversa, ciclo de vida do produto, acordo setorial e responsabilidade compartilhada

A logística reversa é o instrumento de desenvolvimento econômico e social caracterizado pelo conjunto de ações, procedimentos e meios destinados a viabilizar

---

8. Rafael Balago, Descarto, logo existo — Após criar 19 leis e decretos sobre limpeza e reciclar apenas 1,8% do total coletado, São Paulo ganha mais um projeto para impulsionar coleta seletiva e responsabilizar empresas pelo lixo, *Folha de S.Paulo*, revista São Paulo, 20 a 26 abr. 2014, p. 20.

a coleta e a restituição dos resíduos sólidos ao setor empresarial, para reaproveitamento, em seu ciclo ou em outros ciclos produtivos, ou outra destinação final ambientalmente adequada (art. 13 do Decreto n. 7.404/2010). A lei arrola, de maneira exemplificativa, alguns produtos que deverão integrar a logística reversa: a) agrotóxicos, seus resíduos e embalagens, assim como outros produtos cuja embalagem, após o uso, constitua resíduo perigoso, observadas as regras de gerenciamento de resíduos perigosos previstas em lei ou regulamento, em normas estabelecidas pelos órgãos do SISNAMA, do SNVS e do SUASA, ou em normas técnicas; b) pilhas e baterias; c) pneus; d) óleos lubrificantes, seus resíduos e embalagens; e) lâmpadas fluorescentes, de vapor de sódio e mercúrio e de luz mista; f) produtos eletroeletrônicos e seus componentes (art. 33 da Lei n. 12.305/2010).

Na esfera estadual, a SMA baixou a Resolução n. 38/2011, estabelecendo os principais produtos que farão parte do processo da logística reversa. A Resolução SMA n. 38/2011 determina a realização de logística reversa para: I — Produtos que após o consumo resultem em resíduos considerados de significativo impacto ambiental: a) óleo lubrificante automotivo; b) óleo comestível; c) filtro de óleo lubrificante automotivo; d) baterias automotivas; e) pilhas e baterias; f) produtos eletroeletrônicos; g) lâmpadas contendo mercúrio; h) pneus; II — Produtos cujas embalagens plásticas, metálicas ou de vidro, após o consumo, são consideradas resíduos de significativo impacto ambiental: a) alimentos; b) bebidas; c) produtos de higiene pessoal, perfumaria e cosméticos; d) produtos de limpeza e afins; e) agrotóxicos; f) óleo lubrificante automotivo.

As empresas enviaram propostas de implantação de programa de responsabilidade pós-consumo, indicando um conjunto de ações, procedimentos e meios destinados a viabilizar a coleta e a restituição dos resíduos sólidos ao setor empresarial, para reaproveitamento.

Entende-se por ciclo de vida do produto a série de etapas que envolvem o desenvolvimento do produto, a obtenção de matérias-primas e insumos, o processo produtivo, o consumo e a disposição final (do berço ao túmulo).

O acordo setorial talvez tenha sido o ponto mais importante da lei, pois permitirá ao Poder Público e aos fabricantes, importadores, distribuidores ou comerciantes firmar contrato, tendo-se em vista a implantação da responsabilidade compartilhada pelo ciclo de vida do produto. Este acordo possibilitará a implantação e operacionalização da logística reversa por meio de três instrumentos: acordos setoriais; regulamentos expedidos pelo Poder Público ou termos de compromisso.

Outra questão importante é a responsabilidade compartilhada pelo ciclo de vida dos produtos. Trata-se de um conjunto de atribuições individualizadas e encadeadas dos fabricantes, importadores, distribuidores e comerciantes, dos consumidores e dos titulares dos serviços públicos de limpeza urbana e de manejo dos resíduos sólidos, para minimizar o volume de resíduos sólidos e rejeitos gerados, bem como para reduzir os impactos causados à saúde humana e à qualidade ambiental decorrentes do ciclo de vida dos produtos.

Vejamos, na prática, como isso vai ocorrer.

### 3.8. Instrumentos econômicos

O poder público poderá instituir medidas indutoras e linhas de financiamento para atender, prioritariamente, às iniciativas de: a) prevenção e redução da geração de resíduos sólidos no processo produtivo; b) desenvolvimento de produtos com menores impactos à saúde humana e à qualidade ambiental em seu ciclo de vida; c) implantação de infraestrutura física e aquisição de equipamentos para cooperativas ou outras formas de associação de catadores de materiais reutilizáveis e recicláveis formadas por pessoas físicas de baixa renda; d) desenvolvimento de projetos de gestão dos resíduos sólidos de caráter intermunicipal ou, nos termos do inciso I do *caput* do art. 11, regional; e) estruturação de sistemas de coleta seletiva e de logística reversa; f) descontaminação de áreas contaminadas, incluindo as áreas órfãs; g) desenvolvimento de pesquisas voltadas para tecnologias limpas aplicáveis aos resíduos sólidos; e h) desenvolvimento de sistemas de gestão ambiental e empresarial voltados para a melhoria dos processos produtivos e ao reaproveitamento dos resíduos (art. 42 da Lei n. 12.305/2010).

### 3.9. Decreto regulamentador

A Lei n. 12.305/2010 foi regulamentada pelo Decreto n. 7.404, de 23 de dezembro de 2010, que estabelece normas para execução da Política Nacional de Resíduos Sólidos e cria o Comitê Interministerial da Política Nacional de Resíduos Sólidos e o Comitê Orientador para a Implantação dos Sistemas de Logística Reserva.

O *Comitê Interministerial da Política Nacional de Resíduos Sólidos* foi criado com a finalidade de apoiar a estruturação e a implementação da Política Nacional de Resíduos Sólidos, por meio da articulação dos órgãos e entidades governamentais, de modo a possibilitar o cumprimento das determinações e das metas previstas na Lei n. 12.305, de 2010, e neste Decreto, com um representante, titular e suplente, de cada órgão a seguir indicado: a) Ministério do Meio Ambiente, que o coordenará; b) Casa Civil da Presidência da República; c) Ministério das Cidades; d) Ministério do Desenvolvimento Social e Combate à Fome; e) Ministério da Saúde; f) Ministério de Minas e Energia; g) Ministério da Fazenda; h) Ministério do Planejamento, Orçamento e Gestão; i) Ministério do Desenvolvimento, Indústria e Comércio Exterior; j) Ministério da Agricultura, Pecuária e Abastecimento; k) Ministério da Ciência e Tecnologia; e l) Secretaria de Relações Institucionais da Presidência da República (art. 3º, I a XII, do Decreto n. 7.404/2010). A indicação, atribuições e competências encontram-se disciplinadas no Decreto. Este comitê, dentre outras atribuições, deverá elaborar o Plano Nacional de Resíduos Sólidos, além de ajudar os municípios na elaboração dos planos diretores. Esses planos deverão ter um conteúdo mínimo sem o qual não terá acesso aos recursos da União.

É o *Comitê Orientador para Sistema de Logística Reversa*, composto pelo Ministério do Meio Ambiente, da Saúde, do Desenvolvimento, da Agricultura e da Fazenda, que irá estabelecer as regras específicas para a implementação da logística reserva. Como se vê, o governo se empenhou bastante para a sua regulamentação, pois, pouco mais de três meses depois, o decreto foi promulgado pelo Presidente da República. E, no dia 17 de fevereiro de 2011, foram empossados os integrantes do Conselho Orientador sobre a Política Reversa.

O Decreto ainda impõe multas ao consumidor que não separar o lixo seco do úmido. Também impõe multa para aqueles que não cumprirem as obrigações estabelecidas na coleta seletiva e nos sistemas de logística reversa, consistente na devolução aos fabricantes dos aparelhos eletroeletrônicos, pilhas e pneus. A punição pode ser na forma de advertência ou, em caso de reincidência, multa de R$ 50 a R$ 500, podendo ser convertidas em serviços de preservação, melhoria e recuperação da qualidade do meio ambiente. A multa pode ser de R$ 5 mil a R$ 50 milhões para infrações ambientais como lançamento de resíduos sólidos ou rejeitos em praias, no mar ou quaisquer recursos hídricos (art. 62 do Decreto n. 6.514/2008, acrescido pelo art. 84 do Decreto n. 7.404/2010).

E, em caso de importação de resíduos sólidos perigosos e rejeitos, bem como os resíduos sólidos cujas características causem dano ao meio ambiente, à saúde pública e animal e à sanidade vegetal, ainda que para tratamento, reforma, reúso, reutilização ou recuperação, os valores podem chegar a R$ 10 milhões (art. 71-A do Decreto n. 6.514/2008, acrescido pelo Decreto n. 7.404/2010).

A finalidade é a substituição dos lixões por aterros sanitários, mas também o incentivo ao financiamento de cooperativas que devem auxiliar a coleta seletiva e a logística reversa de produtos. O principal desafio é, sem dúvida alguma, a coleta seletiva. Há dados que indicam que em 44% dos municípios não existe esta coleta. Num primeiro momento, é preciso fazer com que os municípios incentivem a população a realizar a separação do lixo seco do úmido e, num segundo momento, educá-la a fazer a separação mais detalhada (§ 2º do art. 9º do Decreto n. 7.404/2010).

A coleta deve partir do consumidor, que inicia o processo. O consumidor, o fabricante, o importador, o distribuidor, o comerciante e o titular de serviços públicos de limpeza e manejo de resíduos sólidos são considerados os responsáveis pelo ciclo de vida dos produtos. Trata-se da denominada responsabilidade compartilhada, que será implementada de forma individualizada e encadeada (art. 5º do Decreto n. 7.404/2010).

Registre-se ainda que os geradores de resíduos sólidos deverão adotar medidas para reduzir a quantidade produzida. O Ministério do Meio Ambiente, além disso, deverá estabelecer cronogramas para a implantação dos sistemas de logística reversa. Para que a lei possa ter sucesso, é necessário que o Poder Público crie incentivos para o consumidor fazer a sua parte. Isso será possível por meio da educação ambiental (art. 77 do Decreto n. 7.404/2010).

Tramita na Câmara Federal o Projeto de Lei n. 8.005/2010, que responsabiliza as empresas que fabricam, importam e comercializam vidros automotivos pela coleta e destinação final do produto sem condições de uso. É uma pesquisa do Instituto Autoglass Socioambiental de Educação, segundo o qual cerca de 1,5 milhão de para--brisas são quebrados por ano no Brasil, sendo que apenas 5% são reciclados. Os vidros automotivos necessitam de tecnologia específica para separar os produtos que entram em sua composição — vidro e plástico —, o que dificulta a reciclagem do material. Trata-se da logística reversa.

Esperamos que o ganho seja mundial e não só local.

## 4. POLÍTICA ESTADUAL DE RESÍDUOS SÓLIDOS — PERS

A Lei estadual paulista n. 12.300, de 16 de março de 2006, instituiu a Política Estadual de Resíduos Sólidos e definiu princípios e diretrizes. Esta Lei foi regulamentada pelo Decreto estadual n. 54.645, de 5 de agosto de 2009.

A seguir, apresentamos os conceitos de resíduos sólidos, categorias e planos:

### 4.1. Conceito

A Política Estadual de Resíduos Sólidos conceitua: I — resíduos sólidos: os materiais decorrentes de atividades humanas em sociedade, e que se apresentam nos estados sólido ou semissólido, como líquidos não passíveis de tratamento como efluentes, ou ainda os gases contidos; II — prevenção da poluição ou redução na fonte: a utilização de processos, práticas, materiais, produtos ou energia que evitem ou minimizem a geração de resíduos na fonte e reduzam os riscos para a saúde humana e para o meio ambiente; III — minimização dos resíduos gerados: a redução, ao menor volume, quantidade e periculosidade possíveis, dos materiais e substâncias, antes de descartá-los no meio ambiente; IV — gestão compartilhada de resíduos sólidos: a maneira de conceber, implementar e gerenciar sistemas de resíduos, com a participação dos setores da sociedade com a perspectiva do desenvolvimento sustentável; V — gestão integrada de resíduos sólidos: a maneira de conceber, implementar, administrar os resíduos sólidos considerando uma ampla participação das áreas de governo responsáveis no âmbito estadual e municipal; VI — unidades receptoras de resíduos: as instalações licenciadas pelas autoridades ambientais para a recepção, segregação, reciclagem, armazenamento para futura reutilização, tratamento ou destinação final de resíduos; VII — aterro sanitário: local utilizado para disposição final de resíduos urbanos, onde são aplicados critérios de engenharia e normas operacionais especiais para confinar esses resíduos com segurança, do ponto de vista de controle da poluição ambiental e proteção à saúde pública; VIII — aterro industrial: técnica de disposição final de resíduos sólidos perigosos ou não perigosos, que utiliza princípios específicos de engenharia para seu seguro confinamento, sem causar danos ou riscos à saúde pública e à segurança, e que evita a contaminação de águas superficiais, pluviais e subterrâneas, e minimiza os impactos ambientais; IX — área contaminada: área, terreno, local, instalação, edificação ou benfeitoria que contém quantidades ou concentrações de matéria em condições que causem ou possam causar danos à saúde humana, ao meio ambiente e a outro bem a proteger; X — área degradada: área, terreno, local, instalação, edificação ou benfeitoria que por ação humana teve as suas características ambientais deterioradas; XI — remediação de área contaminada: adoção de medidas para a eliminação ou redução dos riscos em níveis aceitáveis para o uso declarado; XII — coprocessamento de resíduos em fornos de produção de clínquer: técnica de utilização de resíduos sólidos industriais a partir do seu processamento como substituto parcial de matéria-prima ou combustível, no sistema forno de produção de clínquer, na fabricação do cimento; XIII — reciclagem: prática ou técnica na qual os resíduos podem ser usados com a necessidade de tratamento para alterar as suas características físico-químicas; XIV — unidades geradoras: as instalações que, por processo de transformação de matéria-prima, produzam resíduos sólidos de qualquer natureza; XV — aterro de resíduos da construção civil e de resíduos inertes: área onde são empregadas técnicas de disposição de resíduos da construção civil classe A, conforme classificação específica, e resíduos inertes no solo, visando à reservação de materiais segregados, de forma a possibilitar o uso futuro dos materiais e/ou futura utilização da área, conforme princípios de engenharia para confiná-los ao menor volume possível, sem causar danos à saúde pública e ao meio ambiente; XVI — resíduos perigosos: aqueles que, em função de suas propriedades químicas, físicas ou biológicas, possam apresentar riscos à saúde pública ou à qualidade do meio ambiente; XVII — reutilização: prática ou técnica na qual os resíduos podem ser usados na forma em que se encontram sem necessidade de tratamento para alterar as suas características físico-químicas; XVIII — deposição inadequada de resíduos: todas as formas de depositar, descarregar, enterrar, infiltrar ou acumular resíduos sólidos sem medidas que assegurem a efetiva proteção ao meio ambiente e à saúde pública; XIX — coleta seletiva: o recolhimento diferenciado de resíduos sólidos, previamente selecionados nas fontes geradoras, com o intuito de encaminhá-los para reciclagem, compostagem, reúso, tratamento ou outras destinações alternativas (art. 5º da Lei estadual paulista n. 12.300/2006).

## 4.2. Categorias

Os resíduos sólidos enquadrar-se-ão nas seguintes *categorias*: I — *resíduos urbanos*: os provenientes de residências, estabelecimentos comerciais e prestadores de serviços, da varrição, de podas e da limpeza de vias, logradouros públicos e sistemas de drenagem urbana passíveis de contratação ou delegação a particular, nos termos de lei municipal; II — *resíduos industriais*: os provenientes de atividades de pesquisa e de transformação de matérias-primas e substâncias orgânicas ou inorgânicas em novos produtos, por processos específicos, bem como os provenientes das atividades de mineração e extração, de montagem e manipulação de produtos acabados e aqueles gerados em áreas de utilidade, apoio, depósito e de administração das indústrias e similares, inclusive resíduos provenientes de Estações de Tratamento de Água (ETAs) e Estações de Tratamento de Esgoto (ETEs); III — *resíduos de serviços de saúde*: os provenientes de qualquer unidade que execute atividades de natureza médico-assistencial humana ou animal; os provenientes de centros de pesquisa, desenvolvimento ou experimentação na área de farmacologia e saúde; medicamentos e imunoterápicos vencidos ou deteriorados; os provenientes de necrotérios, funerárias e serviços de medicina legal; e os provenientes de barreiras sanitárias; IV — *resíduos de atividades rurais*: os provenientes da atividade agropecuária, inclusive os resíduos dos insumos utilizados; V — *resíduos provenientes de portos, aeroportos, terminais rodoviários e ferroviários, postos de fronteira e estruturas similares*: os resíduos sólidos de qualquer natureza provenientes de embarcação, aeronave ou meios de transporte terrestre, incluindo os produzidos nas atividades de operação e manutenção, os associados às cargas e aqueles gerados nas instalações físicas ou áreas desses locais; VI — *resíduos da construção civil*: os provenientes de construções, reformas, reparos e demolições de obras de construção civil e os resultantes da preparação e da escavação de terrenos, tais como: tijolos, blocos cerâmicos, concreto em geral, solos, rochas, metais, resinas, colas, tintas, madeiras, compensados, forros e argamassas, gesso, telhas, pavimento asfáltico, vidros, plásticos, tubulações e fiação elétrica, comumente chamados de entulhos de obras, caliça ou metralha. Os resíduos gerados nas operações de emergência ambiental, em acidentes dentro ou fora das unidades geradoras ou receptoras de resíduo, nas operações de remediação de áreas contaminadas e os materiais gerados nas operações de escavação e dragagem deverão ser previamente caracterizados e, em seguida, encaminhados para destinação adequada (art. 6º e parágrafo único da Lei estadual paulista n. 12.300/2006).

### 4.3. Planos de manejo e limpeza urbana

Compete ao Poder Público municipal estabelecer planos para a realização da *limpeza urbana e manejo de resíduos sólidos*. Trata-se de princípio fundamental da Política Nacional de Saneamento Básico. O art. 3º, I, *c*, da Lei n. 11.445/2007, que dispõe sobre as diretrizes nacionais para o saneamento básico, conceitua limpeza urbana e manejo de resíduos sólidos como o conjunto de atividade, infraestruturas e instalações operacionais de coleta, transporte, transbordo, tratamento e destino final do lixo doméstico e do lixo originário da varrição e limpeza de logradouros e vias públicas. Referida lei considera resíduo sólido urbano, por decisão do Poder Público, o lixo originário de atividades comerciais, industriais e de serviços cuja responsabilidade pelo manejo não seja atribuída ao gerador (art. 6º da citada lei). O serviço público de limpeza urbana e manejo de resíduos sólidos urbanos é composto pelas seguintes atividades: a) de coleta, transbordo e transporte dos resíduos relacionados na alínea *c* do inciso I do *caput* do art. 3º da citada lei; b) de triagem para fins de reúso ou reciclagem, de tratamento, inclusive por compostagem, e de disposição final dos resíduos relacionados na alínea *c* do inciso I do *caput* do art. 3º da referida lei; c) de varrição, capina e poda de árvores em vias e logradouros públicos e outros eventuais serviços pertinentes à limpeza pública urbana (art. 7º, I, II e III, da citada lei).

Tais planos deverão ser elaborados juntamente com o Poder Público estadual, visando à proteção do meio ambiente e dos recursos hídricos mediante convênio de cooperação ou consórcio público.

## 5. OUTRAS CATEGORIAS DE RESÍDUOS SÓLIDOS

Há outras categorias de resíduo que não são apenas aquelas inseridas no conceito. Essas modalidades passam a ser disciplinadas conforme a necessidade e a gravidade dos danos causados ao meio ambiente. Agora, com o advento da PNRS, a logística reserva passará a ser um instrumento eficiente para obrigar o seu fabricante a se responsabilizar pelo recolhimento dos materiais e dar novo destino.

### 5.1. Resíduos de serviços de saúde

Os resíduos provenientes de serviços da saúde devem ser tratados adequadamente, pois podem causar danos ao solo e colocar em risco a saúde humana. A Resolução n. 358, de 29 de abril de 2005, do CONAMA, disciplina regras sobre o tratamento e a disposição final dos resíduos provenientes da saúde.

Esses resíduos abrangem os serviços relacionados com o atendimento à saúde humana ou animal, inclusive os serviços de assistência domiciliar e de trabalhos de campo, laboratórios analíticos de produtos para saúde, necrotérios, funerárias e serviços onde se realizem atividades de embalsamento (tanatopraxia e somatoconservação), serviços de medicina legal, drogarias e farmácias, inclusive as de manipulação, estabelecimentos de ensino e pesquisa na área de saúde, centros de controle de zoonoses, distribuidores de produtos farmacêuticos, importadores, distribuidores e produtores de materiais e controles de diagnóstico *in vitro*, unidades móveis de atendimento à saúde, serviços de acupuntura, serviços de tatuagem, entre outros similares (art. 1º da citada Resolução).

No entanto, não abrange as fontes radioativas seladas, que devem seguir as determinações da Comissão Nacional de Energia Nuclear (CNEN) e as indústrias de produtos para a saúde, que devem observar as condições específicas do seu licenciamento ambiental (art. 1º, parágrafo único, da citada Resolução).

Como se vê, são resíduos que podem contaminar o solo e também colocar em risco a saúde humana, devendo o seu gerenciamento ser realizado pelos geradores ou por seus responsáveis legais. Aplica-se aqui a logística reversa.

Pesquisa do IBGE constatou que no Brasil 6 em cada 10 empresas e órgãos públicos que fazem coleta de lixo hospitalar no país descartam esse material nos lixões ou aterros, misturando-o aos resíduos comuns. Isso pode acarretar o desvio e a revenda ou reaproveitamento de produtos perigosos à saúde. O estudo foi realizado em 2008 e apurou que 41% dos municípios que coletam ou recebem lixo hospitalar não realizam incineração, queima ou outro tipo de tratamento prévio para desinfecção. A ANVISA diz que as instituições hospitalares são responsáveis pelo destino final dos resíduos hospitalares[9].

Ainda mais agora que estamos importando lixo hospitalar dos EUA.

### 5.2. Resíduos sólidos industriais

Os resíduos sólidos industriais são gerados pelo processo industrial e são despejados diretamente em aterros próprios. Resíduos sólidos industriais, em outras palavras, são aqueles que, depois de esgotadas todas as possibilidades de tratamento e recuperação por processos tecnológicos disponíveis e economicamente viáveis, não apresentem outra possibilidade que não a disposição final ambientalmente adequada (art. 3º, XV, da Lei n. 12.305/2010). A responsabilidade pela disposição ambientalmente adequada passa a ser compartilhada (art. 30 da Lei n. 12.305/2010).

Por conta disso, podemos classificar a responsabilidade pela gestão dos resíduos em três situações: a) gerador de resíduos não possui passivo preexistente — neste caso, o gerador deverá respeitar as normas atuais e o que restou consignado no licenciamento ambiental, tendo total responsabilidade pelos resíduos produzidos; b) gerador de resíduos possui passivo preexistente — deve o novo gerador assumir total responsabilidade pelo passivo e procurar dar o destino correto aos resíduos; e c) área órfã contaminada — se identificado o seu gerador, será responsabilizado; se não identificado, o governo federal deverá realizar a descontaminação e cobrar do seu gerador, se posteriormente identificado. Entende-se por área contaminada o local onde há contaminação causada pela disposição, regular ou irregular, de quaisquer substâncias ou resíduos, e área órfã contaminada como sendo a área contaminada cujos responsáveis pela disposição não sejam identificáveis ou individualizáveis (art. 3º, II e III, c.c. o art. 41 da Lei n. 12.305/2010).

Hoje é possível identificar o seu gerador, pois ele deverá se cadastrar no Cadastro Nacional de Operadores de Resíduos Perigosos por ocasião do licenciamento (arts. 37 e 38 da Lei n. 12.305/2010).

---

9. Resíduo de hospital vai para o lixão, afirma IBGE — 60% das empresas e órgãos públicos não dão uma destinação adequada, *Folha de S.Paulo*, 23 out. 2011, p. C-10.

## 5.3. Resíduos gerados nos processos de tratamento de esgoto sanitário

Os resíduos gerados em processos de tratamento de esgoto sanitário são disciplinados pela Resolução n. 375, de 29 de agosto de 2006, do CONAMA, que define critérios e procedimentos, para o uso agrícola de lodos de esgoto gerados em estações de tratamento de esgoto sanitário e seus produtos derivados. O esgoto é tratado e passa por um processo específico — secagem térmica avançada —, que o torna apto para a utilização no solo agrícola, desde que atendidos os parâmetros fixados na citada Resolução.

O lodo de esgoto é gerado por Estação de Tratamento de Esgoto — ETE ou por Unidade de Gerenciamento de Lodo — UGL, devidamente licenciadas pelo órgão ambiental respectivo (art. 9º da citada Resolução).

## 5.4. Resíduos tecnológicos

Há uma preocupação crescente com o resíduo denominado tecnológico ou digital. São classificados como materiais perigosos, contaminadores de aterros, rios e águas subterrâneas. Muitas entidades e instituições privadas vêm se comprometendo em recolher tais objetos para dar a eles o destino adequado. O Banco Santander, por exemplo, se comprometeu em receber os resíduos em desuso, tais como eletroeletrônicos, de telefonia (com ou sem fio), telefones celulares e suas baterias, controles remotos, MP3, filmadoras, televisores, micro-ondas, rádios, aparelhos de som, máquinas fotográficas, DVDs, CDs, lâmpadas fluorescentes, computadores, monitores de vídeo e demais resíduos de informática, pilhas, baterias etc.

Esses resíduos tornaram-se um problema mundial e não só do Brasil. O Estado do Mato Grosso e de São Paulo criaram leis disciplinando a matéria diante de sua importância global e estabeleceu o destino adequado a esses resíduos.

O Estado do Mato Grosso define lixo tecnológico como aquele constituído por "equipamentos de informática obsoletos, danificados e outros que contenham resíduos ou sobras de dispositivos eletroeletrônicos que são descartados, fora de uso ou obsoletos, que possam ser reaproveitados ou ainda que contenham integrados em sua estrutura elementos químicos nocivos ao meio ambiente e ao ser humano, mas passíveis de serem reciclados" (art. 2º da Lei n. 8.876, de 16 de maio de 2008).

O Estado de São Paulo, por sua vez, considera lixo tecnológico os aparelhos eletrodomésticos e os equipamentos e componentes eletroeletrônicos de uso doméstico, industrial, comercial ou no setor de serviços que estejam em desuso e sujeitos à disposição final, tais como: a) componentes e periféricos de computadores; b) monitores e televisores; c) acumuladores de energia (baterias e pilhas); e d) produtos magnetizados (art. 2º da Lei n. 13.576, de 6 de julho de 2009).

Os produtos e os componentes eletroeletrônicos considerados lixo tecnológico devem receber destinação final adequada que não provoque danos ou impactos negativos ao meio ambiente e à sociedade. A responsabilidade pela destinação final é solidária entre as empresas que produzam, comercializem ou importem produtos e componentes eletroeletrônicos (art. 1º da lei paulista). Cuida-se da responsabilidade compartilhada (art. 30 da Lei n. 12.305/2010).

A coleta, transporte, armazenamento, reciclagem e destinação final de resíduos devem ser realizados: a) por empresas habilitadas na Receita Federal, Junta Comercial e Prefeitura do Munícipio; b) sob a anuência do órgão ambiental (CETESB, no caso do Estado de S. Paulo); e c) em conformidade com o previsto pelas normas ou orientação da ABNT, ANTT, Regulamento do ICMS, ISO 14001 e Lei n. 13.576/2009, que institui normas e procedimentos para reciclagem, gerenciamento e destinação final de lixo tecnológico[10].

A título ilustrativo, o Brasil produz (lixo tecnológico) 11 milhões de computadores, 10,8 milhões de TVs e 125 milhões de celulares[11]. No mundo, o lixo tecnológico é de 400 milhões de toneladas/ano.

As empresas produtoras de produtos perigosos deverão adotar procedimento para recolher o lixo dali proveniente. Trata-se da denominada logística reversa (art. 33 da Lei n. 12.305/2010).

## 5.5. Resíduos espaciais

Os resíduos sólidos também são encontrados na órbita terrestre. A Agência Espacial Europeia (ESA) mostrou, mediante uma série de imagens geradas por com-

---

10. Disponível em: <http://www.restec.com.br>.

11. O Ministério Público do Estado de São Paulo ajuizou ação civil pública contra LG Electronics de São Paulo Ltda., Nokia do Brasil Tecnologia Ltda., Motorola Industrial Ltda., Samsung Eletrônica da Amazônia Ltda. e Sony Ericsson Mobile Communications do Brasil Ltda., para que a Justiça proíba as empresas de distribuir novos lotes de aparelhos de telefonia celular enquanto não disponibilizarem pontos de coleta de baterias inservíveis ou inutilizadas dos produtos comercializados em todos os pontos de venda de seus produtos no país. A ação também visa a obrigar os fabricantes a disponibilizar informações adequadas e suficientes em *banners*, cartazes e panfletos, sobre os malefícios e danos causados pelo descarte de baterias de aparelhos celulares em locais inapropriados, promovendo campanha de conscientização e educação do consumo e de preservação do meio ambiente. Na ação, proposta pelo promotor de Justiça do Consumidor Roberto Senise Lisboa, o MP demonstra que os fabricantes comercializam aparelhos de telefonia celular em todo o território nacional, mas não dispõem de pontos de coleta de baterias inservíveis ou inutilizadas dos produtos comercializados em todos os pontos de venda. Tampouco prestam informações claras e precisas aos consumidores quanto à necessidade de descarte desses insumos em locais adequados. De acordo com a ação, as baterias de celular têm, entre seus componentes, metais pesados como chumbo, cádmio, mercúrio, zinco, manganês e níquel, cujo descarte inadequado provoca sérios danos ao meio ambiente e pode provocar doenças graves no organismo humano, inclusive câncer. "Não há como se afastar as responsabilidades, social e ambiental, das empresas que comercializam este tipo de material tecnológico, as quais buscam apenas o benefício dos lucros financeiros, olvidando-se do papel que desempenham, pois não basta proceder à venda de aparelhos celulares, mas também é imprescindível o recolhimento e descarte adequado dos produtos e baterias que não mais apresentem utilidade ao consumidor, a fim de se evitarem riscos ao meio ambiente e à saúde humana", fundamenta o promotor. A ação tramita na 10ªVara Cível da Capital sob o n. 583.00.2012.137419-5 (disponível em: <http://www.mp.sp.gov.br>; acesso em: 9-5-2012).

putador, a extensão do problema do lixo espacial na órbita da Terra. Há cerca de 12 mil objetos identificados orbitando o planeta. Boa parte deles é composta de satélites mortos, pedaços de foguetes e materiais sobre os quais não se tem nenhum controle. A maior parte desse lixo encontra-se na órbita baixa da Terra, numa altitude entre 800 e 1.500 quilômetros, onde há muitos satélites ainda em operação que podem ser danificados por colisões. Mais de mil fragmentos estão em órbita em torno de 35 mil quilômetros, a zona orbital de satélites geoestacionários (que acompanham a rotação da Terra). Relatório divulgado pela ONG-UCS (União dos Cientistas Responsáveis) sustenta que apenas 25% dos objetos catalogados no espaço são satélites ativos ou aparelhos sob controle. Metade de tudo o que há na órbita da Terra são destroços de explosões — como um satélite da China que o país destruiu com um míssil em 2007 — e o restante são corpos de foguetes descartados e objetos largados por astronautas e sondas. A Agência Espacial ressalta ainda que o número de unidades de lixo espacial é bem maior do que o que se consegue monitorar. Calcula-se que mais de 150 milhões de objetos com menos de um centímetro de diâmetro devem estar em órbita[12].

Registre-se ainda que, em março de 2008, caiu, no interior de Goiás, Brasil, um pedaço de lixo espacial. Após a devida análise realizada pelo INPE, verificou-se que se tratava de um tanque de nitrogênio de um foguete americano.

Especialistas da área espacial alertaram por várias décadas sobre a possibilidade de colisão de satélites, pois as órbitas ao redor do planeta Terra estão tão lotadas que tal fato poderia ocorrer a qualquer momento. Tal colisão acabou por acontecer no dia 10 de fevereiro de 2009 entre dois satélites, um americano (560 kg) e um russo (950 kg), a 780 km de altitude, à velocidade de 40.234 km/h, sobre a Sibéria, formando perigosas nuvens de destroços. Os fragmentos poderão colocar em risco a Estação Espacial Internacional (ISS) que orbita 435 km abaixo da altitude onde ocorreu a colisão. O impacto foi tão grande que os satélites se aniquilaram em dezenas ou centenas de fragmentos que passaram a rumar para órbitas mais altas e mais baixas. Ressalte-se, além disso, que os controladores da ISS, em Houston, constantemente procuram ajustar a sua órbita para desviar de pedaços de lixo espacial, cuja velocidade é tão grande que até mesmo fragmentos mínimos representam uma ameaça real[13].

Outro satélite (Uars) desativado, do tamanho de um ônibus, caiu na Terra na segunda quinzena de setembro de 2011. Este satélite foi lançado pela agência americana em 1991 (NASA) e funcionou até 2005. Seu custo foi de US$ 750 milhões, possui 10,7 m de comprimento e massa de 532 kg. O impacto do aparelho na at-

---

12. Agência europeia mapeia lixo espacial na órbita da Terra, *Folha de S.Paulo*, 16 abr. 2008, p. A-22.

13. William J. Broad, Destroços de choque de satélites podem ameaçar estação espacial, *Folha de S.Paulo*, 13 fev. 2009, p. A-12.

mosfera deve provocar a fragmentação de seu material, devido à alta temperatura causada pelo atrito e por estar entrando em um meio mais quente. Há ainda muitos foguetes, satélites e outros materiais abandonados no espaço prestes a caírem[14]. E o lixo espacial continua caindo, não só no Brasil, mas em diversas partes do globo[15]. A Rússia quer retirar do espaço milhares de objetos sem utilidade que colocam em risco a vida de astronautas. No entanto, os EUA e a Rússia só conseguem rastrear a trajetória dos detritos espaciais para evitar colisões, mas não possuem técnicas eficazes para sua remoção nem para evitar que o lixo se acumule ainda mais no espaço. A empresa espacial estatal russa Enérguia disse que irá construir um "aspirador espacial" para retirar de órbita cerca de 600 satélites fora de uso, com lançamento planejado para 2023. Registre-se, além disso, que a mesma empresa está trabalhando num projeto de interceptor espacial para neutralizar objetos perigosos. O Centro de Astronomia de Moscou inaugurou um novo sistema de rastreamento de objetos e alerta para situações de emergência no espaço[16].

Tais resíduos deverão ser monitorados pelo governo russo com a instalação de um telescópio em território brasileiro. O acordo será assinado na sede do Laboratório Nacional de Astrofísica — LNA, em Itajubá (MG). O telescópio será instalado no Observatório do Pico dos Dias, localizado no município de Brazópolis, numa altitude de 1.800 m, e entrará em funcionamento no final de 2016. Trata-se de um telescópio de pequeno porte, com 75 cm de abertura, que terá a capacidade de cobrir vastas regiões do céu, suficiente para monitorar o lixo espacial. Será possível, com isso, criar uma base de dados com a localização e trajetória de detritos que podem apresentar risco de colisão com satélites artificiais ativos ou até mesmo ameaçar danos à superfície da Terra. A comunidade astronômica brasileira terá acesso a todas as imagens produzidas pelo PanEOS — Sistema Eletro-Óptico Panorâmico para Detecção de Detritos Espaciais no Pico dos Dias[17].

Como podemos ver, o lixo não se concentra somente na Terra, mas também na órbita planetária e sem nenhum controle humano. Vemos que, por onde o homem passa, deixa seu rastro de sujidade. Não há lugar na Terra, e agora na órbita espacial, que não esteja poluído pelo homem. Vários objetos estão caindo — atraídos pela órbita gravitacional. Qualquer dia um desses objetos poderá cair em nossas casas ou em nossas cabeças.

---

14. Giuliana Miranda, Queda de satélite aumenta tensão com lixo no espaço, *Folha de S.Paulo*, Ciência, 19 set. 2011, p. C-11.

15. Giuliana Miranda, Lixo que cai do céu — O que acontece (ou deveria acontecer) quando um pedaço de foguete ou de satélite despenca na Terra, *Folha de S.Paulo*, Ciência, 5 mar. 2012, p. C-11.

16. Andrêi Kisliakov, Limpando o lixo espacial, Gazeta Russa, *Folha de S.Paulo*, 28 nov. 2012, p. 1.

17. Salvador Nogueira, Rússia vai instalar telescópio no Brasil para monitorar lixo espacial, *Folha de S.Paulo*, Ciência+Saúde, 30 mar. 2016, p. B8.

## 6. DESTINO DOS RESÍDUOS SÓLIDOS

O destino dos resíduos sólidos é uma questão de saúde pública. Compete à engenharia sanitária estabelecer critérios adequados para o destino desses resíduos. Ressaltamos aqui as mais conhecidas formas de disposição dos resíduos sólidos: a) depósito a céu aberto; b) depósito em aterro sanitário; c) usina de compostagem; d) usina de reciclagem; e) usina de incineração; e f) usina verde.

Registre-se que a CETESB divulgou o Inventário Estadual de Resíduos Domiciliares — 2006, no dia 15 de maio de 2007, constatando-se que os 645 municípios paulistas geram, diariamente, 28,4 mil toneladas de resíduos sólidos domiciliares, dos quais 80,7% são dispostos de forma adequada contra apenas 10,9% registrados em 1997, quando o Estado gerava um total de 18.232 mil toneladas de lixo por dia. O número de municípios que dispõem adequadamente dos seus resíduos sólidos aumentou em torno de doze vezes, passando de 27 em 1997 para 308 em 2006. Estudo realizado pela Abrelpe — Associação Brasileira de Empresas de Limpeza Pública e Resíduos Especiais — apurou que o Estado de São Paulo gera 49.323 toneladas de lixos por dia e 11.800 toneladas de resíduos não recebem o tratamento adequado[18]. Outra pesquisa da Abrelpe, divulgada no dia 27 de abril de 2011, apurou que a produção de lixo por morador cresceu 9% no Estado de São Paulo em 2010 (1,382 quilos diários por pessoa). Constatou ainda que a coleta seletiva de resíduos sólidos estagnou, a despeito de muitas campanhas e apelos chamando a atenção da população para a sua necessidade. Tal fato não surtiu os efeitos desejados.

Apurou-se ainda que os nove municípios com população superior a 500 mil habitantes respondem pela geração de 61,2% dos resíduos gerados, ou seja, 17.384,2 mil toneladas por dia. Referidos municípios apresentaram as melhores pontuações com uma média de 8,7 pontos no Índice de Qualidade de Aterro de Resíduos (IQR), que varia de 0 a 10, enquanto os 573 municípios com menos de 100 mil habitantes geram 13% do total, ou seja, 3.698,6 mil toneladas por dia, e tiveram IQR médio de 7,3.

A evolução positiva dos indicadores é resultado da atuação da CETESB, que fiscaliza os sistemas de disposição de resíduos, oferece orientação técnica e desenvolve ações como o Programa de Aterros em Valas, viabilizando até 2006 recursos da ordem de R$ 2 milhões para os municípios, além dos R$ 93,8 milhões provenientes do Fundo Estadual de Prevenção e Controle de Poluição (FECOP) e R$ 26,1 milhões do Fundo Estadual de Recursos Hídricos (FEHIDRO).

Percebe-se, por meio desses dados, a evolução da conscientização ecológica e a implementação efetiva da legislação ambiental ao longo destes últimos anos, cons-

---

18. Eduardo Geraque e Evandro Spinelli, Um a cada quatro sacos de lixo vai para local impróprio, *Folha de S.Paulo*, 3 nov. 2010, p. C-1.

tatando-se que a regressão se deu de maneira pontual, quanto à poluição do rio Tietê e à poluição atmosférica causada pelos veículos automotores[19].

A inovação tecnológica será a solução para a coleta e o tratamento dos resíduos sólidos. Em Barcelona, por exemplo, no bairro de Lesseps, não passam caminhões de lixo. Cerca de 30% da capital catalã conta com a chamada coleta pneumática. Os moradores depositam os sacos de lixo em escotilhas e o material é transportado por uma tubulação subterrânea até uma central de coleta. A cinco metros da superfície, os detritos de casas, escritórios e hospitais são sugados por 113 quilômetros de tubos, numa velocidade de 70 km/h. Ao chegar à periferia da cidade, o lixo é armazenado em contêineres e levado a uma usina de triagem, ainda mais distante do centro. Latas, papéis e plásticos são reciclados. Já o produto orgânico é transformado em combustível para mover turbinas que produzem eletricidade. A vantagem deste modelo é poder ver as ruas mais limpas, cheirosas e silenciosas. A coleta pneumática funciona em Barcelona desde os Jogos Olímpicos de 1992, foi criada para servir a Vila Olímpica e hoje atende 324.000 moradores à semelhança do combate à poluição visual também realizada em Barcelona na época[20].

Estocolmo, Suécia, adota a mesma tecnologia de captação do lixo de Barcelona. Trata-se de sistema de sucção em tubos subterrâneos, onde o lixo é despejado e viaja a 70 km/h, embaixo da terra, direto para um contêiner. Isso aumenta a reciclagem e diminui o tráfego de caminhões na cidade nórdica. Esse sistema foi implantado em 1990 numa área subutilizada da cidade, que se transformou no distrito verde de Hammarby Sjostad, e atende a uma população de 27 mil moradores e consegue reaproveitar 99% dos resíduos. O lixo reciclável é depositado numa área específica dos condomínios e o restante entra no sistema de sucção pelos 453 pontos de coleta espalhados em 200 hectares. Há três entradas separadas para cada tipo de resíduo: lixo reciclável (plástico, alumínio etc.); restos de comida; lixo "combustível" (embalagens de pizza, por exemplo) e jornais. Os restos de comida viram adubo e biogás. O lixo "combustível" é incinerado e vira energia — água quente e calefação doméstica[21].

A tendência é modernizar o processo de coleta e reciclagem dos resíduos sólidos.

Com o advento da nova lei, a disposição dos resíduos deverá observar a seguinte ordem de prioridade: a) *não geração de resíduos* — haverá a necessidade de desenvolver uma maneira de evitar a geração de resíduos; b) *redução dos resíduos* — não sendo possível a não geração, deve-se procurar reduzir, ao máximo, a sua produção; c) *reutilização e reciclagem dos resíduos* — superadas as fases anteriores, os resíduos pas-

---

19. Disponível em: <http://www.cetesb.sp.gov.br>; acesso em: 15 maio 2007.
20. Enquanto isso, em outras metrópoles..., *Veja São Paulo*, 19 jan. 2011.
21. Rafael Balago, Descarto, logo existo, *Folha de S.Paulo*, revista São Paulo, 20 a 26 abr. 2014, p. 29.

sarão pela reciclagem; d) *tratamento dos resíduos sólidos* — em seguida, os resíduos se submeterão ao tratamento para eventual utilização para outras finalidades; e e) *disposição final* — não havendo alternativa, será feita a disposição final ambientalmente adequada dos rejeitos (art. 9º da Lei n. 12.305/2010).

Ressalte-se, por fim, que não será permitida a importação de resíduos sólidos perigosos e rejeitos, bem como de resíduos sólidos cujas características causem dano ao meio ambiente, à saúde pública e animal e à sanidade vegetal, ainda que para tratamento, reforma, reúso, reutilização ou recuperação (art. 49 da Lei n. 12.305/2010).

### 6.1. Depósito a céu aberto (não há reaproveitamento de matéria nem de energia)

O *depósito a céu aberto* é a disposição do lixo em local inadequado para essa finalidade, causando danos ao ar atmosférico, ao solo e subsolo, ao lençol freático, aos rios e mananciais, à flora, à fauna e, principalmente, à saúde humana, além de atrair insetos, roedores etc. Há muitas enfermidades transmitidas pelos macrovetores, tais como: ratos[22] e pulga (leptospirose, peste bubônica, tifo murino); mosca (febre tifoide, cólera, amebíase); mosquito (malária, febre amarela, dengue, leishmaniose); barata (febre tifoide, cólera, giardíase); gado e porco (teníase, cisticercose); cão e gato (toxoplasmose). O lixão é comumente utilizado na periferia e tem sido um dos maiores problemas enfrentados pelas prefeituras.

O Estado de São Paulo, segundo dados da CETESB[23], produzia em 1997 cerca de 0,58 quilo de lixo por habitante/dia, só 10,9% dos resíduos domiciliares/comerciais estavam dispostos em sistemas adequados, 58,4% em sistemas controlados e 30,7% em sistemas inadequados. Os Estados Unidos da América produziam cerca de 2,5 quilos de lixo por habitante/dia; 80% do lixo era disposto em aterros sanitários, 19% incinerados e 1% decomposto. Apenas por curiosidade, colhemos dados mais recentes sobre a produção de lixo *per capita* em diversos países: EUA — 3,2; Itália — 1,5; Holanda — 1,3; Japão — 1,1; Brasil — 1; Grécia — 0,8; e Portugal — 0,6. Quanto mais rico é o país mais lixo produz[24].

Incumbe, no Estado de São Paulo, à CETESB o controle da coleta, tratamento e destino final dos resíduos sólidos.

No Estado de São Paulo, por fim, é proibida a disposição de resíduos sólidos a céu aberto, caracterizando ilícito civil, administrativo e penal. Também não será permitido o lançamento *in natura* de resíduos sólidos ou rejeitos a céu aberto, excetua-

---

22. O rato de esgoto gesta 4 a 6 vezes por ano, com 8 a 12 filhos por cria, e aos 2 a 3 meses alcança sua maturidade sexual.
23. A cidade e o lixo, SMA/CETESB, 1998.
24. Revista *Veja*, 17 mar. 1999.

dos os resíduos de mineração, e nem tampouco a queima a céu aberto ou em recipientes, instalações e equipamentos não licenciados para essa finalidade (art. 47, II e III, da Lei n. 12.305/2010).

Neste caso, não haverá reaproveitamento de energia, pois toda matéria é descartada, sem qualquer critério, dependendo, muitas vezes, dos catadores para eventual reciclagem.

### 6.2. Depósito em aterro sanitário (não há reaproveitamento nem de matéria nem de energia)

O *aterro sanitário* é a forma de disposição do lixo mais adequada e econômica. A escolha do local deverá ser submetida ao estudo de impacto ambiental (EPIA/RIMA) para constatar a viabilidade da implantação do aterro. Todas as alternativas devem ser analisadas para evitar ao máximo impacto ambiental.

A implantação do aterro deverá observar os seguintes requisitos: a) a área deverá ser totalmente impermeabilizada para proteger o solo e o subsolo; b) o lixo depositado será coberto por uma camada de terra no final, impedindo a proliferação de roedores, insetos e urubus; c) serão realizados estudos sobre os ventos para evitar a emanação dos odores do aterro à vizinhança (estudo da direção dos ventos durante o ano todo); d) os gases (gás metano) serão queimados por meio de queimadores próprios; e) o chorume (líquido proveniente da decomposição dos resíduos do lixo) deverá ser armazenado em poços apropriados e tratados em estações de esgoto.

Em resumo, trata-se de uma área extensa para a disposição do lixo coletado diariamente e, após a sua compactação, é coberta com uma camada de terra no final de cada dia. São colocados respiros e drenos para a saída dos gases e do chorume, observando-se os princípios da engenharia sanitária.

A cidade de São Paulo produz cerca de 17 mil toneladas de lixo diariamente, das quais 35% são materiais recicláveis, 1% é reaproveitado e o restante despejado em aterros sanitários. O aterro Bandeirantes, localizado em Perus, foi desativado em março de 2007, pois sua vida útil já expirou. O lixo da cidade de São Paulo foi encaminhado para o aterro de São João (distrito de São Mateus, Zona Leste) até outubro de 2009. Como ainda não há outro lugar para o despejo do lixo, as empresas contratadas e a prefeitura tentam prolongar a vida dos aterros existentes, expondo a perigo a população que mora nas proximidades, além de causar maior impacto ambiental na região. A incineração — como ocorre em outros países carentes de espaços — tem sido a solução imediata; esse método, no entanto, lança substâncias cancerígenas na atmosfera, trazendo problemas à saúde humana.

A região Sudeste é responsável por 54% de toda a geração de resíduos sólidos no país e 45% dos resíduos gerados nas principais capitais são depositados em aterros inadequados ou lixões.

O aterro de Pedreira, no interior de São Paulo, é um modelo de infraestrutura moderna, com 102 hectares de área total e tratamento médio anual de 6 mil toneladas de lixo por dia.

Neste caso, o reaproveitamento da matéria e da energia será possível desde que se realize a prévia triagem e se instale o sistema de captação dos gases por ele emitidos. O gás metano expelido pelo chorume é transformado em eletricidade. Tanto é verdade que a transformação do metano em gás carbônico gera crédito, comercializável na bolsa de valores.

O aterro sanitário é o método mais adequado, no momento, e não coloca em risco a saúde, a segurança pública e o meio ambiente, desde que implantado dentro dos padrões da engenharia sanitária.

Há o aterro sanitário doméstico e o industrial (*v.* item 5 da Seção III — "Eliminação dos rejeitos perigosos").

### 6.3. Usina de compostagem (há reaproveitamento de matéria orgânica, mas não de energia)

*Compostagem* é o processo pelo qual os resíduos sólidos domésticos são transformados em composto para a utilização como adubo no setor agrícola. Esse processo ocorre no interior das usinas de compostagem com a transformação da matéria orgânica em composto. A usina necessita de grande espaço para a instalação do equipamento e para a cura (secagem) e estocagem do composto.

Ressalte-se ainda que o processo de compostagem não elimina os agentes patogênicos ou os parasitas e, por essa razão, pode contaminar os alimentos adubados por esse composto. Não existe ainda uma legislação que discipline os critérios para a utilização da usina de compostagem com a finalidade de evitar essa contaminação.

Neste caso, o material orgânico se transforma em adubo para a utilização em jardins. Não se deve usá-lo em plantação de alimentos.

### 6.4. Usina de reciclagem (há reaproveitamento de matéria e de energia)

A *reciclagem* é o método de reaproveitamento de determinados materiais como, por exemplo, vidro, papel, papelão, jornal, alumínio, plástico, metal etc. Trata-se de uma coleta seletiva. Há lugares, no Brasil, em que o lixo é colocado em compartimentos próprios para cada tipo de material (papel, vidro, lata etc.). Essa coleta procura separar o lixo orgânico dos materiais inorgânicos. Há muitas cooperativas que funcionam no Brasil utilizando-se somente da coleta seletiva. A usina de reciclagem só se desenvolverá por meio da educação ambiental ministrada, principalmente, nas escolas.

Reciclagem, em outras palavras, é o processo de transformação dos resíduos sólidos que envolve a alteração de suas propriedades físicas, físico-químicas ou biológicas, com vistas à transformação em insumos ou novos produtos, observadas as condições e os padrões estabelecidos pelos órgãos competentes do SISNAMA e, se couber, do SNVS e do SUASA (art. 3º, XIV, da Lei n. 12.305/2010).

Deve-se, no entanto, procurar a reutilização dos resíduos sólidos. Entende-se por reutilização o processo de aproveitamento dos resíduos sólidos sem sua transformação biológica, física ou físico-química, observadas as condições e os padrões estabelecidos pelos órgãos competentes do SISNAMA e, se couber, do SNVS e do SUASA (art. 3º, XVIII, da Lei n. 12.305/2010).

Já a destinação final ambientalmente adequada inclui a reutilização, a reciclagem, a compostagem, a recuperação e o aproveitamento energético ou outras destinações admitidas pelos órgãos competentes do SISNAMA, do SNVS e do SUASA, entre elas a disposição final, observando normas operacionais específicas de modo a evitar danos ou riscos à saúde pública e à segurança e a minimizar os impactos ambientais adversos, incluindo ainda a distribuição ordenada de rejeitos em aterros (art. 3º, VII e VIII, da Lei n. 12.305/2010).

É muito importante a reciclagem, porque permite a recuperação de energia, água e matéria-prima. Além disso, a coleta seletiva reduz o volume do lixo depositado em aterros sanitários, diminui a extração de recursos naturais e a poluição, melhora a limpeza urbana, provoca economia no consumo de energia e auxilia na geração de novos empregos. O material reciclado passa por um processo de reaproveitamento diferente daquele que utiliza a matéria-prima diretamente para a fabricação de uma lata de cerveja, por exemplo. Assim, 1.000 quilos de papel reciclado equivalem a 20 árvores poupadas, 1.000 quilos de alumínio reciclado equivalem a 5.000 quilos de minérios extraídos poupados, 1.000 quilos de vidro reciclado equivalem a 1.300 quilos de areia extraída poupada, 1.000 quilos de plástico reciclado equivalem a milhares de litros de petróleo poupados etc.

Vê-se, além disso, que o tempo de decomposição de certos produtos varia de acordo com o tipo da matéria. Por exemplo: papel — 2 a 4 semanas; palito de fósforo — 6 meses; papel plastificado — 1 a 5 anos; casca de banana — 2 anos; ponta de cigarro — 10 a 20 anos; couro — 30 a 40 anos; tecido — 100 a 400 anos; tecido de algodão — 1 a 5 meses; corda — 3 a 4 meses; corda de náilon — 30 a 40 anos; meia de lã — 1 ano; vara de bambu — 1 a 3 anos; goma de mascar — 5 anos; estaca de madeira pintada — 13 anos; lata de conserva — 100 anos; lata de alumínio — 500 anos; plástico — 450 anos; vidro — 4.000 a 1 milhão de anos; fralda descartável — 600 anos; tampa de garrafa — 150 anos; pneus — tempo indeterminado etc.

Também é possível a reciclagem de entulhos provenientes da construção civil. Basta, para tanto, determinar a localização dos Ecopontos para que a população possa despejar seus entulhos nas caçambas. A partir daí, o material será encaminhado para a usina de triagem de entulho, podendo se transformar em blocos, bloquetes, pedritos, cascalhos e areia, entre outros itens. Essa usina já existe nas cidades de Rio Claro e São José do Rio Preto. A mão de obra utilizada é dos detentos das penitenciárias locais.

Muitas são as possibilidades de reaproveitamento do material outrora denominado de inservível. Nesse caso, o reaproveitamento de energia é completo.

A título ilustrativo, na capital de São Paulo, o lixo coletado, em 2009, foi 3,6 milhões de toneladas; em 2010, 3,7 milhões; em 2011, 3,8 milhões, segundo dados das concessionárias Loga e Ecourbis e a Secretaria Municipal de Serviços. Desse total, somente 1,2% é reciclado e está longe de atingir a meta nacional de 6% até 2015.

Justifica-se este baixo índice pela falta de investimento governamental, baixa adesão da população na separação do lixo reciclável, desorganização no recebimento dos resíduos pelas entidades responsáveis, falta de demanda dos materiais recicláveis, exceto as latinhas de alumínio, e falta de mecanização, pois tudo é feito manualmente[25].

Novos dados fornecidos pelo Município de São Paulo constataram que, em 2013, foram tratadas cerca de 250 toneladas/dia contra 197 toneladas/dia em 2012. Os itens mais coletados são: 98,5% — alumínio; 72,7% — papelão; 56,8% — plástico; 49,9% — vidro; 49,2% — aço. O município prevê gastar R$ 2 bi para tratar o lixo em 2014 (cerca de R$ 14 por habitante/ano). Estima-se que haja dez mil catadores e cinco mil ferros-velhos em São Paulo. Cada paulistano gera 1 kg de lixo/dia, em média. Já os moradores de Pinheiros produzem 1,73 kg/dia/pessoa (maior índice) e os moradores de Cidade Tiradentes 630 g/dia/pessoa (menor índice). E a título exemplificativo trazemos alguns dados comparativos com outros países: Pequim produz 18 mil toneladas/dia e recicla 720 toneladas; Nova York produz 40 mil toneladas/dia e recicla 1.725 toneladas; e a Grande Londres produz 54 mil toneladas/dia e recicla 18.360 toneladas[26].

A reciclagem é tão importante que o governo federal resolveu instituir o dia 5 de junho de cada ano como o Dia Nacional da Reciclagem, por meio da Lei n. 12.055, de 9 de outubro de 2009, com o objetivo de conscientizar toda a sociedade sobre a relevância da coleta, separação e destinação de materiais recicláveis.

### 6.5. Usina de incineração (não há reaproveitamento nem de matéria nem de energia)

A *incineração* é um dos processos mais eficazes, mas economicamente custosos. Esse processo transforma a queima dos resíduos sólidos em material inerte, reduzindo, sobremaneira, o espaço ocupado. A usina de incineração deve ser utilizada mais para a queima de lixo hospitalar.

A instalação da usina de incineração deve seguir critérios técnicos adequados para evitar a poluição do ar atmosférico. Normalmente isso é feito com a instalação de "precipitadores eletrostáticos" ou "sistemas com base em cortinas de água" para evitar a poluição do ar atmosférico.

---

25. Lixo embaixo do tapete. Até quando? Revista *Folha de S.Paulo*, 27 maio a 2 jun. 2012, p. 24-32.

26. Rafael Balago, Descarto, logo existo, *Folha de S.Paulo*, revista São Paulo, 20 a 26 abr. 2014, p. 21-24.

A queima, contudo, libera gases tóxicos à saúde humana, tais como dioxina e furano. Trata-se de um desperdício de resíduos, além do alto custo para sua instalação. Esse sistema de disposição de resíduos impede a criação de novos empregos para os catadores.

O CONAMA, mediante a Resolução n. 6, de 19 de setembro de 1991, dispõe sobre a incineração de resíduos sólidos utilizados por estabelecimentos de saúde, portos e aeroportos.

Nesse caso, não há reaproveitamento de energia nem do material, pois a queima dos resíduos se dá de maneira completa.

Registre-se, por fim, que a incineração deve ser a última solução, só adotada se não forem possíveis a redução do lixo, a reutilização de materiais ou a reciclagem. Reitere-se que a gestão dos resíduos sólidos deve observar a seguinte ordem de prioridade: não geração, redução, reutilização, reciclagem, tratamento dos resíduos sólidos e disposição final ambientalmente adequada dos rejeitos (art. 9º da Lei n. 12.305/2010).

## 6.6. Usina verde (não há reaproveitamento de matéria, mas somente de energia)

A usina verde também é conhecida por Usina de Tratamento Térmico de Resíduos Sólidos e Geração de Energia. É nova tecnologia disponível para o tratamento do lixo, transformando-o em energia. Foi criada uma usina verde experimental no interior do Campus da Universidade Federal do Rio de Janeiro (UFRJ) para apurar sua eficiência e custo. Trata-se de um protótipo construído pela empresa Usinaverde e fica a 50 metros do hospital universitário. Ela processa cerca de 30 toneladas de resíduos diariamente convertidos em 440 kilowatts de energia consumida pela própria Universidade. O processamento do lixo pode ser feito em pequenas unidades instaladas em uma área equivalente a um campo de futebol. Sua capacidade é de 150 toneladas por dia, que pode gerar até 2,6 megawatts de energia[27]. O material é trazido de uma estação de tratamento da Companhia Municipal de Limpeza Urbana — COMLURB, no Caju, região central do Rio.

Essa tecnologia traz as seguintes vantagens: a) dispensa a coleta seletiva; b) gera emprego na reciclagem; c) não causa poluição atmosférica nem sonora; d) opera em área relativamente pequena; e) gera energia limpa para futura venda e possibilita a recuperação de parte dos custos com a negociação dos títulos denominados créditos-carbono na bolsa de valores. A energia produzida pode abastecer, apenas por curiosidade, 14 mil residências ou uma cidade como Arujá, na grande São Paulo.

---

27. César de Oliveira, Usina verde também é opção, *Mogi News*, 6 maio 2007, Suplemento Especial — Mogi *versus* Lixão, p. 12.

Referida tecnologia não é novidade nos EUA (Nova York, Miami, Los Angeles, por exemplo). Há lá 32 unidades que utilizam todo tipo de resíduos domiciliares para a geração de energia elétrica desde o início da década de 1990, conforme declara o deputado estadual Luís Carlos Gondim Teixeira. Há, na Europa, cerca de 420 usinas semelhantes em operação.

Essa usina permite a transformação do lixo em energia sem poluir o ar atmosférico. Seu método consiste no tratamento térmico dos resíduos, em sistema fechado, transformando o calor em energia térmica ou elétrica.

O procedimento é o mesmo da coleta do lixo em geral, ou seja, após a coleta e transporte do lixo domiciliar inicia-se a segunda fase: separa-se o lixo orgânico do inorgânico. O primeiro é encaminhado para a reciclagem e o outro para a usina de compostagem, para a produção de adubo orgânico, por exemplo. O restante do material seria levado para a usina verde, para a produção de energia a ser consumida pela cidade. A maior parte do lixo seria reutilizada e a restante, eliminada, dando-se o destino adequado a todo o lixo.

A crítica que se faz à usina verde é que ela, para produzir energia, precisa realizar a queima de lixo, lançando poluentes no ar. Há, para sua implementação, a necessidade de conceder o licenciamento ambiental e realizar um monitoramento e fiscalização rígida desde a sua implantação. Esclareça-se, por fim, que este projeto foi classificado pela Comissão Interministerial de Mudança Global do Clima, ligada ao Ministério da Ciência e Tecnologia, como Mecanismo de Desenvolvimento Limpo — MDL.

Esse método serve para transformar o resíduo em eletricidade, destruindo-o totalmente após prévia triagem.

Só se deve adotar essa modalidade após se esgotarem as demais possibilidades de disposição final e ambientalmente adequada dos resíduos sólidos (art. 3º, VII e VIII, da Lei n. 12.305/2010).

## 7. LICENCIAMENTO AMBIENTAL E FISCALIZAÇÃO DE CENTRO DE TRATAMENTO DE RESÍDUOS SÓLIDOS

A prefeitura deverá delimitar o local para a implantação do Centro de Tratamento de Resíduos Sólidos (CENTRES), mais conhecido por aterro sanitário, que poderá ser administrado pela própria prefeitura ou por concessionária. Caso haja terceirização, a municipalidade deverá expedir um tipo de autorização para a empresa concessionária dar início ao procedimento de licenciamento, sem o qual fica inviabilizada a apreciação do procedimento pelo órgão estadual. Sem essa autorização, a Secretaria Estadual do Meio Ambiente (SMA) não poderá dar início ao procedimento de licenciamento.

Registre-se, além disso, que a municipalidade deverá receber os resíduos sólidos produzidos por seus munícipes e não dos municípios limítrofes. Não há nada que vede essa possibilidade, mas isso deverá ser esclarecido também pela empresa concessionária e pela municipalidade.

Outro ponto importante é a licitação. Não se pode realizar a implantação do aterro sanitário sem a realização desse procedimento, devendo-se abrir oportunidade às demais empresas que atuam no ramo.

Antes da concessão da autorização (certidão de viabilidade), a municipalidade, por meio de seu órgão técnico, deverá elaborar um parecer e procurar analisar os impactos, tanto os ambientais como os socioeconômicos. A população vizinha deve ser ouvida com antecedência, em observância ao princípio democrático ou da participação, evitando-se que venha a ser surpreendida pelo fato consumado.

É comum, após a implantação do aterro sanitário, a falta de fiscalização do destino final dos resíduos sólidos e o descuido com as soluções técnicas apresentadas no estudo de impacto ambiental e materializadas pelo respectivo relatório — EPIA/RIMA.

Por conta disso, defendemos tese no III Congresso do Ministério Público do Estado de São Paulo, cujas proposições a seguir foram aprovadas, responsabilizando a prefeitura caso desrespeite as normas de licenciamento e deixe de fiscalizar o aterro sanitário, após sua implantação e funcionamento:

1) O ente federado deverá ser demandado em ação civil de responsabilidade por improbidade administrativa com o propósito de condená-lo à obrigação de não fazer, consistente na abstenção de conceder licença prévia pela falta ou irregularidade do EPIA/RIMA, quando for o caso, ou de outros estudos ambientais preliminares.

2) A prefeitura poderá ser demandada em Ação Civil de Responsabilidade por Improbidade Administrativa com o propósito de condená-la à obrigação de fazer, consistente na cassação da certidão irregularmente concedida ao empreendedor.

3) O empreendedor poderá ser demandado em ação civil pública, com pedido de obrigação de não fazer, consistente em não iniciar a implantação do CENTRES sem a prévia realização de EPIA/RIMA ou outro estudo ambiental apropriado, ou ainda em decorrência de sua irregularidade, e, havendo danos ambientais, deverá também ser requerida a recuperação do dano e o pagamento de indenização.

4) A falta de fiscalização por parte da municipalidade e do órgão estadual, após a implantação do empreendimento, poderá ensejar a propositura de Ação Civil de Responsabilidade por Improbidade Administrativa em face de seus dirigentes, se dessa omissão vier a causar danos ao meio ambiente e à saúde da população.

5) O empreendedor poderá ainda ser demandado em Ação Civil Pública com o propósito de condená-lo pelos danos causados posteriormente à implantação do aterro sanitário, pela falta de providências na regularização do empreendimento.

6) O Ministério Público deverá fiscalizar todos os aterros sanitários do Estado de São Paulo e realizar Termo de Ajustamento de Conduta com as prefeituras que não tratam adequadamente dos seus resíduos sólidos e propor a respectiva ação em face das recalcitrantes.

## 8. IMPLANTAÇÃO DE ATERROS SANITÁRIOS DE PEQUENO PORTE

O Conselho Nacional do Meio Ambiente — CONAMA baixou a Resolução n. 404, de 11 de novembro de 2008, estabelecendo critérios e diretrizes para o licenciamento ambiental de aterro sanitário de pequeno porte de resíduos sólidos urbanos. Tal resolução foi criada para atender às necessidades de municípios de pequeno porte que costumam enfrentar dificuldades para dispor dos resíduos urbanos produzidos por seus munícipes. Como vimos, a implantação de aterro sanitário passa por um rígido procedimento de licenciamento ambiental, exigindo-se, inclusive, o EPIA/RIMA com todas as suas formalidades, por se tratar de atividade que causa significativo impacto ambiental, nos termos da Resolução n. 237/97. Esta Resolução permite a adoção de procedimento de licenciamento ambiental simplificado de aterros sanitários de pequeno porte.

Consideram-se aterros sanitários de pequeno porte aqueles com disposição diária de até 20 toneladas de resíduos sólidos urbanos (art. 1º, § 1º, da citada Resolução). A Resolução, no entanto, permite a implantação de uma única unidade por sede (art. 1º, § 3º), dispensando, neste caso, o EPIA/RIMA, exceto se causar significativa degradação ambiental (art. 2º, parágrafo único, da Resolução).

Permite-se, nos aterros de pequeno porte, a disposição de resíduos sólidos domiciliares, de resíduos de serviços de limpeza urbana, de resíduos de serviços de saúde e de resíduos sólidos provenientes de pequenos estabelecimentos comerciais, industriais e de prestação de serviços (art. 3º da Resolução). Não se permite a disposição de resíduos perigosos, conforme definido em legislação específica (art. 3º, § 1º, da Resolução). A critério do órgão ambiental, poderá ser admitida a disposição de lodos secos não perigosos (art. 3º, § 2º, da Resolução).

É importante ressaltar, por fim, que o órgão ambiental competente poderá definir os procedimentos complementares para o licenciamento ambiental e, a qualquer tempo, considerando-se as características locais, incluir novas exigências a serem cumpridas pelo empreendedor (arts. 4º, parágrafo único, e 5º, da Resolução).

Ainda nesse contexto, a Secretaria Estadual do Meio Ambiente de São Paulo baixou a Resolução n. 75, de 31 de outubro de 2008, dispondo sobre o licenciamento das unidades de armazenamento, transferência, triagem, reciclagem, tratamento e disposição final de resíduos sólidos de classes II-A e II-B, classificados segundo a Associação Brasileira de Normas Técnicas — ABNT NBR n. 10.004.

Há muitos municípios de pequeno porte que acabam deixando seus resíduos em lixões devido a dificuldades em implantar aterros sanitários por ser muito oneroso. Essa medida poderá ajudar a melhorar a qualidade das águas e dos solos urbanos e rurais.

## 9. CEMITÉRIOS HORIZONTAIS E CONTAMINAÇÃO DO SOLO

A decomposição de um corpo leva em torno de dois anos e meio e dá origem a um líquido denominado necrochorume. Esse líquido é liberado durante o primeiro ano da decomposição após o sepultamento. Cuida-se de um líquido viscoso, com coloração acinzentada, que pode atingir o lençol freático e contaminar as bacias hidrográficas e, em consequência, os seres humanos. Por conta disso, deve-se evitar, segundo o CONAMA e a Agência Nacional de Águas (ANA), utilizar caixões, urnas e mantas com plásticos, tintas, vernizes, metais pesados ou qualquer material nocivo ao ambiente.

Constatado que os cemitérios causam poluição ambiental, o CONAMA baixou a Resolução n. 335, de 3 de abril de 2003 (posteriormente alterada pela Resolução n. 368/2006 e Resolução n. 402, de 17-11-2008), estabelecendo critérios para o licenciamento de cemitérios. Essa Resolução apresenta os requisitos necessários que devem ser cumpridos nas fases da licença prévia, de instalação e de operação. Os cemitérios existentes deverão adequar-se a essa Resolução e firmar com o órgão ambiental o competente termo de ajustamento de conduta dentro do prazo de cento e oitenta dias contados da data da publicação dessa Resolução. O descumprimento desta, bem como do termo de ajustamento, sujeitará o infrator às penalidades previstas na Lei n. 9.605/98.

Com base nessas informações, o promotor de justiça de Guaratinguetá, Estado de São Paulo, Dr. João de Camargo Mala, propôs ação civil pública com medida liminar em face da empresa P. das O. Empreendimentos Social e Cobrança Ltda., para que se abstenha de realizar qualquer sepultamento sem o licenciamento ambiental. O magistrado, Dr. Arion Silva Guimarães, da 3ª Vara de Guaratinguetá, Processo n. 1.219/2004, concedeu a medida liminar, em 2 de agosto de 2004, como antecipação dos efeitos da tutela, exigindo-se do administrador do cemitério o licenciamento, nos termos do art. 62 do Decreto estadual n. 8.468/76[28].

Tal medida foi concedida pelo fato de estarem presentes os requisitos da tutela antecipada. O dano é irreparável, pois os cemitérios são fontes de contaminação pela decomposição dos cadáveres. O líquido liberado durante a decomposição dos corpos pode penetrar em determinados tipos de solo, contaminar o lençol freático e proporcionar a proliferação de micro-organismos (vírus e enterovírus, transmissores

---

28. CAO-UMA, Jurisprudência (necrochorume), sentença de primeiro grau — Comarca de Guaratinguetá, Estado de São Paulo. Disponível em: <http://www.mp.sp.br>; acesso em: 3 jul. 2007.

da hepatite e meningite, por exemplo). Além disso, as bactérias que levaram à morte podem causar danos ao ser humano e ao meio ambiente.

Além dessa precaução, exige-se, para a implementação do cemitério, o licenciamento ambiental, nos termos da legislação pertinente. O Código Sanitário do Estado de São Paulo (Lei n. 10.083, de 23 de setembro de 1998) remete a disciplina às normas técnicas correspondentes (art. 85)[29]. Já o Decreto estadual n. 12.342/78, por sua vez, exige uma série de requisitos mínimos para o funcionamento do cemitério (arts. 151 a 158). A Lei estadual n. 997/76 exige o licenciamento das atividades poluidoras, e o Decreto estadual n. 8.468/76 considera o cemitério uma das atividades poluidoras, precisando, dessa forma, do licenciamento ambiental (art. 57, XI), assim como o Decreto estadual n. 47.397/2002.

O TJPR, em decisão em agravo de instrumento, manteve a liminar concedida em primeira instância que exigiu o estudo de impacto ambiental como requisito indispensável para a concessão de licença de cemitério. Transcrevemos a ementa: "Meio ambiente. Licença de instalação de cemitério. Exigência de estudo de impacto ambiental. Admissibilidade, por se tratar de atividade potencialmente causadora de degradação ao meio ambiente"[30].

Compete à CETESB, por fim, por determinação da Resolução n. 22, de 6 de maio de 2007, da Secretaria Estadual do Meio Ambiente, que criou o Licenciamento Ambiental Unificado, a competência para conceder licença para a implantação de cemitérios. E para a concessão do referido licenciamento se faz necessária a observância da Norma Técnica L. n. 1.040/99, da própria CETESB.

## 10. O GOVERNO DO ESTADO DE SÃO PAULO E OS RESÍDUOS SÓLIDOS

Além do Projeto Respira São Paulo[31], o governo do Estado de São Paulo estabeleceu 21 projetos ambientais estratégicos, tais como: Aquíferos; Cenários Ambientais 2020; Cobrança do Uso da Água; Criança Ecológica; Desmatamento Zero; Ecoturismo; Esgoto Tratado; Etanol Verde; Fauna Silvestre; Unidade de Conservação; Licenciamento Unificado; Lixo Mínimo; Mananciais; Mata Ciliar; Município Verde Azul; Onda Limpa; Pesquisa Ambiental; Reforma Administrativa; Respira São Paulo; São Paulo Amigo da Amazônia; e Serra do Mar (*DOE* de 20-1-2010, p. II).

O lixo mínimo é um dos projetos estratégicos do Governo do Estado e já implantado por meio do Projeto Respira São Paulo.

---

29. Diz citado dispositivo: as inumações, exumações, transladações e cremações deverão ser disciplinadas através de normas técnicas.

30. AgI 183.473-1, 3ª Câm. Cív., j. 1º-11-2005, v. u., rel. Des. J. Vidal Coelho, *RDA*, *46*:317, abr./jul. 2007.

31. *V.* Título I — Direito Ambiental, Capítulo II — Propedêutica do Direito Ambiental, item 5 — Projeto Respira São Paulo.

A CETESB, com base nisso, vem divulgando o inventário estadual dos resíduos sólidos com a posição atual da destinação de resíduos urbanos nos municípios de São Paulo desde 1997. Tal inventário é publicado anualmente no *DOE* com a denominação Inventário Estadual de Resíduos Domiciliares — Índice de Qualidade de Aterros de Resíduos no Estado de São Paulo — IQR.

Estes dados são importantes para demonstrar que o Estado de São Paulo já havia tomado a dianteira para acabar com os lixões, especialmente com a certificação denominada Verde Azul, concedida aos municípios.

O Ministério Público do Estado de São Paulo também contribuiu para diminuir os lixões, tendo inserido no seu plano de atuação, na área de urbanismo e meio ambiente de 2007/2008, oito novas prioridades para atuação em áreas finalísticas. São elas: a) coleta, afastamento e tratamento de esgoto; b) reserva legal e áreas de preservação permanente; c) controle e uso do solo urbano com ênfase nas áreas de risco ocupadas; d) *extinção dos "lixões"* (adequação da destinação dos resíduos sólidos); e) controle do uso e ocupação do solo rural, com ênfase nas monoculturas (cana e eucalipto); f) acompanhamento da elaboração dos planos de manejo e efetiva implementação das unidades de conservação; g) acompanhamento da elaboração de planos diretores municipais; h) águas subterrâneas (proteção das áreas de recarga e controle da explotação).

E, a partir daí, o MP passou a propor Ações Civis Públicas e instaurar Inquéritos Civis ou firmar Termos de Ajustamento de conduta com as diversas prefeituras do Estado.

Vê-se, pois, que o esforço deve ser concentrado e compartilhado para que o resultado seja efetivo e eficaz.

## 11. INFRAÇÕES ADMINISTRATIVAS E PENAIS

A infração administrativa está arrolada no art. 62, V, VI e VII, do Decreto n. 6.514/2008, e a penal, no art. 54, § 2º, V, da Lei n. 9.605/98. Ver também outra infração penal no art. 37 da LCP.

### Seção III
*Rejeitos perigosos*

## 1. REJEITOS PERIGOSOS E POLUIÇÃO

*Rejeitos perigosos* caracterizam-se por "um rejeito sólido ou uma combinação de rejeitos sólidos que, devido a sua quantidade, concentração ou características físicas, químicas ou infecciosas pode: a) causar um incremento da mortalidade ou de enfermidades irreversíveis ou incapacitantes reversíveis, ou contribuir, de forma significativa, para referido incremento; b) apresentar um considerável perigo, atual ou potencial, para a saúde humana ou para o meio ambiente, quando se trate, armazene, transporte, elimine ou de outro modo se maneje de forma não apropriada"[32].

Rejeitos perigosos, em outras palavras, são os resíduos sólidos que, depois de esgotadas todas as possibilidades de tratamento e recuperação por processos tecnológicos disponíveis e economicamente viáveis, não apresentem outra possibilidade que não a disposição final ambientalmente adequada (art. 3º, XV, da Lei n. 12.305/2010).

Assim, disposição final ambientalmente adequada é a distribuição ordenada de rejeitos em aterros, observando-se normas operacionais específicas de modo a evitar danos ou riscos à saúde pública e à segurança e a minimizar os impactos ambientais adversos (art. 3º, VIII, da Lei n. 12.305/2010).

A Convenção de Basileia, realizada na Suíça, em 22 de março de 1989, recomenda que os rejeitos perigosos sejam eliminados no país onde foram produzidos como medida de uma gestão ecologicamente racional, garantindo e assegurando a proteção da saúde humana e do meio ambiente.

A CETESB, por meio do seu Relatório sobre Emergências Químicas Atendidas em 2006, constatou que o número de acidentes com produtos químicos no ano foi o menor dos últimos oito anos. Os 397 atendimentos registrados indicam um recuo de 5,2% em relação aos 419 eventos ocorridos em 2005 e de 16,6% em relação aos 475 de 2004. Esse resultado deve-se ao rigor da legislação estadual e federal, à intensificação das ações de fiscalização e à exigência de programas de gerenciamento de riscos para atividades potencialmente geradoras de acidentes.

O setor de transporte rodoviário de produtos perigosos apresentou 198 acidentes e foi responsável por 49,9% das emergências químicas atendidas pela CETESB, seguindo-se a indústria e o descarte clandestino de produtos químicos, com 30 casos cada um, e postos e sistemas retalhistas de combustíveis com 22 casos[33].

## 2. INSTRUMENTOS LEGAIS DE CONTROLE DOS REJEITOS PERIGOSOS

Compete ao Poder Público controlar a produção, a comercialização e o emprego de técnicas, métodos e substâncias que comportem risco para a vida, a qualidade de vida e o meio ambiente (art. 225, § 1º, V, da CF).

Incumbe, pois, ao Poder Público o exercício do controle da eliminação, armazenamento e tratamento dos rejeitos perigosos.

O CONAMA, por meio da Resolução n. 23, de 12 de dezembro de 1996, estabeleceu o controle sobre os rejeitos perigosos, classificando-os em resíduos perigosos, resíduos não inertes, resíduos inertes e outros resíduos.

---

32. Paulo Affonso Leme Machado, *Direito*, cit., p. 473.

33. Disponível em: <http://www.cetesb.sp.gov.br>; acesso em: 15 maio 2007.

## 3. CLASSIFICAÇÃO DOS REJEITOS PERIGOSOS

A Resolução n. 23/96 do CONAMA classifica os rejeitos perigosos em quatro tipos: a) *Classe I* — resíduos perigosos (são aqueles arrolados nos Anexos 1-A a 1-C — por exemplo, pigmentos inorgânicos, produtos químicos orgânicos, pesticidas, explosivos etc.); b) *Classe II* — resíduos não inertes (são os que podem ter propriedades como combustibilidade, degradabilidade ou solubilidade e apresentam periculosidade — por exemplo, cinzas, escórias e borras da indústria metalúrgica); c) *Classe III* — resíduos inertes (são os que, quando submetidos a teste de solubilização, conforme NBR n. 10.006, não tiverem nenhum de seus constituintes solubilizados em concentrações superiores aos padrões especificados no Anexo 3); d) *outros resíduos* (são aqueles coletados em residências ou decorrentes de incinerações de resíduos domésticos).

Assim, é proibida a importação de resíduos perigosos arrolados na Classe I (art. 2º, caput, da Res. n. 23/96 do CONAMA). Os resíduos não inertes da Classe II só poderão ser importados para as finalidades de reciclagem ou reaproveitamento (art. 5º da Res. n. 23/96 do CONAMA). Os resíduos inertes da Classe III (cinzas, escórias e borras da indústria metalúrgica) podem ser importados sem quaisquer restrições (art. 4º da Res. n. 23/96 do CONAMA). É proibida a importação de resíduos definidos na alínea *d* do art. 1º como "Outros resíduos", sob qualquer forma e para qualquer fim (art. 3º da Res. n. 23/96 do CONAMA).

## 4. CONTROLE DOS REJEITOS PERIGOSOS

O *registro da produção*, do transporte e da eliminação dos rejeitos perigosos tem sido adotado por alguns países para manter sob controle todo o itinerário do produto com a intenção de evitar danos à saúde humana e ao meio ambiente, responsabilizando, em caso de acidente, o seu produtor.

## 5. ELIMINAÇÃO DOS REJEITOS PERIGOSOS

O sistema de proteção utilizado para a eliminação do resíduo perigoso industrial é extremamente eficiente e sofisticado. Tais resíduos devem ser eliminados em aterros sanitários devidamente licenciados pela CETESB mediante a realização de EPIA/RIMA.

Esse aterro deve conter: a) uma camada de impermeabilização de base, com a utilização de manta de polietileno de alta densidade (PEAD), de dois milímetros de espessura; b) um sistema de drenagem de líquidos percolados, com a aplicação de mantas geotêxteis, britas e tubos de PEAD; c) um sistema de drenagem de gases, com aplicação dos mesmos materiais citados acima; d) um sistema de drenagem de águas pluviais, com a construção de canaletas de concreto e estruturas flexíveis com a utilização de gabiões nos dispositivos de vazão, sedimentado e dissipação das águas; e e) um sistema de tratamento de líquidos percolados.

A manutenção do sistema de eliminação desses resíduos deve ser mediante controle de admissão de resíduos sólidos, fechamento e segurança das glebas, formação de um cinturão verde (árvores nativas) e monitoramento de águas superficiais e subterrâneas.

## 5.1. A biotecnologia a serviço da limpeza de resíduos nocivos

Por meio da biotecnologia, pesquisadores nos EUA descobriram uma importante arma contra a poluição do solo. Tal descoberta foi publicada na revista *Nature*. Trata-se de um micróbio que transforma poluentes nocivos em substâncias inofensivas. Essa bactéria, que o bioquímico alemão, Frank Loffler, chefe da equipe de pesquisadores, denominou BAVI, consegue remover do ambiente o dicloroeteno e o cloreto de vinila. Tais substâncias são lançadas no meio ambiente pelas indústrias e causam poluição do solo e do lençol freático, além de colocar em risco a saúde da população. O dicloroeteno e o cloreto de vinila foram utilizados pela Shell para limpar os reservatórios de gasolina, causando a contaminação do solo e de um reservatório de água da zona sul, situado na Vila Carioca, em São Paulo[34].

## 5.2. Destino das pilhas e baterias

Registre-se que as pilhas e baterias que contenham em sua composição chumbo, cádmio, mercúrio e seus compostos, necessários ao funcionamento de quaisquer tipos de aparelhos, veículos ou sistemas, móveis ou fixos, bem como os produtos eletroeletrônicos que as contenham integradas em sua estrutura de forma não substituível, após seu esgotamento energético, serão entregues pelos usuários aos estabelecimentos que as comercializam ou à rede de assistência técnica autorizada pelas respectivas indústrias, para repasse aos fabricantes ou importadores, para que estes adotem, diretamente ou por meio de terceiros, os procedimentos de reutilização, reciclagem, tratamento ou disposição final ambientalmente adequada. Já as baterias industriais constituídas de chumbo, cádmio e seus compostos, destinadas a telecomunicações, usinas elétricas, sistemas ininterruptos de fornecimento de energia, alarme, segurança, movimentação de cargas ou pessoas, partida de motores diesel e uso geral industrial, após seu esgotamento energético, deverão ser entregues pelo usuário ao fabricante ou ao importador ou ao distribuidor da bateria. Ressalte-se, além disso, que o CONAMA baixou a Resolução n. 401, de 4 de novembro de 2008, estabelecendo os limites máximos de chumbo, cádmio e mercúrio para pilhas e baterias

---

34. Marcus Vinicius Marinho, Nova bactéria é arma contra poluição do solo, *Folha de S.Paulo*, 3 jul. 2003, p. A-14.

comercializadas no território nacional e os critérios e padrões para o seu gerenciamento ambientalmente adequado, e dá outras providências.

### 5.3. Importação de pneumáticos usados

Tal procedimento deve também ser adotado em relação aos pneus usados. É proibida a importação de pneumáticos usados, nos termos da Resolução n. 23, de 12 de dezembro de 1996, e da Resolução n. 235, de 7 de janeiro de 1998, do CONAMA. Em relação aos pneus novos, no entanto, as empresas fabricantes e as importadoras de pneumáticos para uso em veículos automotores e bicicletas ficam obrigadas a coletar e dar destinação final, ambientalmente adequada, aos pneus inservíveis existentes no território nacional, na proporção definida na Resolução n. 416, de 30 de setembro de 2009, do CONAMA, que dispõe sobre a prevenção à degradação ambiental causada por pneus inservíveis e sua destinação ambientalmente adequada, e dá outras providências, relativamente às quantidades fabricadas e/ou importadas. Tal Resolução revogou expressamente a Resolução n. 258, de 26 de agosto de 1999, e a Resolução n. 301, de 21 de março de 2002. O IBAMA, diante disso, baixou a Instrução Normativa n. 1/2010, regulamentando o procedimento dos fabricantes e importadores de pneus novos, sobre a coleta e a destinação final de pneus inservíveis.

Parece-nos que a possibilidade de importação de pneumáticos não será mais possível com o advento da Lei da Política Nacional dos Resíduos Sólidos (Lei n. 12.305/2010). O seu art. 49 proíbe a importação de resíduos sólidos perigosos e rejeitos, bem como de resíduos sólidos cujas características causem dano ao meio ambiente, à saúde pública e animal e à sanidade vegetal, ainda que para tratamento, reforma, reúso, reutilização ou recuperação.

### 5.4. Decisão do STF sobre a importação de pneumáticos usados

O STF iniciou o julgamento da ADPF 101/DF, em 11 de março de 2009, proposta pela Presidência da República diante de inúmeras decisões liminares prolatadas pelas instâncias inferiores (4 dos Tribunais Regionais Federais e 25 das Varas Federais), as quais vêm descumprindo Portarias do Departamento de Operações de Comércio Exterior — Decex (art. 27 da Portaria n. 8/91) e da Secretaria de Comércio Exterior — Sedex (art. 1º da Portaria n. 8/2000, art. 1º da Portaria n. 2/2002, art. 39 da Portaria n. 17/2003 e art. 40 da Portaria n. 14/2004), Resoluções do CONAMA (art. 4º da Resolução n. 23/96 e art. 1º da Resolução n. 235/98) e Decretos federais (Decreto n. 875/93; art. 47-A do Decreto n. 3.179/99 e § 2º, incluído pelo Decreto n. 4.592/2003, ambos revogados pelo Decreto n. 6.514/2008) que proíbem a importação de pneus usados. Tais decisões ferem os dispositivos previstos nos arts. 170, *caput* e incisos I e VI, 196 e 225, todos da CF. Estas liminares têm permitido a importação desse lixo. Há, inclusive, duas decisões já transitadas em julgado. O fundamento da ADPF está no desrespeito aos princípios constitucionais da defesa ao meio ambiente e à saúde pública em detrimento à liberdade de atividade econômica. Na esfera internacional, o Tribunal do Mercosul (Tribunal Arbitral *ad hoc* do bloco econômico) obriga o Brasil a aceitar a importação de pneus usados do bloco. Já a OMC decidiu que o país não pode privilegiar o Mercosul. A relatora do caso, ministra Cármen Lúcia, posicionou-se na defesa do meio ambiente e da saúde pública em detrimento da liberdade econômica. No entanto, ela sustentou que as decisões transitadas em julgado devem prevalecer por se tratar de preceito constitucional. Se assim for, o voto da ministra poderá colocar em risco a própria decisão, pois permitirá que duas grandes empresas continuem a importar pneus usados, pois já tiveram suas decisões transitadas em julgado. Se a importação de pneus usados for considerada constitucional, não deveriam prevalecer as decisões concedidas às empresas mesmo diante da coisa julgada. É caso típico da necessidade de relativizar a coisa julgada inconstitucional. Verifica-se, por outro lado, que a questão envolve ofensas a preceitos fundamentais, especialmente a segurança jurídica. Ela disse ainda que se os países europeus vencerem a demanda perante a OMC, o Brasil correrá o risco de virar depósito de 2 a 3 milhões de pneus velhos inservíveis. Estes pneus não são submetidos a prévio controle de qualidade e 60% deles já chegam inservíveis, contribuindo para aumentar o passivo de pneus velhos que já alcança 100 milhões no país. Os pneumáticos importados possuem a mesma qualidade dos pneus brasileiros, os quais não se prestariam a reindustrialização, segundo análise do INMETRO.

O ministro Eros Grau pediu vista dos autos, adiando o julgamento. Dando-se continuidade ao julgamento ocorrido no dia 24 de junho de 2009, referido ministro seguiu o voto da relatora. E, finalmente, por maioria de votos (8 a 1), os ministros do STF decidiram que a importação de pneus usados e inservíveis é inconstitucional. A maioria justificou que a ação provocaria danos ao meio ambiente (art. 225 da CF).

A ADPF[35], por conta disso, foi julgada parcialmente procedente, nos termos do voto da relatora, ministra Cármen Lúcia.

## 6. DESCARTE DE SOBRAS DE TINTAS E SOLVENTES

Gilberto Kassab, Prefeito do Município de São Paulo, no uso das atribuições que lhe são conferidas por lei, faz saber que a Câmara Municipal, em sessão de 10

---

35. *Ementa*: Arguição de descumprimento de preceito fundamental. Adequação. Observância do princípio da subsidiariedade. Arts. 170, 196 e 225 da Constituição Federal. Constitucionalidade de atos normativos proibitivos da importação de pneus usados. Reciclagem de pneus usados. Ausência de eliminação total de seus efeitos nocivos à saúde e ao meio ambiente equilibrado. Afronta aos princípios constitucionais da saúde e ao meio ambiente ecologicamente equilibrado. Coisa julgada com conteúdo executado ou exaurido. Impossibilidade de alteração. Decisões judiciais com conteúdo indeterminado no tempo. Proibição de novos efeitos a partir do julgamento. Arguição julgada parcialmente procedente.

de dezembro de 2009, decretou e promulgou a Lei n. 15.121, de 22 de janeiro de 2010, que dispõe sobre a destinação de recipientes contendo sobras de tintas, vernizes e solventes, e dá outras providências. Diz o seu art. 1º: "As empresas que industrializam tintas, vernizes e solventes, de uso domiciliar ou industrial, ficam obrigados a aceitar os recipientes com as sobras desses materiais, para reciclagem ou reaproveitamento dos mesmos, ou dar destinação final adequada, tendo como prioridade a preservação do meio ambiente".

Pretende-se, com essa lei, realizar um controle mais efetivo de todos os produtos perigosos lançados no mercado, estabelecendo regras para evitar o seu descarte no meio ambiente sem qualquer critério, fazendo com que o cidadão e a empresa sejam mais responsáveis pelos produtos que adquiram e fabriquem, respectivamente.

## 7. CASUÍSTICAS

Estudo realizado pela Universidade Estadual de Campinas — UNICAMP revela que 58% das amostras de leite materno coletadas na cidade de São Paulo estão contaminadas por PCB (policloretos de bifenilas), agente cancerígeno ligado a problemas de desenvolvimento e baixo nível de coeficiente intelectual e que figura entre os dez poluentes mais tóxicos, segundo a PNUMA. Apesar de o nível encontrado ser baixo (13,86 microgramas por litro), o Poder Público deverá realizar um controle maior deste produto. Os limites aceitáveis estão abaixo do estipulado nos EUA e na Europa, que é de 20 a 60 microgramas por litro.

Este produto está proibido no Brasil desde 1981 e nos EUA foi banido desde 1976, mas seu uso ainda é tolerado em alguns equipamentos até que eles sejam desativados ou substituídos. No Estado de São Paulo, uma lei prevê a eliminação até 2020.

O PCB é utilizado como fluido de transformadores elétricos, isolantes térmicos, óleos lubrificantes e tintas. Vários países, desde 1970, vetaram o seu uso, mas o produto continua presente em equipamentos antigos e no ambiente, onde pode permanecer por mais de 40 anos[36].

## 8. INFRAÇÕES ADMINISTRATIVAS E PENAIS

As infrações administrativas estão arroladas nos arts. 61, 62 e 64 do Decreto n. 6.514/2008, e a penal, no art. 56 da Lei n. 9.605/98.

---

36. Cláudia Colluci, Poluente contamina leite materno em SP, *Folha de S. Paulo*, 26 mar. 2009, p. C-13.

Seção IV
*Agrotóxicos*

## 1. AGROTÓXICOS E POLUIÇÃO

*Agrotóxicos* são compostos químicos agrícolas que, ao serem eliminados ou descartados no meio ambiente, causam danos ao solo, às águas etc. Assim, consideram-se agrotóxicos e afins: a) os produtos e os agentes de processos físicos, químicos ou biológicos, destinados ao uso nos setores de produção, no armazenamento e beneficiamento de produtos agrícolas, nas pastagens, na proteção de florestas, nativas ou implantadas, e de outros ecossistemas e também de ambientes urbanos, hídricos e industriais, cuja finalidade seja alterar a composição da flora e da fauna, a fim de preservá-las da ação danosa de seres vivos considerados nocivos; b) substâncias e produtos, empregados como desfolhantes, dessecantes, estimuladores e inibidores de crescimento; e os componentes ou princípios ativos, os produtos técnicos e suas matérias-primas, os ingredientes inertes e aditivos usados na fabricação de agrotóxicos e afins (art. 2º, I, *a* e *b*, e II, da Lei n. 7.802, de 11-7-1989).

Esse conceito coloca em relevo a presença de produtos perigosos, assim como defensivos agrícolas (fertilizantes e agrotóxicos). Não há informações precisas sobre a utilização errônea desses produtos pelos agricultores. Note-se, no entanto, que o uso excessivo de fertilizantes pode causar acidificação dos solos, contaminação dos reservatórios de água e eutrofização (excesso de nutrientes na água, que provoca o crescimento exagerado de organismos como algas). Mas também pode causar danos ao meio ambiente e colocar em risco a saúde da população que consome produtos com excesso de agrotóxicos.

O agrotóxico, como se vê, pode ser utilizado como desfolhante, dessecante, estimulador e inibidor de crescimento.

*Poluição por agrotóxico* é causada pelo uso inadequado desse produto, de forma a causar danos ao solo e, por via de consequência, à saúde humana e à biodiversidade.

Registre-se, por curiosidade, que o brasileiro consome cerca de 5 litros de agrotóxicos por ano. Essa quantidade está muito acima do permitido pelos organismos mundiais. Foi ainda realizada pesquisa em cerca de 3 mil produtos agrícolas e constatou-se em 900 deles a presença de quantidade de agrotóxicos acima dos índices permitidos. Há, inclusive, um interessante documentário alertando sobre essa questão chamado *O veneno está na mesa*. Tais produtos, consumidos continuamente, podem causar diversos tipos de doenças, dentre elas o câncer. Além da falta de fiscalização, os produtores não sabem utilizar adequadamente o agrotóxico e parte desse produto nem sequer foi aprovada pelo governo[37].

---

37. Estas informações foram divulgadas num debate realizado na *TV Justiça* em 2-11-2011.

O Brasil, maior produtor agrícola do mundo, é uma das nações mais atrasadas no controle de agrotóxicos. Dos 50 produtos químicos mais aplicados na agricultura, 22 são proibidos pela União Europeia (UE) e pelos Estados Unidos, mas continuam sendo largamente utilizados em território brasileiro, apesar dos riscos que oferecem à saúde. Dentre eles, há agentes que causam cegueira, malformação fetal, câncer (em especial os de tireoide e mama), puberdade precoce, problemas respiratórios e disfunções renais, de acordo com relatórios técnicos de várias entidades lançados neste ano e que corroboram alertas feitos pela Organização Mundial da Saúde (OMS) em anos anteriores[38].

## 2. DANOS CAUSADOS À FAUNA E À SAÚDE HUMANA

Estudos realizados no Laboratório de Pesquisa sobre Abelhas, do Departamento de Agricultura dos Estados Unidos, constataram que o desaparecimento dos insetos está intimamente associado a pesticidas. O trabalho, divulgado pelo jornal britânico *Independent*, informa que a morte das abelhas contribui para a fome no planeta. Oitenta por cento da produção de alimentos depende do "trabalho" de polinização executado por elas e por outros insetos. De acordo com a FAO/ONU, um terço de tudo que se come no mundo depende da polinização realizada pelas abelhas.

O principal responsável pela morte dos insetos são os inseticidas denominados *neonicotinoide*, bem como o *imidacloprida*, que imita a propriedade da nicotina, e mata as abelhas, e mesmo aplicado em volume muito baixo é prejudicial aos insetos. Estes inseticidas contaminam as plantas, o néctar e o pólen usados pelos polinizadores. Segundo os cientistas, o veneno ataca o sistema nervoso dos insetos e as colmeias entram em colapso. O Laboratório Bayer se defendeu, afirmando que os inseticidas são seguros, se aplicados corretamente.

O Professor do Centro de Estudos de Insetos Sociais da Unesp, Dr. Osmar Malaspina, disse que a pulverização aérea ocorre principalmente em plantações de laranja, que é o principal ambiente das abelhas. Pesquisas realizadas por ele de 2008 a 2010 em dez mil colmeias de abelhas africanizadas mortas por pesticidas na região de Rio Claro, em São Paulo, encontraram a presença do inseticida *neonicotinoide* em 800 a 1.000 colmeias. O tema é controverso, afirma o professor, porque as mortes podem estar ligadas também a outros fatores, como *deficit* nutricional associado à baixa oferta de flora, mudanças climáticas, vírus e bactérias.

Nos Estados Unidos, a destruição de colmeias por pesticidas chegou a 23% de todas as criações entre 2006 e 2007. O estudo "A Saúde das Abelhas Melíferas no

---

38. Brasil é negligente no controle de agrotóxicos, Vanessa Fogaça Prateano (de-lege-agraria--nova@googlegroups.com; acesso em: 14 out. 2012).

âmbito de países da União Europeia" reforça a preocupação com o desaparecimento do inseto. A média anual de baixas nas colmeias chegou a 30%, muito maior do que a média por morte natural[39].

O uso dos pesticidas seria o principal motivo do desaparecimento das abelhas[40]. Estudo realizado pela Universidade Federal de Mato Grosso — UFMT constatou a presença de agrotóxico no leite materno de 62 mulheres. Em algumas, havia até seis tipos do produto. Essa contaminação pode pôr em risco a saúde de crianças, diz o toxicologista Félix Reyes, da UNICAMP. Tal pesquisa foi feita na cidade de Lucas do Rio Verde, com 45 mil habitantes, situada na região central do Mato Grosso, principal produtor de grãos. Entre os produtos encontrados, há substâncias proibidas há mais de 20 anos, tais como o DDE, derivado do agrotóxico DDT, proibido em 1998 por causar infertilidade masculina e abortos espontâneos; 19% dessas mulheres já tinham sofrido abortos espontâneos. Também há relatos de má-formação fetal e de câncer. Estes dados informam ainda que o município utilizou mais de 5 milhões de litros de agrotóxicos em 2009[41].

Como podemos ver, os danos são de todas as espécies e não só na saúde humana.

## 3. INSTRUMENTOS LEGAIS DE CONTROLE DE AGROTÓXICOS

A Constituição Federal ressaltou a necessidade de controlar a produção, a comercialização e o emprego de técnicas, métodos e substâncias que comportem risco para a vida, para a qualidade de vida e para o meio ambiente (art. 225, § 1º, V).

A Lei n. 7.802/89, por sua vez, dispõe sobre a pesquisa, a experimentação, a produção, a embalagem e rotulagem, o transporte, o armazenamento, a comercialização, a propaganda comercial, a utilização, a importação, a exportação, o destino final dos resíduos e embalagens, o registro, a classificação, o controle, a inspeção e a fiscalização dos agrotóxicos, seus componentes e afins.

Referida lei foi regulamentada pelo Decreto n. 4.074, de 4 de janeiro de 2002. Esse decreto, por sua vez, revogou expressamente os Decretos n. 98.816/90, 99.657/90, 991/93, 3.550/2000, 3.694/2000 e 3.828/2001.

Tramita na Câmara dos Deputados o Projeto de Lei n. 713/99, que pretende banir do país os produtos com os seguintes ingredientes ativos: abamectina, acefato,

---

39. Ricardo Bonalume Neto, Efeito danoso de inseticidas na vida de abelhas é comprovado, *Folha de S.Paulo*, Ciência, 6 abr. 2012, p. C-11.

40. Cientistas alertam: pesticidas matam abelhas e provocam perdas econômicas. Disponível em: <http://www.sociedadesustentavel.terra.com.br>; acesso em: 21 jan. 2011.

41. Natália Cancian e Marília Rocha, Estudo aponta agrotóxico em leite materno, *Folha de S. Paulo*, 23 mar. 2011, p. C-3.

benomil, carbofurano, cihexatina, endossulfam, forato, fosmete, heptacloro, lactofem, lindano, metamidofós, monocrotofós, paraquate, parationa metílica, pentaclorofenol, tiram, triclorfom e qualquer substância do grupo químico dos organoclorados. Alguns desses agrotóxicos já foram proibidos pela ANVISA. Outros ainda estão no mercado, com restrições de uso, ou em fase de avaliação. Já os produtos com glifosato como ingrediente ativo deverão ser reavaliados em até 180 dias após a publicação da nova lei. Esse Projeto de Lei foi apensado ao Projeto de Lei n. 4.412/2012, que determina a devolução dos estoques de produtos com estes princípios ativos aos fabricantes ou aos importadores.

## 4. CONTROLE DE AGROTÓXICOS

O controle de agrotóxicos é feito pelo *registro*. Trata-se de um "ato privativo de órgão federal competente, que atribui o direito de produzir, comercializar, exportar, importar, manipular ou utilizar um agrotóxico, componente ou afim" (art. 1º, XLII, do Dec. n. 4.074, de 4-1-2002).

A competência para realizar o registro é do órgão federal (art. 3º, *caput*, da Lei n. 7.802/89). Isso não impede os Estados de criar um sistema de registro ou cadastro dentro de sua esfera de competência (art. 24, V, VI, VIII e XII, da CF).

Há outra modalidade de registro prevista no art. 3º, § 1º, da Lei n. 7.802/89. Trata-se de um registro especial temporário destinado à pesquisa e experimentação, com o escopo de constatar a eficiência da aplicabilidade desses produtos (art. 1º, XLIII, do Dec. n. 4.074/2002).

## 5. REGISTRO DA EMPRESA

Ressalte-se que o *registro da empresa*, pessoa física ou jurídica, no Estado, no Distrito Federal ou no município de origem é requisito *sine qua non* para a apresentação do registro do produto na esfera federal.

Se a empresa produzir outros produtos além do agrotóxico, as instalações deverão ser separadas para evitar contaminação.

## 6. COMERCIALIZAÇÃO E TRANSPORTE DE AGROTÓXICOS

*Comercializar* é a operação de compra, venda ou permuta dos agrotóxicos, seus componentes e afins (art. 1º, VI, do Dec. n. 4.074/2002).

Para a comercialização de agrotóxicos faz-se necessária a apresentação do receituário próprio, prescrito por profissionais legalmente habilitados, sob pena de responsabilização administrativa, civil e penal pelos danos causados à saúde das pessoas e ao meio ambiente (arts. 13 e 14 da Lei n. 7.802/89).

O *transporte de agrotóxicos*, seus componentes e afins está sujeito às regras e aos procedimentos estabelecidos na legislação específica (art. 63 do Dec. n. 4.074/2002).

## 7. IMPORTAÇÃO E EXPORTAÇÃO DE AGROTÓXICOS

Os agrotóxicos, seus derivados e afins só poderão ser produzidos, importados, exportados, comercializados e utilizados se previamente registrados em órgão federal, de acordo com as diretrizes e exigências dos órgãos federais responsáveis pelos setores da saúde, do meio ambiente e da agricultura (art. 3º, *caput*, da Lei n. 7.802/89).

O Brasil importou, até julho de 2008, mais de 6.000 toneladas de substâncias que foram proibidas nos próprios países que as produziram. Tais produtos são usados para fabricar cerca de 100 tipos de agrotóxicos utilizados em culturas de frutas, feijão, grãos, batata e café, entre outros. A OMS, agências da União Europeia e dos Estados Unidos afirmam que esses produtos podem causar problemas no sistema nervoso, câncer e danos ao sistema reprodutivo. Os mais afetados são os trabalhadores que manipulam diretamente os produtos. A Agência Nacional de Vigilância Sanitária — ANVISA foi impedida, através de decisão judicial proferida pela 13ª Vara da Justiça Federal no Distrito Federal, de realizar a avaliação toxicológica de agrotóxicos comercializados no país. Com base nessas informações, a ANVISA pretende reavaliar o registro de nove produtos que fazem parte da composição de 99 agrotóxicos. A ação foi proposta pelo Sindicato das Indústrias de Defensivos Agrícolas — SINDAG com base na ofensa ao princípio da ampla defesa, pois o procedimento administrativo de reavaliação dos produtos instaurado pela ANVISA não permitia aos fabricantes a possibilidade de se defender[42].

A ANVISA, como se vê, precisa estar mais atenta à importação de produtos nocivos à saúde humana e ao meio ambiente, devendo possuir uma assessoria jurídica efetiva e atuante para evitar esse tipo de embate. Deveria ter sido utilizado como fundamento o princípio da precaução para se cassar o registro das empresas autorizadas a importar tais produtos.

É importante ressaltar que, por meio da Lei n. 11.936, de 14 de maio de 2009, passou a ser proibida a fabricação, a importação, a exportação, a manutenção em estoque, a comercialização e o uso de diclorodifeniltricloretano (DDT) no Brasil.

Foi uma grande vitória o advento dessa lei.

## 8. ARMAZENAGEM E EMBALAGEM DE AGROTÓXICOS

Compete aos Estados e ao Distrito Federal (arts. 23, VI, e 24, VI e VII, da CF) legislar sobre armazenamento de agrotóxicos, seus componentes e afins, consoante se verifica pelo art. 10 da Lei n. 7.802/89.

---

42. Ângela Pinho, Brasil importa agrotóxico vetado no exterior, *Folha de S. Paulo*, 23 ago. 2008, p. C-1.

Somente mediante aprovação dos órgãos federais intervenientes no processo de registro é que a empresa produtora de agrotóxicos, componentes ou afins poderá efetuar a reutilização de embalagem (art. 51 do Dec. n. 4.074/2002).

Os usuários de agrotóxicos deverão efetuar a devolução das embalagens vazias aos estabelecimentos comerciais em que foram adquiridos ou aos órgãos ambientais competentes (art. 53 do Dec. n. 4.074/2002). Tais embalagens permanecerão guardadas nesses estabelecimentos até que as empresas detentoras do registro façam o recolhimento delas, ficando responsáveis pela sua destinação final (art. 54 do Dec. n. 4.074/2002).

No dia 10 de setembro de 2002, o secretário do Meio Ambiente do Estado de São Paulo baixou a Resolução n. 34, da SMA, dispondo sobre o licenciamento prévio de unidades de recebimento de embalagens vazias de agrotóxicos, a que se refere a Lei n. 7.802/89, parcialmente alterada pela Lei n. 9.974, de 6 de junho de 2000, e regulamentada pelo Decreto n. 4.074, de 4 de janeiro de 2002. O CONAMA também baixou a Resolução n. 334, de 3 de abril de 2003, determinando critérios do procedimento de licenciamento ambiental de estabelecimentos destinados ao recebimento de embalagens vazias de agrotóxicos.

## 9. COMPETÊNCIA MUNICIPAL PARA LEGISLAR SOBRE USO DE AGROTÓXICO – JURISPRUDÊNCIA

O Órgão Especial do Tribunal de Justiça do Rio Grande do Sul, em sessão realizada no dia 23 de novembro de 2009, decidiu por unanimidade que "ultrapassa os limites da competência legislativa para regulamentar a proteção ao meio ambiente, a lei municipal que regra o uso de agrotóxicos". Entendeu o colegiado que a Lei n. 2.914/2009, do município de Seberi, é inconstitucional. A lei regulamenta o controle por meio químico de ervas consideradas daninhas e vegetação indesejada em áreas urbanas do município. A legislação previa que a prática, em áreas públicas ou privadas de Seberi, ficaria condicionada ao licenciamento prévio no órgão ambiental competente e fazia outras exigências. O município argumentou, em defesa da lei, que é da competência dos municípios o combate à poluição em qualquer de suas formas e que necessitava de ferramentas jurídicas para combater a poluição. Para o relator, desembargador Alzir Felippe Schmitz, "a legislação padece de inconstitucionalidade formal e material, uma vez que a regulação do controle ambiental da poluição com uso de agrotóxicos é de exercício exclusivo do Estado do Rio Grande do Sul, com observância do artigo 251, § 1º e inciso III, da Constituição Estadual". O dispositivo diz que cabe ao Estado desenvolver ações permanentes de proteção, restauração e fiscalização do meio ambiente, incumbindo-lhe, primordialmente, entre outras funções, fiscalizar e normatizar o uso de produtos e substâncias potencialmente perigosas à saúde e aos recursos naturais. Considerou o magistrado que a temática da Lei de Seberi foi regulamentada pela Lei estadual n. 6.503/72, combinada com o definido pelo regulamento aprovado pelo Decreto estadual n. 23.430/74, além da Resolução n. 119/2006 do Conselho Estadual do Meio Ambiente (Processo n. 70030664452).

Diferentemente do Rio Grande do Sul, o Tribunal de Justiça de São Paulo entendeu ser possível o município legislar sobre o uso de agrotóxico. Nesse sentido: "Obrigação de não fazer. Riolândia. Agrotóxico. Área urbana. Dano ambiental CF, art. 225; CE, art. 191 e 195; LOM, art. 173. 1. Meio ambiente. Competência legislativa. O município pode legislar sobre saúde pública e meio ambiente, nos termos do art. 23,V,VI e VII da Constituição Federal; mas desde que respeite as normas federais e estaduais e não aniquile as permissões e vedações nela constantes. 2. Agrotóxicos. O art. 173 da Lei Orgânica de Riolândia, que veda o uso de agrotóxicos em um perímetro de 500 metros da zona urbana, cuida do interesse local, estabelece restrição de pequena expressão e não impede a atividade agropecuária nem o uso dos produtos licenciados pela União e pelo Estado. Constitucionalidade da vedação. Procedência. Recurso dos réus desprovido" (Ap. 994093846554).

Parece-nos ser possível ao município regular a utilização de agrotóxicos nas propriedades rurais adjacentes às zonas urbanas. Cuida-se de interesse local do município (art. 30, I, da CF).

## 10. O IBAMA E O AGROTÓXICO

O Brasil assumiu, a partir de 2008, o posto de maior consumidor de agrotóxicos no mundo. As vendas somaram U$S 7,125 bilhões diante de U$S 6,6 bilhões, do segundo colocado, os EUA, segundo o Sindicato Nacional da Indústria de Produtos para Defesa Agrícola — SINDAG. O uso de agrotóxicos é parte fundamental do modelo agrícola e apresenta elevados índices de produtividade. Seu impacto social e ambiental demanda constante preocupação por parte da sociedade.

O IBAMA publicou relatório sobre comercialização de agrotóxicos, denominado "Produtos agrotóxicos e afins comercializados em 2009 no Brasil", com fundamento no art. 41 do Decreto n. 4.074/2002. Trata-se de um importante instrumento de gestão pública e de informação para a sociedade sobre quais são os produtos mais usados e onde estão sendo comercializados, bem como os índices de toxicidade ao meio ambiente e do princípio ativo autorizado.

A divulgação desse relatório proporcionará ao governo estabelecer diretrizes mais claras para o seu uso na agricultura brasileira e auxiliá-lo nas decisões regulatórias, na fiscalização e na autorização de estudos para o registro de alternativas menos impactantes.

Há três órgãos governamentais responsáveis pelo processo de comercialização de agrotóxicos no Brasil: a) o Ministério da Agricultura, Pecuária e Abastecimento (MAPA) — analisa a pertinência e a eficácia do produto; b) a Agência Nacional de Vigilância Sanitária (ANVISA) — avalia os impactos do produto sobre a saúde humana; e c) o Instituto Brasileiro do Meio Ambiente e dos Recursos Naturais Renováveis (IBAMA) — analisa as implicações do agrotóxico no meio ambiente.

A metodologia, utilizada pelo IBAMA para definir a *ecotoxidade* do princípio ativo de um produto, é feita por meio de ensaios físicos, químicos e biológicos. São avaliadas a mobilidade (em terra, ar e água), a persistência e a capacidade de acúmulo de agrotóxico. A partir de então, será estabelecida uma classificação de periculosidade que varia em quatro níveis: I, II, III e IV. Os valores são realizados em ordem decrescente, sendo o quarto nível o de mais baixa periculosidade.

Assim, dependendo do nível de toxicidade, o IBAMA não concederá a autorização para o registro nem para sua comercialização. Além da autorização, o IBAMA também fará a reavaliação de produtos em uso quando há indícios de dano ao meio ambiente. Constatado danos ao meio ambiente, o IBAMA estabelecerá restrições ou o banimento do produto. Caso haja indícios de danosidade, a nova avaliação poderá ser feita pelo IBAMA por denúncia de qualquer entidade ou pessoa. Essa reavaliação deverá respeitar a Instrução Normativa n. 17 de maio de 2009, do IBAMA. Aberto o procedimento de reavaliação, ele será publicado no *DOU*, permitindo aos interessados apresentar suas justificativas. No final, o IBAMA apresentará a conclusão, após à manifestação da ANVISA e do MAPA sobre a viabilidade ou não da permanência do agrotóxico no mercado brasileiro.

Já ocorreu o banimento do produto *Metamidofós*, entre outros. O *Acefato* também está sendo reavaliado pelo IBAMA.

As empresas detentoras de registro deverão apresentar semestralmente ao IBAMA e aos demais órgãos envolvidos no registro de agrotóxicos as informações sobre a comercialização do produto[43].

Agora, a fiscalização se tornou mais eficaz, democratizando a possibilidade de participação da comunidade no processo de registro e/ou de reavaliação do produto.

## 11. INFRAÇÕES ADMINISTRATIVAS E PENAIS

A infração administrativa está arrolada nos arts. 64 e 67 do Decreto n. 6.514/2008, e a penal, no art. 56 da Lei n. 9.605/98.

---

43. IBAMA publica relatório sobre agrotóxicos, Disponível em: <http://www.ibama.gov.br>; acesso em: 25-1-2011.

## SEÇÃO V
### Mineração

### 1. MINERAÇÃO E POLUIÇÃO

*Mineração* é o ato de extração de minérios do subsolo, tais como: carvão, petróleo, pedras preciosas, ouro, prata, areia, sílica, mica, quartzo, feldspato, apatita, dolomita, calcita, ferro, manganês, cassiterita, níquel, cobre, zinco, potássio etc. A exploração desses minérios causa impactos negativos significativos ao meio ambiente, especialmente no Brasil, onde o método de extração é ainda muito rudimentar. São os seguintes os impactos negativos da extração de minério do solo: a) desmatamento da área explorada; b) impedimento da regeneração da vegetação pela decomposição do minério às margens dos cursos d'água; c) poluição e assoreamento do curso d'água; d) comprometimento dos taludes etc. Como se vê, a exploração inadequada pode causar poluição do solo, do subsolo, do lençol freático, poluição dos cursos d'água, poluição do ar e poluição sonora. No entanto, a exploração de minérios causa danos mais intensos ao solo.

A *poluição por atividade de mineração* é a contaminação do solo e das águas por aplicação de produtos tóxicos para a extração de minérios, como, por exemplo, mercúrio[44].

### 1.1. Formas de exploração de minérios: pesquisa, lavra, extração, jazida, mina e garimpagem

A exploração de minérios é executada pela pesquisa, lavra ou extração. *Executar* é cumprir, realizar, suplicar em cumprimento da lei ou promover execução. *Pesquisa* é o ato ou efeito de pesquisar, investigar a jazida do ponto de vista econômico, ou seja, é o conjunto de operações que visam ao aproveitamento industrial da jazida (art. 14 do Dec.-Lei n. 227/67). *Lavra* é o ato de lavrar, explorar a jazida industrialmente (art. 36 do Dec.-Lei n. 227/67). *Jazida*, por sua vez, é "toda massa individualizada de substância mineral ou fóssil, aflorando à superfície ou existente no interior da terra e que tenha valor econômico" (art. 4º do Dec.-Lei n. 227/67). *Mina*, por seu turno, é "a jazida em lavra, ainda que suspensa" (art. 4º do Dec.-Lei n. 227/67). *Ga-*

---

[44]. Ministros do Meio Ambiente vão se reunir no dia 16 de fevereiro de 2009, em Nairóbi, Quênia, para tomar importante decisão sobre o uso do mercúrio, no sentido de se afastar a ameaça mundial à saúde das vidas de centenas de milhares de pessoas. Eles pretendem apresentar uma estratégia para enfrentar seriamente o metal pesado e seus compostos altamente tóxicos que será discutida pelo Conselho Governante do Programa das Nações Unidas para o Meio Ambiente — PNUMA (Achim Steiner, O combate ao mercúrio, *Folha de S.Paulo*, Tendências/Debates, 15 fev. 2009, p. A-3).

*rimpagem* "é a atividade de aproveitamento de substâncias minerais garimpáveis, executada no interior de áreas estabelecidas para este fim" (art. 10, *caput*, da Lei n. 7.805, de 18-7-1989). *Extração* é o ato ou efeito de extrair ou tirar para fora recursos minerais. Para extrair tais minerais, é necessário realizar pesquisa, investigando a área para saber se há o minério procurado. Para isso, é preciso realizar o corte de árvores, se houver, e a escavação da área até certo nível para a localização e extração dos recursos minerais (ouro, prata, quartzo, cobre, urânio etc.). Após executada a extração ou esgotados os recursos minerais, o agente deve recuperar a área afetada, deixando-a da mesma forma como a encontrou. É permitida a extração dos recursos minerais mediante prévia autorização, permissão ou licença, ou, uma vez obtida, deve-se realizar a pesquisa, a lavra ou a extração em conformidade com ela. Faz-se necessária a realização do EPIA/RIMA para saber a extensão provável dos danos que poderá causar ao meio ambiente a extração de minérios naquela localidade. Dependendo do caso, muito provavelmente, não se daria a autorização pelo princípio da prevenção (precaução ou cautela). Uma vez concedida a autorização, deverá constar também como se fará a reconstituição do meio ambiente. O órgão competente deverá, ao final, vistoriar o local para constatar se o agente tomou as providências necessárias para sua recuperação (art. 225, § 2º, da CF).

Em outras palavras, a pesquisa mineral determina a jazida e sua viabilidade econômica. O pedido deve ser feito ao Departamento Nacional de Produção Mineral — DNPM. A solicitação para a lavra é direcionada ao Ministério de Minas e Energia pelo titular da autorização de pesquisa. O titular do pedido deve ser brasileiro ou empresa constituída sob as leis brasileiras e com sede no país. O alvará pode ser transferido a terceiros mediante prévia autorização do DNPM. O detentor do alvará de pesquisa tem prioridade sobre a área e pode transformar a pesquisa em lavra, cuja validade é de três anos. Ressalte-se ainda que o titular do alvará deve iniciar a exploração no prazo de seis meses e não pode interrompê-la por mais de seis meses consecutivos[45].

## 1.2. Mapeamento de garimpos ilegais realizado pelo Serviço Geológico do Brasil — SGB

Estudo realizado pelo Serviço Geológico do Brasil (SGB) identificou, em 2007, 587 garimpos em áreas de proteção ambiental, o que, segundo a lei, não poderia ter ocorrido. O Mapa da Geodiversidade do Brasil passa a ser importante ferramenta para proteção do solo e do subsolo das áreas de mineração, até mesmo no sentido de mapear as regiões de eventual conflito de terras. O documento identificou ainda 207 garimpos em reservas indígenas, 56 em parques nacionais, 292 nas chamadas áreas especiais de

---

45. Rubens Valente e Lúcio Vaz, Estrangeiro avança sobre pesquisa mineral no país, *Folha de S. Paulo*, Mercado, 27 maio 2012, p. B-1.

proteção permanente e 32 nos vários tipos de reserva. Há, no total, 1.906 ocorrências minerais nas áreas de preservação ambiental. Essa é uma das funções do projeto, ou seja, mostrar onde pode ocorrer conflito e abrir discussão sobre o problema[46].

## 2. INSTRUMENTOS LEGAIS DE CONTROLE DA ATIVIDADE DE MINERAÇÃO

O governo federal estuda novo Código de Mineração, que pretende evitar o monopólio, limitando a expansão das mineradoras que já têm grande quantidade de áreas concedidas. O objeto é incentivar a concorrência, melhorar e democratizar a capacidade de investimento no setor. A triagem será feita por ocasião da licitação de uma área. A norma se aplicará também às empresas interessadas em pesquisar determinadas áreas e nos casos de concessão de lavra. São três os critérios para exclusão de uma empresa: a) a quantidade de concessões; b) o tamanho das áreas; e c) a situação da possível concorrente no seu mercado. O impacto maior será no segmento do cimento e na produção de minérios. As maiores empresas concentram-se nestas áreas, tais como: Votorantim, Cimento Nassau, Holcim, Camargo Corrêa, Cimpor, Lafarge, Vale etc. O governo, além disso, levará em consideração a competência técnica das concorrentes antes de vetar alguma empresa do leilão. A discussão envolve vários Ministérios e também as empresas dos setores produtivos. Este novo marco virá acompanhado de uma agência reguladora. Uma evolução do atual DNPM. A agência demarcará os limites de exploração e pesquisa. Se a empresa já possuir grande quantidade de áreas, a agência enviará o caso ao Cade para decidir sobre sua participação ou não do leilão. O novo Código de Mineração mudará também o modelo de outorga de jazidas e leiloará as áreas ociosas que a União recuperar e outras nunca antes concedidas. A União poderá ainda retomar as áreas da empresa que não cumprir com seus compromissos de pesquisa, exploração e investimento. As jazidas mais rentáveis serão cobradas. São as denominadas participações especiais — taxa que considera os empreendimentos mais lucrativos[47].

A legislação constitucional e infraconstitucional é intensa nas esferas federal, estadual e municipal.

### 2.1. Bens ambientais da União

Os recursos minerais e os do subsolo são considerados *bens da União*. No entanto, os Estados, o Distrito Federal, os Municípios e os órgãos da administração direta da União participarão do resultado da exploração desses minérios localizados em seus territórios (art. 20, IX e § 1º, da CF).

---

46. Eduardo Geraque, Zonas ambientais têm 587 garimpos, *Folha de S.Paulo*, 7 maio 2007, p. A-15.

47. Sofia Fernandes e Natuza Nery, Governo quer limitar grandes mineradoras, *Folha de S.Paulo*, Mercado, 4 nov. 2011, p. B-1.

Assim, as jazidas, em lavra ou não, e demais recursos minerais e os potenciais de energia hidráulica constituem propriedade distinta da do solo, para efeito de exploração ou aproveitamento, e *pertencem à União*, garantida ao concessionário a propriedade do produto da lavra (art. 176, §§ 1º, 2º, 3º e 4º, da CF).

## 2.2. Competência constitucional

Compete, contudo, à União estabelecer as áreas e as condições para o exercício da atividade de garimpagem, em forma associativa (art. 21, XXV, da CF). O Estado favorecerá a organização da atividade garimpeira em cooperativa, levando em conta a proteção do meio ambiente e a promoção econômico-social dos garimpeiros (art. 174, § 3º, da CF). Compete ainda privativamente à União legislar sobre jazidas, minas, outros recursos minerais e metalurgia (art. 22, XII, da CF).

Compete à União, aos Estados, ao Distrito Federal e aos Municípios registrar, acompanhar e fiscalizar as concessões de direitos de pesquisa e exploração de recursos hídricos e minerais em seus territórios (art. 23, XI, da CF).

Vê-se, pois, que a competência é da União para legislar sobre a mineração. No entanto, compete aos Estados, ao Distrito Federal e aos Municípios a tarefa de acompanhar e fiscalizar a extração desses minérios do subsolo, realizando o controle efetivo dos danos causados ao meio ambiente local. Essa tarefa está inserida nos arts. 23, VI (competência material comum), e 24, VI, da CF (competência legislativa concorrente).

## 2.3. Legislação infraconstitucional

Na esfera federal, temos o Decreto-Lei n. 227/67, que dispõe sobre o Código de Mineração (regulamentado pelo Dec. n. 62.934, de 2-7-1968), a Lei n. 7.805/89, que cria o regime de permissão de lavra garimpeira (regulamentada pelo Dec. n. 98.812, de 9-1-1990), e a Lei n. 9.314, de 14 de novembro de 1996, que altera dispositivos do Decreto-Lei n. 227/67. Há também o Decreto n. 87.561, de 13 de setembro de 1982, que dispõe sobre licenciamento de atividade mineral, e o Decreto n. 97.632, de 10 de abril de 1989, que dispõe sobre a apresentação do Plano de Recuperação de Áreas Degradadas (PRAD), pertinente ao empreendimento que se destine à exploração de recursos minerais.

Na esfera estadual, temos os arts. 181, 184, IV, 191 a 204 e 214 da Constituição Estadual Paulista, que tratam da exploração minerária, bem como o Decreto estadual n. 997, de 31 de maio de 1976, que dispõe sobre o controle de poluição.

## 2.4. Governo do Estado de São Paulo proíbe o emprego de amianto por meio da Lei n. 12.684/2007: FIESP propõe ADIn em face da lei de São Paulo e ANPT e ANAMATRA interpõem ADIn pedindo o seu banimento — posição do STF

Em virtude dos problemas causados à saúde da população pelos produtos confeccionados com amianto ou asbesto ou outros minerais, o governo do Estado de

São Paulo resolveu proibir o seu uso por meio da edição da Lei n. 12.684, de 26 de julho de 2007. Diz o art. 1º da citada lei: "Fica proibido, a partir de 1º de janeiro de 2008, o uso, no Estado de São Paulo, de produtos, materiais ou artefatos que contenham quaisquer tipos de amianto ou asbesto. § 1º Entende-se como amianto ou asbesto a forma fibrosa dos silicatos minerais pertencentes aos grupos de rochas metamórficas das serpentinas, isto é, a crisotila (asbesto branco), e dos anfibólios, entre eles a actinolita, a amosita (asbesto marrom), a antofilita, a crocidolita (asbesto azul), a tremolita ou qualquer mistura que contenha um ou vários destes minerais. § 2º A proibição a que se refere o *caput* estende-se à utilização de outros minerais que contenham acidentalmente o amianto em sua composição, tais como talco, vermiculita, pedra-sabão, cuja utilização será precedida de análise mineralógica que comprove a ausência de fibras de amianto entre seus componentes".

A FIESP, diante disso, propôs ação direta de inconstitucionalidade contra referida lei por violar a Lei federal n. 9.055/95, tendo sido concedida a liminar para suspender a sua aplicabilidade até o julgamento do mérito pelo relator, Des. Palma Bissom, do Tribunal de Justiça "em razão dos danos que a lei poderia acarretar às atividades econômicas do Estado". Inconformada, a Associação Brasileira dos Expostos ao Amianto (ABREA), na Reclamação n. 5.554, recorreu dessa decisão perante o STF, pedindo a cassação da liminar. O ministro relator, Dr. Carlos Ayres Britto, derrubou a liminar concedida pelo Tribunal de Justiça do Estado de São Paulo, que suspendia a aplicação da Lei estadual n. 12.684/2007. Disse o relator que, quando tramitam duas ADIns, uma no Tribunal de Justiça local e outra no STF, contra a mesma lei estadual, deve-se suspender o curso da ação que tramita na Justiça local, até julgamento final pelo STF. Tal fato só ocorre se os princípios constitucionais estiverem também reproduzidos na Constituição Federal. Referida lei também foi questionada pela Confederação Nacional dos Trabalhadores na Indústria (CNTI), na ADIn 3.937, perante o STF, distribuída ao ministro relator, Dr. Marco Aurélio. Votaram pelo deferimento da liminar os ministros Marco Aurélio, Cármen Lúcia Antunes Rocha e Ricardo Lewandowski e pelo indeferimento, Eros Grau. O ministro Joaquim Barbosa pediu vista, suspendendo-se o julgamento.

No dia 4 de junho de 2008, o STF, por sete votos a três, manteve a vigência da Lei paulista n. 12.684/2007, que proíbe o uso de qualquer produto que utilize o amianto no Estado de São Paulo. Votaram pela constitucionalidade da lei paulista: Eros Grau, Joaquim Barbosa, Cármen Lúcia, Ricardo Lewandowski, Carlos Ayres Britto, Celso de Mello e Cezar Peluso. Votaram contra a lei: Marco Aurélio de Mello, Ellen Gracie e Carlos Alberto Menezes Direito. A maioria dos ministros concordou que a lei estadual está em conformidade com a Constituição Federal e atende ao princípio da proteção à saúde. Referida decisão cassou a liminar do ministro Marco Aurélio, que havia suspendido a vigência da lei paulista. A Lei n. 12.684/2007 havia sido contestada pela Confederação Nacional dos Trabalhadores na Indústria (CNTI) por meio de uma Ação Direta de Inconstitucionalidade (ADIn 3.937). A entidade alegou que a norma usurpou competência da União e entra em confronto com a Lei federal n. 9.055/95, que permite o uso controlado do amianto no país, no caso do amianto da variedade crisotila (asbesto branco). Joaquim Barbosa sustentou seu voto com base em estudos científicos que comprovam o aparecimento de doenças relacionadas ao uso do amianto, inclusive o câncer, e afirmou que a lei paulista está respaldada pela Convenção n. 162 da OIT (Organização Internacional do Trabalho), um compromisso assumido pelo Brasil, na esfera internacional, para salvaguardar o trabalhador de ter contato com o amianto, e para inclusive bani-lo. O amianto é utilizado na fabricação de caixas-d'água, telhas onduladas, tubulações, discos de embreagem, mangueiras, papéis e papelões.

Tramita outra Ação Direta de Inconstitucionalidade (ADIn 4.066) no STF que propõe o banimento do amianto em todo o país, de autoria da Associação Nacional dos Procuradores do Trabalho (ANPT) e da Associação Nacional dos Magistrados da Justiça do Trabalho (ANAMATRA). O relator da ação é o ministro Carlos Ayres Britto.

Aquela decisão abriu as portas para o julgamento desta ação que também tramita no STF e poderá proibir, em todo o país, o uso de amianto crisotila.

Aguardemos o seu julgamento.

Diante da polêmica discussão em torno dos danos causados pelo uso desse minério (especialmente o amianto crisotila), o ex-ministro do Meio Ambiente, Carlos Minc, baixou a Portaria n. 43, de 28 de janeiro de 2009, publicada no *DOU* de 29 de janeiro de 2009, proibindo o uso de amianto em obras públicas e automóveis da administração pública. No Brasil, os Estados do Rio de Janeiro, São Paulo, Pernambuco e Rio Grande do Sul proíbem o uso do amianto, seguindo a tendência mundial (cerca de 43 países proíbem o uso desse minério).

## 2.5. Produção mundial de nióbio

A título ilustrativo, o Brasil possui 90% das reservas de nióbio do mundo. Esse minério é utilizado para a confecção do aço por meio do ferronióbio, pois aumenta a sua resistência. O aço permite a fabricação de automóveis, obras de infraestrutura, plataformas de petróleo, aviões, máquinas fotográficas e lâminas de barbear. Os carros produzidos com esse tipo de aço são mais leves e demandam menos combustível. Por causa disso, haverá maior demanda mundial. Tanto é verdade que investidores japoneses (Nippon Steel e Sumitomo) e sul-coreanos (Posco) fecharam um acordo para comprar 15% de nióbio da Companhia Brasileira de Metalurgia e Mineração — CBMM, a maior do mundo (com valor estimado de U$S 1,8 bi), segundo a *Financial Times*[48].

---

48. Asiáticos investem no nióbio brasileiro, *Folha de S.Paulo*, Commodities, 4 mar. 2011, p. B-5.

Percebe-se que o Brasil possui muitas reservas minerais importantes, e devemos ficar atentos para evitar a sua exploração exagerada, colocando em risco o nosso tão degradado meio ambiente.

## 3. ÁREAS RESTRITAS À EXPLORAÇÃO DE MINÉRIOS

Não se permitirá a exploração da atividade minerária em unidades de conservação senão mediante autorização legal e não se permitirá também essa exploração em espaços territoriais e seus componentes especialmente protegidos se houver comprometimento da integridade dos atributos que justifiquem sua proteção (art. 225, § 1º, III, da CF).

Diz o art. 17 da Lei n. 7.805/89 que a "realização de trabalhos de pesquisa e lavra em áreas de conservação dependerá de prévia autorização do órgão ambiental que as administre". Entende-se por áreas de conservação ou unidades de conservação de uso sustentável as áreas de proteção ambiental, as áreas de relevante interesse ecológico, as florestas nacionais, as reservas extrativistas, as reservas de fauna, as reservas de desenvolvimento sustentável e as reservas particulares do patrimônio natural (art. 40-A da Lei n. 9.605/98, alterado pela Lei n. 9.985, de 18-7-2000).

## 4. ESTUDO PRÉVIO DE IMPACTO AMBIENTAL (EPIA/RIMA)

O EPIA deve ser realizado no local onde se pretende a exploração de minérios, pois essa extração, indiscutivelmente, causa significativa degradação ambiental. Para disciplinar a exploração de minérios, o CONAMA baixou a Resolução n. 9, de 6 de dezembro de 1990, que exige o estudo de impacto ambiental (EPIA/RIMA) para as atividades de lavra e/ou beneficiamento mineral das classes I, III, IV,V,VI,VII, VIII e IX, tais como: jazidas de substâncias minerais metalíferas, jazidas de fertilizantes, jazidas de combustíveis fósseis sólidos, jazidas de rochas betuminosas e pirobetuminosas, jazidas de gemas e pedras ornamentais, jazidas de águas minerais e jazidas de águas subterrâneas (art.1º, parágrafo único, da Res. n. 9/90 do CONAMA).

Para os minérios da Classe II (jazidas de substâncias minerais de emprego imediato na construção civil), o art. 3º da Resolução n. 10, de 6 de dezembro de 1990, do CONAMA poderá dispensar a apresentação do estudo de impacto ambiental (EPIA/RIMA).

Para a dispensa do EPIA/RIMA, no caso de exploração de minérios da Classe II, é necessário parecer prévio do órgão ambiental competente.

## 5. LICENCIAMENTO

O empreendedor deverá requerer no órgão ambiental competente a licença de operação para exploração mineral, apresentando o plano de pesquisa mineral, com a avaliação do impacto ambiental e as medidas mitigadoras a serem adotadas (art. 1º, parágrafo único, da Res. n. 9/90 do CONAMA).

As solicitações de Licença Prévia (LP), da Licença de Instalação (LI) e da Licença de Operação (LO) deverão ser acompanhadas dos documentos relacionados nos Anexos I, II e III, de acordo com a fase do empreendimento (art. 2º, § 2º, da Res. n. 9/90 do CONAMA). O Relatório de Pesquisa Mineral deverá ser apresentado ao Departamento Nacional da Produção Mineral (DNPM) (art. 2º, § 1º, da Res. n. 9/90 do CONAMA).

A licença ambiental para a atividade garimpeira poderá dar-se concomitantemente nos três níveis da Federação (União, Estados e Municípios). Assim, a "outorga da permissão de lavra garimpeira depende de prévio licenciamento ambiental concedido pelo órgão ambiental competente" (art. 3º da Lei n. 7.805/85). Cuida-se de ato administrativo complexo, porque envolve a concessão de autorizações provenientes de órgãos distintos. Não basta a permissão concedida pelo DNPM; é necessária a licença prévia concedida pelo órgão ambiental competente, sob pena de nulidade.

Procedimento para a concessão da licença para a exploração de minérios: a) *pedido* — a empresa faz o pedido do alvará de pesquisa no Departamento Nacional de Produção Mineral — DNPM de determinada área; b) *alvará* — o DNPM dá o alvará de pesquisa caso a área requerida esteja liberada; c) *pesquisa* — a empresa inicia a pesquisa com um prazo de até três anos. Tem obrigações como pagamento de taxas, comunicações ao DNPM, declaração de investimentos anuais em pesquisa e relatório final de pesquisa; d) *prazo* — a empresa pode pedir prorrogação do prazo de pesquisa por período igual; e) *identificação* — a pesquisa é finalizada e é identificada uma reserva mineral com potencial de aproveitamento econômico; f) *relatório* — a empresa entrega o relatório final de pesquisa, que é analisado pelo DNPM; g) *concessão* — a empresa pede a concessão da lavra por tempo indeterminado, enquanto a jazida render; h) *licenças* — para conseguir a concessão de lavra é necessário ter licenças ambientais do IBAMA[49].

Segundo dados do governo, são realizados, a cada ano, cerca de 15 mil pedidos de licença para a exploração de novas áreas, via DNPM, proporcionando um faturamento de US$ 40 bilhões (estimativa de 2010).

## 6. CASUÍSTICAS

No dia 5 de novembro de 2015, ocorreu o maior desastre ambiental, na esfera de mineração, registrado no mundo. Na cidade de Mariana, Minas Gerais, o rompi-

---

49. Natuza Nery e Sofia Fernandes, Planalto quer licitar jazidas na mineração, *Folha de S.Paulo*, 25 ago. 2011, p. B-1.

mento da barragem denominada "Fundão" causou a morte de dezenove pessoas. A lama tóxica armazenada na barragem invadiu o rio Doce e chegou no Estado do Espírito Santo, percorrendo mais de 600 km de extensão, afetando a fauna, a flora e a água ao longo do rio, além de destruir o povoado histórico de Bento Rodrigues, subdistrito de Mariana. Calcula-se que foram despejados no rio 32,4 bilhões de litros de rejeitos de mineração de ferro. Esse rio possui 377 mil nascentes, uma extensão de 850 km e abastecia 3,5 milhões de pessoas. Calcula-se que 254 casas tenham sido soterradas pela lama.

Os municípios abastecidos pelo rio ficaram impossibilitados de utilizar sua água. Essa lama desaguou no mar, causando mais estragos e destruindo a fauna marinha local. O exame pericial da lama constatou a presença de vários elementos químicos prejudiciais ao meio ambiente, aos seres vivos (chumbo, alumínio, ferro, bário, cobre, boro e mercúrio).

Na realidade, o rompimento da barragem "Fundão" levou ao acúmulo de outra barragem, denominada "Germano", que também não suportou o volume e invadiu a barragem chamada "Santarém". Esta, por sua vez, se rompeu e invadiu o rio Doce. A empresa Samarco, controlada pela brasileira Vale e pela anglo-australiana BHP Billiton, era a responsável pelas barragens e, ao que parece, realizava obra com a finalidade de unificar as duas maiores barragens, "Fundão" e "Germano", quando ocorreu a tragédia. Pretendia-se, com a obra, a realização do alteamento (elevação) futuro das barragens de 920 para 940 metros em relação ao nível do mar, incluindo a construção de novo extravasor, sistema de drenagem interna, sistema de adução de rejeitos e realocação de bueiros. A empresa entregou o Estudo Prévio de Impacto Ambiental e seu relatório, bem como o Plano de Controle Ambiental e o Plano de Utilização Pretendida, mas não teria entregue o Plano de Emergência. Esse plano foi cobrado pelo Ministério Público de Minas Gerais. A licença ambiental foi emitida em julho, porém não se sabe se a empresa iniciou a obra antes dessa data.

Segundo ecólogos, geofísicos e gestores ambientais, a recuperação da área e do rio levará décadas ou séculos, que é a escala geológica para a formação de um novo solo. Trata-se de uma correnteza espessa de terra e areia. O principal efeito dessa tragédia é o assoreamento de rios e riachos e a destruição da mata ciliar, colocando em risco a biodiversidade da região.

Logo após o acidente (16-11-2015), o Ministério Público do Estado de Minas Gerais e o Ministério Público Federal assinaram um Termo de Compromisso Preliminar com a empresa Samarco, estabelecendo uma caução socioambiental de R$ 1 bilhão para garantir custeio de medidas preventivas emergenciais, mitigatórias ou compensatórias mínimas decorrentes do rompimento das barragens de rejeitos em Mariana, região central de Minas Gerais. A empresa, além disso, deverá apresentar laudo mensal demonstrando que o valor está sendo gasto exclusivamente com essas medidas.

A Advocacia-Geral da União e os Estados de Minas Gerais e do Espírito Santo propuseram Ação Civil Pública em face da empresa Samarco e suas controladoras, a Vale e a BHP, perante a 3ª Vara Federal do Distrito Federal, pleiteando indenização no valor total de R$ 20 bilhões. A juíza, fundamentadamente, declinou de sua competência e remeteu os autos à 12ª Vara Federal de Minas Gerais, onde tramitam várias ações coletivas que tratam do mesmo dano, afirmando a necessidade de "reunião dos processos para julgamento pelo mesmo juízo, de forma simultânea, com o fito de evitar decisões conflitantes". Esse valor tem por objetivo tentar conter os impactos, revitalizar a bacia do rio Doce e indenizar as pessoas afetadas. O valor foi calculado com base em laudos técnicos elaborados por órgãos como o Instituto Brasileiro do Meio Ambiente e Recursos Naturais Renováveis — IBAMA, o Instituto Chico Mendes de Conservação da Biodiversidade — ICMBio e a Agência Nacional de Águas — ANA. Esse valor, alega a AGU, poderá ser ampliado, pois ainda não foram calculados os danos ambientais causados pela chegada ao oceano da lama com rejeitos de minérios.

Todo o valor arrecadado deverá ser depositado no fundo próprio para o financiamento a longo prazo das ações de revitalização da bacia.

No dia 2 de março de 2016, a União (AGU) e os governos estaduais de Minas Gerais e do Espírito Santo firmaram TAC com a Samarco, Vale e BHP para evitar o prosseguimento da ACP na esfera judicial. As empresas comprometeram-se a ressarcir as famílias atingidas pelo rompimento da barragem e recuperar o rio Doce. O acordo impede o prosseguimento da ACP proposta pela União.

Na realidade, o dinheiro será usado por uma fundação, constituída por especialistas indicados pela mineradora, que desenvolverá 40 projetos voltados para a recuperação ambiental e socioeconômica dos municípios atingidos, indenização e assistência à população. O valor previsto é parcial, e, após os três anos iniciais, novos cálculos determinarão o volume de dinheiro que deverá ser empregado até 2018. O aporte inicial será de R$ 4,4 bilhões entre 2016 e 2018. Para 2016, o valor será de 2 bilhões, sendo R$ 1,2 bilhão para 2017 e R$ 1,2 bilhão para 2018. De 2019 a 2021, os valores podem variar entre R$ 800 milhões e R$ 1,6 bilhão. As empresas deverão estabelecer um cronograma, dando prioridade à reconstrução das vidas da população atingida e a recuperação do rio Doce. Até 2018 serão usados R$ 500 milhões para o saneamento dos municípios atingidos.

Há muita discussão judicial pela frente.

Outro acidente ocorreu em Brumadinho, no dia 25 de janeiro de 2019, envolvendo a questão minerária ainda em Minas Gerais. O rompimento da barragem de Brumadinho foi um dos maiores desastres com rejeitos de mineração no Brasil. A barragem de rejeitos era classificada de "baixo risco" e "alto potencial de danos", e pertencia ou era controlada pela Vale S.A., localizada no ribeirão Ferro-Carvão, na região de Córrego do Feijão, no município brasileiro de Brumadinho, a 65 km de Belo Horizonte, em Minas Gerais.

Esse acidente foi maior do que o ocorrido em Mariana, em 2015, considerado como um desastre industrial, humanitário e ambiental, com centenas de mortos e mais de 250 desaparecidos, gerando uma calamidade pública. O desastre pode ainda ser considerado o segundo maior desastre industrial do século e o maior acidente de trabalho do Brasil. O presidente da Vale, em entrevista coletiva, salientou que, na tragédia de Brumadinho, "o dano humano será maior", diferente do rompimento da barragem de Bento Rodrigues, em Mariana, que também era controlada pela Vale S.A. e está a menos de 200 quilômetros de Brumadinho.

Parece que a principal hipótese desse acidente foi o colapso da estrutura pelo excesso de rejeitos líquidos. Os laudos de 2015 demonstraram que os instrumentos que aferiram a pressão dos rejeitos sobre o paredão de 86 metros eram antigos e que alguns se encontravam danificados ou até já nem funcionavam. Além disso, tais equipamentos que mediam a vazão não operavam corretamente[50].

Mal terminou uma, inicia-se outra guerra judicial.

O mais interessante é que já há tecnologia para extração de minérios denominada a seco, sem utilização de água, ou sua reutilização, como já praticam outras empresas não mineradoras.

## 7. INFRAÇÕES ADMINISTRATIVAS E PENAIS

A infração administrativa está arrolada no art. 63 do Decreto n. 6.514/2008, e a penal, no art. 55 da Lei n. 9.605/98. Se a extração de minérios também causar poluição ao meio ambiente, haverá concurso formal entre o delito previsto no art. 55 e os contidos nos arts. 33, 38, 40, 44 e 54 da Lei n. 9.605/98 e 163 do CP.

SEÇÃO VI
*Áreas contaminadas*

## 1. INTRODUÇÃO

Áreas contaminadas são aquelas poluídas por produtos altamente nocivos à saúde humana e ao meio ambiente. São substâncias químicas cuja toxidade pode alterar a constituição dos recursos naturais, tornando-os imprestáveis. Se encontradas em concentrações superiores aos padrões normais podem colocar em risco o meio ambiente. Citamos, a título de exemplo, os seguintes elementos químicos: alumínio, antimônio, arsênio, bário, cádmio, chumbo, cobalto, vanádio, mercúrio, zinco, cobre, cromo, ferro, manganês, molibdênio, níquel, prata, selênio etc.

---

50. Revista *Veja*, edição 2620, ano 52, n. 6, de 6 de fevereiro de 2019, p. 41.

Área contaminada "pode ser definida como sendo o local ou terreno onde há comprovadamente poluição ou contaminação causada pela introdução de quaisquer substâncias ou resíduos que nela tenham sido depositados, acumulados, armazenados, enterrados ou infiltrados de forma planejada, acidental ou até mesmo natural"[51].

Esta contaminação poderá alastrar-se pelo solo e subsolo e atingir as águas subterrâneas, além de colocar em risco a saúde humana, principalmente se a área contaminada for ocupada para atividade econômica, recreativa ou urbanística.

Muitos acidentes vêm ocorrendo pelo fato de o Poder Público ter permitido a realização de empreendimentos em áreas contaminadas, especialmente sobre aterros sanitários, sem tomar as medidas necessárias de descontaminação. Citamos alguns tristes exemplos: explosão e morte acontecidas em Conjunto Habitacional de Mauá que foi construído sobre aterro sanitário industrial; fechamento temporário, pelo descumprimento de determinação da CETESB, do maior empreendimento da América Latina — Shopping Center Norte, de São Paulo — que foi construído sobre aterro sanitário doméstico; vazamento gradativo de produtos químicos que causou contaminação em grande área de Paulínia; explosões e mortes ocorridas num Shopping de Osasco que foi construído sobre aterro sanitário etc.

Por conta disso, o governo do Estado de São Paulo editou lei específica estabelecendo critérios para a ocupação de áreas contaminadas, e o Poder Judiciário, através da sua corregedoria, proferiu importante decisão no sentido de exigir a averbação de áreas contaminadas.

## 2. PROTEÇÃO LEGAL

Não há uma legislação nacional específica que trate das áreas contaminadas. Vejamos algumas normas nas esferas federal e estadual.

### 2.1. Legislação federal

O CONAMA editou a Resolução n. 420, de 28 de dezembro de 2009, que dispõe sobre critérios e valores orientadores de qualidade do solo quanto à presença de substâncias químicas e estabelece diretrizes para o gerenciamento ambiental de áreas contaminadas por essas substâncias em decorrência de atividades antrópicas.

A Lei federal n. 12.305/2010, que instituiu a Política Nacional de Resíduos Sólidos — PNRS, definiu *área contaminada* como o local onde há contaminação causada pela disposição, regular ou irregular, de quaisquer substâncias ou resíduos (art. 3º, II). E *área órfã contaminada* como aquela cujos responsáveis pela disposição não sejam identificáveis ou individualizáveis (art. 3º, III).

---

51. CETESB. Disponível em: <http://www.cetesb.sp.gov.br/solo/areas_contaminadas/areas.asp>.

## 2.2. Legislação estadual

Com base nos dados acima, o governo do Estado de São Paulo criou a Lei n. 13.577, de 8 de julho de 2009, dispondo sobre diretrizes e procedimentos para a proteção da qualidade do solo e gerenciamento de áreas contaminadas. Trata da proteção da qualidade do solo contra alterações nocivas por contaminação, da definição de responsabilidades, da identificação e do cadastramento de áreas contaminadas, e da remediação dessas áreas de forma a tornar seguros seus usos atual e futuro (art. 1º). Referida lei foi regulamentada pelo Decreto estadual n. 59.263/2013.

Constitui objetivo da lei o uso sustentável do solo, protegendo-o de contaminações e prevenindo alterações nas suas características e funções, por meio de: a) medidas para proteção da qualidade do solo e das águas subterrâneas; b) medidas preventivas à geração de áreas contaminadas; c) procedimentos para identificação de áreas contaminadas; d) garantia à saúde e à segurança da população exposta à contaminação; e) promoção da remediação de áreas contaminadas e das águas subterrâneas por elas afetadas; f) incentivo à reutilização de áreas remediadas; g) promoção da articulação entre as instituições; h) garantia à informação e à participação da população afetada nas decisões relacionadas com as áreas contaminadas (art. 2º).

A título ilustrativo, só na cidade de São Paulo, 40 terrenos classificados como contaminados pela CETESB estão nas mãos do setor imobiliário. Desses, 15 já têm prédios prontos ou empreendimentos lançados[52]. Por outro lado, a Justiça de São Paulo condenou a construtora Helbor a pagar R$ 120 mil de indenização ao comprador de um de seus apartamentos por não tê-lo informado de que o prédio foi feito em área contaminada. A construtora alega que não houve má-fé[53]. Há recurso. Seja como for, é um direito do cidadão ser informado deste relevante fato. Se o comprador tivesse sido informado da contaminação, com certeza não teria adquirido o imóvel.

Como já vimos, a contaminação do solo, agora, passou a ser objeto de fiscalização da CETESB, e a regulamentação desta lei está em fase de elaboração.

## 3. A CETESB E AS ÁREAS CONTAMINADAS

A CETESB é a empresa responsável pela identificação e monitoramento das áreas contaminadas no Estado de São Paulo. Todos os anos a CETESB divulga o número das áreas contaminadas, que vem aumentando gradativamente. A empresa elaborou um Manual de Gerenciamento de Áreas Contaminadas com a finalidade

---

52. Eduardo Geraque, SP tem 15 prédios construídos sobre terrenos contaminados, *Folha de S. Paulo*, Cotidiano, 13 ago. 2012, p. C-1.

53. Eduardo Geraque, Justiça manda indenizar comprador de imóvel em terreno contaminado, *Folha de S. Paulo*, Cotidiano, 21 ago. 2012, p. C-4.

de traçar um roteiro claro e seguro para que seus fiscais possam identificar, classificar e mapear referidas áreas. Pretende-se, com isso, evitar a ocupação sem a realização da descontaminação. Identificada a área contaminada, a CETESB lança os dados no cadastro respectivo, que servirá para a averbação no Cartório de Registro de Imóveis.

A CETESB disponibiliza um roteiro interessante de gerenciamento das áreas contaminadas, por etapas, quais sejam: a) *identificação de AP* — identificar áreas com potencial de contaminação; b) *avaliação preliminar* — identificar áreas suspeitas de contaminação (AS); c) *investigação confirmatória* — confirmar contaminação — área contaminada sob investigação (AI); d) *investigação detalhada* — definir limites e taxas de propagação da contaminação; e) *avaliação de risco* — avaliar a importância da contaminação — gerenciamento do risco (definir a forma de intervenção) — (AC); f) *plano de intervenção/projeto da remediação* — definição das técnicas de remediação mais adequadas, medidas de controle institucional e de engenharia; e g) *remediação/monitoramento* — monitoramento da eficiência/eficácia da remediação/monitoramento de encerramento — área reabilitada (AR)[54].

Com base nesse roteiro, a CETESB realizou levantamento das áreas contaminadas no Estado de São Paulo e constatou um aumento de 10,6%. O número passou de 2.272, em novembro de 2007, para 2.514, em novembro de 2008. Os postos de combustíveis são os principais responsáveis por este aumento, com 1.953 áreas[55]. Em 2010, a CETESB cadastrou 3.675 áreas contaminadas; destas, somente 163 foram reabilitadas. São terrenos poluídos ou contaminados por resíduos depositados, acumulados, armazenados, enterrados ou infiltrados de forma planejada, acidental ou até mesmo natural. Estes poluentes podem encontrar-se na superfície, no solo, nos sedimentos, nas rochas, nos materiais utilizados para aterrar os terrenos ou nas águas subterrâneas. Registre-se ainda que há processo tecnológico moderno e eficiente para descontaminar referida área antes de se efetivar qualquer empreendimento[56].

Como podemos ver, a análise da área é realizada com muito cuidado e, ao final, ela será classificada de acordo com a sua toxidade. Seu proprietário será intimado para realizar a descontaminação, além de ser-lhe aplicada eventual multa[57].

---

54. CETESB. Disponível em: <http://www.cetesb.sp.gov.br>.
55. Áreas contaminadas aumentam 10,6% em SP, *Folha de S.Paulo*, 3 mar. 2009, p. C-4.
56. Franco Tarabini Jr., É preciso recuperar as áreas contaminadas, *Folha de S.Paulo*, 30 set. 2011, p. A-3.
57. A título ilustrativo, trouxemos informação interessante sobre a contaminação de áreas na Comunidade Europeia. José Renato Nalini esclarece que, até o dia 23 de janeiro de 2002, haviam sido identificados cerca de 300 mil locais, efetiva ou potencialmente, contaminados na Europa (Palestra proferida no 15º Congresso do Meio Ambiente e 9º Congresso de Habitação e Urbanismo do Ministério

## 4. ÁREAS REMEDIADAS OU REABILITADAS

A lei estadual considera área contaminada o terreno, o local, a instalação, a edificação ou benfeitoria, abandonados ou em atividade, que contêm quantidades ou concentrações de matéria em condições que causem ou possam causar danos à saúde humana, ao meio ambiente ou a outro bem a proteger.

Esta lei denomina remediação a eliminação ou redução dos riscos em níveis declarados.

Tais normas (lei estadual e resolução do CONAMA) estabelecem critérios para o gerenciamento das áreas contaminadas e instrumentaliza o processo de reabilitação ou remediação.

Para o CONAMA, *remediação* é "uma das ações de intervenção para reabilitação de área contaminada, que consiste em aplicação de técnicas, visando a remoção, contenção ou redução das concentrações de contaminantes", e *reabilitação* são as "ações de intervenção realizadas em uma área contaminada, visando atingir um risco tolerável, para o uso declarado ou futuro da área".

Para a lei estadual, *remediação* é "adoção de medidas para a eliminação ou redução dos riscos em níveis aceitáveis para o uso declarado".

Há quem entenda ser inconstitucional a denominação "remediação para uso declarado", nos termos do art. 6º da citada resolução (usos compatíveis), ou a "reabilitação" estabelecida pela lei estadual. A descontaminação deve ser integral, e não parcial. O fundamento é que nem sempre é possível a descontaminação total da área. Nesse caso, é possível a sua destinação para outros usos "declarados" pela norma.

## 5. AVERBAÇÃO ENUNCIATIVA OU MERA NOTÍCIA NO CARTÓRIO DE IMÓVEIS DO CADASTRAMENTO DE ÁREAS CONTAMINADAS FEITO PELA CETESB

O Ministério Público do Estado de São Paulo e a CETESB formularam consulta à Corregedoria-Geral da Justiça a respeito da viabilidade de recepção e arquivamento nas Serventias de Registro de Imóveis do Estado de São Paulo do "Cadastro de Áreas Contaminadas", elaborado pela CETESB, no sentido de que todas as certidões emitidas pelos oficiais registradores apontem, quando solicitado, o fato de o imóvel correspondente estar situado em área identificada como contaminada. A Corregedoria-Geral de Justiça emitiu parecer favorável, em 20 de abril de 2006, subscrito pelos eminentes juízes auxiliares da Corregedoria Drs. Álvaro Luiz Valery Mirra, Ana Luiza Villa Nova, Roberto Maia Filho e Vicente de Abreu Amadei e apro-

---

Público de São Paulo, em Águas de São Pedro, no dia 21 de outubro de 2011). Só na Alemanha, há mais de 50.000, e nos USA 1 milhão de áreas contaminadas, segundo Elton Gloeden, Gerente do Departamento de Áreas Contaminadas da CETESB, também palestrante do Congresso.

vado pelo corregedor-geral da Justiça Dr. Gilberto Passos de Freitas, em 2 de maio de 2006 (Processo CG n. 167/2005, Capital, publicado no DOE, 12 jun. 2006). Ementa da decisão normativa: "Registro de imóveis. Cadastramento de áreas contaminadas sob a responsabilidade da CETESB, qualificado com presunção de veracidade e legalidade, própria dos atos da Administração Pública. Interesse público que envolve a referida matéria ambiental e que impõe amplitude de informação. Segurança jurídico-registral, estática e dinâmica, que reclama concentração da notícia de contaminação, oficialmente declarada, no fólio real. Integração do Registro Predial na esfera da tutela ambiental. Admissibilidade da publicidade registral de áreas contaminadas por substâncias tóxicas e perigosas, por averbação enunciativa de 'declaração' ou 'termo' emitido pela CETESB. Inteligência do art. 246 da Lei de Registros Públicos. Consulta conhecida, com resposta positiva"[58].

Essa decisão foi um grande avanço no Estado de São Paulo, uma vez que há muitas áreas, já mapeadas pela CETESB, contaminadas. Tal fato poderá evitar a aquisição de áreas para habitação, por exemplo, o que coloca em risco a saúde da população. Assim, quem as adquirir deverá realizar a descontaminação para dar-lhes o destino pretendido. Registre-se, por fim, que tanto a contaminação como a descontaminação poderão ser declaradas pela CETESB e levadas ao registro imobiliário para averbação.

A averbação das áreas contaminadas no CRI poderá fazer com que os seus proprietários fiquem mais atentos, pois seus imóveis desvalorizarão caso isso venha a acontecer.

## 6. REQUISITOS PARA AVERBAÇÃO DE ÁREAS CONTAMINADAS

Os requisitos encontram-se na decisão CG 167/2005. São eles: a) termo de área contaminada emitido pela CETESB; b) precisa identificação do imóvel através de descrição enunciativa e indicação da matrícula ou transcrição; c) informação se a contaminação é total ou parcial; d) prévia notificação do proprietário ou detentor de direito real.

A decisão autoriza a publicidade registral de áreas contaminadas por substâncias tóxicas e perigosas para a saúde humana. Há quem entenda não ser possível averbar áreas potencialmente contaminadas.

Quem deve realizar a averbação da área contaminada? A Lei estadual n. 13.577/2009 dispõe que a obrigação é do *responsável pela área contaminada* (art. 24, III) por determinação do órgão ambiental (CETESB).

O não cumprimento do art. 42 da lei estadual autoriza o órgão ambiental a aplicar as seguintes punições: advertência, multa, embargo, demolição, suspensão de financiamento e benefícios fiscais.

---

58. Processo CG n. 167/2005.

Marcelo Augusto Santana de Melo, Registrador Imobiliário, apresentou a proposta de utilização do Sistema ARISP (penhora *online*), o que poderia trazer maior agilidade, segurança e aproveitaria a estrutura já formada com base no Provimento CG n. 4/2011, de 2 de março de 2011[59].

## 7. CASUÍSTICAS

O Tribunal de Justiça de São Paulo, no dia 3 de março de 2016, por meio da 1ª Câmara Reservada ao Meio Ambiente, deu provimento ao Recurso de Apelação n. 1032789-75.2013.8.26.0100 para reformar a sentença proferida em primeira instância que condenava a ré a diversas medidas destinadas à remediação de área contaminada para além do quanto delineado por lei estadual e por resolução e proposta pela CETESB para a fiscalização do gerenciamento de áreas contaminadas.

O Ministério Público paulista propôs ACP questionando os parâmetros a serem observados nos casos de remediação de áreas contaminadas, sustentando a inconstitucionalidade da lei estadual e da resolução do CONAMA. Não concordou com a reparação parcial, que deveria ser integral, com fundamento na CF.

A 1ª Câmara Reservada ao Meio Ambiente concluiu não ser razoável exigir da ré a adoção de resolução técnica distinta daquela imposta pelo órgão ambiental sem a declaração da inconstitucionalidade da Lei estadual n. 13.577/2009 e do Decreto estadual n. 59.263/2013.

O relator entendeu que a legislação em vigor mostra-se proporcional e não ofende a CF. O acórdão destaca ainda que "a defesa do direito à reparação integral e do meio ambiente ecologicamente equilibrado, quando em desacordo com os demais princípios e com valores comunitários, pode gerar arbitrariedades que não devem ser permitidas".

Portanto, o Termo de Reabilitação para Uso Declarado emitido pela CETESB atesta que os níveis de riscos à saúde e ao meio ambiente foram restabelecidos em padrões aceitáveis. Forçoso, então, concluir que se alcançou o equilíbrio ecológico pela remediação, segundo parâmetros previstos na legislação[60].

---

59. Marcelo Augusto Santana de Melo, Registrador Imobiliário em Araçatuba-SP, proferiu ilustrativa palestra sobre publicidade registral e os requisitos para a averbação das áreas contaminadas, no 15º Congresso do Meio Ambiente e 9º Congresso de Habitação e Urbanismo do Ministério Público de São Paulo, em Águas de São Pedro, no dia 21 de outubro de 2011.

60. Édis Milaré e Rita Maria Borges Franco, O novo entendimento do TJSP sobre a reparação integral de áreas contaminadas, publicado no *site* do Escritório de Advocacia dos autores no dia 14 de março de 2016.

## Capítulo V
## Flora

### ESPAÇOS TERRITORIAIS ESPECIALMENTE PROTEGIDOS

As áreas de preservação permanente (APPs), as reservas florestais legais e as unidades de conservação são espécies do gênero espaços territoriais especialmente protegidos (art. 225, § 1º, III, da CF). As APPs são de extrema importância para a perpetuação do homem no planeta Terra. Veem-se, por meio da mídia, as constantes e contínuas agressões ao meio ambiente. Tais agressões são de todas as espécies, entre elas o desmatamento, as queimadas, a exploração econômica inadequada. Preocupado com a devastação da flora, o Poder Público, por seus órgãos competentes, vem tentando tomar as medidas necessárias para evitar essa degradação do meio ambiente (ar, solo, água, flora, fauna etc.).

Para tanto, o Poder Público vem estabelecendo normas protetivas das áreas de preservação permanente para a conservação, preservação e regeneração do meio ambiente. *Conservar* é resguardar, manter e continuar a ter a flora. Para o nosso campo de estudo, conservar é permitir a exploração econômica dos recursos naturais existentes em determinada localidade, realizando-se o manejo adequado e racional. *Preservar*, por outro lado, é defender e proteger a flora e os recursos naturais daquela região, admitindo-se apenas o uso indireto desses recursos. Nesse caso, não se permite a sua exploração econômica de forma direta. Semanticamente, as expressões *preservar* e *conservar* possuem o mesmo sentido. Contudo, a preservação é mais rígida do que a conservação. *Regenerar* é recompor ao estado anterior a área degradada.

Além disso, as APPs são aquelas tuteladas amplamente pelo Poder Público, protegendo-se tanto a flora como a fauna. São, em outras palavras, áreas protegidas nos termos dos arts. 4º, 5º e 6º da Lei n. 12.651, de 25 de maio de 2012 (novo Código Florestal), cobertas ou não por vegetação nativa, com função ambiental de preservar os recursos hídricos, a paisagem, a estabilidade geológica, a biodiversidade, o fluxo gênico de fauna e flora, proteger o solo e assegurar o bem-estar das populações humanas (art. 2º, II, do citado Código).

### Seção I
*Proteção legal*

### 1. FLORA

*Flora* é o conjunto de plantas de uma região, de um país ou de um continente. A flora não vive isoladamente, mas depende da interação constante entre outros seres vivos, assim como micro-organismos e outros animais. Eugene P. Odum, citado por Érika Mendes de Carvalho, salienta "que toda comunidade de seres vivos — vegetais ou animais — interage com o meio circundante, com o qual estabelece um intercâmbio recíproco, contínuo ou não, durante determinado período de tempo, de tal forma que 'um fluxo de energia produza estruturas bióticas claramente definidas e uma ciclagem de materiais entre as partes vivas e não vivas'. Esse conjunto de fatores, respectivamente denominados biocenose e biótopo, dão origem a um complexo que recebe o nome de *ecossistema sustentado* graças às constantes trocas de matéria e energia, responsáveis por seu equilíbrio"[1]. Não se pode dissociar o conceito de flora do de fauna. Ambas estão intimamente ligadas, uma depende da outra e uma não pode viver sem a outra, denominando-se *ecossistema sustentado*, constituído pela interação constante e contínua entre a flora e a fauna (esta última abrange todos os animais, desde micro-organismos até animais de grande porte).

*Ecossistema*, em outras palavras, é o sistema ou o conjunto de vegetações, animais e micro-organismos, que interagem entre si e com os outros elementos do meio, constituindo o biótopo (lugar) e a biocenose (agrupamento de seres vivos). Trata-se da denominada *diversidade biológica* ou *biodiversidade*, constituída pela "variabilidade de organismos vivos de todas as origens, compreendendo, dentre outros, os ecossistemas terrestres, marinhos e outros ecossistemas aquáticos e os complexos ecológicos de que fazem parte; compreendendo ainda a diversidade dentro de espécies, entre espécies e de ecossistemas" (art. 2º, III, da Lei n. 9.985/2000)[2]. *Bioma* ou *biota* é o conjunto de seres vivos (biocenose) de determinada região (biótopo).

A flora abrange as florestas (Floresta Amazônica, Mata Atlântica etc.) e quaisquer tipos de vegetação (cerrados, caatingas, restingas, manguezais, matas ciliares, pampas, pradarias, campos etc.).

## 2. INSTRUMENTOS LEGAIS DE DEFESA DA FLORA

Como vimos, a União, os Estados, o Distrito Federal e os Municípios têm competência comum (administrativa) para preservar as florestas, a fauna e a flora (art. 23, VII, da CF). A União, os Estados e o Distrito Federal têm ainda competência concorrente para legislar sobre as florestas, caça, pesca, fauna, conservação da natureza, defesa do solo e dos recursos naturais, proteção do meio ambiente e controle da poluição (art. 24,VI, da CF).

A competência municipal para legislar está disciplinada no art. 30, I e II, da CF. O município pode legislar sobre assuntos de seu peculiar interesse e suplementar a legislação federal e a estadual no que couber.

---

1. Érika Mendes de Carvalho, *Tutela penal do patrimônio florestal brasileiro*, São Paulo, Revista dos Tribunais, 1999, p. 17.

2. Convenção sobre a diversidade biológica, art. 2, in *Entendendo o meio ambiente*, v. 2.

É o Código Florestal (Lei n. 12.651/2012) que disciplina as normas sobre as florestas existentes no território e as demais formas de vegetação.

A Constituição Federal, além disso, atribuiu competência ao Poder Público para definir, em todas a unidades da Federação, espaços territoriais e seus componentes a serem especialmente protegidos, abrangendo as APPs previstas no Código Florestal e as Unidades de Conservação (art. 225, § 1º, III, da CF, e Lei n. 9.985, de 18-6-2000, que dispôs sobre o Sistema Nacional das Unidades de Conservação — SNUC, regulamentada pelo Decreto n. 4.340/2002).

Criou-se também a Lei n. 11.284, de 2 de março de 2006, que instituiu novos instrumentos de proteção à flora, com o objetivo de conciliar seu uso sustentável e a preservação do meio ambiente sempre que possível, a qual foi regulamentada pelo Decreto n. 6.063, de 20 de março de 2007, que dispõe sobre gestão de florestas públicas para a produção sustentável e dá outras providências.

Após muito tempo, finalmente, veio a lume a Lei n. 11.428, de 22 de dezembro de 2006, que dispõe sobre a utilização e proteção da vegetação nativa do Bioma Mata Atlântica e dá outras providências.

A União, por fim, baixou o Decreto n. 5.975, de 30 de novembro de 2006, redesenhando as normas para elaboração de plano de manejo florestal sustentável em áreas públicas e privadas de todo o território nacional.

## Seção II
*Macroecossistemas*

### 1. MACROECOSSISTEMAS

Macroecossistemas ou biomas de interesse nacional são caracterizados por extensas áreas de vegetação protegidas pela União, abrangendo um ou mais Estados federados ou país. São conjuntos de ecossistemas que funcionam de forma estável. As unidades de conservação ou reservas florestais (microecossistemas), também conhecidas por Áreas de Preservação Ambiental (APAs), são protegidas por lei infraconstitucional.

O legislador constituinte elevou à categoria de patrimônio nacional a Floresta Amazônica brasileira, a Mata Atlântica, a Serra do Mar, o Pantanal Mato-Grossense e a Zona Costeira, também conhecidos por macroecossistemas ou biomas de interesse nacional, merecendo, portanto, especial atenção (art. 225, § 4º, da CF). Há outros biomas tão importantes quanto estes, tais como: campos, pradarias, biomas litorâneos (mangues), Mata dos Pinhais, Mata de Cocais, Domínios das Araucárias etc.

Os Biomas continentais brasileiros podem ser classificados em: a) Bioma Amazônica; b) Bioma Caatinga; c) Bioma Campos do Sul (Pampa); d) Bioma Cerrado; e) Bioma Mata Atlântica; e f) Bioma Pantanal. Não há proteção legal dos Biomas Caatinga e Cerrado, mas existe Projeto de Lei e/ou de Emenda Constitucional tramitando no Congresso Nacional com a finalidade de dar-lhes a devida proteção[3].

## 2. FLORESTA AMAZÔNICA (BIOMA AMAZÔNICA)

A *Floresta Amazônica* é constituída por uma área aproximada de 3,5 milhões de quilômetros quadrados, situada na região norte do país. Tem um clima tropical (quente e úmido) com alto índice pluviométrico. A Amazônia Legal abrange os Estados do Acre, Pará, Amazonas, Roraima, Rondônia, Amapá e Mato Grosso e as regiões situadas ao norte do paralelo 13°S, dos Estados de Tocantins e Goiás, e ao oeste do meridiano de 44° W, do Estado do Maranhão (art. 3º, I, da Lei n. 12.651/2012).

A Floresta Amazônica é protegida, essencialmente, pela Lei n. 12.651/2012 (Código Florestal) e pela Lei n. 11.284/2006 (dispõe sobre a gestão de florestas públicas), como veremos nos próximos itens deste Capítulo.

### 2.1. Secas *versus* savana

Cientistas alertam que as constantes secas na Amazônia poderão transformá-la em savana. Savana é um tipo de vegetação com gramíneas rasteiras e poucas árvores e arbustos espalhados. São encontradas em planícies e regiões quentes e secas. As principais razões para isso são as constantes secas ocorridas na região. As maiores secas históricas registradas são as de 1963, 1998, 2005 e 2010. Os principais fatores são o desmatamento — áreas florestadas são mais úmidas, porque as árvores transpiram — e o aquecimento global. O receio é que, com as grandes secas anuais, esta situação acabe se tornando regra e não exceção. Caso isso ocorra, não existirá água suficiente para que a porção sudeste da Amazônia continue densa, transformando-se em savana[4].

Para entender a função da Floresta Amazônica, é necessário conhecer não só o sistema físico, no qual condições climáticas adequadas permitem o surgimento e a manutenção da vida, mas também o sistema vital, que é o biológico. Um depende do outro e os dois estão interligados — meio físico e meio biológico.

---

3. Marli T. Deon Sette, *Direito ambiental*, cit., p. 293-294.

4. Claudio Angelo, Secas podem tornar Amazônia savana, *Folha de S.Paulo*, Ciência, 3 nov. 2010, p. A-18.

## 2.2. Secas *versus* $CO_2$

Estudos realizados por pesquisadores britânicos da Universidade de Leeds, liderado por Simon Lewis, e brasileiros do Instituto de Pesquisa Ambiental da Amazônia (IPAM), mostraram que a seca na Amazônia em 2010 atingiu 3 milhões de quilômetros quadrados. Eles afirmam ter sido a pior seca ocorrida nos últimos 100 anos. O recorde até então era a seca de 2005, com 1,9 milhão de quilômetros quadrados. Isso significa que as árvores que morrem podem emitir 5 bilhões de toneladas de $CO_2$ nos próximos anos. Para se ter uma ideia, só os EUA emitem 5,4 bilhões/ano de $CO_2$.

José Marengo, do Instituto Nacional de Pesquisas Espaciais (INPE), afirmou que a seca de 2010 reduziu mais os níveis dos rios amazônicos que a estiagem de 2005. Apurou-se, além disso, que o desmatamento na Amazônia cresceu 10% entre agosto e dezembro de 2010, em comparação com o mesmo período de 2009. Os dados foram divulgados pelo INPE com base em imagens de satélite do sistema Deter, que flagra o desmatamento em tempo real. Trata-se de corte raso realizado em 1.236 quilômetros quadrados desmatados nesse período em relação ao anterior, que foi de 1.145 quilômetros quadrados[5].

## 2.3. Desmatamento *versus* clima no sul do país

Este bioma é o mais agredido pelas queimadas e desmatamentos. O aumento dos gases responsáveis pelo aquecimento global é consequência do distúrbio promovido pelo homem em toda a Terra. Tudo que se fizer na Amazônia poderá interferir no sul do Brasil e no planeta Terra. A floresta é imprescindível para o futuro do Brasil, pelos seus vínculos negativos e positivos com as mudanças climáticas globais e também pelos seus enlaces com o clima regional. Entender, enfim, a importância da Amazônia para o Brasil e para o mundo deverá ser o aspecto central para o desenvolvimento de uma política para a região. O Código Florestal serve para manter a cobertura essencial da floresta. Entretanto, é preciso fazer muito mais para atingir a massa crítica indispensável para a saúde do ciclo hidrológico[6].

No dizer do biólogo Thomas Lovejoy, o agronegócio sairia ganhando se visse a Amazônia como "galinha dos ovos de ouro", pois se a floresta morre, as chuvas na região secam, o lucro evapora junto. O desmatamento também colocaria em risco a fauna. É normal a extinção das espécies. Mas não é normal que sejam extintas de cem a mil vezes mais rápido do que a taxa média do passado geológico da Terra, e

---

5. Amazônia teve pior seca em cem anos, *Folha de S.Paulo*, Ciência, 4 fev. 2011, p. C-15.
6. Thomas Lovejoy, A arca do tesouro da biologia, *Veja* n. 2.196 — Edição Especial, dez. 2010, p. 94.

não é normal que uma espécie sozinha faça isso acontecer.Vivemos em agrupamentos sociais que chamamos de cidades e achamos que não dependemos da natureza. É uma bolha, e um dia ela vai estourar[7].

Para chamar a atenção da comunidade mundial é que a ONU elegeu 2011 como o Ano Internacional das Florestas.

Diante da necessidade de disciplinar tais condutas, o novo Código Florestal criou regras para o controle do desmatamento. Assim, o órgão ambiental competente, ao tomar conhecimento do desmatamento em desacordo com o disposto nesta Lei, deverá embargar a obra ou atividade que deu causa ao uso alternativo do solo, como medida administrativa voltada a impedir a continuidade do dano ambiental, propiciar a regeneração do meio ambiente e dar viabilidade à recuperação da área degradada. O embargo restringe-se aos locais onde efetivamente ocorreu o desmatamento ilegal, não alcançando as atividades de subsistência ou as demais atividades realizadas no imóvel não relacionadas com a infração. O órgão ambiental responsável deverá disponibilizar publicamente as informações sobre o imóvel embargado, inclusive por meio da rede mundial de computadores, resguardados os dados protegidos por legislação específica, caracterizando o exato local da área embargada e informando em que estágio se encontra o respectivo procedimento administrativo. A pedido do interessado, o órgão ambiental responsável emitirá certidão em que conste a atividade, a obra e a parte da área do imóvel que são objeto do embargo, conforme o caso (art. 51, §§ 1º a 3º, da Lei n. 12.651/2012).

## 3. MATA ATLÂNTICA (BIOMA MATA ATLÂNTICA)

A *Mata Atlântica* é constituída por uma formação homogênea situada na Serra do Mar. Percorre todo o litoral brasileiro e possui a maior biodiversidade do mundo. Esse macroecossistema corresponde, atualmente, a uma fração de 7% do total brasileiro, e é o mais agredido pelo homem[8].

---

7. Entrevista com Thomas Lovejoy sobre a Amazônia é a galinha dos ovos de ouro do agronegócio brasileiro — Mata é importante para manter chuvas que abastecem lavouras do centro-oeste; autorizar mais desmate com nova lei é tiro no pé, afirma pesquisador, *Folha de S.Paulo*, Ciência, 16 ago. 2011, p. C-11.

8. Levantamento feito pela ONG SOS Mata Atlântica e pelo INPE mostra que só existe 8,5% de mata original. Desapareceram 24 mil campos de futebol num ano. A destruição da Mata Atlântica continua crescendo. Comparando 2012 com 2013, a derrubada da floresta rica em biodiversidade cresceu 9%. Desde 2008, o acompanhamento anual do desmatamento da Mata Atlântica não registrava índices tão elevados. Há 28 anos que o monitoramento detalhado da Mata Atlântica vem sendo realizado, e nesse período o bioma perdeu uma área igual a 12 vezes o município de São Paulo. O desmatamento da floresta amazônica também subiu 28% no último ano. Isso decorre do afrouxamento do novo Código Florestal (Eduardo Geraque, Derrubada da mata atlântica cresce 9%, *Folha de S.Paulo*, Ciência+Saúde, 27 maio 2014, p. C-8).

Há no Bioma Mata Atlântica, segundo dados do IBAMA, 1.361 espécies da fauna, sendo 261 espécies de mamíferos, 620 de aves, 200 de répteis e 280 de anfíbios. Desse total, 567 espécies só existem neste bioma. Há ainda 20 mil espécies de plantas vasculares, das quais 8 mil só ocorrem na Mata Atlântica[9].

Após longa tramitação (dezoito anos), finalmente, foi criada a Lei n. 11.428, de 22 de dezembro de 2006, que dispõe sobre a utilização e proteção da vegetação nativa do Bioma Mata Atlântica. Ela contém 51 artigos, divididos em seis títulos; Título I — Das definições, objetivos e princípios do regime jurídico do Bioma Mata Atlântica; Título II — Do regime jurídico geral do Bioma Mata Atlântica; Título III — Do regime jurídico especial do Bioma Mata Atlântica; Título IV — Dos incentivos econômicos; Título V — Das penalidades; e Título VI — Disposições finais.

Esta lei, por sua vez, foi regulamentada pelo Decreto n. 6.660, de 21 de novembro de 2008.

Tratava-se de uma reinvindicação antiga que tinha por objetivo substituir o Decreto n. 750, de 10 de fevereiro de 1993, o qual foi expressamente revogado pelo Decreto n. 6.660/2008 (art. 51).

### 3.1. Objeto e campo de aplicação

A lei tem por objeto a conservação, a proteção, a regeneração e a utilização do Bioma Mata Atlântica e os remanescentes de vegetação nativa no estágio primário e nos estágios secundário inicial, médio e avançado de regeneração. Cuida-se, além disso, de patrimônio nacional e a sua utilização deverá ser observada no que estabelece a presente norma, bem como a legislação ambiental vigente, em especial a Lei n. 12.651/2012 (Código Florestal).

Assim, consideram-se integrantes do Bioma Mata Atlântica as seguintes formações florestais nativas e ecossistemas associados, com as respectivas delimitações estabelecidas em mapa do Instituto Brasileiro de Geografia e Estatística (IBGE), conforme regulamento: Floresta Ombrófila Densa; Floresta Ombrófila Mista, também denominada Mata de Araucárias; Floresta Ombrófila Aberta; Floresta Estacional Decidual; bem como os manguezais, as vegetações de restingas, campos de altitude, brejos interioranos e encraves florestais do Nordeste (art. 2º, *caput*, da Lei n. 11.428/2006).

*Ombrófila* é a espécie vegetal cujo desenvolvimento depende do regime das águas pluviais abundantes e constantes[10]. Abrange também, apesar de não previstos, os manguezais e as restingas por estarem dentro deste bioma.

---

9. Maria Luiza Machado Granziera, *Direito ambiental*, cit., p. 429.
10. Édis Milaré, *Direito do ambiente*, cit., p. 1089.

## 3.2. Objetivos

A proteção e a utilização do Bioma Mata Atlântica têm por *objetivo geral* o desenvolvimento sustentável e, por *objetivos específicos*, a salvaguarda da biodiversidade, da saúde humana, dos valores paisagísticos, estéticos e turísticos, do regime hídrico e da estabilidade social (art. 6º da Lei n. 11.428/2006).

A presente lei tem por objetivo estabelecer critérios para a adoção da "função socioambiental da propriedade, fortalecendo, também aqui, o conceito de que esta deve considerar (1) o meio ambiente, sobretudo em um bioma cuja biodiversidade é das mais ricas do mundo e se encontra em perigo de extinção, e (2) as populações tradicionais que nele se localizam"[11].

A função socioambiental encontra-se disciplinada no art. 35 da citada lei, que diz: a conservação, em imóvel rural ou urbano, da vegetação primária ou da vegetação secundária em qualquer estágio de regeneração do Bioma Mata Atlântica cumpre função social e é de interesse público, podendo, a critério do proprietário, as áreas sujeitas à restrição de que trata a Lei n. 11.428/2006 ser computadas para efeito da Reserva Legal e seu excedente utilizado para fins de compensação ambiental ou instituição de cota de que trata a Lei n. 12.651/2012. Ressalvadas as hipóteses previstas em lei, as áreas de preservação permanente não integrarão a reserva legal (parágrafo único do citado artigo).

## 3.3. Princípios

Na proteção e na utilização do Bioma Mata Atlântica, serão observados os princípios da função socioambiental da propriedade, da equidade intergeracional, da prevenção, da precaução, do usuário-pagador, da transparência das informações e atos, da gestão democrática, da celeridade procedimental, da gratuidade dos serviços administrativos prestados ao pequeno produtor rural e às populações tradicionais e do respeito ao direito de propriedade (parágrafo único do art. 6º da citada lei).

Estes princípios são aqueles já consagrados pela doutrina.

## 3.4. Regime jurídico

A proteção e a utilização do Bioma Mata Atlântica far-se-ão dentro de condições que assegurem: a) a manutenção e a recuperação da biodiversidade, vegetação, fauna e regime hídrico do Bioma Mata Atlântica para as presentes e futuras gerações; b) o estímulo à pesquisa, à difusão de tecnologias de manejo sustentável da vegetação e à formação de uma consciência pública sobre a necessidade de recuperação e ma-

---

11. Maria Luiza Machado Granziera, *Direito ambiental*, cit., p. 433.

nutenção dos ecossistemas; c) o fomento de atividades públicas e privadas compatíveis com a manutenção do equilíbrio ecológico; e d) o disciplinamento da ocupação rural e urbana, de forma a harmonizar o crescimento econômico com a manutenção do equilíbrio ecológico (art. 7º da citada lei).

Interessante ressaltar que esta lei disciplina mais o aspecto da sua exploração do que a preservação propriamente dita.

### 3.4.1. Regime jurídico geral

O corte, a supressão e a exploração da vegetação do Bioma Mata Atlântica far-se-ão de maneira diferenciada, conforme se trate de vegetação primária ou secundária, levando-se em conta nesta última o estágio de regeneração (art. 8º da Lei n. 11.428/2006).

Compete ao CONAMA, por meio de resolução, definir a vegetação primária e a vegetação secundária nos estágios avançado, médio e inicial de regeneração do Bioma Mata Atlântica, nas hipóteses de vegetação nativa localizada (art. 4º da citada lei).

O CONAMA, com base nesta lei, baixou a Resolução n. 388, de 23 de fevereiro de 2007, e convalidou as resoluções que definem de modo específico a vegetação primária e secundária nos estágios inicial, médio e avançado de regeneração do Bioma Mata Atlântica, nos diversos Estados brasileiros.

Outro dado importante é que, nas hipóteses de novos empreendimentos que impliquem o corte ou a supressão de vegetação do Bioma Mata Atlântica, deverão ser implantados preferencialmente em áreas já substancialmente alteradas ou degradadas (art. 12 da Lei n. 11.428/2006).

A lei também prevê a possibilidade de compensação em caso de corte ou supressão de vegetação primária ou secundária nos estágios médio ou avançado de regeneração do Bioma Mata Atlântica (art. 17).

### 3.4.2. Regime jurídico especial

O corte e a supressão da vegetação primária ou secundária em estágio avançado, médio ou inicial de regeneração, em áreas urbanas ou nas atividades minerárias do Bioma Mata Atlântica, somente serão autorizados em caráter excepcional, quando necessários à realização de obras, projetos ou atividades de utilidade pública, pesquisas científicas e práticas preservacionistas, nos termos dos arts. 20 a 32 da citada lei.

Na hipótese de o corte e a supressão de vegetação ocorrerem no caso de utilidade pública, deverá ser observado o disposto no art. 14 da citada lei, além da realização de Estudo Prévio de Impacto Ambiental/Relatório de Impacto Ambiental — EIA/RIMA (parágrafo único do art. 20 da citada lei).

## 3.5. Incentivos econômicos

O poder público, sem prejuízo das obrigações dos proprietários e posseiros, estabelecidas na legislação ambiental, estimulará, com incentivos econômicos, a proteção e o uso sustentável do Bioma Mata Atlântica (art. 33, *caput,* da citada lei).

Na regulamentação dos incentivos econômicos ambientais, deverão ser observadas as seguintes características da área beneficiada: a) a importância e representatividade ambientais do ecossistema e da gleba; b) a existência de espécies da fauna e flora ameaçadas de extinção; c) a relevância dos recursos hídricos; d) o valor paisagístico, estético e turístico; e) o respeito às obrigações impostas pela legislação ambiental; e f) a capacidade de uso real e sua produtividade atual (art. 33, § 1º, da citada lei).

Os incentivos estabelecidos na citada lei não excluem ou restringem outros benefícios, abatimentos e deduções em vigor, em especial as doações a entidades de utilidade pública efetuadas por pessoas físicas ou jurídicas (art. 33, § 2º, da citada lei).

## 4. SERRA DO MAR

A *Serra do Mar*, por sua vez, é constituída pela Mata Atlântica, integrando o ecossistema costeiro (abrangendo os manguezais e as restingas).

## 5. PANTANAL MATO-GROSSENSE (BIOMA PANTANAL)

O *Pantanal Mato-Grossense* é "um ecossistema de transição entre as formações típicas do Cerrado e a Hileia com sua exuberante floresta tropical"[12]. É formado por grandes áreas inundadas, por brejos permanentes, possuindo um clima tropical. O avanço das carvoarias sobre as matas nativas, legalmente ou não, é uma séria ameaça à sobrevivência do Pantanal. A produção de carvão vegetal para a indústria siderúrgica fez desaparecer nos últimos três anos cerca de 270 mil hectares de matas nativas do Pantanal do Mato Grosso do Sul, o que equivale a duas vezes o território da cidade de São Paulo. Tal estimativa foi realizada pelo IBAMA no Estado e levou em conta a demanda utilizada pelas indústrias no período e as informações sobre movimentação de cargas contidas nas guias do Documento de Origem Florestal — DOF. Entre 2007 e 2009, o Mato Grosso do Sul movimentou 8,6 milhões de metros cúbicos de carvão vegetal, incluindo o carvão importado do Paraguai. Em 2007, foram 4,5 milhões de metros cúbicos. Já em 2009, houve a queda de 1,2 milhão de metros cúbicos devido à crise internacional e o aumento

---

12. Édis Milaré, *Direito do ambiente*, cit., p. 164.

da fiscalização. O IBAMA lavrou 292 autos de infração entre 2006 e março de 2010, que correspondiam a R$ 133 milhões em multas relacionadas a uso ou produção irregular de carvão vegetal. Ressalte-se que 47% do planalto e 84% da planície do Pantanal do Mato Grosso do Sul são áreas ainda nativas[13] (*v.* item 2 da Seção IV deste Capítulo — Convenção de Ramsar — Proteção das zonas úmidas e dos hábitats das aves aquáticas).

## 6. ZONA COSTEIRA

A *Zona Costeira* é constituída pela junção da faixa marítima, da faixa continental e do ar, possuindo grande variedade biológica. Há, nessa zona, restingas, bancos de areia, lagunas, manguezais etc.

Esses grandes ecossistemas foram inseridos na Constituição Federal com a finalidade de dar-lhes maior proteção (*v.* Capítulo IX — Zona Costeira).

## 7. CERRADO (BIOMA CERRADO)

O *Bioma Cerrado* é um tipo de vegetação brasileira encontrado no Planalto Central Brasileiro, nos Estados de Goiás, Tocantins, Mato Grosso, Mato Grosso do Sul, parte de Minas Gerais, Bahia e Distrito Federal, cobrindo uma superfície total de 1,7 milhão de km². Sua vegetação, normalmente, é encontrada em lugares planos e constituída por árvores baixas e arbustos espaçados. Por muito tempo, entendia-se que o cerrado era pobre em biodiversidade devido à aridez do solo, considerando-se as terras estéreis. O Bioma Cerrado é de formação heterogênea, com grandes variações, de herbáceas a arbóreas. O adensamento da cobertura vegetal permite se adaptar aos campos úmidos, encharcados, aos campos sujos, com formações arbustivas esparsas, e ao campo cerrado propriamente dito, com arbustos e árvores copadas. Dentre as formações abertas brasileiras, o Bioma Cerrado é a que melhor se caracteriza como savana[14].

### 7.1. Riqueza da biodiversidade

Segundo dados do IBAMA, o Bioma Cerrado é reconhecido como a savana mais rica do mundo em biodiversidade, com a presença de diversos ecossistemas, riquíssima flora com mais de 10.000 espécies de plantas, com 4.400 endêmicas (ex-

---

13. Rodrigo Vargas, No Mato Grosso do Sul, em três anos 270 mil hectares viram carvão, *Folha de S.Paulo*, Ciência, 5 abr. 2010, p. A-17.
14. Édis Milaré, *Direito do ambiente*, cit., p. 350.

clusivas dessa área). A fauna apresenta 837 espécies de aves, 67 gêneros de mamíferos, abrangendo 161 espécies e 19 endêmicas, 150 espécies de anfíbios, das quais 45 endêmicas; 120 espécies de répteis das quais 45 endêmicas, apenas no Distrito Federal, há 90 espécies de cupins, mil espécies de borboletas e 500 espécies de abelhas e vespas[15]. O novo Código Florestal protege áreas de cerrado, devendo o proprietário rural manter, como reserva legal, 35% localizadas na Amazônia Legal (alínea b, I, do art. 12 da Lei n. 12.651/2012).

## 7.2. Reparação de danos a desmatamento de cerrado — Jurisprudência

O Superior Tribunal de Justiça (STJ) concluiu que é possível, em ação civil pública ambiental, a cumulação de pedidos de obrigação de fazer e de pagamento pelo dano material causado. A decisão reverteu entendimento do Tribunal de Justiça de Minas Gerais (TJMG) a pedido do Ministério Público mineiro. A 3ª Turma seguiu posição da ministra Nancy Andrighi, segundo a qual em nenhum momento há vedação legal à reparação pecuniária por eventual dano remanescente.

Inicialmente, o Ministério Público ajuizou ação civil pública contra um particular que teria desmatado área de um hectare de *mata nativa de cerrado*, pedindo sua condenação ao pagamento de indenização, ao reflorestamento da área danificada, além de não mais realizar intervenções na área e averbar a reserva legal na propriedade. O proprietário da área foi condenado a efetuar o plantio de árvores de espécie nativa na propriedade, isolá-la com cerca de arame farpado e averbar a área de reserva legal.

A decisão não determinou indenização do dano pecuniário, porque entendeu que "o fim precípuo da ação civil pública é compelir o réu a cumprir a obrigação de fazer ou não fazer, com a finalidade de preservar o bem tutelado ou a fazer retorná-lo ao 'status quo ante', devendo ocorrer condenação em dinheiro somente quando a primeira opção não for possível". A decisão teve como base o art. 3º da Lei n. 7.347/85 (Lei de Ação Civil Pública).

O Ministério Público apelou ao TJMG, pleiteando que a condenação ao reflorestamento fosse cumulada com o pedido de indenização pecuniária pelo dano causado, mas não teve sucesso. Recorreu, então, ao STJ, alegando que a Lei n. 6.938/81 possibilitaria a cumulação das condenações de reparar o dano e reflorestar a área. Em seu voto, a ministra Nancy Andrighi analisou o texto do art. 3º da Lei de Ação Civil Pública, que determina que "a ação civil poderá ter por objeto a condenação em dinheiro ou o cumprimento de obrigação de fazer ou não fazer". A esse respeito, a relatora citou como precedente o Recurso Especial 605.323, da relatoria do ministro Teori Albino Zavascki, no qual entendeu que a conjunção "ou"

---

15. Disponível em: <http://www.ibama.gov.br/ecossistemas/cerrado>; acesso em: 19-1-2011.

do referido art. 3º deve ser considerada com o sentido de adição, e não de exclusão, e que não haveria sentido negar à ação civil pública o que se permite no procedimento comum para a tutela de qualquer outro direito. Noutro ponto, a ministra examinou se a indenização pelo dano material causado é efetivamente devida na hipótese dos autos.

De acordo com a decisão do TJMG, a Lei n. 6.938/81 — que dispõe sobre a Política Nacional de Meio Ambiente — "visa à recuperação da área degradada, somente impondo indenização em dinheiro quando não houver condições para a recuperação do meio ambiente". Segundo a relatora, no entanto, "em nenhum momento há vedação legal a que seja determinada também a reparação pecuniária por eventual dano remanescente". Por isso, a 3ª Turma condenou o particular a indenizar o dano causado à coletividade durante o período em que a área controvertida permaneceu desmatada, em valor a ser apurado em liquidação de sentença, por arbitramento. A decisão foi unânime (REsp 1.181.820)[16].

Como se vê, não há qualquer óbice na cumulação dos pedidos — obrigação de fazer e pagamento de indenização.

## 8. CAATINGA (BIOMA CAATINGA)

O *Bioma Caatinga* é um tipo de vegetação brasileira, característica do Nordeste, formada por espécies arbóreas espinhosas de pequeno porte, associadas a *cactáceas* e *bromeliáceas*. Este Bioma ocupa cerca de 7% do território brasileiro, estendendo-se pelos Estados do Piauí, Ceará, Rio Grande do Norte, Paraíba, Pernambuco, Sergipe, Alagoas, Bahia, Maranhão e Minas Gerais. O Bioma localiza-se em área de clima semiárido e apresenta grande variedade de paisagens, relativa riqueza biológica e endemismo. Apesar da pouca incidência ou irregularidade de chuvas e do baixo teor de matéria orgânica no solo, o ecossistema abriga a maior diversidade de plantas conhecidas no Brasil (entre 15 a 20 mil) e uma das mais importantes áreas secas tropicais do Planeta. As fibras vegetais são conhecidas e valiosas como insumos econômicos[17]. Em relação à fauna, há 40 espécies de lagartos, sete espécies de anfibenídeos (espécies de lagartos sem pés), 45 espécies de serpentes, quatro de quelônios, uma de *Crocodylia*, 44 anfíbios anuros e uma *Gymnophiona*. De acordo com o IBGE, 27 milhões de pessoas vivem nas áreas secas do Nordeste, além da Zona da Mata e do Agreste. A madeira, a monocultura da cana-de-açúcar e a pecuária nas grandes propriedades deram origem à exploração econômica[18].

---

16. Disponível em: <http://www.leandroeustaquio.com.br>.
17. Édis Milaré, *Direito do ambiente*, cit., p. 351.
18. Maria Luiza Machado Granziera, *Direito ambiental*, cit., p. 149.

## 9. PAMPA (BIOMA PAMPA)

O pampa localiza-se nos campos do sul e caracteriza-se por terras baixas e essencialmente planas, com colinas arredondadas, as "coxilhas", cobertas de plantas herbáceas. O clima é temperado e subúmido. Trata-se de ecossistema menos diversificado. Está localizado mais ao sul do país e é utilizado para cultura de grãos e a pecuária[19]. Em outras palavras, são as grandes planícies, cobertas por vegetação rasteira, situadas na região meridional da América do Sul.

Foi aprovada na Comissão de Constituição e Justiça (CCJ) do Senado Federal a PEC nº 05/2009, de autoria do senador Paulo Paim (PT/RS), que inclui a região do Pampa na lista de biomas protegidos pela Constituição. Agora a matéria será encaminhada à discussão pelo plenário da casa e deve passar ainda por dois turnos de votação.

No início do ano, o Senado também aprovou a PEC n. 115-A/95 que inclui o Cerrado e a Caatinga como áreas prioritárias para conservação em âmbito constitucional.

Releve-se ainda que pesquisa sobre desenvolvimento sustentável divulgada no dia 18 de junho de 2012 pelo Instituto Brasileiro de Geografia e Estatística — IBGE aponta que o Pampa gaúcho é o segundo bioma mais devastado do país. Com o desmatamento de 54% da sua área original (de cerca de 177 mil quilômetros quadrados) até 2009, o Pampa só perde para a Mata Atlântica no triste *ranking* dos ecossistemas que mais sofreram com a ação humana. Ainda de acordo com os dados do IBGE, o desmatamento no território brasileiro não amazônico ocorre numa proporção quatro vezes maior àquela verificada na Amazônia. Somando-se as áreas abrangidas por Mata Atlântica, Cerrado, Caatinga, Pantanal e Pampa (que totalizam quase 4,5 milhões de quilômetros quadrados), cerca de 2,6 milhões de quilômetros quadrados já foram destruídos pela ação humana — em comparação, todo o território argentino tem cerca de 2,8 milhões de quilômetros quadrados. A pesquisa revela que o Pantanal é o bioma mais preservado do país, tendo perdido 15% da área original (de 150 mil quilômetros quadrados).

## 10. ARAUCÁRIA (BIOMA ARAUCÁRIA)

A mata de araucárias é uma vegetação típica da região sul do país e está em perigo de extinção. É um dos ecossistemas menos preservados no Brasil. Sua proteção tem esbarrado na resistência dos proprietários rurais e na falta de fiscalização por parte do governo federal.

---

19. Édis Milaré, *Direito do ambiente*, cit., p. 352.

Havia um projeto para a criação de oito unidades de conservação em Santa Catarina e Paraná pelo Ministério do Meio Ambiente, sendo que duas delas foram engavetadas por pressão desses proprietários e duas estão sendo questionadas na justiça. Das outras quatro reservas, três ainda enfrentam resistências por parte dos proprietários que dificultam o andamento das ações de preservação. Os proprietários não foram indenizados pela criação das reservas e só depois do pagamento é que a área será transferida ao Poder Público. A região, além disso, é produtora de milho e soja, além de haver criação de gado, exploração de pinus e cultivo de erva-mate.

O Ministério do Meio Ambiente pretende recuperar as áreas degradadas para garantir a preservação da mata de araucárias. Hoje, só restam 3% desse ecossistema.

As reservas foram criadas em 2005 e 2006 e as seis unidades federais de conservação de araucárias levam cerca de dois anos para sair do papel. Falta estrutura (material e pessoal). Das seis unidades apenas uma possuía um plano de manejo.

As oito reservas são de uso sustentável ou de proteção integral. São elas: a) R. Bio. das Perobas; b) R. Bio. das Araucárias; c) P. N. dos Campos Gerais; d) E. E. C. da Mata Preta; e) R.V. S. do Rio Tibagi; f) P.V. S. dos Corpos de Palmas; g) A. P. A. das Araucárias; e h) P. N. das Araucárias[20].

Seção III
*Microecossistemas*

## 1. UNIDADES DE CONSERVAÇÃO

Microecossistemas são espaços territoriais especialmente protegidos, também denominados biomas de interesse federal, estadual ou municipal. São áreas de tamanhos variados com base na topografia da região que, pelo seu relevante valor natural, deve ser preservada da exploração do homem. Sua criação tem por escopo proteger a flora e a fauna ameaçadas ou não de extinção, diferentemente dos macroecossistemas, que são extensas áreas de terras protegidas em conjunto.

## 2. CONCEITO DE UNIDADES DE CONSERVAÇÃO

As unidades de conservação instituídas pelo Sistema Nacional de Unidades de Conservação — SNUC (Lei n. 9.985, de 18 de julho de 2000) podem ser criadas pelos Poderes Públicos das três esferas da Federação. São espaços territoriais especial-

---

20. Estelita Hass Carazzai, Proteção de araucárias está sob ameaça, *Folha de S.Paulo*, Ciência, 16 maio 2011, p. C-2.

mente protegidos, cuja alteração ou supressão serão permitidas por força da lei. Fica vedada qualquer utilização que comprometa a integridade dos atributos que justifiquem sua proteção (art. 225, § 1º, III, da CF).

Referida lei regulamentou o art. 225, § 1º, I, II, III e VII, da Constituição Federal, instituiu o Sistema Nacional de Unidades de Conservação da Natureza. Ela contém 60 artigos, divididos em sete capítulos: Cap. I — Das disposições preliminares; Cap. II — Do sistema nacional de unidades de conservação da natureza — SNUC; Cap. III — Das categorias de unidades de conservação; Cap. IV — Da criação, implantação e gestão das unidades de conservação; Cap. V — Dos incentivos, isenções e penalidades; Cap. VI — Das reservas da biosfera; e Cap. VII — Das disposições gerais e transitórias.

Em outras palavras, Unidades de Conservação são espaços territoriais especialmente protegidos, "sob domínio atual ou iminente do Poder Público, cujo escopo é o de proteger e preservar os ecossistemas em seus estados naturais e primitivos ou recuperá-los, sendo os recursos naturais passíveis de uso indireto, sem que tal implique consumo"[21].

Assim, Unidade de Conservação é o espaço territorial e seus recursos ambientais, incluindo as águas jurisdicionais, com características naturais relevantes, legalmente instituído pelo Poder Público, com objetivos de conservação e limites definidos, sob regime especial da administração, ao qual se aplicam garantias adequadas de proteção (art. 1º, I, da Lei n. 9.985/2000). Essa lei foi regulamentada pelo Decreto n. 4.340, de 22 de agosto de 2002, que dispõe sobre o SNUC.

Referida lei estabelece critérios e regras para a criação e implantação das Unidades de Conservação e também impõe condições para a sua gestão, com o objeto de proteger os recursos naturais. Estas Unidades de Conservação podem ser criadas em áreas públicas e privadas e sua alteração e extinção só pode ocorrer por lei. É importante ainda delimitar estas áreas para que seja possível a sua identificação imediata tanto no local como nos mapas, estendendo a sua proteção também no seu entorno.

A proteção legal das Unidades de Conservação deve ser realizada nas esferas administrativa, civil e penal e a administração por meio de conselho democrático, permitindo, inclusive, a participação popular. A fiscalização deverá ser realizada por funcionários públicos qualificados e pelo Instituto Chico Mendes.

## 3. CATEGORIAS DE UNIDADES DE CONSERVAÇÃO

As Unidades de Conservação dividem-se em dois grupos, a saber: a) *Unidades de Proteção Integral* — têm por objetivo básico preservar a natureza, sendo admitido

---

21. Motauri Ciocchetti de Souza, Das unidades de conservação criadas pelo Poder Público: conceito, classificação e possibilidade de cessão de uso a órgão público ou particular, *RDA*, São Paulo, Revista dos Tribunais, 1:89, jan./mar. 1996.

apenas o uso indireto dos seus recursos naturais; e b) *Unidades de Uso Sustentável* — têm em vista, basicamente, compatibilizar a conservação da natureza com o uso sustentável de parcela dos seus recursos naturais.

### 3.1. Unidades de Conservação de Proteção Integral

Consideram-se *Unidades de Conservação de Proteção Integral*:

*Estações Ecológicas* — essas estações visam à preservação da natureza e à realização de pesquisas científicas (art. 9º, §§ 1º, 2º, 3º e 4º, I, II, III e IV, da Lei n. 9.985/2000). São áreas representativas dos ecossistemas brasileiros, destinadas à realização de pesquisas básicas aplicadas à ecologia, à proteção do ambiente natural e ao desenvolvimento da educação conservacionista. Tais áreas poderão ser criadas pela União, pelos Estados e pelos Municípios, em terra de seu domínio (art. 1º da Lei n. 6.902, de 27-4-1981).

*Reservas Biológicas* — têm em vista a preservação integral da biota e demais atributos naturais existentes em seus limites, sem interferência humana direta ou modificações ambientais, excetuando-se as medidas de recuperação de seus ecossistemas alterados e as ações de manejo necessárias para recuperar e preservar o equilíbrio natural, a diversidade biológica e os processos ecológicos naturais (art. 10, §§ 1º, 2º e 3º, da Lei n. 9.985/2000)[22].

*Parques Nacionais, Estaduais e Municipais* — os parques têm em mira, basicamente, a preservação de ecossistemas naturais de grande relevância ecológica e beleza cênica, possibilitando a realização de pesquisas científicas e o desenvolvimento de atividades de educação e interpretação ambiental, de recreação em contato com a natureza e de turismo ecológico (art. 11, §§ 1º, 2º, 3º e 4º, da Lei n. 9.985/2000). Tais parques podem ser criados nos três níveis governamentais, com a finalidade de preservar integralmente a flora e a fauna e as belezas naturais para utilização com objetivos educacionais, recreativos e científicos (art. 1º do Dec. federal n. 84.017, de 21-9-1979). Apesar de a Lei n. 9.985/2000 ter excluído os parques estaduais e municipais, entendemos que esses locais também devem ser protegidos. Nesse sentido, trazemos decisão na esfera criminal para respaldar esse entendimento. O Tribunal de Justiça de São Paulo decidiu que o crime em estudo (art. 40 da Lei n. 9.605/98) se aplica aos danos praticados em parques estaduais e municipais, embora a Lei n. 9.985/2000, ao conferir nova redação ao art. 40, § 1º, da Lei n. 9.605/98, suprimiu da sua redação a expressão "parque estadual"[23].

---

22. *V.* também Toshio Mukai, *Direito ambiental sistematizado*, Rio de Janeiro, Forense Universitária, 1992, p. 96.

23. *RT* 794:600.

*Monumentos Naturais* — são os sítios naturais raros, singulares ou de grande beleza cênica, podendo ser constituídos por áreas particulares, desde que seja possível compatibilizar os objetivos da unidade com a utilização da terra e dos recursos naturais do local pelos proprietários (art. 12, § 1º, da Lei n. 9.985/2000).

*Refúgios de Vida Silvestre* — trata-se de ambientes naturais onde se asseguram condições para a existência ou reprodução de espécies ou comunidades da flora local e da fauna residente ou migratória, podendo ser constituídos por áreas particulares, desde que seja possível compatibilizar os objetivos da unidade com a utilização da terra e dos recursos naturais do local pelos proprietários (art. 13, §§ 1º, 2º, 3º e 4º, da Lei n. 9.985/2000)[24].

### 3.2. Unidades de Conservação de Uso Sustentável

Consideram-se *Unidades de Conservação de Uso Sustentável*:

*Áreas de Proteção Ambiental* — são áreas em geral extensas, com certo grau de ocupação humana, dotadas de atributos abióticos, bióticos, estéticos ou culturais especialmente importantes para a qualidade de vida e o bem-estar das populações humanas, e têm como objetivos básicos proteger a diversidade biológica, disciplinar o processo de ocupação e assegurar a sustentabilidade do uso dos recursos naturais (art. 15, §§ 1º, 2º, 3º, 4º e 5º, da Lei n. 9.985/2000).

*Áreas de Relevante Interesse Ecológico* — são áreas em geral de pequena extensão, com pouca ou nenhuma ocupação humana, com características naturais extraordinárias ou que abrigam exemplares raros da biota regional, e têm em vista manter os ecossistemas naturais de importância regional ou local e regular o uso admissível dessas áreas, de modo a compatibilizá-las com os objetivos de conservação da natureza (art. 16, §§ 1º e 2º, da Lei n. 9.985/2000). Essas áreas são declaradas pelo Poder Público quando tiverem extensão inferior a 5.000 hectares e comportarem ali pequena ou nenhuma ocupação humana (§ 1º do art. 2º do Dec. n. 89.336, de 31-1-

---

24. Nesse sentido, trazemos à colação importante decisão em Agravo de Instrumento n. 521.026-5/6, relatado pelo desembargador Samuel Júnior, do Tribunal de Justiça do Estado de São Paulo, que indeferiu liminar em ação popular, suspendendo a construção de presídio em APA — Unidade de Conservação de Proteção Integral (Refúgio de Vida Silvestre), com base no art. 8º da Lei n. 9.985/2000. É irrelevante se a área é composta de vegetação nativa ou exótica, não se aplicando o Decreto estadual n. 49.566/2005, que trata de baixo impacto ambiental. Não se admite o mero Estudo Ambiental Simplificado (EAS), com base na Lei estadual n. 4.095/1984. O órgão licenciador confunde--se na pessoa do empreendedor, existência, mesmo que de forma não intencional, de rastros de parcialidade. Tais elementos afastam necessidade de vistoria no local. A ilegitimidade passiva deverá ser apreciada pelo juízo de primeiro grau. Não há carência por falta de interesse processual por ausência de danos, confusão com a questão de fundo do recurso. O recurso foi provido (Aviso n. 444/2006-PGJ, publicado no *DOE*, 15 set. 2006).

1984). Se estiverem no perímetro de área de proteção ambiental, integrarão a zona de Vida Silvestre, destinada à melhor salvaguarda da biota nativa (§ 2º do art. 2º do mencionado decreto, arts. 9º,VI, e 18 da Lei n. 6.938/81 e Res. n. 12, de 14-9-1989, do CONAMA)[25].

*Florestas Nacionais, Estaduais e Municipais* — são áreas com cobertura florestal de espécies predominantemente nativas e têm por objetivo básico o uso múltiplo sustentável dos recursos florestais e a pesquisa científica, com ênfase em métodos para exploração sustentável de florestas nativas (art. 17, §§ 1º, 2º, 3º, 4º, 5º e 6º, da Lei n. 9.985/2000). "Florestas são vegetações cerradas constituídas de árvores de grande porte, cobrindo grande extensão de terreno"[26].

*Reservas Extrativistas* — são áreas utilizadas por populações extrativistas tradicionais, cuja subsistência se baseia no extrativismo e, complementarmente, na agricultura de subsistência e na criação de animais de pequeno porte, e têm como objetivos básicos proteger os meios de vida e a cultura dessas populações e assegurar o uso sustentável dos recursos naturais da unidade (art. 18, §§ 1º, 2º, 3º, 4º, 5º e 6º, da Lei n. 9.985/2000). Tais reservas são espaços territoriais destinados à exploração autossustentável e à conservação dos recursos naturais renováveis, pela população extrativista (art. 1º do Dec. n. 98.897, de 30-1-1990, e Lei n. 7.804/89, que alterou os arts. 9º, VI, da Lei n. 6.938/81 e 7º do Dec.-Lei n. 271, de 28-2-1987).

*Reservas de Fauna* — são áreas naturais com populações animais de espécies nativas, terrestres ou aquáticas, residentes ou migratórias, adequadas para estudos técnico-científicos sobre o manejo econômico sustentável de recursos faunísticos (art. 19, §§ 1º, 2º, 3º e 4º, da Lei n. 9.985/2000).

*Reservas de Desenvolvimento Sustentável* — são áreas naturais que abrigam populações tradicionais, cuja existência se baseia em sistemas sustentáveis de exploração dos recursos naturais, desenvolvidos ao longo de gerações e adaptados às condições ecológicas locais e que desempenham um papel fundamental na proteção da natureza e na manutenção da diversidade biológica (art. 20, §§ 1º, 2º, 3º, 4º, 5º, I, II, III e IV, e 6º, da Lei n. 9.985/2000).

*Reservas Particulares do Patrimônio Natural* — são áreas ricas em diversidade biológica, privadas e gravadas com perpetuidade, permitindo-se somente a pesquisa científica e a visitação com objetivos turísticos, recreativos e educacionais (art. 21, §§ 1º e 2º, I e II, da Lei n. 9.985/2000).

---

25. Reza o art. 3º do Decreto n. 89.336/84: "A proteção das Reservas Ecológicas e Áreas de Relevante Interesse Ecológico, previstas nos arts. 9º, VI, e 18, da Lei n. 6.938, de 31 de agosto de 1981, tem por finalidade manter os ecossistemas naturais de importância regional ou local e regular o uso admissível dessas áreas, de modo a compatibilizá-lo com os objetivos da conservação ambiental".

26. Toshio Mukai, *Direito*, cit., p. 96.

## 4. INSTITUIÇÃO DE UNIDADES DE CONSERVAÇÃO

A Constituição Federal diz que a criação e extinção das Unidades de Conservação só podem ser feitas por meio de lei (art. 225, § 1º, III). Trata-se da Lei n. 9.985/2000. No entanto, não há consenso nesse sentido.

As Unidades de Conservação são criadas por ato do Poder Público: a) as Unidades de Conservação devem ser precedidas de estudos técnicos e de consulta pública que permitem identificar a localização, a dimensão e os limites mais adequados para a unidade, conforme se dispuser em regulamento (§ 2º do art. 22 da Lei n. 9.985/2000); b) no processo de consulta, o Poder Público é obrigado a fornecer as informações adequadas e inteligíveis à população local e a outras partes interessadas (§ 3º do art. 22); c) só não será obrigado a consulta pública na hipótese de criação de Estação Ecológica ou Reserva Biológica (§ 4º do art. 22); d) é possível a transformação da unidade de conservação de uso sustentável, total ou parcialmente, em unidade de conservação de proteção integral, através de ato normativo do mesmo nível hierárquico que criou a unidade, observado o processo de consulta popular (§ 5º do art. 22); e) é possível também a ampliação dos limites de uma unidade de conservação, desde que não se altere os limites anteriores, através do mesmo ato normativo que criou a unidade e observado a consulta popular (§ 6º do art. 22); e f) e, finalmente, a desafetação ou redução dos limites de uma unidade de conservação só pode ser feita mediante lei específica (§ 7º do art. 22).

Como se pode ver, a lei exige que a população esteja sempre presente a participar das decisões públicas por ser a maior interessada na sua criação. A implantação da Unidade de Conservação será precedida do estudo técnico competente para avaliar a real necessidade, pois demandará, não há dúvidas, gastos imensos do Poder Público. A população não pode ser prejudicada pela criação de unidade de conservação se o espaço territorial não for efetivamente relevante ao meio ambiente.

## 5. LIMITAÇÕES ADMINISTRATIVAS

Limitações administrativas permitem a suspensão de imediato da exploração dos recursos ambientais, se houver risco de dano grave, localizados no espaço territorial objeto de estudo por ocasião da criação de uma Unidade de Conservação. Como sabemos, todo estudo de viabilidade para implantação, no caso de uma unidade de conservação, leva muito tempo e, às vezes, anos. Para não se aguardar tanto tempo, a Lei n. 11.132, de 4 de julho de 2005, acrescentou o art. 22-A à Lei n. 9.985/2000, estabelecendo um prazo mínimo e limitando, provisoriamente, o exercício de quaisquer atividades e empreendimentos efetiva ou potencialmente causadores de degradação ambiental.

Além das limitações já estabelecidas, também não serão permitidas atividades que importem em exploração a corte raso da floresta e demais formas de vegetação nativa (§ 1º do art. 22-A), ressalvadas as atividades agropecuárias e outras atividades econômicas em andamento e obras públicas licenciadas, na forma da lei.

Tudo isso só será viável se o estudo ficar pronto dentro do prazo, improrrogável, de sete meses, sob pena de extinção automática das limitações administrativas.

## 6. ALTERAÇÃO E EXTINÇÃO DE UNIDADES DE CONSERVAÇÃO

É permitida, como já vimos, a transformação, total ou parcialmente, de unidades de conservação de uso sustentável em unidades de proteção integral, por instrumento normativo do mesmo nível hierárquico que criou a unidade, respeitado o processo de consulta popular (§ 5º do art. 22 da Lei n. 9.985/2000).

Esta mesma regra se aplica no caso de ampliação dos limites de uma unidade de conservação sem modificação dos limites originais, sempre respeitando o processo de consulta popular.

A Constituição Federal exige que para a *extinção* e *supressão* de espaços especialmente protegidos a edição de lei (art. 225, § 1º, III, da CF) e condiciona também a necessidade de lei para a desafetação ou redução dos limites de uma unidade de conservação (art. 22, § 7º, da Lei n. 9.985/2000). Desafetação é um instituto do direito administrativo que tem por objetivo a desclassificação de um bem público, retirando sua destinação do uso comum ou especial, convertendo-a em bem dominical. A desafetação implica que o espaço territorial já está sob o domínio público.

A polêmica recai sobre a possibilidade da necessidade de lei ou não para a supressão ou alteração de espaços territoriais especialmente protegidos. Édis Milaré entende que a alteração e a supressão sujeitas à lei são as do próprio regime jurídico que rege o espaço protegido. Dependem de lei a alteração ou a revogação da legislação — portanto também do decreto — que instituiu, delimitou e disciplinou esse espaço protegido. Diz ele que não depende de lei o ato administrativo que, nos termos da legislação que disciplina referido espaço, nele autoriza, licencia ou permite obras ou atividades. A única exceção é a prevista no § 6º do art. 225 da CF e à míngua dessa exceção, conclui, diante disso, não haver a necessidade de lei o simples ato administrativo que, vinculado à lei que disciplina determinado espaço territorial protegido, decide sobre obras ou atividades a serem nele executadas[27].

A despeito da posição do ilustre doutrinador, entendemos ainda ser necessária, para extinção ou alteração, lei em sentido estrito e não em sentido lato, consubstanciado na própria CF.

---

27. *Direito do ambiente*, cit., p. 386-387.

## 7. GESTÃO DAS UNIDADES DE CONSERVAÇÃO

A gestão das Unidades de Conservação é de responsabilidade dos órgãos integrantes do Sistema Nacional do Meio Ambiente — SISNAMA. Todos os órgãos expressos no art. 6º da Lei n. 6.938/81 possuem competência para tanto, pois têm poder de polícia ambiental.

A gestão das Unidades de Conservação depende de um "conjunto de medidas administrativas que conjuga recursos humanos, físicos e financeiros no sentido de implementar determinada política para desenvolver plano, programa ou projeto, de forma orgânica ou controlada, a fim de atingir os seus objetivos mediante resultados avaliáveis"[28].

A gestão, por outro lado, envolve termo de parceria (art. 30 da Lei n. 9.985/2000), os conselhos gestores (art. 29 da Lei n. 9.985/2000), plano de manejo (art. 27 da Lei n. 9.985/2000), entre outros.

Por se tratar de um conjunto de atos administrativos conjugados, visa-se a proteção dos limites e dos recursos naturais existentes nesses espaços. O plano de manejo poderá integrar o processo de gestão como diretriz a ser seguida pelo gestor.

Além dos órgãos integrantes do SISNAMA, as Unidades de Conservação também podem ser geridas por organizações da sociedade civil sem fins lucrativos, que, porém, não possuem o poder de polícia (art. 30 da Lei n. 9.985/2000). Trata-se de gestão compartilhada com Organização da Sociedade Civil de Interesse Público — OSCIP (criado pelo Decreto n. 48.766, de 1º de julho de 2004). Já a Reserva Particular do Patrimônio Natural não segue essa regra e será gerida pelo particular. A disciplina jurídica da OSCIP encontra-se na Lei n. 9.790, de 23 de março de 1999.

As Unidades de Conservação criadas pela União serão geridas pelo Instituto Chico Mendes de Conservação da Biodiversidade — ICMBio e as criadas pelos Estados e municípios terão seus órgãos próprios.

## 8. CORREDORES ECOLÓGICOS, ZONAS DE AMORTECIMENTO E MOSAICOS

O Sistema Nacional de Unidades de Conservação será regido por diretrizes que busquem proteger grandes áreas por meio de um conjunto integrado de unidades de conservação de diferentes categorias, próximas ou contíguas, e suas respectivas zonas de amortecimento e corredores ecológicos, integrando as diferentes atividades de preservação da natureza, uso sustentável dos recursos naturais e restauração e recuperação dos ecossistemas (inc. XIII do art. 5º da Lei n. 9.985/2000).

---

28. Édis Milaré, *Direito do ambiente*, cit., p. 391.

Como podemos ver, a proteção das Unidades de Conservação não se restringe aos seus limites, mas também ao seu entorno, para evitar danos aos recursos naturais com a exploração direta ou indireta dessas áreas.

*Corredores ecológicos* são as porções de ecossistemas naturais ou seminaturais, ligando unidades de conservação, que possibilitam entre elas o fluxo de genes e o movimento da biota, facilitando a dispersão de espécies e a recolonização de áreas degradadas, bem como a manutenção de populações que demandam para sua sobrevivência áreas com extensão maior do que aquela das unidades individuais (inc. XIX do art. 2º da Lei n. 9.985/2000).

*Zonas de amortecimentos* são o entorno de uma unidade de conservação, onde as atividades humanas estão sujeitas a normas e restrições específicas, com o propósito de minimizar os impactos negativos sobre a unidade (inc. XVIII do art. 2º da Lei n. 9.985/2000).

*Mosaicos* são constituídos por um conjunto de unidades de conservação de categorias diferentes ou não, próximas, justapostas ou sobrepostas, e outras áreas protegidas, públicas ou privadas. A gestão do conjunto deverá ser feita de forma integrada e participativa, considerando-se os seus distintos objetivos de conservação, de forma a compatibilizar a presença da biodiversidade, a valorização da sociodiversidade e o desenvolvimento sustentável no contexto regional (art. 26 da Lei n. 9.985/2000).

Todos esses instrumentos foram criados com o objetivo de dar uma proteção ainda maior às unidades de conservação, para que elas não fiquem isoladas dentro de um espaço vulnerável[29].

## 9. DESAPROPRIAÇÃO AMBIENTAL

Admite-se a dominialidade pública ou privada das unidades de conservação de proteção integral ou de uso sustentável: a) são, obrigatoriamente, de domínio público — a Estação Ecológica, a Reserva Biológica, o Parque Nacional, a Floresta Nacional, a Reserva Extrativista e a Reserva de Fauna; e b) são, facultativamente, de domínio privado — o Monumento Natural, o Refúgio de Vida Silvestre, a Área de Proteção Ambiental, a Área de Relevante Interesse Ecológico, a Reserva de Desenvolvimento Sustentável e a Reserva Particular do Patrimônio Natural.

---

29. Clinton Jenkins, do Instituto de Pesquisas Ecológicas — IPE, coautor do estudo publicado na revista *Science Advances,* constatou que um fragmento pequeno de floresta não é suficiente para acomodar uma população mínima de certas espécies de animais ou plantas. E as bordas e biomas podem perder de 13% a 75% de sua biodiversidade original. Se há redução de metade do fragmento de uma floresta, você reduz em cerca de 10% o número de espécies. A proteção de fragmentos não significa proteção de floresta (Rafael Garcia, Fragmentação deixa 70% das florestas sob ameaça, *Folha de S.Paulo,* Ciência+Saúde, 23 mar. 2015, p. D-6).

Assim, quando a intervenção estatal recai em parte ou na totalidade da propriedade particular, inviabilizando o seu uso econômico, o Poder Público deverá desapropriar a área que se pretende proteger. A Lei n. 9.985/2000 teve por objetivo inibir a atuação da *máfia da desapropriação*, excluindo-se do cálculo indenizatório as árvores declaradas imunes de corte, lucro cessante, juros compostos e as áreas que não tenham sido devidamente comprovadas por documento com data anterior à criação da Unidade de Conservação[30].

A criação de unidades de conservação, por meio de lei, tem causado sérios problemas, abrangendo áreas bastante extensas revestidas com vegetação nativa, sem, contudo, adotar critérios técnicos adequados para a sua implantação. A criação dessas unidades fica apenas no papel, motivo por que são conhecidas como *parques de papel*. Tais medidas geram indenizações milionárias por parte do proprietário contra o Estado pela denominada desapropriação indireta (apossamento administrativo), abrangendo não só o valor da terra como também da vegetação. Seus proprietários alegam, nas ações indenizatórias, que poderiam implantar grandes empreendimentos imobiliários para sustentar as milionárias indenizações[31].

A Procuradoria do Estado de São Paulo tem realizado excelente trabalho na esfera das desapropriações imobiliárias. Muitas ações rescisórias têm sido propostas para a reforma dessas indenizações monstruosas e com sucesso[32].

## 10. COMPENSAÇÃO AMBIENTAL: POSIÇÃO DO STF

A Lei do Sistema Nacional de Unidades de Conservação da Natureza (Lei n. 9.985/2000) previa a possibilidade de cobrança do empreendedor de um percentual não inferior a 0,5% por ocasião do licenciamento ambiental de empreendimento causador de significativo impacto ambiental, valor este destinado a apoiar a implantação e manutenção de unidades de conservação do grupo de proteção integral. Esse montante correspondia aos custos totais previstos para a implantação do empreendimento, sendo o percentual fixado pelo órgão ambiental licenciador, de acordo com o grau de impacto ambiental causado pelo empreendimento (art. 36, § 1º, da Lei n. 9.985/2000).

---

30. Antônio Herman V. Benjamin, O regime brasileiro de unidades de conservação, *RDA*, 21:27, jan./mar. 2001, p. 56.

31. Guilherme José Purvin de Figueiredo e Márcia Dieguez Leuzinger, Desapropriações ambientais na Lei n. 9.985/2000, in Antônio Herman V. Benjamin (Coord.), *Direito ambiental das áreas protegidas* — o regime jurídico das Unidades de Conservação, Rio de Janeiro, Forense, 2001, p. 465.

32. Cf. *Regularização imobiliária de áreas protegidas*, São Paulo, Governo do Estado de São Paulo/Centro de Estudos da Procuradoria-Geral do Estado/Centro de Editoração da Secretaria de Estado do Meio Ambiente, 1998 (Coletânea de trabalhos forenses, relatórios técnicos e jurisprudência, 1).

A Confederação Nacional da Indústria (CNI) interpôs Ação Direta de Inconstitucionalidade (ADIn 3.378) perante o STF contra o citado dispositivo legal, que obrigava o empreendedor a apoiar a implantação e manutenção de unidade de conservação quando a atividade fosse danosa ao meio ambiente. Tal ação foi julgada parcialmente procedente.

A entidade contestou os §§ 1º, 2º e 3º do art. 36 da Lei federal n. 9.985/2000, que impôs ao empreendedor o pagamento de 0,5% dos custos totais previstos para a implantação da atividade econômica. De acordo com a entidade, os preceitos atacados violam os princípios da legalidade, da harmonia e da independência entre os Poderes, da razoabilidade e da proporcionalidade, bem como versam sobre indenização prévia sem mensuração e comprovação da ocorrência de dano, ocasionando enriquecimento sem causa pelo Estado.

Carlos Ayres Britto votou pela improcedência total do pedido, declarando constitucionais os dispositivos atacados. Ele disse que a compensação ambiental se revela como instrumento adequado ao fim visado pela Constituição Federal, "qual seja, a preservação do meio ambiente para as presentes e futuras gerações", não cabendo a alegação da entidade de que o dispositivo atacado contraria a razoabilidade. O ministro assinalou ainda que não haveria outro meio eficaz para atingir essa finalidade constitucional senão impondo ao empreendedor o dever de arcar, ao menos em parte, com os custos de prevenção, controle e reparação dos impactos negativos ao meio ambiente.

O ministro Marco Aurélio, por outro lado, julgou inconstitucional a fixação de indenização em razão de agressão ao meio ambiente sem antes saber o dano causado, já que o pagamento vincularia a própria licença para implantação do empreendimento. Sustenta ele que a "obrigação de recuperar o meio ambiente pressupõe, presente até mesmo a ordem natural das coisas, que este tenha sido degradado", ressaltando a necessidade de haver primeiro a atuação poluidora. Para ele, a norma atacada despreza completamente os fatos geradores dos ônus a serem impostos, que, segundo o ministro, ganham contornos compensatórios. Disse ele ainda que inexiste nexo de causalidade. "O desembolso não corresponde, como disposto na Constituição Federal, a danos efetivamente causados, mas ao vulto do empreendimento." Continua ainda o ministro em seu voto: "Não se coloca em dúvida a possibilidade de a degradação do meio ambiente ocasionar sanções penais e administrativas independentemente da obrigação de serem reparados os danos causados". No entanto, ele considerou que os §§ 2º e 3º do art. 225 da CF estabelecem obrigação de indenizar os danos causados e verificados, não podendo haver cobrança, com base nos custos totais de implantação de certo empreendimento, de uma presunção de dano ambiental "e, o que é pior, sem fixação em lei, ficando o percentual a ser definido pelo órgão ambiental licenciador". Para o ministro, permaneceriam valendo as normas constitucionais que por si próprias estabelecem a obrigação de indenizar "partindo-se dos danos realmente verificados".

O ministro Menezes Direito propôs que a matéria fosse julgada parcialmente procedente, com redução do texto, a fim de retirar a obrigatoriedade do pagamento de 0,5% dos custos totais previstos para a implantação da atividade econômica. A proposta foi acolhida pelos ministros Carlos Ayres Britto (relator), Ricardo Lewandowski, Cármen Lúcia Antunes Rocha, Eros Grau, Celso de Mello, Gilmar Mendes. Ela se baseou na possibilidade de relação causal que permita definir o cálculo de recursos de acordo com o grau de impacto ambiental causado pelo empreendedor.

Por maioria, o Plenário declarou a inconstitucionalidade das expressões "não pode ser inferior a meio por cento dos custos totais previstos na implantação de empreendimento" e "o percentual", constantes do § 1º do art. 36 da Lei n. 9.985/2000. Ficaram vencidos os ministros Marco Aurélio, que julgou inconstitucionais todos os dispositivos, e Joaquim Barbosa, que deu ao dispositivo interpretação conforme a Constituição Federal sem redução de texto.

Por conta dessa decisão, o Presidente da República baixou o Decreto federal n. 6.848, de 14 de maio de 2009, reduzindo para 0,5% o valor da compensação ambiental a ser pago pelos impactos causados ao meio ambiente na construção de rodovias e hidrelétricas, por exemplo. A nova regra para o cálculo da compensação ambiental deve recair não mais no custo total do empreendimento, mas somente em parte desse valor, levando-se em conta o impacto da construção sobre a biodiversidade, o comprometimento de áreas consideradas prioritárias para a conservação ambiental no país e a eventual influência em unidades de conservação existentes. O que era um piso de 0,5% sobre o valor de investimento, que variava de 2% a 2,5%, como vinha sendo discutido, passou a ser o teto. Segundo o STF, a compensação ambiental deve ser proporcional ao dano. O teto como piso poderá frustrar essa compensação. É possível que os danos diretos sejam muito superiores ao teto fixado, cuja questão poderá desaguar novamente na justiça, tais como as obras de infraestrutura: construção de rodovias e hidrelétricas, exploração de petróleo (pré-sal) etc.

A exploração do pré-sal, por exemplo, colocará na atmosfera bilhões de toneladas de carbono. O governo deveria ser o primeiro a tomar mais cuidado na formulação das normas no sentido de mitigarem as consequências do aquecimento global.

Releve-se, por fim, que a ICMBio baixou a Instrução Normativa n. 17, de 15 de agosto de 2011, regulando os procedimentos administrativos para a celebração de termos de compromisso em cumprimento às obrigações de compensação ambiental dirigidas a unidades de conservação federais, nos termos da exigência estabelecida no art. 36 da Lei n. 9.985, de 18 de julho de 2000, de apoio à implantação e à manutenção de unidade de conservação nos casos de licenciamento ambiental de significativo impacto ambiental.

## 11. POPULAÇÕES TRADICIONAIS

A Lei n. 9.985/2000 tentou definir populações tradicionais como grupos humanos culturalmente diferenciados, vivendo há, no mínimo, três gerações em um determinado ecossistema, historicamente reproduzindo seu modo de vida, em estreita dependência do meio natural para sua subsistência e utilizando os recursos naturais de forma sustentável (inc. XV do art. 2º da Lei n. 9.985/2000, que foi vetado). As razões do veto foram até compreensíveis pois nesse conceito caberia quase toda a população brasileira devido a sua abrangência. O fato de certos grupos habitarem determinado local continuamente não pode determiná-los como população tradicional.

Somente com o advento da Lei n. 11.284, de 2 de março de 2006, que dispõe sobre a gestão das florestas, é que o conceito de comunidades locais entrou definitivamente na literatura jurídica. Denominam-se populações tradicionais e outros grupos humanos, organizados por gerações sucessivas, com estilo de vida relevante à conservação e à utilização sustentável da diversidade biológica (art. 3º, X, da citada lei).

A Lei n. 11.428, de 22 de dezembro de 2006, que dispõe sobre o Bioma Mata Atlântica, também conceitua populações tradicionais como a população que vive em estreita relação com o ambiente natural, dependendo de seus recursos naturais para a sua reprodução sociocultural, por meio de atividades de baixo impacto ambiental (art. 3º, inc. II, da citada lei).

Já o Decreto n. 6.040, de 7 de fevereiro de 2007, que instituiu a Política Nacional de Desenvolvimento Sustentável dos Povos e Comunidades Tradicionais, conceituou populações tradicionais como grupos culturalmente diferenciados e que se reconhecem como tais, que possuem formas próprias de organização social, que ocupam e usam territórios e recursos naturais como condição para sua reprodução cultural, social, religiosa, ancestral e econômica, utilizando conhecimentos, inovações e práticas gerados e transmitidos pela tradição (art. 3º, I, do citado decreto).

O que caracteriza a população tradicional, pela lei, é a sua contínua habitualidade no local, vivendo em harmonia com os recursos naturais de maneira que suas atividades não causem impactos ambientais de grande monta.

Definida juridicamente como comunidade tradicional, devemos analisar, sob este ângulo, todas as reivindicações levantadas por estes grupos, que, se forem encontrados estabelecidos numa unidade de conservação, cuja permanência não seja permitida, serão indenizados ou compensados pelas benfeitorias existentes e devidamente realocados pelo Poder Público, em local e condições acordados entre as partes (art. 42 da Lei n. 9.985/2000). Nem sempre será necessária a sua realocação, pois estas comunidades respeitam bem mais o meio ambiente do que o homem explorador. Há, contudo, divergência doutrinária em relação à interpretação desse dispositivo.

Tanto é verdade que o Poder Público permite o reassentamento das populações tradicionais (art. 42, § 1º, da Lei n. 9.985/2000). Não sendo possível a realocação imediata, a população permanecerá no local até que sejam estabelecidas normas e ações específicas destinadas a compatibilizar a presença das populações tradicionais com os objetivos da unidade, sem prejuízo de suas atividades normais. Na hipótese prevista no § 2º do art. 42, as normas regulando o prazo de permanência e suas condições serão estabelecidas em regulamento (art. 42, § 3º, da citada lei).

Releve-se, ainda, que a Lei n. 9.985/2000 permite que as populações tradicionais permaneçam nas Florestas Nacionais que habitam quando de sua criação, em conformidade com o disposto em regulamento e no plano de manejo da unidade (art. 17, § 2º, da citada lei).

O objetivo primordial da lei é garantir às populações tradicionais os recursos naturais para sua sobrevivência, devendo ser avaliadas todas as possibilidades da sua realocação.

## 12. EXPLORAÇÃO DE RECURSOS AMBIENTAIS

A exploração comercial de produtos, subprodutos ou serviços obtidos ou desenvolvidos a partir dos recursos naturais, biológicos, cênicos ou culturais ou da exploração da imagem de unidades de conservação, exceto Área de Proteção Ambiental e Reserva Particular de Patrimônio Natural, dependerá de prévia autorização e sujeitará o explorador a pagamento, conforme disposto em regulamento (art. 33 da Lei n. 9.985/2000).

Essa autorização deverá ser fundamentada em estudos de viabilidade econômica, permitindo ainda a participação de pessoas físicas ou jurídicas no certame das licitações públicas (arts. 26, 28 e 29 do Decreto n. 4.340/2002).

Em decorrência de problemas financeiros, as Unidades de Conservação poderão receber recursos ou doações de qualquer natureza, nacionais ou internacionais, com ou sem encargos, provenientes de organizações privadas ou públicas ou de pessoas físicas que desejarem colaborar com a sua conservação (art. 34 da Lei n. 9.985/2000). Estes recursos serão geridos pelo gestor e se destinarão a sua implantação, gestão e manutenção (*vide* art. 27 do Decreto n. 4.340/2002).

Os recursos obtidos pelas unidades de conservação do Grupo de Proteção Integral mediante a cobrança de taxa de visitação e outras rendas decorrentes de arrecadação, serviços e atividades da própria unidade serão aplicados de acordo com os seguintes critérios: a) até 50% e não menos de 25%, na implementação, manutenção e gestão da própria unidade; b) até 50% e não menos que 25%, na regularização fundiária das unidades de conservação do Grupo; e c) até 50% e não menos de 15%, na implantação, manutenção e gestão de outras unidades de conservação do Grupo de Proteção Integral (art. 35 da Lei n. 9.985/2000).

## 13. RESERVAS DA BIOSFERA

Biosfera possui um conceito relevante e fundamental no âmbito da ecologia, que é a interdependência das espécies, porquanto a cadeia alimentar faz com que os diferentes organismos vivos dependam uns dos outros. A biosfera pode atingir uma extensão máxima de 17 km, desde as profundezas abissais até os limites da atmosfera que comportam alguma forma de vida. Comparada, pois, com os 14 mil km de diâmetro do globo terrestre, poder-se-ia dizer que a biosfera é uma camada extremamente tênue, capaz de acolher e perpetuar as formas de vida existentes, porém suscetível de alterações, algumas irreversíveis[33].

As Reservas da Biosfera são modelos, adotados internacionalmente, de gestão integrada, participativa e sustentável dos recursos naturais, com os objetivos básicos de preservação da diversidade biológica, o desenvolvimento de atividades de pesquisa, o monitoramento ambiental, a educação ambiental, o desenvolvimento sustentável e a melhoria da qualidade de vida das populações (art. 41 da Lei. n. 9.985/2000).

As Reservas da Biosfera foram reconhecidas pelo Programa Intergovernamental "O Homem e a Biosfera — MAB", estabelecido pela Unesco, organização da qual o Brasil é membro.

Essas reservas podem recair em áreas de domínio público ou privado e são constituídas por: a) uma ou várias áreas-núcleo, destinadas à proteção integral da natureza; b) uma ou várias zonas de amortecimento, onde só são admitidas atividades que não resultem em dano para as áreas-núcleo; e c) uma ou várias zonas de transição, sem limites rígidos, onde o processo de ocupação e o manejo dos recursos naturais são planejados e conduzidos de modo participativo e em bases sustentáveis.

Registre-se, além disso, que as reservas podem ser integradas por unidades de conservação já criadas pelo Poder Público, respeitadas as normas legais que disciplinam o manejo de cada categoria específica. Tais reservas serão geridas por um Conselho Deliberativo, formado por representantes de instituições públicas, de organizações da sociedade civil e da população residente, nos termos do regulamento das unidades.

Há aproximadamente 531 Reservas da Biosfera no mundo, em 105 países, sendo sete delas no Brasil. A primeira foi a Reserva da Biosfera Mata Atlântica (1991). A segunda foi a Reserva da Biosfera Cerrado (1993). A terceira foi a Reserva da Biosfera do Cinturão Verde da Cidade de São Paulo (1993), a quarta, a Reserva da Biosfera Pantanal Mato-Grossense (2000), a quinta, a Reserva da Biosfera Caatinga (2001), a sexta, a Reserva da Biosfera Amazônia Central (2001), finalmente, a Reserva da Biosfera Serra do Espinhaço (2005)[34].

## 14. INSTITUTO CHICO MENDES DE CONSERVAÇÃO DA BIODIVERSIDADE — ICMBIO

O governo federal criou, por meio da Lei n. 11.516, de 28 de agosto de 2007, o Instituto Chico Mendes de Conservação da Biodiversidade — ICMBio, simples-

---

33. Édis Milaré. *Direito do ambiente,* cit., p. 319.
34. Maria Luiza Machado Granziera, *Direito ambiental,* cit., p. 419-420.

mente Instituto Chico Mendes, autarquia federal dotada de personalidade jurídica de direito público, autonomia administrativa e financeira, vinculada ao Ministério do Meio Ambiente, com a finalidade de: a) executar ações da política nacional de unidades de conservação da natureza, referentes às atribuições federais relativas à proposição, implantação, gestão, proteção, fiscalização e monitoramento das unidades de conservação instituídas pela União; b) executar as políticas relativas ao uso sustentável dos recursos naturais renováveis e ao apoio ao extrativismo e às populações tradicionais nas unidades de conservação de uso sustentável instituídas pela União; c) fomentar e executar programas de pesquisa, proteção, preservação e conservação da biodiversidade e de educação ambiental; d) exercer o poder de polícia ambiental para a proteção das unidades de conservação instituídas pela União; e e) promover e executar, em articulação com os demais órgãos e entidades envolvidos, programas recreacionais, de uso público e de ecoturismo nas unidades de conservação, onde estas atividades sejam permitidas (art. 1º, I a V e parágrafo único, da citada lei).

O Instituto Chico Mendes é órgão executor e tem por função implementar o SNUC e, eventualmente, subsidiar as propostas de criação e administrar as unidades de conservação federais, estaduais e municipais, nas respectivas esferas de atuação (art. 6º, III, da Lei n. 9.985, de 18-7-2000, com redação dada pelo art. 7º da Lei n. 11.516/2007, e LC n. 140/2011).

O Instituto Chico Mendes para a Conservação da Biodiversidade — ICMBio divulgou dados interessantes sobre as Unidades de Conservação. Eles revelaram que somente três em cada dez hectares que integram as Unidades de Conservação federal no país não são áreas públicas. Das 251 Unidades de Conservação, 63 são públicas e 188 particulares. Após a desapropriação, os proprietários não desocuparam as áreas, pois sequer foram indenizados. Isso corresponde a 65,4 milhões de hectares. Desse total, o governo não possui a documentação de 30,8%, ou 20,2 milhões de hectares. Isso impede a sua disponibilidade e também impede uma melhor fiscalização, pois, se um pecuarista ocupar ou avançar nestas áreas, não haverá como impedir por falta da documentação e demarcação. Exemplos disso podem ser encontrados no Parque Nacional da Serra da Bocaina e na Serra da Canastra. Isso ocorre porque o governo, em vez de pagar a indenização, baixa o decreto e depois busca a regularização. Se o proprietário discordar dos valores, a desavença se desloca para o Poder Judiciário e não tem prazo para terminar. Isso se complica, pois a maioria das Unidades de Conservação situa-se na Amazônia Legal e somente por exclusão poderá ser feita a identificação das áreas pertencentes ao governo[35].

O Supremo Tribunal Federal, no dia 7 de março de 2012, ao julgar a ADIn 4.029, proposta pela Associação Nacional dos Servidores do IBAMA, declarou a

---

35. Claudio Angelo e João Carlos Magalhães, Maioria de parques tem área irregular, *Folha de S.Paulo*, Ciência, 13 mar. 2011, p. C-13.

inconstitucionalidade da lei que instituiu o ICMBio e concedeu prazo de 24 meses para que o Congresso Nacional edite nova lei, restabelecendo o órgão. Se isso não ocorrer, dentro do prazo, o instituto responsável pela administração das unidades de conservação deixará de existir. Trata-se da Medida Provisória n. 366/2007, que se transformou em lei, desrespeitando o art. 62, § 9º, da CF. Referida inconstitucionalidade se deu do ponto de vista formal, irregularidade na tramitação da Medida Provisória no Senado, e não do ponto de vista material, ou seja, seu conteúdo. Também foi questionado o requisito de urgência da medida prevista no art. 62, *caput,* da CF.

Era prática comum no Congresso Nacional a tramitação de Medida Provisória sem a constituição da comissão mista de deputados e senadores para analisar a sua constitucionalidade antes de ir a voto nos plenários das duas Casas. E, para agilizar a tramitação, o Congresso desconsiderava a disposição legal, pois os congressistas votavam as MPs diretamente nos plenários. Se permanecesse a regra constitucional, causaria um transtorno muito grande, pois a maioria das MPs segue esta regra (mais de 400 MPs poderiam ser anuladas). Após muitas críticas, o STF voltou atrás no dia seguinte e afirmou que a solução política do Congresso deve prevalecer daqui para frente. Tal fato ocorreu porque o STF sucumbiu à pressão do Planalto e da AGU. Trata-se de uma decisão meramente política, causando uma insegurança jurídica imensa. A lição que fica é que o STF, mesmo estando certo em sua decisão, poderia sofrer pressões políticas, sociais e econômicas para decidir *contra legem* se assim for necessário.

## Seção IV
*Florestas públicas e outras reservas*

### 1. CONCEITO E CLASSIFICAÇÃO DE FLORESTA

*Floresta* é "um tipo de vegetação, formando um ecossistema próprio, onde interagem continuamente os seres vivos e a matéria orgânica e inorgânica presentes"[36]. *Vegetação,* por seu turno, "abrange todas as formações vegetais de uma localidade, como os cerrados, os campos limpos, os manguezais e demais vegetações litorâneas, as caatingas e, inclusive, as próprias florestas"[37].

A floresta pode ser classificada: I — *Quanto à sua titularidade*: a) *floresta de domínio público* — instituída pelo Poder Público; b) *floresta de domínio privado* — criada por

---

36. Luiz Regis Prado, *Crimes contra o ambiente*, São Paulo, Revista dos Tribunais, 1998, p. 81.
37. Érika Mendes de Carvalho, *Tutela,* cit., p. 26.

particular sem nenhuma interferência do Poder Público. II — *Quanto à origem:* a) *floresta primitiva ou primária (ou nativa, natural ou virgem)* — "é a que se compõe de espécies originárias não só do país mas também da região em que floresce"[38]; b) *floresta em regeneração* — é a que se encontra em fase de reconstituição (em formação), após a sua destruição. Essa regeneração poderá ocorrer naturalmente ou mediante florestamento ou reflorestamento; c) *floresta regenerada* — é a que já se encontra reconstituída, após a sua destruição anterior; d) *floresta plantada ou secundária* — é a que foi reconstituída pelo homem, por meio de florestamento ou de reflorestamento. "Essas podem ser plantadas com espécies exóticas ou com espécies nativas. A regeneração pode ser natural ou artificial"[39]. III — *Quanto ao uso:* a) *florestas de exploração proibida;* b) *florestas de exploração limitada;* e c) *florestas de exploração livre.* Esta última modalidade deixou de existir com o advento da Lei n. 7.803/89. Agora, para a sua exploração, dependerá da prévia autorização do IBAMA, mediante o manejo controlado.

Temos ainda três tipos de florestas: a) a *boreal* — situa-se no extremo norte da Europa, na Ásia e na América do Norte; b) a *temperada* — situa-se na região mais industrializada do planeta; e c) a *tropical* — situa-se na região mais rica em biodiversidade, porém mais pobre do mundo em relação à população.

Há inúmeras outras classificações de florestas[40], mas, para o nosso campo de estudo, bastam estas já citadas. A exploração econômica da floresta pode ser feita mediante o manejo adequado, cuja licença deverá ser precedida do estudo prévio de impacto ambiental.

Vê-se, pois, que a tutela da flora não se restringe tão somente à proteção das unidades de conservação, mas também da *diversidade biológica* existente nas matas, nas florestas, nos rios e nos mares.

Apenas por curiosidade, as florestas, em todo o mundo, cobrem 31% da área terrestre, servem de abrigo para 300 milhões de pessoas e garantem a sobrevivência de 1,6 bilhão de pessoas. O Brasil, segundo país com a maior extensão florestal do planeta, atrás apenas da Rússia, tem 516 milhões de hectares de florestas naturais e plantadas, o que equivale a 60,7% do território nacional, de acordo com dados do Serviço Florestal Brasileiro — SFB.

Isso aumenta nossa responsabilidade no que tange à proteção e ao uso correto das florestas.

---

38. José Afonso da Silva, *Direito,* cit., p. 122.
39. Antônio Herman V. Benjamin, *Manual,* cit., p. 45.
40. "Partindo dos textos legais em vigor, pode-se elaborar uma classificação das florestas para efeitos jurídicos, assim posta: a) florestas de preservação permanente e não preservadas; b) florestas homogêneas e heterogêneas; c) florestas nativas e exóticas; d) florestas primitivas e secundárias (plantadas ou regeneradas)" (Érika Mendes de Carvalho, *Tutela,* cit., p. 187).

## 1.1. Florestas públicas (nacionais, estaduais e municipais)

Ainda com base nessa classificação, o Poder Público federal, por meio da Lei n. 11.284, de 2 de março de 2006, instituiu novos instrumentos de proteção à flora, com o objetivo de conciliar seu uso sustentável com a preservação do meio ambiente sempre que possível. Ela dispõe sobre a gestão de florestas públicas para a produção sustentável; institui, na estrutura do Ministério do Meio Ambiente, o Serviço Florestal Brasileiro — SFB; cria o Fundo Nacional de Desenvolvimento Florestal — FNDF; altera as Leis ns. 10.683, de 28 de maio de 2003, 5.868, de 12 de dezembro de 1972, 9.605, de 12 de fevereiro de 1998, 4.771, de 15 de setembro de 1965, 6.938, de 31 de agosto de 1981, e 6.015, de 31 de dezembro de 1973. A lei contém 86 artigos, divididos em cinco títulos: Título I — Disposições preliminares; Título II — Da gestão de florestas públicas para produção sustentável; Título III — Dos órgãos responsáveis pela gestão e fiscalização; Título IV — Do serviço florestal brasileiro; e Título V — Disposições transitórias e finais.

Referida lei foi regulamentada pelo Decreto n. 6.063, de 20 de março de 2007, que dispõe sobre gestão de florestas públicas para a produção sustentável.

Essa lei instituiu o Serviço Florestal Brasileiro (SFB), cuja competência está descrita em seu art. 55, e o Fundo Nacional de Desenvolvimento Florestal (FNDF), que se destina a fomentar o desenvolvimento de atividades sustentáveis de base florestal no Brasil e a promover a inovação tecnológica do setor.

A lei também criou o conceito de florestas públicas, que são florestas, naturais ou plantadas, localizadas nos diversos biomas brasileiros, em bens sob o domínio da União, dos Estados, dos Municípios, do Distrito Federal ou das entidades da administração indireta (art. 3º, inc. I, da citada lei).

Segundo seu art. 4º, a gestão de florestas públicas para produção sustentável compreende: a) a criação de florestas nacionais, estaduais e municipais, nos termos do art. 17 da Lei n. 9.985, de 18 de julho de 2000, e sua gestão direta; b) a destinação de florestas públicas às comunidades locais, nos termos do art. 6º; e c) a concessão florestal, incluindo florestas naturais ou plantadas e as unidades de manejo das áreas protegidas referidas no inciso I do caput do art. 4º.

Registre-se, por curiosidade, que a Floresta Nacional — FLONA abrange 1,3 milhão de hectares e ficou conhecida, na época da gestão do ministro Carlos Minc, pelas operações denominadas "bois piratas", cujos gados eram criados em áreas de desmatamento ilegal. Seus ocupantes exigem que a área da floresta seja reduzida em 90%. O restante seria transferido para a categoria de Área de Proteção Ambiental — APA. Em reunião com o Instituto Chico Mendes para a Conservação da Biodiversidade — ICMBio, realizada na cidade de Novo Progresso, os ocupantes das áreas vetaram a criação do Conselho Consultivo para a FLONA e rejeitaram a proposta de receber, em troca, 37 mil hectares. Há cerca de 6 mil pessoas morando na FLONA. Na época da criação da lei, havia cerca de 400 pessoas ocupando-a, segundo censo realizado pelo ICMBio. Nesse meio tempo, muitos grileiros tomaram conta dessas áreas, entre eles, a dupla Tirso e Virso, que se apossou de 25 mil hectares da Floresta Nacional de Jamanxim, na região do Pará[41].

## 1.2. Gestão de florestas públicas para produção sustentável

O objeto da Lei n. 11.284/2006 é a floresta pública para a produção sustentável. Aplica-se a presente lei aos diversos biomas brasileiros, tais como: Amazônia, Mata Atlântica, Serra do Mar, Pantanal, Zona Costeira, Cerrado, Caatinga, Pampas etc. Visa-se, com esta lei, evitar a exploração ilícita dos recursos naturais.

Para evitar o desmatamento das florestas, o Poder Público resolveu ceder as florestas públicas para que o contratante possa retirar os recursos naturais necessários e ao mesmo tempo preservar as demais formas de vegetações (biomas) por um período bastante longo. Como a fiscalização é muito difícil, principalmente na floresta amazônica, essa medida poderia resolver ou diminuir o desmatamento e as queimadas ali realizadas. São propostas positivas e não somente proibições, no dizer de Maria Luiza Machado Granziera.

Granziera apresenta três modelos de gestão das áreas objetos de concessão para produção sustentável com base no art. 4º, incs. I, II e III, da Lei n. 11.284/2006: a) criação de florestas nacionais, estaduais e municipais, no âmbito do Sistema Nacional de Unidades de Conservação (SNUC) e a respectiva gestão direta, com a possibilidade de firmar convênios, termos de parceria, contratos e instrumentos similares com terceiros, observados os procedimentos licitatórios e demais exigências legais pertinentes; b) destinação de florestas públicas às comunidades locais, por meio de criação de reservas extrativistas e reservas de desenvolvimento sustentável, mediante concessão de uso para a execução de projetos de assentamento florestal e de desenvolvimento sustentável, agroextrativistas e similares; e c) concessão de áreas sob o domínio público com florestas naturais ou plantadas e as unidades de manejo das florestas nacionais[42].

Independentemente da possibilidade de transferência ou não da posse para a gestão das florestas públicas, os contratantes são obrigados a ocupar as áreas por força do contrato, além de utilizá-las com base no Plano de Manejo.

Vejamos alguns dados importantes sobre a exploração das florestas no Brasil, fornecidos pelo Serviço Florestal Brasileiro — SFB (uma radiografia atual). Constatou-se que a maior parte das florestas brasileiras — 190.119.140 hectares — ain-

---

41. Folha de S.Paulo, 13 mar. 2011, p. C-13.
42. Direito ambiental, cit., 167.

da tem uso prioritário desconhecido ou indefinido, seguido pelos 128.244.660 hectares das reservas extrativistas, reservas de desenvolvimento sustentável — unidades de conservação de uso sustentável — e terras indígenas, consideradas função prioritária de serviço social, por incluir populações indígenas e comunidades tradicionais entre as beneficiárias do seu uso. O restante da área de florestas está dividido entre os seguintes usos: 85.148.800 hectares para proteção do solo e recursos hídricos (estimativa de 10% da área total do país em áreas de preservação permanente); 49.991.010 hectares para conservação da biodiversidade em unidades de conservação federais e estaduais, em sua maioria de proteção integral; 32.284.110 hectares para a produção madeireira e não madeireira em florestas nacionais, estaduais e florestas plantadas; e 30.798.320 hectares de áreas de proteção ambiental, outra categoria de unidades de conservação de uso sustentável que permitem usos múltiplos, como áreas urbanas. As florestas brasileiras também garantem 615.947 empregos formais, segundo dados de 2009 do Ministério do Trabalho e Emprego. A maioria dos trabalhadores (172.740) está na indústria moveleira, seguidos pela produção de celulose e papel (163.182), desdobramento de madeira (83.114), produção florestal em florestas plantadas (62.877), atividades de apoio à produção florestal (44.419), produção de estruturas e artefatos de madeira (43.742) e produção florestal em florestas nativas (6.382)[43].

Há ainda muito que fazer, como a conscientização sobre a importância das florestas (por causa disso a ONU elegeu 2011 o Ano Internacional das Florestas).

### 1.3. Concessão florestal

*Concessão florestal* é a delegação onerosa, feita pelo poder concedente, do direito de praticar manejo florestal sustentável para exploração de produtos e serviços numa unidade de manejo, mediante licitação, à pessoa jurídica, em consórcio ou não, que atenda às exigências do respectivo edital de licitação e demonstre capacidade para seu desempenho, por sua conta e risco e por prazo determinado (art. 3º, VII, da Lei n. 11.284/2006).

Essa concessão terá como objeto a exploração de produtos e serviços florestais, contratualmente especificados, em unidade de manejo de floresta pública, com perímetro georreferenciado, registrada no respectivo cadastro de florestas públicas e incluída no lote de concessão florestal (art. 14 da citada lei).

Os produtos florestais são madeireiros e não madeireiros, gerados pelo manejo florestal sustentável (art. 3º, II, da citada lei). Já os serviços florestais referem-se ao

---

[43]. Informações, segundo Ana Flora Caminha, da Assessoria de Comunicação do MMA, em 18-1-2011.

turismo e outras ações ou benefícios decorrentes do manejo e conservação da floresta, não caracterizados como produtos florestais (art. 3º, IV).

Em outras palavras, a concessão de uso de bem público, para exploração desses recursos, será autorizada por ato do poder concedente, mediante a realização de processo licitatório. É a Lei n. 8.666/91 que dispõe sobre as normas gerais sobre licitações e contratos administrativos.

Seguem, a partir daqui, as regras do direito administrativo.

### 1.4. Instrumentos econômicos

A Lei n. 11.284/2006 criou instrumentos econômicos que podem dar sustentabilidade à política instituída, estabelecendo um sistema de pagamentos pelo concessionário, sendo que os valores arrecadados serão aplicados em atividades relativas à proteção de unidades de conservação e florestas[44].

Vê-se, pois, que o Serviço Florestal Brasileiro — SFB é um órgão gestor das concessões florestais em nível federal, incumbindo-lhe gerir o Fundo Nacional de Desenvolvimento Florestal — FNDF. O SFB faz parte da estrutura do Ministério do Meio Ambiente. Sua competência consiste em: a) exercer a função de órgão gestor prevista no art. 53 desta Lei, no âmbito federal, bem como de órgão gestor do FNDF; b) apoiar a criação e gestão de programas de treinamento, capacitação, pesquisa e assistência técnica para a implementação de atividades florestais, incluindo manejo florestal, processamento de produtos florestais e exploração de serviços florestais; c) estimular e fomentar a prática de atividades florestais sustentáveis madeireira, não madeireira e de serviços; d) promover estudos de mercado para produtos e serviços gerados pelas florestas; e) propor planos de produção florestal sustentável de forma compatível com as demandas da sociedade; f) criar e manter o Sistema Nacional de Informações Florestais integrado ao Sistema Nacional de Informações sobre o Meio Ambiente; g) gerenciar o Cadastro Nacional de Florestas Públicas, exercendo as seguintes funções: h) organizar e manter atualizado o Cadastro-Geral de Florestas Públicas da União; i) adotar as providências necessárias para interligar os cadastros estaduais e municipais ao Cadastro Nacional; e j) apoiar e atuar em parceria com os seus congêneres estaduais e municipais (art. 55 da Lei n. 11.284/2006).

Segundo o § 3º do art. 55 da Lei n. 11.284/2006, "as atribuições previstas nos incisos II a V do *caput* deste artigo serão exercidas sem prejuízo de atividades desenvolvidas por outros órgãos e entidades da Administração Pública federal que atuem no setor".

Estes instrumentos econômicos são importantes ferramentas para a arrecadação financeira com o objetivo principal de gerir e proteger o meio ambiente.

---

44. Maria Luiza Machado Granziera, *Direito ambiental*, cit., p. 180.

## 2. CONVENÇÃO DE RAMSAR (PROTEÇÃO DAS ZONAS ÚMIDAS E DOS HÁBITATS DAS AVES AQUÁTICAS)

As zonas úmidas são consideradas as mais ricas em biodiversidade. Sua proteção é imprescindível, razão pela qual foi necessária a realização de um Tratado Internacional. Cuida-se da Convenção Sobre Zonas Úmidas de Importância Internacional Especialmente como Hábitat de Aves Aquáticas, mais conhecida como Convenção de Ramsar. Tem por objeto a proteção dos ecossistemas. O tratado foi realizado na cidade de Ramsar, Irã, em 1971, e entrou em vigor em 1975.

No Brasil, a Convenção de Ramsar entrou em vigor mediante o Decreto n. 1.905, de 16 de maio de 1996. Tendo por objetivo a proteção do espaço — zona úmida — e a biodiversidade, especialmente as aves migratórias, a Convenção de Ramsar sofreu emendas em 1982 e 1987.

Entende-se por zona úmida as áreas de pântanos, charcos, turfas e corpos d'água, naturais ou artificiais, permanentes ou temporários, com água estagnada ou corrente, doce, salobra ou salgada, incluindo-se estuários, planícies costeiras inundáveis, ilhas e áreas marinhas costeiras, com menos de seis metros de profundidade na maré baixa, nos quais se encontram alguns dos ambientes de maior diversidade biológica do planeta. Aves aquáticas são todos os pássaros ecologicamente dependentes de zonas úmidas (art. 1º da Convenção de Ramsar). Consideram-se ainda áreas úmidas os pantanais e as superfícies cobertas de forma periódica por águas, cobertas originalmente por florestas ou outras formas de vegetação adaptadas à inundação (art. 3º, XXVI, da Lei n. 12.651/2012).

Ressalte-se, além disso, que as zonas úmidas Ramsar proporcionam sistemas de apoio à vida, cumprindo funções ecológicas fundamentais como reguladoras dos regimes hidrológicos. Contribuem também para a estabilidade climática, por meio de seu papel nos ciclos globais de água e carbono, constituindo-se em um recurso de grande importância econômica, cultural, científica e recreativa. Sua proteção envolve aspectos ecológicos, socioeconômicos, científicos e culturais, tais como: reposição de águas subterrâneas; estabilização da costa; retenção e exportação de sedimentos e nutrientes; mitigação das mudanças climáticas; filtragem e purificação de águas; reservatório de biodiversidade; e recreação, turismo e valor cultural[45].

O critério de seleção das zonas úmidas fundamenta-se em aspectos técnicos sob o ponto de vista ecológico, botânico, zoológico, imunológico ou hidrológico,

---

45. Cristina Godoy de Araújo Freitas e Roberto Varjabedian, *A Convenção Ramsar e a diversidade biológica na ordem constitucional e o princípio do não retrocesso*, Tese apresentada no 15º Congresso do Meio Ambiente e 9º Congresso de Habitação e Urbanismo — Novos desafios do Ministério Público Ambiental e Urbanístico, realizado em Águas de São Pedro, no período de 20 a 23 de outubro de 2011, aprovada por unanimidade.

priorizando-se as áreas que sejam relevantes, em qualquer época do ano, para aves aquáticas, migratórias ou não.

Em conformidade com a Convenção de Ramsar, foram declaradas oito áreas úmidas no Brasil, quais sejam: a) Reserva de Desenvolvimento Sustentado Mamirauá (AM); b) Área de Proteção Ambiental da Baixada Maranhense (MA); c) Parque Nacional da Lagoa do Peixe (RS); d) Área de Proteção Ambiental das Reentrâncias Maranhenses (MA); e) Parque Estadual Marinho do Parcel do Manuel Luís (MA); f) Parque Nacional do Araguaia (TO); g) Parque Nacional do Pantanal Mato-Grossense (MT); e h) Reserva Particular do Patrimônio Natural do SESC Pantanal (MT).

Não há, no Brasil, legislação protetiva das zonas úmidas. No entanto, estas áreas podem ser protegidas por outros instrumentos jurídicos, tais como a Lei da Política Nacional do Meio Ambiente (Lei n. 6.938/81), a Lei que criou o Sistema Nacional das Unidades de Conservação (Lei n. 9.985/2000) etc.

Como se vê, os Sítios Ramsar brasileiros correspondem a Unidades de Conservação de Proteção Integral[46].

## 3. JARDINS ZOOLÓGICOS E BOTÂNICOS

Os Jardins Zoológicos — à semelhança dos Jardins Botânicos — podem ser considerados espécies de unidade de conservação e foram criados para atender às necessidades sociais, culturais e científicas (Res. n. 11, de 3-12-1987, do CONAMA). Neles vamos encontrar as espécies silvestres nativas, terrestres ou aquáticas provenientes de vários lugares do Brasil e do exterior. Sua função é procurar conscientizar a população da necessidade da preservação dos animais ameaçados de extinção. Muitas das espécies ameaçadas de extinção podem ser encontradas somente nos zoológicos de vários países.

Esses animais são colocados em cativeiro ou em semiliberdade e expostos ao público com a finalidade de mostrá-los para fins educativos. Os Jardins Zoológicos, além disso, dependem de autorização do Poder Público federal, nos termos do art. 2º da Lei n. 7.173, de 14 de dezembro de 1983.

Há ainda as instituições oficiais e privadas criadas para fins científicos, pesquisas e a melhoria da qualidade de vida da humanidade. Por exemplo: medicamentos, vacinas etc.

O art. 14 da Lei n. 5.197/97 e o art. 11 da Lei n. 7.173/83 permitem a aquisição de animais silvestres mediante autorização do IBAMA para fins científicos, bem como para o seu manejo e criação em cativeiro (v. item 1.2.4 da Seção II do Capítulo VI deste Título).

---

46. Maria Luiza Machado Granziera, *Direito ambiental*, cit., p. 421-424.

Seção V
*Código Florestal*

1. INTRODUÇÃO

Antes do advento do primeiro Código Florestal, a proteção do meio ambiente no Brasil era feita pelo Código Civil e por algumas legislações esparsas que tratavam especificamente de determinados recursos naturais, tais como água, fauna, pau-brasil etc. Não havia uma preocupação de ordem sistêmica e geral.

A evolução se deu com o advento do primeiro Código Florestal, em 1934, na era Getúlio Vargas, com a edição do Decreto n. 23.793, de 23 de janeiro de 1934, cuja finalidade precípua foi a proteção de alguns recursos naturais estratégicos, tais como: água e madeira. Não se pretendia proteger o ecossistema como um todo. Este Código Florestal, por outro lado, abriu campo para a criação de outros espaços ambientais importantes, como as florestas protetoras. Seis meses depois, foi criado também o Código de Águas (Decreto n. 24.643, de 10 de julho de 1934), vindo a surgir os primeiros parques nacionais.

É importante ressaltar que as florestas, consideradas em conjunto, passaram a ser tratadas como bens de interesse comum a todos os habitantes do país (art. 1º do Decreto n. 23.793/1934). Essa necessidade se deu por causa da excessiva exploração desses recursos com o início da industrialização.

O Código Florestal de 1934 não foi totalmente cumprido durante o período de sua vigência, razão pela qual o governo militar resolveu editar outro mais avançado. Foi então criado o Código Florestal de 1965 (Lei n. 4.771, de 15 de setembro de 1965), com a intenção de proteger as florestas e as demais formas de vegetação. Este Código também foi ignorado durante muito tempo, até que, em 14 de agosto de 1996, o então Presidente da República, Fernando Henrique Cardoso, baixou a Medida Provisória n. 1.511, aumentando os percentuais das reservas legais devido ao desmatamento intenso que sofria a Floresta Amazônica. A bancada ruralista, vendo-se numa encruzilhada, tentou alterar o Código Florestal, contudo, sem sucesso, pois a MP n. 2.166/2001 foi ainda mais rígida, além de manter as áreas de preservação permanente e as reservas florestais.

Isso permitiu que aumentasse a proteção do solo, da água, da biodiversidade, inclusive do microclima, entre muitos outros benefícios ambientais. A despeito dos avanços, foi elaborado novo Código Florestal com a intenção de atender às reivindicações, especialmente, dos ruralistas. Travou-se grande discussão em torno do projeto de lei entre ambientalistas e ruralistas, formando-se um movimento nacional com o *slogan Veta, Dilma*, porém, sem sucesso.

Releve-se, além disso, que a Frente Parlamentar, a SBPC e a ESALQ-USP participaram do Seminário para discutir o novo Código Florestal de 2012 e conseguiram chegar a um consenso em três pontos: a) os Códigos Florestais de 1934 e de 1965 foram elaborados com base na ciência; b) a agricultura deve crescer por produtividade e sem avançar em áreas novas; e c) antes de desmatar, áreas degradadas devem ser recuperadas. É a ciência se harmonizando com os produtores de alimentos.

Houve intensas críticas feitas pela sociedade e pela comunidade científica e, a despeito disso, finalmente, foi sancionado o novo Código Florestal[47] (Lei n. 12.651, de 25-5-2012) pela Presidente da República com 12 vetos e 32 alterações que foram objeto da MP n. 571, de 25 de maio de 2012. A referida Medida Provisória foi transformada na Lei n. 12.727, de 17 de outubro de 2012.

A Lei n. 12.651/2012 dispõe sobre a proteção da vegetação nativa; altera as Leis n. 6.938, de 31 de agosto de 1981, 9.393, de 19 de dezembro de 1996, e 11.428, de 22 de dezembro de 2006; revoga as Leis n. 4.771, de 15 de setembro de 1965, e 7.754, de 14 de abril de 1989, e a Medida Provisória n. 2.166-67, de 24 de agosto de 2001; e dá outras providências.

O novo Código Florestal contém 84 artigos, distribuídos em 14 capítulos: I — Disposições Gerais; II — Das Áreas de Preservação Permanente; III — Das Áreas de Uso Restrito; III-A — Do Uso Ecologicamente Sustentável dos Apicuns e Salgados; IV — Da Área de Reserva Legal; V — Da Supressão de Vegetação para Uso Alternativo do Solo; VI — Do Cadastro Ambiental Rural; VII — Da Exploração Florestal; VIII — Do Controle da Origem dos Produtos Florestais; IX — Da Proibição do Uso de Fogo e do Controle dos Incêndios; X — Do Programa de Apoio e Incentivo à Preservação e Recuperação do Meio Ambiente; XI — Do Controle do Desmatamento; XII — Da Agricultura Familiar; XIII — Disposições Transitórias; e XIV — Disposições Complementares e Finais.

Houve, de fato, muitos retrocessos, cujas consequências sentiremos com o passar do tempo. Muitos o denominaram um verdadeiro *Código Ruralista,* e não um *Código Florestal,* pois atendia mais às necessidades do agronegócio que do meio am-

---

47. A procuradora de justiça Dra. Lídia Helena Ferreira da Costa dos Passos, Coordenadora do CAO Cível e Tutela Coletiva, em entrevista à *Revista Época* (Blog do Planeta), contestou a denominação "Código Florestal". Na realidade, não se trata de um "Novo Código Florestal", mas de uma mera "lei florestal". Código significa um conjunto sistemático de disposições legais relacionado à proteção da flora e da biodiversidade, abrangendo as florestas e outras formas de vegetação, a fauna, os recursos hídricos (rios, lençol freático etc.), o solo, a paisagem, as populações ribeirinhas. O Código Florestal deve estar respaldado em bases científicas (metodologia científica). Trata-se mais de um "arranjo normativo" e assistemático do que de um autêntico "Código Florestal". Por isso a frustração e a polêmica que caracterizaram os debates sobre a legitimidade da nova lei, que já nasceu velha e representou, em seu dizer, um retrocesso (www.mp.sp.gov.br, notícias).

biente. Foi bastante descaracterizado, basta ler o art. 1º, que, com razão, foi vetado pela Presidente da República. E, apesar das "carências e defeitos, o Código Florestal tem, também, méritos. Entre estes passa-se a reconhecer a responsabilidade comum da União, Estados, Distrito Federal e Municípios, em colaboração com a sociedade civil, na formulação e execução da política ambiental florestal. Os proprietários e posseiros privados não serão responsáveis solitários pela manutenção e recomposição dos ecossistemas florestais especificamente indispensáveis. E para que essa responsabilidade tripla — Poder Público + propriedade privada + sociedade civil — se efetive, e não se limite a intenções ineficazes, necessita-se da *criação e mobilização de incentivos econômicos para fomentar a preservação e a recuperação da vegetação nativa e para promover o desenvolvimento de atividades produtivas sustentáveis* (a teor do inciso VI do art. 1º-A da Lei n. 12.651/2012, com redação dada pela Lei n. 12.272/2012)"[48].

O novo Código Florestal deve estar em harmonia com a Constituição Federal, com as Constituições Estaduais e, finalmente, com a Lei da Política Nacional do Meio Ambiente (Lei n. 6.938/81). Este novo instrumento jurídico deve conversar com os outros microssistemas jurídicos protetivos da mata atlântica, fauna, água etc. A nova lei não pode restringir direitos já conquistados ao longo do tempo (coisa julgada, ato jurídico perfeito e direito adquirido). A nova lei deve preservar e/ou recuperar os processos ecológicos essenciais, não podendo retroceder para atingir os direitos protegidos constitucionalmente (art. 225, § 1º, I). Em outras palavras, o novo Código Florestal deverá ser interpretado com vistas ao princípio *in dubio pro natura*[49].

---

48. Paulo Affonso Leme Machado, *Legislação Florestal (Lei 12.651/2012) e Competência e Licenciamento Ambiental (Lei Complementar 140/2011)*, São Paulo, Malheiros Ed., 2012, p. 64.

49. A Procuradoria-Geral da República, na pessoa de sua digníssima procuradora Dra. Sandra Cureau, ajuizou três Ações Diretas de Inconstitucionalidade (ADIns 4.901, 4.902 e 4.903), datadas de 18 de janeiro de 2013, com pedidos de liminar no Supremo Tribunal Federal (STF), nas quais questiona dispositivos do novo Código Florestal brasileiro (Lei n. 12.651/2012) relacionados às áreas de preservação permanente, à redução da reserva legal e também à anistia para quem promove degradação ambiental. Nas ações, a PGR pede que seja suspensa a eficácia dos dispositivos questionados até o julgamento do mérito da questão. Também foi pedida a adoção do chamado "rito abreviado", o que permite o julgamento das liminares diretamente pelo Plenário do STF em razão da relevância da matéria. Na ADIn 4.901 (rel. ministro Luiz Fux), ela questiona, entre outros dispositivos, o art. 12 (§§ 4º, 5º, 6º, 7º e 8º), que trata da redução da reserva legal (em virtude da existência de terras indígenas e unidades de conservação no território municipal) e da dispensa de constituição de reserva legal por empreendimentos de abastecimento público de água, tratamento de esgoto, exploração de energia elétrica e implantação ou ampliação de ferrovias e rodovias. A procuradora aponta os prejuízos ambientais decorrentes das modificações legislativas e argumenta que o novo Código "fragiliza o regime de proteção das áreas de preservação permanente e das reservas legais", que podem ser extintas de acordo com a nova legislação. Outros pontos questionados pela procuradora na primeira ADIn são os que preveem a compensação da reserva legal sem que haja identidade ecológica entre as áreas e a

permissão do plantio de espécies exóticas para recomposição da reserva legal. O novo Código ainda permite a consolidação das áreas que foram desmatadas antes das modificações dos percentuais de reserva legal, item que também é questionado. Na ADIn n. 4.902 (rela. ministra Rosa Weber), a procuradora questiona temas relacionados à recuperação de áreas desmatadas, como a anistia de multas e outras medidas que desestimulariam a recomposição da vegetação original. O primeiro tópico questionado, o § 3º do art. 7º, permitiria novos desmatamentos sem a recuperação daqueles já realizados irregularmente. O art. 17, por sua vez, de acordo com a ADIn, isentaria os agricultores da obrigação de suspender as atividades em áreas onde ocorreu desmatamento irregular antes de 22 de julho de 2008. Dispositivos inseridos no art. 59, sustenta a ação, "inserem uma absurda suspensão das atividades fiscalizatórias do Estado, bem como das medidas legais e administrativas de que o poder público dispõe para exigir dos particulares o cumprimento do dever de preservar o meio ambiente e recuperar os danos causados". Nos arts. 61 e 63 estaria presente a possibilidade de consolidação de danos ambientais decorrentes de infrações anteriores a 22 de julho de 2008. Os trechos impugnados, alega a procuradora, "chegam ao absurdo de admitir o plantio de até 50% de espécies exóticas em áreas de preservação permanente". E na ADIn n. 4.903 (rel. ministro Gilmar Mendes), a procuradora questiona a redução da área de reserva legal prevista pela nova lei. Com base no art. 225 da CF, a procuradora pede que sejam declarados inconstitucionais os seguintes dispositivos da Lei n. 12.651/2012: art. 3º, VIII, b, IX, XVII, XIX e parágrafo único; art. 4º, III, IV, §§ 1º, 4º, 5º, 6º; arts. 5º, 8º, § 2º; arts. 11 e 62. Entre os pedidos da ação, a procuradora ressalta que, quanto às áreas de preservação permanente dos reservatórios artificiais, deverão ser observados os padrões mínimos de proteção estabelecidos pelo órgão federal competente — CONAMA (www.stf.jus.br; acesso em: 22-01-2013). Fundamentada nessas ações, a PGJ de São Paulo baixou o Aviso n. 134/2013, dispondo a seguinte diretriz: "respeitada a independência funcional, os Promotores de Justiça levem em consideração, em suas manifestações judiciais e extrajudiciais, os fundamentos das referidas ações diretas de inconstitucionalidade, e, ainda, as conclusões do Relatório GAEMA 2011/2012 e as sugestões de teses institucionais propostas pelo Centro de Apoio às Promotorias Cíveis e de Tutela Coletiva, disponíveis na 'intranet' da página do 'Projeto Florestar' (caminho: 'Diagnóstico e integração de entendimentos técnico-jurídicos>material de apoio — científico e jurídico')". Com o julgamento definitivo das ADIs pelo STF, não mais se justifica o aviso da PGJ acima nem tampouco as conclusões do Relatório GAEMA e as sugestões de teses institucionais.

Finalmente, o STF concluiu o julgamento das ADIs acima citadas propostas pelo PGR em conjunto com a Ação Declaratória de Constitucionalidade n. 42, proposta pelo Partido Progressista (PP) e a Ação Direta de Inconstitucionalidade n. 4.937, proposta pelo Partido Socialista e Liberdade (PSOL), no dia 28 de fevereiro de 2018. Tais ações tinham sido distribuídas para diversos ministros e depois reunidas sob a responsabilidade de um único relator — Ministro Luiz Fux. O julgamento começou em setembro de 2017 e terminou no dia 28 de fevereiro de 2018, em cinco sessões plenárias, com o voto final do decano Celso de Mello. Seguem abaixo as ementas dos resultados das ações citadas: **ADC n. 42**. Decisão. O Tribunal julgou parcialmente procedente a ação, para: i) por maioria, vencidos os Ministros Edson Fachin e Gilmar Mendes, e, em parte, o Ministro Alexandre de Moraes, declarar a inconstitucionalidade das expressões *"gestão de resíduos"* e *"instalações necessárias à realização de competições esportivas estaduais, nacionais ou internacionais"*, contidas no art. 3º, VIII, b, da Lei 12.651/2012 (Código Florestal); ii) por maioria, dar interpretação conforme a Constituição ao art. 3º, VIII e IX, do Código Florestal, de modo a se condicionar a intervenção excepcional em APP, por interesse social ou utilidade pública, à inexistência de alternativa técnica e/ou locacional à atividade proposta, vencidos, em parte, os Ministros Gilmar Mendes e Celso de Mello; iii) por maioria, reconhecer a constitucionalidade do art. 3º, XIX, do Código Florestal, vencidos, em parte, os Ministros Cármen Lúcia (Presidente) e Ricardo Lewandowski, que declaravam inconstitucional, por arrastamento, o art. 4º, I, do Código Florestal; iv) por maioria, vencidos os Ministros Alexandre de Moraes e Gilmar Mendes, declarar a inconstitucionalidade das expressões *"demarcadas"* e *"tituladas"*, contidas no art. 3º, parágrafo único, do Código Florestal; v) por unanimidade, reconhecer a constitucionalidade do art. 4º, III, do Código Florestal; vi) por maioria, dar interpretação conforme ao art. 4º, IV, do Código Florestal, para fixar a interpretação de que os entornos das nascentes e dos olhos d'água intermitentes configuram área de preservação ambiental, vencidos os Ministros Gilmar Mendes e, em parte, Marco Aurélio e Cármen Lúcia (Presidente); vii) por maioria, vencidos os Ministros Cármen Lúcia (Presidente) e Ricardo Lewandowski, reconhecer a constitucionalidade do art. 4º, § 1º, do Código Florestal; viii) por maioria, vencidos os Ministros Cármen Lúcia (Presidente) e Ricardo Lewandowski, reconhecer a constitucionalidade do art. 4º, § 4º, do Código Florestal; ix) por unanimidade, reconhecer a constitucionalidade do art. 4º, § 5º, do Código Florestal; x) por unanimidade, reconhecer a constitucionalidade do art. 4º, § 6º, e incisos; xi) por maioria, vencidos, em parte, os Ministros Marco Aurélio e Ricardo Lewandowski, reconhecer a constitucionalidade do art. 5º, do Código Florestal; xii) por maioria, vencidos os Ministros Luiz Fux (Relator), Marco Aurélio, Edson Fachin, Roberto Barroso e Ricardo Lewandowski, reconhecer a constitucionalidade do art. 7º, § 3º, do Código Florestal; xiii) por unanimidade, reconhecer a constitucionalidade do art. 8º, § 2º, do Código Florestal; xiv) por maioria, vencidos os Ministros Marco Aurélio, Edson Fachin, Roberto Barroso, Rosa Weber e Ricardo Lewandowski, reconhecer a constitucionalidade do art. 12, § 4º, do Código Florestal; xv) por maioria, vencidos os Ministros Marco Aurélio, Edson Fachin, Roberto Barroso, Rosa Weber e Ricardo Lewandowski, reconhecer a constitucionalidade do art. 12, § 5º, do Código Florestal; xvi) por maioria, reconhecer a constitucionalidade do art. 12, § 6º, do Código Florestal, vencidos os Ministros Cármen Lúcia (Presidente), Edson Fachin e Rosa Weber; xvii) por maioria, reconhecer a constitucionalidade do art. 12, § 7º, do Código Florestal, vencidos os Ministros Cármen Lúcia (Presidente), Edson Fachin e Rosa Weber; xviii) por maioria, reconhecer a constitucionalidade do art. 12, § 8º, do Código Florestal, vencidos os Ministros Cármen Lúcia (Presidente), Edson Fachin e Rosa Weber; xix) por maioria, vencido o Ministro Edson Fachin, reconhecer a constitucionalidade do art. 13, § 1º, do Código Florestal; xx) por maioria, vencidos os Ministros Edson Fachin e Rosa Weber e, em parte, os Ministros Marco Aurélio e Ricardo Lewandowski, reconhecer a constitucionalidade do art. 15 do Código Florestal; xxi) por maioria, vencidos os Ministros Luiz Fux (Relator), Marco Aurélio, Edson Fachin, Roberto Barroso e Ricardo Lewandowski, reconhecer a constitucionalidade do art. 17, § 3º, do Código Florestal; xxii) por unanimidade, reconhecer a constitucionalidade do art. 44, do Código Florestal; xxiii) por maioria, dar interpretação conforme a Constituição ao art. 48, § 2º, do Código Florestal, para permitir compensação apenas entre áreas com identidade ecológica, vencidos o Ministro Edson Fachin e, em parte, os Ministros Luiz Fux (Relator), Cármen Lúcia (Presidente), Alexandre de Moraes, Roberto Barroso e Gilmar Mendes; xxiv) por maioria, dar interpretação conforme a Constituição ao art. 59, § 4º, do Código Florestal, de modo a afastar, no decurso da execução dos termos de compromissos subscritos nos programas de regularização ambiental, o risco de decadência ou prescrição, seja dos ilícitos ambientais praticados antes de 22-7-2008, seja das sanções deles decorrentes, aplicando-se extensivamente o disposto no § 1º do art. 60 da Lei 12.651/2012, segundo o qual "a prescrição ficará interrompida durante o período de suspensão da pretensão punitiva", vencidos os Ministros Luiz Fux (Relator), Marco Aurélio, Edson Fachin, Roberto Barroso e Ricardo Lewandowski, e, em parte, o Ministro Gilmar Mendes; xxv) por maioria, dar interpretação conforme a Constituição ao art. 59, § 5º, de modo a afastar, no decurso da execução dos termos de compromissos subscritos nos programas de regularização ambiental, o risco de decadência ou prescrição, seja dos ilícitos ambientais praticados antes de 22-7-2008, seja das sanções deles decorrentes, aplicando-se extensivamente o disposto no § 1º do art. 60 da Lei 12.651/2012, segundo o qual "a prescrição ficará interrompida durante o período de suspensão da pretensão punitiva", vencidos os Ministros Luiz Fux (Relator), Marco Aurélio, Edson Fachin, Roberto Barroso e Ricardo Lewandowski, e, em parte, o Ministro Gilmar Mendes; xxvi) por maioria, vencidos os Ministros Luiz Fux (Relator), Marco Aurélio, Roberto Barroso e Ricardo Lewandowski, reconhecer a constitucionalidade do art. 60 do Código Florestal; xxvii) por maioria, vencidos os Ministros Marco Aurélio e Ricardo Lewandowski, e, em parte, o Ministro Edson Fachin, reconhecer a constitucionalidade do art. 61-A do Código Florestal; xxviii) por maioria, vencidos os Ministros Marco Aurélio, Edson Fachin e Ricardo Lewandowski, reconhecer a constitucionalidade do art. 61-B do Código Florestal; xxix) por maioria, vencidos os Ministros Marco Aurélio, Edson Fachin e Ricardo Lewandowski, reconhecer a constitucionalidade do art. 61-C do Código Florestal; xxx) por maioria, vencidos os Ministros Marco Aurélio, Cármen Lúcia, Rosa Weber e Ricardo Lewandowski, reconhecer a constitucionalidade do art. 63 do Código Florestal; xxxi) por maioria, vencidos os Ministros Marco Aurélio, Edson Fachin, Rosa Weber e Ricardo Lewandowski, reconhecer a constitucionalidade do art. 66, § 3º, do Código Florestal; xxxii) por maioria, vencidos os Ministros Marco Aurélio, Edson Fachin, e, em parte, o Ministro Ricardo Lewandowski, reconhecer a constitucionalidade do art. 66, § 5º, do Código Florestal; xxxiii) por maioria, vencidos os Ministros Marco Aurélio, Edson Fachin, e, em parte, o Ministro Ricardo Lewandowski, reconhecer a constitucionalidade do art. 66, § 6º, do Código Florestal; xxxiv) por maioria, vencidos os Ministros Marco Aurélio, Cármen Lúcia (Presidente), Edson Fachin, Rosa Weber e Ricardo Lewandowski, reconhecer a constitucionalidade do art. 67 do Código Florestal; xxxv) por maioria, vencido, em parte, o Ministro Edson Fachin, reconhecer a constitucionalidade do art. 68 do Código Florestal; e xxxvi) por unanimidade, reconhecer a constitucionalidade do art. 78-A. Plenário, 28-2-2018. **ADIn n. 4.901**. Decisão. O Tribunal julgou parcialmente procedente a ação, para: i) por maioria, vencidos os Ministros Marco Aurélio, Edson Fachin, Roberto Barroso, Rosa Weber e Ricardo Lewandowski, reconhecer a constitucionalidade do art. 12, § 4º, da Lei 12.651/2012 (Código Florestal); ii) por maioria, vencidos os Ministros Marco Aurélio, Edson Fachin, Roberto Barroso, Rosa Weber e Ricardo Lewandowski, reconhecer a constitucionalidade do art. 12, § 5º, do Código Florestal; iii) por maioria, reconhecer a constitucionalidade do art. 12, § 6º, do Código Florestal, vencidos os Ministros Cármen Lúcia (Presidente), Edson Fachin e Rosa Weber; iv) por maioria, reconhecer a constitucionalidade do art. 12, § 7º, vencidos os Ministros Cármen Lúcia, Edson Fachin e Rosa Weber; v) por maioria, reconhecer a constitucionalidade do art. 12, § 8º, do Código Florestal, vencidos os Ministros Cármen Lúcia (Presidente), Edson Fachin e Rosa Weber; vi) por maioria, vencido o Ministro Edson Fachin, reconhecer a constitucionalidade do art. 13, § 1º, do Código Florestal; vii) por maioria, vencidos os Ministros Edson Fachin e Rosa Weber e, em parte, os Ministros Marco Aurélio e Ricardo Lewandowski, reconhecer a constitucionalidade do art. 15 do Código Florestal; viii) por unanimidade, reconhecer a constitucionalidade do art. 28 do Código Florestal; ix) por maioria, dar interpretação conforme a Constituição ao art. 48, § 2º, do Código Florestal, para permitir compensação apenas entre áreas com identidade ecológica, vencidos o Ministro Edson Fachin e, em parte, os Ministros Luiz Fux (Relator), Cármen Lúcia (Presidente), Alexandre de Moraes, Roberto Barroso e Gilmar Mendes; x) por maioria, vencidos os Ministros Marco Aurélio, Edson Fachin, Rosa Weber e Ricardo Lewandowski, reconhecer a constitucionalidade do art. 66, § 3º, do Código Florestal; xi) por maioria, vencidos os Ministros Marco Aurélio, Edson Fachin, e, em parte, o Ministro Ricardo Lewandowski, reconhecer a constitucionalidade do art. 66, § 5º, do Código Florestal; xii) por maioria, vencidos os Ministros Marco Aurélio, Edson Fachin, e, em parte, o Ministro Ricardo Lewandowski, reconhecer a constitucionalidade do art. 66, § 6º, do Código Florestal; xiii) por maioria, vencidos os Ministros Marco Aurélio, Cármen Lúcia (Presidente), Edson Fachin, Rosa Weber e Ricardo Lewandowski, reconhecer a constitucionalidade do art. 67 do Código Florestal; e xiv) por maioria, vencido, em parte, o Ministro Edson Fachin, reconhecer a constitucionalidade do art. 68 do Código Florestal. Plenário, 28-2-2018. **ADIn n. 4.902**. Decisão. O Tribunal julgou parcialmente procedente a ação, para: i) por maioria, vencidos os Ministros Luiz Fux (Relator), Marco Aurélio, Edson Fachin, Roberto Barroso e Ricardo Lewandowski, reconhecer a constitucionalidade do art. 7º, § 3º, da Lei 12.651/2012 (Código Florestal); ii) por maioria, vencidos os Ministros Luiz Fux (Relator), Marco Aurélio, Edson Fachin, Roberto Barroso e Ricardo Lewandowski, reconhecer a constitucionalidade do art. 17, § 3º, do Código Florestal; iii) por maioria, deu interpretação conforme a Constituição ao art. 59, § 4º, do Código Florestal, de modo a afastar, no decurso da execução dos termos de compromissos subscritos nos programas de regularização ambiental, o risco de decadência ou prescrição, seja dos ilícitos ambientais praticados antes de 22-7-2008, seja das sanções deles decorrentes, aplicando-se extensivamente o disposto no § 1º do art. 60 da Lei 12.651/2012, segundo o qual "a prescrição ficará interrompida durante o período de suspensão da pretensão punitiva", vencidos os Ministros Luiz Fux (Relator), Marco Aurélio, Edson Fachin, Roberto Barroso e Ricardo Lewandowski, e, em parte, o Ministro Gilmar Mendes; iv) por maioria, deu interpretação conforme a Constituição ao art. 59, § 5º, do Código Florestal, de modo a afastar, no decurso da execução dos termos de compromissos subscritos nos programas de regularização ambiental, o risco de decadência ou prescrição, seja dos ilícitos ambientais praticados antes de 22-7-2008, seja das sanções deles decorrentes, aplicando-se extensivamente o disposto no § 1º do art. 60 da Lei 12.651/2012, segundo o qual "a prescrição ficará interrompida durante o período de suspensão da pretensão punitiva", vencidos os Ministros Luiz Fux (Relator), Marco Aurélio, Edson Fachin, Roberto Barroso e Ricardo Lewandowski, e, em parte, o Ministro Gilmar Mendes; v) por maioria, vencidos os Ministros Luiz Fux (Relator), Marco Aurélio, Roberto Barroso e Ricardo Lewandowski, reconhecer a constitucionalidade do art. 60 do Código Florestal; vi) por maioria, vencidos os Ministros Marco Aurélio e Ricardo Lewandowski, e, em parte, o Ministro Edson Fachin, reconhecer a constitucionalidade do art. 61-A do Código Florestal; vii) por maioria, vencidos os Ministros Marco Aurélio, Edson Fachin e Ricardo Lewandowski, reconhecer a constitucionalidade do art. 61-B do Código Florestal; viii) por maioria, vencidos os Ministros Marco Aurélio, Edson Fachin e Ricardo Lewandowski, reconhecer a constitucionalidade do art. 61-C do Código Florestal; ix) por maioria, vencidos os Ministros Marco Aurélio, Cármen Lúcia (Presidente), Rosa Weber e Ricardo Lewandowski, reconhecer a constitucionalidade do art. 63 do Código Florestal; x) por maioria, vencidos os Ministros Marco Aurélio, Cármen Lúcia (Presidente), Edson Fachin, Rosa Weber e Ricardo Lewandowski, reconhecer a constitucionalidade do art. 67 do Código Florestal; e xi) por unanimidade, reconhecer a constitucionalidade do art. 78-A do Código Florestal. Plenário, 28-2-2018. **ADIn n. 4.903**. Decisão. O Tribunal julgou parcialmente procedente a ação, para: i) por maioria, vencidos os Ministros Edson Fachin e Gilmar Mendes, e, em parte, o Ministro Alexandre de Moraes, declarar a inconstitucionalidade das expressões *"gestão de resíduos"* e *"instalações necessárias à realização de competições esportivas estaduais, nacionais ou internacionais"*, contidas no art. 3º,VIII, *b*, da Lei 12.651/2012 (Código Florestal); ii) por maioria, dar interpretação conforme a Constituição ao art. 3º, VIII e IX, do Código Florestal, de modo a se condicionar a intervenção excepcional em APP, por interesse social ou utilidade pública, à inexistência de alternativa técnica e/ou locacional à atividade proposta, vencidos, em parte, os Ministros Gilmar Mendes e Celso de Mello; iii) por maioria, vencidos os Ministros Gilmar Mendes, e, em parte, a Ministra Cármen Lúcia (Presidente), dar interpretação conforme a Constituição ao art. 3º, XVII, do Código Florestal, para fixar a interpretação de que os entornos das nascentes e dos olhos d'água intermitentes configuram área de preservação permanente; iv) por maioria, reconhecer a constitucionalidade do art. 3º, XIX, do Código Florestal, vencidos, em parte, os Ministros Cármen Lúcia (Presidente) e Ricardo Lewandowski, que declaravam inconstitucional, por arrastamento, o art. 4º, I, do Código Florestal; v) por maioria, vencidos os Ministros Alexandre de Moraes e Gilmar Mendes, declarar a inconstitucionalidade das expressões "*demarcadas*" e "*tituladas*", contidas no art. 3º, parágrafo único, do Código Florestal; vi) por unanimidade, reconhecer a constitucionalidade do art. 4º, III, do Código Florestal; vii) por maioria, dar interpretação conforme ao art. 4º, IV, do Código Florestal, para fixar a interpretação de que os entornos das nascentes e dos olhos d'água intermitentes configuram área de preservação ambiental, vencidos o Ministro Gilmar Mendes e, em parte, os Ministros Marco Aurélio e Cármen Lúcia (Presidente); viii) por maioria, vencidos os Ministros Cármen Lúcia (Presidente) e Ricardo Lewandowski, reconhecer a constitucionalidade do art. 4º, § 1º, do Código Florestal; ix) por maioria, vencidos os Ministros Cármen Lúcia (Presidente) e Ricardo Lewandowski, reconhecer a constitucionalidade do art. 4º, § 4º, do Código Florestal; x) por unanimidade, reconhecer a constitucionalidade do art. 4º, § 5º, do Código Florestal; xi) por unanimidade, reconhecer a constitucionalidade do art. 4º, § 6º, e incisos, do Código Florestal; xii) por maioria, vencidos, em parte, os Ministros Marco Aurélio e Ricardo Lewandowski, o Tribunal reconheceu a constitucionalidade do art. 5º do Código Florestal; xiii) por unanimidade, reconhecer a constitucionalidade do art. 8º, § 2º, do Código Florestal; xiv) por maioria, vencidos, em parte, os Ministros Cármen Lúcia (Presidente) e Ricardo Lewandowski, reconhecer a constitucionalidade do art. 11 do Código Florestal; xv) por maioria, vencidos os Ministros Relator, Marco Aurélio, Edson Fachin, Roberto Barroso e Ricardo Lewandowski, reconhecer a constitucionalidade do art. 17, § 3º, do Código Florestal; xvi) por unanimidade, julgou constitucional o art. 62 do Código Florestal. Plenário, 28-2-2018. **ADIn n. 4.937**. Decisão. O Tribunal julgou parcialmente procedente a ação, para: i) por maioria, vencidos os Ministros Edson Fachin e Gilmar Mendes, e, em parte, o Ministro Alexandre de Moraes, declarar a inconstitucionalidade das expressões "*gestão de resíduos*" e "*instalações necessárias à realização de competições esportivas estaduais, nacionais ou internacionais*", contidas no art. 3º,VIII, b, da Lei 12.651/2012 (Código Florestal); ii) por maioria, vencidos os Ministros Luiz Fux (Relator), Marco Aurélio, Edson Fachin, Roberto Barroso e Ricardo Lewandowski, reconhecer a constitucionalidade do art. 7º, § 3º, do Código Florestal; iii) por maioria, vencido o Ministro Edson Fachin, reconhecer a constitucionalidade do art. 13, § 1º, do Código Florestal; iv) por unanimidade, julgou constitucional o art. 44 do Código Florestal; v) por maioria, dar interpretação conforme a Constituição ao art. 48, § 2º, do Código Florestal, para permitir compensação apenas entre áreas com identidade ecológica, vencidos o Ministro Edson Fachin e, em parte, os Ministros Luiz Fux (Relator), Cármen Lúcia (Presidente), Alexandre de Moraes, Roberto Barroso e Gilmar Mendes; vi) por maioria, dar interpretação conforme a Constituição ao art. 59, § 4º, do Código Florestal, de modo a afastar, no decurso da execução dos termos de compromissos subscritos nos programas de regularização ambiental, o risco de decadência ou prescrição, seja dos ilícitos ambientais praticados antes de 22-7-2008, seja das sanções deles decorrentes, aplicando-se extensivamente o disposto no § 1º do art. 60 da Lei 12.651/2012, segundo o qual "a prescrição ficará interrompida durante o período de suspensão da pretensão punitiva", vencidos os Ministros Luiz Fux (Relator), Marco Aurélio, Edson Fachin, Roberto Barroso e Ricardo Lewandowski, e, em parte, o Ministro Gilmar Mendes; vii) por maioria, dar interpretação conforme a Constituição ao art. 59, § 5º, do Código Florestal, de modo a afastar, no decurso da execução dos termos de compromissos subscritos nos programas de regularização ambiental, o risco de decadência ou prescrição, seja dos ilícitos ambientais praticados antes de 22-7-2008, seja

A revista científica *Science*, uma das mais conceituadas na área, publicou estudo que avalia o impacto do novo Código Florestal. O estudo liderado pelos brasileiros Britaldo Soares Filho e Raoni Rajão, da Universidade Federal de Minas Gerais (UFMG), com a colaboração da Secretaria de Assuntos Estratégicos do governo brasileiro e pesquisadores do Instituto de Pesquisa Ambiental da Amazônia (IPAM) e do centro de pesquisa americano Woods Hole Research Center, constatou uma grande anistia para quem desmatou até 2008, reduzindo em 58% o passivo ambiental dos imóveis rurais no Brasil. A lei, em fase de regulamentação, anistia 29 milhões de hectares de florestas e permite a possibilidade de desmate legalizado para outros 88 milhões de hectares. A área desmatada ilegalmente que deveria ser restaurada foi reduzida de 50 milhões para 21 milhões de hectares, sendo 22% Áreas de Preservação Permanente nas margens dos rios e 78% áreas de Reserva Legal. Essas reduções, segundo os professores, afetam os programas nacionais de conservação ambiental, principalmente na Amazônia, Cerrado e Mata Atlântica. A recuperação da Mata Atlântica, que possui de 12% a 16% de sua formação original, é vital para a provisão de serviços ambientais, dentre os quais se destaca o fornecimento de água para geração de energia hidrelétrica e abastecimento dos grandes centros urbanos. E a redução da necessidade de recuperação ambiental pode agravar a crise de abastecimento de água que já assola a região metropolitana de São Paulo e outras grandes cidades brasileiras. Para se ter uma ideia, o Brasil, nos últimos 50 anos, conseguiu reflorestar somente 7 milhões de hectares. Para chegar a esses números, os professores analisaram uma extensa base de dados cartográficos sobre o Brasil por meio de *software* desenvolvido pela própria UFMG, que incorpora as complexas regras do novo Código Florestal. Para a implementação plena do Código Florestal, o estudo defende a criação de formas de pagamento por serviços ambientais e a necessidade de incentivos econômicos aportados por fundos internacionais, como o recém-criado Fundo de Varsóvia para o REDD (Redução das Emissões por Desmatamento e Degrada-

---

das sanções deles decorrentes, aplicando-se extensivamente o disposto no § 1º do art. 60 da Lei 12.651/2012, segundo o qual "a prescrição ficará interrompida durante o período de suspensão da pretensão punitiva", vencidos os Ministros Luiz Fux (Relator), Marco Aurélio, Edson Fachin, Roberto Barroso e Ricardo Lewandowski, e, em parte, o Ministro Gilmar Mendes; viii) por maioria, vencidos os Ministros Luiz Fux (Relator), Marco Aurélio, Roberto Barroso e Ricardo Lewandowski, reconhecer a constitucionalidade do art. 60 do Código Florestal; ix) por maioria, vencidos os Ministros Marco Aurélio e Ricardo Lewandowski, e, em parte, o Ministro Edson Fachin, reconhecer a constitucionalidade do art. 61-A do Código Florestal; x) por maioria, vencidos os Ministros Marco Aurélio, Edson Fachin e Ricardo Lewandowski, reconhecer a constitucionalidade do art. 61-B do Código Florestal; xi) por maioria, vencidos os Ministros Marco Aurélio, Edson Fachin e Ricardo Lewandowski, reconhecer a constitucionalidade do art. 61-C do Código Florestal; e xii) por maioria, vencidos os Ministros Marco Aurélio, Cármen Lúcia (Presidente), Rosa Weber e Ricardo Lewandowski, reconhecer a constitucionalidade do art. 63 do Código Florestal. Plenário, 28-2-2018.

ção). O Cadastro Ambiental Rural, além disso, poderá ser um instrumento importante para fiscalizar os futuros desmatamentos ilegais[50].

## 2. REGIME JURÍDICO

As florestas existentes no território nacional e as demais formas de vegetação nativa, reconhecidas de utilidade às terras que revestem, são bens de interesse comum a todos os habitantes do país, exercendo-se os direitos de propriedade com as limitações que a legislação em geral e especialmente esta lei estabelecem (art. 2º da Lei n. 12.651/2012).

Tais florestas não mais seriam consideradas em conjunto, mas individualmente, havendo assim a diferenciação entre as florestas nativas (naturais) e as plantadas. Isso não significa que o proprietário poderia explorá-las plenamente; ao contrário, pois as restrições seriam mais efetivamente controladas e fiscalizadas.

Florestas são bens comuns que se contrapõem ao interesse individual. Tanto o Poder Público como o proprietário devem respeitar a legislação no que tange às restrições à exploração das florestas e das demais formas da vegetação. Tanto o proprietário como o não proprietário possuem direito sobre elas devido ao seu interesse difuso.

As florestas e as demais formas de vegetação são bens ambientais essenciais à sobrevivência de todas as formas de vida existentes no planeta.

O Código Florestal, com base na sua importância científica, criou dois espaços territoriais para a proteção do meio ambiente: as Áreas de Preservação Permanente e a Reserva Florestal Legal.

### 2.1. Áreas de Preservação Permanente — APP(s)

O Código Florestal de 1934 não se referia as Áreas de Preservação Permanente — APP(s), mas somente às florestas protetoras, de maneira similar.

Áreas de Preservação Permanente — APP(s) são espaços cobertos ou não por vegetação nativa, com a função ambiental de preservar os recursos hídricos, a paisagem, a estabilidade geológica, a biodiversidade, o fluxo gênico de fauna e flora, de proteger o solo e de assegurar o bem-estar das populações humanas (art. 3º, II, da Lei n. 12.651/2012).

Esse novo conceito permite que a cobertura da APP possa ser feita com vegetação exótica. Diz o citado dispositivo: "APP pode ser coberta ou não por vegetação nativa". Na legislação revogada, constava apenas "vegetação natural".

---

50. Código Florestal deve anistiar 29 milhões de hectares desmatados, *Folha de S.Paulo*, Saúde+Ciência, 25 abr. 2014, p. C-8, informe do Instituto de Pesquisa Ambiental da Amazônia — IPAM e <https://groups.google.com/de-lege-agraria-nova>.

Veremos, mais adiante, e com detalhes, as Áreas de Preservação Permanente.

## 2.2. Reserva Florestal Legal — RFL

Não havia previsão da Reserva Florestal Legal no Código Florestal de 1934. Este instituto só foi inserido com o advento do Código Florestal de 1965 e mantida pelo Código Florestal de 2012.

Reserva Florestal Legal é espaço florestal que deve ser preservado, além das Áreas de Preservação Permanente. Considera-se Reserva Legal a área localizada no interior de uma propriedade ou posse rural, delimitada nos termos do art. 12 da Lei n. 12.651/2012, com a função de assegurar o uso econômico de modo sustentável dos recursos naturais do imóvel rural, auxiliar a conservação e a reabilitação dos processos ecológicos e promover a conservação da biodiversidade, bem como o abrigo e a proteção de fauna silvestre e da flora nativa (art. 3º da citada lei). Devem-se preservar as florestas e outras formas de vegetação nativa, assim como aquelas não sujeitas ao regime de utilização limitada ou objeto de legislação específica, suscetíveis de supressão, desde que sejam mantidos, a título de reserva legal, no mínimo: a) 80% da cobertura vegetal nativa localizada na Amazônia Legal; b) 35% do cerrado localizado na Amazônia Legal; c) 20% das florestas ou da vegetação nativa localizada em área de campos gerais; e d) 20% da cobertura vegetal nativa localizada nas demais regiões do país (art. 12 da Lei n. 12.651/2012).

Veremos, mais adiante, detalhadamente as Reservas Florestais Legais.

## 2.3. O Código Florestal e o TAC

Diante das alterações legislativas, o proprietário de uma gleba pleiteava a nulidade da execução promovida pelo GAEMA, alegando que o TAC foi firmado antes da vigência do Código Florestal (Lei n. 12.651/2012), diploma legal que, segundo a defesa, trouxe mudanças que o desobrigariam de cumprir as obrigações de fazer acordadas no TAC. O juiz, Dr. Thomaz Corrêa Farqui, da 1ª Vara de Presidente Venceslau, julgou improcedentes os embargos à execução, sustentando que as alterações referem-se somente às reservas legais. A execução funda-se também no descumprimento da obrigação de recompor as APPs, obrigação que remanesce integral mesmo diante do novo Código Florestal. O magistrado diz ainda que a Lei n. 12.651/2012 não alcança TACs anteriores à norma, isto porque, nos termos da Constituição Federal, a lei, como regra, não retroagirá para alterar atos e negócios anteriores à norma, tampouco prejudicará direito adquirido, ato jurídico perfeito e coisa julgada[51].

---

51. Disponível em: <http://www.mpsp.mp.br>, acesso em: 28 mar. 2014.

Com base nisso, o Ministério Público do Estado de São Paulo, por meio do seu Procurador-Geral de Justiça, baixou o Aviso n. 710/2013-PGJ, diante do advento da Lei n. 12.651/2012, ressaltando a necessidade de cumprimento dos acordos judiciais ou extrajudiciais (TACs), celebrados sob a égide da Lei n. 4.771/65 (Código Florestal), os quais devem ser cumpridos integralmente com fundamento no ato jurídico perfeito e direito adquirido, nos termos do art. 6º da LINDB[52].

## 3. ÁREAS DE USO RESTRITO

Na realidade, o Código florestal permitiu, de maneira restrita, a exploração econômica dos pântanos e das áreas de inclinação entre 25° e 45°.

Assim, nos pantanais e planícies pantaneiras é permitida a exploração ecologicamente sustentável, devendo-se considerar as recomendações técnicas dos órgãos oficiais de pesquisa, ficando novas supressões de vegetação nativa para uso alternativo do solo condicionadas à autorização do órgão estadual do meio ambiente, com base nas recomendações mencionadas neste artigo (art. 10 da Lei n. 12.651/2012).

Em áreas de inclinação entre 25° e 45°, serão permitidos o manejo florestal sustentável e o exercício de atividades agrossilvopastoris, bem como a manutenção da infraestrutura física associada ao desenvolvimento das atividades, observadas boas práticas agronômicas, sendo vedada a conversão de novas áreas, excetuadas as hipóteses de utilidade pública e interesse social (art. 11 da Lei n. 12.651/2012).

## 4. CADASTRO AMBIENTAL RURAL — CAR

O Cadastro Ambiental Rural — CAR foi criado, no âmbito do Sistema Nacional de Informação sobre Meio Ambiente — SINIMA (registro público eletrônico de âmbito nacional), e será obrigatório para todos os imóveis rurais, com a finalidade de integrar as informações ambientais das propriedades e posses rurais, compondo base de dados para controle, monitoramento, planejamento ambiental e econômico e combate ao desmatamento.

A inscrição do imóvel rural no CAR deverá ser feita, preferencialmente, no órgão ambiental municipal ou estadual, que, nos termos do regulamento, exigirá: I — identificação do proprietário ou possuidor rural; II — comprovação da propriedade ou posse; III — identificação do imóvel por meio de planta e memorial descritivo, contendo a indicação das coordenadas geográficas com pelo menos um ponto de amarração do perímetro do imóvel, informando a localização dos rema-

---

52. Publicado no DOE de 12-12-2013.

nescentes de vegetação nativa, das Áreas de Preservação Permanente, das Áreas de Uso Restrito, das áreas consolidadas e, caso existente, também da localização da Reserva Legal.

O cadastramento não será considerado título para fins de reconhecimento do direito de propriedade ou posse, tampouco elimina a necessidade de cumprimento do disposto no art. 2º da Lei n. 10.267, de 28 de agosto de 2001, que criou o Cadastro Nacional de Imóveis Rurais — CNIR.

A inscrição no CAR será obrigatória para todas as propriedades e posses rurais, devendo ser requerida no prazo de 1 ano contado da sua implantação, prorrogável, uma única vez, por igual período, por ato do Chefe do Poder Executivo (art. 29 e seus parágrafos da Lei n. 12.651/2012).

Nos casos em que a Reserva Legal já tenha sido averbada na matrícula do imóvel e em que essa averbação identifique o perímetro e a localização da reserva, o proprietário não será obrigado a fornecer ao órgão ambiental as informações relativas à Reserva Legal previstas no inciso III do § 1º do art. 29 da Lei n. 12.651/2012. Para que o proprietário se desobrigue da inscrição do imóvel no CAR, deverá apresentar ao órgão ambiental competente a certidão de registro de imóveis onde conste a averbação da Reserva Legal ou termo de compromisso já firmado, nos casos de posse (art. 30 e seu parágrafo único da Lei n. 12.651/2012).

Na esfera federal, o CAR foi regulamentado por meio do Decreto n. 7.830, de 17 de outubro de 2012, que criou o Sistema de Cadastro Ambiental Rural — SICAR, que integrará o CAR de todas as Unidades da Federação.

Na esfera estadual paulista, já se encontra em funcionamento o Sistema de Cadastro Ambiental Rural — SICAR, que alimentará a base de dados nacional — CAR, que, por sua vez, nos termos do art. 21 do Decreto n. 7.830/2012, somente será considerado implementado por força de ato da ministra do Meio Ambiente[53]. Ainda na esfera estadual, foi instituído o Programa de Regularização Ambiental — PRA, por meio da Lei n. 15.684, de 14 de janeiro de 2015, a qual, por sua vez, foi regulamentada pelo Decreto n. 61.792, de 11 de janeiro de 2016, e pela Resolução SMA n. 4, de 12 de janeiro de 2016, que dispõe sobre a regularização ambiental de propriedades e posses rurais no âmbito do Programa de Regularização Ambiental — PRA[54].

Finalmente, após dois anos, veio a lume o Decreto federal n. 8.235, de 5 de maio de 2014, que estabelece normas gerais complementares aos Programas de Regularização Ambiental dos Estados e do Distrito Federal, de que trata o Decreto n. 7.830, de 17 de outubro de 2012, e institui o Programa Mais Ambiente Brasil. Em

---

53. Aviso n. 711/2013-PGJ, publicado no *DOE* de 12-12-2013.
54. Aviso n. 17/2016-PGJ, publicado no *DOE* de 18-1-2016.

seguida, o Ministério do Meio Ambiente baixou a Instrução Normativa n. 2, de 5 de maio de 2014, que dispõe sobre os procedimentos para a integração, execução e compatibilização do Sistema de Cadastro Ambiental Rural — SICAR e define os procedimentos gerais do Cadastro Ambiental Rural — CAR. Esse ato normativo adiou a implantação das regras do programa de conversão das multas por desmatamento em compromissos de recuperação das áreas afetadas. No entanto, o cadastro poderá ser realizado em um ano contado da data da publicação do decreto. As multas serão suspensas para os infratores que efetuarem a inscrição no CAR e poderão ser negociadas quando o novo programa for definido.

Apesar da adesão ao CAR, muitas entidades governamentais solicitaram a prorrogação do prazo que terminaria no dia 5 de maio de 2015. Diante disso, a presidente da República baixou o Decreto n. 8.439, de 29 de abril de 2015, delegando a competência ao Ministério do Meio Ambiente para a prorrogação de prazo, nos termos estabelecidos no art. 29, § 3º, e art. 59, § 2º, da Lei n. 12.651/2012. Com base nesse decreto, o Ministério do Meio Ambiente baixou a Portaria MMA n. 100, publicada no *DOU* no dia 5 de maio de 2015, prorrogando o prazo para a inscrição de proprietários rurais ao Sistema de Cadastro Ambiental Rural por mais 1 ano.

O Vice-Presidente da República, através da Lei n. 13.295, de 14 de junho de 2016, prorrogou, novamente, o prazo para a inscrição no CAR até o dia 31 de dezembro de 2017, permitindo, por sua vez, a prorrogação por mais 1 ano por ato do Chefe do Poder Executivo, alterando assim os arts. 29 e 78-A da Lei n. 12.651/2012.

Esse novo sistema é federal e será interligado com os cadastros estaduais já existentes.

## 5. EXPLORAÇÃO FLORESTAL

A exploração de florestas nativas e formações sucessoras, de domínio público ou privado, ressalvados os casos previstos nos arts. 21, 23 e 24 da Lei n. 12.651/2012, dependerá de licenciamento pelo órgão competente do SISNAMA, mediante aprovação prévia de Plano de Manejo Florestal Sustentável — PMFS que contemple técnicas de condução, exploração, reposição florestal e manejo compatíveis com os variados ecossistemas que a cobertura arbórea forme (art. 31 da citada lei).

Além do Código Florestal, há necessidade de se respeitarem as normas específicas existentes ou a serem criadas, disciplinando cada tipo de bioma (Florestas Públicas, Bioma Mata Atlântica etc.).

## 6. CONTROLE DA ORIGEM DOS PRODUTOS

O controle da origem da madeira, do carvão e de outros produtos ou subprodutos florestais incluirá sistema nacional que integre os dados dos diferentes entes federativos, coordenado, fiscalizado e regulamentado pelo órgão federal competente do SISNAMA (art. 35 da Lei n. 12.651/2012).

O transporte, por qualquer meio, e o armazenamento de madeira, lenha, carvão e outros produtos ou subprodutos florestais oriundos de florestas de espécies nativas, para fins comerciais ou industriais, requerem licença do órgão competente do SISNAMA, observado o disposto no art. 35 da referida lei (art. 36 da Lei 12.651/2012).

O comércio de plantas vivas e outros produtos oriundos da flora nativa dependerá de licença do órgão estadual competente do SISNAMA e de registro no Cadastro Técnico Federal de Atividades Potencialmente Poluidoras ou Utilizadoras de Recursos Ambientais, previsto no art. 17 da Lei n. 6.938, de 31 de agosto de 1981, sem prejuízo de outras exigências cabíveis.

A exportação de plantas vivas e outros produtos da flora dependerá de licença do órgão federal competente do SISNAMA, observadas as condições estabelecidas no *caput* do art. 37 da Lei n. 12.651/2012).

## 7. USO DE FOGO E CONTROLE DE INCÊNDIOS

É proibido o uso de fogo na vegetação, exceto nas seguintes situações: I — em locais ou regiões cujas peculiaridades justifiquem o emprego do fogo em práticas agropastoris ou florestais, mediante prévia aprovação do órgão estadual ambiental competente do SISNAMA, para cada imóvel rural ou de forma regionalizada, que estabelecerá os critérios de monitoramento e controle; II — emprego da queima controlada em Unidades de Conservação, em conformidade com o respectivo plano de manejo e mediante prévia aprovação do órgão gestor da Unidade de Conservação, visando ao manejo conservacionista da vegetação nativa, cujas características ecológicas estejam associadas evolutivamente à ocorrência do fogo; III — atividades de pesquisa científica vinculada a projeto de pesquisa devidamente aprovado pelos órgãos competentes e realizada por instituição de pesquisa reconhecida, mediante prévia aprovação do órgão ambiental competente do SISNAMA (art. 38, I, II e III, da Lei n. 12.651/2012).

Na situação prevista no inciso I do art. 38 da referida lei, o órgão estadual ambiental competente do SISNAMA exigirá que os estudos demandados para o licenciamento da atividade rural contenham planejamento específico sobre o emprego do fogo e o controle dos incêndios.

Excetuam-se da proibição constante no *caput* do art. 38 da citada lei as práticas de prevenção e combate aos incêndios e as de agricultura de subsistência exercidas pelas populações tradicionais e indígenas.

Na apuração da responsabilidade pelo uso irregular do fogo em terras públicas ou particulares, a autoridade competente para fiscalização e autuação deverá comprovar o nexo de causalidade entre a ação do proprietário ou qualquer preposto e o dano efetivamente causado.

É necessário o estabelecimento de nexo causal na verificação das responsabilidades por infração pelo uso irregular do fogo em terras públicas ou particulares (art. 38 e seus parágrafos da citada lei).

Esse dispositivo aplica-se na esfera administrativa (infração administrativa), pois na esfera cível continua em vigor a responsabilidade objetiva (art. 14, § 1º, da Lei n. 6.938/81).

## 8. CONTROLE DO DESMATAMENTO

O órgão ambiental competente, ao tomar conhecimento do desmatamento em desacordo com o disposto nesta lei, deverá embargar a obra ou atividade que deu causa ao uso alternativo do solo, como medida administrativa voltada a impedir a continuidade do dano ambiental, propiciar a regeneração do meio ambiente e dar viabilidade à recuperação da área degradada.

O embargo restringe-se aos locais onde efetivamente ocorreu o desmatamento ilegal, não alcançando as atividades de subsistência ou as demais atividades realizadas no imóvel não relacionadas com a infração.

Deverá o órgão ambiental responsável disponibilizar publicamente as informações sobre o imóvel embargado, inclusive por meio da rede mundial de computadores, resguardados os dados protegidos por legislação específica, caracterizando o exato local da área embargada e informando em que estágio se encontra o respectivo procedimento administrativo.

A pedido do interessado, o órgão ambiental responsável emitirá certidão em que constem a atividade, a obra e a parte da área do imóvel que sejam objeto do embargo, conforme o caso (art. 51 e seus parágrafos da Lei n. 12.651/2012).

## 9. AGRICULTURA FAMILIAR

Entende-se por pequena propriedade ou posse rural familiar aquela que é explorada mediante trabalho pessoal do agricultor familiar e empreendedor familiar rural, incluindo os assentamentos e projetos de reforma agrária, e que atenda ao disposto no art. 3º da Lei n. 11.326, de 24 de julho de 2006 (art. 3º, V, da Lei n. 12.651/2012).

A intervenção e a supressão de vegetação em Áreas de Preservação Permanente e de Reserva Legal para as atividades eventuais ou de baixo impacto ambiental, previstas no inciso X do art. 3º, excetuadas as alíneas *b* e *g*, quando desenvolvidas nos imóveis a que se refere o inciso V do art. 3º, dependerão de simples declaração ao órgão ambiental competente, desde que esteja o imóvel devidamente inscrito no CAR (art. 52 da Lei n. 12.651/2012).

É livre, contudo, a coleta de produtos florestais não madeireiros, tais como frutos, cipós, folhas e sementes, devendo-se observar: I — os períodos de coleta e volumes fixados em regulamentos específicos, quando houver; II — a época de maturação dos frutos e sementes; e III — técnicas que não coloquem em risco a sobrevivência de indivíduos e da espécie coletada no caso de coleta de flores, folhas, cascas, óleos, resinas, cipós, bulbos, bambus e raízes (art. 21 da Lei n. 12.651/2012).

## 10. PROGRAMA DE INCENTIVOS À PRESERVAÇÃO DO MEIO AMBIENTE

O Poder Executivo Federal fica autorizado a instituir, sem prejuízo do cumprimento da legislação ambiental, programa de apoio e incentivo à conservação do meio ambiente, bem como à adoção de tecnologias e boas práticas que conciliem a produtividade agropecuária e florestal, com redução dos impactos ambientais, como forma de promoção do desenvolvimento ecologicamente sustentável, observados sempre os critérios de progressividade, abrangendo as seguintes categorias e linhas de ação: I — pagamento ou incentivo a serviços ambientais como retribuição, monetária ou não, às atividades de conservação e melhoria dos ecossistemas e que gerem serviços ambientais, tais como, isolada ou cumulativamente: a) o sequestro, a conservação, a manutenção e o aumento do estoque e a diminuição do fluxo de carbono; b) a conservação da beleza cênica natural; c) a conservação da biodiversidade; d) a conservação das águas e dos serviços hídricos; e) a regulação do clima; f) a valorização cultural e do conhecimento tradicional ecossistêmico; g) a conservação e o melhoramento do solo; h) a manutenção de Áreas de Preservação Permanente, de Reserva Legal e de uso restrito; II — compensação pelas medidas de conservação ambiental necessárias para o cumprimento dos objetivos desta Lei, utilizando-se dos seguintes instrumentos, dentre outros: a) obtenção de crédito agrícola, em todas as suas modalidades, com taxas de juros menores, bem como limites e prazos maiores que os praticados no mercado; b) contratação do seguro agrícola em condições melhores que as praticadas no mercado; c) dedução das Áreas de Preservação Permanente, de Reserva Legal e de uso restrito da base de cálculo do Imposto sobre a Propriedade Territorial Rural — ITR, gerando créditos tributários; d) destinação de parte dos recursos arrecadados com a cobrança pelo uso da água, na forma da Lei n. 9.433, de 8 de janeiro de 1997, para a manutenção, recuperação ou recomposição das Áreas de Preservação Permanente, de Reserva Legal e de uso restrito na bacia de geração da receita; e) linhas de financiamento para atender iniciativas de preservação voluntária de vegetação nativa, proteção de espécies da flora nativa ameaçadas de extinção, manejo florestal e agroflorestal sustentável realizados na propriedade ou posse rural, ou recuperação de áreas degradadas; f) isenção de impostos para os principais insumos e equipamentos, tais como: fios de arame, postes de madeira tratada, bombas d'água, trado de perfuração de solo, dentre outros utilizados para os processos de recuperação e manutenção das Áreas de Preservação Permanente, de Reserva Legal e de uso restrito; III — incentivos para comercialização, inovação e aceleração das ações de recuperação, conservação e uso sustentável das florestas e demais formas de vegetação nativa, tais como: a) participação preferencial nos programas de apoio à comercialização da produção agrícola; b) destinação de recursos para a pesquisa científica e tecnológica e a extensão rural relacionadas à melhoria da qualidade ambiental (art. 41 da Lei n. 12.651/2012).

Para financiar as atividades necessárias à regularização ambiental das propriedades rurais, o programa poderá prever: I — destinação de recursos para a pesquisa científica e tecnológica e a extensão rural relacionadas à melhoria da qualidade ambiental; II — dedução da base de cálculo do imposto de renda do proprietário ou possuidor de imóvel rural, pessoa física ou jurídica, de parte dos gastos efetuados com a recomposição das Áreas de Preservação Permanente, de Reserva Legal e de uso restrito cujo desmatamento seja anterior a 22 de julho de 2008; III — utilização de fundos públicos para concessão de créditos reembolsáveis e não reembolsáveis destinados à compensação, recuperação ou recomposição das Áreas de Preservação Permanente, de Reserva Legal e de uso restrito cujo desmatamento seja anterior a 22 de julho de 2008.

O programa previsto no *caput* do art. 41 da Lei n. 12.651/2012 poderá, ainda, estabelecer diferenciação tributária para empresas que industrializem ou comercializem produtos originários de propriedades ou posses rurais que cumpram os padrões e limites estabelecidos nos arts. 4º, 6º, 11 e 12 da citada lei, ou que estejam em processo de cumpri-los.

Os proprietários ou possuidores de imóveis rurais inscritos no CAR, inadimplentes em relação ao cumprimento do termo de compromisso ou PRA ou que estejam sujeitos a sanções por infrações ao disposto na Lei n. 12.651/2012, exceto aquelas suspensas em virtude do disposto no Capítulo XIII, não são elegíveis para os incentivos previstos nas alíneas *a* a *e* do inciso II do *caput* do art. 41 da Lei n. 12.651/2012, até que as referidas sanções sejam extintas.

As atividades de manutenção das Áreas de Preservação Permanente, de Reserva Legal e de uso restrito são elegíveis para quaisquer pagamentos ou incentivos por serviços ambientais, configurando adicionalidade para fins de mercados nacionais e internacionais de reduções de emissões certificadas de gases de efeito estufa.

O programa relativo a serviços ambientais previsto no inciso I do *caput* do art. 41 da Lei n. 12.651/2012 deverá integrar os sistemas em âmbito nacional e estadual, objetivando a criação de um mercado de serviços ambientais.

Os proprietários localizados nas zonas de amortecimento de Unidades de Conservação de Proteção Integral são elegíveis para receber apoio técnico-financeiro da compensação prevista no art. 36 da Lei n 9.985, de 18 de julho de 2000, com a finalidade de recuperação e manutenção de áreas prioritárias para a gestão da unidade (art. 41 e seus parágrafos da Lei n. 12.651/2012).

## 11. FISCALIZAÇÃO

Assegurados o controle e a fiscalização dos órgãos ambientais competentes dos respectivos planos ou projetos, assim como as obrigações do detentor do imóvel, o Poder Público poderá instituir programa de apoio técnico e incentivos financeiros, podendo incluir medidas indutoras e linhas de financiamento para atender, prioritariamente, os imóveis a que se refere o inciso V do *caput* do art. 3º, nas iniciativas de: I — preservação voluntária de vegetação nativa acima dos limites estabelecidos no art. 12 da Lei n. 12.651/2012; II — proteção de espécies da flora nativa ameaçadas de extinção; III — implantação de sistemas agroflorestal e agrossilvopastoril; IV — recuperação ambiental de Áreas de Preservação Permanente e de Reserva Legal; V — recuperação de áreas degradadas; VI — promoção de assistência técnica para regularização ambiental e recuperação de áreas degradadas; VII — produção de mudas e sementes; VIII — pagamento por serviços ambientais (art. 58 da Lei n. 12.651/2012).

Compete ao IBAMA, essencialmente, a fiscalização do Código Florestal. Esta atribuição poderá ser realizada também pelos Municípios e Estados por meio de convênio (arts. 4º, I, e 17, § 3º, da LC n. 140, de 8-12-2011). Também se permite a cooperação entre os entes da Federação (art. 4º, II, da LC n. 140/2011). Se se tratar de áreas urbanas, os Municípios terão competência para realizar a fiscalização. Nesse caso, os entes federativos devem atuar em caráter supletivo nas ações administrativas de licenciamento e na autorização ambiental (art. 15, I, II e III, da LC n. 140/2011).

SEÇÃO VI
*Áreas de Preservação Permanente — APP(s)*

## 1. ÁREAS DE PRESERVAÇÃO PERMANENTE

As florestas e as demais formas de vegetação são reguladas pelo Código Florestal (Lei n. 12.651/2012), considerando-as como bens de interesse da comunidade. Seus proprietários exercerão seus direitos de acordo com as restrições e limitações legais.

### 1.1. Delimitação das APP(s)

O art. 4º da Lei n. 12.651/2012 conceitua como áreas de preservação permanente para efeito legal as florestas e as demais formas de vegetação nativas localizadas nas *zonas rurais*[55]: "I — as faixas marginais de qualquer curso d'água natural, desde a borda da calha do leito regular, em largura mínima de: a) 30 (trinta) metros, para os cursos d'água de menos de 10 (dez) metros de largura; b) 50 (cinquenta) metros, para os cursos d'água que tenham de 10 (dez) a 50 (cinquenta) metros de largura; c) 100 (cem) metros, para os cursos d'água que tenham de 50 (cinquenta) a 200 (duzentos) metros de largura; d) 200 (duzentos) metros, para os cursos d'água que tenham de 200 (duzentos) a 600 (seiscentos) metros de largura; e) 500 (quinhentos) metros, para os cursos d'água que tenham largura superior a 600 (seiscentos) metros; II — as áreas no entorno dos lagos e lagoas naturais, em faixa com largura mínima de: a) 100 (cem) metros, em zonas rurais, exceto para o corpo d'água com até 20 (vinte) hectares de superfície, cuja faixa marginal será de 50 (cinquenta) metros; b) 30 (trinta) metros, em zonas urbanas; III — as áreas no entorno dos reservatórios d'água artificiais, na faixa definida na licença ambiental do empreendimento, observado o disposto nos §§ 1º e 2º da Lei n. 12.651/2012; IV — as áreas no entorno das nascentes e dos olhos-d'água perenes, qualquer que seja sua situação topográfica, no raio mínimo de 50 (cinquenta) metros (STF deu interpretação conforme também para fixar o entendimento de que os entornos das nascentes e dos olhos d'água *intermitentes* são áreas de preservação ambiental); V — as encostas ou partes destas com declividade superior a 45°, equivalente a 100% (cem por cento) na linha de maior declive; VI — as restingas, como fixadoras de dunas ou estabilizadoras de mangues; VII — os manguezais, em toda a sua extensão; VIII — as bordas dos tabuleiros ou chapadas, até a linha de ruptura do relevo, em faixa nunca inferior a 100 (cem) metros em projeções horizontais; IX — no topo de morros, montes, montanhas e serras, com altura mínima de 100 (cem) metros e inclinação média maior que 25°, as áreas delimitadas a partir da curva de nível correspondente a 2/3 (dois terços) da altura mínima da elevação sempre em relação à base, sendo esta definida pelo plano horizontal determinado por planície ou espelho d'água adjacente ou, nos relevos ondulados, pela cota do ponto de sela mais próximo da elevação; X — as áreas em altitude superior a 1.800 (mil e oitocentos) metros, qualquer que seja a vegetação; XI — em veredas, a faixa marginal, em projeção horizontal, com largura mínima de 50 (cinquenta) metros, a partir do limite do espaço brejoso e encharcado".

Não se aplica o previsto no inciso III do art. 4º da Lei n. 12.651/2012, nos casos em que os reservatórios artificiais de água não decorram de barramento ou represamento de cursos d'água.

No entorno dos reservatórios artificiais situados em áreas rurais com até 20 (vinte) hectares de superfície, a área de preservação permanente terá, no mínimo, 15 (quinze) metros.

---

55. O CONAMA baixou a Resolução n. 303, de 20-3-2002, a qual estabelece parâmetros, definições e limites de Áreas de Preservação Permanente.

Fica dispensado o estabelecimento das faixas de Área de Preservação Permanente no entorno das acumulações naturais ou artificiais de água com superfície inferior a 1 hectare, vedada nova supressão de áreas de vegetação nativa. É admitido, para a pequena propriedade ou posse rural familiar, de que trata o inciso V do art. 3º da Lei n. 12.651/2012, o plantio de culturas temporárias e sazonais de vazante de ciclo curto na faixa de terra que fica exposta no período de vazante dos rios ou lagos, desde que não implique supressão de novas áreas de vegetação nativa, seja conservada a qualidade da água e do solo e seja protegida a fauna silvestre.

Nos imóveis rurais com até 15 módulos fiscais, é admitida, nas áreas de que tratam os incisos I e II do *caput* do art. 4º da Lei n. 12.651/2012, a prática da aquicultura e a infraestrutura física diretamente a ela associada, desde que: I — sejam adotadas práticas sustentáveis de manejo de solo e água e de recursos hídricos, garantindo sua qualidade e quantidade, de acordo com norma dos Conselhos Estaduais de Meio Ambiente; II — esteja de acordo com os respectivos planos de bacia ou planos de gestão de recursos hídricos; III — seja realizado o licenciamento pelo órgão ambiental competente; IV — o imóvel esteja inscrito no Cadastro Ambiental Rural — CAR; e V — não implique novas supressões de vegetação nativa (art. 4º, §§ 1º a 6º, da Lei n. 12.651/2012).

Consideram-se ainda Áreas de Preservação Permanente, nos termos do art. 6º da Lei n. 12.651/2012, quando declaradas de interesse social por ato do Chefe do Poder Executivo, as áreas cobertas com florestas ou outras formas de vegetação destinadas a uma ou mais das seguintes finalidades: I — conter a erosão do solo e mitigar riscos de enchentes e deslizamentos de terra e de rocha; II — proteger as restingas ou veredas; III — proteger várzeas; IV — abrigar exemplares da fauna ou da flora ameaçados de extinção; V — proteger sítios de excepcional beleza ou de valor científico, cultural ou histórico; VI — formar faixas de proteção ao longo de rodovias e ferrovias; VII — assegurar condições de bem-estar público; VIII — auxiliar a defesa do território nacional, a critério das autoridades militares: e IX — proteger áreas úmidas, especialmente as de importância internacional.

## 1.2. Regime protetivo das APP(s)

A vegetação situada em Área de Preservação Permanente deverá ser mantida pelo proprietário da área, possuidor ou ocupante a qualquer título, pessoa física ou jurídica, de direito público ou privado. Tendo ocorrido supressão de vegetação situada em Área de Preservação Permanente, o proprietário da área, possuidor ou ocupante a qualquer título é obrigado a promover a recomposição da vegetação, ressalvados os usos autorizados previstos na Lei n. 12.651/2012. A obrigação prevista no § 1º do art. 7º da citada lei tem natureza real e é transmitida ao sucessor no caso de transferência de domínio ou posse do imóvel rural. No caso de supressão não autorizada de vegetação realizada após 22 de julho de 2008, é vedada a concessão de novas autorizações de supressão de vegetação enquanto não cumpridas às obrigações previstas no § 1º (art. 7º da Lei n. 12.651/2012).

A intervenção ou a supressão de vegetação nativa em Área de Preservação Permanente somente ocorrerá nas hipóteses de utilidade pública, de interesse social ou de baixo impacto ambiental previstas na Lei n. 12.651/2012. A supressão de vegetação nativa protetora de nascentes, dunas e restingas somente poderá ser autorizada em caso de utilidade pública. A intervenção ou a supressão de vegetação nativa em Área de Preservação Permanente de que tratam os incisos VI e VII do *caput* do art. 4º da referida lei poderá ser autorizada, excepcionalmente, em locais onde a função ecológica do manguezal esteja comprometida, para execução de obras habitacionais e de urbanização, inseridas em projetos de regularização fundiária de interesse social, em áreas urbanas consolidadas ocupadas por população de baixa renda. É dispensada a autorização do órgão ambiental competente para a execução, em caráter de urgência, de atividades de segurança nacional e obras de interesse da defesa civil destinadas à prevenção e mitigação de acidentes em áreas urbanas. Não haverá, em qualquer hipótese, direito à regularização de futuras intervenções ou supressões de vegetação nativa, além das previstas no novo Código Florestal (art. 8º da Lei n. 12.651/2012).

É permitido o acesso de pessoas e animais às Áreas de Preservação Permanente para obtenção de água e para realização de atividades de baixo impacto ambiental (art. 9º da Lei n. 12.651/2012).

## 2. ÁREAS VERDES URBANAS

As áreas verdes urbanas podem ser constituídas por áreas urbanas, áreas verdes, faixas marginais nos cursos de rios e reservatórios artificiais e áreas urbanas consolidadas: regularização de assentamentos habitacionais.

### 2.1. Áreas urbanas

Nas áreas urbanas, assim entendidas as áreas compreendidas nos perímetros urbanos definidos por lei municipal, e nas regiões metropolitanas e aglomerações urbanas, as faixas marginais de qualquer curso d'água natural que delimitem as áreas da faixa de passagem de inundação terão sua largura determinada pelos respectivos Planos Diretores e Leis de Uso do Solo, ouvidos os Conselhos Estaduais e Municipais de Meio Ambiente (art. 4º, § 9º, da Lei n. 12.651/2012). Ainda no caso de áreas urbanas, assim entendidas as compreendidas nos perímetros urbanos definidos por lei municipal, e nas regiões metropolitanas e aglomerações urbanas, observar-se-á o disposto nos respectivos Planos Diretores e Leis Municipais de

Uso do Solo, sem prejuízo do disposto nos incisos do *caput* (§ 10 do art. 4º da Lei n. 12.651/2012).

## 2.2. Áreas verdes

O poder público municipal contará, para o estabelecimento de áreas verdes urbanas, com os seguintes instrumentos: I — o exercício do direito de preempção para aquisição de remanescentes florestais relevantes, conforme dispõe a Lei n. 10.257, de 10 de julho de 2001; II — a transformação das Reservas Legais em áreas verdes nas expansões urbanas; III — o estabelecimento de exigência de áreas verdes nos loteamentos, empreendimentos comerciais e na implantação de infraestrutura; e IV — aplicação em áreas verdes de recursos oriundos da compensação ambiental (art. 25 da Lei n. 12.651/2012).

## 2.3. Faixas marginais nos cursos de rios e reservatórios artificiais

O Código define ainda a largura da faixa de passagem de inundação, em áreas urbanas e regiões metropolitanas, bem como das áreas de preservação permanente, a serem estabelecidas pelos planos diretores e leis. O veto resgata a necessidade de observância dos critérios mínimos de proteção, voltados, para a prevenção aos inúmeros acidentes ambientais que, a cada início de ano, assolam o nosso país, na forma de inundações e desmoronamentos.

O novo Código Florestal (Lei n. 12.651/2012), em seu art. 4º, I, *a*, e II, *b*, estabeleceu para as faixas marginais de qualquer curso d'água e para as áreas no entorno dos lagos e lagoas naturais a largura mínima de 30 metros.

Pensamos que tais medidas podem ser aplicadas também nas áreas urbanas.

Ressalte-se, contudo, que, em 19 de abril de 2000, os Conselheiros do Conselho Estadual do Meio Ambiente (CONSEMA) votaram e aprovaram a Deliberação n. 10/2000, com a seguinte redação:"Recomenda-se à Secretaria Estadual do Meio Ambiente que, nos licenciamentos de novos loteamentos, atente para a necessidade de preservação, ao longo das margens dos rios e demais cursos d'água, de faixa de trinta (30) metros de largura, em áreas urbanas que ainda apresentam características rurais"[56]. Essa recomendação foi confirmada na Apelação Cível n. 207.160.5/7, da Comarca de Barueri, que tramitou perante a 5ª Câmara de Direito Público do TJSP, em 8 de maio de 2003, na qual o relator, Dr. Paulo Franco, sustentou ser de "30 metros a faixa de preservação permanente que margeia os cursos d'água de menos de 10 metros de largura também na ZONA URBANA".

---

56. Essa Deliberação foi publicada por determinação do Procurador-Geral de Justiça no *DOE* (Poder Executivo), Seção I, em 29 ago. 2000, p. 30.

Já no entorno de reservatórios artificiais, o § 2º do art. 4º da Lei n. 12.651/2012 estabeleceu, nas áreas rurais com até 20 hectares de superfície, o limite de 15 metros (vide também art. 62 da citada lei[57]). Há, em nosso entender, necessidade de se manter uma faixa de 100 metros. Nesse sentido: "Ação Civil Pública Ambiental. Uso de Área de Preservação Permanente. Usina Hidrelétrica de Canoas-I. Resolução CONAMA n. 302/2002. Faixa de Preservação de 100 metros às margens das represas. Sentença procedente. Competência municipal que fica vinculada e limitada às disposições das normas federais, inclusive resoluções do CONAMA. Constitucionalidade da deliberação que fixou a faixa de 100 metros. Resolução (302/2002) que apenas reforçou o que já havia sido deliberado na Resolução n. 4/85. Necessidade de regulamentação do art. 2º do Código Florestal no que concerne às Áreas de Preservação Permanente no entorno dos reservatórios artificiais e responsabilidade assumidas pelo Brasil nas Convenções da Biodiversidade, Ramsar e Washington, e nos compromissos derivados da Declaração do Rio de Janeiro. Resolução que trata expressamente de proteção aos recursos hídricos, que não estão sujeitos ao princípio da reserva legal. Cautelas estabelecidas que não podem ser vistas como uma violação ao direito de propriedade, que não se sobrepõe ao interesse público que emana do meio ambiente, nem como restrição à competência legislativa municipal. Fixação da faixa pelo EPIA/RIMA que não afasta resolução com força de lei. Impossibilidade de indenização. Agravos retidos não conhecidos. Preliminares afastadas. Recurso

---

57. A juíza Dra. Ana Rita de Oliveira Clemente julgou procedente ação civil pública ofertada pelo Ministério Público que pedia a condenação dos réus à obrigação de reparar dano ambiental em área de preservação permanente, por meio do desfazimento de edificações e replantio de espécies nativas. No curso do processo, os réus invocaram o art. 62 da Lei n. 12.651/2012, que diminuiu significativamente a área de preservação permanente em reservatórios artificiais de água destinados a geração de energia ou abastecimento público que tenham sido registrados ou que tenham tido seus contratos de concessão ou autorização assinados anteriormente à Medida Provisória n. 2.166-67, de 24 de agosto de 2001. Opondo-se a tal argumento, o promotor de Justiça Dr. José Cláudio Zan, alegou a inconstitucionalidade do artigo, por ofensa a dispositivo constitucional (art. 225 da CF). A magistrada acolheu a tese do Ministério Público reconhecendo que a diminuição legal no nível de proteção dessa área de preservação permanente violava o princípio do não retrocesso ambiental, amparado na Constituição da República. Conclui ela: "Por todo o exposto, declaro tal dispositivo inaplicável por reconhecer sua inconstitucionalidade, devendo orientar a solução da presente demanda a legislação que a Lei n. 12.651/2012 teria revogado, ou seja, as Leis n. 4.771/65 e 7.754/89, bem como as respectivas disposições regulamentares infralegais. E nem se argumente sobre a impossibilidade de se analisar a constitucionalidade de lei em sede de ação civil pública, uma vez que, considerando a forma com que a questão foi posta no presente feito, verifica-se que é utilizada como instrumento de controle difuso-concreto de inconstitucionalidade, ou seja, de todo evidente que não se pretende um sucedâneo da ação direta de inconstitucionalidade, antes, aqui, o inconformismo material da legislação infraconstitucional com a Carta Maior não é o objeto do pedido e sim uma causa de pedir, portanto, a inconstitucionalidade é uma causa incidental nesta ação" (Processo n. 0900588-47.2012.8.26.0103, Caconde, Juíza Substituta Ana Rita de Oliveira Clemente, j. 20-2-2013).

desprovido. Instituição da reserva legal. Legitimidade passiva do último proprietário. Irrelevância de haver ou não anterior desmatamento. Obrigação *propter rem*. Recurso desprovido"[58].

Constata-se, pelo conteúdo do art. 4º acima citado, que a lei protege as águas (incisos I, II, III e IV) e o solo (incisos V, VI, VII, VIII, IX, X e XI). Objetiva-se, ainda, com esse artigo, proteger as florestas e qualquer tipo de vegetação localizadas nas propriedades privadas ou públicas. Seus proprietários têm a obrigação de preservar e manter as áreas intactas e repará-las em caso de degradação.

### 2.4. Áreas urbanas consolidadas: regularização de assentamentos habitacionais

O Dr. Ricardo Manuel Castro, promotor de justiça em São Paulo, sustenta que a Lei n. 12.651/2012 estabeleceu três hipóteses de regularização de assentamentos habitacionais em áreas urbanas: a) nas APP(s) relativas a restinga e manguezais (art. 8º, § 2º, da citada lei); b) nas regularizações fundiárias de interesse social de assentamentos incluídos em APP(s) (art. 64 da citada lei); e c) nas regularizações de interesse específico de assentamentos em área urbana em APP(s) e que não sejam identificadas como áreas de risco (art. 65 da mesma lei).

Após longas explanações e fundamentações, o ilustre promotor apresentou os seguintes requisitos: a) as hipóteses acima só se aplicam às áreas urbanas consolidadas. Tais áreas são aquelas localizadas dentro do perímetro urbano com densidade demográfica superior a cinquenta habitantes por hectare, com malha viária efetivamente implantada e que contenham, no mínimo, dois equipamentos de infraestrutura urbana entre drenagem de águas pluviais, esgoto, rede de abastecimentos de água, distribuição de energia elétrica e limpeza urbana, incluindo a obrigatoriedade da coleta e manejo de resíduos sólidos. Está inviabilizada a regularização de empreendimentos de alto padrão em APP; b) nas restingas, a supressão de vegetação protegida somente será possível em casos de utilidade pública (art. 8º, § 1º, da citada lei) e nos casos do § 2º; e nos manguezais, em toda a sua extensão, somente nos casos previstos no art. 8º, § 2º; c) somente são suscetíveis de regularização em áreas de mangue e restinga empreendimentos destinados à população de baixa renda; d) em qualquer modalidade de regularização, há necessidade de ser elaborado estudo técnico, por meio de equipe multidisciplinar, que comprove a melhoria das condições de sustentabilidade urbanística e ambiental da ocupação e das condições de habitabilidade dos seus moradores; e e) é absolutamente vedada a regularização de assentamentos localizados em áreas de risco[59].

---

58. TJSP, AC 769.966.5/4, Câmara Especial do Meio Ambiente, rel. Samuel Júnior, j. em 10-7-2008, Aviso n. 548/2008 — PGJ, publicado no *DOE*, 11 set. 2008.

59. Ricardo Manuel Castro, *Da regularização de assentamentos habitacionais em área urbana*, Tese

Não há dúvidas de que esses requisitos são importantes para disciplinar as hipóteses de assentamentos habitacionais urbanos para se evitar abuso por parte dos grandes empreendimentos imobiliários. *V.* item 5 — Regularização fundiária e urbanização, Capítulo II, Título VII, deste *Manual*.

## 2.5. Teoria do fato consumado em direito ambiental

Como é sabido, a *teoria do fato consumado* em matéria ambiental sempre foi utilizada como forma de defesa pelos proprietários e reiteradamente repudiada pelo Poder Judiciário de todo o país.

Há muito que os jusambientalistas criticam esta teoria, sem sombra de dúvidas, prejudicial ao meio ambiente. Em outras palavras, acolher esta teoria seria permitir a consolidação do direito de poluir. Não é de outra forma o pensamento de Herman Benjamim, Ministro do STJ, a *"teoria do fato consumado em matéria ambiental equivale a perpetuar, a perenizar suposto direito de poluir, que vai de encontro, no entanto, ao postulado do meio ambiente equilibrado como bem de uso comum do povo essencial à sadia qualidade de vida"* (AgInt nos EDcl no REsp n. 1.447.071).

Com advento da Súmula 613 do STJ, aprovada pela 1ª Seção e publicada no dia 1º de junho de 2018, p. 9227, do *DOU*, não se admitirá mais a alegação da teoria do fato consumado por parte dos proprietários de imóveis localizados em Área de Preservação Permanente — AAP, como defesa em seus arrazoados, para se eximir da responsabilidade de reparar o dano ou desfazer a construção irregular. O STJ, com base em vários precedentes, optou em baixar a Súmula 613, com o seguinte verbete: *Não se admite a aplicação da teoria do fato consumado em tema de Direito Ambiental.*

Segue abaixo uma decisão pela qual o STJ fundamentou a criação da citada Súmula.

*"Administrativo. Ambiental. Processual civil. Agravo regimental no Recurso Especial. Ação Civil Pública. Edificação em Área de Proteção Permanente. Proximidade a leito de rio. Constatação de atividade causadora de impacto ambiental. Casas de veraneio. Impossibilidade de alegação de fato consumado em matéria ambiental. Inexistência de aquisição de direito de poluir. Jurisprudência do STJ. Provimento do Recurso Especial. Suposta violação ao art. 557 do CPC. Controvérsia idêntica a outras julgadas colegiadamente pela Turma. Alegação de incidência superveniente da nova codificação florestal. Falta de prequestionamento. Preclusão do direito. Ausência de apresentação de contrarrazões em Recurso Especial.*

1. O art. 557, *caput*, do CPC, autoriza o julgamento monocrático de recurso na hipótese de confronto com jurisprudência de Tribunal Superior, o caso concre-

---

apresentada no 16º Congresso do Meio Ambiente e 10º Congresso de Habitação e Urbanismo sobre Meio Ambiente Natural e Urbano: Sustentabilidade, realizado em Águas de São Pedro, de 22 a 25 de novembro de 2012.

to amoldando-se com perfeição a esse normativo por tratar de demanda símile a outras sobre a edificação em área de proteção ambiental no Estado do Mato Grosso do Sul (Ivinhema). 2. A invocação da revogação do antigo Código Florestal pela Lei 12.651/2012 e da eventual influência na resolução da controvérsia constitui tese não prequestionada na origem, tampouco aludida a tempo e modo próprios pelo agravante, que deixou transcorrer *in albis* o prazo para as contrarrazões de recurso especial. 3. Agravo regimental não provido" (AgRg no REsp 1.497.346/MS, rel. Min. Mauro Campbell Marques, Segunda Turma, julgado em 19-11-2015, *DJe* 27-11-2015).

Tal decisão facilitará a atuação do MP, que poderá realizar acordos com mais intensidade e frequência com os proprietários irregulares.

Seção VII
*Reserva Florestal Legal — RFL*

## 1. RESERVA FLORESTAL LEGAL

*Reserva florestal legal* é a preservação de parte de uma área maior de determinada propriedade particular com o objetivo da preservação da vegetação ali existente. Entende-se por *reserva legal* a área localizada no interior de uma propriedade ou posse rural, com a função de assegurar o uso econômico de modo sustentável dos recursos naturais do imóvel rural, auxiliar a conservação e a reabilitação dos processos ecológicos e promover a conservação da biodiversidade, bem como o abrigo e a proteção de fauna silvestre e da flora nativa (art. 3º, III, da Lei n. 12.651/2012).

### 1.1. Delimitação das RFL(s)

Todo imóvel rural deve manter área com cobertura de vegetação nativa, a título de Reserva Legal, sem prejuízo da aplicação das normas sobre as Áreas de Preservação Permanente, observados os seguintes percentuais mínimos em relação à área do imóvel: I — localizado na Amazônia Legal: a) 80% (oitenta por cento), no imóvel situado em área de florestas; b) 35% (trinta e cinco por cento), no imóvel situado em área de cerrado; c) 20% (vinte por cento), no imóvel situado em área de campos gerais; II — localizado nas demais regiões do país: 20% (vinte por cento). (art. 12, I, *a*, *b* e *c*, II, da Lei n. 12.651/2012).

Releve-se, além disso, que a Reserva Legal da Amazônia poderá ser reduzida, em até 50%, nas seguintes situações: a) caso o município tenha mais de 50% da área ocupada por Unidade de Conservação de domínio público e por terras indígenas devidamente homologadas (art. 12, § 4º, da Lei n. 12.651/2012); e b) caso o Estado tenha Zoneamento Ecológico aprovado e mais de 65% do seu território ocupado por Unidade de Conservação de domínio público regularizado e por terras indígenas homologadas (art. 12, § 5º, da Lei n. 12.651/2012).

É possível, contudo, o cômputo da Área de Preservação Permanente no cálculo do percentual da Reserva Legal, em três situações: a) o benefício previsto no art. 15 da Lei n. 12.651/2012 não implique a conversão de novas áreas para o uso alternativo do solo; b) a área a ser computada esteja conservada ou em processo de recuperação, conforme comprovação do proprietário ao órgão estadual integrante do SISNAMA; e c) o proprietário ou possuidor tenha requerido inclusão do imóvel no CAR (art. 15, I, II e III, da Lei n. 12.651/2012). O regime jurídico da APP será o mesmo, fica apenas reduzida a RL desde que preenchidos conjuntamente os requisitos do art. 15.

Vê-se, pois, que a reserva florestal legal não incide somente sobre a propriedade privada, mas também sobre a propriedade pública. E as áreas de preservação permanente incidem também sobre propriedade privada e pública. A reserva florestal legal, além disso, é uma limitação ao direito de propriedade consistente em preservar não só a flora, mas a interação de todos os elementos essenciais do meio ambiente (art. 225, *caput*, da CF).

## 1.2. Regime protetivo das RFL(s)

A reserva florestal legal deve ser conservada com cobertura de vegetação nativa pelo proprietário do imóvel rural, possuidor ou ocupante a qualquer título, pessoa física ou jurídica, de direito público ou privado.

Admite-se a exploração econômica da reserva florestal legal mediante manejo sustentável, previamente aprovado pelo órgão competente do SISNAMA, de acordo com as modalidades previstas no art. 20 da Lei n. 12.651/2012.

Para fins de manejo de reserva florestal legal na pequena propriedade ou posse rural familiar, os órgãos integrantes do SISNAMA deverão estabelecer procedimentos simplificados de elaboração, análise e aprovação de tais planos de manejo.

É obrigatória a suspensão imediata das atividades em área de reserva legal desmatada irregularmente após 22 de julho de 2008.

Sem prejuízo das sanções administrativas, cíveis e penais cabíveis, deverá ser iniciado o processo de recomposição da reserva florestal legal em até dois anos contados a partir da data da publicação do novo Código Florestal, devendo tal processo ser concluído nos prazos estabelecidos pelo Programa de Regularização Ambiental — PRA, de que trata o art. 59 (art. 17 e seus parágrafos da Lei n. 12.651/2012).

## 2. INSTRUMENTOS LEGAIS DISCIPLINADORES DA RESERVA LEGAL

Compete à União, aos Estados e ao Distrito Federal legislar sobre florestas (art. 24, VI, da CF). A União, por meio de lei específica, criou o Código Florestal

(Lei n. 12.651/2012), disciplinando normas gerais (art. 24, § 1º, da CF). Os Estados também criaram suas leis atendendo a suas peculiaridades, suplementando a lei federal (art. 24, § 2º, da CF). A Constituição Federal, por sua vez, inseriu um capítulo inteiro dedicado ao meio ambiente em um único artigo — art. 225. O inciso III do § 1º do art. 225 da CF outorgou ao Poder Público a competência de "definir, em todas as unidades da Federação, espaços territoriais e seus componentes a serem especialmente protegidos, sendo a alteração e a supressão permitidas somente através de lei, vedada qualquer utilização que comprometa a integridade dos atributos que justifiquem sua proteção". O Código Florestal de 2012 manteve a reserva florestal legal. A Lei n. 8.629, de 25 de fevereiro de 1993, por sua vez, regulamenta os dispositivos constitucionais relativos à reforma agrária, excluindo a reserva legal das áreas desapropriáveis.

A inexigibilidade da Reserva Legal encontra-se estabelecida em três dispositivos: a) quanto se tratar de empreendimentos destinados a abastecimento público de água e tratamento de esgoto (art. 12, § 6º, da Lei n. 12.651/2012); b) quando se tratar de áreas adquiridas ou desapropriadas destinadas a energia elétrica (art. 12, § 7º, da citada lei); e c) quando se tratar de áreas adquiridas ou desapropriadas destinadas a rodovias e ferrovias (art. 12, § 8º, da citada lei).

## 3. VEGETAÇÃO DA RESERVA

A vegetação da área reservada deverá ser aquela existente no local. Procura-se conservar a vegetação típica de cada região, ou seja, cerrado, caatinga, manguezais, florestas etc. O fato de não existir cobertura arbórea não afasta a obrigação de proteção da vegetação do local.

A vegetação da reserva legal pode ser explorada economicamente, mediante manejo sustentável e previamente aprovado pelo órgão competente do SISNAMA, de acordo com a modalidade prevista no art. 20 da Lei n. 12.651/2012.

A lei da política agrícola havia estabelecido a obrigatoriedade de o proprietário rural recompor, em sua propriedade, a reserva florestal legal, mediante plantio, em cada ano, de pelo menos um trinta avos da área total (art. 99 da Lei n. 8.171, de 17-1-1991).

Nesse sentido foi a decisão da 1ª Turma do Superior Tribunal de Justiça que, por unanimidade, negou provimento ao recurso especial em que proprietário de imóvel rural arguia sua ilegitimidade de parte passiva para figurar em ação civil pública por danos ao meio ambiente, uma vez que não derrubou nenhuma floresta nativa, primitiva ou regenerada e, quando adquiriu a propriedade, já não havia reserva legal, tendo o desmatamento sido feito em épocas anteriores à sua aquisição pelos antigos proprietários. Ressalta o acórdão que "o fato de que não mais existam reservas legais quando da aquisição da propriedade não elide a obrigação da empresa recorrente de reconstruir área de mata, pois os dois aspectos são tutelados na legislação em vigor, ou seja, a manutenção e a recomposição da mata"[60].

Ainda sobre indenização da cobertura vegetal, o acórdão recorrido entendeu que, "havendo divergência sobre a dimensão do imóvel desapropriado, deve prevalecer a área real do imóvel sobre a área registrada, devendo a primeira ser indenizada. É uníssona a jurisprudência deste Superior Tribunal de que o pagamento da indenização em desapropriação direta restringe-se à área registrada constante do decreto expropriatório, incumbindo à parte o ingresso em via ordinária própria para a apuração de eventual esbulho de área excedente (art. 34 do Dec.-lei n. 3.365/41 e do art. 6º, § 1º, da LC n. 76/93). Isso porque o pagamento de área não registrada conduz o Poder Público a indenizar aquele que não detém a propriedade da área expropriada, resultando no enriquecimento sem causa do particular (expropriado). Quanto à indenização da cobertura vegetal, ela deve ser calculada separadamente do valor da terra nua, quando comprovada a exploração econômica dos recursos vegetais. No caso, o tribunal *a quo* afastou a mencionada indenização separada da terra nua, argumentando que não seria a hipótese de pagamento separado. Não obstante, acrescentou ao valor da terra nua o percentual de 10%, o que, por via oblíqua, acabou indenizando novamente a cobertura vegetal e, *a fortiori*, contrariando seu próprio entendimento, também o firmado por este Superior Tribunal. Precedentes citados: REsp 966.089-MT, *DJe* 26-8-2010; REsp 841.001-BA, *DJ* 12-12-2007; REsp 703.427-SP, *DJ* 24-10-2005; REsp 837.962-PB, *DJ* 16-11-2006; REsp 786.714-CE, *DJ* 28-8-2006; REsp 1.035.951-MT, *DJe* 7-5-2010; REsp 804.553-MG, *DJe* 16-12-2009; REsp 1.073.793-BA, *DJe* 19-8-2009, e REsp 978.558-MG, *DJe* 15-12-2008. REsp 1.075.293-MT, Rel. Min. Luiz Fux, j. 4-11-2010"[61].

## 4. CARACTERÍSTICAS DA RESERVA FLORESTAL

Paulo Affonso Leme Machado apresenta várias características da constituição da reserva florestal legal, quais sejam: a) inalterabilidade de destinação; b) restrições legais de exploração; c) gratuidade da constituição da reserva; d) averbação da reserva no cartório de registro de imóveis ou inscrição do imóvel rural no Cadastro Ambiental Rural — CAR; e) demarcação da reserva; e f) isenção tributária[62].

---

60. RE 843.036-PR, rel. Min. José Delgado, *Informativo CAO-UMA* n. 36, 2006.
61. Disponível em: <http://www.leandroeustaquio.com.br>.
62. Paulo Affonso Leme Machado, *Direito*, cit., p. 641-644.

## 4.1. Inalterabilidade da destinação

Uma vez constituída a reserva florestal legal, ela não poderá ser mais modificada, mesmo ocorrendo a transmissão a qualquer título de desmembramento ou de retificação da área com as exceções previstas no Código Florestal.

## 4.2. Restrições legais da exploração

Além da inalterabilidade da área, não se admitirá o corte raso. *Corte raso* é um "tipo de corte em que é feita a derrubada de todas as árvores, de parte ou de todo um povoamento florestal, deixando o terreno momentaneamente livre de cobertura arbórea" (Portaria P/1986, IBDF)[63].

Será proibido qualquer tipo de modificação da floresta que implique corte raso, bem como a aplicação de qualquer substância química que cause a modificação da reserva.

É possível, no entanto, o manejo florestal sustentável da vegetação da reserva florestal legal com propósito comercial. Neste caso, depende de autorização do órgão competente e deverá atender às seguintes diretrizes e orientações: I — não descaracterizar a cobertura vegetal e não prejudicar a conservação da vegetação nativa da área; II — assegurar a manutenção da diversidade das espécies; e III — conduzir o manejo de espécies exóticas com a adoção de medidas que favoreçam a regeneração de espécies nativas (art. 22, I, II e III, da Lei n. 12.651/2012). Porém, não há a necessidade de atender às citadas exigências se o manejo for eventual e sem propósito comercial, para consumo no próprio imóvel, devendo ser declarada previamente ao órgão ambiental a motivação da exploração e o volume explorado, limitada a exploração anual de 20 metros cúbicos (art. 23 da Lei n. 12.651/2012).

## 4.3. Gratuidade da constituição da reserva

A constituição legal da reserva não onera o proprietário, tampouco o Poder Público. Sua demarcação não implica indenização por parte do proprietário. A reserva é uma obrigação legal, não acarretando nenhum ônus ao Poder Público. A averbação da reserva legal da pequena propriedade ou posse rural familiar é gratuita, devendo o Poder Público prestar apoio técnico e jurídico, quando necessário.

---

63. Paulo Affonso Leme Machado, *Direito*, cit., p. 642.

## 4.4. Averbação da reserva no cartório de registro de imóveis ou inscrição no Cadastro Ambiental Rural — CAR

A reserva florestal legal será averbada à margem da inscrição de matrícula do imóvel, no cartório de Registro de Imóveis competente, ou registrado no Cadastro Ambiental Rural — CAR (art. 29 da Lei n. 12.651/2012).

O registro da reserva florestal legal no CAR desobriga a averbação no Cartório de Registro de Imóveis (art. 18, § 4º, da Lei n. 12.651/2012).

Contudo, a 4ª Câmara de Direito Civil do TJSC acolheu, em agravo de instrumento, a pretensão de um casal que adquiriu um imóvel rural e estaria sendo compelido a promover a averbação de reserva legal de proteção ambiental à margem da respectiva matrícula no Cartório do Registro de Imóveis. O antigo Código Florestal (Lei n. 4.771/65), de fato, exigia a averbação, mas agora, com o novo Código Florestal (Lei n. 12.651/2012), tal obrigação foi expressamente revogada[64]. Nesse mesmo sentido se posicionou a Corregedoria-Geral de Justiça do Estado de Minas Gerais (CGJ/MG), ao publicar o Provimento n. 242/CGJ/2012, que tornou facultativa a averbação da reserva legal no Cartório de Registro de Imóveis, nos termos do art. 18, § 4º, da Lei n. 12.651/2012. Já a Corregedoria do Tribunal de Justiça do Estado de São Paulo teve a oportunidade de se manifestar em diversos procedimentos administrativos no sentido da necessidade de averbação da reserva legal enquanto não registrada a reserva legal no CAR previsto no Código Florestal. O conselheiro-relator do CNJ, após analisar o procedimento administrativo interposto pelo Ministério Público de Minas Gerais, reconheceu a obrigação legal de averbar junto ao registro de imóveis as reservas legais e suspendeu a Orientação n. 59.512/2012 e o Provimento n. 542/2012, ambos da Corregedoria-Geral do Tribunal de Justiça de Minas Gerais. O conselheiro-relator do procedimento sustenta que a "lei apenas dá concretude à diretriz constitucional de preservação; diretriz que, frise-se, é dever do Poder Público e da Coletividade. A aplicação do princípio da preservação ao caso em tela não autoriza, portanto, outra interpretação que não a que exija dos proprietários enquanto ainda não estiver plenamente em funcionamento o Cadastro Ambiental Rural, a averbação no Registro de Imóveis da área de Reserva Legal. Plena, portanto, a plausibilidade jurídica invocada pelo requerente"[65]. A norma não deixa sem amparo legal a exigência prévia de averbação da reserva legal como condição para todo e qualquer registro

---

64. TJSC, AgI 2011.079146-6, 4ª Câmara de Direito Civil, rel. Luiz Fernando Boller, v.u., j. 4-10-2012.

65. Procedimento de Controle Administrativo n. 0002118-22.2013.2.00.0000, conselheiro-relator, José Roberto Neves Amorim, decisão confirmatória da liminar datada 19-4-2013.

envolvendo imóveis rurais. Para que haja a dispensa, é necessária à comprovação do registro da RLF no CAR. Se o CAR ainda não foi criado, a averbação, no nosso entender, continua sendo imprescindível, no CRI, nos termos do art. 167, II, item 22, c.c. art. 169, da Lei n. 6.015/73. Tal decisão está sujeita a ratificação pela plenária do CNJ.

Caso a reserva florestal legal já tenha sido averbada na matrícula do imóvel e essa averbação identifique o perímetro e a localização da reserva, o proprietário não será obrigado a fornecer ao órgão ambiental as informações relativas à reserva florestal legal previstas no inciso III do § 1º do art. 29 da Lei n. 12.651/2012. Para que o proprietário se desobrigue nos termos do *caput*, deverá apresentar ao órgão ambiental competente a certidão de registro de imóveis onde conste a averbação da Reserva Legal ou termo de compromisso já firmado nos casos de posse (art. 30, parágrafo único da citada lei).

Registre-se que essa averbação poderá ser feita por qualquer pessoa (art. 217 da Lei n. 6.015/65)[66].

A despeito dessa exigência legal, a "Egrégia Corregedoria-Geral da Justiça de São Paulo, julgando recurso administrativo interposto da decisão do MM. Juiz Corregedor Permanente do Serviço de Registro de Imóveis da Comarca de Jaboticabal, decidiu que a averbação da *reserva legal* é exigida apenas para algumas formas de exploração dos imóveis rurais, mormente para a preservação da Mata Atlântica, não se podendo condicionar o registro de atos de transmissão da propriedade imobiliária rural e de fracionamento do imóvel rural à efetivação daquela averbação (da área de reserva legal), prevista no artigo 16, § 2º (atual § 8º), do antigo Código Florestal (Lei n. 4.771/65), isto sob o fundamento de que não existe na lei proibição do ingresso no registro imobiliário dos atos translativos ou de fracionamento daquelas propriedades se não for observada a determinação relativa à averbação da reserva legal"[67].

Essa decisão, contudo, não afasta a obrigação por parte do proprietário da constituição da reserva legal, apenas impede qualquer tipo de condicionamento para o acesso ao registro imobiliário, seja para o fracionamento, seja para o registro de qualquer ato transmissivo da propriedade, sem a averbação da reserva.

O Conselho Superior do Ministério Público — CSMP também firmou entendimento de que, enquanto não for criado o CAR, permanece obrigatória a reserva legal no Cartório de Registro de Imóveis competente[68].

---

66. Paulo Affonso Leme Machado, *Direito*, cit., p. 643.

67. Esse aviso foi publicado por determinação do Procurador-Geral de Justiça no *DOE* (Poder Executivo), Seção I, em 18 ago. 2000, p. 25.

68. Aviso n. 170/2013 — CSMP, de 31-7-2013.

Registre-se, além disso, que o STJ, ao apreciar Recurso Especial interposto pelo Estado de São Paulo, deu provimento para condicionar o registro da sentença de usucapião ao prévio registro da reserva legal no Cadastro Ambiental Rural — CAR. A falta de previsão legal não afasta o registro. A interpretação da norma foi fundamentada no princípio *in dubio pro natura*, pois já há precedentes no STJ quanto à sua aplicabilidade. O relator do recurso, Paulo de Tarso Sanseverino, considera que a averbação da reserva legal é condição para o registro de qualquer ato de transmissão, desmembramento ou retificação de área de imóvel rural, a despeito de se tratar de aquisição originária por usucapião de imóvel sem matrícula. A regra hermenêutica deve ser aplicada de forma restrita, mas, no caso em tela, a "exceção é justificada pela magnitude da importância do direito fundamental ao meio ambiente ecologicamente equilibrado", citando o art. 1º, III, c/c o art. 225 da CF[69].

Na esfera estadual paulista, a Corregedoria-Geral do Poder Judiciário, órgão responsável por regrar e fiscalizar as atividades dos cartórios extrajudiciais, determinou que, instaurado o CAR, o registro da reserva legal se fizesse perante esse órgão, averbando-se, na matrícula do imóvel, em homenagem à publicidade e segurança jurídica. O Provimento n. 9/2016 estabeleceu que, nas hipóteses de retificação, cabe ao oficial de Registro de Imóveis verificar, tão somente, se houve registro da área da reserva legal perante o CAR. Cabe ao oficial examinar a especificação da reserva legal no CAR, abstendo-se de outras análises. A averbação só ocorrerá após a homologação do CAR pelo órgão ambiental competente. Esse provimento teve por finalidade destravar e uniformizar os procedimentos de retificação pendentes no Estado de São Paulo.

#### 4.4.1. Infração administrativa

O art. 55 do Decreto n. 6.514, de 22 de julho de 2008, alterado pelo Decreto n. 6.686, de 10 de dezembro de 2008, considera infração administrativa o fato de o proprietário deixar de averbar a reserva legal.

De acordo com o art. 152 do citado decreto, tal dispositivo entrou em vigor no dia 11 de dezembro de 2009. Rezava ainda o art. 152-A: "Os embargos impostos em decorrência da ocupação irregular de áreas de reserva legal não averbadas e cuja vegetação nativa tenha sido suprimida até a data de publicação deste Decreto serão suspensos até o dia 11 de dezembro de 2009, mediante o protocolo pelo interessado de pedido de regularização da reserva legal junto ao órgão ambiental competente". O governo federal, a pedido dos ruralistas, prorrogou o prazo para o dia 11 de junho

---

69. REsp 1.356.207-SP (2012/0251709-6), 3ª T. do STJ, rel. Paulo de Tarso Sanseverino, v.u., j. 28-4-2015.

de 2011, por meio do Decreto n. 7.029, de 10 de dezembro de 2009. Devido ao adiamento da aprovação do novo Código Florestal, o governo federal prorrogou novamente referido prazo para o dia 11 de dezembro de 2011, editando o Decreto n. 7.497, de 9 de junho de 2011, que deu nova redação ao art. 152 do Decreto n. 6.514/2008. Como não foi aprovado o Código Florestal dentro do prazo estabelecido pelo decreto anterior, foi baixado o Decreto n. 7.640, de 9 de dezembro de 2011, que prorrogou o prazo para o dia 11 de abril de 2012. Houve nova prorrogação pelo Decreto n. 7.719, de 11 de abril de 2012, por mais 60 dias, com término em 11 de junho de 2012, até a aprovação definitiva do Código Florestal. No dia 25 de abril de 2012 foi aprovado, pela Câmara dos Deputados, o novo Código Florestal (Projeto de Lei n. 1.876-E, de 1999), o qual foi remetido à Presidência da República para sanção. Esta sancionou a Lei n. 12.561, de 25 de maio de 2012, realizando 12 vetos e 32 alterações que foram objeto da MP n. 571, de 25 de maio de 2012, transformada na Lei n. 12.727/2012.

Como podemos ver, o *lobby* da bancada ruralista conseguiu suspender a aplicação dessa infração administrativa por meio de inúmeros decretos que foram sendo prorrogados até a aprovação definitiva do novo Código Florestal. Esse novo diploma anistiou praticamente todos os proprietários de imóveis rurais que estavam irregulares até o dia 22 de julho de 2008 e estabeleceu novos conceitos de propriedade rural. Suas dimensões foram ampliadas para abarcar grandes proprietários que estavam irregulares. A legislação de São Paulo considerava pequena propriedade rural aquela que possuía não mais de 30 hectares. Hoje, foi flexibilizada para 4 módulos fiscais (art. 3º, I, da Lei n. 12.651/2012). O módulo fiscal é definido localmente e varia de 10 a 400 hectares, ou seja, quatro milhões de metros quadrados. É o município que tem competência para instituir o módulo fiscal, nos termos do art. 4º, II, da Lei n. 6.746, de 10 de dezembro de 1979. A Instrução Normativa Especial do INCRA n. 20/80 estabelece, por município, a quantidade de hectares em relação ao módulo fiscal.

O art. 55 do Decreto n. 6.514/2008 continua em vigor e as penalidades aplicadas posteriormente à referida data devem ser executadas.

### 4.4.2. Critérios para a recomposição ou compensação das áreas consolidadas

Nas *Áreas de Preservação Permanente — APP(s)* é autorizada, exclusivamente, a continuidade das atividades agrosilvopastoris, de ecoturismo e de turismo rural em áreas rurais consolidadas até 22 de julho de 2008 (art. 61-A da Lei n. 12.651/2012). E nas *Áreas de Reserva Legal — ARL,* o proprietário ou possuidor de imóvel rural que detinha, em 22 de julho de 2008, Área de Reserva Legal em extensão inferior ao estabelecido no art. 12, poderá regularizar sua situação, independentemente da adesão ao Programa de Regularização Ambiental — PRA, desde que adote as seguintes alternativas, isolada ou conjuntamente: a) *recompor* a Reserva Legal; b) permitir a *regeneração* natural da vegetação na Área de Reserva Legal; e c) *compensar* a Reserva Legal (art. 66 da Lei n. 12.651/2012).

O proprietário ou o possuidor que desmatou até julho de 2008 terá alternativas para cumprir as regras estabelecidas no Código Florestal. Eles poderão *recompor* parte das áreas consolidadas em APP(s) e/ou *compensar* no caso da Reserva Legal. A MP n. 571/2012, transformada na Lei n. 12.727/2012, criou regras mínimas de recuperação das APP(s) para todos os produtores, conforme o tamanho das propriedades (arts. 61-A e 61-B da Lei n. 12.651/2012). A recomposição deverá atender aos critérios estipulados pelo órgão competente do SISNAMA e ser concluída em até 20 (vinte) anos, abrangendo, a cada 2 (dois) anos, no mínimo, 1/10 (um décimo) da área total necessária à sua complementação. A União terá até 2 anos para aprovar o Programa de Regularização Ambiental — PRA. Só assim o produtor poderá aderir ao programa e assinar o Termo de Compromisso que trará suas obrigações para se regularizar. Ele deverá, além disso, possuir o Cadastro Ambiental Rural — CAR. O prazo para a realização do cadastro é de 1 ano após aprovado o PRA (*v.* arts. 66 a 68 da Lei n. 12.651/2012).

Após analisar esse dispositivo, Walter José Senise chega à seguinte conclusão: "a *recomposição* que ora se impõe (menor que a prevista em regra geral pelo art. 4º) pode não ser suficiente para garantir a função ambiental da Área de Preservação Permanente, comprometendo a qualidade de água desse rio e, consequentemente, pondo em risco a qualidade da área do pequeno produtor, cuja propriedade, e respectiva produção, a nova lei pretende proteger"[70].

A 2ª Turma do Superior Tribunal de Justiça manteve auto de infração do IBAMA, negando a aplicação da Lei n. 12.651/2012 a fatos ocorridos sob a égide da Lei n. 4.771/65 (Código Florestal revogado), sob o argumento da intangibilidade do ato jurídico perfeito e irretroatividade da lei nova. A decisão, publicada no *Diário da Justiça eletrônico* em 19 de dezembro de 2012, foi proferida no dia 2 de outubro de 2012 no RE 1.240.122-PR, tendo como relator o ministro Herman Benjamin. Em sua decisão, o relator sustenta que na "ação de anulação de ato cumulada com ação indenizatória", um proprietário rural do Paraná sustentou falta de interesse de agir superveniente do IBAMA, em razão da entrada em vigor da Lei n. 12.651/2012 (novo Código Florestal), que revogou o Código Florestal de 1965 (Lei n. 4.771) e a Lei n. 7.754/89. Argumentou que a nova legislação "o isentou da punição que o afligia", e que "seu ato não representa mais ilícito algum", estando, pois, "livre das punições impostas" por ocupação e exploração irregulares, anteriores a julho de 2008, de Área de Preservação Permanente nas

---

70. Apud Paulo Affonso Leme Machado, *Legislação florestal (Lei 12.651/2012) e competência e licenciamento ambiental (Lei Complementar n. 140/2011)*, São Paulo, Malheiros Ed., 2012, p. 26.

margens do rio Santo Antônio. Continua o ministro: "Ao contrário do alegado, no novo Código Florestal (art. 59) não se encontra a anistia universal e incondicionada pretendida pelo proprietário rural, de maneira a extinguir ou apagar os efeitos dos atos ilícitos praticados anteriormente a 22 de julho de 2008 e a implicar, consequentemente, automática perda superveniente de interesse de agir" e o "art. 59 mostra-se claríssimo no sentido de que a recuperação do meio ambiente degradado nas chamadas *áreas rurais consolidadas* continua de rigor". Ainda de acordo com o voto do relator, "se os autos de infração e multas tivessem sido invalidados pelo novo Código ou houvesse sido decretada anistia ampla e irrestrita das violações que lhe deram origem, evidenciaria contradição e ofensa à lógica jurídica a mesma lei referir-se a 'suspensão' e 'conversão' daquilo que não mais existiria: o legislador não suspende ou converte o *nada jurídico*, o que antes era e depois (com a nova lei) deixou de ser. Vale dizer, a regra geral é que os autos de infração lavrados continuam plenamente válidos, intangíveis e blindados, como *ato jurídico* perfeito que são — apenas sua *exigibilidade monetária* fica suspensa na *esfera administrativa*, no aguardo do cumprimento integral das obrigações estabelecidas no PRA ou no TC. Tal basta para bem demonstrar que se mantém incólume o interesse de agir nas demandas judiciais em curso, não ocorrendo perda de objeto e extinção do processo sem resolução de mérito (CPC, art. 267,VI)".

O relator conclui que "mormente nos *processos judiciais em curso*, a regra geral será a incidência da legislação florestal, de direito material, vigente à época dos fatos". Ainda de acordo com a decisão, "incidirá sobre a matéria, por conseguinte, o princípio do *tempus regit actum*, que governará os atos administrativo-ambientais perfeitos, confinada a aplicação do novo regime jurídico, ordinariamente e no atacado, ao futuro, para a frente; tanto mais se o *ius superveniens*, ao favorecer o interesse individual do particular, acabar por enfraquecer o regime jurídico de tutela do interesse público, dos bens coletivos e das gerações vindouras"[71].

### 4.5. Demarcação da reserva

A área da reserva legal deverá ser medida, demarcada e delimitada. Tal obrigação é de competência do proprietário. Caso este não realize a medição, a demarcação ou a delimitação, poderá ser obrigado a fazê-lo por meio de ação civil pública. O novo Código Florestal exige que a demarcação da Reserva Legal seja aprovada pelo órgão público estadual (art. 14, § 1º, da Lei n. 12.651/2012). Para que isso seja possível é necessária a apresentação de vários estudos, observando-se ainda os critérios estabelecidos no art. 14 da citada lei.

Transcrevemos decisão nesse sentido.

---

71. Informativo publicado no *site*: <www.mp.sp.gov.br>; acesso em: 28 jan. 2013.

Acórdão proferido pelo eminente ministro João Otávio de Noronha, nos autos do REsp 263.383-PR, em que é recorrente Agropecuária S. Ltda. e recorrida a Associação de Defesa e Educação Ambiental de Maringá — ADEAM, cujo teor é o seguinte:

"Administrativo e processual civil. Reserva florestal. Novo proprietário. Responsabilidade objetiva.

1. A responsabilidade por eventual dano ambiental ocorrido em reserva florestal legal é objetiva, devendo o proprietário das terras onde se situa tal faixa territorial, ao tempo em que conclamado para cumprir obrigação de reparação ambiental e restauração da cobertura vegetal, responder por ela.

2. A reserva legal que compõe parte de terras de domínio privado constitui verdadeira restrição do direito de propriedade. Assim, a aquisição da propriedade rural sem a delimitação da reserva legal não exime o novo adquirente da obrigação de recompor tal reserva.

3. Recurso especial conhecido e improvido"[72].

## 4.6. Isenção tributária

A reserva florestal legal está isenta do pagamento do imposto territorial rural, nos termos do art. 104 da Lei n. 8.171, de 17 de janeiro de 1991. A Lei n. 9.393, de 19 de dezembro de 1996, que dispõe sobre o ITR, estabelece que a área tributável constitui a área total do imóvel, menos as áreas de preservação permanente e a reserva legal. Para que isso seja possível, é necessário que a reserva legal esteja devidamente averbada à margem da matrícula do imóvel.

Para que possa haver a isenção do ITR, não basta a apresentação do laudo técnico como prova da existência de áreas de reserva legal ou preservação permanente não tributáveis. Esse é o entendimento que deverá ser obedecido por todos os fiscais do país. Essas áreas são beneficiadas com a isenção do Imposto Territorial Rural — ITR por não poderem ser comercializadas. O posicionamento da Receita Federal deu-se por intermédio da Solução de Consulta Interna da Coordenação-Geral do Sistema de Tributação — COSIT n. 6, recentemente publicada no *Diário Oficial*. O Fisco esclarece quais são os procedimentos para a propriedade rural ser isenta do imposto: a) *área de reserva legal* — é exigida aprovação pelo órgão ambiental estadual competente ou, mediante convênio, pelo órgão ambiental municipal ou instituição habilitada. Essa aprovação deve constar na margem da inscrição de matrícula do imóvel, com protocolização anual do Ato Declaratório Ambiental — ADA perante o IBAMA; e b) *área de preservação permanente* — é exigido laudo técnico emitido por engenheiro agrônomo ou florestal, também com protocolização anual do Ato Declaratório Ambiental — ADA perante o IBAMA.

---

72. 2ª T. do STJ, v.u., *DOE*, 13 set. 2005.

A solução dada, alerta o Fisco, é que sem tais procedimentos as áreas não tributáveis não são reconhecidas pela Receita, devendo ser paga a diferença de imposto que deixou de ser recolhida, com os acréscimos legais cabíveis. "Esse é o entendimento que deverá ser obedecido por todos os fiscais do país", afirma o advogado Jayr Végas Gavaldão Jr., do escritório Duarte Garcia, Caselli Guimarães e Terra Advogados. Porém, as exigências do Fisco podem ser questionadas na Justiça. Segundo Gavaldão, elas não encontram respaldo na Lei n. 8.171, de 1991, que dispõe sobre a isenção do ITR para as áreas de preservação permanente e de reserva legal.

Recentes decisões da Câmara Superior do Conselho Administrativo de Recursos Fiscais — CARF reconheceram o direito à isenção, mesmo que não averbada a reserva legal e ainda que não emitido o Ato Declaratório Ambiental solicitado pelo contribuinte. "Entende-se que a formalidade exigida para o reconhecimento das áreas protegidas, ainda que necessária, não condiciona a aplicação da isenção, desde que reste comprovado por documentos e laudos idôneos a efetiva existência de tais áreas", afirma o advogado[73].

A 2ª Turma do STJ decidiu nesse mesmo sentido[74]. Para haver isenção tributária para áreas de reserva legal, é imprescindível que haja averbação junto à matrícula do imóvel. O raciocínio não é o mesmo para as áreas de preservação permanente. Para isso, não há nenhum condicionamento para que ocorra isenção do Imposto Territorial Rural (ITR), pois essa isenção é instituída por disposição legal.

O ministro Campbell citou precedente da relatoria do ministro Benedito Gonçalves, nos Embargos de Divergência em Recurso Especial n. 1.027.051, quando foi pacificado tal entendimento na 1ª Seção. No precedente, o ministro Benedito Gonçalves explicou que a Lei n. 9.393/96, em seu art. 10, § 1º, II, fala sobre a isenção. Porém, a obrigatoriedade da averbação da reserva legal é trazida pela Lei de Registros Públicos (Lei n. 6.015/73).

Conforme explicou o ministro Benedito Gonçalves, o ato de especificação pode ser feito "tanto à margem da inscrição da matrícula do imóvel, como administrativamente, nos termos da sistemática instituída pelo novo Código Florestal" (art. 18 da Lei n. 12.651/2012).

Dessa forma, os ministros da 2ª Turma do STJ ponderaram que, não havendo o registro que tem por finalidade a identificação do perímetro da reserva legal, seria impossível cogitar a regularidade da área protegida e, por conseguinte, o direito à isenção tributária correspondente.

---

73. Disponível em: <http://www.de-lege-agraria-nova>; acesso em: 22 jun. 2012.
74. REsp 1.342.161.

## 5. INSTRUMENTOS PROCESSUAIS

A obrigação da instituição da reserva legal e do florestamento ou reflorestamento, bem como da averbação da área no cartório de registro de imóveis, é do proprietário rural. Caso este não realize a medição, a demarcação e a delimitação da área, ele poderá vir a ser obrigado a fazê-lo por meio da ação civil pública ou de ação popular.

## 6. MINISTÉRIO PÚBLICO GOIANO E ÁREAS DE PRESERVAÇÃO PERMANENTE E RESERVAS FLORESTAIS LEGAIS

O Ministério Público de Goiás adquiriu um computador que é atrelado a um satélite que fornece informações importantes sobre as áreas de preservação permanente e as reservas florestais legais de todo o Estado.

Cuida-se do Projeto Georreferenciamento de Rio Verde, que teve como origem a assinatura de um TAC entre a 6ª Promotoria de Justiça de Rio Verde com a empresa Perdigão, a qual previa cláusula de obrigação desta de contratação da empresa NHL Engenharia para realizar um trabalho que pudesse aliar a tecnologia da internet com o uso das imagens do Google Earth às informações dos cartórios de registro de imóveis com a finalidade de realizar monitoramento e fiscalização das propriedades rurais, especialmente das áreas de preservação permanente — APP e das reservas florestais legais.

Com tais informações, previamente averbadas nos cartórios de imóveis, uma equipe realizou levantamento da situação real por meio de um GPS. Com esses dados, os especialistas construíram um mapa das áreas demarcadas de cada propriedade. Essas informações foram sobrepostas aos mapas gerados pelo Google Earth, funcionando como uma máscara, que permite checar com precisão a situação real de cada imóvel.

Constatou-se, com isso, que 58% das propriedades rurais (2.034) não possuíam as reservas legais averbadas. O MP, então, passou a realizar um trabalho de fiscalização e cobrar dos proprietários a averbação, exigindo, assim, o cumprimento da legislação ambiental.

O Estado de Goiás foi mapeado e dividido em comarcas com todas as glebas e seus proprietários. Este computador é manipulado por especialistas de diversas áreas do saber e é alimentado constantemente. É possível identificar, apenas com um toque no teclado, o proprietário da gleba e se ele averbou ou não as reservas legais. Constam ali o nome do proprietário, a lavratura da escritura, o registro no cartório imobiliário, a área da gleba, a averbação da reserva etc.

O mapa identifica se ocorreu ou não desmatamento ou queimada e se a averbação está sendo respeitada. Caso tenha ocorrido alguma modificação na área em questão, o promotor de Justiça da comarca intimará o proprietário para comparecer no gabinete e prestar informações ou, se for o caso, restabelecer a área referida através de um TAC (Termo de Compromisso de Ajuste de Conduta). Trata-se de um monitoramento total das propriedades particulares do Estado de Goiás[75].

## 7. INFRAÇÕES ADMINISTRATIVAS E PENAIS

As infrações administrativas estão descritas nos arts. 43 a 60 do Decreto n. 6.514/2008, e as penais, nos arts. 38 a 53 da Lei n. 9.605/98. Ver também outra infração penal prevista no art. 250 do CP.

### Seção VIII
### Supressão de vegetação para uso alternativo do solo

## 1. SUPRESSÃO DA VEGETAÇÃO PARA USO ALTERNATIVO DO SOLO

A supressão de vegetação nativa para uso alternativo do solo, tanto de domínio público como de domínio privado, dependerá do cadastramento do imóvel no CAR e de prévia autorização do órgão estadual competente do SISNAMA. No caso de reposição florestal, deverão ser priorizados projetos que contemplem a utilização de espécies nativas do mesmo bioma onde ocorreu a supressão.

O requerimento de autorização de supressão de que trata o *caput* conterá, no mínimo, as seguintes informações: I — a localização do imóvel, das áreas de preservação permanente, da reserva florestal legal e das áreas de uso restrito, por coordenada geográfica, com pelo menos um ponto de amarração do perímetro do imóvel; II — a reposição ou compensação florestal, nos termos do § 4º do art. 33 da Lei n. 12.651/2012; III — a utilização efetiva e sustentável das áreas já convertidas; IV — o uso alternativo da área a ser desmatada (art. 26 e seus parágrafos da Lei n. 12.651/2012).

Nas áreas passíveis de uso alternativo do solo, a supressão de vegetação que abrigue espécie da flora ou da fauna ameaçada de extinção, segundo lista oficial publicada pelos órgãos federal ou estadual ou municipal do SISNAMA ou espécies migratórias, dependerá da adoção de medidas compensatórias e mitigadoras que assegurem a conservação da espécie (art. 27 da citada lei).

Não é permitida a conversão de vegetação nativa para uso alternativo do solo no imóvel rural que possuir área abandonada (art. 28 da mesma lei).

Uso alternativo é aquele fundamentado, essencialmente, na utilidade pública e no interesse social. Como podemos ver, o novo Código Florestal não disciplina de

---

75. Disponível em: <http://www.mp.go.gov.br>, acesso em: 30 abr. 2011.

maneira pormenorizada a forma da supressão da vegetação, devendo ser observada, no que couber, a Resolução n. 369, de 28 de março de 2006, do CONAMA.

## 2. ÁREAS DE PRESERVAÇÃO PERMANENTE INSTITUÍDAS POR LEI

São aquelas arroladas no art. 4º da Lei n. 12.651/2012.

### 2.1. Supressão total ou parcial da vegetação

Essas áreas de preservação permanente, como vimos, foram instituídas por lei, ou seja, pelo Código Florestal. Assim, as florestas e as demais formas de vegetação aí localizadas só poderão ser suprimidas, total ou parcialmente, em caso de *utilidade pública*, de *interesse social* ou de *baixo impacto ambiental*, devidamente caracterizados e motivados em procedimento próprio, quando inexistir alternativa técnica e locacional ao empreendimento proposto (art. 3º, VIII, IX e X, da Lei n. 12.651/2012).

Diante da dificuldade em alterar ou suprimir essas áreas, o CONAMA resolveu autorizar, em caráter excepcional, por meio do órgão ambiental competente, a intervenção ou supressão de vegetação em APP para implantação de obras, planos, atividades ou projetos de utilidade pública ou interesse social, ou para a realização de ações consideradas eventuais e de baixo impacto ambiental (art. 1º da Resolução n. 369, de 28-3-2006, do CONAMA), ressalvadas ainda as hipóteses do art. 3º, II, IV, X e XI, da Resolução n. 303, de 20 de março de 2002, do CONAMA.

#### 2.1.1. Fundamento constitucional da Resolução n. 369/2006 do CONAMA

A Constituição Federal outorgou, em seu art. 225, § 1º, III, ao Poder Público a responsabilidade de "definir, em todas as unidades da Federação, espaços territoriais e seus componentes a serem especialmente protegidos, sendo a alteração e a supressão permitidas somente através de lei, vedada qualquer utilização que comprometa a integridade dos atributos que justifiquem sua proteção".

A regra constitucional, segundo Édis Milaré, Paulo Affonso Leme Machado, Antônio Herman Benjamin e Paulo de Bessa Antunes, não se restringiu somente às unidades de conservação. Os espaços territoriais especialmente protegidos são considerados gênero, tendo como espécies as unidades de conservação, a reserva legal e a Área de Preservação Permanente (APP).

Cada uma dessas modalidades possui regime jurídico específico.

As *unidades de conservação*, criadas pela Lei n. 9.985, de 18 de julho de 2000, possuem diversos níveis de restrições quanto ao uso de recursos naturais, perpassando pela proibição total de sua utilização até a exploração econômica sustentável (art. 2º da citada lei).

Permite-se, na *reserva legal*, criada pela Lei n. 12.651/2012, a exploração econômica mediante manejo sustentável, previamente aprovado pelo órgão competente do SISNAMA (art. 17, § 1º, da citada lei).

Não se permite, na APP, criada pela Lei n. 12.651/2012, a exploração econômica, ressalvados os usos autorizados previstos na citada lei (art. 7º, § 1º, e art. 8º, § 2º, da citada lei).

Note-se, contudo, que a Constituição Federal afirma que a *alteração* e a *supressão* de espaços territoriais especialmente protegidos serão permitidas somente por meio de lei. A resolução, por sua vez, não fala em *alteração*, mas apenas em *intervenção* e *supressão*, dando a entender que a *alteração* deverá ser feita por lei e desde que não comprometa a integridade dos atributos que justifiquem sua proteção. Conclui-se, por conta disso, que as modificações estabelecidas pelo Código Florestal permitem a intervenção e a supressão de vegetação em APPs desde que presentes os requisitos legais, podendo o órgão ambiental competente, com base na utilidade pública, no interesse social ou no baixo impacto, além da necessidade do cadastramento do imóvel no Cadastro Ambiental Rural — CAR (art. 26 da Lei n. 12.651/2012).

Há quem diz que o CONAMA não possui competência legislativa para baixar normas que permitam a intervenção em APPs e que o art. 8º, VI e VII, da Lei n. 6.938, de 31 de agosto de 1981, estabelece, privativamente, normas e padrões nacionais de controle da poluição por veículos automotores, aeronaves e embarcações, mediante audiência dos Ministérios componentes, bem como restringe tal intervenção somente para estabelecer critérios e padrões relativos ao controle e à manutenção da qualidade do meio ambiente com vistas ao uso racional dos recursos ambientais, principalmente hídricos.

Édis Milaré — fundado em parecer jurídico — sustenta que os poderes normativos conferidos ao CONAMA nunca permitiram a criação de direitos ou deveres, ou seja, nunca se confundiram com função legislativa, mas apenas se limitavam a *critérios técnicos*. Entretanto, ainda que assim não fosse, com o advento do art. 25 do Ato das Disposições Constitucionais Transitórias dúvida alguma remanesceria a respeito. Tal dispositivo teria revogado todos os artigos legais que atribuíam ou delegavam a órgão do Poder Executivo competência assinalada pela Constituição Federal ao Congresso Nacional, especialmente no que tange à ação normativa (inciso I). Diante disso, teriam sido revogados os poderes normativos conferidos ao CONAMA por força do art. 8º, VII, da Lei federal n. 6.938/81.

### 2.1.2. Excepcionalidade da autorização para intervenção em Áreas de Preservação Permanente

A intervenção ou a supressão de vegetação nativa em Área de Preservação Permanente somente ocorrerá nas hipóteses de utilidade pública, de interesse social ou de baixo impacto ambiental previstas na Lei n. 12.651/2012. A supressão de vegetação nativa protetora de nascentes, dunas e restingas somente poderá ser autorizada em caso de utilidade pública. A intervenção ou a supressão de vegetação nativa em Área de Preservação Permanente de que tratam os incisos VI e VII do *caput* do art. 4º poderá ser autorizada, *excepcionalmente*, em locais onde a função ecológica do manguezal esteja comprometida, para execução de obras habitacionais e de urbanização, inseridas em projetos de regularização fundiária de interesse social, em áreas urbanas consolidadas ocupadas por população de baixa renda. É dispensada a autorização do órgão ambiental competente para a execução, em caráter de urgência, de atividades de segurança nacional e obras de interesse da defesa civil destinadas à prevenção e mitigação de acidentes em áreas urbanas. Não haverá, em qualquer hipótese, direito à regularização de futuras intervenções ou supressões de vegetação nativa, além das previstas nesta Lei (art. 8º, §§ 1º a 4º, da Lei n. 12.651/2012).

Como se vê, somente em *caráter excepcional* é que poderá haver a intervenção ou a supressão de vegetação nativa em área de Preservação Permanente — APP, caso não haja alternativa técnica e locacional ao empreendimento proposto. Não se permitirá, contudo, tal intervenção se houver alternativa para a sua implantação em outra área menos impactante (art. 3º, I, da Res. n. 369/2006).

Essa resolução, além disso, foi discutida publicamente pelos Grupos de Trabalho e Câmaras Técnicas do CONAMA, desde 2002, havendo mais de quarenta reuniões antes de se chegar à redação atual.

### 2.1.3. Conceitos e restrições em caso de intervenção em áreas declaradas de utilidade pública, interesse social ou de baixo impacto ambiental

A lei permite, em *caráter excepcional*, a intervenção ou supressão de vegetação em APP para implantação de obras, planos, atividades ou projetos de utilidade pública ou interesse social, ou para realização de ações consideradas eventuais e de baixo impacto ambiental.

Entendem-se por *utilidade pública*: a) as atividades de segurança nacional e proteção sanitária; b) as obras de infraestrutura destinadas às concessões e aos serviços públicos de transporte, sistema viário, inclusive aquele necessário aos parcelamentos de solo urbano aprovados pelos Municípios, saneamento, gestão de resíduos, energia, telecomunicações, radiodifusão, instalações necessárias à realização de competições esportivas estaduais, nacionais ou internacionais, bem como mineração, exceto, neste último caso, a extração de areia, argila, saibro e cascalho (STF declarou inconstitucionais as expressões *gestão de resíduos* e *instalações necessárias à realização de competições esportivas estaduais, nacionais ou internacionais*); c) atividades e obras de defesa civil; d) atividades que comprovadamente proporcionem melhorias na proteção das funções ambientais referidas no inciso II deste artigo; e) outras atividades similares devidamente caracterizadas e motivadas em procedimento administrativo próprio, quando inexistir alternativa técnica e locacional ao empreendimento proposto, definidas em ato do Chefe do Poder Executivo Federal (art. 3º, VIII, da Lei n. 12.651/2012).

*De interesse social* são: a) as atividades imprescindíveis à proteção da integridade da vegetação nativa, tais como prevenção, combate e controle do fogo, controle da erosão, erradicação de invasoras e proteção de plantios com espécies nativas; b) a exploração agroflorestal sustentável praticada na pequena propriedade ou posse rural familiar ou por povos e comunidades tradicionais, desde que não descaracterize a cobertura vegetal existente e não prejudique a função ambiental da área; c) a implantação de infraestrutura pública destinada a esportes, lazer e atividades educacionais e culturais ao ar livre em áreas urbanas e rurais consolidadas, observadas as condições estabelecidas nesta lei; d) a regularização fundiária de assentamentos humanos ocupados predominantemente por população de baixa renda em áreas urbanas consolidadas, observadas as condições estabelecidas na Lei n. 11.977, de 7 de julho de 2009; e) a implantação de instalações necessárias à captação e condução de água e de efluentes tratados para projetos cujos recursos hídricos são partes integrantes e essenciais da atividade; f) as atividades de pesquisa e extração de areia, argila, saibro e cascalho, outorgadas pela autoridade competente; g) outras atividades similares devidamente caracterizadas e motivadas em procedimento administrativo próprio, quando inexistir alternativa técnica e locacional à atividade proposta, definidas em ato do Chefe do Poder Executivo Federal (art. 3º, IX, da Lei n. 12.651/2012).

*De baixo impacto ambiental* são as atividades de: a) abertura de pequenas vias de acesso interno e suas pontes e pontilhões, quando necessárias à travessia de um curso d'água, ao acesso de pessoas e animais para a obtenção de água ou à retirada de produtos oriundos das atividades de manejo agroflorestal sustentável; b) implantação de instalações necessárias à captação e condução de água e efluentes tratados, desde que comprovada a outorga do direito de uso da água, quando couber; c) implantação de trilhas para o desenvolvimento do ecoturismo; d) construção de rampa de lançamento de barcos e pequeno ancoradouro; e) construção de moradia de agricultores familiares, remanescentes de comunidades quilombolas e outras populações extrativistas e tradicionais em áreas rurais, onde o abastecimento de água se dê pelo esforço próprio dos moradores; f) construção e manutenção de cercas na propriedade; g) pesquisa científica relativa a recursos ambientais, respeitados outros requisitos previstos na legislação aplicável; h) coleta de produtos não madeireiros para fins de subsistência e produção de mudas, como sementes, castanhas e frutos, respeitada a legislação específica de acesso a recursos genéticos; i) plantio de espécies nativas produtoras de frutos, sementes, castanhas e outros produtos vegetais, desde que não implique supressão da vegetação existente nem prejudique a função ambiental da área; j) exploração agroflorestal e manejo florestal sustentável, comunitário e familiar, incluindo a extração de produtos florestais não madeireiros, desde que não descaracterizem a cobertura vegetal nativa existente nem prejudiquem a função ambiental da área; k) outras ações ou atividades similares, reconhecidas como eventuais e de baixo impacto ambiental em ato do Conselho Nacional do Meio Ambiente — CONAMA ou dos Conselhos Estaduais de Meio Ambiente (art. 3º, X, da Lei n. 12.651/2012).

Além dessas exigências, a lei cria restrições à intervenção, devendo o postulante comprovar: a) a inexistência de alternativa técnica e locacional às obras, planos, atividades ou projetos propostos; b) o atendimento às condições e aos padrões aplicáveis aos corpos de água; c) a averbação da Área de Reserva Legal; e d) a inexistência de risco de agravamento de processos como enchentes, erosão ou movimentos acidentais de massa rochosa (art. 3º, I, II, III e IV, da citada resolução).

Ressalte-se, por fim, que o Poder Público não concederá autorização, em hipótese alguma, em caso de intervenção ou supressão de vegetação em APP para a implantação de projetos de interesse exclusivamente econômico, visando apenas ao lucro individual, por se tratar de medida de caráter de excepcionalidade.

## 2.1.4. O Ministério Público paulista e a Resolução n. 369/2006 do CONAMA

No dia 6 de outubro de 2006, na Procuradoria-Geral de Justiça do Ministério Público do Estado de São Paulo, promotores de justiça que atuam nas áreas de defesa da ordem urbanística e do meio ambiente e assistentes técnicos do Centro de Apoio Operacional de Urbanismo e Meio Ambiente (CAO-UMA) reuniram-se para tratar do tema relacionado à proteção das APPs, diante dos dispositivos calcados na Medida Provisória n. 2.166-67/2001, na Resolução n. 369/2006 do CONAMA e o Decreto estadual n. 49.566, de 25 de abril de 2005, os quais extraíram as seguintes conclusões:

I — A Medida Provisória n. 2.166-67/2001 constitui ato administrativo inconstitucional, sob os aspectos formal e material.

II — Toda e qualquer norma que se escorar em referido diploma se reputa inconstitucional, inválida, portanto.

III — A Resolução n. 369/2006 do CONAMA abriga inconstitucionalidades e ilegalidades, seja por ofensa aos comandos que emergem da Constituição da República (arts. 23, VI e VII, e 225, *caput* e seu § 1º, I, II, III, IV, V e VII), seja por contrariar a Lei federal n. 6.938, de 31 de agosto de 1981 (art. 10).

IV — As APPs constituem espécies do gênero espaços territoriais especialmente protegidos, possuindo, ademais, as características de preservação obrigatória, não provisória, e de preservação de caráter de definitividade, permanente, portanto.

V — Eventuais intervenções ensejadoras de degradação em APPs somente podem ser legitimadas em caráter de exceção em consonância com os termos dispostos na Carta Maior de 1988 e o Código Florestal brasileiro, ainda assim mediante a prévia aprovação de EPIA/RIMA, com obrigatória comprovação de inexistência de opções locacional e técnica.

VI — Dada a importância do tema, postula-se que o CAO-UMA providencie a edição de pronunciamento técnico-jurídico a ser disponibilizado na *intranet* (página restrita aos membros da instituição), sem prejuízo da remessa pelo correio eletrônico a todos os promotores que atuam na defesa da ordem urbanística e do meio ambiente.

No dia 21 de outubro de 2006, o Dr. Filippe Augusto Vieira de Andrade, promotor de Justiça de São Paulo e assessor do CAO-UMA, e Roberto Varjabedian, biólogo e assistente técnico do Ministério Público do Estado de São Paulo, apresentaram a tese sobre: *Áreas de Preservação Permanente e o propalado "baixo impacto ambiental" frente aos deveres de defesa e preservação do meio ambiente*, no 10º Congresso de Meio Ambiente e 4º Congresso de Habitação e Urbanismo, patrocinado pelo Ministério Público de São Paulo e realizado em Campos do Jordão, sobre "Desenvolvimento sustentável: Desafios Ambientais e Urbanísticos", de 19 a 22 de outubro de 2006, sustentando, essencialmente, a inconstitucionalidade da Medida Provisória n. 2.166-67/2001, da Resolução n. 369/2006 do CONAMA e do Decreto estadual n. 49.556/2005. Essa tese foi aprovada por unanimidade pelos participantes do Congresso.

## 2.2. Indenização

As APPs, instituídas por lei (art. 4º da Lei n. 12.651/2012), são consideradas limitações administrativas ou legais.

As limitações legais são aquelas impostas por lei — por exemplo, a propriedade deve atender à sua função social (art. 5º, XXIII, da CF) —, advindo daí várias consequências. As limitações administrativas são impostas pela Administração Pública, tendo em vista regular o uso da propriedade do solo nas zonas urbanas. São imposições de ordem pública.

Dessarte, a instituição ou a supressão dessas áreas não ensejará qualquer tipo de indenização por parte do proprietário, pois as limitações legais são de ordem pública, as quais têm caráter de generalidade, gratuidade e unilateralidade, sendo conferida ao Poder Público por meio do poder de polícia administrativo.

## 3. ÁREAS DE PRESERVAÇÃO PERMANENTE INSTITUÍDAS PELO PODER PÚBLICO

As áreas de preservação permanente (florestas e demais formas de vegetação) instituídas por ato do Chefe do Poder Executivo estão disciplinadas pelo art. 6º da Lei n. 12.651/2012.

O Poder Público decidirá da conveniência ou não da necessidade de instituir referidas áreas. Estas só poderão ser criadas com base nos critérios preestabelecidos por lei, utilizando-se, é claro, do seu poder discricionário.

### 3.1. Supressão total ou parcial da vegetação

A supressão total ou parcial da vegetação de preservação permanente instituída por ato administrativo poderá ser autorizada em caso de *utilidade pública*, de *interesse social ou baixo impacto ambiental*, devidamente caracterizados e motivados em procedimento próprio, quando inexistir alternativa técnica e locacional ao empreendimento proposto.

## 3.2. Indenização

As áreas de preservação permanente criadas por ato administrativo são passíveis de indenização, pois ensejam uma limitação ao direito de propriedade. Parte da doutrina entende que, devido à impossibilidade da exploração normal da floresta, fica, assim, o Poder Público obrigado a indenizar o proprietário.

Há, contudo, decisão não admitindo indenização quando se tratar de limitação administrativa à restrição do uso de propriedade rural imposta pelo antigo Decreto n. 750/93. Não configura, no entender da 2ª Turma do STJ, desapropriação, mas mera limitação administrativa. O TRF4 entendeu que caberia o pagamento de indenização por considerar exageradas as limitações administrativas impostas pelo então decreto que proibia o corte, a exploração e a supressão de vegetação primária ou nos estágios avançado e médio de regeneração da Mata Atlântica. O relator do STJ, Dr. Castro Meira, afirmou que o decreto estabeleceu restrição administrativa para proteger o bioma Mata Atlântica, sem desnaturar dos proprietários os poderes do domínio, o que é suficiente para a reforma da decisão. Diante disso, a 2ª Turma do STJ, por unanimidade, deu provimento ao recurso ofertado pela União por considerar incabível indenização[76].

Havendo necessidade de florestamento ou reflorestamento em áreas consideradas de preservação permanente instituídas por ato administrativo, o Poder Público Federal poderá fazê-lo sem desapropriá-las, se não o fizer o proprietário, cobrando-se as despesas deste último. Se tais áreas estiverem sendo utilizadas com culturas, o proprietário deverá ser indenizado.

Nesse sentido é a orientação do STJ: "Ambiental e processual civil. Área de Preservação Permanente. Possibilidade de reflorestamento por parte do Poder Público sem desapropriação. Transferência dos custos ao proprietário. Obrigação *propter rem*. Indenização do art. 18, § 1º, do Código Florestal. Regra de transição. Cultivos após a criação da APP. Conduta ilícita não indenizável. Discussão sobre a prescrição prejudicada. 1. O Código Florestal, em seu art. 18, determina que, nas terras de propriedade privada onde seja necessário o florestamento ou o reflorestamento de preservação permanente, o Poder Público Federal poderá fazê-lo sem desapropriá-las, se não o fizer o proprietário. 2. Com isso, não está o art. 18 da Lei n. 4.771/65 retirando do particular a obrigação de recuperar a área desmatada, mas apenas autorizando ao Poder Público que se adiante no processo de recuperação, com a transferência dos custos ao proprietário, que nunca deixou de ser o obrigado principal. 3.

---

76. Disponível em: <http://www.stj.jus.br/portal>; acesso em 17 jul. 2012.

Tal obrigação, aliás, independe do fato de ter sido o proprietário o autor da degradação ambiental, mas decorre de obrigação *propter rem*, que adere ao título de domínio ou posse. Precedente: (AgRg no REsp 1206484/SP, rel. Min. Humberto Martins, 2ª Turma, julgado em 17-3-2011, *DJe* 29-3-2011). 4. O § 1º do art. 18 do Código Florestal quando dispôs que, 'se tais áreas estiverem sendo utilizadas com culturas, de seu valor deverá ser indenizado o proprietário', apenas criou uma regra de transição para proprietários ou possuidores que, à época da criação da limitação administrativa, ainda possuíam culturas nessas áreas. 5. Aqueles que, como no caso do recorrente, cultivaram em áreas de preservação permanente, após a entrada em vigor da norma restritiva, praticaram conduta ilícita, exploraram economicamente quando deveriam recuperar a vegetação. Obviamente que, em tais situações, não há que se falar em indenização. 6. A conclusão de que inexiste direito à reparação dos danos torna inócua qualquer discussão a respeito da ocorrência ou não da prescrição da pretensão indenizatória. Recurso especial improvido"[77].

## Seção IX
### Listas da flora ameaçada de extinção

### 1. LISTA NACIONAL DAS ESPÉCIES DA FLORA BRASILEIRA AMEAÇADAS DE EXTINÇÃO

O Ministério do Meio Ambiente divulgou a Lista Oficial das Espécies da Flora Brasileira Ameaçadas de Extinção. Referida lista foi elaborada pela Fundação Biodiversitas por encomenda do Ministério do Meio Ambiente, o qual relaciona 472 espécies, ou seja, quatro vezes mais do que a lista anterior de 1992. Os biomas com maior número de espécies ameaçadas são a Mata Atlântica (276), o Cerrado (131) e a Caatinga (46). A Amazônia aparece com 24 espécies, o Pampa com 17 e o Pantanal com duas. Não foi excluída, além disso, nenhuma espécie da lista anterior.

A região Sudeste apresenta o maior número de espécies ameaçadas (348), seguida do Nordeste (168), do Sul (84), do Norte (46) e do Centro-Oeste (44). Os Estados com maior número de espécies ameaçadas são Minas Gerais (126), Rio de Janeiro (107), Bahia (93), Espírito Santo (63) e São Paulo (52).

O Ministério do Meio Ambiente apresentou outra lista com 1.079 espécies ameaçadas de extinção, porém com deficiência de dados, o que impossibilita a confirmação do risco. No entanto, a Fundação Biodiversitas contestou o documento oficial e informou que há 1.495 espécies ameaçadas na lista entregue em dezembro de 2005. A lista oficial tem um cunho político e não científico.

---

77. REsp 1.237.071/PR (2011/0030781-4), rel. Min. Humberto Martins, *DJe* 11-5-2011.

A ministra do Meio Ambiente baixou a Portaria n. 443, de 17 de dezembro de 2014, reconhecendo as espécies da flora ameaçadas de extinção constantes da Lista Oficial de Espécies da Flora Ameaçadas de Extinção que inclui o grau e risco de extinção de cada espécie, em observância aos arts. 6º e 7º da Portaria n. 43, de 31 de janeiro de 2014, e revogou a Instrução Normativa n. 6, de 23 de setembro de 2008.

## 2. LISTA DO ESTADO DE SÃO PAULO DAS ESPÉCIES DA FLORA AMEAÇADAS DE EXTINÇÃO

O Secretário de Estado do Meio Ambiente, através da Resolução n. 48, da SMA, publicou, no DOE de 22 de setembro de 2004, a Lista oficial das espécies da flora do Estado de São Paulo ameaçadas de extinção, seguindo recomendação do Instituto de Botânica de São Paulo.

Tal lista foi elaborada com base nos seguintes critérios: a) a conservação das espécies em estado selvagem garante o acesso das futuras gerações aos recursos genéticos e assim a importância da conservação *in situ* vem sendo gradativamente e mais bem entendida e aceita, pois a ocorrência e a manutenção da variabilidade genética só são possíveis em estado natural; b) a diversidade vegetal representa uma fonte de recursos genéticos úteis para o desenvolvimento sustentável, na forma de madeira, frutos, forragem, plantas ornamentais e produtos de interesse alimentício, industrial e farmacológico; c) a perda da diversidade biológica continua a ocorrer em todo o mundo, principalmente devido à destruição de hábitats, efeitos de poluição e introdução inadequada de plantas exóticas; d) o conhecimento da flora do Estado de São Paulo deverá contribuir para o planejamento ambiental e para a orientação dos processos de licenciamento ambiental, visando o estabelecimento de políticas públicas, planos de manejo em unidades de conservação e para a expedição de laudos e licenças de desmatamento, sobretudo na elaboração de Termos de Ajustamento de Conduta (TACs), Relatórios de Avaliação Prévia (RAPs) e Estudos de Impacto Ambiental (EIAs); e) a lista foi elaborada conforme critérios da IUCN, modificados e adaptados para flora paulista e consolidada durante workshop realizado no Instituto de Botânica nos dias 13 e 14 de setembro de 2004; e f) medidas urgentes devam ser tomadas para a preservação das espécies ameaçadas de extinção, conforme diretrizes estabelecidas durante a Convenção sobre a Diversidade Biológica e da Agenda 21.

A lista da flora ameaçada de extinção do Estado de São Paulo é muito extensa. Contém vinte e cinco laudas e há mais de duzentas espécies e dezenas de subespécies. Vale a pena conferir.

Capítulo VI
Fauna

Seção I
*Proteção legal*

## 1. FAUNA

A *fauna* é o conjunto de animais estabelecidos em determinada região. Quando se fala em fauna, deve-se pensar imediatamente em seu hábitat que, por sua vez, é o local onde vivem como os abrigos, ninhos, criadouros naturais etc., integrando, assim, o ecossistema. *Ecossistema* é o conjunto de vegetais e animais que interagem entre si ou com outros elementos do ambiente, dando sustentação à diversidade biológica. Por tal razão é que a fauna não deve ser analisada isoladamente ou dissociada da flora. Desse modo, a fauna deve ser preservada, pois integra o meio ambiente previsto no art. 225, *caput,* da CF. Os animais têm o mesmo *direito* que o homem de viver no planeta Terra. A fauna e a flora estão intimamente ligadas em uma relação de interação mútua e contínua. Uma não vive sem a outra, fazendo com que essa interação mantenha a integridade das espécies vegetais e animais.

Por isso se faz necessária a tutela efetiva da fauna, punindo-se os que praticam a caça sem a autorização do órgão competente ou quem destrói a flora, indiscriminadamente, ocasionando a morte de muitos animais silvestres que vivem na floresta.

## 2. INSTRUMENTOS LEGAIS DE DEFESA DA FAUNA

A competência para legislar sobre a fauna, caça e pesca é da União, Estados e Distrito Federal (art. 24, VI, da CF) e dos Municípios (art. 30, I e II, da CF). Cuida-se de competência legislativa concorrente. A competência legislativa difere da competência prevista no art. 23, VII, da CF. Diz o citado artigo que é competência da União, Estados, Distrito Federal e Municípios proteger as florestas, a fauna e a flora. Trata-se de competência comum (administrativa) entre os poderes públicos.

Os animais silvestres são protegidos, na esfera federal, pela Lei n. 5.197, de 3 de janeiro de 1967, que foi recepcionada pela nova ordem constitucional e alterada, posteriormente, pela Lei Ambiental (Lei n. 9.605/98). A pesca, por sua vez, é disciplinada pela Lei n. 11.959, de 29 de junho de 2009, Decreto-Lei n. 221, de 28 de fevereiro de 1967, e Lei n. 7.643, de 18 de dezembro de 1987.Todos esses diplomas foram recepcionados pela nova ordem constitucional.

## 2.1. Termo de Depósito ou Guarda de Animal Silvestre (TDAS e TGAS)

O CONAMA encontrou uma solução para a destinação provisória dos animais silvestres apreendidos (Resolução n. 457, de 25-6-2013). O IBAMA não possui espaços suficientes para manter em cativeiro os animais apanhados ou entregues espontaneamente.

Assim, apreendido o animal silvestre por ocasião da ação policial ou fiscalizatória, será lavrado o termo de depósito ou de guarda em favor do autuado ou do interessado devidamente cadastrado. No primeiro caso, o autuado assumirá voluntariamente o dever de prestar a devida manutenção e manejo, enquanto não houver a destinação adequada do animal. No segundo, o interessado, que não detinha a posse do animal e esteja devidamente cadastrado, assume voluntariamente o dever de guarda do animal resgatado, entregue espontaneamente ou apreendido, enquanto não houver destinação nos termos da lei.

Os termos têm caráter provisório.

## 2.2. Competência para processar e julgar as questões relacionadas com a fauna

A competência para processar e julgar as causas relacionadas à fauna era da Justiça Federal, com fundamento no art. 1º da Lei n. 5.197/67, e no art. 109, I, da CF. Tal competência não afastava a possibilidade do julgamento pela Justiça Comum Estadual, quando houvesse interesse local ou se o fato ocorresse dentro de uma unidade de conservação criada pelo Poder Público estadual. Ressalte-se, além disso, que a Súmula 91 do STJ, que determinava a competência da Justiça Federal para processar e julgar os crimes contra a fauna, foi cancelada pela 3ª Seção do STJ, em 13 de novembro de 2000, por votação unânime, durante o julgamento de conflito de competência entre a 2ª Vara Federal de Ribeirão Preto e a Vara Criminal de Santa Rosa de Viterbo. O ministro Fontes de Alencar, autor da proposta de cancelamento, sustenta que, após o advento da Lei n. 9.605/98, esta súmula "antes atrapalha do que auxilia a prestação jurisdicional"[1].

Com o cancelamento dessa súmula, entendemos que a competência para processar e julgar os crimes contra a fauna passou a ser também da Justiça Estadual.

Analisemos, por ora, a lei de proteção à fauna.

## 3. DECLARAÇÃO UNIVERSAL DOS DIREITOS DOS ANIMAIS

Em Assembleia realizada em 1978, a Organização das Nações Unidas para a Educação, Ciência e Cultura (UNESCO) programou a Declaração Universal dos

---

1. Disponível em: <http://www.stj.gov.br>.

Direitos dos Animais, estabelecendo os seguintes princípios e diretrizes destinados a toda a humanidade:

"Art. 1º Todos os animais nascem iguais perante a vida e têm os mesmos direitos à existência.

Art. 2º

1. Todo animal tem o direito a ser respeitado.

2. O homem, como espécie animal, não pode exterminar os outros animais ou explorá-los violando esse direito; tem o dever de pôr os seus conhecimentos ao serviço dos animais.

3. Todo animal tem o direito à atenção, aos cuidados e à proteção do homem.

Art. 3º

1. Nenhum animal será submetido nem a maus-tratos nem a atos cruéis.

2. Se for necessário matar um animal, ele deve ser morto instantaneamente, sem dor e de modo a não provocar-lhe angústia.

Art. 4º

1. Todo animal pertencente a uma espécie selvagem tem o direito de viver livre no seu próprio ambiente natural, terrestre, aéreo ou aquático e tem o direito de se reproduzir.

2. Toda privação de liberdade, mesmo que tenha fins educativos, é contrária a este direito.

Art. 5º

1. Todo animal pertencente a uma espécie que viva tradicionalmente no meio ambiente do homem tem o direito de viver e de crescer no ritmo e nas condições de vida e de liberdade que são próprios da sua espécie.

2. Toda modificação deste ritmo ou destas condições que forem impostas pelo homem com fins mercantis é contrária a este direito.

Art. 6º

1. Todo animal que o homem escolheu para seu companheiro tem direito a uma duração de vida conforme a sua longevidade natural.

2. O abandono de um animal é um ato cruel e degradante.

Art. 7º Todo animal de trabalho tem direito a uma limitação razoável de duração e de intensidade de trabalho, a uma alimentação reparadora e ao repouso.

Art. 8º

1. A experimentação animal que implique sofrimento físico ou psicológico é incompatível com os direitos do animal, quer se trate de uma experiência médica, científica, comercial ou qualquer que seja a forma de experimentação.

2. As técnicas de substituição devem ser utilizadas e desenvolvidas.

Art. 9º Quando o animal é criado para alimentação, ele deve ser alimentado, alojado, transportado e morto sem que disso resulte para ele nem ansiedade nem dor.

Art. 10

1. Nenhum animal deve ser explorado para divertimento do homem.

2. As exibições de animais e os espetáculos que utilizem animais são incompatíveis com a dignidade do animal.

Art. 11. Todo ato que implique a morte de um animal sem necessidade é um biocídio, isto é, um crime contra a vida.

Art. 12

1. Todo ato que implique a morte de grande número de animais selvagens é um genocídio, isto é, um crime contra a espécie.

2. A poluição e a destruição do ambiente natural conduzem ao genocídio.

Art. 13

1. O animal morto deve ser tratado com respeito.

2. As cenas de violência de que os animais são vítimas devem ser interditadas no cinema e na televisão, salvo se elas tiverem por fim demonstrar um atentado aos direitos do animal.

Art. 14

1. Os organismos de proteção e de salvaguarda dos animais devem estar representados a nível governamental.

2. Os direitos do animal devem ser defendidos pela lei como os direitos do homem".

Todos estes direitos podem ser utilizados na fundamentação de peças processuais no sentido de proteger os animais em toda sua plenitude, como ocorreu em decisão proferida pelo desembargador federal Carlos Eduardo Thompson Flores Lenz, contrário à caça amadorística no Rio Grande do Sul (*v.* item 1.2.2 da Seção II deste Capítulo, "Caça esportiva ou amadorista").

Mais ainda: "Todos os animais da Criação são filhos do Pai e irmãos do homem. Deus quer que auxiliemos os animais, se necessitarem de ajuda. Toda criatura em desamparo tem o mesmo direito de proteção" (São Francisco de Assis).

## 4. FAUNA SILVESTRE

*Fauna silvestre* é o conjunto de animais que vivem em determinada região. São os que têm seu hábitat natural nas matas, nas florestas, nos rios e mares, animais estes que ficam, em regra, afastados do convívio do meio ambiente humano.

O art. 1º da Lei n. 5.197/67 conceitua fauna silvestre como os "animais de quaisquer espécies, em qualquer fase do seu desenvolvimento e que vivem naturalmente fora do cativeiro, constituindo a fauna silvestre, bem como seus ninhos, abrigos e criadouros naturais".

Esse conceito não se refere, somente à fauna silvestre, mas também aos demais animais, independentemente de ser doméstico ou domesticado. Há entendimento, no entanto, de que os demais animais, não silvestres, seriam protegidos pela norma penal prevista no art. 64 da LCP. Verificamos que referido dispositivo foi revogado pelo art. 32 da Lei n. 9.605/98, com base no princípio da especialidade. Também se encontra em vigor o Decreto n. 24.645, de 10 de julho de 1934, que estabelece medidas de proteção dos animais domésticos. Há, contudo, entendimento divergente, pois o preceito constitucional fala em animal como gênero, sendo os animais silvestres uma das suas espécies. Apesar do conceito restritivo contido na Lei n. 9.605/98, os tribunais vêm aplicando citada legislação mesmo em relação aos animais domésticos. Constatamos muitas decisões em primeiro grau já transitadas em julgado, responsabilizando o autor do fato pelos maus-tratos praticados contra animais domésticos, tais como: gato, cachorro etc.

Registre-se, ademais, que a lei ambiental ampliou este último conceito de fauna silvestre. Assim, são "espécimes da fauna silvestre todos aqueles pertencentes às espécies nativas, migratórias e quaisquer outras, aquáticas ou terrestres, que tenham todo ou parte de seu ciclo de vida ocorrendo dentro dos limites do território brasileiro, ou águas jurisdicionais brasileiras" (art. 29, § 3º, da Lei n. 9.605/98).

Extrai-se desse conceito que todos os animais são protegidos pela lei ambiental. Protegem-se as espécies da fauna silvestre ou aquática, domésticas ou domesticadas, nativas, exóticas ou em rota migratória. *Espécies nativas* são aquelas que vivem em determinada região ou país. *Espécies migratórias* são aquelas que migram de um lugar para outro, passando de um país para outro. *Espécies exóticas* são as originadas de outros países. *Espécies aquáticas* são aquelas que vivem nos lagos, lagoas, rios e mares. *Espécies domésticas* ou *domesticadas* são aquelas passíveis de domesticação, preservando, no entanto, seu instinto selvagem. Essa proteção, contudo, não é absoluta. A lei exige a permissão, a licença ou a autorização da autoridade competente para a prática da caça ou da pesca.

## 5. A FAUNA NO CÓDIGO CIVIL DE 1916

O Código Civil de 1916 não protegia a fauna com o objetivo da preservação das espécies. A sua visão estava adstrita ao ponto de vista da propriedade do bem móvel (semoventes). Tanto é verdade que os artigos que diziam respeito à fauna estavam inseridos no capítulo "da aquisição e perda da propriedade móvel" (título "da propriedade" — arts. 592 a 602).

Esses dispositivos regulavam a forma de aquisição do bem móvel (semoventes) pela ocupação (arts. 592 e 593), pela caça (arts. 594 a 598) e pela pesca (arts. 599 a 602). A *ocupação* se dava com a propriedade da coisa abandonada ou sem dono anterior, incluindo os animais bravios encontrados na natureza, os mansos e domesticados que perderam o hábito de retornar ao lugar onde anteriormente viviam, os enxames de abelha não reclamados imediatamente pelo proprietário anterior, os animais arrojados às praias pelo mar. A *caça* podia ocorrer nas propriedades públicas ou particulares. Nestas últimas, haveria a necessidade da autorização do seu proprietário. Assim, pertencia ao caçador o animal por ele apreendido. Se o animal ferido adentrasse propriedade particular, a perseguição poderia concretizar-se com a autorização do proprietário. Caso este não permitisse a entrada em sua propriedade murada ou cercada, deveria entregar ou expelir o animal. E se o caçador adentrasse a propriedade alheia sem a autorização perderia a caça sem prejuízo dos danos causados. A *pesca* podia também ocorrer nas propriedades públicas ou privadas. Nas propriedades privadas, a pesca só poderia ocorrer mediante autorização do seu proprietário. Pertencia ao pescador o peixe por este pescado ou apreendido. Aquele que pescasse em propriedade alheia perderia a pesca e responderia pelos danos causados. Se o rio atravessasse vários terrenos, cada proprietário poderia pescar às margens de sua propriedade até a metade.

Esses dispositivos foram revogados pela lei de proteção à fauna (Lei n. 5.197/67).

## 6. A FAUNA SILVESTRE COMO BEM AMBIENTAL

A fauna é um bem ambiental e integra o meio ambiente ecologicamente equilibrado previsto no art. 225 da CF. Trata-se de um bem difuso. Esse bem não é público nem privado. É de uso comum do povo. A fauna pertence à coletividade. É bem que deve ser protegido para as presentes e futuras gerações.

Ressalte-se, contudo, que a lei de proteção à fauna colocou os animais silvestres como de propriedade do Estado (art. 1º da Lei n. 5.197/67)[2]. O Estado, por sua vez, seria representado pelo Poder Público da União. Assim, todos os animais silvestres integrariam o domínio particular do Poder Público. Além disso, o Estado não pode usar, gozar e dispor desses bens ambientais, que são indisponíveis. Com o advento da Constituição Federal, a fauna passou a ser bem ambiental difuso.

SEÇÃO II
*Caça e pesca*

## 1. A CAÇA

A preservação da fauna é um dos objetivos da lei de proteção ao meio ambiente. No entanto, a caça predatória poderá colocar em risco essa preservação. A

---

2. Diz citado artigo: "Os animais de quaisquer espécies, em qualquer fase do seu desenvolvimento e que vivem naturalmente fora do cativeiro, constituindo a fauna silvestre, bem como seus ninhos, abrigos e criadouros naturais são propriedades do Estado, sendo proibida a sua utilização, perseguição, destruição, caça ou apanha".

proteção da fauna não é incompatível com o exercício da caça. Essa aparente contradição não impede a proteção legal da fauna. Só se admitirá a caça se as peculiaridades regionais comportarem a sua prática, competindo ao Poder Público federal a concessão da permissão com base em ato regulamentador (art. 1º, § 1º, da Lei n. 5.197/67).

Vê-se, pois, que a lei permite a caça de maneira controlada, para a qual há necessidade de autorização do Poder Público.

A caça, por seu turno, pode apresentar-se nas seguintes modalidades: a) *caça predatória* (caça profissional e caça sanguinária) e b) *caça não predatória* (caça de controle, caça esportiva ou amadorista, caça de subsistência e caça científica)[3].

### 1.1. Caça predatória

*Caça predatória* é aquela praticada para fins comerciais ou por mero deleite. No primeiro caso, trata-se da caça profissional; no segundo, da caça sanguinária.

#### 1.1.1. Caça profissional

*Profissional*, como já dissemos, é a caça praticada para fins comerciais, com o intuito do lucro com a venda do produto ou subproduto extraído do animal silvestre. Trata-se do comércio da carne, do couro e de outros subprodutos provenientes do animal.

Essa caça foi expressamente proibida pela lei de proteção à fauna. O art. 2º da Lei n. 5.197/67 dispõe que é "proibido o exercício da caça profissional". É também proibida a caça amadorista ou profissional nas Reservas de Fauna (art. 19, § 3º, da Lei n. 9.985/2000).

#### 1.1.2. Caça sanguinária

*Sanguinária* é a caça praticada por puro prazer, deixando o animal morto no local sem nenhuma utilidade.

Assim, se a caça profissional é expressamente proibida, com maior razão também o é a caça sanguinária.

### 1.2. Caça não predatória

A *caça não predatória* é aquela praticada com uma finalidade específica. É a denominada caça de controle, caça esportiva ou amadorista, caça de subsistência e caça científica.

---

3. Paulo Affonso Leme Machado, *Direito*, cit., p. 652-3.

### 1.2.1. Caça de controle

A *caça de controle* destina-se à proteção da agricultura e da saúde pública. Permite-se essa caça mediante prévia licença da autoridade competente, quando os animais silvestres estiverem destruindo a plantação ou matando o rebanho, bem como colocando em risco a saúde humana (art. 3º, § 2º, da Lei n. 5.197/67).

Essa licença deverá ser fundamentada, indicando a espécie do animal, o perigo iminente da saúde pública, o espaço e a duração da licença[4].

### 1.2.2. Caça esportiva ou amadorista

É destinada aos que possuem a devida autorização para esse tipo de esporte amador. Normalmente, o caçador integra uma associação, clube ou sociedade amadorista de caça ou tiro ao voo (art. 6º, *a*, da Lei n. 5.197/67).

Essas entidades deverão requerer a licença especial para os seus associados transitarem com arma de caça e de esporte (art. 12 da Lei n. 5.197/67).

O Poder Público federal, atendendo às peculiaridades regionais, poderá conceder licença de caça em regiões previamente determinadas (art. 1º, § 1º, da Lei n. 5.197/67). Tal autorização poderá ser concedida quando ocorrer superpopulação de animais silvestres em determinada região, colocando em risco a saúde humana, a lavoura ou o rebanho.

Ressalte-se, além disso, que Fernando Walcacer, colega da APRODAB, externou sua felicidade e surpresa com a decisão histórica nos embargos infringentes da Ação Civil Pública proposta pela Associação Civil "União pela Vida", com vistas à vedação da caça amadorista no Rio Grande do Sul. A egrégia 2ª Seção do Tribunal Regional Federal da 4ª Região julgou essa prática inconstitucional por maioria de votos (5 a 1), já que viola interesse público, além de outros fundamentos. É uma grande conquista, sobretudo para os que estão lutando pela fauna em outros Estados, ou melhor, lutando pela biodiversidade. O IBAMA e a Federação Gaúcha de Caça e Tiro provavelmente recorrerão dessa decisão ao STF[5].

### 1.2.3. Caça de subsistência

É aquela praticada com o intuito de manter a subsistência do caçador e de sua família. É exercida pelos indígenas, caiçaras, caboclos etc. Normalmente, são pessoas que vivem afastadas dos centros urbanos.

---

4. Paulo Affonso Leme Machado, *Direito*, cit., p. 653-4.
5. EI 2004.71.00.021481-2/RS, 4ª Reg., rel. Des. Carlos Eduardo Thompson Flores Lenz, m. v., j. 13-3-2008.

O abate de animal para saciar a fome do caçador e de sua família não constitui crime (art. 37, I, da Lei n. 9.605/98).

### 1.2.4. Caça científica

Esta é a caça destinada para fins científicos. É a permissão dada aos cientistas para a coleta de material, a utilização e constatação da eficácia de novos remédios com a finalidade de descobrir a cura de doenças.

O art. 14 da Lei n. 5.197/67 disciplina a caça científica. Diz o citado dispositivo: "Poderá ser concedida a cientistas, pertencentes a instituições científicas, oficiais ou oficializadas, ou por estas indicadas, licença especial para a coleta de material destinado a fins científicos, em qualquer época. § 1º Quando se tratar de cientistas estrangeiros, devidamente credenciados pelo país de origem, deverá ser o pedido de licença aprovado e encaminhado ao órgão público federal competente, por intermédio de instituição científica oficial do país. § 2º As instituições a que se refere este artigo, para efeito de renovação anual da licença, darão ciência ao órgão público federal competente das atividades dos cientistas licenciados no ano anterior. § 3º As licenças referidas neste artigo não poderão ser utilizadas para fins comerciais ou esportivos. § 4º Aos cientistas das instituições nacionais que tenham, por lei, a atribuição de coletar material zoológico, para fins científicos, serão concedidas licenças permanentes".

Essa licença, devidamente regulamentada pelo dispositivo transcrito, deverá ser cotejada com outras normas relacionadas ao período de caça, o local e a maneira como ocorre a perseguição, a caça ou a apanha do animal silvestre.

## 2. INSTRUMENTOS E LOCAIS PROIBIDOS À CAÇA

Proíbe-se a caça com determinados *instrumentos*, por exemplo, com visgos, atiradeiras, fundas, bodoques, veneno, incêndio ou armadilhas que maltratem o animal. Também se proíbe a caça com armas a bala, próxima de ferrovias ou rodovias, ou com armas calibre 22 para animais de porte superior ao tapiti (assemelha-se à lebre e tem cerca de 35 cm). Igualmente se proíbe a caça com a utilização de armadilhas constituídas de armas de fogo (art. 10, *a, b, c* e *d*, da Lei n. 5.197/67).

Proíbe-se a caça em determinados *locais*. Por exemplo, nas zonas urbanas, suburbanas, povoadas e nas estâncias hidrominerais e climáticas; nos estabelecimentos oficiais de açudes do domínio público, bem como nos terrenos adjacentes, até a distância de 5 quilômetros; na faixa de 500 metros de cada lado do eixo das vias férreas e rodovias públicas; nas áreas destinadas à proteção da fauna, flora e das belezas naturais; nos jardins zoológicos, nos parques e jardins públicos; fora do período de permissão de caça, mesmo em propriedades privadas; à noite, exceto em casos especiais e no caso de animais nocivos; e no interior de veículos de qualquer espécie (art. 10, e, f, g, h, i, j, k, l e m, da Lei n. 5.197/67).

## 3. A PESCA

A pesca é disciplinada pela Lei n. 11.959, de 29 de junho de 2009, que dispõe sobre a Política Nacional de Desenvolvimento Sustentável da Aquicultura e da Pesca, regula as atividades pesqueiras, revoga a Lei n. 7.679, de 23 de novembro de 1988, e dispositivos do Decreto-Lei n. 221, de 28 de fevereiro de 1967, e dá outras providências, pelo Decreto-Lei n. 221, de 28 de fevereiro de 1967, que dispõe sobre a proteção e estímulos à pesca, e pela Lei n. 7.643, de 18 de dezembro de 1987, que dispõe sobre a pesca de cetáceos nas águas jurisdicionais brasileiras.

### 3.1. Política pesqueira

No dia 29 de junho de 2009, foi publicada no DOU a Lei n. 11.958, de 26 de junho de 2009, que alterou as Leis n. 7.853, de 24 de outubro de 1989, e n. 10.683, de 28 de maio de 2003, dispôs sobre a transformação da Secretaria Especial de Aquicultura e Pesca da Presidência da República em Ministério da Pesca e Aquicultura, e criou cargos em comissão do Grupo-Direção e Assessoramento Superiores — DAS e Gratificações de Representação da Presidência da República. Esta lei deu nova roupagem ao Decreto-Lei n. 221/67, que estava defasado e não correspondia mais às necessidades dos pescadores, aquicultores e indústrias pesqueiras. Os pescadores passaram a ser considerados produtores rurais, sendo beneficiados por crédito rural com juros baixos. Esta lei, além disso, classificou a pesca em: familiar, comercial, científica, ornamental e recomposição ambiental. Ela também estabelece normas de cessão de áreas voltadas ao cultivo e pescado em águas da União, além de agilizar as permissões para pesca, sem prejuízo das análises de impacto ambiental dos empreendimentos. O Ministério será responsável por coordenar ações de investimento na produção pesqueira, a exemplo do que ocorre com a produção de carnes. Ou seja, a lei trouxe uma série de benefícios à indústria pesqueira como um todo, permitindo uma melhor fiscalização e controle da pesca.

Entende-se por pesca "todo ato tendente a retirar, extrair, coletar, apanhar, apreender ou capturar espécimes dos grupos dos peixes, crustáceos, moluscos e vegetais hidróbios, suscetíveis ou não de aproveitamento econômico, ressalvadas as espécies ameaçadas de extinção, constantes nas listas oficiais da fauna e da flora" (art. 36 da Lei n. 9.605/98).

A Lei n. 11.959, de 29 de junho de 2009, disciplinou o exercício da pesca em todo o território nacional[6]. Exige-se, com base no art. 5º dessa lei, autorização para

---

6. O Decreto n. 8.425, de 31 de março de 2015, regulamentou o parágrafo único do art. 24 e o art. 25 da Lei n. 11.959, de 29 de junho de 2009, para dispor sobre os critérios de inscrição no Registro

a pesca. A pesca foi classificada em: pesca artesanal e industrial; e não comercial. A não comercial divide-se em pesca científica, amadora e de subsistência (art. 8º, I e II). Para a realização da pesca, o interessado deverá solicitar a autorização, licença ou permissão perante o órgão competente. E, munido desse documento, o interessado poderá pescar, observando os períodos, tamanhos de espécimes e lugares proibidos previamente estabelecidos pelo Poder Público.

O controle da pesca deve ser efetivamente realizado, pois, mediante pesquisa feita em treze regiões do planeta, publicada na revista *Nature,* constatou-se que predadores como o atum e o peixe-espada declinaram em cinquenta anos em decorrência da pesca industrial que eliminou 90% dos grandes peixes. A diminuição desses predadores ocorre pelas altas cotas de pesca, uma melhor tecnologia pesqueira — como satélites e sonares —, subsídios governamentais e falta de reservas marinhas. Essas medidas são responsáveis pelo drástico declínio dos peixes. A pesca industrial intensa impede a procriação, colocando em risco os peixes de grande porte, como, por exemplo, a baleia. Por conta disso, o Brasil, por meio do Ministério do Meio Ambiente, propôs aos diplomatas estrangeiros a transformação do Atlântico Sul em um santuário para as baleias.

### 3.2. Ação Civil Pública e a pesca

Trazemos, a título ilustrativo, a primeira ação civil pública proposta pelo Instituto Sea Shepherd Brasil (ISSB) em face da empresa pesqueira Pescados Amaral, de Itajaí (SC), pela prática ilegal da pesca de arrasto marinho ocorrida no litoral gaúcho em 2000, cuja abordagem se deu em alto-mar por voluntários da instituição e apoio da PATRAM. A empresa foi condenada em primeira instância ao pagamento pelos danos ambientais de valor superior a R$ 320 mil. Cristiano Pacheco, coordenador jurídico do ISSB, afirmou que não houve "precedentes no país de ações judiciais contra este tipo de ilegalidade, e isso é motivo de orgulho para o ISSB e todos os seus voluntários. Acreditamos na confirmação da decisão pelo TRF". "Esta é sem dúvida uma grande conquista e prova que a sociedade civil organizada pode fazer a diferença", conclui Daniel Vairo, presidente da organização[7].

Foi proposta ACP em defesa dos tubarões na Costa da Amazônia e da biodiversidade marinha. A *Walmart* e o *Carrefour* foram questionados sobre a origem dos filés de cação com base no Código de Defesa do Consumidor e no direito à informação. Além disso, o Instituto Justiça Ambiental — IJA busca indenização pelos danos ambientais irreversíveis causados pela captura e procedimento ilegal de aproximadamente 25 toneladas de barbatanas de tubarão — número que representa

---

Geral da Atividade Pesqueira e a concessão de autorização, permissão ou licença para o exercício da atividade pesqueira.

7. Proc. 2006.71.00.016888-4 — com informações do ISSB. *Site* do Espaço Vital.

cerca de 280 mil toneladas do animal. Cerca de 150 milhões são abatidos anualmente no mundo e os tubarões se encontram em sério risco de extinção. Outro ponto importante é a violência empregada nessa prática, em que as barbatanas são retiradas com o animal ainda vivo. Eles são lançados ao mar e morrem após longa agonia. Os consumidores toleram cada vez menos produtos que envolvam sofrimento animal. No Brasil, isso ocorre por razões diversas, entre elas a violência nos abatedouros. As barbatanas são utilizadas em sopas asiáticas sem gosto e com muito tempero, sem valor nutricional algum, e que chegam a custar até 130 dólares. Os consumidores compram pelo *status* (preço) agregado à iguaria. As barbatanas também são utilizadas pela indústria farmacêutica para a fabricação de pílulas ditas "afrodisíacas", também sem comprovação científica alguma quanto a este efeito[8].

Outra vitória importante foi a decisão que julgou extinto o processo que pretendia anular o auto de infração lavrado pelo IBAMA. Vejamos: A Advocacia-Geral da União (AGU), por meio da Procuradoria Federal no Estado do Pará (PF/PA) e da Procuradoria Federal Especializada junto ao Instituto Brasileiro do Meio Ambiente e dos Recursos Renováveis (PFE/IBAMA), obteve sentença favorável na Ação Ordinária n. 2008.39.00.010412-0, proposta por Empesca S/A Construções Navais, Pesca e Exportação, objetivando anular auto de infração lavrado pelo IBAMA, em virtude da empresa ter utilizado rede de arrasto para captura de camarão em desacordo com a legislação ambiental, ou seja, sem o Dispositivo de Escape para Tartaruga (TED), no barco EMPESCA XXXVII.

Na contestação, os procuradores federais alegaram, como prejudicial de mérito, a prescrição do fundo de direito, afirmando que a ação anulatória foi ajuizada em 2008, mais de dez anos após a efetiva ciência da sanção administrativa que ocorreu em outubro de 1998 e, portanto, quando já transcorrido o prazo prescricional quinquenal previsto no art. 1º do Decreto n. 20.910/32.

No mérito, defenderam a legalidade da autuação empreendida pelo agente ambiental, uma vez que constatada a infração ambiental capitulada no art. 1º, IV, *c*, da Lei n. 7.679/88 c/c o art. 34, I e II, da Lei n. 9.605/98, e arts. 1º, 2º e 4º, II, da Portaria n. 05/97 do IBAMA, que estabelece a obrigatoriedade de uso do TED (*Turtle Excluden Device*) como dispositivo incorporado às redes de arrasto utilizadas pelas embarcações permissionárias para a pesca de camarões, no litoral brasileiro, independentemente da espécie a capturar.

O Juiz federal substituto da 9ª Vara Federal da Seção Judiciária do Pará acolheu a preliminar de prescrição e julgou extinto o processo com resolução do mérito, com fulcro no art. 269, IV, do CPC[9].

---

8. Disponível em: <http://www.ije.org.br> (Instituto Justiça Ambiental — IJA).

9. AGU obtém sentença favorável para impedir anulação de autuação do IBAMA em virtude de uso de rede sem dispositivo de escape de tartaruga para pesca de camarão. [de-lege-agraria-nova].

Como se vê, essas decisões são importantes para a proteção de nossa fauna aquática.

### 3.3. Mapeamento das espécies aquáticas ameaçadas de extinção

Para que possamos ter uma ideia do que acontece com a fauna aquática brasileira, trouxemos, a título ilustrativo, o mapeamento divulgado pelo Instituto Brasileiro de Geografia e Estatística — IBGE, no dia 10 de julho de 2009, das espécies e invertebrados aquáticos ameaçados de extinção do país. São, ao total, 632 espécies sob risco, sendo 69 mamíferos, 159 aves, 20 répteis, 16 anfíbios, 159 peixes, 79 invertebrados aquáticos, 96 insetos e 34 outros invertebrados terrestres. Das 238 espécies de peixes e invertebrados nessa situação, 86 vivem nas águas paulistas. Os principais fatores que levaram à sua extinção são a poluição dos rios, a ocupação das áreas ribeirinhas pelo homem e a destruição do *hábitat* aquático (ocupação das faixas costeiras e a pesca predatória). Estes novos dados são complementados pelo mapeamento realizado pelo IBAMA em 2004. Entre estas espécies, 6 invertebrados e 35 peixes foram classificados como criticamente em perigo de extinção, tais como: lambari, três espécies de cascudo e três de surubim, peixe-serra, cação-bico-doce (peixes) e a esponja da família *Spongillidae* (invertebrados). O mapa do IBGE indica que o bioma que mais abriga as espécies aquáticas ameaçadas de extinção está na Mata Atlântica[10].

Aumentou o número de espécies de tubarão ameaçadas de extinção em 158,3% nos últimos dez anos. A ICMBio catalogou 82 espécies de tubarões na costa brasileira, duas foram extintas entre as décadas de 1970 e 1980. Das 31 espécies em risco, 19 já aparecem na lista de "criticamente em perigo". As principais causas são pesca predatória, aumento da poluição e degradação dos hábitats com a exploração de petróleo em águas profundas e lançamento de resíduos de navios. A preservação dos tubarões é importante e relevante para a manutenção do equilíbrio marinho. A pesca predatória ocorre para a retirada da barbatana, usada para medicamentos e alimentação. O ICMBio pretende realizar uma força-tarefa para a preservação desses animais e estimular ações de conciliação da pesca com a preservação dos tubarões de forma sustentável[11].

### 4. INSTRUMENTOS E LOCAIS PROIBIDOS À PESCA

O órgão competente deverá fixar, por meio de atos normativos, os períodos de proibição da pesca ou lugares interditados, respeitando as peculiaridades regionais

---

10. Fábio Grellet, Águas de SP têm 86 peixes e invertebrados sob risco, *Folha de S.Paulo*, Ciência, 11 jul. 2009, p. A-14.

11. Diana Brito e Venceslau Borlina Filho, Cresce número de espécies de tubarão em risco de extinção, *Folha de S.Paulo*, Saúde+Ciência, 29 abr. 2013, p. C-7.

para a proteção da fauna e flora aquáticas, relacionando ainda as espécies ameaçadas de extinção.

É proibida a pesca: a) de espécies que devam ser preservadas ou espécimes com tamanhos inferiores aos permitidos; b) de quantidades superiores às permitidas, ou mediante a utilização de aparelhos, petrechos, técnicas e métodos não permitidos; c) por meio de explosivos ou substâncias que, em contato com a água, produzam efeito semelhante; e d) por meio de substâncias tóxicas, ou outro meio proibido pela autoridade competente. São vedados ainda o transporte, o comércio, o beneficiamento ou a industrialização de espécimes provenientes da coleta, apanha e pesca proibidas.

Por conta disso, o governo do Estado de São Paulo, mediante três decretos, proibiu a pesca de arrasto de parelha (uso de rede presa a dois barcos) perto da costa. A Secretaria do Meio Ambiente criou três Áreas de Proteção Ambiental (APAs) marinhas: no litoral norte, no litoral centro e no litoral sul. Juntas, elas terão 1,1 milhão de hectares. A partir de 8 de junho de 2008, passou a ser considerada predatória essa modalidade de pesca. O secretário do Meio Ambiente afirmou que realizará a fiscalização das APAs por meio de seis embarcações e noventa policiais ambientais[12].

Com essa atitude, o Estado de São Paulo tomou importante providência na proteção da fauna marinha.

## 5. O PODER PÚBLICO E A CAÇA E A PESCA

Constata-se aparente contradição entre a preservação da fauna e a permissão da caça e da pesca. Cabe ao Poder Público realizar uma fiscalização efetiva de toda a fauna brasileira, catalogando as espécies existentes em abundância e as espécies ameaçadas de extinção, exercendo um controle efetivo, especialmente destas últimas. O Poder Público federal deverá ainda, no prazo de cento e vinte dias, publicar anualmente as relações das espécies passíveis de caça, delimitando as respectivas áreas, bem como a época, o número de dias e a cota diária de exemplares caçados (art. 8º, *a*, *b* e *c*, da Lei n. 5.197/67).

Registre-se que o art. 29 da Lei n. 9.605/98 exige a permissão, a licença ou a autorização para matar, perseguir, caçar, apanhar espécimes da fauna silvestre, nativas ou em rota migratória. Tal controle se dá mediante a concessão da permissão, licença ou autorização pelo IBAMA. Entende-se por *permissão* "o ato administrativo negocial, discricionário e precário, pelo qual o Poder Público faculta ao particular a execução de serviços de interesse coletivo, ou o uso especial de bens públicos, a título gratuito ou remunerado, nas condições estabelecidas pela Administração"[13]. Li-

---

12. Afra Balazina, Área protegida em SP vai restringir pesca de arrasto, *Folha de S. Paulo*, 23 abr. 2008, p. A-15.
13. Hely Lopes Meirelles, *Direito administrativo*, cit., p. 165.

*cença*, por seu turno, é "o ato administrativo vinculado e definitivo, pelo qual o Poder Público, verificando que o interessado atendeu a todas as exigências legais, faculta-lhe o desempenho de atividades ou a realização de fatos materiais antes vedados ao particular, como, por exemplo, o exercício de uma profissão, a construção de um edifício em terreno próprio"[14]. *Autorização*, por fim, é "o ato administrativo discricionário e precário pelo qual o Poder Público torna possível ao pretendente a realização de certa atividade, serviço, ou a utilização de determinados bens particulares ou públicos, de seu exclusivo ou predominante interesse, que a lei condiciona à aquiescência prévia da Administração, tais como o uso especial de bem público, o porte de arma, o trânsito por determinados locais etc."[15].

A lei não faz distinção entre licença e autorização nem entre estas e a permissão. O instrumento mais adequado para o exercício da caça é, sem dúvida, a autorização e não a permissão ou a licença. Esta última, segundo o conceito, é concedida a título de definitividade. A permissão é a faculdade dada pelo Poder Público na execução de um serviço de interesse coletivo. A autorização, à semelhança do porte de arma, pode ser cassada a qualquer momento, pois ela é concedida a título precário. Ora, se o caçador estiver utilizando a autorização de maneira inadequada ou realizando a caça fora do período permitido, o Poder Público poderá cassá-la a qualquer momento.

## 6. COMERCIALIZAÇÃO DA FAUNA SILVESTRE E DE SEUS PRODUTOS

É proibido tanto o comércio das espécies da fauna silvestre que implique caça, perseguição, destruição ou apanha como o dos produtos e objetos dela provenientes (art. 3º, *caput*, da Lei n. 5.197/67). No entanto, a lei permite a caça das espécies silvestres e o comércio dos produtos e objetos provenientes de criadouros artificiais (art. 3º, § 1º, da Lei n. 5.197/67).

Para a realização desse comércio, o interessado deverá estar devidamente autorizado pelo Poder Público competente.

Ressalte-se, ainda, que o art. 18 da Lei n. 5.197/67 proíbe "a exportação para o Exterior (*sic*), de peles e couros de anfíbios e répteis, em bruto". Tal dispositivo deve ser cotejado com o art. 3º do mesmo diploma legal. Se se tratar de exportação de produtos manufaturados de anfíbios e répteis, será permitida. Para Paulo Affonso Leme Machado será proibida "a exportação, ou o comércio exterior, de peles de répteis e de anfíbios, em bruto, mesmo provenientes de criadouros devidamente legalizados"[16].

---

14. Hely Lopes Meirelles, *Direito administrativo*, cit., p. 164.
15. Hely Lopes Meirelles, *Direito administrativo*, cit., p. 164.
16. Paulo Affonso Leme Machado, *Direito*, cit., p. 672.

Não assiste razão ao mestre citado, pois se o produto manufaturado provier de criadouro artificial, devidamente legalizado, não vemos motivo para impedir a sua comercialização ou exportação nos termos do dispositivo legal já citado.

Interessante estudo realizado por cientistas europeus sugere que banir, pura e simplesmente, o comércio de espécies ameaçadas de extinção pode ajudar a dizimá--las. Referido estudo, publicado na revista *Nature*, serve como alerta para a Convenção sobre Comércio de Espécies Ameaçadas (CITES). Foram analisadas 46 espécies ameaçadas de extinção movidas do Apêndice 2 (comércio controlado) para o Apêndice 1 (proibição total) da CITES, constatando-se que, após a mudança de categoria, o comércio ilegal tinha aumentado brutalmente e chegou a 400% no caso do rinoceronte preto. Nesse intervalo, o preço sobe e os caçadores e madeireiros têm tempo de fazer estoque. O grupo defende menos proibição e mais vigilância na CITES[17].

### Seção III
### Crueldade contra animais

### 1. CRUELDADE E MAUS-TRATOS CONTRA ANIMAIS

Pensadores de várias épocas afirmaram que a crueldade contra os animais e a crueldade contra humanos estão inter-relacionadas[18]. Vejamos algumas manifestações de grandes pensadores: "Enquanto o homem continuar a ser destruidor impiedoso dos seres animados dos planos inferiores, não conhecerá a saúde nem a paz. Enquanto os homens massacrarem os animais, eles matarão uns aos outros. Aquele que semeia a morte e o sofrimento não pode colher a alegria e o amor" (Pitágoras); "Haverá um dia em que o homem conhecerá o íntimo dos animais. Nesse dia, então, todo crime cometido contra um animal será considerado um crime contra a humanidade" (Leonardo da Vinci); "Nossas obrigações com os animais são apenas obrigações indiretas com a humanidade. A natureza animal possui analogias com a natureza humana, e ao cumprir com nossas obrigações para com os animais em relação às manifestações da natureza humana, nós indiretamente estamos cumprindo nossas obrigações com a humanidade... Podemos julgar o coração de um homem pelo seu tratamento com os animais" (*Immanuel Kant*); "A compaixão pelos animais está intimamente ligada à bondade de caráter, e pode ser seguramente afirmado que quem

---

17. Biodiversidade — Proteção demais faz mal a espécies, *Folha de S. Paulo*, 31 maio 2007, p. A-19.

18. Em julho de 2012, cientistas da Universidade de Cambridge proclamaram que os humanos não são os únicos seres conscientes. "Animais não humanos como mamíferos e aves e vários outros, incluindo o polvo, também possuem as faculdades neurológicas que geram consciência" (Marc Bekoff, Animais têm consciência: trate-os como iguais — Galinhas sentem empatia. Elefantes ficam deprimidos. Raposas vermelhas sentem a falta dos amigos. E todos sentem dor. Então qual é a diferença entre mim, você e eles? *Superinteressante* (Abril), ed. 313, dez. 2012, p. 24).

é cruel com os animais não pode ser um bom homem" (*Arthur Schopenhauer*); "Matar animais gradualmente destrói nosso senso de compaixão, que é o sentimento mais nobre do qual nossa natureza humana é capaz" (*Thomas More*); "Não há diferenças fundamentais entre os homens e os animais nas suas faculdades mentais. Os animais, como os homens, demonstram sentir prazer, dor, felicidade e sofrimento" (Charles Darwin); "Primeiro foi necessário civilizar o homem em relação ao próprio homem. Agora é necessário civilizar o homem em relação à natureza e aos animais" (Victor Hugo); "Um homem só é nobre quando consegue sentir piedade por todas as criaturas" (Buda); "Falai aos animais em lugar de lhes bater" (Leon Tolstói); "A grandeza de uma nação pode ser avaliada pela forma como são tratados os animais" (Mahatma Gandhi); "A natureza criou o tapete sem-fim que recobre a natureza da Terra. Dentro da pelagem desse tapete vivem todos os animais, respeitosamente. Nenhum o estraga, nenhum o rói, exceto o homem" (Monteiro Lobato); "Todos aqueles que amam os animais, todos, sem exceção, evitando que sejam maltratados, desprezados, abandonados, humilhados ou mortos para consumo ou crueldade, são verdadeiros anjos na Terra" (Janete Marie Monteiro Figueiredo[19]); "Não me interessa nenhuma religião cujos princípios não melhorem nem tomam em consideração as condições dos animais" (Abraham Lincoln); "A civilização de um povo se avalia pela forma como trata seus animais" (A. Humbold); "Quando o homem aprender a respeitar até o menor ser da criação, seja animal ou vegetal, ninguém precisará ensiná-lo a amar seu semelhante (Albert Schweitzer); "O homem está para o animal simplesmente como um superior hierárquico. Nos irracionais desenvolvem-se igualmente as faculdades intelectuais. O sentimento de curiosidade é, na maioria deles, altamente avançado e muitas espécies nos demonstram as suas elevadas qualidades, exemplificando o amor conjugal, o sentimento da paternidade, o amparo ao próximo, às faculdades de imitação, o gosto da beleza. Para verificar a existência desses fenômenos, basta que se possua um sentimento acurado de observação e de análise" (Emmanuel).

Essa advertência é importante para que possamos olhar os animais com outros olhos e tratá-los com amor e compaixão dependendo da situação que eles se encontram na sociedade. Praticar maus-tratos contra animais é a mesma coisa que praticar maus-tratos contra crianças.

Os maus-tratos ou crueldade praticados pelo ser humano contra os animais são os mais variados. Podemos utilizar as hipóteses arroladas no art. 3º do Decreto n. 24.645, de 10 de julho de 1934, para conceituar crueldade ou maus-tratos contra animais. Assim, consideram-se *maus-tratos*: I — praticar ato de abuso ou crueldade em qualquer animal; II — manter animais em lugares anti-higiênicos ou que lhes

---

19. *A desencarnação dos animais*, psicografado por Janete Marie Monteiro Figueiredo, Editora do Conhecimento, 2011.

impeçam a respiração, o movimento ou o descanso, ou os privem de ar ou luz; III — obrigar animais a trabalhos excessivos ou superiores às suas forças e a todo ato que resulte em sofrimento para deles obter esforços que, razoavelmente, não se lhes possam exigir senão castigo; IV — golpear, ferir ou mutilar, voluntariamente, qualquer órgão ou tecido de economia, exceto a castração, só para animais domésticos, ou operações outras praticadas em benefício exclusivo do animal e as exigidas para defesa do homem, ou no interesse da ciência; V — abandonar animal doente, ferido, extenuado ou mutilado, bem como deixar de ministrar-lhe tudo o que humanitariamente se lhe possa prover, inclusive assistência veterinária;VI — não dar morte rápida, livre de sofrimento prolongado, a todo animal cujo extermínio seja necessário para consumo ou não; VII — abater para consumo ou fazer trabalhar os animais em período adiantado de gestação; VIII — atrelar, no mesmo veículo, instrumento agrícola ou industrial, bovinos com equinos, com muares ou com asininos, sendo somente permitido o trabalho em conjunto a animais da mesma espécie; IX — atrelar animais a veículos sem os apetrechos indispensáveis, como sejam balancins, ganchos e lanças ou com arreios incompletos, incômodos ou em mau estado, ou com acréscimo de acessórios que os molestem ou lhes perturbem o funcionamento do organismo; X — utilizar, em serviço, animal cego, ferido, enfermo, fraco, extenuado ou desferrado, sendo que este último caso somente se aplica à localidade com ruas calçadas; XI — açoitar, golpear ou castigar por qualquer forma a um animal caído sob o veículo ou com ele, devendo o condutor desprendê-lo do tiro para levantar-se; XII — descer ladeiras com veículos de tração animal sem utilização das respectivas traves, cujo uso é obrigatório; XIII — deixar de revestir com couro ou material com idêntica qualidade de proteção as correntes atreladas aos animais de tiro; XIV — conduzir veículo de tração animal, dirigido por condutor sentado, sem que tenha boleia fixa e arreios apropriados, com tesouras, pontas de guias e retranca; XV — prender animais atrás dos veículos ou atados às caudas de outros; XVI — fazer viajar um animal a pé, mais de 10 quilômetros, sem lhe dar descanso, ou trabalhar mais de seis horas contínuas sem lhe dar água e alimento; XVII — conservar animais embarcados por mais de doze horas, sem água e alimento, devendo as empresas de transportes providenciar sobre as necessárias modificações no seu material, dentro de doze meses a partir da publicação desse decreto-lei; XVIII — conduzir animais, por qualquer meio, locomoção, colocados de cabeça para baixo, de mãos ou pés atados, ou de qualquer outro modo que lhes produza sofrimento; XIX — transportar animais em cestos, gaiolas ou veículos sem as proporções necessárias ao seu tamanho e número de cabeças, e sem que o meio de condução em que estão encerrados esteja protegido por uma rede metálica ou idêntica que impeça a saída de qualquer membro do animal; XX — encerrar em curral ou outros lugares animais em número tal que não lhes seja possível moverem-se livremente, ou deixá-los sem água e alimento mais de doze horas; XXI — deixar sem ordenhar as vacas por mais de vinte e quatro horas, quando utilizadas na exploração do leite; XXII — ter animais encerrados juntamente com outros que os aterrorizem ou molestem; XXIII — ter animais destinados à venda em locais que não reúnem as condições de higiene e comodidades relativas; XXIV — expor, nos mercados e outros locais de venda, por mais de doze horas, aves em gaiolas, sem que se faça nestas a devida limpeza e renovação de água e alimento; XXV — engordar aves mecanicamente; XXVI — despelar ou depenar animais vivos ou entregá-los vivos à alimentação de outros; XXVII — ministrar ensinos a animais com maus-tratos físicos; XXVIII — exercitar tiro ao alvo sobre patos ou qualquer animal selvagem, exceto sobre pombos, nas sociedades, clubes de caça, inscritos no Serviço de Caça e Pesca; XXIX — realizar lutas entre animais da mesma espécie ou de espécie diferente, tourada e simulacros de touradas, ainda mesmo em lugar privado; XXX — arrojar aves e outros animais nas casas de espetáculo e exibi-los, para tirar sorte ou realizar acrobacias; XXXI — transportar, negociar ou caçar, em qualquer época do ano, aves insetívoras, pássaros canoros, beija-flores e outras aves de pequeno porte, exceção feita das autorizações para fins científicos, consignadas em lei anterior.

Este rol, como se vê, não esgota as hipóteses de crueldade e maus-tratos contra animais. Cuida-se de um rol meramente exemplificativo, podendo ser incluídas outras modalidades não previstas. Cada caso deverá ser analisado e submetido ao alvedrio judicial.

## 2. ESTADO DE SÃO PAULO VEDA SACRIFÍCIO DESNECESSÁRIO DE ANIMAIS SADIOS

O governador do Estado de São Paulo promulgou a Lei n. 12.916, de 16 de abril de 2008, que dispõe sobre o controle da reprodução de cães e gatos e dá providências correlatas. Essa lei proíbe a "eutanásia" em animais saudáveis nos 645 municípios do Estado. Tal medida impede a matança indiscriminada de cães e gatos sadios recolhidos nos Centros de Zoonoses. Os municípios deverão realizar programas que visem ao controle reprodutivo de cães e de gatos e à promoção de medidas protetivas, por meio de identificação, registro, esterilização cirúrgica, adoção e de campanhas educacionais para conscientização pública da relevância de tais atividades. Os Centros de Controle de Zoonoses (CCZs) devem ainda realizar ações de castração e de adoção para bichos em boas condições de saúde. A lei veda que animais ferozes sejam sacrificados, como os *pit bulls*. Esses animais deverão passar por "processo de ressocialização", ser submetidos a cirurgia de castração e depois colocados para adoção. Nenhum animal deverá sair dos Centros de Zoonoses sem estar castrado e devidamente identificado por um *chip*. Não sendo possível a "ressocialização" do animal bravio, ou se ele apresentar doença infectocontagiosa incurável que coloque em risco a saúde pública, será morto após noventa dias.

As entidades protetoras de animais comemoraram a sanção. "É uma vitória para todos os animais. Antes, eles eram levados para o Centro de Controle de Zoonoses (CCZ) e sacrificados em três dias", afirma Raquel de Jesus, que resgata animais. Ana Gabriela de Toledo, vice-presidente do Projeto "Esperança Animal", classifica a lei como "maravilhosa". Ela diz que São Paulo passa a atender às determinações da Organização Mundial da Saúde (OMS), que preconiza a esterilização dos animais e a conscientização na proteção. Ângela Caruso, do Fórum de Proteção Animal, também comemora a aprovação da lei, mas se preocupa com a capacidade de sua implantação nas cidades. "Em todo o Estado, existe cerca de 80 CCZs. Precisamos agora é cobrar que o Estado repasse recursos para os municípios."

Os animais não são culpados pelas condutas irresponsáveis dos seus proprietários, que tentam criar animais para sua própria defesa ou do seu patrimônio, colocando em risco a própria vida, de sua família e da comunidade.

Há, nesse sentido, a seguinte decisão: "Administrativa e ambiental. Centro de controle de zoonose. Sacrifício de cães e gatos apreendidos pelos agentes de administração. Possibilidade quando indispensável à proteção da saúde humana. Vedada a utilização de meios cruéis. 1. O pedido deve ser interpretado em consonância com a pretensão deduzida na exordial como um todo, sendo certo que o acolhimento do pedido extraído da interpretação lógico-sistemática da pena da peça inicial implica julgamento *extra petita*. 2. A decisão nos embargos infringentes não impôs um gravame maior ao recorrente, mas apenas esclareceu e exemplificou métodos pelos quais a obrigação poderia ser cumprida, motivo pelo qual não houve violação do princípio da vedação da *reformatio in pejus*. 3. A meta principal e prioritária dos centros de controles de zoonose é erradicar as doenças que podem ser transmitidas de animais a seres humanos, tais quais a raiva e a leishmaniose. Por esse motivo, medidas de controles da reprodução dos animais, seja por meio da injeção de hormônios ou de esterilização, devem ser prioritárias, até porque, nos termos do 8º Informe Técnico da Organização Mundial de Saúde, são mais eficazes no domínio de zoonoses. 4. Em situações extremas, nas quais a medida se torne imprescindível para o resguardo da saúde humana, o extermínio dos animais deve ser permitido. No entanto, nesses casos, é defesa a utilização de métodos cruéis, sob pena de violação do art. 225 da CF, do art. 1º e 3º, I e VI, do Decreto Federal n. 24.645 e do art. 32 da Lei n. 9.605/1998. 5. Não se pode aceitar que com base na discricionariedade o administrador realize práticas ilícitas. É possível até haver liberdade na escolha dos métodos a serem utilizados, caso existam meios que se equivalham entre os menos cruéis, o que não há é a possibilidade do exercício do dever discricionário que implique violação à finalidade legal. 6. *In casu*, a utilização de gás asfixiante no centro de controle de zoonose é medida de extrema crueldade, que implica violação do sistema normativo de proteção dos animais, não podendo ser justificada como exercício do dever discricionário do administrador público. Recurso especial improvido" (REsp 1.115.916-MG

(2009/0005385-2), STJ, 2ª Turma, rel. Min. Humberto Martins, j. 1º-9-2009, DJ, 18 set. 2009).

Como se vê, a regra é a proibição de sacrifício desses animais, exceto em caso de proteção da saúde humana.

Nessa mesma linha de atuação, o Ministério Público do Estado de São Paulo propôs Ação Civil Pública, no dia 4 de abril de 2014, em face do Município de Pitangueiras, diante do grande número de cães e gatos perambulando pelas ruas da cidade. Tal ação exige que a Municipalidade implemente o programa administrativo de controle reprodutivo de cães e gatos e promova medidas protetivas, por meio de identificação, registro e esterilização cirúrgica, adoção e de campanhas educacionais para a conscientização pública, bem como destine um local para a criação e colocação em funcionamento de um Centro de Controle de Zoonoses para o recolhimento, a manutenção e a exposição de animais abandonados para a adoção, aberto à visitação pública, com a realização de vacinação e dispensação dos demais cuidados aos animais, no prazo de 12 meses[20].

## 3. PROCEDIMENTOS CIRÚRGICOS EM ANIMAIS DE PRODUÇÃO E SILVESTRES E CIRURGIAS ESTÉTICAS MUTILANTES EM PEQUENOS ANIMAIS

O Conselho Federal de Medicina Veterinária (CFMV) proibiu, por meio da Resolução n. 877, de 15 de fevereiro de 2008, as cirurgias consideradas desnecessárias ou que possam impedir a capacidade de expressão do comportamento natural da espécie, sendo permitidas apenas as cirurgias que atendam às indicações clínicas, mediante avaliação do veterinário.

Entre os procedimentos proibidos que serviam para aproximar o animal de um ideal de beleza estão o corte de orelha e retirada das cordas vocais de cachorros e a retirada de unhas dos gatos. A medida também torna não recomendado o corte da cauda de cachorros.

A resolução também regulamenta cirurgias em animais de porte maior e animais silvestres e estabelece a obrigatoriedade de condições adequadas para operações como anestesia e estrutura física da clínica.

Em relação aos animais de produção, ficam proibidos a castração utilizando anéis de borracha, a caudectomia em ruminantes ou qualquer procedimento sem o respeito às normas de antissepsia, profilaxia, anestesia e analgesia previstos no Anexo I da resolução. São procedimentos não recomendáveis o corte de dentes e a caudectomia em suínos neonatos e debicagem em aves (art. 5º, §§ 2º e 3º, da resolução). Nos animais silvestres, as cirurgias realizadas devem ser executadas de preferência em salas cirúrgicas ou em ambientes controlados e específicos para esse fim,

---

20. Disponível em: <http://www.mpsp.mp.br>.

respeitado o disposto nos arts. 2º e 3º da resolução. Fica proibida a realização de cirurgias consideradas mutilantes, tais como amputação de artelhos e amputação parcial ou total das asas conduzidas, com a finalidade de marcação ou que objetivem impedir o comportamento natural da espécie. Nos pequenos animais, ficam proibidas as cirurgias consideradas desnecessárias, bem como a conchectomia e cordectomia em cães e a onicectomia em felinos. A caudectomia é considerada um procedimento cirúrgico não recomendável na prática médico-veterinária (art. 7º, §§ 1º e 2º, da Resolução).

Os veterinários que não cumprirem as determinações da CFMV estarão sujeitos a processo no Conselho de Ética e multa[21].

## 4. O CÓDIGO PAULISTA DE PROTEÇÃO DOS ANIMAIS E A LEI MUNICIPAL DA CIDADE DE MAUÁ PROÍBEM MAUS-TRATOS DE ANIMAIS EM ESPETÁCULOS PÚBLICOS

No Estado de São Paulo, o Código de Proteção aos Animais (Lei n. 11.977, de 25-8-2005) vedou a realização ou a promoção de lutas entre animais da mesma espécie ou de espécies diferentes, touradas, simulacros de tourada e vaquejadas, em locais públicos e privados (art. 20 do citado Código); vedou também a apresentação ou utilização de animais em espetáculo (art. 21 do Código) e ainda as provas de rodeio e espetáculos similares que envolvam o uso de instrumentos que objetivem induzir o animal à realização de atividade ou comportamento que não se produziria naturalmente sem o emprego de artifícios (art. 22 do citado Código).

O prefeito de Mauá propôs ação direta de inconstitucionalidade (ADIn) em face da Câmara Municipal, que aprovou a Lei n. 3.967, de 24 de abril de 2006. Dispõe ela "sobre a proibição de realização de rodeios, touradas e atividades similares no Município de Mauá que envolvam maus-tratos e atos de crueldade em animais" e que "As despesas decorrentes da execução da presente lei onerarão as verbas próprias do orçamento vigente", em afronta à Lei Orgânica Municipal e às Cartas federal (art. 2º) e paulista (arts. 5º, 111 e 144). O Tribunal de Justiça, em sessão plenária, julgou improcedente a ação direta de inconstitucionalidade, por maioria de votos, sustentando que, "na espécie, o interesse local, indiscutivelmente, é a proteção ao meio ambiente, especificamente, a fauna, cuja matéria é amplamente garantida pelas Constituições Federal (art. 23, VI e VII) e Estadual (arts. 193, X, e 225, § 1º, VII), acrescendo-se, outrossim, que a matéria é de tão grande importância que existem normas infraconstitucionais, tanto no âmbito da União (Lei n. 10.519/02) como do Estado (Leis ns. 10.359/99 e 11.977/05), estabelecendo garantias à proteção, defesa e proteção aos animais. Logo, não há que cogitar-se de vício de iniciativa"[22].

---

21. *Informativo CAO-UMA* n. 26, 2008.
22. TJSP, Câm. Especial, ADIn 138.553-0/5-SP, rel. Des. Munhoz Soares, m.v., j. 13-6-2007.

A Câmara de São Paulo aprovou projeto de lei, através da PL n. 01-0477/10, que dispõe sobre a apresentação e exibição de animais domésticos, domesticados, silvestres nativos e exóticos em estabelecimentos, feiras, exposições, convenções, solenidades, comemorações, shows, espetáculos, mostras e exposições de qualquer natureza ou finalidade, ainda que organizados com objetivos institucionais, culturais, beneficentes, artísticos ou promocionais e proíbe entregá-los como brindes ou em sorteios, excluindo-se da proibição as hipóteses previstas no parágrafo único do art. 1º.

Visa-se, com isso, dar maior proteção e evitar os maus-tratos contra tais animais.

## 5. MAUS-TRATOS DE ANIMAIS UTILIZADOS EM CIRCOS — JURISPRUDÊNCIA

O Ministério Público do Paraná, representado por sua ilustre promotora de justiça de Irati, região de Guarapuava, Dra. Rita de Cássia Pertussatti Ribeiro, propôs, no dia 2 de fevereiro de 2011, Ação Civil Pública em face do Circo Rodeio Pop Star, com medida liminar, requerendo a proibição da utilização ou exibição de animais em suas apresentações. O juiz substituto, Dr. Leonardo Souza, determinou ainda a multa diária de R$ 10 mil ou mesmo a paralisação das atividades do circo em caso de descumprimento.

Em sua ação, a promotora de justiça argumentou que os animais são submetidos a maus-tratos e a estrutura do circo é precária, o que representa risco iminente aos espectadores (crianças e adolescentes). Um dos pontos altos do espetáculo é a tourada, regada com bebida alcoólica e a participação direta do público, que fica separado das hastes metálicas dispostas ao redor da arena. Em seguida, o público é convidado a realizar a doma dos bichos.

Ressalta ainda a promotora de justiça que o fato denota que os animais, como ocorre em outros casos de exibições circenses, estão em permanente situação de sofrimento. É de conhecimento geral que animais irracionais são dotados de sentimento e instinto — sofrem, às vezes, sem exteriorizar esses desconfortos ou dores.

Assim como os homens sentem dores, medo, angústia, stress, prazer, desprazer, tristeza etc., os animais também os sentem, mas de forma diferente. Os animais só apresentam os números nos espetáculos por serem obrigados (adestrados). E muitas vezes com privações de alimentos, com os quais, em condições normais, não fariam tais apresentações[23].

Vejamos a seguir alguns casos de crueldade e maus-tratos.

---

23. Justiça proíbe em todo o país apresentações no *Circo Rodeio Pop Star* (Gmail.com), Informativo de Denise de Mattos Gaudard, 16 fev. 2011.

## 6. ALGUMAS MODALIDADES DE MAUS-TRATOS

Muitas modalidades de crueldade contra os animais são escamoteadas como manifestação popular, tais como:

### 6.1. Farra do boi

A *farra do boi* é uma manifestação popular muito comum em Santa Catarina. Sua origem vem do costume ibérico e ainda hoje permanece em algumas cidades da Espanha e de Portugal. Essa prática chegou ao Brasil no século XVIII — portanto, há cerca de trezentos anos —, com a migração de açorianos para o litoral catarinense.

Consiste a farra do boi em submeter o animal à fobia do público, que o persegue e o machuca durante o trajeto. O animal, cortado e ensanguentado, é sacrificado no final da brincadeira.

Não há dúvida de que essa prática submete o animal a crueldade desnecessária, sendo proibida pelo nosso ordenamento jurídico. São vedadas, na forma da lei, as práticas que submetam os animais a crueldade (art. 225, § 1º, VII, da CF).

Por outro lado, o Estado deve incentivar a valorização e a difusão das manifestações culturais (art. 215 da CF). Há quem entenda haver antinomia entre esses dois dispositivos constitucionais.

Essa discussão foi travada no Supremo Tribunal Federal, cuja decisão foi no sentido de proibir a prática de tal manifestação, prevalecendo o dispositivo mais favorável ao animal. Houve divergência no julgamento entre o ministro Maurício Corrêa e os ministros Francisco Rezek, Marco Aurélio, Néri da Silveira e Carlos Velloso. Em que pese essa divergência, a decisão foi pela proibição da prática da farra do boi. Nesse sentido: "Meio Ambiente. Crueldade a animais. 'Farra do boi'. Alegação de que se trata de manifestação cultural. Inadmissibilidade. Aplicação do art. 225, § 1º, VII, da CF. A obrigação de o Estado garantir a todos o pleno exercício de direitos culturais, incentivando a valorização e a difusão das manifestações, não prescinde da observância da norma do art. 225, § 1º, VII, da CF, que veda a prática que acabe por submeter os animais a crueldade, como é o caso da conhecida 'farra do boi'"[24].

### 6.2. Tourada

A *tourada* é comumente praticada nas cidades espanholas. Cuida-se de uma festa nacional na Espanha. O touro, antes da corrida, é preparado da seguinte forma:

---

24. RE 153.531-8/SC, 2ª T., STF, j. 3-6-1997, redator p/ acórdão Min. Marco Aurélio, *DJU*, 13 mar. 1998, e *RDA*, *18*:315, abr./jun. 2000.

a) colocam-se tufos de papel molhado em seus ouvidos; b) seus chifres são cortados para que se desoriente; c) coloca-se vaselina em seus olhos para nublar sua visão; d) colocam-se chumaços de algodão em suas narinas para obstruir sua respiração; e) colocam-se soluções irritantes em suas pernas para que cambaleie; f) colocam-se agulhas em seus órgãos genitais; g) seus chifres são lixados para que fique mais indefeso; h) na véspera, são ministrados fortes laxativos para que enfraqueça e sacos de areia são colocados na altura dos rins; i) finalmente, o touro é drogado e colocado em um chiqueiro para lhe incutir terror. Os cavalos utilizados nas touradas também são preparados. Suas cordas vocais são cortadas, seus ouvidos tampados com chumaços de papel molhado e seus olhos são vendados. Depois de preparado, o touro é solto na arena e logo em seguida o toureiro já crava o primeiro arpão. E assim sucessivamente, até a sua morte, que ocorre depois de muito tempo de sofrimento. O touro cai ao chão sufocado em sua própria hemorragia[25].

## 6.3. Rodeio

O *rodeio* é outra manifestação popular também muito comum no Brasil, principalmente nas festas de boiadeiro. Essa prática foi recentemente disciplinada pela Lei n. 10.519, de 17 de julho de 2002, que dispõe sobre a promoção e a fiscalização da defesa sanitária animal no momento da realização de rodeio. Entendem-se por "rodeios de animais as atividades de montaria ou de cronometragem e as provas de laço, nas quais são avaliados a habilidade do atleta em dominar o animal com perícia e o desempenho do próprio animal (art. 1º, parágrafo único, da citada lei). Nessa modalidade, os equinos e bovinos são provocados por choques elétricos ou mecânicos e submetidos a provas cruéis e dolorosas, quais sejam: *"bulldog", sela americana, laço em dupla ou "team roping", laçada de bezerro ou "calf roping", "bareback", montaria cutiana.* Para isso são utilizados os seguintes instrumentos: *sedém, esporas, peiteiras, laços, choques elétricos, alfinetes e similares.*

Tais práticas submetem os animais a crueldade psíquica e física. Diante desse fato, o Judiciário foi chamado a se pronunciar em ação civil pública no Município da Estância Turística de Itu, o qual, por meio da decisão de primeira instância, proibiu a utilização de instrumentos aptos a produzir sofrimento desnecessário aos animais. Nesse sentido: "Rodeios. Espetáculos em que são infligidos aos animais tratamento cruel, incompatível com a legislação em vigor. Proibição de utilização de instrumentos aptos a produzir sofrimento atroz e desnecessário"[26].

---

25. Edna Cardozo Dias, *A tutela jurídica dos animais*, Belo Horizonte, Mandamentos, 2000, p. 217.

26. Proc. 326/99, 5ª Vara de Itu-SP, j. 31-3-2000, Juiz substituto Fábio Marcelo Holanda, *RDA*, 20:335, out./dez. 2000.

É vedada, por isso, a utilização de apetrechos técnicos que causem injúrias ou ferimentos aos animais, inclusive o uso de esporas com rosetas pontiagudas ou qualquer outro instrumento que submeta os animais a crueldade, incluindo aparelhos que provoquem choques elétricos (art. 4º, § 2º, da Lei n. 10.519/2002).

### 6.4. Vaquejada

A *vaquejada*, à semelhança dos rodeios, é um espetáculo muito comum nos Estados do Nordeste e nasceu na cidade de Santo Antão, Estado de Pernambuco. Essa modalidade de espetáculo é praticada por dois vaqueiros, montados em seus cavalos, os quais perseguem o boi desde a saída da sangra (boxe feito para a largada das reses) até a faixa de julgamento. Neste local os vaqueiros devem tombar o boi ao chão, arrastando-o brutalmente, até que mostre as quatro patas. Esses animais, geralmente, sofrem luxações e hemorragias internas, devido ao tombo[27].

### 6.5. Rinha

A *rinha*, também chamada de briga de galo, é outra modalidade de manifestação popular comum no Brasil. Trata-se, mais especificamente, de um esporte em que os animais (galos, passarinhos, cachorros etc.) são levados ao confronto mortal. Esses animais, geralmente, saem da rinha bastante feridos, sangrando e, às vezes, cegos.

### 6.6. Carreira de "boi cangado"

A carreira de "boi cangado" é outra manifestação popular muito comum no Rio Grande do Sul. Esta manifestação consiste na colocação de uma canga (peça de madeira que se encaixa no cangote dos animais e presa sob o pescoço por uma tira de couro traçando sobre dois animais, que é presa ao chão). Em seguida os animais são espetados por uma lança com pregos na ponta, até ficarem bravos e violentos, partindo para a disputa, que só tem fim quando o mais fraco cai ao solo, sem forças. Em outras palavras, o participante espeta um guizo no boi, fazendo-o sangrar, para que avance na competição. É ato incompatível com a tradição gaúcha no trato com os animais. Cuida-se de outra tradição cultural açoriana e vem impingindo maus--tratos aos animais bovinos. Os bois são "estimulados" com o guizo. Seus participantes atingem os animais com o tal guizo para que possam avançar e vencer o seu adversário. Normalmente, o animal sai sangrando da competição. Diante dessa crueldade, o promotor de Justiça de General Câmara, Dr. Luciano Alessandro Winck Gallicchio, propôs ACP em face da Associação Camarense de Criadores de Gado de Força e a

---

27. Edna Cardozo Dias, *A tutela*, cit., p. 201.

Prefeitura Municipal, para que se abstenham de promover e/ou autorizar a realização das tradicionais carreiras de "boi cangado" no Município de General Câmara e Vale Verde. A tutela antecipada foi concedida, aguardando-se o julgamento do mérito.

Vê-se, pois, que toda manifestação popular que submeta os animais a crueldade desnecessária deve ser coibida. Não se pretende proibir as manifestações culturais, mas evitar os abusos contra animais que não podem defender-se das brutalidades praticadas pelo homem. Todas essas práticas são vedadas pela legislação brasileira. Assim, consideram-se maus-tratos "a realização ou promoção de lutas entre animais da mesma espécie ou de espécies diferentes, touradas e atividades assemelhadas à tourada (em lugares públicos ou privados), como a farra do boi, por exemplo" (art. 2º, § 3º, c, do Dec. n. 24.645, de 10-7-1934). Constitui crime "praticar ato de abuso, maus-tratos, ferir ou mutilar animais silvestres, domésticos ou domesticados, nativos ou exóticos" (art. 32 da Lei n. 9.605, de 12-2-1998).

## 7. ABATEDOURO E OUTROS EXEMPLOS DE CRUELDADE

Todo animal sofre tanto quanto o ser humano, basta pisar no rabo de um cachorro, por exemplo. Ele sente dor e se protegerá, escondendo-se por estar com medo, ou avançará contra seu agressor para se defender. Eles sentem saudades, fome e, alguns, até morrem de tristeza quando seus donos desaparecem. Os animais, de estimação ou não, precisam dos mesmos cuidados que uma criança. Nós só não somos sensíveis em relação aos animais para abate. A sociedade admite tais crueldades, como veremos a seguir.

O promotor de justiça do Estado de São Paulo Dr. Laerte Fernando Levai é um dos maiores defensores dos animais no Brasil. Graças a ele, foi criado um Grupo Especial e não uma promotoria de justiça de defesa dos animais. Ele reuniu mais de 16 mil assinaturas e encaminhou à Procuradoria-Geral de Justiça com esse objetivo. Com base nisso, o Procurador-Geral de Justiça, Dr. Fernando Grella Vieira, baixou o Ato Normativo n. 704/2011-PGJ-CPJ, de 28 de julho de 2011, instituindo o Grupo Especial de Combate aos Crimes Ambientais e de Parcelamento Irregular do Solo Urbano (GECAP), que, entre suas atribuições, tem a incumbência de combater os abusos, maus-tratos, ferimentos e mutilação de animais silvestres, domésticos ou domesticados, nativos ou exóticos.

Um dos motivos para o desmatamento da Amazônia é a agropecuária (plantação de soja e criação de animais para corte). Grande parte da produção agrícola é destinada à engorda de animal, pois o lucro é maior com a venda de carne.

Numa ACP, o ilustre promotor de justiça pediu o fechamento de um abatedouro, descrevendo ação, com minúcias de detalhes, a agonia dos animais que adentram o abatedouro. Há também certo ritual para o abate de animais que seriam exportados para o mundo árabe, de forma que os animais devem estar voltados para

Meca[28] — cidade sagrada da religião islâmica, por exemplo. Caso não se respeitasse este ritual, os mulçumanos não consumiriam a carne.

Como bem descreve o ilustre promotor de justiça, "os novilhos precoces, nas fazendas de gado de corte, são afastados de suas mães logo ao nascer e, permanecendo confinados, sozinhos em baias estreitas e escuras, recebem somente alimentação líquida, de forma que não desenvolvam musculatura e se tornem anêmicos. Tal subterfúgio cruel faz com que suas carnes fiquem macias e claras, características muito apreciadas pelos gourmets. Esses pequenos animais, fracos e anêmicos, são conduzidos aos matadouros entre 2 e 6 meses de idade, sendo mortos, geralmente, sem insensibilização prévia[29]. Longo sofrimento para tão breve vida, eles morrem sem ter dado um único passo no campo e sem nunca ter visto a luz do sol"[30].

Ainda neste mesmo sentido, "milhares de bovinos, suínos e galináceos são mortos, diariamente, sem ao menos terem tido o direito de viver segundo a sua própria natureza. Os métodos de criação intensiva impõem morte precoce depois de uma curta vida em confinamento, dentre toda sorte de condutas cruéis (a descorna, a debicagem, a marcação a ferro, a castração, e a inseminação artificial, são realizadas por leigos e sem utilização de anestésicos). E até o caminho para a morte é sofrido (os animais permanecem em pé, durante toda a longa viagem, para economia de espaço no veículo). Carneiros e porcos perdem suas caudas a golpes de faca. Leitoas submetidas à inseminação artificial permanecem acorrentadas, sempre na mesma posição, para garantir a amamentação contínua de filhotes, que com três semanas de vida são separados da mãe, castrados e desdentados a sangue frio, até serem mortos, a golpes de faca, com cinco meses de idade. Galináceos, que poderiam viver até 15 anos, sobrevivem por algumas semanas e em regime de confinamento constante, até serem mortos sem prévia insensibilização. Os pintinhos machos são triturados vivos para produção de ração. As aves selecionadas para produção de ovos vivem sob luz intensa e permanente para que se alimentem e coloquem

---

28. *Meca* é a terceira maior cidade da Arábia Saudita, considerada o local mais sagrado de reunião da religião islâmica. Culturalmente, a cidade é moderna, cosmopolita e etnicamente diversa.

29. *V.* Lei n. 7.705, de 19 de fevereiro de 1992, que estabelece normas para abate de animais destinados ao consumo (abate humanitário), a qual foi regulamentada pelo Decreto n. 39.972, de 17 de fevereiro de 1995. Assim, é obrigatório, em todos os matadouros estabelecidos no Estado de São Paulo, o emprego de métodos científicos de insensibilização do animal destinado ao consumo. A insensibilização poderá ser realizada por instrumentos de percussão mecânica, processos químicos (gás $CO_2$), choque elétrico (eletronarcose) ou outros métodos modernos que impeçam o abate cruel de animais. É vedado o uso de marreta e da picada do bulbo (choupa), bem como ferir ou mutilar animais antes da insensibilização.

30. Laerte Fernando Levai, *Direito dos animais* — o direito deles e o nosso direito sobre eles, 2. ed., Editora Mantiqueira, 2004, p. 31.

ovos, por todo o tempo"[31]. Outro método cruel é o *Foie Gras*, que consiste na engorda forçada do fígado dos patos e gansos. Também é usado o termo *gavage*, que em francês significa "estufado por alimentação em excesso. O *foie gras* — termo que em francês significa *fígado gordo* — é o fígado de um pato ou ganso que foi superalimentado. Junto com as trufas, o *foie gras* é considerado uma das maiores iguarias da culinária francesa. Possui consistência amanteigada e sabor mais suave em relação ao fígado normal de pato ou ganso". Em São Paulo, a questão foi intensamente discutida por ocasião do projeto de lei apresentado pelo vereador Laércio Benko (PHS), que propunha a proibição da produção e comercialização da iguaria, tendo sido aprovado por unanimidade. Seguindo a tendência mundial, o prefeito Fernando Haddad sancionou, no dia 25 de junho de 2015, a Lei n. 16.222, que proíbe a produção e comercialização do *foie gras* sob pena de multa de R$ 5.000,00. Inconformada, a Associação Nacional de Restaurantes — ANR interpôs Ação Direta de Inconstitucionalidade perante o Tribunal de Justiça paulista contra referida lei. No dia 24 de fevereiro de 2016, o Tribunal Paulista declarou-a inconstitucional. A alegação consistiu na "usurpação de competência" do município, ou seja, a "proibição de produção e comercialização de *foie gras* não encerra matéria de predominante interesse local". A Prefeitura Municipal de São Paulo deverá recorrer ao STJ na tentativa de reverter a decisão.

Especialistas da OMS afirmam que o estado físico e psíquico dos animais no momento do abate influi na qualidade da carne. O estresse deve ser abolido no momento da morte, porque causa diminuição da taxa de glicogênio muscular, importante da formação de ácido lático, que, por sua vez, é necessário para obtenção do pH ideal da carne (5,6 a 6,2) e putrefação. A agonia prolongada acumulará toxinas, que se depositam no produto final, causando certos tipos de câncer no consumidor. Não se pode deixar de citar a contaminação do sangue e do corte provocado pela sangria motivada pela rejeição de materiais estomacais e dejeções. São inúmeros exemplos, e não caberia descrevê-los todos aqui.

Em outras palavras, os animais devem estar descansados, descontraídos e relaxados não só na hora do abate, mas também nas horas que antecedem a sua morte. Devem ser manuseados corretamente por pessoas adequadamente selecionadas e treinadas a fim de poupar-lhes medo, sofrimento e excitação[32].

Como podemos ver, os cuidados relacionam-se tanto ao aspecto do sofrimento dos animais quanto do consumidor. Esses dados dão uma nítida ideia do que ocorre por trás da matança dos animais para consumo humano.

---

31. Carne é um produto eticamente aceitável. Acha errado magoar e matar animais indefesos desnecessariamente? Disponível em: <http://br.answers.yahoo.com>; acesso em: 31 mar. 2011.

32. Edna Cardozo Dias, *A tutela...*, cit., p. 289.

Pergunta-se: você já assistiu à matança em série de animais num matadouro ou abatedouro? Se um dia você presenciar tal fato, talvez nunca mais consuma carne.

## 8. SACRIFÍCIO DE ANIMAIS EM RITUAIS, CULTOS E LITURGIAS DE RELIGIÕES AFRO-BRASILEIRAS

O *sacrifício de animais em rituais, cultos e liturgias de religiões afro-brasileiras* diferencia-se das demais manifestações culturais citadas, exceto, como já vimos, se causar sofrimento desnecessário aos animais (bois, vacas, ovelhas, cabras, gansos, galinhas, pássaros etc.). Cuida-se de animais domésticos criados em cativeiro, exceto os animais silvestres ameaçados ou não de extinção (por exemplo, a ararinha-azul). Pensamos que, nesse caso, o fundamento é religioso. Não se trata de ofensa à liberdade de culto (art. 5º, VI, da CF), mas da prática religiosa propriamente dita (sua exteriorização). Trata-se de antinomia aparente entre normas constitucionais (arts. 225, § 1º, VII, e 215), cuja solução foi resolvida, com base no princípio da razoabilidade e/ou proporcionalidade, pelo STF, em favor da manifestação cultural. No nosso entender, deveria prevalecer, após longa reflexão, a proibição das práticas que levam aos maus-tratos previstas no art. 225, § 1º, VII, da CF, à semelhança da farra do boi. Registre-se, além disso, que o art. 3º do Decreto n. 24.645, de 10 de julho de 1934, arrolou pormenorizadamente todas as modalidades de crueldade contra animais domésticos. Não há nenhuma hipótese relacionada ao uso de animais nesses rituais. A falta de lei que discipline essas hipóteses não implica permissão para matar animais. O que não se admite é a prática de crueldade contra animais utilizados no culto. Caso haja crueldade, o praticante infringirá o art. 32 da Lei n. 9.605/98. O sacrifício de animais nesses rituais é próprio do Candomblé, por exemplo. A Umbanda não mais o utiliza, mas há segmentos do Candomblé que não matam animais. Muitas outras religiões estão abrindo mão desse método de sacrifício. A tendência evolutiva é a abolição deste ritual. Há inclusive cursos universitários que estudam as religiões afro-brasileiras, tais como: Candomblé, Umbanda, Xangô, Tambor de Mina, Batuque etc. Procura-se com esse sacrifício a invocação das potências divinas dos orixás. A permissão desse sacrifício foi autorizada expressamente por lei estadual do Rio Grande do Sul e questionada pelo Ministério Público local. O Tribunal de Justiça daquele Estado foi acionado pelo procurador-geral de Justiça, mediante ação direta de inconstitucionalidade, a se manifestar sobre o assunto, o qual, após aprofundada discussão no plenário, veio, ao final, julgar improcedente referida ação proposta contra a Lei n. 12.131/2004, que acrescentou o parágrafo único ao art. 2º da Lei estadual n. 11.915/2003, que trata do Código de Proteção de Animais, permitindo o sacrifício ritual em cultos e liturgias das religiões de matriz africana, desde que sem excessos ou crueldade[33].

---

33. TJRS, Tribunal Pleno, ADIn 70010129690, j. 18-4-2005, maioria, rel. Des. Araken de Assis, *RDA*, n. 45, p. 318, jan./mar. 2007.

Projeto de lei, semelhante ao do Rio Grande do Sul, foi apresentado pelo deputado Feliciano Filho do PV, perante a Assembleia Legislativa do Estado de São Paulo, com o intuito de proibir o uso e o sacrifício de animais em cultos religiosos. Entidades religiosas se mobilizaram para combater este projeto, utilizando-se do seguinte *slogan*: *Não toquem nos nossos terreiros*. Há, segundo levantamento realizado pelo sociólogo Reginaldo Prandi, 719 terreiros em São Paulo.

Vê-se, pois, que esse tipo de manifestação cultural tem raízes profundas na religiosidade de matriz africana. Os animais são oferendas aos seus orixás. Acreditamos que nem os orixás gostariam de receber, nos cultos religiosos, animais que sofreram, desnecessariamente, antes de morrer.

## 9. VIVISSECÇÃO, EXPERIMENTAÇÃO E PESQUISAS COM ANIMAIS VIVOS

Questão ainda tormentosa é a vivissecção[34], experimentação e pesquisas com animais vivos sem causar-lhes sofrimentos desnecessários. *Vivissecção* é a operação feita em animais vivos (cobaias) para estudo de fenômenos fisiológicos. O art. 3º da Lei n. 6.638, de 8 de maio de 1979, estabelecia normas para a prática didático-científica da vivissecção de animais e determinava outras providências e não permitia a vivissecção: a) sem emprego de anestesia; b) em centros de pesquisas e estudos não registrados em órgão competente; c) sem a supervisão de técnico especializado; d) com animais que não tenham permanecido mais de quinze dias em biotérios; e) em estabelecimentos de primeiro e segundo graus e em quaisquer locais frequentados por menores de idade.

Caso não se cumprisse tal lei e o art. 32 da Lei n. 9.605/98, o professor ou cientista poderia submeter-se ao constrangimento de se sujeitar ao processo judicial por estar fazendo experiência "dolorosa" ou "cruel" em animal vivo. Ora, como saber se a experiência é "dolorosa" ou "cruel"? E se o cientista ou o professor utilizou anestésico para a realização da experiência? Nas faculdades há criações de animais (ratos e coelhos) para a realização de experiências e/ou dissecações com o intuito de ensinar aos alunos a arte da medicina. Muitos desses animais são sacrificados na realização de experiências úteis à humanidade. Como punir nesses casos? Quais seriam os recursos alternativos previstos no art. 32, § 1º, da Lei n. 9.605/98? Não seria um exagero punir nessas situações? Além disso, os "próprios cientistas, por suas associações, têm estabelecido rigorosos códigos de ética com a finalidade de criar critérios e parâmetros a serem observados nas hipóteses em que se faça necessária a vivissecção de animais. Em realidade, duas são as hipóteses que podem ser extraídas do § 1º: (a) restará letra morta ou (b) se constituirá em um sério entrave ao desenvolvimento científico"[35].

---

34. "A vivissecção é o pior de todos os piores crimes que o homem está cometendo atualmente contra Deus e Sua bela criação" (Mahatma Gandhi).

35. Paulo de Bessa Antunes, *Direito ambiental*, cit., p. 422.

Diomar Ackel Filho entende que a "crueldade é algo que se constata *icti oculli* em face da natureza da experiência e a dor é facilmente presumível. Claro que o estado de fato deve ser preservado o quanto possível e objeto de perícia, o que permitirá o juízo técnico afirmativo ou não da condição legal. Quanto à indisponibilidade de recursos alternativos, é ônus do autor da experiência, a quem incumbe demonstrá-la, sem embargo da perícia criminalística, em regra bastante eficiente, também ofertar diagnóstico a respeito. O que não se pode admitir é que tais experiências possam molestar tão gravemente os animais, em nome da necessidade científica, nem sempre presente e quando sabidamente existem, muitas vezes, bons recursos alternativos. Por isso, era indispensável que tais condutas fossem valoradas pela norma penal porque caso contrário nada de mais sério obstaria o seu seguimento impune, para desgraça da fauna"[36].

Alguns Estados brasileiros criaram leis que proíbem o uso de animais em experimentos (Rio Grande do Sul, por exemplo). Há, contudo, muita resistência. Vários são os animais, tais como ratos, camundongos, coelhos e cachorros, utilizados em aulas na área de biologia — para vivissecção — e no treinamento de futuros médicos e veterinários em cirurgias. Professores e alunos acreditam que o ensino com animais vivos é mais produtivo. Esteve no Brasil uma ONG inglesa que mostrou as técnicas de medicina e veterinária que não usam bichos vivos, trazendo consigo o cão Jerry, que substitui animais vivos. Essa entidade mostrou que as opções existentes são iguais ou até melhores para ensinar. Com os métodos substitutivos, podem-se treinar repetidas vezes, e quando o aluno se sentir seguro, poderá praticar em clínicas com pacientes reais. Ana Maria Guaraldo, presidente do Comitê de Ética na Experimentação Animal da Unicamp, diz que os alunos da universidade usam língua de boi para treinar sutura e bexiga para fazer o ponto de plástica. Tal atitude zerou o número de cães usados e diminuiu o de roedores nas experimentações[37].

Registre-se ainda que mais de 100 milhões de animais perdem a vida, anualmente, no mundo inteiro, "em laboratórios de vivissecção, a pretexto de servirem à ciência médica e às indústrias de alimentos ou de cosméticos"[38].

Com base nesses dados, criou-se a Lei n. 11.977, de 25 de agosto de 2005, que institui o Código de Proteção aos Animais do Estado de São Paulo. Referida lei encontra-se *sub judice*, pois foi questionada perante o STF por meio de ação direta de inconstitucionalidade. A despeito disso, foi apresentado o Projeto de Lei n.

---

36. *Direito dos animais*, São Paulo, Themis, 2001, p. 154.

37. Afra Balazina, Uso de animais vivos para ensinar divide professores, *Folha de S.Paulo*, 7 abr. 2008, p. A-15.

38. Laerte Fernando Levai, *Direito dos animais* — o direito deles e o nosso direito sobre eles, Campos do Jordão, Mantiqueira, 1998, p. 76.

254/2006, com o objetivo de alterar o art. 23 da citada lei para proibir, "no âmbito do Estado de São Paulo, a vivissecção, assim como o uso de animais em quaisquer práticas experimentais, sejam estas com finalidades pedagógicas, industriais, comerciais ou de pesquisa científica".

A comunidade científica, diante desse fato, tem criticado tal posição, pois causaria estagnação no desenvolvimento das ciências da vida e prejuízo à pesquisa em nosso Estado[39]. A conduta do cientista deve estar respaldada na ética médica, tendo-se em vista sempre o bem-estar dos animais. A pesquisa, por fim, só deveria ser permitida caso não houvesse métodos alternativos.

Diante de toda esta polêmica, o Senado Federal, por unanimidade, aprovou a lei Arouca, em sessão realizada no dia 9 de setembro de 2008, que regulamentou o uso de animais em experimentos científicos. Cuida-se da Lei n. 11.794, de 8 de outubro de 2008, que regulamentou o inciso VII do § 1º do art. 225 da CF, estabelecendo procedimentos para o uso científico de animais. Referida lei foi sancionada pelo Presidente da República no dia 7 de outubro de 2008, com alguns vetos. O projeto tramitava desde 1995. Tal lei pretende acabar com as leis municipais que tentam proibir a pesquisa com animais. Ela criou ainda o Conselho Nacional de Controle de Experimentação Animal — CONCEA e a Comissão de Ética no Uso de Animais — CEUA. Referida lei foi regulamentada pelo Decreto n. 6.899, de 15 de julho de 2009.

A Lei n. 11.794/2008 revogou expressamente a Lei n. 6.638/79 e estabeleceu novas regras para a utilização de animais em experimentos. Assim, a criação e a utilização de animais em atividades de ensino e pesquisa científica, em todo o território nacional, obedecerão aos critérios estabelecidos na lei. A utilização de animais em atividades educacionais fica restrita: a) aos estabelecimentos de ensino superior e b) aos estabelecimentos de educação profissional técnica de nível médio da área biomédica. São consideradas como atividades de pesquisa científica todas aquelas relacionadas com ciência básica, ciência aplicada, desenvolvimento tecnológico, produção e controle da qualidade de drogas, medicamentos, alimentos, imunobiológicos, instrumentos, ou quaisquer outras testadas em animais, conforme definido em regulamento próprio. Não são consideradas como atividades de pesquisa as práticas zootécnicas relacionadas à agropecuária (art. 1º, §§ 1º, I e II, 2º e 3º, da lei em vigor).

---

39. Laerte Fernando Levai, promotor de justiça de São Paulo, é radicalmente contra a experiência em animais. Ele afirma que "Homens e animais, apesar das semelhanças morfológicas, têm uma realidade orgânica bem diversa e, por isso mesmo, reagem de modo diferente às substâncias inoculadas. O maior equívoco da ciência é acreditar que não existe outra forma de obter conhecimento biomédico senão por meio da experimentação animal" (Experiência com animais: posição contrária, *Carta Forense*, fev. 2014, p. A-23).

Por se tratar de competência comum, os municípios poderão legislar para restringir ou até proibir as pesquisas com animais. Se a questão não se resolver com a lei federal, o Poder Judiciário será chamado para decidir o litígio.

A Resolução Normativa n. 17, de 3 de julho de 2014, publicada no *Diário Oficial da União* do dia 4 de julho de 2014, formaliza, no Brasil, a adoção de métodos alternativos que substituam ou reduzam o uso de animais em testes toxicológicos. Tais são aqueles reconhecidos pelo Conselho Nacional de Controle da Experimentação Animal — Concea ou os que atendam a certas normas de confiabilidade e relevância previstas pelo órgão. Após a avaliação dos métodos pelo Concea, haverá um prazo de cinco anos para a substituição obrigatória do método original pelo alternativo. A Lei Arouca previa a adoção de métodos alternativos, mas não havia uma definição legal e uma estratégia para a sua implementação[40].

A questão ainda é polêmica, pois o governo do Estado de São Paulo sancionou, em janeiro, lei que veta a utilização de animais na produção de cosméticos, produtos de higiene pessoal e perfumes no Estado de São Paulo. O texto, no entanto, não proíbe os testes em animais na indústria farmacêutica.

SEÇÃO IV
*Causas da extinção da fauna*

## 1. TRÁFICO DE ANIMAIS SILVESTRES

As causas da extinção da fauna silvestre (marinha e terrestre) não se restringem à caça e à pesca, mas também ao seu tráfico. Milhares de animais são comercializados ilegalmente no mundo. Outra causa menos discutida é o aquecimento global, que veremos a seguir.

O tráfico de animais silvestres sempre existiu no Brasil, desde o seu descobrimento. Esclarece a história, segundo Laerte Fernando Levai, que a "nau Bretoa voltou para Portugal, em 1511, lotada de papagaios, bugios e saguis, inaugurando a rota marítima das grandes explorações. Na mesma época, interceptou-se, em águas europeias, uma caravela francesa pirata — a nau Pèlerine — carregada de produtos contrabandeados: 5 mil toras de pau-brasil, 3 mil peles de felinos, 600 aves e 300 macacos. Tristes números da ganância exploradora que se infiltrava pela costa litorânea brasileira... Quantas outras ações desse tipo não teriam sido cometidas nos tempos coloniais, para satisfazer a cupidez da Metrópole e dos mercadores do mar?"[41]

---

40. Brasil vai validar métodos alternativos a testes em animais, *Folha de S.Paulo*, Ciência+Saúde, 5 jul. 2014, p. C-7.

41. Proteção jurídica da fauna, in *Manual prático da Promotoria de Justiça do Meio Ambiente*, 2. ed., São Paulo, IMESP, 1999, p. 209.

Desde então, o Brasil-Colônia passou a ser explorado pelos portugueses, franceses e holandeses. A ocupação do Brasil por esses povos teve por escopo contrabandear espécies da flora e da fauna, bem como os metais preciosos aqui existentes. A invasão do território brasileiro pelos povos europeus e as diversas fases do ciclo do pau-brasil, da cana-de-açúcar, do gado e dos metais preciosos foram a causa da devastação do meio ambiente. A caça indiscriminada fez desaparecer diversas espécies da fauna silvestre, como, por exemplo, o curupira.

A divisão do Brasil-Colônia em capitanias hereditárias teve por escopo realizar a ocupação territorial e, ao mesmo tempo, tentar proteger os recursos naturais aqui existentes. Mas, como sabemos, nem todas as capitanias prosperaram, exceto a de São Vicente. É importante ressaltar que havia no Livro V das Ordenações Filipinas alguns dispositivos protetivos da fauna que se aplicavam também ao Brasil-Colônia. No entanto, isso não impedia o tráfico dos animais silvestres.

Com a vinda da Família Real, procurou-se intensificar a proteção do meio ambiente com a criação de leis mais específicas para cada caso concreto.

Hodiernamente, o tráfico de animais silvestres não mudou muito depois das medidas adotadas nesse período histórico. Aliás, a situação se agravou, pois hoje há notícias da extinção de mais de uma espécie animal por dia. Tal extinção ocorria tempos atrás a cada quatro anos[42]. O tráfico de animais silvestres atinge altos índices na Europa e nos Estados Unidos. Tanto é verdade que a *Environment Investigation Agency* (EIA) publicou um relatório que descreve com detalhes as condições em que esses animais são transportados, muitos dos quais chegam mortos a seu destino. Esse relatório foi denominado *Flight to Extintion*. Há, contudo, quem compare o tráfico de animais silvestres ao tráfico de drogas. A punição, neste último caso, é efetiva; naquele, na prática, não. No exterior, os principais pontos do comércio do tráfico de animais silvestres encontram-se em Portugal, Grécia, Itália e Espanha. No Brasil, esses pontos encontram-se no Rio de Janeiro, especialmente na Baixada Fluminense. Há informações de que na Feira de Caxias comercializa-se cerca de dois mil animais por fim de semana. Tal fato também ocorre em Feira de Santana, na Bahia. Na Amazônia, o tráfico ocorre por via aérea e por via fluvial para o mercado peruano. O preço do animal está intimamente relacionado com a sua raridade. A maioria dos animais silvestres é

---

42. Édis Milaré esclarece que o "ritmo de extinção das espécies aumenta, com o andar da história, em proporções incríveis. Sabe-se que os processos naturais de extinção de vegetais e animais podem alcançar, na sua continuidade, 10% das espécies. Com a participação direta do homem, o ritmo se acelera e, conforme dados da UICN e da WWF, são 370 as espécies de mamíferos ameaçados de extinção atualmente. Se regressarmos ao passado, saberemos que em 300 anos (1600 a 1900) uma espécie era extinta a cada quatro anos; já em 1974 desapareciam anualmente mil espécies. Mas quando atingimos 1990 desaparece uma espécie por hora, numa progressão tal que até o final deste século (que está aí, às portas) cerca de cem espécies desaparecerão diariamente" (*Direito do ambiente*, 2. ed., Revista dos Tribunais, 2001, p. 173).

constituída por aves. Ressalte-se ainda que muitos dos animais ameaçados de extinção são utilizados para confecção de medicamentos sem valor terapêutico[43].

Há informação de que o tráfico de animais silvestres constitui o terceiro maior do mundo, ficando atrás apenas do tráfico de drogas e de armas. Estima-se, segundo Érika Bechara, que "12 milhões de animais por ano são retirados de seus hábitats para atender às suas finalidades"[44]. Levantamento oficial feito pelo Ministério do Meio Ambiente e pela ONG Renctas (Rede Nacional de Combate ao Tráfico de Animais Silvestres) mostra que cerca de 38 milhões de animais são retirados de ecossistemas brasileiros a cada ano para alimentar a demanda do tráfico[45]. O tráfico de animais silvestres movimenta cerca de US$ 10 bilhões ao ano, segundo pesquisa colhida pela associação ecológica Greenpeace[46].

O tráfico de animais está ocorrendo via internet e estão aumentando os riscos que afetam as espécies do planeta. Esses dados foram apresentados durante o encontro da Convenção sobre o Comércio Internacional de Espécies Ameaçadas — CITES. De acordo com levantamento realizado em 2008, exemplares de 6.000 espécies, no valor de US$ 3,8 milhões, estavam sendo vendidos em leilões eletrônicos, salas de bate-papo e anúncios em sites. Entre as vendas havia corais e salamandras em extinção, inclusive ossos de tigre utilizados como ingrediente[47].

Esses tristes números dão uma pequena noção do risco que corre a fauna brasileira.

## 2. OUTRA CAUSA DA EXTINÇÃO DAS ESPÉCIES DA FAUNA SILVESTRE E MARINHA

Como se vê, o tráfico de animais silvestres não é a única causa da extinção das espécies; outra deve ser levada em consideração: o aquecimento global.

A intervenção humana vem acelerando o processo de extinção das espécies, aliada, é claro, ao efeito estufa. O aquecimento global do planeta tem afetado ecossistemas terrestres e marinhos. Essa informação foi constatada pela publicação na revista científica britânica Nature. Pesquisas realizadas por cientistas constataram que a mudança climática tem causado impactos sobre a fauna e a flora em diferentes regiões do globo, como, por exemplo, a migração de aves e borboletas, a reprodução

---

43. Edna Cardozo Dias, A tutela, cit., p. 115-7.
44. Luciana Caetano da Silva, Fauna terrestre no direito penal brasileiro, Belo Horizonte, Mandamentos, 2001, p. 61.
45. Informativo IEA — Instituto Ecológico Aqualung, ano XII, n. 76, p. 4, nov./dez. 2007.
46. Laerte Fernando Levai, Direito dos animais, cit., p. 60.
47. Folha de S.Paulo, 22 mar. 2010, p. A-18.

das tartarugas-pintadas e do atum-de-barbatana-azul, o estoque de *krill* no oceano Austral, o branqueamento dos corais etc. As espécies animais, por isso, são forçadas a migrar das regiões afetadas. No entanto, a velocidade dessas mudanças pode ser maior que a capacidade das espécies de se adaptar a elas[48]. Estudo coordenado por Chris Thomas e I Ching Chen constatou a fuga das espécies animais e vegetais para lugares mais frios em decorrência do aumento da temperatura nas regiões por elas habitadas. Espécies estão se movimentando rumo a áreas mais distantes do Equador e mais elevadas[49].

O ritmo da extinção das espécies de plantas e animais é mil vezes mais rápido do que ocorre normalmente ao longo dos milênios. Tal conclusão foi detalhada pelo estudo liderado por Stuart Pimm, da Universidade Duke (EUA), e publicado na revista *Science*, sobre a interferência humana na biodiversidade, que compilou dados sobre seres vivos de todo o planeta. Pesquisadores contaram com bancos de dados de História Natural de todo o mundo e compararam com dados recentes de descobertas de novas espécies. Desde 1900, já foram descobertas 1.230 novas espécies de aves, somando-se às mais de 95 mil espécies já conhecidas antes. Treze espécies já estão extintas. Isso significa que hoje a taxa de extinção para aves é duas vezes e meia mais veloz do que aquela que vinha ocorrendo antes do século passado. O ritmo de desaparecimento das espécies é de 100 extinções por milhão de espécies por ano. Antes do surgimento do homem, essa taxa era de cerca de 0,1[50].

## 2.1. Histórico da extinção das espécies no planeta "Big Five"

Estudo publicado na revista *Nature*, coordenado por Anthony Barnosky, da Universidade da Califórnia em Berkeley, apurou que estamos caminhando para uma extinção em massa, denominada Sexta Extinção. O apelido faz referência às "Big Five", como são conhecidas as cinco grandes extinções da história do planeta, quais sejam:

a) *Ordoviciano* — ocorreu há 443 milhões de anos, com perda de 85% das espécies, cujas causas foram as glaciações e as variações bruscas no nível dos mares;

b) *Devoniano* — ocorreu há 359 milhões de anos com perda de 75% das espécies, cujas causas foram o frio global e a perda de oxigênio nos oceanos;

---

48. Claudio Angelo, Aquecimento global já afeta ecossistemas — Elevação nas temperaturas médias tem provocado mudanças na distribuição de espécies há pelo menos 30 anos, *Folha de S. Paulo*, 28 mar. 2002, p. A-16.

49. Reinaldo José Lopes, Aquecimento leva animais e plantas a fugir rumo ao frio, *Folha de S. Paulo*, 19 ago. 2011, p. C-13.

50. Rafael Garcia, Homem acelerou ritmo de extinções em mil vezes, *Folha de S.Paulo*, Ciência+Saúde, 30 maio 2014, p. C-11.

c) *Permiano* — ocorreu há 251 milhões de anos, com perda de 96% das espécies, cujas causas foram os vulcões descontrolados e o aquecimento global;

d) *Triássico* — ocorreu há 200 milhões de anos, com perda de 80% das espécies, cuja causa foi o aquecimento global; e

e) *Cretáceo* — ocorreu há 65 milhões de anos, com perda de 76% das espécies, cuja causa foi a queda de um meteorito.

Este estudo afirma que os seres vivos da Terra não estão enfrentando uma extinção tão catastrófica quanto a que deu cabo dos dinossauros, mas estão caminhando a passos largos para esta hecatombe.

A extinção não deve ocorrer ainda neste século, mas, se a tendência continuar nesse ritmo, levaria cerca de 300 anos. O fato de os humanos não estarem se incluindo nesse estudo não afasta o risco de sua substancial diminuição ou extinção em curto espaço de tempo, pois, sob o ponto de vista da história da Terra, é um piscar de olhos[51].

Se as espécies ameaçadas de extinção continuarem a desaparecer nesse ritmo, a Sexta Extinção poderá levar apenas alguns séculos ou milênios. Além da caça, pesca e desmatamento, cientistas estimam que o aquecimento global aumentará a devastação. Tanto é verdade que cerca de 1.700 espécies animais e vegetais estão migrando em média 6,1 quilômetros por década em direção aos polos e subindo montanhas[52].

## 2.2. Poluição marinha e mudança climática

Cientistas vêm estudando cada vez mais os problemas marítimos decorrentes das ações humanas, pois se acreditava que a vastidão dos oceanos seria capaz de anular essas agressões. Os mares estão doentes e sua capacidade de autorregeneração ultrapassou todas as expectativas. Observa-se, nos atóis do Pacífico e no norte da Europa, a queda acentuada dos cardumes de peixes, dos mamíferos marinhos e dos bancos de corais, enquanto cresce a quantidade de algas tóxicas e águas-vivas. Focas, leões-marinhos e golfinhos morrem aos milhares na costa da Califórnia pelas toxinas produzidas pelos poluentes humanos. Além disso, as marés vermelhas, no Golfo do México, matam os peixes e lançam no ar substâncias que atacam o sistema respiratório de seres humanos. Vazamentos de óleo e de produtos químicos e a quantidade cada vez maior de resíduos provenientes da atividade humana têm contribuído para os desastres naturais noticiados, assim como as fossas e tubulações de esgoto domés-

---

51. Reinaldo José Lopes, Estudo vê risco de nova extinção em massa, *Folha de S.Paulo*, Ciência, 3 mar. 2011, p. C-13.

52. Carl Zimmer, Encontrado sinal terrível de extinção, The New York Times, *Folha de S.Paulo*, 18 abr. 2011, p. 2.

tico, os dejetos industriais, os fertilizantes e as substâncias químicas usadas na agricultura e na pecuária. Esses elementos são ricos em nutrientes básicos, compostos de nitrogênio, carbono, ferro e fósforo, que alteram a composição química dos mares e favorecem a proliferação de algas e bactérias, as quais, em excesso, consomem parte do oxigênio da água, causam o sufocamento dos corais e comprometem a cadeia alimentar da fauna marinha. Além do efeito estufa — causado pela queima de combustíveis fósseis —, parte desses poluentes vai para os mares, tornando-os mais ácidos. Os materiais plásticos lançados ao mar também são causa da mortandade em massa de pássaros que vivem nos litorais.

A composição química dos oceanos mudou mais rapidamente no século XX do que nos últimos 650 mil anos, diz o oceanógrafo Richard Feely, do *National Oceanic and Atmospheric Administration* (NOAA), órgão do governo americano. São cinco os pontos críticos da doença dos oceanos:

a) *a água está cada vez mais ácida* — a diminuição do pH ao nível de 7,9 poderá causar a morte de muitos animais marinhos por asfixia, pois haverá a diminuição de oxigênio da água;

b) *cresce o número de zonas mortas* — o crescente lançamento de poluentes nos mares facilitará a proliferação de algas, que, por sua vez, vão consumir mais oxigênio, colocando em risco a vida marinha. Há hoje cento e cinquenta zonas mortas nos oceanos. Em 1950 havia somente três;

c) *algas tóxicas matam os seres marinhos* — na última década mais de 14 mil focas, leões-marinhos e golfinhos apareceram mortos ou doentes nas praias da Califórnia;

d) *as marés vermelhas são mais frequentes* — quando esse fenômeno ocorre, os peixes morrem e ficam boiando na superfície. Causa, além disso, ao ser humano irritação nos olhos e dificuldade para respirar;

e) *o lixo plástico invade os litorais* — isso tem causado a morte de milhares de pássaros, como, por exemplo, os albatrozes.

Estima-se que metade das 500 mil espécies que nascem na ilha do atol de Midway morre anualmente pela ingestão desses plásticos[53].

A morte de corais, causada pela poluição, ameaça 2 milhões de espécies nos oceanos. Das 1.400 espécies de coral conhecidas, 13 estavam ameaçadas de extinção dez anos atrás. Hoje, são 231 espécies ameaçadas, pelo efeito estufa, pelo esgoto e lixo de cidades litorâneas ou pelos fertilizantes usados na agricultura. Dependendo do tipo de fertilizante, há a proliferação de vários tipos de alga que competem com os corais e os asfixiam. A pesca predatória, tais como a utilizada com dinamites e rede pesada, reduz grandes áreas de recifes a ruínas. Em 2005, no Brasil, os primeiros co-

---

53. Leoleli Camargo, A agonia dos oceanos, *Veja*, edição 1975, ano 39, n. 38, 27 set. 2006, p. 98-103.

rais doentes foram detectados no Arquipélago de Abrolhos. A pesquisa mostra que, se nada for feito, 40% dos corais do arquipélago desaparecerão nos próximos cinquenta anos[54].

## 2.3. A destruição dos hábitats e das espécies invasoras ameaça a biodiversidade

Foi publicado estudo realizado por pesquisadores ligados às Nações Unidas sobre a situação da biodiversidade no planeta. Constatou-se que a destruição dos hábitats e das espécies invasoras é a maior ameaça à biodiversidade. Afirma esse estudo que um quarto dos mamíferos do planeta está ameaçado de extinção nos próximos trinta anos. Foram identificadas 11.046 espécies de plantas e animais ameaçados de extinção, incluindo 1.130 mamíferos e 1.183 aves. A principal causa é a atividade humana que vem continuadamente destruindo os hábitats dos animais e a introdução de espécies exóticas. É importante ressaltar que esses dados podem ser maiores, pois ainda não se conhecem todas as espécies da fauna e da flora existentes no planeta. Conhece-se, segundo essa pesquisa, somente 4% das espécies avaliadas. As causas que levam à extinção das espécies são as mesmas apuradas há trinta anos, só que essa extinção ocorre com intensidade cada vez maior. Entre essas causas podemos apontar a ocupação dos espaços territoriais rurais, a poluição das águas, a exploração dos recursos naturais de maneira desordenada, a mudança climática global, as espécies invasoras etc. Robert Hepworth, secretário executivo da Convenção sobre Espécies Migratórias, afirmou que algumas aves, desorientadas pelo clima caótico, estão mudando rotas de migração e correm o risco de se extinguir. Espécies que se adaptaram às mudanças ao longo de milênios são forçadas agora a fazer isso extremamente rápido por causa do aumento das temperaturas. Ele esclarece ainda que 84% das 235 espécies protegidas pelo acordo estão em risco[55]. Nesse sentido encontra-se o estudo publicado na revista *Current Biology* e realizado por pesquisadores da Universidade de Aarhus, Dinamarca, em que se constatou que a primavera está chegando mais cedo no Ártico por causa do aquecimento global. Pesquisadores, liderados por Toke Hoye, acompanharam o comportamento de 21 espécies (12 artrópodes, seis plantas e três pássaros) de 1996 a 2005, em Zackenberg, uma zona intocada da Groenlândia, e verificaram que, a cada ano, o florescimento de plantas, o surgimento das larvas dos insetos e a chocagem dos ovos dos pássaros se adiantam um

---

54. Vanessa Vieira, Lenta agonia sob as águas, *Veja*, edição 2.070, ano 41, n. 29, 23 jul. 2008, p. 146-147.

55. Biodiversidade — Crise do clima ameaça aves migratórias, *Folha de S.Paulo*, 15 maio 2007, p. A-14.

pouco. Isso ocorre por causa da antecipação do ciclo de vida dessas espécies pelo degelo sazonal. Esse estudo demonstra que as mudanças têm ocorrido mais acentuadamente no Ártico do que em outras regiões. Estudos anteriores comprovaram que, na Europa, as plantas têm florescido em média 2,5 dias mais cedo, enquanto globalmente esse número é de 5,1 dias por década. O Ártico é o local do planeta que mais esquentou no último século: 2 °C em média contra 0,7 °C no resto do mundo[56].

## 2.4. Mudança climática e os pinguins

Tal fato ocorre igualmente com os pinguins que migram do Sul para o litoral do Brasil à procura de alimentos. Milhares desses animais foram encontrados mortos nas praias do Sudeste e Nordeste brasileiro. Trata-se de uma quantidade sem precedentes, desde que a migração desses animais começou a ser estudada. Um dos motivos que levaram a esta migração foi o aquecimento global. Verificou-se que a temperatura média registrada no inverno deste ano foi igual à máxima dos últimos três anos. E a água mais quente na superfície do oceano espanta os peixes e faz com que as aves estiquem a migração atrás de comida, disse o biólogo Pablo Garcia Borboroglu, especialista em pinguins, do Centro Nacional Patagônico em Puerto Madryn, Argentina[57].

Em 2009, o Zoológico de Niterói recebeu cerca de mil indivíduos. Morreram 700. Em 2010, a instituição recebeu 48 e morreram quase todos. O Zoológico de Niterói não possui condições adequadas para manter em cativeiro tais animais, por isso foi feito um convênio com o Aquário de Monterey (Califórnia) para a transferência das aves. Esses animais não podem ser devolvidos para a origem, pois poderiam transmitir doenças e colocar em risco os demais animais que vivem ali. Eles são conhecidos por pinguins-de-magalhães e provieram da Patagônia. São animais jovens e inexperientes que se desgarram do grupo principal e são trazidos pelas correntes marítimas. Eles chegam ao Brasil bastante debilitados e com um quinto do peso original. Aqueles que conseguem sobreviver são devolvidos, por avião da FAB ou navios da marinha, ao local de origem. Contudo, um comitê de cientistas que estudam esses animais recomendou que não fossem mais devolvidos, pois estariam transmitindo doenças para os pinguins nativos. Foram recolhidos no Brasil animais com febre amarela e tuberculose. O IBAMA, por conta disso, criou o Projeto Nacional de Monitoramento do Pinguim-de-Magalhães para analisar os motivos dessa migração e encontrar solução para evitá-la[58].

---

56. Aquecimento adianta primavera ártica, *Folha de S.Paulo*, 19 jun. 2007, p. A-16.
57. Eduardo Geraque, Aquecimento faz pinguim morrer nas praias no Brasil, *Folha de S.Paulo*, 19 out. 2008, p. C-13.
58. Marcelo Bortoloti, Pinguins sem-teto são enviados para aquário dos EUA, *Folha de S.Paulo*, Ciência, 15 fev. 2011, p. C-11.

Pinguins jovens da Antártida estão morrendo devido à dificuldade para achar comida. O derretimento do gelo afasta sua principal fonte de alimentação, que são os pequenos crustáceos conhecidos por *krill*. Essas mortes abrangem diversas espécies de pinguins da região (pinguins-de-barbicha e pinguins-de-adélia). Tal fato foi constatado pelo cientista Wayne Trivelpiece, da Divisão de Investigação do Ecossistema Antártico da NOAA (Administração Nacional de Oceanos e Atmosfera — EUA)[59].

## 2.5. Mudança climática e as plantas, corais, estrelas-do-mar, moluscos, mexilhões e outras espécies

Outro estudo realizado pela equipe chefiada por Jonathan Lenoir, do Laboratório de Estudo dos Recursos de Florestas e Bosques, de Nancy, França, publicado na revista *Science*, constatou que as plantas estão fugindo do aquecimento global. A vegetação das montanhas na França está migrando para as regiões mais altas, na direção do frio, subindo em média 29,4 metros por década entre 1905 e 2005. Das 171 espécies, 118 tiveram deslocamento para maiores altitudes e 53 diminuíram a sua elevação ótima[60].

Registre-se, além disso, que o dióxido de carbono tem tornado a água marinha mais ácida e vem corroendo conchas e esqueletos de estrelas-do-mar, corais, moluscos, mexilhões e outros grupos marinhos. Pesquisadores, liderados por Richard Feely, do Laboratório Ambiental Marinho do Pacífico, descobriram que a acidificação do oceano estava acontecendo em águas profundas e longe do litoral. Eles constataram que tal fenômeno também está ocorrendo nas águas rasas dos litorais do Pacífico, numa faixa do México ao Canadá[61].

Estudo publicado na revista *Science* constatou que os oceanos estão ficando cada vez mais ácidos, a uma taxa sem precedentes nos últimos 300 milhões de anos. Foram analisados todos os registros geológicos disponíveis sobre fenômenos parecidos. Apesar da falta de dados dos períodos mais remotos, a equipe de cientistas liderada por Bärbel Hönisch, da Universidade Columbia, comprovou que a alteração da química do oceano atual é única. Isso ocorre por causa da poluição. O gás carbono e o metano são absorvidos pelos oceanos. Essa reação aumenta a acidez dos oceanos,

---

59. Falta de crustáceo faz pinguins jovens morrerem de fome, *Folha de S.Paulo*, Ciência, 13 abr. 2011, p. C-11.

60. Ricardo Bonalume Neto, Planta sobe montanha para fugir do calor, *Folha de S.Paulo*, 27 jun. 2008, p. A-15.

61. Agência Reuters, Mais ácida por causa do $CO_2$, água do mar corrói conchas, *Folha de S. Paulo*, 23 maio 2008, p. A-15.

afetando a vida marinha (moluscos, corais, equinodermos, micro-organismos com carapaça, principalmente)[62].

## 2.6. Mudança climática e os insetos

Foi realizado outro estudo bastante interessante por cientistas americanos, liderados por Curtis Deutsch, da Universidade da Califórnia, em Los Angeles (EUA), e publicado na revista *PNAS*, sobre insetos tropicais. Eles afirmam que os insetos tropicais, e não os ursos-polares, podem estar entre as primeiras espécies extintas por causa do aquecimento global. Tais insetos já estão vivendo no limite das temperaturas que podem tolerar e elevações maiores — da ordem de 1 a 2 °C — podem matá-los. O estudo foi realizado utilizando-se temperaturas diárias e mensais entre 1950 e 2000, e compararam-nas com "aptidão" geral de várias espécies, determinada por critérios como crescimento populacional e desempenho fisiológico. A "aptidão" declinava à medida que a temperatura subia. "Muitas espécies toleram apenas uma variação estreita de temperatura, porque as temperaturas que elas experimentam durante o ano são bastante constantes", diz Curtis. Esses insetos serão mais afetados pelas temperaturas altas do que espécies em climas frios, tais como os ursos-polares[63]. Estudos recentes realizados por cientistas da UNICAMP (maio de 2008) constataram que as rãs, sapos e pererecas estão ameaçados de extinção em virtude dos constantes desmatamentos e pelas queimadas, além do surgimento de fungos que têm contribuído para a extinção dessas espécies.

## 2.7. Censo e pesquisa do reino animal demonstram a diminuição da biodiversidade no mundo

O desmatamento é perigoso, mas o "desfaunamento" — sumiço de animais, mesmo em matas aparentemente preservadas — é fenômeno igualmente perigoso e cada vez mais comum. Estudo publicado na revista *Science* alerta para o desaparecimento de animais não só de grande porte, mas também dos invertebrados. Esse fenômeno também ocorre nas áreas preservadas e a restauração da fauna é mais complicada do que a criação de áreas de preservação e corredores ecológicos. O empobrecimento do *habitat*, a competição com espécies invasoras, alterações climáticas e micróbios causadores de doenças são os flagelos que mais dizimam bichos menores. Os anfíbios (sapos e rãs) estão diretamente ligados à qualidade da água,

---

62. Reinaldo José Lopes, Mar fica ácido em ritmo sem precedente, *Folha de S.Paulo*, Ciência, 2 mar. 2012, p. C-13.

63. Aquecimento ameaça insetos nos trópicos, *Folha de S.Paulo*, 6 maio 2008, p. A-16.

assim como as aves, os morcegos e as abelhas são polinizadores, garantindo o sucesso das lavouras. Os insetívoros controlam pragas agrícolas, os herbívoros evitam que a vegetação saia de controle e os grandes predadores controlam a população de diversos outros animais. A fauna tem a seguinte função: dispersar sementes; evitar a erosão do solo e aumentar o número de plantas para o gado; oxigenar os cursos d'água; polinizar e regenerar a vegetação; e aumentar o número de plantas por hectare[64].

Foi realizado um censo do reino animal e constatou-se que a extinção da espécie animal está declinando numa velocidade sem precedentes desde a extinção dos dinossauros. O Índice Planeta Vivo mostrou que o impacto da humanidade foi devastador e fez com que a fauna declinasse quase um terço entre 1970 e 2005. O relatório confeccionado pelo WWF, pela Sociedade Zoológico de Londres e pela *Global Footprint Network* constatou que as espécies terrestres declinaram 25%, as marinhas 28% e as de água doce 29%. O relator do documento, Jonathan Loh, afirmou que a queda é "completamente sem precedentes em termos de história humana". Para ter uma ideia da situação, bastaria retornar à extinção dos dinossauros para ver um declínio tão rápido. Os cientistas disseram que a taxa de extinção é até 10 mil vezes maior do que tem sido historicamente registrado como normal. Ao rastrear cerca de 4 mil espécies entre 1970 e 2005, o grupo, além de revelar a destruição da biodiversidade da Terra, apontou também os cálculos. A população humana dobrou entre 1960 e 2000. No entanto, nesse mesmo período, as espécies animais declinaram 30%.

O estudo arrolou ainda as razões desse declínio nas espécies:

a) mudança climática;
b) poluição;
c) destruição de hábitats naturais;
d) disseminação de espécies invasoras; e
e) superexploração das espécies.

Disse James Leape, diretor-geral do WWF, que "ninguém pode escapar do impacto da redução na biodiversidade, porque ela se traduz em menos remédios, mais vulnerabilidade a desastres naturais e maiores efeitos do aquecimento global"[65].

Censo oceânico cataloga aproximadamente 215 mil espécies. Os cientistas alegam que o número pode chegar a 1 milhão de espécies. Nos últimos dez anos, mais espécies marinhas foram descobertas pela ciência do que em qualquer outra década da história. Mesmo assim, 2/3 das espécies que habitam os oceanos ainda são desco-

---

64. Reinaldo José Lopes, Perda de animais já é tão grave quanto o desmate, diz estudo, *Folha de S.Paulo*, Saúde+Ciência, 25 jul. 2014, p. C-9.

65. Emily Dugan, Espécies animais tiveram declínio de quase um terço em 35 anos, *Folha de S.Paulo*, 16 maio 2008, p. A-15.

nhecidas, segundo estudo publicado na revista *Current Biology*. Cerca de 270 cientistas de 32 países participaram da construção do banco de dados[66].

Outro estudo divulgado pela IUCN — União Internacional para Conservação da Natureza, em Barcelona, constatou que um quarto de todas as espécies vivas existentes está em risco de extinção. A projeção foi realizada pela Sociedade Zoológica de Londres, que se baseou na chamada lista vermelha das espécies ameaçadas de extinção, elaborada pela IUCN, divulgada anualmente. Tal lista avalia o estado de alguns grupos específicos de seres vivos, como aves, mamíferos, anfíbios e algumas plantas[67].

Essas questões levantadas nos estudos em comento deveriam ter sido mais bem discutidas na conferência da ONU sobre o ambiente e o desenvolvimento sustentável, que aconteceu em agosto de 2002, em Johannesburgo, na África do Sul. Nessa conferência deveriam ser rediscutidas a Agenda 21 e o Protocolo de Kioto. Como tais questões não foram discutidas adequadamente, cremos que a extinção das espécies animais e vegetais se concretizará em menos tempo do que se imagina.

## 3. O MINISTÉRIO PÚBLICO E A FAUNA

O Ministério Público, na qualidade de protetor da fauna, deve exercer suas funções institucionais e constitucionais no sentido de defender todas as formas de vida, propondo as ações correspondentes contra todos aqueles que ainda insistem em maltratar os animais silvestres, fundado essencialmente na questão ética da vida, tais como: a) processar, na esfera penal e cível, os que praticam crueldade a animais; b) opor-se aos espetáculos que utilizam animais para fins de diversão pública; c) exigir a utilização de métodos substitutivos à experimentação animal, evitando que a ciência perfaça impunemente a vivissecção; d) combater a criação de animais pelo método da produção intensiva, em que a avidez do lucro humano se sobrepõe ao martírio dos bichos confinados; e) lutar contra o abate religioso ou ritual, que submete o animal a atroz sofrimento em razão da ausência de prévia insensibilização; f) atuar contra a caça, o contrabando de animais, a indústria de peles e a biopirataria; g) fomentar um processo de ressocialização dos homens, incutindo-lhes o respeito à vida em todas as suas formas; h) resgatar, enfim, a individualidade dos animais, como seres sensíveis que são e legítimos sujeitos de direito, entre outras.

Argumenta-se ainda a necessidade da criação de um estatuto ético que abranja todos os animais, o qual não se restrinja apenas ao ponto de vista ambiental (pre-

---

66. Rafael Andery, Até dois terços das espécies marinhas são desconhecidas, *Folha de S.Paulo*, Ciência+Saúde, 16 nov. 2012, p. C-9.

67. Eduardo Geraque, Extinção ameaça um quarto de todas as espécies vivas, *Folha de S.Paulo*, 7 out. 2008, p. A-14.

servacionista ou conservacionista), inserindo, além da proteção dos ecossistemas, o respeito que se deve ter pelas criaturas sensíveis que também merecem ser incluídas na esfera das nossas preocupações morais[68].

## 4. INFRAÇÕES ADMINISTRATIVAS E PENAIS

As infrações administrativas estão descritas nos arts. 24 a 42 do Decreto n. 6.514/2008, e as penais, nos arts. 29 a 37 da Lei n. 9.605/98. V. ainda outras infrações penais previstas nos arts. 31 e 64 da LCP e 1º e 2º da Lei n. 7.643/87.

### Seção V
*Listas da fauna ameaçada de extinção*

### 1. LISTA NACIONAL DAS ESPÉCIES DA FAUNA BRASILEIRA AMEAÇADAS DE EXTINÇÃO

A lista foi elaborada com a colaboração do IBAMA, Fundação Biodiversitas e da Sociedade Brasileira de Zoologia, com apoio da *Conservation International* e do Instituto Terra Brasilis e divulgada pelo Ministério do Meio Ambiente, em 22 de maio de 2003 (Dia Internacional da Diversidade Biológica). Substituiu a lista anterior das espécies da fauna ameaçadas de extinção que havia sido baixada pela Portaria n. 1.522, de 19 de dezembro de 1989, e da Portaria n. 45-N, de 27 de abril de 1992, pelo IBAMA. A lista anterior continha 218 espécies ameaçadas de extinção e a nova lista contém 395 espécies.

A maior parte das espécies ameaçadas de extinção pertence à Mata Atlântica, pois do total de 265 espécies de vertebrados ameaçados, 185 estão nesse local, sendo 100 deles endêmicos. Das 160 aves da relação, 118 estão nesse bioma, sendo 49 endêmicas. Entre os anfíbios, 16 espécies indicadas estão também na Mata Atlântica. Entre as 69 espécies de mamíferos, 38 estão nesse bioma, sendo 25 endêmicas. Das 20 espécies de répteis, 13 estão também nesse bioma, sendo 10 endêmicas[69].

A União Internacional para a Conservação da Natureza — IUCN divulgou, no dia 2 de julho de 2009, a Lista Vermelha de espécies ameaçadas de extinção. São 17 mil espécies da flora e da fauna ameaçadas. Oitocentas espécies já foram extintas nos últimos cinco séculos. Com estes dados, verificava-se que o mundo não iria

---

68. Laerte Fernando Levai, Proteção jurídica da fauna, in José Roberto Marques (Org.), *Leituras complementares de direito ambiental*, Salvador, Podivm, 2008, p. 252.

69. V. lista nos *sites*: <www.mma.gov.br> ou <www.ibama.gov.br>.

conseguir cumprir a meta de reduzir "de maneira significativa" a perda da biodiversidade prevista para 2010[70]. A IUCN classifica em categorias as espécies ameaçadas de extinção. São elas: vulneráveis — houve um declínio de 50% na população da espécie nos últimos dez anos ou três gerações, em perigo — houve um declínio de 70%, criticamente em perigo — redução de 90%; extintas na natureza — sobrevive somente em cativeiro; e extinta — não existe mais, de acordo com diversas medições do tamanho das populações e do grau de fragmentação dos hábitats.

O Instituto Chico Mendes — ICMBio pretende preparar uma nova lista. Esta lista tem por escopo avaliar o estado de saúde dos animais brasileiros em cada década. O IBAMA havia publicado a lista em 2004 e indicava que 627 das cerca de 1.300 espécies avaliadas de anfíbios, répteis, peixes, aves, mamíferos e invertebrados estava sob algum grau de ameaça. A nova lista adota uma metodologia diversa, pois a sua avaliação deverá levar em conta todas as espécies de um determinado grupo, independentemente de suspeitas sobre o seu grau de ameaça. Isso poderá levar a um aumento na avaliação das espécies de 1.300 para 10 mil. Até agora só se avaliou 28% desse total. Com esta nova metodologia, haverá uma queda aparente na proporção das espécies ameaçadas (de 50% para 15%). Isso não invalida as pesquisas anteriores, Ugo Vercillo, Coordenador de Espécies Ameaçadas do Instituto Chico Mendes, afirma que o número real de animais em perigo aumenta a cada ano. Os tubarões, por exemplo, das 169 espécies brasileiras, duas são consideradas extintas e 60 estão na categoria de ameaçadas. Outra preocupação é o impacto do aumento das hidrelétricas sobre os peixes. Há, por outro lado, três espécies ameaçadas de extinção que, em 2003, já deixaram a categoria, devido a programas de conservação. Outras tiveram o seu grau de ameaça reduzido, como a arara-azul-de-lear[71].

A ministra do Meio Ambiente baixou a Portaria n. 444, de 17 de dezembro de 2014, reconhecendo como espécies da fauna brasileira ameaçadas de extinção as constantes da Lista Nacional Oficial de Espécies da Fauna Ameaçadas de Extinção da presente Portaria, em observância aos arts. 6º e 7º da Portaria n. 43, de 31 de janeiro de 2014. A presente portaria trata de mamíferos, aves, répteis, anfíbios e invertebrados terrestres e indica o grau de risco de extinção de cada espécie. Peixes e invertebrados aquáticos serão objeto de Portaria específica (Portaria n. 445, de 17 de dezembro de 2014).

---

70. *Folha de S.Paulo*, Ciência, 3 jul. 2009, p. A-16.

71. Cláudio Angelo, Brasil tem pelo menos 250 novas espécies ameaçadas de extinção, *Folha de S.Paulo*, Ciência, 6 abr. 2012, p. C-11.

## 2. LISTA DAS ESPÉCIES DA FAUNA AMEAÇADAS DE EXTINÇÃO DO ESTADO DE SÃO PAULO

A Secretaria do Meio Ambiente do Estado de São Paulo e a Fundação Parque Zoológico divulgaram, no dia 22 de maio de 2010, no Livro Vermelho, a nova lista dos animais ameaçados de extinção. Trata-se da atualização da última lista publicada em outubro de 2006. A metodologia segue os critérios da União Internacional para a Conservação da Natureza — IUCN. A lista é dividida em categorias de ameaça: a) criticamente em perigo (CR); b) em perigo (EN); e c) vulnerável (VU).

O inventário apresenta mais de 700 espécies e subespécies da fauna. A maioria vive numa faixa estreita da mata atlântica, diz o biólogo Marcos Melo, integrante da equipe da Divisão de Medicina Veterinária e Manejo da Fauna Silvestre (da prefeitura) e se essas espécies se extinguirem, elas acabam no mundo. Na última lista havia 433 espécies identificadas pelo órgão. As 267 que surgiram desde então não se explicam por um aumento do número de bichos na cidade, mas porque mais áreas foram investigadas e os invertebrados (137) passaram a ser mais coletados. A onça parda, jaguatirica, o pássaro pixoxó, o apuim-de-costas-pretas e o bugio são alguns dos exemplares ameaçados de extinção.

Referida lista serve para que nós possamos atuar mais efetivamente na proteção do ecossistema Mata Atlântica (v. lista: http://www.ambiente.sp.gov.br/fauna/livro_vermelho2009.zip).

Apenas por curiosidade, centenas de cientistas esquadrinharam uma floresta tropical do Panamá de alto a baixo na tentativa de responder uma pergunta: quantas espécies de artrópodes (grupo de insetos e aranhas, entre outros bichos) existem ali? O resultado encontrado foi de 18 mil tipos de artrópodes em apenas meio hectare de mata. É estimativa mais precisa já obtida a respeito da diversidade desses seres que correspondem a mais de 80% dos animais da Terra[72].

---

72. Reinaldo José Lopes, Floresta tem 18 mil espécies de artrópodes por hectare, *Folha de S.Paulo*, Saúde+Ciência, 14 dez. 2012, p. C-15.

# Capítulo VII
## Biodiversidade

### Seção I
*Noções introdutórias*

## 1. CONCEITOS RELEVANTES

A biodiversidade, como já vimos, é constituída por toda forma de vida existente na biosfera. Ela não existe isoladamente, mas depende da interação contínua e ininterrupta para dar sustentabilidade aos ecossistemas. A biodiversidade é a base das atividades agrícolas, pecuárias, pesqueiras e florestais. Seu conceito é importante para podermos entender sua abrangência e complexidade.

Vejamos os conceitos de biodiversidade e de biopirataria.

## 2. BIODIVERSIDADE

*Biodiversidade* ou *diversidade biológica* é "a variabilidade de organismos vivos de todas as origens, compreendendo, dentre outros, os ecossistemas terrestres, marinhos e outros ecossistemas aquáticos e os complexos ecológicos de que fazem parte; compreendendo ainda a diversidade dentro de espécies, entre espécies e de ecossistemas" (art. 2º, III, da Lei n. 9.985/2000). A biodiversidade é constituída por um grande número de micro-organismos conhecidos e desconhecidos existentes na biosfera. Sua importância para a humanidade ainda é desconhecida. Cientistas do mundo todo vêm estudando e pesquisando essa riqueza existente na natureza com o objetivo de descobrir a cura para muitas doenças. Foi com essa visão que o legislador constituinte resolveu protegê-la (art. 225, § 1º, II, IV e V). Assim, o direito a um ambiente ecologicamente equilibrado está intimamente ligado aos direitos fundamentais. O homem só poderá viver no planeta se tiver à sua disposição os elementos essenciais para sua sobrevivência, como, por exemplo: água potável, ar adequado, solo fértil e alimentos sadios, além de habitação, salário digno, transporte adequado etc. Em outras palavras, o direito ecologicamente equilibrado implica o direito à vida. Esse direito ao meio ambiente equilibrado abrange os elementos naturais, culturais, artificiais e do trabalho, contribuindo para a existência digna do ser humano no planeta, a qual constitui um dos princípios do Estado Democrático de Direito, previsto no art. 1º, III, da CF.

Assim, a "deliberada transformação do código genético de plantas, animais ou micro-organismos por meio de engenharia genética já é uma realidade com os denominados produtos transgênicos. O procedimento pretende suprimir atividades de genes ou transferi-los de uma espécie para outra. Essa transferência permite substituir, acrescentar ou retirar um comando químico ou gene de uma cadeia genética, para obter um organismo geneticamente modificado (OGM) ou transgênico. Um dos objetivos declarados de tal mudança é obter produtos mais resistentes e mais adaptados às necessidades humanas. Outro exemplo de controle sobre o mecanismo da vida é a clonagem, isto é, a reprodução de espécies a partir de células outras que não os gametas, o que origina espécimes idênticos"[1].

Ver anotação ao Protocolo de Nagoya sobre biodiversidade aprovado em 2010 no Capítulo II, Título XI — Tutela internacional do meio ambiente.

## 3. BIOPIRATARIA

*Biopirataria* é a transferência dessa riqueza encontrada na natureza (bioprospecção) para outros países, com a finalidade de fabricação de medicamentos sem o pagamento de *royalties* ao país onde se descobriu a matéria-prima do citado produto. Tal fato está ligado às questões das patentes[2]. Diante disso, a Lei n. 9.279/96, alterada pela Lei n. 9.610/98, que disciplina a Lei das Patentes, estabeleceu que os países que utilizarem matéria-prima de outro país para a fabricação de medicamentos deverão pagar *royalties*.

Há, a título ilustrativo, no Brasil, cerca de 60 mil espécies de plantas, o que corresponde a 20% de toda a flora conhecida mundialmente, e 75% das espécies existentes encontram-se nas grandes florestas. Estima-se que 70% dos medicamentos derivados de plantas foram desenvolvidos a partir do conhecimento tradicional. Há ainda cerca de 300 espécies de fitoterápicos catalogados na Amazônia. A eficiência da utilização de medicamentos provenientes de plantas tem aumentado substancial-

---

1. Antônio de Pádua Ribeiro, Biodiversidade e direito, *RDA*, São Paulo, Revista dos Tribunais, *17*:17, jan./mar. 2000.

2. Ana Cláudia Bento Graf, citando Sílvia Cappelli, esclarece que a "discussão pública a respeito da possibilidade de patenteamento, em outros países, de produtos desenvolvidos a partir de conhecimentos tradicionais de plantas e animais coletados no Brasil só veio à tona por ocasião da aprovação, pelo Congresso Nacional, da chamada lei de patentes ou de propriedade industrial. Esta lei, apesar de vedar o patenteamento de seres vivos — no todo ou em parte —, previu o patenteamento de organismos geneticamente modificados (OGMs) e de processos biotecnológicos oriundos de plantas e de animais, sem qualquer contraprestação financeira ou tecnológica aos detentores do conhecimento tradicional ou aos fornecedores da matéria-prima" (Direito, Estado e economia globalizada: as patentes de biotecnologia e o risco de privatização da biodiversidade, *RDA*, São Paulo, Revista dos Tribunais, *18*:153, abr./jun. 2000).

mente. Essa prática aumentou em todo o mundo, a ponto de países como a Alemanha, a França e a Itália movimentarem um mercado de 50 bilhões de dólares anuais. Um em cada quatro produtos comercializados nas farmácias é fabricado com material proveniente de plantas das florestas tropicais, razão pela qual há a necessidade de regulamentar a questão na esfera internacional, uma vez que muitos países não reconhecem o direito das nações ao patrimônio genético nativo. Essa atitude tem contribuído para a biopirataria.

## Seção II
*Política Nacional da Biodiversidade*

### 1. PROTEÇÃO LEGAL

A Política Nacional da Biodiversidade foi instituída pelo Decreto n. 4.339, de 22 de agosto de 2002. Esta política tem por fundamento três pontos: a) os compromissos assumidos pelo Brasil ao assinar a Convenção sobre Diversidade Biológica, durante a Conferência das Nações Unidas sobre Meio Ambiente e Desenvolvimento (CNUMAD), em 1992. Essa convenção deu origem ao Protocolo de Nagoya, aprovado em 29 de outubro de 2010; b) o disposto no art. 225 da CF, na Lei n. 6.938, de 31 de agosto de 1981, que dispõe sobre a Política Nacional do Meio Ambiente, da Declaração do Rio e na Agenda 21, ambas assinadas pelo Brasil em 1992, durante a CNUMAD, e nas demais normas vigentes relativas à biodiversidade; e c) o fato de que o desenvolvimento de estratégias, políticas, planos e programas nacionais de biodiversidade é um dos principais compromissos assumidos pelos países-membros da Convenção sobre Diversidade Biológica[3].

A proteção da biodiversidade se deve exatamente pela grande pressão que recai sobre ela, tornando-a vulnerável diante da exploração desenfreada do homem. O desmatamento e as queimadas são os principais inimigos da biodiversidade, colocando em risco a perpetuação de todas as formas de vida no planeta.

A mudança climática, associada à intervenção humana, tem contribuído de maneira muito acentuada com a degradação desse recurso essencial ao homem. É a biodiversidade que permite o equilíbrio dos ecossistemas terrestre, aquático e atmosférico, pois é fonte de extrema importância sob o ponto de vista econômico, por isso sua exploração intensa. Ela possibilita a manutenção do solo, das águas e da atmosfera e é a razão de fazer parte das atividades agrícolas, pecuária e florestais.

---

3. Anderson Furlan e William Fracalossi, *Direito ambiental*, cit., p. 331-332.

A comunidade científica demonstrou a importância da biodiversidade para o homem. Diante disso, a ONU resolveu convocar uma reunião para discutir a questão com a comunidade internacional. Tal reunião foi realizada no Rio de Janeiro, em 1992, e denominada Conferência das Nações Unidas sobre Meio Ambiente e Desenvolvimento — ECO-92. Nessa Conferência foi assinado o documento mais relevante para a comunidade internacional — a Convenção sobre a Diversidade Biológica. Nem todos os países assinaram o documento, mas foi um marco importante para despertar a consciência da comunidade internacional. Além desse documento, o Brasil subscreveu também a Declaração do Rio e a Agenda 21.

A Convenção sobre a Diversidade Biológica adentrou no ordenamento jurídico do Brasil por meio do Decreto Legislativo n. 2, de 3 de fevereiro de 1994, o qual foi promulgado pelo Presidente da República através do Decreto n. 2.519, de 16 de março de 1998, ou seja, seis anos depois. Posteriormente, o Decreto n. 4.339, de 22 de agosto de 2002, instituiu princípios e diretrizes para a implementação da Política Nacional da Biodiversidade, consagrando definitivamente a Convenção sobre a Diversidade Biológica em nosso sistema jurídico interno.

Recentemente, foi publicada a Lei n. 13.123, de 21 de maio de 2015, que dispõe sobre o acesso ao patrimônio genético brasileiro, o conhecimento tradicional relevante à conservação da diversidade, à integridade do patrimônio e à utilização de seus componentes, além do acesso à tecnologia. Referida lei tem por objetivo dispor sobre bens, direitos e obrigações relativos à exploração econômica de produto acabado ou material reprodutivo, à remessa para o exterior de organismos, vivos ou mortos, de espécies animais, vegetais, microbianas ou de outra natureza, que se destine ao acesso ao patrimônio genético e à implementação de tratados internacionais.

É importante ressaltar que o tema biodiversidade não era tratado de maneira amplo como no caso em tela. Era tratado de forma parcial nas diversas legislações esparsas do sistema jurídico ambiental brasileiro. Seja como for, a doutrina diverge sobre a possibilidade de um Decreto instituir a Política Nacional de Biodiversidade. Tal fato só poderia ocorrer por meio de lei e não por decreto, à semelhança da Política Nacional do Meio Ambiente (Lei n. 6.938/81), da Política Nacional das Unidades de Conservação (Lei n. 9.985/2000), da Política Nacional de Gerenciamento dos Recursos Hídricos (Lei n. 9.433/97) etc.

Os acordos internacionais são, primeiramente, referendados por Decreto Legislativo e, depois, promulgados por Decreto Presidencial; por fim, é possível transformá-los em lei após a devida discussão no Congresso Nacional.

O Decreto Presidencial contém apenas dois artigos que encampou o anexo do acordo internacional da Convenção sobre Diversidade Biológica, com algumas modificações com base na Declaração do Rio de 1992, na Constituição Federal e na legislação nacional vigente sobre a matéria.

O decreto, como se vê, tem por finalidade a implementação da Política Nacional da Biodiversidade, instituindo órgãos técnicos na esfera federal para que os princípios e objetivos desta política sejam viáveis. Sua razão de ser é munir os dirigentes para poder aplicar melhor as políticas públicas ambientais. O órgão responsável para isso é a Comissão Nacional da Biodiversidade — CONABIO, órgão ligado ao Ministério do Meio Ambiente. Este órgão foi criado pelo Decreto n. 1.354, de 29 de dezembro de 1994, e regulamentado pelo Decreto n. 4.703, de 21 de maio de 2003. Trata-se de órgão colegiado e heterogêneo, cujo compromisso é promover a execução das políticas estabelecidas na CDB.

Compete ao Ministério do Meio Ambiente a coordenação, a promoção e a execução da Política Nacional da Biodiversidade, bem como realizar parceria entre o Poder Público e a iniciativa privada, sempre com o intuito da preservação da biodiversidade ou, em caso contrário, permitir a utilização de maneira sustentável dos seus recursos ambientais e zelar pela repartição dos seus benefícios de forma equitativa. O MMA criou, por meio do Decreto n. 4.703/2003, o Programa Nacional de Diversidade Biológica — PRONABIO e instituiu também dois mecanismos de financiamento, o Projeto de Conservação e Utilização Sustentável da Biodiversidade — PROBIO e o Fundo Brasileiro para Biodiversidade — FUNBIO, para financiar a geração de informações relevantes para a implementação dos três objetivos primordiais da Convenção sobre Diversidade Biológica.

## 2. VALOR INTRÍNSECO DA BIODIVERSIDADE

A biodiversidade ou diversidade biológica, como já vimos, é "a variabilidade de organismos vivos de todas as origens, compreendendo, dentre outros, os ecossistemas terrestres, marinhos e outros ecossistemas aquáticos e os complexos ecológicos de que fazem parte; compreendendo ainda a diversidade dentro de espécies, entre espécies e de ecossistemas" (art. 2º, III, da Lei n. 9.985/2000).

Este conceito inclui diversas propriedades ou fenômenos: a) número de tipos biológicos diferentes (riqueza ou complexidade); b) abundância relativa dos tipos biológicos (equitabilidade ou heterogeneidade); c) grau de diferença entre tipos biológicos (distância taxonômica ou ecológica, betadiversidade ou complementaridade); d) mistura única de tipos biológicos (composição); e e) número de interações entre tipos biológicos (efeitos pleiotrópicos, teia ecológica)[4].

---

4. Braulio Ferreira de Souza Dias, Biodiversidade e organismos geneticamente modificados: desafios científicos e legais, in *Meio ambiente, direito e cidadania*, São Paulo, Signus Editora, 2002, p. 63.

A biodiversidade, em outras palavras, abrange um conjunto de micro-organismos, fungos, plantas diversas e florestas, espécies animais das mais variadas constituições e composições — todo este universo vivo está longe de ser conhecido em sua totalidade. Fala-se de algo em torno de um milhão e meio de espécies conhecidas cientificamente, ao passo que a diversidade biológica compreenderia 15 a 30 milhões de espécies, segundo diferentes hipóteses — um leque amplíssimo de seres vivos que têm sua função específica no ecossistema global[5].

Biodiversidade se coaduna com o conceito de meio ambiente que constitui um conjunto de condições, leis, influências e interações de ordem física, química e biológica, que permite, rege e abriga a vida em todas as suas formas, como já comentamos.

Como podemos perceber, a diversidade biológica tem valor intrínseco, merecendo respeito independentemente de seu valor para o homem ou potencial para uso humano.

A biodiversidade tem valor em si mesma independentemente do seu valor econômico ou do tipo de uso que possa ser praticado pelo ser humano. O homem faz parte dessa biodiversidade há mais de dez mil anos e, portanto, deve protegê-la antes que venha a se extinguir.

Procura-se, com a Política Nacional da Biodiversidade, a manutenção e conservação da biodiversidade para a perpetuação de todas as formas de vida no país. O Brasil possuía uma das maiores biodiversidades do mundo e deve se adequar às normas internacionais para poder participar do processo de globalização e não se isolar como se os outros países não fossem importantes, utilizando-se do argumento de que, se os países desenvolvidos destruíram sua biodiversidade, nós também temos o mesmo direito para alcançar o *status* de país desenvolvido.

## 3. PRINCÍPIOS DA POLÍTICA NACIONAL DA BIODIVERSIDADE

A Política Nacional da Biodiversidade reger-se-á pelos seguintes princípios: a) a diversidade biológica tem valor intrínseco, merecendo respeito independentemente de seu valor para o homem ou potencial para uso humano; b) as nações têm o direito soberano de explorar seus próprios recursos biológicos, segundo suas políticas de meio ambiente e desenvolvimento; c) as nações são responsáveis pela conservação de sua biodiversidade e por assegurar que atividades sob sua jurisdição ou controle não causem dano ao meio ambiente e à biodiversidade de outras nações ou de áreas além dos limites da jurisdição nacional; d) a conservação e a utilização sustentável da biodiversidade são uma preocupação comum à humanidade, mas

---

5. Édis Milaré, *Direito do ambiente*, cit., p. 319.

com responsabilidades diferenciadas, cabendo aos países desenvolvidos o aporte de recursos financeiros novos e adicionais e facilitação do acesso adequado às tecnologias pertinentes para atender às necessidades dos países em desenvolvimento; e) todos têm direito ao meio ambiente ecologicamente equilibrado, bem de uso comum do povo e essencial à sadia qualidade de vida, impondo-se ao Poder Público e à coletividade o dever de defendê-lo e de preservá-lo para as presentes e as futuras gerações; f) os objetivos de manejo de solos, águas e recursos biológicos são uma questão de escolha da sociedade, devendo envolver todos os setores relevantes da sociedade e todas as disciplinas científicas e considerar todas as formas de informações relevantes, incluindo os conhecimentos científicos tradicionais e locais, inovações e costumes; g) a manutenção da biodiversidade é essencial para a evolução e para a manutenção dos sistemas necessários à vida da biosfera e, para tanto, é necessário garantir e promover a capacidade de reprodução sexuada e cruzada dos organismos; h) onde exista evidência científica consistente de risco sério e irreversível à diversidade biológica, o Poder Público determinará medidas eficazes em termos de custo para evitar a degradação ambiental; i) a internalização dos custos ambientais e a utilização de instrumentos econômicos serão promovidas tendo em conta o princípio de que o poluidor deverá, em princípio, suportar o custo da poluição, com o devido respeito pelo interesse público e sem distorcer o comércio e os investimentos internacionais; j) a instalação de obra ou atividade potencialmente causadora de significativa degradação do meio ambiente deverá ser precedida de estudo prévio de impacto ambiental, a que se dará publicidade; k) o homem faz parte da natureza e está presente nos diferentes ecossistemas brasileiros há mais de dez mil anos, e todos estes ecossistemas foram e estão sendo alterados por ele em maior ou menor escala; l) a manutenção da diversidade cultural nacional é importante para pluralidade de valores na sociedade em relação à biodiversidade, sendo que os povos indígenas, os quilombolas e as outras comunidades locais desempenham um papel importante na conservação e na utilização sustentável da biodiversidade brasileira; m) as ações relacionadas ao acesso ao conhecimento tradicional associado à biodiversidade deverão transcorrer com consentimento prévio informado dos povos indígenas, dos quilombolas e das outras comunidades locais; n) o valor de uso da biodiversidade é determinado pelos valores culturais e inclui valor de uso direto e indireto, de opção de uso futuro e, ainda, valor intrínseco, incluindo os valores ecológico, genético, social, econômico, científico, educacional, cultural, recreativo e estético; o) a conservação e a utilização sustentável da biodiversidade devem contribuir para o desenvolvimento econômico e social e para a erradicação da pobreza; p) a gestão dos ecossistemas deve ser entendida e manejada em um contexto econômico, objetivando: 1) reduzir distorções de mercado que afetam negativamente a biodiversidade; 2) promover incentivos para a conservação da biodiversidade e sua utilização sustentável; e 3) internalizar custos e benefícios em um dado ecossistema o tanto quanto possível; q) a pesquisa, a conservação *ex situ* e agregação de valor sobre componentes da biodiversidade brasileira devem ser realizadas preferencialmente no país, sendo bem-vindas as iniciativas de cooperação internacional, respeitados os interesses e a coordenação nacional; r) as ações nacionais de gestão da biodiversidade devem estabelecer sinergias e ações integradas com convenções, tratados e acordos internacionais relacionados ao tema da gestão da biodiversidade; e s) as ações de gestão da biodiversidade terão caráter integrado, descentralizado e participativo, permitindo que todos os setores da sociedade brasileira tenham, efetivamente, acesso aos benefícios gerados por sua utilização (item 2 do Anexo do Decreto n. 4.339/2002).

São vinte os princípios arrolados no anexo, que constitui um verdadeiro *modus operandi* de toda a filosofia da vida natural. Alguns princípios, afirma Édis Milaré, são altamente inovadores num documento governamental, possibilitando a reformulação ampla e moderna dos conceitos sobre o mundo natural. Comparado com a Política Nacional do Meio Ambiente, este Decreto representa um grande avanço[6].

## 4. DIRETRIZES DA POLÍTICA NACIONAL DA BIODIVERSIDADE

A Política Nacional da Biodiversidade é constituída das seguintes diretrizes: a) estabelecer cooperação com outras nações diretamente ou, quando necessário, mediante acordos e organizações internacionais competentes, no que respeita a áreas além da jurisdição nacional, em particular nas áreas de fronteira, na Antártida, no alto-mar e nos grandes fundos marinhos e em relação a espécies migratórias, e em outros assuntos de mútuo interesse, para a conservação e a utilização sustentável da diversidade biológica; b) promover o esforço nacional de conservação, a utilização sustentável da diversidade biológica e a integração em planos, programas e políticas setoriais ou intersetoriais pertinentes de forma complementar e harmônica; c) realizar investimentos substanciais para conservar a diversidade biológica, dos quais resultarão, consequentemente, benefícios ambientais, econômicos e sociais; d) prever, prevenir e combater na origem as causas da sensível redução ou perda da diversidade biológica; e) determinar a sustentabilidade da utilização de componentes da biodiversidade sob o ponto de vista econômico, social e ambiental, especialmente quanto à manutenção da biodiversidade; f) a gestão dos ecossistemas deve ser descentralizada ao nível apropriado e os gestores de ecossistemas devem considerar os efeitos atuais e potenciais de suas atividades sobre os ecossistemas vizinhos e outros; g) a gestão dos ecossistemas deve ser implementada nas escalas espaciais e temporais apropriadas e os objetivos para o gerenciamento de ecossistemas devem ser estabelecidos a longo prazo, reconhecendo que mudanças são inevitáveis; h) a gestão dos

---

6. Édis Milaré, *Direito do ambiente*, cit., p. 724.

ecossistemas deve se concentrar nas estruturas, nos processos e nos relacionamentos funcionais dentro dos ecossistemas, usar práticas gerenciais adaptativas e assegurar a cooperação intersetorial; e i) criar condições para permitir o acesso aos recursos genéticos e para utilização ambientalmente saudável destes por outros países que sejam Partes Contratantes da Convenção sobre Diversidade Biológica, evitando-se a imposição de restrições contrárias aos objetivos da Convenção (item 4 do Anexo do Decreto n. 4.339/2002).

São nove diretrizes que regerão a Política Nacional da Biodiversidade, algumas já se encontram incorporadas no nosso sistema jurídico e outras são aplicáveis à proteção específica da biodiversidade. Princípios e diretrizes são pressupostos necessários para precisar os objetivos e, em seguida, são traduzidos operacionalmente em planos, programas e projetos[7].

## 5. OBJETIVO GERAL DA POLÍTICA NACIONAL DA BIODIVERSIDADE

A Política Nacional da Biodiversidade tem como objetivo geral a promoção, de forma integrada, da conservação da biodiversidade e da utilização sustentável de seus componentes, com a repartição justa e equitativa dos benefícios derivados da utilização dos recursos genéticos, de componentes do patrimônio genético e dos conhecimentos tradicionais associados a esses recursos (item 5 do Anexo do mesmo Decreto).

Édis Milaré, ao comentar este objetivo, afirma haver uma contradição interna no texto, pois o valor ecológico, em última análise, subordina-se ao valor econômico, constatando-se a presença persistente da visão antropocêntrica sob as mais variadas roupagens, entre avanços e retrocessos de ordem conceitual. Assim, se a biodiversidade vale por si mesma e os sistemas vivos não têm armas jurídicas para defender-se, é inarredável a posição do homem como defensor da biodiversidade pela biodiversidade, com todos os meios lícitos de que possa dispor, inclusive o Direito[8].

SEÇÃO III
*Componentes da Política Nacional da Biodiversidade*

## 1. INTRODUÇÃO

Os componentes da Política Nacional da Biodiversidade e respectivos objetivos específicos estabelecidos com base na Convenção sobre Diversidade Biológica devem ser considerados eixos temáticos que orientarão as etapas de implementação

---

7. Édis Milaré, *Direito do ambiente*, cit., p. 728.
8. Édis Milaré, *Direito do ambiente*, cit., p. 728-729.

dessa Política. Tal objetivo só será atingido por meio do cumprimento dos seus sete componentes, que são os eixos em que giram as diferentes etapas de implementação dos objetivos gerais e dos objetivos específicos. Aqueles só são alcançados quando estes estiverem sido atingidos de maneira satisfatória[9].

Eis os sete componentes, seus objetivos e as diretrizes da Política Nacional da Biodiversidade:

## 2. CONHECIMENTO DA BIODIVERSIDADE

Objetiva-se gerar, sistematizar e disponibilizar informações para a gestão da biodiversidade nos biomas e seu papel no funcionamento e na manutenção dos ecossistemas terrestres e aquáticos, incluindo as águas jurisdicionais, e promover o conhecimento da biodiversidade brasileira, sua distribuição, seus determinantes, seus valores, suas funções ecológicas e seu potencial de uso econômico.

Suas diretrizes são o levantamento, a identificação, a catalogação e a caracterização dos componentes da biodiversidade (ecossistemas, espécies e diversidade genética intraespecífica), para gerar informações que possibilitem a proposição de medidas para a sua gestão.

## 3. CONSERVAÇÃO DA BIODIVERSIDADE

Objetiva-se promover a conservação, *in situ* e *ex situ*, dos componentes da biodiversidade, incluindo variabilidade genética, de espécies e de ecossistemas, bem como dos serviços ambientais mantidos pela biodiversidade.

Sua diretriz é a promoção de ações de conservação *in situ* da biodiversidade e dos ecossistemas em áreas não estabelecidas como unidades de conservação, mantendo os processos ecológicos e evolutivos e a oferta sustentável dos serviços ambientais.

## 4. UTILIZAÇÃO SUSTENTÁVEL DOS COMPONENTES DA BIODIVERSIDADE

Objetiva-se promover mecanismos e instrumentos que envolvam todos os setores governamentais e não governamentais, públicos e privados, que atuam na utilização de componentes da biodiversidade, visando que toda utilização de componentes da biodiversidade seja sustentável e considerando não apenas seu valor econômico, mas também os valores ambientais, sociais e culturais da biodiversidade.

---

9. Édis Milaré, *Direito do ambiente*, cit., p. 729.

Suas diretrizes é a elaboração e a implementação de instrumentos e mecanismos jurídicos e econômicos que incentivem o desenvolvimento de um setor nacional de biotecnologia competitivo e de excelência, com biossegurança e com atenção para as oportunidades de utilização sustentável de componentes do patrimônio genético, em conformidade com a legislação vigente e com as diretrizes e objetivos específicos estabelecidos no Componente 5.

## 5. MONITORAMENTO, AVALIAÇÃO, PREVENÇÃO E MITIGAÇÃO DE IMPACTOS SOBRE A BIODIVERSIDADE

Objetiva-se estabelecer formas para o desenvolvimento de sistemas e procedimentos de monitoramento e de avaliação do estado da biodiversidade brasileira e das pressões antrópicas sobre a biodiversidade, para a prevenção e a mitigação de impactos sobre a biodiversidade.

Sua diretriz é o monitoramento do estado das pressões e das respostas dos componentes da biodiversidade.

## 6. ACESSO AOS RECURSOS GENÉTICOS E AOS CONHECIMENTOS TRADICIONAIS ASSOCIADOS À REPARTIÇÃO DE BENEFÍCIOS

Objetiva-se permitir o acesso controlado aos recursos genéticos, aos componentes do patrimônio genético, aos conhecimentos tradicionais associados com vistas à agregação de valor mediante pesquisa científica e desenvolvimento tecnológico e de forma que a sociedade brasileira, em particular os povos indígenas, quilombolas e outras comunidades locais, possam compartilhar, justa e equitativamente, dos benefícios derivados do acesso aos recursos genéticos, aos componentes do patrimônio genético e aos conhecimentos tradicionais associados à biodiversidade.

Sua diretriz é o estabelecimento de um sistema controlado de acesso e de repartição justa e equitativa de benefícios oriundos da utilização de recursos genéticos e de componentes do patrimônio genético, que promova a agregação de valor mediante pesquisa científica e desenvolvimento tecnológico e que contribua para a conservação e para a utilização sustentável da biodiversidade.

## 7. EDUCAÇÃO, SENSIBILIZAÇÃO PÚBLICA, INFORMAÇÃO E DIVULGAÇÃO SOBRE BIODIVERSIDADE

Objetiva-se sistematizar, integrar e difundir informações sobre a biodiversidade, seu potencial para desenvolvimento e a necessidade de sua conservação e de sua utilização sustentável, bem como da repartição dos benefícios derivados da utilização de recursos genéticos, de componentes do patrimônio genético e do conhecimento tradicional associado, nos diversos níveis de educação, bem como perante a população e os tomadores de decisão.

Sua diretriz é o desenvolvimento de sistema nacional de informação e divulgação de informações sobre biodiversidade.

## 8. FORTALECIMENTO JURÍDICO E INSTITUCIONAL PARA GESTÃO DA BIODIVERSIDADE

Objetiva-se promover meios e condições para o fortalecimento da infraestrutura de pesquisa e gestão, para acesso à tecnologia e transferência de tecnologia, para a formação de fixação de recursos humanos, para mecanismos de financiamento, para cooperação internacional e para adequação jurídica visando à gestão da biodiversidade e à integração e à harmonização de políticas setoriais pertinentes à biodiversidade.

Sua diretriz é o fortalecimento e ampliação da infraestrutura das instituições brasileiras, públicas e privadas, envolvidas com o conhecimento e com a gestão da biodiversidade.

As diretrizes e os componentes são aplicáveis a todos os ecossistemas brasileiros. O legislador e o administrador, no entanto, deverão detalhar o que se pretende proteger nos biomas correspondentes ao ecossistema em questão. Tal fato deverá se concretizar nos Planos de Ação.

Ainda no dizer de Édis Milaré, a Política Nacional da Biodiversidade influenciará a atuação do Sistema Nacional do Meio Ambiente — SISNAMA, assim como do Sistema Nacional de Informação sobre Meio Ambiente — SINIMA, a formação profissional e o desempenho de atores sociais e agentes ambientais. Também são impulsionados os avanços na legislação de novas tecnologias. A biodiversidade instrumentará, além disso, a educação ambiental e a gestão ambiental com uma visão mais aprofundada dos problemas ambientais. Papel de relevo ainda caberá ao Programa Nacional da Diversidade Biológica — PRONABIO, e à Comissão Nacional da Biodiversidade, disciplinados pelo Decreto n. 4.703, de 21 de maio de 2003, alterado pelo Decreto n. 5.312, de 15 de dezembro de 2004[10].

Releve-se que a Política Nacional da Biodiversidade foi um grande avanço ao meio ambiente, aliado, é claro, à proteção do patrimônio genético.

## 9. INFRAÇÕES ADMINISTRATIVAS E PENAIS

As infrações administrativas estão descritas nos arts. 24 a 60-A do Decreto n. 6.514/2008, e as penais, nos arts. 29 a 53 da Lei n. 9.605/98.

---

10. Édis Milaré, *Direito do ambiente*, cit., p. 731.

Capítulo VIII
Património Genético

Seção I
*Noções introdutórias*

## 1. CONCEITOS RELEVANTES

O patrimônio genético constitui uma das maiores riquezas do país. É dele que poderemos extrair o elemento ativo de remédios para a indústria farmacêutica entre outros subprodutos naturais. Seu estudo requer bastante pesquisa e investimento na ciência e tecnologia. Para tanto, trazemos ao conhecimento inicial alguns conceitos relevantes para melhor entender a sua complexidade.

## 2. PATRIMÔNIO GENÉTICO

*Patrimônio genético* é o conjunto de seres vivos que habitam o planeta Terra, incluindo os seres humanos, os animais, os vegetais e os micro-organismos. A variedade dos organismos vivos é que permite a vida do ser humano na Terra. Essa variedade de organismos vivos (elementos animados e inanimados) interage entre si, constituindo o meio ambiente ecologicamente equilibrado. Integram o patrimônio genético todos os organismos vivos encontrados na natureza, constituindo a biodiversidade, que, por sua vez, é a variedade de "organismos vivos de todas as origens e os complexos ecológicos de que fazem parte: compreendendo ainda a diversidade dentro de espécies, entre espécies e de ecossistemas"[1]. Organismo é toda entidade biológica capaz de reproduzir ou transferir material genético, inclusive vírus e outras classes que venham a ser conhecidas (art. 3º, I, da Lei n. 11.105/2005).

## 3. ORGANISMO GENETICAMENTE MODIFICADO (OGM)

*Organismo geneticamente modificado* (OGM) é o material genético (ADN/ARN)[2] modificado por qualquer técnica de engenharia genética (art. 3º, V, da Lei n. 11.105/2005).

---

1. Convenção sobre diversidade biológica, art. 2, in *Entendendo o meio ambiente*, cit., v. 2.
2. Em 1953, os norte-americanos Francis Crick e James Watson descobriram que o DNA tinha a forma de uma dupla hélice toda enrolada no núcleo das células. A partir daí, a figura das duas fitas que

## 4. ENGENHARIA GENÉTICA

*Engenharia genética* é a ciência que estuda o patrimônio genético e a biodiversidade existente no meio ambiente, consubstanciada no exercício da "atividade de produção e manipulação de moléculas de ADN/ARN recombinante" (art. 3º, IV, da Lei n. 11.105/2005). ADN (ácido desoxirribonucleico)/ARN (ácido ribonucleico) é o "material genético que contém informações determinantes dos caracteres hereditários transmissíveis à descendência" (art. 3º, II, da Lei n. 11.105/2005). Tais moléculas são definidas como aquelas "manipuladas fora das células vivas mediante a modificação de segmentos de ADN/ARN natural ou sintético e que possam multiplicar-se em uma célula viva, ou ainda as moléculas de ADN/ARN resultantes dessa multiplicação; consideram-se também os segmentos de ADN/ARN sintéticos equivalentes aos de ADN/ARN natural" (art. 3º, III, da Lei n. 11.105/2005).

Assim, essa manipulação de genes de diferentes espécies realizada no laboratório pode dar origem a novas espécies animais e vegetais, no primeiro caso, mais produtivos e, no segundo, mais resistentes às pragas. As informações contidas nas moléculas são armazenadas e replicadas no interior de outras células, formando-se uma nova espécie.

## 5. PROJETO GENOMA

O *Projeto Genoma* teve por finalidade catalogar todos os genes da espécie humana para armazenar em um banco de dados e, a partir daí, começar as pesquisas de cada um dos genes que constitui o cromossomo. Tais pesquisas poderão levar à descoberta da origem de muitas doenças no futuro, bem como a sua manipulação em laboratório.

O DNA é formado por uma cadeia de pares de "letras químicas" conhecidas como A, T, C e G, num formato de escada torcida. É a conhecida dupla hélice. As diversas combinações de trios dessas letras correspondem ao código para a fabrica-

---

davam voltas uma em torno da outra foi reproduzida infinitas vezes, fazendo parte do imaginário das pessoas. Eles diziam, na época, que tinham descoberto o "segredo da vida" ao decifrar a estrutura do DNA. Após 60 anos da descoberta dos cientistas norte-americanos, um novo estudo — publicado na revista *Nature Chemistry* e realizado na Universidade de Cambridge — mostra que essa não é a única forma que a molécula pode apresentar dentro do corpo humano. Equipe liderada pelo professor Shankar Balasubramanian, do Departamento de Química da instituição britânica, visualizou células humanas com DNA(s) em forma de hélice quádrupla. O feito é um grande avanço e pode ajudar no combate ao câncer, uma vez que essas moléculas são mais comuns em células de crescimento muito acelerado, como as cancerígenas. Trata-se da denominada G-quadruplex. São estruturas do ácido nucleico de quatro fitas (DNA tem forma de hélice quádrupla, *Estado de Minas*, Ciência, 22 jan. 2013, p. 16).

ção de um aminoácido — a unidade formadora das proteínas. As trincas AAA e AAG correspondem ao aminoácido lisina. As trincas são chamadas de códons. E para fabricar as proteínas, o DNA contido no núcleo da célula precisa primeiro ser transcrito em RNA, uma molécula "prima" de cadeia simples, e não dupla. No RNA, a letra T do DNA vira U. O RNA, na forma de mRNA (RNA mensageiro), vai para o citoplasma da célula. Ali, nos ribossomos ("fábrica de proteínas"), cada trinca de "letras" é pareada com seu aminoácido correspondente. No fim, os aminoácidos estão juntos numa cadeia, a proteína. O conceito de gene muda o tempo todo, mas, em outras palavras, é o pedaço de DNA que corresponderia a uma proteína específica. E a terapia gênica visa à criação de cromossomos sintéticos. O maior desafio é produzir a primeira célula bacteriana sintética que, sob o ponto de vista econômico, poderia realizar a limpeza de áreas poluídas[3].

No primeiro semestre de 2000, o projeto genoma foi concluído depois de dez anos de trabalho. Cuida-se do sequenciamento de 3,1 bilhões de pares de "letras químicas" que compõem o DNA humano. A sequência completa do genoma compõe uma lista ordenada de todas as bases químicas, contendo as informações necessárias para formar um ser humano. Isso permitirá o tratamento de muitas doenças de origem genética. Sabe-se, com certeza, que cerca de 1.200 doenças têm causa predominantemente genética. Segundo ainda a revista *Veja*, os cientistas conseguiram desenhar um rascunho e colocar em ordem 98% do código genético humano. No entanto, serão necessários anos e anos de pesquisas para que se descubra a utilidade de cada peça e como se pode tirar proveito disso para melhorar a vida das pessoas.

O governo americano investirá US$ 3 bilhões no *Projeto Genoma*, ou seja, visa-se mapear com minúcia rigorosa a atividade cerebral com a finalidade de desvendar os 100 trilhões de conexões que compõem a mente humana. Os pesquisadores querem entender melhor as complicadas interações entre os cerca de 100 bilhões de neurônios que, conectados entre si, formam os 100 trilhões de sinapses da mente humana. A ideia não é só encontrar novas terapias para doenças psiquiátricas e neurológicas, mas mergulhar mais fundo no conhecimento da mente e, quem sabe, descobrir o mistério da consciência e do livre-arbítrio. Já há o *Blue Brain Project*, financiado pela Suíça, que pretende, por engenharia reversa, recriar as funções do cérebro *in sílica* — em circuitos de computadores. Mesmo não dando certo certos projetos, o esforço gera subprodutos que não serão descartados. Esse investimento envolve a administração e o Tesouro públicos, as universidades e a comunidade científica para cumprir um objetivo específico. A *Big Science* permite que o homem avance, com profundidade, no conhecimento e na criação de novas tecnologias e empregos[4].

---

3. Reinaldo José Lopes, A conquista do DNA, *Folha de S.Paulo*, Ciência+Saúde, 25 abr. 2013, p. C-7.

4. O cérebro de Obama, *Folha de S.Paulo*, Editorial, 25 fev. 2013, p. A-2.

Seja como for, é o começo de um mundo novo.

## 6. BIOTECNOLOGIA

*Biotecnologia* é a técnica empregada por cientistas, biólogos e engenheiros na realização de pesquisas em organismos vivos existentes no meio ambiente para melhoria das plantas e dos animais, tornando-os mais resistentes aos herbicidas, no primeiro caso, e mais produtivos, no segundo, beneficiando os setores da pecuária, agricultura, indústrias químicas e farmacêuticas etc.

A manipulação desses organismos vivos poderá ocasionar danos ao meio ambiente e à saúde humana. Na área da agricultura, poderá causar o predomínio de determinada espécie sobre outra, prejudicando a biodiversidade existente. Os produtos advindos da manipulação genética são conhecidos como organismos geneticamente modificados (OGMs). As experiências no campo da agricultura têm-se desenvolvido muito rapidamente, causando certa preocupação para a comunidade científica e para as organizações não governamentais (ONGs). Muitos estudos indicam que a liberação desses organismos geneticamente modificados no meio ambiente poderá causar danos à agricultura e à saúde humana, especialmente porque não existe ainda nenhum estudo preciso sobre as consequências do consumo dos produtos transgênicos pelo homem. Além disso, toda pessoa deve ser alertada de que o produto que está consumindo é transgênico e informada sobre sua composição química. Esses produtos poderão causar reações adversas em pessoas portadoras de certas doenças, pois sua composição química pode ser incompatível com alguns medicamentos.

## 7. BIOSSEGURANÇA

*Biossegurança* é o conjunto de normas legais e regulamentares que estabelecem critérios e técnicas para a manipulação genética, no sentido de evitar danos ao meio ambiente e à saúde humana. Esse conjunto de normas é estabelecido pela Comissão Nacional de Biossegurança (CNBS), Comissão Técnica Nacional de Biossegurança (CTNBio) e pela Comissão Interna de Biossegurança (CIBio).

A manipulação genética poderá causar alterações no meio ambiente, especialmente com "o aparecimento de traços patogênicos para humanos, animais e plantas; perturbações para os ecossistemas; transferência de novos traços genéticos para outras espécies, com efeitos indesejáveis; dependência excessiva face às espécies, com ausência de variação genética"[5].

---

5. M. A. Hermitte e C. Noiville citados por Paulo Affonso Leme Machado, *Direito*, cit., p. 782.

A biossegurança tem por escopo diminuir ou evitar esses riscos inerentes à manipulação genética.

## 8. BIOÉTICA

A *bioética*, por sua vez, procura examinar a conduta desses cientistas, pesquisadores, engenheiros e biólogos nas suas atividades relacionadas à manipulação genética. Bioética é o estudo da moralidade da conduta dos responsáveis por essas pesquisas dentro das ciências, e objetiva analisar a licitude de seus atos. Em outras palavras, a bioética "estuda a moralidade da conduta humana no campo das ciências da vida. Inclui a ética médica, mas vai além dos problemas clássicos da medicina, a partir do momento que leva em consideração os problemas éticos não levantados pelas ciências biológicas, os quais não são primeiramente de ordem médica"[6].

A bioética estuda a dimensão ética dos modos de tratar a vida humana e animal em pesquisas científicas. Busca aliar uma perspectiva humanista aos avanços tecnológicos, entre os quais despontam temas delicados — e ainda não consensuais — como clonagem, fertilização *in vitro*, transgênicos e células-tronco. O século XX foi palco de cinco revoluções: atômica, molecular, comunicações, espacial e nanotecnologia. A sexta revolução é resultado da integração dessas cinco revoluções que pode se chamar de tecnociência: a bioética é a sexta revolução, que herdará característica da ética, cuja prática implica a livre escolha de valores. A bioética permitirá a resolução de conflitos inerentes aos avanços da ciência com respeito a valores que pautam as grandes conquistas da humanidade: humildade, grandeza, prudência e solidariedade[7].

Assim, o art. 6º, III, da Lei n. 11.105/2005 diz ser vedada "engenharia genética em célula germinal humana, zigoto[8] humano e embrião[9] humano". É necessário, diante dessa norma, realizar uma fiscalização efetiva das entidades e dos cientistas que realizam pesquisas com organismos vivos. Trata-se, nesse caso, de questão eminentemente ética e legal a realização de experiências com células humanas.

---

6. Leo Pessini e Christian Barchifontaine, *Fundamentos da bioética*, São Paulo, Paulus, 1996, p. 11.

7. Ruy Martins Altenfelder Silva, Ciência e bioética, *Folha de S.Paulo*, Tendências/Debates, 11 dez. 2013, p. A-3.

8. Zigoto é a célula reprodutora resultante da fusão de dois gametas de sexo oposto (Aurélio Buarque de Holanda Ferreira, *Dicionário Aurélio básico da língua portuguesa*, Rio de Janeiro, Nova Fronteira, 1988, p. 686).

9. Embrião é o organismo em seus primeiros estágios de desenvolvimento, desde as primeiras divisões do zigoto até antes de deixar o organismo materno ou o ovo (Aurélio Buarque de Holanda Ferreira, *Dicionário Aurélio*, cit., p. 239).

## 9. BIODIREITO

Biodireito é a ciência jurídica que estuda as normas aplicáveis à bioética e à biogenética, tendo a vida como objeto principal, não podendo a verdade científica sobrepor-se à ética e ao direito, nem sequer acobertar, a pretexto do progresso científico, crimes contra a dignidade humana, nem estabelecer os destinos da humanidade[10].

O *biodireito*, em outras palavras, deve estabelecer normas rígidas, fundadas na bioética, para evitar o abuso por parte dos cientistas responsáveis pela manipulação genética, limitando-se sua atuação nas ciências da vida contra as agressões à dignidade da pessoa humana.

### Seção II
*Proteção legal*

### 1. BENEFÍCIOS E RISCOS CAUSADOS PELA ENGENHARIA GENÉTICA

A *engenharia genética*, sem dúvida alguma, será a solução para os problemas que o homem vai enfrentar neste terceiro milênio. Cuida-se de uma revolução científica que se iniciou na década de 1970. O homem conseguiu solucionar muitos problemas por meio da manipulação genética. A biotecnologia, por seu turno, tem sido aplicada nas mais variadas áreas das atividades humanas. O Brasil é o pioneiro no mapeamento dos principais genes das pragas da lavoura. Estes são alguns dos benefícios que a engenharia genética pode trazer à humanidade, a saber: produção de carne mais nutritiva e com menos gordura; aumento da produtividade na lavoura; criação de animais geneticamente modificados para serem utilizados em transplantes sem que haja rejeição; terapia gênica, consistente na retirada de genes humanos defeituosos para serem reparados e recolocados nos organismos do paciente; detecção de enfermidades hereditárias no embrião; aumento da durabilidade de alimentos, como, por exemplo, o tomate; descoberta de vacinas para doenças; criação de bactérias para a produção de insulina; criação de plantas transgênicas resistentes aos herbicidas; criação de animais para a produção de proteínas humanas; produção de leite mais vitaminado etc.

As técnicas empregadas pela engenharia genética têm por objetivo o barateamento dos alimentos, o aumento da produção de carne com mais proteínas, a redução da agressão ao solo e ao ecossistema, a eliminação do uso de agrotóxicos, o aumento da fixação de nitrogênio do ar pelas plantas, a despoluição dos rios e mares etc.

---

10. Maria Helena Diniz, *O estado atual do biodireito*, São Paulo, Saraiva, 2001, p. 8.

São muitas as possibilidades da utilização da engenharia genética, como, por exemplo, nas indústrias químicas e farmacêuticas, na saúde, na lavoura, na pecuária, no meio ambiente etc.

A manipulação genética envolve a transferência de genes humanos para animais, entre animais, de animais para vegetais e vice-versa. Cuida-se da manipulação de moléculas ADN/ARN recombinantes.

Todos esses benefícios têm um custo, embora ainda desconhecido cientificamente. A liberação de organismo geneticamente modificado — OGM no meio ambiente poderá trazer muitos riscos, os quais também são desconhecidos cientificamente, razão pela qual somente as pessoas jurídicas poderão desenvolver projetos que envolvam a produção de OGM (art. 2º, §§ 1º e 2º, da Lei n. 11.105/2005). Tais pessoas jurídicas devem sofrer rígida fiscalização por parte do Poder Público competente.

Diante desses riscos, indaga-se: "Quais as reais consequências, a longo prazo, das transformações biotecnológicas? Quais os efeitos que, no futuro, poderão advir das mutações genéticas artificiais, praticadas em laboratório, em animais e plantas? Quais os riscos que o meio ambiente poderá sofrer com a introdução dessa civilização transgênica ou com a criação de organismos geneticamente modificados? Será que o ser humano teria o direito de alterar geneticamente um vegetal ou um animal, criando espécies diferentes das existentes, para atender a seus interesses ou à carência de alimentos? Poderia o homem pôr em xeque o que a natureza levou milhões de anos para construir? Poderia o ser humano saciar sua ganância desafiando a natureza, causando danos ao meio ambiente e às gerações futuras? Seria possível admitir o transporte de genes de uma espécie a outra? A formação de novas espécies mais resistentes não seria um modo de fazer uma seleção natural artificial? Qual o verdadeiro impacto ao meio ambiente e à saúde produzido pela planta transgênica? Poder-se-ia acatar a criação da vida em laboratório? A terapia gênica não seria uma forma disfarçada de eugenismo, por conter em seu bojo o melhoramento genético? Como resolver a questão da patentealidade dos OGMs? Não haveria um perigo no aumento da longevidade da vida pelo conserto de genes deletérios, pela cura de determinados tipos de moléstias, pela melhoria da qualidade dos alimentos, fazendo com que bebês nascidos em 2018 possam viver por mais de cem anos, estando na adolescência aos 30 e 40 anos de idade, atingindo a maioridade aos 50 e 80 e ficando velhos lá pelos seus 90, 100 e até mais tarde, se herdarem genes mais resistentes? Isso não levaria à questão de pensar num melhoramento de espaço habitável no globo terrestre, diante do considerável crescimento populacional provocado pela resistência humana aos azares da vida? Diante dos avanços biotecnológicos, como manter o respeito à dignidade da pessoa humana? Com a identificação de todo o código genético do ser humano, no meio previdenciário e empregatício, não poderia haver uma discriminação, mediante a seleção dos contratados de acordo com seus genes?"[11].

---

11. Maria Helena Diniz, *O estado atual*, cit., p. 636-7.

Como tais indagações estão longe de ser respondidas, incumbe ao Poder Público, mediante a criação de mecanismos eficientes de fiscalização, limitar a criação de novos projetos que possam colocar em risco a humanidade.

Toda liberação ou descarte de OGM ao meio ambiente deve ser precedida de prévio estudo de impacto ambiental, adotando-se o princípio da prevenção (da precaução ou da cautela). Assim, não "é preciso que se tenha prova científica absoluta de que ocorrerá dano ambiental, bastando o risco de que o dano seja irreversível ou grave para que não se deixe para depois as medidas efetivas de proteção ao ambiente. Existindo dúvida sobre a possibilidade futura de dano ao homem e ao ambiente, a solução deve ser favorável ao ambiente e não a favor do lucro imediato — por mais atraente que seja para as gerações presentes"[12].

## 2. INSTRUMENTOS LEGAIS DE DEFESA DO PATRIMÔNIO GENÉTICO

O patrimônio genético é protegido constitucionalmente. Incumbe, nos termos do art. 225, § 1º, II, da CF, ao Poder Público "preservar a diversidade e a integridade do patrimônio genético do País e fiscalizar as entidades dedicadas à pesquisa e manipulação de material genético". Protegem-se, nesse dispositivo, a biodiversidade e o patrimônio genético do país. Isso não impede a realização de pesquisas científicas de manipulação genética. Incumbe ainda ao Poder Público exercer um controle efetivo dessas atividades, concedendo as licenças competentes para as empresas e cientistas. Esse dispositivo é complementado pelos incisos IV e V do § 1º do art. 225 da CF, que diz incumbir também ao Poder Público o dever de exigir, na forma da lei, para instalação de obra ou atividade potencialmente causadora de significativa degradação do meio ambiente, estudo prévio de impacto ambiental, a que se dará publicidade, e exercer o controle sobre a "produção, a comercialização e o emprego de técnicas, métodos e substâncias que comportem risco para a vida, a qualidade de vida e o meio ambiente". Após a permissão da produção e da comercialização dos OGMs, o Poder Público deverá exercer um controle especial no que tange à liberação desses produtos no meio ambiente.

Foi com a intenção de evitar os excessos na área da engenharia genética que o legislador regulamentou os incisos II, IV e V do § 1º do art. 225 da CF, sete anos depois da sua promulgação, com o advento da Lei n. 8.974/95, a qual foi revogada pela Lei n. 11.105/2005. Referida lei estabelece normas de segurança e mecanismos de fiscalização de atividades que envolvam OGM e seus derivados, cria o CNBS, reestrutura a CTNBio e dispõe sobre a Política Nacional de Biossegurança (PNB).

---

12. Paulo Affonso Leme Machado, citado pelo juiz federal Dr. Antonio Souza Prudente, titular da 6ª Vara da Seção Judiciária do Distrito Federal, em magnífica decisão prolatada nos Autos de Processo n. 1998.34.00.027682-0, j. 26-6-2000, publicada na *RDA, 20*:314.

Registre-se ainda que a Lei n. 13.123, de 20 de maio de 2015, regulamentou o inciso II do § 1º e o § 4º do art. 225 da CF, o art. 1º, a alínea *j* do art. 8º, a alínea *c* do art. 10, o art. 15 e os §§ 3º e 4º do art. 16 da Convenção sobre Diversidade Biológica, promulgada pelo Decreto n. 2.159, de 16 de março de 1998, que dispõe sobre o acesso ao patrimônio genético, sobre a proteção e o acesso ao conhecimento tradicional associado e sobre a repartição de benefícios para a conservação e uso sustentável da biodiversidade; revoga a Medida Provisória n. 2.186-16, de 23 de agosto de 2001, e dá outras providências.

O CONAMA, por fim, baixou a Resolução n. 305, de 12 de junho de 2002, que dispõe sobre Licenciamento Ambiental, Estudo de Impacto Ambiental e Relatório de Impacto no Meio Ambiente de atividades e empreendimentos com OGMs e seus derivados.

Estes são os instrumentos normativos que disciplinam, por ora, a matéria sobre o patrimônio genético.

## 3. ENGENHARIA GENÉTICA E A LEI N. 11.105/2005

*Engenharia genética*, como já mencionamos, é a atividade de produção e manipulação de moléculas de ADN/ARN recombinante (art. 3º, IV, da Lei n. 11.105/2005). Tais moléculas são aquelas "manipuladas fora das células vivas mediante a modificação de segmentos de ADN/ARN natural ou sintético e que possam multiplicar-se em uma célula viva, ou ainda as moléculas de ADN/ARN resultantes dessa multiplicação; consideram-se também os segmentos de ADN/ARN sintéticos equivalentes aos de ADN/ARN natural" (art. 3º, III, da Lei n. 11.105/2005). No dizer de Kevin Bastain, recombinação gênica é a "troca ou adição, biologicamente normal, de genes de diferentes origens para formar um cromossomo alterado que possa ser replicado, transcrito e traduzido. Genes ou conjunto de genes podem também ser recombinados no tubo de ensaio para produzir novas combinações que não ocorrem biologicamente"[13]. A molécula de ADN, no dizer de Albert L. Lehnunger, "é o material cromossômico possuidor da informação genética das células vivas. O ADN é armazenado e replicado no núcleo ou corpo nuclear da célula. O cromossomo é uma molécula longa e única de DNA que contém muitos genes e funciona no armazenamento e na transmissão da informação genética. Nas células somáticas humanas há 46 cromossomos"[14]. O excesso de cromossomos poderá ocasionar a doença conhecida por *síndrome de Down*; no entanto, sua ausência poderá acarretar a doença conhecida por *síndrome de Turner* (infantilismo genital). Os genes, por sua vez, carre-

---

13. Apud Paulo Affonso Leme Machado, *Direito*, cit., p. 781.
14. Apud Paulo Affonso Leme Machado, *Direito*, cit., p. 782.

gam consigo todas as informações genéticas de determinado indivíduo (fenótipo e genótipo).

Com receio das consequências do exercício da engenharia genética, o Legislativo resolveu disciplinar essa atividade mediante a criação da Lei n. 11.105/2005. Essa lei regulamenta, como já vimos, o art. 225, § 1º, II, IV e V, da CF, estabelece normas de segurança e mecanismos de fiscalização de atividades que envolvam OGM e seus derivados, cria o CNBS, reestrutura a CTNBio e dispõe sobre a PNB.

## 4. OBJETIVOS DA LEI N. 11.105/2005

A lei objetiva estabelecer normas de segurança e mecanismos de fiscalização sobre a construção, o cultivo, a produção, a manipulação, o transporte, a transferência, a importação, a exportação, o armazenamento, a pesquisa, a comercialização, o consumo, a liberação no meio ambiente e o descarte de OGM e seus derivados, tendo como diretriz o estímulo ao avanço científico na área de biossegurança e biotecnologia, a proteção à vida e à saúde humana, animal e vegetal e a observância do princípio da precaução para a proteção do meio ambiente (art. 1º da Lei n. 11.105/2005).

A lei procura estabelecer *normas de segurança* e *mecanismos de fiscalização*. Tais normas criam critérios rígidos para a segurança do homem, das plantas e dos animais, nos casos de construção, cultivo, transporte, comercialização, consumo, liberação e descarte no meio ambiente de OGM. Incumbe também ao Poder Público exercer uma *fiscalização* rígida por meio das comissões criadas na esfera federal e estadual, bem como estabelecer *critérios técnicos* de engenharia genética, limitando a conduta do cientista à manipulação das moléculas de ADN/ARN.

*Liberar* é colocar no meio ambiente esses organismos geneticamente modificados, causando modificação do meio ambiente. É a plantação de sementes transgênicas. *Descarte*, por seu turno, é a disposição dos restos desse material não utilizado no meio ambiente. É o lixo, o refugo não utilizado. Tanto a liberação como o descarte podem causar danos ao meio ambiente.

## 5. EXERCÍCIO DAS ATIVIDADES DE ENGENHARIA GENÉTICA

Vê-se, pois, que as atividades e os projetos que envolvam OGM e seus derivados, relacionados ao ensino com manipulação de organismos vivos, à pesquisa científica, ao desenvolvimento tecnológico e à produção industrial, ficam restritos ao âmbito de entidades de direito público ou privado, que serão responsáveis pela obediência aos preceitos da Lei n. 11.105/2005 e de sua regulamentação, bem como pelas eventuais consequências ou efeitos advindos de seu descumprimento (art. 2º).

Assim, as atividades, os projetos, as pesquisas científicas, o desenvolvimento tecnológico e a produção industrial relacionados a OGM só podem ser realizados por entidades de direito público ou privado. Somente as pessoas jurídicas de direito público ou privado podem exercer essas atividades, sendo responsáveis pelos eventuais atos danosos causados ao homem, aos animais, às plantas e ao meio ambiente. Paulo Affonso Leme Machado diz tratar-se de dispositivo de constitucionalidade duvidosa[15]. Exige-se, além disso, que toda pesquisa envolvendo o acesso a exemplares da flora só se inicie depois da autorização do Conselho de Gestão do Patrimônio Genético (CGEN), do Ministério do Meio Ambiente.

Entendem-se por atividades e projetos aqueles conduzidos dentro das instalações próprias ou sob a responsabilidade administrativa, técnica ou científica da entidade (art. 2º, § 1º, da Lei n. 11.105/2005). Tais atividades e projetos são vedados a pessoas físicas enquanto agentes autônomos independentes, mesmo que mantenham vínculo empregatício ou qualquer outro com pessoas jurídicas (art. 2º, § 2º, da Lei n. 11.105/2005).

Para que as entidades possam realizar essas atividades e projetos, precisam de registro próprio, que será concedido pela CTNBio. O pedido deverá ser instruído com os documentos necessários da entidade, bem como com os nomes dos cientistas responsáveis pelas atividades e projetos.

Todas as organizações públicas e privadas, nacionais, estrangeiras ou internacionais, financiadoras ou patrocinadoras de atividades ou projetos deverão exigir o Certificado de Qualidade em Biossegurança (CQB), nos termos do art. 14, XI, da Lei n. 11.105/2005, sob pena de se tornarem corresponsáveis pelos eventuais efeitos decorrentes do descumprimento da Lei n. 11.105/2005 ou de sua regulamentação (art. 2º, § 4º, da Lei n. 11.105/2005).

## 6. FISCALIZAÇÃO E ENGENHARIA GENÉTICA

A fiscalização das entidades que realizam atividades e projetos relacionados com OGM é dos órgãos e entidades competentes do Ministério da Saúde, do Ministério da Agricultura, Pecuária e Abastecimento, do Ministério do Meio Ambiente e da Secretaria Especial de Aquicultura e Pesca da Presidência da República, transformada em Ministério da Pesca e Aquicultura pela Lei n. 11.958/2009, entre outras atribuições, no campo de suas competências, observadas a decisão técnica da CTNBio, as deliberações do CNBS e os mecanismos estabelecidos na Lei n. 11.105/2005 e na sua regulamentação (art. 16, *caput*, da Lei n. 11.105/2005).

Suas atribuições são: a) fiscalizar as atividades de pesquisa de OGM e seus derivados; b) registrar e fiscalizar a liberação comercial de OGM e seus derivados; c) emitir autorização para a importação de OGM e seus derivados para uso comercial; d) manter atualizado no Sistema de Informações em Biossegurança (SIB) o cadastro das instituições e responsáveis técnicos que realizam atividades e projetos relaciona-

---

15. *Direito*, cit., 13. ed., 2005, p. 966.

dos a OGM e seus derivados (v. art. 19 da Lei n. 11.105/2005); e) aplicar as penalidades de que trata a Lei n. 11.105/2005; e f) subsidiar a CTNBio na definição de quesitos de avaliação de biossegurança de OGM e seus derivados (art. 16, I a VII, da Lei n. 11.105/2005).

Tais medidas poderão também ser estabelecidas e exigidas pelos órgãos públicos estaduais e municipais com fundamento nos arts. 24,VI, e 30, I, da CF.

## 7. REGISTRO DOS PRODUTOS QUE UTILIZAM OGM E A AUTORIZAÇÃO PARA DESCARTE

Os produtos e atividades que utilizam OGM e seus derivados destinados ao uso animal, na agricultura, pecuária, agroindústria e áreas afins, dependerão de registro ou autorização. O registro, ou a autorização, será emitido, após manifestação favorável da CTNBio, ou do CNBS, em caso de avocação ou recurso, pelo Ministério da Agricultura, Pecuária e Abastecimento, aos órgãos competentes do Ministério da Saúde e do Ministério do Meio Ambiente e da Secretaria Especial de Aquicultura e Pesca da Presidência da República, transformada em Ministério da Pesca e Aquicultura pela Lei n. 11.958/2009 (art. 16, § 1º, I a IV, da Lei n. 11.105/2005).

A emissão do registro ou autorização para uso, transporte, armazenamento, comercialização, consumo, liberação e descarte de produto contendo OGM ou derivados dependerá de decisão técnica favorável elaborada pela CTNBio, devendo o processo ser encaminhado aos órgãos e às entidades acima referidos (art. 14, § 3º, da Lei n. 11.105/2005).

Só depois dessa decisão é que o órgão público fiscalizador concederá o registro ou a autorização competente para a liberação comercial de OGM e desde que não haja necessidade de audiência pública requerida pela própria CTNBio, pelas partes interessadas ou pelas organizações da sociedade civil (art. 15, parágrafo único, da Lei n. 11.105/2005).

No entanto, a autorização para a liberação e descarte de OGM nos ecossistemas naturais, de acordo com a legislação em vigor e segundo o regulamento da Lei n. 11.105/2005, exigirá, se necessário, o licenciamento ambiental, caso o OGM seja efetiva ou potencialmente causador de significativa degradação do meio ambiente (art. 16, § 1º, III, *in fine*, da Lei n. 11.105/2005). Compete à CTNBio, em última e definitiva instância, deliberar sobre os casos em que a atividade é potencial ou efetivamente causadora de degradação ambiental, exigindo-se o licenciamento ambiental (art. 16, § 3º, da Lei n. 11.105/2005). Nesse caso, será necessária a realização de estudo prévio de impacto ambiental (EPIA) e o seu respectivo relatório de impacto ambiental (RIMA) de projetos e aplicação que envolvam a liberação de OGM no meio ambiente, além das exigências específicas para o nível de risco aplicável.

Compete ainda à CTNBio autorizar a importação de OGM e seus derivados para atividade de pesquisa (art. 14, IX, da Lei n. 11.105/2005). No entanto, é dos órgãos e entidades do Ministério da Saúde, do Ministério da Agricultura, Pecuária e Abastecimento, do Ministério do Meio Ambiente e da Secretaria Especial de Aquicultura e Pesca da Presidência da República, transformada em Ministério da Pesca e Aquicultura pela Lei n. 11.958/2009, a competência para a emissão de autorização para a importação de OGM e seus derivados para uso comercial (art. 16, III, da Lei n. 11.105/2005).

## 8. ATIVIDADES NÃO INCLUÍDAS NA LEI N. 11.105/2005

Não está incluído na categoria de OGM o resultante de técnicas que impliquem a introdução direta, num organismo, de material hereditário, desde que não envolvam a utilização de moléculas de ADN/ARN recombinante ou OGM, inclusive fecundação *in vitro*, conjugação, transdução[16], transformação, indução poliploide[17] e qualquer outro processo natural (art. 3º, § 1º, da Lei n. 11.105/2005). Também não se inclui na categoria de derivado de OGM a substância pura, quimicamente definida, obtida por meio de processos biológicos e que não contenha OGM, proteína heteróloga[18] ou ADN recombinante (art. 3º, § 2º, da Lei n. 11.105/2005).

Referida lei não se aplica quando a modificação genética for obtida por meio das seguintes técnicas, desde que não impliquem a utilização de OGM como receptor ou doador: a) mutagênese[19]; b) formação e utilização de células somáticas de hibridoma[20] animal; c) fusão celular, inclusive a de protoplasma[21], de células vegetais, que possa ser produzida mediante métodos tradicionais de cultivo; e d) autoclona-

---

16. Transdução é a transformação de uma energia em outra, de um sinal em outro (Aurélio Buarque de Holanda Ferreira, *Dicionário Aurélio*, cit., p. 644).

17. Poliploide é o organismo, tecido ou célula que tem mais de dois conjuntos completos de cromossomos (Aluízio Borém e Maria Lúcia Carneiro Vieira, *Glossário de biotecnologia*, Ed. Universidade Federal de Viçosa, 2005, disponível em: <http://www.biotecnologiapragalera.org.br/dicionario>).

18. Heteróloga é composta de diferentes elementos pela origem ou pela estrutura (Aurélio Buarque de Holanda Ferreira, *Dicionário Aurélio*, cit., p. 339).

19. Mutagênese é a indução de alterações herdáveis na constituição genética de uma célula, modificando seu DNA (Aluízio Borém e Maria Lúcia Carneiro Vieira, *Glossário de biotecnologia*, cit.).

20. Hibridoma é uma linhagem celular produzida pela fusão de um mieloma com um linfócito; as imunoglobinas das células-mãe continuam a se expressar. Linhagem, usada na obtenção de anticorpos monoclonais (Aluízio Borém e Maria Lúcia Carneiro Vieira, *Glossário de biotecnologia*, cit.).

21. Protoplasma é o conteúdo de uma célula viva, formada pelo citoplasma e núcleo (Aurélio Buarque de Holanda Ferreira, *Dicionário Aurélio*, cit., p. 535).

gem de organismos não patogênicos que se processe de maneira natural (art. 4º, I a IV, da Lei n. 11.105/2005).

## 9. RESTRIÇÕES DAS ATIVIDADES RELACIONADAS COM OGM

São expressamente vedadas as atividades relacionadas com OGM que tenham por objetivo: a) a implementação de projeto relativo a OGM sem a manutenção de registro de seu acompanhamento individual; b) a engenharia genética em organismo vivo ou o manejo *in vitro* de ADN/ARN natural ou recombinante realizado em desacordo com as normas previstas na Lei n. 11.105/2005; c) a engenharia genética em célula germinal humana, zigoto humano e embrião humano; d) a clonagem humana; e) a destruição ou descarte no meio ambiente de OGM e seus derivados em desacordo com as normas estabelecidas pela CTNBio, pelos órgãos e entidades de registro e fiscalização, referidos no art. 16 da Lei n. 11.105/2005, e pelas constantes da Lei n. 11.105/2005 e de sua regulamentação; f) a liberação no meio ambiente de OGM ou seus derivados, no âmbito de atividades de pesquisa, sem a decisão técnica favorável da CTNBio e, nos casos de liberação comercial, sem o parecer técnico dessa Comissão, ou sem o licenciamento do órgão ou entidade ambiental responsável, quando a CTNBio considerar a atividade como potencialmente causadora de degradação ambiental, ou sem a aprovação do CNBS, quando o processo tenha sido por ele avocado, na forma da Lei n. 11.105/2005 e de sua regulamentação; e g) a utilização, a comercialização, o registro, o patenteamento e o licenciamento de tecnologias genéticas de restrição do uso. Entende-se por tecnologias genéticas de restrição do uso qualquer processo de intervenção humana para geração ou multiplicação de plantas geneticamente modificadas para produzir estruturas reprodutivas estéreis, bem como qualquer forma de manipulação genética que vise à ativação ou desativação de genes relacionados à fertilidade das plantas por indutores químicos externos (art. 6º, I a VI e parágrafo único, da Lei n. 11.105/2005).

Note-se, contudo, que as restrições das atividades citadas regem-se, essencialmente, pelo princípio da ética, entre outros princípios apontados. Esse princípio, como já vimos, está relacionado com a bioética, a ciência que estuda a moralidade da conduta humana, *in casu*, dos responsáveis pela manipulação genética dos organismos vivos.

## 10. CLONAGEM

*Clonagem* é o processo genético para a criação de um clone. *Clone*, por sua vez, é o conjunto de pessoas, animais ou plantas originadas da multiplicação assexuada.

A lei veda a clonagem humana (art. 6º, IV, da Lei n. 11.105/2005). Fica, assim, vedado o clone humano.

Contudo, nada impede o clone de animais ou plantas. Tal experiência já foi realizada com a conhecida ovelha *Dolly*. Estudo publicado na revista *PNAS* mostra que o grupo de cientistas de Teruhiko Wakayama, do Centro de Biologia do Desenvolvimento, em Kobe, Japão, conseguiu realizar o clone de um roedor congelado há 16 anos, utilizando-se de uma barriga de aluguel. É possível, assim, ressuscitar animais extintos da era glacial, entre os quais os mamutes. A reprodução deste roedor se deu pela transferência de núcleos de células do animal morto para óvulos novos, criando uma linhagem de células-tronco embrionárias. Após a reprodução das células de maneira estável, os núcleos destas foram transferidos para outros óvulos, que finalmente geraram os clones. Os animais nasceram idênticos ao animal congelado[22].

## 11. MONITORAMENTO DAS ATIVIDADES RELACIONADAS COM OGM

Como vimos, caberá aos órgãos públicos do Ministério da Saúde, do Ministério da Agricultura, Pecuária e Abastecimento, do Ministério do Meio Ambiente e da Secretaria Especial de Aquicultura e Pesca da Presidência da República, transformada em Ministério da Pesca e Aquicultura pela Lei n. 11.958/2009, realizar o monitoramento de todas as atividades de pesquisa de OGM e seus derivados.

*Monitoramento* é o procedimento de análise permanente das atividades e projetos, incluindo as pesquisas científicas, relacionadas a organismos geneticamente modificados (art. 16, I, da Lei n. 11.105/2005).

## 12. CONSELHO NACIONAL DE BIOSSEGURANÇA

O Conselho Nacional de Biossegurança (CNBS) é o órgão superior ao CTNBio e ao CIBio, podendo, em grau de recurso ou por avocação do processo, tomar decisões definitivas. Trata-se de órgão criado para dar assessoria à Presidência da República no que tange à implementação da Política Nacional de Biossegurança (PNB). Sua competência não fica restrita somente à apreciação dos recursos, mas também poderá analisar os pedidos de liberação das atividades e produtos OGM e seus derivados para fins comerciais, tendo-se por base o princípio da precaução (art. 1º da Lei n. 11.105/2005).

É um órgão administrativo e vinculado à Presidência da República, regendo-se pelos princípios da discricionariedade e da precaução. Deve-se, assim, evitar conceder o registro ou a autorização se houver dúvida sobre as consequências que poderiam advir daquela intervenção no meio ambiente. Em caso tal, o órgão deverá analisar o grau de risco e, se necessário, exigir o estudo prévio de impacto ambiental e seu respectivo relatório (EPIA/RIMA).

O CNBS é composto pelos seguintes membros: a) Ministro de Estado Chefe da Casa Civil da Presidência da República, que o presidirá; b) Ministro de Estado da Ciência, Tecnologia e Inovação; c) Ministro de Estado do Desenvolvimento Agrário;

---

22. *Folha de S. Paulo*, Ciência, 4 nov. 2008, p. A-16.

d) Ministro de Estado da Agricultura, Pecuária e Abastecimento; e) Ministro de Estado da Justiça; f) Ministro de Estado da Saúde; g) Ministro de Estado do Meio Ambiente; h) Ministro de Estado do Desenvolvimento, Indústria e Comércio Exterior; i) Ministro de Estado das Relações Exteriores; j) Ministro de Estado da Defesa; e k) Secretário Especial da Aquicultura e Pesca da Presidência da República, transformada em Ministério da Pesca e Aquicultura pela Lei n. 11.958/2009 (art. 9º, I a XI, da Lei n. 11.105/2005).

A reunião poderá ser instalada com a presença de seis membros, e as decisões serão tomadas com votos favoráveis da maioria absoluta (art. 9º, § 5º, da Lei n. 11.105/2005).

São as seguintes as atribuições do CNBS: a) fixar princípios e diretrizes para a ação administrativa dos órgãos e entidades federais com competências sobre a matéria; b) analisar, a pedido da CTNBio, quanto aos aspectos da conveniência e oportunidade socioeconômicas e do interesse nacional, os pedidos de liberação para uso comercial de OGM e seus derivados; e c) avocar e decidir, em última e definitiva instância, com base em manifestação da CTNBio e, quando julgar necessário, dos órgãos e entidades referidos no art. 16 da Lei n. 11.105/2005, no âmbito de suas competências, sobre os processos relativos a atividades que envolvam o uso comercial de OGM e seus derivados (art. 8º, I, II e III, da Lei n. 11.105/2005).

Como se vê, cuida-se de um órgão eminentemente político e não técnico. O parecer emitido pela CTNBio poderá ser derrubado por esse órgão se for desfavorável ao governo. Mas tal fato deverá sempre ser comunicado aos órgãos e às entidades referidos no art. 16 da Lei n. 11.105/2005, seja favorável ou desfavorável a decisão (art. 8º, §§ 3º e 4º, da Lei n. 11.105/2005).

## 13. COMISSÃO TÉCNICA NACIONAL DE BIOSSEGURANÇA

A Comissão Técnica Nacional de Biossegurança (CTNBio) está vinculada ao Conselho Nacional de Ciência e Tecnologia do Ministério da Ciência, Tecnologia e Inovação. Trata-se de instância colegiada multidisciplinar, com a finalidade de prestar apoio técnico-consultivo e de assessoramento ao governo federal na formulação, atualização e implementação da Política Nacional de Biossegurança (PNB) relativa a OGM. A CTNBio deverá constituir subcomissões setoriais permanentes na área de saúde humana, na área animal, na área vegetal e na área ambiental, e poderá constituir subcomissões extraordinárias, para análise prévia dos temas a serem submetidos ao plenário da Comissão (art. 13 da Lei n. 11.105/2005).

A CTNBio é composta por membros titulares e suplentes, designados pelo Ministro de Estado da Ciência, Tecnologia e Inovação; será constituída por vinte e sete cidadãos brasileiros de reconhecida competência técnica, de notória atuação e saber científicos, com grau acadêmico de doutor e com destacada atividade profissional nas áreas de biossegurança, biotecnologia, biologia, saúde humana e animal ou meio ambiente, sendo: I — doze especialistas de notório saber científico e técnico, em efetivo exercício profissional, dos quais: três são da área de saúde humana, três da área animal, três da área vegetal e três da área de meio ambiente; II — um representante de cada um dos seguintes órgãos, indicados pelos respectivos titulares: Ministério da Ciência, Tecnologia e Inovação, Ministério da Agricultura, Pecuária e Abastecimento, Ministério da Saúde, Ministério do Meio Ambiente, Ministério do Desenvolvimento Agrário, Ministério do Desenvolvimento, Indústria e Comércio Exterior, Ministério da Defesa, Secretaria Especial de Aquicultura e Pesca da Presidência da República, transformada em Ministério da Pesca e Aquicultura pela Lei n. 11.958/2009, e Ministério das Relações Exteriores; III — um especialista em defesa do consumidor, indicado pelo Ministro da Justiça; IV — um especialista na área de saúde, indicado pelo Ministro da Saúde; V — um especialista em meio ambiente, indicado pelo Ministro do Meio Ambiente; VI — um especialista em biotecnologia, indicado pelo Ministro da Agricultura, Pecuária e Abastecimento; VII — um especialista em agricultura familiar, indicado pelo Ministro do Desenvolvimento Agrário; e VIII — um especialista em saúde do trabalhador, indicado pelo Ministro do Trabalho e Emprego (art. 11, I, *a* a *d*, II, *a* a *i*, III a VIII, da Lei n. 11.105/2005).

O mandato dos membros da CTNBio será de dois anos, podendo eles ser reconduzidos por até mais dois períodos consecutivos (art. 11, § 4º, da Lei n. 11.105/2005). O presidente da CTNBio será designado, entre seus membros, pelo Ministro da Ciência e Tecnologia para um mandato de dois anos, renovável por igual período (art. 11, § 5º, da Lei n. 11.105/2005).

A reunião da CTNBio poderá ser instalada com a presença de quatorze de seus membros, incluído pelo menos um representante de cada uma das áreas referidas no inciso I do *caput* do art. 11 da Lei n. 11.105/2005 (art. 11, § 7º, da Lei n. 11.105/2005), cujas decisões serão tomadas com votos favoráveis da maioria absoluta de seus membros, reduzindo assim o quórum de dezoito para quatorze dos vinte e sete integrantes do órgão (art. 11, § 8º-A, da Lei n. 11.105/2005, acrescido pelo art. 3º da Lei n. 11.460, de 21-3-2007).

São atribuições da CTNBio: I — estabelecer normas para as pesquisas com OGM e seus derivados; II — estabelecer normas relativamente às atividades e aos projetos relacionados a OGM e seus derivados; III — estabelecer, no âmbito de suas competências, critérios de avaliação e monitoramento de risco de OGM e seus derivados; IV — proceder à análise da avaliação de risco, caso a caso, relativamente a atividades e projetos que envolvam OGM e seus derivados; V — estabelecer os mecanismos de funcionamento das Comissões Internas de Biossegurança (CIBio), no âmbito de cada instituição que se dedique ao ensino, à pesquisa científica, ao desenvolvimento tecnológico e à produção industrial que envolvam OGM ou seus derivados; VI — estabelecer requisitos relativos à biossegurança para autorização de funcionamento de laboratório, instituição ou empresa que desenvolverá atividades relacionadas a OGM e seus derivados; VII — relacionar-se com instituições voltadas para a biossegurança de OGM e seus derivados, no âmbito nacional e internacional; VIII — autorizar, cadastrar e acompanhar as atividades de pesquisa com OGM ou derivado de OGM, nos termos da legislação em vigor; IX — autorizar a importação de OGM e seus derivados para atividade de pesquisa; X — prestar apoio técnico--consultivo e de assessoramento ao CNBS na formulação da PNB de OGM e seus derivados; XI — emitir Certificado de Qualidade em Biossegurança (CQB) para o desenvolvimento de atividades com OGM e seus derivados em laboratório, instituição ou empresa e enviar cópia do processo aos órgãos de registro e fiscalização referidos no art. 16 da Lei n. 11.105/2005; XII — emitir decisão técnica, caso a caso, sobre a biossegurança de OGM e seus derivados no âmbito das atividades de pesquisa e de uso comercial de OGM e seus derivados, inclusive a classificação quanto ao grau de risco e nível de biossegurança exigido, bem como medidas de segurança exigidas e restrições ao uso; XIII — definir o nível de biossegurança a ser aplicado ao OGM e seus usos, e os respectivos procedimentos e medidas de segurança quanto ao seu uso, conforme as normas estabelecidas na regulamentação da Lei n. 11.105/2005, bem como quanto aos seus derivados; XIV — classificar os OGMs segundo a classe de risco, observados os critérios estabelecidos no regulamento da Lei n. 11.105/2005; XV — acompanhar o desenvolvimento e o progresso técnico-científico na biossegurança de OGM e seus derivados; XVI — emitir resoluções, de natureza normativa, sobre as matérias de sua competência; XVII — apoiar tecnicamente os órgãos competentes no processo de prevenção e investigação de acidentes e de enfermidades, verificadas no curso dos projetos e das atividades com técnicas de ADN/ARN recombinante; XVIII — apoiar tecnicamente os órgãos e entidades de registro e fiscalização, referidos no art. 16 da Lei n. 11.105/2005, no exercício de suas atividades relacionadas a OGM e seus derivados; XIX — divulgar no *Diário Oficial da União*, previamente à análise, os extratos dos pleitos e, posteriormente, dos pareceres dos processos que lhe forem submetidos, bem como dar ampla publicidade no SIB a sua agenda, processos em trâmite, relatórios anuais, atas das reuniões e demais informações sobre suas atividades, excluídas as informações sigilosas, de interesse comercial, apontadas pelo proponente e assim consideradas pela CTNBio; XX — identificar atividades e produtos decorrentes do uso de OGM e seus derivados potencialmente causadores de degradação do meio ambiente ou que possam causar riscos à saúde humana; XXI — reavaliar suas decisões técnicas por solicitação de seus membros ou por recursos dos órgãos e entidades de registro e fiscalização, fundamentado em fatos ou conhecimentos científicos novos, que sejam relevantes quanto à biossegurança do OGM ou derivado, na forma da Lei n. 11.105/2005 e seu regulamento; XXII — propor a realização de pesquisas e estudos científicos no campo da biossegurança de OGM e seus derivados; e XXIII — apresentar proposta de regimento interno ao Ministro da Ciência,Tecnologia e Inovação (art. 14, I a XXIII, da Lei n. 11.105/2005).

## 14. COMISSÃO INTERNA DE BIOSSEGURANÇA

A Comissão Interna de Biossegurança (CIBio) tem por incumbência adotar as medidas necessárias de segurança no interior de cada instituição ou entidades que manipulem OGM e avaliar os eventuais riscos dessas atividades para a comunidade e para o meio ambiente.

Assim, toda entidade que utilizar técnicas e métodos de engenharia genética ou realizar pesquisas com OGM e seus derivados deverá criar uma CIBio, além de indicar um técnico principal responsável para cada projeto específico (art. 17 da Lei n. 11.105/2005).

São atribuições da CIBio: I — manter informados os trabalhadores e demais membros da coletividade, quando suscetíveis de ser afetados pela atividade, sobre as questões relacionadas com a saúde e a segurança, bem como sobre os procedimentos em caso de acidentes; II — estabelecer programas preventivos e de inspeção para garantir o funcionamento das instalações sob sua responsabilidade, dentro dos padrões e normas de biossegurança, definidos pela CTNBio na regulamentação da Lei n. 11.105/2005; III — encaminhar à CTNBio os documentos cuja relação será estabelecida na regulamentação da Lei n. 11.105/2005, para efeito de análise, registro ou autorização do órgão competente, quando couber; IV — manter registro do acompanhamento individual de cada atividade ou projeto em desenvolvimento que envolvam OGM e seus derivados; V — notificar à CTNBio, aos órgãos e entidades de registro e fiscalização, referidos no art. 16 da Lei n. 11.105/2005, e às entidades de trabalhadores o resultado de avaliações de risco a que estão submetidas as pessoas expostas, bem como qualquer acidente ou incidente que possa provocar a disseminação de agente biológico; e VI — investigar a ocorrência de acidentes e as enfermidades possivelmente relacionados a OGM e seus derivados e notificar suas conclusões e providências à CTNBio (art. 18, I a VI, da Lei n. 11.105/2005).

## 15. DIREITO À INFORMAÇÃO

Ressalte-se que o público tem o direito de receber as informações necessárias dos riscos a que está submetido em caso de liberação ou descarte de OGM ao meio ambiente, podendo, inclusive, externar seu inconformismo sobre a concessão da autorização, se for o caso, mediante audiências públicas, garantindo-se participação da sociedade civil, na forma do regulamento (art. 15 da Lei n. 11.105/2005).

Se a liberação ou o descarte de OGM e seus derivados causar potencial degradação ambiental, a CTNBio deverá exigir o estudo prévio de impacto ambiental (EPIA) e o seu respectivo relatório de impacto ambiental (RIMA) para avaliar os riscos e adotar as medidas adequadas para minimizar ou evitar eventuais danos causados ao meio ambiente.

SEÇÃO III
*Células-tronco e STF*

## 1. USO DE CÉLULAS-TRONCO EMBRIONÁRIAS EM PESQUISA E TERAPIA

Será, todavia, permitida, para fins de pesquisa e terapia, a utilização de células--tronco obtidas de embriões humanos produzidos por fertilização *in vitro* e não utilizados no respectivo procedimento, atendidas as seguintes condições: a) sejam embriões inviáveis; ou b) sejam embriões congelados há três anos ou mais, na data da publicação da Lei n. 11.105/2005, ou que já congelados na data da publicação da Lei n. 11.105/2005, depois de completarem três anos, contados a partir da data de congelamento. É imprescindível o consentimento dos genitores. Além disso, as instituições de pesquisa e serviços de saúde que realizem pesquisa ou terapia com células-tronco embrionárias deverão submeter seus projetos à apreciação e aprovação dos respectivos comitês de ética em pesquisa. É vedada a comercialização do material biológico a que se refere o art. 5º da Lei n. 11.105/2005, e sua prática implica o crime tipificado no art. 15 da Lei n. 9.434, de 4 de fevereiro de 1997 (art. 5º, I e II, §§ 1º, 2º e 3º, da Lei n. 11.105/2005)[23].

---

23. O então procurador-geral da República, Cláudio Fonteles, impetrou ação direta de inconstitucionalidade (ADIn 3.510-0/DF) contra o art. 5º da Lei de Biossegurança, que permitia a pesquisa com células-tronco de embriões fertilizados *in vitro* e descartados. Ação julgada improcedente por maioria de votos. **Ementa:** CONSTITUCIONAL. AÇÃO DIRETA DE INCONSTITUCIONALIDADE. LEI DE BIOSSEGURANÇA. IMPUGNAÇÃO EM BLOCO DO ART. 5º DA LEI N. 11.105, DE 24 DE MARÇO DE 2005 (LEI DE BIOSSEGURANÇA). PESQUISAS COM CÉLULAS TRONCO EMBRIONÁRIAS. INEXISTÊNCIA DE VIOLAÇÃO DO DIREITO À VIDA. CONSTITUCIONALIDADE DO USO DE CÉLULAS-TRONCO EMBRIONÁRIAS EM PESQUISAS CIENTÍFICAS PARA FINS TERAPÊUTICOS. DESCARACTERIZAÇÃO DO ABORTO. NORMAS CONSTITUCIONAIS CONFORMADORAS DO DIREITO FUNDAMENTAL A UMA VIDA DIGNA, QUE PASSA PELO DIREITO À SAÚDE E AO PLANEJAMENTO FAMILIAR. DESCABIMENTO DE UTILIZAÇÃO DA TÉCNICA DE INTERPRETAÇÃO CONFORME PARA ADITAR À LEI DE BIOSSEGURANÇA CONTROLES DESNECESSÁRIOS QUE IMPLICAM RESTRIÇÕES ÀS PESQUISAS E TERAPIAS POR ELA VISADAS. IMPROCEDÊNCIA TOTAL DA AÇÃO. I — O CONHECIMENTO CIENTÍFICO, A CONCEITUAÇÃO JURÍDICA DE CÉLULAS-TRONCO EMBRIONÁRIAS E SEUS REFLEXOS NO CONTROLE DE ADI 3.510/DF CONSTITUCIONALIDADE DA LEI DE BIOSSEGURANÇA. As "células-tronco embrionárias" são células contidas num agrupamento de outras, encontradiças em cada embrião humano de até 14 dias (outros cientistas reduzem esse tempo para a fase de blastocisto, ocorrente em torno de 5 dias depois da fecundação de um óvulo feminino por um espermatozoide masculino). Embriões a que se chega por efeito de manipulação humana em ambiente extracorpóreo, porquanto produzidos laboratorialmente ou "in vitro", e não espontaneamente ou "in vida". Não cabe ao Supremo Tribunal Federal decidir sobre qual das duas formas de pesquisa básica é a mais promissora: a pesquisa com células-tronco adultas e aquele incidente sobre células-tronco embrionárias. A certeza científico-tecnológica está em que um tipo de pesquisa não invalida o outro, pois ambos são mutuamente complementares. II — LEGITIMIDADE DAS PESQUISAS COM CÉLULAS-TRONCO EMBRIONÁRIAS PARA FINS TERAPÊUTICOS E O CONSTITUCIONALISMO FRATERNAL. A pesquisa científica com células-tronco embrionárias, autorizada pela Lei n. 11.105/2005, objetiva o enfrentamento e cura de patologias e traumatismos que severamente limitam, atormentam, infelicitam, desesperam e não raras vezes degradam a vida de expressivo contingente populacional (ilustrativamente, atrofias espinhais progressivas, distrofias musculares, a esclerose múltipla e a lateral amiotrófica, as neuropatias e as doenças do neurônio motor). A escolha feita pela Lei de Biossegurança não significou um desprezo ou desapreço pelo embrião "in vitro", porém a mais firme disposição para encurtar caminhos que possam levar à superação do infortúnio alheio. Isto no âmbito de um ordenamento constitucional que desde o seu preâmbulo qualifica

## 2. CÉLULAS-TRONCO EMBRIONÁRIAS

Células-tronco embrionárias são aquelas capazes de dar origem a qualquer tipo de tecido no organismo ao receberem o estímulo certo. Células-tronco em-

---

"a liberdade, a segurança, o bem-estar, o desenvolvimento, a igualdade e a justiça" como valores supremos de uma sociedade mais que tudo "fraterna". O que já significa incorporar o advento do constitucionalismo fraternal às relações humanas, a traduzir verdadeira comunhão de vida ou vida social em clima de transbordante solidariedade em benefício da saúde e contra eventuais tramas do acaso e até dos golpes da própria natureza. Contexto de solidária, compassiva ou fraternal legalidade que, longe de traduzir desprezo ou desrespeito aos congelados embriões "in vitro", significa apreço e reverência a criaturas humanas que sofrem e se desesperam. Inexistência de ofensas ao direito à vida e da dignidade da pessoa humana, pois a pesquisa com células-tronco embrionárias (inviáveis biologicamente ou para os fins a que se destinam) significa a celebração solidária da vida e alento aos que se acham à margem do exercício concreto e inalienável dos direitos à felicidade e do viver com dignidade (Ministro Celso de Mello). III — A PROTEÇÃO CONSTITUCIONAL DO DIREITO À VIDA E OS DIREITOS INFRACONSTITUCIONAIS DO EMBRIÃO PRÉ-IMPLANTO. O Magno Texto Federal não dispõe sobre o início da vida humana ou o preciso instante em que ela começa. Não faz de todo e qualquer estádio da vida humana um autonomizado bem jurídico, mas da vida que já é própria de uma concreta pessoa, porque nativiva (teoria "natalista", em contraposição às teorias "concepcionista" ou da "personalidade condicional"). E quando se reporta a "direitos da pessoa humana" e até dos "direitos e garantias individuais" como cláusula pétrea está falando de direitos e garantias do indivíduo-pessoa, que se faz destinatário dos direitos fundamentais "à vida, à liberdade, à igualdade, à segurança e à propriedade", entre outros direitos e garantias igualmente distinguidos com o timbre da fundamentalidade (como direito à saúde e ao planejamento familiar). Mutismo constitucional hermeneuticamente significante de transpasse do poder normativo para a legislação ordinária. A potencialidade de algo para se tornar pessoa humana já é meritória o bastante para acobertá-la, infraconstitucionalmente, contra tentativas levianas ou frívolas de obstar sua natural continuidade fisiológica. Mas as três realidades não se confundem: o embrião é o embrião, o feto é o feto e a pessoa humana é a pessoa humana. Donde não existir pessoa humana embrionária, mas embrião de pessoa humana. O embrião referido na Lei de Biossegurança ("in vitro" apenas) não é uma vida a caminho de outra vida virginalmente nova, porquanto lhe faltam possibilidades de ganhar as primeiras terminações nervosas, sem as quais o ser humano não tem factibilidade como projeto de vida autônoma e irrepetível. O Direito infraconstitucional protege por modo variado cada etapa do desenvolvimento biológico do ser humano. Os momentos da vida humana anteriores ao nascimento devem ser objeto de proteção pelo direito comum. O embrião pré-implanto é um bem a ser protegido, mas não uma pessoa no sentido biográfico a que se refere a Constituição. IV — AS PESQUISAS COM CÉLULAS-TRONCO NÃO CARACTERIZAM ABORTO. MATÉRIA ESTRANHA À PRESENTE AÇÃO DIRETA DE INCONSTITUCIONALIDADE. É constitucional a proposição de que toda gestação humana principia com um embrião igualmente humano, claro, mas nem todo embrião humano desencadeia uma gestação igualmente humana, em se tratando de experimento "in vitro". Situação em que deixam de coincidir concepção e nascituro, pelo menos enquanto o ovócito (óvulo já fecundado) não for introduzido no colo do útero feminino. O modo de irromper em laboratório e permanecer confinado "in vitro" é, para o embrião, insuscetível de progressão reprodutiva. Isto sem prejuízo do reconhecimento de que o zigoto assim extracorporalmente produzido e também extracorporalmente cultivado e armazenado é entidade embrionária do ser humano. Não, porém, ser humano em estado de embrião. A Lei de Biossegurança não veicula autorização para extirpar do corpo feminino esse ou aquele embrião. Eliminar ou desentranhar esse ou aquele zigoto a caminho do endométrio, ou nele já fixado. Não se cuida de interromper gravidez humana, pois dela aqui não se pode cogitar. A "controvérsia constitucional em exame não guarda qualquer vinculação com o problema do aborto" (Ministro Celso de Mello).

brionárias são células não especializadas com a capacidade de se renovarem, mediante a divisão celular, as quais, sob certas condições, podem transformar-se em células especializadas, tais como células do músculo cardíaco. Elas dividem-se em três grupos: a) *células-tronco germinativas* — são os óvulos e os espermatozoides; b) *células-tronco embrionárias* — é o óvulo já fecundado; e c) *células-tronco adultas* — células extraídas de um órgão já formado. A diferença entre esses grupos é a possibilidade de se transformarem em células especializadas. E, à medida que essas células se desenvolvem, o leque de diferenciação diminui. É importante ressaltar que estudos realizados até agora utilizaram tanto células-tronco embrionárias como células-tronco adultas. Em razão da capacidade limitada das células-tronco adultas, pesquisadores concentraram sua atenção na chamada "reprogramação" de células especializadas (derivadas de diferentes tecidos adultos) em células pluripotentes, similares às células-tronco embrionárias. Tais pesquisas foram bem-sucedidas com a utilização da combinação de genes (células-tronco embrionárias e células-tronco adultas), logrando êxito na transformação de células de pele em células pluripotentes. Essa técnica denomina-se pluripotência induzida[24]. Pesquisadores brasileiros usaram a polpa dos dentes de leite para criar células-tronco que podem dar origem a qualquer outra do corpo humano. Eles conseguiram fazer as células-tronco adultas do dente regredirem até o estágio pluripotente induzido (ou iPS, em inglês), que tem propriedades semelhantes às das células-tronco embrionárias. As células do dente de leite levam menos da metade do tempo para chegar a esse estágio em comparação com as da pele, normalmente usadas. Como as células ficam escondidas na boca, elas correm menos riscos de ter sofrido mutações[25]. Cientistas da Universidade *Johns Hopkins* (EUA) transformam células do sangue em células cardíacas que batem de forma idêntica às naturais do coração, cujo estudo foi publicado na revista *PLoS One*[26].

As células-tronco embrionárias são obtidas de três maneiras: a) *pluripotência induzida* — uma célula da pele é extraída e induzida por meio de estímulos químicos. É "reprogramada", transformando-se numa célula embrionária; b) *clonagem terapêutica* — é a manipulação de DNA. Extrai-se o núcleo da célula, o qual é colocado noutra sem o núcleo para se multiplicar; e c) *embriões congelados* — são óvulos fertilizados em clínicas de reprodução assistida. Neste momento, os óvulos se dividem num tubo de ensaio por um período aproximado de cinco dias, chegando ao estágio de blástula, estrutura com cerca de uma centena de células. Nesse estágio, o embrião é destruído e as células-tronco são removidas.

---

24. Álvaro Monteiro e Marcelo O. Dantas, A pesquisa em células-tronco, *Folha de S.Paulo*, 12 maio 2008, p. A-3.

25. Giuliana Miranda, Célula do dente volta à fase "embrionária", *Folha de S.Paulo*, 19 mar. 2011, p. C-13.

26. Cientistas transformam célula do sangue em célula cardíaca, *Folha de S.Paulo*, Ciência, 9 abr. 2011, p. 10.

Hoje, com a nova descoberta, já se pode reprogramar uma célula especializada do corpo em célula-tronco pluripotente. John B. Gurdon (britânico) e Shinya Yamanaka (japonês) foram laureados pelo Prêmio Nobel em Medicina de 2012. A pesquisa de Gurdon (1962) respaldou a pesquisa de Yamanaka (2012). O primeiro tentou e o segundo conseguiu — cada qual em seu tempo — reprogramar qualquer célula do corpo, ativando o gene certo para revertê-la à sua condição fundamental — a de célula-tronco pluripotente. Essa unidade guarda a capacidade de originar qualquer célula do corpo, o que a torna especialmente atraente para desenvolver terapias regenerativas. Até o advento da técnica japonesa, as células-tronco só podiam ser obtidas com a destruição de embriões, o que suscitava intermináveis controvérsias[27].

Após inúmeras tentativas frustradas, cientistas lograram produzir clones humanos viáveis. A equipe da Universidade de Saúde e Ciência de Oregon (EUA), liderado por Shoukhrat Mitalipov, utilizou-se de nova metodologia que se consubstancia na transferência de um núcleo celular — região que contém o DNA — para implantar num óvulo, após a retirada do seu núcleo. No início, o óvulo não se desenvolvia, ou seja, ocorria a divisão em algumas fases e depois parava. O desenvolvimento embrionário só ocorreu após a estimulação elétrica durante a fusão óvulo-núcleo e a seleção de óvulos de boa qualidade. Isso aumentou a eficiência do processo. Trata-se de células-tronco embrionárias humanas, capazes de assumir as funções de qualquer tecido do corpo. Não se pretende, em hipótese alguma, produzir clones humanos, mas ajudar aqueles que necessitam de transplante (portadores de doenças congênitas), pois a célula adulta é extraída da pessoa que precisa do transplante. Não haverá rejeição por possuir as mesmas características genéticas do transplantado, por exemplo. Esse estudo foi publicado na revista científica *Cell*"[28].

Essa descoberta foi um grande avanço para a ciência.

## 3. APLICAÇÃO DAS CÉLULAS-TRONCO EMBRIONÁRIAS

A terapia com células-tronco pode ser considerada o futuro da medicina regenerativa. Mais de 30 formas de distrofia muscular e outras 450 doenças progressivas e degenerativas aguardam uma cura. Cientistas constataram, após muito estudo, que as células-tronco adultas não servem para pesquisas por já conterem o gene da doença. Elas, além disso, são as únicas que podem se transformar em qualquer um dos 216 tecidos do corpo humano, inclusive o nervoso[29]. A fecundação do óvulo dará origem a um conjunto de células inespecíficas. Somente a partir do quinto dia é que o

---

27. Biologia de longo alcance, *Folha de S. Paulo*, Editorial, 11 out. 2012, p. A-2.
28. Reinaldo José Lopes, Cientistas obtêm células-tronco de embriões humanos clonados, *Folha de S. Paulo*, Ciência+Saúde, 16 maio 2013, p. C-9.
29. Mara Gabrilli, O Brasil tem que optar pela vida, *Folha de S. Paulo*, 28 maio 2008, p. A-3.

zigoto se transformará nos 216 tecidos do corpo humano. Aí sim poder-se-ia falar em vida. Denomina-se este estágio pré-embrião. Entre as áreas mais promissoras está o tratamento para diabetes, doenças neuromusculares, como as distrofias musculares progressivas e a doença de Parkinson. Esse método poderá ser utilizado para promover a regeneração de tecidos lesionados por causas não hereditárias, como acidentes, ou pelo câncer. Também poderá ser usado para o tratamento de diabetes porque depende da regeneração específica de células que produzem insulina. As células-tronco embrionárias vão permitir que as pessoas vivam muito mais e de forma saudável, diz a geneticista Mayana Zatz[30].

## 4. CÉLULAS-TRONCO EMBRIONÁRIAS – UMA CONTRIBUIÇÃO À HUMANIDADE

O geneticista Oliver Smithies, um dos ganhadores do Prêmio Nobel de Medicina ou Fisiologia de 2007, em palestra proferida em São Paulo, disse que o embrião usado em terapias não vai morrer. O seu uso será uma forma de preservar a vida embrionária. Esse embrião, que não teria nenhuma utilidade, dá vida a outra pessoa. E cita um exemplo: imagine que um jovem tenha falecido em acidente de carro. Partes do seu corpo, que ainda são úteis, podem ser dadas a outras pessoas para manter a vida. Parte de seu corpo viveria em outra pessoa. A mesma coisa ocorre com as células-tronco embrionárias que não vão morrer, mas dar vida a outras pessoas. Ele disse que trabalha há vinte anos com essas células e já viu se tornarem músculo cardíaco e baterem. É impressionante olhar pelo microscópio um dia e ver: tum, tum, tum. Está batendo! Tal fato faz arrepiar os cabelos. Mesmo que o Brasil não seja um líder em ciência, sua participação na pesquisa de células-tronco é importante, pois a iniciativa é global. O país que não participa desse trabalho perderá a oportunidade de dar uma contribuição à humanidade[31].

Pergunta-se: quantos embriões não se perderam para chegar ao resultado citado? Dezenas? Centenas? Milhares? É verdade, porém, que nem todos os embriões vingam. Mas aqueles que vingarem poderão ser destruídos em prol da melhoria da qualidade de vida de outras pessoas? Há alternativa menos custosa? Há casos de embriões congelados por mais de seis, oito, nove, dez e até treze anos que deram luz a nova vida. Ademais, muitas vidas se perderam para o progresso da medicina. As pesquisas, por outro lado, desenvolveram-se por mais de dez anos sem nenhum sucesso na prática. Muitas cobaias foram sacrificadas para a realização de pesquisas etc. Esse

---

30. É preciso salvar vidas, *Veja*, edição 2050, ano 41, n. 9, 5 mar. 2008, p. 15.

31. Rafael Garcia, Embrião usado para terapias não vai morrer, diz Nobel, *Folha de S.Paulo*, 10 mar. 2008, p. A-19.

é o preço da evolução científica. Os pesquisadores procuram compreender o segredo das células-tronco embrionárias para, então, aplicá-lo nas células-tronco adultas.

## 5. PAÍSES QUE PERMITEM A PESQUISA COM CÉLULAS-TRONCO EMBRIONÁRIAS

Muitas perguntas devem ser respondidas. Não há unanimidade nas questões que envolvem a vida. Citamos, a título ilustrativo, os países que permitem as pesquisas com células-tronco de embriões. São eles: EUA[32], México, Alemanha (proíbe apenas a destruição de embriões), Reino Unido (permite a utilização de embriões híbridos, gerados a partir do cruzamento entre células sexuais humanas e animais), África do Sul, Rússia, China, França, Japão, Cingapura, Coreia do Sul, Turquia e Israel.

Registre-se, por outro lado, que pesquisadores americanos, canadenses e britânicos conseguiram produzir três tipos diferentes de tecido cardíaco em laboratório, utilizando células-tronco embrionárias. Tal pesquisa foi realizada, com sucesso, em camundongos, e o resultado dela foi publicado no *site* da revista *Nature*. Isso torna mais próxima a meta de usar a técnica para tratar vítimas de infarto no futuro. Gordon Keller, do Centro McEwen, de Toronto, e líder do grupo de cientistas, alimentou as células-tronco de embriões com proteínas específicas ao longo de seu desenvolvimento com o objetivo de fazer com que elas adquirissem as características desejadas. Os cientistas lograram êxito em criar músculo cardíaco (que bombeia o sangue). Trata-se de células musculares que fazem parte dos vasos sanguíneos e células de endotélio (revestimento interno) de artérias. Vê-se, por meio de microscópio, uma porção de células pulando — batendo. Essas células foram implantadas em roedores com doenças cardíacas, constatando-se substancial melhora desses animais[33].

## 6. QUANDO COMEÇA A VIDA?

A ciência não é exata, e leva tempo para descobrir a técnica adequada para a melhoria genética. Tais pesquisas, contudo, entram em conflito com a norma maior. Resta saber, na esfera jurídica, se a Lei de Biossegurança está ou não em consonância com a Constituição Federal, ou seja, se a proteção se restringe somente à vida ou também à potencialidade de vida. A interpretação jurídica da questão dada pelo STF está de acordo com a Constituição Federal? O voto do ministro relator está em harmonia com ela. No entanto, analisemos alguns pontos relevantes. Sabemos que a

---

32. Obama libera uso de verbas para estudo com células-tronco, *Folha de S. Paulo*, 10 mar. 2009, p. A-1.

33. Grupo consegue criar tecido cardíaco em laboratório, *Folha de S. Paulo*, 24 abr. 2008, p. A-17.

morte termina com a paralisação das funções cerebrais e a vida inicia-se com o nascimento com vida. Há quem entenda que a vida começa na fecundação (união do óvulo com o espermatozoide); outros, na nidação (implantação do óvulo no útero) ou na formação do sistema nervoso. A lei, no entanto, protege essa vida desde a sua concepção (fecundação). Registre-se, além disso, que o § 1º do art. 4º do Pacto de São José da Costa Rica protege plenamente a vida do ser humano, geralmente a partir da fecundação. O Código Civil de 2002 diz: "A personalidade civil da pessoa começa do nascimento com vida; mas a lei põe a salvo, desde a concepção, os direitos do nascituro" (art. 2º). A interpretação desse dispositivo não pode ser feita de forma ampliativa. Essa concepção deve ocorrer naturalmente no corpo feminino e não em laboratório. Para sua complementação falta o meio ambiente adequado para o desenvolvimento do embrião. É requisito indispensável. O aborto só pode acontecer dentro do útero materno. Não há falar em aborto de embrião. Aborto é a interrupção de uma gravidez. Gravidez, por sua vez, é o estado da mulher; prenhez; gestação (Caldas Aulete). A Profa. Lygia Pereira afirmou que o embrião é uma forma de vida humana, assim como é um feto, um recém-nascido e um idoso. Entretanto, para proteger o embrião é necessária a mudança do texto máximo. Desta forma, o conflito passa para a esfera eminentemente ética. Vê-se, pois, que tanto seres humanos quanto embriões têm direitos, ainda que diferenciados. A plenitude dos direitos individuais depende do nascimento com vida.

Em outras palavras, a vida começa na concepção (união do óvulo com o espermatozoide). Não importa se o embrião não possui braço, perna ou cérebro, pois é vida. Não há falar em aborto necessário ou terapêutico ou anencefalia. Hoje, os recursos são tantos que não mais coloca em risco a vida da gestante, mas para o embrião é fundamental viver nem que seja por curto período. Também não há falar em aborto em decorrência de estupro, pois o crime de aborto não pode ser maior do que o crime de estupro. A criança não tem culpa do estupro, cabe à gestante doar o seu filho, se for o caso, mas nunca matá-lo. Seu crime é igual ao crime do estuprador.

## 7. A CONSTITUIÇÃO FEDERAL E A PROTEÇÃO DA VIDA

Como podemos ver, a Constituição Federal protege a vida plenamente. A Lei Maior, além disso, deve proporcionar a essa vida um mínimo de dignidade. Tal dignidade se desdobra em outros princípios. Segundo José Afonso da Silva, vários princípios derivam da dignidade da pessoa humana em relação às pesquisas com células-tronco embrionárias: a) *princípio da necessidade* — há que medir a importância e necessidade das referidas pesquisas para o conhecimento, a saúde e a qualidade de vida humana; b) *princípio da integridade do patrimônio genético* — a lei veda a manipulação do patrimônio genético humano para melhorar determinadas características fenotípicas; c) *princípio da avaliação prévia* — devem-se avaliar previamente os potenciais e os benefícios da pesquisa a serem colhidos; e d) *princípio do conhecimento informado* — exige-se a manifestação da vontade, livre e espontânea, das pessoas envolvidas[34].

## 8. RELIGIÃO *VERSUS* CIÊNCIA

Há aqueles que, do ponto de vista religioso, querem criminalizar a utilização de células-tronco incapazes de se transformar em gente. Lembrem-se de que a vontade de Deus haverá de ser cumprida dando-se às células-tronco incapazes de prosseguir seu ciclo evolutivo normal o poder de serem viáveis para a salvação de pessoas incapacitadas de desfrutar a graça de viver em condições mais condizentes com sua dignidade[35].

Como se vê, a ciência não pode ficar adstrita a dogmas impeditivos do progresso. Sustenta Damásio de Jesus que não pode haver conflitos entre ciência e religião. Ambas buscam a verdade, em níveis e áreas distintas, se bem que, muitas vezes, abordam objetos em comum, com óticas distintas. Não há consenso na ciência sobre a existência de vida nas células-tronco embrionárias, pelo menos no atual estágio de desenvolvimento. Na dúvida, prevalece o entendimento de que há vida nas células-tronco embrionárias. E, sendo a vida dom de Deus e direito fundamental do homem, prevalece a ideia de que, podendo haver vida, o direito deve protegê-la[36]. É o direito ambiental, ramo do direito, encarregado de garantir a viabilidade de toda a forma de vida por mais rudimentar que possa ser. Apesar de o Brasil ser um Estado laico, a ciência e a religião caminham juntas. Diante disso, será que Deus não nos deu a inteligência para que possamos diminuir o sofrimento de nossos semelhantes? Em sendo assim, será que podemos destruir a vida que surge num embrião (com a fecundação) em benefício de outra vida já formada, vida esta que teve a oportunidade de nascer e viver, e que teria cumprido seu destino, ainda que parcial? Por outro lado, será que podemos frustrar a esperança de cura daquele que sofre de uma doença degenerativa, tirando-lhe o direito de ser feliz? O ministro Celso de Mello, ao seguir o voto do ministro relator, não deixou dúvidas sobre esse direito. O voto de Carlos Ayres Britto, segundo ele, "representa a aurora de um novo tempo, impregnado de esperança para aqueles abatidos pela angústia da incerteza". Disse ainda que o voto "restaura, em todos nós, a certeza de que milhões de pessoas não mais sucumbirão à desesperança e à amarga frustração de não poderem superar os obstáculos gerados por patologias gravíssimas, irreversíveis e incuráveis até o presente momento".

---

34. A questão das células-tronco embrionárias, *Folha de S.Paulo*, 21 mar. 2008, p. A-3.
35. José Carlos Dias, O Supremo e a vida, *Folha de S.Paulo*, 1º abr. 2008, p. A-3.
36. Ciência e religião, Biodireito I, *Carta Forense*, abr. 2008, p. 18.

A evolução científica deve prosseguir observando-se as regras estabelecidas pelos comitês de ética em pesquisa, nos termos da Lei de Biossegurança.

## 9. CENSO SOBRE A QUANTIDADE DE CÉLULAS-TRONCO EMBRIONÁRIAS DISPONÍVEL PARA PESQUISA

Registre-se, por fim, que a Sociedade Brasileira de Reprodução Assistida — SBRA — realizou um censo em todo o Brasil e constatou que as quinze maiores clínicas de reprodução assistida possuem hoje 9.914 embriões congelados. Pelo texto atual da Lei de Biossegurança, apenas os embriões congelados antes do advento da lei (2005) poderão ser usados em pesquisas. Nestas condições, há somente 3.219 embriões, e eles ainda dependem da autorização dos seus doadores. Esgotados tais embriões, a proibição será total. E sem financiamento, não haverá possibilidade de prosseguir as pesquisas, que estavam paradas desde 2005 devido à propositura da ADIn pelo Ministério Público Federal. Neste momento, há somente dois ou três laboratórios no país capazes de realizar pesquisas com células-tronco, dada sua complexidade[37].

Contrariando esses dados, a Agência Nacional de Vigilância Sanitária — Anvisa — divulgou, no dia 10 de setembro de 2008, o primeiro censo do material disponível para estudos com células-tronco embrionárias humanas. Há, em todo o país, segundo a Anvisa, 26.887 embriões humanos produzidos por fertilização *in vitro*. A Anvisa acredita que esse número pode estar subestimado porque 60% dos bancos de células do país não encaminharam no prazo informações ao Sistema Nacional de Produção de Embriões — SisEmbrio. A Agência estima que haja cerca de 100 a 120 clínicas de reprodução, mas apenas 50 delas encaminharam informações. O Sistema registrou, até 10 de agosto de 2008, a doação de 643 embriões para pesquisas. Após a aprovação da lei, foram registrados 20.064 embriões congelados que não podem ser utilizados para pesquisas, pois a lei veda a pesquisa depois de 28 de março de 2005[38].

Diante disso, a ANVISA realizou levantamento do número de embriões congelados no Brasil e apurou que havia, em 2011, 26 mil. Em 2012, este número ultrapassou os 60 mil, desconsiderando-se os descartados, os utilizados e os enviados à pesquisa com células-tronco. Em 2011, 1.322 embriões foram doados para pesquisa e 33,8 mil transferidos a mulheres. Estes dados foram colhidos de 77 bancos de te-

---

37. Embriões para estudo vão acabar, diz bióloga, *Folha de S.Paulo*, 31 maio 2008, p. A-27.

38. Marta Salomon, País tem 26.887 embriões para pesquisa, *Folha de S.Paulo*, 10 set. 2008, p. A-17.

cidos e células. Estima-se que há mais de 120 centros, mas somente os grandes centros forneceram os dados[39].

Dez anos depois do congelamento de embriões, das 92.545 unidades armazenadas nos bancos privados de sangue somente 13 foram usadas para fins terapêuticos. Nos 13 bancos públicos, que compõem a rede Brasil-Cord, há 19.284 unidades. Desse total, 175 foram utilizadas em transplantes. Esses dados foram colhidos pela Agência Nacional de Vigilância Sanitária — ANVISA[40].

Questão polêmica em discussão é a possibilidade do comércio de produtos produzidos a partir das células-tronco embrionárias. A geneticista e professora titular da USP, Lygia da Veiga Pereira, defende a tese que substâncias produzidas das células embrionárias, como neurônios, sejam comercializadas. Esse tema foi objeto de discussão promovida pela Agência Brasileira de Desenvolvimento Industrial. A Constituição Federal proíbe a comercialização de substâncias humanas, como sangue, por exemplo. Ela, porém, questiona se bilhões de novas células produzidos a partir de um punhado de células-tronco embrionárias podem ser considerados substância humana, já que foram sintetizados em laboratório. Trata-se de nova interpretação da norma constitucional e permitiria o avanço das terapias celulares[41].

Como se vê, a luta está longe de terminar. O primeiro passo foi dado.

## Seção IV
### Transgênicos

### 1. ALIMENTOS TRANSGÊNICOS

*Alimentos transgênicos* são aqueles geneticamente modificados no laboratório. Denominam-se sementes transgênicas as que possuem material genético alterado por meio de inoculação de genes provenientes de outros compostos. Transgênico significa transferência de genes.

O desenvolvimento da biotecnologia aplicável às plantas é comemorado pelos cientistas e ambientalistas como uma nova revolução verde. Não há dúvida de que a aplicação dessas novas técnicas na melhora das espécies agrícolas proporcio-

---

39. Brasil teve mais de 26 mil embriões congelados em 2011, *Folha de S. Paulo*, Ciência+Saúde, 13 fev. 2012, p. 7.

40. Natália Cancian, Só 0,01% dos cordões umbilicais de bancos privados tiveram uso, *Folha de S. Paulo*, Ciência+Saúde, 31 jan. 2015, p. C-11.

41. Gabriel Alves, Produtos feitos a partir de células-tronco deveriam ser vendidos, *Folha de S. Paulo*, Ciência+Saúde, 27 dez. 2014, p. B-11.

nará uma produção de alimentos mais saudável e com maior índice de proteínas. Claro que toda intervenção do homem no meio ambiente deve ser realizada com muita cautela, para não causar mais danos do que benefícios. Essas novas espécies — mais resistentes a herbicidas e a pesticidas — poderão transformar-se em espécies dominantes, reduzindo-se as variedades biológicas da região e empobrecendo-se o solo.

A título exemplificativo, citamos o surgimento das ervas daninhas resistentes ao herbicida glifosato, um dos mais usados. A soja *roundup* (nome comercial) — geneticamente modificada — pode receber doses generosas do herbicida glifosato e manter sua saúde, enquanto as ervas daninhas ao seu redor morrem. O problema é que os vegetais indesejados que infestam as fazendas estão ganhando resistência ao herbicida. Isso poderá transformar a vegetação indesejável em "superervas daninhas" imunes ao glifosato, estragando a festa das empresas de biotecnologia. Cientistas da Universidade de Nebraska (EUA) criaram outra planta transgênica, resistente a outro herbicida. Trata-se de planta imune ao dicamba, um herbicida barato e relativamente inofensivo. A soja e o tomate modificados suportam doses maiores do herbicida denominado *ecológico* e não espalham seus genes para outras plantas. Essa tecnologia foi patenteada pela Universidade de Nebraska e licenciada para a comercialização à empresa Monsanto. Assim, o uso de mais de um tipo de herbicida — hoje o glifosato domina o mercado — dificultará o aparecimento de superervas daninhas. Se usado em combinação, o dicamba pode ajudar a prevenir o surgimento de novas ervas resistentes ao *roundup*. Ecologicamente, o herbicida dicamba é mais limpo do que o glifosato[42].

Não se pode descartar até agora a possibilidade de o novo herbicida vir a causar outros problemas ainda desconhecidos. E essa intervenção no meio ambiente poderá produzir alteração na cadeia natural da evolução da biodiversidade e fugir do controle do homem.

## 2. VANTAGENS E DESVANTAGENS DA PRODUÇÃO DE ALIMENTOS TRANSGÊNICOS

Os maiores produtores e exportadores de alimentos transgênicos são os EUA (74%), a Argentina (15%), o Canadá (10%) e a Austrália (1%). Tais produtos trazem vantagens e desvantagens. As *vantagens* são a produção de alimentos mais nutritivos e baratos. Seu cultivo é mais eficiente do que o convencional e poderá ser a solução para abastecer a população mundial. As *desvantagens* são aquelas advindas do consu-

---

42. Rafael Garcia, Novo transgênico combate superervas daninhas, *Folha de S.Paulo*, 25 maio 2007, p. A-18.

mo desses alimentos, podendo causar alergias ou danificar o sistema imunológico humano. As sementes, além disso, poderiam transmitir seu material genético a outras espécies, gerando "superpragas". Os herbicidas, por fim, inoculados nas sementes modificadas, poderiam afetar animais e insetos importantes ao equilíbrio do meio ambiente.

Há notícias ainda de que pesquisa do cientista Arpad Pusztal, da Escócia, constatou que ratos alimentados com batata transgênica apresentaram problemas. Um grupo de cientistas do Reino Unido alertou para se evitar a venda da batata transgênica. Beatrix Tappeser, representante do Instituto de Ecologia Aplicada da Alemanha, afirmou haver cada vez mais provas sobre os riscos ecológicos e danos à saúde que podem ser provocados por esses alimentos[43]. Estudos realizados na Universidade Cornell constataram que larvas da borboleta *Monarca sp*, alimentadas com pólen de milho transgênico, ficaram em sua maioria atrofiadas. A liberação desse produto transgênico poderá causar a extinção de toda uma espécie da biodiversidade e da cadeia alimentar de outros animais.

Registre-se ainda que em 1989, nos EUA, 5 mil pessoas ficaram doentes, 37 pessoas morreram e 1.500 ficaram inválidas depois de consumir um suplemento alimentar feito a partir de uma bactéria modificada geneticamente, produzido pela empresa japonesa Showa Denko[44]. Há informações ainda de que no Japão ocorreram dezenas de casos de morte de pessoas provocada pelo consumo de triptofano, aminoácido produzido por bactéria geneticamente modificada[45].

A despeito da ausência de estudos científicos sérios, a CTNBio concedeu 626 liberações para pesquisas na área de engenharia genética para soja, milho, algodão, arroz, batata, fumo, cana-de-açúcar, trigo etc.[46] Após a redução do quórum para aprovação de alimentos transgênicos pela CTNBio, que era de 18 e passou para 14, foi aprovada, em 16 de maio de 2007, por 17 votos a favor contra 4, a liberação de milho transgênico para a empresa multinacional Bayer. Trata-se de milho transgênico resistente a herbicida que passou a estar disponível para o plantio em 2008, cujo pedido foi feito em 1998[47].

---

43. Geraldo Gomes, Alimentos transgênicos — riscos — interesses — restrições — genética, *Tribuna da Magistratura*, jul./ago. 1999, p. 104.
44. José Renato Nalini, *Ética ambiental*, Campinas, Millennium, 2001, p. 93-4.
45. Josias de Souza, Coerência do PT é geneticamente modificada, *Folha de S. Paulo*, 28 set. 2003, p. A-8.
46. Geraldo Gomes, *Tribuna da Magistratura*, cit., p. 104.
47. Marta Salomon, Milho transgênico é aprovado pela CTNBio, *Folha de S. Paulo*, 17 maio 2007, p. B-8.

## 3. O BRASIL E OS ALIMENTOS TRANSGÊNICOS

O Serviço Internacional para a Aquisição de Aplicações Agro-Biotecnológicas (ISAAA) confeccionou um relatório sobre a situação atual dos transgênicos no mundo. O relatório foi "financiado por duas organizações filantrópicas europeias: a Fundação Bussolera-Branca, da Itália, que apoia o compartilhamento livre de conhecimento de plantações biotecnológicas para auxiliar a tomada de decisão por parte da sociedade global e uma unidade filantrópica dentro do Ibercaja, um dos maiores bancos espanhóis com sede na região de plantação de milho da Espanha".

O Brasil se consolidou na segunda posição do *ranking* mundial na produção de alimentos transgênicos e atingiu o recorde de 25,4 milhões de hectares de soja, milho e algodão em 2010. Os EUA estão em primeiro lugar com 66,8 milhões de hectares plantados de soja, milho, algodão, canola, abóbora, papaia, alfafa e beterraba. Em seguida, está a Argentina, com 22,9 milhões de hectares de soja, milho e algodão. Depois, a Índia, com 9,4 milhões de hectares plantados de algodão e, finalmente, o Canadá com 8,8 milhões de hectares plantados de canola, milho, soja e beterraba.

Desse total, 17,8 milhões de hectares são de soja, 7,3 milhões de hectares de milho e 0,25 milhão de hectares de algodão.

Foram plantados, em 2010, 148 milhões de hectares de transgênicos no mundo, crescimento de 10% em relação ao ano anterior (134 milhões de hectares). Ao todo, 15,4 milhões de agricultores de 29 países plantaram culturas geneticamente modificadas. Dos 29 países que cultivaram plantações transgênicas, em 2010, já correspondem a 59% da população mundial[48].

A CTNBio aprovou a comercialização do feijão transgênico no dia 15 de setembro de 2011. O feijão transgênico é resistente ao vírus do mosaico dourado, transmitido pela mosca branca. Hoje, essa mosca é combatida com inseticida e causa a perda de 90 a 280 mil toneladas de feijão por ano. A EMBRAPA gastou 10 anos de estudo para analisar todas as possibilidades da viabilidade de sua plantação e comercialização e participaram das suas pesquisas 98 cientistas. Estas pesquisas foram realizadas no solo, na população de invertebrados e na digestão do feijão transgênico consumido por animais[49].

Percebe-se que os alimentos transgênicos passaram a ser intensamente produzidos e consumidos a despeito de toda a polêmica existente sobre a questão.

---

48. Estes dados foram divulgados por Albenir Querubini, no grupo "de-lege-agraria-nova", em 22 fev. 2011.

49. Sabine Righetti, Maioria que critica os transgênicos só está mal informada, *Folha de S.Paulo*, Ciência, 27 set. 2011, p. C-11.

## 4. ROTULAGEM DE ALIMENTOS TRANSGÊNICOS

Outra questão importante está relacionada à rotulagem dos produtos transgênicos, que, por sua vez, está intimamente ligada ao direito de informação. Assim, os alimentos e ingredientes alimentares destinados ao consumo humano ou animal que contenham ou sejam produzidos a partir de OGM ou derivados deverão conter informação nesse sentido em seus rótulos, conforme regulamento (art. 40 da Lei n. 11.105/2005). Por conta disso, o legislador resolveu disciplinar a questão por meio do Decreto n. 4.680, de 24 de abril de 2003, que regulamenta o direito à informação, assegurado pela Lei n. 8.078, de 11 de setembro de 1990, quanto aos alimentos e ingredientes alimentares destinados ao consumo humano ou animal que contenham ou sejam produzidos a partir de OGM, revogando expressamente o Decreto n. 3.871, de 18 de julho de 2001, que dispunha sobre a rotulagem de alimentos embalados que contivessem ou fossem produzidos com organismo geneticamente modificado.

Vem sendo discutida no mundo todo a necessidade ou não de inserir no rótulo do produto informações de que se trata de alimentos transgênicos. Nos Estados Unidos, a rotulagem é voluntária. Fica a critério da empresa informar se o alimento foi geneticamente modificado, bem como sua respectiva composição. No Canadá, por exemplo, passa a ser obrigatória a inserção no rótulo das informações sobre o produto geneticamente modificado.

No Brasil, tal discussão ficou superada por conta do advento do Decreto n. 4.680/2003, que determinou a obrigatoriedade de inserir no rótulo do produto que se trata de alimento geneticamente modificado se o percentual estiver acima de 1% dos ingredientes utilizados na sua formação, não havendo necessidade dessa informação se o produto não atingir essa porcentagem. Seja como for, o produtor sempre será responsável, *objetivamente*, pelos eventuais danos causados a terceiros. É importante ressaltar que os Estados, o Distrito Federal e os Municípios poderão legislar sobre a matéria, estabelecendo percentual menor do que aquele fixado pelo decreto federal.

O direito à informação é supedâneo constitucional e deve ser observado quanto à rotulagem do produto geneticamente modificado. Essa necessidade também está prevista nos arts. 6º, 7º e 9º do CDC (Lei n. 8.078, de 11-9-1990).

Havia ação civil pública proposta perante a Justiça Federal de Brasília, que questionava a legalidade do revogado Decreto n. 3.871/2001 por ser ofensivo aos arts. 6º e 31 do CDC[50].

---

50. Nelson Nery Junior, Rotulagem dos alimentos geneticamente modificados, *RT*, 795:41, jan. 2002, p. 49.

## 5. EXIGÊNCIA DO EPIA/RIMA PARA LIBERAÇÃO OU DESCARTE DE ALIMENTOS TRANSGÊNICOS NO MEIO AMBIENTE

Compete à CTNBio, ao conceder o licenciamento ambiental da atividade ou projeto que causar efetiva ou potencial degradação ao meio ambiente, exigir o estudo de impacto ambiental (EPIA) e seu respectivo relatório de impacto ambiental (RIMA) de projetos e aplicações que envolvam a liberação de OGM no meio ambiente (art. 16, §§ 1º, III, 2º e 3º, da Lei n. 11.105/2005).

Com base na legislação revogada, a entidade ambientalista *Greenpeace* fez manifestação em Brasília, e o Instituto de Defesa do Consumidor (IDEC), juntamente com o Instituto Brasileiro do Meio Ambiente e dos Recursos Naturais Renováveis (IBAMA), moveu ação civil pública pedindo a suspensão do pedido de autorização de plantio de soja transgênica no país. O fundamento foi que a CTNBio não exigiu da empresa (Monsanto) o estudo prévio de impacto ambiental (EPIA/RIMA), básico para a iniciativa pretendida, aliado ao fato da falta de informação segura sobre as consequências para a saúde humana e o meio ambiente, já que nem os estudos nos países europeus e nos Estados Unidos chegaram a uma conclusão definitiva[51].

## 6. INFRAÇÕES PENAIS

As infrações penais estão descritas nos arts. 24, 25, 26, 27, 28 e 29 da Lei n. 11.105, de 24 de março de 2005, e 15 da Lei n. 9.434, de 4 de fevereiro de 1997.

---

51. Ana Paula Morato, Comida de laboratório, *Revista dos Bancários*, 47:22, ago. 1999, p. 22. V. íntegra da decisão de Ação Cautelar Inominada n. 260/99, Processo n. 1998.34.00.02768-8-Classe 9200, transladada para os autos da Ação Civil Pública n. 1997.34.00.036170-4, 6ª Vara, Seção Judiciária do Distrito Federal, in Maria Helena Diniz, *O estado atual*, cit., p. 593-633.

## Capítulo IX
## Zona Costeira

### Seção I
*Noções introdutórias*

### 1. ZONA COSTEIRA

A *zona costeira* é "o espaço geográfico de interação do ar, do mar e da terra, incluindo seus recursos renováveis ou não, abrangendo uma faixa marítima e outra terrestre, que serão definidas pelo Plano" (art. 2º, parágrafo único, da Lei n. 7.661, de 16-5-1988). A zona costeira e a Mata Atlântica integram o patrimônio nacional (art. 225, § 4º, da CF). É na zona costeira que vamos encontrar os mangues, restingas, bancos de areia, lagunas, matas paludosas, planícies arenosas e os complexos estuarinos-lagunares ricos em biodiversidade.

As riquezas brasileiras, normalmente, são transportadas pelas estradas até os portos. Nestas regiões são explorados o petróleo e o gás natural e levados para os grandes centros consumidores pelas tubulações que sobem a Serra do Mar, por exemplo. Há muitas empresas estabelecidas na região litorânea, como, por exemplo, polos petroquímicos e cloroquímicos, usina nuclear etc. A população mais abastada costuma comprar seus apartamentos ou casas de veraneio no litoral para o lazer. E no verão a população se multiplica, gerando uma demanda de serviços de saneamento — coleta de lixo, água e esgoto — maior do que nos períodos de baixa temporada. Isso causa uma série de transtornos à população local e aos banhistas temporários. Como se vê, são muitos os problemas que a zona costeira passa a enfrentar[1].

A Resolução n. 1, de 21 de novembro de 1990, da Comissão Interministerial para os Recursos do Mar (CIRM), apresentava dois critérios para definir zona costeira. O primeiro critério está relacionado com a realização de *estudos técnicos* para cada local examinado, e o segundo, com a *fixação de determinadas medidas*.

Como ainda não existiam estudos técnicos para a delimitação da faixa marítima e da faixa terrestre, adotava-se o segundo critério por meio das medidas previa-

---

1. Maria Luiza Machado Granziera, *Direito ambiental*, cit., p. 452.

mente fixadas. Assim, a *faixa marítima* distava "5 (cinco) milhas marítimas (11,1 km)[2] sobre uma perpendicular, contadas a partir da Linha da Costa, representada nas cartas de maior escala da Diretoria de Hidrografia e Navegação do Ministério da Marinha. As baías, estuários e ilhas costeiras deverão ser incluídas no espaço da faixa marítima da ZC (consequentemente estarão sujeitas ao que for estabelecido nesse Plano). Para a definição da Linha da Costa da faixa marítima para as ilhas oceânicas seria seguido o mesmo critério adotado para a faixa marítima do continente"[3]. A *faixa terrestre*, por sua vez, distava "20 (vinte) quilômetros sobre uma perpendicular, contados a partir da Linha da Costa, representada nas cartas de maior escala da Diretoria de Hidrografia e Navegação do Ministério da Marinha"[4].

Hoje, a faixa marítima, nos termos do art. 2º, VI, do Decreto n. 5.300, de 7 de dezembro de 2004, é de 12 milhas náuticas, medidas a partir das linhas de base, estabelecidas de acordo com a Convenção das Nações Unidas sobre o Direito do Mar, a partir das quais se mede a largura do mar territorial, compreendendo, dessa forma, a totalidade do mar territorial. No entanto, a *Zona Econômica Exclusiva — ZEE* se estende até 200 milhas náuticas, "na qual o Estado costeiro frui de direitos limitados às matérias de relevo econômico (principalmente de aproveitamento dos recursos minerais e biológicos, a proteção do meio ambiente, a pesquisa científica, as instalações artificiais)"[5], daí em diante o mar passa a ser internacional. A zona contígua separa, praticamente, a plataforma marítima do alto-mar. Ao final da plataforma há um abismo, onde começa o alto-mar, esteja dentro das 200 milhas ou não. O Estado não exerce plenamente, na *Zona Econômica Exclusiva — ZEE*, sua soberania e jurisdição para fins de exploração e aproveitamento econômico (pesca e exploração de petróleo no denominado pré-sal).

Vê-se, pois, que a zona costeira é formada pelo encontro do mar, do ar e da terra, constituindo uma faixa marítima e uma terrestre, abrangendo nessas faixas todos os recursos naturais ali existentes. Ressalte-se que nem sempre é possível definir a zona costeira com precisão, razão pela qual a resolução estabeleceu os critérios já explanados.

Victor C. Carvalho e Hidely G. A. Rizzo, citados por Paulo Affonso Leme Machado, esclarecem que a zona costeira brasileira "corresponde a uma faixa de transição onde interagem dinamicamente três grandes sistemas: oceânico, atmosférico e continental. Possui quase 7.400 km de extensão e largura que varia de 70 a 480 km (...). A parte emersa ocupa uma área de 440.000 km² (pouco mais de 5% do território nacional), abrangendo 512 dos 4.493 municípios brasileiros, onde se con-

---

2. As Nações Unidas, em 1982, estabeleceram novo limite do mar territorial, reduzindo para 12 milhas e não mais 200 milhas a faixa marítima. O Brasil, como subscritor do tratado em questão, incorporou tal modificação ao Decreto-Lei n. 1.098/70.
3. Paulo Affonso Leme Machado, *Direito*, cit., p. 710.
4. Paulo Affonso Leme Machado, *Direito*, cit., p. 710.
5. Paulo Affonso Leme Machado, *Direito*, cit., p. 896.

centram perto de 39 milhões de habitantes (mais de um quarto da população brasileira pelo censo de 1991), com uma densidade demográfica de 87 hab./km² (índice cinco vezes superior ao nacional)"[6]. Pelo censo de 2001, a população do Brasil era de aproximadamente 181.500.000 habitantes, distribuída entre 5.563 municípios. O IBGE calcula que, até 30 de maio de 2007, a população brasileira estaria estimada em 188.948.095, distribuída em 5.564 municípios[7] (pelo censo de 2010, a população brasileira subiu para 190.732.694). Esse número, em 2013, elevou-se para 201.032.714, segundo projeção oficial realizada pelo IBGE.

Percebe-se, por esses dados, a importância da proteção da zona costeira, especialmente pela grande concentração da população litorânea. Trata-se também de uma área muito vulnerável à degradação humana, podendo causar prejuízo ao mar, ao solo, à Mata Atlântica e à Serra do Mar.

## 2. ORLA MARINHA

A orla marinha é constituída pela faixa contida na Zona Costeira, de largura variável, compreendendo uma porção marítima e outra terrestre, caracterizada pela interface entre a terra e o mar (art. 21 do Decreto n. 5.300/2004).

O decreto delimita a orla marítima e apresenta os seguintes critérios:

a) *marítimo* — isóbata de dez metros, profundidade na qual a ação das ondas passa a sofrer influência da variabilidade topográfica do fundo marinho, promovendo o transporte de sedimentos (inc. I do art. 23); e

b) *terrestre* — cinquenta metros em áreas urbanizadas ou duzentos metros em áreas não urbanizadas, demarcados na direção do continente a partir da linha de preamar ou do limite final de ecossistemas, tais como as caracterizadas por feições de praias, dunas, áreas de escarpas, falésias, costões rochosos, restingas, manguezais, marismas, lagunas, estuários, canais ou braços de mar, quando existentes, onde estão situados os terrenos de marinha e seus acrescidos (inc. II do art. 23).

Na faixa terrestre deverá ser observada, complementarmente, a ocorrência de aspectos geomorfológicos, os quais implicam vários detalhamentos dos critérios de delimitação (*vide* incs. I a VI do art. 23 do citado decreto).

Os limites da orla marítima poderão ser alterados sempre que justificado e se apresente uma das situações contidas nos incs. I a IV do § 2º do citado decreto.

A gestão da orla marítima tem por objetivo planejar e implementar ações nas áreas que apresentem maior demanda por intervenções na zona costeira, a fim de disciplinar o uso e ocupação do território (art. 24 do citado decreto).

Como podemos perceber, a intervenção na Zona Costeira deverá respeitar os critérios estabelecidos no Plano de Intervenção (art. 25 do decreto), por meio de

---

6. Paulo Affonso Leme Machado, *Direito*, cit., p. 711.

7. Disponível em: <http://www.ibge.gov.br>; acesso em: 30 maio 2007.

estudos técnicos, para o eventual licenciamento ambiental de empreendimentos ou atividades que pretendem se instalar nestas áreas (art. 34 do citado decreto).

## 3. OCEANOS (ALTO-MAR)

A Rio+20 pretendia discutir a questão da proteção dos oceanos. Há previsão de elaboração de um tratado internacional para proteção desse ecossistema. Tal decisão, no entanto, foi postergada para 2015 — acordo de proteção da biodiversidade em alto-mar.

Pesquisas vêm sendo realizadas para desvendar os segredos dos oceanos. Estes cobrem dois terços do globo terrestre e concentram 97% da água. A água marinha é imprescindível à vida. É fonte de alimento e reguladora da quantidade de oxigênio e gás carbônico na atmosfera. Os oceanos são o ambiente menos estudado e explorado da Terra.

Com base nisso, uma expedição, realizada por cientistas de várias nacionalidades, partiu do Porto de Lorient a bordo do veleiro denominado *Tara*, o qual percorreu 115.000 quilômetros em dois anos e meio e passou por todos os oceanos. Este veleiro estava suprido por instrumentos de última geração e uma equipe de 126 cientistas que se revezavam no trajeto. A expedição reuniu 27.000 amostras de vida marinha que serão analisadas nos próximos dez anos. Esse material possibilitará ajudar a detectar o tamanho do impacto humano nos mares.

São cinco os principais problemas constatados até agora nos oceanos: a) *acidificação* — grande parte do gás carbônico na atmosfera, quando em contato com a água, forma um ácido que se espalha e desequilibra os ecossistemas marítimos; b) *micro-organismos animais e vegetais marítimos* — pesquisa será realizada para constatar se o plâncton, de fato, responde por 50% do oxigênio na atmosfera; c) *aquecimento da água* — quanto mais quente é a água na superfície, menos ela se mistura com as correntes geladas, e a parcela de nutrientes que carrega acaba por aumentar áreas onde há pouca vida marítima (desertos oceânicos); d) *acúmulo de plástico* — parte se dissolve e outra vira uma sopa tóxica que entra na cadeia alimentar e volta à população na forma de doenças (10 milhões de toneladas de plástico são jogadas no mar a cada ano); e e) *menos peixe* — além da pesca predatória, a redução no número de peixes, agravada pela poluição nas encostas, desequilibra o ecossistema em marés protegidas como baías ou lagunas, utilizadas por muitas espécies para procriação.

Mais uma vez, estamos à mercê da boa vontade de nossos governantes e chefes de Estado para apresentar uma solução à questão dos oceanos[8].

---

8. Marcelo Bortoloti, Luz na escuridão dos mares, *Veja Especial* n. 25, edição 2274, ano 45, 20 jun. 2012, p. 144-145.

## 4. POLUIÇÃO MARINHA

Não só a água doce está sendo poluída, mas também a água salgada (marinha), em razão dos acidentes com navios petroleiros, emissários de esgoto e água de lastro. Contudo, é a Lei n. 9.966, de 28 de abril de 2000, que trata especificamente sobre prevenção, controle e fiscalização de poluição causada por lançamento de óleo e substâncias nocivas em águas nacionais.

### 4.1. Acidente

O mar acabou por ser uma grande lata de lixo. Ele recebe detritos de todos os tipos, tais como: navios em desuso, material radiativo, bens de grande porte desnecessários, atirando-se tudo nas suas profundezas. Muitos desastres acontecem sem ser divulgados pela mídia. O mar, como se vê, é *res nullius*. Frequentes são os acidentes com navios petroleiros, com derramamento de produtos químicos, petróleo ou óleo na plataforma continental.

No dia 20 de abril de 2010, houve uma explosão na plataforma marinha de petróleo situado no Golfo do México (águas profundas). Onze funcionários da empresa *British Petroleum* ficaram desaparecidos no acidente. Desde então, formou-se uma corrida contra aquele que se tornou o maior derramamento de óleo já ocorrido nos Estados Unidos e um dos maiores da história — somando todas as manchas, a área é comparável ao tamanho de um país como Porto Rico. O poço vazou de forma ininterrupta por 87 dias, dando início ao maior desastre ambiental da história do país, que arruinou as costas de quatro Estados da Costa do Golfo e estimulou uma moratória sobre todas as novas plataformas marítimas de perfuração[9].

A Petrobras, por exemplo, derramou cerca de 1,3 milhão de toneladas de óleo na Baía de Guanabara com o rompimento de um duto da Refinaria de Duque de Caxias (REDUC)[10]. A poluição marítima não ocorre só no Brasil, mas também em outros países. Por exemplo, o Mar Mediterrâneo banha 21 países — berço da civilização —, abriga praias e enseadas paradisíacas que atraem cerca de 200 milhões de turistas por ano. É considerado o mar mais poluído do planeta.

Pesquisa realizada pela Universidade de Exeter, na Inglaterra, e pela entidade ambientalista Greenpeace constatou que cerca de 15 milhões de toneladas de detritos — garrafas e outras embalagens plásticas — são lançados nas areias e nas águas

---

9. Vazamento de petróleo desafia a tecnologia no Golfo do México — Robôs, drenos e dispersantes são usados para tentar evitar desastre. Quase um milhão de litros de óleo se espalha no mar por dia nos EUA. O vazamento foi totalmente interrompido em 15 de julho de 2010. Disponível em: <http://www.globo.com>; acesso em: 7 fev. 2011.

10. José Renato Nalini, *Ética ambiental*, Campinas, Millennium, 2001, p. 114-5.

azuis das praias da Itália, da França e da Espanha. Permanecem visíveis na superfície 30% dos detritos, e os demais 70% são responsáveis por um enorme estrago na fauna. Além disso, o mar recebe anualmente 9 milhões de toneladas de resíduos industriais e domésticos não tratados, dos quais 60% são produzidos pela França, Itália e Espanha, 600 mil toneladas de petróleo derramadas por navios durante o movimento de carga e descarga, sendo 30 mil toneladas perdidas em acidentes e redes de pesca e embalagens plásticas, responsáveis pela morte de 50 mil focas, que confundem esses objetos com alimentos[11].

## 4.2. Lixo

Segundo o Programa Ambiental das Nações Unidas, há 46 mil fragmentos de plástico em cada 2,5 quilômetros quadrados da superfície dos oceanos. Isso significa que a substância responde por 70% da poluição marinha por resíduos sólidos. Calcula-se que 267 espécies, especialmente pássaros e mamíferos marinhos, engulam resíduos plásticos ou os levem para seus filhotes, imaginando tratar-se de alimentos. Uma baleia minke foi encontrada morta na Normandia, no norte da França, com 800 quilos de sacolas plásticas no estômago.

Estudo mais abrangente realizado por pesquisadores da Universidade da Geórgia-USA apurou que os humanos despejam 8 milhões de toneladas de plásticos por ano nos mares. Isso equivale a 18 sacos de supermercado cheias de plásticos para cada metro das linhas costeiras do planeta[12].

Na Califórnia, é comum encontrar tartarugas, leões-marinhos e focas mortos por asfixia ou lesões internas provocadas pela ingestão de plásticos. O Atol de Midway, próximo ao Havaí, recebe diariamente o entulho plástico proveniente do Japão e da costa oeste dos Estados Unidos. O lixo de Midway provoca a morte de metade dos 500 mil albatrozes que nascem anualmente na região, os quais confundem plástico com comida. O plástico do tipo PVC pode conter compostos de estanho altamente tóxicos para moluscos e peixes. Essas substâncias chegam ao mar pela ação das chuvas que varrem os aterros sanitários e causam alterações hormonais que modificam o sistema reprodutivo e diminuem a taxa de fertilidade desses animais.

A equipe de pesquisadores do Instituto Oceanográfico Scripps da Califórnia (EUA), liderada por Mirian Goldstein, apurou um aumento de cem vezes, nos últimos 40 anos, de uma massa de pequenos pedaços de plástico que emporcalha o oceano Pacífico. Este material provém, em grande parte, da degradação do lixo

---

11. Leoleli Camargo, O mar mais sujo do mundo, *Veja*, edição 2019, ano 40, n. 30, 1º ago. 2007, p. 116-7.

12. Rafael Garcia, Plásticos fazem do mar um grande lixão, *Folha de S.Paulo*, Ciência+Saúde, 13 fev. 2015, p. C-13.

descartado nas diversas partes do mundo. Isso está causando mudança ambiental inesperada: a multiplicação de um inseto marinho que precisa de plataformas flutuantes. Tal descoberta está descrita em estudo publicado na revista científica *Biology Letters*. É elevada a quantidade de ovos do inseto *halobates sericeus* em cima dos fragmentos de plástico. Não há evidências de que a poluição esteja causando problemas de saúde na vida marinha. Mas pode ter repercussões no conjunto de seres vivos que habite a área no futuro[13].

Outra ameaça vem de peças invisíveis, os chamados *pellets*, bolinhas com meio centímetro de diâmetro utilizadas como matéria-prima pelas indústrias. Esse material é usado para limpeza dos tanques e porões dos navios. Os *pellets* possuem grande capacidade de absorção de poluentes, os quais, após seu uso, são jogados nos mares pelos navios. Uma única bolinha apresenta a concentração de poluente até um milhão de vezes maior que a da água onde se encontra, envenenando os cardumes que a ingerem[14].

### 4.3. Emissário

Consigne-se ainda que o lançamento contínuo de esgoto *in natura* no mar vai tornando as praias inservíveis ao banho. A CETESB tem realizado monitoramento sobre balneabilidade das águas do mar e constatou que 30% das praias paulistas foram consideradas próprias para o banho durante todo o ano, enquanto 36% se apresentaram impróprias em menos de 25% do tempo, 23% estiveram impróprias entre 25% e 50% do tempo e 11% apresentaram qualidade péssima.

Também realizou monitoramento nos sistemas de emissários submarinos para a adequada avaliação dos impactos causados pelo lançamento de esgoto no mar. As áreas mais afetadas pelo acúmulo de matéria orgânica e contaminação fecal são as dos emissários de Santos e Araçá, em São Sebastião. Nesses dois pontos, junto com o emissário do Tebar, também em São Sebastião, apresentaram ainda comprometimento em relação à toxicidade[15]. Tal atitude repercute na saúde humana e na economia, afugentando os turistas desses locais.

### 4.4. Água de lastro

A água de lastro — outra modalidade de poluição — serve para dar segurança, equilíbrio e estabilidade às operações de navegação aos navios de carga. Ou seja,

---

13. Plástico no Pacífico tem aumento de cem vezes, *Folha de S.Paulo*, Ciência+Saúde, 10 maio 2012, p. C-13.

14. Paula Neiva e Roberta de Abreu Lima, Oceano de plástico, *Veja*, edição 2050, ano 41, n. 9, 5 mar. 2008, p. 93.

15. Relatório de Águas Litorâneas do Estado de São Paulo — 2006, disponível em: <http://www.cetesb.sp.gov.br>; acesso em: 15 maio 2007.

quando o navio se encontra vazio, ele recebe água para poder manter sua estabilidade. E, na medida em que o navio vai sendo carregado, essa água começa a sair dos seus tanques. Contudo, junto com a água vem todo o tipo de micro-organismos provenientes de ecossistemas diversos daqueles onde está sendo descarregada, trazendo consigo uma série de inconvenientes e alterando os ecossistemas locais. Estima-se que o transporte marinho transfere cerca de 3 a 5 bilhões de toneladas de água de lastro anualmente. Algumas espécies marinhas introduzidas são consideradas nocivas ou patogênicas.

Assim, o Ministério do Meio Ambiente alertou que a "introdução de espécies marinhas exóticas em diferentes ecossistemas por meio de água de lastro, por incrustação no casco e via outros vetores, foi identificada como uma das quatro maiores ameaças aos oceanos do mundo", entre as fontes terrestres de poluição marinha, a exploração excessiva dos recursos biológicos do mar e a alteração ou destruição física do hábitat marinho[16]. É o país receptor o mais agredido pelos efeitos oriundos do descarregamento do material biológico exótico. O controle e a fiscalização da água de lastro deverão ser feitos no porto onde o navio fica ancorado. Há casos de países não receptores nem transportadores que são prejudicados pela água de lastro. Assim, não só a Suécia, a Dinamarca e a Alemanha, por exemplo, que são países com importantes portos na região, são atingidas, mas também a Polônia, a Lituânia e a Estônia têm a sua indústria pesqueira seriamente comprometida pelo avanço dessa modalidade de poluição.

Por conta disso, o Brasil subscreveu, com outros 74 países, no dia 13 de fevereiro de 2004, a Convenção Internacional para o Controle e Gestão da Água de Lastro e Sedimentos de Embarcações, adotada pela Organização Marítima Internacional (IMO), com o objetivo de tentar realizar um controle mais rígido dos navios que atracarem nos nossos portos[17].

A título ilustrativo, uma das maiores ameaças é o mexilhão-dourado (*limnoperna fortunei*). A espécie exótica costuma ingressar nos ecossistemas pela água de lastro. Ela é originária dos rios do Sudeste Asiático e entrou na rede hidrográfica brasileira pela bacia do rio Prata, pondo em risco nossos recursos hídricos. Exemplares adultos e suas larvas chegaram ao Brasil incrustados em barcos e equipamentos de pesca e foram encontrados em 1999 no rio Guaíba, município de Viamão (RS). Apesar de não poder locomover-se, a espécie consegue avançar cerca de 240 quilômetros por ano. Como não há predadores naturais, eles se alastram rapidamente. O acúmulo desses animais pode afundar equipamentos flutuantes de hidrelétricas, causando obs-

---

16. Ana Beatriz M. Kesselring, A introdução de espécies marinhas exóticas em águas brasileiras pela descarga de água de lastro de navios, *RDA*, 45:12, jan./mar. 2007.

17. Regina Cecere Vianna e Rodrigo de Souza Corradi, *Água de lastro:* problema ambiental de direito, disponível em: <http://jusvi.com/doutrinas_e_pecas/ver/26110/2>; acesso em: 20 jun. 2007.

trução de tubulações de abastecimento de água, de drenagem pluvial e de captação, além de alterar a cadeia alimentar dos peixes, entre outros inúmeros problemas. O mexilhão-dourado encontra-se em grande densidade nos rios Guaíba, Paraguai, Paraná e no Pantanal. Eles vivem em colônias e possuem grande potencial de reprodução. Tal espécie também foi encontrada nos EUA e Canadá, exigindo um controle permanente a custo de bilhões de dólares[18].

## 5. INSTRUMENTOS LEGAIS DE DEFESA DA ZONA COSTEIRA

A zona costeira é protegida pela Constituição Federal e foi elevada à condição de patrimônio nacional brasileiro. O art. 225, § 4º, da CF reza que "a Floresta Amazônica brasileira, a Mata Atlântica, a Serra do Mar, o Pantanal Mato-Grossense e a *Zona Costeira* são patrimônio nacional, e sua utilização far-se-á, na forma da lei, dentro de condições que assegurem a preservação do meio ambiente, inclusive quanto ao uso dos recursos naturais" (g. n.).

Esse dispositivo constitucional foi regulamentado pela Lei n. 7.661/88, que instituiu o Plano Nacional de Gerenciamento Costeiro, regulamentado pelo Decreto n. 5.300, de 7 de dezembro de 2004, o qual define as competências do Ministério do Meio Ambiente, do Instituto Brasileiro do Meio Ambiente e Recursos Naturais Renováveis — IBAMA e do Poder Público Estadual e Municipal no tocante às atividades relativas ao Plano Nacional de Gerenciamento Costeiro. Essa lei foi recepcionada pela nova ordem constitucional.

Ressalte-se ainda que tal proteção constitucional não impede a utilização da zona costeira, que deverá, no entanto, respeitar as normas protetivas e preservacionistas dos recursos naturais ali existentes. É a lei infraconstitucional que deverá traçar os parâmetros gerais e definir os critérios da exploração dos recursos naturais e da ocupação do solo localizados nessas faixas. Os Municípios e os Estados, por sua vez, poderão, mediante a edição de lei, instituir os Planos Estaduais ou Municipais de Gerenciamento Costeiro, observando-se as normas e diretrizes do Plano Nacional (art. 5º, § 1º, da Lei n. 7.661/88). As concessões das licenças e das autorizações estarão adstritas à realização de estudo prévio de impacto ambiental (EPIA/RIMA), e, às vezes, para a instalação de qualquer atividade potencialmente causadora de degradação ambiental, faz-se necessária a aquiescência dos órgãos públicos locais, estaduais e federal.

As ilhas oceânicas e costeiras destinam-se prioritariamente à proteção da natureza, e seu uso para fins diversos deve ser precedido de autorização do órgão ambiental competente (art. 44 da Lei n. 9.985/2000).

---

18. *DOE*, Poder Executivo, 21 mar. 2008, p. IV.

## 6. USO E ACESSO ÀS PRAIAS

As praias estão localizadas na zona costeira. Assim, o uso e o acesso a elas devem ser livres a toda a população, incumbindo ao Poder Público exercer o papel fiscalizador dessas áreas para impedir o seu uso inadequado.

Dessa forma, entende-se "por praia a área coberta e descoberta periodicamente pelas águas, acrescida da faixa subsequente de material detrítico, tal como areias, cascalhos, seixos e pedregulhos até o limite onde se inicie a vegetação natural, ou, em sua ausência, onde comece um outro ecossistema" (art. 10, § 3º, da Lei n. 7.661/88).

Há, contudo, muitas reentrâncias nas costas brasileiras e, às vezes, inexistem praias. Nesses casos, não há como aplicar esse conceito, restando a necessidade de estudo pericial para definir os limites das praias.

As praias, além disso, "são bens públicos de uso comum do povo, sendo assegurado sempre o franco acesso a elas e ao mar, em qualquer direção e sentido, ressalvados os trechos considerados de interesse da Segurança Nacional ou incluídos em áreas protegidas por legislação específica" (art. 10, *caput*, da Lei n. 7.661/88). São públicas também as praias marítimas das ilhas oceânicas e as costeiras, inclusive as ocupadas por particulares (arts. 20, IV, e 26, II, da CF). Essa norma está em harmonia com a Constituição Federal, ao afirmar que as praias são bens ambientais de uso comum do povo (art. 225, *caput*, da CF).

Vê-se, pois, que o uso das praias é livre a todas as pessoas. É proibida a demarcação e a privatização de parte das praias para uso restrito de hotéis, clubes, restaurantes ou quaisquer outras finalidades exclusivas de entidades particulares, impedindo o seu acesso.

O *acesso* às praias e ao mar deve ser em qualquer direção e sentido. Assim, não se pode restringir o acesso às praias a despeito de haver condomínio fechado ou qualquer outro estabelecimento de uso privativo dos seus usuários, podendo dar-se por helicóptero, veículos, barcos ou a pé, ou seja, por terra, mar e ar. A única exceção está prevista na própria lei, a qual impede o acesso dos trechos considerados de interesse da Segurança Nacional ou incluídos em áreas protegidas por legislação específica. Também não será permitida a urbanização ou qualquer forma de utilização do solo na zona costeira que impeça ou dificulte o acesso assegurado no *caput* do art. 10 da Lei n. 7.661/88.

## 7. PLANO NACIONAL DE GERENCIAMENTO COSTEIRO (PNGC)

O Plano Nacional de Gerenciamento Costeiro foi instituído, na esfera federal, pela Lei n. 7.661/88. Os Estados e Municípios, por outro lado, poderão instituir, mediante lei, os respectivos Planos Estaduais e Municipais de Gerenciamento Costeiro, observadas as normas e diretrizes do Plano Nacional (art. 5º, § 2º).

Esse Plano é parte integrante da Política Nacional para os Recursos do Mar (PNRM)[19] e da Política Nacional do Meio Ambiente (PNMA).

Dando-se cumprimento aos princípios e aos objetivos traçados pela Lei da Política Nacional do Meio Ambiente (arts. 1º, 2º e 4º da Lei n. 6.938/81), o Plano Nacional de Gerenciamento Costeiro deverá estabelecer os critérios para a utilização racional dos recursos naturais, objetivando a elevação da qualidade de vida da população e a proteção do patrimônio natural, histórico, étnico e cultural.

O Plano Nacional de Gerenciamento Costeiro poderá estabelecer critérios para a urbanização; ocupação e uso do solo, do subsolo e das águas; parcelamento e remembramento do solo; sistema viário e de transporte; sistema de produção, transmissão e distribuição de energia; habitação e saneamento básico; turismo, recreação e lazer; patrimônio natural, histórico, étnico, cultural e paisagístico (art. 5º, *caput*, da Lei n. 7.661/88).

Os planos estaduais e municipais, por seu turno, poderão estabelecer normas e diretrizes sobre o uso do solo, do subsolo e das águas, bem como limitações à utilização de imóveis, prevalecendo as disposições de natureza mais restritiva (art. 5º, § 2º, da Lei n. 7.661/88).

## 8. ESTUDO PRÉVIO DE IMPACTO AMBIENTAL (EPIA/RIMA) E LICENCIAMENTO

Para a construção, instalação, funcionamento e ampliação de atividades potencialmente nocivas ao meio ambiente da zona costeira será exigido o estudo prévio de impacto ambiental e seu respectivo relatório nos termos do art. 225, § 1º, IV, da CF. Também se exigirá esse estudo para a concessão de licença em caso de parcelamento e remembramento do solo que cause alteração das características da zona costeira, observando-se as normas contidas no Plano Nacional de Gerenciamento Costeiro e nas leis específicas federais, estaduais e municipais (art. 6º da Lei n. 7.661/88).

A falta do licenciamento ou o seu descumprimento poderá acarretar interdição, embargo ou demolição da obra (art. 6º, § 1º, da Lei n. 7.661/88).

## 9. USO SUSTENTÁVEL DOS APICUNS E SALGADOS

Várzeas, apicuns e salgados são resgatados como áreas de preservação permanente, evidenciando a importância da associação com o ecossistema mangue, que

---

19. *V.* Convenção das Nações Unidas sobre o Direito do Mar e a Proteção do Meio Ambiente, de 16 de novembro de 1994, e ratificada pelo Brasil por meio do Decreto n. 1.530, de 22 de junho de 1995.

assim passam a ser protegidos. Desta forma, o Brasil assume o compromisso de proteger as áreas úmidas em conformidade com as Convenções Internacionais.
Vejamos seus conceitos.

*Manguezal* é o ecossistema litorâneo que ocorre em terrenos baixos, sujeitos à ação das marés, formado por vasas lodosas recentes ou arenosas, às quais se associa, predominantemente, a vegetação natural conhecida como mangue, com influência fluviomarinha, típica de solos limosos de regiões estuarinas e com dispersão descontínua ao longo da costa brasileira, entre os Estados do Amapá e de Santa Catarina (art. 3º, XIII, da Lei n. 12.651/2012).

*Áreas úmidas* são os pantanais e superfícies terrestres cobertas de forma periódica por águas, cobertas originalmente por florestas ou outras formas de vegetação adaptadas à inundação (art. 3º, XXVI, da citada lei).

*Várzea de inundação ou planície de inundação* são as áreas marginais a cursos d'água sujeitas a enchentes e inundações periódicas (art. 3º, XXI, da citada lei).

*Apicuns* são as áreas de solos hipersalinos situadas nas regiões entremarés superiores, inundadas apenas pelas marés de sizígias, que apresentam salinidade superior a 150 (cento e cinquenta) partes por 1.000 (mil), desprovidas de vegetação vascular (art. 3º, XV, da citada lei).

*Salgados ou marismas tropicais hipersalinos* são as áreas situadas em regiões com frequências de inundações intermediárias entre marés de sizígias e de quadratura, com solos cuja salinidade varia entre 100 (cem) e 150 (cento e cinquenta) partes por 1.000 (mil), onde pode ocorrer a presença de vegetação herbácea específica (art. 3º, XIV, da citada lei).

Dispõe o art. 11-A da Lei n. 12.651/2012: "A Zona Costeira é patrimônio nacional, nos termos do § 4º do art. 225 da Constituição, devendo sua ocupação e exploração se dar de modo ecologicamente sustentável. § 1º Os apicuns e salgados podem ser utilizados em atividades de carcinicultura e salinas, desde que observados os seguintes requisitos: I — área total ocupada em cada Estado não superior a 10% (dez por cento) dessa modalidade de fitofisionomia no bioma amazônico e a 35% (trinta e cinco por cento) no restante do País, excluídas as ocupações consolidadas que atendam ao disposto no § 6º; II — salvaguarda da absoluta integridade dos manguezais arbustivos e dos processos ecológicos essenciais a eles associados, bem como da sua produtividade biológica e condição de berçário de recursos pesqueiros; III — licenciamento da atividade e das instalações pelo órgão ambiental estadual, cientificado o Instituto Brasileiro do Meio Ambiente e dos Recursos Naturais Renováveis — Ibama e, no caso de uso de terrenos de marinha ou outros bens da União, realizada regularização prévia da titulação perante a União; IV — recolhimento, tratamento e disposição adequados dos efluentes e resíduos; V — garantia da manutenção da qualidade da água e do solo, respeitadas as Áreas de Preservação Permanente; e VI — respeito às atividades tradicionais de sobrevivência das comunidades locais. § 2º A licença ambiental, na hipótese deste artigo, será de 5 (cinco) anos, renováveis apenas se o empreendedor cumprir as exigências da legislação ambiental e do próprio licenciamento, mediante comprovação anual inclusive por mídia fotográfica. § 3º São sujeitos à apresentação de Estudo Prévio de Impacto Ambiental — EPIA e Relatório de Impacto Ambiental — RIMA os novos empreendimentos: I — com área superior a 50 (cinquenta) hectares, vedada a fragmentação do projeto para ocultar ou camuflar seu porte; II — com área de até 50 (cinquenta) hectares, se potencialmente causadores de significativa degradação do meio ambiente; ou III — localizados em região com adensamento de empreendimentos de carcinicultura ou salinas cujo impacto afete áreas comuns. § 4º O órgão licenciador competente, mediante decisão motivada, poderá, sem prejuízo das sanções administrativas, civis e penais cabíveis, bem como do dever de recuperar os danos ambientais causados, alterar as condicionantes e as medidas de controle e adequação, quando ocorrer: I — descumprimento ou cumprimento inadequado das condicionantes ou medidas de controle previstas no licenciamento, ou desobediência às normas aplicáveis; II — fornecimento de informação falsa, dúbia ou enganosa, inclusive por omissão, em qualquer fase do licenciamento ou período de validade da licença; ou III — superveniência de informações sobre riscos ao meio ambiente ou à saúde pública. § 5º A ampliação da ocupação de apicuns e salgados respeitará o Zoneamento Ecológico-Econômico da Zona Costeira — ZEEZOC, com a individualização das áreas ainda passíveis de uso, em escala mínima de 1:10.000, que deverá ser concluído por cada Estado no prazo máximo de 1 (um) ano a partir da data de publicação desta Lei. § 6º É assegurada a regularização das atividades e empreendimentos de carcinicultura e salinas cuja ocupação e implantação tenham ocorrido antes de 22 de julho de 2008, desde que o empreendedor, pessoa física ou jurídica, comprove sua localização em apicum ou salgado e se obrigue, por termo de compromisso, a proteger a integridade dos manguezais arbustivos adjacentes. § 7º É vedada a manutenção, licenciamento ou regularização, em qualquer hipótese ou forma, de ocupação ou exploração irregular em apicum ou salgado, ressalvadas as exceções previstas neste artigo".

SEÇÃO II
*Ação civil pública e zona costeira*

1. **O MINISTÉRIO PÚBLICO PAULISTA MOVE AÇÃO CIVIL PÚBLICA CONTRA A DESCARACTERIZAÇÃO AMBIENTAL ESTÉTICA E PAISAGÍSTICA DOS COSTÕES DAS TARTARUGAS NO GUARUJÁ**

O Ministério Público do Estado de São Paulo logrou importante vitória, em reunião ordinária realizada pelo Conselho Estadual do Meio Ambiente (CONSEMA), em 24 de abril de 2007, sobre a inviabilidade de empreendimento na região costeira sem a avaliação de impacto ambiental (EPIA/RIMA), levando à reversão da tendência de aprovação e, consequentemente, ao retorno do projeto à Comissão de Avaliação de Impacto Ambiental.

A promotora de justiça, Dra. Cláudia Cecília Fedeli, representante do CONSEMA, sustentou a importância da consideração de aspectos estéticos, cênicos e paisagísticos, inclusive quanto a seus efeitos cumulativos, enquanto impactos ambientais relevantes que devem ser observados nos estudos técnicos que embasam os licenciamentos, nos termos do art. 3º da Lei de Política Nacional do Meio Ambiente.

Essa vitória foi respaldada no parecer elaborado pelo assistente técnico do Ministério Público Roberto Varjabedian e pelo laudo judicial elaborado para instruir a ação civil pública (Autos n. 51/86 — 1ª Vara do Guarujá, a cargo da colega Juliana de Souza Andrade), subscrito pelos professores Aziz Nacib Ab'Saber, Benedito Lima de Toledo e Cláudio Gomes. Em seu parecer, Roberto Varjabedian ressaltou que "o empreendedor, através de sua consultoria (MKR — EPIA/RIMA e resposta aos quesitos), optou por referendar elementos do laudo improcedente e infundado do Perito Álvaro Fernando de Almeida e de Carolina Herrera, mas não considerou e nem se manifestou sobre os elementos contidos no laudo pericial do processo n. 51/86 (Peritos: Benedito Lima de Toledo, Aziz Nacib Ab'Saber e José Cláudio Gomes). O empreendedor e o CPRN/DAIA deixaram sem resposta os questionamentos apresentados pelo Ministério Público com base neste último laudo pericial. Vê-se, através de figuras juntadas nos autos, a descaracterização ambiental, estética e paisagística observada na região dos Costões das Tartarugas. Note-se, além disso, que a crista do maciço ou a cimeira dos costões foi violentamente alterada para ceder lugar a projetos predatórios caracterizados pela construção de edifícios contíguos que vão gerando efeitos cumulativos nefastos em termos paisagísticos. A aprovação de mais um conjunto de blocos de edifícios na região, além de agravar o quadro atual, mantém a ameaça de continuidade de construções de vários pavimentos, ao longo da mesma crista, em direção a cotas mais elevadas, como é o caso do empreendimento ora em análise. A seta preta indica o conjunto de edifícios que foi objeto do processo n. 51/86 da Comarca do Guarujá. A seta vermelha indica o local onde se pretende implantar o Condomínio Penhasco das Tartarugas. Conclui o perito do Ministério Público, após aprofundada análise dos autos, que os aspectos levantados neste parecer, e em função dos elementos contidos nos autos da Ação Civil Pública n. 548/02 e no laudo judicial que instrui o processo n. 51/86 (Comarca de Guarujá), reiteram o posicionamento da Assistência Técnica do Ministério Público no sentido de que o empreendimento em tela, nos moldes propostos, configura verticalização e movimentação de terra inadequada para o contexto ambiental e paisagístico no qual se insere, não deve ser considerado ambientalmente viável e nem receber licenças para a sua execução"[20].

---

20. *Informativo do CAO-UMA* n. 53, 26 abr. 2007.

Não há dúvida de que a construção de edifícios acima de determinados limites e nos costões poderá descaracterizar completamente a região costeira, colocando em risco, sobretudo, as condições estéticas e paisagísticas do local.

## 2. INTERESSANTE DECISÃO SOBRE A NATUREZA JURÍDICA DOS MANGUEZAIS — JURISPRUDÊNCIA

Os manguezais situam-se na zona costeira. É um tipo de ecossistema "formado por uma associação muito especial de animais e plantas que vivem na faixa entremarés das costas tropicais baixas, ao longo dos estuários, deltas, águas salobras interiores, lagoas e lagunas". E se estendem por toda a costa brasileira, iniciando-se no cabo de Orange, Amapá, até o município de Laguna, Santa Catarina. A biodiversidade existente nos manguezais é muito rica e destaca-se pela exuberância das populações ali existentes. É um dos mais produtivos ambientes naturais do Brasil[21].

A decisão do STJ transcrita abaixo retrata bem a importância dos manguezais. "Processual Civil e Ambiental. Natureza jurídica dos manguezais e marismas. Terrenos de marinha. Área de Preservação Permanente. Aterro ilegal de lixo. Dano ambiental. Responsabilidade civil objetiva. Obrigação *propter rem*. Nexo de causalidade. Ausência de prequestionamento. Papel do juiz na implementação da legislação ambiental. Ativismo judicial. Mudanças climáticas. Desafetação ou desclassificação jurídica tácita. Súmula 282 do STF. Violação do art. 397 do CPC não configurada. Art. 14, § 1º, da Lei n. 6.938/1981.

1. Como regra, não viola o art. 397 do CPC a decisão que indefere a juntada de documentos que não se referem a fatos novos ou não foram apresentados no momento processual oportuno, ou seja, logo após a intimação da parte para se manifestar sobre o laudo pericial por ela impugnado.

2. Por séculos prevaleceu entre nós a concepção cultural distorcida que enxergava nos manguezais *lato sensu* (= manguezais *stricto sensu* e marismas) o modelo consumado do feio, do fétido e do insalubre, uma modalidade de patinho-feio dos ecossistemas ou antítese do Jardim do Éden.

3. Ecossistema-transição entre o ambiente marinho, fluvial e terrestre, os manguezais foram menosprezados, popular e juridicamente, e por isso mesmo considerados terra improdutiva e de ninguém, associados à procriação de mosquitos transmissores de doenças graves, como a malária e a febre amarela. Um ambiente desprezível, tanto que ocupado pela população mais humilde, na forma de palafitas, e sinônimo de pobreza, sujeira e párias sociais (como zonas de prostituição e outras atividades ilícitas).

---

21. Maria Luiza Machado Granziera, *Direito ambiental*, cit., p. 149.

4. Dar cabo dos manguezais, sobretudo os urbanos em época de epidemias, era favor prestado pelos particulares e dever do Estado, percepção incorporada tanto no sentimento do povo como em leis sanitárias promulgadas nos vários níveis de governo.

5. Benfeitor-modernizador, o adversário do manguezal era incentivado pela Administração e contava com a leniência do Judiciário, pois ninguém haveria de obstaculizar a ação de quem era socialmente abraçado como exemplo do empreendedor a serviço da urbanização civilizadora e do saneamento purificador do corpo e do espírito.

6. Destruir manguezal impunha-se como recuperação e cura de uma anomalia da Natureza, convertendo a aberração natural — pela humanização, saneamento e expurgo de suas características ecológicas — no Jardim do Éden de que nunca fizera parte.

7. No Brasil, ao contrário de outros países, o juiz não cria obrigações de proteção do meio ambiente. Elas jorram da lei, após terem passado pelo crivo do Poder Legislativo. Daí não precisarmos de juízes ativistas, pois o ativismo é da lei e do texto constitucional. Felizmente nosso Judiciário não é assombrado por um oceano de lacunas ou um festival de meias-palavras legislativas. Se lacuna existe, não é por falta de lei, nem mesmo por defeito na lei; é por ausência ou deficiência de implementação administrativa e judicial dos inequívocos deveres ambientais estabelecidos pelo legislador.

8. A legislação brasileira atual reflete a transformação científica, ética, política e jurídica que reposicionou os manguezais, levando-os da condição de risco à saúde pública ao patamar de ecossistema criticamente ameaçado. Objetivando resguardar suas funções ecológicas, econômicas e sociais, o legislador atribuiu-lhes o regime jurídico de Área de Preservação Permanente.

9. É dever de todos, proprietários ou não, zelar pela preservação dos manguezais, necessidade cada vez maior, sobretudo em época de mudanças climáticas e aumento do nível do mar. Destruí-los para uso econômico direto, sob o permanente incentivo do lucro fácil e de benefícios de curto prazo, drená-los ou aterrá-los para a especulação imobiliária ou exploração do solo, ou transformá-los em depósito de lixo caracterizam ofensa grave ao meio ambiente ecologicamente equilibrado e ao bem-estar da coletividade, comportamento que deve ser pronta e energicamente coibido e apenado pela Administração e pelo Judiciário.

10. Na forma do art. 225, *caput*, da Constituição de 1988, o manguezal é bem de uso comum do povo, marcado pela imprescritibilidade e inalienabilidade. Logo, o resultado de aterramento, drenagem e degradação ilegais de manguezal não se equipara ao instituto do acrescido a terreno de marinha, previsto no art. 20, inciso VII, do texto constitucional.

11. É incompatível com o Direito brasileiro a chamada desafetação ou desclassificação jurídica tácita em razão do fato consumado.

12. As obrigações ambientais derivadas do depósito ilegal de lixo ou resíduos no solo são de natureza *propter rem*, o que significa dizer que aderem ao título e se transferem ao futuro proprietário, prescindindo-se de debate sobre a boa ou má-fé do adquirente, pois não se está no âmbito da responsabilidade subjetiva, baseada em culpa.

13. Para o fim de apuração do nexo de causalidade no dano ambiental, equiparam-se quem faz, quem não faz quando deveria fazer, quem deixa fazer, quem não se importa que façam, quem financia para que façam, e quem se beneficia quando outros fazem.

14. Constatado o nexo causal entre a ação e a omissão das recorrentes com o dano ambiental em questão, surge, objetivamente, o dever de promover a recuperação da área afetada e indenizar eventuais danos remanescentes, na forma do art. 14, § 1º, da Lei 6.938/81.

15. Descabe ao STJ rever o entendimento do Tribunal de origem, lastreado na prova dos autos, de que a responsabilidade dos recorrentes ficou configurada, tanto na forma comissiva (aterro), quanto na omissiva (deixar de impedir depósito de lixo na área). Óbice da Súmula 7/STJ.

16. Recurso Especial parcialmente conhecido e, nessa parte, não provido" (STJ, 2ª T., v.u., REsp 650.728-SC, rel. Min. Herman Benjamin, j. 23-10-2007, *DJe* 2 dez. 2009).

## 3. INFRAÇÕES ADMINISTRATIVAS E PENAIS

As infrações administrativas estão arroladas nos arts. 61, 62, III, V, VI, VII e VIII, e 67 do Decreto n. 6.514/2008, e as penais, no art. 54, IV e V, da Lei n. 9.605/98.

## Capítulo X
### Ministério Público e Meio Ambiente Natural

## ATUAÇÃO DO MINISTÉRIO PÚBLICO NA PROTEÇÃO DO MEIO AMBIENTE NATURAL

O Ministério Público, com o advento da Constituição Federal, passou a exercer a função de defesa da ordem jurídica, do regime democrático e dos interesses sociais e individuais indisponíveis e, por via de consequência, da proteção do meio ambiente natural, possibilitando-lhe ainda a instauração de inquérito civil e a promoção da ação civil pública. Além disso, o Ministério Público poderá firmar compromisso de ajustamento de conduta com o degradador do meio ambiente natural.

Com base nessas funções institucionais, o Ministério Público do Estado de São Paulo criou as Promotorias de Justiça do Meio Ambiente para atuar na proteção dos bens de interesses difusos, coletivos, sociais e individuais indisponíveis relacionados com a qualidade ambiental, patrimônio florestal e genético, solo, água, ar, fauna, zona costeira etc. Além das promotorias especializadas, o Ministério Público também criou o Centro de Apoio Operacional Cível e de Tutela Coletiva, antigo Centro de Apoio Operacional de Urbanismo e Meio Ambiente (CAO-UMA) com a finalidade de dar apoio logístico, material e estimular a integração e o intercâmbio entre órgãos de execução das Promotorias de Justiça do Meio Ambiente de todo o Estado.

# TÍTULO VI
# Tutela do Meio Ambiente Cultural

## CAPÍTULO I
## PROTEÇÃO LEGAL

### 1. MEIO AMBIENTE CULTURAL

Além do meio ambiente natural, devemos proteger também o meio ambiente cultural. Trata-se de uma criação humana que se expressa em suas múltiplas facetas sociais. A cultura, do ponto de vista antropológico, constitui o elemento identificador das sociedades humanas e engloba a língua pela qual o povo se comunica, transmite suas histórias e externa suas poesias, a forma como prepara seus alimentos, o modo como se veste e as edificações que lhe servem de moradia, assim como suas crenças, sua religião, o conhecimento e o saber fazer as coisas (*know-how*), seu direito. Os instrumentos de trabalho, as armas e as técnicas agrícolas fazem parte da cultura de um povo, bem como suas lendas, adornos e canções, as manifestações indígenas etc.[1]

O patrimônio cultural, como se vê, é formado por uma gama diversificada de produtos e subprodutos provenientes da sociedade. Esse patrimônio deve ser protegido em razão do seu valor cultural, pois constitui a memória de um país. Não se trata de interesse particular. O "interesse histórico e artístico responde a um particular complexo de exigências espirituais cuja satisfação integra os fins do Estado. É, em substância, uma especial qualificação do interesse geral da coletividade, como o interesse à sanidade, à moralidade, à ordem pública etc."[2]

Tanto é fato que a própria Constituição Federal resolveu protegê-lo para as presentes e futuras gerações. Assim, *meio ambiente cultural* é uma das espécies do meio ambiente ecologicamente equilibrado previsto no art. 225 da CF. Considera-se meio ambiente cultural o *patrimônio cultural nacional*, incluindo as relações culturais, turísticas, arqueológicas, paisagísticas e naturais. Esse patrimônio está previsto nos arts. 215 e 216 da CF.

---

1. Carlos Frederico Marés de Souza Filho, *Bens culturais e sua proteção jurídica*, Curitiba, Juruá, 2006, p. 15.

2. José Renato Nalini, A preservação da memória cultural, *O Estado de S. Paulo*, 8 ago. 1985, p. 45.

Protege-se, como se vê, o patrimônio cultural, ou seja, aquilo que possui valor histórico, artístico, arqueológico, turístico, paisagístico e natural. Nem todo bem natural deve ser protegido, caso contrário impedir-se-ia o desenvolvimento da própria humanidade e do meio ambiente. Todo bem objeto de tombamento, por exemplo, deve ser submetido à apreciação de um conselho federal, estadual ou municipal, o qual emitirá parecer que avaliará se o bem (material ou imaterial) possui ou não valor cultural. Ou seja, para que o bem venha a ser incluído como patrimônio cultural é preciso que seja portador de referência à identidade, à ação, à memória dos diferentes grupos formadores da nacionalidade ou da sociedade brasileiras.

Com base no parecer ou laudo cuja elaboração cabe ao colegiado criado pelo Poder Público federal, estadual ou municipal é que o bem cultural se submeterá ao procedimento administrativo de tombamento, se for o caso.

## 2. INSTRUMENTOS LEGAIS DE DEFESA DO MEIO AMBIENTE CULTURAL

Compete à União, aos Estados e ao Distrito Federal legislar sobre a proteção do patrimônio histórico, cultural, artístico, turístico e paisagístico (art. 24, VII, da CF). Esse dispositivo permite que a União legisle sobre a matéria relacionada ao patrimônio cultural, estabelecendo normas de caráter geral. Os Estados e o Distrito Federal poderão legislar supletivamente, respeitando as normas de caráter geral da União. Inexistindo tal norma, os Estados e o Distrito Federal poderão legislar plenamente. Compete ainda aos Municípios promover a proteção do patrimônio histórico-cultural local, observadas a legislação e a ação fiscalizadora federal e estadual (art. 30, IX, da CF).

A competência legislativa difere da competência comum prevista no art. 23 da CF. Diz esse dispositivo ser competência da União, dos Estados, do Distrito Federal e dos Municípios proteger os documentos, as obras e outros bens de valor histórico, artístico e cultural, os monumentos, as paisagens naturais notáveis e os sítios arqueológicos (art. 23, III, da CF). O artigo procura estabelecer critérios para a cooperação administrativa entre os entes da Federação, impedindo a ocorrência de sobreposição de normas antagônicas que disciplinem a mesma matéria.

Note-se que o art. 216 da CF, além de definir patrimônio cultural, estabeleceu as diretrizes para a sua proteção, indicando um dos instrumentos de sua proteção, que é o tombamento. Vê-se, pois, que este foi elevado a nível constitucional. O dispositivo, por sua vez, recepcionou o Decreto-Lei n. 25/37, que organiza a proteção do patrimônio histórico e artístico nacional.

A Lei n. 11.645, aprovada no dia 10 de março de 2008, altera a Lei n. 9.394, de 20 de dezembro de 1996, modificada pela Lei n. 10.639, de 9 de janeiro de 2003, que estabelece as diretrizes e bases da educação nacional, para incluir no currículo oficial da rede de ensino a obrigatoriedade da temática "História e Cultura Afro--Brasileira e Indígena". Referida lei acrescentou à Lei n. 9.394/96 o art. 26-A, que reza: "Nos estabelecimentos de ensino fundamental e de ensino médio, públicos e privados, torna-se obrigatório o estudo da história e cultura afro-brasileira e indígena. § 1º O conteúdo programático a que se refere este artigo incluirá diversos aspectos da história e da cultura que caracterizam a formação da população brasileira, a partir desses dois grupos étnicos, tais como o estudo da história da África e dos africanos, a luta dos negros e dos povos indígenas no Brasil, a cultura negra e indígena brasileira e o negro e o índio na formação da sociedade nacional, resgatando as suas contribuições nas áreas social, econômica e política, pertinentes à história do Brasil. § 2º Os conteúdos referentes à história e cultura afro-brasileira e dos povos indígenas brasileiros serão ministrados no âmbito de todo o currículo escolar, em especial nas áreas de educação artística e de literatura e história brasileiras".

O governo federal, além disso, implantou o Programa Nacional de Apoio à Cultura — PRONAC, instituído pelo Decreto n. 1.494, de 17 de maio de 1995, que regulamentou a Lei n. 8.313, de 23 de dezembro de 1991.

## 3. PATRIMÔNIO CULTURAL NACIONAL

A Constituição Federal conceituou patrimônio cultural nacional como "os bens de natureza material e imaterial, tomados individualmente ou em conjunto, portadores de referência à identidade, à ação, à memória dos diferentes grupos formadores da sociedade brasileira, nos quais se incluem: I — as formas de expressão; II — os modos de criar, fazer e viver; III — as criações científicas, artísticas e tecnológicas; IV — as obras, objetos, documentos, edificações e demais espaços destinados às manifestações artístico-culturais; V — os conjuntos urbanos e sítios de valor histórico, paisagístico, artístico, arqueológico, paleontológico, ecológico e científico" (art. 216, I a V, da CF).

José Afonso da Silva, com fundamento nos arts. 5º, IX, 215 e 216 da CF, arrola os seguintes direitos da cultura: a) liberdade de expressão da atividade intelectual, artística e científica; b) direito de criação cultural, compreendidas as criações artísticas, científicas e tecnológicas; c) direito de acesso às fontes da cultura nacional; d) direito de difusão das manifestações culturais; e) direito de proteção às manifestações culturais populares, indígenas e afro-brasileiras e de outros grupos participantes do processo civilizatório nacional; f) direito-dever estatal de formação do patrimônio cultural brasileiro e de proteção dos bens de cultura — que, assim, ficam sujeitos a um regime jurídico especial, como forma de propriedade de interesse público[3].

---

3. *Ordenação constitucional da cultura*, São Paulo, Malheiros Ed., 2001, p. 51-2.

Percebe-se que o texto constitucional consagra o pluralismo cultural decorrente da interação dinâmica dos diversos segmentos sociais, dando ênfase não apenas aos bens que ostentam valor econômico intrínseco, mas a todos os que, materiais ou imateriais, sendo reflexo de nossa identidade, ação e memória, guardem referência com a cultura brasileira, formando o que podemos identificar como meio ambiente cultural nacional[4].

Ressalte-se ainda que o art. 1º do Decreto-Lei n. 25, de 30 de novembro de 1937, também define patrimônio cultural nacional como "o conjunto de bens móveis e imóveis existentes no país e cuja conservação seja de interesse público, quer por sua vinculação a fatos memoráveis da história do Brasil, quer por seu excepcional valor arqueológico ou etnológico, bibliográfico ou artístico".

No entanto, o conceito de patrimônio cultural nacional é amplo e abrange uma gama enorme de bens móveis e imóveis importantes para a cultura nacional. Obras de arte, monumentos históricos, artísticos, arqueológicos, arquitetônicos, arquivísticos, bibliográficos, científicos, ecológicos, etnográficos, museológicos, paisagísticos, paleontológicos, urbanísticos etc. Para o nosso campo de estudo importa a proteção do patrimônio natural e artificial de valor histórico, artístico, paisagístico, turístico, ecológico etc., ou seja, a proteção do patrimônio ligado ao meio ambiente cultural e artificial relevante.

Protegem-se também as cavidades naturais subterrâneas existentes no território nacional, de modo a permitir estudos e pesquisas de ordem técnico-científica, bem como atividades de cunho espeleológico étnico-cultural, turístico, recreativo e educativo. "Entende-se por cavidade natural subterrânea todo e qualquer espaço subterrâneo acessível pelo ser humano, com ou sem abertura identificada, popularmente conhecido como caverna, gruta, lapa, toca, abismo, furna ou buraco, incluindo seu ambiente, conteúdo mineral e hídrico, a fauna e a flora ali encontrados e o corpo rochoso onde os mesmos se inserem, desde que tenham sido formados por processos naturais, independentemente de suas dimensões ou tipo de rocha encaixante" (art. 1º, parágrafo único, do Decreto federal n. 6.640, de 13-11-2008).

A Constituição Federal reconhece ainda a organização social dos índios, seus costumes, línguas, crenças, tradições e os direitos originários sobre as terras que tradicionalmente ocupam (art. 231). O sistema cultural brasileiro também reconhece as influências dos imigrantes, especialmente italianos, alemães e japoneses, referências que, uma vez incorporadas ao processo civilizatório nacional, recebem proteção constitucional[5].

---

4. Danilo Fontenele Sampaio Cunha, *Patrimônio cultural* — proteção legal e constitucional, Rio de Janeiro, Letra Legal, 2004, p. 83-4.

5. Danilo Fontenele Sampaio Cunha, *Patrimônio cultural*, cit., p. 84-5.

Esse rol é exemplificativo, incluindo outros bens de valor relevante para o meio ambiente cultural.

Incumbe ao Poder Público proteger o patrimônio cultural brasileiro por meio de inventários, registros, vigilância, *tombamento* e desapropriação (art. 216, § 1º, da CF).

## 4. INVENTÁRIO, REGISTRO, VIGILÂNCIA E DESAPROPRIAÇÃO

O tombamento ambiental é o instrumento mais importante para proteger um bem cultural (bem imóvel), mas não é o único. Temos além dele o inventário, o registro, a vigilância e a desapropriação.

*Inventário* é um dos instrumentos de proteção do meio ambiente cultural, mas precisa ser regulamentado. Compete, assim, aos órgãos públicos (federal, estaduais e municipais) realizar o inventário de todos os bens materiais e imateriais, independentemente do tombamento, como fonte de conhecimento nacional, regional ou local. O inventário tem por característica guardar as informações mais importantes da memória do país. O regulamento é importante para estabelecer os efeitos dos bens eventualmente arrolados no inventário. Entendemos que os bens ali inseridos poderão ser prenúncio de um futuro tombamento. Há, além disso, vários textos legais que se referem a inventário, tais como: a) os incisos VII, VIII, XI e XII do art. 9º da Lei n. 6.938/81 (Lei da Política Nacional do Meio Ambiente); b) os §§ 1º e 2º do art. 6º da Lei n. 6.513/77 (dispõe sobre áreas especiais e locais de interesse turístico); e c) os itens 1, 2, 3 e 4 do art. 11 da Convenção Relativa à Proteção do Patrimônio Mundial, Cultural e Natural, aprovada em 1972.

*Registro*, por sua vez, é outro instrumento de tutela do meio ambiente cultural que pretende dar proteção maior aos bens culturais do que o inventário e menor do que o tombamento. Pretende-se registrar todos os bens culturais imateriais, nos termos do Decreto n. 3.551/2000. Não há ainda regulamentação semelhante à do inventário. Há alguns textos legais que se referem a registro: a) arts. 6º, 7º, 16 e 27 da Lei n. 3.924/61 (dispõe sobre os monumentos arqueológicos e pré-históricos); e b) arts. 13 e 26 do Decreto-Lei n. 25/37 (dispõe sobre a organização e proteção do patrimônio histórico e artístico nacional).

A *vigilância*, como mais um instrumento de tutela do meio ambiente cultural, permite que o Poder Público competente realize inspeção e fiscalize os bens culturais em sua plenitude, podendo adentrar nos imóveis e realizar as vistorias antes ou depois do tombamento para constatar se o bem é portador de valor cultural ou se está sendo corretamente preservado. Citamos como exemplos o art. 20 do Decreto-Lei n. 25/37, o art. 4º do Decreto n. 99.556/90 (dispõe sobre a proteção das cavidades naturais subterrâneas existentes no território nacional) e o art. 23, III, IV, V e VI, da CF.

*Desapropriação*, por fim, é a aquisição compulsória do bem pertencente ao proprietário mediante o pagamento de seu valor integral, prévio e em dinheiro pela transferência do seu domínio ao Poder Público. A desapropriação só ocorre em casos excepcionais, quando o Poder Público quer dar ao bem destinação cultural. Seu fundamento legal encontra-se nos arts. 1º e 2º, VIII, da Lei n. 4.132/62, art. 32 da Lei n. 6.513/77 e alíneas *k, l* e *m* do art. 5º do Decreto-Lei n. 3.365/41.

No entanto, o instrumento mais conhecido e adotado é o tombamento.

# Capítulo II
## Tombamento

### 1. INTRODUÇÃO

*Tombamento* é o instrumento jurídico de tutela do patrimônio histórico, artístico, cultural, arqueológico, paisagístico e natural. Entende-se por tombamento a "restrição administrativa realizada pelo Estado, em face do interesse da cultura e da proteção do patrimônio histórico e artístico nacional, proibindo demolição ou modificação de prédios tidos como monumentos históricos e exigindo que seus reparos obedeçam à sua caracterização"[1].

O *tombamento ambiental*, por sua vez, é um instrumento administrativo utilizado para proteger bens imóveis dotados de valor cultural ou natural. Não se protege por meio do tombamento apenas o meio ambiente cultural, mas também "os monumentos naturais bem como os sítios e paisagens que importe conservar e proteger pela feição notável com que tenham sido dotados pela natureza ou agenciados pela indústria humana" (art. 1º, § 2º, do Dec.-Lei n. 25/37).

*Tombar* é o ato de registrar o tombamento no Livro n. 3 do Registro de Imóveis, bem como no Livro do Tombo Arqueológico, Etnológico e Paisagístico, Livro do Tombo Histórico, Livro do Tombo das Belas Artes, Livro do Tombo das Artes Aplicadas (art. 4º do Dec.-Lei n. 25/37) e Livro do Tombo das Artes Populares no Estado de São Paulo.

### 2. NATUREZA JURÍDICA DO TOMBAMENTO E DO BEM TOMBADO

*Tombamento*, como já vimos, é um instrumento jurídico de tutela do patrimônio cultural nacional (brasileiro) previsto na Constituição Federal (art. 216, § 1º). Assim, o patrimônio cultural integra o meio ambiente por ser um bem de uso comum do povo, cuja proteção tem por finalidade a preservação e a conservação da memória nacional. Trata-se, pois, de uma limitação administrativa da propriedade privada ou pública.

O *bem tombado*, por seu turno, tinha por natureza o interesse público, consoante se verifica no art. 1º do Decreto-Lei n. 25/37. No entanto, com o advento da

---
1. Maria Helena Diniz, *Dicionário*, cit., p. 579.

Constituição Federal o bem tombado deixou de ser um bem de interesse público. Trata-se de bem de uso comum do povo, ou seja, um bem difuso.

## 3. ÓRGÃOS RESPONSÁVEIS PELO TOMBAMENTO

O art. 215, *caput*, da CF reza que "o Estado garantirá a todos o pleno exercício dos direitos culturais e acesso às fontes da cultura nacional, e apoiará e incentivará a valorização e a difusão das manifestações culturais". Assim, o Estado, por meio de seus órgãos competentes, deverá amparar a cultura. Tal amparo poderá acontecer na esfera federal, estadual e municipal. É o poder de polícia de cada ente da Federação que determinará os critérios para o tombamento, devendo, cada um deles, realizar o tombamento de seus próprios bens ou de bens particulares. A legislação previu a existência de um órgão colegiado nas três esferas: na *esfera federal*, o Conselho Consultivo do IPHAN; na *esfera estadual*, o Conselho Consultivo do CONDEPHAAT[2]; e na *esfera local*, o Conselho Consultivo do CONPRESP. Esses órgãos colegiados impedem que haja arbítrio por parte do Poder Público competente na determinação do bem objeto de tombamento.

O Poder Público, *com a colaboração da comunidade*, promoverá e protegerá o patrimônio cultural brasileiro, por meio de inventários, registros, vigilância, tombamento e desapropriação e de outras formas de acautelamento e preservação (art. 216, § 1º, da CF).

Vê-se, pois, por meio desse dispositivo que não só o Poder Público, mas também a comunidade, poderá promover e proteger o patrimônio cultural nacional. Assim, qualquer pessoa poderá dirigir-se ao órgão público competente na esfera federal, estadual ou municipal e comunicar a degradação de um bem tombado ou, inclusive, requerer o tombamento de determinado bem de valor histórico, artístico ou cultural. O cidadão também poderá acompanhar perante o órgão público ou peticionar perante o Judiciário, visando à anulação de ato lesivo ao patrimônio público histórico, artístico e natural praticado pela União, Estados ou Municípios.

A atuação da comunidade é necessária por ser ela a principal "beneficiária dos bens culturais, mais do que ninguém tem legitimidade para identificar um valor cultural, que não precisa ser apenas artístico, arquitetônico ou histórico, mas também estético ou simplesmente afetivo. A identificação ou simpatia da comunidade por

---

2. Registre-se, a título ilustrativo, que o CAO-UMA disponibilizou o arquivo digital com a listagem dos bens tombados pelo CONDEPHAAT, o qual ainda divulgou, em 16 de março de 2007, a listagem dos processos em trâmite perante este órgão até abril de 2005, num total de 326 processos em andamento, 397 processos de estudo de tombamento em andamento, 341 processos de bens tombados e 20 processos de bens tombados e não homologados (o Processo n. 24.929/86 foi contado uma única vez, mas trata do tombamento de 129 escolas).

determinado bem pode representar uma prova de valor cultural bastante superior àquela obtida através de dezenas de laudos técnicos plenos de erudição, mas muitas vezes vazios de sensibilidade. Além de significar, por si só, uma maior garantia para sua efetiva conservação"[3].

Na esfera federal, o órgão competente para dar início ao procedimento administrativo de tombamento é o IPHAN, cuja decisão, em caso de recurso, será do Ministro da Cultura. Cabe recurso dessa decisão ao Presidente da República (artigo único do Dec.-Lei n. 3.866, de 29-11-1941)[4].

Na esfera estadual, o órgão competente para iniciar o procedimento administrativo de tombamento é o CONDEPHAAT, cuja decisão é do Secretário da Cultura. Cabe recurso desta última decisão ao Governador do Estado (art. 143, § 3º, do Dec.-Lei n. 13.426, de 16-3-1979)[5].

Na esfera municipal, o órgão competente para iniciar o procedimento de tombamento é o CONPRESP (Lei n. 8.777, de 14-9-1978).

## 4. BENS SUJEITOS AO TOMBAMENTO

O tombamento pode ser executado pela União, Estados, Distrito Federal e Municípios, podendo recair em bens particulares e públicos. É possível o tombamento concomitante de um mesmo bem praticado pelos Poderes Públicos da Federação.

O critério para a escolha do bem a ser tombado deve respeitar as normas legais. Esse critério não fica ao alvedrio do órgão público. O bem a ser tombado tem de possuir um valor relevante para a comunidade. É a preservação e conservação da memória nacional, estadual e municipal.

É possível, ainda, que, por falta de verbas para a manutenção e conservação do bem tombado, haja a transferência desses bens para os Estados ou a União.

No entanto, a responsabilidade pela conservação do bem tombado não é só do Poder Público. O seu proprietário também deve realizar as reformas necessárias do bem.

### 4.1. Bem público

O bem pertencente ao Poder Público poderá ser tombado *de ofício*. Assim, o "tombamento dos bens pertencentes à União, aos Estados e aos Municípios se fará de ofício, por ordem do Diretor do Serviço do Patrimônio Histórico e Artístico

---

3. Paulo Affonso Leme Machado, *Direito*, cit., p. 753.
4. Édis Milaré, *Direito do ambiente*, cit., p. 402.
5. Paulo Affonso Leme Machado, *Direito*, cit., p. 753.

Nacional, mas deverá ser notificado à entidade a quem pertencer ou sob cuja guarda estiver a coisa tombada, a fim de produzir os necessários efeitos" (art. 5º do Dec.-Lei n. 25/37).

A entidade a quem pertencer o bem objeto do tombamento deverá ser notificada ou comunicada.

### 4.2. Bem privado

Já o tombamento do bem pertencente "à pessoa natural ou à pessoa jurídica de direito privado se fará *voluntária* ou *compulsoriamente*" (art. 6º do Dec.-Lei n. 25/37). Tombamento *voluntário* é o tombamento consensual ou aquele em que o proprietário consente por escrito ou simplesmente pede para que seu próprio bem seja tombado (art. 7º do Dec.-Lei n. 25/37). Tombamento *compulsório* se fará quando o proprietário se recusar a anuir à inscrição do bem (art. 8º do Dec.-Lei n. 25/37).

### 5. PROCEDIMENTO ADMINISTRATIVO DO TOMBAMENTO

O procedimento administrativo do tombamento inicia-se com a identificação do bem ou dos bens de valor cultural cuja proteção é importante para a preservação da memória nacional, estadual ou municipal. Deve o Poder Público realizar um plano para a realização do tombamento, que poderá recair sob um único bem ou um conjunto de bens com as mesmas características.

Em nível federal, o tombamento tem início com a proposta de inscrição do IPHAN, identificando o bem e sua importância, cuja proposta deverá ser fundamentada (art. 7º do Dec.-Lei n. 25/37).

Em nível estadual, o tombamento tem início com a proposta de inscrição do CONDEPHAAT, identificando o bem a ser tombado (art. 2º, parágrafo único, I, da Lei n. 10.247, de 22-10-1968)[6].

O *tombamento administrativo voluntário* ocorre se o proprietário pedir diretamente ao órgão competente que seu imóvel seja tombado e se a coisa se revestir dos requisitos necessários para constituir parte integrante do patrimônio histórico e artístico nacional ou estadual, a juízo do Conselho Consultivo do IPHAN, ou se o proprietário anuir, por escrito, à notificação apresentada, que se lhe fizer, para a inscrição da coisa em qualquer dos Livros do Tombo (art. 7º do Dec.-Lei n. 25/37).

O *tombamento administrativo compulsório* ocorre quando o órgão competente notificar o proprietário dentro do prazo de quinze dias, a contar do recebimento da notificação, para anuir ou, se o quiser impugnar, oferecendo as razões de sua impug-

---

6. Paulo Affonso Leme Machado, *Direito*, cit., p. 751.

nação (art. 9º, item 1, do Dec.-Lei n. 25/37). Não havendo impugnação dentro do prazo citado, o Diretor do IPHAN, por simples despacho, determinará a inscrição do bem no Livro do Tombo (art. 9º, n. 2, do Dec.-Lei n. 25/37). Havendo impugnação dentro do prazo legal, o órgão competente terá o prazo de quinze dias para sustentar a decisão.

Ressalte-se ainda que a decisão final, na esfera federal, não é mais decidida pelo Conselho Consultivo do IPHAN, mas pelo Ministro da Cultura, cabendo, desta última decisão, recurso ao Presidente da República. Na esfera estadual, a decisão sobre o tombamento é decidida pelo Secretário da Cultura, cabendo recurso, deste último, para o Governador do Estado.

## 6. CARACTERÍSTICAS DO TOMBAMENTO

### 6.1. Tombamento instituído por lei, por ato do Poder Executivo ou por decisão judicial

O *tombamento instituído por lei* é aquele regulamentado por lei federal, estadual ou municipal proveniente do Poder Legislativo de cada ente da Federação. Apesar de o tombamento ser um ato tipicamente administrativo, nada impede que seja criado por lei.

No entanto, uma vez estabelecido o tombamento por lei, somente outra norma de igual hierarquia poderá revogá-lo. A vantagem do tombamento criado por lei é tornar mais difícil o seu desfazimento.

O *tombamento instituído por ato administrativo* é aquele criado por determinação proveniente do Poder Executivo federal, estadual ou municipal. A iniciativa decorre de prévio parecer do Conselho Consultivo do IPHAN, que é homologado pelo Ministro da Cultura (arts. 1º da Lei n. 6.292, de 15-12-1975, e 3º do Dec. federal n. 91.144, de 15-3-1985)[7].

O *tombamento por decisão judicial* ocorre quando qualquer pessoa do povo propõe a competente ação coletiva (ação civil pública ou ação popular) com o fim de pleitear, perante o Judiciário, que se declare o bem em questão de valor cultural, portanto, passível de tombamento.

### 6.2. Tombamento provisório e definitivo

O *tombamento provisório* ocorre com a abertura do procedimento administrativo, dando-se conhecimento ao proprietário com a notificação ou com a inscrição

---
7. Paulo Affonso Leme Machado, *Direito*, cit., p. 749.

do bem no competente Livro do Tombo (art. 10 do Dec.-Lei n. 25/37). Também pode ser provisório quando for concedida liminar em ação coletiva.

O *tombamento definitivo* ocorre quando o bem de propriedade particular for transcrito, para os devidos efeitos, em livros a cargo dos ofícios do registro de imóveis e averbado ao lado da transcrição do domínio. Em outras palavras, ele só se torna definitivo com a homologação pelo órgão público competente e com o registro realizado no Livro n. 3 do Cartório de Registro de Imóveis (art. 13 do Dec.-Lei n. 25/37).

Jurisprudência — *Tombamento provisório é equiparado ao definitivo*. Cuida-se de ação civil pública ajuizada pelo Instituto do Patrimônio Histórico e Artístico Nacional — IPHAN em face do proprietário de imóvel localizado no Centro Histórico de Cuiabá-MT, buscando a demolição e reconstrução de bem aviltado. O tribunal *a quo* considerou regular a demolição do bem imóvel ao fundamento de que somente o ato formal de tombamento inscrito no livro próprio do Poder Público competente e concretizado pela homologação realizada em 4/11/1992 é que estabeleceu a afetação do bem, momento em que já não mais existia o prédio de valor histórico, e sim um de características modernas. No Recurso Especial, insurge-se o IPHAN argumentando que o tombamento provisório tem o mesmo efeito de proteção que a restrição cabível ao definitivo. A controvérsia diz respeito à eficácia do tombamento provisório. A Turma entendeu, entre outras considerações, que o ato de tombamento, seja ele provisório ou definitivo, tem por finalidade preservar o bem identificado como de valor cultural, contrapondo-se, inclusive, aos interesses da propriedade privada, não só limitando o exercício dos direitos inerentes ao bem, mas também obrigando o proprietário a tomar as medidas necessárias à sua conservação. O tombamento provisório, portanto, possui caráter preventivo e assemelha-se ao definitivo quanto às limitações incidentes sobre a utilização do bem tutelado, nos termos do parágrafo único do art. 10 do DL n. 25/1937. O valor cultural do bem é anterior ao próprio tombamento. A diferença é que, não existindo qualquer ato do Poder Público que formalize a necessidade de protegê-lo, descaberia responsabilizar o particular pela não conservação do patrimônio. O tombamento provisório, portanto, serve como um reconhecimento público da valoração inerente ao bem. As coisas tombadas não poderão, nos termos do art. 17 do DL n. 25/1937, ser destruídas, demolidas ou mutiladas. O descumprimento do aludido preceito legal enseja, via de regra, o dever de restituir a coisa ao *status quo ante*. Excepcionalmente, sendo inviável o restabelecimento do bem ao seu formato original, autoriza-se a conversão da obrigação em perdas e danos. Assim, a Turma deu parcial provimento ao recurso, determinando a devolução dos autos ao tribunal *a quo* para que prossiga o exame da apelação do IPHAN. Precedente citado: RMS 8.252-SP, *DJ* 24/2/2003 (REsp 753.534-MT, rel. Min. Castro Meira, j. 25-10-2011, *Informativo* n. 152).

### 6.3. Alienação do bem tombado

Os bens tombados pela União, Estados ou Municípios são inalienáveis por natureza (art. 11 do citado decreto-lei).

No entanto, o tombamento não impede a transferência do bem pelo proprietário a terceiro interessado. Em se tratando de "alienação onerosa de bens tombados pertencentes a pessoas naturais ou a pessoas jurídicas de direito privado, a União, os Estados e os Municípios terão, nesta ordem, o direito de preferência" (art. 22 do Dec.-Lei n. 25/37). Isso pode acontecer desde que o proprietário ofereça o bem pelo mesmo preço ao Poder Público, notificando-o por intermédio de seus responsáveis. Será nula a transferência sem a notificação, podendo o órgão público competente sequestrar o bem e impor a multa de 20% do seu valor ao transmitente e ao adquirente, que serão solidariamente responsáveis. A nulidade será pronunciada pelo juiz que conceder o sequestro, o qual será levantado depois de paga a multa se o órgão público competente — titular do direito de preferência — não o exercer dentro do *prazo de trinta dias* (art. 22, § 2º, do Dec.-Lei n. 25/37).

Em caso de venda judicial, o órgão público competente — titular do direito de preferência — deverá ser notificado judicialmente, não bastando a expedição de editais de praça, antes da notificação, sob pena de nulidade.

### 6.4. Autorização para a reforma de bem tombado

A realização de qualquer reforma no bem tombado deverá ter a autorização prévia do Poder Público competente. Assim, o bem tombado não poderá, em hipótese alguma, ser destruído, demolido, mutilado, nem reparado, pintado ou restaurado sem prévia autorização do Poder Público competente, sob pena de multa de 50% do dano causado (art. 17 do Dec.-Lei n. 25/37).

Em hipótese alguma o Poder Público concederá a autorização para a destruição, demolição ou mutilação. Trata-se de ato administrativo vinculado. No entanto, o bem tombado poderá ser reparado, pintado ou restaurado mediante prévia autorização. Cuida-se, neste último caso, de ato discricionário do Poder Público.

Tratando-se de bem tombado de propriedade particular, será necessária a autorização especial do Poder Público competente, sob pena de multa de 50% do dano causado. No entanto, se se tratar de bem público pertencente à União, aos Estados ou aos Municípios, a pessoa física responsável pela infração será pessoalmente responsável pela multa.

O Poder Público deverá aplicar as sanções administrativas competentes ao proprietário do bem tombado, se se constatar alguma irregularidade (multa, demolição ou restauração obrigatória), sob pena de responder pessoalmente pela ilicitude (arts. 13, §§ 1º e 2º, 15, §§ 1º, 2º e 3º, 16, 17 e 18 do Dec.-Lei n. 25/37).

Se eventualmente o proprietário não possuir dinheiro para a conservação e restauração do bem tombado, levará tal fato ao conhecimento do IPHAN para que proceda às reformas necessárias, sob pena de multa correspondente ao dobro da importância em que for avaliado o dano sofrido (art. 19 do Dec.-Lei n. 25/37). Se tais obras não forem realizadas dentro do prazo de seis meses, à custa da União, o proprietário poderá requerer seja cancelado o tombamento do bem. O IPHAN poderá determinar a restauração considerada de caráter urgente a expensas da União, independentemente da comunicação por parte do proprietário, não podendo este colocar obstáculos à inspeção, sob pena de multa, elevada ao dobro em caso de reincidência (art. 19, §§ 1º, 2º e 3º, do Dec.-Lei n. 25/37).

**6.5. Indenização do bem tombado**

Questão discutível é o cabimento de indenização em caso de tombamento. Há, no entanto, duas correntes distintas: a) uma defende a gratuidade do tombamento, ou seja, não cabe qualquer indenização ao proprietário do bem tombado. Sustentam essa posição os eminentes juristas Hely Lopes Meirelles, Diogo de Figueiredo, José Cretella Júnior, Maria Sylvia Zanella Di Pietro; e b) outra corrente sustenta o cabimento de indenização ao proprietário do bem tombado: Celso Antônio Bandeira de Mello, Ruy Cirne Lima, Lúcia Valle Figueiredo[8].

Ninguém discute o cabimento de indenização do bem expropriado. A questão, contudo, só é levantada quando se tratar de limitação administrativa do direito de propriedade.

Há, todavia, dois critérios para apurar o cabimento ou não de indenização ao proprietário do bem tombado: a) se este estiver dentro de uma área maior objeto de tombamento, não caberá indenização; e b) se for analisado individualmente, caberá indenização.

**6.6. Indenização pela demolição de bem de valor histórico (não tombado) e indenização de bem tombado (desapropriação indireta) — Jurisprudência**

"Ação Civil Pública. Pretensão que por ela visava à obtenção de uma indenização pela demolição de prédios históricos de valor arquitetônico e cultural. Possibilidade. Laudo que comprovou estes valores. Desnecessidade dos prédios se encontrarem tombados. Procedimento este que não se mostrava único entre os meios de preservação cultural elencados pela Constituição Federal. Interpretação do art. 216 da Carta da República. Sentença de improcedência. Apelo provido para julgar a ação procedente.

Vê-se, pois, que a presença do tombamento é apenas uma das formas de se

---

8. Paulo Affonso Leme Machado, *Direito*, cit., p. 761.

preservar o patrimônio cultural e histórico de uma comunidade, não significando, a sua ausência, a possibilidade de demolição, que, como sublinhado, também pode ser evitada, por exemplo, por meio de ações como a ora proposta pelo Ministério Público" (TJSP, AC 55.415/0, rel. Des. Rui Cascaldi, m.v., j. 4-8-1999).
"Apossamento Administrativo. Indenização. Parque Estadual da Serra do Mar e Tombamento. Configurada mera limitação administrativa. Inocorrência de nulificação da propriedade. Indenização que deve quantificar o montante da desvalorização decorrente dos atos da Administração Estadual. Parâmetro revelado pela atualização do valor da aquisição original do imóvel, na forma indicada pelo Assistente Técnico da Fazenda do Estado, com a exclusão da área de preservação permanente concebida na forma do Código Florestal. Recurso parcialmente provido. Trata-se de recurso de apelação interposto nos autos da ação de indenização por apossamento administrativo (desapropriação indireta) objetivando o pagamento de indenização das matas, terra nua etc., correspondente a gleba de terras pertencentes aos autores que está contida dentro do Parque Estadual de Serra do Mar, instituído pelo Decreto Estadual n. 10.251, de 30-8-1977, e tombado pela Resolução n. 40, de 4-6-1985, da Secretaria de Cultura do Estado, devendo ser atualizada, com juros compensatórios sobre a indenização corrigida a partir de citado Decreto no percentual de 12% ao ano até efetivo pagamento, juros moratórios a partir da citação no percentual de 6% ao ano o efetivo pagamento, além das cominações de estilo. A compra foi realizada pelo valor de Cr$ 70.000,00, que, atualizado, conforme cálculo apresentado pelo Assistente em R$ 20.700,00. O imóvel experimentou valorização imobiliária ao longo dos anos, mas esta se compensa justamente pelo fato de a indenização corresponder às limitações ou restrições administrativas, não podendo corresponder ao valor total do imóvel. A condenação da Fazenda do Estado de São Paulo na indenização aos autores no montante total de R$ 35.781,12, do valor que deverá ser corrigido monetariamente pela Tabela Prática do TJSP desde a data do laudo, acrescido de juros de mora de 0,5% ao mês contado da citação" (TJSP — 12ª Câm. de Direito Público; Ap. n. 994.06.161351-0-Praia Grande-SP; rel. Des. Venício Salles; j. 23-6-2010, v.u.).

### 6.7. Isenção de IPTU de imóvel tombado — Jurisprudência

A questão é polêmica. Não é dominante a jurisprudência nesse sentido, mas pode vir a sê-lo. Assim, o proprietário de imóvel tombado pela Secretaria de Cultura do Estado de São Paulo está isento de pagar IPTU. O Tribunal de Justiça paulista entendeu que com a perda do valor venal (valor de venda) que o bem sofre em virtude das restrições impostas pelo tombamento perde-se o princípio informativo do imposto. O IPTU é cobrado sobre o valor venal.

A empresa Empreendimentos Imobiliários e Representações São Pedro interpôs recurso contra decisão de primeira instância que não aceitou o pedido de anulação do IPTU. No requerimento, a advogada arguiu nulidade da perícia sob o argumento de que o profissional não possuía habilitação técnica para tanto, uma vez que as perícias só poderiam ser feitas por engenheiro civil. No caso, foi feita por engenheiro industrial. Além disso, manteve suas alegações de que as restrições impostas ao uso, gozo e disposição do imóvel, em virtude do tombamento, retira o valor venal do bem, pois nenhum comprador teria interesse em um imóvel com tantas limitações de uso.

O TJSP não acatou a nulidade da perícia sob a ótica de que a prova produzida foi segura e apta a sustentar a sentença proferida. A parte não se manifestou sobre o caso no momento oportuno, que seria o da nomeação do perito. Deixou para questionar a nomeação somente após conhecer o teor do trabalho que fora desfavorável aos seus interesses.

O TJSP entendeu cabível a anulação do IPTU, pois "o tombamento impõe à propriedade uma restrição de natureza administrativa, no que respeita às suas mais importantes funções de uso, gozo, disposição e, sobretudo, quanto à faculdade de destruição. Por ele não se retira do proprietário o domínio, que exerce sobre o bem ou coisa, mas a submete a um regime mais restrito em relação a esses aspectos da propriedade".

Ressaltou que, teoricamente, o proprietário tem a propriedade e o domínio útil da área porquanto domínio útil traduz-se no direito de usufruir do imóvel da forma mais ampla possível, podendo, inclusive, transmiti-lo a terceiro a título oneroso ou gratuito. E que, apesar da louvável iniciativa do poder público de promover o tombamento da área, na prática o que ocorreu foi um verdadeiro apossamento administrativo, ao retirar a capacidade contributiva do proprietário por ausência da fruição do material do imóvel, constituindo o lançamento em questão (IPTU) verdadeira violação ao princípio informativo do imposto, tornando-o indevido[9].

## 6.8. Restrições quanto à construção ou à colocação de anúncios no entorno de bem tombado

A construção em torno de bem tombado acarreta restrições ao direito de propriedade. Não se pode construir na vizinhança de bem tombado, sem prévia autorização do IPHAN, que lhe impeça ou reduza a visibilidade, nem nela colocar anúncios ou cartazes, sob pena de se mandar destruir a obra ou retirar o objeto, impondo-se nesse caso a multa de 50% do valor do mesmo objeto (art. 18 do Dec.--Lei n. 25/37).

O Decreto paulista n. 48.137, de 7 de outubro de 2003, alterou substancialmente o art. 137 do Decreto paulista n. 13.426, de 16 de março de 1979, que veda-

---

9. Notícia comentada no *site*: <http://www.conjur.com.br>; acesso em: 23 ago. 2011.

va a construção num raio de trezentos metros no entorno do bem tombado. De acordo com esse decreto, o tombamento preverá, no entorno do bem imóvel tombado, edificação ou sítio, uma área sujeita a restrições de ocupação e de uso, quando estes se revelarem aptos a prejudicar a qualidade ambiental do bem sob preservação, definindo, caso a caso, as dimensões dessa área envoltória. Diz seu parágrafo único que nenhuma obra poderá ser executada dentro da área envoltória definida nos termos desse artigo sem que o respectivo projeto seja previamente aprovado pelo CONDEPHAAT.

Na esfera federal, bem como na estadual paulista, dependerá de cada caso concreto a construção no entorno do bem tombado.

## 7. REGISTRO E AVERBAÇÃO DE TOMBAMENTOS DEFINITIVOS E PROVISÓRIOS E DE RESTRIÇÕES PRÓPRIAS DE IMÓVEIS RECONHECIDOS COMO INTEGRANTES DO PATRIMÔNIO CULTURAL E IMÓVEIS SITUADOS NA VIZINHANÇA DAQUELES (PROVIMENTO CG N. 21/2007)

Após requerimento formulado pelo Ministério Público à Corregedoria-Geral da Justiça, o então Excelentíssimo Senhor Corregedor-Geral do Estado de São Paulo, Desembargador Gilberto Passos de Freitas, acolheu plenamente o parecer emitido pelos juízes auxiliares e, no uso de suas atribuições legais, baixou o seguinte provimento:

"Considerando o disposto no artigo 216 da Constituição Federal, que dispõe sobre o patrimônio cultural brasileiro, disciplinado, em nível infraconstitucional, nas esferas federal, do Estado de São Paulo e do Município de São Paulo, respectivamente, pelo Decreto-Lei federal n. 25/1937, pelo Decreto estadual n. 13.426/1979 e pela Lei municipal n. 10.032/1985;

Considerando o disposto no item 1, alínea *a*, inciso 35, e alínea *b*, inciso 19, no item 76 e no item 110.1, todos das Normas de Serviço da Corregedoria-Geral da Justiça do Estado de São Paulo, que tratam do registro e averbação do tombamento definitivo de bens imóveis integrantes do patrimônio cultural;

Considerando que o tombamento provisório produz, em regra, os mesmos efeitos jurídicos do tombamento definitivo, a justificar o reforço de publicidade do ato pela via da averbação de mera notícia no registro imobiliário;

Considerando que o tombamento, tanto definitivo quanto provisório, produz, igualmente, efeitos em relação aos imóveis situados na vizinhança do bem tombado, em especial no tocante àqueles discriminados na denominada 'área de entorno' protegida, a justificar, ainda aqui, a averbação para fins de publicidade;

Considerando que a proteção de bens tombados, à luz das normas constitucionais e infraconstitucionais que regem a matéria, pode-se dar não apenas por intermédio do tombamento, como também por meio de outras medidas de preservação e acautelamento de bens imóveis, bem como que tais providências podem ser determinadas nas esferas administrativa, legislativa e judicial, com os mesmos efeitos e outros determinados no ato ou decisão correspondente, a justificar, uma vez mais, a averbação de tais atos e decisões nas transcrições e matrículas dos imóveis protegidos e daqueles situados na vizinhança;

Considerando, por fim, o decidido no Processo CG n. 1.029/2006;

Resolve:

Artigo 1º Alterar a redação do número 19 e acrescer os números 20 e 21, todos referentes à letra *b* do item 1 do Capítulo XX das Normas de Serviço da Corregedoria-Geral da Justiça (Provimento CGJ n. 58/89), para e nos seguintes termos:

'1. No Registro de Imóveis, além da matrícula, serão feitos:

(...)

b) a averbação de:

(...)

19. Tombamento provisório e definitivo de bens imóveis, declarado por ato administrativo ou legislativo ou por decisão judicial.

20. Restrições próprias dos imóveis reconhecidos como integrantes do patrimônio cultural, por forma diversa do tombamento, em decorrência de ato administrativo ou legislativo ou decisão judicial específicos.

21. Restrições próprias dos imóveis situados na vizinhança dos bens tombados ou reconhecidos como integrantes do patrimônio cultural'.

Artigo 2º Dar nova redação ao item 76 do Capítulo XX das Normas de Serviço da Corregedoria-Geral da Justiça (Provimento CGJ n. 58/89), acrescentando-lhe os subitens 76.2 e 76.3, da seguinte forma:

'76. Os atos de tombamento definitivo de bens imóveis, requeridos pelo órgão competente, federal, estadual ou municipal, do serviço de proteção ao patrimônio histórico e artístico, serão registrados, em seu inteiro teor, no Livro 3, além de averbada a circunstância à margem das transcrições ou nas matrículas respectivas, sempre com as devidas remissões.

(...)

76.1 — Havendo posterior transmissão, 'inter vivos' ou 'causa mortis', dos bens tombados, é recomendável que o cartório comunique imediatamente o fato ao respectivo órgão federal, estadual ou municipal competente.

76.2 — Poderão ser averbados à margem das transcrições ou nas matrículas:

a) o tombamento provisório de bens imóveis;

b) as restrições próprias dos imóveis reconhecidos como integrantes do patrimônio cultural, por forma diversa do tombamento, mediante ato administrativo ou legislativo ou decisão judicial;

c) as restrições próprias dos imóveis situados na vizinhança dos bens tombados ou reconhecidos como integrantes do patrimônio cultural.

76.3 — O registro e as averbações de que tratam o item 76 e o subitem 76.2 serão efetuados mediante apresentação de certidão do correspondente ato administrativo ou legislativo ou de mandado judicial, conforme o caso, com as seguintes e mínimas referências:

a) à localização do imóvel e sua descrição, admitindo-se esta por remissão ao número da matrícula ou transcrição;

b) às restrições a que o bem imóvel está sujeito;

c) quando certidão de ato administrativo ou legislativo, à indicação precisa do órgão emissor e da lei que lhe dá suporte, bem como à natureza do ato, se tombamento (provisório ou definitivo) ou forma diversa de preservação e acautelamento de bem imóvel reconhecido como integrante do patrimônio cultural (especificando-a);

d) quando mandado judicial, à indicação precisa do Juízo e do processo judicial correspondente, à natureza do provimento jurisdicional (sentença ou decisão cautelar ou antecipatória) e seu caráter definitivo ou provisório, bem como à especificação da ordem do juiz do processo em relação ao ato de averbação a ser efetivado;

e) na hipótese de tombamento administrativo, provisório ou definitivo, à notificação efetivada dos proprietários'.

Artigo 3º Este provimento entrará em vigor na data de sua publicação.

Artigo 4º Fica revogado o subitem 110.1 do Capítulo XX das Normas de Serviço da Corregedoria-Geral da Justiça (Provimento CGJ n. 58/89).

São Paulo, 23 de julho de 2007"[10].

Este provimento procurou dar mais proteção e visibilidade ao bem tombado, impondo-se restrições aos imóveis da vizinhança com o objetivo de evitar construções de edifícios monumentais, fazendo com que o bem tombado ficasse em segundo plano.

---

10. Aviso n. 465-PGJ, de 27-7-2007, publicado no DOE, 7 ago. 2007.

Capítulo III
Bens de Valor Cultural e Natural da Humanidade

## 1. DECLARAÇÃO DE BEM DE VALOR CULTURAL E NATURAL COMO PATRIMÔNIO MUNDIAL

O Brasil subscreveu a Convenção para a Proteção do Patrimônio Mundial, Cultural e Natural realizada em Paris de 17 de outubro a 21 de novembro de 1972, a qual foi aprovada pelo Decreto Legislativo n. 74, de 30 de junho de 1977, e promulgada pelo Decreto n. 80.978, de 12 de dezembro de 1977.

### 1.1. Patrimônio cultural da humanidade

A Convenção para a Proteção do Patrimônio Mundial define *patrimônio cultural* como: a) os monumentos: obras arquitetônicas, esculturas ou pinturas monumentais, objetos ou estruturas arqueológicas, inscrições, grutas e conjuntos de valor universal excepcional do ponto de vista da história, da arte ou da ciência; b) os conjuntos: grupos de construções isoladas ou reunidas, que, por sua arquitetura, unidade ou integração à paisagem, têm um valor universal excepcional do ponto de vista da história, da arte ou da ciência; e c) os sítios: obras do homem ou obras conjugadas do homem e da natureza assim como áreas, incluindo os sítios arqueológicos, de valor universal excepcional do ponto de vista histórico, estético, etnológico ou antropológico.

### 1.2. Patrimônio natural da humanidade

A Convenção para a Proteção do Patrimônio Mundial define *patrimônio natural* como: a) os monumentos naturais constituídos por formações físicas e biológicas ou por conjuntos de formações de valor universal excepcional do ponto de vista estético ou científico; b) as formações geológicas e fisiográficas e as zonas estritamente delimitadas que constituam hábitat de espécies animais e vegetais ameaçadas de valor universal excepcional do ponto de vista estético ou científico; e c) os sítios naturais ou as áreas naturais estritamente delimitadas detentoras de valor universal excepcional do ponto de vista da ciência, da conservação ou da beleza natural.

## 2. OBJETIVO DA PROTEÇÃO DO PATRIMÔNIO CULTURAL E NATURAL DA HUMANIDADE

Esta Convenção tem por objetivo definir e proteger os bens culturais pertencentes ao patrimônio mundial, também conhecido como Patrimônio Cultural da Humanidade. Seus bens, assim considerados, passaram a ter uma preservação obrigatória pelo Estado-membro, que se compromete a preservá-los perante os demais Estados-membros da UNESCO. A preservação dos bens deixa de ser um problema de economia doméstica para se tornar um compromisso internacional. Os bens protegidos são aqueles de excepcional valor universal. No entanto, seria temeroso para um órgão internacional identificar nos territórios dos países conveniados quais monumentos, conjuntos ou lugares devem ser preservados, o que poderia ser considerado uma intromissão em assuntos internos por determinação oficial[1].

## 3. SOBERANIA NACIONAL

A declaração de um bem como de patrimônio mundial não invade a soberania nacional, pois o tombamento é ato privativo de cada país. Inserir um bem como patrimônio mundial tem por objetivo chamar a atenção para sua conservação, preservação e restauração. Tal fato é relevante para a promoção do turismo internacional, possibilitando ainda o recebimento de verba internacional para restauração de patrimônio da humanidade. Trata-se do Fundo do Patrimônio Mundial, criado pela UNESCO, para garantir a proteção dos bens considerados de valor cultural mundial. Esse fundo tem por finalidade arrecadar verbas para custear programas de restauração ou proteção aos bens que se encontrem em perigo. Os países só podem utilizar-se dos recursos do Fundo em caso de necessidade, envidando esforços, inclusive financeiros, para manter, proteger e conservar os bens culturais situados em seu território. E, uma vez esgotada essa possibilidade, os países poderão vir a ser beneficiados da cooperação internacional por meio do Fundo.

## 4. LISTA DE ALGUNS BENS BRASILEIROS DECLARADOS COMO PATRIMÔNIO CULTURAL E NATURAL DA HUMANIDADE

Por conta disso, vários bens foram inscritos na Lista do Patrimônio Cultural e Natural Mundial, quais sejam: a) a Cidade Histórica de Ouro Preto (MG); b) o Centro Histórico de Olinda (PE); c) o Centro Histórico de Salvador (BA); d) Bom Jesus de Congonhas (MG); e) o Parque Nacional do Iguaçu (PR); f) o Plano Piloto de Brasília (DF); g) o Parque Nacional da Serra da Capivara (PI); h) o Centro Velho de

---

1. Carlos Frederico Marés de Souza Filho, *Bens culturais*, cit., p. 137.

São Luís (MA); i) Missões Jesuíticas dos Guaranis (RS); j) Costa do Descobrimento — Reservas da Mata Atlântica (BA e ES); k) Reservas da Mata Atlântica do Sudeste (PR e SP): l) Centro Histórico de Diamantina (MG); m) Parque Nacional de Jaú (AM); n) Área de Conservação do Pantanal (MT e MS); o) Ilhas Atlânticas Brasileiras: as reservas de Fernando de Noronha e do Atol das Rocas; p) Áreas Protegidas do Cerrado: Parque Nacional dos Veadeiros e das Emas; q) Centro Histórico da Vila de Goiás (GO). Em 2012, o frevo — dança folclórica pernambucana — foi declarado patrimônio cultural imaterial da humanidade pela UNESCO. Vê-se, pois, que não só os bens materiais, mas os imateriais também podem ser protegidos em prol da humanidade.

Além dessa lista, há ainda outra dos bens em perigo que reúne os bens culturais e naturais ameaçados por riscos graves cuja salvaguarda exige cuidados especiais.

## 5. PROTEÇÃO DO PATRIMÔNIO NATURAL E CULTURAL DA HUMANIDADE: ECOTURISMO E SUSTENTABILIDADE

A Organização Mundial do Turismo define turismo como "as atividades realizadas pelas pessoas durante suas viagens e estadas em lugares diferentes do seu entorno habitual, por um período consecutivo inferior a um ano, por lazer, negócios ou outros" (Bursztyn).

O turismo passou a levar em consideração, além do aspecto da acomodação, o aspecto ambiental. Dentre os novos segmentos do turismo, tem-se destacado atualmente o ecoturismo ou turismo ecológico. O ecoturismo surgiu como uma nova ferramenta de conservação ambiental e de busca do desenvolvimento sustentável, contrapondo-se ao turismo de massa (Silveira Fontoura).

Um conjunto de problemas vinha causando a massificação do turismo. O ecoturismo, por outro lado, seria uma alternativa, pois busca alcançar a sustentabilidade. As Normas da ABNT estabelecem os seguintes princípios de sustentabilidade relacionados ao turismo. Objetiva-se: a) respeitar a legislação vigente; b) garantir os direitos das populações locais; c) conservar o ambiente natural e sua biodiversidade; d) considerar o patrimônio cultural e os valores locais; e) estimular o desenvolvimento social e econômico dos destinos turísticos; f) garantir a qualidade dos produtos, processos e atitudes; e g) estabelecer o planejamento e a gestão responsáveis.

A Certificação em Turismo Sustentável é focada apenas para os meios de hospedagem, levando em conta ainda os requisitos legais e os impactos ambientais, socioculturais e econômicos significativos[2].

---

2. Flávio Bordino Klein, Planejamento e gestão do turismo sustentável: sustentabilidade do turismo a partir da gestão ambiental. Disponível em: <http://wwwturismosustentavel.blogspot.com/2011/02/sustentabilidadew-d-turimo-part...>.

O turismo ecológico pode ser uma atividade importante para proteger o meio ambiente cultural e natural, mas sua atividade deve ser fiscalizada para evitar abuso ou depredação dos monumentos arqueológicos ou naturais, por exemplo. Toda atividade turística causa, indiscutivelmente, danos diretos ou indiretos, e deve ser fiscalizada devido à grande quantidade de turistas[3]. Essa preocupação ocorre na Europa, pois a poluição da atmosfera está causando danos aos monumentos históricos pela corrosão.

As práticas de ecoturismo ou turismo na natureza, embora permitidas, sofrem limitações da legislação ambiental e da administração dessas áreas, com a indicação da necessidade de um planejamento criterioso.

Há, no Brasil, muitas reservas naturais criadas para sua proteção, as quais são visitadas por milhares de pessoas anualmente. É necessário realizar campanhas educativas de proteção desses bens, razão pela qual devem ser constantemente cuidados e preservados para evitar a deterioração com o passar do tempo. Aquele que pretender explorar o ecoturismo deverá responsabilizar-se pela manutenção do local, por se tratar de uma atividade econômica.

São muitas as atividades que podem ser exercidas, tais como: pescar no pantanal; visitar os sítios rupestres em diversos lugares do Brasil; visitar lugares históricos (cidades mineiras, por exemplo); conhecer as obras arquitetônicas de Oscar Niemeyer; visitar sítios arqueológicos (alguns lugares do nordeste); peregrinação religiosa (Aparecida) etc.

O ecoturismo é estudado no Curso de Turismo, em que serão desenvolvidos roteiros, pesquisas, gestão e planejamento. A exploração dessa atividade turística relacionada ao patrimônio cultural e natural deve levar em consideração os princípios da sustentabilidade e o perfil do turista.

## 6. INFRAÇÕES ADMINISTRATIVAS E PENAIS

As infrações administrativas estão arroladas nos arts. 72 a 75 do Decreto n. 6.514/2008, e as penais, nos arts. 62 a 65 da Lei n. 9.605/98.

---

3. Atividade turística reduz número de microcrustáceos e de peixes; recuperação de recifes pode levar 200 anos. Estudo da UFPE mostra que fazer um rodízio dos passeios nos recifes pode amenizar os impactos do turismo (Renato Castroneves, Ecoturismo afeta recifes de corais em Porto de Galinhas, *Folha de S. Paulo*, Ciência, 30 jul. 2011, p. C-9).

## Capítulo IV
## Ministério Público e Meio Ambiente Cultural

## ATUAÇÃO DO MINISTÉRIO PÚBLICO PAULISTA NA PROTEÇÃO DO MEIO AMBIENTE CULTURAL

Por meio do Ato n. 67-PGJ, publicado no *DOE* em 14 de agosto de 2002, o procurador-geral de justiça criou o Grupo Especial de Defesa do Patrimônio Histórico-Cultural do Estado de São Paulo, fundamentado nos arts. 129, III, 170, III e VI, e 216, § 1º, da CF. Esse ato foi baixado tendo-se em vista o descaso do Poder Público na proteção do patrimônio cultural nacional, nos termos estabelecidos na legislação constitucional.

Esse Grupo Especial deverá realizar as seguintes providências: a) identificar as prioridades específicas da ação ministerial no combate às atividades irregulares que afetam o patrimônio histórico-cultural do Estado de São Paulo, bem como no trabalho de recuperação e conservação desse patrimônio; b) compilar, sistematizar e analisar a legislação e a jurisprudência relativas à proteção do patrimônio histórico-cultural, para distribuição às Promotorias de Justiça do Meio Ambiente; c) sugerir alterações legislativas, acompanhando projetos de lei e de regulamentação em tramitação; d) elaborar roteiros de investigação, sem caráter vinculativo; e) fornecer subsídios aos promotores de justiça do meio ambiente com atuação na área de proteção ao patrimônio histórico-cultural; f) auxiliar na formação de um quadro pericial próprio para o Ministério Público e na celebração de convênios com entidades e instituições públicas ou privadas, visando à obtenção de subsídios técnicos aos órgãos de execução; e g) promover encontros de especialização e atualização nas várias áreas de conhecimento associadas à proteção do patrimônio histórico-cultural (art. 2º do citado ato).

O Ministério Público poderá ainda propor ação civil pública para a proteção desse patrimônio cultural nacional, obrigando o proprietário do bem tombado ou não a preservá-lo ou a reconstruí-lo, caso tenha sido demolido. O promotor de justiça de Piracicaba, Dr. João Carlos de Camargo, propôs ação civil pública em face do proprietário do bem de valor cultural com o seguinte pedido: a) o reconhecimento, mediante sentença, do valor histórico e cultural do imóvel urbano e a consequente averbação no Cartório de Registro de Imóveis; e b) a condenação do proprietário à obrigação de fazer consistente na reconstrução do imóvel demolido com as mesmas características arquitetônicas e área construída[1].

---

1. *V.* Ato n. 554/2002-PGJ, publicado no *DOE,* 16 ago. 2002.

# TÍTULO VII
# Tutela do Meio Ambiente Artificial

## CAPÍTULO I
## POLÍTICA URBANA

### 1. MEIO AMBIENTE ARTIFICIAL

Meio ambiente artificial é uma das espécies do meio ambiente ecologicamente equilibrado previsto no art. 225 da CF. É aquele construído pelo homem e pode acontecer em áreas rurais e urbanas. Assim, meio ambiente artificial é o gênero, cujas espécies são espaços rurais e urbanos. Cuida-se da ocupação gradativa dos espaços naturais, transformando-os em espaços urbanos artificiais[1]. Essa construção pelo homem pode dar-se em espaços abertos ou fechados. Denominam-se *espaço urbano fechado* os edifícios, casas, clubes etc. e *espaço urbano aberto* as praças, avenidas, ruas etc. A ocupação desses espaços urbanos pelo homem tornou-se complexa com o grande número de pessoas, necessitando de regulamentação para disciplinar a aplicação de uma política pública urbana. Assim, o "crescimento da urbanização leva a conflitos com o meio ambiente, por vezes desastrosos, principalmente ao se considerarem as condições de vida das futuras gerações"[2]. Esses espaços urbanos são constituídos por regiões metropolitanas, aglomerações urbanas ou microrregiões, formadas por agrupamentos de municípios limítrofes, com a finalidade de integrar a organização, o planejamento e a execução de funções públicas de interesse comum (art. 25, § 3º, da CF).

Os espaços urbanos passam a ser insuficientes e precisarão de maior investimento para atender a essa demanda. Tais espaços são conhecidos por cidade. É nesta

---

1. Édis Milaré afirma: "Opondo-se ou contrapondo-se ao elemento natural aparece o elemento artificial, aquele que não surgiu em decorrência de leis e fatores naturais, mas, por processos e moldes diferentes, proveio da ação transformadora do homem. De fato, a sociedade humana conta, hoje, com os mais variados elementos, fatores e dispositivos para 'criar', por artifícios, inúmeros produtos e ambientes, valendo-se inevitavelmente de elementos e recursos naturais, cuja conta pesa sobre o meio ambiente" (*Direito do ambiente*, cit., p. 199).

2. Gilda Collet Bruna, Meio ambiente urbano e proteção ambiental, in *Meio ambiente, direito e cidadania*, Universidade de São Paulo/Faculdade de Saúde Pública/Núcleo de Informações em Saúde Ambiental, São Paulo, Signus, 2002, p. 25.

que vive o homem, necessitando, portanto, de alimentos, saneamento básico, água, transporte etc., razão pela qual se faz necessária a implantação de uma política de desenvolvimento urbano para o pleno desenvolvimento das funções sociais da cidade e a garantia de bem-estar de seus habitantes (art. 182, *caput*, da CF).

## 1.1. População mundial

O crescimento populacional ocorre de forma geométrica. Tal fato pode ser constatado pelos dados históricos a seguir citados: no ano 1 havia 200 milhões de habitantes; em 1650 passou para 500 milhões de habitantes; em 1804 aumentou para 1 bilhão de habitantes; em 1927 a população pulou para 2 bilhões; em 1959 já havia 3 bilhões de habitantes; em 1974 passou para 4 bilhões; em 1987 pulou para 5 bilhões de habitantes; e em 1999 foi para 6 bilhões de habitantes no planeta Terra[3]. Observa-se, por esses números, que levou 1.804 anos para a população mundial saltar de 200 milhões para 1 bilhão, e em apenas 12 anos (87/99) a população aumentou mais de 1 bilhão. Essa população, além disso, concentra-se, em sua maioria, nos grandes centros urbanos.

A ONU divulgou que a população mundial atingiu, simbolicamente, a casa de 7 bilhões em 31 de outubro de 2011 e ainda fez novas projeções com base na fecundidade para a população de 2100. Se a fecundidade praticamente não cair em relação ao patamar atual, de 2,5 filhos por mulher, a população será de 15 bilhões. Se a fecundidade cair para 2,0 filhos por mulher, a população será de 10,1 bilhões. E, finalmente, se a fecundidade estiver em torno de 1,6 filhos por mulher, a população cairá para 6,2 bilhões. Esta projeção não leva em conta muitas outras variáveis, tais como: aquecimento global, catástrofes, guerras etc.

John Edward Sulston, ganhador do Prêmio Nobel, afirmou que os efeitos da população combinados com os de consumo estão ficando mais visíveis. Se tivéssemos um décimo da população, o consumo não importaria tanto, e se tivéssemos um décimo do consumo, a população não importaria tanto. Portanto, o crescimento vegetativo está intimamente ligado ao consumo, bem como ao desperdício de alimentos[4].

Com base nesses dados, haverá a necessidade de aumentar os investimentos para o planejamento familiar e preparar o futuro do planeta, com a finalidade de reduzir as mortes maternas e a gravidez indesejada, diz a diretora-executiva do Fundo de População das Nações Unidas (UFPA), Thoraya Ahmed Obaid.

---

3. *Folha de S.Paulo*, 28 maio 1999 e 30 out. 2011.

4. Cláudio Angelo, Ação ambiental será inútil se população continuar crescendo, *Folha de S.Paulo*, Ciência+Saúde, 6 maio 2012, p. C-13.

Registre-se que, de 1959 a 1999, a população mundial dobrou de 3 para 6 bilhões, em apenas 40 anos. Interessante a provocação feita pelo economista David Lam, da Universidade de Michigan, dos EUA, aos seus alunos, ao formular a seguinte pergunta: quanto tempo levaremos para dobrar o número da população mundial novamente? Serão 20, 40, 60 ou 100 anos? A resposta mais provável seria nunca. Com base nos dados apresentados pela ONU, o ritmo de crescimento atingirá um ponto de inflexão e depois começará a encolher. O problema não é o espaço físico, pois esta população poderia caber dentro do Estado de São Paulo, ficando ombro a ombro. A questão é saber se haveria alimentação suficiente para sustentar toda a população. Para que este cálculo possa ou não se confirmar é necessário analisar todas as variáveis possíveis e muitas delas só aparecerão mais tarde, como aconteceu com o aquecimento global, por exemplo. Esta pergunta serve para estimular a nossa mente.

O matemático Joel E. Cohen disse que 1 bilhão de pessoas passam fome. É o maior número de famintos em 40 anos, segundo o braço da ONU para agricultura e alimentação. 2,3 bilhões de toneladas métricas de cereais foram produzidos entre 2009 e 2010, mas somente 46% dos 2,3 bilhões de cereais destinaram-se à alimentação de pessoas; 34% para animais e 18% para produção de combustível. Aumentou, por outro lado, 4 vezes o consumo de carne por pessoa na Terra desde 1961[5].

## 1.2. População brasileira

No Brasil, o Censo de 2010 divulgou que a taxa de fecundidade ficou em 1,86 filho por mulher, abaixo do patamar considerado de mera reposição populacional. Esta estatística leva em conta a mortalidade infantil. Em 2000, a média era de 2,38 e, em 1960, de 6,3. Já em 1970, era de 9,9 filhos por mulher. O crescimento ainda ocorrerá por causa do aumento da expectativa de vida até 2040, quando, as projeções indicam, começará a diminuir[6].

O Brasil, pelo censo de 2010, conquistou avanços econômicos e sociais importantes. A população nacional era de 190.755.799 habitantes. Em 2013, a população subiu para 201.032.714, segundo projeção oficial realizada pelo IBGE. A renda aumentou com os programas sociais do governo. No Brasil, há mais pessoas vivendo nas cidades (84%) do que nos EUA (82%). O analfabetismo caiu 9%. A população que se declarava branca, em 2000, era 53,7% e, em 2010, 47,7%. O número de casas que passaram a ter coleta de esgoto era de 48,6%, em 2000, e subiu para 55,5%, em 2010.

---

5. Luciana Coelho, Perfil populacional dos próximos anos é receita para desastre — Segundo matemático americano, só 46% dos cereais plantados alimentam pessoas; o mundo poderia dar de comer a 9 bilhões, Folha de S.Paulo, 7 nov. 2011, p. A-12.

6. Antonio Gois e Denise Menchen, Brasileiros têm menos filhos, e mais tarde, Folha de S.Paulo, 17 nov. 2011, p. C-1.

Em 2011, a população brasileira atingiu a casa de 192 milhões de pessoas, 1,6 milhão a mais em relação a 2010. O país possui agora 16 cidades que superam o número de 1 milhão de moradores, e a mais recente é São Gonçalo[7]. Além disso, diminuiu a mortalidade infantil e aumentou a longevidade do homem. Houve uma melhora substancial em todos os sentidos, como demonstra o censo de 2010.

## 2. INSTRUMENTOS LEGAIS DE DEFESA DO MEIO AMBIENTE ARTIFICIAL

Na *esfera federal*, compete à União instituir diretrizes para o desenvolvimento urbano, inclusive habitação, saneamento básico e transportes urbanos, bem como elaborar e executar planos nacionais e regionais de ordenação do território e de desenvolvimento econômico e social (art. 21, XX e IX, da CF). Esses dispositivos, por sua vez, devem ser interpretados em conjunto com o art. 43 da CF, que permite à União articular sua ação em um mesmo complexo geoeconômico e social, visando ao seu desenvolvimento e à redução das desigualdades regionais. Tal exigência encontra supedâneo no art. 3º, III, da Constituição, que estabelece os princípios fundamentais da República Federativa do Brasil. É objetivo da República Federativa do Brasil a erradicação da pobreza e da marginalização e a redução das desigualdades sociais e regionais.

Para disciplinar o adequado parcelamento do solo urbano, a União criou a Lei n. 10.257, de 10 de julho de 2001, que regulamenta os arts. 182 e 183 da CF, estabelecendo diretrizes da política urbana (Estatuto da Cidade), e a Lei n. 6.766, de 19 de dezembro de 1979, estabelecendo critérios para a ocupação do solo urbano. Esta última lei foi modificada pela Lei n. 9.785/99.

Ainda na esfera federal, o CONAMA baixou a Resolução n. 412, de 13 de maio de 2009, que estabelece critérios e diretrizes para o licenciamento ambiental de novos empreendimentos destinados à construção de habitação de interesse social.

Na *esfera estadual*, compete aos Estados criar, incorporar, fundir e desmembrar municípios, por meio de lei complementar, mediante prévia consulta às populações dos municípios envolvidos e após a divulgação de estudos de viabilidade municipal (art. 18, § 4º, da CF). Compete, ainda, aos Estados, mediante lei complementar, instituir regiões metropolitanas, aglomerações urbanas e microrregiões para integrar a organização, o planejamento e a execução de funções públicas de interesse comum (art. 25, § 3º, da CF).

O governo do Estado de São Paulo instituiu, no âmbito da Secretaria da Habitação, o Programa Estadual de Regularização de Núcleos Habitacionais — Cidade Legal, destinado a implementar auxílio a municípios mediante orientação e apoio técnicos nas ações municipais de regularização de parcelamentos do solo e de nú-

---

7. Antonio Gois, População brasileira chega a 192 milhões, *Folha de S.Paulo*, 1º set. 2011, p. C-3.

cleos habitacionais, públicos ou privados, para fins residenciais, localizados em área urbana ou de expansão urbana, assim definidas por legislação municipal (art. 1º do Dec. estadual n. 52.052, de 13-8-2007). Para dar cumprimento ao citado programa foi criado o Grupo de Análise e Aprovação de Projetos Habitacionais (GRAPROHAB), que será constituído por representantes dos seguintes órgãos e entidades da Administração Pública estadual: I — Secretaria da Habitação; II — Secretaria do Meio Ambiente; III — Procuradoria-Geral do Estado; IV — Companhia de Tecnologia de Saneamento Ambiental (CETESB); V — Companhia de Saneamento Básico do Estado de São Paulo (SABESP); VI — Empresa Paulista de Planejamento Metropolitano S.A. (EMPLASA); VII — Departamento de Águas e Energia Elétrica (DAEE) (art. 2º do Dec. estadual n. 52.053/2007).

Na *esfera municipal*, compete aos municípios promover, no que couber, adequado ordenamento territorial, mediante planejamento e controle do uso, do parcelamento e da ocupação do solo urbano (art. 30, VIII, da CF). Compete ainda aos municípios elaborar o plano da política de desenvolvimento urbano com o objetivo de ordenar o pleno desenvolvimento das funções sociais da cidade e garantir o bem--estar de seus habitantes (art. 182, *caput*, da CF). Essa política urbana deverá ser estabelecida por meio do plano diretor (art. 182, § 1º, da CF).

O Município de São Paulo, mediante a Lei n. 11.426, de 18 de outubro de 1993, criou a Secretaria Municipal do Verde e do Meio Ambiente (SVMA) e o Conselho Municipal do Meio Ambiente e Desenvolvimento Sustentável (CADES), e por meio do Decreto n. 34.713, de 30 de novembro de 1994, dispôs sobre o Relatório de Impacto de Vizinhança (RIVI).

Cabe aos órgãos públicos competentes articular-se para a implementação das políticas públicas criadas pelos entes federados em prol de uma cidade sustentável.

## 3. POLÍTICA DE DESENVOLVIMENTO URBANO

A política de desenvolvimento urbano está sob a responsabilidade dos municípios e deverá ser instituída por diretrizes gerais fixadas por lei com a finalidade precípua de ordenar a ocupação dos espaços urbanos e o desenvolvimento das funções sociais da cidade e garantir o bem-estar da comunidade (art. 182, *caput*, da CF).

Essa política só é atingida quando a cidade consegue realizar o pleno desenvolvimento das suas funções sociais e com isso garantir o bem-estar da comunidade.

### 3.1. Plano diretor e funções sociais

A propriedade urbana cumpre sua função social quando atende às exigências fundamentais de ordenação da cidade expressas no plano diretor (art. 182, § 2º, da CF). O Poder Público poderá exigir do proprietário do solo urbano não edificado, subutilizado, que promova seu adequado aproveitamento, sob pena, sucessivamente, de: a) parcelamento ou edificação compulsórios; b) imposto sobre a propriedade predial urbana progressivo no tempo; e c) desapropriação com pagamento mediante títulos da dívida pública de emissão previamente aprovada pelo Senado Federal, com prazo de resgate de até dez anos, em parcelas anuais, iguais e sucessivas, assegurados o valor real da indenização e os juros legais (art. 182, § 4º, da CF).

### 3.2. Usucapião urbano e rural

O legislador constitucional criou o usucapião urbano e rural, permitindo àquele que possuir como sua área urbana de até duzentos e cinquenta metros quadrados ou área rural não superior a cinquenta hectares por cinco anos ininterruptos e sem oposição, utilizando-a para sua moradia ou de sua família, no primeiro caso, ou tornando-a produtiva por seu trabalho ou de sua família, tendo nela sua moradia, no segundo, adquirir-lhe-á o domínio, desde que não seja proprietário de outro imóvel urbano ou rural (arts. 183 e 191 da CF). Essas medidas poderão ser implementadas se o imóvel urbano ou rural estiver sendo subutilizado, com índice de ocupação inferior a 20% durante cinco anos. Tal medida (desapropriação) serve para inibir a especulação com imóveis urbanos ou rurais fechados ou subutilizados.

### 3.3. Funções sociais e municípios

As funções sociais da cidade serão estabelecidas pelos municípios, partindo das normas gerais fixadas por lei. Essa lei é a própria Constituição Federal, que, em diversos dispositivos, fixa regras para o bem-estar da comunidade. Tais critérios estão estabelecidos no art. 225, *caput*, da CF, ao dizer que todos têm direito ao meio ambiente ecologicamente equilibrado. Para que isso seja possível, há a necessidade de uma política de habitação adequada, saneamento básico amplo, distribuição de água a todos os habitantes, hospitais suficientes, trabalho para todos, salário digno, possibilidade de respirar ar adequado. Para que o cidadão possa ter uma qualidade de vida digna, o Poder Público deve colocar à sua disposição os direitos sociais previstos no art. 6º da CF. Trata-se do denominado piso vital mínimo. É fazer com que o cidadão tenha uma qualidade de vida em harmonia com o meio ambiente, garantindo-lhe o bem-estar objetivado pela norma maior.

### 3.4. Estado da população mundial urbana

O Fundo de População das Nações Unidas (UNFPA) publicou o relatório sobre o "Estado da População Mundial", informando que a população se tornará majoritariamente urbana entre 2007 e 2008, ou seja, 3,3 bilhões de habitantes estarão vivendo nas cidades. Tal projeção pode ser um ponto positivo. Em muitos países, a população já é maior nos centros urbanos e se elevará em 60% até 2030. Essa migração vem causando muita pobreza nas grandes cidades, tornando-as caóticas, pois aumenta o número de favelas e cortiços. No entanto, esta é a única oportunidade de escapar da pobreza, pois não existem recursos adequados nas áreas rurais. Há, nos centros urbanos, a esperança de emprego, renda e serviços públicos (saúde e educação). Com mais informações, a população se torna mais esclarecida e passa a ter acesso aos métodos contraceptivos, fazendo com que a taxa de fertilidade caia, diminuindo o crescimento populacional. Restou constatado que a população decresce mais rapidamente nos centros urbanos do que no meio rural. Apesar desses dados, a pobreza e a violência aumentam nos centros urbanos, especialmente nas favelas, onde parte da população é esquecida pelos governantes, ficando, nesses casos, à mercê de traficantes. É necessário prestar atenção a esses dados e aplicar uma política urbana eficaz e adequada com o intuito de melhorar o acesso dessa população aos serviços públicos, procurando diminuir a desigualdade social.

### 3.5. Globalização e pobreza

A globalização econômica, a crise do emprego, a queda do poder aquisitivo e a redução da massa salarial têm causado agravamento da situação, visto que já não se pode qualificar como minoria a parcela da população sujeita a habitar moradias irregulares, num contexto em que se vê desprovida do privilégio de desfrutar adequada e dignamente das funções essenciais da cidade: habitar, trabalhar, recrear e circular, nos termos da Carta de Atenas de 1933. A ocupação irregular causa inúmeros problemas de interesse urbanístico e ambiental, tais como: violência urbana, ocupação de áreas públicas e privadas, degradação de áreas de preservação permanente, de interesse ecológico, turístico, paisagístico e dificuldade em proporcionar serviços públicos etc.[8].

### 3.6. O papel dos municípios na gestão ambiental

Os municípios, nesse cenário, precisam desempenhar efetiva gestão ambiental, em conformidade com as prioridades determinadas pelo SISNAMA. Precisam, além disso, envolver-se com o tema e comprometer-se com o desenvolvimento de políticas públicas que externem a reflexão sobre os pressupostos de uma gestão ambiental preocupada com o exaurimento dos recursos ambientais naturais e apontem alternativas para evitar ou reconstituir os danos eventualmente produzidos. A burocracia já não tem vez nos dias de hoje em face da complexidade dos problemas

---

8. Jean Jacques Erenberg, *Sentido e alcance do princípio da função social da propriedade urbana*: a ausência de plano diretor e o conteúdo mínimo dedutível do sistema da Constituição Federal brasileira de 1988, dissertação de mestrado, São Paulo, Pontifícia Universidade Católica, 2007, p. 36-7.

ambientais, exigindo ações e decisões que tenham efetividade e amplitude ambiental, a qual costuma estar adormecida e precisa ser resgatada[9].

## 4. ESTATUTO DA CIDADE

Denominou-se *Estatuto da Cidade* a Lei n. 10.257, de 10 de julho de 2001, que regulamentou os arts. 182 e 183 da CF. Essa lei dispõe sobre as diretrizes gerais da política urbana, estabelece normas de ordem pública, de interesse social, e regula o uso da propriedade urbana em prol do bem coletivo, da segurança e do bem-estar dos cidadãos, bem como do equilíbrio ambiental (parágrafo único do art. 1º do citado Estatuto). O Estatuto da Cidade possui 58 artigos distribuídos em cinco capítulos: I — Diretrizes Gerais; II — Dos Instrumentos da Política Urbana; III — Do Plano Diretor; IV — Da Gestão Democrática da Cidade; e V — Disposições Gerais.

O Estatuto da Cidade traz em seu bojo uma preocupação com a questão ambiental nos centros urbanos ao utilizar-se, por diversas vezes, de *saneamento ambiental, efeitos sobre o meio ambiente, equilíbrio ambiental* etc. Procura-se dar uma conotação social à propriedade privada. A propriedade urbana passa a exercer uma função social, nos termos do art. 5º, XXIII, da CF. Essa exigência social deve estar consignada no plano diretor. Assim, "o plano diretor da cidade não poderá se afastar dos princípios constitucionais atinentes à defesa e preservação do meio ambiente e da ordem econômica, a fim de permitir que a atividade urbanística seja lesiva aos interesses da coletividade"[10].

Referido Estatuto criou uma nova modalidade de estudo preliminar de avaliação de impacto ambiental, denominado *Estudo Prévio de Impacto de Vizinhança* (EPIV). Ressalte-se, contudo, que esse Estudo não substitui o Estudo Prévio de Impacto Ambiental (EPIA/RIMA) (art. 38 do Estatuto). É a lei municipal que definirá os empreendimentos e atividades privados ou públicos em áreas urbanas que dependerão de elaboração de EPIV para obter as licenças ou autorizações de construção, ampliação ou funcionamento a cargo do Poder Público municipal (art. 36 do Estatuto). O EPIV deverá, à semelhança do EPIA/RIMA, contemplar os impactos positivos e negativos do empreendimento ou atividade quanto à qualidade de vida da população residente na área e suas proximidades (art. 37 do Estatuto).

Assim, o instrumento mais importante para a concretização do Estatuto da Cidade é o plano diretor.

---

9. Vanêsca Buzelato Prestes, Municípios e meio ambiente: a necessidade de uma gestão urbano--ambiental, in *Temas de direito urbano-ambiental*, Belo Horizonte, Fórum, 2006, p. 50.

10. Fernando Reverendo Akaoui, Apontamentos acerca da aplicação do Código Florestal em áreas urbanas e seu reflexo no parcelamento do solo urbano, in *Temas de direito urbanístico 2*, publicação do Centro de Apoio Operacional das Promotorias de Justiça de Habitação e Urbanismo — CAOHURB, do Ministério Público de São Paulo, São Paulo, IMESP, 2000, p. 280.

## 4.1. Cidades sustentáveis

A política urbana tem por objetivo ordenar o pleno desenvolvimento das funções sociais da cidade e da propriedade urbana, garantindo o direito a cidades sustentáveis. Entende-se por cidade sustentável o direito à terra urbana, à moradia, ao saneamento ambiental, à infraestrutura urbana, ao transporte e aos serviços públicos, ao trabalho e ao lazer, para as presentes e futuras gerações (art. 2º, I, do Estatuto). Cuida de uma das diretrizes do Estatuto da Cidade que tem por finalidade evitar "o crescimento desordenado que gere efeitos negativos ao meio ambiente, o uso inadequado dos imóveis, a proximidade de usos incompatíveis, a poluição e a degradação ambiental, sendo preconizada a proteção, preservação e recuperação do meio ambiente natural e construído, patrimônio cultural, histórico, artístico, paisagístico e arqueológico como orientação para o conteúdo da função social dos imóveis; a aplicação de qualquer um dos instrumentos previstos no art. 4º da mesma lei que não tenham como objetivo o alcance de tal diretriz não encontra respaldo nas normas gerais de política urbana"[11].

Com base nisso, a Rede Nossa São Paulo, a Rede Social Brasileira por Cidades Justas e Sustentáveis e o Instituto Ethos lançaram o Programa Cidades Sustentáveis, que reúne uma série de ferramentas que vão contribuir com os governos e a sociedade civil. Trata-se de uma plataforma que funciona como uma agenda para a sustentabilidade, incorporando de maneira integrada as dimensões social, ambiental, econômica, política e cultural, dividida em doze eixos, a saber: a) governança; b) bens naturais comuns; c) equidade, justiça social e cultura de paz; d) gestão local para sustentabilidade; e) planejamento e desenho urbano; f) cultura para sustentabilidade; g) educação para sustentabilidade e qualidade de vida; h) economia local, dinâmica e sustentável; i) consumo responsável e opções de estilo de vida; j) melhor mobilidade; k) menos tráfego; l) ação local para a saúde e do local para o global[12].

É, de fato, uma iniciativa louvável para que o cidadão possa usufruir de uma cidade justa e saudável.

## 4.2. Objetivos da política urbana

O objetivo da política urbana, traçada no Estatuto da Cidade, é ordenar o desenvolvimento das funções sociais da cidade e da propriedade urbana, tendo por base as seguintes diretrizes resumidas: a) garantia do direito a cidades sustentáveis; b) gestão democrática por meio da participação da população; c) cooperação entre os governos

---

11. Maria Etelvina B. Guimaraens, Função social da cidade e da propriedade urbana, in *Temas de direito urbano-ambiental*, Belo Horizonte, Fórum, 2006, p. 76.

12. Jorge Abrahão e Oded Grajew, Programa cidades sustentáveis, *Folha de S.Paulo*, 19 ago. 2011, p. A-3.

e a iniciativa privada; d) planejamento do desenvolvimento das cidades; e) oferta de equipamentos urbanos e comunitários; f) ordenação e controle do uso do solo; g) integração e complementaridade entre as atividades urbanas e rurais; h) adoção de padrões de produção e consumo de bens e serviços; i) justa distribuição dos benefícios e ônus decorrentes do processo de urbanização; j) adequação de instrumentos de política econômica, tributária e financeira e dos gastos públicos aos objetivos do desenvolvimento urbano; k) recuperação dos investimentos do Poder Público de que tenha resultado a valorização de imóveis urbanos; l) proteção, preservação e recuperação do meio ambiente natural e construído e do patrimônio cultural; m) audiência do Poder Público municipal e da população interessada nos processos de implantação de empreendimentos ou atividades poluidores; n) regularização fundiária de urbanização de áreas ocupadas por população de baixa renda mediante o estabelecimento de normas especiais de urbanização uso e ocupação do solo e edificação, tendo-se em vista a situação socioeconômica da população e as normas ambientais; o) simplificação da legislação do parcelamento, uso e ocupação do solo e das normas edilícias, com vistas a permitir a redução dos custos e o aumento da oferta dos lotes e unidades habitacionais; p) isonomia de condições para os agentes públicos e privados na promoção de empreendimento e atividades relativos ao processo de urbanização, atendidos o interesse social (art. 2º, I a XVI, do Estatuto da Cidade).

A efetividade desses objetivos depende de sua inclusão nos planos diretores municipais e leis municipais específicas regulamentando a sua aplicação[13].

### 4.3. Ordenação e controle do uso do solo

O ordenamento e controle do uso do solo têm por finalidade estabelecer regras claras e objetivas no sentido de evitar riscos à comunidade e padronizar a cidade como um todo.

Os riscos mais comuns são: "a) a utilização inadequada dos imóveis urbanos; b) a proximidade de usos incompatíveis ou inconvenientes; c) o parcelamento do solo, a edificação ou o uso excessivos ou inadequados em relação à infraestrutura urbana; d) a instalação de empreendimentos ou atividades que possam funcionar como polos geradores de tráfego, sem a previsão da infraestrutura correspondente; e) a retenção especulativa de imóvel urbano, que resulte na sua subutilização ou não utilização; f) a deterioração das áreas urbanizadas; e g) a poluição e a degradação ambiental" (art. 2º, VI, *a* a *g*, da Lei n. 10.257/2001).

O Poder Público municipal possui autonomia para exercer suas funções diretamente, utilizando-se do seu poder de polícia administrativo para reprimir o uso irregular do solo.

---

13. Maria Luiza Machado Granziera, *Direito ambiental*, cit., p. 483.

## 4.4. Instrumentos da política urbana

Os instrumentos da política urbana estão arrolados no art. 4º do Estatuto da Cidade. São eles: a) planos nacionais, regionais e estaduais de ordenamento do território e de desenvolvimento econômico e social; b) planejamento das regiões metropolitanas, aglomerações urbanas de microrregiões; c) planejamento municipal (plano plurianual, diretrizes orçamentárias e orçamento anual, gestão orçamentária participativa, plano, programas e projetos setoriais e planos de desenvolvimento econômico e social); d) institutos tributários e financeiros (IPTU, contribuição de melhoria e incentivos e benefícios fiscais e financeiros); e) institutos jurídicos e políticos (desapropriação, servidão administrativa, limitações administrativas, tombamento de imóveis ou de mobiliário urbano, instituição de unidades de conservação, instituição de zonas especiais de interesse social, concessão de direito real de uso, concessão de uso especial para fins de moradia, parcelamento, edificação ou utilização compulsórios, usucapião especial de imóvel urbano, direito de superfície, direito de preempção, outorga onerosa de direito de construir e de alteração de uso, transferência de direito de construir, operações urbanas consorciadas, regularização fundiária, assistência técnica e jurídica gratuita para as comunidades e grupos sociais menos favorecidos, referendo popular e plebiscito, demarcação urbanística para fins de regularização fundiária e legitimação de posse); f) estudo prévio de impacto ambiental (EPIA) e estudo prévio de impacto de vizinhança (EPIV).

Entre os instrumentos citados, veremos, sucintamente, o estudo de impacto de vizinhança — EPIV (instrumento da política urbana), outorga onerosa do direito de construir e de alteração de uso (instituto jurídico e político) e o plano diretor (instrumento do planejamento municipal).

### 4.4.1. Estudo Prévio de Impacto de Vizinhança (EPIV)

A lei municipal deverá definir os empreendimentos e atividades privadas ou públicas em áreas urbanas que dependerão de elaboração de estudo prévio de impacto de vizinhança (EPIV) para obter as licenças ou autorizações de construção, ampliação ou funcionamento a cargo do Poder Público municipal (art. 36 do Estatuto).

O EPIV será executado de forma a contemplar os efeitos positivos e negativos do empreendimento ou atividades quanto à qualidade de vida da população residente na área e suas proximidades, incluindo a análise, no mínimo, das seguintes questões: a) adensamento populacional; b) equipamentos urbanos e comunitários; c) uso e ocupação do solo; d) valorização imobiliária; e) geração de tráfego e demanda por transporte público; f) ventilação e iluminação; e g) paisagem urbana e patrimônio natural e cultural.

Todos os documentos relacionados ao EPIV deverão ser publicados e ficar disponíveis para consulta, no órgão competente do Poder Público municipal, por qualquer interessado (art. 37 do Estatuto).

O EPIV não substitui o EPIA. Se o empreendimento exigir o primeiro não poderá ser apresentado o segundo (art. 38 do Estatuto).

No dizer de Édis Milaré, o EPIV "está destinado a suscitar interesse crescente da população e, com certeza, será um fator poderoso para mobilizar a comunidade e desencadear a participação democrática desejada pelo Estatuto da Cidade. Aliás, a Política Urbana, por ser de alto interesse da *polis*, é um espaço aberto para a cidadania participativa. Da proposta do empreendimento, passando pela audiência pública, até a decisão final, há um caminho longo e cheio de percalços a seguir"[14].

O EPIV é uma garantia eficiente do cidadão diante dos problemas ambientais, inerentes da *metrópole*.

### 4.4.2. Outorga onerosa do direito de construir e de alteração de uso — STF declara constitucional lei do Município de Florianópolis/SC que instituiu o chamado "solo criado"

O Plenário do Supremo Tribunal Federal (STF) negou provimento, no dia 6 de março de 2008, ao Recurso Extraordinário (RE) 387.047, interposto pela K. Participações, Administração e Construção Ltda. contra a Lei municipal n. 3.338/89, pela qual a Prefeitura de Florianópolis/SC criou uma contribuição denominada parcela do "solo criado". Trata-se de um ônus que incide sobre a área de construção que exceda o coeficiente determinado pela lei, deixando à escolha de quem constrói manter-se dentro do coeficiente ou ultrapassá-lo, neste caso obrigando-se ao pagamento da parcela do "solo criado".

O julgamento do recurso extraordinário teve início no dia 21 de março de 2008. O ministro Carlos Alberto Menezes Direito, naquela oportunidade, pediu vista do processo, depois que o relator, ministro Eros Grau, já havia negado o provimento ao recurso. Menezes Direito trouxe a matéria de volta ao Plenário e acompanhou o voto do relator. Todos os ministros presentes votaram no mesmo sentido, exceto o ministro Marco Aurélio. Ele não participou da votação, alegando que, por força de compromisso no Tribunal Superior Eleitoral (TSE), de que é presidente, não poderia participar da sessão em que o julgamento prosseguia.

A empresa que interpôs o recurso alega que se trataria, na verdade, de um tributo — um novo imposto — e sua cobrança, além de extrapolar a competência do município para disciplinar o assunto, caracterizaria bitributação. Isso porque, diz o advogado da empresa, utiliza base de cálculo típica de impostos — o metro quadrado do imóvel, a mesma utilizada no cálculo do IPTU.

O relator, ministro Eros Grau, em seu voto, contestando essa alegação, explicou as diferenças entre "tributo" e "ônus", de acordo com a doutrina. No caso do tribu-

---

14. Édis Milaré, *Direito do ambiente*, cit., p. 714.

to, salientou, existe a obrigação do pagamento, conforme dispõe o Código Tributário Nacional, após ter ocorrido seu fato gerador. Mas ponderou que "não se pode falar em tributo se não houver relação jurídica de prestação obrigacional". Ele esclareceu, ainda, que o não pagamento de um tributo implica sanções jurídicas.

Já o ônus, continuou Eros Grau, é faculdade do proprietário, cujo exercício é necessário para a obtenção de determinado objetivo. Eros Grau citou alguns exemplos do conceito de ônus. "Ninguém tem o dever de dirigir automóvel", disse ele. "Mas, para dirigir, tem que arcar com o ônus de se habilitar perante o ente público." Ninguém, tampouco, é obrigado a participar de uma licitação. Mas, para participar, tem de arcar com o ônus de pagar a caução, disse. O ministro salientou que o não pagamento de determinado "ônus" não implica sanção jurídica.

Frisou ainda o ministro que a parcela do "solo criado", instituída pela lei de Florianópolis, não é tributo. Trata-se de um exemplo claro de ônus, afirmou. A parcela do "solo criado" é facultada ao proprietário do imóvel, para que ele possa construir acima do coeficiente determinado pela lei. Seu não pagamento não acarreta nenhuma sanção; o proprietário apenas não poderá construir acima do que prevê a lei, concluiu.

Em razão desses argumentos, o ministro disse não ver nenhuma afronta à Constituição Federal pela Lei n. 3.338/89, de Florianópolis, motivo pelo qual votou no sentido de negar provimento ao recurso.

Ao endossar o voto de Eros Grau, o ministro Cezar Peluso disse entender a parcela do "solo criado" como uma forma de ressarcimento da sociedade, por intermédio do Poder Público, pelos investimentos adicionais em infraestrutura que tem de fazer, quando alguém realiza uma construção acima dos padrões normais[15].

Hoje, já há previsão legal da possibilidade da cobrança desse tributo pelo Estatuto da Cidade e pelo plano diretor. Trata-se da outorga onerosa (arts. 28 a 31 da Lei n. 10.257/2001 — Estatuto da Cidade).

### 4.4.3. Plano diretor

A política de desenvolvimento urbano é traçada pelo plano diretor, que é criado por lei municipal e dispõe sobre diretrizes e estratégias para o desenvolvimento urbano e econômico da cidade e orienta os investimentos públicos. Em outras palavras, é uma lei municipal que cria um sistema de planejamento e gestão da cidade, determinando quais serão as políticas públicas a serem desenvolvidas nos próximos dez anos em todas as áreas da Administração Pública. Faltam ainda a aprovação da lei de uso e ocupação do solo (lei de zoneamento) e os planos regionais

---

15. Notícias do STF, quinta-feira, 6 de março de 2008, Plenário mantém norma de Florianópolis que instituiu cobrança de parcela do "solo criado" (*Informativo CAO-UMA* n. 15, 2008).

— instrumentos de implementação do plano diretor em determinada região. É esse plano que vai dizer para onde a cidade deve crescer e se desenvolver. A partir do plano diretor é que se estabelecerão as diretrizes do uso e ocupação do solo urbano. Com base nesse plano surgirá um novo Código de Edificações, que estipulará normas rígidas e racionais do uso e ocupação do solo urbano. Sem esse plano a cidade crescerá desordenadamente. É por meio do plano diretor que se fixarão também os critérios para o zoneamento urbano com a consequente delimitação das áreas industriais, comerciais e residenciais, tendo ainda por objetivo proporcionar maior acesso à cultura pelas camadas populacionais de baixa renda, democratizar a educação, proteger e recuperar o meio ambiente, promover a aproximação dos agentes de segurança, criar condições de acesso à habitação pelas camadas de baixa renda, contribuir para o aumento de oferta de emprego, reduzir os preços dos alimentos, recuperar os equipamentos esportivos comunitários, priorizar o transporte coletivo e substituir os cemitérios horizontais pelos verticais. Podemos assim conceituar plano diretor como o conjunto de normas legais e técnicas disciplinadoras da expansão urbana e do desenvolvimento socioambiental, tendo por finalidade o bem-estar individual e social da comunidade local.

Duas das novidades do atual plano diretor — aprovado pela Câmara Municipal de São Paulo em 2002 — são o direito de superfície e a outorga onerosa do direito de construir. O direito de superfície permite ao proprietário usar o imóvel e aproveitá-lo com base na função social. Esse imóvel pode ser transferido para terceiro sem que o seu proprietário perca essa condição, ou seja, poderá permitir que terceira pessoa utilize o solo, o subsolo ou o espaço aéreo correspondente ao imóvel. A outorga onerosa do direito de construir, por sua vez, depende das diretrizes traçadas pelo plano diretor, que tem caráter geral para o conjunto da cidade. Trata-se de um instrumento municipal que permite a construção acima dos índices estabelecidos mediante o pagamento de uma taxa. Essa lei permitirá a construção de somente uma, duas ou três vezes o tamanho do lote, dependendo do bairro; se, porém, o construtor quiser construir acima desses limites, deverá pagar uma taxa correspondente à outorga onerosa à prefeitura, cujo valor será fixado anualmente pela Câmara Municipal. Em outras palavras, os limites serão definidos pelos coeficientes de aproveitamento. Há um limite para a construção (coeficiente básico), de acordo com o zoneamento, que pode ser ampliado desde que seja paga uma taxa — a outorga onerosa. O limite de construção é definido pelo coeficiente máximo. É interessante ressaltar que essa arrecadação seria utilizada para a construção de habitação de interesse social. O plano diretor deu ênfase especial à habitação popular, com o estabelecimento das Zonas Especiais de Interesse Social (ZEIS), que podem proporcionar maior oferta de moradias à população de baixa renda. Esse plano procura preservar o zoneamento como instrumento da ordenação da cidade, incentivando a política de habitação e a de transporte. O plano diretor prevê ainda um planejamento mais descentralizado, estabelecendo planos regionais e de bairros, e introduz uma preocupação ambiental mais acentuada, com a criação de parques lineares ao longo dos cursos d'água da cidade.

O plano diretor, como se viu, é o instrumento básico da política de desenvolvimento e de expansão urbana e será obrigatório para os municípios com mais de 20 mil habitantes (art. 182, § 1º, da CF). Essa exigência deve ser obrigatória não só para os municípios com mais de 20 mil habitantes, mas também para aqueles que tenham população inferior. São tantos os benefícios que a cidade passa a ter que não é possível imaginar um município sem plano diretor. A organização, o crescimento, a aplicação do princípio da função social são alguns dos instrumentos colocados à disposição dos municípios pelo plano diretor.

A propriedade, por sua vez, cumpre a sua função social quando atende às exigências fundamentais de ordenação da cidade expressas no plano diretor (arts. 30, VIII, e 182, § 2º, da CF).

Registre-se ainda que foi aprovado pela Câmara Municipal de São Paulo, no dia 30 de junho de 2014, o novo Plano Diretor (PL n. 688/2013), que alterou a lógica insustentável de desenvolvimento urbano para enfrentar seus grandes desafios, quais sejam: desigualdade socioterritorial; carência de habitação para a baixa renda; (i)mobilidade; devastação ambiental; e falta de espaços livres que contrabalancem o processo imobiliário. A articulação entre uso do solo e mobilidade é a chave na proposta, sem olvidar a necessidade de harmonizar o Plano Diretor com outros instrumentos ambientais, no dizer de Nabil Bonduki[16].

O plano estabelece as diretrizes para o planejamento da cidade nos próximos 16 anos. Após 62 audiências públicas e nove meses de discussões, o Plano Diretor Estratégico para a Cidade de São Paulo foi aprovado pelos vereadores da capital paulista. Nele, estão incluídos pontos como altura de prédios, áreas preferenciais para sua construção, implementações para redução do *déficit* habitacional, melhora do transporte público e preservação do meio ambiente.

## 5. O MINISTÉRIO PÚBLICO PAULISTA E O PLANO DIRETOR

Como podemos ver, o plano diretor é tão importante que o Ministério Público promulgou o Aviso n. 559/2005-PGJ no *DOE*, com o objetivo de cobrar a sua elaboração por parte de todos os municípios paulistas, independentemente do número de habitantes. E, ainda com base no Estatuto da Cidade, a Procuradoria-Geral de Justiça baixou as seguintes recomendações aos promotores de Justiça de Habitação e Urbanismo com vistas a sua efetiva implementação:

"*O Procurador-Geral de Justiça*, no uso de suas atribuições legais, tendo em vista o disposto nos artigos 40, § 3º, 41, incisos I e II, 50 e 52, inciso VII, da Lei n. 10.257,

---

16. O Plano Diretor e os desafios de São Paulo, *Folha de S.Paulo*, Tendências/Debates, 20 dez. 2013, p. A-3.

de 10 de julho de 2001 (Estatuto da Cidade), bem como o fato de que, no dia 10/10/2006, expirar-se-á o prazo estabelecido pelo referido diploma legal para que os municípios elaborem planos diretores, sob pena, inclusive, de responsabilização do Prefeito Municipal por improbidade administrativa;

RECOMENDA aos Promotores de Justiça de Habitação e Urbanismo que verifiquem a situação em que se encontram os municípios junto aos quais atuam, em face da referida legislação, visando providências no intuito de garantir o seu cumprimento, conforme relação abaixo:

hipótese 1: O município não possui Plano Diretor e não conta com mais de 20 mil habitantes, não se encontrando em região metropolitana ou aglomeração urbana. No Estado de São Paulo, há obrigatoriedade de Plano Diretor, nos termos do disposto no § 1º do artigo 181 da Constituição Estadual. No entanto, não se aplica o disposto no artigo 50 do Estatuto da Cidade;

hipótese 2: O município conta com mais de 20 mil habitantes ou se encontra em região metropolitana ou aglomeração urbana e não possui Plano Diretor — o prazo para aprovar a referida lei expira-se em 10/10/2006 (artigo 50). Aplica-se, em tese, o disposto no artigo 52, inciso VII, do Estatuto da Cidade;

hipótese 3: O município possui Plano Diretor aprovado há mais de dez anos, não tendo sido devidamente revisado (artigo 40, § 3º, do Estatuto da Cidade). Na omissão, aplica-se, em tese, o disposto no artigo 52, inciso VII, do Estatuto da Cidade sem prejuízo da obrigação de efetuar a revisão;

hipótese 4: O município possui Plano Diretor aprovado há menos de dez anos, não se encontrando o documento de acordo com o disposto no Estatuto da Cidade (artigos 2º, 5º, 25, § 1º, 28, 29, 32, 35 e 39 a 45, destacando-se o artigo 42). A situação pode ser entendida como equivalente à de inexistência de Plano Diretor. Se o município conta com mais de 20 mil habitantes ou se encontra em região metropolitana ou aglomeração urbana, deverá revisá-lo, adequando-o ao Estatuto da Cidade, até 10/10/2006".

Diante das dificuldades de os municípios elaborarem seus planos diretores dentro do prazo acima estipulado, foi criada a Lei n. 11.673, de 8 de maio de 2008, que alterou a Lei n. 10.257, de 10 de julho de 2001 (Estatuto da Cidade), para prorrogar o prazo para tal finalidade. O art. 50 do Estatuto da Cidade passou a vigorar com a seguinte redação: "Os municípios que estejam enquadrados na obrigação prevista nos incisos I e II do *caput* do art. 41 desta Lei e que não tenham plano diretor aprovado na data de entrada em vigor desta Lei deverão aprová-lo até 30 de junho de 2008". Tal lei entrou em vigor na data de sua publicação, produzindo efeitos desde 10 de outubro de 2006.

O Ministério Público de São Paulo procura cobrar o plano diretor de todas as cidades do Estado de São Paulo, independentemente do número de habitantes, levando em conta o plano estratégico para a área de urbanismo e habitação e os seguintes dados e informações.

## 5.1. Planejamento estratégico do Ministério Público paulista para a área de urbanismo e habitação

O procurador-geral de justiça baixou ato normativo aprovando o Plano de Atuação do Ministério Público do Estado de São Paulo para 2007/2008, estabelecendo prioridades na área de urbanismo e habitação, após a realização de inúmeras audiências públicas em todo o Estado de São Paulo. Entre tais prioridades, incumbiu as Promotorias de Justiça de Habitação e Urbanismo da responsabilidade de acompanhar o procedimento de elaboração e aprovação dos planos diretores dos municípios, com a finalidade de evitar que não sejam atendidos apenas os interesses econômicos de loteadores, incorporadores, proprietários e empreiteiros em detrimento do direito de todos à cidade sustentável.

O planejamento urbano consiste em um princípio constitucional (arts. 30, VIII, e 182, § 1º, da Constituição Federal e 180 a 183 da Constituição Estadual) e em uma diretriz legal estabelecida pelo Estatuto da Cidade (Lei n. 10.257/2001) como um dos pressupostos para a concretização do conceito de cidade sustentável, entendido como direito à terra urbana, à moradia, ao saneamento ambiental, à infraestrutura urbana, aos serviços públicos, ao transporte e ao lazer. Isso porque a ausência ou a insuficiência de planejamento tem por consequência o desequilíbrio e o desgaste do meio ambiente urbano, fato que afeta a qualidade de vida de todos os que habitam ou circulam na cidade.

A Promotoria de Justiça poderá utilizar-se de indicadores, separadamente e de forma cruzada ou comparativa, com o objetivo de apontar as mazelas decorrentes da falta, insuficiência ou inadequação do planejamento urbano ou do próprio plano diretor, tais como: a) população do município e crescimento populacional nos últimos dez/vinte anos; b) localização do município em região metropolitana ou região turística; c) parcelamentos ilegais do solo em área rural; d) número de favelas, cortiços e loteamentos irregulares e clandestinos; e) índices relativos a déficit ou problemas relacionados à circulação urbana e infraestrutura viária (transportes públicos, malha viária, frota de automóveis); f) índices relativos à industrialização (número de indústrias na cidade); g) internações relacionadas a problemas respiratórios; h) índices relativos ao número de estabelecimentos de comércio na cidade; i) índices relativos ao número de hospitais (ou leitos), escolas e creches na cidade; j) mortalidade infantil; k) internações por doenças relacionadas a problemas sanitários; l) índices relativos à existência de equipamentos de lazer na cidade (teatros, bibliotecas, ginásios, parques públicos); m) existência, no município, de áreas de preservação ecológica (APPs, APAs, mananciais, unidades de conservação em geral); n) arrecadação de IPTU e ICMS (posição do município no Estado); o) existência de lei de zoneamento na cidade; p) crescimento de área urbana em relação à área rural nos últimos dez/vinte anos (baseado no Ato Normativo n. 498-PGJ, de 20 de março de 2007).

Conclui-se, portanto, diante de todas essas circunstâncias, que o assunto deve continuar a ser tratado como prioridade pelas Promotorias de Justiça de Habitação e Urbanismo, razão pela qual deve ser incluído no plano de ação respectivo. Considerando-se, aliás, que se expirou o prazo para elaboração do plano pelos municípios com mais de 20 mil habitantes ou inseridos em regiões metropolitanas e aglomerações urbanas, e em atenção à necessidade de rever, sempre que necessário, o conteúdo do planejamento estratégico, inclui-se, como tema prioritário para o Ministério Público, também a implementação de planos diretores, como desdobramento natural de sua elaboração. Nisso estão abarcadas também as providências necessárias para verificar a atualização e adaptação das leis municipais de uso e ocupação do solo, zoneamento etc. aos planos diretores aprovados sob a égide do Estatuto da Cidade[17].

## 5.2. Dados do IBGE sobre os municípios e a população

Registre-se que até 1º de julho de 2006, segundo o IBGE, somente 1.611 dos 5.564 (em 2010 5.565) municípios brasileiros contavam com população superior a 20 mil habitantes, representando 28,95% do total, e as 3.953 cidades (71,05% do total), que contam 32.492.346 habitantes (17,4% da população total do país estimada em 186.770.562 brasileiros), estariam isentas do plano diretor[18] (pelo censo de 2010, a população brasileira subiu para 190.732.694. E 84,32% dessa população vive nos centros urbanos e 15,65% nas áreas rurais. Há, em todo o país, 24,5 mil pessoas com mais de cem anos). Findo o prazo estipulado pelo Estatuto da Cidade, em 10 de outubro de 2006[19], apurou-se que cerca de 80% dos 1.611 municípios brasileiros com mais de 20 mil habitantes cumpriram o prazo estabelecido no Estatuto da Cidade para elaboração do plano diretor. Desse universo, apenas 60 prefeituras não iniciaram a discussão com a comunidade, o que representa 3,6% do total. Outros 296 projetos estão em fase final de elaboração[20]. Esses dados referem-se somente aos municípios obrigados à apresentação do plano diretor (art. 182, § 1º, da CF), não abrangendo o rol do art. 41, I e II, do Estatuto da Cidade. Não se aplica, no caso, a determinação do art. 50 do Estatuto.

---

17. *V.* Plano de Atuação do Ministério Público na Área de Urbanismo e Meio Ambiente no final deste *Manual* (Ato Normativo n. 498-PGJ, de 20-3-2007, Pt. n. 9.025, publicado no *DOE*, 21 mar. 2007).

18. Planilha elaborada e divulgada pelo IBGE/DPE/COPIS no *DOU*, 31 ago. 2006, disponível em: <http://www.ibge.gov.br>; acesso em: 18 jan. 2007.

19. Este prazo foi prorrogado para o dia 30 de junho de 2008, pela Lei n. 11.673, de 8 de maio de 2008, que alterou a Lei n. 11.257, de 10 de julho de 2001 (Estatuto da Cidade).

20. Balanço apresentado pela Secretaria Nacional de Programas Urbanos do Ministério das Cidades (nota divulgada em 12-12-2006).

## 5.3. Inconstitucionalidade do art. 195, *caput*, da Constituição Estadual do Amapá

A Constituição Estadual paulista não reproduziu a Constituição Federal no que tange à exigência de limite de habitantes para a cidade apresentar o seu plano diretor[21]. Já o Estado do Amapá exigiu o plano diretor para os municípios que tenham população superior a 5 mil habitantes[22]. Neste último caso, o Supremo Tribunal Federal julgou inconstitucional o art. 195, *caput*, da Constituição Estadual do Amapá, que ampliou a exigência dos planos diretores dos municípios que tenham população entre 5 a 20 mil habitantes em ação direta de inconstitucionalidade, nos seguintes termos da decisão transcrita:

"*Direito constitucional e administrativo. Municípios com mais de cinco mil habitantes. Plano diretor. Art. 195,* caput*, do Estado do Amapá. Arts. 25, 29, 30, I e VIII, 182, § 1º, da Constituição Federal e art. 11 do ADCT.*

1. O *caput* do art. 195 da Constituição do Estado do Amapá estabelece que 'o plano diretor, instrumento básico da política de desenvolvimento econômico e social e de expansão urbana, aprovado pela Câmara Municipal, é obrigatório para os Municípios com mais de cinco mil habitantes'.

2. Essa norma constitucional estadual estendeu, aos municípios com número de habitantes superior a cinco mil, a imposição que a Constituição Federal só fez àqueles com mais de vinte mil (art. 182, § 1º).

3. Desse modo, violou o princípio da autonomia dos municípios com mais de cinco mil e até vinte mil habitantes, em face do que dispõem os arts. 25, 29, 30, I e VIII, da CF e 11 do ADCT.

4. Ação Direta de Inconstitucionalidade julgada procedente, nos termos do voto do Relator.

5. Plenário: decisão unânime"[23].

Vê-se, pois, que o mesmo fundamento que declarou inconstitucional o *caput* do art. 195 da Constituição Estadual do Amapá aplicar-se-ia à Constituição do Estado de São Paulo. Ambas as Constituições Estaduais ampliaram o limite estabeleci-

---

21. "Art. 181. Lei municipal estabelecerá, em conformidade com as diretrizes do plano diretor, normas sobre zoneamento, loteamento, parcelamento, uso e ocupação do solo, índices urbanísticos, proteção ambiental e demais limitações administrativas pertinentes. § 1º Os planos diretores, obrigatórios a todos os Municípios, deverão considerar a totalidade de seu território municipal" (Constituição do Estado de São Paulo, promulgada em 5-10-1989).

22. "Art. 195. O plano diretor, instrumento básico da política de desenvolvimento econômico e social e de expansão urbana, aprovado pela Câmara Municipal, é obrigatório para os Municípios com mais de cinco mil habitantes" (Constituição do Estado do Amapá, promulgada em 20-12-1991).

23. STF, ADIn 826/9-AP, rel. Min. Sydney Sanches, j. 17-9-1998, *DJU*, 12 mar. 1999.

do na Constituição Federal. Ocorre que o Estatuto da Cidade (art. 41, II e IV) também ampliou o rol constitucional de municípios obrigados à elaboração de plano diretor em desrespeito à Constituição Federal. A norma, em tese, seria inconstitucional. Tal fato não se dá porque a União tem competência para legislar, estabelecendo normas de caráter geral (art. 24, § 2º, da CF). Os Estados, por sua vez, podem legislar plenamente para atender a suas peculiaridades na ausência da norma geral (art. 24, § 3º, da CF). Advindo, no entanto, norma geral federal, fica suspensa a eficácia da norma estadual (art. 24, § 4º, da CF). Nesse sentido, o art. 181, § 1º, da Constituição do Estado de São Paulo deveria estar, em tese, com sua eficácia suspensa.

Entendemos, salvo maior juízo, que deve prevalecer a norma estadual para o bem dos cidadãos. Trata-se de norma constitucional de eficácia contida, podendo seu alcance ser restringido ou ampliado por lei infraconstitucional.

### 5.4. Aplicação do princípio da função social da propriedade urbana

Outra questão importante é a aplicação do princípio da função social da propriedade urbana quando o município não estiver obrigado a apresentar o plano diretor. Jean Jacques Erenberg, em dissertação de mestrado defendida perante banca examinadora na PUC-SP, sustenta que a falta de plano diretor dos municípios cuja população seja inferior a 20 mil habitantes não obsta a aplicação do referido princípio. O plano diretor não é condicionante da aplicação do princípio, mas, sim, seu instrumento (art. 182, §§ 1º e 2º, da CF). Menos de 30% das cidades brasileiras têm população superior a 20 mil habitantes. Se assim fosse, os moradores dos demais municípios poderiam ser prejudicados por conta disso. A interpretação da norma constitucional não pode ser literal. Trata-se de um direito dito fundamental (art. 5º, XXIII, da CF). Entende o autor que o município fica impedido de aplicar os instrumentos previstos no art. 182, § 4º, da CF, mas não o princípio da função social da propriedade urbana. No entanto, para sua aplicação plena, há a necessidade de um conteúdo mínimo, extraível do próprio sistema constitucional. A propriedade, nesse contexto, cumpre sua função social quando, mediante adequada utilização, proporciona condições de igualdade de acesso aos benefícios sociais assegurados na Constituição Federal. Sua utilização é adequada quando serve à destinação para a qual está vocacionada. O proprietário deve dar o destino econômico característico, em condições de equilíbrio com os interesses da coletividade, o que se verifica quando seu uso se coaduna com as exigências de ordenação das funções sociais da cidade e com o bem-estar de seus habitantes, possibilitando-lhes o pleno exercício, no mínimo, do direito à habitação, à circulação, ao trabalho e ao lazer[24].

---

24. *Sentido e alcance do princípio da função social*, cit., p. 134.

Foi com base nesses argumentos que o Procurador-Geral de Justiça de São Paulo baixou recomendação a todos os promotores de Justiça de Habitação e Urbanismo, fundamentado no dispositivo da Constituição Paulista, no sentido de exigir a elaboração do plano diretor de todos os municípios. Findo o prazo, o Ministério Público deverá analisar cada caso para a propositura das ações competentes em face dos municípios omissos.

## 6. INFRAÇÕES ADMINISTRATIVAS E PENAIS

As infrações administrativas estão arroladas nos arts. 72 a 75 do Decreto n. 6.514/2008, e as penais, nos arts. 49 e 65 da Lei n. 9.605/98. *V.* também outras infrações penais previstas nos arts. 163, 164, 252, 254 e 256 do CP.

# Capítulo II
## Urbanismo e Seus Problemas

### 1. URBANISMO E DIREITO URBANÍSTICO

Urbanismo, segundo Hely Lopes Meirelles, "é o conjunto de medidas estatais destinadas a organizar os espaços habitáveis, de modo a propiciar melhores condições de vida ao homem na comunidade"[1]. A palavra *urbanismo* originou-se do latim *urbs*, que pode ser traduzido por cidade. Foi com o crescimento das cidades que a urbanização se desenvolveu e se fez necessário estabelecer regras disciplinadoras e delimitadoras dos espaços habitáveis e não habitáveis.

Daí surgiu o direito urbanístico, que pode ser conceituado como "o conjunto de normas jurídicas reguladoras da atividade do Poder Público destinada a ordenar os espaços habitáveis, o que equivale dizer: conjunto de normas jurídicas reguladoras da atividade urbanística"[2].

Essa disciplina do Direito tem por escopo estudar e pesquisar as leis e regulamentos que tratam do uso e da ocupação do solo pelo Poder Público e pela comunidade. Os municípios poderão disciplinar o uso e a ocupação do solo urbano tendo em vista o seu interesse local (art. 30, I, da CF) e, em especial, pelo plano diretor (art. 182, § 1º, da CF). É por meio do plano diretor que o município passa a ter um instrumento poderoso para ordenar as funções sociais da cidade, visando ao bem comum da sociedade.

Um dos princípios fundamentais do direito urbanístico é o princípio da função social da propriedade. Esse princípio é citado, por diversas vezes, na Constituição Federal (arts. 5º, XXIII, 170, III, 182, *caput,* 184, *caput,* 185, parágrafo único, e 186). É, sem dúvida, uma limitação ao direito de propriedade, devendo esta exercer uma função social e não somente individual. A propriedade privada não pode ser utilizada inadequadamente.

Esse princípio deve estar em consonância com a necessidade também de proteger o meio ambiente e encontra-se previsto no art. 225, *caput,* da CF, que dispõe: "Todos têm direito ao meio ambiente ecologicamente equilibrado, bem de uso

---

1. Hely Lopes Meirelles, *Direito municipal brasileiro*, 3. ed., São Paulo, Revista dos Tribunais, 1977, p. 585.

2. José Afonso da Silva, *Direito urbanístico*, cit., p. 31.

comum do povo e essencial à sadia qualidade de vida, impondo-se ao Poder Público e à coletividade o dever de defendê-lo e preservá-lo para as presentes e futuras gerações". Incumbe ainda aos municípios definir "espaços territoriais e seus componentes a serem especialmente protegidos, sendo a alteração e a supressão permitidas somente através de lei, vedada qualquer utilização que comprometa a integridade dos atributos que justifiquem sua proteção" (art. 225, § 1º, III).

Por não haver um Código Urbanístico, Regina Helena Costa arrola três conjuntos de normas protetivas da propriedade: a) aquelas atreladas à função social — arts. 5º, XXII, XXIII e XXIV; 170, II e III; 182; 184; 185; 186; b) aquelas atreladas ao planejamento urbanístico, ao uso e à ocupação do solo — arts. 21, IX, XX e XXI; 23, IX; 25, § 3º; 30, VIII; 43; 48, IV; 174; 178, I; 182, §§ 1º e 2º; c) aquelas atreladas aos instrumentos de intervenção urbanísticas — arts. 5º, XXIV; 22, II; 182, §§ 3º e 4º; 184, caput; 185 e 215, §§ 1º e 5º[3].

Vê-se, pois, que os municípios têm à sua disposição muitos instrumentos para a proteção do meio ambiente, incluindo, no caso da arborização, um programa contínuo de plantação de mudas. Júlio César de Sá da Rocha apresenta os seguintes instrumentos: a) a ação fiscalizatória da polícia administrativa (poder de polícia); b) o zoneamento ambiental e urbanístico; c) o parcelamento, o uso e ocupação do solo urbano; d) o loteamento; e) os índices urbanísticos; f) as restrições de uso de veículos automotores em determinadas vias públicas ou dias definidos; g) a proteção do patrimônio histórico-cultural; h) a construção e preservação de praças e áreas livres; i) o consórcio de municípios; e j) o estabelecimento de uma política de implantação e preservação de espaços ambientais territorialmente protegidos (espaços verdes)[4].

A falta de planejamento da cidade vem causando transtorno imenso à população. Há muitos loteamentos clandestinos implantados em áreas de preservação permanente e no entorno de mananciais. Além disso, a cidade não consegue absorver as chuvas intensas, ocasionando incômodo de toda ordem à população. Sem falar no aumento do número de veículos que vêm congestionando as vias públicas. E basta acontecer um acidente para a cidade parar.

## 2. PARCELAMENTO DO SOLO URBANO (LOTEAMENTO E DESMEMBRAMENTO)

O parcelamento do solo tem por finalidade disciplinar a ocupação das áreas urbanas, a fim de dar cumprimento às funções sociais da cidade, ordenando adequadamente os espaços de ocupação, de lazer e as áreas verdes.

---

3. Apud José Carlos de Freitas, Direito urbanístico, in *Manual de direitos difusos*, coord. Vidal Serrano Nunes Júnior, Ed. Verbatim, 2009, p. 393.

4. Júlio César de Sá da Rocha, *Função ambiental da cidade* — direito ao meio ambiente urbano ecologicamente equilibrado, São Paulo, Ed. Juarez de Oliveira, 1999, p. 32-3.

Assim, o parcelamento do solo urbano poderá ser feito por meio do *loteamento* ou do *desmembramento*, respeitando-se as normas estaduais e municipais (art. 2º da Lei n. 6.766/79).

O *loteamento* consiste na subdivisão de gleba em lotes destinados a edificação, com abertura de novas vias de circulação, de logradouros públicos ou prolongamento, modificação ou ampliação das vias existentes (art. 2º, § 1º, da Lei n. 6.766/79).

O *desmembramento*, por sua vez, consiste na subdivisão de gleba em lotes destinados a edificação, com aproveitamento do sistema viário existente, desde que não implique a abertura de novas vias e logradouros públicos, nem prolongamento, modificação ou ampliação dos já existentes (art. 2º, § 2º, da Lei n. 6.766/79).

Para o loteamento há a necessidade, além da divisão de uma área maior, de abertura de novas vias de circulação e ampliação das vias já existentes. Para o desmembramento, não há a necessidade de abertura de novas vias nem de ampliação das já existentes[5].

Não se admitirá, contudo, o loteamento ou o desmembramento em: a) áreas alagadiças e sujeitas a inundações, antes de tomadas as providências para assegurar o escoamento das águas; b) terrenos que tenham sido aterrados com material nocivo à saúde pública, sem que sejam previamente saneados; c) terreno com declividade igual ou superior a 30%, salvo se atendidas exigências específicas das autoridades competentes; d) terrenos cujas condições geológicas não aconselhem a edificação; e e) áreas de preservação ecológica ou naquelas onde a poluição impeça condições sanitárias suportáveis, até a sua correção (art. 3º, parágrafo único, da Lei n. 6.766/79).

São requisitos para a realização do loteamento ou desmembramento: I) as áreas destinadas a sistema de circulação, a implantação de equipamento urbano e comunitário, bem como a espaços livres de uso público, serão proporcionais à densidade de ocupação prevista para a gleba; II) os lotes terão área mínima de 125 metros quadrados e frente mínima de 5 metros, ressalvada a legislação estadual ou municipal que disponha de modo diferente para o atendimento de necessidades habitacionais; III) ao longo das águas correntes e dormentes[6] e das faixas de domínio público das ro-

---

5. *V.* Súmulas 10, 41 e 42 do CSMP.

6. É importante ressaltar que deverão ser preservadas as florestas e as demais formas de vegetação nas margens dos rios localizadas nas zonas urbanas, mantendo-se uma faixa de trinta metros (não mais quinze) delimitada por lei municipal em conformidade com os planos diretores e a lei de parcelamento do uso do solo (art. 2º, parágrafo único, da Lei n. 4.771/65). Como já dito, em 19 de abril de 2000, os Conselheiros do CONSEMA votaram e aprovaram a Deliberação n. 10, com a seguinte redação: "Recomenda-se à Secretaria Estadual do Meio Ambiente que, nos licenciamentos de novos loteamentos, atente para a necessidade de preservação, ao longo das margens dos rios e demais cursos-d'água, de faixa de trinta (30) metros de largura, em áreas urbanas que ainda apresentem características rurais". Essa recomendação foi confirmada na Apelação Cível n. 207.160.5/7, da Comarca de Barueri, que tramitou perante a 5ª Câmara de Direito Público do TJSP, em 8 de maio de 2003, na qual o relator, Dr. Paulo

dovias e ferrovias, será obrigatória a reserva de uma faixa *non aedificandi* de 15 metros de cada lado, salvo maiores exigências da legislação específica; IV) as vias deverão articular-se com as vias adjacentes oficiais, existentes ou projetadas, e harmonizar-se com a topografia local (art. 4º da Lei n. 6.766/79).

O percentual de áreas públicas previstas no inciso I do art. 4º da Lei n. 6.766/79 acima não poderia ser inferior a 35% da gleba. Com o advento da Lei n. 9.785/99 já não se faz a exigência desse percentual mínimo, atribuindo-se ao município a sua fixação.

Os projetos de loteamento ou de desmembramento deverão ser aprovados pela Prefeitura Municipal (art. 12 da Lei n. 6.766/79). Dependerão, contudo, de anuência estadual: I) se a área for de interesse especial (proteção de mananciais, patrimônio cultural, histórico, paisagístico e arqueológico); II) se a área for limítrofe de município, ou pertencer a mais de um município, nas regiões metropolitanas ou em aglomerações urbanas; III) quando o loteamento abranger área superior a um milhão de metros quadrados (art. 13 da Lei n. 6.766/79).

Ressalte-se ainda que nos loteamentos urbanos deverão ser reservados espaços para entretenimento e lazer, constituídos de áreas verdes.

O parecer do subprocurador-geral da República, Aurélio Virgílio Veiga Rios, sustenta que o Ministério Público tem legitimidade para propor ação civil pública, visando à proteção do solo urbano, além de tornar imprescritíveis os ilícitos a ele relacionados. Nesse sentido, ementa do parecer do Ministério Público Federal: "Recurso especial. ACP. Padrões urbanísticos. Loteamento irregular. Legitimidade ativa do Ministério Público. Direitos coletivos e individuais homogêneos relativos ao regular desenvolvimento das cidades e respeito aos padrões urbanísticos. Matéria de ordem pública a qual não se sujeita a prazo prescricional. Cerceamento do direito de defesa. Matéria fático-probatória. Óbice da Súmula 7 do STJ. I — A análise da questão relativa ao cerceamento do direito de defesa demanda, necessariamente, o revolvimento do conjunto fático-probatório dos autos, o que é vedado pelo óbice da Súmula 7 do STJ. II — O Ministério Público é parte legítima para a propositura de ação civil pública urbanística, para defesa de interesses coletivos e individuais homogêneos, nos termos do art. 129 da Constituição Federal. III — As normas relativas aos padrões urbanísticos, por serem de direito público, são compulsórias e impõem às propriedades particulares os seus ditames, inexistindo qualquer lapso temporal que convalide eventuais irregularidades. IV — Parecer pelo parcial conhecimento e, nesta parte, pelo não provimento do recurso especial"[7].

É o direito urbanístico que trata de disciplinar e estudar as normas relacionadas aos espaços verdes nas cidades.

---

Franco, sustentou ser de "30 metros a faixa de preservação permanente que margeia os cursos-d'água de menos de 10 metros de largura também na ZONA URBANA".

7. RE 106.609-3/SP, autos do Processo 2008/0062716-3, recorrido: Ministério Público do Estado de São Paulo — Aviso n. 537/2008 — PGJ.

## 2.1. Falta de licenciamento ambiental para implantação de loteamento — Jurisprudência

A empresa Eluma S/A Comércio e Indústria está proibida de executar qualquer ato inerente à implantação física do loteamento Península, situado na Praia da Enseada, no Guarujá (SP). Por unanimidade, a 2ª Turma do STJ rejeitou o recurso especial interposto pela empresa contra liminar do Tribunal de Justiça de São Paulo.

A liminar concedida na ação civil pública proposta pelo Ministério Público do Estado de São Paulo determinou a paralisação das obras e a venda dos lotes. Tal ação objetiva a nulidade dos atos de aprovação e registro do loteamento, cuja licença foi concedida pela municipalidade em descumprimento ao art. 1º da Lei n. 4.778/65. O Ministério Público alega, entre outros pontos, irregularidade na concessão da licença sem a manifestação prévia de autoridade ambiental.

A decisão foi mantida em agravo de instrumento e em embargos de declaração. A empresa Eluma recorreu ao STJ na tentativa de revogar a liminar. No recurso, a empresa sustentou que a ação civil pública versa sobre matéria prescrita, uma vez que as licenças de construção do loteamento foram concedidas pelo município nos anos de 1954 e 1956, ocasião em que não havia nenhuma lei que impusesse manifestação de órgão ambiental como requisito para a concessão de alvará. Alegou, ainda, que houve ofensa ao seu direito adquirido e dos adquirentes dos lotes e violação do direito de propriedade, por limitar seu poder de dispor sobre os lotes que ainda possui.

Acompanhando o voto do relator, a Turma seguiu o entendimento da Corte estadual que rejeitou a prescrição com base no art. 37, § 5º, da CF. A ação civil pública que visa à recomposição do patrimônio público é imprescritível. No tocante à ofensa ao direito adquirido e ao de propriedade, a Turma aplicou a Súmula 284 do STF, por entender que o recorrente não apontou os dispositivos legais que teriam sido ofendidos pelo acórdão, limitando-se a desenvolver argumentos genéricos.

O ministro Carlos Meira ressaltou, em seu voto, que o exercício do livre direito de propriedade está condicionado ao cumprimento das mínimas exigências previstas na própria Constituição Federal, de caráter geral, impessoal e *erga omnes*. Segundo o relator, no caso julgado, os temas sobre direito adquirido e de propriedade não comportam discussão na via eleita, já que descabe a essa Corte examinar matéria eminentemente constitucional[8].

Não há falar em prescrição diante de interesse difuso, uma vez que as irregularidades se perpetuam no tempo, e o empreendedor deverá cumprir todos os requisitos legais das leis supervenientes, mesmo que o projeto tenha sido aprovado na vigência de legislação revogada. Não há falar ainda em direito adquirido diante de interesse difuso.

---

8. REsp 899.596 (2006.0236814-1), 2ª T., rel. Min. Carlos Meira, v. u., j. 22-4-2008.

Como se vê, a exigência de licenciamento ambiental é imprescindível antes da implantação do loteamento sob pena de nulidade de todos os atos praticados até então.

## 2.2. Loteamento fechado — Questões polêmicas

Há vários empreendimentos denominados loteamento fechado. Esse tipo de empreendimento está fundamentado na Lei do Parcelamento do Solo (Lei n. 6.766/79). Referida lei, como se vê, não disciplina o seu fechamento. É mera liberalidade concedida pelo município ao arrepio da lei, com vistas, essencialmente, à segurança dos seus moradores. Cuida-se de prática manifestamente ilegal adotada pelo loteador ou pela associação."Vale dizer, os tais *loteamentos fechados*, juridicamente, não existem; não há legislação que os ampare, constituem uma distorção e uma deformação de duas instituições jurídicas: do aproveitamento condominial de espaço e do loteamento ou do desmembramento. É mais uma técnica de especulação imobiliária, sem as limitações, as obrigações e os ônus que o Direito Urbanístico impõe aos arruadores e loteadores do solo". Não podem os municípios, por conta disso, autorizar essa modalidade de loteamento. Lei municipal que permite sua implantação contamina o ato de aprovação, porque o município não tem competência legislativa em matéria de condomínio.

Outra questão importante que envolve o loteamento fechado é o pagamento da taxa associativa. O Superior Tribunal de Justiça tem decidido que o proprietário de lote não está obrigado a pagar taxa a associação de moradores. A entidade não pode ser considerada um condomínio constituído legalmente; tampouco se deve pressupor que aqueles que adquirirem um lote estejam automaticamente obrigados a integrar a associação. Não se trata de condomínio, mas de uma associação civil sem fins lucrativos. Sua intenção é equiparar-se aos condomínios para poder cobrar as mensalidades. A decisão da 3ª Turma do STJ vem repetindo julgamento anterior da mesma Turma — relativo ao loteamento Parque Imperial de Cantareira em Mairiporã (Grande São Paulo) —, desobrigando o proprietário de um lote de dividir o custeio de serviços prestados sem que tivessem sido solicitados[9]. A nova decisão foi proferida por unanimidade em desfavor da Associação dos Proprietários e Moradores do Vale do Eldorado, na zona oeste do Rio de Janeiro, por meio de ação proposta em face de proprietário para cobrança de cotas de contribuição. Esses casos referem-se a loteamento aprovado após a venda dos lotes, ou seja, antes do seu fechamento. Os proprietários ou moradores, nesses casos, não estão obrigados a se associar à entidade criada depois da compra dos lotes. É unânime na doutrina que o direito de associação é faculdade e não obrigação, pois, caso contrário, o legislador constitucional não colocaria como plena a liberdade de associação, ou seja, ninguém poderá ser compe-

---

9. STJ, 3ª T., REsp 444.931-SP, rel. Min. Ari Pargendler, j. 12-8-2003.

lido a associar-se ou a permanecer associado (art. 5º, XX, da CF). Para o fechamento da área loteada, é necessária a adesão de todos os moradores e proprietários. Tal fato, por si só, não implica a sua legalidade, como já assinalamos[10]. Já em outra decisão, a 3ª Turma do STJ apreciou Recurso Especial proposto por morador de loteamento fechado contra decisão do Tribunal de Justiça do Rio de Janeiro que julgou devida a cota condominial em loteamento urbano criado pela Associação dos Proprietários e Moradores do Vale do Eldorado, com base em precedente da 5ª Turma da mesma Corte, dando provimento ao recurso para julgá-lo improcedente. O relator, em seu voto, ressaltou que a cota condominial tem por objeto fazer face às despesas com a distribuição de água, conservação do calçamento, limpeza, portaria, segurança e embelezamento das áreas comuns em benefício de todos os moradores. Não seria crível afastar o morador da obrigação de pagar o condomínio, especialmente se ele vem se beneficiando desses serviços. Caracterizaria, em caso contrário, enriquecimento ilícito e não se coadunaria com o princípio da função social da moderna propriedade. Trata-se de condomínio por equiparação, nos termos do Decreto-Lei n. 271/67, que manda aplicar a Lei n. 4.591/64, o qual não foi revogado pela Lei n. 6.766/79. Transcrevemos a ementa da decisão: "Loteamento de moradores. Cobrança de taxa condominial. Precedentes da Corte. 1. Nada impede que os moradores de determinado loteamento constituam condomínio, mas deve ser obedecido o que dispõe o art. 8º da Lei n. 4.591/64. No caso, isso não ocorreu, sendo a autora sociedade civil, e os estatutos sociais obrigam apenas aqueles que o subscreverem ou forem posteriormente admitidos. 2. Recurso especial conhecido e provido"[11].

Atualizando o novo entendimento, a 2ª Seção do STJ acolheu o Recurso Especial interposto pela Associação dos Moradores e Proprietários do Residencial Morada do Verde contra a decisão do Tribunal de Justiça do Estado de São Paulo, que julgou legal a cobrança do condomínio independente de ser o recorrente associado ou não, sob pena de configurar enriquecimento sem causa. O STJ manteve a afetação da presente demanda como recurso repetitivo diante da multiplicidade de recursos com fundamento em idêntica tese de direito, suspendendo todos os Recursos Especiais que tramitem no tribunal de origem. Publicado o acórdão, o tribunal deverá negar seguimento aos recursos coincidentes com o recente entendimento do STJ ou se retratar para adequar a nova tese em juízo de admissibilidade. Não se trata de efeito vinculante. Isso depende de decisão nos autos dos recursos repetitivos. Assim ficou a ementa: "Recurso Especial representativo da controvérsia. Art. 543-C do CPC. Associação de Moradores. Condomínio de fato. Cobrança de taxa de manutenção de não associado ou que a ela não anuiu. Impossibilidade. 1. Para

---

10. Silvana Freitas e Fabiana Rewald, Justiça decide que associação não pode cobrar condomínio, *Folha de S. Paulo*, 11 maio 2007, p. C-5.

11. STJ, 3ª T., REsp 623.274-RJ, rel. Min. Carlos Alberto Menezes Direito, j. 7-5-2007.

efeitos do art. 543-C do CPC, firma-se a seguinte tese: As taxas de manutenção criadas por associações de moradores não obrigam os não associados ou que a elas não anuíram. 2. No caso concreto, recurso especial provido para julgar improcedente a ação de cobrança"[12].

Extrai-se, por meio dessas decisões, que para se cobrar a taxa condominial é preciso saber a natureza jurídica da associação de moradores, pois a mera associação sem fins lucrativos não possui o caráter de condomínio para efeitos da Lei n. 4.591/64, não ensejando assim a cobrança de taxa.

Nesse cenário, podemos concluir que, se o proprietário ou o morador não está obrigado a se associar, também não está obrigado a nela permanecer. Por exemplo: a associação que deixar de cumprir as regras contidas no estatuto social ou no regimento interno, permitindo a menores dirigir veículos automotores em seu interior sem nenhuma repressão, não garantir a tranquilidade e segurança aos seus moradores, não combater o uso de entorpecente e o tráfico ou o consumo de bebida alcoólica. Essa omissão poderá dar ensejo à desvinculação do morador prejudicado da associação.

Enquanto não houver lei específica que regulamente loteamento fechado (também denominado condomínio horizontal), o Poder Judiciário não poderá aplicar por analogia a Lei n. 4.591/64, que trata do condomínio vertical, pois o loteamento continua sendo disciplinado, por ora, pela Lei n. 6.766/79.

### 2.3. Conflito aparente de normas: Código Florestal *versus* Lei de Parcelamento do Solo Urbano

O Ministério Público de Santa Catarina interpôs Recurso Especial perante o STJ para dirimir a controvérsia que repousa em qual norma incide no caso concreto – hipótese de construção em zona urbana na margem de rio –, tendo em vista que o Código Florestal (Lei n. 12.651/2012) estabelece como área de preservação permanente toda a vegetação natural localizada a 50 metros dos rios ou de qualquer curso de água, com largura mínima de 10 a 50 metros. Ocorre que a Lei n. 6.766/1979 estabelece proibição de apenas 15 metros do curso de água.

Esta questão foi dirimida pelo STJ, no 21 de fevereiro de 2019, cuja relatoria ficou ao encargo do ministro Og Fernandes, nos autos do Recurso Especial n. 1.546.415 – SC (2015/0188079-0), 2ª Turma, que, por votação unânime, deram provimento ao recurso, conforme se deduz da seguinte ementa:

"*Ambiental. Processual Civil. Recurso Especial. Antinomia de normas. Aparente, Especificidade. Incidência do Código Florestal. Área de Preservação Permanente. Maior proteção ambiental. Provimento. Respeito ao limite imposto pelo Código Florestal.*

---

12. STJ, 2ª Seção, REsp 1.280.871-SP, Min. Marco Buzzi, voto vencedor, j. 11-3-2015.

1. A proteção ao meio ambiente integra, axiologicamente, o ordenamento jurídico brasileiro, e as normas infraconstitucionais devem respeitar a teleologia da Constituição Federal. Dessa forma, o ordenamento jurídico precisa ser interpretado de forma sistêmica e harmônica, por meio da técnica da interpretação corretiva, conciliando os institutos em busca do interesse público primário.

2. Na espécie, a antinomia entre a Lei de Parcelamento do Solo Urbano (Lei n. 6.766/1979) e o Código Florestal (Lei n. 12.651/2012) é apenas aparente, pois a primeira estabelece uma proteção mínima e a segunda tutela a proteção específica, intensificando o mínimo protetivo às margens dos cursos de água.

3. A proteção marginal dos cursos de água, em toda a sua extensão, possui importante papel de proteção contra o assoreamento. O Código Florestal tutela em maior extensão e profundidade o bem jurídico do meio ambiente, logo, é a norma específica a ser observada na espécie.

4. Recurso especial provido".

Com essa decisão, o STJ resolveu muitas demandas envolvendo a proteção das margens dos rios que atravessam os grandes centros urbanos. Esses rios devem ser amplamente protegidos, prevalecendo sempre a norma mais protetiva. Nas palavras do relator: "Reduzir o tamanho da área de preservação permanente com base na Lei de Parcelamento do Solo Urbano, afastando a aplicação do Código Florestal, implicaria verdadeiro retrocesso em matéria ambiental".

Veremos a seguir alguns problemas relacionados ao crescimento urbano, entre eles, as intensas chuvas e suas consequências desastrosas, bem como o meio de transporte privado e coletivo.

## 3. O MINISTÉRIO PÚBLICO PAULISTA E AS FAVELAS

Há na capital de São Paulo 1.594 favelas e, na região metropolitana, 1.746. Moram nessas favelas 389,6 mil pessoas. Só na zona sul, moram 177,2 mil. Esses dados foram fornecidos pela PMSP, em 2011. O crescimento populacional se deu mais intensamente em 34 das 39 cidades da região metropolitana. A concentração das favelas está localizada na zona sul, com 45% dessas moradias. A expansão dessa modalidade de moradia está se alastrando pelas cidades vizinhas: região oeste (Itapecerica, Embu e Taboão); região leste (Guarulhos e Mauá) e região sul (ABC). Na região norte, a expansão é contida pela serra da Cantareira. A PMSP vem realizando intervenções nessas favelas com o projeto "Programa de Urbanização de Favelas", e também com o "Programa Mananciais", este último em parceria com o governo do Estado[13].

---

13. Favela cresce e ocupa área de 4 cidades, *Folha de S.Paulo*, 18 jul. 2011, p. C-3.

Todas elas estão localizadas em áreas públicas e privadas. Em algumas, que despertaram a atenção do Poder Público municipal, foram implantados equipamentos públicos, tais como eletricidade, água, esgoto, coleta de lixo, escola e creche. Na maioria, no entanto, não há nenhum tipo de obra pública. O esgoto, nesse caso, é despejado diretamente nas ruas de terra, onde as crianças brincam o dia inteiro e as pessoas transitam. E nas proximidades há um lixão, pois, nesses lugares, não costuma haver coleta de lixo — algumas vezes, pela dificuldade de o caminhão ali adentrar; outras vezes, por não estar dentro do roteiro da concessionária prestadora de serviços públicos. Além disso, há ligações clandestinas de energia elétrica diretamente dos postes de iluminação pública (conhecidas por "gato"), transformados em verdadeiro emaranhado de fios (poluição visual).

O Ministério Público encontra certa dificuldade quando tem de propor ação civil pública em face do Poder Público municipal para exigir a implantação de equipamentos públicos ou a imediata transferência da população para moradias mais dignas. Trata-se de um direito social do cidadão a ser cumprido pelo Poder Público (art. 6º da CF). O município, no entanto, não tem condições de alocar verbas imediatas para tal fim. Há a necessidade de um planejamento para adaptar seu orçamento às obras de caráter prioritário e urgente. É questão de saúde pública.

Outro enfrentamento é a possibilidade de o proprietário da área privada, onde se instalou a favela, promover ação de desapropriação indireta, pleiteando assim vultosa indenização. Creio que assiste razão aos promotores de Habitação e Urbanismo em se manifestarem contra tal pedido, pois o proprietário tinha de tomar as providências imediatas no momento da invasão de seu terreno, mas assim não o fez, deixando transcorrer *in albis*. A omissão do proprietário não pode beneficiá-lo. Não teria sentido colocar mais esse ônus nas costas do Poder Público. Ele tem a obrigação de implantar os equipamentos públicos essenciais. Agora passa a ser obrigado a pagar vultosa indenização ao proprietário por causa da omissão deste, que em nosso entender deveria ser corresponsável pela instalação da favela. Sua propriedade deixou de exercer a função social, portanto deve perdê-la para o Poder Público — desapropriação-sanção.

Por meio de inquérito civil, a Promotoria de Habitação e Urbanismo de São Paulo investiga a remoção de 1.140 moradores de favelas localizadas no entorno de 14 empreendimentos imobiliários lançados ou em vias de lançamento na região da avenida Chucri Zaidan, polo comercial de alto padrão do Campo Belo, na zona sul da capital paulista. A área está dentro do perímetro da operação urbana Água Espraiada, da Prefeitura de São Paulo, que prevê a revitalização da região, próxima à avenida Engenheiro Luís Carlos Berrini, com a implementação de habitações sociais, sistema viário e transporte coletivo. O Ministério Público apura se as famílias removidas, supostamente em função de interesse imobiliário, estão sendo levadas para habitações sociais perto de onde moravam, conforme previsto. A Prefeitura de São Paulo arrecadou R$ 3,2 bilhões para a operação urbana, sendo que R$ 2,9 bilhões vieram de leilão de CEPACS (Certificados de Potencial Adicional de Construção)[14].

## 4. ENCHENTES, DESMORONAMENTOS E DESLIZAMENTOS

As intensas chuvas atípicas, especialmente do verão, vêm causando imenso transtorno à população urbana. Não se sabia, ao certo, suas causas. Presumia-se que tal fenômeno estava relacionado ao aquecimento global e que poderia aumentar as enchentes em várias regiões do planeta. A preocupação de que o aquecimento global aumentaria as enchentes em todo o mundo tinha fundamento. Um grupo de cientistas estudou dados de 1951 a 1999 na América do Norte, Europa e Ásia e percebeu certa conexão entre esses fatores. Tal estudo foi publicado na revista científica *Nature*. No entanto, os resultados da pesquisa não se aplicam à América do Sul, diz o climatologista Francis Zwiers, do Departamento do Ambiente do Canadá. Outro estudo, também publicado na *Nature*, constatou que o risco de enchentes aumentou 20% na Inglaterra e País de Gales em 2000 (quando houve uma grande inundação). Outro dado relevante é a urbanização caótica, diz José Marengo, do INPE[15]. O aumento da temperatura global alimentou a evaporação no solo de países como a Austrália, e a chuva gerada por esse vapor caiu em outras regiões; o resultado são solos mais áridos[16].

Projeção feita pelo INPE para os próximos 60 anos constatou que as chuvas fortes vão triplicar no sudeste. Este estudo foi realizado em parceria com o Instituto de Tecnologia de Massachusetts — MIT e o Instituto de Aeronáutica e Espaço — IAE, e apontou que o número de tempestades em São Paulo e no Rio de Janeiro vai até triplicar nesse período. A previsão baseou-se no aumento da temperatura das águas do oceano Atlântico nos últimos 60 anos, que foi de 0,6 °C. Neste mesmo período, a temperatura do planeta teve elevação de 0,8 °C[17].

As chuvas, como se vê, transformaram os centros urbanos em sinônimo de tragédias anunciadas. As inundações e os deslizamentos têm sua origem em assentamentos de risco (40%), na degradação ambiental urbana (25%) e em falhas na infraestrutura (22%). Somente 13% das inundações e deslizamentos são causados por

---

14. Janaina Garcia, MP investiga remoção de favelas próximas a lançamento de 14 empreendimentos em SP. Disponível em: www.uol.com.br; acesso em: 29 nov. 2012.

15. Sabine Righetti, Clima mais quente tem mais chuvas, diz estudo, *Folha de S.Paulo*, Ciência, 17 fev. 2011, p. C-13.

16. Bruno Garattoni, Emiliano Urbim, Otávio Cohen, Larissa Santana e Thiago Minami, O pior que pode acontecer, *Super Interessante*, ed. 290, abr. 2011, p. 61.

17. Cirilo Júnior, Chuvas fortes vão triplicar no Sudeste, afirma estudo, *Folha de S.Paulo*, 9 ago. 2011, p. C-11.

condições atmosféricas adversas. O IBGE ainda constatou que as principais causas para as enchentes nos cinco anos anteriores à pesquisa foram bueiros entupidos, má drenagem, obras inadequadas e lançamento inadequado de lixo[18].

Os danos, consequentemente, vêm crescendo em vidas humanas e em custos econômicos. Será um grande desafio para o governante administrar estas catástrofes. "A responsabilidade pela prevenção das catástrofes não está definida claramente como princípio de gestão pública. O governo oferece um seguro implícito prometendo ressarcimento de perdas com recursos do orçamento. Mas os critérios que determinarão esse ressarcimento não são claros." O ressarcimento efetivo, no entanto, se dá utilizando-se de um orçamento, como sempre escasso, e a prevenção fica, geralmente, num segundo plano[19].

Independentemente das possíveis causas das chuvas, cientistas preveem que elas serão cada vez mais intensas e constantes; resta apenas nos adaptar às novas condições. Tanto é verdade que basta comparar as situações das chuvas de 2010 com as de 2011, nos vários Estados no Brasil (Rio de Janeiro, São Paulo, Santa Catarina, Minas Gerais etc.), para perceber os seus efeitos danosos.

A temperatura também aumentou nas madrugadas na capital paulista, segundo o INMET. A média das temperaturas mínimas costumava ser registrada uma hora antes de o Sol nascer, e ficava em torno de 18,8 °C. Nos dez primeiros dias do mês, a média esteve em 21,7 °C — 2,9 °C acima da marca histórica. No período da tarde, apresentou um aumento em fevereiro. A média até agora está em 30,4 °C, o que representa 2,4 °C acima do normal. A presença constante de massas de ar quentes e úmidas explica o tempo abafado e o grande desconforto para dormir[20].

Vejamos as consequências das chuvas em São Paulo e no Rio de Janeiro, por exemplo.

### 4.1. Danos causados pelas chuvas em São Paulo (2010 e 2011)

A cidade de São Paulo nunca tinha recebido tanta chuva, como ocorreu em dezembro de 2009 e início de 2010. Foi um verdadeiro dilúvio que passou pela capital de São Paulo e algumas cidades do interior (São Luiz do Paraitinga, por exemplo), causando estragos e destruição a milhares de pessoas. Diariamente, as chuvas tomaram conta de São Paulo, tornando o trânsito insuportável no período da tarde. Choveu acima da média. O índice pluviométrico na cidade de São Paulo foi

---

18. Saneamento Brasil, *Folha de S.Paulo*, 20 out. 2011, p. C-8.

19. Adilson de Oliveira e Diana Roa, *Folha de S.Paulo*, 4 fev. 2011, p. A-3. Disponível em: <http://www.desinventar.org>.

20. Eduardo Geraque, Madrugada está quase 3 °C mais quente, *Folha de S.Paulo*, 12 fev. 2011, p. 5.

de 480,5 milímetros, quase o dobro da média histórica do mês, que é de 258 milímetros. O maior índice registrado foi, em 1947, de 481,4 milímetros. Pontos de alagamento na marginal Tietê triplicaram na via de 2008 a 2011. Vejamos estes dados: a) jan./fev. 2008, quantidade de chuvas, 400,2 milímetros, 36 pontos; b) jan./fev. 2009, quantidade de chuvas, 430,1 milímetros, 19 pontos; c) jan./fev. 2010, quantidade de chuvas, 704,4 milímetros, 57 pontos; e d) jan./fev. 2011, quantidade de chuvas, 651,5 milímetros, 101 pontos. Estas são as possíveis causas do aumento dos pontos: a) bocas de lobo e galerias sem manutenção adequada; b) chuva aumentou a cada ano; c) área impermeável na bacia aumentou; e d) problemas de drenagem em novos trechos da marginal. A DERSA informou que o impacto da obra realizada na marginal na vazão do rio foi de 0,007%. A área verde suprimida do local com a extensão da via foi de 18,9 hectares[21]. O rio Tietê sempre transbordou e continua a causar muito transtorno à população paulistana[22].

Em 2011 as chuvas, na cidade de São Paulo, causaram novos estragos e transtornos à população; seu índice ultrapassou o *record* histórico, em janeiro, e chegou a 493,7 milímetros[23]. No ano anterior (2010) morreram 78 pessoas e, em 2011, até 23 de janeiro, 23 pessoas. O responsável pela intensidade das chuvas foi o fenômeno conhecido como "El Niño", que elevou a temperatura do Oceano Pacífico na região equatorial em 2 °C, facilitando o deslocamento de ar úmido para o Sul e o Sudeste brasileiros. O Oceano Atlântico, na região do Caribe, também ficou mais quente em 1 °C, enviando umidade na direção Sul. Por conta disso, a umidade acumulada sobre a Amazônia, que normalmente se dirige em direção ao sul do Brasil, ficou mais intensa, o que aumentou a probabilidade de chuvas fortes. O fato de o Oceano Atlântico encontrar-se mais quente favoreceu a formação de nuvens e de chuvas no continente, sobretudo na Serra do Mar. A temperatura média em São Paulo foi de 29 °C, contra 27,6 °C na média do mesmo mês nos últimos 60 anos. O calor persistente ajuda a evaporar a água, provocando novas tempestades, num efeito

---

21. Cristina Moreno de Castro, Em 4 anos, alagamentos triplicaram na marginal Tietê, *Folha de S. Paulo*, 8 mar. 2011, p. C-7.

22. Notícia estampada na *Folha* de 1922 comprova que a enchente do rio é antiga e, naquela época, atingiu a Penha, a Lapa e a Barra Funda. Transcrevemos a íntegra da notícia: "O Tietê a Transbordar. Em S. Paulo também transbordaram os rios, havendo inundações em vários pontos da cidade. As águas do Tietê invadiram totalmente a várzea do Canindé. Na várzea da Penha, muitas olarias e pequenas habitações foram cercadas e tomadas pela enchente. Muitas ruas do Bom Retiro transformaram-se em Ribeirões e na Lapa grande trecho do leito da Sorocabana e da Ingleza está inundado. Em todos esses pontos o corpo de bombeiros tem estado e prestado relevantes serviços. As inundações na capital, que parece têm sua origem em chuvas pesadas cahidas nestes últimos dias nas cabeceiras do Tietê. As águas começaram hoje a baixar sensivelmente. Mesmo assim, acham-se ainda isoladas pelas águas numerosos moradores ribeirinhos" (*Folha de S. Paulo*, 2 mar. 2011, p. C-4).

23. Janeiro já é o mais chuvoso da história, *Folha de S. Paulo*, 26 jan. 2011, p. C-9.

de retroalimentação. Não podemos esquecer que houve um inverno e uma primavera muito chuvosos em São Paulo, o que deixou o solo mais úmido que o normal. Essa água evaporou e se transformou em mais chuva. Toda essa chuva, aliada ao fato da impermeabilização da cidade e a ocupação desordenada nas encostas, possibilitou as enchentes e o desmoronamento de terras, causando danos e muitas mortes. Ressalte-se, além disso, que a expansão da mancha urbana por espalhamento horizontal sobre regiões montanhosas e o desmatamento da vegetação com a finalidade de produzir áreas planas vêm expondo solos a violentos processos erosivos, com geração anual de milhões de metros cúbicos de sedimentos que, por assoreamento, comprometem drasticamente a capacidade de vazão dos rios, córregos e drenagens construídas.

Ainda nesse mesmo diapasão, o geólogo Álvaro Rodrigues dos Santos propõe algumas ações que podem ser implementadas imediatamente dentro de um programa maior: a) a desimpermeabilização dos espaços urbanos públicos e privados; b) a instalação de pequenos e médios reservatórios domésticos e empresariais de acumulação e infiltração; c) o intenso plantio de médios e pequenos bosques florestais; d) o rigoroso e extensivo combate à erosão nas frentes de expansão urbana; e, por fim, e) o combate ao lançamento irregular de lixo e entulho[24]. A curto prazo, pode-se adotar as seguintes medidas: a) conter a ocupação irregular e o desmatamento; b) retirar as famílias das áreas de risco; c) implementar sistemas de alerta eficazes; e d) elaborar planos de emergência, entre outras.

O Instituto de Pesquisas Tecnológicas — IPT, a pedido da Prefeitura de São Paulo, realizou um mapeamento na cidade e apurou 407 áreas de risco onde vivem 115 mil pessoas. Estes dados são de 2010, mas dá para ver a situação da cidade. Áreas de risco são aquelas passíveis de deslizamentos de terra e as suscetíveis de inundações. Há 134 mil construções em condições precárias e 43% dessas áreas estão localizadas na zona sul e com maiores índices de perigo. As pessoas que vivem nestas áreas precisam sair e o trabalho para sua retirada levaria em torno de cinco anos[25]. Nova previsão contrariou o prefeito de São Paulo, o plano para a eliminação das áreas de risco deverá prolongar-se até 2025, ao custo de R$ 10,5 bilhões, um terço da receita anual do município. Não há dinheiro para cumprir o plano em seis anos, como havia previsto anteriormente[26].

Diante de inúmeros eventos adversos, naturais e/ou provocados pelo homem, com graves consequências, envolvendo danos humanos, ambientais e/ou materiais com prejuízos econômicos e sociais, o Procurador-Geral de Justiça resolveu expedir algumas recomendações (Aviso n. 035/2010 — PGJ) aos promotores de Justiça de

---

24. O que falta para a prevenção de enchentes, *Folha de S.Paulo*, 10 jan. 2011, p. A-3.
25. *Folha de S.Paulo*, 18 jan. 2011, p. 1.
26. Kassab prevê fim de áreas de risco só em 2025, *Folha de S.Paulo*, 28 out. 2011, p. C-8.

Habitação e Urbanismo e do Meio Ambiente do Estado de São Paulo para que possam tomar as medidas necessárias nas suas comarcas e cobrar das autoridades providências no sentido de acabar ou, ao menos, minimizar as consequências das chuvas anuais.

E as chuvas continuam a castigar São Paulo (2012 e 2013), causando mortes e estragos. Em 2013, as chuvas atingiram Cubatão, Bertioga, Camburi, Maresias e Boiçucanga (litoral sul e norte). Até 1970, eram raras as chuvas de 80 mm num só dia. Na média acontecia uma por década e entre 2001 e 2010 foram nove. A cidade enfrenta cada vez mais tempestades e empresas perdem, no mínimo, R$ 792 milhões por ano com frequentes alagamentos. Há a necessidade de uma atuação mais efetiva por parte da prefeitura, não basta prestar um serviço imediato à população. Há a necessidade de pensar a longo prazo, apresentando propostas mais realistas para a prevenção dos desastres. Não se aceitam mais justificativas nem atendimentos emergenciais. É necessária a apresentação de propostas definitivas, senão todos afundaremos nas águas de verão[27].

### 4.2. Danos causados pelas chuvas no Rio de Janeiro (2010 e 2011)

Não só em São Paulo choveu intensamente, mas também no Rio de Janeiro[28]. Neste Estado, o volume de chuva foi de 243,2 milímetros do início do mês até o dia 9 de abril de 2010, medido pelo Inmet na estação convencional. Morreram 253 pessoas e há inúmeros desabrigados e/ou desalojados no Rio de Janeiro por causa dos deslizamentos ocorridos, principalmente no morro do Bumba, em Niterói. Vá-

---

27. Enchente de prejuízos, *Folha de S.Paulo*, Editorial, 16 mar. 2013, p. A-2.
28. O transtorno causado pelas chuvas no Rio de Janeiro é muito antigo. Transcrevemos uma crônica redigida por Lima Barreto e publicada no jornal *Correio da Noite*, do Rio de Janeiro, em 19 de janeiro de 1915, sobre o assunto: "Janeiro, inundações desastrosas. Além da suspensão total do tráfego, com uma prejudicial interrupção das comunicações entre os vários pontos da cidade, essas inundações causam desastres pessoais lamentáveis, muitas perdas de haveres e destruição de imóveis. De há muito que a nossa engenharia municipal se devia ter compenetrado do dever de evitar tais acidentes urbanos. Uma arte tão ousada e quase tão perfeita, como é a engenharia, não deve julgar irresolúvel tão simples problema. O Rio de Janeiro, da avenida, dos *squares*, dos freios elétricos, não pode estar à mercê de chuvaradas, mais ou menos violentas, para viver a sua vida integral. Como está acontecendo atualmente, ele é função da chuva. Uma vergonha! Não sei nada de engenharia, mas, pelo que me dizem os entendidos, o problema não é tão difícil de resolver como parece fazerem constar os engenheiros municipais, procrastinando a solução da questão. O Prefeito Passos, que tanto se interessou pelo embelezamento da cidade, descurou completamente de solucionar esse defeito do nosso Rio. Cidade cercada de montanhas e entre montanhas, que recebe violentamente grandes precipitações atmosféricas, o seu principal defeito a vencer era esse acidente das inundações. Infelizmente, porém, nos preocupamos muito com os aspectos externos, com as fachadas, e não com o que há de essencial nos problemas da nossa vida urbana, econômica e social" (esta crônica circulou nos *e-mails* da Associação dos Professores de Direito Ambiental do Brasil — APRODAB).

rias residências foram construídas sobre um antigo aterro sanitário e/ou lixão sem qualquer critério. Estudo realizado por geólogos da PUC-Rio constatou que a presença de gás e lixo não foram as causas principais, mas agravaram a tragédia do morro em Niterói. Diz ainda que duas fissuras na rocha, no alto do morro do Bumba, serviram de "gatilho" para o grande deslizamento de terra que soterrou centenas de pessoas. As áreas mais atingidas foram Eng. Paulo de Frontin, Nilópolis, Petrópolis, Magé, São Gonçalo, Rio de Janeiro e Niterói[29].

Essa chuva se deslocou para Bahia, Pernambuco e Sergipe, causando mais estragos.

Em 2011, a Defesa Civil contabilizou, até o dia 3 de fevereiro, 872 mortos, 294 desaparecidos e mais de 30.242 mil pessoas desalojadas e desabrigadas na região serrana do Rio de Janeiro (Teresópolis, Nova Friburgo, Petrópolis, Sumidouro, São José do Vale do Rio Preto, Areal e Bom Jardim). Nunca no país morreram tantas pessoas devido às chuvas. Foram ainda declaradas áreas de calamidade pública em 7 cidades do Rio de Janeiro, estado de emergência em 79 cidades de Minas Gerais, e estado de atenção em 41 cidades de São Paulo[30]. As chuvas também vêm causando estragos em Pernambuco e em Santa Catarina. Paralelamente, na Austrália morreram 27 pessoas e 14 estão desaparecidas por causa das chuvas intensas que alagaram área equivalente ao território da França e da Alemanha juntas. Em Brisbane, vários moradores ficaram ilhados. Nos Estados Unidos, especialmente em Nova York, a nevasca colocou seis Estados do Sul em estado de emergência. A nevasca afetou 30 Estados e cancelou 5.300 voos. Este evento foi considerado o pior em décadas pelas autoridades americanas e atingiu, direta ou indiretamente, 1/3 da população daquele país, calculado em 100 milhões de pessoas[31]. Assim, a grande quantidade de eventos climáticos extremos acontecendo ao mesmo tempo, dizem os climatologistas, está relacionada com o aquecimento global. Mais calor deixa a atmosfera mais instável, causando chuvas e nevascas mais intensas[32].

Não é possível indicar uma única causa para as intensas chuvas no Rio de Janeiro. Elas variam de época para época. Podemos, no entanto, apontar as seguintes motivações: a) o aquecimento da superfície terrestre provoca deslocamentos cada vez mais intensos de ar e umidade pelo planeta. As consequências são episódios de seca e chuva de radicalidade inédita; b) uma larga faixa de ar quente e úmido proveniente da Amazônia — fenômeno característico do verão conhecido como *Zona de Convergência do Atlântico Sul* — originou nuvens extraordinariamente carregadas,

---

29. Fissura em rocha provocou deslizamento, *Folha de S. Paulo*, 11 abr. 2010, p. C-2.
30. *Folha de S. Paulo*, 15 jan. 2011, p. 1.
31. Clima, *Folha de S. Paulo*, 3 fev. 2011, p. A-15.
32. Renata Betti e Roberta de Abreu Lima, O que explica a violência das águas, *Veja* n. 2.200, ano 44, 19 jan. 2011, p. 50.

que se concentram numa faixa muito restrita da região serrana; c) o maciço que cerca a região, com altitudes de até 2.000 metros, formou uma barreira de contenção que aprisionou as massas de ar em um único local; d) as nuvens se acumularam no alto das montanhas. A chuva atingiu as nascentes dos rios, que se encheram rapidamente e ganharam velocidade ao alcançar os vales formando as chamadas cabeças-d'água; e) as encostas, compostas de uma camada fina de terra sobre um maciço rochoso, têm baixa capacidade de absorção. Encharcada, boa parte da terra se desprendeu do morro e deslizou; f) o sistema de drenagem urbana das cidades serranas é obsoleto. A ocupação desordenada do solo agrava o problema. É impossível escoar grandes quantidades de água. Tal fato ocasionou a catástrofe, por exemplo, do Rio de Janeiro[33].

As fortes chuvas atingiram novamente o Estado em 2012 e 2013. Em 2013, as chuvas mataram 33 em Petrópolis (até o dia 25-3-2013) e reviveram a tragédia de 2011, deixando 560 pessoas desabrigadas ou desalojadas e 5.000 moradores em áreas de risco da cidade[34].

### 4.3. Centro de Gerenciamento de Emergências — CGE

O Município de São Paulo criou o Centro de Gerenciamento de Emergências — CGE, com a finalidade de prestar informações e assistência à população paulistana sobre a situação real das chuvas em cada região ou subprefeitura. A escala criada pelo órgão passa por observação (condições normais), atenção (possibilidade de alagamentos), alerta (transbordamento de rios e córregos) e alerta máximo (estado de calamidade pública). Há, além disso, um mapa da cidade com todas as subprefeituras e a indicação das regiões que foram declaradas em estado de alerta — em vermelho, ou seja, onde há inundações, tornando o trânsito inviável. A cor amarela indica o estado de atenção, não impedindo a circulação de veículos. E, finalmente, tem observação, onde há chuvas, mas sem problemas com o trânsito. O estado de alerta máximo só pode ser declarado pelo Prefeito. O *site* é atualizado de hora em hora e é uma fonte importante para que o cidadão possa se programar antes de sair de casa ou do escritório. A maioria das subprefeituras, no dia 28 de fevereiro de 2011, estava em estado de alerta, especialmente nas zonas central, norte e leste, por causa do transbordamento em vários pontos do rio Tietê e do rio Aricanduva. São Paulo, por causa dessa chuva, parou por mais de cinco horas, apurando-se que o mês de fevereiro foi o mês mais chuvoso da cidade, ou seja, choveu 380 milímetros contra 296 milímetros no mesmo mês de 2010.

---

33. Fevereiro é o mais chuvoso desde 1998, *Folha de S.Paulo*, 1º mar. 2011, p. C-3.
34. Chuva mata 16 no Rio; Dilma quer ação "mais drástica" de remoção, *Folha de S.Paulo*, Cotidiano, 19 mar. 2013, p. C-1.

O Prefeito de São Paulo, em entrevista, informou já ter a solução para as enchentes e pretende apresentar um Plano Diretor de Drenagem para ser cumprido em 20 anos. Ele disse que haverá, em alguns meses, o início da primeira intervenção, pois já há projeto e recursos[35].

Na esfera federal, o governo criou o Centro Nacional de Monitoramento e Alertas de Desastres Naturais — CEMADEN —, sob responsabilidade do Ministério da Ciência, Tecnologia e Inovação — MCTI. Técnicos monitoram dados atmosféricos do território nacional para alertar os governos locais e estaduais sobre a probabilidade de deslizamentos, enxurradas e enchentes. O CEMADEN monitora 795 municípios com grande probabilidade de deslizamentos[36].

### 4.4. INPE adquire supercomputador para prever chuvas e desastres naturais

O Brasil adquiriu um dos supercomputadores mais rápidos do mundo[37], com a finalidade de prevenir desastres naturais como os ocorridos em São Paulo e no Rio de Janeiro. Seu desempenho máximo é de 244 teraflops, ou trilhões de operações por segundo. Em outras palavras, o supercomputador Tupã[38] é capaz de realizar 205 trilhões de operações de cálculos por segundo e processar em 1 minuto um conjunto de dados que um computador convencional demoraria mais de uma semana. Para se ter uma ideia, o sistema de refrigeração do computador teria custado R$ 2,9 milhões e o INPE precisará construir uma nova estação elétrica de 1.000 quilowatts para alimentá-lo. Ele foi inaugurado no dia 28 de dezembro de 2010, no Centro de Previsão do Tempo e Estudos Climáticos (CPTEC), em Cachoeira Paulista (SP). O supercomputador terá vida útil de seis anos e será capaz de prever fenômenos meteorológicos extremos, tais como chuvas torrenciais, ondas de calor e secas excepcionais, além de confirmar as previsões realizadas por estudiosos sobre o aquecimento global. Ele foi adquirido por R$ 50 milhões, dos quais R$ 15 milhões foram financiados pela FAPESP e R$ 35 milhões pelo Ministério da Ciência e Tecnologia (MCT), por meio da Financiadora de Estudos e Projetos (FINEP). O sistema foi fabricado pela Cray, em Wisconsin, nos Estados Unidos, e possibilitará a realização de previsões em áreas mais precisas, de 5 km por 5 km, e não mais de 40 km por 40 km, como no computador anterior. Será possível, inclusive, predizer o volume dis-

---

35. Fevereiro é o mais chuvoso desde 1998, *Folha de S.Paulo*, 1º mar. 2011, p. C-3.

36. Prevenção catastrófica, Editorial, *Folha de S.Paulo*, 19 maio 2015, p. A-2.

37. De acordo com a mais recente relação do Top 500 da Supercomputação, que lista os sistemas mais rápidos do mundo, divulgada em novembro de 2010, o Tupã ocupa a 29ª posição. Essa é a mais alta colocação já alcançada por uma máquina instalada no Brasil (Agência FAPESP).

38. O nome Tupã foi dado em homenagem ao deus do trovão na mitologia tupi-guarani. O sistema computacional é o terceiro maior do mundo em previsão operacional de tempo e clima sazonal e o oitavo em previsão de mudanças climáticas (Agência FAPESP).

tinto de chuva entre cidades ou até mesmo entre bairros. O equipamento permitirá ao INPE gerar previsões do tempo mais confiáveis, com maior prazo de antecedência e de melhor qualidade, ampliando o nível de detalhamento para 5 quilômetros na América do Sul e 20 quilômetros para todo o globo. Os cientistas brasileiros pretendem criar um modelo que olhe melhor para a Amazônia e para o Atlântico Sul, abrangendo elementos do sistema terrestre (atmosfera, oceanos, criosfera, vegetação e ciclos biogeoquímicos, entre outros), suas interações e de que modo está sendo perturbado por ações antropogênicas, como, por exemplo, emissões de gases de efeito estufa, mudanças na vegetação e urbanização[39].

Esperamos que, de fato, este supercomputador possa nos alertar quanto a esses desastres naturais com antecedência.

### 4.5. Política Nacional de Proteção e Defesa Civil

Diante das enchentes e deslizamentos constantes ocorridos em diversos Estados do Brasil, o Poder Público Federal resolveu criar um instrumento legal para disciplinar a atuação da defesa civil nessas regiões. A Medida Provisória n. 547, de 2011, foi convertida na Lei n. 12.608, de 10 de abril de 2012, que instituiu a Política Nacional de Proteção e Defesa Civil — PNPDEC, dispôs sobre o Sistema Nacional de Proteção e Defesa Civil — CONPDEC, autorizou a criação de sistema de informações e monitoramento de desastres, e alterou as Leis n. 12.340, de 1º de dezembro de 2010, 10.257, de 10 de julho de 2001, 6.766, de 19 de dezembro de 1979, 8.239, de 20 de outubro de 1991, e 9.394, de 20 de dezembro de 1996. Com base nesta lei foi criado o Centro Nacional de Gerenciamento de Riscos e Desastres — CENAD com a finalidade de avisar, com antecedência, a população sobre a possibilidade de enchentes ou deslizamentos.

A referida lei obriga as prefeituras a investir em planejamento urbano na prevenção de desastres do tipo enchentes e deslizamentos de terra. A prevenção de desastres deverá ser elaborada com fundamento técnico e científico sólido. Para isso, todas as prefeituras deverão elaborar cartas geotécnicas. Cartas geotécnicas são documentos cartográficos que reúnem informações sobre as características geológicas e geomorfológicas dos municípios, identificando riscos geológicos e facilitando a criação de regras para a ocupação urbana. Os municípios terão o prazo de dois anos para elaborar as cartas geotécnicas para fundamentar seus planos diretores, que deverá contemplar ações de prevenção e mitigação de desastres. Os municípios que não apresentarem esse planejamento não receberão recursos federais para obras de prevenção e mitigação.

---

39. Cláudio Angelo, Brasil compra novo supercomputador para prever o clima, *Folha de S.Paulo*, Ciência, 14 abr. 2010, p. A-18.

A confecção dessa carta requer conhecimento em diversas áreas, tais quais: geologia, engenharia, engenharia geotécnica, cartografia, arquitetura e urbanismo. Como se vê, abrange um conhecimento interdisciplinar.

No dizer de Carlos Nobre, cientista brasileiro, a experiência internacional mostra que a prevenção pode reduzir 90% o número de mortos em desastres naturais, além de diminuir em cerca de 35% os danos materiais. Diz ele ainda que o engenheiro do século 21 precisará ser treinado para a engenharia da sustentabilidade — campo transversal da engenharia que ganhará cada vez mais espaço. A engenharia é o ramo central para solucionar alguns dos principais problemas da atualidade[40].

## 5. REGULARIZAÇÃO FUNDIÁRIA E URBANIZAÇÃO

A intensidade anormal das chuvas foi a principal causa que vitimou centenas de pessoas no Estado do Rio de Janeiro. Aliada à ocupação irregular do solo, ao despreparo do Poder Público para reagir às circunstâncias e à infraestrutura urbana deficiente, contribuiu para a catástrofe natural anunciada na região serrana fluminense[41].

Estes grandes eventos climáticos vêm acontecendo em todo o Brasil. É a população carente a mais prejudicada pelas enchentes, deslizamentos e desmoronamentos das encostas e morros onde estão construídas suas residências.

O anterior Código Florestal proibia a ocupação de morros, encostas e nos topos de morros com declividade superior a 45° de inclinação e a construção de imóveis a menos de 30 metros das margens dos cursos d'água, tais como: rios, córregos, riachos, ribeirões etc., mas esta legislação era desrespeitada pelos governos, que insistiam em não aplicá-la nas áreas urbanas. O atual Código Florestal libera a ocupação dos topos de morro e diminui para 15 metros a ocupação das margens dos cursos d'água. É nos topos dos morros que ocorrem as recargas de aquífero e onde se iniciam os deslizamentos. O objetivo é preservar a vegetação natural dessas áreas, pois ela aumenta a resistência das encostas e reduz deslizamentos de terra. Sua proteção visa também preservar as várzeas, espaços onde os alagamentos são naturais nas épocas das chuvas fortes. Outra questão polêmica é a possibilidade de a regularização fundiária recair em áreas urbanas consolidadas, ou seja, regularizar as áreas de riscos. O que seria um contrassenso. Pretende-se manter, em outras palavras, as coisas como estão, em vez de se retirar as pessoas que vivem nessas áreas de risco.

Para evitar essas tragédias, faz-se necessário realizar a regularização fundiária, nos termos do que dispõe o Estatuto da Cidade (Lei n. 10.257/2001). Esse instru-

---

40. Notícia divulgada no *site* de-lege-agraria-nova@googlegroups.com; acesso em: 9 ago. 2012.

41. Renata Betti e Roberta de Abreu Lima, O que explica a violência das águas, *Veja* n. 2.200, ano 44, 19 jan. 2011, p. 50.

mento legal estabelece normas para a regularização fundiária e urbanização de áreas ocupadas por população de baixa renda, considerando-se a situação socioeconômica e as normas ambientais (art. 2º, XIV, do Estatuto).

No entanto, toda Seção VI — Da concessão de uso especial para fins de moradia (arts. 15 a 24) foi vetada, inviabilizando a regularização fundiária prevista no inciso XIV do art. 2º. Havia a previsão expressa da possibilidade da remoção de pessoas em relação à ocupação de áreas de risco.

A questão foi novamente objeto da Medida Provisória n. 2.220, de 4 de setembro de 2001, que dispõe sobre a matéria vetada e faculta ao Poder Público promover o reassentamento da população alocada em imóvel destinado, entre outras características, à preservação ambiental e à proteção dos ecossistemas naturais.

Restou assentado que o Poder Público poderá oferecer outra área para colocar as pessoas, não podendo aceitar a sua permanência nas áreas mencionadas, especialmente as consideradas de risco. E, para evitar eventual conflito relacionado à adaptação da população retirada de áreas protegidas ou de risco e reassentada em outro local, é necessário realizar um trabalho social, a longo prazo, com essa comunidade. Caso contrário, acabará por retornar ao local de origem, reiniciando os problemas e perpetuando sua exclusão[42].

A regularização fundiária e a urbanização podem ser instrumentos efetivos para evitar os futuros problemas recorrentes das chuvas, principalmente as de verão.

Releve-se, ainda, que o governo federal implantou o Programa de Regularização Fundiária da Amazônia, denominado Terra Legal, lançado pela MP n. 458, de 10 de fevereiro de 2009 (que dispõe sobre a regularização fundiária das ocupações incidentes em terras situadas em áreas da União, no âmbito da Amazônia Legal), cuja meta não foi atendida completamente. O programa concedeu, até o final de 2010, 554 títulos de terras a posseiros nos nove Estados da Amazônia Legal, que correspondem a 1,1% da meta. O governo deverá avaliar 6% (51 milhões de hectares) do território nacional, nos quais estão 180 mil ocupações. Pretendia-se regularizar as áreas em quatro anos, mas as empresas contratadas para a realização da delimitação da área (georreferenciamento) não estavam preparadas para tal serviço, o que acarretou atrasos. Há, além disso, muitas tentativas de fraudes, ou seja, títulos de propriedade fictícios, grileiros, além de proprietários que usam laranjas e familiares para subdividir terras e burlar a área máxima prevista no programa, que é de até 15 módulos fiscais — em torno de 15 km². A posse da terra deve ser anterior a 2004, pré-requisito de difícil comprovação. Caso se atinja esse objetivo, seria possível diminuir o desmatamento da Amazônia, realizar um controle efetivo dos crimes ambientais e responsabilizar os seus proprietários. Esse programa, além de regularizar as áreas rurais, também deu a 29 cidades da Amazônia títulos de zonas urbanas, transferindo a responsabilidade que era da União para os Municípios.

---

42. Maria Luiza Machado Granziera, *Direito ambiental*, cit., p. 498-500.

Os governos tentam encontrar soluções para cada tipo de problema. Um deles é a construção de piscinões, como medida paliativa — a curto prazo. Outra solução importante — a longo prazo — é a criação de um Plano Diretor de Drenagem.

## 6. CONSTRUÇÃO DE PISCINÕES PARA CAPTAÇÃO DE ÁGUAS PLUVIAIS

A construção de piscinões tem por finalidade a captação de água das chuvas para evitar inundações nas cidades. É uma alternativa para minimizar a excessiva impermeabilização urbana. Havia sido realizado um plano municipal de macrodrenagem, em 1998, para a construção de 134 piscinões até 2020, dos quais menos de 50 saíram do papel. Seria pouco em relação às chuvas que caem hoje e teria a capacidade de armazenar cerca de 8 milhões de m³, em torno de 50% do total previsto no plano. No entanto, o governo encontra dificuldades em localizar terrenos para a instalação dos piscinões em São Paulo. O plano de expansão da cidade, de 13 anos atrás, ficou superado. Tal expansão elevou a impermeabilização do solo. Isso significa mais água correndo para os rios. Tenta-se equacionar um problema de hoje com informações passadas. Diante desse dilema, o governo estadual resolveu realizar um novo plano de macrodrenagem para tentar equacionar a questão para hoje com dados recentes[43].

Os piscinões, contudo, devem estar submetidos às regras ambientais do Estatuto da Cidade e precisam de licenciamento concedido pelo órgão público competente. Entendemos ainda que os piscinões construídos pelos municípios também estão sujeitos ao EPIV, caso haja a necessidade de desvios de rios para captação de suas águas, consoante se verifica no art. 3º da Portaria n. 717, de 12 de dezembro de 1996, do DAEE (Departamento de Águas e Energia Elétrica). A população deve ter acesso aos projetos dos piscinões para poder apresentar sugestões e críticas. A construção de piscinões não pode ser realizada sem a prévia audiência pública, pois o impacto causado poderá ser prejudicial à comunidade e à saúde pública, caso se trate de piscinões a céu aberto. Não se admitirá, em hipótese alguma, a captação de esgoto para armazená-lo em piscinões, que só podem ser construídos para a captação de águas pluviais.

O piscinão da Penha, também conhecido por pinição, foi construído para captação de águas do Córrego Rincão e do Rio Aricanduva. Sua construção está em desconformidade com o projeto original. Constava no projeto que o piscinão seria coberto, além de haver várias quadras de futebol, um prédio, pista de *cooper* arborizada etc. E, após intensas chuvas, o piscinão se enche de esgoto e no calor o cheiro se torna insuportável, atraindo grande quantidade de pernilongos, moscas, mosquitos e ratos no local. Em maio de 2007, o Centro de Vigilância em Saúde da Prefeitura de São Paulo divulgou que na capital paulista aumentou em quase 50% o nú-

---

43. Sobre o Tietê, Editorial, *Folha de S. Paulo*, 30 jan. 2011, p. A-2.

mero de casos de dengue em relação ao mesmo período de 2006. Foram 835 casos até o dia 18 de maio, contra 466 em 2006[44]. O bairro da Penha ficou em segundo lugar, com 73 casos, ultrapassando o bairro de Campo Limpo, que sempre figurou em primeiro lugar. Nunca houve tantos casos de dengue nessa região[45]. O piscinão a céu aberto construído na Penha pode ter contribuído para o foco da dengue, pois ali ficam acumulados detritos trazidos pelo esgoto e poças d'água. Esse piscinão foi construído na gestão da prefeita Marta Suplicy sem a realização do EPIV. Ela havia garantido que a construção seria feita de acordo com o projeto, o qual estava exposto no local. Por conta dessa omissão, chegamos a registrar ocorrência policial no 10º DP da Penha com base nos arts. 54 e 60 da Lei n. 9.605/98, e até o presente momento não tivemos notícia alguma do seu andamento; nesse meio-tempo, o piscinão foi construído contrariando inclusive manifestação popular.

Seja como for, o piscinão não pode ser alternativa isolada, mas vir acompanhado de outras medidas importantes, tal como a construção de moradia à população carente para evitar a ocupação de áreas de risco (encostas e morros).

Lei municipal criou alternativas para minimizar o impacto das chuvas. Foram criadas as denominadas "piscininhas" e os parques, em lugares públicos e privados, para a captação das águas pluviais para a sua utilização para outros fins.

É uma boa iniciativa, mas ainda insuficiente.

## 7. MEIO DE TRANSPORTE (TRÂNSITO, CIRCULAÇÃO, ACESSIBILIDADE E MOBILIDADE)

O meio de transporte urbano é um grande problema, e de difícil solução. O trânsito atormenta o cidadão todos os dias. Antes de sair de casa ou do trabalho, devemos sempre checar os noticiários. Sua solução deve passar por três questões fundamentais: a fluidez, a segurança e o conforto. A falta de articulação entre os vários órgãos públicos impede uma saída conjunta. O adensamento urbano dificulta a solução do problema, aumentando a poluição sonora, atmosférica e o aquecimento da cidade (transformando-a numa ilha de calor). Os constantes engarrafamentos decorrem do excesso de veículos automotores. As ruas, avenidas e viadutos não comportam mais o número de autos que por eles trafegam, assim como o rio Tietê não comporta mais as águas das chuvas que recebe, aliado ao transporte coletivo caótico. E o direito de circulação do cidadão e da mobilidade humana torna-se cada vez mais distante de ser resolvido[46].

---

44. Giovanna Balogh, Epidemia de dengue atinge 90 cidades de SP, *Folha de S.Paulo*, 18 maio 2007, p. C-11.

45. Disponível em: <http:www.g1.com.br>; acesso em: 18 maio 2007; e <http://portal.prefeitura.sp.gov.br>, acesso em: 18 maio 2007.

46. São Paulo completa cem anos de lentidão. Essa é a manchete estampada na *Folha de S.Paulo* de

O meio de transporte na cidade de São Paulo tornou-se um pesadelo para os paulistanos, que passam em média duas horas e meia no trânsito todos os dias. No início de 2009, a frota de veículos automotores na Grande São Paulo superava a casa de 6 milhões e 500 mil. Não só em São Paulo, mas também nas principais capitais do país, tais como: Belo Horizonte, Rio de Janeiro e Porto Alegre. O número de veículos que entram em circulação é maior do que as vias públicas podem comportar (em São Paulo são emplacados mil veículos por dia). Hoje, o congestionamento é quilométrico e aumenta a cada dia (no dia 9 de maio de 2008, em São Paulo, houve congestionamento recorde de 266 km; no dia 10 de junho de 2009, o congestionamento chegou a 293 km, outro recorde; no dia 1º de junho de 2012, num dia normal e sem feriado prolongado, foi registrado o recorde histórico de 295 km; novo recorde ocorreu no dia 23 de maio de 2014, com chuva e sem feriado, o congestionamento foi de 344 km, 40% das vias monitoradas).

O transporte coletivo não é eficiente para atender à demanda[47]. Os veículos particulares tomam conta da cidade, diminuindo, assim, a qualidade de vida e aumentando a poluição atmosférica. O cidadão desembolsa valores imensos com seu veículo parado no trânsito em virtude das horas perdidas, desperdício de combustível e perda de produtividade.

O rodízio de veículos, de acordo com o final da placa, já não está dando conta da situação caótica do trânsito de São Paulo. Medidas urgentes devem ser tomadas para tentar minimizar a situação, antes que a cidade pare, como de fato já parou muitas vezes, quando há chuvas ou acidentes.

O metrô poderia ser uma alternativa eficiente para atender parcialmente à mobilidade humana. No entanto, as composições ficam totalmente lotadas nos horários de pico, impossibilitando o transporte digno e eficiente. A cidade de São

---

13 de março de 2011, mostrando que o trânsito em São Paulo é um problema muito antigo, que data de 1911. A frota, naquela época, era de 300 carros e hoje chega ao número de 7 milhões de unidades e a uma população de 11 milhões de pessoas. Naquela época, o tráfego havia parado as ruas Barão de Itapetininga e Xavier de Toledo, no viaduto do Chá, e o congestionamento chegou à praça da República. A população era estimada em 240 mil habitantes. Os primeiros automóveis apareceram em 1893 e as pessoas saíram à janela para vê-los passar. A primeira regulamentação se deu em 1903 e dizia que a velocidade em ruas estreitas seria de um homem a passo e não podia ultrapassar a 17 km/h nas ruas centrais (Vinicius Queiroz Galvão, São Paulo completa cem anos de lentidão, *Folha de S. Paulo*, 13 mar. 2011, p. C-1).

47. Carlos Dora, coordenador do Departamento de Saúde Pública e Meio Ambiente da OMS, afirmou que mais do que reduzir a poluição e melhorar a qualidade do ar, uma rede de transporte público eficiente ajuda a combater problemas de saúde pública como acidentes de trânsito, estresse, sedentarismo e obesidade. Tal fato foi comprovado por meio de mais de 300 estudos mundiais realizados pela OMS sobre a relação entre mobilidade urbana, saúde e qualidade de vida. Calcula-se que, nas áreas urbanas, os carros são responsáveis por até 90% da poluição do ar e por até 1,2 milhão de mortes. O número de doenças e de mortes pode ser reduzido numa cidade que adote um sistema de transporte baseado em corredores de ônibus de alta eficiência (Cláudia Collucci, Transporte público de qualidade reduz doenças e mortes, *Folha de S. Paulo*, Entrevista, 19 ago. 2013, p. A-18).

Paulo possui uma extensão de 70 km de linhas e cresce cerca de 6 km por ano, insuficiente para atender à demanda da população crescente. Calcula-se que, em quinze anos, as linhas metropolitanas paulistanas passarão para 166 km. A cidade de Santiago, no Chile, possui 83 km de linhas metropolitanas e tem a metade da população de São Paulo. Nova York possui 479 km de linhas e a Cidade do México, 130 km.

Há necessidade de multiplicar e aperfeiçoar os corredores de ônibus, acelerar a ampliação do Metrô, converter trens da Companhia Paulista de Trens Metropolitanos (CPTM) em metrô de superfície, conectar e alimentar linhas de transporte de massa com micro-ônibus, coordenar o zoneamento municipal e o planejamento metropolitano de transportes, conceder linhas de transportes à iniciativa privada, completar o Rodoanel, preparar a implantação paulatina do pedágio urbano[48], aperfeiçoar a gestão do trânsito em caráter emergencial etc. Como está, o trânsito não pode ficar.

Com o término da alça do Rodoanel Sul, o trânsito melhorou um pouco no período da tarde (calcula-se que 43% dos caminhões passaram a circular por esta alça). Já a ampliação da marginal Tietê não está mais dando conta do imenso número de veículos e caminhões. Há muito que fazer ainda para reduzir o congestionamento na cidade. O investimento no transporte coletivo é uma opção que deve ser aliada a outras medidas pertinentes. A criação de espaços arborizados pode ajudar a minimizar o caótico trânsito da cidade. Esses espaços verdes abrangem, como já dissemos, a arborização das cidades. Tal necessidade é premente, devendo haver uma programação contínua por parte dos municípios para a arborização das vias públicas com o objetivo de plantar novas mudas, bem como substituir árvores que já exerceram sua função social.

Há, por fim, a preocupação de realizar construções, visando o atendimento das pessoas com necessidades especiais, tais como: cadeira de rodas, sinalizações para cegos etc. O acesso dessas pessoas passou a ser exigência legal. Toda obra deve ter previsão para colocação de elevadores, rampas e portas maiores para o acesso de cadeirantes, inclusive em banheiros e no transporte público.

A mobilidade também é um direito do cidadão. Para Alexandros Washburn, diretor de desenho urbano da Prefeitura de Nova York, agora é a vez do pedestre. Decidir que o pedestre é o foco é uma decisão política fundamental. Ele foi o responsável pela transformação de uma linha de trem, semelhante ao Minhocão paulistano, em atração turística (Projeto do *High Line*) e esteve, em junho de 2011, parti-

---

48. O pedágio urbano não era novidade na história de São Paulo. Os paulistanos, séculos atrás, já lidavam com cobranças semelhantes para transitar com carrinhos, carruagens e animais por ponte na então Vila de São Paulo. Em 1841, a passagem de veículos custava 200 réis e 40 réis para cada pessoa a cavalo. Aquele que transportava um porco pagava mais 20 réis. As regras estão descritas na Lei n. 19, de 10 de março de 1841, uma das relíquias que podem ser encontradas no acervo digital da Assembleia Legislativa de São Paulo, no *site* www.al.sp.gov.br (Daniel Navas, Atalho para a história, *Veja* n. 12, ano 44, 23 mar. 2011, p. 49).

cipando do 1º Congresso Internacional de Habitação e Urbanismo, promovido pela Prefeitura Municipal de São Paulo, para divulgar suas ideias[49].

Não foi de outra forma que a União sancionou a Lei n. 12.587, de 3 de janeiro de 2012, instituindo as diretrizes da Política Nacional de Mobilidade Urbana — PNMU. Trata-se de instrumento da política de desenvolvimento urbano a que se referem o inciso XX do art. 21 e o art. 182 da CF, objetivando a integração entre os diferentes modos de transporte e a melhoria da acessibilidade e mobilidade das pessoas e cargas no território do Município (art. 1º da referida lei). Cabe ainda aos municípios a elaboração dos seus planos de mobilidade urbana, os quais devem ser integrados com os planos diretores[50].

O procurador-geral de justiça, Márcio Fernando Elias Rosa, ajuizou, no dia 29 de maio de 2012, perante o Tribunal de Justiça, Ação Direta de Inconstitucionalidade — ADIn contra parágrafos de três artigos da Lei municipal n. 15.150, de 6 de maio de 2010, que dispõe sobre os procedimentos para a aprovação de projetos arquitetônicos e para a execução de obras e serviços necessários para a minimização de impacto no Sistema Viário decorrente da implantação ou reforma de edificações e da instalação de atividades — Polo Gerador de Tráfego na capital. Referida ação questiona os parágrafos que permitem que o empreendimento entre em funcionamento antes que todas as contrapartidas estejam concluídas. Além disso, permitem a exigência de contrapartidas insuficientes e inadequadas com a situação real ou concreta[51].

O Ministério Público está sempre atento para evitar danos maiores à cidade.

## 8. O MINISTÉRIO PÚBLICO E O SHOPPING JK IGUATEMI

O Ministério Público de São Paulo, por meio da sua Promotoria de Habitação e Urbanismo, moveu ACP, com pedido liminar, em face da WTorre São Paulo Empreendimentos Imobiliários, WTorre Iguatemi Empreendimentos Imobiliários S.A., BTG Pactual Serviços Financeiros S.A., e do Município de São Paulo, requerendo que as atividades no Shopping Center JK Iguatemi e as duas torres de escritórios--blocos C, D e E não fossem inauguradas sem a obtenção do Termo de Recebimen-

---

49. Vanessa Correa, Caminhar é a atividade mais importante nas cidades, *Folha de S. Paulo*, 29 ago. 2011, p. 2011.

50. Consideram-se: a) *transporte urbano*: conjunto dos modos e serviços de transporte público e privado utilizados para o deslocamento de pessoas e cargas nas cidades integrantes da Política Nacional de Mobilidade Urbana; b) *mobilidade urbana*: condição em que se realizam os deslocamentos de pessoas e cargas no espaço urbano; e c) *acessibilidade*: facilidade disponibilizada às pessoas que possibilite a todos autonomia nos deslocamentos desejados, respeitando-se a legislação em vigor (art. 4º, I, II e III, da Lei n. 12.587/12).

51. Notícia disponível em: <http://www.mp.sp.gov.br>; acesso em: 30 maio 2012.

to e Aceitação Parcial — TRAD expedido pela Secretaria Municipal de Transportes, do Certificado de Conclusão da Obra e da devida licença de funcionamento, atendendo a todas as determinações da Prefeitura Municipal em relação ao alvará de funcionamento para o próprio centro comercial, lojas, restaurantes, teatro, cinemas, parque infantil e eventuais outros locais de reunião, atestado de vistoria final do Corpo de Bombeiros e outras autorizações necessárias para o funcionamento. Referida ACP foi fundamentada nas informações dos órgãos públicos municipais e em parecer técnico para ajuizar a demanda.

O magistrado da 11ª Vara da Fazenda Pública indeferiu a liminar. O MP agravou e o desembargador, Dr. Vicente de Abreu Amadei, da 1ª Câmara de Direito Público do Tribunal de Justiça, concedeu a tutela antecipada. No dia 10 de abril de 2012, os demais desembargadores, em votação unânime, confirmaram a decisão liminar proferida pelo desembargador relator e fixaram multa de R$ 500 mil em caso de descumprimento das exigências.

Para a inauguração do *shopping* será necessário o cumprimento das exigências da Secretaria Municipal de Trânsito. São elas: a) construção da alça viária que liga a avenida Presidente Juscelino Kubitschek, sentido Ibirapuera/marginal Pinheiros, à pista auxiliar da marginal Pinheiros, sentido Interlagos/Castelo Branco; b) execução da quarta faixa na pista local marginal Pinheiros, sentido Interlagos/Castelo Branco; e c) prolongamento da ciclovia que margeia o rio e construção de uma passarela para interligar a faixa exclusiva para bicicletas ao Parque do Povo.

O Ministério Público pediu a concessão da liminar para impedir a inauguração do empreendimento pela falta de execução de obras para amenizar o impacto do trânsito no local, que, segundo investigação da Promotoria de Habitação e Urbanismo, será extremamente grave. O *shopping*, localizado no cruzamento das avenidas Presidente Juscelino Kubitschek e Nações Unidas, na zona Sul da Capital, terá área construída de 401 mil m² e contará com mais de 7,7 mil vagas para estacionamento de automóveis, caminhões e motos. O complexo é formado por uma torre onde funciona a sede do Santander, o Shopping JK Iguatemi, duas torres de escritórios e uma torre onde antes funcionava o prédio da Daslu. A construtora responsável pelo complexo é a WTorre, e a inauguração estava prevista para abril de 2012. O *shopping* foi classificado, pela Secretaria Municipal de Habitação, como o segundo maior no rol dos 200 maiores empreendimentos destinados a comércio e serviços na cidade, em termos de área construída e número de vagas. Possui 189 lojas, sendo 12 megalojas, 8 salas de cinema, 22 restaurantes, 4 pisos de lojas e 3 níveis de garagens, com 1.624 vagas de estacionamento destinadas ao *shopping*. Calcula-se que o número médio de visitantes será de 20 mil pessoas por dia.

Esta obra causaria um impacto negativo à circulação viária em seu entorno, chegando em alguns casos a prejudicar a acessibilidade de toda uma região, além da segurança de veículos e pedestres, disse a promotora de Justiça que elaborou o recurso, Dra. Stela Tinone Kuba.

Inconformada, a construtora interpôs nova ação com pedido liminar, tendo sido novamente indeferida pelo juiz, Dr. Cláudio Antonio Marques da Silva, da 11ª Vara da Fazenda Pública. Nesta ação a empresa pedia a expedição do Termo de Recebimento Parcial (TRAP), que lhe daria o direito, mediante caução ou fiança bancária, ao início das atividades sem a realização das obras. Esse mesmo pedido já havia sido negado anteriormente pela Secretaria Municipal de Trânsito.

O empreendimento não poderia ser inaugurado sem antes obter a certificação de conclusão das obras viárias, a licença de funcionamento, o atestado de vistoria final do Corpo de Bombeiros e o termo de recebimento expedido pela Secretaria Municipal de Transportes (TRAD)[52].

O Ministério Público aguarda o julgamento definitivo do agravo de instrumento interposto pela construtora contra a decisão que indeferiu o seu pedido liminar na nova ação.

Neste meio tempo, a construtora envidou todos os esforços para conseguir a inauguração do *shopping*, tanto na esfera judicial como na administrativa. Após os novos argumentos apresentados, a Subprefeitura de Pinheiros emitiu, no dia 20 de junho de 2012, a certidão de conclusão de obras (Habite-se). Isso foi possível porque a Companhia de Engenharia de Tráfego — CET emitiu um termo parcial que atesta que o empreendimento, ao alargar um trecho da marginal Pinheiros, cumpriu as exigências para minimizar o impacto que vai causar ao trânsito. O *shopping* aguarda somente a emissão do alvará de funcionamento para abrir as portas. No entanto, novas exigências foram feitas e acatadas pelo *shopping*, razão pela qual a inauguração ocorreu no dia 22 de junho de 2012, às 15h.

Vê-se, pois, que qualquer construção na cidade de São Paulo causa, sem dúvida, impacto negativo de monta. Há necessidade de encontrar alternativas para minimizar o impacto.

## 9. INFRAÇÕES ADMINISTRATIVAS E PENAIS

As infrações administrativas estão arroladas nos arts. 72 a 75 do Decreto n. 6.514/2008, e as penais, nos arts. 49 e 65 da Lei n. 9.605/98. Ver também outras infrações penais previstas nos arts. 163, 164, 252, 254 e 256 do CP e 50, 51 e 52 da Lei n. 6.766/79.

---

52. Disponível em: <http://www.mp.sp.gov.br>; acesso em: 19 abr. 2012.

CAPÍTULO III
ARBORIZAÇÃO URBANA

## 1. ARBORIZAÇÃO URBANA

*Arborização* é o ato ou efeito de arborizar — arborizar, por seu turno, é plantar ou guarnecer de árvores; é um conjunto de árvores plantadas. Dessa forma, a arborização urbana integra o meio ambiente natural, que, por sua vez, faz parte do Patrimônio natural.

A arborização exerce um papel importante para a qualidade de vida do homem que vive nos centros urbanos. Uma cidade, uma avenida, uma rua, uma praça arborizadas tornam o lugar mais agradável. As árvores ali plantadas trazem vários benefícios, por exemplo, sombreamento, purificação do ar, estética da paisagem, atraem pássaros e atenuam a poluição sonora. Tudo isso faz com que a qualidade de vida do homem melhore consideravelmente.

A ONU estipula uma área de 12m² de vegetação por pessoa nos centros urbanos para a melhoria da qualidade de vida.

## 2. EVOLVER DA FUNÇÃO HISTÓRICA DAS ÁREAS VERDES[1]

Os espaços arborizados (praças e jardins), na *antiguidade*, destinavam-se essencialmente ao uso e prazer dos imperadores e sacerdotes. Já na *Grécia,* tais espaços foram ampliados, não só para passeios, mas também para encontros e discussão filosófica. Em *Roma,* por sua vez, os espaços verdes eram destinados ao prazer dos mais afortunados. Na *Idade Média,* as áreas verdes eram formadas no "interior das quadras" e depois desapareceram com as edificações em decorrência do crescimento das cidades. No *Renascimento* "transformam-se em gigantescas cenografias, evoluindo, no *Romantismo,* como parques urbanos e lugares de repouso e distração dos citadinos"[2].

Com o surgimento das indústrias e o crescimento das cidades, os espaços verdes deixaram de ter função apenas de lazer, passando a ser uma necessidade urbanística, de higiene, de recreação e de preservação do meio ambiente urbano. A Carta de

---

1. Os aspectos históricos das áreas verdes são analisados por José Afonso da Silva, citando J. M. Alonso, *Ciudad y espacios verdes,* em sua preciosa obra *Direito urbanístico,* cit., p. 246.

2. José Afonso da Silva, *Direito urbanístico,* cit., p. 246.

Atenas, citada por Le Corbusier, propôs que "todo bairro residencial deve contar com a superfície verde necessária para a ordenação dos jogos e desportos dos meninos, dos adolescentes e dos adultos" e as "novas superfícies verdes devem destinar-se a fins claramente definidos: devem conter parques infantis, escolas, centros juvenis ou construções de uso comunitário, vinculados intimamente à vivenda"[3].

O direito urbanístico, diante disso, passou a se preocupar com os espaços verdes nas cidades, procurando preservar as áreas existentes em detrimento das eventuais construções. Por meio do zoneamento, tenta-se impedir ou reduzir as áreas edificantes, disciplinando os espaços e preservando o meio ambiente. É nos planos diretores das cidades que se procura disciplinar os espaços para cada tipo de ocupação, regulando o uso e o parcelamento do solo. Procura-se também ampliar esses espaços para a criação de jardins, praças e cinturões verdes com o intuito de minimizar ou separar as zonas industriais das zonas residenciais (arts. 2º, § 1º, III, e 3º, parágrafo único, II, da Lei n. 6.803, de 2-7-1980, que dispõe sobre as diretrizes básicas para o zoneamento industrial nas áreas críticas de poluição).

O plano diretor e a lei de parcelamento do solo são instrumentos de controle eficiente de preservação dos poucos espaços verdes existentes nos grandes centros urbanos. É mediante tais instrumentos que se deve exigir também dos particulares a preservação desses espaços. Nos lugares em que não houver espaços verdes suficientes, deve o Poder Público desapropriar áreas edificadas para a criação de parques, jardins etc. Tais instrumentos também exigem que, em caso de projeto de arruamento, seja destinado um percentual mínimo de áreas verdes.

É importante ressaltar, no dizer de José Afonso da Silva, que "nem toda área urbana arborizada entra no conceito de área verde". Assim, "o verde, a vegetação, destinada, em regra, à recreação e ao lazer, constitui o aspecto básico do conceito, o que significa que, onde isso não ocorrer, teremos arborização, mas não área verde, como é o caso de uma avenida ou uma alameda arborizada, porque, aqui, a vegetação é acessória, ainda que seja muito importante, visto que também cumpre aquela finalidade de equilíbrio ambiental, além de servir de ornamentação da paisagem urbana e de sombreamento à via pública"[4].

## 3. ESPAÇOS VERDES DE LAZER E DE RECREAÇÃO[5]

Os espaços verdes nos centros urbanos são destinados ao lazer e à recreação. Pode-se conceituar *lazer*[6] como o tempo livre, a folga, o descanso, e a *recrea-*

---

3. Apud José Afonso da Silva, *Direito urbanístico*, cit., p. 247.
4. José Afonso da Silva, *Direito urbanístico*, cit., p. 247-8.
5. José Afonso da Silva, *Direito urbanístico*, cit., p. 248.
6. Aurélio Buarque de Holanda Ferreira, *Novo dicionário*, cit., p. 388.

ção[7] como o divertimento, o prazer, a ocupação agradável que visa ao entretenimento. Incluem-se nesses espaços os bosques, as praias, os jardins, os parques, as praças de esportes, os campos de futebol com muito verde. São denominados *equipamentos urbanos* os espaços destinados à comunidade.

Do ponto de vista político, tais áreas devem atender às necessidades da comunidade local, visto serem a única opção das pessoas mais carentes. Com a criação dessas áreas, com certeza, as crianças e adultos terão onde se divertir. Nos bairros mais pobres, em que o crescimento se deu de maneira desordenada, não há opções para as crianças se desenvolverem como cidadãos.

Deve ainda o Poder Público criar parques nacionais, estaduais e municipais com o objetivo de preservar as áreas verdes, a fauna e a flora, bem como as belezas naturais. Nesse sentido, J. M. Alonso Velasco ressalta que os parques naturais são "tarefas que se recomendam ao urbanista, também o são as linhas que os unem à cidade, as redes de acesso da cidade à natureza e dos campos à cidade, que, em muitos casos, se confundem com as redes gerais de acesso da aglomeração urbana. E se ambos, parques e estradas, são tarefas do urbanismo, também entram dentro da competência do paisagista; a estrada, além de muitas outras coisas, é o laço de união que liga o citadino com a natureza, o lugar onde viceja a paisagem, o novo citadino motorizado"[8].

## 4. IMPORTÂNCIA DO ESTUDO DA ARBORIZAÇÃO URBANA NO DIREITO AMBIENTAL

A arborização urbana deve ser um capítulo do estudo de direito ambiental. Não há nos manuais existentes dessa matéria nenhuma menção sobre esse assunto. Tal tema deve ser mais bem estudado e divulgado aos administradores públicos dentro da disciplina *Gestão Ambiental Urbana*. Assim, no entender do arquiteto e assessor técnico da Universidade Livre do Meio Ambiente Otávio Franco Fortes, a conceituação da *Gestão Ambiental Urbana*[9] deve incluir a análise da *Engenharia Ambiental* (que examina os poluentes da água, do ar e do solo e os requisitos tecnológicos para seu manejo), da *Ecologia Aplicada ao Meio Urbano* (que examina os ecossistemas, os organismos vivos e a sua relação funcional) e da *Legislação Ambiental* (que estabelece normas fixando limites para a intervenção e conservação ambiental).

A gestão ambiental urbana passaria a se preocupar com a qualidade de vida do homem nos centros urbanos. Assim, arborizar a cidade é melhorar a qualidade de

---

7. José Afonso da Silva, *Direito urbanístico*, cit., p. 555.
8. Apud José Afonso da Silva, *Direito urbanístico*, cit., p. 249.
9. Gestão ambiental urbana. Conceituação básica. Centro Nacional de Referência em Gestão Ambiental Urbana. Internet.

vida. É diminuir o impacto negativo da poluição. Dessa maneira, é muito agradável andar por uma rua totalmente arborizada, especialmente numa cidade litorânea, onde o calor é intenso. A árvore urbana exerce funções específicas quanto ao clima, à qualidade do ar, ao nível de ruídos, à paisagem, inclusive permite que os pássaros da cidade possam ali se instalar. É importante também plantar e valorizar árvores típicas da região. Ressalte-se, por fim, que, se for plantada uma espécie arbórea inadequada, haverá mais transtorno do que benefícios.

## 5. O PAPEL DO PODER PÚBLICO NA QUESTÃO DA ARBORIZAÇÃO URBANA

Incumbe à União, aos Estados, ao Distrito Federal e aos Municípios, mediante leis complementares, fixar critérios de cooperação administrativa sobre proteção ao meio ambiente e combate à poluição em qualquer de suas formas (art. 23, VI, da CF). Ressalte-se ainda que todos têm direito ao meio ambiente ecologicamente equilibrado, bem de uso comum do povo e *essencial à sadia qualidade de vida*, impondo-se ao Poder Público e à coletividade o dever de defendê-lo e preservá-lo para as presentes e futuras gerações (art. 225 da CF). Assim, o Poder Público municipal deverá fixar critérios para a *gestão ambiental urbana*, fazendo com que as cidades se tornem mais humanas (art. 182 da CF). Humanizar a cidade é dever do Estado e da coletividade. Aquele deverá fixar normas rígidas protetivas ao meio ambiente, fiscalizando as indústrias poluidoras e amenizando os impactos negativos à saúde, à segurança, à higiene, ao saneamento básico etc. O Poder Público deve procurar alternativas tendentes a minimizar os impactos negativos ao meio ambiente. A coletividade, por seu turno, deverá colaborar com o Poder Público, não depredando o patrimônio nacional (cultural e natural), devendo fiscalizar e denunciar aos órgãos competentes qualquer lesão ao patrimônio público e participar efetivamente de campanhas educativas em favor do meio ambiente etc.

A qualidade de vida da coletividade está, implicitamente, inserida como um direito fundamental da pessoa humana (art. 5º da CF). Ninguém pode viver na Lua, por exemplo. O ar, a água e o solo são fundamentais para a sobrevivência humana.

A preservação da arborização urbana é objeto de legislação específica. Há inúmeras normas protetivas das árvores urbanas. Em São Paulo, podem-se citar as seguintes normas: a) Lei n. 10.365, de 22 de setembro de 1987, que disciplina o corte e a poda de vegetação de porte arbóreo existente no Município de São Paulo (contém 27 artigos), lei que foi regulamentada pelo Decreto municipal n. 26.535, de 3 de agosto de 1998 (contém 22 artigos); b) Decreto estadual n. 30.443, de 20 de setembro de 1989, que considera patrimônio ambiental e declara imunes de corte exemplares arbóreos situados no Município de São Paulo (contém 21 artigos); c) Decreto estadual n. 39.743, de 23 de dezembro de 1994, que dá nova redação ao art. 18 do Decreto estadual n. 30.443, de 20 de setembro de 1989 (contém 2 artigos); d) Portaria do DEPRN-44, de 25 de setembro de 1995, que disciplina os procedimentos para a autorização do corte de árvores isoladas em áreas rurais (contém 10 artigos); e e) Portaria do DEPRN-45, de 30 de agosto de 1994, que disciplina os procedimentos para a autorização do corte de árvores isoladas em áreas rurais (contém 8 artigos).

## 6. CRITÉRIOS PARA A ESCOLHA DE ÁRVORES (ALGUMAS RECOMENDAÇÕES)

A escolha de árvores a serem plantadas nas áreas urbanas deve ser previamente estudada e analisada dentro de um critério racional. Há árvores que levam anos para atingir sua fase adulta; outras permanecem pequenas. Dependendo do porte arbóreo, poderá ou não ser plantada em certo lugar. Assim, a árvore deixará de exercer sua função se for plantada em lugar que impede seu desenvolvimento adequado. Devem-se levar em consideração o clima, o solo e o espaço em que será plantada.

Pela riqueza da flora brasileira, é possível encontrar o tipo adequado de árvore para cada região.

Recomenda-se a plantação de: a) *espécies caducas*[10] nas ruas onde há casas e prédios com frente ajardinada para evitar que as sombras das árvores prejudiquem os jardins; b) *espécies de grande porte* nas avenidas com 40 m de largura ou mais; c) *alecrim-de-campinas, tipuana, figueira, sassafrás* em regiões de clima quente por possuírem folhagens densas; d) *canafístula* ou *sibipiruna* nas áreas de clima subtropical por possuírem ramos mais esparsos e folhagem menos densa.

Se um proprietário quiser plantar uma árvore na sua calçada, deverá pedir a visita do engenheiro agrônomo da subprefeitura para indicar a espécie mais adequada para o local, evitando-se transtorno futuro. Por exemplo: nas ruas com menos de 1,5 m de largura, não é aconselhável plantar árvores; nos passeios com largura entre 1,5 m e 2 m, recomenda-se o plantio de espécies de pequeno porte com até 5 m de altura, como pata-de-vaca (*Bauhinia cupulata* Benth), diadema (*Stifftia chrysantha Mikan*) ou urucum (*Bixa orellana* L); nos passeios com largura entre 2 m e 2,4 m, recomenda-se o plantio de árvores de médio porte, com altura que chegue a, no máximo, 8 m, como ipê amarelo (*Tabebuia chrysatricha*), caroba (*Jacarandá macrantha Cham*) ou tamanqueiro (*Aegiphila selloviana Cham*); nos passeios com largura superior a 2,4 m, recomenda-se plantar espécies de todos os tamanhos, que cheguem a, no máximo, 12 m, tais como jacarandá-paulista (*Machaerium villosum Vogel*), pau-brasil (*Caesalpina echinata Lam*), e a cabreúva vermelha (*Myraxylon peruiferum LF*). A distância mínima aconselhada entre espécies deve ser de 5 m para as árvores de pequeno porte, 8 m para as de porte médio e 12 m para as maiores. A média aritmética determinará o distanciamento entre espécies de portes diferentes. Não se recomenda ainda o plantio nas áreas urbanas de abacateiros (*Persea americana Mill*), mangueiras (*Mangifera indica* L) e jaquei-

---

10. Essa espécie arbórea caracteriza-se por perder folhas em determinado período do ano.

ras (*Artocarpus heterophyllus* Lam). Também não se recomenda plantar espécies com raízes de superfície, pois danificam o calçamento e as ruas[11].

Recomenda-se ainda a plantação de árvores com espécies de folhas pequenas e lisas para evitar o acúmulo de pó. Devem-se preferir as árvores com lenho resistente para evitar queda de ramos e a plantação de árvores com "sistema radicular pivotante" para evitar danos à calçada. Deve-se preferir a plantação de árvores com boa resistência a pragas, que não produzam frutos grandes e tenham crescimento rápido.

Urge ressaltar que a CESP e a Prefeitura de São Paulo desenvolveram parceria para apresentar conjuntamente um plano de arborização urbana, definindo quais serão as espécies de árvores adequadas à convivência com o sistema elétrico de distribuição.

Assim, a CESP doará as mudas necessárias e a prefeitura se encarregará da formação de viveiro, plantio e sua manutenção.

## 7. CONCEITO LEGAL DE VEGETAÇÃO DE PORTE ARBÓREO E ÁREAS DE PRESERVAÇÃO PERMANENTE

*Porte arbóreo* é aquele composto por espécime ou espécimes vegetais lenhosos, com Diâmetro do Caule à Altura do Peito — DAP superior a 0,05 metro. DAP é o diâmetro do caule da árvore à altura de, aproximadamente, 1,30 metro do solo (art. 2º e parágrafo único da Lei municipal de São Paulo n. 10.365, de 22-9-1987).

Considera-se ainda como bem de interesse comum a todos os munícipes a vegetação de porte arbóreo existente ou que venha a existir no território do município, tanto de domínio público como privado, bem como as mudas de árvores plantadas em logradouros públicos (arts. 1º e 3º da citada lei). Essa lei, por seu turno, faz remissão ao Código Florestal (Lei n. 12.651/2012), especificamente no seu art. 4º.

Em decorrência dessa lei, o Município de São Paulo baixou o Decreto n. 30.443, de 20 de setembro de 1989, discriminando, pormenorizadamente, todas as reservas, parques, praças e lugares conhecidos onde existem árvores, considerando-as como patrimônio ambiental e declarando-as imunes de corte.

## 8. SUPRESSÃO DE FLORESTAS E DEMAIS FORMAS DE VEGETAÇÃO EM ÁREAS DE PRESERVAÇÃO PERMANENTE E SUPRESSÃO E PODA DE VEGETAÇÃO DE PORTE ARBÓREO EM PROPRIEDADE PÚBLICA OU PRIVADA

No Município de São Paulo, a *supressão*, total ou parcial, de florestas e demais formas de vegetação em *áreas de preservação permanente* (art. 4º da citada lei) depende-

---

11. Tipo de poda varia de acordo com a saúde da espécie, *Folha de S.Paulo*, Imóveis, 9 nov. 2009, p. 4.

rá de prévia autorização do Executivo Municipal (art. 5º da citada lei). Os *projetos de loteamento e desmembramento* de terras revestidas de vegetação de porte arbóreo deverão ser submetidos à apreciação do Departamento de Parques e Áreas Verdes (DEPAVE) da Secretaria de Serviços e Obras (SSO), antes da aprovação final pelo Departamento de Parcelamento do Solo e Intervenções Urbanas (PARSOLO/INTERURB) da Secretaria da Habitação e Desenvolvimento Urbano (SEHAB) (art. 6º da citada lei). Os *projetos de edificação* em áreas revestidas de vegetação de porte arbóreo deverão, antes da aprovação pela Supervisão de Uso e Ocupação do Solo da Administração Regional (Subprefeituras) correspondente, ou pelo Departamento de Aprovação de Edificações (APROV) da SEHAB, ser submetidos à apreciação do engenheiro agrônomo responsável (art. 7º da citada lei).

A *supressão* da *vegetação de porte arbóreo* em propriedade pública ou privada ficará subordinada à autorização, por escrito, do administrador regional competente (subprefeito), ouvido o engenheiro agrônomo responsável (art. 9º da citada lei).

O pedido de autorização para o corte de árvores, em áreas públicas ou particulares, deverá ser instruído com duas vias da planta ou *croquis*, mostrando a exata localização da árvore que se pretende abater e a justificativa para o abate (art. 9º, parágrafo único, da citada lei). Esse pedido de poda ou remoção é enviado à divisão de áreas verdes da coordenadoria de projetos e obras de cada subprefeitura, o qual entra no cronograma de vistoria do engenheiro agrônomo. Após sua visita, ele elabora um laudo e encaminha ao subprefeito para autorização. Aprovado o laudo, a autorização é publicada no *Diário Oficial* do Município e entra no cronograma para execução. Se a poda ou remoção da espécie vegetal estiver dentro de área de preservação permanente ou tombada, a autorização deverá ser ratificada também pelo Conpresp. Contudo, se a poda ou remoção estiver dentro de área privada, o próprio proprietário, de posse da autorização, poderá fazer o serviço.

Assim, a supressão ou poda de árvores só poderá ser autorizada nas seguintes circunstâncias: a) em terreno a ser edificado, quando o corte for indispensável à realização da obra; b) quando o estado "fitossanitário" da árvore a justificar (broca, cupim etc.); c) quando a árvore ou parte desta apresentar risco iminente de queda; d) nos casos em que a árvore esteja causando comprováveis danos permanentes ao patrimônio público ou privado; e) nos casos em que a árvore constitua obstáculo fisicamente incontornável ao acesso de veículos; f) quando o plantio irregular ou a propagação espontânea de espécimes arbóreos impossibilitar o desenvolvimento adequado de árvores vizinhas; g) quando se tratar de espécies invasoras, com propagação prejudicial comprovada (art. 11 da citada lei).

A Secretaria Estadual do Meio Ambiente baixou a Resolução n. 18, de 11 de abril de 2007, disciplinando procedimentos para a autorização de supressão de exemplares arbóreos nativos isolados. Essa autorização poderá ser concedida pelo município ou pelo Desenvolvimento Estadual de Proteção dos Recursos Naturais

(DEPRN) para supressão de exemplares arbóreos nativos isolados, vivos ou mortos, situados fora de Áreas de Preservação Permanente e Reserva Legal, assim definidas pelos arts. 2º e 16 do Código Florestal, ou fora de Parques, Reservas e Estações Ecológicas, assim definidas por ato do Poder Público, quando indispensável para o DEPRN, por intermédio de suas equipes técnicas, após a realização de análise técnica e mediante assinatura de Termo de Compromisso de Recuperação Ambiental que contemple plantio compensatório, na proporção prevista no art. 8º dessa Resolução (art. 1º da citada resolução). A competência para autorizar a supressão dos exemplares será do município, mas, caso este não venha a emiti-la, o DEPRN poderá concedê-la, mediante assinatura de Termo de Compromisso de Recuperação Ambiental, contemplando o plantio de mudas de árvores nativas no próprio lote, na proporção prevista no art. 8º (parágrafo único do art. 7º da citada resolução).

Além disso, a SMA baixou a Resolução n. 13, em 22 de fevereiro de 2008, dispondo sobre a concessão de autorização para a supressão de vegetação nativa para implantação de obras de interesse público, bem como a Resolução n. 14, em 13 de março de 2008, dispondo sobre os procedimentos para supressão de vegetação nativa para parcelamento do solo ou qualquer edificação em área urbana, e a Resolução n. 15, em 13 de março de 2008, dispondo sobre critérios e parâmetros para concessão de autorização para supressão de vegetação nativa considerando as áreas prioritárias para incremento da conectividade. É importante salientar que o Órgão Especial do Tribunal de Justiça do Estado de São Paulo, nos autos de agravo regimental contra decisão proferida na ADIn 164.499-0/3, em que é agravante o Prefeito Municipal de Americana e agravado o Secretário de Estado do Meio Ambiente, deferiu medida liminar para suspender a eficácia do art. 4º da Resolução n. 14/2008 da Secretaria do Meio Ambiente, com a redação que foi dada pelo art. 3º da Resolução SMA n. 30/2008. O referido artigo suspenso impõe o índice urbanístico de 20% de áreas verdes em projetos de loteamentos e condomínios em áreas urbanas, superiores a 30 mil metros quadrados e desprovidas de vegetação nativa[12].

Ressalte-se ainda que poderão realizar corte ou poda de árvores em logradouros públicos os funcionários da prefeitura, mediante prévia autorização, os funcionários de empresas concessionárias de serviços públicos, cumpridas as exigências legais, e os soldados do Corpo de Bombeiros, em caso de emergência, em que haja risco iminente para a população ou o patrimônio, tanto público como privado.

A maior crítica que se faz em relação à poda ou ao corte de árvores é a demora. Leva-se cerca de dois meses para a Prefeitura de São Paulo realizar o serviço. Há casos que a espera leva um ano. Esses dados constam do diagnóstico da arborização da cidade concluído pela Comissão do Meio Ambiente da Câmara Municipal. Essa

---

12. Aviso n. 567/2008 — PGJ, *DOE*, 20 set. 2008.

demora acontece por causa da burocracia: são exigidos laudos de quatro órgãos diferentes para cuidar de uma árvore. Estima-se, além disso, que há cerca de 2 milhões de árvores e somente cinco mil foram cadastradas em seis meses. A prefeitura argumenta que a poda ou remoção de uma árvore deve atender a critérios técnicos avaliados por engenheiros agrônomos e que nem todos os pedidos são passíveis de atendimento. Registre-se, por curiosidade, houve 28 feridos e dois mortos por quedas de árvores em 2010 em São Paulo em decorrência das fortes chuvas, de acordo com o Corpo de Bombeiros. Tal fato ocorre pela falta de conservação. A solução pode estar em adaptar o tecido urbano para receber árvores maiores com copas perfeitas, capazes de prestar os melhores serviços ambientais. Maringá, no Estado do Paraná, é um exemplo interessante. Essa cidade mudou todo o sistema de rede elétrica e iluminação para eliminar o conflito com as árvores e mantém sombra constante em todas as vias públicas[13].

Nem todo mundo gosta de ter árvores na frente de suas casas pelo transtorno que podem trazer, mas isso se faz necessário para a melhoria da qualidade de vida da população.

Precisamos pensar na coletividade.

## 9. ARBORIZAÇÃO URBANA E VANDALISMO

Rodolfo de Camargo Mancuso esclarece: "reportagem estampada na *Folha de S.Paulo*, de 2-9-1995, Caderno Especial, p. A-1, dá bem uma ideia da enormidade da depredação que vem sendo praticada: 'Pelo menos 27,35% das árvores que estão sendo plantadas pela Prefeitura de São Paulo e pela empresa Via Verde, dentro do projeto *1 Milhão de Árvores*, são destruídas ou têm seus protetores quebrados por vandalismo e acidentes'. Outros desoladores números são dados pelo coordenador desse projeto, ainda conforme essa reportagem: '19,07% das árvores tiveram os protetores de plástico quebrados, 6,91% tiveram as plantas quebradas e 1,37% tiveram a muda de planta roubada'. Ainda segundo essa reportagem, o custo de cada árvore plantada é de R$ 50,00; em 1994 foram plantadas 160.000 árvores; em 1995 a empresa Via Verde já plantou 20.000 árvores. Os danos compreendem a destruição dos parafusos de sustentação do protetor plástico, a destruição da base de concreto, o arrancamento dos adesivos e destruição dos fixadores das plantas"[14].

---

13. Cristina Moreno de Castro, Poda de árvore leva até um ano em SP, *Folha de S.Paulo*, 29 set. 2010, p. C-8.

14. Rodolfo de Camargo Mancuso, Vandalismo contra a flora urbana na cidade de São Paulo: análise jurídica e formulação de propostas, *RT*, *734*:83-4.

Salienta esse ilustre doutrinador que a "delinquência urbana tem raízes mais profundas e de mais largo espectro, surgindo quiçá como resultado de vários fatores cumulados: baixo nível espiritual desses indivíduos; falta de perspectiva ou de realização social; desestruturação familiar; consumo de drogas; consciência da impunidade, tudo a final canalizado para uma sorte de *vingança* generalizada contra a sociedade civil como um todo, que tanto pode se revelar na *pichação* de um monumento público, como no furto de uma tampa de bueiro em meio a uma via pública, como na destruição de alambrado e invasão de um campo de futebol, destruição de um *orelhão* etc., e, atitudes que se vão caracterizando por uma selvageria crescente"[15].

É triste e alarmante como o vandalismo tem-se alastrado na cidade de São Paulo. As razões são as mais variadas, mas a principal é a falta de educação ambiental e a despreocupação com o futuro, aliada ao fato da certeza da impunidade.

Já não se admite essa impunidade. Foi com essa visão que o legislador resolveu punir penalmente esse crime contra a natureza (*vide* arts. 49 e 65 da Lei n. 9.605/98).

## 10. BENEFÍCIOS DA ARBORIZAÇÃO

Vê-se, pois, que a arborização urbana traz muitos benefícios para a cidade. Tais benefícios devem ser preservados para minimizar os transtornos da cidade grande, por exemplo, a poluição atmosférica e sonora, o clima, a estética da paisagem etc.

Consta no *Guia de Planejamento e Manejo da Arborização Urbana*, patrocinado pelo governo do Estado de São Paulo, pela Secretaria de Energia, pelas Centrais Elétricas de São Paulo, pela Companhia Paulista de Força e Luz e pela Eletropaulo, que o número de árvores que morrem após as podas fica no patamar alarmante dos 27,45%, e o índice de depredação de mudas recém-plantadas também é alarmante (de cada 100 mudas plantadas 52 a 82 são depredadas).

Registre-se, ainda, que "uma árvore isolada pode transpirar, em média, 400 litros de água por dia, produzindo um efeito refrescante equivalente a 5 condicionadores de ar com capacidade de 2.500 kcal cada, funcionando 20 horas por dia"[16]. A arquiteta Loyde Abreu apresentou interessante estudo, em dissertação de mestrado, na Universidade Estadual de Campinas — Unicamp, sobre a influência de uma árvore na sensação térmica. A transpiração de uma árvore aumenta o conforto proporcionado por causa da umidade relativa do ar. Nos lugares que há mais árvores a

---

15. Rodolfo de Camargo Mancuso, *RT*, 734:84-5.

16. *Guia de Planejamento e Manejo da Arborização Urbana*, Governo de São Paulo, Secretaria de Energia, Centrais Elétricas de São Paulo, Companhia Paulista de Força e Luz e Eletropaulo, p. 4.

sensação é mais agradável, pois ameniza o calor no verão. Ela deu como exemplo o jambolão, espécie vegetal, que chega a transpirar 101 litros de água por dia. Para alguém que esteja numa distância de 10 metros desta árvore, a umidade média é de 68%, e a 50 metros, a umidade é de 57%. A OMS, segundo ela, considera preocupante o índice inferior a 30%, podendo trazer riscos à saúde. Ela disse ainda que os galhos e as folhas também atenuam a velocidade do vento, mais um dado positivo para o conforto térmico. A arquiteta fez pesquisas com as espécies vegetais jambolão, mangueira, jacarandá e ypê, nas versões com folhas, sem folhas e com flores. Também fez pesquisa com um grupo de chuvas-de-ouro. Uma mangueira, por exemplo, transpira 80,31 litros de água por dia[17].

Continua mais adiante: "A Arborização ainda contribui agindo sobre o lado físico e mental do homem, atenuando o sentimento de opressão frente às grandes edificações. Constitui-se em eficaz filtro de ar e de ruídos, exercendo ação purificadora por fixação de poeiras, partículas residuais e gases tóxicos, proporcionando a depuração de micro-organismos e a reciclagem do ar através da fotossíntese. Exerce ainda influência no balanço hídrico, atenua a temperatura e luminosidade, amortiza o impacto das chuvas além de servir de abrigo à fauna. Em síntese, compatibilizar os benefícios da arborização com os equipamentos de utilidade pública não é tarefa das mais fáceis. 'Plantar árvores certas nos lugares certos' é, sem dúvida, a prática mais recomendada para os novos plantios"[18].

Releve-se, por exemplo, que na cidade de São Paulo, na década de 1980, ocorreu uma "invasão" da espécie *Ficus benjamina L*, exótica, originária da Ásia e da Oceania. Essas árvores possuem copas largas e produzem uma sombra densa. Seu plantio excessivo acabou por diminuir a diversidade arbórea com graves riscos para a conservação da arborização. Depois de trinta anos, essas espécies arbóreas foram atacadas por fungos da espécie *Phomopsis cinerescens*, descoberta por pesquisadores do Departamento de Fitopatologia da Universidade de Brasília, em Uberlândia. Referida doença poderá dizimar a frágil população de ficus, causando a diminuição arbórea da cidade. Por isso a necessidade da diversificação arbórea, impedindo o ataque por um único tipo de fungo a toda espécie vegetal[19].

O Município de São Paulo, na gestão de José Serra, elaborou um Plano de Arborização em 2005 com o intuito de plantar 840 mil novas árvores até o final de 2008. Em 2005, o Município plantou 37.855; em 2006, 173.144; em 2007, 161.955, totalizando 372.954. Para cumprir tal meta, faltaria plantar 467.046 em 2008. Mes-

---

17. Oásis em miniatura, *Folha de S.Paulo* — Folha Equilíbrio, 23 out. 2008, p. 7.
18. *Guia de planejamento*, cit., p. 4.
19. Demóstenes Ferreira da Silva Filho, Sem diversidade de espécies, pragas causam grande estrago, *Folha de S.Paulo*, 20 mar. 2011, p. C-9.

mo que não se consiga atingir tal meta, a intenção foi boa. O importante é manter o plano em caráter permanente. Não há dúvidas de que a arborização urbana é um dos instrumentos eficazes para minimizar os impactos negativos nos centros urbanos. Aliado, é claro, a outros instrumentos previstos nas Constituições Federal e Estaduais, Leis Orgânicas dos Municípios, legislações esparsas e regulamentos. Assim como o saneamento básico é importante à saúde da população, a arborização urbana também o é à sadia qualidade de vida do homem.

## 11. EXPERIÊNCIAS MUNICIPAIS

Municípios do interior de São Paulo criaram uma alternativa interessante para incentivar a população a plantar árvores. O vereador de Mogi das Cruzes Pedro Komura apresentou proposta ao prefeito, Junji Abe, para que este conceda uma árvore a cada criança que nascer no município[20]. Essa proposta não é novidade na cidade de Matão, interior de São Paulo, que criou o projeto Matão +Verde. Órgãos governamentais do município, em parceria com a iniciativa privada, incorporaram essa ideia bastante salutar com o objetivo de conscientizar a população. O município, com isso, poderá recompor áreas essenciais na região urbana ou rural. Assim, as empresas fornecem uma ou várias árvores para cada criança que nascer no mês, e o oficial de Registro Civil, por ocasião do registro da criança, incumbir-se-á de colher a assinatura de adesão e o compromisso de os pais estarem presentes com os filhos no dia da plantação, que se dará no final ou início de cada mês, transformando-se em verdadeira festa. Cada árvore terá o nome da criança nascida no mês. Os órgãos ambientais, por sua vez, responsabilizam-se em indicar os locais para a sua plantação (recuperação de áreas de preservação permanente, nos entornos de rios, lagos, lagoas etc.).

Esse projeto é permanente no Município de Matão. Há também outras iniciativas, mas temporárias, feitas por instituição de ensino e organização não governamental. Os benefícios dessa proposta só ocorrerão a longo prazo. O problema maior é tentar minimizar o aquecimento global neste momento. Por isso, nem sempre plantar árvores resolve o problema, e muitas empresas poluidoras se utilizam desse fato para fazer sua campanha de *marketing* e continuar poluindo. Tais medidas devem vir acompanhadas de outras, tais como: erradicação de lixões, economia de energia e de água, eliminação de embalagens desnecessárias, combate às queimadas, fiscalização de empresas poluidoras etc. Deve, além disso, haver uma política pública nacional, pois não adianta plantar árvore no município enquanto o Poder Público federal,

---

20. *Mogi News*, 4 ago. 2007, p. 2.

por exemplo, continua concedendo autorização para desmatar extensas áreas na Amazônia. Deve haver a implantação de políticas públicas integradas entre todos os poderes (federal, estadual e municipal).

Como podemos ver, plantar árvores é importante para minimizar o aquecimento global, mas tal medida pode não trazer nenhum efeito imediato se não vier acompanhada de outras igualmente importantes, às quais já nos referimos. O aquecimento global é um problema mundial, mas as medidas para o seu combate devem ser locais. E cada cidadão deverá dar sua contribuição, abrindo mão de parte de seu conforto em prol do meio ambiente.

Portanto, encampemos tal ideia.

## 12. INFRAÇÕES ADMINISTRATIVAS E PENAIS

As infrações administrativas estão arroladas nos arts. 72 a 75 do Decreto n. 6.514/2008, e as penais, nos arts. 49 e 65 da Lei n. 9.605/98. Ver também outras infrações penais previstas nos arts. 163, 164, 252, 254 e 256 do CP.

# Capítulo IV
## Direito ao Silêncio Urbano

### 1. DIREITO AO SILÊNCIO URBANO E POLUIÇÃO SONORA

Silêncio é o direito que todo cidadão tem para poder viver em harmonia social. Ninguém pode desrespeitar o sossego alheio em sua residência ou local de trabalho. O barulho aceitável é aquele estabelecido na legislação vigente de cada país. Ultrapassar estes limites significa adentrar no direito alheio e, consequentemente, estar sujeito à punição penal, civil e administrativa.

Desrespeitar o direito ao silêncio é causar poluição sonora.

E antes de se adentrar no conceito propriamente de poluição sonora, faz-se necessário definir ou distinguir som de ruído. Não é muito fácil essa distinção. *Som* é o "fenômeno acústico que consiste na propagação de ondas sonoras produzidas por um corpo que vibra em meio material elástico (especialmente o ar)"[1].

Em outras palavras, som é a emissão da voz humana, a música harmoniosa. Enfim, o som é harmonioso e agradável. *Ruído*, por seu turno, é o som indesejado, o barulho irregular e desagradável produzido pela queda de um objeto, por exemplo. Mas tanto o som quanto o ruído, uma vez ultrapassados os limites estabelecidos pelas normas legais, passam a prejudicar a saúde humana e o sossego alheio, além dos animais. Há ainda o som que ninguém ouve — o infrassônico. O som, por outro lado, tem muitos usos benéficos, na medicina (o gel do ultrassom que serve para impedir que o ar existente entre a máquina e a pele absorva o sinal).

Os ruídos são passíveis de medições. O nível sonoro é medido pela grandeza denominada *decibel* (dB)[2]. Chama-se decibelímetro o aparelho utilizado para medir os ruídos ou sons emitidos por qualquer fonte sonora.

---

1. Aurélio Buarque de Holanda Ferreira, *Dicionário*, cit., p. 609.

2. Paulo Affonso Leme Machado ressaltou que: "Fisiologicamente a percepção do nível sonoro é proporcional ao logaritmo da intensidade da excitação. Assim, quando a energia acústica é multiplicada por 10, a sensação sonora não é multiplicada senão de uma unidade chamada *bel*; na prática utiliza-se a décima parte dessa grandeza: o decibel (dB). A noção de decibel, ainda que leve em conta a totalidade do sinal sonoro, é insuficiente para constatar a sensação sonora efetivamente percebida pelo ouvido humano. Assim, o nível sonoro expresso em dB é corrigido nos aparelhos de medida de ruído e esse sistema de correção chama-se 'filtro de ponderação' ou 'curva de ponderação' ou 'escala de compensação'. Existem diversos sistemas, mas o mais comumente utilizado é a escala de compensação *A* — nível

Poluição sonora é a emissão de sons ou ruídos desagradáveis que, ultrapassados os níveis legais e de maneira continuada, pode causar, em determinado espaço de tempo, prejuízo à saúde humana e ao bem-estar da comunidade, bem como dos animais. Não podemos esquecer que o homem é o principal produtor de barulho (som e ruído) e, muitas vezes, confunde alegria com barulho. O Prof. Paulo Affonso Leme Machado, com muita propriedade, afirma que "indevidamente confunde-se *barulho* com *alegria*. Essas situações podem coexistir. Contudo, o silêncio pode propiciar alegria. Ausência de barulho não é ausência de comunicação. Muitas vezes a comunicação ruidosa nada mais é do que a falta de diálogo, em que uma das partes transmite sua mensagem, reduzindo-se os ouvintes à passividade"[3].

Goldsmith — doutor em astrofísica e antigo líder do grupo de acústica do Laboratório Nacional de Física do Reino Unido — é autor de muitos livros para leitores leigos sobre o assunto. Ele disse que o estudo da acústica (ruídos e sons) é antigo e apesar de milênios de conscientização, séculos de tentativa de controle e décadas de estudos científicos e de embates legislativos, o ruído indesejado continua sendo quase o mesmo problema de sempre e "que nós poderemos ter um amanhã mais silencioso se trabalharmos juntos para construí-lo"[4].

A poluição sonora passou a ser um transtorno à população que mora nos grandes centros urbanos por causa da rápida urbanização e o excesso de veículos transitando pelas ruas[5]. O barulho aumentou dificultando muito a vida do cidadão. Essa poluição é danosa ao meio ambiente e também à saúde humana e animal.

### 1.1. Danos à saúde humana causados pelos ruídos

Nos dias atuais, o grande desafio nos centros urbanos é o controle da poluição sonora (atividades comerciais e industriais, entidades religiosas, trânsito, aeroportos[6],

---

sonoro expresso em dB (A) que representa a sensação de ruído efetivamente percebido pelo ouvido" (*Direito*, cit., p. 546).

3. *Direito ambiental brasileiro*, cit., p. 635-636.

4. Livro fala de sons, ruídos e desejo pelo silêncio, *Folha de S. Paulo*, The New York Times — International Weehly, 4 fev. 2013, p. 5.

5. A Conferência Municipal sobre Ruído realizada em São Paulo discutiu o mapeamento sonoro, a gestão e o controle do ruído urbano, legislações, normas e políticas públicas para sua redução. O barulho é a terceira maior fonte de reclamação dos paulistanos, segundo a Ouvidoria Geral do Município, perdendo somente para a prestação de serviços dos órgãos municipais e para as questões ligadas ao corte e à poda de árvores. Medidas contra a poluição do ar e visual foram bem-sucedidas em São Paulo. Por que não contra a sonora? Essa modalidade de poluição poderá ser também controlada por medidas educativas e legais. Registre-se ainda que até associações civis são criadas para pressionar os órgãos públicos a combater essa modalidade de poluição, tais como: Associação Brasileira pela Qualidade Acústica (ProAcústica) e De Ouvido no Ruído (Leão Serva, Dá para fazer menos barulho?, *Folha de S. Paulo*, 28 abr. 2014, p. C-2).

6. O Concorde — avião supersônico francês — era tão barulhento que foi, em 1976, momentaneamente, proibido de pousar nos EUA.

alarmes, propaganda ruidosa, sons provenientes de carros e de casas noturnas, eletrodomésticos etc.). Muitas pessoas têm equipado seus veículos com aparelhos sonoros altamente sofisticados e costumam passear pelas ruas com o som altíssimo, incomodando as pessoas que se encontram em suas residências, descansando, conversando ou assistindo à televisão, os quais são obrigados a aguardar o veículo passar para poderem continuar suas atividades normais. Isso quando essas pessoas não ficam com os seus veículos parados em frente de residência ou de estabelecimento comercial, incomodando seus moradores e/ou clientes, com o som ligado (ouvindo música eletrônica — *rave*, samba-*rock*, *disc music*, *tecno*, *funk* carioca, *hip hop* ou pagode — axé, *black music* etc.). Estes veículos ficam estacionados em postos de gasolina, cada qual, ouvindo músicas com som cada vez mais alto, como se fosse uma disputa para ver qual equipamento é mais possante. Junte-se a isso o consumo de bebida alcoólica e o de todo tipo de droga.

Casas noturnas, além disso, são instaladas em áreas residenciais, causando transtorno à vizinhança e à população que por ali transita. Inúmeros veículos e motocicletas rodam pelas vias públicas sem condições mínimas de segurança e com os escapamentos inadequados, causando poluição atmosférica e sonora. Exige-se, para a construção de qualquer empreendimento, o EPIA no sentido de se prever também os ruídos emitidos pelos veículos, especialmente quando se tratar de construção de obras várias, tais como: estradas, ruas, avenidas etc. Com o alargamento da Marginal Tietê, por exemplo, os ruídos aumentaram, causando muito transtorno aos seus usuários e aos moradores das imediações. Algumas soluções são possíveis, como a colocação de barreiras físicas feitas de acrílico, que impedem a passagem do som, já usadas em parte do Rodoanel. É possível também a colocação de asfalto antirruído que diminui o atrito, causando menos ruído[7].

O Aeroporto de Congonhas é um dos problemas mais sérios para os moradores da região. Mapeamento feito pela Agência Nacional de Aviação Civil — ANAC revela que cerca de 31 mil pessoas moram em "zonas de ruído com níveis inaceitáveis", impróprias para habitação, no entorno do aeroporto, que fica na zona sul de São Paulo. Em alguns casos, o pico de ruído foi de 96 dB, capaz de ensurdecer uma pessoa. Nesse estudo, ANAC propõe várias alternativas para atenuar o impacto sonoro: a) redução da potência da decolagem; b) isolamento acústico das casas mais afetadas; c) remanejamento de voos fretados; e d) melhor organização dos voos nos finais de semana. Há processo judicial em andamento[8]. O empresário Carlos Anibal

---

7. Eduardo Geraque e Cristina Moreno de Castro, Nova Marginal extrapola limite de ruído, *Folha de S.Paulo*, 14 abr. 2011, p. C-4.

8. Ricardo Gallo, Barulho de Congonhas em nível inaceitável afeta 31 mil, *Folha de S.Paulo*, Cotidiano, 4 jul. 2011, p. C-1.

diz ter virado uma pessoa agressiva por conta do barulho dos aviões que operam em Congonhas[9].

Outro problema enfrentado são os voos de helicópteros na cidade de São Paulo. O Serviço Regional de Proteção ao Voo — SRPV, órgão do Ministério da Aeronáutica, estabeleceu novas regras para reduzir o barulho causado pelos helicópteros que transitam pelos centros de São Paulo. Hoje, eles devem sobrevoar a cidade numa altura de aproximadamente 200 pés (61 metros). A rota sobre a avenida Paulista será extinta e substituída por trajetos alternativos. O limite de ruídos nas áreas residenciais é de 50 dB e um helicóptero produz barulho superior a 85 dB[10].

As atividades industriais e comerciais também podem causar incômodos, bem como as entidades religiosas que, nos seus cultos, emitem ruídos acima dos limites permitidos pela legislação. Eletrodomésticos podem causar incômodos e prejuízos ao aparelho auditivo das donas de casa, se emitirem ruídos acima dos limites admissíveis e em desacordo com os padrões legais etc. Registre-se, além disso, que o latido de cachorros em determinadas situações pode chegar a 100 dB. Isso é mais do que o barulho de um trem do metrô ou de uma moto[11].

Pesquisa realizada pela Organização Mundial da Saúde (OMS) constatou que o Brasil será o país dos surdos, tendo em vista a intensidade dos ruídos produzidos, principalmente nos grandes centros urbanos[12]. A cidade de São Paulo, segundo pesquisa realizada por especialistas, é a segunda cidade mais barulhenta do mundo, estando atrás somente de Nova Iorque. Ainda segundo a OMS, os ruídos até 50 dB não implicarão nenhum efeito negativo. Entre 50 e 65 dB, o organismo começa a sofrer impactos do ruído, dificuldades para relaxar, menor concentração, menor produtividade no trabalho intelectual. Entre 65 e 70 dB, aumenta o nível de cortisona no sangue e diminui a resistência imunológica, induz liberação de endorfina, aumenta a concentração de colesterol no sangue. Acima de 70 dB, o estresse torna-se degenerativo e abala a saúde mental, aumentam-se os riscos de infarto, infecções, entre outras doenças.

---

9. Raphael Marchiori, Vizinho de Congonhas quebra janela devido a ruído — Estressado e sem conseguir dormir empresário pôs janelas antirruído e Hélio Schwartsman, Estudos sobre felicidade indicam que o barulho piora a qualidade de vida, *Folha de S. Paulo*, Cotidiano, 4 jun. 2011, p. C-4.

10. Para reduzir barulho, helicópteros terão de voar mais alto em São Paulo, *Folha de S. Paulo*, Cotidiano 2, 10 nov. 2012, p. C-9.

11. Márcio Pinho, Latidos de cachorro: barulho (chato) pode ser pior do que moto passando, *Mogi News*, 5 jul. 2012, p. 11.

12. A poluição sonora, segundo a Organização Mundial de Saúde — OMS, é uma das três prioridades ecológicas para a próxima década, depois da poluição atmosférica e da água de consumo (Nota técnica — *Bailes funks e crime de poluição sonora*, Boletim n. 137, maio/2013, www.mp.sp.gov.br, CAO Criminal, acesso em 21 maio 2013).

Registre-se, a título ilustrativo, que a Sociedade Brasileira de Otologia faz alerta para que aparelho de MP3 seja usado com metade da potência total para evitar eventual futura surdez. Comparando seus ruídos com outras fontes, percebe-se nitidamente a preocupação desse alerta. Por exemplo: a turbina de avião a jato emite 140 dB; uma arma de fogo — 130-140 dB; MP3 no volume máximo — 120 dB; serra elétrica — 110 dB; shows de *rock* — 105-120 dB; tráfego pesado — 70 dB; carro (passando a 20 m) — 60 dB; conversação a 1 m do interlocutor — 50 dB[13]; buzina de motoqueiro — 115 dB; caminhão e ônibus subindo a ladeira — 86 e 110 dB; Aeroporto de Congonhas — 95 e 109 dB; britadeira na rua — 108 dB; feira livre — 80 e 100 dB; minhocão — 85 e 95 dB; Igreja Evangélica — 92 dB; calçada de bar — 75 e 90 dB; prédio em construção — 66 e 75 dB; praça pôr do sol — 55 e 75 dB[14]. Alerta ainda a *House Ear Institute* (Instituto Casa do Ouvido), de Los Angeles, Califórnia, nos Estados Unidos, que a exposição prolongada ao ruído produzido por uma motocicleta pode causar "perda auditiva induzida por ruído", conhecida pela sigla PAIR. São os mesmos prejuízos causados aos trabalhadores expostos a ruídos provenientes de diversas atividades industriais. Uma moto produz níveis de ruídos em torno de 95 dB e ruídos acima de 85 dB podem causar alterações na estrutura interna do ouvido e perda permanente de audição[15].

Estudo publicado na revista *Occupational and Environmental Medicine* constatou que pessoas que trabalham em locais ruidosos há pelo menos um ano e meio têm três vezes mais chance de sofrer um grave problema cardíaco do que quem trabalha em ambientes silenciosos. Pesquisadores da Universidade de British Columbia, nos EUA, examinaram, entre 1999 e 2004, mais de 6.000 pessoas com mais de 20 anos de idade. Num primeiro momento, os participantes se restringiram em informar o nível de barulho nos seus locais de trabalho e o tempo que ficaram expostos a ele. Após o cruzamento de dados, os pesquisadores concluíram que as pessoas que trabalham em locais mais barulhentos têm três vezes mais chance de ter um ataque cardíaco ou dores no peito. Trabalhar sob constante ruído facilita a liberação de hormônios relacionados com o estresse: a adrenalina e o cortisol. O gatilho que acelera o processo inflamatório das artérias é o estresse, segundo o cardiologista Carlos Alberto Pastore, do Incor[16].

Osmar Clayton Person, professor de otorrinolaringologia da Faculdade de Medicina do ABC, esclarece que o ouvido tem 30 mil células especializadas em

---

13. Caio Jobim, Som alto no MP3 pode provocar surdez, *Folha de S.Paulo*, 11 nov. 2008, p. C-13.

14. Bruno Ribeiro, Silêncio, por favor — o *ranking* do barulho, Revista São Paulo, *Folha de S.Paulo*, 28 ago. a 3 set. 2011, p. 41.

15. Disponível em: <http://www.uol.com.br>; acesso em: 1º set. 2009.

16. Mariana Pastore, Trabalhar em local barulhento pode aumentar o risco cardíaco, *Folha de S.Paulo*, Saúde, 7 out. 2010, p. C-11.

converter o som em informações elétricas para o cérebro. Barulhos extremos danificam essas células. Elas não são respostas. E mesmo que o barulho excessivo não venha a danificar tais células, o processo acelera o seu envelhecimento. O indivíduo de 30 anos fica com um ouvido de alguém de 60. Registre-se ainda que o barulho acima de 80 decibéis pode causar a surdez a longo prazo[17]. Em outras palavras, no "interior do ouvido humano existe uma espécie de caracol, imerso num ambiente aquoso, envolvendo o nervo responsável pela captação de ondas sonoras. O som entra pela orelha em ondas transmitidas pelo ar. Para atingir esse caracol, é transformado em ondas líquidas, semelhantes às ondas do mar. Ao chegar ao caracol, as ondas líquidas sensibilizam cílios microscópicos que ondulam e transmitem a sensação auditiva para as células. Qualquer ruído acima de 85 decibéis provoca lesões irreversíveis nos cílios, posto que o barulho elevado produz ondas que nos varrem até sistematicamente arrancá-los. Uma vez arrancados eles jamais serão repostos pelo organismo"[18].

Releve-se, por fim, que estudos científicos mais recentes apuraram que o barulho vem causando prejuízos aos bebês, tais como: necessidade de uso de aparelho auditivo, dificuldade na fala e aprendizagem etc. O prejuízo pode ocorrer não só na fase extrauterina, mas também na intra. Alguns bebês se assustam com a utilização de aparelhos domésticos (aspirador de pó, por exemplo). Tudo isso pode transformar o bebê num adulto estressado e transtornado, portador de transtornos psíquicos gravíssimos.

### 1.2. Danos à saúde dos animais causados pelos ruídos

Não só o homem, mas também os animais marinhos estão sofrendo com a poluição sonora. Vejamos. Um navio de carga emite, pelo estouro das bolhas que seus propulsores criam na água, ruídos de 150 a 195 dB. É mais que uma britadeira (120 dB) ou um iPod no talo (114 dB). Transitam nos mares mais de 100 mil cargueiros durante o ano. Como sabemos, os animais marinhos usam a audição para quase tudo, ou seja, encontrar lugar para procriação, parceiro sexual, comida etc. Os cargueiros cruzam praticamente todos os lugares dos oceanos e vêm causando graves danos à fauna marinha. Cientistas constataram que a baleia-azul está ficando surda, ou seja, ela escuta a distâncias até 90% menores do que antes. Já a orca está precisando gritar, ou seja, ela precisa produzir cantos mais longos para se ouvir. Outras baleias aparecem mortas nas praias após testes militares com sonares caça-

---

17. Bruno Ribeiro, Silêncio, por favor, *Revista São Paulo*, cit., p. 40.
18. Nota técnica — *Bailes funks e crime de poluição sonora*, Boletim n. 137, maio/2013, www.mp.sp.gov.br, CAO Criminal, acesso em 21 maio 2013.

-submarinos — seus 235 dB causam hemorragia nos ouvidos e nos olhos dos animais[19]. Não podemos descartar a possibilidade de que os animais marinhos possam ficar desorientados devido à intensidade de ruídos emitidos nos oceanos pelos navios e barcos de todo tipo. No dia 1º de março de 2009, cerca de duzentas baleias e golfinhos encalharam nas praias de King Island, entre a Austrália e a Tasmânia, causando a morte de dois terços desses animais[20]. E no dia 23 de março de 2009, oitenta golfinhos e baleias morreram encalhados no sudoeste da Austrália, em frente à Costa de Hamelin, a 300 quilômetros ao sul da Cidade de Perth, Capital do Estado da Austrália Ocidental[21]. Essas mortes ocorreram, muito provavelmente, pela desorientação das baleias-pilotos, que encalharam nas praias em decorrência da intensidade de ruídos emitidos pelos navios.

Cientistas afirmaram que os ruídos subaquáticos de origem humana — motores, sonares, testes de armas e ferramentas industriais como as pistolas de ar usadas na exploração de gás e petróleo — estão cada vez mais ensurdecendo baleias e outros mamíferos marinhos. Eles, no entanto, descobriram que as baleias conseguem reduzir sua sensibilidade auditiva para se proteger do barulho. Não se sabe como elas fazem isso. A marinha americana estima que os estrondos dos seus equipamentos de escuta subaquática, especialmente sonares, resultem na perda temporária ou permanente da audição de mais de 250 mil criaturas marinhas por ano, um número que tem crescido. No Atlântico e no Pacífico pode se elevar a mais de 1 milhão o número de mamíferos marinhos que perdem a audição a cada ano[22].

Na passagem do ano-novo (2010/2011), numa cidade do interior dos EUA, foram encontrados mais de cinco mil pássaros mortos nas ruas. Após pesquisas realizadas, verificou-se que tais pássaros migratórios morreram por causa dos inúmeros fogos de artifício que estouraram naquela noite, deixando-os desorientados.

## 2. INSTRUMENTOS LEGAIS DE CONTROLE DA POLUIÇÃO SONORA

A competência para legislar sobre poluição sonora é concorrente. Assim, compete à União, aos Estados e ao Distrito Federal criar normas de controle da poluição (art. 24, VI, da CF). Os Municípios também poderão legislar sobre o controle da

---

19. Cláudia Carmello, O fim dos oceanos — três quartos do planeta estão virando um gigantesco lixão — a contaminação da água já ameaça nossa saúde — e os especialistas alertam: o futuro dos mares é sombrio, *Superinteressante*, n. 260, 12 dez. 2008, p. 60-61.

20. Sem rumo, *Folha de S.Paulo*, Ciência, 3 mar. 2009, p. A-18.

21. Mais de 80 golfinhos e baleias morrem encalhados na Austrália. Disponível em: <http://www.uol.com.br>; acesso em: 25 mar. 2009.

22. William J. Broad, Baleias aprendem a se proteger do aumento da barulheira humana, The New York Times, *Folha de S.Paulo*, 30 jul. 2012, p. 5.

poluição com base em seu peculiar interesse (art. 30, I, da CF) ou suplementar as normas federais ou estaduais (art. 30, II, da CF). No entanto, a União, os Estados, o Distrito Federal e os Municípios possuem competência comum para combater a poluição em todas as suas formas (art. 23, VI, da CF). Todos os entes públicos de direito público interno têm competência legislativa e administrativa e, consequentemente, poder de polícia ambiental para exercer o controle da poluição sonora, fiscalizando e aplicando as penalidades cabíveis.

Com base nessa repartição de competência, a União, por intermédio do CONAMA, estabeleceu normas gerais de emissões de ruídos. Trata-se da Resolução n. 1, de 8 de março de 1990, do CONAMA. Na realidade, essa resolução foi baixada para dar validade à NBR n. 10.152, que dispõe sobre a Avaliação de Ruídos em Áreas Habitadas, criada pela Associação Brasileira de Normas Técnicas (ABNT). Ressalta essa norma que a "emissão de ruídos, em decorrência de quaisquer atividades industriais, comerciais, sociais ou recreativas, inclusive as de propaganda política, obedecerá, no interesse da saúde, do sossego público, aos padrões, critérios e diretrizes estabelecidos nesta Resolução". Consigna-se, mais adiante, que os ruídos superiores aos considerados aceitáveis pela norma NBR n. 10.152 são prejudiciais à saúde e ao sossego público.

A NBR n. 10.152 traz um quadro (tabela 1) com o local e o número de decibel entre um mínimo (nível sonoro confortável ao ser humano) e um máximo (nível sonoro aceitável para o local).

| LOCAIS | dB (A) |
|---|---|
| *Hospitais* | |
| — apartamentos, enfermarias, berçários e centros cirúrgicos | 35-45 |
| — laboratórios e áreas para uso do público | 40-50 |
| — serviços | 45-55 |
| *Escolas* | |
| — bibliotecas, salas de música e salas de desenho | 35-45 |
| — salas de aula e laboratório | 40-50 |
| — circulação | 45-55 |
| *Residências* | |
| — dormitórios | 35-45 |
| — salas de estar | 40-50 |
| *Restaurantes* | 40-50 |
| *Escritórios* | |
| — salas de reunião | 30-40 |
| — salas de gerência, salas de projeto e de administração | 35-45 |
| — salas de computadores | 45-65 |
| — salas de mecanografia | 50-60 |
| *Igrejas e templos* | 40-50 |

As *imissões* dos ruídos são medidas no local onde se situam os compartimentos acima indicados. Imissão significa colocar ou expelir para dentro de um compartimento fechado. Já as *emissões* são medidas no local produtor dos ruídos, ou seja, na instalação industrial, comercial etc. Emissão significa colocar ou expelir para fora.

Note-se, contudo, que a norma não faz distinção quanto ao período da produção dos ruídos. Não importa se o ruído tenha sido produzido no período da manhã, tarde ou noite. Nada impede que a distinção seja feita por norma suplementar local.

Os ruídos produzidos por veículos automotores estão regulados pelas normas baixadas pelo Conselho Nacional do Meio Ambiente (Res. n. 1, de 11-2-1993, 2, de 11-2-1993, 8, de 31-8-1993, 17, de 13-12-1995, e 272, de 14-9-2000, todas do CONAMA). O Conselho Nacional de Trânsito — CONTRAN também possui competência para baixar normas disciplinadoras de ruídos emitidos por veículos automotores.

Há ainda outras resoluções que estabelecem normas para o controle dos ruídos: a) produzidos por atividades industriais (Res. n. 1, de 8-3-1990, do CONAMA); b) produzidos por quaisquer outras atividades (Res. n. 2, de 8-3-1990, do CONAMA[23]); c) produzidos por eletrodomésticos — liquidificadores, secadores e aspiradores de pó (Res. n. 20, de 7-12-1994, do CONAMA). É o Instituto Nacional de Metrologia, Normatização e Qualidade Industrial — INMETRO que possui competência para a concessão do Selo Ruído.

Na esfera municipal, a Lei n. 12.879/99 determina que todos os bares da cidade de São Paulo deverão funcionar até uma hora da manhã. Essa lei se destina aos estabelecimentos que funcionam de portas abertas, sem isolamento acústico, sem estacionamento e funcionários destinados à segurança e ainda aqueles que atrapalhem o sossego público, cuja pena é de multa de 300 UFMs, na primeira autuação, e fechamento, na reincidência. Há ainda a Lei n. 11.986/96, que obriga os estabelecimentos a disporem de tratamento acústico que limite a passagem de som para o exterior, caso suas atividades utilizem fonte sonora com transmissão ao

---

23. A Resolução n. 2, de 8 de março de 1990, instituiu o Programa Nacional de Educação e Controle da Poluição Sonora — Silêncio. Seus objetivos são: a) promover cursos técnicos para capacitar pessoal e controlar os problemas de poluição sonora nos órgãos de meio ambiente estaduais e municipais em todo o país; b) divulgar, junto à população, matéria educativa e conscientizadora dos efeitos prejudiciais causados pelo excesso de ruídos; c) incentivar a fabricação e uso de máquinas, motores, equipamentos e dispositivos com menor intensidade de ruído quando de sua utilização na indústria, veículos em geral, construção civil, utilidades domésticas etc.; d) incentivar a capacitação de recursos e apoio técnico e logístico dentro da Polícia Civil e Militar para receber denúncias e tomar providências de combate à poluição sonora urbana em todo Território Nacional; e) estabelecer convênios, contratos e atividades afins com órgãos e entidades que, direta ou indiretamente, possam contribuir para o desenvolvimento do Programa Silêncio.

vivo ou qualquer sistema de amplificação. A pena é de multa de 50 UFMs a 200 UFMs, na primeira transgressão, e fechamento administrativo. Além dessa lei, o Município de São Paulo criou o Programa de Silêncio Urbano, denominado PSIU, por meio das Leis n. 11.501/94 e 11.804/95. A Câmara Municipal de São Paulo aprovou, no dia 8 de maio de 2013, a Lei n. 15.777, que proíbe o uso de aparelhos de som portáteis ou instalados em carros estacionados que emitam som superior a 50 dB — equivalente a uma conversa em voz alta numa sala, mas suficiente para acordar alguém em sono profundo. A proibição restringe-se das 22 h às 8h, todos os dias da semana. A multa para quem desrespeitar a norma é de R$ 1.000,00, dobra em caso de reincidência e quadruplica na terceira vez. Tal projeto, se sancionado, deve inibir os bailes *funk* na cidade. Os espaços proibidos são calçadas, ruas, praças ou estacionamentos particulares. Em tese, estariam livres os carros em movimento.

Na esfera estadual, também foi criada a Lei n. 16.049, publicada no dia 11 de dezembro de 2015, que dispõe sobre a emissão de ruídos sonoros provenientes de aparelhos de som portáteis ou instalados em veículos automotores estacionados em vias públicas do Estado. Essa lei teve por objetivo acabar com os abusos cometidos nas festas conhecidas como "pancadões" em ruas e praças ou em locais de acesso ao público, como postos de gasolina e estacionamentos. Quem descumprir essa lei será multado em R$ 1.000,00, dobrando o valor em cada reincidência, além do risco de ter o veículo apreendido.

O Decreto n. 62.472, de 16 de fevereiro de 2017, regulamentou a Lei n. 16.049, de 10 de dezembro de 2015, que dispõe sobre a emissão de ruídos sonoros provenientes de aparelhos de som portáteis ou instalados em veículos automotores estacionados e dá providências correlatas. Reza o seu art. 1º: A fiscalização e controle dos limites máximos permitidos de intensidade da emissão de ruídos sonoros provenientes de aparelhos de som de qualquer natureza e tipo, portáteis ou não, ainda que acoplados à carroceria ou rebocados por veículos automotores que estejam estacionados nas vias e logradouros públicos do Estado ou em áreas particulares de estacionamento direto de veículos por meio de guia rebaixada, de que trata a Lei n. 16.049, de 10 de dezembro de 2015. Já o art. 2º do Decreto permite a apreensão do veículo: A apreensão provisória do veículo, na hipótese de descumprimento à ordem de redução do volume sonoro, somente será adotada quando não for possível a retirada do aparelho de som nele instalado sem provocar danos ao veículo ou ao equipamento, e será formalizada com a emissão do Comprovante de Recolhimento e de Remoção — CRR, disponibilizado pelo Departamento Estadual de Trânsito — DETRAN-SP, notificando-se, sempre que possível, o proprietário ou condutor, no ato da apreensão.

Agora, a poluição sonora é combatida nas três esferas.

## 3. CLASSIFICAÇÃO E EFEITOS DOS RUÍDOS

Os ruídos, segundo Celso Antonio Pacheco Fiorillo, podem ser classificados, quanto ao aspecto temporal, em: a) *contínuos* — ruídos que se mantêm constantes; b) *flutuantes* — ruídos que variam periodicamente; c) *transitórios* — ruídos ocasionais; e d) *de impacto* — ruídos transitórios com alta pressão acústica. Quanto ao aspecto do meio ambiente afetado, em: a) meio ambiente urbano (cultos religiosos, bares e casas noturnas, aeroportos, indústrias, veículos automotores); b) meio ambiente doméstico (eletrodomésticos); c) meio ambiente do trabalho; e d) meio ambiente rural[24].

Os efeitos dos ruídos podem causar graves problemas para a saúde humana. Classificam-se tais efeitos em diretos e indiretos. Os *diretos* são: a) problemas auditivos (perda da capacidade auditiva, surdez, dores de cabeça, falta de concentração); b) dificuldade na memorização e na comunicação com as pessoas; c) dor de ouvido; d) queda do rendimento escolar e no trabalho; e) incômodo; f) distúrbios do sono; g) estresse etc. Os *indiretos* são: a) distúrbios clínicos; b) insônia; c) aumento da pressão arterial; d) complicação estomacal; e) fadiga física e mental; f) impotência sexual; g) alergias etc.

Realizaram-se estudos dos efeitos dos ruídos durante o sono de trabalhadores expostos diretamente a um ambiente agressivo, constatando-se diversos sintomas: fadiga, fraqueza, aumento da pressão arterial, dispneia e sensação de asfixia, atingindo o aparelho digestivo, respiratório e cardíaco.

## 4. PLANEJAMENTO URBANO

O planejamento urbano é fundamental para o controle de emissões de ruídos causados pelas atividades sociais e econômicas. Esse planejamento poderá ser feito tendo em vista o aspecto temporal e regional.

O aspecto temporal está adstrito aos períodos do dia, ou seja, matutino, vespertino e noturno. Para cada período, o Poder Público local poderia estipular limites entre um máximo e um mínimo. Quanto ao aspecto regional, o Poder Público poderia dividir o município ou o bairro em zonas.

São vários os instrumentos que podem ser utilizados para a prevenção dos ruídos, como, por exemplo, o zoneamento, o licenciamento, o estudo prévio de impacto ambiental, o relatório de impacto de vizinhança (art. 36 do Estatuto da Cidade), o tratamento acústico etc.

É importante ressaltar que toda atividade potencialmente causadora de signi-

---

24. *Curso*, cit., p. 108-116.

ficativa poluição deverá submeter-se ao estudo prévio de impacto ambiental (EPIA/RIMA). Nesse estudo, a equipe técnica multidisciplinar deverá avaliar todos os impactos gerados pela atividade econômica (positivos e negativos, benéficos e adversos, diretos e indiretos, imediatos e a médio e longo prazos, temporários e permanentes, o grau de reversibilidade, as propriedades cumulativas e sinérgicas, a distribuição dos ônus e benefícios sociais), incluindo a poluição sonora (art. 6º, II, da Res. n. 1, de 23-1-1986, do CONAMA).

Para a concessão do licenciamento, o órgão ambiental competente deverá avaliar os ruídos que, eventualmente, poderão ser emitidos e quais os equipamentos acústicos necessários para minimizar esse impacto negativo. A fiscalização é de responsabilidade da União, Estados e Municípios. No Município de São Paulo, a Lei n. 11.501, de 11 de abril de 1994, criou o denominado *certificado de uso* para estabelecimentos que causem poluição sonora. A concessão desse certificado está condicionada à apresentação de laudo de constatação de tratamento acústico.

A Prefeitura Municipal de São Paulo estabeleceu limites para *zonas residenciais* (dia: 50 decibéis, e noite: 45 decibéis), *zonas mistas* (dia: entre 55 e 65 decibéis, e noite: entre 45 e 55 decibéis) e *zonas industriais* (dia: entre 65 e 70 decibéis, e noite: 55 a 60 decibéis). Considera-se dia o horário das 7h às 22h e noite das 22h às 7h.

Não basta conceder a licença. É necessário que se realize periodicamente a fiscalização dos estabelecimentos licenciados por parte do Poder Público competente (vistoria, inspeção, monitoramento ou auditoria).

## 5. RESPONSABILIDADE PELOS DANOS CAUSADOS POR RUÍDOS

A responsabilidade civil por dano causado à saúde humana ou ao meio ambiente é objetiva, vigorando o princípio da inversão do ônus da prova (art. 6º, VIII, da Lei n. 8.078/90).

O produtor é responsável pelos produtos colocados no mercado consumidor, seja eletrodoméstico, seja veículo automotor ou apartamento, por exemplo. O fornecedor de produtos e serviços potencialmente nocivos ou perigosos à saúde ou à segurança deverá esclarecer de maneira ostensiva e de forma adequada a respeito dessa nocividade ou periculosidade (art. 9º da Lei n. 8.078/90). É vedado ao fornecedor colocar produtos no mercado que sabe ou deveria saber apresentar alto grau de nocividade ou periculosidade à saúde ou segurança (art. 10 da Lei n. 8.078/90). Esse dispositivo abrange todo tipo de poluição causada pelos produtos ou serviços colocados no mercado em desacordo com os padrões regulamentares admissíveis. Assim, o excesso de ruídos emitidos pelos eletrodomésticos fez com que o CONAMA baixasse a Resolução n. 20, de 7 de dezembro de 1994, instituindo o "Selo Ruído". O CONAMA também estabeleceu critérios para a emissão de ruídos dos veículos automotores, consoante se verifica pelas Resoluções n.

1, de 11 de fevereiro de 1993, 2, de 11 de fevereiro de 1993, 8, de 31 de agosto de 1993, e 17, de 13 de dezembro de 1995. Os construtores de prédios ou de estabelecimentos residenciais ou industriais, bem como os incorporadores, são igualmente responsáveis pelos ruídos emitidos por fontes vizinhas existentes antes da construção do prédio. Diante disso, o construtor deverá empregar materiais adequados para a vedação da entrada dos ruídos produzidos anteriormente à construção do edifício ou do estabelecimento[25].

Os responsáveis pela administração de aeroportos, ferrovias, rodovias, indústrias ou comércios não se eximem da responsabilidade pela reparação de eventual dano causado ao meio ambiente ou à saúde humana, independentemente de a obra ter sido instalada antes da aglomeração urbana.

## 6. NOVA SÚMULA 6 DO CONSELHO SUPERIOR DO MINISTÉRIO PÚBLICO (CSMP)

O Conselho Superior do Ministério Público do Estado de São Paulo firmou entendimento de que: *NÃO SE HOMOLOGA arquivamento fundado no caráter individual de perturbação de vizinhança, quando desta resulte poluição ambiental, ainda que exclusivamente sonora ou do ar, haja vista existência de interesses difusos e individuais homogêneos envolvidos na matéria.*

*Fundamento*: Eventual violação de normas de vizinhança, quando ensejadoras de dano ambiental, não enseja tutela meramente individual. Atinge interesses atinentes à qualidade de vida dos moradores da região (interesses individuais homogêneos), podendo ainda interessar a toda a coletividade (interesse difuso no controle das fontes de poluição da cidade, em benefício do ar que todos respiram). É o caso, por exemplo, de danos ambientais provocados por fábricas urbanas (Pt. 15.939/91) e por poluição sonora que atinja número indeterminado de moradores (Pt. 35.137/93).

## 7. CARTA DE SALVADOR

Reuniram-se, na cidade de Salvador, várias personalidades reconhecidas nacionalmente pelo seu trabalho a respeito da poluição sonora, provenientes dos mais diversos campos do conhecimento (medicina, saúde pública, engenharia, arquitetura, política, artes e direito), além de entidades integrantes do *Fórum permanente de debates sobre poluição sonora da cidade de Salvador*, associações de moradores, associações am-

---

25. Paulo Affonso Leme Machado, *Direito*, cit., p. 556 e 560.

bientalistas, entidades profissionais e instituições técnicas para debater questões relacionadas à poluição sonora.

Tal reunião ocorreu durante o *I Seminário Brasileiro sobre Poluição Sonora*, realizado no dia 14 de dezembro de 1999, e, ao final dos trabalhos, os presentes firmaram uma carta com os seguintes princípios:

1. A propriedade deve cumprir a sua função social, vedado, portanto, o seu uso nocivo como fonte de degradação ambiental, inclusive no que concerne à poluição sonora.

2. Inexiste direito adquirido de poluir.

3. Os padrões de emissão sonora estabelecidos pelo CONAMA são os limites máximos permissíveis de ruído a serem observados e respeitados pelas respectivas regulamentações estaduais e municipais.

4. O exercício das atividades econômicas e sociais deve subordinar-se aos comandos que emergem da Constituição da República, de forma a garantir a função social da propriedade, a defesa do meio ambiente e do consumidor.

5. O livre exercício das manifestações culturais e religiosas é um direito fundamental do cidadão, mas tais manifestações, quando ruidosas, devem submeter-se integralmente à legislação de controle da poluição sonora e ambiental.

6. Na edição e implementação da legislação urbanística e ambiental devem ser observados os princípios da prevenção e precaução, devido à nocividade e/ou irreversibilidade dos danos à saúde humana decorrentes da exposição excessiva aos ruídos da vida hodierna.

7. As práticas geradoras de poluição sonora devem ser ampla e integralmente reprimidas, nos âmbitos administrativo, civil e penal.

8. O poluidor sonoro, pessoa física ou jurídica, de direito público ou privado, deverá ser responsabilizado civilmente com fundamento no princípio do poluidor-pagador e da responsabilidade objetiva, sendo irrelevante a licitude ou legalidade da sua conduta.

9. O Ministério Público tem legitimidade para atuar nos casos que impliquem agressão ao meio ambiente e à sadia qualidade de vida, dentre os quais se destaca o fenômeno da poluição sonora.

10. As políticas públicas de implementação da legislação de controle da poluição sonora deverão garantir efetiva participação do cidadão e da sociedade civil.

11. O Poder Público deverá promover educação ambiental, inclusive no que diz respeito à prevenção dos efeitos nocivos e/ou irreversíveis da poluição sonora.

12. A sociedade civil deverá conscientizar-se da sua responsabilidade para o efetivo cumprimento da legislação de proteção do meio ambiente e da sadia qualidade de vida.

Esses princípios foram extraídos do art. 225, §§ 1º, IV, V e VI, e 3º, da CF, com vistas à necessidade da proteção da saúde humana, especialmente do aparelho auditivo do ser humano.

## 8. AÇÃO CIVIL PÚBLICA E POLUIÇÃO SONORA

Cabe ação civil pública para a proteção da comunidade ou da vizinhança instalada próxima à fonte de poluição sonora emitida por qualquer atividade poluidora com base nos seguintes fundamentos: a) a falta do estudo prévio de impacto ambiental; b) a falta de análise da poluição acústica na concessão do licenciamento; c) o fornecimento de produtos fora dos padrões legais permissíveis; d) a recusa por parte do poluidor em fornecer os equipamentos antissom às vítimas; e) a recusa por parte do construtor em vedar ou reduzir as emissões de som a partir da sua fonte geradora.

Com base em estudos sérios realizados pela empresa Eduardo Murgel Engenharia & Meio Ambiente, constatou-se intensa fonte sonora no Elevado Presidente Artur da Costa e Silva — mais conhecido por "Minhocão" — causada por ônibus que circulam na via inferior e que emitem altíssimo índice de ruído pelos escapamentos e pelo acionamento dos freios. Com base nesse estudo acústico, o Ministério Público, por intermédio de sua ilustre promotora de Justiça, Dra. Cláudia Cecília Fedeli, propôs ação civil pública em face da Prefeitura de São Paulo, com o fim de condená-la: I — *à obrigação de não fazer* — consistente em não permitir a emissão de ruídos acima dos níveis estabelecidos pela legislação pertinente; II — *à obrigação de fazer* — execução de obras para a redução dos níveis de emissão de ruído nas vias (inferior e superior) do Elevado, consistente em: a) instalação de barreiras acústicas laterais à pista elevada; b) revestimento da parte inferior do viaduto com material de alta capacidade de absorção sonora; c) alteração do tipo de piso da via para reduzir o ruído gerado pelo contato do pneu com o solo; d) redução da velocidade máxima em 60 km/h e desvio das rotas dos ônibus que atualmente passam da via inferior para as vias paralelas com menores condições de reverberação sonora; e e) atender a outras soluções técnicas eventualmente apresentadas pelo órgão executor; III — *à obrigação de indenizar* — a) na impossibilidade de atender às soluções técnicas apresentadas, indenizar os moradores por danos materiais e morais; b) indenização genérica pelo incômodo causado aos moradores, cujos valores serão definidos em face da liquidação, nos termos dos arts. 95 e s. do CDC; e c) multa diária de R$ 5.000,00 pelo descumprimento de quaisquer das medidas propostas, acrescida de juros moratórios, corrigida monetariamente e demais verbas cabíveis.

Essa ação civil pública foi proposta no dia 9 de maio de 2003 perante uma das Varas da Fazenda Pública da Capital de São Paulo, encontrando-se em fase de instrução.

Ainda a título ilustrativo, o Ministério Público da Comarca de São Vicente, em São Paulo, propôs ação civil pública em face da Igreja Evangélica Assembleia de Deus para que ela se abstivesse de emitir sons e ruídos acima dos níveis legalmente permitidos sob pena de sanção pecuniária diária no valor de 1.000 UFESPs. O magistrado indeferiu, liminarmente, o pedido de tutela antecipada da referida ação civil pública, o que fez com que o órgão ministerial agravasse tal decisão. Devidamente instruído com o laudo pericial e demais documentos, o agravo de instrumento foi distribuído à Câmara Especial do Meio Ambiente do Tribunal de Justiça do Estado de São Paulo, cujo relator, Dr. Renato Nalini, um dos integrantes da Câmara, deu provimento ao recurso. Houve muitas reclamações e queixas por parte da vizinhança, esgotando-se todos os meios suasórios para resolver a questão, não havendo alternativa senão a propositura da presente ação. Transcrevemos assim trecho do seu voto: "Não há necessidade, de outra parte, de cultos que ultrapassem os lindes do templo. A oração não perde sua dignidade e força se pronunciada em volume de menor intensidade. Afinal, Deus não é surdo, mas atento às necessidades humanas. E a lição evangélica é *Pedi e recebereis!*, não *Gritai e recebereis!*"[26].

Fundamentado em abaixo-assinado com mais de 70 assinaturas, o promotor de justiça Dr. Washington Luís Lincoln de Assis interpôs ACP em face do Boteco Bardot, seus sócios e ex-sócios pelos danos materiais e morais difusos, todos decorrentes de abuso no exercício das atividades comerciais do referido estabelecimento que resultaram em poluição sonora, em razão da ineficiência das atividades fiscalizatórias e da omissão na apuração e no combate aos delitos praticados pelos primeiros corréus. O promotor de Justiça não interpôs a ACP somente em face dos corréus, mas também em face da municipalidade e da Fazenda Pública pela ineficiência, leniência e omissão no seu dever de fiscalizar, em relação ao segundo, e para que providencie o patrulhamento ostensivo e preventivo na região com ênfase à repressão à poluição sonora, em relação ao primeiro. A antecipação da tutela foi parcialmente deferida para determinar que os corréus cessem imediatamente de emitir ruídos para fora do estabelecimento comercial sob pena de pagamento de multa diária de R$ 50.000,00, sem prejuízo das demais medidas cabíveis na esfera civil, criminal e administrativa, inclusive a lacração do estabelecimento comercial[27].

## 9. GESTÃO ADMINISTRATIVA DO MINISTÉRIO PÚBLICO PAULISTA E A POLUIÇÃO SONORA

O Ministério Público, por intermédio do promotor de justiça Dr. Luís Roberto Proença, passou a investigar reclamação de moradores do bairro da região das ruas Oscar Freire e Teodoro Sampaio contra o barulho dos carros de venda de frutas, de pamonha e das lojas, constatando-se que a lei que reprimia tais atividades não tinha

---

26. AgI 508.379-5/0-00, Comarca de São Vicente, rel. Renato Nalini, v.u., j. 18-5-2006.
27. <http://www.mpsp.mp.br>, acesso em: 16 jul. 2013.

ainda sido regulamentada. Diante disso, o promotor de justiça fez gestão perante o então prefeito de São Paulo, José Serra, e os órgãos da prefeitura (Secretaria de Coordenação das Subprefeituras, Secretaria de Negócios Jurídicos, Secretaria do Verde e do Meio Ambiente, PSIU e CET, entre outros) para que fossem superados os obstáculos que impediam a regulamentação da Lei n. 11.938, de 29 de novembro de 1995, que proibia a utilização de aparelhos e sistemas de som nas lojas e nos veículos para anunciar a venda ou fazer propaganda de produtos na cidade de São Paulo. A lei não era aplicada por falta de regulamentação que definisse os órgãos encarregados de sua aplicação (imposição de multa, apreensão de equipamentos etc.). Após intensa tratativa, o prefeito Gilberto Kassab baixou o Decreto municipal n. 47.990, de 13 de dezembro de 2006, que regulamentou a Lei n. 11.938/95, a qual proíbe a utilização de sistemas de som nas lojas e nos veículos para anunciar a venda ou fazer propaganda de produtos na cidade de São Paulo.

Paralelamente a este fato, o prefeito baixou o Decreto n. 48.172, de 6 de março de 2007, que dispõe sobre o funcionamento das feiras livres no Município de São Paulo, proibindo aos feirantes utilizar a voz para divulgar seus produtos, nos seguintes termos: "utilizar aparelhos sonoros durante o período de comercialização, bem como apregoar as mercadorias em volume de voz que cause incômodo aos usuários de feira e aos moradores do local" (art. 26, IX, do citado decreto). Pressionado pelos feirantes, o prefeito de São Paulo voltou atrás e baixou o Decreto n. 48.273, de 13 de abril de 2007, que altera o inciso IX do art. 26 do Decreto n. 48.172/2007, dando nova redação ao citado dispositivo, qual seja: "utilizar aparelhos sonoros durante o período de comercialização, bem como utilizá-los para apregoar suas mercadorias". Com essa nova redação, os comerciantes, especialmente os feirantes, voltam a fazer uso da voz para apregoar suas mercadorias. Seja como for, a população paulistana poderá ter um pouco mais de sossego.

## 10. MINISTÉRIO PÚBLICO PAULISTA E VOLUME EXCESSIVO DE SOM EMITIDO POR VEÍCULOS PARADOS

O promotor de justiça do Meio Ambiente de Araraquara, Dr. José Carlos Monteiro, firmou, por meio de Termo de Ajustamento de Conduta — TAC, com proprietário de automóvel que costumava permanecer estacionado em vias públicas da cidade com o som ligado e em alto volume, desrespeitando o direito de silêncio dos moradores locais.

Nesse termo, o proprietário do veículo se comprometeu em não mais utilizar seu equipamento sonoro com volume excessivo sob pena de pagamento de multa diária de R$ 1 mil e será obrigado a adquirir cinco aparelhos de medição de poluição sonora (decibelímetros), devidamente inspecionados pelo INMETRO, para serem usados em fiscalizações de poluição sonora.

O TAC foi firmado no transcurso de inquérito civil instaurado pela promotoria para se apurar a poluição sonora praticada pelo proprietário do auto e por outros veículos que ali permaneciam durante a madrugada, incomodando os moradores da região.

Novas audiências serão realizadas com os proprietários de outros veículos que também insistem em manter o som de seus veículos de maneira excessiva[28].

Essas medidas poderão servir como exemplo a outros promotores de Justiça.

## 11. MINISTÉRIO PÚBLICO PERNAMBUCANO E POLUIÇÃO SONORA

O Ministério Público pernambucano lançou uma *Cartilha*, bastante elucidativa, sobre *Poluição Sonora — Silento e o barulho*, publicada em 2010, em Recife, pela própria instituição, dirigida à comunidade em geral.

O trabalho é dividido em seis partes.

A primeira parte demonstra, mediante ilustração, o transtorno que causa o barulho.

A segunda esclarece as várias posturas dos envolvidos, por exemplo: como deve agir a vítima; como deve agir o poluidor em geral; como deve agir o proprietário de veículo; como deve agir o policial militar; como devem agir o policial e o agente de trânsito; como deve agir o policial civil; como deve agir o Estado; e como deve agir o construtor.

A terceira parte trata de como o cidadão pode defender o seu direito, fornecendo alguns modelos: modelos que interessam à vítima; modelos que interessam ao poluidor em geral; modelos que interessam ao policial militar; modelos que interessam ao policial civil; e modelos que interessam ao promotor de Justiça.

Em seguida, cita a legislação pertinente; depois tira as dúvidas mais frequentes: e, finalmente, fornece os endereços e telefones úteis.

Esta *Cartilha* está disponível pelo *site*: www.mp.pe.gov.br.

## 12. INFRAÇÕES ADMINISTRATIVAS E PENAIS

As infrações administrativas estão arroladas nos arts. 61, 65, 66, 68, 69 e 71 do Decreto n. 6.514/2008, e as penais, no art. 60 da Lei n. 9.605/98 e no art. 42 da LCP.

---

28. MP combate poluição sonora provocada por automóveis em Araraquara. Disponível em: <http://www.mp.sp.gov.br>.

## Capítulo V
## Ordenação da Paisagem Urbana

### 1. ORDENAÇÃO DA PAISAGEM URBANA E POLUIÇÃO VISUAL

A Lei Cidade Limpa conceitua *paisagem urbana* como o espaço aéreo e a superfície externa de qualquer elemento natural ou construído, tais como: água, fauna, flora, construções, edifícios, anteparos, superfícies aparentes de equipamentos de infraestrutura, de segurança e de veículos automotores, anúncios de qualquer natureza, elementos de sinalização urbana, equipamento de informação e comodidade pública e logradouros públicos, visíveis por qualquer observador situado em áreas de uso comum do povo (art. 2º da Lei n. 14.223, de 26-9-2006).

A degradação dessa paisagem é mais conhecida por poluição visual.

A poluição visual passou a ser uma das preocupações do Poder Público. Essa poluição ocorre nos centros urbanos e rurais. Sua maior incidência se dá nos centros urbanos em decorrência da excessiva e inadequada publicidade dos mais variados tipos. É o comércio e a indústria atuando mediante os anúncios de seus produtos ou serviços, tais como: *outdoors*, cartazes, painéis eletrônicos (*backlights* e *frontlights*), fachadas de néon, distribuição de prospectos nos faróis, *banners*, lambe-lambes, totens etc. Tais anúncios e cartazes também são, muitas vezes, colocados ao longo das rodovias e estradas, cobrindo até as paisagens naturais e cênicas localizadas nos meios rurais.

A *poluição visual* pode ser conceituada como a degradação ambiental resultante das publicidades ou propagandas comerciais e sociais que direta ou indiretamente coloquem em risco a segurança, o bem-estar da comunidade ou afetem as condições estéticas do meio ambiente urbano ou rural.

Esse conceito foi extraído da Lei da Política Nacional do Meio Ambiente (art. 3º, III, da Lei n. 6.938, de 31-8-1981). Como se pode ver, a poluição visual afeta diretamente as condições estéticas da cidade[1]. Só que essas condições estéticas podem influir indiretamente no psiquismo da comunidade, causando uma sensação de opressão. Como se os cartazes ou anúncios quisessem devorar o consumidor passivo.

---

1. Celso Antonio Pacheco Fiorillo sustenta que "a estética urbana constitui há muito uma preocupação. A fim de que se obtenha a tutela de um meio ambiente harmônico, por vezes haverá a necessidade de se *limitar a utilização da propriedade privada*, a qual deverá respeitar regras, tais como as referentes ao levantamento de fachadas, à distância entre uma e outra construção, bem como à possibilidade ou não de colocação de cartazes e anúncios" (*Curso*, cit., p. 125).

Em outras palavras, poluição visual é a descaracterização da paisagem urbana e rural.

### 1.1. Publicidade *versus* propaganda

A publicidade, no dizer de Antônio Herman V. Benjamin, "tem um objetivo comercial enquanto a propaganda visa a um fim ideológico, religioso, filosófico, político, econômico ou social". Em outras palavras, é "a manipulação planejada da comunicação visando, pela persuasão, promover comportamentos em benefício do comerciante que a utiliza". Seu objetivo primordial no processo econômico é cativar consumidores e expandir as atividades empresariais[2].

As várias modalidades de publicidade causam uma sensação ruim nas pessoas que passam por esses lugares, uma sensação de opressão, diante da impotência da comunidade. O excesso de publicidade pode não surtir os efeitos desejados, como, por exemplo, a conhecida rua 25 de Março em São Paulo. Difícilmente uma pessoa anda por essa rua olhando os cartazes, mas, sim, as vitrinas e a calçada, diante da grande quantidade de camelôs e pessoas.

Nessa via pública existem muitos prédios bonitos do século passado totalmente encobertos pela publicidade. Seria melhor que não houvesse cartazes, para que as pessoas pudessem apreciar o estilo arquitetônico desses edifícios. Nas ruas da cidade de Parati não existe publicidade. Isso ativa ainda mais a curiosidade dos consumidores, que acabam entrando nas lojas para ver os produtos ali vendidos, ou seja, chama mais a atenção a ausência de publicidade do que o excesso dela, impedindo a visualização da beleza das construções antigas.

### 1.2. Poluição visual causa danos psicológicos à população

A poluição visual, como se vê, degrada os centros urbanos, escondendo as fachadas dos prédios ou enfeiando-as com publicidade inadequada. Atrás desses cartazes há inúmeras fachadas decô, outras ecléticas, construções do início do século escondidas por lambris metálicos. A falta de harmonia de anúncios, logotipos e propagandas, que concorrem pela atenção do consumidor, causa prejuízo psicológico à população. O indivíduo perde, de certa forma, sua identidade, ao deixar de ser agente ativo da dinâmica da cidade para se tornar apenas um espectador e consumidor, envolvido na efemeridade dos fenômenos de massa. Psicólogos afirmam que os prejuízos não se restringem à questão material, mas também à saúde mental dos usuários, na medida em que o indivíduo é sobrecarregado de informações desneces-

---

2. Apud Marga Inge Barth Tessler, Propaganda, mercado e biodiversidade, in João Carlos de Carvalho Rocha, Tarcísio Humberto Parreiras Henriques Filho e Ubiratan Cazetta (Coord.), *Política nacional do meio ambiente* — 25 anos da Lei n. 6.938/81, Belo Horizonte, Del Rey, 2007, p. 587.

sárias. A publicidade poderia ser um veículo importante na conscientização da população sobre o aquecimento global, contribuindo para que o cidadão se torne um consumidor consciente e informado dos problemas que enfrentaremos no futuro, especialmente quanto à escassez de matéria-prima proveniente da Terra.

### 1.3. Outras formas de poluição visual e função social das cidades

Causam também uma sensação desagradável: as pichações, os fios de eletricidade e telefônicos, as edificações com falta de manutenção, o lixo exposto não orgânico e outros resíduos urbanos.

A fiação externa, não há dúvida, é feia e traz uma sensação de mal-estar — cidade malcuidada, além de provocar sérios transtornos pelas intempéries. Já os fios subterrâneos não ameaçam árvores, não invadem o horizonte, não poluem a paisagem e se desgastam menos com o tempo. As empresas de energia elétrica, no entanto, alegam que enterrar a fiação teria um custo muito grande e levaria muito tempo para se concretizar. O Ministério Público Federal resolveu encampar a discussão sobre o enterramento do cabeamento elétrico em São Paulo, exigindo uma posição da Agência Nacional de Energia Elétrica. É possível realizar tal obra em pouco tempo. A Alemanha, por exemplo, enterrou 70% de sua fiação aérea em três anos, e o Reino Unido, 80%, em igual tempo[3]. Tudo depende de boa vontade e interesse político.

Por tal razão é que as cidades devem cumprir suas funções sociais, proporcionando bem-estar aos seus habitantes. São funções sociais da cidade: garantir habitação, livre circulação, lazer e mercado de trabalho[4].

### 2. A SOCIEDADE E A POLUIÇÃO VISUAL

No início, não houve consenso na sociedade sobre o rigorismo da lei, mas, com o passar do tempo, a população começou a perceber que a cidade estava diferente — mais limpa[5].

Esclareça-se, contudo, que na cidade de São Paulo havia cerca de 15 mil peças de publicidade exterior — 70% delas ilegais, segundo a administração municipal, razão pela qual a prefeitura resolveu regulamentar a publicidade na cidade apresentando, para tanto, um projeto que foi amplamente discutido e finalmente aprovado

---

3. Leão Serva, Fora #malditosfios, *Folha de S. Paulo*, Tendências/Debates, 5 maio 2013, p. A-3.

4. Celso Antonio Pacheco Fiorillo, *Curso*, cit., p. 124.

5. Pesquisa realizada pela Datafolha constatou que dos 74% da população paulistana que tomou conhecimento da Lei Cidade Limpa, 63% dela aprovou a lei. Para 54% dos entrevistados a cidade melhorou, 30% disseram que a cidade ficou igual e 14% afirmaram que piorou. Somente 29% declararam--se contra a lei (*Folha de S. Paulo*, 13 ago. 2007, p. C-1).

por 45 vereadores, tendo um único voto contra. Trata-se da Lei n. 14.223/2006, que dispõe sobre a ordenação dos elementos que compõem a paisagem urbana do Município de São Paulo, além de estabelecer regras disciplinadoras da publicidade urbana. Mais conhecida como *Lei Cidade Limpa*, foi ela regulamentada pelo Decreto n. 47.950, de 5 de dezembro de 2006. A norma proíbe *outdoors* e limita o tamanho de letreiros na frente de imóveis. Tal lei passou a viger a partir de 1º de janeiro de 2007. No entanto, o prefeito, por meio do decreto regulamentador, prorrogou por mais noventa dias o prazo final, concedendo aos comerciantes a oportunidade de adequar os seus estabelecimentos à nova lei.

As primeiras reações por parte dos cidadãos, após muitas críticas de arquitetos, publicitários e comerciantes, foram de surpresa e alegria ao ver a cidade limpa. Fotos estampadas nos jornais e revistas compararam a cidade antes e depois da lei. Rosângela Lyra, presidente da Associação dos Lojistas da Oscar Freire, ressalta que sempre brigou por uma cidade mais limpa e a publicidade não fará falta para as lojas da região[6]. Fernando Meirelles, cineasta brasileiro, surpreendeu-se com a limpeza da avenida Tiradentes. Ficou bastante alegre, pois a cidade de São Paulo estava linda. Depois de anos, ele conseguia vê-la em vez de lê-la. As palavras contidas nas publicidades espalhadas pela cidade haviam liberado seu cérebro para ver o que estava por trás[7]. Segundo Ricardo Ohtake, diretor do Instituto Tomie Ohtake, havia uma péssima cultura de querer levar vantagem em tudo, conduzindo a cidade a ter uma sujeira visual intensa. A publicidade desordenada ajudou a poluir a cidade. Gilberto Belleza, presidente do Instituto de Arquitetos do Brasil, foi mais inteligente e enfatizou a necessidade de encontrar novos símbolos visuais, "novos referenciais da identidade da cidade. A publicidade vai encontrar novos meios de comunicar suas necessidades. A identificação precisa ser redescoberta". Tal lei, apesar de drástica, tem efeito multiplicador e passa a valorizar os espaços públicos, fazendo com que a população crie vínculo com a cidade, sendo igualmente responsável pela proteção do ambiente urbano. Há propostas de criar zoneamento específico para a publicidade regionalizada. Assim como ocorre na cidade de Nova York, Estados Unidos, em *Times Square*, por exemplo, e na cidade de Londres, Inglaterra, em *Piccadilly Circus*, por exemplo, entre outras principais cidades do mundo[8].

Registre-se ainda que a Lei Cidade Limpa está permitindo ao cidadão redescobrir a sua cidade. Tanto é verdade que a retirada de *outdoors* na avenida 23 de Maio descortinou uma minifavela com doze barracos. Álvaro Puntoni, professor da

---

6. Juliana de Faria e Maria Paola de Salvo, Poluição visual, *Veja São Paulo*, ano 40, n. 16, p. 41, 25 abr. 2007.

7. Fernando Meirelles, Beijando o Kassab, *Folha de S. Paulo*, 15 abr. 2007, p. C-7.

8. Vinícius Queiroz Galvão, Lojas usam cores berrantes contra restrição a logomarca, *Folha de S. Paulo*, 15 abr. 2007, p. A-6.

FAU-USP, disse que a cidade está sendo passada a limpo. Não é suficiente apenas regulamentar a publicidade. Não basta só retirar. É necessário revitalizar o local. A favela não está relacionada somente com a questão arquitetônica, mas envolve aspectos sociais, políticos, que precisam ser discutidos com a comunidade. O referido arquiteto afirmou que fachada significa face. "E a cidade precisa ter uma face única. A lei vai revelar São Paulo, que não é tão linda assim. É preciso construir a cidade"[9].

A primeira fase da lei transcorreu com sucesso: multar e fazer operações de retirada com polícia e imprensa, demonstrando que a prefeitura está levando a sério o assunto, diz Ferran Ferrer Viana, gerente do Instituto de Paisagem Urbana e Qualidade de Vida da Prefeitura de Barcelona de 1985 a 2001. Agora é necessário iniciar a segunda fase: recuperar o que os *outdoors* escondiam. A Lei Cidade Limpa foi inspirada na campanha que Barcelona lançou denominada "Barcelona, posát guapa" (ponha-se bela), acabando por transformar a cidade que seria a sede das Olimpíadas de 1992, e mais de cinco mil fachadas foram restauradas. Nessa fase, o prefeito precisa realizar campanha de sedução dos empresários para que eles realizem a restauração das fachadas de edifícios históricos, por exemplo, permitindo a utilização de seu logotipo nas lonas das reformas como compensação[10]. A Prefeitura de São Paulo, com base nisso, encaminhou projeto de lei à Câmara dos Vereadores concedendo abatimento do IPTU de 2008 aos pequenos e médios comerciantes que restaurarem suas fachadas após se adaptarem à nova lei, como compensação pelos gastos realizados na reforma[11].

O sucesso da Lei Cidade Limpa tem-se alastrado pelo interior de São Paulo, por exemplo, em Mogi das Cruzes. O prefeito da cidade, no dia 22 de maio de 2007, baixou decreto nomeando uma comissão para realizar estudo no sentido de combater a poluição visual e estabelecer outras medidas que tornem a cidade mais limpa[12]. É por meio de exemplos que se melhora a cidade.

O próximo passo é procurar acabar com a fiação aérea (elétrica, telefônica e TV a cabo), concedendo prazo às companhias responsáveis para transformá-la em subterrânea (assim como ocorre com a água e o esgoto), além de encontrar alguma forma de exigir dos moradores da cidade que evitem colocar sacos de lixo na frente de suas residências. Há a necessidade de encontrar alternativas, tal como se faz com o lixo hospitalar e perigoso, recolhido por veículos adequados. Tanto a fiação exposta como o lixo colocado nas ruas causam impacto negativo e tornam a cidade suja.

---

9. Vinícius Queiroz Galvão, Retirada de *outdoors* revela favela na avenida 23 de Maio, *Folha de S. Paulo*, 19 abr. 2007, p. C-10.

10. Raul Juste Lores, É preciso recuperar o que o *outdoor* escondia, entrevista com Ferran Ferrer Viana, *Folha de S. Paulo*, 21 maio 2007, p. A-14.

11. Evandro Spinell, Loja que "repaginar" fachada terá abatimento de IPTU, *Folha de S. Paulo*, 31 maio 2007, p. C-1.

12. Comissão combaterá poluição visual, *Mogi News*, 22 maio 2007, p. 3.

## 3. INSTRUMENTOS LEGAIS DE CONTROLE DA POLUIÇÃO VISUAL

A competência para regular e disciplinar as regras da política urbana é do município, nos termos do art. 182, *caput*, da CF. Diz o citado dispositivo: "A política de desenvolvimento urbano, executada pelo Poder Público municipal, conforme diretrizes gerais fixadas em lei, tem por objetivo ordenar o pleno desenvolvimento das funções sociais da cidade e garantir o bem-estar de seus habitantes".

Os objetivos da política urbana municipal são ordenar as funções sociais da cidade e garantir o bem-estar de seus habitantes. Esses objetivos são restritos à competência municipal (art. 30, I, da CF). Tal fato não impede que a União, os Estados e o Distrito Federal estabeleçam também critérios para a publicidade nas grandes cidades (regiões metropolitanas, aglomerações urbanas e microrregiões) por meio de regras de caráter geral, nos termos da repartição de competência prevista no art. 24 da CF.

A publicidade e a propaganda estão disciplinadas no Capítulo V — Da comunicação social —, previstas no art. 220 da CF, em especial no § 2º, que veda a censura prévia. O inciso II do § 3º do art. 220 estabelece os meios legais que garantam à pessoa e à família a possibilidade de se defenderem de programas ou programações de rádio e televisão que contrariem o disposto no art. 221, bem como da propaganda de produtos, práticas e serviços que possam ser nocivos à saúde e ao meio ambiente. O § 4º do art. 220 restringe a propaganda comercial de tabaco, bebidas alcoólicas, agrotóxicos, medicamentos e terapias, nos termos do inciso II do § 3º, e conterá, sempre que necessário, advertência sobre os malefícios decorrentes de seu uso. Com base nesse dispositivo constitucional, foi criada a Lei n. 9.294, de 15 de julho de 1996, que dispõe sobre as restrições ao uso e à propaganda de produtos fumígenos, bebidas alcoólicas, medicamentos, terapias e defensivos agrícolas.

Registre-se, ademais, que a Lei n. 4.680/65, regulamentada pelo Decreto n. 57.690/66, dispõe sobre o exercício da profissão de Publicitário, cuja atividade será regulamentada pelo Código de Ética dos Profissionais de Propaganda e Publicidade. É, nesse caso, o Conselho Nacional de Autorregulamentação Publicitária (CONAR) quem deverá fazer cumprir o Código Brasileiro de Autorregulamentação Publicitária, criado em 1980, visando à autocontenção e à autodisciplina da publicidade.

Há ainda várias normas que disciplinam regras para a publicidade. O Decreto-Lei n. 25, de 30 de novembro de 1937 (dispõe sobre a proteção do patrimônio histórico e artístico nacional), no art. 18, proíbe a colocação de cartazes ou anúncios que impeçam ou reduzam a visibilidade de obras tombadas. O Código de Trânsito Brasileiro proíbe a colocação de luzes ou publicidade que impeçam a visibilidade da sinalização oficial, ou nela interfira, utilizando-se da sinalização de trânsito e dos seus suportes (arts. 81 e 82 da Lei n. 9.503/97). O Código Eleitoral proíbe a veiculação de propaganda eleitoral de qualquer natureza, inclusive pichação, inscrição a tinta, fixação de placas estandartes, faixas e assemelhados, em bens cujo uso dependa de cessão ou permissão do Poder Público, ou que a ele pertençam, e nos de uso comum, inclusive postes de iluminação pública e sinalização de tráfego, viadutos, passarelas, pontes, paradas de ônibus e outros equipamentos urbanos (art. 37, §§ 1º, 2º e 3º, da Lei n. 9.504/97). O Código de Defesa do Consumidor também proíbe a veiculação de publicidade enganosa, abusiva ou que induza o consumidor em erro ou prejudique a sua saúde (arts. 37 e 68 da Lei n. 8.078/90).

Temos ainda a Lei municipal n. 10.518/88, conhecida por lei de fachada, que exige sejam as fachadas de prédios limpas e pintadas a cada cinco anos. Referida lei tem caráter meramente estético. Assim, se a falta de conservação vier a causar acidentes, poderá trazer problemas legais ao síndico, com base na Lei municipal n. 11.228/92, que estabelece regras sobre obras em geral e de manutenção. Estas últimas leis, como se nota, não estão sendo cumpridas pela própria prefeitura.

Contudo, a norma mais importante que procura disciplinar a publicidade na cidade de São Paulo é a Lei n. 14.223/2006, que dispõe sobre a ordenação dos elementos que compõem a paisagem urbana do Município de São Paulo (*Lei Cidade Limpa*).

A prefeitura constituiu a Comissão de Proteção à Passagem Urbana (CPPU) com o objetivo de analisar os casos de caráter excepcional relacionados à Lei Cidade Limpa, tais como: a propaganda do Banco Itaú que fica no topo do prédio na esquina das ruas Barão de Itapetininga e Conselheiro Crispiniano; a propaganda do Unibanco que fica no topo do prédio na praça do Patriarca; o luminoso com a foto do deputado Campos Machado que fica em frente ao seu escritório político na avenida Nove de Julho. Os advogados dos bancos querem que as propagandas integrem a paisagem urbana, nos moldes da torre do Banespa, no centro, e do relógio do Itaú, do Conjunto Nacional, localizado na avenida Paulista.

## 4. OBJETIVOS E DIRETRIZES DA ORDENAÇÃO DA PAISAGEM URBANA

Constituem *objetivos* da ordenação da paisagem do Município de São Paulo o atendimento do interesse público em consonância com os direitos fundamentais da pessoa humana e as necessidades de conforto ambiental, com a melhoria da qualidade de vida urbana, assegurando, entre outros, os seguintes: a) o bem-estar estético, cultural e ambiental da população; b) a segurança das edificações e da população; c) a valorização do ambiente natural e construído; d) a segurança, a fluidez e o conforto nos deslocamentos de veículos e pedestres; e) a percepção e a compreensão dos elementos referenciais da paisagem; f) a preservação da memória cultural; g) a preservação e a visualização das características peculiares dos logradouros e das fachadas; h) a preservação e a visualização dos elementos naturais tomados em seu conjunto e em peculiaridades ambientais nativas; i) o fácil acesso e utilização dos elementos e serviços de interesse coletivo nas vias e logradouros; j) o fácil e rápido acesso aos serviços de emergência, tais como bombeiros, ambulâncias e polícia; k) o equilíbrio de interesses dos diversos agentes atuantes na cidade para a promoção da melhoria da paisagem do município (art. 3º da Lei n. 14.223/2006).

Constituem *diretrizes* a serem observadas na colocação dos elementos que compõem a paisagem urbana (art. 4º da Lei n. 14.233): a) o livre acesso de pessoas e bens à infraestrutura urbana; b) a priorização da sinalização de interesse público com vistas a não confundir motoristas na condução de veículos e garantir a livre e segura locomoção de pedestres; c) o combate à poluição visual, bem como à degradação ambiental; d) a proteção, preservação e recuperação do patrimônio cultural, histórico, artístico, paisagístico, de consagração popular, bem como do meio ambiente natural ou construído da cidade; e) a compatibilização das modalidades de anúncios com os locais onde possam ser veiculados, nos termos dessa lei; e f) a implantação de sistema de fiscalização efetivo, ágil, moderno, planejado e permanente.

A lei procurou traçar objetivos e diretrizes consubstanciados em critérios absolutamente claros e amplos, responsabilizando o publicitário, o anunciante e o proprietário do imóvel pela publicidade fora dos padrões estabelecidos.

## 5. ANÚNCIO

*Anúncio*, segundo o inciso I do art. 6º da Lei n. 14.223/2006, é qualquer veículo de comunicação visual presente na paisagem visível do logradouro público, composto de área de exposição e estrutura, podendo ser: a) *anúncio indicativo*: aquele que visa apenas a identificar, no próprio local da atividade, estabelecimentos e/ou profissionais que dele fazem uso; b) *anúncio publicitário*: aquele destinado à veiculação de publicidade, instalado fora do local onde exerce a atividade; c) *anúncio especial*: o que possui características específicas, com finalidade cultural, eleitoral, educativa e imobiliária, nos termos do disposto no art. 19 da referida lei.

Essa lei e o Decreto n. 47.950/2006 disciplinam pormenorizadamente o procedimento de licenciamento, definem anúncio, estabelecem critérios para a colocação de anúncio em imóvel particular, público, em obra de construção civil, nos *shopping centers*, e em veículos automotores, além de disciplinar infrações e penalidades administrativas.

A lei proíbe, na paisagem externa, *outdoors*, *banners*, cartazes, faixas, painéis, placas e anúncios em veículos e estabelece os seguintes critérios para anúncios nos estabelecimentos comerciais: a) *em fachadas de até 10 metros lineares* — o anúncio não pode ultrapassar 1,5 metro quadrado; b) *em fachadas de 10 metros e não superior a 100 metros lineares* — o anúncio não poderá ultrapassar a 4 metros quadrados; c) *em fachadas com mais de 100 metros lineares* — são permitidos dois anúncios de 10 metros quadrados cada um, desde que fiquem a 40 metros um do outro; d) os *totens* não podem ter a altura superior a 5 metros; e) cada *anúncio poderá avançar, no máximo, 15 centímetros sobre a calçada* e a placa deve respeitar a altura mínima de 2,20 metros do solo; f) o tamanho das letras impressas nos toldos não poderá ser superior a *20 centímetros de altura;* g) *cartazes e "banners" no interior de lojas* devem ter uma distância mínima de 1 metro em relação à vitrina; h) *em teatros, cinemas e outros centros culturais,* o tamanho dos *banners* ou pôsteres não deve ultrapassar 10% da área total da fachada do prédio (arts. 13 a 15 da Lei n. 14.223/2006).

Permitem-se, no entanto, anúncios em mobiliários urbanos, tais como lixeiras, abrigos de ônibus, relógios etc., em faixas informativas do Poder Público, sem anúncios publicitários, em símbolos históricos e referenciais da paisagem urbana, como o relógio do Banco Itaú na avenida Paulista, por exemplo (arts. 21 a 23 da citada lei). Neste último caso, há a necessidade de avaliação da CPPU e do Departamento do Patrimônio Histórico (DPH).

No dizer de José Afonso da Silva, a "colocação de anúncios na paisagem urbana fica sujeita ao controle da Prefeitura, que disciplina sua exploração e utilização, sua forma de apresentação, sua dimensão, sua posição (quota, recuo, altura etc.), exigindo-se que seu projeto seja aprovado pelo órgão competente e sua exploração ou utilização dependente de prévia autorização municipal (...)"[13].

Além da necessidade da autorização municipal, o CONDEPHAAT, órgão público estadual, também tem competência para autorizar a instalação de anúncio na Capital de São Paulo. E para evitar as inúmeras denúncias de adulterações dos ofícios de liberação de anúncios expedidos por esse órgão, resolveu o seu presidente, com fundamento no art. 169, IV, do Decreto n. 20.955/83, baixar a Ordem de Serviço n. 2/2000, publicada no *Diário Oficial do Estado* de 25 de julho de 2000, com o objetivo de aprimorar e dar maior segurança ao processo de autorização para a instalação de anúncios na Capital. Assim, toda deliberação do CONDEPHAAT não será mais comunicada por ofício ao interessado, mas publicada no *Diário Oficial do Estado* e levada diretamente ao conhecimento do Cadastro de Anúncios (CADAN), com a mais completa identificação dos dados do interessado.

Desse modo, os órgãos públicos competentes devem adotar uma política urbana com o objetivo de controlar a publicidade nos centros urbanos para evitar a poluição visual, que passa a ser um problema não só de estética, mas também relacionado ao bem-estar da comunidade.

## 6. O PODER JUDICIÁRIO E A POLUIÇÃO VISUAL

O presidente do Tribunal de Justiça do Estado de São Paulo, Celso Limongi, ao apreciar pedido de suspensão de liminares proferidas pela primeira instância da Justiça Paulista (Proc. n. 145.132.0), teve oportunidade de se manifestar sobre as graves lesões à ordem pública causadas por outras decisões análogas que, por força de um

---

13. *Direito urbanístico brasileiro,* 2. ed., São Paulo, Malheiros Ed., 1997, p. 284.

juízo prematuro e superficial de constitucionalidade, determinaram a suspensão da Lei Cidade Limpa. Ele alertou em sua decisão que o "risco à ordem pública resulta da continuidade da desordenada publicidade externa, com notória poluição visual e em agressão a direito fundamental de natureza universal, integrante da denominada *terceira geração de direitos fundamentais* que, na lição de Paulo Bonavides: 'Tem primeiro por destinatário o gênero humano mesmo, num momento expressivo de sua afirmação como valor supremo em termos de existencialidade concreta. Os publicistas e juristas já os enumeram com familiaridade, assinalando-lhe o caráter fascinante de coroamento de uma evolução de trezentos anos na esteira da concretização dos direitos fundamentais. Emergiram eles da reflexão sobre temas referentes ao desenvolvimento, à paz, ao meio ambiente, à comunicação e ao patrimônio comum da humanidade' (*Curso de Direito Constitucional*, 16. ed., São Paulo, Malheiros, 2005, p. 569). A continuidade da publicidade externa como ocorre atualmente provoca também risco à saúde pública, garantida pelo direito ao meio ambiente saudável — coletivo e difuso — que, de maior magnitude, preponderam em relação àqueles albergados pelas decisões de primeiro grau de jurisdição e recomendam a suspensão até que esta Corte conheça, com maior abrangência e profundidade, o mérito das causas".

A Lei Cidade Limpa também foi questionada pela Associação Brasileira de *Franchising* perante o Poder Judiciário, e concedeu-se liminar em favor de seus associados para continuarem com as propagandas, não estando, por causa disso, obrigados a adequar suas fachadas. A liminar concedida anteriormente foi derrubada pela 10ª Câmara de Direito Público do Tribunal de Justiça do Estado de São Paulo, cuja decisão foi proferida pelo desembargador Reinaldo Miluzzi. A entidade possui cerca de 480 associados, não havendo como estimar quantos associados teriam sido beneficiados pela liminar. Só a empresa McDonald's possui 132 pontos na cidade. No entanto, havia 159 ações de empresas e entidades tramitando no Judiciário contra a lei, e 48 liminares estavam em vigor até o dia 18 de abril de 2007[14]. Diante disso, a Prefeitura de São Paulo propôs recurso contra tais decisões perante o Tribunal de Justiça, o qual foi acolhido pela Câmara Especial, em sessão realizada no dia 4 de julho de 2007, que derrubou as 55 liminares restantes que permitiam *outdoors*, podendo, a partir de então, retirar e multar os cerca de 1.000 *outdoors* ainda fixados na cidade[15].

Ademais, o Sindicato das Empresas de Publicidade Exterior do Estado de São Paulo (SEPEX) também havia recorrido extraordinariamente contra acórdão prolatado pela 10ª Câmara de Direito Público do Tribunal de Justiça do Estado de São Paulo nos autos de Agravo de Instrumento n. 635.811-5/5-00, que, ao desprovê-lo, manteve o indeferimento do pedido de antecipação de tutela formulado em ação de rito ordinário movida pelo sindicato em desfavor do Município de São Paulo (Proc.

---

14. Justiça, *Folha de S.Paulo*, 18 abr. 2007, p. C-10.
15. Caem as 55 liminares que permitiam *outdoors*, *Folha de S.Paulo*, 5 jul. 2007, p. C-4.

n. 151/053.07.101363-0) perante a 4ª Vara da Fazenda Pública, o qual alega a inconstitucionalidade formal e material da Lei n. 14.223/2006 (conhecida por Lei Cidade Limpa), requerendo ainda que se declare o direito ao exercício da atividade de publicidade sem as limitações impostas pelo diploma contestado. Ao receber o recurso extraordinário, o desembargador Viana Santos concedeu efeito suspensivo ao recurso interposto pelo sindicato pelo fato de estarem presentes os requisitos legais.

Inconformado, o Município de São Paulo apresentou pedido de suspensão dos efeitos da decisão liminar proferida pela Presidência da Seção de Direito Público do Tribunal de Justiça do Estado de São Paulo perante o Supremo Tribunal Federal. Em decisão lapidar proferida em 29 de março de 2007, o ministro Gilmar Mendes deferiu o pedido formulado pela Municipalidade de São Paulo para suspender, até julgamento definitivo do Processo n. 151/053.07.101363-0, a decisão liminar proferida pela Presidência da Seção de Direito Público do Tribunal de Justiça do Estado de São Paulo nos autos da Medida Cautelar n. 643.969.65/9-00. Tal situação colocaria "em xeque ato normativo que, até o presente momento, goza de plena presunção de constitucionalidade e que possui manifesto e elevadíssimo grau de interesse público (Lei n. 8.437/92, art. 4º, *caput*) por buscar promover bem comum de indiscutível essencialidade, indispensável à obtenção de uma melhor qualidade de vida no meio ambiente urbano de um Município que possui, segundo dados do IBGE, 10 milhões de habitantes e 1.523 km² de área territorial. A decisão ora contestada interfere, portanto, no direito constitucionalmente protegido ao meio ambiente equilibrado, garantido, nos termos do art. 225 da Constituição Federal, às presentes e futuras gerações. O inciso III desse mesmo dispositivo constitucional ainda dispõe caber ao Poder Público, no dever que possui de assegurar a efetividade do direito proclamado, a definição, em todas as unidades da Federação, dos espaços territoriais e seus componentes a serem especialmente protegidos"[16].

Como podemos ver, o Poder Judiciário também tem sido bastante sensível em suas decisões quanto ao combate à poluição visual.

## 7. INSTALAÇÃO DE ANÚNCIOS DE BEM PÚBLICO MUNICIPAL – JURISPRUDÊNCIA

Trazemos à colação decisão do Tribunal de Justiça de São Paulo que declara ilegal propaganda irregular.

"*Poluição visual. Instalação de anúncios de bem público municipal. Existência de lei municipal vedando tal prática. Conduta ilegal caracterizada. Irrelevância da existência de lei estadual permitindo este tipo de instalação publicitária.*

---

16. SL 161, de 21-3-2007, *Informativo CAO-UMA* n. 52, 20 abr. 2007.

Ação civil pública. Meio ambiente. Poluição visual na instalação de anúncios. Conduta ilegal da ré. Responsabilidade apurada. Lei Municipal n. 12.115/96 (art. 6º, X). Questão prejudicial externa inocorrente, no tocante a outra demanda intentada. Legitimidade ativa *ad causam* do Ministério Público, a teor do art. 129, III, da Constituição da República. Único reparo: descabimento da condenação em honorários advocatícios (art. 18 da Lei n. 7.347/85). Rejeitada a matéria preliminar, recurso parcialmente provido, apenas para esse fim" (TJSP, 4ª Câm. de Direito Público, AC 2828.901-5/9-00, rel. Des. Soares Lima, j. 12-5-2005).

## 8. INFRAÇÕES ADMINISTRATIVAS E PENAIS

As infrações administrativas estão expressamente arroladas nos arts. 43, I, II e III, §§ 1º e 2º, da Lei n. 14.223/2006, 61 do Decreto n. 6.514/2008, 81 e 82 da Lei n. 9.503/97 (Código de Trânsito Brasileiro) e 37 da Lei n. 9.504/97 (Lei Eleitoral); as penais nos arts. 54, *caput*, 63, 64 e 65 da Lei n. 9.605/98.

## Capítulo VI
## Luminosidade Artificial Urbana

### 1. LUMINOSIDADE ARTIFICIAL URBANA E POLUIÇÃO LUMINOSA

O sol, as estrelas e os planetas são constantemente estudados pelos cientistas e, mesmo assim, pouco se sabe sobre eles. Mas conforme a tecnologia vai melhorando passamos a ver com mais nitidez as coisas que estão no espaço e também ao nosso lado. Passamos a entender muitas outras coisas ainda desconhecidas ou inexplicáveis. O homem está em constante busca da verdade e do conhecimento. Hoje fica cada vez mais difícil estudar o céu devido à poluição atmosférica e à excessiva luminosidade provenientes das cidades. Não se consegue ver mais a olho nu a totalidade de estrelas no céu de nosso país como antigamente. Isso também atrapalha os astrônomos. Estudos, por outro lado, comprovaram que o nosso planeta e o próprio homem são constituídos dos mesmos elementos químicos existentes nas estrelas. O carbono, o oxigênio e o hidrogênio formam a base da vida orgânica e foram produzidos nas estrelas, por isso a importância do seu estudo[1].

Não há dúvida de que a luz e a energia são importantes para o desenvolvimento humano. No entanto, o homem desperdiça muita energia com luminosidade errada. Caso as lâmpadas fossem econômicas e direcionadas ao local desejado, haveria uma economia enorme de energia. E talvez não fosse necessária a construção de tantas hidrelétricas.

Releve-se, contudo, que o homem tem contribuído para a poluição luminosa, dificultando a análise das estrelas pelos astrônomos. Trata-se de nova modalidade de poluição em estudo, a qual ocorre geralmente nos centros urbanos pelo excesso de luminosidade privada ou pública. São os astrônomos que mais reclamam dessa modalidade de poluição, por dificultar a visibilidade do céu. Ocorre pelo abuso da luminosidade artificial. Podemos, dessa forma, conceituar poluição luminosa como aquela produzida artificialmente e de maneira excessiva pelo homem com consequências adversas ao meio ambiente, causando desperdício desnecessário.

Não só o excesso de luminosidade é prejudicial ao estudo dos astrônomos, mas também a poluição atmosférica. Ambas contribuem, de maneira decisiva, com a poluição do céu.

---

1. Guilherme José Purvin de Figueiredo, *Curso de direito ambiental*, cit., p. 366.

## 2. DANOS À SAÚDE HUMANA

A má utilização da luz artificial pode causar insônia, acidentes rodoviários, dificuldade na observação do céu e tantos outros problemas. Devemos, por conta disso, utilizar luminárias adequadas para cada ambiente, direcionando a luminosidade para determinado objetivo. Isso poderá evitar desperdício e permitir a utilização de lâmpadas menos potentes e que consomem menos energia. A luminosidade é transmitida por radiação eletromagnética. Tais ondas podem, como já vimos, incomodar e causar danos à saúde humana, à flora, à fauna, enfim, à biodiversidade.

Haveria a necessidade de criar uma norma mais abrangente que pudesse dispor sobre o "redimensionamento de luminárias e lâmpadas, que implicariam não só economia ao erário municipal com relação aos gastos com energia elétrica como benefícios ao meio ambiente"[2].

## 3. OBSERVATÓRIOS ASTRONÔMICOS E LUMINOSIDADE "ERRADA"

Em comemoração ao Ano Internacional da Astronomia, em 2009, astrônomos profissionais e amadores do mundo reuniram-se no dia 2 de abril daquele ano, no Chile, numa maratona denominada "100 Horas de Astronomia", para observarem o céu. Eles enfrentaram um grande inimigo comum — a poluição luminosa. O céu das grandes cidades do mundo, como São Paulo, permite ver apenas a Lua e um punhado de estrelas mais brilhantes. Os cenários urbanos estão longe do ideal para observações. No deserto do Chile, é possível contar a olho nu mais de 5.000 estrelas. Estima-se que 30% da luz que ilumina as grandes cidades é desperdiçada. Além de ser um problema ambiental, também é econômico. Tasso Napoleão, um dos coordenadores da maratona, disse que é possível suavizar o problema, combatendo a iluminação "errada". Trata-se da iluminação típica das ruas das cidades brasileiras. Os raios de luz, segundo ele, acabam "vazando" para os lados e para o céu. Isso não ilumina as ruas e acaba ofuscando as estrelas. Daí o desperdício de 30%. Conta semelhante foi feita no Reino Unido e que ajuda a dimensionar o problema. O país, num ano, joga fora cerca de R$ 3,32 bilhões por causa da luz "errada". Na cidade de La Serena, no Chile, lei específica de 1998 regulamentou o uso de luminárias públicas eficientes que jogam a luz para o chão. Tal fato decorre da necessidade de suavizar a iluminação "errada", pois ali comparecem cerca de 100 mil turistas todos os anos atrás dos observatórios astronômicos amadores. Ali perto estão instalados grandes observatórios profissionais importantes, como o Gemini Sul e o Soar. Há outras cidades no mundo que também já adotaram este tipo de iluminação pública que direciona a luz para o chão. Não há a necessidade de trocar todo o sistema de ilumi-

---

2. Guilherme José Purvin de Figueiredo, *Curso de direito ambiental*, cit., p. 370.

nação pública, basta, no entanto, trocar as lâmpadas, por uma 30% mais fraca, e uma luminária que jogue a luz para baixo[3].

## 4. MAGNITUDE — ESCALA DE MEDIÇÃO DOS BRILHOS DAS ESTRELAS

A luminosidade deficiente continua a causar transtorno aos astrônomos, pois fica cada vez mais difícil ver as estrelas. Pergunta-se: quantas estrelas é possível ver no céu a olho nu? Os astrônomos medem o brilho das estrelas por magnitude, ou seja, quanto maior o número, mais visível. Vejamos alguns exemplos: magnitude 7 — Deserto de Atacama, Chile, 14 mil estrelas; magnitude 6 — Alto Paraíso de Goiás, 5 mil estrelas; magnitude 5 — Brasília em 1990, 1,7 mil estrelas; magnitude 3 — Brasília e outras grandes cidades brasileiras, atualmente, 150 estrelas. Muitos laboratórios estão se mudando para locais mais adequados com a finalidade de fugir da luminosidade artificial dos grandes centros urbanos. Não há ainda legislação disciplinando a utilização da luz direcionada e com menos potência, exceto na República Tcheca e na região de Lombardia, na Itália. A iluminação pública, nestes lugares, passou a ser direcionada, combatendo, assim, a poluição luminosa. Saulo Gargaglioni, do Laboratório Nacional de Astrofísica, propôs em sua dissertação de mestrado, apresentada na Universidade Federal de Itajubá, a criação de uma lei, fazendo, inclusive, um rascunho dela[4].

O mais antigo observatório astronômico do hemisfério Sul encontra-se localizado no Brasil, protegido por uma das poucas áreas verdes do bairro Industrial de São Cristóvão, e ainda está ativo. É constituído por uma imponente luneta de seis metros de altura apontada para o céu. Ele completou 185 anos e foi fundado por d. Pedro 1º. Trata-se do Observatório Nacional — ON. No entanto, ele sofre com a poluição luminosa, razão pela qual teve de terceirizar suas observações ou buscar outras saídas. Sob o observatório, num abrigo localizado no subsolo, ficam ainda os relógios atômicos, responsáveis por definir a hora oficial do país[5].

## 5. LEGISLAÇÃO PIONEIRA DA CIDADE DE CAMPINAS REGULA A MATÉRIA DA LUMINOSIDADE ARTIFICIAL URBANA

Não há, em âmbito federal, uma legislação disciplinando a matéria sobre a luminosidade artificial nos grandes centros urbanos. Como sabemos, é nos centros

---

3. Eduardo Geraque, Luz "errada" ofusca maratona astronômica, *Folha de S. Paulo*, Ciência, 1º abr. 2009, p. A-14.

4. Claudio Angelo, Luz mal planejada destrói céu noturno, *Folha de S. Paulo*, Ciência, 19 fev. 2011, p. C-13.

5. Giuliana Miranda, Sem ter 'céu próprio', 1º observatório se reinventa — Poluição luminosa do Rio leva centro criado em 1927 a priorizar parcerias, *Folha de S. Paulo*, Ciência+Saúde, 7 out. 2012, C-11.

urbanos que a luminosidade pública e privada se intensifica. De maneira pioneira, o Município de Campinas aprovou a Lei n. 10.850, de 7 de junho de 2001, criando a Área de Proteção Ambiental (APA). Procura-se, com essa lei, proteger o Observatório Municipal de Campinas, Jean Nicolini (Observatório Capricórnio), da poluição luminosa. Esta norma foi criada a partir de um velho anseio por parte dos astrônomos da região, pois a luminosidade excessiva estava dificultando o estudo das estrelas.

Transcrevemos o art. 83 da citada lei que trata especificamente da proteção do Observatório Municipal.

"Ficam estabelecidos os seguintes critérios cumulativos, prevalecendo sempre o mais restritivo, de forma a garantir as condições de operacionalidade e visibilidade do Observatório Municipal de Campinas Jean Nicolini — Observatório de Capricórnio:

I — até o raio de 10 km (dez quilômetros) ficam proibidas: a) a iluminação que não seja provida de anteparo de direcionamento para baixo, a fim de evitar interferências nas observações ocasionadas pela denominada 'luz parasita'; b) a implantação de iluminação pública na rodovia estadual SP-81 e demais estradas e caminhos nas proximidades; c) a implantação de quaisquer tipos de propaganda luminosa;

II — até o raio de 5 km (cinco quilômetros) ficam proibidos: a) a utilização de explosivos e a exploração mineral de rochas para talhe e cantaria e/ou ornamental, a fim de evitar vibrações com as explosões e liberações de material particulado; b) sistemas de iluminação externa com altura superior a 4 m (quatro metros), e com grande poder de luminosidade, como os utilizados em quadras esportivas, mesmo quando providos de anteparo de direcionamento para baixo; c) a iluminação externa às edificações com lâmpadas a vapor de sódio e mercúrio; d) a implantação de quaisquer edificações ou empreendimentos para fins urbanos, inclusive hotéis, clubes, recintos para festas e/ou exposições, e outros, assim como a realização de espetáculos ao ar livre durante o período noturno, com o objetivo de evitar concentrações luminosas e aumento do fluxo de veículos; e) a utilização de fogos de artifício para espetáculos pirotécnicos; f) a abertura de novas estradas ou vias;

III — até o raio de 2 km (dois quilômetros) ficam proibidos: a) sistemas de iluminação externa com altura superior a 3 m (três metros), mesmo quando providos de anteparo de direcionamento para baixo; b) iluminação externa às edificações com lâmpada do tipo fluorescente; c) implantação de iluminação pública e asfaltamento nas vias existentes (vicinais, estradas secundárias e similares); d) instalação de novas torres de transmissão de alta tensão e de retransmissão de sinais, bem como caixas d'água com altura superior a 7 m (sete metros); e) trânsito de veículos automotores com farol em luz alta;

IV — até o raio de 1 km (um quilômetro) ficam proibidos: a) sistemas de iluminação externa às edificações com altura superior a 2,5 m (dois metros e meio), mesmo quando provido de anteparo de direcionamento para baixo; b) a permanência de veículos estacionados com faróis ligados;

V — até o raio de 300 m (trezentos metros) deverão ser observadas as restrições da Resolução nº 15 de 1994 do CONDEPACC que, entre outras providências, proíbe qualquer tipo de edificação ou iluminação nos terrenos inseridos nesta área".

Há informações de que 50% até 60% da energia elétrica são desperdiçados com luminosidade "errada" — direcionada para todas as direções. Caso se crie lei federal, será possível ver com mais nitidez o céu, além de proporcionar economia de energia elétrica e melhorar a qualidade de vida da população que vive nos centros urbanos.

Assim como a luminosidade é prejudicial à astronomia, também o é para o meio ambiente[6].

## 6. INFRAÇÃO PENAL

A infração penal encontra-se, em tese, no art. 54 da Lei n. 9.605/98.

---

6. José Roberto Marques, Poluição luminosa, *RDA*, *38*:121-123, abr./jun. 2005, e *Meio ambiente urbano*, Rio de Janeiro, Forense, 2005, p. 164-5.

Capítulo VII
Ministério Público e Meio Ambiente Artificial

## 1. ATUAÇÃO DO MINISTÉRIO PÚBLICO NA PROTEÇÃO DO MEIO AMBIENTE ARTIFICIAL

O meio ambiente artificial passou a ser protegido mais intensamente com o advento da Lei n. 10.257, de 10 de julho de 2001, que instituiu o Estatuto da Cidade. O seu art. 53 acrescentou o inciso III ao art. 1º da Lei n. 7.347, de 24 de julho de 1985. Essa lei disciplina a ação civil pública que tem por objetivo proteger também a *ordem urbanística*, ou seja, essa ação passou a ser utilizada para proteger o meio ambiente artificial.

Ressalte-se que o Ministério Público do Estado de São Paulo criou as Promotorias de Justiça de Habitação e Urbanismo para atuarem na proteção dos bens de interesses difusos e coletivos relacionados com a ordem urbanística, especialmente com o objetivo de proteger a habitação, o trabalho, a circulação e a recreação. Têm ainda por finalidade fiscalizar a correta aplicação da legislação federal, estadual e municipal, ou seja, o plano diretor, o Código de Obras e as leis de uso, ocupação e parcelamento do solo urbano e rural (loteamento e desmembramento) e de zoneamento. Além das promotorias especializadas, o Ministério Público também criou o Centro de Apoio Operacional Cível e de Tutela Coletiva, antigo Centro de Apoio Operacional de Urbanismo e Meio Ambiente (CAO-UMA) com a finalidade de dar apoio logístico, material e estimular a integração e o intercâmbio entre órgãos de execução das Promotorias de Justiça de Habitação e Urbanismo de todo o Estado.

## 2. SÚMULAS DO CONSELHO SUPERIOR DO MINISTÉRIO PÚBLICO DO ESTADO DE SÃO PAULO (CSMP)

O CSMP do Estado de São Paulo aprovou, por unanimidade, em sessão pública realizada em 14 de março de 2017, a nova redação dada às Súmulas 41 e 42:

**Súmula 41.** *HOMOLOGA-SE promoção de arquivamento de expedientes que tenham por objeto o desmembramento ou desdobro não continuados, quando, ausente dano ambiental, não se exijam novas obras de infraestrutura ou criação de novos equipamentos urbanos para atender à necessidade de moradores.*

*Fundamento*: A atuação do Promotor de Justiça de Habitação e Urbanismo deve voltar-se, prioritariamente, para as questões afetas a lesões efetivas ou potenciais à ordem urbanística, pois o Direito Urbanístico tem por finalidade precípua dotar as cidades de condições de habitabilidade. Nesse contexto, tanto o desmembramento como o desdobro irregular sem qualquer impacto nas obras de infraestrutura não exigem a intervenção do Ministério Público, além do que a questão da obtenção do domínio, pelos adquirentes, pode ser por estes resolvida através de instrumentos próprios. A atuação do Ministério Público recomenda o direcionamento de seus recursos para parcelamentos que impliquem a queda de qualidade de vida de seus habitantes. Na busca de eficiência na atuação do Ministério Público, considerada a dispersão social dos danos urbanísticos, cumpre direcionar recursos para o trato de questões que exijam maior atenção da instituição. Na hipótese de existência de dano ambiental, restarão providências a serem tomadas perante o responsável em tal esfera, observados os critérios do Ato n. 55/95-PGJ.

**Súmula 42.** *HOMOLOGA-SE promoção de arquivamento de expedientes que tenham como objeto parcelamento de solo implantado de fato, completamente consolidado quando, cumulativamente: (a) estiver provido da infraestrutura prevista em lei, que ofereça condições de habitabilidade; (b) for possível a regularização dominial dos lotes; (c) não se verificar no caso concreto ocorrência de dano ambiental; e (d) se houver equipamentos comunitários suficientes para atender a população local, ainda que instalados no entorno da área objeto da regularização.*

*Fundamento:* A regularização do empreendimento é uma das hipóteses que autorizam a promoção de arquivamento dos expedientes que têm por objeto apurar o descumprimento das normas para parcelamento do solo. Entretanto, muitas vezes o Ministério Público depara-se com loteamentos de fato completamente consolidados e ocupados. Em tais casos cumpre velar, primordialmente, pela implantação das obras de infraestrutura necessárias à habitabilidade, considerando, ainda, que os adquirentes dos lotes acabam obtendo, judicialmente, a regularidade dominial, esvaziando, assim, as providências da alçada da Instituição. Na busca de eficiência na atuação do Ministério Público entende-se muito mais útil à atuação de caráter preventivo, objetivando evitar a implantação de loteamentos clandestinos e o estabelecimento de realidade urbanística cuja alteração demanda imenso sacrifício social. Na hipótese de existência de dano ambiental, restarão providências a serem tomadas perante o responsável em tal esfera, observados os critérios do Ato n. 55/95-PGJ.

# TÍTULO VIII
## Tutela do Meio Ambiente do Trabalho

### CAPÍTULO I
### NOÇÕES INTRODUTÓRIAS

## 1. MEIO AMBIENTE DO TRABALHO

*Meio ambiente do trabalho* é uma das espécies do meio ambiente ecologicamente equilibrado previsto no art. 225 da CF. Ele está diretamente relacionado com a segurança do empregado em seu local de trabalho. Esse local está, em regra, inserido nos centros urbanos. É nesse ambiente que o trabalhador fica exposto aos riscos dos produtos perigosos ou a uma atividade insalubre. Deve ele ser adequado às atividades desenvolvidas pelo funcionário, proporcionando-lhe uma qualidade de vida digna. O direito ambiental não se preocupa somente com a poluição emitida pelas indústrias, mas também com a exposição direta dos trabalhadores aos agentes agressivos.

Pode-se conceituar meio ambiente do trabalho como o local onde o trabalhador desenvolve suas atividades. "Não se limita ao empregado; todo trabalhador que cede a sua mão de obra exerce sua atividade em um ambiente de trabalho. Diante das modificações por que passa o trabalho, o meio ambiente laboral não se restringe ao espaço interno da fábrica ou da empresa, mas se estende ao próprio local de moradia ou ao ambiente urbano. Muitos trabalhadores exercem suas atividades percorrendo ruas e avenidas das grandes cidades como, por exemplo, os condutores de transportes urbanos"[1].

O STF entende que o conceito meio ambiente do trabalho não integra o gênero meio ambiente, mas apenas para efeito de sua regulamentação e fiscalização pelos Estados e municípios, pois em sentido amplo, reconhece a Corte Constitucional que a expressão meio ambiente traduz conceito amplo e abrangente das noções de meio ambiente natural, de meio ambiente cultural, de meio ambiente artificial (espaço urbano) e de meio ambiente laboral (ADI-MC n. 3.540-DF, rel. Min. Celso de Mello, *DJ* 3-2-2006, p. 14)[2].

---

1. Júlio César de Sá da Rocha, *Direito ambiental e meio ambiente do trabalho*, São Paulo, LTr, 1997, p. 30.
2. Anderson Furlan e William Fracalossi, *Direito ambiental*, cit., p. 34.

## 2. INSTRUMENTOS LEGAIS DE DEFESA DO MEIO AMBIENTE DO TRABALHO

É na Constituição Federal que vamos encontrar o fundamento jurídico para a proteção do meio ambiente do trabalho, mais especificamente no Título VIII — Da Ordem Social, Capítulo II — Da Seguridade Social, Seção II — Da Saúde, art. 200, VII e VIII, e no Título II — Dos Direitos e Garantias Fundamentais, Capítulo I — Dos Direitos Sociais, art. 7º, XXII.

Diz o art. 200 da CF: "Ao sistema único de saúde compete, além de outras atribuições, nos termos da lei: (...) VII — participar do controle e fiscalização da produção, transporte, guarda e utilização de substâncias e produtos psicoativos, tóxicos e radioativos; VIII — colaborar na proteção do meio ambiente, nele compreendido o do trabalho".

Diz ainda o art. 7º, XXII, da CF: "São direitos dos trabalhadores urbanos e rurais, além de outros que visem à melhoria de sua condição social: (...) XXII — redução dos riscos inerentes ao trabalho, por meio de normas de saúde, higiene e segurança".

Na esfera infraconstitucional, a CLT (Capítulo V) estabelece regras sobre segurança e medicina do trabalho e é complementada por Normas Regulamentadoras — Portaria n. 3.214/78 do MTE (transformada em NRs), que estabelece programas e indica os órgãos responsáveis pela fiscalização no que tange a prevenção e combate a acidentes e doenças ocupacionais. Destacam-se os seguintes programas: a) Programa Internacional para melhoramento das Condições e do Meio Ambiente do Trabalho — PIACT — visa impulsionar programas locais na procura de melhorias das condições de trabalho e de vida aos trabalhadores; b) Programa de Prevenção de Riscos Ambientais — PPRA (NR-9) — visa investigar as causas dos riscos no meio ambiente do trabalho; e c) Programa de Controle Médico e de Saúde Ocupacional — PCMSO (NR-7) — visa à prevenção, localização e ao diagnóstico de qualquer alteração na saúde dos trabalhadores. Há também os órgãos responsáveis pela fiscalização do cumprimento das normas referidas relacionadas à prevenção e combate a acidentes e doenças ocupacionais, no âmbito empresarial: a) Serviço Especializado em Engenharia de Segurança e Medicina do Trabalho — SESMT (NR-4 e art. 162 da CLT); e b) Comissão Interna de Prevenção de Acidentes — CIPA (NR-5 e art. 163 da CLT). Na esfera externa, a responsabilidade pela fiscalização do cumprimento dessas normas é do sindicato (art. 8º, III, da CF e art. 513, *a*, da CLT), do Ministério do Trabalho e Emprego (arts. 155 e 161 da CLT) e do Ministério Público do Trabalho (ACP, IC e TAC)[3].

---

3. Eugênio Hainzenreder Júnior, Meio ambiente do trabalho e sustentabilidade, Jornal *Carta Forense*, fev. 2013, p. A-18.

Essas normas são destinadas diretamente à proteção do trabalhador no seu ambiente de trabalho, o qual deverá participar também do controle e da fiscalização dos produtos perigosos; compete ao SUS colaborar na proteção do meio ambiente do trabalho, reduzindo, assim, os riscos a ele inerentes por meio das normas rígidas de segurança, higiene e saúde.

## 3. SEGURANÇA E SAÚDE DO TRABALHADOR

O meio ambiente do trabalho deve ser adequado e sadio para o trabalhador. Determinadas indústrias possuem um ambiente naturalmente agressivo, tendo-se em vista a natureza de sua atividade. Para haver a possibilidade de melhoria do ambiente do trabalho, deverá o industrial fornecer os equipamentos adequados para evitar o contato direto do trabalhador com esse ambiente agressivo.

Assim, a "poluição do meio ambiente de trabalho deve ser entendida como a degradação da salubridade do ambiente que afeta diretamente a saúde dos próprios trabalhadores. Inúmeras situações alteram o estado de equilíbrio do ambiente: os gases, as poeiras, as altas temperaturas, os produtos tóxicos, as irradiações, os ruídos, as próprias organizações estressantes em que ele é desempenhado (trabalhos noturnos, trabalhos em turnos de revezamento), enfim, tudo aquilo que prejudica a saúde, o bem-estar e a segurança dos trabalhadores"[4].

As normas protetivas dos trabalhadores encontram-se na Consolidação das Leis do Trabalho e na Portaria n. 3.214/78, as quais aprovaram várias normas regulamentares (NR)[5].

Muitas doenças ocupacionais poderiam ser evitadas se o trabalhador estivesse usando os equipamentos adequados de segurança.

## 4. SANÇÕES ADMINISTRATIVAS

A Consolidação das Leis do Trabalho e a Constituição Estadual paulista estabeleceram duas sanções pelo descumprimento das normas de segurança por parte do empresário: a) a interdição da empresa; e b) o embargo da obra[6].

A *interdição da empresa* ou o *embargo da obra* poderão ocorrer se o Delegado Regional do Trabalho, à vista do laudo técnico do serviço competente, constatar grave e iminente risco para o trabalhador, devendo indicar na decisão as providências necessárias que haverão de ser adotadas para a prevenção de infortúnios de trabalho (arts. 161 da CLT e 229 da Constituição Estadual paulista).

---

4. Júlio César de Sá da Rocha, *Direito ambiental*, cit., p. 47.
5. Celso Antonio Pacheco Fiorillo, *Curso*, cit., p. 210.
6. Celso Antonio Pacheco Fiorillo, *Curso*, cit., p. 212.

Ver, nesse sentido, decisão administrativa que determinou a interdição de estabelecimento industrial com base no poder de polícia administrativo e no princípio da precaução visando à proteção dos seus trabalhadores:

"Ementa: *Constitucional, administrativo e processual civil. Interdição de estabelecimento industrial. Risco à segurança do trabalho. Ausência de ilegalidade. Inadequação da via eleita. Não ocorrência.*

I. Desde que a pretensão, embora amparada em argumentação essencialmente fática, se sustente, também, na alegação de suposta violação ao princípio do devido processo, afigura-se possível a sua veiculação em sede de mandado de segurança. Preliminar de inadequação da via eleita rejeitada.

II. Comprovada, como no caso, a ocorrência de efetivo risco à segurança do trabalho, a interdição de estabelecimento industrial é medida que se impõe, como forma de garantia do exercício do direito à vida e à segurança no ambiente de trabalho, a que a nossa Constituição Federal dispensa especial tratamento, a sobrepor-se a qualquer outro interesse de cunho material e/ou burocrático, prestigiando-se, assim, o princípio da precaução, inexistindo, no caso, violação à garantia do devido processo legal.

III. Apelação desprovida. Sentença mantida"[7].

Ressalte-se, por fim, que o professor Celso Antonio Pacheco Fiorillo elegeu a greve (greve ambiental) como um dos instrumentos do trabalhador para obrigar o empresário a respeitar as normas de segurança, consoante permissivo previsto no art. 229, § 2º, da Constituição Estadual paulista[8].

## 5. ACIDENTES E DOENÇAS DO TRABALHO E PREVIDÊNCIA SOCIAL

A Constituição Federal criou o sistema de seguridade social, previsto nos arts. 194 a 204. Esse sistema pretende proteger o homem em sua integralidade, colocando à sua disposição os benefícios da: a) previdência social; b) assistência social; e c) saúde. Entre esses benefícios encontram-se os acidentários decorrentes das atividades agressivas e inerentes a certas profissões.

A seguridade social está relacionada à cobertura dos riscos sociais do mercado de trabalho e decorre das contribuições sociais feitas pelos empregadores e empregados. Ocorre que o sistema trabalhista moderno vem sofrendo profunda alteração com a diminuição do número de trabalhadores assalariados e o consequente aumen-

---

7. AMS 2004.38.00.018491-6/MG, rel. Des. Federal Souza Prudente, 6ª T., v.u., *DJ*-II, 4 jun. 2007.

8. Diz o art. 229, § 2º, da Constituição Estadual paulista: "Em condições de risco grave ou iminente no local de trabalho, será lícito ao empregado interromper suas atividades, sem prejuízo de quaisquer direitos, até a eliminação do risco".

to do número de trabalhadores que laboram por conta própria, de forma individual, familiar ou associativa. A estrutura empresarial também se está alterando com a proliferação de microempresas e empresas de pequeno porte, além de crescer o número de profissionais liberais. Diante desse cenário, a legislação previdenciária se mantém estagnada e protege somente os trabalhadores com vínculo empregatício, avulsos e especiais, afastando a concessão de tais benefícios aos profissionais que trabalham por conta própria e aos autônomos. O desamparo dessa nova estrutura laboral fere o princípio da igualdade de todos perante a lei.

Constatado esse desequilíbrio, Iza Amélia de Castro Albuquerque, professora de direito previdenciário da Universidade do Estado do Amazonas (UEA), fez uma análise das normas acidentárias previdenciárias em face das transformações no mundo do trabalho e mostrou a evolução da legislação referente aos infortúnios que culminou na teoria do risco social, o qual é suportado pela Previdência Social com base no princípio da solidariedade. Diz ela que o conceito legal de acidente do trabalho está vinculado equivocadamente ao financiamento do seguro-acidente e não à atividade do trabalho, o que contraria o conceito contemporâneo de meio ambiente do trabalho. Ademais, o segurado como contribuinte individual é o trabalhador por conta própria; logo, discriminá-lo contraria as tendências transformadoras do mercado laboral e fere o princípio da isonomia e o da dignidade da pessoa humana[9]. Assim, os benefícios acidentários poderiam abranger um número maior de empregados e não somente os segurados, incluindo, por exemplo, os trabalhadores autônomos. Caso isso venha a ocorrer, poderá aumentar ainda mais o *deficit* previdenciário.

Tais benefícios estão respaldados na seguridade social. Foi com base no sistema previdenciário que a proteção do trabalhador se tornou mais abrangente do que delimitam as normas infraconstitucionais, não se restringindo somente às agressões inerentes ao seu local de trabalho. Tal proteção abrange a qualidade de vida, bem como a sua dignidade. O meio ambiente equilibrado nas relações de produção significa prevenção aos acidentes, benefícios à sociedade e aumento no nível da qualidade de vida de cada trabalhador.

O meio ambiente do trabalho, como vimos, procura encontrar mecanismos protetivos do trabalhador com o intuito de evitar acidentes e doenças, obrigando-o, em casos tais, a se afastar do trabalho por muito tempo. O trabalhador recebe os benefícios acidentários nas seguintes hipóteses: a) *incapacidade total e temporária* — auxílio-doença acidentário e abono anual; b) *incapacidade parcial e permanente* — au-

---

9. *Análise das normas acidentárias previdenciárias face às transformações no mundo do trabalho.* Disponível em: <http://www.conpedi.org/manaus/arquivos/anais/manaus/transf_trabalho_iza_albuquerque.pdf>; acesso em: 20 jun. 2007.

xílio-acidente (auxílio suplementar) e abono anual; c) *incapacidade total e permanente* — aposentadoria por invalidez acidentária, acréscimo de 25% se precisar de assistência permanente de outra pessoa, pecúlio por invalidez e abono anual; e d) *morte* — pensão acidentária e pecúlio por morte. Muitas doenças trabalhistas provêm das atividades industriais e são contraídas pelo trabalhador ao longo do exercício de sua profissão insalubre, tais como: leucopenia, asbestose, silicose, saturnismo etc. Tais doenças podem ser evitadas se o empresário respeitar as normas de segurança do trabalho, fornecendo aos seus funcionários os equipamentos de segurança adequados, e respeitar também as normas protetivas do meio ambiente. Se os trabalhadores de uma indústria vierem a sofrer qualquer tipo de doença, com certeza também estará correndo riscos toda a comunidade, pois os poluentes emitidos por essa atividade poderão ultrapassar os limites do estabelecimento e causar danos à população.

Esse interessante estudo demonstra que o meio ambiente do trabalho pode exercer eficazmente uma atuação preventiva no combate aos acidentes e doenças do trabalho e contribuir para diminuir o *deficit* previdenciário.

## Capítulo II
## Ministério Público e Meio Ambiente do Trabalho

### 1. ATUAÇÃO DO MINISTÉRIO PÚBLICO FEDERAL NA PROTEÇÃO DO MEIO AMBIENTE DO TRABALHO

O Ministério Público Federal (do Trabalho), com o advento da Constituição Federal de 1988, passou a exercer a função de defesa da ordem jurídica, do regime democrático e dos interesses sociais e individuais indisponíveis e, por via de consequência, da proteção do meio ambiente do trabalho, possibilitando-se-lhe ainda a instauração de inquérito civil e a promoção da ação civil pública. Além disso, o Ministério Público poderá firmar compromisso de ajustamento de conduta com o responsável pela empresa onde trabalha o operário, objetivando a diminuição ou a eliminação do ambiente nocivo[1].

Com base na Súmula 15, o Ministério Público do Estado de São Paulo deixou de atuar na área de acidentes do trabalho, transferindo a competência para a Justiça do Trabalho, inclusive para propor as ações civis públicas em defesa dos interesses difusos, coletivos e individuais homogêneos. A Procuradoria-Geral de Justiça, diante disso, extinguiu os cargos de promotores de Justiça de Acidentes do Trabalho.

### 2. SÚMULA DO CONSELHO SUPERIOR DO MINISTÉRIO PÚBLICO DO ESTADO DE SÃO PAULO (CSMP)

Em sessão realizada no dia 14 de março de 2017, o CSMP aprovou, por unanimidade, a nova redação dada à Súmula 15 e revogou a Súmula 39, que tratava do mesmo assunto, transferindo a competência para o Ministério do Trabalho quando se tratar de proteção das condições de higiene, saúde e segurança do meio ambiente do trabalho, nos seguintes termos: *Diante do enunciado da Súmula n. 736, do Egrégio Supremo Tribunal Federal, as promoções de arquivamento de inquérito civil ou assemelhados que tenham por objeto as condições de higiene, saúde e segurança do meio ambiente do trabalho não serão conhecidas, devendo os autos ser remetidos ao Ministério Público do Trabalho, exceto quando se tratar de servidores ocupantes de cargo criado por lei, de provimento efetivo ou em comissão, incluídas as autarquias e fundações públicas, nos quais a atribuição é do Ministério Público Estadual, pois compete à Justiça comum estadual conhecer das respectivas ações.*

---

1. Aviso n. 016/07-CSMP, 2-2-2007, *DOE*, 3 fev. 2007.

*Fundamento:* Em face do disposto na Súmula 736 do Supremo Tribunal Federal, não mais se justifica que tenham curso, no Ministério Público Estadual, procedimentos cujo objeto consista na investigação acerca das condições do meio ambiente do trabalho, já que eventual ação civil pública deverá ser proposta perante a Justiça do Trabalho. Por esta razão, este Conselho Superior, reiteradamente, tem determinado a remessa de autos ao Ministério Público do Trabalho (Portarias n. 89.061/03, 08.689/04, 16.615/04, 23.829/04, 26.066/04, 27.156/04, 28.863/04, 26.043/04, 31.239/04, 34.623/04, 38.451/04, 43.661/04, 54.885/04, 89.061/03, 59.276/03, 60.692/98, 102.164/03, 109.363/03, 89.061/03 e 65.272/04). Contudo, diante da declaração de inconstitucionalidade do inciso I, do art. 114, da CF/88 (ADI n. 3.395-MC/DF), firmou o Supremo Tribunal Federal a competência da Justiça comum estadual para conhecer das ações que versem sobre questões relativas a servidores ocupantes de cargo criado por lei, de provimento efetivo ou em comissão, incluídas as autarquias e fundações públicas, sendo que nesses casos a investigação cabe ao Ministério Público do Estado[2].

O CSMP alterou a Súmula 15 e revogou a Súmula 39 por se tratar do mesmo assunto, dando-lhe nova redação: *HOMOLOGA-SE declínio de atribuição em favor do Ministério Público do Trabalho quando o procedimento tiver por objeto a defesa de interesses transindividuais que envolvam o meio ambiente do trabalho (higiene, saúde e segurança), salvo se referentes a servidores públicos estatutários (cargos efetivos ou comissionados), em que a competência para a ação civil pública será da Justiça Comum Estadual (cf. ADIn 3.395).*

*Fundamento*: Nos termos da Súmula 736 do E. STF, "compete à Justiça do Trabalho julgar as ações que tenham como causa de pedir o descumprimento de normas trabalhistas relativas à segurança, higiene e saúde dos trabalhadores". Entretanto, a súmula do STF deve ser compatibilizada com o entendimento que vem sendo adotado por aquela corte (cf. ADIn 3.395) segundo o qual a competência para a ação civil pública será da Justiça Comum Estadual quando tais interesses se referirem a servidores públicos estatutários (cargos efetivos ou comissionados).

---

2. Liliana Allodi Rossit, *O meio ambiente do trabalho no direito ambiental brasileiro*, São Paulo, LTr, 2001, p. 180.

# TÍTULO IX
# Tutela Administrativa do Meio Ambiente

## Capítulo I
### Infração Administrativa

## 1. INTRODUÇÃO

A tutela administrativa do meio ambiente tem fundamento no art. 225, § 3º, da CF. Diz citado dispositivo: "As condutas e atividades consideradas lesivas ao meio ambiente sujeitarão os infratores, pessoas físicas ou jurídicas, a sanções penais e *administrativas*, independentemente da obrigação de reparar os danos causados" (g. n.).

Quase dez anos depois da promulgação da Constituição Federal, vem a lume, finalmente, a Lei n. 9.605, de 12 de fevereiro de 1998, que dispõe sobre as sanções penais e administrativas derivadas de condutas e atividades lesivas ao meio ambiente[1].

As infrações, o procedimento e as sanções administrativas encontram-se disciplinados nos arts. 70 a 76 da citada lei. Tais dispositivos foram regulamentados pelo Poder Executivo federal mediante o Decreto n. 6.514, de 22 de julho de 2008, que revogou as demais normas na parte que regulamentava aquelas sanções[2].

Referido decreto revogou expressamente o Decreto n. 3.179, de 21 de setembro de 1999. Este decreto foi substituído porque havia muitas dificuldades na cobrança das multas. Pelo decreto anterior, o infrator podia recorrer, utilizando-se de quatro instâncias. O atual decreto reduziu para duas instâncias, tornando mais célere o procedimento administrativo. Só para se ter uma ideia, menos de 1% das multas aplicadas (num total de R$ 2,8 bilhões) por causa do desmatamento na Amazônia foi recolhido aos cofres públicos. Pretende-se, com esse decreto, aumen-

---

1. O professor italiano M. S. Gianini, citado por Paulo Affonso Leme Machado, enfatizou que o aperfeiçoamento legislativo pode custar "ao legislador muito trabalho, especialmente porque os interesses econômicos estão em posição de resistência ou em conluio com os poderes públicos locais" (*Direito*, cit., p. 117).

2. O Decreto n. 6.514, de 22 de julho de 2008, revogou expressamente os Decretos n. 3.179, de 21 de setembro de 1999, o de n. 3.919, de 14 de setembro de 2001, o de n. 4.592, de 11 de fevereiro de 2003, o de n. 5.523, de 25 de agosto de 2005, os arts. 26 e 27 do Decreto n. 5.975, de 30 de novembro de 2006, e os arts. 12 e 13 do Decreto n. 6.321, de 21 de dezembro de 2007.

tar para mais de 200% de arrecadação no caso de desmatamento ilegal. Nos demais casos, somente 6% das multas aplicadas em decorrência dos crimes ambientais aplicadas são pagos[3].

No final de 2008, o então presidente da República baixou outro decreto (Decreto n. 6.686, de 10-12-2008), alterando e acrescentando dispositivos ao Decreto n. 6.514/2008, que dispõe sobre infrações e sanções administrativas ao meio ambiente e estabelecendo o processo administrativo federal para apuração destas infrações. Em 2010, o ex-Presidente da República baixou novo decreto (Decreto n. 7.404, de 23-12-2010), acrescentando os incisos IX a XVII e os §§ 1º a 6º ao art. 62 do Decreto n. 6.514/2008 para estabelecer novas penalidades relacionadas à Política Nacional dos Resíduos Sólidos.

O IBAMA, com base neste decreto, baixou a Instrução Normativa n. 14, de 15 de maio de 2009, com 166 artigos, regulamentando os procedimentos para apuração de infrações administrativas por condutas e atividades lesivas ao meio ambiente, a imposição das sanções, a defesa ou impugnação, o sistema recursal e a cobrança de multa e sua conversão em prestação de serviços de recuperação, preservação e melhoria da qualidade ambiental no âmbito do IBAMA.

Esperamos, com isso, que o novo decreto aumente de fato a eficácia da arrecadação.

## 2. INFRAÇÃO

Não há dúvidas de que o Poder Público, através de seus agentes, pode aplicar sanções administrativas contra o infrator que descumpre as normas legais ou regulamentares. Sua competência está restrita ao seu poder de polícia ambiental. Para se aplicar uma sanção, no entanto, é necessário seguir todo um procedimento administrativo.

Todos os entes da Federação podem criar infrações administrativas ambientais e estipular as respectivas sanções. No entanto, somente a União poderá criar tipos penais (art. 22, I, da CF). Essa competência decorre do art. 23 da CF (competência material comum).

*Infração administrativa* ambiental é toda ação ou omissão que viole as regras jurídicas de uso, gozo, promoção, proteção e recuperação do meio ambiente, sendo punida com as sanções do presente diploma legal, sem prejuízo da aplicação de outras penalidades previstas na legislação (art. 2º e parágrafo único do Dec. n. 6.514/2008). O agente autuante, ao lavrar o auto de infração, indicará a multa prevista para a conduta, bem como, se for o caso, as demais sanções estabelecidas no decreto, observando-se a gravidade dos fatos, os antecedentes e a situação econômi-

---

3. Lula assina decreto para acelerar cobrança de multas ambientais, *Folha de S.Paulo*, 23 jul. 2008, p. A-10.

ca do infrator (art. 4º do decreto citado). Constitui reincidência a prática de nova infração ambiental cometida pelo mesmo agente no período de cinco anos (art. 11 do Dec. n. 6.514/2008).

## 3. AGENTE AUTUANTE

Qualquer pessoa legalmente identificada, ao constatar infração ambiental decorrente de empreendimento ou atividade utilizadores de recursos ambientais, efetiva ou potencialmente poluidores, pode dirigir representação ao órgão responsável pelo licenciamento ou autorização (art. 17 da LC n. 140/2011). A autoridade ambiental, ao contrário, deverá promover imediatamente a apuração da infração ambiental sob pena de corresponsabilidade (art. 70, § 3º, da Lei n. 9.605/98).

O servidor público, ao tomar conhecimento de infração ambiental, deverá elaborar relatório de vistoria, ou qualquer documento equivalente, e lavrar o Auto de Imposição de Infração de Penalidade Ambiental (AIIPA), dando-se início ao procedimento administrativo previsto no art. 70, § 1º, da Lei n. 9.605/98. No entanto, nem sempre o servidor comunica ao Ministério Público a ocorrência de conduta ou atividade lesiva ao meio ambiente, sem contar a hipótese, ainda mais grave e por vezes verificada, em que deixa de lavrar o AIIPA, limitando-se a "orientar" o infrator. Tal omissão poderá acarretar ao servidor outra tríplice responsabilidade, de ordem pessoal, traduzida em sanções administrativas (poderá responder pelas sanções previstas no Estatuto do Servidor), cíveis (poderá responder solidariamente com o infrator ambiental e por improbidade administrativa — art. 11, II, da Lei n. 8.429/92) e penais (poderá responder pelos arts. 66, I, do Dec.-Lei n. 3.688/41 e 68 da Lei n. 9.605/98)[4].

## 4. REQUISITOS DO AIIPA

No AIIPA lavrado pela autoridade ambiental competente deverão constar os seguintes requisitos mínimos: a) a qualificação do autuado; b) o local, a data e a hora da lavratura; c) a descrição do fato; d) a disposição legal infringida e a penalidade aplicável; e) a determinação da exigência e a intimação para cumpri-la ou impugná-la no prazo de vinte dias; f) a assinatura do autuante, a indicação de seu cargo ou função e o número de matrícula[5]. A ausência de tais requisitos poderá acarretar nulidade do auto, podendo ser impugnado por ocasião da defesa do infrator.

---

4. Alex Fernandes Santiago, A efetividade do art. 225, § 3º, da CF/88 e o dever de o servidor público comunicar ao Ministério Público a ocorrência de conduta ou atividade lesiva ao meio ambiente, *RDA*, São Paulo, 46:11-6, abr./jun. 2007.

5. Aplicação analógica do art. 10 do Decreto n. 70.235/72, que disciplina o processo administrativo fiscal (Nicolao Dino de Castro e Costa Neto, Ney de Barros Bello Filho e Flávio Dino de Castro e Costa, *Crimes e infrações administrativas ambientais*, Brasília, Brasília Jurídica, 2000, p. 392).

A autuação, além disso, deverá ser lavrada em impresso próprio, com a identificação do autuado, a descrição clara e objetiva das infrações administrativas constatadas e a indicação dos respectivos dispositivos legais e regulamentares infringidos, não devendo conter emendas ou rasuras que comprometam sua validade (art. 97 do citado decreto). O auto será encaminhado à unidade administrativa responsável pela apuração da infração, devendo ser devidamente autuado no prazo máximo de cinco dias úteis, contado do seu recebimento (art. 98 do decreto).

## 5. NULIDADES DO AIIPA

Se o auto de infração apresentar algum vício sanável, poderá ser ele convalidado de ofício a qualquer tempo pela autoridade julgadora, por despacho, após ouvir a Procuradoria-Geral Federal. Constatado o vício, o procedimento será anulado a partir da fase processual em que o vício foi produzido, reabrindo-se prazo para a defesa (art. 99 do citado decreto). Caso o vício seja insanável, o auto de infração deverá ser declarado nulo pela autoridade julgadora competente, que determinará o arquivamento do processo, após o pronunciamento do órgão da Procuradoria-Geral Federal que atua na respectiva unidade administrativa da entidade responsável pela autuação. Entende-se por vício insanável aquele em que a correção da autuação implica modificação do fato descrito no auto de infração. O erro no enquadramento legal da infração não implica vício insanável, podendo ser alterado pela autoridade julgadora mediante decisão fundamentada que retifique o auto de infração (art. 100, § 3º, alterado pelo Decreto n. 6.686/2008). Declarado nulo o auto e estando caracterizada a conduta ou atividade lesiva ao meio ambiente, outro auto de infração deverá ser lavrado, observando-se o prazo prescricional (art. 100 do decreto).

## 6. MEDIDAS APLICADAS PELO AGENTE AUTUANTE

Independente do órgão responsável pelo licenciamento ou autorização e na iminência ou ocorrência de degradação da qualidade ambiental, o ente federativo que tiver conhecimento do fato deverá determinar medidas para evitá-la, fazer cessá-la ou mitigá-la, comunicando imediatamente ao órgão competente para as providências cabíveis (art. 17, § 2º, da LC n. 140/2011).

Assim, constatada a infração ambiental, o agente autuante, no uso de seu poder de polícia, poderá adotar ainda as seguintes medidas administrativas: a) apreensão; b) embargo de obra ou atividade e suas respectivas áreas; c) suspensão de venda ou fabricação de produto; d) suspensão parcial ou total de atividades; e) destruição ou inutilização dos produtos, subprodutos e instrumentos da infração; e f) demolição. Visa-se, com estas medidas, prevenir a ocorrência de novas infrações, resguardar a recuperação ambiental e garantir o resultado prático do processo administrativo. Tais medidas serão lavradas em formulário próprio, sem emendas ou rasuras que comprometam a sua validade, e deverá conter, além da indicação dos respectivos dispositivos legais e regulamentares infringidos, os motivos que ensejaram o agente autuante a assim proceder (art. 101 do decreto).

O agente autuante, por fim, deverá estabelecer de forma objetiva os critérios complementares para o agravamento e atenuação das sanções administrativas. As sanções aplicadas pelo agente estarão sujeitas à confirmação pela autoridade julgada (art. 4º, §§ 1º e 2º, do Decreto n. 6.686/2008).

Ressalte-se ainda que o pagamento de multa por infração administrativa imposta pelos Estados, Municípios ou Distrito Federal substitui a aplicação de penalidade pecuniária pelo órgão federal, em decorrência do mesmo fato gerador, respeitados os limites estabelecidos no decreto (art. 76 da Lei n. 9.605/98 e art. 12 do citado decreto). Registre-se, ademais, que somente o efetivo pagamento da multa será considerado para efeito da substituição de que trata o art. 12 do citado decreto, não sendo admitida para esta finalidade a celebração de termo de compromisso de ajustamento de conduta ou outra forma de compromisso de regularização da infração ou composição de dano (parágrafo único do art. 12 do decreto).

Porém, nada impede o exercício pelos entes federativos da atribuição comum de fiscalização da conformidade de empreendimentos e atividades efetiva ou potencialmente poluidores ou utilizadores de recursos naturais com legislação ambiental em vigor, prevalecendo o auto de infração ambiental lavrado por órgão que detenha a atribuição de licenciamento ou autorização a que se refere o *caput* do art. 17 da LC n. 140/2011). Agora, não mais haverá conflito em relação à lavratura do auto de infração entre os entes federativos.

## 7. COMPETÊNCIA PARA LAVRAR AIIPA — JURISPRUDÊNCIA

Discutia-se, no entanto, se os fiscais do IBAMA de nível médio tinham competência para lavrar autos de infração relativos a crimes contra o meio ambiente, tais como desmatamento ilegal da Amazônia, falta de licenciamento ambiental e ilícitos contra a fauna e a flora. Tal discussão foi definitivamente resolvida pela 1ª Turma do Superior Tribunal de Justiça, que decidiu, por unanimidade, favoravelmente aos fiscais do IBAMA. Essa questão surgiu porque, entre 2002 e 2006, houve um aumento em contestações de autos de infração lavrados pelos técnicos de nível médio em torno de 80% no número. Arguia-se a competência desses fiscais com base em interpretações da Lei n. 10.410/2002, que trata das atribuições dos analistas ambientais (servidores de nível superior). A Justiça em vários estados decidiu contra o IBAMA. A Justiça Federal da 4ª Região determinou a nulidade de uma multa de R$ 43 mil aplicada por um técnico, em 2005, pelo uso indevido de agrotóxico importado do

Paraguai. O IBAMA recorreu ao STJ, alegando que o parágrafo 1º do art. 70 da Lei n. 9.605/98 garantiu a todos os funcionários vinculados ao Sistema Nacional de Meio Ambiente (SISNAMA) o poder de emitir autos de infração. O funcionário deveria, como no caso, ser designado para as funções de fiscalização. Afirmou ainda que a Lei n. 10.410/2002 havia apenas reestruturado a carreira do IBAMA, não restringido as atividades de fiscalização. Foi justamente esse o caso julgado. "A decisão do STJ significa manter o poder de polícia de todos os agentes do Ibama", comentou a procuradora-chefe da Procuradoria do Ibama e do Instituto Chico Mendes, Andréa Vulcanis, logo após o julgamento. A procuradora avaliou que a decisão formará jurisprudência, garantindo poder de polícia aos servidores de nível médio indicados por portaria a desempenharem função de fiscal do Ibama[6].

## 8. PRINCÍPIO DA LEGALIDADE

O *princípio da legalidade*, na esfera administrativa, deve ser observado pela Administração Pública. Esta deve pautar-se na lei. Não pode haver fiscalização ou eventual aplicação de sanção sem que haja expressa previsão legal. Se assim não for, haverá ofensa ao princípio previsto no art. 5º, II, da CF.

A Lei n. 9.605, de 12 de fevereiro de 1998, disciplinou as infrações administrativas no Capítulo VI, em seus arts. 70 a 76, tendo sido regulamentada pelo Decreto n. 6.514/2008.

Trata-se de lei federal que poderá ser suplementada pelos Estados (art. 24, § 2º, da CF) e pelos Municípios (art. 30, II, da CF). No entanto, não poderá a norma suplementada alterar a lei federal, exceto para pormenorizá-la ou restringi-la.

## 9. PODER DE POLÍCIA AMBIENTAL

Conforme esclarece o ilustre jurista Édis Milaré, a "aplicação de sanções administrativas figura entre as mais importantes expressões do poder de polícia conferido à Administração Pública. De fato, a coercibilidade é um dos atributos do poder de polícia, que se materializa através de penalidades administrativas previstas abstratamente em lei e aplicadas concretamente por agentes do Poder Público credenciados"[7]. Diante disso, faz-se necessário definir o que é poder de polícia ambiental. Há várias definições doutrinárias. Basta, para o nosso estudo, a definição legal prevista no art. 78 do CTN, que se enquadra perfeitamente ao *poder de polícia ambiental*. Diz citado

---

6. STJ, 1ª T., REsp 1057292-PR, rel. Francisco Falcão, v.u., j. 17-6-2008.
7. Édis Milaré, *Direito*, cit., p. 178.

dispositivo:"Considera-se poder de polícia atividade da administração pública que, limitando ou disciplinando direito, interesse ou liberdade, regula a prática de ato ou abstenção de fato, em razão de interesse público concernente à segurança, à higiene, à ordem, aos costumes, à disciplina da produção e do mercado, ao exercício de atividades econômicas dependentes de concessão ou autorização do Poder Público, à tranquilidade pública ou ao respeito à propriedade e aos direitos individuais ou coletivos".

Poder de polícia, em outras palavras, é a faculdade que tem a Administração Pública de limitar e disciplinar direito, interesse e liberdade, procurando regular condutas no seio da sociedade para evitar abuso por parte do poder do Estado.

O poder de polícia é amplo e abrange a proteção à moral e aos bons costumes, a preservação da saúde, o controle de publicações, a segurança das construções e dos transportes, a segurança nacional e especialmente a proteção do meio ambiente, por meio de seus órgãos competentes. É limitado, contudo, pelos interesses sociais e individuais do cidadão assegurados pela Constituição Federal.

São atributos do poder de polícia a discricionariedade, a autoexecutoriedade e a coercibilidade[8]. A *discricionariedade* está relacionada à oportunidade e conveniência no exercício do poder de polícia, devendo aplicar as sanções administrativas adequadas com vistas ao interesse público. A *autoexecutoriedade* é a faculdade que a Administração Pública tem de executar diretamente a sua decisão, ou seja, aplicar e executar as sanções previstas na legislação. A *coercibilidade* é a capacidade de imposição coativa das sanções aplicadas pela Administração Pública, utilizando-se, se for o caso, de força.

Assim, o poder de polícia, na esfera ambiental, é exercido pelos órgãos integrantes do SISNAMA.

## 10. SISTEMA NACIONAL DO MEIO AMBIENTE (SISNAMA)

O SISNAMA é "o conjunto de órgãos e instituições que nos níveis federal, estadual e municipal são encarregados da proteção ao meio ambiente, conforme definido em lei"[9].

Como já vimos, as instituições compreendem o Poder Executivo, o Legislativo e o Judiciário. Assim, são "poderes da União, independentes e harmônicos entre si, o Legislativo, o Executivo e o Judiciário" (art. 2º da CF). O Ministério Público também tem papel relevante na proteção do meio ambiente, elevando-se a um "quarto

---

8. Hely Lopes Meirelles, *Direito administrativo*, cit., p. 114-5.
9. Paulo de Bessa Antunes, *Direito*, cit., p. 53.

poder". Sua função primordial é a defesa da ordem jurídica, do regime democrático e dos interesses sociais e individuais indisponíveis (art. 127 da CF).

Incumbe ao *Executivo* apreciar o pedido de licenciamento e exercer o controle das atividades que se utilizam dos recursos naturais. Ao *Legislativo*, elaborar leis, fixar orçamento para os órgãos ambientais e exercer o controle das atividades do Executivo. Ao *Judiciário*, revisar os atos administrativos praticados pelo Executivo e exercer o controle da constitucionalidade das normas. Ao *Ministério Público*, promover o inquérito civil e a ação civil pública para a proteção do meio ambiente (art. 129, III, da CF).

Os órgãos integrantes do SISNAMA, por sua vez, estão previstos no art. 6º da Lei n. 6.938/81, quais sejam: a) *órgão superior* (Conselho de Governo); b) *órgão consultivo, deliberativo e normativo* (CONAMA); c) *órgão central* (Ministério do Meio Ambiente); d) *órgão executor* (IBAMA); e) *órgãos setoriais* (órgãos da Administração Federal direta, indireta ou fundacional encarregados de proteger o meio ambiente); f) *órgãos seccionais* (órgãos e entidades estaduais ambientais: SEMA, CONSEMA, CETESB, DEPRN, Polícia Militar Ambiental etc.); g) *órgãos locais* (órgãos ou entidades municipais ambientais). *V.* item 2 do Capítulo III do Título III deste *Manual*.

A Presidência da República instituiu, no âmbito dos Ministérios do Meio Ambiente e da Justiça, os Programas de Segurança Ambiental denominados Guarda Ambiental Nacional e Corpo de Guarda-Parques, com o objetivo de desenvolver ações de cooperação federativa na área ambiental. Tais programas destinam-se, prioritariamente, às atividades de prevenção e defesa contra crimes de infrações ambientais, bem como à preservação do meio ambiente, da fauna e da flora, conforme previsto no referido decreto e no ato formal específico de adesão dos entes federativos interessados (art. 1º, § 1º, do Decreto n. 6.514/2008).

Todos os órgãos têm poder de polícia para deliberar, determinar ou aplicar as sanções administrativas previstas nas esferas de suas competências.

Os Estados e os Municípios têm competência administrativa para complementar a legislação federal (art. 23 da CF). *V.* anotações aos artigos pertinentes à espécie no Título II sobre a "tutela constitucional do meio ambiente".

## Capítulo II
## Procedimento Administrativo

### 1. PROCEDIMENTO

O procedimento administrativo serve para que o infrator possa se defender das infrações aplicadas pelo agente autuante, utilizando-se, para tanto, de todas as garantias constitucionais. Encerrado este procedimento, o infrator ainda poderá propor ações judiciais perante o Poder Judiciário, se for o caso (art. 5º, XXXV, da CF).

Procedimento administrativo é uma "sucessão ordenada de operações que propiciam a formação de um ato final objetivado pela Administração. É o *iter* legal a ser percorrido pelos agentes públicos para a obtenção dos efeitos regulares de um ato administrativo principal"[1].

O procedimento administrativo será orientado pelos princípios da legalidade, finalidade, motivação, razoabilidade, proporcionalidade, moralidade, ampla defesa, contraditório, segurança jurídica, interesse público e eficiência, bem como pelos critérios mencionados no parágrafo único do art. 2º da Lei n. 9.784, de 29 de janeiro de 1999 (art. 95 do Decreto n. 6.514/2008).

### 2. FASES

O procedimento administrativo se desenvolve em diversas fases: a) a instauração do procedimento pelo auto de infração; b) a defesa técnica; c) a colheita de provas, se for o caso; d) a decisão administrativa; e e) eventualmente, o recurso. Esgotada a fase administrativa, o infrator poderá ainda utilizar-se da fase judicial, se ocorrer lesão ou ameaça de direito, consoante permissivo constitucional previsto no art. 5º, XXXV, da CF. Contudo, para a aplicação da sanção administrativa, a Administração Pública competente deverá estar revestida do poder de polícia ambiental.

Realizada a autuação do infrator, o procedimento deverá ser instaurado na órbita da Administração Pública competente, observando-se os princípios constitucionais do processo judicial ou mais precisamente o direito à ampla defesa e ao contraditório.

---

1. Hely Lopes Meirelles, *Direito administrativo*, cit., p. 133.

O direito à ampla defesa, no entender de Odete Medauar, abrange o caráter prévio de defesa, o direito de interpor recurso administrativo, a defesa técnica realizada por advogado, o direito de informação e o direito de produzir provas[2].

## 3. COMPETÊNCIA

Na esfera federal, compete ao Superintendente do IBAMA dos Estados designar servidor público de nível superior que exercerá a função de autoridade julgadora, o qual deverá julgar, apreciar pedidos de conversão e de parcelamento de multa, entre outras atribuições, autos de infração em primeira instância cujo valor da multa seja até 2 milhões de reais (art. 2º da IN n. 14/2009, do IBAMA).

No entanto, se esse valor ultrapassar a 2 milhões de reais, ficará ao encargo do Superintendente do IBAMA dos Estados a responsabilidade de julgar os recursos de autos de infração cujo valor da multa atribuído seja de até 2 milhões de reais, além de apreciar os pedidos de conversão e de parcelamento de multas superior a 2 milhões de reais, entre outras atribuições (art. 3º da citada IN).

Compete ainda à Câmara Recursal criada, no âmbito da Presidência do IBAMA, julgar, em grau de recurso, os autos de infração cujo valor da multa atribuído seja superior a 2 milhões de reais. O funcionamento e o regimento da Câmara Recursal serão definidos por ato do Conselho Gestor do IBAMA/SEDE (art. 4º da citada IN).

Das decisões proferidas em grau de recurso pelos Superintendentes ou pela Câmara Recursal caberá recurso ao CONAMA (art. 5º da citada IN).

## 4. PRAZOS

Assim, o procedimento administrativo para apuração de infração ambiental deverá observar os seguintes prazos máximos: a) *vinte dias* para o infrator oferecer defesa ou impugnação contra o auto de infração, contados da data da ciência da autuação (art. 113 do Dec. n. 6.514/2008); b) *trinta dias* para a autoridade competente julgar o auto de infração, contados da data da sua lavratura, apresentada ou não a defesa ou impugnação (art. 124 do citado decreto); c) *vinte dias* para o infrator recorrer da decisão condenatória à instância superior dos órgãos integrantes do SISNAMA, ou à Diretoria de Portos e Costas, do Ministério da Marinha, de acordo com o tipo de autuação (art. 127, parágrafo único, do citado decreto); e d) *cinco dias* para o pagamento de multa, contados da data do recebimento da notificação (art. 126 do decreto). Se o infrator pagar o débito neste prazo, terá um desconto de 30% (art. 132 da IN n. 14/2009, do IBAMA). Findo este prazo, deverá a Administração Pública promover a cobrança judicial do débito (art. 71, I a IV, da Lei n. 9.605/98), além de inscrevê-lo no CADIN (art. 133 da IN n. 14/2009, do IBAMA).

---

2. Odete Medauar, *Direito administrativo moderno*, São Paulo, Revista dos Tribunais, 1999, p. 201-4.

## 5. PRESCRIÇÃO

A prescrição da ação punitiva é disciplinada pelo art. 1º da Lei n. 9.873, de 23 de novembro de 1999. Diz citado dispositivo: "Prescreve em cinco anos a ação punitiva da Administração Pública Federal, direta e indireta, no exercício do poder de polícia, objetivando apurar infração à legislação em vigor, contados da data da prática do ato ou, no caso de infração permanente ou continuada, do dia em que tiver cessado". O prazo prescricional é de cinco anos (art. 21 do Decreto n. 6.514/2008). A prescrição da pretensão punitiva da administração, por outro lado, não elide a obrigação de reparar o dano ambiental (art. 21, § 4º, do Decreto n. 6.696/2008). O procedimento administrativo tem por objetivo apurar a prática de infrações contra o meio ambiente dentro de um prazo razoável, contado da data da prática do ato, ou, no caso de infração permanente ou continuada, do dia em que esta tiver cessado. Este prazo pode ser interrompido: a) pelo recebimento do auto de infração ou pela cientificação do infrator por qualquer outro meio, inclusive por edital; b) por qualquer ato inequívoco da administração que importe apuração do fato; e c) pela decisão condenatória recorrível. Considera-se ato inequívoco da administração, para efeito do que dispõe o inciso II, do art. 22 do decreto, aquele que implique instrução do processo (art. 22 do decreto). Incide a prescrição no procedimento de apuração do auto de infração paralisado por mais de três anos pendente de julgamento ou despacho, cujos autos serão arquivados de ofício ou mediante requerimento da parte interessada, sem prejuízo da apuração da responsabilidade funcional decorrente da paralisação e da reparação dos danos ambientais (art. 21, § 2º, do decreto).

## 6. RECURSOS

Os recursos deverão ficar restritos às esferas das competências de cada um dos entes federados. Não poderá haver recurso da esfera municipal para a estadual, nem desta para a federal[3]. A legislação também não previu a necessidade da exigência de depósito prévio como condição de admissibilidade dos recursos, não prevalecendo mais o dispositivo previsto no art. 8º, III, da Lei n. 6.938/81, em conformidade com o art. 2º, § 1º, da LINDB (antiga LICC)[4].

Na esfera federal, o recurso será dirigido à autoridade administrativa julgadora que proferiu a decisão, a qual, se não reconsiderar no prazo de cinco dias, o encaminhará ao Conselho Nacional do Meio Ambiente — CONAMA (art. 127, parágrafo único, do Decreto n. 6.514/2008). Citado recurso não terá efeito suspensivo. Na

---

[3]. Nesse mesmo sentido, Édis Milaré, *Direito do ambiente*, cit., p. 181, e Paulo Affonso Leme Machado, *Direito*, cit., p. 244-5.

[4]. Nicolao Dino de Castro e Costa Neto, Ney de Barros Bello Filho e Flávio Dino de Castro e Costa, *Crimes*, cit., 2. ed., 2001, p. 394.

hipótese de justo receio de prejuízo de difícil ou incerta reparação, a autoridade recorrida ou a imediatamente superior poderá, de ofício ou a pedido do recorrente, conceder efeito suspensivo ao recurso. No caso de aplicação de penalidade de multa, o recurso terá efeito suspensivo (art. 128 do decreto). Sempre que a decisão for favorável ao infrator, a autoridade julgadora deverá recorrer de ofício ao CONAMA (art. 129 do decreto). O CONAMA poderá confirmar, modificar, majorar, anular ou revogar, total ou parcialmente, a decisão recorrida. Mas, caso este órgão, ao julgar o recurso, pretender agravar a penalidade, deverá cientificar o autuado, antes da decisão, por meio de aviso de recebimento, para que ele se manifeste no prazo de dez dias (art. 130, parágrafo único, do decreto). O recurso, por fim, não será conhecido quando interposto: a) fora do prazo; b) perante órgão ambiental incompetente; ou c) por quem não seja legitimado (art. 131 do decreto).

Os requisitos para admissibilidade dos recursos encontram-se disciplinados nos arts. 119, 120 e 130 da IN n. 14/2009, do IBAMA. A autoridade julgadora competente (IBAMA e/ou CONAMA) poderá se retratar, no prazo de cinco dias, da decisão anteriormente proferida (arts. 124 e 131 da citada Instrução Normativa).

## 7. CONVERSÃO DA MULTA EM SERVIÇOS DE PRESERVAÇÃO, MELHORIA E RECUPERAÇÃO DA QUALIDADE AMBIENTAL

A autoridade ambiental poderá converter a multa simples em serviços de preservação, melhoria e recuperação da qualidade do meio ambiente. Estes serviços se consubstanciam em: a) execução de obras ou atividades de recuperação de danos decorrentes da própria infração; b) implementação de obras ou atividades de recuperação de áreas degradadas, bem como de preservação e melhoria da qualidade do meio ambiente; c) custeio ou execução de programas e de projetos ambientais desenvolvidos por entidades públicas de proteção e conservação do meio ambiente; e d) manutenção de espaços públicos que tenham como objetivo a preservação do meio ambiente (art. 140 do decreto). O autuado poderá requerer a conversão da multa por ocasião da apresentação de sua defesa (art. 142 do decreto). Uma vez deferido o pedido, o prazo para a interposição de recurso fica suspenso durante o prazo definido pelo órgão ou entidade ambiental da respectiva unidade para a celebração do termo de compromisso (art. 145, § 3º, do decreto). A assinatura do termo de compromisso implicará renúncia ao direito de recorrer. A celebração do termo não põe fim ao procedimento administrativo, devendo a autoridade competente monitorar e avaliar, no máximo a cada dois anos, se as obrigações assumidas estão sendo cumpridas. O termo terá efeitos nas esferas civil e administrativa. O seu descumprimento implica: a) na esfera administrativa — a imediata inscrição do débito em Dívida Ativa para cobrança da multa resultante do auto de infração em seu valor integral; e b) na esfera civil — a imediata execução judicial das obrigações assumidas, tendo em vista seu caráter de título executivo extrajudicial. Ressalte-se que a assinatura do termo suspende a exigibilidade da multa (art. 146, §§ 1º, 2º, 3º, 4º e 6º, do decreto). A conversão da multa não poderá ser concedida novamente ao mesmo infrator durante o período de cinco anos, contados da data da assinatura do termo de compromisso (art. 148 do decreto).

## 8. DIREITO À PUBLICIDADE

A Constituição Federal arrola vários princípios que devem ser observados pela Administração Pública, entre eles: a) o princípio da legalidade; b) o princípio da impessoalidade; c) o princípio da moralidade; d) o princípio da *publicidade*; e e) o princípio da eficiência (art. 37). O direito à publicidade deve ser preservado e realçado pelo Poder Público. Há a necessidade de se divulgarem pela imprensa todas as autuações das infrações administrativas e os pedidos de licenciamento para construção, reforma, ampliação, instalação ou funcionamento de estabelecimentos, obras ou serviços potencialmente poluidores para a população poder tomar conhecimento e, se quiser e tiver legitimidade, apresentar sugestões e críticas aos projetos ou aos pedidos.

O cidadão não pode ser surpreendido pela decisão consumada do Poder Público. Essa integração entre comunidade e Poder Público poderá evitar traumas futuros e eventuais ações contra a Administração e o interessado. Todos têm o direito a opinar sobre o projeto submetido à sua apreciação.

É tendência no nosso ordenamento jurídico dar publicidade aos atos administrativos (infrações e concessões de licenciamento) baixados pelo Poder Público, os quais deverão ser divulgados pelo *Diário Oficial* ou outro veículo de grande circulação local. Tal fato permite a participação da comunidade na elaboração, discussão e decisão das políticas públicas ambientais.

O cidadão não pode ficar à margem das decisões que envolvam questões ambientais que diretamente o afetam.

A Constituição Federal exige, por ocasião da elaboração do estudo prévio de impacto ambiental (EPIA/RIMA), que se lhe dê publicidade (art. 225, § 1º, IV). Ressalte-se ainda que os pedidos de licenciamento, sua renovação e a respectiva concessão serão publicados no jornal oficial do Estado, bem como em um periódico regional ou local de grande circulação (art. 10, § 1º, da Lei n. 6.938/81).

## 9. DIREITO À INFORMAÇÃO

O *direito à informação* é outro direito do cidadão previsto também na Constituição Federal, em seu art. 5º, XXXIII, que reza: "todos têm direito a receber dos órgãos públicos informações de seu interesse particular, ou de interesse coletivo ou geral, que serão prestadas no prazo da lei, sob pena de responsabilidade, ressalvadas aquelas cujo sigilo seja imprescindível à segurança da sociedade e do Estado". Esse dispositivo foi regulamentado pela Lei n. 9.051, de 18 de maio de 1995.

Na esfera infraconstitucional, o art. 6º, § 3º, da Lei n. 6.938/81 dispõe sobre a necessidade de os órgãos ambientais fornecerem informações à pessoa legitimada.

Reza citado dispositivo: "Os órgãos central, setoriais, seccionais e locais mencionados neste artigo deverão fornecer os resultados das análises efetuadas e sua fundamentação, quando solicitados por pessoa legitimamente interessada"[5].

A princípio, todo cidadão tem legitimidade para requerer dos órgãos ambientais as informações necessárias de seu interesse particular ou do interesse coletivo, especialmente quando se relacionarem à proteção e à manutenção do equilíbrio ecológico, considerando o meio ambiente como um patrimônio público a ser necessariamente assegurado e protegido, tendo em vista o uso coletivo (art. 2º, I, da Lei n. 6.938/81).

Assim, não basta a publicidade das infrações administrativas e dos pedidos de licenciamento no órgão de imprensa oficial. É necessário também que as informações sejam fornecidas amplamente para que o cidadão legitimado possa opinar e apresentar sugestões a respeito do projeto potencialmente poluidor ao meio ambiente.

## 10. AUDIÊNCIA PÚBLICA

Paulo Affonso Leme Machado coloca a audiência pública como parte do procedimento administrativo, afirmando que a conciliação é valiosa tanto para o licenciamento de uma atividade como para a aplicação de punição[6].

A concessão do licenciamento ou a aplicação de infrações administrativas podem ser discutidas na fase de conciliação entre os interessados, as vítimas em potencial e as associações, em audiência pública, presidida pela Administração Pública. Essa discussão dar-se-á por meio das audiências públicas, nas quais os interessados legitimados poderão apresentar sugestões e críticas ao projeto. Em caso de infração administrativa, os interessados poderão também discutir o tipo adequado de sanção a ser aplicada ao poluidor e a destinação da pena pecuniária, bem como a reparação dos danos causados ao meio ambiente, especialmente porque as penas pecuniárias foram elevadas a grandes quantias, podendo, inclusive, haver a interdição parcial ou total da empresa. Tais medidas poderão atingir diretamente a sociedade, trazendo consequências sociais irreparáveis.

Caberá, por outro lado, ao CONAMA "homologar acordos visando à transformação de penalidades pecuniárias na obrigação de executar medidas de interesse para a proteção ambiental" (art. 8º, IV, da Lei n. 6.938/81).

---

5. O art. 2º, § 1º, da Lei n. 10.650, de 16 de abril de 2003, ampliou o acesso aos dados de informações a *qualquer indivíduo*, que pode, no nosso entender, ser parte legítima no procedimento administrativo de licenciamento, independentemente da comprovação de interesse específico, mediante requerimento escrito, no qual assumirá a obrigação de não utilizar as informações colhidas para fins comerciais, sob as penas da lei civil, penal, de direito autoral e de propriedade industrial, assim como de citar as fontes, caso, por qualquer meio, venha a divulgar os aludidos dados.

6. Paulo Affonso Leme Machado, *Direito*, cit., p. 125.

## Capítulo III
### Sanção Administrativa

### 1. SANÇÃO

É relevante ressaltar que toda decisão punitiva deve ser motivada sob pena de ser revista pelo Poder Judiciário, o qual poderá, diante do excesso punitivo, reduzir a penalidade ou anulá-la para que o órgão público ambiental possa adequá-la, observando-se o princípio da proporcionalidade entre a conduta ilícita e a aplicação da medida punitiva. Toda medida punitiva deve ser motivada com base na teoria dos motivos determinantes, tendo por objetivo evitar excesso por parte do Poder Público na aplicação da sanção. Deve o órgão administrativo observar os critérios previstos no art. 4º do Decreto n. 6.514/2008.

O art. 3º do Decreto n. 6.514/2008, bem como o art. 72 da Lei n. 9.605/98, apresentam o seguinte rol de sanções administrativas:

I) *advertência* — será aplicada em caso de o infrator, por inobservância da lei ou regulamento, deixar de sanar a irregularidade apurada pelo órgão fiscalizador (inciso I do art. 3º e art. 5º do decreto);

II) *multa simples* — será aplicada se o agente, por negligência ou dolo, advertido por irregularidades que tenham sido praticadas, deixar de saná-las no prazo assinalado pelo órgão competente do SISNAMA ou pela Capitania dos Portos do Comando da Marinha, ou se opuser embargo à fiscalização dos órgãos do SISNAMA ou da Capitania dos Portos do Comando da Marinha. A multa poderá ser também convertida em serviços de preservação, melhoria e recuperação da qualidade do meio ambiente (inciso II do art. 3º e arts. 8º a 13 do decreto);

III) *multa diária* — será aplicada sempre que o cometimento da infração se prolongar no tempo, até a sua efetiva cessação ou regularização da situação mediante a celebração, pelo infrator, de termo de compromisso de reparação do dano (inciso III do art. 3º do decreto). Os valores arrecadados serão revertidos aos Fundos criados por lei federal, estadual ou municipal (arts. 73 da Lei n. 9.605/98 e 10 do decreto). A multa terá por base a unidade, hectare, metro cúbico, quilograma ou outra medida pertinente, de acordo com o objeto jurídico lesado (arts. 74 da Lei n. 9.605/98 e 8º e 9º do decreto). O valor da multa de que trata esse decreto será corrigido, periodicamente, com base nos índices estabelecidos na legislação pertinente, sendo o mínimo de R$ 50,00 e o máximo de R$ 50.000.000,00 (art. 9º do decreto).

Registre-se que as multas previstas no citado decreto podem ter a sua exigibilidade suspensa quando o infrator, por termo de compromisso aprovado pela autoridade competente, obrigar-se à adoção de medidas específicas, para fazer cessar ou corrigir a degradação ambiental (§ 6º do art. 146 do Dec. n. 6.514/2008). Trata-se de mais um subterfúgio para deixar de aplicar a infração administrativa à semelhança da Medida Provisória n. 2.163-41/2001, antiga Medida Provisória n. 1.710/98;

IV) *apreensão dos animais, produtos e subprodutos da fauna e flora, instrumentos, petrechos, equipamentos ou veículos de qualquer natureza utilizados na infração* — os animais serão devolvidos ao seu hábitat, se possível, os produtos, subprodutos da flora e da fauna e veículos serão avaliados e doados às entidades de caridade, às instituições científicas ou hospitalares e os petrechos e equipamentos serão vendidos com a garantia de sua descaracterização (inciso IV do art. 3º, art. 14, inciso I do art. 101, arts. 102, 103, 104, 105, 106 e 107 do decreto e art. 25, §§ 1º e 4º, da Lei n. 9.605/98);

V) *destruição ou inutilização do produto* — o produto da flora e da fauna será destruído ou inutilizado ou, excepcionalmente, doado a instituições científicas, culturais ou educacionais (inciso V do art. 3º, parágrafo único do art. 111 do decreto e art. 25, §§ 2º e 3º, da Lei n. 9.605/98);

VI) *suspensão de venda e fabricação do produto* — trata-se de sanção não prevista em legislação anterior, cuja eficácia será importante para obstar a continuidade da venda e do fabrico de produtos noviços à saúde, à segurança e ao bem-estar da população (inciso VI do art. 3º e art. 109 do decreto);

VII) *embargo de obra ou atividade* — o órgão fiscalizador poderá embargar a obra ou a própria atividade causadora da degradação ambiental (inciso VII do art. 3º, arts. 17, 18 e §§ 1º e 2º do art. 108 do decreto);

VIII) *demolição de obra* — o órgão fiscalizador poderá ainda determinar a demolição da obra construída irregularmente (inciso VIII do art. 3º, art. 19 e §§ 1º, 2º e 3º do art. 112 do decreto);

IX) *suspensão parcial ou total das atividades* — o órgão fiscalizador poderá determinar a suspensão total ou parcial das atividades caso constate alguma irregularidade ou o descumprimento de normas ambientais relevantes (inciso IX do art. 3º e art. 110 do decreto);

X) *restritiva de direitos* — abrange a suspensão de registro, licença, permissão ou autorização; cancelamento de registro, licença, permissão ou autorização; perda ou restrição de incentivos e benefícios fiscais; perda ou suspensão da participação em linhas de financiamento em estabelecimentos oficiais de crédito; e proibição de contratar com a Administração Pública, pelo período de até três anos (inciso X do art. 3º e incisos I a V do art. 20 do decreto e art. 72, § 8º, da Lei n. 9.605/98).

Ressalte-se que essas sanções são obrigatórias para a União, podendo os Estados e Municípios acrescentar outras que julgarem convenientes, e não excluem a previsão de outras infrações existentes na legislação pertinente (parágrafo único do art. 2º do decreto).

Referidas sanções poderão ser aplicadas cumulativamente ao infrator que cometer duas ou mais infrações administrativas (§ 1º do art. 3º do decreto).

## 2. DESTINAÇÃO DOS VALORES ARRECADADOS EM PAGAMENTO DE MULTAS

Por fim, os valores arrecadados em pagamento de multas por infração ambiental serão revertidos ao Fundo Nacional do Meio Ambiente (criado pela Lei n. 7.797, de 10-7-1989), Fundo Naval (criado pelo Dec. n. 20.923, de 8-1-1932), fundos estaduais ou municipais do meio ambiente, ou correlatos, conforme dispuser o órgão arrecadador (art. 73 da Lei n. 9.605/98).

Reverterão ao Fundo Nacional do Meio Ambiente — FNMA cinquenta por cento dos valores arrecadados em pagamento de multas aplicadas pela União, podendo o referido percentual ser alterado, a critério dos órgãos arrecadadores (art. 13 do Dec. n. 6.514/2008).

## 3. ALGUMAS MULTAS APLICADAS POR ÓRGÃOS AMBIENTAIS

O Banco do Brasil S.A. foi multado em R$ 4 milhões pela Secretaria Municipal do Verde e do Meio Ambiente de São Paulo, por infração administrativa, pelo fato de não investigar contaminação em terreno que possui na zona leste. Trata-se de área que já abrigou indústria cerâmica, localizada no Jardim Keralux, em que houve ocupação irregular de cerca de 8.000 famílias. O órgão ambiental exigiu que a instituição financeira fizesse estudo detalhado no local dos riscos à população que mora na área, concedendo-lhe prazo para tal fim. Findo o prazo, a instituição não apresentou tal estudo, sendo por essa razão multada.

Constatou-se, na área, a existência de elementos químicos nocivos à saúde humana. O solo está contaminado com BHC — pesticida proibido no país na década de 1980. Tal substância pode causar leucopenia — diminuição dos glóbulos brancos, que fazem a defesa do organismo.

O Banco do Brasil interpôs mandado de segurança para suspender a multa imposta. Em sua defesa, a instituição alegou ter adquirido a área em decorrência de inadimplência de dívida contraída por devedor e não ter participação alguma na contaminação da área. O juiz indeferiu a liminar, sustentando que o banco teve conhecimento da contaminação do terreno e nada fez para eliminar as suas consequências. Disse ainda que o banco é responsável pela descontaminação do solo com fundamento na responsabilidade objetiva, ou seja, o fato independe de culpa[1].

---

1. Afra Balazina e José Ernesto Credendio, BB é multado por crime ambiental em SP, *Folha de S.Paulo*, 18 ago. 2007, p. C-6.

No dia 29 de setembro de 2003, a empresa Usina da Pedra, localizada em Serrana, Estado de São Paulo, deixou vazar grande quantidade de melaço de cana-de-açúcar no rio Pardo. Esse acidente ocasionou a morte de 208 toneladas de peixes, um desastre ambiental imenso. Pescadores ficaram sem trabalhar no rio Grande, pois o melaço percorreu 150 quilômetros do rio Pardo até desaguar no rio Grande. O IBAMA multou a empresa em R$ 10 milhões, mas a usina recorreu e ainda não pagou. A CETESB, por sua vez, aplicou duas multas que somam R$ 137 mil e já foram pagas.

Resta apenas a reparação da área. A usina, por sua vez, apresentou plano de recuperação da área, orçado em R$ 1,5 milhão, mas o IBAMA e o Ministério Público acharam o valor baixo pela extensão dos danos. Já foi proposta ação civil pública em face da usina, que demonstra boa vontade na recuperação da área; basta apenas chegar a um bom termo para resolver o litígio[2].

O IBAMA aplicou multas a cinco siderúrgicas do polo de produção de ferro-gusa (principal componente do aço), no interior do Pará, somando-se ao menos R$ 254 milhões. Elas utilizam carvão vegetal de origem desconhecida. São árvores derrubadas de maneira irregular das florestas da região. Em operações realizadas pelo IBAMA, logrou-se apreender 61 mil metros cúbicos de carvão vegetal. As empresas, questionadas em juízo, teriam adquirido pelo menos 6,7 milhões de metros cúbicos de carvão vegetal clandestino nos últimos anos. Esse cálculo é feito com base em estimativas da produção do ferro-gusa nas unidades e a quantidade de carvão utilizado na siderúrgica. As empresas recorreram de todas as multas e questionam a metodologia usada para o cálculo, pois ele não leva em conta fatores como novas tecnologias que reduzem o consumo de carvão vegetal[3].

A empresa Império do Forro de Bolso importou lixo hospitalar dos EUA e foi multada em R$ 6 milhões, pelo IBAMA, por danos ambientais. Também foi multada a operadora de transporte marítimo Hamburg Süd, em R$ 2 milhões, por ter levado a carga até o porto de Suape-PE. Foram encontradas 46 toneladas de lençóis e fronhas usados com inscrições de hospitais dos Estados Unidos. Parte desse material estava sendo vendida pela empresa Império em Santa Cruz do Capibaribe. A multa foi dividida entre três lojas da empresa. Nas lojas, o órgão ambiental encontrou 25 toneladas de lençóis e fronhas. A Vigilância Sanitária do Estado aguarda os resultados dos exames no material apreendido para constatar se se trata de lixo hospitalar[4].

---

2. Marcelo Toledo, Desastre em rios de SP fica impune após 2 anos, *Folha de S. Paulo*, 25 set. 2005, p. C-5.

3. Felipe Bächtold, Ibama multa siderúrgicas em R$ 254 mi, *Folha de S. Paulo*, 28 ago. 2007, p. B-8.

4. Jean-Philip Struck e Felipe Luchete, Ibama multa importadora de lixo hospitalar em R$ 6 mi, *Folha de S. Paulo*, 25 out. 2011, p. C-9.

Outra decisão importante sustenta não ser necessária a aplicação de advertência antes da lavratura de multa, nos termos do art. 72, § 3º, I, da Lei n. 9.605/98. A 1ª Turma do STJ julgou, no dia 17 de março de 2015, o Recurso Especial n. 1.318.051-RJ, oriundo da 4ª Região do TRF, que, por maioria de votos, afastou a obrigatoriedade de aplicação de multa antes da advertência, por se tratar de fato grave. O relator, ministro Benedito Gonçalves, afirmou que, além de a responsabilidade administrativa ambiental ser objetivo, a transgressão foi grave, consubstanciada no derramamento de cerca de 70.000 (setenta mil) litros de óleo diesel na área de preservação ambiental de Guapimirim, em áreas de preservação permanente (faixas marginais dos rios Aldeia, Caceribú e Guaraí-Mirim e de seus canais) e em vegetações protetoras de mangue. Some-se isso aos fatos de que, conforme atestado no relatório técnico de vistoria e constatação, houve morosidade e total despreparo nos trabalhos emergenciais de contenção do vazamento e as barreiras de contenção, as quais apenas foram instaladas após sete horas do ocorrido, romperam-se, culminando no agravamento do acidente. Nesse cenário catastrófico, a aplicação de simples penalidade de advertência atentaria contra os princípios informadores do ato sancionador, quais sejam: a proporcionalidade e a razoabilidade. Correta, pois, a aplicação de multa, não sendo necessário, para sua validade, a prévia imputação de advertência, na medida em que a infração ambiental é de natureza grave.

Percebe-se, por meio dessas multas, que o meio ambiente tem sido protegido eficazmente na esfera administrativa, na tentativa de coibir que as empresas venham a degradá-lo ainda mais.

# TÍTULO X
# Tutela Penal do Meio Ambiente[1]

## Capítulo I
### Parte Geral

## 1. INTRODUÇÃO

Nos dias atuais, a tutela penal do meio ambiente continua sendo uma necessidade indispensável, especialmente quando as medidas nas esferas administrativa e civil não surtirem os efeitos desejados. A medida penal tem por escopo prevenir e reprimir condutas praticadas contra a natureza. A moderna doutrina penal vem propugnando a abolição da pena privativa de liberdade com a consequente substituição por penas alternativas. Num futuro próximo, a pena privativa de liberdade será aplicada em casos extremos. Procura-se evitar, ao máximo, a sua aplicação ao caso concreto, impondo-se medidas alternativas aos infratores. O legislador da Lei n. 9.605/98 seguiu essa tendência moderna.

Não há dúvida de que o final do século XX será lembrado pelas futuras gerações como o mais importante para o meio ambiente. Fez-se mais pelo meio ambiente em suas três últimas décadas do que em todo o século.

Acreditamos que será a educação nos bancos escolares que fará despertar a consciência cívica dos povos. O meio ambiente não tem pátria. Ele é de cada um, individualmente, e, ao mesmo tempo, de todos. Sua proteção não deve restringir-se a uma ou a várias pessoas de um mesmo país, mas, sim, a todos os países. Um crime ambiental poderá repercutir em diversos países do mundo, como, por exemplo, um desastre nuclear ou a poluição de um rio que corta alguns países.

Por esse motivo é que a tutela penal do meio ambiente passa a ser tão importante, pois o bem jurídico protegido é mais amplo do que o bem protegido em outros delitos penais.

Assim, para o direito penal moderno, a tutela penal deve ser reservada à lei, partindo-se do princípio da intervenção mínima no Estado Democrático de Direito.

---

1. V. nossa *Tutela penal do meio ambiente*, 4. ed., São Paulo, Saraiva, 2011.

Tal tutela deve ser a *ultima ratio*, ou seja, só depois de se esgotarem os mecanismos intimidatórios (civil e administrativo) é que se procurará a eficácia punitiva na esfera penal[2].

## 2. ANTECEDENTES HISTÓRICOS

As legislações penais esparsas relativas ao meio ambiente existentes antes do advento da Lei n. 9.605/98 eram muito confusas e de difícil aplicação.

São elas: no Código Penal, arts. 163 (crime de dano), 164 (introdução ou abandono de animais em propriedade alheia), 165 (coisa tombada), 166 (alteração de local protegido), 250, § 1º, II, *h* (incêndio em mata e floresta), 251, §§ 1º e 2º (explosão), 252 (uso de gás tóxico ou asfixiante), 253 (fabrico, fornecimento, aquisição, posse ou transporte de explosivos ou gás tóxico, ou asfixiante), 254 (inundação), 256 (desabamento e desmoronamento), 259 (difusão de doença ou praga) e 267 a 271 (crimes contra a saúde pública); na Lei de Contravenções Penais, arts. 31 (omissão de cautela na guarda ou condução de animais), 37 (arremesso ou colocação perigosa), 38 (poluição do ar), 42 (poluição sonora) e 64 (crueldade contra animais).

Nas *legislações esparsas* temos: arts. 15 (causar poluição colocando em perigo a incolumidade humana) da Lei n. 6.938/81 (que cuida da Política Nacional do Meio Ambiente), 26 a 36 da Lei n. 4.771/65 (antigo Código Florestal), 27 a 34 da Lei n. 5.197/67 (Lei de Proteção à Fauna — antigo Código de Caça), 19 a 27 da Lei n. 6.453/77 (cuida da responsabilidade civil por danos nucleares e da responsabilidade criminal por atos relacionados com atividades nucleares), 50 a 52 da Lei n. 6.766/79 (dispõe sobre o parcelamento do solo urbano), 2º da Lei n. 7.643/87 (proíbe a pesca ou qualquer forma de molestamento de cetáceo nas águas jurisdicionais brasileiras), Lei n. 7.653/88 (criminalizou condutas que eram consideradas meras contravenções pelo Código de Caça e criou figuras criminosas relacionadas à pesca), 8º da Lei n. 7.679/88 (proíbe a pesca de espécies em períodos de reprodução), 15, 16 e 17 da Lei n. 7.802/89 (que disciplina o uso de agrotóxicos), 21 da Lei n. 7.805/89 (pune a extração de minério sem permissão, concessão ou licença), 10 da Lei n. 7.347/85 (recusa, retarda ou omite dados requisitados pelo MP), 6º da Lei n. 8.072/90 (que alterou os arts. 267 e 270 do CP — passou a considerar crimes hediondos causar epidemia e envenenar água potável) e 24 a 29 da Lei n. 11.105/2005 (regulamenta os incisos II, IV e V do § 1º do art. 225 da CF, estabelece normas de segurança e mecanismos de fiscalização de atividades que envolvam organismos geneticamente modificados — OGM e seus derivados, cria o Conselho Nacional de Biossegurança

---

2. Ivete Senise Ferreira, *Tutela penal*, cit., p. 13.

— CNBS, reestrutura a Comissão Técnica Nacional de Biossegurança — CTNBio, dispõe sobre a Política Nacional de Biossegurança — PNB, revoga a Lei n. 8.974, de 5-1-1995, e a Medida Provisória n. 2.191-9, de 23-8-2001, e os arts. 5º, 6º, 7º, 8º, 9º, 10 e 16 da Lei n. 10.814, de 15-12-2003, e dá outras providências).

Ficava, dessa forma, dificultosa a consulta rápida e imediata de toda a legislação esparsa existente em nosso ordenamento penal. Daí a necessidade de uma codificação ordenada e sistematizada das infrações penais de caráter ambiental. A inexistência desse ordenamento lógico e sistemático causava certas aberrações, cujas soluções só a jurisprudência acabava sanando ou minimizando.

Foi em razão dessa necessidade que o legislador infraconstitucional resolveu ordenar em um único diploma legal todos os crimes relacionados ao meio ambiente, consolidando e sistematizando os delitos e penas dentro de uma lógica formal. Nasceu, dessa forma, a Lei n. 9.605/98, que cuida dos crimes ambientais e das infrações administrativas.

## 3. NORMAS GERAIS DE INTEGRAÇÃO

A lei aprovada pelo Congresso e sancionada pelo ex-Presidente da República consubstancia-se num verdadeiro microssistema jurídico-penal ambiental. Cuida-se, em outras palavras, de um minicódigo penal ambiental. Ele divide-se em: parte geral (art. 1º ao art. 28) e parte especial (art. 29 ao art. 69-A). Sua integração se faz pelas normas gerais de integração. Para isso, há normas de subordinação imediata e mediata. Aquelas ligam o fato diretamente à norma incriminadora. Estas, ao revés, precisam de outras normas inseridas da parte geral para sua complementação ao tipo penal.

Normas gerais de integração são normas de subordinação mediata. Tais normas têm a incumbência de ligar as normas contidas na parte especial (crimes em espécie) com as normas contidas na parte geral (normas complementares), completando o tipo penal (tipicidade).

## 4. PRAZO DA ENTRADA EM VIGOR DA LEI

O art. 81 da Lei n. 9.605/98 estabelecia que a lei entraria em vigor na data de sua publicação no *Diário Oficial*. Ora, todos sabem que uma lei só entra em vigor após o transcurso do prazo de vacância. Isso para dar maior conhecimento à sociedade em geral. Como esse artigo foi vetado, prevalece o disposto no art. 1º da LINDB, que prevê o prazo de quarenta e cinco dias para a lei entrar em vigor, contados da data da publicação no *Diário Oficial da União*, ou seja, 13 de fevereiro de 1998.

Assim, como não havia disposição expressa em contrário, a lei entrou em vigor no dia 30 de março de 1998, ou seja, quarenta e cinco dias da data da sua publicação no *Diário Oficial*.

## 5. CONTEÚDO DA LEI

A Lei n. 9.605/98 contém 82 artigos, distribuídos em oito capítulos. O Capítulo I trata das disposições gerais (sujeito ativo, pessoa jurídica, autoria e coautoria); o Capítulo II, da aplicação da pena (tipos de penas, consequências do crime, culpabilidade, circunstâncias atenuantes e agravantes); o Capítulo III cuida da apreensão do produto e do instrumento de infração administrativa ou de crime (instrumentos e produtos do crime); o Capítulo IV trata da ação e do processo penal (todos os crimes da lei são de ação penal pública incondicionada e permitem a aplicação dos dispositivos dos arts. 74, 76 e 89 da Lei n. 9.099/95, com algumas novidades); o Capítulo V cuida dos crimes contra o meio ambiente (Seção I — Dos Crimes contra a Fauna; Seção II — Dos Crimes contra a Flora; Seção III — Da Poluição e Outros Crimes Ambientais; Seção IV — Dos Crimes contra o Ordenamento Urbano e o Patrimônio Cultural; e Seção V — Dos Crimes contra a Administração Ambiental); o Capítulo VI, da infração administrativa; o Capítulo VII cuida da cooperação internacional para a preservação do meio ambiente; e, finalmente, o Capítulo VIII, que cuida das disposições finais (o legislador restringiu-se a revogar as disposições em contrário, cabendo ao operador do direito cotejar as leis incompatíveis com este).

Passemos a analisar alguns pontos inovadores inseridos na denominada *lei contra os crimes ambientais*.

## 6. RAZÕES DOS VETOS

No dia 12 de fevereiro de 1998, o Senhor Excelentíssimo ex-Presidente da República sancionou a Lei n. 9.605, que trata das sanções penais e administrativas derivadas de condutas e atividades lesivas ao meio ambiente, vetando dez artigos. O primeiro veto consistiu em tirar do art. 1º as sanções civis. A lei ampliou o objetivo inicial, inserindo sanções civis, administrativas e penais. No entanto, as sanções civis continuam disciplinadas pela Lei n. 6.938, de 31 de agosto de 1991. O art. 5º também foi vetado. Esse artigo tratava da responsabilidade objetiva. Tal responsabilidade está disciplinada na Lei de Política Nacional do Meio Ambiente e com redação melhor. O parágrafo único do art. 26 da lei foi vetado, porque, no entender do então Presidente, era inconstitucional. Tal dispositivo excluía da competência estadual a possibilidade de atuação de processos dos crimes ambientais, se não houvesse vara da Justiça Federal na localidade. Também vetou o inciso III do art. 37, porque entendeu que não há legítima defesa contra animais. Tal artigo permitia o exercício da legítima defesa contra ataques de animais ferozes. Vetou ainda o art. 43, que impunha a pena de detenção de um a três anos e multa para quem fizesse uso de fogo em florestas ou demais formas de vegetação sem tomar as precauções necessárias para evitar a sua propagação. Isso poderia prejudicar aquele que emprega o fogo nas práticas agropastoris, florestais e na plantação de cana-de-açúcar da forma adequada, utilizando-se o aceiro como técnica de evitar a propagação do fogo para as outras áreas. Vetou ainda o art. 47, porque entendeu que o dispositivo foi mal redigido, dando a entender que, para realizar exportação de quaisquer produtos ou subprodutos de origem vegetal, haveria a necessidade de licença. Vetou o art. 57, que impunha pena de detenção de um a três anos para quem importasse ou comercializasse substâncias ou produtos tóxicos ou potencialmente perigosos para o meio ambiente. Entendeu o ex-Presidente que o dispositivo era muito abrangente, impedindo a importação de qualquer agrotóxico. Também vetou o art. 59, que impunha a sanção penal de três meses a um ano de detenção e multa para quem produzisse sons, ruídos ou vibrações em desacordo com as prescrições legais. O então Presidente atendeu à bancada evangélica, que, em seus cultos, costuma produzir ruídos intoleráveis, justificando, ainda, que não há definição clara do que seja "perturbação ambiental". Vetou o inciso X do art. 72, que previa a intervenção em estabelecimento como uma das formas de punição por infração administrativa. Entendeu o ex-Presidente que se tratava de pena gravíssima para ser aplicada por um fiscal. Por fim, vetou ainda o art. 81, que estabelecia que a lei entraria em vigor na data de sua publicação no *Diário Oficial da União*. Entendeu o então Presidente que a lei não poderia entrar em vigor imediatamente: haveria necessidade de divulgação pela mídia das infrações penais, caso contrário estar-se-ia desrespeitando o art. 1º da LINDB.

## 7. SUJEITOS DO CRIME

Os sujeitos do crime abrangem o sujeito ativo, o sujeito passivo, o concurso de pessoas e a polêmica responsabilidade penal da pessoa jurídica.

### 7.1. Responsabilidade penal da pessoa física

O sujeito ativo dos crimes ambientais pode ser qualquer pessoa física imputável (art. 2º da Lei n. 9.605/98). Considera-se imputável toda pessoa que tem capacidade de entender a ilicitude do fato e de agir de acordo com esse entendimento.

As sanções penais aplicáveis à pessoa física são as penas privativas de liberdade, as restritivas de direitos e a multa. No entanto, a pena poderá ser atenuada: a) se o sujeito ativo tiver baixo grau de instrução ou escolaridade; b) se o sujeito ativo se arrepender e reparar espontaneamente o dano, ou limitar significativamente a degradação ambiental causada; c) se o agente comunicar previamente o perigo iminente de degradação ambiental; e d) se o agente colaborar com os encarregados da vigilância e do controle ambiental (art. 14 da Lei n. 9.605/98); ou agravada, quando não constituem ou qualificam o crime: I — reincidência nos crimes de natureza ambiental; e II — ter o agente cometido a infração: a) para obter vantagem pecuniária; b) coagindo outrem para a execução material da infração; c) afetando ou expondo a perigo, de maneira grave, a saúde pública ou o meio ambiente; d) concorrendo para danos à propriedade alheia; e) atingindo áreas de unidades de conservação ou áreas sujeitas, por ato do Poder Público, a regime especial de uso; f) atingindo áreas urbanas ou quaisquer assentamentos humanos; g) em período de defeso à fauna; h) em domingos ou feriados; i) à noite; j) em épocas de seca ou inundações; k) no interior do espaço territorial especialmente protegido; l) com o emprego de métodos cruéis para abate ou captura de animais; m) mediante fraude ou abuso de confiança; n) mediante abuso do direito de licença, permissão ou autorização ambiental; o) no interesse de pessoa jurídica mantida, total ou parcialmente, por verbas públicas ou beneficiada por incentivos fiscais; p) atingindo espécies ameaçadas, listadas em relatórios oficiais das autoridades competentes; e q) facilitada por funcionário público no exercício de suas funções (art. 15 da Lei n. 9.605/98).

## 7.2. Responsabilidade penal da pessoa jurídica

Também pode ser sujeito ativo dos crimes ambientais a pessoa jurídica (art. 3º da Lei n. 9.605/98). Entende-se por pessoa jurídica a que exerce uma atividade econômica. Trata-se de um ente fictício, cujos estatutos estão previamente arquivados na junta comercial local. As sanções penais aplicáveis à pessoa jurídica são as penas de multa, as restritivas de direito, a prestação de serviços à comunidade (art. 21 da Lei n. 9.605/98), a desconsideração da personalidade jurídica (art. 4º da Lei n. 9.605/98) e a execução forçada (art. 24 da Lei n. 9.605/98).

Com o advento da citada lei, a responsabilidade penal em nosso ordenamento jurídico penal ficou dividida em: a) responsabilidade penal da pessoa física; e b) responsabilidade penal da pessoa jurídica. Em relação à pessoa física não há qualquer dificuldade no que tange à aplicabilidade da pena. Em relação à pessoa jurídica, a responsabilidade penal passou a ser tema de muito conflito e divergência, não só no Brasil, mas também em outros países. O tema é conflituoso, especialmente porque impera, no direito penal, o princípio da culpabilidade (juízo de reprovabilidade). Pune-se a pessoa física com base na sua culpabilidade (imputabilidade, potencial consciência da ilicitude e exigibilidade de conduta diversa). Como seria possível punir penalmente um ente fictício com pena de multa, restritiva de direitos ou prestação de serviços à comunidade, por exemplo? Normalmente, a dosimetria da pena se baseia na culpabilidade da pessoa física. Já a dosimetria da pena, em relação à pessoa jurídica, estaria adstrita às consequências e à extensão dos danos causados ao meio ambiente.

Tal discussão acabou por ser dirimida pela disposição expressa na Constituição Federal (art. 225, § 3º).

Ressalte-se que a doutrina majoritária não admite a responsabilidade penal da pessoa jurídica, mas a tendência no direito penal moderno é romper com o clássico princípio *societas delinquere non potest*. É claro que a pessoa jurídica não pode ser vista com os olhos do conceito da doutrina clássica. Devem-se observar suas particularidades para a eventual aplicação da pena de caráter penal. Sua responsabilidade jurídica não pode ser vista como dotada de vontade. Deve-se distinguir a pessoa física que age em nome da pessoa jurídica da própria pessoa jurídica. Se aquela incursionar no terreno penal, responderá por esse delito, separando-se a atuação pessoal da atuação da entidade.

Não há dúvidas de que é tormentoso admitir a possibilidade da responsabilidade penal da pessoa jurídica diante dos princípios norteadores do direito penal. No entanto, nossa Constituição Federal admitiu a responsabilidade penal da pessoa jurídica (art. 225, § 3º), e a Lei n. 9.605, de 12 de fevereiro de 1998, disciplinou-a em seu art. 3º, da seguinte maneira: "As pessoas jurídicas serão responsabilizadas administrativa, civil e penalmente conforme o disposto nesta Lei, nos casos em que a infração seja cometida por decisão de seu representante legal ou contratual, ou de seu órgão colegiado, no interesse ou benefício da sua entidade. Parágrafo único. A responsabilidade das pessoas jurídicas não exclui a das pessoas físicas, autoras, coautoras ou partícipes do mesmo fato".

### 7.3. Dosimetria da pena

A pena, tanto para a pessoa física como para a jurídica, será imposta, observando-se: a) a gravidade do fato, tendo em vista os motivos da infração e suas consequências para a saúde pública e para o meio ambiente; b) os antecedentes do infrator quanto ao cumprimento da legislação de interesse ambiental; e c) a situação econômica do infrator, no caso de multa (art. 6º da Lei n. 9.605/98).

As penas restritivas de direitos são autônomas e substituem as privativas de liberdade quando: a) tratar de crime culposo ou for aplicada a pena privativa de liberdade inferior a quatro anos; e b) a culpabilidade, os antecedentes, a conduta social e a personalidade do condenado, bem como os motivos e as circunstâncias do crime indicarem que a substituição seja suficiente para efeitos de reprovação e prevenção do crime.

Registre-se, por fim, que as penas restritivas de direitos terão a mesma duração da pena privativa de liberdade substituída (art. 7º da citada lei).

### 7.4. Sujeito passivo

O sujeito passivo dos crimes ambientais pode ser a União, os Estados e os Municípios, diretamente, e também a coletividade, indiretamente.

Vê-se, pois, que o sujeito passivo no tipo penal previsto no art. 49 da Lei n. 9.605/98 é o proprietário do imóvel que teve suas plantas de ornamentação de logradouros destruídas, danificadas, lesadas ou maltratadas. Assim, sujeito passivo é o titular do bem jurídico lesado ou ameaçado.

## 7.5. Concurso de pessoas

Reza o art. 2º da Lei n. 9.605/98: "Quem, de qualquer forma, concorre para a prática dos crimes previstos nesta Lei, incide nas penas a estes cominadas, na medida de sua culpabilidade, bem como o diretor, o administrador, o membro de conselho e de órgão técnico, o auditor, o gerente, o preposto ou mandatário de pessoa jurídica, que, sabendo da conduta criminosa de outrem, deixar de impedir a sua prática quando podia agir para evitá-la".

Esse dispositivo é praticamente transcrição do art. 29 do CP, acrescentando apenas as pessoas responsáveis pela empresa diretamente (seus dirigentes) ou aqueles que indiretamente têm poder de decisão (preposto ou mandatário).

Em relação à prática da infração por pessoa física, não haverá muitas dúvidas, pois aplica-se, subsidiariamente, o Código Penal. Dúvidas surgirão quanto à responsabilidade da pessoa jurídica e seus dirigentes ou mandatários. Eis que o parágrafo único do art. 3º da Lei n. 9.605/98, ao prever a responsabilidade da pessoa jurídica, não excluiu a das pessoas físicas, autoras, coautoras ou partícipes do fato.

Trata-se de responsabilidade penal cumulativa entre a pessoa jurídica e a pessoa física.

O legislador procurou responsabilizar também todas as pessoas que tiverem conhecimento da conduta criminosa de outrem e deixarem de impedir sua prática, quando podiam agir para evitá-la. Trata-se de conduta omissiva em relação ao dano ambiental.

## 8. CRIME DE PERIGO E DE DANO

Nos crimes ambientais, os bens jurídicos protegidos aproximam-se mais do "perigo" do que do "dano". Isso permite realizar uma prevenção e ao mesmo tempo uma repressão.

Classifica-se o delito de perigo em: a) concreto; e b) abstrato ou presumido. No primeiro caso, o delito é perquirido caso a caso e, no segundo, por determinação legal[3]. O crime de perigo consubstancia-se na mera expectativa de dano. Reprime-se para evitar o dano; basta a mera conduta, independentemente da produção do resultado[4].

São os crimes de perigo abstrato que marcam os tipos penais ambientais na moderna tutela penal. Procura-se antecipar a proteção penal, reprimindo-se as condutas preparatórias.

---

3. Paulo José da Costa Jr., *Direito penal na Constituição*, São Paulo, Revista dos Tribunais, 1995, p. 272.

4. Antônio Herman V. Benjamin, Direito penal do consumidor, *Revista de Direito do Consumidor*, São Paulo, Revista dos Tribunais, 1:103, 1992.

Ressalte-se, contudo, que somente o dano efetivo poderá ser objeto de reparação na esfera civil e não o mero perigo abstrato ou presumido. Além disso, a doutrina tem afirmado que a maioria dos delitos são considerados de mera conduta. E sua inobservância configuraria o delito de desobediência passível de punição (art. 330 do CP).

## 9. ELEMENTO SUBJETIVO DO TIPO: DOLO E CULPA

O conceito de dolo e de culpa está expressamente consignado no art. 18, I (dolo) e II (culpa), do CP. Considera-se doloso o crime quando o agente quis o resultado ou assumiu o risco de produzi-lo e culposo quando o agente deu causa ao resultado por imprudência, negligência ou imperícia.

A responsabilidade penal está estruturada, essencialmente, sobre o princípio da culpabilidade. A Lei n. 9.605/98 contém tipos penais punidos a título de dolo e de culpa. Diante disso, há necessidade de distinguir entre dolo e culpa. Alguns dos tipos penais só se consumam se o crime foi praticado dolosamente, ou seja, se o indivíduo tinha vontade e consciência de querer praticar o delito. A intenção subjetiva deve estar em harmonia com a conduta exterior. Já a culpa, mais frequente, caracteriza-se pela imprudência, imperícia ou negligência. Todos os tipos penais dessa lei são praticados a título de dolo, exceto quando a lei admite expressamente a modalidade culposa.

## 10. ELEMENTO NORMATIVO

Em grande parte dos tipos penais ambientais exige-se um elemento normativo. Assim, não há falar em crime se o agente previamente apresenta a *permissão, licença ou autorização concedida pela autoridade competente* para, por exemplo, matar, perseguir, caçar, apanhar, utilizar espécimes da fauna silvestre, exportar peles e couros de anfíbios e répteis em bruto, introduzir espécime animal no país após parecer técnico oficial ou cortar árvores em floresta considerada de preservação permanente (arts. 29, 30, 31 e 39 da Lei n. 9.605/98). Contudo, será crime se o agente extrair de florestas de domínio público ou consideradas de preservação permanente, *sem prévia autorização*, pedra, areia, cal ou quaisquer espécies de minerais (art. 44).

É crime ainda receber ou adquirir, para fins comerciais ou industriais, madeira, lenha, carvão e outros produtos de origem vegetal, *sem a exibição de licença do vendedor, outorgada pela autoridade competente* (art. 46), assim como comercializar motosserra ou utilizá-la em florestas *sem licença ou registro da autoridade competente* (art. 51), e também penetrar em Unidades de Conservação conduzindo substâncias ou instrumentos próprios para caça ou para exploração de produtos ou subprodutos florestais, *sem licença da autoridade competente* (art. 52). É crime, por fim, executar pesquisa, lavra ou extração de recursos minerais sem a competente *autorização, permissão, concessão ou licença*, ou produzir, processar etc. substância tóxica perigosa ou nociva à saúde humana ou ao meio ambiente, em desacordo com *as exigências estabelecidas em leis ou nos regulamentos*, ou construir, reformar, ampliar, instalar ou fazer funcionar, em qualquer parte do território nacional, estabelecimentos, obras ou serviços potencialmente poluidores, *sem licença ou autorização dos órgãos ambientais competentes*, ou contrariando normas legais e regulamentares pertinentes (arts. 55, 56 e 60 da Lei n. 9.605/98).

## 11. NORMAS PENAIS EM BRANCO AMBIENTAIS

Norma penal em branco é aquela que depende de uma complementação para a perfeita adequação típica. A pena está determinada, faltando apenas a complementação do seu conteúdo, ou seja, do preceito descritivo. Esta norma penal pode ser classificada em: a) *normas penais em branco em sentido lato ou homogêneo* — se seu complemento provém da mesma fonte formal (lei); ou b) *normas penais em branco em sentido estrito ou heterogêneo* — se a complementação provém de fonte diversa (ato normativo, portaria, decreto etc.). A norma penal em branco sem essa complementação prévia torna-a inexequível. Trata-se de norma penal imperfeita. Binding se referia a ela como sendo "um corpo errante em busca de sua alma". A questão ainda é polêmica tanto no Brasil como em outros países.

No Brasil, a Lei n. 9.605, de 12 de fevereiro de 1998, trouxe em seu bojo muitas normas penais em branco. Por exemplo: a) a lei não discrimina as espécies raras ou consideradas ameaçadas de extinção (art. 29, § 4º, I); b) não diz quais seriam os métodos ou instrumentos capazes de provocar destruição em massa (art. 29, § 4º,VI); c) a carta náutica é que vai indicar o local demarcado dos bancos de moluscos ou corais (art. 33, parágrafo único, III); d) também não diz quais são as espécies aquáticas que devem ser preservadas ou as espécies de tamanhos inferiores aos permitidos para a pesca (art. 34, parágrafo único, I); e) não esclarece quais seriam os aparelhos, petrechos, técnicas e métodos não permitidos para a pesca ou a quantidade mínima permitida para a pesca (art. 34, parágrafo único, I e II); f) também não esclarece o que venham a ser explosivos ou substâncias tóxicas (art. 35, I e II); g) cabe a cada órgão ambiental integrante do SISNAMA fornecer as listas da fauna e da flora contendo as espécies ameaçadas de extinção (art. 36); h) o órgão respectivo deverá arrolar os animais para efeito de abate em caso de necessidade (art. 37); i) não conceitua o que é floresta de preservação permanente (arts. 38 e 39) e Estações Ecológicas, Reservas Biológicas, Parques Nacionais, os Monumentos Naturais, os Refúgios de Vida Silvestre, Áreas de Proteção Ambiental, Áreas de Relevante Interesse Ecológico, Florestas Nacionais, Reservas Extrativistas, Reservas de Fauna, Reservas de Desenvolvimento Sustentável e Reservas Particulares do Patrimônio Natural (arts. 40, § 1º, e 40-A, § 1º); j) não define o que venha a ser madeira de lei (art. 45); k) também não conceitua o que venha a ser vegetação fixadora de dunas e protetora de mangues (art. 50); l) não define o que venham a ser substâncias ou instrumentos próprios para a caça ou para a exploração de produtos ou subprodutos florestais (art. 52); m) não especifica a quantidade de poluentes que resulte ou possa resultar em danos à saúde humana ou que provoquem a mortandade de animais ou destruição significativa da flora (art. 54); n) não esclarece o que venha a ser produto ou substância tóxica, perigosa ou nociva à saúde humana (art. 56); o) não esclarece quais são os estabelecimentos, obras ou serviços potencialmente poluidores (art. 60); p) não esclarece o que é arquivo, registro, museu, biblioteca, pinacoteca, instalação científica ou similar e quais são os bens especialmente protegidos por lei, ato administrativo ou decisão judicial (art. 62, I e II); q) não define também o que venha a ser edificação de valor paisagístico, ecológico, turístico, artístico, histórico, cultural, religioso, arqueológico, etnográfico ou monumental que deve ser protegido por lei, ato administrativo ou decisão judicial (art. 63); r) não esclarece o que venha a ser edificação, monumento urbano ou coisa tombada em virtude de seu valor artístico, arqueológico ou histórico (art. 65); s) não esclarece quais são as normas ambientais pertinentes (art. 67); e t) não indica qual seria o dever legal ou contratual (art. 68). Tais dispositivos necessitam de complementação através de decretos baixados pelos poderes executivos (federal, estadual e municipal) ou de portarias, avisos e resoluções dos órgãos ambientais (SEMA, CONSEMA, IBAMA, CONAMA etc.).

Registre-se, por fim, que a maioria dos conceitos pode ser encontrada nas legislações esparsas citadas ao final de alguns capítulos desta obra.

## 12. APREENSÃO DO PRODUTO E DO INSTRUMENTO DE INFRAÇÃO ADMINISTRATIVA OU DE CRIME

Os produtos e os instrumentos do crime serão apreendidos por ocasião do auto da prisão em flagrante ou do auto de infração administrativa (art. 25 da LA).

Os animais serão prioritariamente libertados em seu *habitat* ou, sendo tal medida inviável ou não recomendável por questões sanitárias, entregues a jardins zoológicos, fundações ou entidades assemelhadas, para guarda e cuidados sob a responsabilidade de técnicos habilitados.

Até que os animais sejam entregues às instituições acima mencionadas, o órgão autuante zelará para que eles sejam mantidos em condições adequadas de acondicionamento e transporte que garantam o seu bem-estar físico.

Os produtos e subprodutos da fauna não perecíveis serão destruídos ou doados a instituições científicas, culturais ou educacionais.

Os instrumentos utilizados na prática da infração serão vendidos, garantida a sua descaracterização por meio da reciclagem.

Os §§ 1º e 2º do art. 25 da LA foram alterados pela Lei n. 13.052, de 8 de dezembro de 2014.

## Capítulo II
## Processo Penal Ambiental

### 1. AÇÃO PENAL

Todos os crimes tipificados na Lei Ambiental são de ação penal pública incondicionada (art. 26 da LA), cuja iniciativa é do Ministério Público (art. 129, I, da CF). Não mais se admite a iniciativa da ação penal pela autoridade policial, consoante se verificava no art. 33 do Código Florestal e art. 32 da Lei de Proteção à Fauna. Denominava-se procedimento judicialiforme. Permite-se, contudo, em caso de omissão do Ministério Público, utilizar-se da ação penal privada subsidiária da pública (arts. 5º, LIX, da CF, 29 do CPP e 100, § 3º, do CP).

O parágrafo único do art. 26 foi vetado pelo ex-Presidente da República, e com razão, pois excluía da Justiça Estadual a competência para processar e julgar os crimes ambientais quando, na localidade, houvesse vara da Justiça Federal. A competência continua sendo, com maior razão, da Justiça Estadual, sem, contudo, excluir a competência da Justiça Federal onde houver interesse envolvendo diversas jurisdições.

### 2. PROCESSO PENAL

Os procedimentos são aqueles previstos no Código de Processo Penal, ou seja, se a pena privativa de liberdade for igual ou superior a quatro anos, independentemente de se tratar de pena de detenção ou reclusão, o rito será o ordinário (arts. 394, § 1º, I, 400 a 405 do CPP); se inferior a quatro anos, o rito será o sumário (arts. 394, § 1º, II, 531 a 536 do CPP). No procedimento ordinário ou sumário, uma vez oferecida a denúncia ou a queixa, não sendo caso de rejeitá-la liminarmente (art. 395 do CPP), o magistrado recebê-la-á e ordenará a citação do acusado para respondê-la, por escrito, dentro do prazo de dez dias (arts. 396 e 396-A do CPP). Tais alterações ocorreram por conta da Lei n. 11.719, de 20 de junho de 2008. Não houve, no entanto, qualquer alteração no que tange à aplicação da Lei n. 9.099/95 c/c a Lei n. 10.259/2001 (rito sumaríssimo), que trata dos Juizados Especiais Criminais.

### 3. COMPETÊNCIA JUDICIAL PARA PROCESSAR E JULGAR OS CRIMES CONTRA O MEIO AMBIENTE

A competência, como regra geral, será determinada pelo lugar da infração, pelo domicílio ou residência do infrator, pela natureza da infração, pela distribuição ou pela conexão ou continência (art. 69 do CPP). A competência pelo lugar da infração será determinada no local onde se consumar a infração ambiental. Se o crime for tentado, será no local onde se deu o último ato de execução (art. 70, *caput*, do CPP). Se incerto o limite jurisdicional entre duas ou mais jurisdições ou incerta a jurisdição, a competência se dará pela prevenção (art. 70, § 3º, do CPP). A competência, por outro lado, poderá ser fixada pelo domicílio ou residência do réu (art. 72 do CPP) ou em razão da matéria entre as justiças estadual ou Federal (art. 74 do CPP).

A competência ambiental será determinada em razão da matéria. Assim, compete tanto à Justiça Federal como à justiça estadual processar e julgar esses crimes. A competência da Justiça Federal está prevista na própria Constituição. Compete, dessa forma, aos "juízes federais processar e julgar os crimes políticos e as infrações penais praticadas em detrimento de bens, serviços e interesse da União ou de suas entidades autárquicas ou empresas públicas, excluídas as contravenções e ressalvada a competência da Justiça Militar e da Justiça Eleitoral" (art. 109, IV, da CF). Também "serão processadas e julgadas na *justiça estadual*, no foro do domicílio dos segurados ou beneficiários, as causas em que forem partes instituição de previdência social e segurado, sempre que a comarca não seja sede de vara de juízo federal, e, verificada essa condição, a lei poderá permitir que outras causas sejam também processadas e julgadas pela *justiça estadual*" (art. 109, § 3º, da CF).

Antes do advento da Lei Ambiental, a maioria das infrações criminais existentes nas legislações esparsas consistia em meras contravenções penais. Essas infrações ficaram expressamente excluídas da competência da Justiça Federal, independentemente de o crime ter sido cometido em detrimento de bens, serviços ou interesses da União ou de suas entidades autárquicas ou empresas públicas[1]. Ressalvou esse dispositivo constitucional a possibilidade de lei infraconstitucional delegar a competência de outras causas à justiça estadual. Contudo, não se poderia diminuir a competência estadual. Fato que levou o Presidente da República a vetar o parágrafo único do art. 26 da LA, que excluía a possibilidade de a justiça estadual atuar no processo e julgamento dos crimes ambientais, a despeito de haver no local vara da Justiça Federal. Se assim permanecesse, esse parágrafo seria considerado inconstitucional, uma vez que partia do pressuposto de que todos os crimes previstos na lei seriam de competência da Justiça Federal.

Vê-se, pois, que a competência da Justiça Federal está adstrita ao interesse público de natureza federal. Dessa forma, o delegado de polícia e o promotor de justi-

---

1. *V.* Súmula 38 do STJ: "Compete à Justiça Estadual Comum, na vigência da Constituição de 1988, o processo por contravenção penal, ainda que praticada em detrimento de bens, serviços ou interesse da União ou de suas entidades".

ça poderão o primeiro instaurar e o segundo requisitar inquérito policial visando a apuração de crime de natureza ambiental, se na localidade não houver sede da Polícia Federal e nem da Justiça Federal. Concluído o investigatório, aí sim este deverá ser enviado à Justiça Federal.

Há ainda muitas questões polêmicas sobre competência que deverão ser dirimidas pela jurisprudência. Mas a competência, em regra, para processar e julgar ilícitos penais contra a flora, será da Justiça Federal, se a unidade de conservação pertencer à União, ou da justiça estadual, se dos Estados e Municípios[2]. Já a competência para processar e julgar crimes contra a fauna era da União[3], nos termos do art. 1º da Lei n. 5.197, de 3 de janeiro de 1967. Com o cancelamento da Súmula 91, do STJ, a competência passou a ser também da Justiça Comum dos Estados. Édis Milaré entende que "À Justiça Estadual, portanto, estão hoje afetos o processo e o julgamento dos atentados, envolvendo a fauna brasileira"[4]. No entanto, a competência para apreciar crimes contra a pesca predatória poderá ser da justiça local ou Federal. Isso dependerá do interesse da União no caso e da época em que tenha sido realizada a pesca. Ainda: a competência para julgar o crime de poluição é da Justiça Federal ou Estadual, conforme o caso. Cada caso deverá ser analisado concretamente. Isso dependerá da extensão dos danos causados ao meio ambiente (local, regional, nacional ou internacional) e de quem for o sujeito passivo mediato (União, Estados, Municípios, Distrito Federal e particulares[5]), respeitada a competência determinada pelo art. 109, IV e § 3º, da CF. E mais: a competência para processar e julgar os crimes contra o patrimônio cultural será da Justiça Federal, se o patrimônio pertencer à União, e da justiça estadual, se dos Estados ou dos Municípios. Por fim, o julgamento dos crimes contra a administração ambiental será da Justiça Federal, se se tratar de funcionário público federal e, da justiça estadual, se se tratar de funcionário público estadual.

---

2. *V.* acórdão do STJ dirimindo conflito de competência entre o Juízo de Direito da Vara Criminal de Patrocínio/MG e a 9ª Vara Federal da Seção Judiciária de Minas Gerais (STJ, CComp 28.277/MG, 3ª S., rel. Min. Felix Fischer, j. 10-5-2000, *DJU*, 5-6-2000).

3. *V.* Súmula 91 do STJ: "Compete à Justiça Federal processar e julgar os crimes praticados contra a fauna". Esta súmula foi cancelada pela Terceira Seção do STJ, em 8 de novembro de 2000, por votação unânime, durante o julgamento de conflito de competência entre a 2ª Vara Federal de Ribeirão Preto e a Vara Criminal de Santa Rosa de Viterbo. O Min. Fontes de Alencar, autor da proposta de cancelamento, sustenta que, após o advento da Lei n. 9.605/98, a súmula "antes atrapalha do que auxilia a prestação jurisdicional" (<http://www.stj.gov.br>).

4. Édis Milaré sustenta que "a nosso ver, a Constituição de 1988, ao considerar o meio ambiente, nele incluída a fauna como elemento da biodiversidade, bem de uso comum do povo *(art. 225 da CF)*, derrogou aquele dispositivo do Código de Caça *(art. 1º da Lei n. 5.197/67) (g.n.)*, que não mais pode ancorar o entendimento sumulado" (A nova tutela..., in *A proteção jurídica*, cit., p. 174).

5. Vladimir Passos de Freitas e Gilberto Passos de Freitas, *Crimes contra a natureza*, São Paulo, Revista dos Tribunais, 1997, p. 147.

Aplicam-se, em primeiro lugar, as regras previstas na Constituição Federal e, subsidiariamente, as disposições do Código de Processo Penal. Nada impede também que os órgãos dos Ministérios Públicos federal e estadual atuem conjuntamente em havendo interesse da União e do Estado federado. O Ministério Público estadual tem legitimidade para atuar na hipótese de degradação ou poluição de um rio interestadual (STF, 1ª T., HC 92.921-4/BA, rel. Min. Ricardo Lewandowski).

## 4. REPARAÇÃO DO DANO AMBIENTAL

A reparação do dano ambiental (arts. 27 e 28 da LA) e a composição do dano (art. 74 da Lei n. 9.099/95) têm por escopo restaurar ou recompor o dano causado ao meio ambiente. Procura-se fazer com que o infrator restaure, a suas expensas, a coisa danificada ou destruída, quando possível, ou transforme em indenização o valor correspondente.

Cezar Roberto Bitencourt afirma que a composição do dano, disposto no art. 74 da Lei n. 9.099/95, tem o significado de solução de conflito no plano cível — acerto entre as partes — de celebração de compromisso por meio do qual o autor da infração assume a responsabilidade de pagar o prejuízo causado por sua conduta lesiva ao meio ambiente. A reparação efetiva do dano, ou seja, o pagamento do acordado, ocorrerá em momento posterior, podendo, inclusive, ser parcelado. A previsão legal de que a composição dos danos, homologada pelo juízo, constitui título judicial (art. 74) não permite outra interpretação. Se a composição cível exigisse o pagamento no ato, na própria audiência preliminar, não haveria razão nenhuma para considerá-la título a ser executado no juízo cível competente[6].

A reparação tem cunho repressivo e educativo. Trata-se de prevenção geral (exemplo dirigido a toda sociedade) e prevenção especial (exemplo dirigido ao próprio infrator). Para o infrator se beneficiar da transação penal (art. 76 da Lei n. 9.099/95), precisará realizar a composição dos danos, diferentemente da suspensão do processo (art. 89 da Lei n. 9.099/95). Neste caso, ele deverá comprovar previamente a reparação dos danos causados ao meio ambiente (arts. 27 e 28 da LA).

No entanto, há decisão que diz ser desnecessária a reparação do dano, na hipótese de suspensão do processo, se houver recuperação natural da área, eis que já alcançado o objetivo pretendido[7]. A regra, no entanto, é a necessidade de comprovação da reparação do dano, ou seja, tratando-se de crime contra o meio ambiente, para fins de aplicação dos benefícios previstos na Lei n. 9.099/95 — suspensão

---

6. *Boletim do IBCCrim* n. 73, São Paulo, dez. 1998.

7. TJRS, 4ª Câm. Crim., AC 70009996281, v.u., rel. Des. Constantino Lisboa de Azevedo, j. 25-11-2004 (<www.tjrs.gov.br>).

condicional do processo ou transação penal —, é imprescindível que haja prova de prévia composição do dano ambiental, conforme se depreende da leitura dos arts. 27 e 74 da Lei n. 9.605/98[8].

Caso a composição do dano seja irreparável, ou seja, quando comprovada a impossibilidade de se reparar o estrago causado ao meio ambiente, poder-se-á efetivar a transação penal. No dizer de José Carlos Barbosa Moreira, "destruída a rocha que embelezava a paisagem, o dano é irreparável"[9].

Há outros dispositivos chamando a atenção para essa reparação dos danos (arts. 9º, 14, II, 17, 20, 23, II, todos da LA).

Busca-se, com a exigência desses requisitos, a *reparação do dano ambiental*, consoante recomendação prevista no princípio n. 10 da Declaração do Rio/92.

## 5. LEI DOS JUIZADOS ESPECIAIS CRIMINAIS

A Constituição Federal de 1988 estabeleceu a possibilidade da criação dos Juizados Especiais, providos por juízes togados, ou leigos, competentes para conciliação, julgamento e execução de infrações penais de menor potencial ofensivo, mediante procedimentos oral e sumariíssimo (art. 98, I). Considera-se infração de menor potencial ofensivo quando a pena mínima cominada for igual ou inferior a um ano, abrangidas ou não por essa lei.

Sete anos depois e após muitas discussões foi, finalmente, criada a Lei n. 9.099, de 26 de setembro de 1995, disciplinando os Juizados Especiais Cíveis e Criminais, tendo em vista a necessidade de uma prestação jurisdicional célere, respeitando os princípios da oralidade, simplicidade, informalidade e economia processual, buscando-se, sempre que possível, a conciliação ou transação (art. 2º).

O legislador admitiu expressamente, nos crimes ambientais, a aplicação da *transação penal* prevista no art. 76 da Lei n. 9.099/95, acrescentando, como requisito preliminar, a reparação do dano causado ao meio ambiente, salvo em caso de comprovada impossibilidade (art. 27 da LA). Assim, sendo caso de transação penal, o Ministério Público, a defesa e o infrator ambiental discutem qual a melhor medida a ser aplicada ao caso em espécie. Em havendo consenso, o acordo será submetido à apreciação do juiz, o qual, verificando a presença dos pressupostos legais, proferirá uma decisão homologatória da transação. Esta não gera condenação, reincidência, lançamento do nome do autor da infração ambiental no rol dos culpados, efeitos civis e nem maus antecedentes. No entanto, excepcionalmente, a transação penal

---

8. TJSP, HC 378.731-3/0, 3ª Câm. Crim. Extraordinária, j. 25-9-2002, v.u., rel. Des. Marcos Zanuzzi. Ação Civil Pública, *Revista Trimestral de Direito Público* n. 3, São Paulo, Malheiros Ed., 1993, p. 191.

9. Ação Civil Pública, *Revista Trimestral de Direito Público* n. 3, São Paulo, Malheiros Ed., 1993, p. 191.

pode-se efetivar "mesmo sem a prévia composição do dano, desde que comprovada a impossibilidade, como se dá, por exemplo, em caso de insolvência do infrator ou, ainda, de irreparabilidade do dano, o que é muito comum no que tange ao meio ambiente".

O Procurador-Geral de Justiça, através do Aviso n. 581/2008-PGJ, de 25 de setembro de 2008, recomenda aos Promotores de Justiça que atuam na esfera criminal em relação à aplicação da lei de crimes ambientais — Lei n. 9.605/98: 1 — que a proposta de transação penal prevista no art. 76 da Lei n. 9.099/95, em se tratando de crimes previstos na Lei n. 9.605/98, seja feita somente se o agente assumir, expressamente, o compromisso de recompor o dano provocado ao meio ambiente, ou comprovar a impossibilidade de fazê-lo; 2 — que havendo prévio acordo para a reparação da lesão ambiental, seja feita opção preferencial pela aplicação da pena restritiva de direito por ser o instrumento mais eficaz para a satisfação dos interesses da sociedade e do meio ambiente; 3 — que na hipótese de opção pelo pagamento de multa, o montante devido seja fixado levando-se em consideração a importância do bem ambiental atingido, a situação econômica do agente, a extensão do dano causado e a vantagem econômica auferida pelo degradador com sua conduta ilícita.

Também se admitiu expressamente a aplicação da *suspensão do processo*, prevista no art. 89 da Lei n. 9.099/95, acrescentando-se algumas exigências. Há entendimento de que a LA restringiu a aplicabilidade da suspensão do processo aos crimes de menor potencial ofensivo. Assim, a extinção da punibilidade está condicionada à prévia reparação do dano ambiental. Para tanto, será necessária a elaboração de laudo de constatação de reparação do dano ambiental, ressalvada a impossibilidade de fazê--lo (art. 28, I, da LA). Se o laudo de constatação comprovar não ter sido completa a reparação, o prazo da suspensão do processo será prorrogado até o período máximo de quatro anos, acrescidos de mais um ano, com suspensão do prazo da prescrição (art. 28, II, da LA). Prorrogado o prazo de suspensão, não se aplicarão os dispostos dos incisos II, III e IV do § 1º do art. 89 da Lei n. 9.099/95 (art. 28, III, da LA). Verificando-se que a reparação do dano não se completou, após a primeira prorrogação do prazo de suspensão, o prazo poderá ser novamente prorrogado até que se repare efetivamente o dano ambiental, observando-se as regras anteriores (art. 28, IV, da LA). Findo o prazo máximo prorrogado, novo laudo de constatação deverá ser elaborado a fim de se comprovar a reparação total dos danos para que ocorra a extinção da punibilidade (art. 28, V, da LA). Por fim, se não for satisfatória a reparação dos danos ambientais, a suspensão será revogada, prosseguindo-se o feito até final decisão.

## 6. PROVA E QUESTÕES PREJUDICIAIS

Compete às partes a produção probatória dos fatos alegados. Registre-se, contudo, que há certas peculiaridades na realização da prova pericial. Não é todo perito que tem especialidade na área ambiental. Cuida-se de matéria multidisciplinar. Exige-se do perito especialidade na área ambiental, em especial sobre botânica, química, geologia, engenharia genética, florestal, química, civil e mineração, biotecnologia etc. Se a perícia não for feita por perito capacitado, o laudo será considerado imprestável. O Ministério Público, no Centro de Apoio Operacional das Promotorias do Meio Ambiente, possui uma equipe técnica especializada para atender aos pedidos dos promotores dessa área.

Outra questão que poderá surgir mais tarde é a falta de sintonia entre os promotores criminais e os promotores do meio ambiente, quanto à composição dos danos ambientais (questões prejudiciais). Havendo ação civil pública e ação penal, como resolver a questão dos danos ambientais? Poderá haver conflitos entre os promotores? A Procuradoria-Geral de Justiça do Estado de São Paulo está procurando uma solução para essas questões com a criação da promotoria de justiça criminal do meio ambiente na Capital. Com essa medida, as promotorias (criminal e do meio ambiente) trabalhariam conjuntamente e em harmonia, evitando-se, cada qual em sua área de atuação, tomar posições conflitantes.

## Capítulo III
## Crimes em Espécie

### 1. TIPOS PENAIS EM ESPÉCIE

Os tipos penais em espécie estão arrolados na parte especial da Lei n. 9.605/98. Dividem-se em: a) crimes contra a fauna; b) crimes contra a flora; c) poluição e outros crimes ambientais; d) crimes contra o ordenamento urbano e o patrimônio cultural; e e) crimes contra a administração ambiental.

Tais crimes serão analisados, sucintamente, neste capítulo.

### 2. DOS CRIMES CONTRA A FAUNA

Na Seção I do Capítulo V da Lei Ambiental, o legislador reservou nove artigos para os crimes contra a fauna, tipificando condutas delituosas praticadas contra espécies da fauna silvestre. Somente os arts. 29, 30, 31, 32, 33, 34 e 35 tipificam as condutas delituosas. O art. 29 se refere à caça, e os arts. 34 e 35 tipificam as condutas delituosas. As penas dos arts. 29, 31 e 32 não ultrapassam um ano de detenção. Aplicável, *in casu*, o instituto da transação penal, previsto no art. 76 da Lei n. 9.099/95, combinado com a Lei n. 10.259/2001. O art. 36 é norma explicativa e o art. 37 trata de causa de isenção da pena.

Faz-se necessário conceituar o termo *fauna*. Fauna é o conjunto de animais próprios de um país ou região que vivem em determinada época. No entanto, nem todos os animais são protegidos pela lei contra os crimes ambientais. Protegem-se as espécies da fauna silvestre ou aquática, domésticas ou domesticadas, nativas, exóticas ou em rota migratória. Essa proteção, contudo, não é absoluta. A lei exige a permissão, licença ou autorização da autoridade competente para a prática da caça ou da pesca.

O que se entende por fauna silvestre? São espécies da fauna silvestre todas aquelas pertencentes a espécies nativas, migratórias e quaisquer outras, aquáticas ou terrestres, que tenham todo ou parte de seu ciclo de vida ocorrendo dentro dos limites do território brasileiro, ou águas jurisdicionais brasileiras (§ 3º do art. 29 da Lei n. 9.605/98), ou seja, são os animais que têm seu hábitat natural nas matas, nas florestas, nos rios e mares, animais estes que, em regra, ficam afastados do meio ambiente humano. A Lei Ambiental revogou os arts. 27 a 34 da Lei n. 5.197/67 (Lei de Proteção à Fauna — conhecida como Código de Caça). Tais dispositivos dispunham sobre tipos penais considerados ilícitos, as agravantes, concurso de pessoas, procedimento investigatório etc. As infrações penais estavam dispostas em um único artigo (art. 27 da Lei n. 5.197/67). O art. 34 dessa mesma lei considerava inafiançáveis os crimes praticados contra a fauna.

Destacam-se as seguintes condutas delitivas da lei dos crimes ambientais: é crime matar, perseguir, caçar, apanhar, utilizar espécimes da fauna silvestre, nativas ou em rota migratória, sem a devida permissão, licença ou autorização da autoridade competente, ou em desacordo com a obtida. Também é crime impedir a procriação da fauna, sem licença, autorização, ou, em desacordo com a obtida, modificar, danificar ou destruir ninho, abrigo ou criadouro natural ou vender, expor à venda, exportar ou adquirir, guardar, ter em cativeiro ou depósito, utilizar ou transportar ovos, larvas ou espécimes da fauna silvestre, nativa ou em rota migratória, bem como produtos e objetos dela oriundos, provenientes de criadouros não autorizados ou sem a devida permissão, licença ou autorização competente etc. (art. 29). Pune-se ainda: quem exporta para o exterior peles e couros de anfíbios e répteis em bruto, sem autorização da autoridade ambiental competente, ou introduz espécime animal no País, sem parecer técnico oficial favorável e licença expedida por autoridade competente (arts. 30 e 31); quem pratica ato de abuso, maus-tratos, fere ou mutila animais silvestres, domésticos ou domesticados, nativos ou exóticos, ou provoca, pela emissão de efluentes ou carreamento de materiais, o perecimento de espécimes da fauna aquática existentes em rios, lagos, açudes, lagoas, baías ou águas jurisdicionais brasileiras (arts. 32 e 33); a pesca em período no qual esta seja proibida, ou a sua prática em lugares interditados por órgão competente, ou mediante a utilização de explosivos ou substâncias que, em contato com a água, produzam efeito semelhante, ou com substâncias tóxicas, ou outro meio proibido pela autoridade competente (arts. 34 e 35).

## 3. DOS CRIMES CONTRA A FLORA

Nos crimes contra a flora (Seção II do Capítulo V da LA), o legislador reservou quinze artigos, tipificando condutas delituosas praticadas contra as Áreas de Preservação Permanente (arts. 4º e 6º da Lei n. 12.651/2012) e as Unidades de Conservação de Proteção Integral e de Uso Sustentável, abrangendo aí as reservas biológicas, reservas ecológicas, estações ecológicas, parques nacionais, estaduais e municipais, monumentos naturais, refúgios da vida silvestre, florestas nacionais, estaduais e municipais, áreas de proteção ambiental, áreas de relevante interesse ecológico, reservas extrativistas, reservas da fauna, reservas de desenvolvimento sustentável, reservas particulares do patrimônio natural ou outras a serem criadas pelo Poder Público (arts. 40, § 1º, e 40-A, § 1º, da Lei n. 9.605/98). Somente os arts. 38, 38-A, 39, 40, 41, 42, 44, 45, 46, 48, 49, 50, 50-A, 51 e 52 tipificam as condutas delituosas. O art. 53 prevê as causas especiais de aumento de pena.

Pune-se quem destrói, danifica ou corta árvores em floresta de preservação permanente (arts. 38 e 39); quem destrói, danifica vegetação primária ou secundária, em estágio avançado ou médio de regeneração, do Bioma Mata Atlântica, ou a utiliza com infringência das normas de proteção (art. 38-A); quem causa dano direto ou indireto em Unidades de Conservação ou provoca incêndio em mata ou floresta (arts. 40 e 41); quem fabrica, vende ou transporta ou solta balões ou quem extrai de florestas de domínio público ou consideradas de preservação permanente, sem autorização, pedra, areia, cal ou qualquer espécie de minerais (arts. 42 e 44); quem corta ou transforma em carvão madeira de lei, sem autorização, ou recebe ou adquire madeira, lenha, carvão e outros produtos de origem vegetal, sem exibir a competente licença (arts. 45 e 46); quem impede ou dificulta a regeneração natural de florestas e demais formas de vegetação ou destrói, lesa ou maltrata, por qualquer modo ou meio, plantas de ornamentação de logradouros públicos ou em propriedade privada alheia (arts. 48 e 49); quem destrói ou danifica florestas nativas ou plantadas ou vegetação fixadora de dunas, protetora de mangues, objeto de especial preservação, ou quem comercializa motosserra ou a utiliza em florestas e nas demais formas de vegetação, sem licença ou registro (arts. 50 e 51). A conduta de desmatar, degradar ou ainda explorar economicamente floresta pública também é punida (art. 50-A). Pune-se quem penetra em unidades de conservação conduzindo substâncias ou instrumentos próprios para caça ou para exploração de subprodutos florestais, sem licença da autoridade competente (art. 52)[1].

Para melhor conceituar os crimes contra a flora, faz-se necessário buscar certas definições nas legislações esparsas. Trata-se da denominada *lei penal em branco*. A maioria das definições pode ser encontrada nas legislações, decretos, resoluções do IBAMA ou do CONAMA etc.

## 4. DO CRIME DE POLUIÇÃO E OUTROS CRIMES AMBIENTAIS

Entende-se por poluição a "degradação da qualidade ambiental resultante de atividades que, direta ou indiretamente: a) prejudiquem a saúde, a segurança e o bem-estar da população; b) criem condições adversas às atividades sociais e econômicas; c) afetem desfavoravelmente a biota; d) afetem as condições estéticas ou sanitárias do meio ambiente; e) lancem matérias ou energia em desacordo com os padrões ambientais estabelecidos" (inciso III do art. 3º da Lei n. 6.938/81).

Assim reza o art. 54 da Lei n. 9.605/98: "Causar poluição de qualquer natureza em níveis tais que resultem ou possam resultar em danos à saúde humana, ou que provoquem a mortandade de animais ou a destruição significativa da flora". O § 1º

---

1. Tais dispositivos foram sucintamente comentados no livro de nossa autoria intitulado *Tutela penal*, cit.

cuida da modalidade culposa, e o § 2º, das espécies de poluição, ou seja, do solo (inciso I), atmosférica (inciso II) e hídrica (inciso III). Tipifica como crime a conduta de impedir ou dificultar o uso público das praias (inciso IV). Também considera crime o lançamento de resíduos sólidos, gasosos, detritos, óleos ou substâncias oleosas em desacordo com as exigências legais e regulamentares (inciso V). Pune, por fim, quem deixar de adotar, quando assim o exigir a autoridade competente, medidas de precaução em caso de risco de dano ambiental grave ou irreversível (§ 3º).

Entendemos que o *caput* desse dispositivo está inserido em todo tipo de poluição (atmosférica, hídrica, do solo, sonora e visual).

### 4.1. Conduta punível

A conduta punível é a de causar poluição de qualquer natureza (atmosférica, hídrica, do solo, sonora e visual) e em níveis tais que possam resultar em danos à saúde humana, em mortandade de animais e na destruição da flora. Causar é ser causa, motivar, originar ou produzir. Poluir é corromper, sujar, profanar e manchar. Poluir é despejar resíduos (sólidos, líquidos ou gasosos) ou detritos (óleos ou substâncias oleosas) no ar, nas águas ou no solo, causando danos à saúde humana, mortandade de animais e destruição da flora. Classifica-se a poluição da biosfera em: a) poluição pelos detritos industriais; b) poluição pelos pesticidas; c) poluição por queimada; d) poluição radioativa; e e) poluição por ondas eletromagnéticas. Cuida-se do chamado crime de perigo. Enquadra-se ainda nesse dispositivo a conduta de causar queimada, pois a poluição atmosférica pode ocasionar problemas respiratórios na população da área afetada. São estes os tipos de poluição: a) *poluição hídrica* é toda "modificação de características do ambiente aquático, de modo a torná-lo impróprio às formas de vida que normalmente abriga"[2]; b) *poluição atmosférica* é "o lançamento, num ecossistema, de agentes poluidores, como gases, fumaça, poeira, provocando sérios problemas para o equilíbrio ecológico e, consequentemente, para a vida humana: efeito estufa, chuvas ácidas, buraco na camada de ozônio, alterações meteorológicas, inversão térmica etc."[3]; c) *poluição do solo* é o despejo, no solo, de detritos sólidos ou líquidos, material orgânico ou inorgânico, causando poluição no solo e no subsolo, inclusive no lençol freático; d) *poluição sonora* é toda vibração emitida acima dos níveis suportáveis pelo ser humano, causando lesões no sentido auditivo; e e) *poluição visual* é a alteração exterior do meio ambiente mediante colocação de cartazes em lugares impróprios.

---

2. José Henrique Pierangelli, *Justitia*, São Paulo, *144*:12.

3. Gilberto Passos de Freitas, Do crime de poluição, artigo publicado na obra coletiva *Direito ambiental em evolução*, Curitiba, Juruá, 1998.

Constitui crime ainda, dificultar ou impedir o uso público das praias. Considera-se praia "a área coberta e descoberta periodicamente pelas águas acrescida da faixa subsequente de material detrítico, tal como areias, cascalhos, seixos e pedregulhos, até o limite onde se inicie a vegetação natural, ou, em sua ausência, onde comece um outro ecossistema" (art. 10, § 3º, da Lei n. 7.661/88).

Trata-se de bem da União (art. 20, III e IV, da CF) e de uso comum do povo. É livre o seu acesso a qualquer pessoa.

É crime também o lançamento ao meio ambiente de resíduos sólidos, líquidos, gasosos, detritos, óleos e substâncias oleosas. Tal lançamento estava disciplinado pela Lei n. 5.357/67 (que estabelecia penalidades para embarcações e terminais marítimos ou fluviais que lançassem detritos ou óleo em águas brasileiras), a qual foi revogada pela Lei n. 9.966, de 28 de abril de 2000, que dispõe sobre prevenção, controle e fiscalização de poluição causada por lançamento de óleo e substâncias nocivas em águas nacionais.

Por fim, é punido quem deixa de adotar, quando assim o exigir a autoridade competente, medidas de precaução em caso de risco de dano ambiental grave e irreversível. Cuida-se de delito de natureza omissiva.

### 4.2. Crimes relacionados com a poluição da água e do ar

Pune-se também quem provoca, pela emissão de efluentes ou carreamento de materiais, o perecimento de espécimes da fauna aquática existente em rios, lagos, açudes, lagoas, baías ou águas jurisdicionais brasileiras (art. 33 da Lei n. 9.605/98); quem expõe a perigo a vida, a integridade física ou o patrimônio de outrem, usando gás tóxico ou asfixiante (art. 252 do CP); quem envenena água potável, de uso comum ou particular, ou substância alimentícia ou medicinal destinada a consumo (art. 270 do CP); quem corrompe ou polui água, de uso comum ou particular, tornando-a imprópria para consumo ou nociva à saúde (art. 271 do CP); quem causa incêndio, expondo a perigo a vida, a integridade física ou o patrimônio de outrem (art. 250 do CP); quem provoca, abusivamente, emissão de fumaça, vapor ou gás, que possa ofender ou molestar alguém (art. 38 da LCP); e, por fim, quem perturba o trabalho ou sossego alheios (art. 42 da LCP).

### 4.3. Outros crimes ambientais

Para esses crimes (Seção III do Capítulo V da LA), o legislador reservou quatro artigos, descrevendo condutas delituosas, ou seja, os arts. 55, 56, 60 e 61 da Lei n. 9.605/98. Assim, pune-se: quem executa pesquisa, lavra ou extração de recursos minerais sem a competente autorização, permissão, concessão ou licença, ou em desacordo com a obtida (art. 55); quem produz, processa, embala, importa, exporta, comercializa, fornece, transporta, guarda, tem em depósito ou usa produto ou substância tóxica, perigosa ou nociva à saúde humana ou ao meio ambiente, em desacordo com as exigências estabelecidas em leis ou nos seus regulamentos (art. 56); quem abandona produtos ou substâncias referidas no *caput*, ou os utiliza em desacordo com as normas ambientais ou de segurança (art. 56, § 1º) ou manipula, acondiciona, armazena, coleta, transporta, reutiliza, recicla ou dá destinação final a resíduos perigosos de forma diversa da estabelecida em lei ou regulamento (art. 56, § 1º, II); ainda, se a substância ou o produto for nuclear ou radioativo (art. 56, § 2º); quem constrói, amplia, instala ou faz funcionar, em qualquer parte do território nacional, estabelecimentos, obras ou serviços potencialmente poluidores, sem licença ou autorização dos órgãos ambientais competentes, ou contrariando as normas legais e regulamentares pertinentes (art. 60); por fim, quem dissemina doença ou praga ou espécies que possam causar dano à agricultura, à pecuária, à fauna, à flora ou aos ecossistemas (art. 61).

## 5. DOS CRIMES CONTRA O ORDENAMENTO URBANO E O PATRIMÔNIO CULTURAL

Na Seção IV do Capítulo V da Lei Ambiental, o legislador reservou quatro artigos para os crimes contra o ordenamento urbano (arts. 64 e 65) e o patrimônio cultural (arts. 62 e 63), tipificando condutas delituosas praticadas contra bem público. Todos os artigos tipificam condutas delituosas (arts. 62, 63, 64 e 65 da Lei n. 9.605/98). As penas dos arts. 64 e 65 da citada lei não ultrapassam um ano de detenção, aplicando-se o instituto da transação penal, previsto no art. 76 da Lei n. 9.099/95, combinado com a Lei n. 10.259/2001. Já os arts. 62 e 63 têm pena mínima de um ano de reclusão, aplicando-se o instituto da suspensão do processo, previsto no art. 89 da Lei n. 9.099/95, combinado com a Lei n. 10.259/2001.

Antes do advento dessa lei, a proteção penal do patrimônio cultural estava inserida no Código Penal, no capítulo atinente ao delito de dano (arts. 163, III, 165 e 166). Os arts. 165 e 166 foram revogados pela nova lei dos crimes ambientais.

Destacam-se as seguintes condutas delitivas, ou seja, destruir, inutilizar ou deteriorar: a) bem especialmente protegido por lei, ato administrativo ou decisão judicial; b) arquivo, registro, museu, biblioteca, pinacoteca, instalação científica ou similar protegido por lei, ato administrativo ou decisão judicial (art. 62). Alterar o aspecto ou estrutura de edificação ou local especialmente protegido por lei, ato administrativo ou decisão judicial, em razão de seu valor paisagístico, ecológico, turístico, artístico, histórico, cultural, religioso, arqueológico, etnográfico ou monumental, sem autorização da autoridade competente ou em desacordo com a concedida (art. 63). Promover construção em solo não edificável, ou no seu entorno, assim considerado em razão de seu valor paisagístico, ecológico, artístico, turístico, histórico, arqueológico, etnográfico ou monumental, sem autorização da autoridade competente ou em desacordo com a concedida (art. 64). E, por fim, pichar, ou por outro meio conspurcar edificação ou monumento urbano (art. 65).

## 6. DOS CRIMES CONTRA A ADMINISTRAÇÃO AMBIENTAL

Na Seção V do Capítulo V da LA, o legislador reservou cinco artigos para os crimes contra a administração ambiental, tipificando condutas praticadas por funcionário público e por particular. Os cinco artigos tipificam crimes e estipulam sanções penais. Os arts. 66, 67, 68 e 69 têm penas mínimas de um ano de reclusão e de detenção. O art. 69-A prevê pena de reclusão de 3 a 6 anos e multa. Portanto, nessa Seção, aplica-se somente o instituto da suspensão do processo, previsto no art. 89 da Lei n. 9.099/95, combinado com a Lei n. 10.259/2001, com exceção do art. 69-A, cuja pena mínima é superior a 2 anos (e, portanto, não permite a suspensão), e dos parágrafos únicos do art. 67 e do art. 68 da Lei n. 9.605/98, cujas penas são de três meses a um ano de detenção, sem prejuízo da multa, se o crime for de natureza culposa. Nesses casos, aplica-se o instituto da transação penal, previsto no art. 76 da Lei n. 9.099/95, combinado com a Lei n. 10.259/2001.

Os dois primeiros artigos cuidam de crimes praticados por funcionário público, e os dois últimos, por particulares e também por funcionários públicos contra a administração pública ambiental. No entanto, o legislador resolveu punir mais severamente o funcionário público do que o particular, agravando a pena daquele.

Antes do advento dessa lei, o funcionário público e o particular respondiam pelas infrações previstas no Código Penal, cujos delitos encontram correspondência nos arts. 328 e s. (trata-se dos crimes praticados por particular contra a administração em geral) e nos arts. 312 e s. do mesmo *Codex* (cuidam dos crimes praticados por funcionário público contra a administração em geral). Com a criação da nova Lei Ambiental, aplica-se o Código Penal, subsidiariamente.

Destacam-se as seguintes condutas delitivas: fazer funcionário público afirmação falsa ou enganosa, omitir a verdade, sonegar informações ou dados técnico-científicos em procedimentos de autorização ou de licenciamento ambiental (art. 66); conceder o funcionário público licença, autorização ou permissão em desacordo com as normas ambientais, para as atividades, obras ou serviços cuja realização depende de ato autorizatório do Poder Público (art. 67); deixar, aquele que tiver o dever legal ou contratual de fazê-lo, de cumprir obrigação de relevante interesse ambiental (art. 68); obstar ou dificultar a ação fiscalizadora do Poder Público no trato de questões ambientais (art. 69); e, por fim, elaborar ou apresentar, no licenciamento, concessão florestal ou qualquer outro procedimento administrativo, estudo, laudo ou relatório ambiental, total ou parcialmente falso ou enganoso, inclusive por omissão (art. 69-A).

## 7. CONSIDERAÇÕES FINAIS

A Lei n. 9.605/98 procurou sistematizar toda a legislação esparsa. Trata-se de uma legislação moderna, que trouxe muitos avanços e alguns retrocessos, mas, no geral, melhorou alguns tipos penais e criou outros, acrescentando a culpa como modalidade inexistente anteriormente e inserindo mais crimes de perigo.

Espera-se que a legislação seja bem entendida e corretamente aplicada. No entanto, não é isso o que vem acontecendo. O então Presidente da República, atendendo a pedido de empresários poluidores, baixou a Medida Provisória n. 2.163-41, de 23 de agosto de 2001 (antiga Medida Provisória n. 1.710/98), suspendendo por até dez anos a aplicação dessa lei, permitindo que órgãos ambientais integrantes do SISNAMA firmassem termo de compromisso com pessoas físicas ou jurídicas responsáveis pela construção, instalação, ampliação e funcionamento de estabelecimentos e atividades utilizadoras de recursos ambientais, considerados efetiva ou potencialmente poluidores.

Já na segunda edição da medida provisória, de 8 de setembro de 1998, o então Presidente da República diminuiu o prazo para até seis anos, entre outras alterações necessárias. Tal medida, em outras palavras, concedeu aos empresários o direito de poluir. Não há dúvida de que essa medida é inconstitucional, consoante os arts. 225 e 5º da CF. Ninguém poderá dispor do direito que é de todos e não do governante. Trata-se de direito indisponível a qualidade de vida da coletividade, não podendo ser matéria disciplinada por mera medida provisória.

Vê-se, pois, que o próprio ex-Presidente da República, ao baixar a medida provisória, tenta postergar a aplicação da lei por até seis anos. Dessa forma, como podemos lutar por um meio ambiente ecologicamente equilibrado, se o nosso governante maior dispôs desse direito mediante mera medida provisória? Assim, não basta apenas termos uma legislação forte e, aparentemente, eficaz, se não formos educados para defender o patrimônio universal. É necessário que nas escolas nossas crianças tenham aulas sobre meio ambiente. Só assim estaremos contribuindo para fazer um país mais humano e solidário.

# TÍTULO XI
# Tutela Internacional do Meio Ambiente

## CAPÍTULO I
## NOÇÕES INTRODUTÓRIAS

### 1. DIREITO INTERNACIONAL DO MEIO AMBIENTE

A *tutela internacional do meio ambiente* é defendida por diversos documentos firmados pelos países participantes. Existe um direito internacional do meio ambiente nascendo com os inúmeros tratados, convenções, declarações, recomendações, compromissos, diretrizes, regras e normas protetivas do meio ambiente. Foi em decorrência da intensa degradação ambiental que houve a necessidade de proteger o meio ambiente em nível mundial. Como essa degradação não possui fronteiras devidamente delimitadas, resolveram-se criar, na esfera internacional, documentos com a finalidade de combater a poluição transfronteiriça. Tais documentos começaram a surgir no final do século XX com o objetivo de proteger o meio ambiente nacional mediante normas internacionais[1]. Podemos, dessa forma, conceituar direito internacional do meio ambiente "como sendo o conjunto de regras e princípios que criam obrigações e direitos de natureza ambiental para os Estados, as organizações intergovernamentais e os indivíduos"[2].

Os tratados internacionais, normalmente, representam um acordo de vontade realizado entre países soberanos. Também são denominados convenções, convênios, acordos, pactos ou protocolos. As *convenções* criam normas de caráter geral no âmbito dos direitos humanos. Já os *convênios* tratam de assuntos relacionados à cultura ou ao transporte. Os *acordos* referem-se a questões financeiras, comerciais e culturais. Os *pactos*, por sua vez, são mais utilizados na esfera militar. Finalmente, os *protocolos* são a concretização das discussões travadas numa conferência, lavradas em atas. Todos estes documentos podem ser utilizados para estabelecer uma série de acordos, princípios, recomendações e metas a serem alcançados pelos países signatários ou não.

---

1. Guido Fernando Silva Soares, *Direito internacional do meio ambiente*, São Paulo, Atlas, 2001, nota da orelha.

2. Geraldo Eulálio do Nascimento e Silva, *Direito ambiental internacional*, Rio de Janeiro, Thex Ed., 1995, p. 5.

Para que um tratado possa ser incorporado no ordenamento jurídico do Brasil, é necessário observar as seguintes fases: a) o tratado deve ser celebrado pelo Presidente da República (art. 84,VIII, da CF); b) o tratado deve ser aprovado pelo Congresso Nacional através de um Decreto Legislativo (art. 49, I, da CF); e c) após a ratificação pelo Congresso Nacional, o tratado será promulgado por meio de um Decreto Presidencial. Somente neste momento é que o tratado entrará em vigor com força de lei.

Vê-se, pois, que a proteção do meio ambiente está se internacionalizando e vários instrumentos são criados para a sua tutela em escala mundial. Cada vez mais cientistas se reúnem a fim de encontrar mecanismos para minimizar os custos do aquecimento global, tais como o Comércio de Emissões (CE), a Implementação Conjunta (IC) e os Mecanismos de Desenvolvimento Limpo (MDL), trazidos pelo Protocolo de Kioto.

A temática ambiental vem sendo discutida intensamente nas negociações multilaterais sobre comércio internacional nos principais blocos econômicos regionais: GATT/OMC, União Europeia, NAFTA, Mercosul e ALCA[3].

## 2. FONTES DO DIREITO INTERNACIONAL DO MEIO AMBIENTE

Não pretendemos tecer longos comentários sobre as fontes do direito internacional do meio ambiente, pois não é o objetivo deste *Manual*.

As principais fontes do direito internacional do meio ambiente são os tratados e as convenções, os atos das organizações intergovernamentais, os costumes internacionais, os princípios gerais do direito, a doutrina e a jurisprudência internacionais. Os *tratados* e as *convenções* são a fonte por excelência do direito internacional do meio ambiente por se tratar de regras escritas que acabam integrando, com o passar dos tempos, o ordenamento jurídico interno do Estado. Geralmente são assinados, ratificados, aceitos, aprovados ou aderidos em caráter multilateral, ou seja, envolvendo diversos Estados. Contêm em seu bojo as regras e obrigações que devem ser observadas pelos contratantes. Esses tratados podem conter normas de caráter genérico ou específico. Ademais, podem ser elaborados para se aplicar globalmente ou em determinadas regiões. Os *atos das organizações intergovernamentais* também podem ser considerados fonte do direito internacional, mesmo que não tenham sido registrados na ONU. Tais atos são aqueles firmados, em caráter unilateral, pelas organizações inter-

---

3. Fábio Albergaria de Queiroz, Meio ambiente e comércio na agenda internacional: a questão ambiental nas negociações da OMC e dos blocos econômicos regionais, *Ambiente & Sociedade*, Associação Nacional de Pós-Graduação e Pesquisa em Ambiente e Sociedade (ANPPAS), Campinas, v. VIII, n. 2, 2005.

nacionais interessadas na solução de problemas ambientais prementes. Os *costumes internacionais* igualmente podem ser considerados fonte do direito internacional, por se tratar de uma prática geral aceita como regra de direito. Os *princípios gerais do direito* são outra fonte internacional importante estabelecida pelo Estatuto da Corte Permanente de Justiça Internacional. A *doutrina internacional*, por sua vez, pode ser considerada fonte do direito internacional porque são comentários realizados por pessoas abalizadas na esfera de sua atuação, servindo como argumento e fundamento para sustentar determinados posicionamentos na esfera ambiental. A *jurisprudência internacional*, por fim, ocupa uma posição importante na esfera internacional. São os precedentes firmados pela Corte Internacional de Justiça. Há inúmeros precedentes relacionados sobre poluição transfronteiriça que podem servir como fundamento para a solução das questões ambientais.

## 3. DOCUMENTOS INTERNACIONAIS

Há inúmeros tratados, convenções, declarações, protocolos, diretrizes, recomendações, regras e princípios internacionais na esfera do meio ambiente. Podem-se citar como exemplos e em ordem cronológica os seguintes documentos: a) Convenção da Pesca (1958); b) Convenção de Ramsar — Proteção das Zonas Úmidas de Importância Internacional e dos Hábitats das Aves Aquáticas (1971); c) Conferência das Nações Unidas sobre o Meio Ambiente Humano realizada em Estocolmo (1972); d) Convenção sobre o Comércio Internacional das Espécies da Flora e Fauna Selvagens em Perigo de Extinção (1973); e) Convenção das Nações Unidas sobre o Mar — UNCLOS (1982); f) Convenção de Viena para a Proteção da Camada de Ozônio (1985); g) Protocolo de Montreal sobre Substâncias que Destroem a Camada de Ozônio (1987); h) Convenção sobre Controle de Movimentos Transfronteiriços de Resíduos Perigosos — Convenção de Basileia (1989); i) Conferência das Nações Unidas sobre o Meio Ambiente e o Desenvolvimento — CNUMAD ou Cúpula da Terra realizada no Rio de Janeiro — ECO-92 (1992); j) Convenção-Quadro sobre a Mudança do Clima (1992); k) Convenção sobre Diversidade Biológica — CDB (1992); l) Diretrizes de Montreal para a Proteção do Meio Ambiente Marinho de Fontes Provenientes da Terra (1992); m) Estratégia Global de Abrigo para Todos até o Ano 2000; n) Protocolo de Kioto (1997); o) Código de Práticas para o Movimento Internacional Transfronteiriço de Lixo Radioativo da Agência Internacional de Energia Atômica (1998); p) outros documentos sobre Educação Ambiental da UNESCO; q) Cúpula Mundial sobre desenvolvimento sustentável ou Cúpula da Terra realizada em Johannesburgo — Rio+10 (2002); r) Conferência de Bali, Indonésia — COP-13 (2007); s) Conferência de Copenhague, Dinamarca — COP-15 (2009); t) Conferência de Cancún, México — COP-16 (2010); u) Protocolo de Nagoya sobre biodiversidade (2010); v) Conferência de Durban, África do Sul — COP-17 (2011) etc.

A maioria desses documentos (Declaração de Estocolmo, Conferência do Rio etc.) contém princípios, normas, diretrizes e recomendações para a cooperação internacional entre os Estados soberanos no sentido de proteger o meio ambiente. Muitos deles foram ratificados e aprovados pelo Senado brasileiro.

De todos os documentos internacionais, o que mais chama a atenção são os Objetivos de Desenvolvimento do Milênio — ODM. As metas do milênio foram estabelecidas pela Organização das Nações Unidas — ONU, em 2000, com o apoio de 191 nações, e ficaram conhecidas como Objetivos de Desenvolvimento do Milênio — ODM. São eles: 1 — Acabar com a fome e a miséria. 2 — Oferecer educação básica de qualidade para todos. 3 — Promover a igualdade entre os sexos e a autonomia das mulheres. 4 — Reduzir a mortalidade infantil. 5 — Melhorar a saúde das gestantes. 6 — Combater a Aids, a malária e outras doenças. 7 — *Garantir qualidade de vida e respeito ao meio ambiente*. 8 — Estabelecer parcerias para o desenvolvimento. Estes objetivos sintetizam, praticamente, todos os demais princípios e diretrizes internacionais protetivas do meio ambiente. E com fundamento nesses objetivos, o Ministério Público do Estado de São Paulo encampou essas metas no seu Plano Geral de Atuação — PGA.

Fundamentada nas experiências extraídas dos oito Objetivos de Desenvolvimento do Milênio, a ONU criou um novo modelo global para acabar com a pobreza, promover a prosperidade e o bem-estar de todos, proteger o ambiente e combater as alterações climáticas. Essa agenda deverá ser cumprida até o ano 2030 pelos 193 países-membros, tendo por finalidade transformar o mundo, proteger os povos e o planeta. Em reunião realizada entre os dias 25 e 27 de setembro de 2015, em Nova York (EUA), a ONU aprovou 17 Objetivos de Desenvolvimento Sustentável e 169 metas temáticas diversificadas. Arrolamos a seguir somente os objetivos: *Objetivo 1*. Acabar com a pobreza em todas as suas formas, em todos os lugares; *Objetivo 2*. Acabar com a fome, alcançar a segurança alimentar e melhoria da nutrição e promover a agricultura sustentável; *Objetivo 3*. Assegurar uma vida saudável e promover o bem-estar para todos, em todas as idades; *Objetivo 4*. Assegurar a educação inclusiva e equitativa de qualidade, e promover oportunidades de aprendizagem ao longo da vida para todos; *Objetivo 5*. Alcançar a igualdade de gênero e empoderar todas as mulheres e meninas; *Objetivo 6*. Assegurar a disponibilidade e gestão sustentável da água e o saneamento para todos; *Objetivo 7*. Assegurar a todos o acesso confiável, sustentável, moderno e a preço acessível à energia; *Objetivo 8*. Promover o crescimento econômico sustentado, inclusivo e sustentável, emprego pleno e produtivo e trabalho decente para todos; *Objetivo 9*. Construir infraestruturas resilientes, promover a industrialização inclusiva e sustentável e fomentar a inovação; *Objetivo 10*. Reduzir a desigualdade dentro dos países e entre eles; *Objetivo 11*. Tornar as cidades e os assentamentos humanos inclusivos, seguros, resilientes e sustentáveis; *Objetivo 12*. Assegurar padrões de produção e de consumo sustentáveis; *Objetivo 13*. Tomar medidas urgentes para combater a mudança do clima e os seus impactos; *Objetivo 14*. Conservar e usar sustentavelmente os oceanos, os mares e os recursos marinhos para o desenvolvimento sustentável; *Objetivo 15*. Proteger, recuperar e promover o uso sustentável dos ecossistemas terrestres, gerir de forma sustentável as florestas, combater a desertificação, deter e reverter a degradação da terra e deter a perda de biodiversidade; *Objetivo 16*. Promover sociedades pacíficas e inclusivas para o desenvolvimento sustentável, proporcionar o acesso à justiça para todos e construir instituições eficazes, responsáveis e inclusivas em todos os níveis; e *Objetivo 17*. Fortalecer os meios de implementação e revitalizar a parceria global para o desenvolvimento sustentável.

## 4. EVOLUÇÃO HISTÓRICA DA POLÍTICA AMBIENTAL INTERNACIONAL

A política ambiental internacional foi responsável pelo desenvolvimento do direito ambiental. Esta política pode ser conceituada como o conjunto de normas e instrumentos destinados a minimizar os impactos negativos da ação humana em relação ao meio ambiente. Foi na década de 1960 que a preocupação ambiental mundial se desenvolveu mais acentuadamente, especialmente pelo diagnóstico que foi realizado pelo *Massachusetts Institute of Technology* (MIT), que apontou que as atividades humanas de produção e consumo tendem a crescer muito mais rapidamente do que a capacidade do meio ambiente natural em recompor seus estoques. O relatório recomendou a desaceleração do desenvolvimento, o que não foi acatado pelos países industrializados. Este relatório foi encomendado pelo denominado Clube de Roma[4] ao MIT. A comissão foi chefiada por Dornella Meadows, o qual apresentou o Relatório Meadows, alertando para a necessidade de estabelecer limites ao crescimento econômico. Apesar desse impasse, os países industrializados continuaram a se desenvolver em detrimento do meio ambiente até que, em 1972, foi realizada uma conferência, em Estocolmo, Suécia, para discutir as questões ambientais com todos os países do mundo. Nessa conferência, foram discutidas questões relacionadas: ao meio ambiente como direito humano; ao desenvolvimento sustentável; à proteção da biodiversidade; ao controle da poluição; ao combate à pobreza; ao planejamento e desenvolvimento tecnológico; à soberania territorial dos Estados; à cooperação e à adequação das soluções aos problemas específicos de cada país; entre outros.

Houve forte influência dessa conferência no mundo, mas as questões nelas discutidas não foram implementadas e precisavam ser novamente definidas. Para isso, a ONU convocou uma Assembleia Geral, e decidiu criar a Comissão Mundial sobre

---

4. O Clube de Roma é uma entidade não governamental, fundada em 1968. Seus integrantes são cientistas, economistas, homens de negócios, chefes de Estado e ex-chefes de Estado; seu objetivo é discutir temas de interesse mundial (Maria Luiza Machado Granziera, *Direito ambiental*, cit., p. 31).

Meio Ambiente e Desenvolvimento, formada por especialistas e coordenada por Gro Harlem Brundtland, que apresentou, em 1987, um relatório intitulado "Relatório de Brundtland" ou "Nosso Futuro Comum", preconizando uma política de desenvolvimento econômico sustentável que levasse em consideração os limites ecológicos do planeta. Este documento trouxe uma forte crítica à maneira da exploração dos recursos naturais, além de definir desenvolvimento sustentável. Com base nessa nova definição, foi necessário realizar novo pacto entre as nações, que resultou na conferência, no Rio de Janeiro, Brasil, denominada ECO-92, na qual foi discutida e divulgada a concepção de desenvolvimento sustentável, colocada no "Relatório de Brundtland". Foram adotadas, neste acordo, duas convenções multilaterais: a) Convenção sobre Mudança Climática; e b) a Convenção da Biodiversidade. A declaração de 1992, além disso, reafirmou os princípios de 1972 e apresentou várias recomendações por meio da Agenda 21.

Outra conferência foi realizada, em 2002, em Johannesburgo, na África do Sul, para avaliar as propostas estabelecidas na conferência de 1992. Esta reunião discutiu a implantação de medidas práticas voltadas à conservação da biodiversidade, à erradicação da pobreza, ao acesso universal à água potável e ao saneamento básico, à globalização, às mudanças climáticas, às questões energéticas e ao MDL. Ao final, foram estabelecidas metas para os próximos dez anos aos países participantes, comprometidos na redução pela metade do índice da população sem acesso à água potável e aos serviços de saneamento básico. Seja como for, o acordo não conseguiu fixar metas e prazos para a sua adoção em todos os países[5].

Na verdade, o debate ambiental começou no Brasil, na década de 1960, por causa do crescimento populacional, ocasionando o consequente aumento de consumo interno, havendo, a partir daí, a necessidade de estabelecer uma política ambiental protetiva desses recursos. Somente na década de 1970, com o forte impacto da Conferência das Nações Unidas sobre o Meio Ambiente, realizada em 1972, é que se deu início à construção de uma legislação mais efetiva. Não havia até então uma política ambiental nacional, mas apenas ações isoladas e específicas. Não havia uma ação coordenada pelo governo ou por entidade responsável pela gestão ambiental. Havia, sim, uma legislação esparsa e assistemática. Faltavam normas mais abrangentes e agências ambientais responsáveis pela fiscalização e aplicação das políticas públicas.

Ainda com base no "Relatório Meadows", a Conferência das Nações Unidas para o Meio Ambiente, realizada em 1972, reconheceu as diferenças entre os países desenvolvidos e em desenvolvimento, propondo soluções diferentes para enfrentar as questões ambientais. Restou acordada, nessa conferência, a necessidade do compro-

---

5. Denise Rissato e Bruno Spricigo, A política ambiental no Brasil no período de 1970-1999, *Revista de Ciências Sociais em Perspectiva*, v. 9, n. 16, 1º semestre de 2010, p. 2-7.

metimento de todas as nações com a proteção do meio ambiente e recomendou-se aos países a criação de instituições nacionais responsáveis pelo planejamento, gerenciamento e controle dos recursos ambientais.

Seguindo tal recomendação, o Brasil criou a Secretaria Especial do Meio Ambiente — SEMA, em 1973, pelo Decreto n. 73.030, cujo órgão ficou atrelado ao então Ministério do Interior. Este órgão passou a se dedicar à criação de normas ambientais nacionais, sistematizando a sua aplicação geral.

O Brasil não concordou com o acordo endossado pelos países participantes da conferência, apresentando as seguintes razões: a) o crescimento econômico não deveria ser sacrificado em nome de um ambiente mais puro: b) o Brasil discordou da relação direta entre crescimento populacional e exaustão dos recursos naturais, opondo-se fortemente às propostas de medidas de controle de natalidade; e c) os delegados brasileiros defenderam o direito das nações de explorar seus recursos de acordo com as suas prioridades, sob o argumento de se tratar de uma questão de soberania nacional.

Esta conferência se restringiu somente ao controle da poluição e à criação de unidades de conservação da natureza, ficando fora a questão do crescimento populacional e o saneamento básico. Políticas públicas setoriais sobre meio ambiente não foram contempladas e continuam sendo objeto de políticas próprias, não articuladas à questão ambiental como um todo.

Muitas normas foram criadas a partir dessa conferência, mas a mais importante foi a lei da Política Nacional do Meio Ambiente (Lei n. 6.938/81). Esta lei trata especificamente da proteção ambiental de maneira sistemática e geral. Ela estabelece conceitos, princípios, objetivos, diretrizes, instrumentos e as agências ambientais.

A importância do meio ambiente foi tanta que a sua proteção foi inserida na Constituição Federal de 1988 (art. 225)[6].

---

6. Denise Rissato e Bruno Spricigo, A política ambiental no Brasil no período de 1970-1999, *Revista de Ciências Sociais em Perspectiva*, cit., p. 7-8.

## Capítulo II
### Conferências Internacionais sobre Meio Ambiente

## 1. INTRODUÇÃO

Conferências internacionais são realizadas periodicamente para tentar estabelecer regras mínimas para os Estados, organismos e empresas cumprirem com a finalidade de combater, essencialmente, o aquecimento global. Nessas conferências são discutidos muitos trabalhos científicos comprobatórios das principais questões ambientais que atingem a comunidade mundial como um todo. Após a discussão, são confeccionados documentos que servirão de parâmetros para os Estados adotarem em seus territórios.
Vejamos alguns deles.

## 2. CONFERÊNCIA DE ESTOCOLMO (1972)

Trata-se da Conferência das Nações Unidas sobre Meio Ambiente Humano, realizada em Estocolmo, Suécia, em 1972, e ficou conhecida simplesmente por *Conferência de Estocolmo*. Ela foi, no nosso entender, a mais importante, pois deu origem ao direito ambiental. A partir dela, foram surgindo todos os demais instrumentos internacionais, na esfera ambiental. Dessa conferência resultou a Declaração de Princípios sobre o Meio Ambiente Humano, contendo 26 princípios. No entanto, a ideia para a sua realização foi apresentada pelo Conselho Econômico e Social da ONU em 1968, pois havia uma preocupação, na época, com a poluição do ar e a chuva ácida.

Participaram da reunião 113 países e centenas de organizações governamentais e não governamentais interessadas na questão ambiental.

Restou acertado que o conceito de meio ambiente humano deveria compreender não só o meio ambiente natural, mas também o meio artificial, como fundamento do desenvolvimento pleno do ser humano. Além do conceito de meio ambiente, foram abordados os seguintes temas: meio ambiente como direito humano; desenvolvimento sustentável; proteção da biodiversidade; luta contra a poluição; combate à pobreza; planejamento; desenvolvimento tecnológico; limitação à soberania territorial dos Estados; cooperação; e adequação das soluções à especificidade dos problemas[1].

---
1. Maria Luiza Machado Granziera, *Direito ambiental*, cit., p. 32.

A conferência, portanto, realçou uma forte divergência entre os países do hemisfério Sul e os do hemisfério Norte. Como podemos perceber, o hemisfério Norte é mais rico do que o hemisfério Sul. Por conta disso, passou a haver uma batalha verbal entre os governantes de ambos os lados. Superadas essas divergências, a declaração foi aprovada e apresentou várias recomendações importantes.

Esta declaração não foi subscrita pelo Brasil, na época, mas seus princípios passaram a integrar o ordenamento jurídico e muitos dos princípios hoje fazem parte do art. 225 da CF. Com fundamento nestes princípios, as Nações Unidas passaram a baixar inúmeras resoluções, recomendações etc.

## 3. CONFERÊNCIA SOBRE MEIO AMBIENTE E DESENVOLVIMENTO (ECO-92)

A Conferência das Nações Unidas sobre Meio Ambiente e Desenvolvimento, realizada no Rio de Janeiro, entre os dias 3 e 14 de junho de 1992, teve por objetivo reafirmar a Declaração das Nações Unidas sobre o Meio Ambiente Humano, realizada em Estocolmo, Suécia, no dia 16 de junho de 1972. Compareceram representantes de 117 países, os quais aprovaram e firmaram vinte e sete princípios nesta conferência.

Tais representantes se reuniram para fazer um balanço dos princípios firmados em 1972, em Estocolmo, Suécia, externado na Conferência das Nações Unidas sobre o Desenvolvimento Humano. Apesar da dificuldade para se chegar a um acordo nesta conferência, ocorreram alguns avanços, tais como: a) Agenda 21; b) Declaração do Rio Sobre Meio Ambiente e Desenvolvimento; c) Declaração de Princípios para o Desenvolvimento Sustentável das Florestas; d) Fundo para o Meio Ambiente; e) Convenção sobre a Diversidade Biológica — CDB; e f) Convenção-Quadro sobre Mudança do Clima.

Ainda assumindo a dianteira da discussão das questões ambientais debatidas na Conferência Rio/92, o Brasil sediou o 2º Congresso Internacional do Direito Ambiental em 1997, cinco anos depois, com a intenção de "fazer um balanço preliminar dos resultados concretos da ECO-92. Não só os profissionais de direito, mas todos os brasileiros, continuam a procurar nas políticas públicas governamentais sinais objetivos e convincentes da implementação dos compromissos firmados em 1992. Sem muito sucesso. A situação nacional não é nem um pouco animadora"[2].

A conscientização coletiva foi impulsionada com a realização da ECO-92 realizada no Rio de Janeiro. Divulgou-se, naquela ocasião, que a população cresceria num ritmo sem precedentes, chegaríamos a 6,5 bilhões de habitantes, cujos números não se estabilizariam antes de 2050, quando poderíamos chegar a 10 bilhões. E se

---

2. Antônio Herman V. Benjamin, *Anais do Congresso Internacional do Direito Ambiental — 5 Anos após a ECO-92* (Apresentação), São Paulo, IMESP, 1997, p. 6-7.

todos os seres humanos tivessem o nível de consumo dos habitantes mais ricos do planeta, a Terra não suportaria atender às necessidades de mais de 600 milhões de pessoas, pois os recursos são limitados[3].

## 3.1. Convenção-quadro sobre mudança climática — Protocolo de Kioto

O Protocolo de Kioto pretendia reduzir a quantidade de poluentes do ar atmosférico com a finalidade de combater o efeito estufa. Para isso foi realizada a Terceira Sessão da Conferência das Partes sobre Mudança do Clima, denominada COP-3. Esta reunião foi realizada em dezembro de 1997, na cidade de Kioto, no Japão, com a participação de vários países que, em consenso, resolveram adotar compromissos para a redução da emissão dos gases estufa.

O tratado estabelecia metas para países desenvolvidos e em desenvolvimento. Referidas metas encontravam-se disciplinadas no Anexo I. Estes países se comprometeram a reduzir suas emissões totais de seis dos gases de efeito estufa ($CO_2$, $CH_4$, $N_2O$, HFC, PFC e $SF_6$) em, no mínimo, 5,2% abaixo dos níveis de 1990, no período compreendido entre 2008 e 2012, com metas diferenciadas para a maioria dos Estados.

Já os países que não estavam arrolados no Anexo I, incluindo Brasil, China e Índia, por exemplo, também deveriam adotar medidas adequadas com a finalidade de limitar suas emissões. Em contrapartida, tais países receberiam recursos financeiros e poderiam ter acesso às tecnologias dos países desenvolvidos. Todos os países ainda deveriam realizar inventários e monitoramento das emissões para controlar e reduzir as emissões desses gases.

Estabelecidas as metas, o Protocolo de Kioto foi colocado para a assinatura dos países no dia 16 de março de 1998. Este documento, no entanto, só entraria em vigor após a assinatura de, pelo menos, 55 países (integrantes das partes da convenção), os quais deveriam ratificar o acordo realizado na cidade de Kioto. Sua entrada em vigor só poderia ocorrer se os países subscritores somassem 55% das emissões totais de dióxido de carbono em 1990. Somente 124 países ratificaram o documento em julho de 2004. Mas a soma total de emissões desses países não passava de 44,2%. Os EUA, principal emissor de poluentes, se negaram a ratificar o protocolo a pretexto de estagnação de sua economia. Somente após a assinatura da Rússia é que o documento entrou em vigor, ou seja, em 16 de fevereiro de 2005.

O Congresso Nacional do Brasil aprovou o Protocolo por meio do Decreto Legislativo n. 144, de 20 de junho de 2002, o qual foi promulgado pela Presidência da República pelo Decreto n. 5.445, de 12 de maio de 2005.

---

3. Ignácio Ramonet, O medo e os lucros, in Atlas do meio ambiente, *Le Monde Diplomatique* (França), Curitiba-PR, p. 6.

É importante salientar que as metas do Protocolo de Kioto, após o transcurso de tanto tempo, passaram a ser insuficientes para combater o efeito estufa diante do aumento imenso das emissões. Tal documento deveria ter sido substituído no final de 2007 (Conferência de Bali, Indonésia — COP-13). Já a COP-14 foi realizada em dezembro de 2008, na Polônia, e apresentou alguns avanços significativos, mas decepcionou quem esperava resultados concretos. Como não houve avanço significativo, a conferência foi transferida para 2009, com um novo acordo, estabelecendo metas mais ambiciosas (Conferência do Clima realizada em Copenhague, Dinamarca — COP-15). Como não houve consenso, outra conferência foi realizada no final de 2010 na Cidade do México para tal finalidade (COP-16).

A COP-16, realizada em Cancún, México, não trouxe avanços imediatos. Após o desapontamento em Copenhague, foi selado um acordo global, estabelecendo os seguintes compromissos: evitar que a temperatura global aumentasse mais de 2 °C; transferência de tecnologias pelo Centro de Tecnologia de Clima; criação do Fundo Verde do Clima que, a princípio, seria administrado pelo Banco Mundial (US$ 30 bilhões até 2012 e US$ 100 bilhões até 2020); definiu-se o que é REDD (Redução de Emissões por Desmatamento e Degradação) será financiado por um fundo destinado à preservação de florestas tropicais; entre outros. O impasse continua, pois os cientistas abandonaram a ilusão de um aquecimento global moderado. A maioria deles já não acredita que seja possível limitar o aquecimento em 2 °C a mais do que a temperatura média da Terra há um século. Com o emperramento das discussões diplomáticas envolvendo 194 países, a maior parte dos cientistas passou a acreditar que devemos nos preparar para uma Terra de 3° C a 4° C mais quente, no mínimo. Este dado foi constatado através de um conjunto de estudos divulgados pela *Royal Society*, a academia de ciências do Reino Unido. "Se tivéssemos um novo *Plano Marshall* (projeto de reconstrução da Europa após a Segunda Guerra Mundial) para despoluir todas as grandes economias em 15 anos, seria viável. Mas isso não vai ocorrer", diz Mark New, da Universidade de Oxford, um dos coordenadores dos estudos. "Se amanhã, milagrosamente, o mundo começasse a reduzir as emissões, a redução no ritmo de aumento de temperatura começaria a ser sentida em 25 ou 30 anos", diz o climatologista Carlos Nobre do Inpe. Um aumento de 4 °C em 100 anos pode parecer pequeno, mas o mundo levou 20 mil anos para esquentar 6 °C desde a última era glacial. As consequências disso serão notadas, praticamente, em todas as atividades humanas.

O texto final de Cancún define que, entre 2013 e 2015, acontecerá uma revisão das metas de longo prazo da redução de emissões de $CO_2$ no mundo inteiro. Tal revisão acontecerá somente depois da COP-17. Revele-se ainda que o combate ao aquecimento global é responsabilidade de toda a comunidade. O mundo está interligado e precisamos achar soluções comuns para problemas comuns. Este acordo abre as portas para um acordo definitivo na COP-17, restabelecendo a confiança no multilateralismo.

A Conferência do Clima (COP-17) realizada em Durban, na África do Sul, em dezembro de 2011, teve por objetivo formatar um documento para substituir o Protocolo de Kioto. Esta reunião estava fadada ao fracasso, mas, na última hora, logrou-se um acordo que pudesse servir de base a um futuro tratado que obrigará todas as nações a reduzirem gases do efeito estufa. Trata-se da denominada "Plataforma de Durban", que estabelece um calendário para criar um documento em 2015 para entrar em vigor em 2020. Este acordo só foi viável com a inserção da frase "resultado acordado com força de lei" (acordo legalmente vinculante para evitar que o Senado americano o rejeitasse novamente, como fez com o Protocolo de Kioto). Isso significa que os EUA, a China e outras nações estarão obrigados a respeitar este futuro documento, não mais podendo ficar de fora, como queriam.

No dia 26 de novembro de 2012, foi aberta a Conferência do Clima (COP-18), da ONU, em Doha, Qatar, com o objetivo de dar continuidade à substituição do Protocolo de Kioto. O debate se restringe, mais especificamente, entre as nações ricas e pobres. Cerca de 17 mil participantes de aproximadamente 200 países se reuniram para debater a nova rodada de negociações. Na abertura da conferência, o presidente da COP-18, Abdullah Bin Hamad, ex-ministro da energia do Qatar, disse que "o fenômeno da mudança climática é um desafio comum para a humanidade" e que a conferência é uma "oportunidade de ouro e devemos usá-la". A questão principal da discussão é a redução das emissões de carbono. O atual Protocolo de Kioto expira em 31 de dezembro de 2012. Esse segundo período deve ser mais ambicioso, pois as propostas colocadas em discussão estão muito aquém das necessidades do planeta. A principal crítica que se faz é que EUA e China não fazem parte do acordo e são os maiores poluidores do mundo. O Protocolo de Kioto, dizem alguns, é mais do que um tratado. É o documento que contém todos os compromissos firmados entre os países para enfrentar a mudança climática[4]. Encerrada a cúpula do clima sem um acordo global, os 194 países presentes resolveram prorrogar o atual Protocolo de Kioto até 2020. A União Europeia, Austrália e outros países industrializados comprometeram-se a realizar os cortes acordados até 2020, excluindo-se EUA, China, Rússia, Canadá e Japão — maiores emissores de gases-estufa — que não fazem parte do acordo. Os demais países respondem somente por 15% das emissões mundiais. Ficou acertado ainda que o novo acordo deverá ser concluído até 2015 e implementado em 2020[5].

A Conferência do Clima (COP-19), realizada em Varsóvia, Polônia, em novembro de 2013, sob a presidência do polonês Marcin Korolec, foi uma nova

---

4. Conferência do clima COP-18 começa em Doha, Qatar, *Folha de S.Paulo*, Ciência+Saúde, 27 nov. 2012, p. C-13.

5. Cúpula do clima estende Kioto até 2020, *Folha de S.Paulo*, Ciência+Saúde, 9 dez. 2012, p. A-22.

rodada de negociações para o acordo de redução de emissões de $CO_2$ que vai substituir o Protocolo de Kioto. O objetivo era preparar o Tratado que seria assinado em 2015 e entraria em vigor em 2020. A reunião resultou em acordo sobre a Redução de Emissões por Desmatamento e Degradação (REDD). O consenso restringiu-se sobre a origem do dinheiro, a metodologia para avaliar o resultado e as ferramentas para aumentar a transparência dos dados sobre a conservação das florestas. O mecanismo de monitoramento deverá ser referendado, posteriormente, num painel internacional[6].

A Conferência do Clima (COP-20), da ONU, realizada em Lima, Peru, no início de dezembro de 2014, chegou a um consenso, após um longo impasse. Os países industrializados concordaram que sua responsabilidade pelos cortes de $CO_2$ seja maior por serem os grandes poluidores históricos. Já os países em desenvolvimento apresentarão promessas de cortes que serão divulgadas até março de 2015, nos termos das *Contribuições Intencionais Nacionais Determinadas*. Além dos cortes, os países deverão apresentar metas de adaptação ao aquecimento global. E os países ricos, a pedido dos países africanos, deverão apresentar propostas para compensação das chamadas "perdas e danos". Este consenso abre as portas para o sucesso da COP-21, em dezembro de 2015, na França.

China e EUA realizaram acordo sem precedentes para reduzir emissões de gases poluentes. Esse acordo poderá influenciar o acordo global sobre a mudança climática em 2015. Esse acordo, denominado histórico, foi anunciado no dia 12 de novembro de 2014, por ocasião da visita do presidente americano à China. A China compromete-se a atingir o ápice de suas emissões de $CO_2$ no máximo até 2030, quando então elas deverão começar a cair, substituindo-se suas matrizes energéticas em 20% por não poluentes. Os EUA, por sua vez, comprometem-se a reduzir as emissões em 2025 entre 26% e 28% em relação a 2005. Estes dois países respondem por 40% das emissões globais[7].

A Liga da Terra (*Earth League*), que congrega uma Rede Internacional de cientistas e estudiosos das mudanças globais, lançou, no dia 22 de abril de 2015, a "Declaração da Terra", constituído por um conjunto de oito ações essenciais às discussões da COP-21, em Paris, em dezembro de 2015. São elas: a) limitar o aquecimento global abaixo de 2 °C para se evitar o risco de mudanças climáticas perigosas; b) limitar as emissões futuras de dióxido de carbono abaixo de 1 trilhão de toneladas, para termos chance razoável de ficarmos abaixo de 2 °C; c) adotar ações de

---

6. Giuliana Miranda, Acordo para proteção de florestas é fechado, *Folha de S.Paulo*, Ciência+Saúde, 23 nov. 2013, p. C-8.

7. Marcelo Ninio, EUA e China anunciam acordo climático, *Folha de S.Paulo*, Ciência+Saúde, 13 nov. 2014, p. C-10.

descarbonização profunda, de início imediato, para atingirmos uma sociedade de "zero-carbono" em meados do século, ou um pouco depois, é condição chave para prosperidade futura; d) todos os países devem desenvolver planos de descarbonização de suas economias. Esse compromisso estende-se também aos países ricos e às indústrias bem antes de meados do século; e) desencadear uma onda de inovação climática para o bem global e permitir o acesso universal às soluções de tecnologia existentes; f) reconhece-se que as mudanças climáticas estão ocorrendo e precisa-se aumentar de forma maciça o apoio público às estratégias de adaptação e medidas de redução de perdas e danos nos países em desenvolvimento; g) há a necessidade de se proteger sumidouros de carbono e ecossistemas vitais, nossos melhores amigos na luta contra as mudanças climáticas; h) os governos devem dar apoio aos países em desenvolvimento para que estes possam lidar com as mudanças climáticas em um nível comparável àqueles da assistência global ao desenvolvimento[8].

A Conferência do Clima (COP-21), da ONU, realizada em Paris, França, em dezembro de 2015, conseguiu chegar a um acordo. Os 188 países participantes publicaram, voluntariamente, metas de redução de emissões de gases de efeito estufa antes mesmo do início da conferência (metas nacionais de redução de poluentes — INDCs). Tais metas cobrem mais de 90% das emissões globais. Um avanço notável em relação ao Protocolo de Kioto. Contudo, coletivamente, a conta não fecha, deixando com um aumento da temperatura perigosa de 3 °C, acima dos 2 °C estabelecidos, razão pelas quais os países signatários se comprometeram a rever seus planos climáticos nacionais a cada cinco anos, a partir de 2018. O objetivo é manter o aquecimento em 2 °C, com vistas a 1,5 °C, zerando até 2050.

Já sob o ponto de vista econômico, o grupo Basic, formado pelo Brasil, África do Sul, Índia e China, concordou com o texto final sobre as contribuições financeiras voluntárias de países em desenvolvimento. O valor de US$ 100 bilhões anuais de ajuda dos países ricos aos mais pobres para mitigação dos efeitos das mudanças climáticas foi assumido como piso mínimo para o período de 2020. Tal valor será corrigido periodicamente. Outro avanço periférico é que agentes econômicos, governos e sociedades civis se mostraram mobilizados pelo combate ao aquecimento global. Mais de 500 investidores institucionais retiraram suas aplicações em projetos de combustíveis fósseis. Esses investidores representam cerca de US$ 3,4 trilhões em ativos[9].

O texto final vale a partir de 2020 e não fixa metas de redução de emissões. No entanto, o acordo obriga, pela primeira vez, todos os países signatários da con-

---

8. Carlos Nobre, 2015 é crucial para o futuro, *Folha de S.Paulo*, Tendências/Debates, p. A-3, 22-4-2015.

9. Mariana Nicolletti e Bruno Toledo Hisamoto, COP 21 trará avanços no combate ao aquecimento global? (Sim), *Folha de S.Paulo*, 19 dez. 2015, p. A-3.

venção do clima a adotar medidas de combate à mudança climática. Antes só os ricos estavam obrigados a fazê-lo. O documento foi aprovado por aclamação dos delegados dos 195 países que negociaram o seu teor.

Este importante documento, chamado pelo Secretário-Geral da ONU, Ban Ki-moon, de "Um pacto com o futuro", foi assinado no dia 22 de abril de 2016, por 175 países, número que superou todas as expectativas. No entanto, sua ratificação depende da aprovação do parlamento de cada país. Para entrar em vigor, o Acordo de Paris precisa ser ratificado por pelo menos 55 países, que representam no mínimo 55% das emissões globais de gases poluentes. Os países que ainda não assinaram o documento terão até o dia 17 de abril de 2017. Os EUA e a China se comprometeram a assinar o documento até o final de 2016. Ambos somam quase 40% do total dos gases poluentes do mundo.

Percebe-se o diminuto avanço das questões ambientais.

E assim as discussões prosseguem nas próximas conferências (COPs).

## 3.2. Convenção sobre diversidade biológica — Protocolo de Nagoya

Esta Convenção foi tratada na Conferência do Rio de Janeiro (ECO-92). Sua intenção consistiu em criar mecanismos de proteção da diversidade ecológica e realizar a divisão dos seus benefícios de maneira justa e equitativa e estabelecer regras para o seu acesso e a transferência de tecnologia. Isso decorreu essencialmente por causa da transformação desse patrimônio em valor econômico.

Após 18 anos negociando e muita discussão, finalmente foi aprovado o Protocolo de Nagoya sobre biodiversidade em 29 de outubro de 2010. Representantes de 193 países se reuniram na 10ª Conferência das Partes (COP-10) da Convenção sobre a Diversidade Biológica (CDB) e chegaram a um acordo em Nagoya, Japão, reconhecendo o direito dos países sobre a sua biodiversidade, ou seja, o país que quiser explorar a diversidade natural (plantas, animais ou micro-organismos) em territórios que não sejam seus terá de pedir autorização para as nações donas dos recursos.

A conferência global realizada em Nagoya teve por objetivo resolver o impasse nas negociações da CBD (Convenção sobre Diversidade Biológica da ONU). Se da fauna e da flora alheia, por exemplo, resultarem novos produtos, como fármacos ou cosméticos, os lucros terão de ser repartidos entre quem os desenvolveu e o país de origem do recurso, conforme contrato prévio (*royalties*). Tratava-se de uma antiga reivindicação sobre a remuneração ao país ou às nações indígenas pelos benefícios da utilização da biodiversidade, conhecida pela sigla em inglês ABS (acesso e repartição de benefícios).

O Protocolo, no entanto, não estabelece porcentagens de divisão de lucros. Abre-se, por conta disso, a possibilidade de a "repartição de benefícios" envolver compensações não financeiras, como transferência de tecnologias. Foi aprovado também um plano estratégico de 20 metas para 2020. Uma das metas mais ambiciosas é zerar as extinções de espécies e de reduzir pela metade a perda de hábitats naturais até 2020. A ideia é transformar 17% dessa área terrestre do planeta, bem como 10% da área dos oceanos, em reservas naturais[10]. Esta questão relaciona-se à biopirataria e chegou a ser tratada na ECO-92, no Rio de Janeiro. Não se cuida de mais um acordo internacional, mas o protocolo disciplina a divisão de bilhões de dólares da indústria farmacêutica.

A aprovação do protocolo foi, de fato, uma vitória monumental, apesar de não tratar da exploração da biodiversidade passada (*royalties* retroativos).

### 3.3. Agenda 21

Foi na Conferência do Rio de Janeiro (ECO-92) que se firmou a convenção sobre a diversidade biológica, a convenção sobre a mudança climática, a declaração de princípios sobre florestas e a Agenda 21.

A Agenda 21, por sua vez, apresenta diretrizes importantes para a proteção do meio ambiente. Esse documento foi firmado por diversos países na reunião da *Cúpula da Terra*, realizada no Rio de Janeiro pela Conferência das Nações Unidas sobre o Meio Ambiente e o Desenvolvimento (ECO-92), em 14 de junho de 1992.

Cuida-se de "um conjunto amplo e diversificado de diretrizes que, no suceder-se dos vários capítulos, recorre frequentemente a outros textos das Nações Unidas, como os acima citados"[11]. Essa agenda possui 2.500 recomendações para implementar a sustentabilidade. Cuida-se de uma carta de intenções para o século XXI.

Sabe-se, no entanto, que grande fonte do direito ambiental são os tratados e convenções internacionais. Alguns países exigem que haja a ratificação pelo Congresso Nacional para terem validade e ingressarem no ordenamento jurídico interno do país signatário. Além disso, a obrigatoriedade do cumprimento dos tratados e convenções está relacionada aos países subscritores, pois nem todos os países concordam com os documentos e não os subscrevem no dia da reunião. Mesmo que um país não tenha subscrito o documento, poderá este ser utilizado como fonte para eventual busca de solução de caso concreto. A força do tratado ou da convenção está intimamente relacionada à ratificação pelo Congresso Nacional de cada país e, em especial, pela subscrição do documento.

---

10. Reinaldo José Lopes, Países veem lucros em biodiversidade, *Folha de S.Paulo*, Ciência, 7 nov. 2010, p. A-26.

11. Édis Milaré, Agenda 21: a cartilha do desenvolvimento sustentável, *RDA*, São Paulo, Revista dos Tribunais, 5:53, jan./mar. 1997.

A Agenda 21 trata de questões atinentes aos recursos naturais e à qualidade ambiental, procurando dar sustentabilidade ao desenvolvimento econômico. Destacam-se as seguintes diretrizes do documento: "estímulo à cooperação, seja internacional, seja dentro dos países; ênfase na gestão ambiental descentralizada e participativa; valorização e incremento do poder local; multiplicação de parcerias para o desenvolvimento sustentável; mudança de padrões de consumo e nos processos produtivos. Quando trata dos meios de implementação, a Agenda 21 ressalta a promoção da consciência ambiental e o fortalecimento das instituições para o desenvolvimento sustentável, evidenciando instrumentos e mecanismos legais internacionais. Como não poderia deixar de fazer, apela fortemente para a consciência dos Poderes Públicos e da sociedade, no sentido de criarem ou desenvolverem e aperfeiçoarem o ordenamento jurídico necessário à gestão ambiental num cenário de desenvolvimento sustentável. A erradicação da pobreza, a proteção da saúde humana, a promoção de assentamentos humanos sustentáveis surgem como objetivos sociais de transcendental importância"[12].

Essas questões foram reavaliadas em 1997, por meio do 2º Congresso Internacional do Direito Ambiental, ou seja, cinco anos depois da Conferência Rio-92, e sem sucesso, pois a situação nacional não melhorou muito depois da Agenda 21. E mais recentemente a Cúpula Mundial sobre o Desenvolvimento Sustentável, também conhecida por Rio+10.

## 4. CÚPULA MUNDIAL SOBRE O DESENVOLVIMENTO SUSTENTÁVEL (RIO+10)

A Cúpula Mundial sobre o Desenvolvimento Sustentável, também conhecida por Rio+10, reuniu-se na cidade de Johannesburgo, na África do Sul, de 26 de agosto a 4 de setembro de 2002, para dar continuidade às discussões iniciadas há trinta anos pela Conferência das Nações Unidas sobre o Desenvolvimento Humano (1972), em Estocolmo, e dez anos após a ECO-92, no Rio de Janeiro. Objetivou-se, nessa reunião, encontrar medidas práticas e efetivas para ajudar a África do Sul na luta pela paz, pela erradicação da pobreza e pelo desenvolvimento sustentável. Além disso, pretendeu-se encontrar medidas para a proteção da biodiversidade e diminuir as consequências do efeito estufa, substituindo-se a energia extraída de combustível fóssil (petróleo, carvão mineral e gás natural) por energia limpa (hidrelétrica, biomassa, eólica, solar, álcool e nuclear). Procurou-se também estabelecer medidas para a implementação das Metas de Desenvolvimento do Milênio apresentadas pela ONU.

---

12. Édis Milaré, *RDA*, 5:54, jan./mar. 1997.

Representantes de 191 países procuraram, nessa reunião, fazer um balanço das recomendações firmadas na ECO-92, no Rio de Janeiro, externadas na Agenda 21, e na Conferência das Nações Unidas sobre o Desenvolvimento Humano, em Estocolmo (1972).

Muito pouco se fez nestes últimos trinta anos para a melhoria da qualidade do ambiente. Aliás, a degradação ambiental está se agravando cada vez mais e não há perspectivas, a curto espaço de tempo, para a sua recuperação. Medidas concretas devem ser adotadas por todos os países para evitar que se acelere essa degradação. O futuro não é nada animador para os próximos cinquenta ou cem anos, pois os problemas se agravarão caso não se tomem medidas efetivas. São cada vez mais escassos os recursos naturais, especialmente a água.

Veem-se, através dos meios de comunicação, as consequências do efeito estufa, como, por exemplo, a alteração do clima planetário, as enchentes na Europa, as grandes nuvens espessas na Ásia, a extinção da flora e fauna marinha e terrestre, os terremotos, os maremotos, o desaparecimento de ilhas e as inundações das cidades costeiras até 100 quilômetros de distância do litoral ainda neste século XXI etc.

Outra questão discutida pela Cúpula da Terra foi a pobreza mundial. Assim, a erradicação da pobreza está intimamente ligada ao desenvolvimento sustentável, que tem por objetivo conciliar o crescimento econômico, a conservação do meio ambiente e a justiça social. Isso está ficando cada vez mais difícil por causa da falta de uma participação mais acentuada dos países desenvolvidos, que não querem abrir mão do seu crescimento econômico.

A reunião da Cúpula da Terra, em Johannesburgo, deveria ser o marco para a virada da conscientização internacional do meio ambiente. O balanço, ao final da reunião, demonstrou que não houve nenhum avanço significativo. Essa megarreunião não foi produtiva, pois muitas questões foram discutidas sem a devida solução. São estas as principais decisões: a) *na questão da energia* — ampliar as formas modernas de energia; b) *na questão da agricultura* — apoiar a eliminação de subsídios agrícolas que afetam exportações de países pobres; c) *na questão da biodiversidade* — reduzir a perda de espécies até 2004 e restaurar estoques de peixes em níveis sustentáveis até 2015; d) *na questão da água* — reduzir pela metade, até 2015, o número de pessoas sem acesso a água potável e esgoto; e) *na ajuda ao desenvolvimento* — reafirmar o compromisso da ECO-92 de destinar 0,7% do PIB de países ricos para o desenvolvimento. Essas questões foram decididas, mas sem prazo ou meta específica para o seu cumprimento. Vê-se, pois, que a reunião não foi conclusiva para resolver os maiores e mais graves problemas por que o planeta está passando no momento.

## 5. CONFERÊNCIA DAS NAÇÕES UNIDAS SOBRE DESENVOLVIMENTO SUSTENTÁVEL (RIO+20)

O Brasil sediou a Conferência das Nações Unidas sobre Desenvolvimento Sustentável (Rio+20)[13], realizada na cidade do Rio de Janeiro no período de 13 a 22 de junho de 2012, no Pavilhão do PNUMA, Parque dos Atletas (Barra da Tijuca).

Nessa conferência, o Brasil propôs para discussão a questão social distribuída em dez propostas: a) *pobreza* — erradicação da pobreza; b) *comida* — segurança alimentar e nutricional; c) *emprego* — acesso ao trabalho decente (socialmente justo e ambientalmente correto); d) *energia* — acesso a fontes adequadas de energia; e) *direitos* — igualdade entre países e dentro deles; f) *gênero* — mais poder de decisão de atuação para as mulheres; g) *direito* — microcrédito (acesso a pequenos valores para negócios familiares e bens essenciais); h) *produtos* — inovação para a sustentabilidade (novas tecnologias menos poluentes); i) *água* — acesso a fontes adequadas de água; e j) *vida* — ajuste da pegada ecológica à capacidade de regeneração do planeta.

Essas propostas se assemelham às oito Metas do Milênio estabelecidas pela ONU que devem fazer parte dos compromissos das ONG(s), dos Governos e das empresas, quais sejam: 1) reduzir pela metade o número de pessoas que vivem na miséria e passam fome; 2) educação básica de qualidade para todos; 3) igualdade entre sexos e mais autonomia para as mulheres; 4) redução da mortalidade infantil; 5) melhoria da saúde materna; 6) combate a epidemias e doenças; 7) garantia da sustentabilidade ambiental; e 8) estabelecimento de parcerias mundiais para o desenvolvimento.

Além do aspecto social, o Brasil apresentou as seguintes propostas de caráter geral: a) *licitações verdes* — compras públicas que privilegiem produtos de maior vida útil e produzidos com menor gasto de energia ou matérias-primas; b) *nova medida de progresso* — criação de índices que incorporem aspectos socioambientais; c) *lista de objetivos* — metas numéricas e com prazo para determinadas áreas, como erradicação da pobreza, segurança alimentar, energias renováveis etc.; d) *criação de conselho* — um novo organismo da ONU com poder para orientar as ações dos países no campo do desenvolvimento sustentável; e) *fortalecimento do PNUMA* — estabelecimento de contribuições obrigatórias dos países para fortalecer o Programa das Nações Unidas para o Meio Ambiente.

São propostas importantes e inovadoras para toda a comunidade mundial.

---

13. Paralelamente, o Brasil divulgou um vídeo (Rio+20) realçando o crescimento econômico, em primeiro lugar, a inclusão social, em segundo, e, em terceiro, a proteção ao meio ambiente. Parece uma verdadeira contradição, não? Não seria o inverso?

Há também propostas que foram apresentadas de maneira mais enxuta, denominadas Terra+5 (cinco metas para 2032), quais sejam: a) dobrar a parcela de energias renováveis (13% para 26%); b) reduzir o uso de água pela agricultura (70% para 60%); c) universalizar o acesso à água segura (89% para 100%); d) zerar a perda líquida de florestas (52 mil km$^2$/ano para zero); e e) duplicar o total de áreas protegidas (5% para 10%).

O impasse para a assinatura do texto restringiu-se à questão do princípio segundo o qual a maior responsabilidade pela degradação ambiental seria dos países ricos. Trata-se do princípio das "responsabilidades comuns, mas diferenciadas". Este princípio já estava inserido na Declaração Rio+10 e deveria ser reafirmado na Conferência Rio+20. Isso permitiria a constituição de um fundo para ajuda dos países emergentes.

Ao fim da conferência, foi elaborado o documento denominado "O Futuro que Queremos", com 283 parágrafos e 59 páginas. Esse consenso restringiu-se, em síntese, aos seguintes pontos: a) reafirma os 27 princípios assumidos pela Eco-92; b) a economia verde passa a ser um instrumento importante para o desenvolvimento sustentável e não deve ser um conjunto rígido de regras; c) promete mudança na PNUMA com financiamento seguro no orçamento da ONU e participação de todos os países, mas, por ora, não o transforma em agência ambiental especializada; d) promete tomar decisão em 2015 sobre o acordo de proteção da biodiversidade nos oceanos em alto-mar; e) a Assembleia Geral da ONU criará comitê de 30 países para propor até 2014 uma estratégia de financiamento; f) a Assembleia Geral da ONU criará grupo de trabalho de 30 integrantes para propor metas em 2013; g) propõe a adoção por todos do Quadro de Programas de 10 anos para mudança do padrão de produção e consumo; e h) compromete-se a promover e garantir às mulheres acesso a métodos de planejamento familiar.

No início, a conferência (1972) tratava somente da questão ambiental. Hoje a abrangência é tão grande que não há possibilidade de consenso. Os temas são os mais variados, tais como: água, mulheres, financiamento, governança, economia verde, erradicação da pobreza, igualdade social etc. Ou seja, reitera compromisso com o passado, mas é incapaz de projetar ações para o futuro. Todos os temas tratados no documento são narrados de forma genérica e sem conteúdo prático.

A conferência, como se vê, atém-se a meras promessas, não avança, postergando tudo para 2014 e 2015. Em outras palavras, o texto repetiu promessas feitas na Eco-92 e adiou ações tidas como urgentes, tais como: o financiamento do desenvolvimento sustentável e o acordo global sobre a proteção dos oceanos. O documento desagradou as mulheres, ambientalistas e movimentos sociais. Cuida-se de um texto inócuo e sem conteúdo prático.

O texto aprovado decorreu do consenso envolvendo 193 países (discussões travadas entre os dias 13 e 17 de junho de 2012) e apresentado aos 114 Chefes de

Estado e de Governo que compareceram no Rio de Janeiro (dias 20 a 22 de junho de 2012). Trata-se de um "texto genérico e rico em potencialidades", no dizer da embaixadora brasileira na ONU Maria Luiza Viotti. Já o chanceler brasileiro, Antonio Patriota, definiu o documento como um "equilíbrio de insatisfações". O secretário-geral da ONU, Ban Ki-moon, disse que esperava um documento mais "ambicioso" do encontro. Após ter sido pressionado pela presidente Dilma Rousseff, o secretário-geral recuou e elogiou o texto, e convocou a imprensa para declarar sua nova posição, afirmando que o resultado do encontro foi "um grande sucesso". A presidente Dilma foi criticada na Cúpula das Mulheres pela ex-premiê norueguesa Gro Brundtland, que disse não entender contradição entre a fala da presidente e o documento. A presidenta, em discurso, mencionou os direitos reprodutivos das mulheres e este tema não aparece no documento. A ex-ministra do meio ambiente Marina Silva foi mais incisiva e destacou três pontos importantes para o fracasso da Rio+20: a) as posições defendidas pelos negociadores dos EUA e adotadas pela Índia, China e Rússia foram a recusa de submissão de seus interesses a decisões multilaterais; b) a distância crescente entre os povos e os Estados; e c) a falta de liderança do Brasil em assumir posturas mais progressistas. Tal fato restou demonstrado pelo retrocesso do Código Florestal. Numa das reuniões da Cúpula dos Povos a ministra Izabela Teixeira perdeu a compostura quando uma pessoa da plateia levantou uma placa com o desenho de motosserra; ela retrucou nervosa: prefiro uma atitude ativa que passiva. Como se a crítica não fosse relevante, desprezando a opinião do povo.

 A presidente Dilma encerrou a conferência afirmando que a "cúpula foi o ponto de partida, não de chegada". Disse que a cúpula dos povos foi uma festa cívica diante dos inúmeros protestos feitos durante a semana e parabenizou os emergentes por se comprometerem com o desenvolvimento sustentável. Ela anunciou ainda que o Brasil dará R$ 12 milhões ao PNUMA e R$ 20 milhões para o combate à mudança climática em países pobres. Hillary Clinton, secretária de Estado dos Estados Unidos, também anunciou um fundo de US$ 20 milhões para a energia limpa na África. O secretário-geral da Rio+20, Sha Zulang, informou que o legado deixado pela conferência foram os compromissos voluntários firmados entre o setor privado, governos e sociedade civil. Durante a conferência foram realizados 705 acordos, envolvendo R$ 1,6 trilhão, cujo valor será direcionado ao desenvolvimento sustentável nos próximos dez anos.

 Há prós e contras sobre o balanço da conferência.

 Seja como for, houve, de fato, um esgotamento dessas megarreuniões. Inúmeros países tentam um consenso em poucos dias para solucionar problemas seculares. Impossível haver consenso nesse curto espaço de tempo. Há necessidade de restringir as reuniões setorialmente para tratar de questões globais complexas, atendendo às peculiaridades de cada país. Veja-se, por exemplo, que na conferência do clima de Copenhague, em 2009, não se logrou confeccionar um texto em conjunto. Foi, de certo modo, um fracasso. Toda solução em que não haja consenso se protrai no tempo (restando meras promessas sem qualquer cunho obrigatório).

A natureza opera num tempo e a humanidade, em outro[14]. Essa diferente dimensão ofusca a visão de longo prazo e tudo deveria ser para ontem. Não há cuidado para com o meio ambiente. Nossas necessidades são mais importantes que a preservação do planeta. A humanidade está atrasada em relação às providências que devem ser tomadas para minimizar os impactos ambientais naturais ou antrópicos.

Essa preocupação não se restringe à esfera local; é planetária. Por isso, devemos nos unir para um objetivo comum em prol da proteção ambiental global.

---

14. Em pleno século XXI ou terceiro milênio, o homem não conseguiu respeitar o seu semelhante, quanto mais a natureza. As prioridades são diferentes para cada país. Ainda em nome de Deus (teocracia xiita) se pune alguém com a morte. Vejam estes tristes fatos: China lidera, em números absolutos, o *ranking* da pena de morte — milhares de execuções em 2011, contra 360 do Irã. Depois, vêm a Arábia Saudita, com 82 execuções, o Iraque, com 68, e os EUA, com 43, segundo o diário britânico *The Guardian* (Editorial, *Folha de S. Paulo*, 4 jul. 2012, p. A-2).

## Capítulo III
### Instrumentos Internacionais de Proteção do Meio Ambiente

**1. INTRODUÇÃO**

Há muitos instrumentos úteis para colocar em prática a proteção do meio ambiente na esfera internacional. Tais instrumentos servem para compelir os Estados, organismos e empresas a adotarem medidas efetivas para combater, essencialmente, o aquecimento global.

Apresentamos, neste *Manual*, alguns deles.

**2. INTERNATIONAL FOR STANDARDIZATION ORGANIZATION — ISO**

Em face da conscientização internacional da necessidade de um desenvolvimento sustentado, a *International for Standardization Organization* — ISO, sediada em Genebra, vem editando normas para resguardar a qualidade ambiental do processo produtivo das empresas.

Trata-se de uma entidade internacional que atua dentro de critérios relacionados à sociedade empresarial desde 1947.

**2.1. Normas da série ISO 14000**

Foi essa entidade que editou normas com vistas a assegurar a *qualidade de produtos* da série ISO 9000. Mais tarde, ela editou também as normas para assegurar a *qualidade ambiental* da empresa por meio da série ISO 14000. A certificação, neste último caso, tem por escopo constatar se a empresa adota uma política ambiental implementada em conformidade com as exigências de determinado padrão. No segundo caso, a certificação tem por escopo atestar, mediante a rotulagem, se determinado produto é adequado ao uso a que se destina e se apresenta o menor impacto ambiental, comparando-o com outros produtos.

Essas normas não têm caráter vinculante para o país que vier a adotá-las. No entanto, elas estão sendo adotadas em quase todos os países, sendo impossível a exportação de produtos brasileiros para países desenvolvidos sem o selo de qualidade ambiental (ISO 14000). Diante disso, o Brasil, para não ficar atrás, associou-se à ISO, utilizando-se da Associação Brasileira de Normas Técnicas — ABNT[1].

---

1. Édis Milaré, *RDA*, 5:43, jan./mar. 1997.

Hoje os empresários brasileiros estão procurando adequar suas empresas aos moldes dessas normas e das legislações ambientais internas para lograr conseguir esse selo, tornando-as competitivas no mercado interno e internacional.

### 2.2. Normas da série ISO 14040

A série de normas ISO 14040 tem como objetivo a criação de um sistema de gestão ambiental na área industrial e de serviços. Além disso, as normas, de acordo com a série, estabelecem as diretrizes para auditorias ambientais, avaliação de desempenho ambiental, rotulagem ambiental e análise do ciclo de vida dos produtos.

A norma é definida como compilação e avaliação das entradas, saídas e do impacto ambiental potencial de um produto mediante seu ciclo de vida.

O principal objetivo da Avaliação do Ciclo de Vida é o produto. Todos os processos relacionados à manufatura, ao uso e ao descarte dos produtos são analisados. A proposta é determinar a quantidade de matérias-primas, energia, resíduos e emissões associados ao ciclo de vida do produto.

Os processos industriais não só geram resíduos, como também consomem recursos naturais, requerem infraestrutura de transporte, utilizam produtos químicos, água e energia, e geram produtos que devem ser transportados, consumidos e, em alguns casos, reutilizados antes de seu descarte final. Em cada uma dessas etapas são gerados impactos ambientais diversos que devem ser analisados quando se deseja avaliar o efeito de um processo sobre o meio. A Análise de Ciclo de Vida (ACV) consiste na avaliação de cada um dos efeitos ambientais gerados ao longo da vida de um produto, desde as fontes dos recursos primários até o descarte final ("do berço ao túmulo").

### 2.3. Normas da série ISO 26000

No final de 2010, foi criada a ISO 26000, que trata da responsabilidade social nas empresas e organizações. Esta norma gerou cerca de oito anos de debate entre 450 especialistas de 90 países e 40 organizações internacionais. A discussão envolveu vários setores da sociedade com interesses nem sempre convergentes, razão da demora de sua aprovação. Decorrerá daí uma série de outros selos, na esfera interna de cada país, para a padronização relacionada ao tema.

Esta norma, por outro lado, está alinhada a outras normas criadas pela ONU, OIT e a própria ISO. Gerou muita confusão a definição de responsabilidade social, deixando claro que ela é um meio para alcançar o desenvolvimento sustentável.

Esta ISO não será certificável, ou seja, não existirá um selo que ateste a prática de gestão alinhada com a responsabilidade social. É um guia de diretrizes e orientações para as organizações e empresas que adotem a responsabilidade social como parte integrante de suas estratégias de negócios. Isso não desestimula a empresa em adotá-la, ao contrário, passa a ser um referencial da sociedade — uma ferramenta de cobrança. Em outras palavras, ela se baseou nos denominados *multistakeholders*, abrangendo representantes de empresas, governos, consumidores, trabalhadores, ONGs, consultores e comunidades acadêmicas.

A responsabilidade social de uma organização e de uma empresa estará pautada na decisão e nas atividades impactantes causadas na sociedade e no meio ambiente. Essa decisão deverá estar revestida, de fato, de um comportamento ético e transparente. Estas são as principais diretrizes: a) a decisão deverá contribuir para o desenvolvimento sustentável; b) a decisão deverá levar em consideração a expectativa das partes; c) a decisão deverá estar em conformidade com a legislação de cada país e respeitar as normas internacionais; e d) a decisão deverá estar integrada em toda a organização e ser, de fato, praticada em suas relações[2].

Não se trata de uma regulamentação obrigatória, mas sim de uma normatização voluntária. Não se impõem restrições ou práticas rígidas aos seus gestores. Pretende-se apenas auxiliar as entidades na construção de modelos de gestão capazes de satisfazer às necessidades prementes da população presente e futura.

A responsabilidade socioambiental, como se vê, passa a ser uma questão de sobrevivência da empresa, principalmente no mercado globalizado.

## 3. COOPERAÇÃO INTERNACIONAL

Foi com fundamento nesses princípios e diretrizes que o legislador ordinário resolveu inserir o Capítulo VII — Da Cooperação Internacional na Lei n. 9.605/98 (LA). Esse capítulo tem por finalidade a preservação do meio ambiente. Tal cooperação internacional passou a integrar o nosso ordenamento jurídico legal mediante expressa previsão no art. 77. Reza citado dispositivo: "Resguardados a soberania nacional, a ordem pública e os bons costumes, o Governo brasileiro prestará, no que concerne ao meio ambiente, a necessária cooperação a outro país, sem qualquer ônus...".

*Soberania nacional*, no campo interno, é a capacidade de autodeterminação dos povos. No externo, é o "Direito do Estado de organizar-se e reger-se com independência de toda intromissão política estrangeira"[3]. *Ordem pública*, por sua vez, é o conjunto de normas de determinado país disciplinadoras das condutas humanas e das atividades sociais e comerciais. *Bons costumes* são aqueles condizentes com a moral e a ética social, reconhecidos como tais em determinado momento histórico-social. Relacionam-se com os procedimentos e comportamentos sociais.

---

2. André Palhano, Norma define responsabilidade social, *Folha de S.Paulo*, Sociais & Cia., 14 dez. 2010, p. B-7.

3. Maria Helena Diniz, *Dicionário*, cit., p. 388.

Respeitados esses princípios, o governo prestará, em relação ao meio ambiente, a cooperação a outro país, quando solicitado para: a) produção de prova; b) exame de objetos e lugares; c) informações sobre pessoas e coisas; d) presença temporária da pessoa presa, cujas declarações tenham relevância para a decisão de uma causa; e) outras formas de assistência permitidas pela legislação em vigor ou pelos tratados de que o Brasil seja parte.

Além dessa cooperação expressa em lei, poderão ser dados outros tipos de assistência, desde que previstos na legislação interna ou em tratados internacionais subscritos pelo Brasil.

A solicitação da cooperação deverá ser dirigida diretamente ao Ministério da Justiça, o qual a encaminhará à autoridade. A solicitação conterá os seguintes requisitos: a) o nome e a qualificação da autoridade solicitante; b) o objeto e o motivo de sua formulação; c) a descrição sumária do procedimento em curso no país solicitante; d) a especificação da assistência solicitada; e e) a documentação indispensável ao seu esclarecimento, quando for o caso.

Para a consecução desses fins, deverá ser mantido um sistema de comunicações apto a facilitar o intercâmbio rápido e seguro de informações de outros países.

O preâmbulo da Convenção sobre o Comércio Internacional das Espécies da Fauna e da Flora Selvagens em Perigo de Extinção (CITES) prevê o dever da cooperação internacional para "proteção de certas espécies da fauna e da flora selvagens contra sua excessiva exploração pelo comércio internacional".

A cooperação internacional tem previsão em muitos textos (convenções, tratados, conferências e diretrizes)[4]. Essa cooperação tem por finalidade evitar a poluição transfronteiriça, preservar os recursos naturais, evitar a extinção de animais e conservar o meio ambiente.

Com base nesses princípios contidos nos vários textos internacionais é que o legislador inseriu um capítulo sobre a "cooperação internacional para a preservação do meio ambiente" nos arts. 77 e 78 da Lei n. 9.605/98.

## 4. DOS CRIMES INTERNACIONAIS EM MATÉRIA AMBIENTAL

Jorge Luís Mialhe inicia seu artigo afirmando: "Para qualificar de crimes contra a humanidade certos atentados graves ao meio ambiente, é necessário aos Estados

---

4. Diz o princípio 24 da Declaração de Estocolmo: "Todos os países, grandes ou pequenos, devem empenhar-se com o espírito de cooperação e em pé de igualdade na solução das questões internacionais relativas à proteção e melhoria do meio ambiente. É indispensável cooperar mediante acordos multilaterais e bilaterais e por outros meios apropriados, a fim de evitar, eliminar ou reduzir, e controlar eficazmente os efeitos prejudiciais que as atividades que se realizem em qualquer esfera possam acarretar para o meio, levando na devida conta a soberania e os interesses de todos os Estados".

instaurar medidas internacionais de coerção, visando à manutenção das obrigações planetárias intergerações"[5].

Foram analisadas duas abordagens pela Comissão de Direito Internacional, objetivando qualificar atos atentatórios como crimes contra o meio ambiente:
a) criar crimes ambientais que ficam sob a jurisdição do Estado; e
b) criar crimes internacionais que ficam sob a jurisdição de tribunais internacionais.

Ainda, segundo o autor, na primeira abordagem a questão sofre um vício de concepção, e na segunda, é de difícil aplicabilidade. Apesar das críticas que tornam praticamente inviável a criação de crimes internacionais contra o meio ambiente, esbarrar-se-ia também na questão insolúvel da soberania dos Estados e no princípio da autodeterminação dos povos.

Devem-se, isso sim, achar alternativas para punir o causador dos danos ao meio ambiente na esfera internacional com o intuito de proteger o patrimônio da humanidade.

## 5. MERCOSUL E MEIO AMBIENTE

O regime ambiental do Mercosul está regido pelo Tratado de Assunção, firmado em 23 de março de 1991, entre Argentina, Brasil, Paraguai e Uruguai, com o objetivo de dar maior integração às relações econômicas e comerciais. Ficaram de fora deste Tratado o Chile e a Bolívia, os quais posteriormente firmaram Acordos de Complementação Econômica. São objetivos que devem ser alcançados pelo bloco, a saber: a) aproveitamento dos recursos disponíveis; e b) preservação do meio ambiente.

Ressalte-se ainda que o bloco integrante do Mercosul, por meio da Resolução n. 22/92, dispôs sobre a criação da Reunião Especializada de Meio Ambiente — REMA. Mais tarde, foi transformada no 6º Subgrupo de Trabalho do Mercosul, destinado a fixar diretrizes sobre o meio ambiente.

São várias as diretrizes baixadas por esse Subgrupo, mediante as seguintes resoluções: a) Resolução n. 9/91 — dispõe sobre normas de emissão de ruídos e de substâncias contaminantes dos veículos; b) Resolução n. 84/94 — estabelece regulamento técnico sobre limites máximos de emissão de gases contaminantes; c) Resolução n. 85/94 — estabelece regulamento técnico sobre limites máximos de emissão de ruídos veiculares; d) Resolução n. 03/92 — estabelece critérios gerais para embalagens e equipamentos alimentares em contato com alimentos; e) Resolução n. 62/92 — estabelece normas do *Codex alimentarius* FAO/OMS, sobre resíduos de

---

5. Jorge Luís Mialhe, *Dos crimes internacionais em matéria ambiental:* uma abordagem do direito intergerações, tese apresentada no Congresso Internacional de Direito Ambiental — 5 Anos após a ECO-92, São Paulo, IMESP, 1997.

praguicidas nos produtos agrícolas; f) Resolução n. 53/93 — estabelece o código de conduta para a introdução e liberação ao meio ambiente de agentes de controle biológico; g) Resolução n. 57/93 — aprova diretrizes de políticas energéticas no Mercosul; h) Resolução n. 67/93 — estabelece norma de fiscalização sanitária animal etc.[6].

Vê-se, apenas para efeito de ilustração, que o Mercosul está preocupado com o meio ambiente, consoante se constata pelas resoluções baixadas.

O Mercosul e a Comunidade Europeia constroem exigências crescentes de ordem ambiental, impondo barreiras comerciais cada vez mais rígidas aos produtos importados. Tanto é verdade que a *International Standardization Organization* deverá concluir a Norma ISO 14025, sobre Análise de Ciclo de Vida dos produtos, que será adotada pela Diretiva Econômica da União Europeia, que disciplinará as regras para a importação dos produtos para aquele continente[7].

## 6. TRIBUNAL DE JUSTIÇA INTERNACIONAL

O Tribunal de Justiça Europeu condenou Portugal por falta de tratamento adequado dos esgotos na Costa do Estoril, Cascais, acolhendo uma queixa apresentada pela Comissão Europeia contra o Estado português. A Comissão Europeia decidiu em dezembro de 2006 levar Portugal ao tribunal por considerar que o Estado português falhou no cumprimento de uma decisão de Bruxelas de 2001, que, a título excepcional, autorizou a aplicação de um tratamento menos rigoroso do que o estabelecido às descargas de águas residuais urbanas da Costa do Estoril, no oceano Atlântico. O executivo comunitário entendeu, posteriormente, que Portugal não cumpriu as condições então impostas, e o Tribunal de Justiça das Comunidades Europeias, com sede em Luxemburgo, deu razão a Bruxelas, condenando o Estado português às despesas do processo, como havia requerido a Comissão.

O Tribunal de Justiça Europeu declarou que Portugal não cumpriu com as obrigações decorrentes de três artigos da decisão de 2001 da Comissão que concedia uma derrogação relativa ao tratamento dos esgotos da aglomeração da Costa do Estoril.

O Tribunal declarou ainda que Portugal não sujeitou os esgotos da aglomeração do Estoril a, pelo menos, um tratamento primário (e a um sistema de desinfecção durante a época balnear), deixando que as descargas de águas residuais urbanas provenientes da Costa do Estoril e lançadas ao mar pelo coletor da guia deteriorassem o ambiente.

---

6. Armando Álvares Garcia Júnior, O direito ambiental no Mercosul, *Notícias Forenses*, out. 1997, p. 9.

7. Antonio Fernando Pinheiro Pedro, Equilíbrio ambiental, só com democracia, *Valor Econômico*, 5 jun. 2003, p. A-12.

O acórdão aponta que o Estado português não contestou o descumprimento de que foi acusado, justificando-o com o fato de as obras de construção da nova estação de tratamento ainda não terem terminado, em virtude da dimensão e complexidade do empreendimento.

O Tribunal entende, todavia, que "um Estado-membro não pode invocar situações internas e dificuldades de ordem técnica surgidas na fase de execução de um ato comunitário para justificar o não respeito das obrigações e dos prazos resultantes das normas de direito comunitário"[8].

No momento em que Bruxelas decidiu apresentar queixa perante o Tribunal de Justiça, a Câmara de Cascais apontou que a responsabilidade do tratamento das águas residuais naquela zona é do Instituto de Resíduos e Águas Residuais (IRAR), um organismo tutelado pelo Ministério do Ambiente e da SANEST, Saneamento da Costa do Estoril, S.A., e não da autarquia[9].

Mais recentemente, o Tribunal Internacional de Justiça, em Haia, na Holanda, ordenou a paralisação da caça de baleias, no Oceano Antártico, praticada pelo Japão. "Segundo a decisão do tribunal, o país asiático está encobrindo uma atividade comercial com um programa de investigação científica.

'O Japão deve revogar todas as autorizações e licenças no quadro do Jarpa 2 (programa de investigação) e deixar de conceder novas autorizações em nome do programa', disse o juiz Peter Tomka, presidente do Tribunal Internacional de Justiça.

A acusação de que os japoneses estavam promovendo caça comercial foi feita pela Austrália. Moratória de 1986 proíbe a caça à baleia no Oceano Antártico, a não ser que tenha finalidade científica. Ao denunciar o descumprimento, a Austrália pediu para o tribunal determinar o fim do programa japonês de investigação científica Jarpa 2. De acordo com a Austrália, o Japão caçou, entre 1987 e 2009, 10 mil baleias.

O governo japonês já anunciou que, embora 'profundamente decepcionado', respeitará a decisão do Tribunal Internacional de Justiça. 'O Japão vai respeitar a decisão do tribunal como país que respeita o Estado de Direito e como membro responsável da comunidade internacional', disse Koji Tsuruoka, representante japonês que estava presente na audiência em Haia"[10].

Percebe-se, por meio dessas decisões, que a Comunidade Europeia está cada vez mais atenta à degradação ambiental.

---

8. Disponível em: <http://www.ultimahora.publico.clix.pt>; acesso em: 9 maio 2008.

9. Disponível em: <http://www.ultimahora.publico.clix.pt>; acesso em: 9 maio 2008.

10. Disponível em: <http://agenciabrasil.ebc.com.br/internacional/noticia/2014-03/tribunal--determina-que-japao-pare-de-cacar-baleia>.

# Livro II
## Direito Processual

"O direito, em suma, privado de moralidade, perde sentido, embora não perca necessariamente império, validade, eficácia. Como, no entanto, é possível às vezes, ao homem e à sociedade, cujo sentido de justiça se perdeu, ainda assim sobreviver com o seu direito, este é um enigma, o enigma da vida humana, que nos desafia permanentemente e que leva muitos a um angustiante ceticismo e até a um despudorado cinismo" (Tercio Sampaio Ferraz Jr., *Introdução ao estudo do direito*: técnica, decisão, dominação, 2. ed., São Paulo, Atlas, 1994, p. 358).

# TÍTULO I
## Tutela Processual do Meio Ambiente

### CAPÍTULO I
### AÇÃO CIVIL PÚBLICA

#### SEÇÃO I
#### Ação civil pública ambiental

### 1. INTRODUÇÃO

A tutela processual está intimamente ligada ao acesso à Justiça. Todos os conflitos devem ser dirimidos pelo Poder Judiciário, especialmente se não houver acordo, na fase de conciliação, na esfera administrativa[1]. A lei não poderá excluir da apreciação do Poder Judiciário lesão ou ameaça a direito (art. 5º, XXXV, da CF). Foi a partir de estudos de Mauro Cappelletti[2] que o acesso à Justiça começou a ter uma amplitude maior. O ilustre processualista salientou a necessidade de proteger interesse comum de grupo, categoria ou classe. Tal interesse não podia ser classificado como privado nem público. Cuidava-se de um interesse disperso, difuso, não determinado, que pertencia a todos e a cada um ao mesmo tempo.

Esse processualista foi o precursor da ação civil pública, que passou a ser o instrumento processual mais importante para a proteção do meio ambiente. Foi com tal objetivo que a Declaração do Rio de Janeiro sobre Meio Ambiente e Desenvol-

---

1. Carlos Alberto de Salles esclarece que, "no tratamento de problemas ambientais, a atividade jurisdicional é forçada a abandonar sua perspectiva tradicional, de caráter retrospectivo, voltada à reparação de situações passadas. Presentemente, deve ser orientada para o futuro, assumindo um posicionamento prospectivo, seja ao evitar a ocorrência de práticas lesivas, seja garantindo o exato cumprimento de suas ordens em situações complexas de repercussão prolongada no tempo. À ordenação dos mecanismos processuais deixa de interessar a recomposição de fatos pretéritos, passando a ter importância a antevisão e o controle de eventos ainda a ocorrer" (*Execução judicial em matéria ambiental*, São Paulo, Revista dos Tribunais, 1999, p. 18).

2. Hugo Nigro Mazzilli, *A defesa dos interesses difusos em juízo* — meio ambiente, consumidor, patrimônio cultural, patrimônio público e outros interesses, 15. ed., São Paulo, Saraiva, 2002, p. 42.

vimento (1992), em seu princípio 10, recomendou: "A melhor maneira de tratar questões ambientais é assegurar a participação, no nível apropriado, de todos os cidadãos interessados. No nível nacional, cada indivíduo deve ter acesso adequado às informações relativas ao meio ambiente de que disponham as autoridades públicas, inclusive informações sobre materiais e atividades perigosas em suas comunidades, bem como a oportunidade de participar em processos de tomada de decisões. Os Estados devem facilitar e estimular a conscientização e a participação pública, colocando as informações à disposição de todos. Deve ser propiciado acesso efetivo a mecanismos judiciais e administrativos, inclusive no que diz respeito à compensação e reparação de danos"[3]. Procura-se, com essa ação, buscar o ressarcimento ou a reparação dos danos patrimoniais ou morais causados ao meio ambiente (art. 1º da Lei n. 7.347, de 24-7-1985).

Há vários instrumentos para a proteção do meio ambiente, e o acesso ao Poder Judiciário poderá dar-se por diversas vias: procedimento sumário, procedimento ordinário, processo cautelar, tutela antecipada, processo de execução[4].

No campo de nosso estudo, apreciaremos sucintamente a ação direta de declaração de inconstitucionalidade de lei ou de ato normativo, a ação civil pública, a ação civil de responsabilidade por improbidade administrativa, a ação popular, o mandado de segurança coletivo e o mandado de injunção.

## 2. AÇÃO CIVIL PÚBLICA, INTERESSES DIFUSOS, INTERESSES COLETIVOS E INTERESSES INDIVIDUAIS HOMOGÊNEOS

A Lei n. 7.347, de 24 de julho de 1985, regulamentou o dispositivo constitucional previsto no art. 129, III, da CF, criando a *ação civil pública* de responsabilidade por danos causados ao meio ambiente, ao consumidor, à ordem urbanística[5], a bens e direitos de valor artístico, estético, histórico, turístico e paisagístico, à ordem econômica ou qualquer outro interesse difuso ou coletivo. Posteriormente, o Código do Consumidor trouxe a denominação *ação coletiva* para a tutela dos interesses difusos, coletivos e individuais homogêneos.

A expressão *ação civil pública* possui uma impropriedade terminológica, pois toda ação é pública. O termo *público* colocado após a expressão *ação civil* dava a entender que a ação tinha natureza pública e somente o Ministério Público teria legitimação para propô-la. Aliás, não só o Ministério Público tem legitimidade, mas também todas as pessoas arroladas nos arts. 5º da LACP e 82 do CDC. Restou fir-

---

3. Geraldo Eulálio do Nascimento e Silva, *Direito*, cit., p. 170.
4. Paulo Affonso Leme Machado, *Direito*, cit., p. 288.
5. O art. 53 da Lei n. 10.257, de 10 de julho de 2001, que regulamentou os arts. 182 e 183 da Constituição Federal e estabeleceu diretrizes gerais da política urbana (Estatuto da Cidade), acrescentou o inciso III (da ordem urbanística) ao art. 1º da Lei n. 7.347, de 24 de julho de 1985.

mado entendimento de que a ação civil pública deverá ser proposta, com essa denominação, pelo Ministério Público para a defesa dos interesses metaindividuais ou transindividuais, e a ação coletiva, para os demais legitimados.

Assim, a *ação civil pública* ou *ação coletiva* é a que tem por finalidade a tutela dos interesses transindividuais ou metaindividuais. O interesse metaindividual ou transindividual situa-se numa zona nebulosa entre o interesse particular e o interesse geral. Trata-se de outra espécie de interesse intermediário entre o privado e o público.

Entendem-se por *interesses ou direitos difusos* "os transindividuais, de natureza indivisível, de que sejam titulares pessoas indeterminadas e ligadas por circunstâncias de fato" (art. 81, parágrafo único, I, do CDC).

Interesses indivisíveis são aqueles em que não se pode determinar a quem pertencem, nem em que medida podem ser compartilhados. Não há vínculo contratual entre os titulares. Exemplo: inalar ar puro, propaganda enganosa, controle ambiental, qualidade de vida etc.

Entendem-se por *interesses ou direitos coletivos* "os transindividuais de natureza indivisível de que seja titular grupo, categoria ou classe de pessoas ligadas entre si ou com a parte contrária por uma relação de base" (art. 81, parágrafo único, II, do CDC).

Também têm natureza indivisível, não podendo ser compartilhados individualmente entre seus titulares. Satisfeito o interesse de um, estará satisfeito o interesse do grupo, classe ou categoria. Exemplo: pais de alunos de uma escola particular que discordam do valor da mensalidade (ligação jurídica — contrato e pessoas determinadas ou determináveis — interesse indivisível).

Entendem-se por *interesses ou direitos individuais homogêneos* "os decorrentes de origem comum" (art. 81, parágrafo único, III, do CDC).

Interesses individuais homogêneos são aqueles em que o titular é identificável e o objeto é divisível. São vários titulares de interesses idênticos ou semelhantes. Admite-se a sua defesa coletivamente em juízo. Os titulares estão ligados por uma situação de fato. Trata-se de interesses divisíveis, cujos titulares são determinados ou determináveis. Exemplo: consumidores de um mesmo produto com o mesmo defeito (defeito de fabricação em série).

*Recapitulando*:

— *Interesses difusos:* liame fático — pessoas indeterminadas ou indetermináveis — interesses indivisíveis.

— *Interesses coletivos:* liame jurídico — pessoas determinadas ou determináveis — interesses indivisíveis.

— *Interesses individuais homogêneos:* liame fático — pessoas determinadas ou determináveis — interesses divisíveis[6].

---

6. No dizer do maior especialista em direitos difusos e coletivos, Hugo Nigro Mazzilli, o "exame desse quadro não deve, porém, levar à equivocada impressão de que, nos interesses difusos ou nos inte-

Como podemos ver, o meio ambiente está fundado essencialmente no interesse difuso.

## 3. LEGITIMIDADE ATIVA E PASSIVA

São legitimados ativa e concorrentemente para a promoção da ação civil pública e da ação cautelar: I — o Ministério Público (federal ou estadual); II — a Defensoria Pública; III — a União, os Estados, os Municípios e o Distrito Federal; IV — a autarquia, empresa pública, fundação ou sociedade de economia mista; V — a associação que, concomitantemente: a) esteja constituída há pelo menos um ano nos termos da lei civil; b) inclua, entre suas finalidades institucionais, a proteção ao meio ambiente, ao consumidor, à ordem econômica, à livre concorrência ou ao patrimônio artístico, estético, histórico, turístico e paisagístico (art. 5º da LACP, com a nova redação dada pela Lei n. 11.448, de 15-1-2007). A nova lei ampliou o rol de legitimados ativos, acrescentando a Defensoria Pública, que poderá também propor a ação civil pública para proteção de interesses metaindividuais.

Ressalte-se ainda que sindicato é associação civil; tem, portanto, legitimidade para propor ação civil pública. No entanto, o prazo e o interesse previstos nos incisos I do art. 5º da LACP e IV do art. 82 do CDC têm sido dispensados pela jurisprudência, ou seja, tais requisitos não precisam estar expressamente consignados nos estatutos da associação, bastando, apenas, o exercício efetivo desse interesse previsto na lei.

Na hipótese de propositura de ação coletiva para defesa de interesses individuais homogêneos (art. 91 do CDC), o juiz poderá dispensar o requisito de pré-constituição da associação, quando haja manifesto interesse social evidenciado pela dimensão ou característica do dano ou pela relevância do bem jurídico a ser protegido (arts. 5º, § 4º, da LACP e 82, § 1º, do CDC).

---

resses individuais homogêneos, não exista uma relação jurídica subjacente, ou ainda à de que, nos interesses coletivos, não haja uma situação de fato anterior, ou enfim, à de que, nos interesses individuais homogêneos, prescinda-se de uma situação de fato comum, ou de uma relação jurídica básica, que una todo o grupo lesado. Ao contrário. Na verdade, o quadro sinótico acima apenas enfatiza que, nos interesses difusos, o liame ou nexo que agrega o grupo de forma indivisível está essencialmente concentrado numa situação de fato compartilhada por um grupo indeterminável; nos interesses coletivos, o que une o grupo é uma relação jurídica básica comum, que deverá ser solucionada de maneira uniforme e indivisível para todos seus integrantes; e nos interesses individuais homogêneos, há sim uma origem comum para a lesão, fundada tanto numa situação de fato compartilhada pelos integrantes do grupo, comum numa mesma relação jurídica que a todos envolva, mas, o que lhes dá a nota característica e inconfundível, é que o proveito pretendido pelos integrantes do grupo é perfeitamente divisível entre os lesados" (*A defesa dos interesses difusos em juízo*, cit., p. 50).

Discute-se se essa legitimidade é ordinária ou extraordinária. Nosso sistema processual só admitia a *legitimação ordinária*, ou seja, somente o lesado poderia pleitear em juízo ofensa a seu direito (art. 18 do novo CPC). Essa era a regra, salvo se houvesse autorização legal. *Legitimação extraordinária* é a possibilidade de terceira pessoa pleitear em juízo direito ou interesse alheio. Trata-se da denominada *substituição processual*. A ação civil pública ou a ação coletiva protege interesse metaindividual ou transindividual em benefício da coletividade. Cuida-se de verdadeira legitimação extraordinária.

É legitimada para figurar no polo passivo da ação civil pública ou da ação coletiva toda pessoa física ou jurídica, de direito público ou privado, ou seja, o causador do dano ao meio ambiente, ao consumidor, à ordem urbanística, ao patrimônio cultural, à ordem econômica ou qualquer outro interesse difuso ou coletivo.

## 4. INTERESSE PROCESSUAL

O interesse processual é requisito indispensável para a propositura da ação civil pública ambiental. Ela é ditada pelo interesse público em relação ao Ministério Público e encontra-se implícita na legitimidade concedida pela lei.

Tal fato não ocorre em relação aos demais legitimados, que deverão comprovar, em cada caso, o interesse processual. Em relação às associações, seu interesse deverá ser comprovado pelos estatutos sociais; em relação aos órgãos públicos e demais legitimados, o interesse decorre de sua atuação vocacionada à proteção do meio ambiente.

## 5. OBJETO DE DEFESA DA AÇÃO CIVIL PÚBLICA

O Ministério Público e os colegitimados poderão agir para defesa dos seguintes interesses transindividuais: a) do meio ambiente; b) do consumidor; c) dos bens e direitos de valor artístico, estético, histórico, turístico e paisagístico (patrimônio cultural); d) de qualquer outro interesse difuso ou coletivo; e) da infração da ordem econômica f) da ordem urbanística; g) à honra e à dignidade de grupos raciais, étnicos ou religiosos; e h) ao patrimônio público e social (art. 1º da LACP).

É função do Ministério Público a promoção do inquérito civil e da ação civil pública para a proteção do meio ambiente, entre outras (art. 129, III, da CF).

Vê-se, pois, que o Ministério Público tem legitimidade para defender o meio ambiente de maneira expressa e clara. Entende-se por meio ambiente o "conjunto de condições, leis, influências e interações de ordem física, química e biológica que permite, abriga e rege a vida em todas as suas formas" (art. 3º, I, da Lei n. 6.938/81). Em outras palavras, meio ambiente é a interação do conjunto dos elementos naturais, artificiais, culturais e do trabalho, ou seja, abrange a proteção de uma gama imensa de interesses difusos dentro de cada um dos elementos citados.

## 6. ATUAÇÃO DO MINISTÉRIO PÚBLICO NA DEFESA DOS INTERESSES INDIVIDUAIS HOMOGÊNEOS

O Ministério Público poderá agir na tutela dos interesses ou direitos individuais homogêneos desde que esteja presente interesse que atinja um número extenso de pessoas lesadas. Restringindo essa atuação, o Conselho Superior do Ministério Público (CSMP) fixou parâmetros para a proteção desse interesse mediante a seguinte orientação: *"O Ministério Público está legitimado à defesa de interesses ou direitos individuais homogêneos de consumidores ou de outros, entendidos como tais os de origem comum, nos termos do art. 81, III, c/c o art. 82, I, do CDC, aplicáveis estes últimos a toda e qualquer ação civil pública, nos termos do art. 21 da Lei n. 7.347/85 (LACP), que tenham relevância social, podendo esta decorrer, exemplificativamente, da natureza do interesse ou direito pleiteado, da considerável dispersão de lesados, da condição dos lesados, da necessidade de garantia de acesso à Justiça, da conveniência de se evitar inúmeras ações individuais, e/ou de outros motivos relevantes"* (Súmula 7 do CSMP/SP).

*Fundamento:* O Ministério Público tem legitimidade para tutelar interesses individuais homogêneos, assim entendidos aqueles de natureza divisível pertencentes a titulares determináveis e que tenham entre si um vínculo fático decorrente de sua origem comum (art. 81, parágrafo único, III, CDC). Nesses casos, considerada sua relevância social (decorrente, por exemplo, da natureza do interesse, da considerável dispersão ou condição dos lesados, da necessidade de garantia de acesso à Justiça, da conveniência de se evitarem inúmeras ações individuais), são aplicáveis os instrumentos legais de tutela coletiva (*e.g.* inquérito civil, ação civil pública) – art. 81, parágrafo único, III, e art. 83, CDC; art. 21, Lei n. 7.347/85. É o caso da tutela dos interesses individuais homogêneos dos consumidores (contratos bancários, consórcios, seguros, planos de saúde, TV por assinatura, serviços telefônicos, compra e venda de imóveis, mensalidades escolares, serviços de internet etc.) e de quaisquer outros que reúnam as características acima apontadas (novo fundamento sem alteração da Súmula propriamente dita).

## 7. LITISCONSÓRCIO E ASSISTÊNCIA

*Litisconsórcio* é o "vínculo que, nos casos previstos em lei, prende vários autores ou réus num só processo pela comunhão de interesses, para discutirem uma só relação jurídica material. É a pluralidade de partes num mesmo processo"[7]. *Assistência*, por sua vez, é a "intervenção judicial de alguém numa causa na qual tem legítimo interesse jurídico, sem ser autor ou réu"[8]. Essa intervenção pode ser litisconsorcial, quando a decisão fizer coisa julgada para o interveniente.

A legitimação é concorrente, nos termos do art. 5º, § 2º, da LACP. Cuida-se de litisconsórcio ativo entre os legitimados para a ação. Qualquer pessoa arrolada no art. 5º da LACP ou no art. 82 do CDC tem legitimidade para propor a ação civil pública ou a ação coletiva isolada ou em conjunto.

Dependendo do momento em que se der a intervenção, poderá haver o litisconsórcio ou a assistência. Se um dos legitimados propuser a ação, os demais deverão habilitar-se como assistentes litisconsorciais (art. 5º, § 2º, da LACP). Se o legitimado puder propor ação popular com o mesmo objeto, ser-lhe-á facultado intervir na qualidade de litisconsorte ou, em outra hipótese, como assistente litisconsorcial.

Em caso de desistência, o assistente litisconsorcial não poderá assumir a ação civil pública ou a ação coletiva. É possível ainda o litisconsórcio entre os Ministérios Públicos federal e estadual (art. 5º, § 5º, da LACP)[9].

## 8. INTERVENÇÃO DO MINISTÉRIO PÚBLICO EM CASO DE DESISTÊNCIA OU ABANDONO DA AÇÃO

A maioria das ações civis públicas é proposta pelo Ministério Público em todo o país, especialmente porque essa instituição está mais bem aparelhada para esse mister. Registre-se ainda que somente o Ministério Público poderá instaurar o competente inquérito civil para apurar a ameaça de lesão ou o dano ao meio ambiente. Esse instrumento é extremamente útil para instruir a ação civil pública. Os demais legitimados não podem instaurar o inquérito civil, que é privativo do Ministério Público. Talvez fosse este o motivo pelo desinteresse dos demais legitimados na propositura dessas ações.

Por outro lado, se o Ministério Público não propuser a ação civil pública como parte, atuará *obrigatoriamente* como fiscal da lei (art. 5º, § 1º, da LACP). O Ministério Público não está obrigado a propor a ação civil pública se não identificar qualquer interesse metaindividual ou transindividual, podendo, se já existir inquérito civil, promover o arquivamento e remetê-lo ao CSMP.

---

7. Maria Helena Diniz, *Dicionário*, cit., p. 149.
8. Maria Helena Diniz, *Dicionário*, cit., p. 292.
9. V. Súmula 49 do CSMP, que trata de litisconsórcio entre órgãos distintos do Ministério Público.

Em caso de desistência infundada ou abandono da ação por associação legitimada, o Ministério Público ou qualquer outro legitimado assumirá a titularidade ativa (art. 5º, § 3º, da LACP). O Ministério Público só assumirá a titularidade ativa se a desistência ou o abandono for infundado ou injustificado. O Ministério Público não está obrigado a assumir a titularidade da ação se não constatar qualquer interesse metaindividual ou transindividual, especialmente se a questão já tiver sido objeto de inquérito civil anteriormente arquivado.

## 9. INTERVENÇÃO DE TERCEIROS

Não se admite, além disso, qualquer tipo de intervenção de terceiros, inclusive a denunciação à lide, pois, nesse caso, seria necessário discutir a culpa, o que é incabível na ação civil pública[10]. Ada Pellegrini Grinover entende ser possível a denunciação da lide no âmbito da ação civil pública em matéria ambiental, sem embargo da responsabilidade objetiva que vigora nessa matéria[11].

Entendimento jurisprudencial, por outro lado, tem sido no sentido da inadmissibilidade da intervenção de terceiros. Nesse sentido, citamos a seguinte ementa:

"*Intervenção de terceiros*. Denunciação da lide. Ação Civil Pública. Não cabimento. Hipóteses em que não se discute culpa ou dolo em face da responsabilidade objetiva do causador do dano. Caso, ademais, que não se encaixa nas hipóteses do artigo 70 do Código de Processo Civil[12]. Não comprovação de solidariedade e responsabilidade entre litisdenunciantes e litisdenunciados. Recurso não provido.

*Ministério Público*. Intervenção. Ação Civil Pública. Reclamada a autuação de outro representante como *custos legis*. Inadmissibilidade. Aplicabilidade do artigo 5º da Lei 7.347/85. Pretensão, ademais, que não encontra respaldo na legislação em vigor. Decisão mantida. Recurso não provido"[13].

## 10. COMPETÊNCIA

As ações civis públicas ou as ações coletivas, em regra, poderão ser propostas perante o juízo onde ocorreu o dano (art. 2º, *caput*, da LACP). Isso facilita a produção das provas. Cuida-se de competência territorial funcional, portanto, absoluta, não podendo ser modificada pelas partes.

---

10. Motauri Ciocchetti de Souza, *Interesses difusos em espécie*, São Paulo, Saraiva, 2000, p. 48.

11. Ação civil pública em matéria ambiental e denunciação da lide, *RJ*, Porto Alegre, Notadez, 292:7, fev. 2002.

12. Art. 125 do novo CPC.

13. TJSP, 3ª Câm. Cív., AgI 224.272.1/8, rel. Des. Antônio Manssur, j. em 6-12-1994.

O legislador juntou dois critérios determinadores de competência que, normalmente, aparecem separados: "um — *o local do fato* — conduz à chamada competência *relativa*, prorrogável, porque estabelecida em função do interesse das partes ou da facilidade para a colheita da prova; outro — *competência funcional* — leva à chamada competência *absoluta*, improrrogável e inderrogável, porque firmada em razões de ordem pública, onde se prioriza o interesse do próprio processo"[14]. É importante ressaltar que a propositura da ação em local diferente do local dos fatos poderá ensejar a nulidade dos atos processuais decisórios, com fundamento no art. 113, § 2º, do CPC (art. 64, §§ 3º e 4º, do novo CPC).

Contudo, se o dano ocorrer em mais de duas comarcas igualmente competentes, tornar-se-á competente aquela que primeiro tomar conhecimento do fato. Aplica-se o princípio da prevenção (art. 2º, parágrafo único, da LACP). Essa prevenção ocorre quando o juiz determinar a primeira citação válida. Mas, se o dano for regional, a competência se transfere para a Comarca da Capital do Estado (art. 109, § 3º, da CF), e em caso de recurso a competência é do TRF (art. 109, § 4º, da CF).

Se, no entanto, os danos atingirem mais de dois Estados ou houver manifesto interesse nacional, a competência poderá ser do juízo federal ou estadual[15].

## 11. RITO PROCESSUAL

O rito processual é o mesmo disciplinado pelo Código de Processo Civil, tanto nas ações principais como cautelares, nos termos do art. 19 da LACP. Aplicam-se, como se vê, todos os institutos do Código de Processo Civil, subsidiariamente, sobretudo no que tange ao rito processual, efeitos da revelia, ônus da sucumbência, litigância de má-fé etc., desde que respeitadas as peculiaridades da citada lei.

O rito nas ações civis públicas, em regra, é o ordinário.

---

14. Rodolfo de Camargo Mancuso, apud Édis Milaré, *Direito do ambiente*, cit., p. 944.

15. O Procurador-Geral de Justiça do Estado de São Paulo recomenda, mediante o Aviso n. 605, de 22 de novembro de 2006, da Procuradoria-Geral de Justiça, com base no art. 2º da Lei n. 7.347/85, aos promotores de Justiça do Meio Ambiente e de Habitação e Urbanismo: "1 — Que nos casos em que ocorram danos ao meio ambiente em áreas situadas às margens de cursos d'água que separam Estados, que não pertençam à União, entidade autárquica ou empresa pública federal e que não sejam por elas controladas e que esses danos não ultrapassem os limites do Estado de São Paulo, a atribuição para apuração da ocorrência da degradação e de sua autoria é do Ministério Público do Estado de São Paulo. 2 — Que, nesses casos, os Promotores de Justiça que atuam em Comarcas, cujas áreas estão situadas às margens de cursos d'água que separam Estados e que não pertençam à União, entidade autárquica ou empresa pública federal e que não sejam por elas controladas, devem instaurar inquérito civil e ingressar com eventuais ações civis".

## 12. PERÍCIA

Em algumas comarcas de São Paulo, o magistrado impunha a responsabilidade pela despesa da perícia ao Ministério Público, sob o argumento de que o Fundo Estadual de Interesses Difusos possuía dinheiro para tanto. Tal fundo destina-se ao ressarcimento de danos ambientais e não para pagar perícias.

Ressalte-se ainda que o procurador-geral de justiça do Estado de São Paulo, atendendo aos pedidos da Procuradoria de Justiça de Interesses Difusos e Coletivos, do Centro de Apoio Operacional de Urbanismo e Meio Ambiente, do Centro de Apoio Operacional das Promotorias de Justiça do Consumidor e da Secretaria Executiva do Fundo Estadual de Interesses Difusos, recomenda aos promotores de Justiça que atuam na área de direitos difusos e coletivos atenção com as decisões judiciais contrárias aos interesses do Fundo de Interesses Difusos (FID), especialmente aquelas que imponham ônus de pagamento de perícias determinadas no bojo de ação civil pública ajuizada pelo Ministério Público.

Solicita-se especial atenção ao prequestionamento do tema, quer na petição inicial da ação civil pública, quer no manejo de embargos de declaração, a fim de que no futuro, caso haja necessidade, viabilizem-se os recursos cabíveis aos tribunais superiores[16].

A ministra Ellen Gracie do STF, nos autos da Reclamação n. 10428 MC/RC, deferiu pedido de medida liminar para suspender a eficácia do acórdão que obrigava o Ministério Público ao recolhimento prévio de honorários periciais em Ação Civil Pública[17].

## 13. SENTENÇA (PROVIMENTOS JURISDICIONAIS E AÇÕES CAUTELARES)

São três os provimentos jurisdicionais previstos na ação civil pública: a) condenação em dinheiro; b) pagamento de indenização; e c) cumprimento de obrigação de fazer ou não fazer (art. 3º da LACP).

Poderão também ser ajuizadas ações cautelares preparatórias ou incidentais, ações cautelares satisfativas, ações de liquidação de sentença, tutela antecipada e ação executiva (art. 4º da LACP).

Aplica-se subsidiariamente a ação civil pública à legislação processual do Código de Processo Civil (art. 19 da LACP).

## 14. MULTA DIÁRIA E LIMINAR

A *multa diária* poderá ser fixada na ação civil pública se houver descumprimento da obrigação de fazer (cumprimento de alguma prestação) ou não fazer (cessação

---

16. Aviso n. 03/2007-CEG/FID-SP, publicado no *DOE*, 26 abr. 2007.
17. *DOE*, 16 mar. 2011, Seção do Ministério Público, Aviso n. 130-PGJ.

de alguma atividade nociva) determinada na sentença pelo juiz (art. 11 da LACP). Essa multa tem por objetivo o cumprimento espontâneo da obrigação de fazer ou não fazer, sob pena de altas multas, à semelhança do sistema francês denominado *astreintes*.

A multa diária é fixada na decisão final da ação civil pública com objetivo de compelir o sujeito passivo a cumprir a decisão judicial, sob pena da incidência da multa, que poderá aumentar sucessivamente. Tem natureza coativa e sancionatória. A multa diária reverterá para um fundo com a finalidade de reconstituição dos bens lesados (art. 13 da LACP).

*Multa liminar* é aquela fixada *initio litis*, como medida cautelar, se presentes os requisitos do *periculum in mora* e do *fumus boni iuris*, nos termos do art. 12 da LACP. No entanto, só será exigível após o trânsito em julgado (art. 12, § 2º, da LACP). A distinção entre multa diária e multa liminar é que aquela é fixada na sentença final condenatória, enquanto esta é proposta como medida de cautela, sem se analisar o mérito. Neste último caso, a cobrança só poderá ocorrer após o trânsito em julgado.

Ressalte-se, por fim, que não se admitirá a concessão de liminar contra ato do Poder Público em matéria cautelar ou preventiva, se tal medida for vedada em sede de mandado de segurança (Lei n. 8.437/92).

## 15. TUTELA PROVISÓRIA

A *tutela provisória de urgência ou de evidência* foi inserida em nosso sistema processual civil com a finalidade de dotar a ação civil pública de mais um instrumento antecipatório do provimento jurisdicional. E pode ser requerida em caráter antecedente ou incidental. Sua eficácia é conservada na pendência do processo e pode, a qualquer tempo, ser revogada ou modificada. Aplica-se tal instituto por força do art. 19 da LACP.

O instituto permite a antecipação da tutela pleiteada na ação, a qual seguirá o seu trâmite legal até final decisão. Seu fundamento encontra-se nos arts. 294 a 311 do novo CPC.

A *tutela provisória* fundamenta-se na *urgência* ou na *evidência*.

A *tutela de urgência* subdivide-se em *tutela antecipada* e *tutela cautelar*. A antecipada consiste em: "Nos casos em que a urgência for contemporânea à propositura da ação, a petição inicial pode limitar-se ao requerimento da tutela antecipada e à indicação do pedido de tutela final, com a exposição da lide, do direito que se busca realizar e do perigo de dano ou risco ao resultado útil do processo" (art. 303 do novo CPC).

A *cautelar* consiste em: "A petição inicial da ação que visa à prestação de tutela cautelar em caráter antecedente indicará a lide e seu fundamento, a exposição sumária do direito que se objetiva assegurar e o perigo de dano ou o risco ao resultado útil do processo" (art. 305 do novo CPC).

Já a *tutela da evidência* será concedida, independentemente da demonstração de perigo de dano ou de risco ao resultado útil do processo, quando: a) ficar caracterizado o abuso do direito de defesa ou o manifesto propósito protelatório da parte; b) as alegações de fato puderem ser comprovadas apenas documentalmente e houver tese firmada em julgamento de casos repetitivos ou em súmula vinculante; c) se tratar de pedido reipersecutório fundado em prova documental adequada do contrato de depósito, caso em que será decretada a ordem de entrega do objeto custodiado, sob cominação de multa; d) a petição inicial for instruída com prova documental suficiente dos fatos constitutivos do direito do autor, a que o réu não oponha prova capaz de gerar dúvida razoável. Nos casos das letras "b" e "c", o juiz poderá decidir liminarmente (art. 311, I, II, III e IV e parágrafo único, do novo CPC).

Em matéria ambiental, restando demonstrado "o receio de dano irreparável ou de difícil reparação e sendo plausível o fundamento da demanda, os provimentos antecipatórios, cautelares ou satisfativos merecem ser prestigiados, sob pena de o retorno ao *status quo ante* ser muito difícil ou até mesmo impossível"[18].

Como vimos, é necessário que o requerente preencha tais requisitos para a concessão da tutela provisória. Tal medida também poderá ser requerida em grau de recurso, nos termos dos arts. 294 a 311, 932, II, 937, VIII, e 1.015, I, do novo CPC.

É comum, em caso de indeferimento de tal medida, a propositura de agravo de instrumento[19].

## 16. ÔNUS DA SUCUMBÊNCIA E LITIGÂNCIA DE MÁ-FÉ

Há decisões em que o Ministério Público foi condenado ao ônus da sucumbência por ter perdido a demanda na ação civil pública ambiental, ou seja, pagamento das despesas processuais. No entanto, o art. 18 da LACP diz que nas ações de que trata essa lei não haverá adiantamento de custas, emolumentos, honorários periciais[20] e quaisquer outras despesas, nem condenação da associação autora, salvo comprovada má-fé, a honorários de advogado, custas e despesas processuais. Já litigância de

---

18. *V.* excelente monografia de Marcelo Buzaglo Dantas, *Tutela de urgência nas lides ambientais*, Rio de Janeiro, Forense, 2006, p. 90.

19. *V.* AgI 508.379-5/0-00, Comarca de São Vicente, rel. Renato Nalini, j. 18-5-2006.

20. No novo Código de Processo Civil, especificamente à vista do art. 91, levantou-se a dúvida se o Ministério Público está obrigado ao adiantamento dos honorários periciais em ACPs. Há julgados do TJSP no sentido de que prevalece, por analogia, a Súmula 232 do STJ, segundo a qual o custeio dos honorários deve ser realizado pela Fazenda Pública, aplicando-se ao caso as disposições específicas dos arts. 18 e 19 da Lei n. 7.347/85, inclusive em decorrência do § 2º do art. 1.046 do NCPC. Cite-se MS n. 2208582.15.2016.8.26.0000; MS n. 2099700.56.2016.8.26.0000; MS n. 2035384.97.2017.8.26.000; MS n. 2259337.43.2016.8.26.0000.

má-fé, ao contrário, implica indenização pela conduta inadequada e protelatória praticada nos autos, diferentemente do que ocorre no sistema processual civil.

Não há, como se vê, o pagamento de quaisquer despesas processuais, incluídos aí os honorários advocatícios, exceto se se comprovar a má-fé de um dos litigantes.

Ressalte-se, ademais, que o Ministério Público não pode ser condenado ao pagamento dessas despesas, pois ele milita em favor da sociedade e do meio ambiente, agindo sempre de boa-fé. Caso contrário, poderia inibir sua própria atuação, impedindo que viesse a propor ações civis públicas em face de quem quer que seja. Apesar de haver condenações do Ministério Público, tais decisões foram todas elas revertidas nas instâncias superiores. Essas condenações ocorreram, em sua maioria, na região de Ribeirão Preto pelas ações civis públicas propostas pelo combativo promotor de Justiça do Meio Ambiente em face dos usineiros que insistiam em realizar a queima da palha da cana-de-açúcar na região, causando imenso prejuízo à população.

## 17. CUSTAS PROCESSUAIS

Não há falar em custas processuais nas Ações Civis Públicas, nos termos do art. 18 da Lei n. 7.347/85. Esse pagamento está previsto para as associações que forem autoras, já que os colegitimados são entidades da Administração Pública direta ou indireta, não cabendo sua condenação aos ônus da sucumbência.

## 18. INVERSÃO DO ÔNUS DA PROVA

O Superior Tribunal de Justiça já vinha admitindo a inversão do ônus da prova previsto no art. 6º, VIII, da Lei n. 8.078/90 c/c o art. 18 da Lei n. 7.347/85. Até que no dia 24 de outubro de 2018, o STJ aprovou, finalmente, a Súmula n. 618, com a seguinte redação: *"A inversão do ônus da prova aplica-se às ações de degradação ambiental"*, que restabeleceu uma discussão relevante na área ambiental e pacificou a questão definitivamente.

A inversão do ônus da prova já vinha sendo discutida há muito tempo, com a propositura de ACP pelo Ministério Público do Rio Grande do Sul em face de ALL — América Latina Logística do Brasil S.A. por danos ambientais decorrentes das queimadas por fagulhamento gerado pelo deslocamento das composições ferroviárias. O juízo de primeiro grau deferiu a perícia e o pedido de inversão do ônus da prova formulado pelo Ministério Público, impondo-se à empresa-ré o custo para sua elaboração. Inconformada, a empresa-ré agravou da decisão. O TJRS manteve a decisão de primeiro grau, sustentando ser cabível a inversão do ônus da prova no âmbito da proteção do meio ambiente, impondo-se à agravante a responsabilidade pelo pagamento dos encargos decorrentes da produção de prova pericial.

Inconformada ainda com a decisão do TJRS, a agravante interpôs Recurso Especial contra a decisão, cuja ementa transcrevemos abaixo:
"Ação Civil Pública. Dano ambiental. Agravo de instrumento. Prova pericial. Inversão do ônus. Adiantamento pelo demandado. Descabimento. Precedentes.

I — Em autos de ação civil pública ajuizada pelo Ministério Público Estadual visando apurar dano ambiental, foram deferidos, a perícia e o pedido de inversão do ônus e das custas respectivas, tendo a parte interposto agravo de instrumento contra tal decisão.

II — Aquele que cria ou assume o risco de danos ambientais tem o dever de reparar os danos causados e, em tal contexto, transfere-se a ele todo o encargo de provar que sua conduta não foi lesiva.

III — Cabível, na hipótese, a inversão do ônus que, em verdade, se dá em prol da sociedade, que detém o direito de ver reparada ou compensada a eventual prática lesiva ao meio ambiente — art. 6º, VIII, do CDC c/c o art. 18 da Lei n. 7.347/85.

IV — Recurso improvido"[21].

Com a Súmula n. 618, do STJ, o meio ambiente passou a ter mais um instrumento para sua proteção na esfera judicial.

## 19. RECURSOS

Os recursos são os mesmos disciplinados pelo Código de Processo Civil, os quais se aplicam, subsidiariamente, às ações civis públicas, conforme permissivo do art. 19 da LACP, com as peculiaridades do art. 14 da referida lei. Este dispositivo confere ao juiz a possibilidade de conceder efeito suspensivo aos recursos para evitar dano irreparável à parte.

Em regra, os efeitos concedidos aos recursos são meramente devolutivos. Por tal fato é que a lei permitiu ao juiz conceder o efeito suspensivo para evitar o perecimento do direito. O juiz deve acautelar-se desse fato para garantir futura reparação dos danos, respeitando-se as peculiaridades de cada caso concreto.

Procura-se, com essa medida, evitar danos ao meio ambiente; mas, para isso, é necessário que o recurso esteja formalmente em ordem e dotado de todos os requisitos legais, demonstrando-se que, caso não se conceda tal efeito, o direito pleiteado será ineficaz se for provido o recurso.

## 20. COISA JULGADA

A sentença na ação civil pública fará coisa julgada *erga omnes,* nos limites da competência territorial do órgão prolator, exceto se o pedido for julgado impro-

---

21. REsp 1.049.822-RS, rel. Min. Francisco Falcão, m. v., j. 23-4-2009.

cedente por deficiência de provas, hipótese em que qualquer legitimado poderá intentar outra ação com idêntico fundamento, valendo-se de nova prova (art. 16 da LACP).

Assim, os efeitos da coisa julgada valerão para todos os envolvidos, de maneira direta ou não. A coisa julgada torna a decisão imutável, não podendo a causa ser novamente discutida em outro processo. Só não fará coisa julgada se a decisão for improcedente.

Vê-se, pois, igual semelhança no Código de Defesa do Consumidor. Tratando-se de ação civil pública proposta em defesa de interesses difusos, a coisa julgada será *erga omnes* (art. 81, parágrafo único, I, c/c o art. 103, I, do CDC). Já na ação coletiva em defesa de interesses coletivos, a coisa julgada será *ultra partes* (art. 81, parágrafo único, II, c/c o art. 103, II, do CDC). Cuidando-se, por fim, de ação civil pública ou de ação coletiva em defesa de interesses individuais homogêneos, a coisa julgada será *erga omnes* (art. 81, parágrafo único, III, c/c o art. 103, III, do CDC).

Questão polêmica é a relativização da coisa julgada ambiental. Há divergência doutrinária. Defensores da relativização da coisa julgada ambiental sustentam que o princípio da segurança jurídica não pode se sobrepor ao direito ao meio ambiente ecologicamente equilibrado. Este princípio pode ser relegado a segundo plano em favor do direito fundamental à vida, externado pelo meio ambiente ecologicamente equilibrado, independentemente da necessidade de propositura de ação rescisória[22].

Seja como for, é uma questão ainda em aberto — em construção.

## 21. PRESCRIÇÃO DA AÇÃO CIVIL PÚBLICA AMBIENTAL

Prescrição é a extinção de um direito após o transcurso de determinado prazo estipulado por lei. O Código Civil arrola os principais prazos prescricionais em seus arts. 205 e 206. Além desses prazos, há outros que extinguem o direito de ação, ou seja, o direito de acionar o Estado ou o particular contra a violação de um direito. Toda ação possui prazo preestabelecido para ser proposta perante o Poder Judiciário, sob pena de ver-se frustrada sua pretensão resistida, permanecendo, às vezes, intacto o direito material.

O direito ambiental protege o bem de uso comum do povo e essencial a sua sadia qualidade de vida (art. 225 da CF). Cuida-se do denominado bem difuso, portanto indisponível e imprescritível[23].

---

22. Anderson Furlan e William Fracalossi, *Direito ambiental*, cit., p. 634.

23. Nesse sentido, *vide* magnífica decisão prolatada pelo juiz federal Dr. Paulo Afonso Brum Vaz sobre extração de carvão mineral, publicada na *RDA*, 21:329-369, jan./mar. 2001. *Vide* também excelente artigo do ilustre procurador de justiça Dr. Sérgio Luís Mendonça Alves sobre A prescrição no direito ambiental brasileiro, in Mirna Cianci (Coord.), *Prescrição no novo Código Civil:* uma análise interdisciplinar, São Paulo, Saraiva, 2005, p. 386-418.

## 22. EXECUÇÃO E FUNDO PARA A RECONSTITUIÇÃO DOS BENS LESADOS

Todos os colegitimados podem promover a execução da decisão condenatória da ação civil pública ou da ação coletiva. Trata-se de título executivo judicial, conferindo--lhe certeza e liquidez. No entanto, o Ministério Público é obrigado a promover a execução se os demais colegitimados não o fizerem, mesmo que não tenha sido o autor da ação (art. 15 da LACP). Não há falar em discricionariedade do órgão do Ministério Público, pois já existe uma decisão condenatória definitiva que deve ser executada.

Criou-se um fundo para a reconstituição dos bens lesados para onde todo o dinheiro recolhido das indenizações deverá ser destinado. Será administrado por um Conselho Federal ou por Conselhos Estaduais de que participarão necessariamente o Ministério Público e representantes da comunidade, sendo seus recursos destinados à reconstituição dos bens lesados (art. 13 da LACP).

Na esfera federal, a Lei n. 9.008, de 21 de março de 1995, criou o Conselho Federal de que trata o art. 13 da LACP e estabeleceu regras quanto à finalidade do Fundo e a formação de seus recursos e respectiva aplicação. Trata-se do denominado Fundo de Defesa de Direitos Difusos. No dia 20 de outubro de 2009, o presidente da República baixou o Decreto n. 6.985, que deu nova redação ao art. 4º do Decreto n. 3.524, de 26 de junho de 2000, que regulamentou a Lei n. 7.797, de 10 de julho de 1989, que criou o Fundo Nacional do Meio Ambiente.

Na esfera estadual paulista, a Lei n. 6.536, de 13 de novembro de 1989, autorizou o Poder Executivo a criar o Fundo Estadual de Despesa de Reparação de Interesses Difusos Lesados, no âmbito do Ministério Público local, regulamentada pelo anterior Decreto n. 27.070, de 8 de junho de 1987, ainda não atualizado.

Ainda no âmbito estadual, foi criada a Lei n. 13.555, de 9 de junho de 2009, que altera a Lei n. 6.536, de 13 de novembro de 1989, e autoriza a criação do Fundo Especial de Despesa de Reparação de Interesses Difusos Lesados — FID, no Ministério Público do Estado de São Paulo. O FID será gerido por um Conselho Gestor com a seguinte composição: I — Secretário da Justiça e da Defesa da Cidadania ou representante por ele indicado; II — Secretário do Meio Ambiente ou representante por ele indicado; III — Secretário da Fazenda ou representante por ele indicado; IV — Secretário da Cultura ou representante por ele indicado; V — Secretário dos Direitos da Pessoa com Deficiência ou representante por ele indicado; VI — Secretário de Economia e Planejamento ou representante por ele indicado; VII — Secretário de Assistência e Desenvolvimento Social ou representante por ele indicado; VIII — Procurador-Geral do Estado ou representante por ele indicado; IX — três membros do Ministério Público do Estado de São Paulo, designados pelo Procurador-Geral de Justiça; X — três representantes de associações instituídas de acordo com o art. 5º, inciso V, da Lei federal n. 7.347, de 24 de julho de 1985.

Com a finalidade de tornar transparente a administração do fundo é que o Conselho Gestor do Fundo Estadual de Interesses Difusos disponibiliza em seu *site* resoluções, instruções e notícias relativas ao conselho e informações de interesse do órgão[24].

Seção II
*Inquérito civil ambiental*

## 1. INQUÉRITO CIVIL

O *inquérito civil* surgiu com o advento da Lei n. 7.347/85, que dispunha sobre a ação civil pública de responsabilidade por danos causados ao meio ambiente, ao consumidor, à ordem urbanística, a bens e direitos de valor artístico, estético, histórico, turístico e paisagístico (vetado) e dava outras providências. Referida lei concedia ao Ministério Público a possibilidade de instauração de inquérito civil para a apuração de danos contra o patrimônio nacional, servindo as provas colhidas sob sua presidência como supedâneo para a propositura da ação civil pública (art. 8º da Lei n. 7.347/85).

Esse instrumento administrativo foi consagrado pela nova ordem constitucional de 1988 (art. 129, III). De lá para cá, ele se aperfeiçoou e tem sido utilizado pelo Ministério Público com muita eficácia para a colheita de provas antes da propositura da ação civil pública, evitando-se a propositura de ações temerárias e infundadas. No âmbito externo, o inquérito civil foi disciplinado pela Resolução n. 23, de 17 de setembro de 2009, do Conselho Nacional do Ministério Público — CNMP. Referida resolução contém 17 artigos distribuídos em 8 capítulos: Capítulo I — Dos requisitos para instauração; Capítulo II — Da instauração do inquérito civil; Capítulo III — Do indeferimento de requerimento de instauração do inquérito civil; Capítulo IV — Da instrução; Capítulo V — Do arquivamento; Capítulo VI — Do compromisso de ajustamento de conduta; Capítulo VII — Das recomendações; e Capítulo VIII — Das disposições finais. No âmbito interno (Ministério Público do Estado de São Paulo), o inquérito civil foi disciplinado pelo Ato Normativo n. 484-CJP/2006.

## 2. CONCEITO E NATUREZA

*Inquérito civil* é o procedimento administrativo à semelhança do inquérito penal, com a finalidade investigativa e extraprocessual, sob a presidência do órgão do Ministério Público, destinada a colher o conjunto probatório para a instrução da ação civil pública, podendo requisitar, de qualquer organismo público ou particular, certidões, informações, exames ou perícias, no prazo que assinalar (art. 8º da LACP). O

---

24. Disponível em: <http://www.mp.sp.gov/portal/page?_pageide=477,1&_dad=portal&_schema=PORTAL>.

inquérito civil, em outras palavras, tem natureza unilateral e facultativa e será instaurado para apurar fato que possa autorizar a tutela dos interesses ou direitos a cargo do Ministério Público nos termos da legislação aplicável, servindo como preparação para o exercício das atribuições inerentes às suas funções institucionais (art. 1º da Res. 23, de 17-9-2007, do Conselho Nacional do Ministério Público — CNMP).

A recusa, o retardamento ou a omissão de dados técnicos indispensáveis à propositura da ação civil pública, quando requisitados pelo Ministério Público, constitui crime, punido com pena de reclusão de um a três anos, mais multa de 10 a 1.000 Obrigações do Tesouro Nacional — OTN (art. 10 da LACP).

Qualquer pessoa poderá e o servidor público deverá provocar a iniciativa do Ministério Público, fornecendo-lhe informações sobre danos ambientais (art. 6º da LACP). Os juízes e tribunais que tomarem conhecimento de fatos danosos ao meio ambiente deverão remeter peças ao Ministério Público para as providências cabíveis (art. 7º da LACP).

Registre-se que os colegitimados não poderão instaurar inquérito civil. Essa providência é privativa do Ministério Público.

O inquérito civil não é obrigatório. Se o órgão do Ministério Público tiver as informações necessárias e suficientes em mãos, poderá promover diretamente a ação civil pública, independentemente do inquérito civil.

Aplicam-se ainda subsidiariamente as normas previstas no Código de Processo Penal no que tange ao inquérito civil.

## 3. FINALIDADE E PRINCÍPIOS

O inquérito civil tem por finalidade colher provas para eventual propositura de ação civil pública. Visa-se subsidiar o Ministério Público na apuração de qualquer dano ambiental, utilizando-se de seus poderes instrutórios. No dizer de Hugo Nigro Mazzilli, além da finalidade principal, há outras finalidades (subsidiárias), quais sejam: tomada de compromisso de ajustamento; prepara a realização da audiência pública; acompanha a execução do TAC; analisa as sugestões apresentadas nas audiências públicas etc.[25]. Cuida-se de um procedimento investigatório sem a adoção do princípio do devido processo legal. Também não se aplica o princípio do contraditório. Não há, além disso, qualquer formalidade no seu desenrolar, pois não há falar em nulidade.

Por se cuidar de um procedimento administrativo, não significa que não se devem observar certos princípios. Tanto é verdade que, em caso de omissão, aplicam-se os dispositivos do Código de Processo Penal. Além disso, aplicam-se os seguintes princípios: a) *da legalidade* — não podendo o inquérito civil ser instaurado sem

---

25. *O inquérito civil*, cit., p. 66.

qualquer justificativa, devendo haver, pelo menos, indícios de autoria e prova da materialidade[26]; b) *da obrigatoriedade* — é dever do membro ministerial a instauração do inquérito. Ele não poderá deixar de fazê-lo se presentes os requisitos legais, a não ser que ele possua os documentos necessários para a instauração da ACP, diretamente; e c) *da publicidade* — o inquérito civil deve ser público e não sigiloso, devendo ter acesso a ele o advogado ou qualquer cidadão. A publicidade, no entanto, não é absoluta, há que se respeitar a legislação pertinente ao sigilo. O inquérito civil deverá ser publicado, em caso de arquivamento, no *Diário Oficial*, antes da apreciação pelo Conselho Superior do Ministério Público, permitindo aos interessados a possibilidade de apresentar novas provas, se assim quiser.

## 4. COMPETÊNCIA E OBJETO

A *competência* para a instauração do inquérito civil é, em regra, do local onde ocorreu o dano ambiental. O responsável pela condução do inquérito é do membro do Ministério Público da Comarca onde ele atua. É ele que presidirá o inquérito civil, visando a elucidação de um fato que poderá dar ensejo a uma ação judicial — Ação Civil Pública. Devem ser observadas as regras da LACP e as normas e recomendações internas da instituição ministerial.

O seu *objeto* é a apuração de um fato danoso ao meio ambiente causado por pessoa física ou jurídica, mas sua instauração poderá dar ensejo também à existência de um crime. Se assim for, o inquérito poderá se desdobrar numa ação civil e numa ação penal.

## 5. FASES: INSTAURAÇÃO, INSTRUÇÃO E CONCLUSÃO

São três as fases do inquérito civil: a) instauração; b) instrução; e c) conclusão. A *instauração* será mediante portaria do órgão do Ministério Público ou por despacho lançado em requerimento ou representação por qualquer pessoa, autoridade ou asso-

---

26. Participamos de um julgamento interessante no CSMP (gestão 2016/2017) que, fundamentado em precedente anterior, consideramos apta a portaria baixada pela Promotoria de Justiça que instaurou um Inquérito Civil apenas para acompanhar o "novo" licenciamento ambiental perante a CETESB, sob o ponto de vista preventivo. O MPF já havia proposto à ACP o ressarcimento dos danos ambientais. Tratava-se de grande incêndio em uma indústria química da baixada santista – ficou vários dias pegando fogo –, causando imenso transtorno à população. Como a empresa não apresentou o licenciamento ambiental anterior, a promotoria instaurou o IC para acompanhar o "novo" procedimento de licenciamento em todas as suas fases e fiscalizar o cumprimento da legislação pertinente e das condicionantes, negando, assim, provimento ao recurso do investigado por votação unânime do colegiado. Não houve ofensa ao princípio da legalidade ao caso em espécie, além do precedente, uma vez que a empresa não apresentou o licenciamento anterior, restando, perfeitamente, justificável o procedimento da promotoria. Acompanhar não significa necessariamente interferir no procedimento que é privativo do órgão ambiental. Assim, cumprindo todas as exigências legais, o IC será arquivado.

ciações, observando-se o Ato n. 19 da Procuradoria-Geral de Justiça. Cabe recurso do despacho de instauração do inquérito civil e do seu indeferimento ao Conselho Superior do Ministério Público (CSMP) no prazo de cinco e dez dias, respectivamente. A *instrução* tem a finalidade de colher as provas dos danos causados ao meio ambiente, mediante a oitiva de testemunhas, a realização de perícias[27], juntada de documentos etc. A *conclusão* será com o relatório final sobre o desfecho do inquérito civil. Tal conclusão poderá ser o arquivamento ou a propositura da ação civil pública. Ressalte-se que o Órgão Especial do Colégio de Procuradores de Justiça de São Paulo alterou, em reunião realizada no dia 20 de fevereiro de 2008, com base na Resolução n. 23/2007, do Conselho Nacional do Ministério Público, e no Aviso n. 186/2008, da Procuradoria-Geral de Justiça, o parágrafo único do art. 24 do Ato Normativo n. 494-CPJ, de 18 de janeiro de 2007, dispondo que "o inquérito civil deverá ser concluído no prazo de cento e oitenta dias, prorrogável quando necessário, cabendo ao órgão de execução motivar a prorrogação nos próprios autos. Parágrafo único. A motivação referida no *caput* deverá necessariamente ser precedida de um relatório circunstanciado acerca das providências já tomadas e daquelas ainda em curso"[28].

## 6. PODERES INSTRUTÓRIOS

O promotor de justiça, dentro de suas atribuições normais, deverá presidir o inquérito civil. Ele, ao tomar conhecimento de um dano ambiental, por exemplo, poderá, de ofício, instaurar o inquérito civil através da lavratura de uma portaria ou por meio de requerimento subscrito por qualquer pessoa.

Instaurado o inquérito civil, o promotor de justiça, utilizando-se de seus *poderes instrutórios*, poderá: a) requisitar perícia; b) notificar pessoas; c) requisitar documentos; e d) inspecionar, vistoriar e realizar diligências investigatórias.

O promotor de justiça tem os mesmos poderes de um delegado de polícia.

## 7. ARQUIVAMENTO E DESARQUIVAMENTO

Se o órgão do Ministério Público concluir pelo arquivamento do inquérito civil ou das peças de informação, deverá fundamentar sua decisão e remetê-lo, no prazo de três dias, ao CSMP para homologação, sob pena de falta grave (art. 8º, § 1º,

---

27. Registre-se ainda que a Câmara de Direito Público do Tribunal de Justiça do Estado de São Paulo reconheceu, por votação unânime, nos autos do AgI 525.256-5/4-00, que o "setor especializado do Ministério Público oferece as credenciais necessárias a tornar a perícia um auxiliar valioso do Juízo na formação de sua convicção". No caso, o juiz de primeiro grau aceitou a indicação de perito do CAEX, feita pelo Ministério Público, para funcionar como perito do Juízo. O réu agravou e o Tribunal negou provimento ao recurso (*Informativo CAO-UMA*, n. 31, 2006).

28. Aviso n. 6, da CGMP, de 24-4-2008, publicado no *DOE*, 28 abr. 2008.

da LACP). Até antes da homologação ou da rejeição do pedido de arquivamento pelo CSMP, as associações legitimadas poderão apresentar razões escritas ou documentos, que serão juntados aos autos do inquérito ou anexados às peças de informação no prazo de dez dias contados da data de sua publicação no *Diário Oficial* (art. 9º, § 2º, da LACP). Ressalte-se que o órgão do Ministério Público não requer o arquivamento à semelhança do inquérito penal, mas, sim, promove o arquivamento sem a interferência do Poder Judiciário.

Se o CSMP, no entanto, não concordar com a promoção de arquivamento determinado pelo órgão do Ministério Público, deverá designar outro integrante da carreira para a instauração da ação civil pública (art. 8º, § 4º, da LACP).

É facultado ainda ao órgão do Ministério Público realizar termo de ajustamento de conduta na fase do inquérito civil, ou seja, firmar acordo com o agente causador dos danos ao meio ambiente. Realizado o compromisso de ajustamento, será reduzido a termo e o inquérito será arquivado. E, em caso de descumprimento, o termo servirá como título executivo extrajudicial, podendo ser executado no juízo civil.

Uma vez homologado o requerimento de arquivamento do inquérito civil pelo Conselho Superior do Ministério Público, o promotor ou o procurador-geral de justiça, que determinou o seu arquivamento, poderá reabrir o inquérito civil desde que apresente novas provas. No entanto, o promotor de justiça poderá propor diretamente ACP independentemente do seu desarquivamento. Só estará impedido de propor a ACP se o pedido estiver pendente de apreciação pelo Conselho Superior. Seja como for, o arquivamento não gera direitos adquiridos a quem quer que seja. Tanto é verdade que qualquer dos colegitimados poderá propor ACP independentemente de inquérito civil.

## 8. RECURSOS

Caberão recursos contra a instauração e também contra a não instauração do inquérito policial. A Lei complementar n. 734/93 permitiu a interposição de recursos nas seguintes hipóteses: a) do indeferimento de representação para instauração de inquérito civil, ao Conselho Superior do Ministério Público, dentro do prazo de 10 dias, contados da data em que o autor da representação tiver ciência da decisão; e b) da instauração do inquérito civil, ao Conselho Superior do Ministério Público, no prazo de 5 dias, a contar da ciência do ato impugnado (arts. 107, § 1º, 108, § 1º).

Trata-se de um controle interno do membro do Ministério Público sobre a sua atuação administrativa, independentemente do controle externo exercido pelo Judiciário.

O CSMP baixou o Aviso n. 241, de 2 de setembro de 2014, destinado aos membros do Ministério Público que, ao receberem recursos contra o indeferimento de representação ou em face da instauração de inquérito civil, lancem pronunciamento fundamentado nos termos dos dispositivos regimentais (art. 129, VIII, da CF e arts. 120, parágrafo único, e 123 do Ato n. 484/2006, do CPJ, de sorte a evitar a restituição dos autos à origem para tal fim, com a consequente demora nos julgamentos respectivos.

## 9. CONTROLE DE LEGALIDADE

Isso não significa que o inquérito civil não possui controle pelo Poder Judiciário. Ao contrário, cabe ao Judiciário, em caso de falta de justa causa, apreciar e julgar *habeas corpus* impetrado em favor do paciente para o trancamento do inquérito civil, instaurado sem os pressupostos legais. O membro do Ministério Público poderá praticar atos que possam colocar em risco direito de terceiro, tais como: condução coercitiva irregularmente determinada, desvio de poder ou de finalidade, instauração de IC sem possuir atribuição etc.

Em todos os casos caberá o remédio competente, ou seja, *habeas corpus* ou mandado de segurança.

## 10. RECOMENDAÇÕES

A Procuradoria-Geral de Justiça e a Corregedoria-Geral do Ministério Público poderão, sempre que for necessário, baixar recomendações sobre determinado assunto ou normas procedimentais administrativas para melhor desenvolver as suas atividades na comarca. Estas recomendações têm por finalidade a melhoria dos serviços públicos e de relevância pública, bem como o respeito aos demais interesses, direitos e bens cuja defesa lhes caiba promover, fixando prazo razoável para a adoção das providências cabíveis (art. 6º, XX, c/c o art. 80 da Lei n. 8.625/93). Neste caso, o membro do Ministério Público deverá cumpri-las sobre pena de sofrer procedimento disciplinar.

Tais recomendações visam sempre melhorar a atuação do membro do Ministério Público.

### Seção III
*Transação e termo de ajustamento de conduta*

## 1. INTRODUÇÃO

*Transação* é o "negócio jurídico bilateral, pelo qual as partes interessadas, fazendo-se concessões mútuas, previnem ou extinguem obrigações litigiosas ou duvidosas. É, portanto, uma composição amigável entre interessados sobre seus direitos, em que cada qual abre mão de parte de suas pretensões, fazendo cessar as discórdias"[29].

---

[29]. Maria Helena Diniz, *Dicionário*, cit., p. 602.

Assim, é possível transacionar com bens difusos? Hugo Nigro Mazzilli diz que, "na defesa de interesses difusos, coletivos e individuais homogêneos, os colegitimados ativos à ação coletiva não agem em busca de direito próprio, ou, pelo menos, não são os titulares únicos do direito lesado; estamos aqui em face de interesses metaindividuais, cujos verdadeiros titulares estão dispersos na coletividade. Ainda que alguns dos colegitimados possam também estar defendendo interesse próprio ou institucional — como as associações civis, em busca de fins estatutários, ou o Ministério Público, em defesa de interesses gerais —, o objeto do litígio coletivo será sempre a reparação de interesses metaindividuais". Com exceção do Ministério Público e dos órgãos públicos legitimados (União, Estados e Municípios), os demais colegitimados não poderão transigir sobre direitos dos quais não são titulares. Transigir não significa necessariamente abrir mão de direitos da coletividade, mas fazer observar certos requisitos legais no intuito de cessar a demanda (o inquérito civil ou a ação civil pública). Por exemplo: a transação penal só será proposta pelo Ministério Público se houver a prévia composição do dano, salvo em caso de comprovada impossibilidade (art. 27 da Lei n. 9.605/98)[30].

Fernando Reverendo Vidal Akaoui ensina que, "posto pela doutrina como uma forma peculiar de transação, é certo que a nós parece que o compromisso de ajustamento de conduta se insere dentro de outra espécie de um gênero mais abrangente, qual seja, o *acordo*"[31]. Nesse mesmo sentido é a posição de Sérgio Shimura, ao afirmar que "esses compromissos de ajustamento de sua conduta às exigências legais, mediante cominações, nada mais são que acordos extrajudiciais, que dispensam homologação judicial (salvo se o ajuste for feito no bojo de uma ação civil já instaurada)"[32].

## 2. NATUREZA JURÍDICA DO TAC

O art. 5º, § 6º, da LACP e o art. 113 do CDC estabelecem as pessoas jurídicas de direito público que podem realizar compromisso de ajustamento, em matéria de meio ambiente. Além do Ministério Público, podem realizar o termo de ajustamento os órgãos públicos legitimados (União, Estados e Municípios). Portanto, não podem realizar o termo de ajustamento associações civis, sociedades de economia mista, fundações ou empresas públicas.

Cuida-se de verdadeiro *título executivo extrajudicial*, devendo ser revestido de certeza e liquidez. Não precisa ser homologado judicialmente se o termo for reali-

---

30. Hugo Nigro Mazzilli, *O inquérito civil*, cit., p. 293-5.
31. *Compromisso de ajustamento de conduta ambiental*, São Paulo, Revista dos Tribunais, 2004, p. 70.
32. *Título executivo*, São Paulo, Saraiva, 1997, p. 379.

zado nos autos de inquérito civil; somente será necessária a sua homologação se o acordo for realizado nos autos de processo judicial.

Permite-se, antes da propositura da ação civil pública, que o causador da lesão ao meio ambiente, por exemplo, comprometa-se a reparar os danos ou paralisar a conduta ou atividade que continua a causar a lesão, estabelecendo, inclusive, prazo para o cumprimento do acordo. Nada impede, porém, que esse acordo venha a ser realizado após a propositura da ação civil pública. No caso, o causador da lesão deverá assumir a obrigação de fazer ou não fazer, adequando-se às exigências legais, cujo acordo será homologado pelo juiz. Ressalte-se que somente os órgãos públicos legitimados poderão tomar dos interessados compromisso de ajustamento de conduta às exigências legais, mediante cominações, que terá eficácia de título executivo extrajudicial (art. 5º, § 6º, da LACP).

## 3. CARACTERÍSTICAS DO TAC

Hugo Nigro Mazzilli arrola as seguintes características do TAC: a) é tomado por termo por um dos órgãos públicos legitimados à ação civil pública: b) nele não há concessões de direito material por parte do órgão público legitimado. O causador do dano assume a obrigação de fazer ou não fazer (ajustamento de conduta às obrigações legais); c) dispensam-se testemunhas instrumentárias; d) dispensa-se a participação de advogados; e) não é colhido nem homologado em juízo. Se for colhido em juízo, passa a ser título executivo judicial (art. 475-N, III, do CPC); f) o órgão público legitimado pode tomar o compromisso de qualquer causador do dano, mesmo que este seja outro ente público (só não pode tomar compromisso de si mesmo); g) é preciso prever no próprio título as cominações cabíveis, embora não necessariamente a imposição de multa; h) o título deve conter obrigação certa, quanto à sua existência, e determinada, quanto ao seu objeto, e ainda deve conter obrigação exigível. O compromisso obtido constitui título executivo extrajudicial[33].

## 4. HOMOLOGAÇÃO PELO CSMP

Firmado o termo de ajustamento de conduta, o inquérito civil deverá ser encaminhado ao CSMP para arquivamento. Nesse sentido, dispõe a redação da nova Súmula 4: "HOMOLOGA-SE arquivamento fundado em compromisso de ajustamento de conduta celebrado pelo MP ou por qualquer colegitimado, desde que suficiente e adequado à defesa dos interesses transindividuais tutelados e que contenha todos os requisitos de título executivo extrajudicial, cabendo ao órgão ministerial fiscalizar seu efetivo cumpri-

---

33. *A defesa dos interesses difusos em juízo*, 25. ed., São Paulo, Saraiva, 2012, p. 439-440.

mento quando por ele celebrado ou quando houver indícios de omissão do órgão colegitimado que o celebrou."

"Tendo havido compromisso de ajustamento que atenda integralmente à defesa dos interesses difusos objetivados no inquérito civil, é caso de homologação do arquivamento do inquérito".

O termo de ajustamento põe fim ao inquérito civil e à ação civil pública, permitindo que as partes ajustem, por exemplo, como será feita a reparação dos danos.

Para tanto, a Promotoria de Justiça poderá socorrer-se do Instituto de Pesquisas Tecnológicas (IPT) para subsidiar o Termo de Ajustamento.

## 5. DESCUMPRIMENTO DO TAC

Realizado o termo de ajustamento de conduta, o Ministério Público deverá acompanhar a execução do compromisso de ajustamento.

Nesse sentido é a nova Súmula 4 do CSMP: "HOMOLOGA-SE arquivamento fundado em compromisso de ajustamento de conduta celebrado pelo MP ou por qualquer colegitimado, desde que suficiente e adequado à defesa dos interesses transindividuais tutelados e que contenha todos os requisitos de título executivo extrajudicial, cabendo ao órgão ministerial fiscalizar seu efetivo cumprimento quando por ele celebrado ou quando houver indícios de omissão do órgão colegitimado que o celebrou".

Em caso de descumprimento do TAC, competirá ao Ministério Público fiscalizar o seu efetivo cumprimento quando por ele realizado ou quando houver indícios de omissão do órgão colegitimado que o celebrou, verificando, por outro lado, se as obrigações assumidas são suficientes e adequadas para a reparação integral do dano. Caso negativo, ao invés de ser promovido o arquivamento do procedimento, deverá adotar as providências necessárias (TAC ou ACP), visando garantir a efetiva reparação integral, inclusive de eventual dano intercorrente.

## 6. INAPLICABILIDADE DA LEGISLAÇÃO SUPERVENIENTE AO TAC JÁ CONCRETIZADO

Uma vez homologado o TAC, mesmo que surja nova lei, esta não poderá retroagir para alterar o acordo firmado entre as partes, como se pode ver pela decisão abaixo.

"Direito ambiental. Enunciado administrativo n. 3, do STJ. Ação Civil Pública. Cômputo da área de preservação permanente no cálculo da reserva legal. Aplicação retroativa do Novo Código Florestal. Descabimento.

1. O presente recurso especial decorre de ação civil pública ambiental proposta pelo MP/SP contra particulares com o objetivo de cessar a prática de atividades

danosas ao meio ambiente, em especial nas áreas de preservação permanente de imóvel rural, bem assim de buscar a recuperação da área degradada e a demarcação da reserva legal. Decidiu o TJ/SP no sentido da possibilidade de cômputo da área de preservação permanente no cálculo da área de reserva legal, com aplicação do novo código florestal a fatos pretéritos, daí a insurgência do MP/SP.

2. O acórdão recorrido merece reforma, pois 'O novo Código Florestal não pode retroagir para atingir o ato jurídico perfeito, os direitos ambientais adquiridos e a coisa julgada, tampouco para reduzir de tal modo e sem as necessárias compensações ambientais o patamar de proteção de ecossistemas frágeis ou espécies ameaçadas de extinção, a ponto de transgredir o limite constitucional intocável e intransponível da 'incumbência' do Estado de garantir a preservação e a restauração dos processos ecológicos essenciais (art. 225, § 1º, I)' (AgRg no REsp 1.434.797/PR, rel. Ministro Humberto Martins, Segunda Turma, DJe 7-6-2016).

3. Recurso especial provido". (REsp. n. 1715929/SP, rel. Ministro Mauro Campbell Marques, Segunda Turma, julgado em 20-2-2018, DJe 26-2-2018).

## 7. RECOMENDAÇÃO

O procurador-geral de justiça baixou um aviso aos promotores de justiça que atuam nas áreas de meio ambiente e de habitação e urbanismo comunicando que o Ministério Público do Estado de São Paulo mantém convênio com o IPT para fornecimento de apoio tecnológico em suas áreas de competência e capacitação, *recomendando* que nos eventuais Termos de Compromisso de Ajustamento de Conduta (TAC's) que tenham sido celebrados com base em subsídios técnicos e pareceres fornecidos pelo Instituto, e se houver previsão de implementação de compensações ambientais, que estas, na medida do possível, incluam ainda que parcialmente a destinação em doação de equipamentos e materiais àquela instituição de pesquisa científica, cuja relação meramente sugestiva pode ser obtida no Centro de Apoio Operacional de Urbanismo e Meio Ambiente (Aviso n. 190/2006-PGJ, de 2-5-2006)[34].

Por ser um órgão público, o IPT também tem dificuldade na aquisição de equipamentos para desenvolver suas pesquisas, razão por que o procurador-geral de justiça recomendou que parte dos danos poderia ser revertida, na forma de equipamentos, ao instituto, que, nesse caso, passaria a ser um parceiro importante para estabelecer a dimensão dos danos causados pelo degradador do meio ambiente, ajudando o Ministério Público na elaboração do termo de ajustamento de conduta.

---

34. Publicado no *DOE*, 7 nov. 2006.

## Capítulo II
## Ação Civil de Responsabilidade por Improbidade Administrativa Ambiental

## 1. INTRODUÇÃO

Essa ação civil passou a ser utilizada para a proteção do meio ambiente. É mais um instrumento processual para se somar à ação direta de declaração de inconstitucionalidade de lei ou ato normativo, à ação civil pública, à ação popular, ao mandado de segurança coletivo e ao mandado de injunção. Em 14 de julho de 1998, o ilustrado promotor de Justiça Dr. Sérgio Turra Sobrane propôs, em caráter pioneiro, a primeira ação civil de responsabilidade por improbidade administrativa ambiental, com pedido de liminar, em face da então Secretária Estadual do Meio Ambiente, da Coordenadora de Licenciamento Ambiental e de Proteção de Recursos Naturais (CPRN), da Diretora do Departamento de Avaliação de Impacto Ambiental (DAIA) e da Empresa Brasileira de Parques S/C Ltda. (Embraparque), pedindo a nulidade da licença prévia irregularmente concedida à Embraparque e a condenação por improbidade administrativa da Secretária, da Diretora e da Coordenadora. A empresa Embraparque pretendia construir um parque aquático na cidade litorânea de Itanhaém, no Estado de São Paulo, denominado *Xuxa Water Park*. A ação foi julgada parcialmente procedente em primeira instância, encontrando-se em trâmite na segunda instância.

Mais recentemente, o Ministério Público do Estado de São Paulo propôs ação de responsabilidade civil por ato de improbidade administrativa, com ressarcimento de danos ao erário e ao particular, com pedido de antecipação de tutela para suspensão da execução de contrato administrativo (nulo *ipso jure*), sequestro de bens como garantia da reparação dos danos causados e afastamento do cargo do Sr. Prefeito Municipal em face do Prefeito Municipal de São Paulo, Secretário Municipal do Verde e Meio Ambiente e dois outros funcionários públicos, e do consórcio formado pela empresa Controlar e outras. A Controlar foi contratada para implantar o Programa de Inspeção e Manutenção de Veículos em Uso. A ação contém 595 laudas. É uma verdadeira aula de direito pela minúcia e detalhamento. Vale a pena ler e aprender. O valor da causa atribuído é de R$ 1,1 bi. Referida ação foi subscrita pelos promotores de justiça do Patrimônio Público e Social, Dr. Roberto Antonio de Almeida Costa e Dr. Marcelo Duarte Daneluzzi, datada de 23 de novembro de 2011[1].

---

1. Disponível em: <http://www.mp.sp.gov.br>; busca avançada — ACP Controlar.

## 2. IMPROBIDADE ADMINISTRATIVA

O fundamento da lei de improbidade administrativa encontra-se no art. 37, § 4º, da CF. Reza o citado dispositivo: "Os atos de improbidade administrativa importarão a suspensão dos direitos políticos, a perda da função pública, a indisponibilidade dos bens e o ressarcimento ao erário, na forma e gradação previstas em lei, sem prejuízo da ação penal cabível". Ressalte-se ainda que a Administração Pública obedecerá aos princípios da legalidade, impessoalidade, moralidade, publicidade e eficiência. A inobservância desses princípios acarretará ao agente público a responsabilidade por improbidade administrativa.

Com base nesse dispositivo constitucional, o legislador criou a Lei n. 8.429, de 2 de junho de 1992, alterada pela Lei n. 14.230, dede 25 de outubro de 2021, dispondo sobre sanções aplicáveis aos agentes públicos nos casos de enriquecimento ilícito no exercício de mandato, cargo, emprego ou função na Administração Pública direta ou fundacional.

*Improbidade administrativa* é a "falta de probidade do servidor público no exercício de suas funções ou de governantes no desempenho das atividades próprias de seu cargo"[2]. *Probidade*, por outro lado, é a qualidade de probo, pessoa honrada, íntegra e zelosa de suas funções.

## 3. SUJEITOS ATIVO E PASSIVO DA IMPROBIDADE ADMINISTRATIVA

São *sujeitos passivos* da ação de improbidade administrativa todos aqueles contidos no art. 1º da Lei n. 8.429/92: a) órgãos da administração direta (União, Estados, Distrito Federal e Municípios); b) órgãos da administração indireta (fundações, autarquias, sociedades de economia mista e empresas públicas); c) empresa incorporadora do patrimônio público (empresa privada absorvida por uma sociedade de economia mista ou por empresa pública); d) entidades que recebam subvenção, benefício ou incentivo, fiscal ou creditício, de órgão público; e) entidades que tenham recebido do erário público mais de 50% do patrimônio ou da renda anual.

O *sujeito ativo* da ação de improbidade administrativa é o agente público, servidor ou não, e terceiro estranho que induza ou concorra para a prática do ato de improbidade ou dele se beneficie (arts. 2º e 3º da Lei n. 8.429/92). Agente público é toda pessoa que exerce, ainda que transitoriamente ou sem remuneração, por eleição, nomeação, designação, contratação ou qualquer outra forma de investidura ou vínculo, mandato, cargo, emprego ou função nas entidades mencionadas no art. 1º dessa lei (agentes e servidores públicos, agentes políticos, contratados ou equiparados — art. 327 do CP).

---

2. Maria Helena Diniz, *Dicionário*, cit., p. 788.

## 4. TIPICIDADE

São três as modalidades de atos de improbidade administrativa: a) enriquecimento ilícito (art. 9º); b) atos lesivos ao erário público (art. 10); c) atos que atentam contra os princípios da Administração Pública (art. 11).

O art. 9º arrola a primeira modalidade de atos de improbidade administrativa. Constitui ato de improbidade administrativa, importando enriquecimento ilícito, auferir, mediante a prática de ato doloso, qualquer tipo de vantagem patrimonial indevida em razão do exercício do cargo, de mandato, de função, de emprego ou de atividade nas entidades referidas no art. 1º da citada lei.

O art. 10 arrola a segunda modalidade de atos de improbidade administrativa. Constitui ato de improbidade administrativa, que causa prejuízo ao erário, qualquer ação ou omissão dolosa, que enseje perda patrimonial, desvio, apropriação, malbaratamento ou dilapidação dos bens ou haveres das entidades referidas no art. 1º dessa lei.

O art. 11, por sua vez, arrola a terceira modalidade de atos de improbidade administrativa. Constitui ato de improbidade administrativa, que atenta contra os princípios da Administração Pública, a ação ou omissão dolosa que viole os deveres de honestidade, imparcialidade, legalidade e lealdade às instituições.

Nas três modalidades de atos administrativos o rol é meramente exemplificativo e não taxativo, especialmente por causa da expressão *notadamente* colocada após cada artigo.

## 5. SANÇÕES

Independentemente das sanções penais, civis e administrativas, o agente responderá pelas sanções previstas no art. 12, I, II e III, da Lei n. 8.429/92, alterada pela Lei n. 14.230, de 25 de outubro de 2021.

São estas as sanções na hipótese de cometimento dos atos previstos no art. 9º: perda dos bens ou valores acrescidos ilicitamente ao patrimônio, perda da função pública, suspensão dos direitos políticos até 14 (catorze) anos, pagamento de multa civil equivalente ao valor do acréscimo patrimonial e proibição de contratar com o poder público ou de receber benefícios ou incentivos fiscais ou creditícios, direta ou indiretamente, ainda que por intermédio de pessoa jurídica da qual seja sócio majoritário, pelo prazo não superior a 14 (catorze) anos.

As sanções na hipótese de cometimento dos atos arrolados no art. 10 são as seguintes: perda dos bens ou valores acrescidos ilicitamente ao patrimônio e se concorrer esta circunstância, perda da função pública, suspensão dos direitos políticos até 12 (doze) anos, pagamento de multa civil equivalente ao valor do dano e proibição de contratar com o poder público ou de receber benefícios ou incentivos fiscais ou creditícios, direta ou indiretamente, ainda que por intermédio de pessoa jurídica da qual seja sócio majoritário, pelo prazo não superior a 12 (doze) anos.

Na hipótese de cometimento dos atos contidos no art. 11, estas são as sanções: pagamento de multa civil de até 24 (vinte e quatro) vezes o valor da remuneração percebida pelo agente e proibição de contratar com o poder público ou de receber benefícios ou incentivos fiscais ou creditícios, direta ou indiretamente, ainda que por intermédio de pessoa jurídica da qual seja sócio majoritário, pelo prazo não superior a 4 (quatro) anos.

Na fixação das penas o juiz levará em conta a extensão do dano causado, assim como o proveito patrimonial obtido pelo agente (arts. 12, parágrafo único, e 21 da Lei n. 8.429/92).

## 6. ASPECTOS PROCEDIMENTAIS

A ação civil de responsabilidade por improbidade administrativa não se confunde com a ação civil pública. Podem-se propor as duas ações concomitantemente. A ação civil pública protege interesses transindividuais ou metaindividuais, e a ação de improbidade administrativa, em regra, o erário público. Ambas as ações podem ser propostas para proteger o meio ambiente (art. 225 da CF). No entanto, devem-se observar os seguintes requisitos procedimentais contidos nos arts. 14 ao 23 da Lei n. 8.429/92, alterada pela Lei n. 14.230, de 25 de outubro de 2021, que modulou substancialmente a legislação anterior:

a) a representação poderá ser feita por qualquer pessoa e dirigida à autoridade administrativa competente (art. 14). Constitui crime, no entanto, se o autor da denúncia representar contra agente público ou terceiro beneficiário, sabendo-se tratar de pessoa inocente (art. 19);

b) a comissão processante dará conhecimento ao Ministério Público e ao Tribunal ou Conselho de Contas de procedimento administrativo (art. 15);

c) o Ministério Público ou a Procuradoria poderá requerer, em juízo, a decretação do sequestro dos bens do agente ou terceiro (art. 16);

d) a ação principal será proposta pelo Ministério Público ou pela pessoa jurídica interessada (rito ordinário) (art. 17);

e) os bens serão revertidos a pessoa jurídica prejudicada pelo ilícito, em caso de enriquecimento (art. 18);

f) a competência para a propositura da ação é do local onde ocorreu o dano;

g) não se admitirá a transação na hipótese do *caput* do art. 17 da Lei n. 8.429/92;

h) a prescrição está prevista no art. 23 da citada lei.

Ressalte-se, por fim, que as sanções contidas na lei de improbidade administrativa não se confundem com os tipos penais previstos nos arts. 66 a 69 da Lei n. 9.605/98. O agente poderá, na esfera ambiental, também responder pelos crimes contra a administração ambiental.

# 7. AÇÃO CIVIL PÚBLICA PROPOSTA PELO MINISTÉRIO PÚBLICO PAULISTA CONTRA ATO DA PREFEITURA QUE ALTERAVA O PLANO DIRETOR — JURISPRUDÊNCIA

Trata-se de acórdão proferido pela Câmara Reservada ao Meio Ambiente do Egrégio Tribunal de Justiça do Estado de São Paulo relativo a Ação Civil Pública proposta pela Promotoria de Justiça de Peruíbe em conjunto com entidade civil sem fins lucrativos, denominada "Mangue Proteção ao Sistema Costeiro", em face do Município da Estância Balneária de Peruíbe e da ex-Prefeita Municipal.

O acórdão reformou a decisão de 1º grau, responsabilizando a ex-prefeita por ato de improbidade administrativa e declarou a nulidade dos decretos municipais que alteravam o plano diretor local, que permitia a instalação de porto comercial e complexo industrial em Zona Especial de Reserva Biológica, pois a superveniente revogação dos diplomas nada mais significa senão confissão de sua ilegalidade e reconhecimento jurídico do pedido.

Transcrevemos a emenda abaixo:

"Ação Civil Pública. Improbidade administrativa. Município de Peruíbe/SP. Instalação de Porto Comercial e Complexo Industrial em zona especial de reserva florestal biológica, espaço territorial especialmente protegido pelos arts. 115 e 116 da Lei Complementar Municipal n. 100/2007 (Plano Diretor local). Intervenção que depende da interação do plano diretor, sendo imprescindíveis a elaboração de prévios estudos a demonstrar que a atividade proposta não compromete a integridade dois atributos que justificam a preservação da área, parecer do Conselho da Cidade, e convocação de Assembleias de audiência pública. Manobras políticas da ex-prefeita para, ao arrepio da lei de qualquer postulado ético, alterar as diretrizes do macrozoneamento da área e instituir um plano diretor, da legislação ambiental e dos princípios da administração pública previstos no art. 37, *caput*, da Constituição Federal. Ilegalidade e desvio de poder das ações e omissões perpetradas pela municipalidade, na figura de sua ex-prefeita, caracterizando a prática de ato visando fim proibido em lei ou diverso daquele previsto na regra de competência. Recursos providos, para condenar a ex-prefeita às penas da Lei n. 8.429/92 e declarara a nulidade de decretos municipais que instrumentalizaram os atos de improbidade" (APELAÇÃO CÍVEL n. 0004508-49.2008.8.26.0441 ou 990.10.424938-4 — PERUÍBE — j. em 3-3-2011 — Relator: Renato Nalini)[3].

---

3. Aviso n. 190/2011, da PGJ.

# Capítulo III
## Outros Instrumentos Processuais Ambientais

### 1. AÇÃO DIRETA DE INCONSTITUCIONALIDADE DE LEI OU ATO NORMATIVO AMBIENTAL

A *ação direta de inconstitucionalidade* (ADIn) de lei ou ato normativo visa à obtenção por parte do Poder Judiciário da declaração de inconformidade da lei infraconstitucional em abstrato ou do ato normativo eivado de ilegalidade em face da Constituição Federal (art. 103).

Essa medida também pode ser adotada na esfera estadual pelo Procurador-Geral de Justiça objetivando a declaração da inconstitucionalidade de lei ou ato normativo eivado de ilegalidade, emanado dos poderes estaduais e municipais.

Tal medida tem sido muito utilizada em matéria ambiental, pois inúmeras ações têm sido impetradas pelo Procurador-Geral de Justiça visando à declaração de inconstitucionalidade de atos normativos advindos especialmente das Câmaras Municipais do interior do Estado de São Paulo.

### 2. AÇÃO POPULAR AMBIENTAL

A *ação popular* era o único instrumento previsto legalmente para proteger o meio ambiente. Ela foi utilizada muito raramente nesse sentido, mas ainda pode ser usada para tal fim. Essa ação pode ser proposta por qualquer cidadão com o objetivo de anular ato lesivo ao patrimônio público ou de entidade de que o Estado participe, à moralidade administrativa, ao *meio ambiente* e ao patrimônio histórico e cultural, ficando o autor, salvo comprovada má-fé, isento de custas judiciais e do ônus de sucumbência (art. 5º, LXXIII, da CF). A ação popular tem natureza constitucional.

A Lei n. 4.717/65, que regulamenta a ação popular prevista no art. 5º, LXXIII, da CF, foi recepcionada pela nova ordem jurídica. O titular da ação é o cidadão. Este propõe a ação, não com fundamento em interesse individual, mas em interesse público (relacionado ao meio ambiente). Não há, assim, coincidência entre o titular do bem lesado (coletividade) e o sujeito da ação (autor popular).

### 3. MANDADO DE SEGURANÇA COLETIVO AMBIENTAL

Entende-se por *mandado de segurança* a ação que tem por objetivo proteger o direito líquido e certo, não amparado por *habeas corpus* ou *habeas data*, quando o responsável pela ilegalidade ou abuso de poder for autoridade pública ou agente de pessoa jurídica no exercício de atribuições do Poder Público. É *coletivo* porque pode ser impetrado por: a) partido político com representação no Congresso Nacional; e b) organização sindical, entidade de classe ou associação legalmente constituída e em funcionamento há pelo menos um ano, em defesa dos interesses de seus membros ou associados (art. 5º, LXX, *b*, da CF).

O mandado de segurança coletivo previsto no art. 5º, LXX, da CF não é utilizado somente para a proteção de interesses metaindividuais ou transindividuais, mas também para outros interesses relacionados à qualidade de vida (interesses difusos) e aos interesses do meio ambiente. A Constituição Federal dá legitimidade aos partidos políticos, aos sindicatos e a entidades de classe e associações para a propositura dessa ação.

O citado dispositivo constitucional foi, finalmente, regulamentado pela Lei n. 12.016, de 7 de agosto de 2009, que disciplina o mandado de segurança individual e coletivo e dá outras providências, revogando a Lei n. 1.533, de 31 de dezembro de 1951, que disciplinava o mandado de segurança individual[1].

## 4. MANDADO DE INJUNÇÃO AMBIENTAL

*Mandado de injunção*, por sua vez, é também um instrumento constitucional que tem por finalidade obrigar os poderes públicos investidos de regulamentar os direitos e liberdades constitucionais e as prerrogativas inerentes à nacionalidade, à soberania e à cidadania sempre que a falta dessa norma torne inviável o exercício daqueles direitos (art. 5º, LXXI, da CF).

O mandado de injunção, ainda pouco usado em nossos dias, é outro instrumento processual que pode ser utilizado para fazer obstar ato lesivo ao meio ambiente previsto no art. 5º, LXXI, da CF. Tal remédio poderá ser impetrado na falta de norma regulamentadora de dispositivo constitucional previsto no art. 225 da CF, falta esta que está tornando inviável o exercício do direito.

---

1. Publicada no *DOU*, 10 ago. 2009.

CAPÍTULO IV
CONSIDERAÇÕES FINAIS

## 1. O PODER JUDICIÁRIO E A QUESTÃO AMBIENTAL

O Brasil é rico em recursos naturais de toda ordem e possui grande extensão territorial de difícil fiscalização. Os órgãos ambientais federais, estaduais e municipais são insuficientes para atender à demanda ambiental que surge diariamente, proveniente de toda a parte do país. Faltam recursos materiais e humanos a tais órgãos para acompanhar e resolver os problemas ambientais de qualquer natureza. Não há delegacias e Tribunais especializados para resolver, rapidamente, as questões ambientais, ante sua complexidade.

Diante disso, o ilustre desembargador e ambientalista Vladimir Passos de Freitas tem divulgado a necessidade da criação de varas ambientais federais no sentido de atender a esse tipo de demanda. Referidas varas já foram criadas em Curitiba, Florianópolis e Porto Alegre. Foi também apresentada proposta de criação de Câmara Especial de Direito Ambiental pelo desembargador José Geraldo Jacobina Rabelo e reiterada pelo presidente da Associação dos Professores de Direito Ambiental do Brasil, Guilherme José Purvin de Figueiredo, ao Presidente do Tribunal de Justiça de São Paulo, a exemplo da Suécia, Nova Zelândia e Austrália. Com base nessa proposta e com o apoio dos desembargadores Renato Nalini e Gilberto Passos de Freitas, o presidente do Tribunal de Justiça de São Paulo, Luiz Tâmbara, baixou a Resolução n. 240/2005, aprovada pelo Órgão Especial, em 5 de outubro de 2005, criando a Câmara Especial de Meio Ambiente, com competência para os feitos de natureza civil e medidas cautelares, que envolvam interesses difusos, coletivos e individuais homogêneos diretamente ligados ao meio ambiente, independentemente de a pretensão se mostrar de ordem constitutiva, meramente declaratória ou de condenação a pagamento de quantia certa ou cumprimento de obrigação de fazer ou não fazer. Essa competência se estende às ações de indenização por danos pessoalmente sofridos propostas individualmente, na forma do disposto no CDC, arts. 81 e 104, bem como aos feitos concernentes à aplicação de penalidades administrativas impostas pelo Poder Público e aos processos referentes a cumprimento de medidas tidas como necessárias à preservação ou correção dos inconvenientes e danos causados pela degradação da qualidade ambiental (Lei n. 6.938, art. 14, *caput* e §§ 1º e 3º).

Depois de sua implantação (21-11-2005) até setembro de 2007, a Câmara Especial realizou 20 sessões de julgamento, com 2.109 processos julgados (997 em

2006 e 1.112 em 2007). Há uma média de 148 novos processos distribuídos mensalmente. Atualmente, a Câmara possui em andamento 430 processos. Entre a primeira distribuição, ocorrida no dia 29 de novembro de 2005, até 12 de setembro de 2007, foram distribuídos 2.369 processos[1].

Vê-se, pois, que a Câmara Especial do Meio Ambiente tem exercido um papel muito importante para a proteção do meio ambiente; basta observar a qualidade das decisões prolatadas por seus integrantes.

Registre-se ainda que o TJSP, por meio da Resolução n. 512, de 10 de fevereiro de 2010, renomeou a "Câmara Especial de Meio Ambiente" para "Câmara Reservada ao Meio Ambiente"[2] e ampliou sua competência, refundindo as Resoluções n. 240/2005 e 447/2008, dando-lhes nova redação.

RESOLUÇÃO N. 512, DE 10 DE FEVEREIRO DE 2010

*Refunde as Resoluções n. 240/2005 e 447/2008, dando-lhes nova redação.*

O Tribunal de Justiça do Estado de São Paulo, por seu Órgão Especial, no uso de suas atribuições legais,
Considerando o decidido no Processo COJ-1.234/2005;
Considerando a vigência do novo Regimento Interno,
Resolve:
**Artigo 1º** A Câmara Especial do Meio Ambiente, criada pela Resolução n. 240/2005, agora denominada "Câmara Reservada ao Meio Ambiente" (art. 284, do Regimento Interno), tem competência para os feitos de natureza civil e medidas cautelares que envolvam interesses difusos, coletivos e individuais homogêneos diretamente ligados ao meio ambiente, independentemente de a pretensão ser meramente declaratória, constitutiva ou de condenação a pagamento de quantia certa ou a cumprimento de obrigação de fazer ou não fazer.

**Parágrafo único.** Tal competência estende-se às ações de indenização por danos pessoais, propostas individualmente, na forma dos arts. 81 e 104 do Código de Defesa do Consumidor, bem como às causas em que houver imposição de penalidades administrativas pelo Poder Público e àquelas relativas a cumprimento de medidas tidas como necessárias à preservação ou correção dos inconvenientes e danos provocados pela degradação da qualidade ambiental (Lei n. 6.938, art. 14, *caput* e §§ 1º a 3º).

---

1. José Renato Nalini (Coord.), *Juízes doutrinadores* — Doutrina da Câmara Ambiental do Tribunal de Justiça do Estado de São Paulo, Campinas-SP, Millennium, 2008, p. IX.

2. Diante do sucesso da 1ª Câmara, o TJSP criou, em 2012, a 2ª Câmara Reservada ao Meio Ambiente, cujos integrantes já foram designados.

**Artigo 2º** A Câmara Reservada ao Meio Ambiente compõe-se de titulares e suplentes, na forma dos §§ 1º, 2º e 3º, do art. 34, do Regimento Interno, atuando sem prejuízo de suas atribuições nas Câmaras e Seções de origem, como compensação na distribuição dos feitos nestas entrados.

**Artigo 3º** Para os fins previstos no Regimento Interno, a Câmara Reservada ao Meio Ambiente e a 1ª Câmara de Direito Público formarão, conforme estabelecido na Resolução n. 447/2008, o Grupo Especial de Câmaras de Direito Ambiental.

**Artigo 4º** Esta resolução entrará em vigor na data de sua publicação, revogadas as disposições em contrário.

São Paulo, 10 de fevereiro de 2010.

Antonio Carlos Viana Santos, Presidente do Tribunal de Justiça.

Esta resolução, além de renomear a Câmara Especial para Câmara Reservada ao Meio Ambiente, ampliou a sua competência, visando o seu aperfeiçoamento.

## 2. JUÍZO ARBITRAL OU ARBITRAGEM AMBIENTAL[3]

Juízo arbitral ambiental é a possibilidade de solução de conflitos nos âmbitos nacionais e internacionais. É uma forma de solucionar controvérsias pacificamente. Trata-se de questão polêmica, e há um interessante trabalho publicado por Flávia Witkowski Frangetto sobre o tema[4].

Pergunta-se: seria possível a solução de conflito na esfera de direito difuso?

Após citar alguns documentos internacionais, a autora conclui que "a possibilidade da arbitragem ser utilizada nas controvérsias ambientais não representa a substituição do papel do Poder Judiciário na solução de conflitos dessa natureza, mas, sim, ela pode significar mais uma opção de via capaz de dirimir questões ambientais, respeitados certos limites e tratados"[5].

Além do Tribunal Internacional, há organismos internacionais que também decidiram casos relacionados, indiretamente, a questões ambientais. A autora cita vários casos do ponto de vista econômico.

Verifica-se, por fim, uma "evolução crescente das aptidões da jurisdição estatal para dirimir controvérsias em matéria ambiental e, embora existam pré-requisitos para o emprego da arbitragem ambiental no Brasil, não é apropriado abandonar a

---

3. O novo Código de Processo Civil permite e incentiva a arbitragem. Compete ao Estado promover, sempre que possível, a solução consensual de conflito. A conciliação, a mediação e outros métodos de solução consensual de conflitos deverão ser estimulados por juízes, advogados, defensores públicos e membros do Ministério Público, inclusive no curso do processo judicial (art. 3º, §§ 1º, 2º e 3º).

4. *Arbitragem ambiental — Solução de conflitos (r) estrita ao âmbito (inter)nacional?* 1. ed., Campinas, Millennium, 2006.

5. Flávia Witkowski, cit., p. 29.

ideia de que o uso restrito dela, isto é, dentro de certos limites, possa vir a (i) corroborar para a eficácia das medidas repressivas de danos ambientais, sem ofensa à proporcionalidade entre os graus de contribuições para o desequilíbrio ecológico e (ii) servir para a potencialização do merecimento de aplicação de sanções premiais ambientais, em benefício dos usuários dos recursos ambientais que comprovem promover o aprimoramento dos padrões de qualidade ambiental"[6].

Inserimos este item a título ilustrativo, pois, do ponto de vista acadêmico, poderão surgir novos estudos relacionados ao tema.

## 3. RECONSTITUIÇÃO NATURAL DA ÁREA DEGRADADA: CRÍTICA AO SEU ABANDONO

Normalmente, quando o processo chega ao fim, a área degradada já está reconstituída pela ação do tempo, e a decisão não mais surtiria os efeitos desejados. Foi com base nisso que o Dr. Luiz César Ribas, engenheiro florestal, professor doutor em engenharia e assistente técnico do Centro de Apoio Operacional das Promotorias de Justiça de Urbanismo e Meio Ambiente do Ministério Público do Estado de São Paulo, em excelente parecer, fez forte crítica à recomendação técnica do *abandono de área* como forma de recuperação ambiental de área degradada e apresentou as seguintes conclusões: a) o puro e simples *abandono da área degradada* não está promovendo, de forma satisfatória, a recuperação do meio ambiente local que foi negativamente impactado; b) a *recuperação ambiental de uma área degradada*, por conseguinte, deve sempre exigir a elaboração, aprovação e implantação de um *projeto técnico realizado por profissional habilitado*, com a devida Anotação de Responsabilidade Técnica (ART); e c) por fim, a elaboração, aprovação e implantação de um projeto técnico de reflorestamento e recuperação ambiental de área degradada não deve prescindir das treze condicionantes técnicas consoante dispostas ao longo do parecer. Ressaltou ainda ser imprescindível o controle e monitoramento ambiental do projeto técnico, quando derradeiramente implantado, até o fechamento das copas (dossel) das árvores plantadas[7].

Registre-se ainda que estudo publicado na revista *Nature* informa que floresta desmatada leva setenta anos para recuperar seus nutrientes, mas isso não quer dizer que a biodiversidade se recupere. Após esse período, a floresta retoma só entre 70% e 80% de sua biomassa original e, ainda assim, com uma vegetação bem menos diversa[8].

---

6. *Arbitragem ambiental*, cit., p. 69.
7. Parecer disponível em: <http://www.mp.sp.gov.br>, CAO-UMA, material de apoio; acesso em: 3 maio 2007.
8. *Folha de S.Paulo*, 21 jun. 2007, p. A-17.

## 4. ALGUMAS SÚMULAS DO CONSELHO SUPERIOR DO MINISTÉRIO PÚBLICO DO ESTADO DE SÃO PAULO (CSMP) RELACIONADAS AO MEIO AMBIENTE

O CSMP editou, até 2017, 79 súmulas orientadoras dos promotores e procuradores de justiça sobre interesses difusos e coletivos. Muitas delas foram revisadas, alteradas, fundidas e renumeradas em 14 de março de 2017.

**Súmula 1.** HOMOLOGA-SE *promoção de arquivamento quando o objeto investigado já tenha sido apreciado em ação popular julgada improcedente em virtude da validade do ato impugnado.*

*Fundamento*: A ação popular tem por objeto o pedido de anulação de ato lesivo ao patrimônio público, meio ambiente, moralidade, patrimônio histórico e cultural (art. 5º, LXXIII, CF). Assim, se a ação popular for julgada improcedente ante o reconhecimento da validade do ato impugnado (e não por mera falta de provas), é possível homologar o arquivamento de procedimento investigatório que tenha por objeto justamente verificar a validade/legalidade desse ato (art. 18 da Lei n. 4.717/65; Pt. 32.600/93).

**Súmula 4.** HOMOLOGA-SE *arquivamento fundado em compromisso de ajustamento de conduta celebrado pelo MP ou por qualquer colegitimado, desde que suficiente e adequado à defesa dos interesses transindividuais tutelados e que contenha todos os requisitos de título executivo extrajudicial, cabendo ao órgão ministerial fiscalizar seu efetivo cumprimento quando por ele celebrado ou quando houver indícios de omissão do órgão colegitimado que o celebrou.*

*Fundamento*: O art. 5º, § 6º, da Lei n. 7.347/85, permite que os órgãos públicos legitimados tomem compromisso de ajustamento dos interessados, suprindo a necessidade de propositura da ação civil pública de conhecimento e permitindo o arquivamento do inquérito civil (Pt. 32.820/93). Na hipótese de compromissos tomados pelo órgão ministerial, caberá a ele a fiscalização nos moldes do art. 86, § 2º no Ato 484/2006-CPJ. Quando tomado pelo ente colegitimado, não se justifica a necessidade de prosseguir o órgão ministerial na fiscalização do TAC, quando ausentes indícios de que o colegitimado não esteja cumprindo fielmente seu poder de polícia em relação ao caso concreto. Inexiste razão jurídica para se presumir inércia da Administração. Evita-se, com isso, duplo empenho fiscalizatório quando a atuação do colegitimado já se mostrar bastante à devida tutela dos interesses transindividuais, permitindo-se a dedicação ministerial às hipóteses em que a atuação do colegitimado se mostrar, desde logo, ineficaz ou insuficiente. Cabe esclarecer, por oportuno, que já há hipóteses em que o compromisso de ajuste de conduta firmado por órgãos públicos sequer chega ao conhecimento do Ministério Público, como nos casos de termos de recuperação ambiental decorrentes de procedimentos de licenciamento ambiental. Sobrevindo notícia de eventual omissão do colegitimado, caberá ao órgão ministerial retomar a atividade fiscalizatória, inclusive para fins de eventual execução do título, bem com apurar em procedimento próprio eventual caracterização de ato de improbidade administrativa. Necessário ressaltar, ainda, que cabe ao Promotor de Justiça analisar o TAC firmado por colegitimado, verificando se as obrigações assumidas são suficientes e adequadas para a reparação integral do dano. Caso negativo, ao invés de ser promovido o arquivamento do procedimento, deverá adotar as providências necessárias (TAC ou ACP), visando garantir a efetiva reparação integral, inclusive de eventual dano intercorrente.

**Súmula 5.** *Reparado o dano ambiental e não havendo base para a propositura de ação civil pública, o inquérito civil pode ser arquivado, sem prejuízo das eventuais providências penais que o caso comporte.*

*Fundamento*: Se o dano ambiental tiver sido integralmente reparado e, simultaneamente, não houver base para a propositura de qualquer ação civil pública, o Promotor de Justiça poderá promover o arquivamento do inquérito civil ou das peças de informação, ressalvados, evidentemente, eventuais aspectos penais (Pt. 31.728/93).

**Súmula 6.** *NÃO SE HOMOLOGA arquivamento fundado no caráter individual de perturbação de vizinhança, quando desta resulte poluição ambiental, ainda que exclusivamente sonora ou do ar, haja vista existência de interesses difusos e individuais homogêneos envolvidos na matéria.*

*Fundamento*: Eventual violação de normas de vizinhança, quando ensejadoras de dano ambiental, não enseja tutela meramente individual. Atinge interesses atinentes à qualidade de vida dos moradores da região (interesses individuais homogêneos), podendo ainda interessar a toda a coletividade (interesse difuso no controle das fontes de poluição da cidade, em benefício do ar que todos respiram). É o caso, por exemplo, de danos ambientais provocados por fábricas urbanas (Pt. 15.939/91) e por poluição sonora que atinja número indeterminado de moradores (Pt. 35.137/93).

**Súmula 7.** *O Ministério Público está legitimado à defesa de interesses ou direitos individuais homogêneos de consumidores ou de outros, entendidos como tais os de origem comum, nos termos do art. 81, III, c/c o art. 82, I, do CDC, aplicáveis estes últimos a toda e qualquer ação civil pública, nos termos do art. 21 da Lei n. 7.347/85 (LACP), que tenham relevância social, podendo esta decorrer, exemplificativamente, da natureza do interesse ou direito pleiteado, da considerável dispersão de lesados, da condição dos lesados, da necessidade de garantia de acesso à Justiça, da conveniência de se evitarem inúmeras ações individuais, e/ou de outros motivos relevantes.*

*Fundamento*: O Ministério Público tem legitimidade para tutelar interesses individuais homogêneos, assim entendidos aqueles de natureza divisível pertencentes a titulares determináveis e que tenham entre si um vínculo fático decorrente de sua origem comum (art. 81, parágrafo único, III, CDC). Nesses casos, considerada sua relevância social (decorrente, por exemplo, da natureza do interesse, da considerável dispersão ou condição dos lesados, da necessidade de garantia de acesso à Justiça, da conveniência de se evitarem inúmeras ações individuais) são aplicáveis os instrumentos legais de tutela coletiva (*e.g.* inquérito civil, ação civil pública) — art. 81, parágrafo único, III, e art. 83, CDC; art. 21, Lei n. 7.347/85. É o caso da tutela dos interesses individuais homogêneos dos consumidores (contratos bancários, consórcios, seguros, planos de saúde, TV por assinatura, serviços telefônicos, compra e venda de imóveis, mensalidades escolares, serviços de internet etc.) e de quaisquer outros que reúnam as características acima apontadas.

**Súmula 12.** *Sujeita-se à homologação do Conselho Superior qualquer promoção de arquivamento de inquérito civil ou de peças de informação, bem como o indeferimento de representação, que contenha peças de informação, alusivos à defesa de interesses difusos, coletivos ou individuais homogêneos.*

*Fundamento*: A Lei n. 7.347/85 confere ao CSMP a revisão necessária de qualquer arquivamento de inquérito civil ou de peças de informação que impeçam a propositura de ação civil pública a cargo do órgão do Ministério Público (Pt. 33.582/93; art. 9º e § 1º da Lei n. 7.347/85). No caso de representações acompanhadas de peças de informação, seu indeferimento estará sujeito à homologação do Conselho Superior, ainda que não interposto recurso da decisão, devendo-se iniciar a contagem do tríduo, nesse caso, após transcorrido o prazo recursal, devidamente certificado nos autos.

**Súmula 13.** *HOMOLOGA-SE declínio de atribuição em favor do Ministério Público Federal quando o procedimento tiver por objeto o uso de praia ou terrenos de marinha pela União, por intermédio do Ministério da Marinha (*vide *Súmula 56).*

*Fundamento*: Quaisquer providências que devam ser tomadas contra o eventual uso indevido que a União esteja fazendo de terrenos de marinha são da esfera do Ministério Público Federal (Pt. 297/94; arts. 20, IV, e 109 da CF).

**Súmula 15.** *HOMOLOGA-SE declínio de atribuição em favor do Ministério Público do Trabalho quando o procedimento tiver por objeto a defesa de interesses transindividuais que envolvam o meio ambiente do trabalho (higiene, saúde e segurança), salvo se referentes a servidores públicos estatutários (cargos efetivos ou comissionados), em que a competência para a ação civil pública será da Justiça Comum Estadual (cf. ADIn 3.395).*

*Fundamento*: Nos termos da Súmula 736 do E. STF, "compete à Justiça do Trabalho julgar as ações que tenham como causa de pedir o descumprimento de normas trabalhistas relativas à segurança, higiene e saúde dos trabalhadores". Entretanto, a súmula do STF deve ser compatibilizada com o entendimento que vem sendo adotado por aquela corte (cf. ADIn 3.395) segundo o qual a competência para a ação civil pública será da Justiça Comum Estadual quando tais interesses se referirem a servidores públicos estatutários (cargos efetivos ou comissionados).

**Súmula 17.***Convertido o julgamento em diligência, reabre-se ao Promotor de Justiça que proferiu a decisão de arquivamento ou indeferimento a oportunidade de reapreciar os elementos dos autos, podendo manter sua posição favorável ao arquivamento, mediante nova decisão fundamentada e remessa ao Conselho Superior, ou propor ação civil pública, caso em que bastará a comunicação ao colegiado, por ofício, acerca do ajuizamento da ação.*

*Fundamento*: Se, em virtude da conversão do julgamento em diligência, surgirem novas provas, o mesmo membro do Ministério Público que tinha promovido o arquivamento do inquérito civil não estará impedido de reapreciar o inquérito civil, podendo tanto propor a ação civil pública, se estiver convencido de seu cabimento, como insistir no arquivamento, em caso contrário (Pts. 30.041/93 e 30.082/93).

**Súmula 18.** *HOMOLOGA-SE a promoção de arquivamento em relação ao investigado cuja conduta não apresentar comprovado nexo causal com o resultado danoso em matéria ambiental ou cuja responsabilidade não decorrer de obrigação "propter rem", ressalvada a hipótese de eventual responsabilidade do Poder Público pela reparação integral do dano ambiental por omissão no dever de fiscalização.*

*Fundamento*: Em matéria de dano ambiental, a Lei n. 6.938/81 estabelece a responsabilidade objetiva, o que afasta a investigação e a discussão da culpa, mas não se prescinde do nexo causal entre o dano havido e a ação ou omissão de quem se pretenda responsabilizar (art. 14, § 1º, da Lei n. 6.938/81: Pt. 35.752/93 e 649/94). Não comprovado o nexo causal entre a conduta do investigado e o dano ambiental, é possível a promoção de arquivamento em relação a tal investigado, sem prejuízo de providências para reparação do dano, ainda que a título subsidiário por omissão no dever de fiscalizar.

**Súmula 22.** *Justifica-se a propositura de ação civil pública de ressarcimento de danos e para impedir a queima da palha de cana-de-açúcar, para fins de colheita, diante da infração ambiental provocada, independentemente de situar-se a área atingida sob linhas de transmissão de energia elétrica, ou estar dentro do perímetro de 1 km de área urbana.*

*Fundamento*: Os mais atuais estudos ambientais têm demonstrado a gravidade dos danos causados pela queimada na colheita da cana-de-açúcar ou no preparo do solo para plantio. Assim, em sucessivos precedentes, o Conselho Superior tem determinado a propositura de ação civil pública em defesa do meio ambiente degradado.

**Súmula 29.** *O Conselho Superior homologará arquivamento de inquéritos civis ou assemelhados que tenham por objeto a supressão de vegetação em área rural praticada de forma não continuada, em extensão não superior a 0,10 ha., desde que não haja impacto significativo ao meio ambiente.*

*Fundamento*: O Ministério Público, de uns tempos a esta parte, vem sendo o destinatário de inúmeros autos de infração lavrados pelos órgãos ambientais, compostos, em grande parte, por danos ambientais de pequena monta. Isto vem gerando grande sobrecarga de trabalho, inviabilizando que os Promotores de Justiça se dediquem a perseguir maiores infratores. Mostra-se inevitável a racionalização do serviço. A proposta ora apresentada tem esta finalidade. O desejável seria que nossa estrutura permitisse a apuração de todo e qualquer dano ambiental. Todavia, a realidade demonstra não ser isto possível no momento. Havendo que se traçar os caminhos prioritários na área, entende-se que a proposta constituirá em instrumento para que se inicie a racionalização, buscando que a atividade ministerial tenha maior eficácia. Ressalte-se que o Poder Público também tem legitimidade para tomar compromisso de ajustamento de conduta e ajuizar ação civil pública, além de contar com poder de polícia que, por vezes, é suficiente para evitar o dano. Assim, as hipóteses contempladas nas súmulas podem, sem prejuízo do interesse difuso, comportar a solução ora preconizada. Consigno que a vocação dos Colegas na matéria será suficiente para analisar se o objeto da infração, embora pequeno, tenha impacto significativo no meio ambiente ou constitua continuidade de outra, pequena ou não, cuja soma exceda a área constante da súmula. A súmula se dirige apenas aos infratores eventuais que tenham praticado mínima interferência no meio ambiente. Caso os elementos evidenciem ser qualitativamente relevante o dano ambiental causado, apesar da pequena área atingida (considerada isoladamente), não é caso de arquivamento do procedimento. São variadas as hipóteses em que o dano de pequena área pode causar impacto relevante ao meio ambiente, situação que pode estar evidente nos autos ou demandar a realização de diligência, inclusive de natureza técnica.

**Súmula 41.** *HOMOLOGA-SE promoção de arquivamento de expedientes que tenham por objeto o desmembramento ou desdobro não continuados, quando, ausente dano ambiental, não se exijam novas obras de infraestrutura ou criação de novos equipamentos urbanos para atender à necessidade de moradores.*

*Fundamento*: A atuação do Promotor de Justiça de Habitação e Urbanismo deve voltar-se, prioritariamente, para as questões afetas a lesões efetivas ou potenciais à ordem urbanística, pois o Direito Urbanístico tem por finalidade precípua dotar as cidades de condições de habitabilidade. Neste contexto, tanto o desmembramento como o desdobro irregular sem qualquer impacto nas obras de infraestrutura não exigem a intervenção do Ministério Público, além do que a questão da obtenção do domínio, pelos adquirentes, pode ser por estes resolvida através de instrumentos próprios. A atuação do Ministério Público recomenda o direcionamento de seus recursos para parcelamentos que impliquem na queda de qualidade de vida de seus habitantes. Na busca de eficiência na atuação do Ministério Público, considerada a dispersão social dos danos urbanísticos, cumpre direcionar recursos para o trato de questões que exijam maior atenção da instituição. Na hipótese de existência de dano ambiental, restarão providências a serem tomadas perante o responsável em tal esfera, observados os critérios do Ato n. 55/95-PGJ.

**Súmula 42.** *HOMOLOGA-SE promoção de arquivamento de expedientes que tenham como objeto parcelamento de solo implantado de fato, completamente consolidado quando, cumulativamente: (a) estiver provido da infraestrutura prevista em lei, que ofereça condições de habitabilidade; (b) for possível a regularização dominial dos lotes; (c) não se verificar no caso concreto ocorrência de dano ambiental; e (d) se houver equipamentos comunitários suficientes para atender a população local, ainda que instalados no entorno da área objeto da regularização.*

*Fundamento*: A regularização do empreendimento é uma das hipóteses que autorizam a promoção de arquivamento dos expedientes que têm por objeto apurar o descumprimento das normas para parcelamento do solo. Entretanto, muitas vezes o Ministério Público depara-se com loteamentos de fato completamente consolidados e ocupados. Em tais casos cumpre velar, primordialmente, pela implantação das obras de infraestrutura necessárias à habitabilidade, considerando, ainda, que os adquirentes dos lotes acabam obtendo, judicialmente, a regularidade dominial, esvaziando, assim, as providências da alçada da Instituição. Na busca de eficiência na atuação do Ministério Público entende-se muito mais útil à atuação de caráter preventivo, objetivando evitar a implantação de loteamentos clandestinos e o estabelecimento de realidade urbanística cuja alteração demanda imenso sacrifício social. Na hipótese de existência de dano ambiental, restarão providências a serem tomadas perante o responsável em tal esfera, observados os critérios do Ato n. 55/95-PGJ.

**Súmula 49.** *O Ministério Público investiga fatos, sendo aconselhável que todas as suas vertentes sejam apuradas em inquérito civil único, instaurado, se o caso, em conjunto pelos Promotores de Justiça que detenham, de ordinário, parcelas das atribuições Institucionais. Existentes investigações diversas acerca do mesmo fato, a hipótese enseja conflito positivo de atribuições, somente se justificando o arquivamento do inquérito civil quando, do fato, não remanescer lesão ou ameaça de dano a qualquer tipo de interesse passível de atuação Institucional.*

*Fundamento*: Cabe ao Ministério Público investigar fatos, apreciando-os sob os diversos enfoques de atuação Institucional, motivo por que não se justifica ou aconselha a pertinente cisão em inquisitivos distintos, abordando cada qual área específica (por exemplo, patrimônio público e meio ambiente). Certo é que as atribuições Institucionais são repartidas por ato do E. Órgão Especial do Colégio de Procuradores de Justiça entre os diversos cargos integrantes de determinada Promotoria de Justiça. Tal partição, no entanto, tem por espeque tornar, em tese, equânime a divisão de atribuições entre os cargos, assim como permitir a correta observância do denominado Princípio do Promotor Natural. Sem prejuízo, não se pode observar dita divisão como algo estanque e absoluto, mormente à luz de fatos que comportam desdobramentos entre variegadas áreas de atuação Institucional. Em tais casos, cabe ao Promotor de Justiça com atribuição mais abrangente o dever de investigar o fato por inteiro ou fazê-lo em conjunto com o outro Órgão do Ministério Público que também possua legitimidade para atuar, mesmo em virtude da necessária coesão, que vem em prestígio ao princípio da indivisibilidade e como garantidor de estabilidade social. Como acima afirmado, compete ao Ministério Público investigar fatos, sendo certo que o arquivamento do inquérito civil somente se mostrará adequado acaso, finda a investigação, seu Presidente entenda inexistir qualquer medida subsequente que se encontre imiscuída no amplo espectro de atribuições institucionais. Em outras palavras, vislumbrando, por exemplo, o Promotor do Patrimônio Público que dos fatos sob investigação há também temas de outra natureza que devam ser apurados pelo Ministério Público, não lhe é dado, a final, determinar o arquivamento do inquérito civil antes de certificar-se acerca do desate dos respectivos desdobramentos, pena de não ser conhecida por este Colegiado a sua decisão, pois calcada em parcela dos fatos — e não em sua inteireza, como de mister.

**Súmula 55.** *O Conselho Superior conhecerá, por seu pleno, de pedidos de uniformização de entendimento sempre que identificada, entre decisões de suas turmas julgadoras, discrepância, incompatibilidade ou contraditoriedade. Em tais casos, o Promotor de Justiça interessado deverá formular o pedido instruindo-o com cópias das peças necessárias à delimitação do tema, incluídas as decisões tidas por inconciliáveis, expondo as razões de fato e de direito que o levam a concluir pela necessidade de uniformização.*

*Fundamento:* Apesar das diversas medidas adotadas no sentido de externar uniformidade nos entendimentos do Conselho Superior, a existência de turmas e o expressivo volume de julgamentos realizados pelo Órgão por vezes propiciam o surgimento de decisões divergentes acerca do mesmo tema. Dita situação é de todo desaconselhável, vez que passível de gerar situação de insegurança aos Promotores de Justiça e, mesmo, de instabilidade social. De tal premissa, importante a fixação de instrumento similar ao da uniformização de jurisprudência na seara do Conselho Superior, de sorte a que o Órgão, por seu Pleno, possa fixar entendimento único acerca de determinada matéria, de modo a gerar segurança jurídica (precedente: MP n. 14.0471.0000044/2011-6).

# Bibliografia

ABBOTT, Eduardo G. & NINIO, Alberto. Barragens e prevenção de danos ao meio ambiente: casos apresentados ao painel de inspeção do Banco Mundial. In: BENJAMIN, Antônio Herman V. (org.). *Direito, água e vida*. São Paulo, IMESP, 2003.

ACKEL FILHO, Diomar. *Direito dos animais*. São Paulo, Themis Livr. e Ed., 2001.

AKAOUI, Fernando Reverendo. Apontamentos acerca da aplicação do Código Florestal em áreas urbanas e seu reflexo no parcelamento do solo urbano. In: *Temas de direito urbanístico 2*. São Paulo, Centro de Apoio Operacional das Promotorias de Justiça de Habitação e Urbanismo — CAOHURB, do Ministério Público de São Paulo, IMESP, 2000.

_____. *Compromisso de ajustamento de conduta ambiental*. São Paulo, Revista dos Tribunais, 2004.

ALBUQUERQUE, Iza Amélia de Castro. *Análise das normas acidentárias previdenciárias face às transformações no mundo do trabalho*. Disponível em: <http://www.conpedi.org/manaus/arquivos/anais/manaus/transf_trabalho_iza_albuquerque.pdf>. Acesso em: 20 jun. 2007.

ALMEIDA, Fernanda Dias Menezes de. *Competência na Constituição de 1988*. São Paulo, Atlas, 1991.

ALMEIDA, Paulo Santos de. *Direito ambiental:* suas relações com os direitos da criança e do adolescente. São Paulo, Verbo Jurídico, 2009.

ALVES, Sérgio Luis Mendonça. *Estado poluidor*. São Paulo, Ed. Juarez de Oliveira, 2003.

_____. A prescrição no direito ambiental brasileiro. In: CIANCI, Mirna (coord.). *Prescrição no novo Código Civil* — Uma análise interdisciplinar. São Paulo, Saraiva, 2005.

AMADO, Frederico Augusto Di Trindade. *Direito ambiental* — Esquematizado. 2. ed. São Paulo, Método, 2011.

AMARAL, Wlamir; AREVALO, Roberto Antônio & BERTONCINI, Edna Ivani. Aspectos jurídico-socioeconômicos do inapropriado uso de agrotóxicos na cultura de cana-de-açúcar. *RDA, 13*:97.

ANGELO, Claudio. Aquecimento global já afeta ecossistemas — Elevação nas temperaturas médias tem provocado mudanças na distribuição de espécies há pelo menos 30 anos. *Folha de S.Paulo*, 28 mar. 2002, p. A-16.

_____. Brasil compra novo supercomputador para prever o clima. *Folha de S.Paulo*, Ciência, 14 abr. 2010, p. A-18.

_____. Governo vai acelerar licenças ambientais. *Folha de S.Paulo*, 19 fev. 2011, p. B-11.

_____. Grandes hidrelétricas têm retorno triunfal pelo planeta. *Folha de S. Paulo*, 18 fev. 2011, p. B-4.

_____. Licença ambiental cresce 570% na década. *Folha de S.Paulo*, Ciência, 11 mar. 2011, p. C-13.

_____. Luz mal planejada destrói céu noturno. *Folha de S.Paulo*, Ciência, 19 fev. 2011, p. C-13.

_____. No Ártico com a NASA. *Folha de S.Paulo*, Ciência, 24 abr. 2011, p. C-12 e C-13.

_____. Plano para cortar emissões está parado. *Folha de S.Paulo*, Ciência, 4 abr. 2011, p. C-9.

_____. Secas podem tornar Amazônia savana. *Folha de S.Paulo*, Ciência, 3 nov. 2010, p. A-18.

_____. Sumiço de gelo no Ártico chega perto de novo recorde. *Folha de S. Paulo*, Ciência, 5 abr. 2011, p. C-13.

ANGELO, Claudio; MAGALHÃES, João Carlos. Maioria de parques tem área irregular. *Folha de S.Paulo*, Ciência, 13 mar. 2011, p. C-13.

_____. Aquecimento satura ralo de carbono oceânico. *Folha de S.Paulo*, 18 maio 2007, p. A-18.

_____. Crise do clima precede guinada cultural. *Folha de S.Paulo*, 6 maio 2007, p. A-31.

_____. IPCC mostra caminho para curar o clima. *Folha de S.Paulo*, 5 maio 2007, p. A-29.

ANTUNES, Paulo de Bessa. *Direito ambiental*. 3. ed. Rio de Janeiro, Lumen Juris, 1999.

_____. *Dano ambiental. Uma abordagem conceitual*. Rio de Janeiro, Lumen Juris, 2000.

_____. *Política Nacional do Meio Ambiente — PNMA —* Comentários à Lei n. 6.938, de 31 de agosto de 1981. Rio de Janeiro, Lumen Juris, 2005.

ARAÚJO, Luiz Alberto David; NUNES JR., Vidal Serrano. *Curso de direito constitucional*. 3. ed. São Paulo, Saraiva, 1999.

ARENDT, Hannah. *A condição humana*. São Paulo, Forense Universitária, 2000.

AROUCA, Aldo. Meio ambiente, sustentabilidade e reciclagem. *Folha do Servidor Público*, n. 217, dez. 2010, p. 15.

AUGUSTO, Amarildo. Empresas mostram as vantagens do processo. *Mogi News*, 25 maio 2007, p. 3.

ÁVILA, Elaine Taborda de. Ação civil pública com pedido de liminar. *RDA*, São Paulo, Revista dos Tribunais, *13*:159.

ÁVILA, Jorge. A sustentabilidade tem pressa. *Folha de S.Paulo*, 7 jan. 2011, p. A-3.

AYALA, Patryck de Araújo & LEITE, José Rubens Morato. *Direito ambiental na sociedade de risco*. Rio de Janeiro, Forense, 2002.

BALOGH, Giovanna. Epidemia de dengue atinge 90 cidades de SP. *Folha de S.Paulo*, 18 maio 2007, p. C-11.

BARCHIFONTAINE, Christian & PESSINI, Leo. *Fundamentos da bioética*. São Paulo, Ed. Paulus, 1996.

BARROSO, Lucas Abreu. *A obrigação de indenizar e a determinação da responsabilidade civil por dano ambiental*. Rio de Janeiro, Forense, 2006.

BARROSO, Luís Roberto. A proteção do meio ambiente na Constituição brasileira. *RF*, *317*:177, 1992.

BEDINELLI, Talita; CREDENDIO, José Ernesto. Billings tem poluentes até 100 vezes acima do limite. *Folha de S.Paulo*, 8 nov. 2008, p. C-1.

BENJAMIN, Antônio Herman V. O regime brasileiro de unidades de conservação, *RDA*, *21*:27, jan./mar. 2001, p. 56.

_____. Introdução ao direito ambiental brasileiro. In: *Manual prático da Promotoria de Justiça do Meio Ambiente e legislação ambiental*. 2. ed. São Paulo, IMESP, 1999.

_____. Anais do Congresso Internacional do Direito Ambiental — 5 anos após a ECO-92 (Apresentação). São Paulo, IMESP, 1997.

_____. Direito penal do consumidor. *Revista de Direito do Consumidor*, São Paulo, Revista dos Tribunais, 1992. v. 1.

_____. A natureza no direito brasileiro: coisa, sujeito ou nada disso. *Caderno Jurídico*, Escola Superior do Ministério Público, n. 2, p. 153, jul. 2001.

_____. O regime brasileiro de Unidades de Conservação. *RDA*, *21*:27, jan./mar. 2001.

_____. O meio ambiente na Constituição Federal de 1988. In: KISHI, Sandra Akemi Shimada et al. (coords.). *Desafios do direito ambiental no século XXI*. São Paulo, Malheiros Ed., 2005.

BERGAMIM JR., Giba. Saneamento, esgoto do Morumbi pega "atalho" e vai direto para o rio. *Revista São Paulo*, da Folha de S.Paulo, 13 a 19 de março de 2011, p. 40.

BETTI, Renata & LIMA, Roberta de Abreu. O que explica a violência das águas. *Veja* n. 2.200, ano 44, 19 jan. 2011, p. 50.

BIANCHI, Adriana N. Desafios institucionais no setor de água: uma breve análise. In: BENJAMIN, Antônio Herman V. (coord.). *Direito, água e vida*. São Paulo, IMESP, 2003. v. 1.

BORÉM, Aluízio; VIEIRA, Maria Lúcia Carneiro e. *Glossário de biotecnologia*. Ed. Universidade Federal de Viçosa, 2005. Disponível em: <http://www.biotecnologiapragalera.org.br/dicionario>.

BORLINA FILHO, Venceslau. Mecanização da colheita de cana aumenta em usinas de São Paulo. *Folha de S.Paulo*, 17 fev. 2011, p. B-7.

BORTOLOTI, Marcelo. Pinguins sem-teto são enviados para aquário dos EUA. *Folha de S.Paulo*, Ciência, 15 fev. 2011, p. C-11.

BOUZON, Emanuel. *O Código de Hammurabi*. 8. ed. Petrópolis, Vozes, 2000.

BRASIL, Anna Maria; SANTOS, Fátima. *Equilíbrio ambiental — Resíduos na sociedade moderna*. São Paulo, FAARTE Ed., 2004.

BRITO, Agnaldo. Belo Monte viabiliza hidrovia no Xingu. *Folha de S.Paulo*, 18 fev. 2011, p. B-4.

_____. Crise desacelera mecanização da cana. *Folha de S.Paulo*, 31 mar. 2009, p. B-16.

_____. Ibama dá licença parcial para Belo Monte. *Folha de S.Paulo*, 27 jan. 2011, p. A-11.

_____. Sabesp faz parcerias com companhias privadas. *Folha de S.Paulo*, 4 out. 2010, p. B-5.

BROAD, William J. Destroços de choque de satélites podem ameaçar estação espacial. *Folha de S.Paulo*, 13 fev. 2009, p. A-12.

BRUNA, Gilda Collet. Meio ambiente urbano e proteção ambiental. In: *Meio ambiente, direito e cidadania*. Universidade de São Paulo — Faculdade de Saúde Pública — Núcleo de Informações em Saúde Ambiental. São Paulo, Signus, 2002.

BULOS, Uadi Lammêgo. *Constituição Federal anotada*. São Paulo, Saraiva, 2000.

BUZAGLO, Samuel Audy; DANTAS, Marcelo Buzaglo. Transação penal e suspensão do processo-crime e o dano ambiental — Considerações sobre os artigos 27 e 28 da Lei 9.605/98. *RT*, São Paulo, 779:452, nov. 2000.

CAMARGO, Leoleli. Aquecimento nas alturas. *Veja*, edição 2019, ano 40, n. 30, p. 116-8, 1º ago. 2007.

CAMPELLO, Lívia Gaigher Bósio. O problema da desertificação. *RDA, 45*:129, jan./mar. 2007.

CAMPELLO, Romildo. Aquecimento global: "apocalipse now" não. *Mogi News*, ano II, n. 16, p. 82, jun. 2007.

CANCIAN, Natália; ROCHA, Marília. Estudo aponta agrotóxico em leite materno. *Folha de S.Paulo*, 23 mar. 2011, p. C-3.

CANOTILHO, José Joaquim Gomes; LEITE, José Rubens Morato (coords.). *Direito constitucional ambiental brasileiro*. São Paulo, Saraiva, 2007.

_____. *Direito constitucional e teoria da Constituição*. 4. ed. Coimbra, Almedina, 2000.

CARRAMENHA, Roberto. *Direito da natureza.* Campos do Jordão, Mantiqueira, 1999.

CARRAZZA, Roque Antonio. *Curso de direito constitucional tributário.* 7. ed. São Paulo, Malheiros Ed., 1995.

CARVALHO, Carlos Gomes de. Contribuição para um Código Ambiental. In: *Legislação ambiental brasileira.* São Paulo, Editora de Direito, 1999. v. 1 e 2.

CARVALHO, Érika Mendes de. *Tutela penal do patrimônio florestal brasileiro.* São Paulo, Revista dos Tribunais, 1999.

_____. Quadro comparativo das infrações penais contra o ambiente. *Boletim do IBCCrim,* São Paulo, n. 65, maio 1998.

CARVALHO FILHO, Carlos Alberto Aragão de; OLIVA, Glaucius. Novos desafios para o CNPq. *Folha de S.Paulo,* 24 jan. 2011, p. A-3.

CASTRO, Cristina Moreno de. Em 4 anos, alagamentos triplicaram na marginal Tietê. *Folha de S.Paulo,* 8 mar. 2011, p. C-7.

_____. Estação de esgoto reduz poluição no Tietê. *Folha de S.Paulo,* 30 set. 2010, p. C-7.

_____. Poda de árvore leva até um ano em SP. *Folha de S.Paulo,* 29 set. 2010, p. C-8.

CASTRO, Ricardo Manuel. *Da regularização de assentamentos habitacionais em área urbana.* Tese apresentada no 16º Congresso do Meio Ambiente e 10º Congresso de Habitação e Urbanismo sobre Meio Ambiente Natural e Urbano: Sustentabilidade, realizado em Águas de São Pedro, de 22 a 25 de novembro de 2012.

CLARKE, Robin; KING, Jannet. *O atlas da água* — O mapeamento completo do recurso mais precioso do planeta. São Paulo, Publifolha, 2005.

COIMBRA, Leila. Vai faltar água em metade das cidades brasileiras em 2015. *Folha de S.Paulo,* 22 mar. 2011, p. C-8.

CONSTANTINO, Carlos Ernani. Como deve ser interpretada a expressão "sanções penais" no art. 225, par. 3º, da CF/88? *RJ,* Rio Grande do Sul, n. 88, mar. 2000.

COSTA, Regina Helena. Tributação ambiental. In: *Direito ambiental em evolução.* Curitiba, Juruá, 1998.

COSTA JR., Paulo José da. *Direito penal na Constituição.* São Paulo, Revista dos Tribunais, 1995.

_____. *Direito penal ecológico.* São Paulo, CETESB, 1988.

COSTA NETO, Nicolao Dino de Castro; BELLO FILHO, Ney de Barros; CASTRO E COSTA, Flávio Dino de. *Crimes e infrações administrativas ambientais.* Brasília, Brasília Jurídica, 2000.

COUTINHO, Francisco Seráphico da Nóbrega; FARIAS, Talden (coords.). *Direito ambiental* — O meio ambiente e os desafios da contemporaneidade. Belo Horizonte, Fórum, 2010.

CRISTINO, Luiz Gustavo. Groenlândia degela menos que o previsto. *Folha de S.Paulo*, Ciência, 27 jan. 2011, p. C-11.

CRUZ, Ana Paula Fernandes Nogueira da. *A tutela ambiental do ar atmosférico*. São Paulo, Esplanada, 2002.

CRUZ, Gabriela Moccia de Oliveira; SILVA, Roberto Baptista Dias da. Competência suplementar municipal na queima da palha da cana-de-açúcar, *Revista Jurídica da ESMP*, v. 1, 2012.

CUNHA, Danilo Fontenele Sampaio. *Patrimônio cultural — Proteção legal e constitucional*. Rio de Janeiro, Letra Legal Ed., 2004.

DANTAS, Marcelo Buzaglo. *Tutela de urgência nas lides ambientais*. Rio de Janeiro, Forense, 2006.

DERANI, Cristiane. O confronto da conservação do meio ambiente como uso privatizado dos recursos naturais — A questão do tratamento constitucional: potenciais de energia hidráulica. In: KISHI, Sandra Akemi Shimada et al. (coords.). *Desafios do direito ambiental do século XXI*. São Paulo, Malheiros Ed., 2005.

DIAS, Braulio Ferreira de Souza. Biodiversidade e organismos geneticamente modificados: desafios científicos e legais. In: *Meio ambiente, direito e cidadania*, São Paulo, Signus, 2002.

DIAS, Edna Cardozo. *A tutela jurídica dos animais*. Belo Horizonte, Mandamentos, 2000.

DINIZ, Maria Helena. *Dicionário jurídico*. São Paulo, Saraiva, 1998.

_____. *O estado atual do biodireito*. São Paulo, Saraiva, 2001.

DOTTI, René Ariel. *A proteção do meio ambiente — dados para uma visão histórica*. Ação civil pública. São Paulo, Revista dos Tribunais, 1995.

DOW, Kirstin; DOWNING, Thomas E. *O atlas da mudança climática — O mapeamento completo do maior desafio do planeta*. São Paulo, Publifolha, 2006.

DUARTE, Sérgio. O desafio do desarmamento nuclear. *Folha de S.Paulo*, Tendências/Debates, 27 mar. 2011, p. A-3.

DURÇO, Roberto. Seguro ambiental. In: FREITAS, Vladimir Passos de (org.). *Direito ambiental em evolução*. Curitiba, Juruá, 1998.

ERENBERG, Jean Jacques. *Sentido e alcance do princípio da função social da propriedade urbana*: a ausência de plano diretor e o conteúdo mínimo dedutível do sistema da Constituição Federal brasileira de 1988. Dissertação de Mestrado. São Paulo, Pontifícia Universidade Católica, 2007.

ESPÍNDOLA, Ruy Samuel. *Conceito de princípios constitucionais*. São Paulo, Revista dos Tribunais, 1999.

FALCÃO, Daniela. Ondas eletromagnéticas poluem o ar das cidades. *Folha de S.Paulo*, Suplemento Folha Equilíbrio, 22 jun. 2000.

FARIA, Juliana de; DE SALVO, Maria Paola. Poluição visual. *Veja São Paulo*, ano 40, n. 16, p. 41, 25 abr. 2007.

FARIAS, Talden. *Direito ambiental — Tópicos especiais*. João Pessoa, Ed. Universitária, 2007.

FARIAS, Talden; COUTINHO, Francisco Seráphico da Nóbrega (coords.). *Direito ambiental — O meio ambiente e os desafios da contemporaneidade*. Belo Horizonte, Fórum, 2010.

FERRAZ, Lucas. Vulcão chileno fecha aeroportos e isola sul da Argentina. *Folha de S.Paulo*, Mundo, 7 jun. 2011, p. A-14.

FERRAZ JR., Tercio Sampaio. *Introdução ao estudo do direito*: técnica, decisão, dominação. 2. ed. São Paulo, Atlas, 1994.

FERREIRA, Aurélio Buarque de Holanda. *Novo dicionário básico da língua portuguesa Folha/Aurélio*. São Paulo, Nova Fronteira, 1995.

_____. *Dicionário Aurélio básico da língua portuguesa*. Rio de Janeiro, Nova Fronteira, 1988.

_____. *Novo dicionário Aurélio da língua portuguesa*. 5. ed. Paraná: Ed. Positivo, 2010.

FERREIRA, Heline Sivini; LEITE, José Rubens Morato (orgs.). *Biocombustíveis — Fonte de energia sustentável? Considerações jurídicas, técnicas e éticas*. São Paulo, Saraiva, 2010.

FERREIRA, Ivete Senise. *Tutela penal do patrimônio cultural*. São Paulo, Revista dos Tribunais, 1995.

FERREIRA, Luiz Antonio Miguel. *Temas de direito à educação*. São Paulo, Imprensa Oficial, 2010.

FERREIRA, William Santos. *Aspectos polêmicos e práticos da Nova Reforma Processual Civil — Comentários e quadros dos novos dispositivos com resumo das principais questões. Artigo por artigo*. Rio de Janeiro, Forense, 2003.

FIGUEIREDO, Guilherme José Purvin de; LEUZINGER, Márcia Dieguez. Desapropriações ambientais na Lei n. 9.985/2000. In: BENJAMIN, Antônio Herman V. (coord.). *Direito ambiental das áreas protegidas — O regime jurídico das Unidades de Conservação*. Rio de Janeiro, Forense, 2001.

_____. *A propriedade no direito ambiental*: a dimensão ambiental da função social da propriedade. Rio de Janeiro, ADCOAS, 2004.

_____. *Curso de direito ambiental*: interesses difusos, natureza e propriedade. Rio de Janeiro, ADCOAS, 2006.

FIGUEIREDO, Guilherme José Purvin de; SILVA, Lindamir Monteiro da; RODRIGUES, Marcelo Abelha; LEUZINGER, Márcia Dieguez (orgs.). *Código Florestal — 45 anos — Estudos e Reflexões*. Curitiba, Letra da Lei, 2010.

FIGUEIREDO, Janete Marie Monteiro. *A desencarnação dos animais*. Editora do Conhecimento, 2011.

FINK, Daniel Roberto. *Aspectos jurídicos do licenciamento ambiental*. Rio de Janeiro, Forense, 2000.

FIORILLO, Celso Antonio Pacheco. *Curso de direito ambiental brasileiro*. São Paulo, Saraiva, 2000.

_____. *O direito de antena em face do direito ambiental no Brasil*. São Paulo, Saraiva, 2000.

FIORILLO, Celso Antonio Pacheco; RODRIGUES, Marcelo Abelha. *Manual de direito ambiental e legislação aplicável*. São Paulo, Max Limonad, 1997.

FORTES, Otávio Franco. Gestão ambiental urbana — Conceituação básica. Centro Nacional de Referência em Gestão Ambiental Urbana. Internet.

FRANÇA, Ronaldo. O guardião da atmosfera. *Veja*, ano 40, edição 2005, n. 16, 25 abr. 2007.

FRANÇA NETO, Geraldo Rangel de. *Os limites para alterações legislativas*. Tese apresentada no 16º Congresso do Meio Ambiente e 10º Congresso de Habitação e Urbanismo, Meio Ambiente Natural e Urbano: Sustentabilidade, em Águas de São Pedro, de 22 a 25 de novembro de 2012.

FRANGETO, Flávia Witkowski. *Arbitragem ambiental* — Solução de conflitos (r)estrita ao âmbito (inter)nacional? Campinas, Millennium, 2006.

FREITAS, Gilberto Passos de. Do crime de poluição. In: *Direito ambiental em evolução*. Curitiba, Juruá, 1998.

FREITAS, José Carlos de. Da legalidade dos loteamentos fechados. Disponível em: <http://www.mp.sp.gov.br/caouma/Doutrina>. Acesso em: 12 fev. 2004.

_____. Direito urbanístico. In: NUNES JR., Vidal Serrano (coord.). *Manual de direitos difusos*. São Paulo, Verbatim, 2009.

FREITAS, Juarez. *Sustentabilidade* — Direito ao futuro. Belo Horizonte, Fórum, 2011.

FREITAS, Silvana; REWALD, Fabiana. Justiça decide que associação não pode cobrar condomínio. *Folha de S.Paulo*, 11 maio 2007, p. C-5.

FREITAS, Tatiana. Eólica tem R$ 25 bi em investimentos. *Folha de S.Paulo*, 19 abr. 2011, p. B-5.

FREITAS, Vladimir Passos de. *A Constituição Federal e a efetividade das normas ambientais*. São Paulo, Revista dos Tribunais, 2000.

FREITAS, Vladimir Passos de; FREITAS, Gilberto Passos de. *Crimes contra a natureza*. São Paulo, Revista dos Tribunais, 1997.

FURLAN, Anderson; FRACALOSSI, William. *Direito ambiental*. Rio de Janeiro, Forense, 2010.

FURTADO, Marcelo. Os esforços do governo para construir usina de Belo Monte devem ser mantidos? Não. O futuro da energia no retrovisor. *Folha de S.Paulo*, Tendências/Debates, 12 fev. 2011, p. A-3.

GADOTTI, Moacir. A terra é a casa do homem. *Revista Educação*, São Paulo, Segmento, abr. 1999.

GALDINO, Valéria Silva. *Das plantas medicinais e a biopirataria*. Disponível em: <http://www.copedi.org>. Acesso em: 18 abr. 2007.

GALVÃO, Vinícius Queiroz. Retirada de *outdoors* revela favela na avenida 23 de Maio. *Folha de S.Paulo*, 19 abr. 2007, p. C-10.

GARATTONI, Bruno; URBIM, Emiliano; COHEN, Otávio; SANTANA, Larissa; MINAMI, Thiago. O pior que pode acontecer. *Superinteressante*, ed. 290, abr. 2011, p. 60.

GARCIA, Rafael. Novo transgênico combate superervas daninhas. *Folha de S.Paulo*, 25 maio 2007, p. A-18.

_____. Usina pode ganhar com gás emitido em represas. *Folha de S.Paulo*, 26 jun. 2007, p. A-18.

GARCIA JÚNIOR, Armando Álvares. O direito ambiental no Mercosul. *Notícias Forenses*, out. 1997.

GERALDES, André Gustavo de Almeida. *Tutela jurídica dos mananciais*. São Paulo, Ed. Juarez de Oliveira, 2004.

_____. Zonas ambientais têm 587 garimpos. *Folha de S.Paulo*, 7 maio 2007, p. A-15.

GERAQUE, Eduardo. Em 2014, 70% do esgoto que chega a represas será tratado, diz governo. *Folha de S.Paulo*, 21 out. 2010, p. C-4.

_____. Floresta, nem sempre, esfria o planeta. *Folha de S.Paulo*, 10 abr. 2007, p. A-12.

GERAQUE, Eduardo; CASTRO, Cristina Moreno de. Nova Marginal extrapola limite de ruído. *Folha de S.Paulo*, 14 abr. 2011, p. C-4.

GERAQUE, Eduardo; CORREA, Vanessa. Grande São Paulo vai buscar água no Vale do Ribeira, *Folha de S.Paulo*, 10 jul. 2011, p. C-6.

GERAQUE, Eduardo; SPINELLI, Evandro. Um a cada quatro sacos de lixo vai para local impróprio. *Folha de S.Paulo*, 3 nov. 2010, p. C-1.

GILLIS, Justin. O mar sobe — uma catástrofe espreita, The New York Times. *Folha de S.Paulo*, 22 nov. 2010, p. 1.

GLEISER, Marcelo. Olhando para o início do tempo. *Folha de S.Paulo*, 24 out. 2010, p. A-23.

GODOY, Denyse. Metrópoles querem agir antes no clima. *Folha de S.Paulo*, 16 maio 2007, p. A-12.

GOMES, Geraldo. Alimentos transgênicos — riscos — interesses — restrições — genética. *Tribuna da Magistratura*, jul./ago. 1999.

GOMES, Luís Roberto. Princípios constitucionais de proteção ao meio ambiente. *RDA*, São Paulo, Revista dos Tribunais, 16:164, out./dez. 1999.

GOMES ALONSO, Paulo Sérgio. *Pressupostos da responsabilidade civil objetiva.* São Paulo, Saraiva, 2000.

GRAF, Ana Cláudia Bento. Direito, Estado e economia globalizada: as patentes de biotecnologia e o risco de privatização da biodiversidade. *RDA*, São Paulo, Revista dos Tribunais, *18*:153, abr./jun. 2000.

GRANZIERA, Maria Luiza Machado. *Direito ambiental.* São Paulo, Atlas, 2009.

GRINOVER, Ada Pellegrini. Ação civil pública em matéria ambiental e denunciação da lide. *RJ,* Porto Alegre, Notadez, *292*:7, fev. 2002.

GUERRA, Sidney; GUERRA, Sérgio. *Curso de direito ambiental.* Belo Horizonte, Fórum, 2009.

GUIMARAENS, Maria Etelvina B. Função social da cidade e da propriedade urbana. In: *Temas de direito urbano-ambiental.* Belo Horizonte, Fórum, 2006.

GUIMARÃES DE ARAÚJO, Suely Mara Vaz. A taxa de fiscalização ambiental e a Lei n. 9.960/2000. *RDA*, São Paulo, Revista dos Tribunais, *19*:82, jul./set. 2000.

GUIMARÃES JR., Renato. O futuro do Ministério Público como guardião do meio ambiente e a história do direito ecológico. *Justitia*, *113*:151, abr./jun. 1981.

HABERMAS, Jurgen. *Direito e democracia:* entre facticidade e validade. Rio de Janeiro, Tempo Brasileiro, 1997. v. 2.

HAYDEN, Tom; TAKAYAMA, Hideko; ITOI, Kay & LARMER, Brook. Japan's nuclear scare. *Newsweek*, October 11, 1999.

HORTA, Raul Machado. *Estudos de direito constitucional.* Belo Horizonte, Del Rey, 1995.

ITOI, Kay; TAKAYAMA, Hideko; HAYDEN, Tom; LARMER, Brook. Japan's nuclear scare. *Newsweek*, October 11, 1999.

KESSELRING, Ana Beatriz M. A introdução de espécies marinhas exóticas em águas brasileiras pela descarga de água de lastro de navios. *RDA, 45*:12, jan./mar. 2007.

KISS, Alexandre. Justiça ambiental e religiões cristãs. In: KISHI, Sandra Akemi Shimada et al. (coords.). *Desafios do direito ambiental do século XXI.* São Paulo, Malheiros Ed., 2005.

LAGE, Janaina. Lixo atômico vai para depósito provisório. *Folha de S. Paulo,* 2 jul. 2007, p. B-1.

LARMER, Brook; TAKAYAMA, Hideko; HAYDEN, Tom; ITOI, Kay. Japan's nuclear scare. *Newsweek*, October 11, 1999.

LEFF, Enrique. *Racionalidade ambiental – a reapropriação social da natureza.* São Paulo, Cortez Editora, 2006.

LEITE, José Rubens Morato. *Dano ambiental:* do individual ao coletivo extrapatrimonial. São Paulo, Revista dos Tribunais, 2000.

LEITE, José Rubens Morato; AYALA, Patryck de Araújo. *Direito ambiental na sociedade de risco*. Rio de Janeiro, Forense, 2002.

LEITE, José Rubens Morato; BELLO FILHO, Ney de Barros (coords.). *Direito ambiental contemporâneo*. Barueri, Manole, 2004.

LEITE, Paulo da Costa. Água — bem mais precioso do milênio. *RDA*, São Paulo, Revista dos Tribunais, *19*:367.

LEITE, Pedro Dias. Marina quer isenção no licenciamento para Angra 3. *Folha de S.Paulo*, 27 jun. 2007, p. B-5.

LEME MACHADO, Paulo Affonso. *Direito ambiental brasileiro*. São Paulo, Malheiros Ed., 1998.

_____. 13. ed. São Paulo, Malheiros Ed., 2005.

_____. Poluição por resíduos sólidos. Implicações jurídicas. *Justitia*, *92*:199.

_____. Poluição por pesticidas. Implicações jurídicas. *Justitia*, *98*:213.

_____. Flora. *Justitia*, *113*:105.

_____. *Direito à informação e meio ambiente*. São Paulo, Malheiros Ed., 2006.

_____. *Recursos hídricos* — Direito brasileiro e internacional. São Paulo, Malheiros Ed., 2002.

_____. *Legislação Florestal (Lei n. 12.651/2012) e Competência e Licenciamento Ambiental (Lei Complementar n. 140/2011)*. São Paulo, Malheiros Ed., 2012.

LEUZINGER, Márcia Dieguez; FIGUEIREDO, Guilherme José Purvin de. Desapropriações ambientais na Lei n. 9.985/2000. In: BENJAMIN, Antônio Herman V. (coord.). *Direito ambiental das áreas protegidas* — O regime jurídico das Unidades de Conservação. Rio de Janeiro, Forense, 2001.

_____. *Direito à informação e meio ambiente*. São Paulo, Malheiros Ed., 2006.

_____. *Meio ambiente* — Propriedade e repartição constitucional de competências. Rio de Janeiro, Esplanada, 2002.

LEVAI, Laerte Fernando. Direitos dos animais: história e evolução. *Revista da APMP*, São Paulo, n. 13, dez. 1997.

_____. *Direito à informação e meio ambiente*. São Paulo, Malheiros Ed., 2006.

_____. Proteção jurídica da fauna. In: *Manual prático da Promotoria de Justiça do Meio Ambiente*. 2. ed. São Paulo, IMESP, 1999.

_____. *Direito dos animais* — O direito deles e o nosso direito sobre eles. Campos do Jordão, Mantiqueira, 1998.

_____. Proteção jurídica da fauna. In: Marques, José Roberto (Org.). *Leituras complementares de direito ambiental*. Salvador, Podivm, 2008.

LOPES, Reinaldo José. Estudo vê risco de nova extinção em massa. *Folha de S.Paulo*, Ciência, 3 mar. 2011, p. C-13.

_____. Mundo dobra o uso de água subterrânea em quatro décadas. *Folha de S.Paulo*, Ciência, 27 set. 2010, p. A-15.

_____. Países veem lucros em biodiversidade. *Folha de S.Paulo*, Ciência, 7 nov. 2010, p. A-26.

LORENZETTI, Ricardo Luis. *Fundamentos do direito privado*. São Paulo, Revista dos Tribunais, 1998.

LORES, Raul Juste. É preciso recuperar o que o *outdoor* escondia. Entrevista com Ferran Ferrer Viana. *Folha de S.Paulo*, 21 maio 2007, p. A-14.

LOVEJOY, Thomas. A arca do tesouro da biologia. *Veja* n. 2.196 — Edição Especial, dez. 2010, p. 94.

LOVELOCK, James. *A vingança de Gaia*. Traduzido por Ivo Korytowski. Rio de Janeiro, Intrínseca, 2006.

LUCHETE, Felipe. Usina vai gerar energia do esgoto em BH. *Folha de S.Paulo*, 29 set. 2010, p. B-6.

MACHADO, André Gustavo Carvalho; OLIVEIRA, Ricardo Luciano de. Gestão ambiental corporativa. In: *Gestão ambiental e responsabilidade social* — Conceitos, ferramentas e aplicações. São Paulo, Atlas, 2009.

MACHADO, Jeane da Silva. *A solidariedade na responsabilidade ambiental*. Rio de Janeiro, Lumen Juris, 2006.

MANCUSO, Rodolfo de Camargo. Vandalismo contra a flora urbana na cidade de São Paulo: análise jurídica e formulação de propostas. *RT*, 734:81.

MARINHO, Marcus Vinicius. Nova bactéria é arma contra poluição do solo. *Folha de S.Paulo*, 3 jul. 2003, p. A-14.

MARQUES, José Roberto. *Meio ambiente urbano*. Rio de Janeiro, Forense, 2005.

MATIUZO, Adriana. Canavial oferece risco ao aquífero Guarani, aponta estudo, *Folha.com*, Ribeirão Preto. Acesso em: 19 abr. 2011.

MATTOS NETO, Antonio José de. *Estado de direito agroambiental brasileiro*. São Paulo, Saraiva, 2010.

MAZZILLI, Hugo Nigro. *A defesa dos interesses difusos em juízo*. 15. ed. São Paulo, Saraiva, 2002.

_____. *O inquérito civil*. São Paulo, Saraiva, 1999.

MEDAUAR, Odete. *Direito administrativo moderno*. São Paulo, Revista dos Tribunais, 1999.

MEIRELLES, Hely Lopes. *Direito administrativo brasileiro*. 16. ed. 2. tir. São Paulo, Revista dos Tribunais, 1991.

_____. *Direito municipal brasileiro*. 3. ed. São Paulo, Revista dos Tribunais, 1977.

MIALHE, Jorge Luís. *Dos crimes internacionais em matéria ambiental*: uma abordagem do direito intergerações. Tese apresentada no Congresso Internacional de Direito Ambiental — 5 Anos após a ECO-92. São Paulo, IMESP, 1997.

MILARÉ, Édis. *Cadernos Informativos da APMP*. São Paulo, Curadoria do Meio Ambiente, 1988.

_____. *Legislação ambiental do Brasil*. São Paulo, Ed. APMP. Série Cadernos Informativos, 1991.

_____. Agenda 21: a cartilha do desenvolvimento sustentável. *RDA*, São Paulo, Revista dos Tribunais, 5:53.

_____. A nova tutela penal do ambiente. In: *A proteção jurídica das florestas tropicais*. São Paulo, IMESP, 1999.

_____. *Direito do ambiente*. 2. ed. São Paulo, Revista dos Tribunais, 2001.

_____. *Direito do ambiente*. 4. ed. São Paulo, Revista dos Tribunais, 2005.

_____. Discurso proferido na posse da presidência do Conselho Superior de Meio Ambiente instituído pelo Instituto Roberto Simonsen da Federação das Indústrias do Estado de São Paulo, em 22-12-2004. *RDA*, 38:397, abr./jun. 2005.

MIOTO, Ricardo. Miniguerra nuclear deixaria clima frio. *Folha de S.Paulo*, Ciência, 19 fev. 2011, p. C-11.

MIRANDA, Fábio. Alto Tietê trata 60% de todo esgoto coletado, *Mogi News*, 19 abr. 2012, p. 13.

MIRANDA, Giuliana. Célula do dente volta a fase "embrionária". *Folha de S.Paulo*, 19 mar. 2011, p. C-13.

_____. Noronha sofre com lixo fora de controle. *Folha de S.Paulo*, Ciência, 28 fev. 2011, p. C-9.

_____. Estudo traça os impactos da mudança climática no Brasil, *Folha de S.Paulo*, Ciência+Saúde, 5 jun. 2017, p. B-6.

MORAES, Alexandre de. *Direito constitucional*. São Paulo, Atlas, 1997.

MORATO, Ana Paula. Comida de laboratório. *Revista dos Bancários*, São Paulo, n. 47, ago. 1999.

MUKAI, Toshio. *Direito ambiental sistematizado*. São Paulo, Forense Universitária, 1992.

_____. Legislação, meio ambiente e autonomia municipal. Estudos e comentários. *RDP*, 79:131.

MURARO, Rose Marie. Não se come dinheiro. *Folha de S.Paulo*, Tendências/Debates, 21 fev. 2007, p. A-3.

NALINI, José Renato. *Ética ambiental*. Campinas, Millennium, 2001.

_____. A preservação da memória cultural. *O Estado de S.Paulo*, 8 ago. 1985, p. 45.

_____. *Juízes doutrinadores* — Doutrina da Câmara Ambiental do Tribunal de Justiça do Estado de São Paulo. Campinas, Millennium, 2008.

NASCIMENTO E SILVA, Geraldo Eulálio do. *Direito ambiental internacional*. Rio de Janeiro, Thex Ed., 1995.

NERY JUNIOR, Nelson. Rotulagem dos alimentos geneticamente modificados. *RT*, 795:41, jan. 2002.

_____. *Constituição Federal comentada e legislação constitucional*. São Paulo, Revista dos Tribunais, 2006.

NUNES JR., Vidal Serrano; ARAÚJO, Luiz Alberto David. *Curso de direito constitucional*. 3. ed. São Paulo, Saraiva, 1999.

_____. *A cidadania social na Constituição de 1988* — Estratégias de positivação e exigibilidade judicial dos direitos sociais. São Paulo, Verbatim, 2009.

OLIVEIRA, Adilson de; ROA, Diana. "A lógica perversa das chuvas", *Folha de S.Paulo*, 4 fev. 2011, p. A-3, também disponível em: <http://www.desinventar.org>.

OLIVEIRA, Antônio Inagê de Assis. Desnecessidade de adoção da Medida Provisória n. 1.710/98... *RDA*, São Paulo, Revista dos Tribunais, *12*:83, out./dez. 1998.

OLIVEIRA, César de. Usina verde também é opção. *Mogi News*, 6 maio 2007, Suplemento Especial — Mogi *versus* Lixão, p. 12.

_____. Usina verde é melhor opção para tratar o lixo, afirma Gondim. *Mogi News*, 17 maio 2007, p. 3.

OLIVEIRA, Gesner. Tecnologia e eficiência no saneamento. *Folha de S.Paulo*, 27 dez. 2010, p. A-3.

ORTEGA, Rogério. Água de torneira de Tóquio tem radiação. *Folha de S.Paulo*, 24 mar. 2011, p. A-16.

PALHANO, André. Norma define responsabilidade social. *Folha de S.Paulo*, Sociais & Cia., 14 dez. 2010, p. B-7.

PASSOS, Lídia Helena Ferreira da Costa. Discricionariedade administrativa e justiça ambiental: desafios do juiz. *Plural, Boletim Informativo da CEAF/Escola Superior do Ministério*, n. 21, out./nov. 1999.

PASTORE, Mariana. Trabalhar em local barulhento pode aumentar o risco cardíaco. *Folha de S.Paulo*, Saúde, 7 out. 2010, p. C-11.

PEACE, Guilherme. Alto Tietê polui rios com 250 mil litros de óleo de cozinha por mês. *Mogi News*, 26 fev. 2011, p. 15.

PEDRO, Antonio Fernando Pinheiro. Equilíbrio ambiental, só com democracia. *Valor Econômico*, 5 jun. 2003, p. A-12.

PENNA, Paulo Camillo Vargas. Mineração mapeia emissão de gases de efeito estufa no país. *Folha de S.Paulo*, 2 mar. 2011, p. B-6.

PESSINI, Leo; BARCHIFONTAINE, Christian. *Fundamentos da bioética*. São Paulo, Ed. Paulus, 1996.

PIERANGELLI, José Henrique. Agressões à natureza e proteção dos interesses difusos. *Justitia*, *144*:9.

_____. Novos crimes contra o meio ambiente. *Justitia*, São Paulo, *142*:73.

PIERANGELLI, José Henrique; ZAFFARONI, Eugenio Raúl. *Manual de direito penal brasileiro*; parte geral. São Paulo, Revista dos Tribunais, 1997.

_____. Ecologia, poluição e direito penal. *Justitia*, 113:73.

PINHO REBELLO, Rodrigo César. MP discute as novas perspectivas da política nacional de saneamento básico. Palestra proferida no Seminário *Política Nacional de Saneamento Básico: Novas Perspectivas*, realizado no dia 11 de abril de 2007. Disponível em: <http://www.mp.sp.gov.br>. Acesso em: 12 abr. 2007.

PIVA, Rui Carvalho. *Bem ambiental*. São Paulo, Max Limonad, 2000.

PLATIAU, Ana Flávia Barros. A legitimidade da governança global ambiental e o princípio da precaução. In: VARELLA, Marcelo Dias; PLATIAU, Ana Flávia Barros (orgs.). *Princípio da precaução*. Belo Horizonte, Del Rey, 2004.

POLIDO, Walter. *Seguros para riscos ambientais*. São Paulo, Revista dos Tribunais, 2004.

PRADO, Luiz Regis. *Direito penal ambiental*. São Paulo, Revista dos Tribunais, 1992.

_____. *Crimes contra o ambiente*. São Paulo, Revista dos Tribunais, 1998.

PRESTES, Vanêsca Buzelato (org.). *Temas de direito urbano-ambiental*. Belo Horizonte, Fórum, 2006.

PRIEUR, Michel. Os estudos de impacto transfronteiriço na Europa — Ensaio de estudo comparado. In: KISHI, Sandra Akemi Shimada et al. (Coord.). *Desafios do direito ambiental do século XXI*. São Paulo, Malheiros Ed., 2005.

QUADRADO, Adriano; VERGARA, Rodrigo. Vai faltar água? *Superinteressante*, ed. 189, jun. 2003.

QUEIROZ, Fábio Albergaria de. Meio ambiente e comércio na agenda internacional: a questão ambiental nas negociações da OMC e dos blocos econômicos regionais. *Ambiente & Sociedade*, Campinas, Associação Nacional de Pós-Graduação e Pesquisa em Ambiente e Sociedade (ANPPAS), v. 8, n. 2, jul./dez. 2005.

RAMOS JÚNIOR, Galdino Luiz. *Princípios constitucionais do processo — Visão crítica*. São Paulo, Ed. Juarez de Oliveira, 2000.

RASLAN, Alexandre Lima (org.). *Direito ambiental*. Campo Grande, UFMS, 2010.

REALE, Miguel. *Memórias*. São Paulo, Saraiva, 1987.

REIS LOBO, Mônica de Cássia Thomaz Perez. *RDA*, São Paulo, Revista dos Tribunais, 13:144, jan./mar. 2000.

RIBEIRO, Antônio de Pádua. Biodiversidade e direito. *RDA*, São Paulo, Revista dos Tribunais, 17:17, jan./mar. 2000.

RIGHETTI, Sabine. Brasil necessita de US$ 400 bi para cortar as emissões de $CO^2$. *Folha de S. Paulo*, Ciência, 22 fev. 2011, p. C-11.

_____. Clima mais quente tem mais chuvas, diz estudo. *Folha de S. Paulo*, Ciência, 17 fev. 2011, p. C-13.

_____. Geofísica acha rio subterrâneo de 6.000 km sob a bacia do Amazonas, *Folha de S.Paulo*, Ciência, 26 ago. 2011, p. C-11.

RIOS, Aurélio Virgílio Veiga; IRIGARAY, Carlos Teodoro Hugueney. *O direito e o desenvolvimento sustentável* — Curso de direito ambiental. São Paulo, Peirópolis, 2005.

RISSATO, Denise; SPRICIGO, Bruno. A política ambiental no Brasil no período de 1970-1999. *Revista de Ciências Sociais em Perspectiva*, v. 9, n. 16, 1º semestre de 2010, p. 2-7.

ROCHA, João Carlos de Carvalho; HENRIQUES FILHO, Tarcísio Humberto Parreiras; CAZETTA, Ubiratan (coords.). *Política Nacional do Meio Ambiente* — 25 anos da Lei n. 6.938/81. Belo Horizonte, Del Rey, 2007.

ROCHA, Júlio César de Sá da. *Função ambiental da cidade* — Direito ao meio ambiente ecologicamente equilibrado. São Paulo, Ed. Juarez de Oliveira, 1999.

_____. *Direito ambiental e meio ambiente do trabalho* — dano, prevenção e proteção jurídica. São Paulo, LTr, 1997.

RODRIGUES, José Eduardo Ramos. *Sistema Nacional de Unidades de Conservação*. São Paulo, Revista dos Tribunais, 2006.

RODRIGUES, Marcelo Abelha; FIORILLO, Celso Antonio Pacheco. *Manual de direito ambiental e legislação aplicável*. São Paulo, Max Limonad, 1997.

_____. *Instituições de direito ambiental*; parte geral. São Paulo, Max Limonad, 2002.

ROMERO, Simon. Derretimento revela segredos de geleiras, The New York Times. *Folha de S.Paulo*, 31 jan. 2011, p. 3.

ROSA, Luiz Pinguelli. Os esforços do governo para construir usina de Belo Monte devem ser mantidos? Sim. A razão das hidrelétricas. *Folha de S. Paulo*, Tendências/Debates, 12 fev. 2011, p. A-3.

ROSENTHAL, Elisabeth. Combustível *versus* comida, The New York Times. *Folha de S.Paulo*, 18 abr. 2011, p. 12.

ROSSIT, Liliana Allodi. *O meio ambiente de trabalho no direito ambiental brasileiro*. São Paulo, LTr, 2001.

ROTHENBURG, Walter Claudius. *Princípios constitucionais*. Porto Alegre, Sérgio A. Fabris, 1999.

ROVERE, Emilio Lèbre La (coord.). *Manual de auditoria ambiental*. Rio de Janeiro, Qualitymark, 2000.

SALLES, Carlos Alberto de. *Execução judicial em matéria ambiental*. São Paulo, Revista dos Tribunais, 1999.

SALOMON, Marta. Milho transgênico é aprovado pela CTNBio. *Folha de S.Paulo*, 17 maio 2007, p. B-8.

SANTIAGO, Alex Fernandes. A efetividade do art. 225, § 3º, da CF/88 e o dever de o servidor público comunicar ao Ministério Público a ocorrência de conduta ou atividade lesiva ao meio ambiente. *RDA*, São Paulo, *46*:11-6, abr./jun. 2007.

SANTILLI, Juliana. Política nacional de recursos hídricos: princípios fundamentais. In: BENJAMIN, Antônio Herman V. (coord.). *Direito, água e vida*. São Paulo, IMESP, 2003. v. 1.

SANTORO, André. Meu emprego é verde. *Veja São Paulo*, ano 33, n. 23, edição 1.649, 17 maio 2000.

SANTOS, Bras. Prefeito promete coletar esgoto de 50 mil casas até o ano que vem. *Mogi News*, 2 jun. 2007, p. 7.

SETTE, Marli T. Deon. *Direito ambiental*. São Paulo, MP Editora, 2010.

SHIMURA, Sérgio. *Título executivo*. São Paulo, Saraiva, 1997.

SILVA, Américo Luís Martins da. *Direito do meio ambiente e dos recursos naturais*. São Paulo, Revista dos Tribunais, 2005.

SILVA, Danny Monteiro. *Dano ambiental e sua reparação*. Curitiba, Juruá, 2006.

SILVA, José Afonso da. *Curso de direito constitucional positivo*. 15. ed. São Paulo, Malheiros Ed., p. 479.

_____. *Direito ambiental constitucional*. 2. ed. São Paulo, Malheiros Ed., 1998.

_____. *Direito urbanístico brasileiro*. 2. ed. São Paulo, Malheiros Ed., 1997.

_____. *Ordenação constitucional da cultura*. São Paulo, Malheiros Ed., 2001.

SILVA, José Robson da. *Paradigma biocêntrico:* do patrimônio privado ao patrimônio ambiental. Rio de Janeiro, Renovar, 2002.

SILVA, Luciana Caetano da. *Fauna terrestre no direito penal brasileiro*. Belo Horizonte, Mandamentos, 2001.

SILVA, Marina. Uma evolução silenciosa. *Veja* n. 2.196 — Edição Especial — dez. 2010, p. 69.

SILVA FILHO, Demóstenes Ferreira da. Sem diversidade de espécies, pragas causam grande estrago. *Folha de S.Paulo*, 20 mar. 2011, p. C-9.

SIRVINSKAS, Luís Paulo. Algumas considerações atinentes à tutela penal do meio ambiente. *Boletim do IBCCrim*, São Paulo, n. 57, ago. 1997, e *Revista da APMP*, São Paulo, n. 6, maio 1997.

_____. Arborização urbana e meio ambiente. Aspectos jurídicos. *RDA*, São Paulo, Revista dos Tribunais, *16*:192, out./dez. 1999.

_____. *Tutela penal do meio ambiente* — Breves considerações atinentes à Lei n. 9.605, de 12 de fevereiro de 1998. 2. ed. São Paulo, Saraiva, 2002.

_____. *Tutela penal do meio ambiente*. 4. ed. São Paulo, Saraiva, 2011.

_____. *Legislação de direito ambiental*. 5. ed. São Paulo, Rideel, 2010.

_____. *Tutela constitucional do meio ambiente*. 2. ed. São Paulo, Saraiva, 2010.

_____. *Prática de direito ambiental*. São Paulo, Ed. Juarez de Oliveira, 2004.

_____. Licenciamento ambiental e fiscalização de Centro de Tratamento de Resíduos Sólidos — CENTRES. *Anais do III Congresso do Ministério Público de São Paulo*, realizado em São Paulo de 24 a 26-8-2005, v. 1, p. 297-302.

_____. *Intervenções em Áreas de Preservação Permanente — APP(s)*. Parecer jurídico dos impactos e interpretações da nova Resolução n. 369, de 28 de março de 2006, do CONAMA. Palestra proferida no IBC, em São Paulo, no dia 13-12-2006 (trabalho inédito).

_____. Externalidades negativas do aquecimento global. São Paulo, *Justitia* n. 199, jul./dez. 2008, p. 199.

SOARES JÚNIOR, Jarbas; ALVARENGA, Luciano José (coords.). *Direito ambiental no STJ*. Belo Horizonte, Del Rey, 2010.

SOARES NETO, César Lourenço. *Pequenas Centrais Hidrelétricas (PCH's)* — Processo de licenciamento ambiental e a questão ambiental. Disponível em: <http://www.direitonet.com.br>. Acesso em: 12 abr. 2007.

SOBRINHO, Eduardo Jorge Martins Alves; BRANCO, Marcelo Cardinale. Por um transporte menos poluente em SP. *Folha de S. Paulo*, Tendências/Debates, 15 dez. 2010, p. A-3.

SOUZA, Carlos Aurélio Mota de (coord.). *Responsabilidade social das empresas*. São Paulo, Juarez de Oliveira, 2007.

SOUZA, Motauri Ciochetti de. Das unidades de conservação criadas pelo poder público: conceito, classificação e possibilidade de cessão de uso a órgão público ou particular. *RDA*, São Paulo, Revista dos Tribunais, *1*:90.

_____. *Interesses difusos em espécie*. São Paulo, Saraiva, 2000.

SOUZA FILHO, Carlos Frederico Marés de. *Bens culturais e sua proteção jurídica*. Curitiba, Juruá, 2006.

SPINELL, Evandro. Loja que "repaginar" fachada terá abatimento de IPTU. *Folha de S. Paulo*, 31 maio 2007, p. C-1.

SQUIZATO, Rodrigo. O valor da água. *Página 22* — Informação para o novo século, São Paulo, FGV, nov. 2006, p. 18.

STEINBRUCH, Benjamin. Despoluir o Tietê. *Folha de S. Paulo*, 22 maio 2007, p. B-2.

TÁCITO, Caio. *Temas de direito público:* estudos e pareceres. Rio de Janeiro, Renovar, 1997. v. 2.

TAKAYAMA, Hideko; HAYDEN, Tom; ITOI, Kay; LARMER, Brook. Japan's nuclear scare. *Newsweek*, October 11, 1999.

TORCHI, Christiano. *Espiritismo passo a passo com Kardec*. 3. ed. São Paulo, FEB, 2010.

TREMEL, Rosângela. Princípio da proibição do retrocesso: sua importância e necessidade de ampliação do *entrenchment* para proteção dos hipossuficientes, Unisul de fato e de Direito. *Revista Jurídica da Universidade do Sul de Santa Catarina*, ano 21, n. 4, jan./jun. 2012.

TRENNEPOHL, Terence Dornelles. *Fundamentos de direito ambiental*. Salvador, JusPodivm, 2006.

_____. *Direito ambiental*. 3. ed. Salvador, JusPodivm, 2008.

_____. *Direito ambiental empresarial*. São Paulo, Saraiva, 2010.

TREVISAN, Cláudia. Biocombustíveis são maior ameaça à diversidade na Terra. *Folha de S.Paulo*, 2 jul. 2007, p. A-9.

TRIGUEIRO, André. *Espiritismo e ecologia*. São Paulo, Fev., 2009.

TUNDISI, José Galizia; TUNDISI, Takako Matsumura. *A água*. São Paulo, Publifolha, 2005.

VARELLA, Marcelo Dias & PLATIAU, Ana Flávia Barros. *Princípio da precaução*. Belo Horizonte, Del Rey, 2004. (Col. Direito Ambiental em Debate.)

VARGAS, Rodrigo. Fumaça de queimadas prejudica gestação. *Folha de S.Paulo*, 4 out. 2010, p. C-7.

VERGARA, Rodrigo; QUADRADO, Adriano. Vai faltar água? *Superinteressante*, n. 189, jun. 2003.

VERSOLATO, Mariana. Poluição causa mais infarto que cocaína. *Folha de S.Paulo*, Saúde, 25 fev. 2011, p. C-9.

VIANNA, Regina Cecere; CORRADI, Rodrigo de Souza. *Água de lastro*: problema ambiental de direito. Disponível em: <http://jusvi.com/doutrinas_e_pecas/ver/26110/2>. Acesso em: 20 jun. 2007.

VIEIRA, Maria Lúcia Carneiro; BORÉM, Aluízio. *Glossário de biotecnologia*. Ed. Universidade Federal de Viçosa, 2005. Disponível em: <http://www.biotecnologiapragalera.org.br/dicionario>.

VIEIRA DE ANDRADE, Filippe Augusto. Resolução CONAMA n. 237, de 19.12.1998: um ato normativo inválido pela eiva da inconstitucionalidade e da ilegalidade. *RDA*, São Paulo, *13*:105, jan./mar. 1999.

VINES, Juliana. Exame identifica enfisema pulmonar antes dos sintomas. *Folha de S.Paulo*, 19 mar. 2011, p. C-12.

WAINER, Ann Helen. *Legislação ambiental brasileira* — Subsídios para a história do direito ambiental. 2. ed. Rio de Janeiro, Forense, 1999.

WITKOWSKI, Flávia. *Arbitragem ambiental — Solução de conflitos (r)estrita ao âmbito (inter)nacional?* Campinas, Millennium, 2006.

YOUNG, Ricardo. O que falta? *Folha de S.Paulo*, 28 fev. 2011, p. A-2.

_____. Transposição de um doente. *Folha de S.Paulo*, 14 fev. 2011, p. A-2.

YOSHIDA, Consuelo Yatsuda Moromizato. A efetividade da proteção do meio ambiente e a participação do Judiciário. In: KISHI, Sandra Akemi Shimada et al. (coords.). *Desafios do direito ambiental do século XXI*. São Paulo, Malheiros Ed., 2005.

_____. A efetividade e a eficiência ambiental dos instrumentos econômico-financeiros e tributários. Ênfase na preservação. A utilização econômica dos bens ambientais e suas implicações. In: TÔRRES, Heleno Taveira (Org.). *Direito tributário ambiental*. São Paulo, Malheiros Ed., 2005.

_____. Acórdão publicado na *Revista Brasileira de Direito Ambiental*, São Paulo, Fiuza, n. 1, p. 305, jan./mar. 2005.

ZAIDAN, Rubens. Estudo mostra como cigarro causa artrite. *Folha de S.Paulo*, Saúde, 9 mar. 2011, p. C-10.

ZAFFARONI, Eugenio Raúl; PIERANGELLI, José Henrique. *Manual de direito penal brasileiro*; parte geral. São Paulo, Revista dos Tribunais, 1997.

ZAFOLON, Mauro; BRITO, Denise. São Paulo antecipa fim da queima de cana. *Folha de S.Paulo*, 5 jun. 2007, p. B-13.

ZELLER JR., Tom. Bancos evitam projetos ambientalmente arriscados. The New York Times. *Folha de S.Paulo*, 27 set. 2010, p. 4.

ZIMMER, Carl. Encontrado sinal terrível de extinção, The New York Times. *Folha de S.Paulo*, 18 abr. 2011, p. 2.

*Outras consultas realizadas*

CESP e PREFEITURA. Projeto arborização. Eletropaulo, CESP, CPFL. Guia de Planejamento e Manejo da Arborização Urbana. São Paulo, 1995.

CETESB. A Cidade e o lixo. SMA/CETESB, 1998.

JORNAL *FOLHA DE S.PAULO*.

JORNAL *O ESTADO DE S. PAULO*.

REGULARIZAÇÃO IMOBILIÁRIA DE ÁREAS PROTEGIDAS. Coletânea de trabalhos forenses, relatórios técnicos e jurisprudência. São Paulo, Governo do Estado de São Paulo/Centro de Estudos da Procuradoria-Geral do Estado/Centro de Editoração da Secretaria de Estado do Meio Ambiente, 1998, n. 1.

*REVISTA BRASILEIRA DE DIREITO AMBIENTAL*. São Paulo, Fiuza, publicação trimestral.

*REVISTA DE DIREITO AMBIENTAL*. São Paulo, Revista dos Tribunais, publicação trimestral.

REVISTA *VEJA*.

SUPLEMENTO DO *DIÁRIO OFICIAL*, 10 jun. 2000.

TREVISAN, Auditores. Auditoria ambiental. *Revista Trevisan*. São Paulo, ano XII, n. 134.

*VALOR ECONÔMICO*. Bancos adotam princípios de responsabilidade social, 5 jan. 2003, p. C-14.